U0916104

税
GDLT
广东地税

## 2011年卷

获第六届全国年鉴编校质量检查评比一等奖

## 2012年卷

获第七届全国年鉴编校质量检查评比一等奖

## 2014年卷

获第五届全国年鉴编纂出版质量评比综合一等奖，

条目编写、装帧设计一等奖，框架结构二等奖

# 2017
# 广东地税年鉴

广东省地方税务局　编

中国税务出版社

**图书在版编目(CIP)数据**

广东地税年鉴.2017/广东省地方税务局编.
--北京:中国税务出版社,2017.12
ISBN 978-7-5678-0630-6

Ⅰ.①广… Ⅱ.①广… Ⅲ.①地方税收-广东省-2017-年鉴
Ⅳ.①F812.765.042-54

中国版本图书馆CIP数据核字(2017)第305690号



**书　　名:广东地税年鉴(2017)**
**编　　者:**广东省地方税务局　编
**责任编辑:**陈金艳　杨　鹤
**责任校对:**于　玲
**技术设计:**刘冬珂
**出版发行:**中国税务出版社
北京市丰台区广安路9号国投财富广场1号楼11层
邮政编码:100055
http://www.taxation.cn
E-mail:swcb@taxation.cn
发行中心电话:(010)83362083/86/89
传真:(010)83362046/47/48/49
**经　　销:**各地新华书店
**印　　刷:**广州市快美印务有限公司
**规　　格:**787毫米×1092毫米　1/16
**印　　张:**56.5
**字　　数:**1730000字
**版　　次:**2017年12月第1版　2017年12月第1次印刷
**书　　号:**ISBN 978-7-5678-0630-6
**定　　价:**300.00元

# 《广东地税年鉴(2017)》编辑委员会



# 《广东地税年鉴(2017)》编辑人员

# 《广东地税年鉴(2017)》
# 撰稿负责人及特约撰稿人

（按姓氏笔画排序）

## 一、省局

| | | | | |
|---|---|---|---|---|
| 于　森 | 王秀婷 | 邓晓炜 | 叶友法 | 付海涛 |
| 成津湘 | 刘忠义 | 刘玢玢 | 汤丹丹 | 阮华燕 |
| 李兴蕊 | 李尚明 | 李俊龙 | 吴　澜 | 吴晨曦 |
| 邹　明 | 张雯莹 | 陈　莹 | 陈壮练 | 陈欣亮 |
| 罗奇星 | 岳　冶 | 周忠清 | 黄小菁 | 符建红 |
| 梁　曌 | 梁婷婷 | 覃干乐 | 曾柳婷 | 詹锦松 |

## 二、各市(区)局

| | | | | |
|---|---|---|---|---|
| 王明耀 | 王雄武 | 邓粤雄 | 朱小文 | 朱颂华 |
| 刘国东 | 刘照东 | 许少华 | 许少明 | 李立生 |
| 杨　坚 | 吴维浩 | 利晓舒 | 何智锋 | 张　雄 |
| 范丽华 | 林　淳 | 郑　翔 | 周勇杰 | 黄玉权 |
| 黄俊杰 | 黎雪波 | 潘　强 | 戴成坚 | |

# 编 辑 说 明

《广东地税年鉴》是广东省地方税务局主办的地方税务综合性年鉴，2002 年创办。年鉴的编辑出版事务由广东地方税收科学研究所负责。

《广东地税年鉴》的编辑出版宗旨是：全面系统准确地记述上一年度广东省地方税收的基本情况和发生的大事要事，为社会各界了解、研究广东地税提供参考资料，为广东省社会经济建设服务。

《广东地税年鉴（2017 年）》收录 2016 年广东地方税收的基本资料，全书 173 万字，设八个篇目：

第一篇　图说地税。用图片和图表反映 2016 年广东省地税系统主要工作、重要活动及税费收入概况。

第二篇　年度关注。以专题形式反映 2016 年广东省地税系统重大、突出、具有影响力的若干事件。

第三篇　全省地方税收工作。综述广东省地税局各部门的工作情况，由广东省地税局各处（室）、直属单位供稿。

第四篇　各市（区）地方税收工作。内容包括各市（区）经济概况、税收概况、各项工作的开展情况，由各市（区）地税局供稿。

第五篇　大事记。主要记载广东省地税局大事要事，由广东省地税局办公室供稿。

第六篇　机构与人员。内容包括广东省地税局处级以上干部和各市（区）局领导班子成员名单，全省地税系统机构设置及人员构成等情况，由广东省地税局人事处供稿。

第七篇　税费统计。内容包括 2016 年广东省地税局及各市（区）地税部门税费收入，分企业类型、相关税种分项目、全省地税纳税登记户数等统计资料，由广东省地税局收入规划核算处供稿。

第八篇　附录。收录广东省地税系统 2016 年受表彰的各类先进集体与个人名单及简要事迹等。

本年鉴提供的统计数字均经供稿单位确认，资料准确、可靠。年鉴的资料与数据起止时间：2016 年 1 月 1 日至 2016 年 12 月 31 日。

年鉴的出版得到广东省地税系统各级领导及有关部门的鼎力支持，中国税务出版社在编审出版过程中给予了指导与协助，在此一并表示衷心的感谢！

本书疏漏之处，敬请批评指正。

编　者

2017 年 11 月

# 目　　录

## 第一篇　图说地税

## 第二篇　年度关注



## 第三篇　全省地方税收工作

## 第四篇　各市（区）地方税收工作

## 第五篇　大 事 记



## 第六篇　机构与人员



## 第七篇　税费统计

## 第八篇　附　　录

# 第一篇

# 图说地税

## 领导调研

2016年6月15日，广东省委副书记、省长朱小丹（前排左二）在省委常委、常务副省长徐少华（前排右三）陪同下，实地考察“广东省地方税务局‘营改增’集中办公”情况。

2016年9月21日，国务院第三次大督查第十督查组组长、国家税务总局党组书记、局长王军（前排右三）在广东省副省长何忠友（前排右二）陪同下到广东省地方税务局调研。

2016 年 4 月 26 日，国家税务总局原副局长丘小雄（右三）一行在广东督导调研“营改增”工作，看望慰问奋战在“营改增”工作一线的基层税务干部。

2016 年 8 月 3 日，广东省委常委、省纪委书记黄先耀（左前排左四），省纪委副书记陈伟东（左前排左五），省纪委常委张晓牧（左前排左三），在广东省地方税务局调研。

2016 年 6 月 22 日，国家税务总局党组成员、副局长汪康（前排右一）在广州市越秀区地方税务局调研。

2016年7月13日，广东省地方税务局党组书记、局长吴紫骊（左三），党组副书记、巡视员杨楚潮（右一）到挂钩扶贫点梅州市五华县里塘村，调研新时期精准扶贫工作。

2016年11月23日，广东省直机关工委书记李学同（右排右三）到广东省地方税务局调研指导。

2016年3月22日，国家税务总局电子税务管理中心主任姚琴（右二）一行在广州市番禺区调研，并和纳税人交谈。

2016年5月3日，广东省地方税务局党组成员、副局长，广州市地方税务局党组书记、局长揭晔（站立左四）在荔湾区地方税务局调研。

2016年9月1日，广州市委常委、常务副市长欧阳卫民（前排中）带队到广州市税务部门调研。

2016年11月29日，广东省地方税务局党组副书记、巡视员杨楚潮（左一）到广州市天河区地方税务局调研。

2016年12月21日，广东省地方税务局党组书记、局长吴紫骊（右排左三）参加在广州市天河区地方税务局组织召开的省局党组民主生活会会前征求意见座谈会。

2016年10月8日，深圳市委常委、常务副市长张虎（前排右四）等领导参加金税三期工程上线活动。

2016年11月29日，深圳市地方税务局党组书记、局长钱勇（左二），深圳市地方税务局党组成员、机关党委专职书记万伟平（左三）到陆丰市城东镇高美村开展扶贫调研。

2016年3月4日，广东省地方税务局党组成员、副局长，广州市地方税务局党组书记、局长揭晔（右二）一行到珠海市地方税务局调研指导工作。

2016年7月7日，广东省地方税务局党组书记、局长吴紫骊（左四）到珠海市地方税务局调研。

2016年9月28日，广东省地方税务局党组副书记、巡视员杨楚潮（左一）到珠海市地方税务局调研。

2016年10月9日，珠海市委副书记、市长郑人豪（左一）到珠海市地方税务局调研。

2016年1月11日，广东省地方税务局党组副书记、巡视员杨楚潮（左二）参加汕头市地方税务局领导班子专题民主生活会并对班子进行年度考核。

2016年6月22日，广东省地方税务局党组成员、总会计师苏振钿（中）到汕头市地方税务局调研。

2016年8月18日，汕头市委书记陈良贤（左三）、代市长刘小涛（左二）到汕头市地方税务局驻行政服务中心窗口调研。

2016年11月9日，广东省地方税务局党组成员、省纪委驻省局纪检组组长叶秀佑（左一）到汕头市地方税务局调研。

2016年11月17日，广东省地方税务局党组书记、局长吴紫骊（左四）到汕头市濠江区中信海滨新城开展调研。

2016年9月8日，广东省地方税务局党组书记、局长吴紫骊（前中）一行到佛山市禅城绿岛湖国地税联合办税服务厅调研。

2016年5月19日，广东省地方税务局党组成员、省纪委驻省局纪检组组长叶秀佑（右排中）到韶关市地方税务局调研。

2016年6月20日，广东省地方税务局党组书记、局长吴紫骊（前排中）到韶关市地方税务局调研。

2016年11月30日，广东省地方税务局党组成员、总会计师苏振钿(中)在韶关市地方税务局召开数据管税实践调研会。

2016年12月8日，韶关市委常委、常务副市长陈波（前排中）到韶关市地方税务局调研。

2016年1月10日，广东省地方税务局党组成员、总会计师苏振钿（左二）参加并指导河源市地方税务局“三严三实”专题民主生活会。

2016 年 5 月 26 日，广东省地方税务局副局长欧卫东（右排中）到河源市地方税务局调研大企业管理专项试点工作。

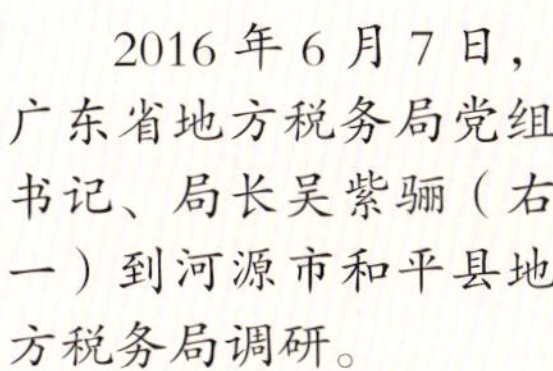

2016 年 6 月 7 日，广东省地方税务局党组书记、局长吴紫骊（右一）到河源市和平县地方税务局调研。

2016 年 1 月 14 日，广东省地方税务局党组成员、总会计师苏振钿（左排左二）到梅州市地方税务局调研。

2016 年 2 月 15 日，梅州市委常委、常务副市长丁文（中）看望慰问地税干部。

2016 年 7 月 13 日，广东省地方税务局党组书记、局长吴紫骊（右排左三）到梅州兴宁市地方税务局调研。

2016 年 4 月 28 日，广东省地方税务局党组书记、局长吴紫骊（左二）到惠州市惠城区地方税务局调研。

2016 年 10 月 19 日，广东省地方税务局党组书记、局长吴紫骊（左一）在海丰县地方税务局，与汕尾市地方税务局、深汕合作区地方税务局班子成员、汕尾市各县（市、区）地方税务局“一把手”和相关科室负责人座谈。

2016 年 7 月 28 日，广东省地方税务局党组书记、局长吴紫骊（前排右二），省局党组成员、总经济师罗达佳（前排右一）到东莞市地方税务局调研。

2016 年 8 月 2 日，东莞市委书记吕业升（右排右二）、市长梁维东（右排右一）到东莞市地方税务局调研。

2016年5月5日，国家税务总局督察内审司司长郭晓琳（中）一行，在广东省、中山市国家税务局、地方税务局有关领导陪同下，到中山市火炬高技术产业开发区税务分局考察调研。

2016年7月21日，广东省地方税务局党组副书记、巡视员杨楚潮（左三）在中山市地方税务局党组书记、局长罗镜文（左二）陪同下，到中山市地方税务局三乡税务分局调研指导基层党建工作。

2016年7月27日，广东省地方税务局党组书记、局长吴紫骊（右三）在中山市地方税务局党组书记、局长罗镜文（右二）陪同下，到广东明阳风电产业集团企业开展调研。

2016年8月19日，广东省地方税务局党组书记、局长吴紫骊（前排站立左二）一行到江门市蓬江区调研税收工作。

2016年9月7日，江门市市委常委、常务副市长吴晓谋（右四）率队到江门市行政服务中心蓬江国税、地税联合办税服务厅调研指导。

2016年5月4日，阳江市委书记陈小山（右四），市委常委、常务副市长周乐荣（右五）一行到阳江市地方税务局调研。

2016年5月5日，广东省地方税务局党组成员、副局长肖映波（中）到阳江市地方税务局调研。

2016年7月13日，广东省地方税务局党组成员、总经济师罗达佳（前排左三）到阳江市地方税务局调研。

2016年8月17日，广东省地方税务局党组书记、局长吴紫骊（前排左三）一行到阳江市地方税务局调研。

2016年3月2日，广东省地方税务局党组成员、副局长肖映波（中）到湛江市地方税务局调研。

2016年10月26日，广东省地方税务局党组书记、局长吴紫骊（右排右二）在湛江市开发区地方税务局召开座谈会。

2016年1月12日，广东省地方税务局党组成员、省纪委驻省局纪检组组长叶秀佑（右一）到茂名市地方税务局慰问退休老干部。

2016年4月28日，茂名市委副书记、市长李红军（左三）到茂名市地方税务局调研“营改增”试点工作。

2016年10月26日，广东省地方税务局党组书记、局长吴紫骊（左三），广东省地方税务局党组成员、省纪委驻省局纪检组组长叶秀佑（左一）到茂名市地方税务局调研。

2016年6月30日，广东省地方税务局党组成员、总经济师罗达佳（前排左一）到肇庆市端州区地方税务局开展基层党建联系点活动。

2016年8月9日，肇庆市副市长冯敏强参加肇庆市加强和改进社保费征收和降成本工作座谈会。

2016年10月9日，广东省地方税务局党组书记、局长吴紫骊（前排左二）到肇庆市鼎湖区地方税务局调研。

2016年6月8日，广东省地方税务局党组副书记、巡视员杨楚湖（右三）到清远市阳山县地方税务局调研。

2016 年 9 月 7 日，广东省地方税务局党组书记、局长吴紫骊（前排右三）到清远市清新国地税联合办税服务厅调研。

2016 年 6 月 21 日，广东省地方税务局党组成员、总会计师苏振钿（中）到潮州市地方税务局调研。

2016 年 7 月 14 日，广东省地方税务局党组书记、局长吴紫骊（左二）到潮州市地方税务局调研。

2016 年 8 月 17 日，广东省委常委、省纪委书记黄先耀（前排右二）在潮州市委书记李水华（前排右一）陪同下，参观潮州市饶平县地方税务局与县纪委、县检察院共建的廉政教育示范基地。

2016 年 12 月 31 日，潮州市委常委许志晖（右四）、市政府副秘书长陈心旭（右三）到潮州市地方税务局慰问税务干部职工。

2016 年 1 月 12 日，广东省地方税务局党组副书记、巡视员杨楚潮（主席台左二）到揭阳市地方税务局考评慰问。

2016年4月27日，广东省地方税务局党组成员、总经济师罗达佳（左排左三）到揭阳市地方税务局调研。

2016年7月12日，广东省地方税务局党组书记、局长吴紫骊（左二）到揭阳市地方税务局调研。

2016年7月12日，广东省地方税务局党组成员、总经济师苏振钿（站立者）到揭阳市地方税务局调研。

2016年11月8日，广东省地方税务局党组成员、省纪委驻省局纪检组组长叶秀佑（正排左一）到揭阳市地方税务局调研。

2016年2月18日，广东省地方税务局党组书记、局长吴紫骊（左二）到云浮市新兴县地方税务局调研。

2016年6月22日，广东省地方税务局党组成员、总经济师罗达佳（右一）到横琴新区地方税务局办税厅调研。

2016 年 7 月 7 日，广东省地方税务局党组书记、局长吴紫骊（右一），省局党组成员、总会计师苏振钿（右三）到横琴新区地方税务局调研。

2016 年 7 月 19 日，广东省委常委、常务副省长徐少华（前排右一）到横琴新区调研，在政务中心现场考察 V-Tax 远程自助办税系统及“互联网 + 税收服务”情况。

2016 年 12 月 17 日，广东省委常委、省纪委书记黄先耀（前排右二）到横琴自贸区调研，对横琴新区地方税务局创新研发 V-Tax 远程自助办税系统取得的成效给予充分肯定。

2016 年 1 月 12 日，广东省地方税务局党组成员、总会计师苏振钿（左三）到深汕特别合作区地方税务局调研。

2016 年 11 月 16 日，广东省地方税务局党组副书记、巡视员杨楚潮（中）到深汕特别合作区地方税务局调研。

2016 年 10 月 25 日，广东省地方税务局党组副书记、巡视员杨楚潮（左三）到顺德区地方税务局调研。

# “两学一做”学习教育

2016 年 8 月 31 日，全省地税系统党员干部“三纪”教育培训班在广东省地方税务局举办。

2016 年 10 月 30 日—11 月 3 日，广东省地方税务局在河南省兰考县焦裕禄干部学院举办为期 6 天的全系统基层党组织书记培训班。图为学员参观兰考县展览馆。

2016 年 1 月 5 日，广州市地方税务局领导班子召开“三严三实”专题民主生活会。广东省地方税务局党组书记、局长吴紫骊（左二）到会指导。

2016 年 4 月 26 日，广州市地方税务局召开全市地税系统“两学一做”学习教育工作会议。

2016 年 6 月 23 日，广州市地方税务局机关一支部和大企业局一支部召开“两学一做”学习教育组织生活会，广东省地方税务局党组成员、副局长，广州市地方税务局党组书记、局长揭晔（左排左五）参加并讲党课。

2016 年 9 月 27 日，广州市天河区地方税务局、国家税务局在广州大剧院实验剧场联合举办以“同心圆梦 情满天河”为主题的“两学一做”知识竞赛暨党建结对交流学习活动。

2016年5月18日，深圳市地方税务局召开2016年领导干部“最后一段行”总结大会。

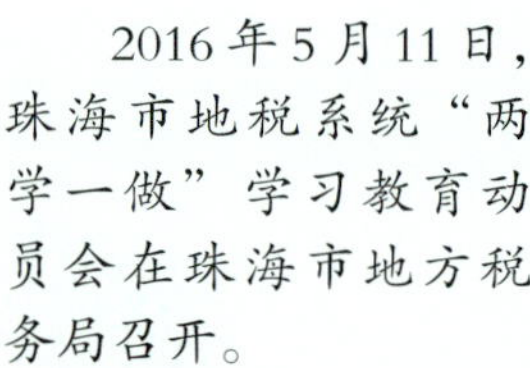

2016年5月11日，珠海市地税系统“两学一做”学习教育动员会在珠海市地方税务局召开。

2016年6月28日，珠海市地税系统“为党旗争光添彩　做合格共产党员”演讲比赛在珠海市地方税务局举行。

2016年7月1日，珠海市地方税务局举办重温入党誓词宣誓仪式。

2016年4月29日，汕头市地方税务局召开全市地税系统“两学一做”学习教育工作会议。

2016年6月23日，汕头市地方税务局、国家税务局联合举办“两学一做”学习教育专题讲座，邀请汕头市纪委正处级纪检监察员、市委党校特聘教授刘再生作专题辅导。

2016 年 7 月 22 日，汕头市地方税务局党组书记、局长张振宇（正排左三）到基层党建联系点澄海区地方税务局澄华分局，为支部全体党员上“两学一做”学习教育专题党课。

2016 年 9 月 27 日，韶关市地方税务局党组第三季度党组中心组学习（扩大）会议暨全市地税系统党员干部“三纪”教育培训班举办。

2016 年 7 月 1 日，河源市地方税务局党组书记、局长徐伟（前排右一）带领机关全体党员重温入党誓词。

2016 年 7 月 29 日，河源市地方税务局党组书记、局长徐伟（主席台位置）到源城区地方税务局城区分局讲“两学一做”学习教育专题党课。

2016 年 3 月 30 日，梅州市地方税务局举办全市系统基层党组织书记培训班。

2016 年 6 月 29 日，梅州市地方税务局召开“两学一做”学习教育会议。

2016年5月19日，惠州市地方税务局召开市局机关“两学一做”学习教育工作会议。

2016年6月27日，惠州市地方税务局组织机关党员到邓演达纪念园开展“缅怀革命先烈，做四讲四有党员”主题党日活动，深入推进“两学一做”学习教育。

2016年6月29日，惠州市地方税务局举办党组中心组学习（扩大）会议，邀请惠州市委宣传部讲师团团长、惠州市“两学一做”学习教育党课巡回宣讲报告团团长邱国耀为机关党员上党课。

2016 年 4 月 15 日，汕尾市地方税务局召开全市地税系统“两学一做”学习教育工作会议。

2016 年 4 月 28 日，汕尾市地方税务局领导班子成员、处级干部及机关各部门负责人共 26 人到广东省反腐倡廉教育基地参观学习，接受廉政警示教育。

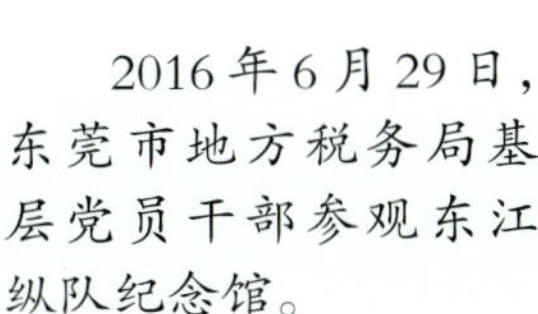

2016 年 6 月 29 日，东莞市地方税务局基层党员干部参观东江纵队纪念馆。

2016年6月29日，东莞市地方税务局党组书记、局长钟毅民以“学习党章党规，推动税收工作”为主题，为莞城分局全体党员干部上党课。

2016年8月22日，中山市地方税务局邀请中山大学教授倪星作“全面从严治党背景下的廉政建设”专题讲座。

2016年6月17日，江门市地税系统举行“守纪律　讲规矩”党规党纪知识竞赛。

2016年7月21日，江门市地方税务局全体干部职工参观江门市廉政法治教育基地。

2016年8月17日，广东省地方税务局党组成员、副局长肖映波（左排左二）为江门恩平市地方税务局大田分局和新会区地方税务局睦洲分局全体党员讲专题党课。

2016年5月17日，阳江市地方税务局召开全市地税系统“两学一做”学习教育工作会议。

2016年7月15日，阳江市地方税务局党组书记、局长蒋安平（主席台位置）给全市地税系统干部职工讲"两学一做"学习教育专题党课。

2016年9月28日，阳江市地方税务局联合市国家税务局举办主题为"践行'两学一做' 感动就在身边"的先进事迹报告会。

2016年5月16日，湛江市地税系统"两学一做"学习教育工作会议召开。

2016年7月29日，湛江市地方税务局召开党组中心组（扩大）理论学习会，开展“两学一做”学习教育。

2016年9月1日，湛江市地税系统组织开展党规党纪知识竞赛。

2016年7月4日，茂名市地方税务局党组书记、局长吴锡昌（主席台位置）为全市地税系统干部职工讲“两学一做”学习教育专题党课。

2016年7月18日，茂名市茂南区地方税务局举办"两学一做"学习教育书法雅集活动。

2016年5月6日，肇庆市地税系统"两学一做"学习教育工作会议召开。

2016年7月1日，清远市地方税务局党组书记、局长徐杰（主席台位置）给市局机关党员上"两学一做"专题党课。

2016 年 10 月 28 日，清远市地方税务局机关第二党支部在“两学一做”学习教育工作中，与市局帮扶村结对开展党建共建活动。

2016 年 6 月 13 日，潮州市饶平县地方税务局在饶平县“两学一做”学习教育知识竞赛中获得团体三等奖。

2016 年 6 月 29 日，潮州市地方税务局党组书记、局长赖竹华（主席台左一）讲题为“做新形势下合格党员”的“两学一做”学习教育专题党课。

2016年6月13日，揭阳市地方税务局党组书记、局长郑杰鹏（主席台位置）为市局机关全体党员干部讲题为“坚定理想信念，做合格共产党员”的专题党课。

2016年6月24日，揭阳市地方税务局组织机关全体党员干部前往揭阳市揭东区汾水战役烈士纪念公园开展践行“两学一做”学习教育活动。

2016年7月1日，云浮市地方税务局党组书记、局长李文平，党组副书记、副局长李铸带队到革命老区——市地方税务局帮扶村云安区都杨镇降面村开展重温入党誓词暨“走基层、送温暖、办实事、聚民心”主题党日活动。

2016 年 7 月 16 日，云浮市地方税务局党组书记、局长李文平（中）到云城区地方税务局围绕“两学一做”专题讲党课。

2016 年 4 月 13 日，横琴新区地方税务局干部职工参观廉政教育基地。

2016 年 9 月 20 日，横琴新区地方税务局在横琴新区“两学一做”知识竞赛中荣获一等奖。

2016年9月23日，深汕合作区地方税务局邀请海丰县检察院领导罗小雄（右二）作“两学一做”专题讲座。

2016年6月27日，顺德区地方税务局组织党员干部参观黄龙村党员教育基地，抓实“两学一做”。

2016年9月23日，顺德区财税局举办党规党纪知识竞赛。

# 大事要闻

2016年1月20日，2016年全省地方税务工作会议在广东省地方税务局召开。

2016年1月20日，2016年全省地税系统党风廉政建设工作会议在广东省地方税务局召开。

2016年3月4日，广东省地方税务局对2015年6月以来全省系统新提任的17名处级党员领导干部进行集体廉政谈话，并签订《廉政承诺书》。

2016年3月22日，广东省地方税务局党组书记、局长吴紫骊（右排左一）带队上线广东“民声热线”节目。

2016年3月29日，广东省地方税务局党组成员、副局长李华东（右排左一）带队上线广东“民声热线”节目。

2016年8月1日，广东省地方税务局党组书记、局长吴紫骊（中），省局党组成员、副局长、广州市地方税务局党组书记、局长揭晔（左一），广东技术师范学院党委书记陈韶（右一）启动广东地税12366系统升级。

2016年9月6日，中共广东省地方税务局直属机关党员大会召开，选举产生了新一届机关党委委员会和纪律检查委员会。

2016年9月27日，广东地税规费监控分析管理平台上线应用动员会暨培训班在广东省佛山市举办。

2016年10月12日，第十届泛珠三角区域地方税务合作会议在广东省佛山市召开。

2016年12月3日，全国税务系统部分省市税收科研工作会议在广东省佛山市召开。

2016年12月6日—7日，全省地税系统领导干部务虚会在佛山南海召开。

2016年2月15日，广东省地方税务局党组书记、局长吴紫骊（正排中）在省局党组成员、副局长杨荣华（正排左三）和肖映波（正排左一）的陪同下，到广州市地方税务局慰问。

2016年6月1日，国家税务总局政策法规司副司长靳万军（左二）到广州市天河区地方税务局调研创建法治税务示范基地工作。

2016年10月14日，中央党校党建工作调研组一行到广州市地方税务局开展“党性教育创新座谈调研”，对广州市地方税务局党建工作和党性教育创新工作给予充分肯定和高度评价。

2016年12月26日，深圳市地方税务局召开地方税收工作会议。

2016年9月29日，全省地税系统党员领导干部“八小时以外”活动监督工作专题座谈会在珠海市地方税务局举行，来自全省23个市（区）局的46名代表参加会议。

2016年11月16日，国家税务总局法治税务示范基地实地核查第七小组实地核查珠海市金湾区地方税务局创建全国法治税务示范基地工作。

2016年1月28日，汕头市地方税务局召开2016年全市地方税务工作会议，贯彻全省地税工作会议精神，全面部署2016年汕头市地方税收工作。

2016年6月28日，汕头市委常委、市纪委书记钟挥锷（左三）在汕头市地方税务局党组书记、局长张振宇（左二）的陪同下，到汕头市地方税务局挂钩帮扶单位大华街道实地调研。

2016年7月5日，广东省地方税务局巡察组巡察韶关市地方税务局动员会召开。

2016年8月25日，河源市江东新区地方税务局正式对外运作。图为河源市地方税务局党组书记、局长徐伟（右）为江东新区地方税务局揭牌。

2016年12月1日，广东省地方税务局2016年社保费专题工作会议在河源召开。

2016年2月24日，梅州市地方税务局召开全市地方税务工作会议。

2016年10月10日，梅州市地方税务局大企业税收管理局挂牌。

2016年11月1日，梅州市地方税务局启动办税事项全市通办。

2016年1月28日，惠州市地方税务局召开全市地方税务工作会议，惠州市副市长邓庆忠（左三）出席会议并讲话。

2016年5月11日，惠州市地方税务局召开全市地税系统2016年“岗位大练兵、业务大比武”活动动员大会。

2016年11月15日，广东地税廉政文艺轻骑队廉政教育轻喜剧《家风》首次在汕尾市马思聪艺术中心演出。广东省地方税务局党组副书记、巡视员杨楚潮（后排左六），汕尾市纪委副书记陈波（后排右六）观看演出，并与演员合影。

2016年1月29日，东莞市地方税务局召开全市地方税务工作会议。

2016年8月30日，全省地税外籍个人（自然人）税收管理高端研讨会在东莞召开。

2016年3月1日，中山市地方税务局“全市通办”启动仪式在中山市行政服务中心举行，市政府副秘书长梁振（中），中山市地方税务局党组书记、局长罗镜文（右二），市行政服务管理办公室主任陈符英（左二）出席启动仪式。

2016年4月19日，中山首个国地税联合办税服务厅——南区联合办税服务厅正式对外运营，南区党工委书记袁永康（左四），中山市国家税务局党组书记、局长唐华安（右四），中山市地方税务局党组书记、局长罗镜文（右三）出席揭牌仪式。

2016年10月28日，中山市地方税务局大企业税收管理局正式挂牌成立。中山市地方税务局党组书记、局长罗镜文（左二）出席挂牌仪式。

2016 年 8 月 30 日，江门市地方税务局大企业税收管理局在江门市蓬江地方税务局正式挂牌成立。

2016 年 8 月 10 日，阳江市地方税务局党组书记、局长蒋安平（左二），党组成员、调研员郑向阳（左三），党组成员、副局长杨路（左四）走进阳江广播电视台，参加“漠阳民声”节目。

2016 年 3 月 22 日，湛江市地方税务局与广东省地方税务局同步上线民声热线节目。

2016 年 1 月 28 日，茂名市地方税务局召开全市地方税务工作会议。

2016 年 3 月 8 日，茂名市地方税务局召开茂名地税系统党组织书记抓基层党建工作述职评议会。

2016 年 1 月 21 日，肇庆市地方税务局举办纳税人学堂揭幕暨首期培训班开班仪式。

2016年4月6日，肇庆市高要区国地税创建肇庆市首个联合办税服务厅。

2016年5月3日，清远市委常委、常务副市长曾贤林(左二)在清远市税务部门调研"营改增"相关工作。

2016年6月30日，清远市地方税务局大企业税收管理局正式挂牌成立。

2016 年 1 月 28 日，揭阳市地方税务局召开全市地方税务工作会议暨全市党风廉政工作会议。

2016 年 7 月 6 日，揭阳市地方税务局党组书记、局长郑杰鹏（正排左三）带领市局班子成员到市局精准扶贫联系点惠来县华湖镇白塔村开展精准扶贫活动。

2016 年 3 月 10 日，云浮市地方税务局召开全市地方税务工作会议，广东省地方税务局党组成员、总经济师罗达佳（左四）出席会议并讲话。

2016年6月1日，云浮市地方税务局召开"问需求　优服务　促改革"税企座谈会。

2016年9月20日，横琴新区地方税务局在横琴新区行政服务大厅举行V-Tax远程可视自助办税系统上线启动仪式。广东省地方税务局党组成员、副局长杨荣华（右二）出席仪式。

2016年10月20日，澳门和横琴《税银合作跨境办税服务项目协议》在第二十一届澳门国际贸易投资展览会（MIF）上正式签订。

2016年6月20日，佛山市首个国地税“一门式”联合办税厅在顺德区行政服务中心揭幕。

2016年8月10日，广东省委办公厅在顺德区组织开展国税、地税征管体制改革调研座谈会。

# 合作交流

2016年3月3日，广东省国地税合作工作交流推进会和合作示范区建设现场研讨会在珠海召开。

2016年4月1日，广东省国家税务局、广东省地方税务局、共青团广东省委员会、广东省保监局在广州联合举办税收服务“双创”春笋行动暨第25个税收宣传月启动仪式。

2016年6月1日，广东省国家税务局、地方税务局与腾讯公司签署“互联网+税务”战略合作框架协议。

2016 年 6 月 14 日，广东省国家税务局、地方税务局与广发银行在广发金融中心签署《税收遵从合作协议》。

2016 年 6 月 29 日，全国首个国地税共建的省级电子税务局——广东省电子税务局（www.etax-gd.gov.cn）一期功能正式上线运行。广东省国家税务局党组书记、局长胡金木（右一）与省地方税务局党组书记、局长吴紫骊（右二）启动广东省电子税务局上线。

2016 年 3 月 23 日，广州市第六次国地税联合会议召开，明确将“深化国税、地税征管体制改革”作为做好 2016 年及“十三五”时期税收工作的主线。

2016 年 3 月 31 日，成都市地方税务局局长张建一行到广州市地方税务局调研交流。

2016 年 12 月 29 日，广州市地方税务局与市国家税务局共同打造的广州税务企业号正式上线，成为全国首家税务企业号。

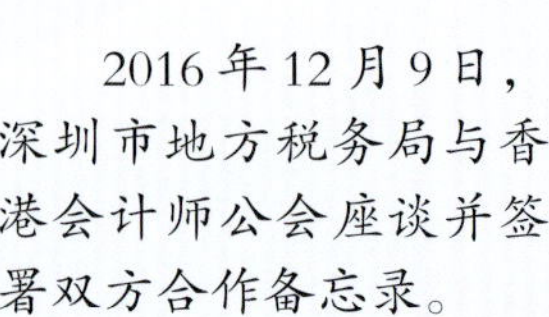

2016 年 12 月 9 日，深圳市地方税务局与香港会计师公会座谈并签署双方合作备忘录。

2016年3月1日，河源市地方税务局党组副书记、副局长练富强一行到珠海市地方税务局开展交流活动。

2016年3月24日，江苏省连云港市地方税务局局长胡军（前排左二）带队到珠海市地方税务局，就国地税联合办税、信息化建设、干部队伍建设等进行交流。

2016年4月8日，汕头市国家税务局、地方税务局召开联席会议暨国地税合作工作推进会。

2016年6月28日，汕头市南澳县第一个国地税联合办税服务厅正式启用。

2016年4月18日，佛山市国地税联合办税服务厅揭牌仪式举行。

2016年4月24日，佛山市国家税务局、地方税务局在佛山市三水区联合举办益起徒步活动。

2016年3月16日，韶关市国地税征管体制改革推进督办落实工作领导小组第二次会议召开。

2016年8月22日，韶关市国家税务局、地方税务局联合举办国际税收业务培训班。

2016年3月24日，河源市国家税务局、地方税务局联合举办大企业税务风险防控专题培训班。

2016年3月16日，江西省赣州市地方税务局党组副书记、调研员李强（左二）一行到河源市地方税务局交流学习文化建设和绩效管理。

2016年8月，阳江市地方税务局到河源市地方税务局开展税务稽查管理体制改革专题学习交流。

2016年10月8日，梅州市梅县区国地税部门建成联合办税厅。

2016年11月5日，梅州市国地税部门联合开展税法宣传。

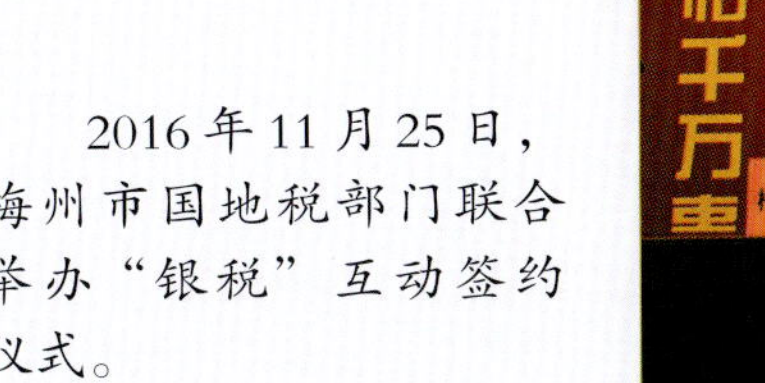

2016年11月25日，梅州市国地税部门联合举办“银税”互动签约仪式。

2016年4月24日，惠州市地方税务局联合市国家税务局举办“聚焦营改增试点 助力供给侧改革——小手牵大手税宣嘉年华”大型户外税收宣传活动。

2016年3月22日，汕尾市国家税务局、地方税务局第二次工作联席会议在汕尾市地方税务局举行，汕尾市国家税务局、地方税务局领导班子参加会议，会议就深化征管体制改革、落实国地税合作规范和“营改增”相关事宜达成共识。

2016年4月18日，东莞市首个国地税联合办税厅正式启用。

2016年9月5日，东莞市地方税务局联合市国家税务局、道滘镇政府举办“国地通发票代开易”O2O项目启动仪式。

2016年9月27日，广州市地方税务局大企业税收管理局到中山市地方税务局开展工作交流。

2016年11月11日，中山市国家税务局、地方税务局联合举办市级大企业税企高层见面会暨税务风险管理培训班。中山市国家税务局党组书记、局长唐华安，中山市地方税务局党组书记、局长罗镜文参加会议。

2016年10月12日，东莞市国家税务局、地方税务局联合考察组到蓬江区国税地税联合办税服务厅开展调研。

2016年5月31日，江门市地方税务局党组书记、局长陈雁成（正排左四）率队到阳江市地方税务局开展学习交流。

2016年10月27日，阳江市国家税务局、地方税务局和保险行业协会联合举行"税保合作"服务小微企业发展项目合作备忘录签约仪式。

2016年4月28日，湛江市第七次国地税联席会议在湛江市地方税务局召开。

2016 年 10 月 10 日，清远市地方税务局党组书记、局长徐杰（右排左六）带队到湛江市地方税务局交流。

2016 年 11 月 29 日，珠海市地方税务局党组书记、局长严贵杨（右排左三）带队到湛江市地方税务局交流。

2016 年 3 月 17 日，茂名市地方税务局、国家税务局召开国地税合作联席会议。

2016年10月12日，茂名市地方税务局、国家税务局和金融机构举办茂名市"银税互动"及"税保合作"框架协议签字仪式。

2016年3月11日，肇庆市国家税务局、地方税务局开展国地税合作工作交流。

2016年7月19日，肇庆市地方税务局党组书记、局长林兆华（右排左五）带队到中山市地方税务局开展交流。

2016年6月8日，清远市开发区国家税务局、地方税务局联合向纳税人代表“问需求”。

2016年10月12日，清远市开发区国家税务局、地方税务局在广州（清远）产业转移工业园联合举办税收服务与管理税企见面会。

2016年9月22日，潮州市国家税务局、地方税务局联合举办市级大企业税企高层见面会，邀请四通陶瓷等13户市级大企业法人代表、财务负责人座谈交流。

2016年11月1日，潮州市地方税务局、国家税务局和中国邮政速递物流潮州分公司共同举行“发票及涉税文书邮政特快专递便民服务签约暨启动仪式”。

2016年4月29日，揭阳市国家税务局、地方税务局联合举办税收宣传进银行活动。

2016年4月29日，揭阳市国地税联合办税服务厅揭牌。

2016年3月17日，云浮市国家税务局、地方税务局召开联席会议，研究部署国地税合作工作。

2016年11月30日，云浮市国地税合作暨"一窗办"工作现场会在新兴县召开。

2016年4月29日，深汕特别合作区地方税务局与国家税务局举行国地税联合办税服务厅揭牌仪式。

2016 年 10 月 31 日，深汕合作区地方税务局联合区国家税务局举办纳税信用政策法规宣讲会。

2016 年 1 月 26 日，顺德区国家税务局、地方税务局联合召开高新技术及研发费加计扣除辅导会。

2016 年 4 月 26 日，顺德区国家税务局、地方税务局联合举办“发挥税改优势 服务金科产融合发展”宣讲会，发布“营改增”“8+4”服务承诺。

## 基层活动

2016年4月16日，广州市地方税务局规费服务中心在广州西关小屋开展纳税服务志愿活动。

2016年4月17日，广州市荔湾区地方税务局开展多种形式的税收宣传活动。

2016年9月10日，广州地税系统职工业余毽球、跳绳比赛在广州市工人体育场举行。

2016 年 7 月 14 日—15 日，珠海市地方税务局党组书记、局长严贵杨（左七）一行前往挂点扶贫地茂名市电白县林头镇新圩村开展扶贫工作。

2016 年 10 月 30 日，珠海市地方税务局团委组织市局 13 名红山志愿者及家属到斗门莲洲镇新丰村开展爱心帮扶活动。

2016年12月29日，珠海市地方税务局举办明德讲堂活动。

2016年7月3日，汕头市地方税务局组织举办2016年汕头市地税系统“岗位大练兵，业务大比武”考试。

2016年7月12日，在中共汕头市纪委主办的“潮韵清风”廉政灯谜大赛决赛中，汕头市地方税务局代表队的林映、吴扬、邱桐欢3位选手荣获“三等奖”。

2016年5月13日，佛山市地方税务局举办全市地税系统2016运动会足球赛。

2016年6月28日，韶关市地方税务局举办全市地税系统党的知识竞赛活动。

2016年5月8日，河源市连平县地方税务局组织全体女干部职工前往河源市家训文化传扬示范基地开展"好家风"学习大讨论活动。

2016年6月29日，河源市地方税务局代表队参加河源市庆祝中国共产党成立95周年合唱大赛决赛并获得银奖。

2016 年 9 月 28 日，梅州市地方税务局举办迎国庆趣味运动会。

2016 年 10 月 17 日，梅州市地方税务局足球队荣获梅州市职工足球联赛亚军。

2016 年 6 月 23 日，惠州市地方税务局合唱团荣获市直机关“颂歌献给党”歌咏比赛二等奖和优秀组织奖。

2016年10月24日，广东地税廉政文艺轻骑队创作编排的廉政教育情景剧——《家风》在惠州西湖大剧院首演取得圆满成功。

2016年5月7日，汕尾市红海湾区地方税务局借助“悦自然·悦健康”15公里徒步活动平台，联合区国家税务局在徒步沿线开展税收宣传活动。

2016年11月18日，东莞市地方税务局道滘分局走进道滘镇中心小学开展税收宣传活动。

2016年10月11日，由中山国家税务局、地方税务局联合举办的首届中山市“税务杯”税收动漫大赛颁奖典礼在中山市漫画馆隆重举行。

2016年10月16日，中山市地税系统第十届运动会落下帷幕，共有36个单位近千人次参加比赛。

2016年4月27日，阳江市江城区国地税联合税收志愿者服务队正式成立。

2016年12月29日，阳江市地方税务局机关举办第四次“不忘初心”党员政治生日会。

2016年6月13日，茂名市地方税务局荣获茂名市第二届“廉洁火炬杯”党规党纪知识竞赛第一名。

2016年8月26日，茂名市茂南区地方税务局获纳税人赠送锦旗。

2016 年 3 月 31 日，肇庆市“营改增”税宣万户行暨第 25 个税收宣传月启动仪式举行。

2016 年 6 月 17 日，肇庆市地方税务局参加肇庆市第二届“廉洁火炬杯”党规党纪知识竞赛。

2016 年 2 月 2 日，清远市地方税务局工会举办“猴年猴犀利　新春好声音”歌唱大赛。

2016年6月3日，清远市地方税务局参加“唱响《中国共产党党员之歌》”合唱活动。

2016年4月30日，潮州市地方税务局联合市国家税务局开展以“聚焦营改增试点　助力供给侧改革”为主题的税收政策宣传活动。

2016年4月，潮州市湘桥区地方税务局将税收知识宣传灯谜活动作为深化宣传的有效方式和重点项目，与市灯谜协会签订协议，每周六在市人民广场搭建谜台并贯穿全年。

2016 年 4 月 25 日，普宁市地方税务局联合国家税务局在市职业技术学校开展“税收大讲堂”活动。

2016 年 7 月 7 日，揭阳市蓝城区地方税务局白塔分局被授予省特级“档案综合管理单位”称号。

2016 年 6 月 13 日，云浮市地方税务局举办“好书共读　青春伴经典同行”读书沙龙活动。

2016年3月8日，横琴新区地方税务局参加新区"巾帼建新功　共筑中国梦"文体活动，获二等奖。

2016年8月25日—26日，横琴新区地方税务局欧阳巧巧参加2016年广东地税乒乓球比赛珠海赛区比赛，与队友一起获得团体比赛第三名和女双第三名。

2016年4月27日，深汕合作区地方税务局到辖区内鲘门镇中心小学开展税法入校园活动。

2016年10月27日，顺德区地方税务局举办"综合技能大比拼"活动。

# 数字地税

1994—2016年广东省地方税务局税收收入和增长情况

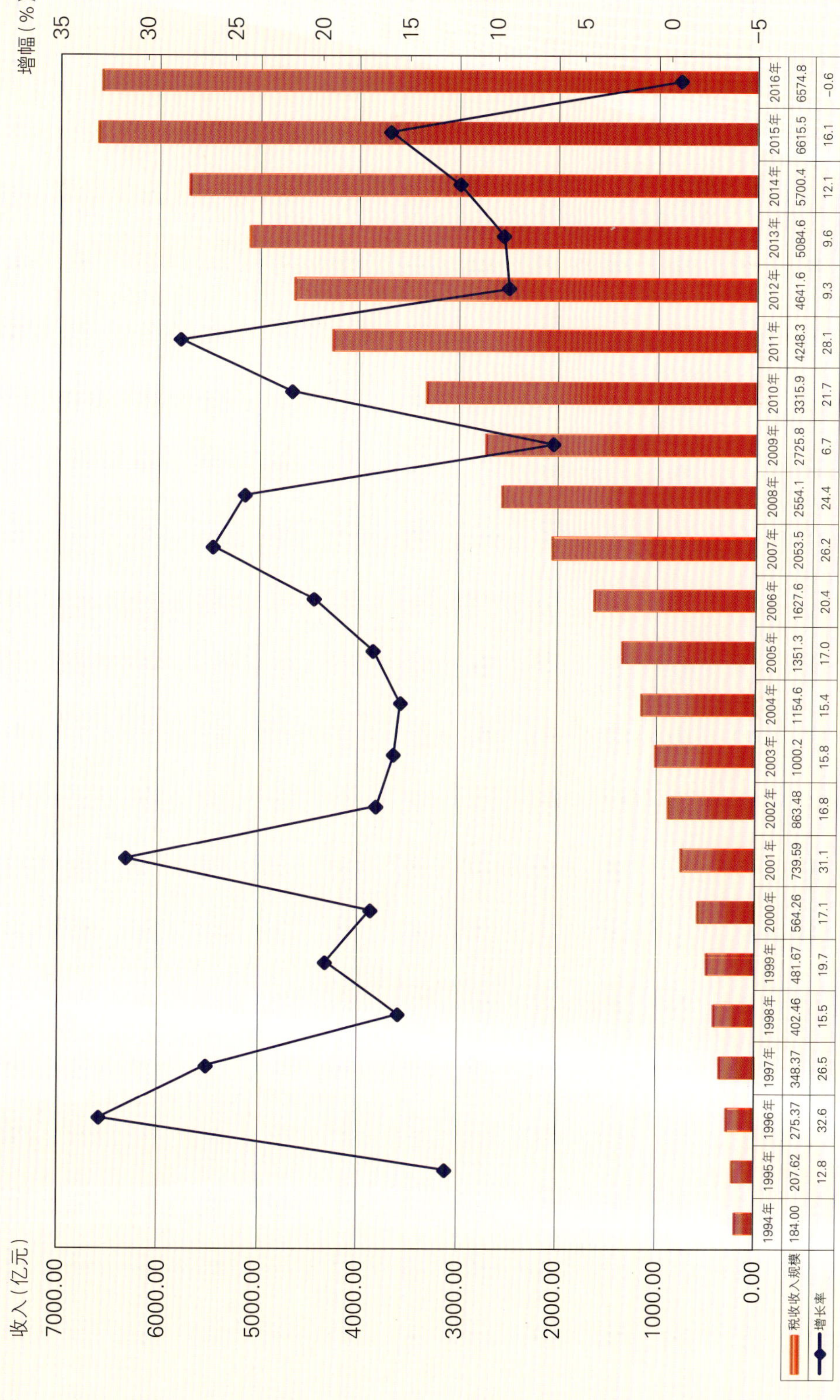


| | 1994年 | 1995年 | 1996年 | 1997年 | 1998年 | 1999年 | 2000年 | 2001年 | 2002年 | 2003年 | 2004年 | 2005年 |
|---|---|---|---|---|---|---|---|---|---|---|---|---|
| 税收收入规模 | 184.00 | 207.62 | 275.37 | 348.37 | 402.46 | 481.67 | 564.26 | 739.59 | 863.48 | 1000.2 | 1154.6 | 1351.3 |
| 增长率 | | 12.8 | 32.6 | 26.5 | 15.5 | 19.7 | 17.1 | 31.1 | 16.8 | 15.8 | 15.4 | 17.0 |

| | 2006年 | 2007年 | 2008年 | 2009年 | 2010年 | 2011年 | 2012年 | 2013年 | 2014年 | 2015年 | 2016年 |
|---|---|---|---|---|---|---|---|---|---|---|---|
| 税收收入规模 | 1627.6 | 2053.5 | 2554.1 | 2725.8 | 3315.9 | 4248.3 | 4641.6 | 5084.6 | 5700.4 | 6615.5 | 6574.8 |
| 增长率 | 20.4 | 26.2 | 24.4 | 6.7 | 21.7 | 28.1 | 9.3 | 9.6 | 12.1 | 16.1 | −0.6 |

## 1994—2016年广东地方税务局税收收入（不含契税、耕地占用税）和增长情况

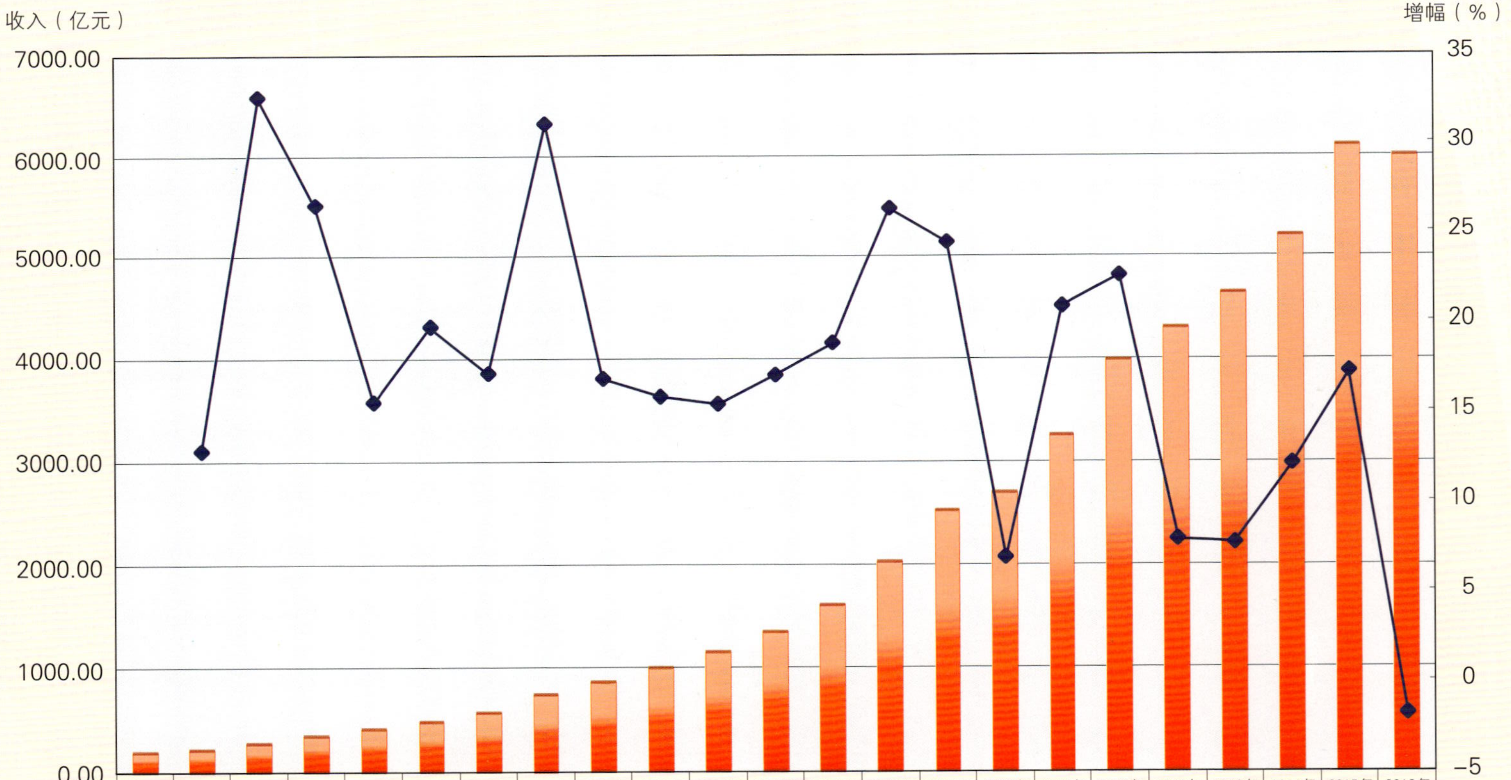

| | 1994年 | 1995年 | 1996年 | 1997年 | 1998年 | 1999年 | 2000年 | 2001年 | 2002年 | 2003年 | 2004年 | 2005年 | 2006年 | 2007年 | 2008年 | 2009年 | 2010年 | 2011年 | 2012年 | 2013年 | 2014年 | 2015年 | 2016年 |
|---|---|---|---|---|---|---|---|---|---|---|---|---|---|---|---|---|---|---|---|---|---|---|---|
| 税收收入规模 | 184.00 | 207.62 | 275.37 | 348.37 | 402.46 | 481.67 | 564.26 | 739.59 | 863.48 | 1000.2 | 1154.6 | 1351.3 | 1604.9 | 2026.3 | 2521.3 | 2695.5 | 3256.1 | 3987.6 | 4302.8 | 4634.3 | 5197.1 | 6092.9 | 5984.4 |
| 增长率 | | 12.8 | 32.6 | 26.5 | 15.5 | 19.7 | 17.1 | 31.1 | 16.8 | 15.8 | 15.4 | 17.0 | 18.8 | 26.3 | 24.4 | 6.9 | 20.8 | 22.5 | 7.9 | 7.7 | 12.1 | 17.2 | −1.8 |

## 2000—2016年广东省地方税务局社会保险基金收入和增长情况

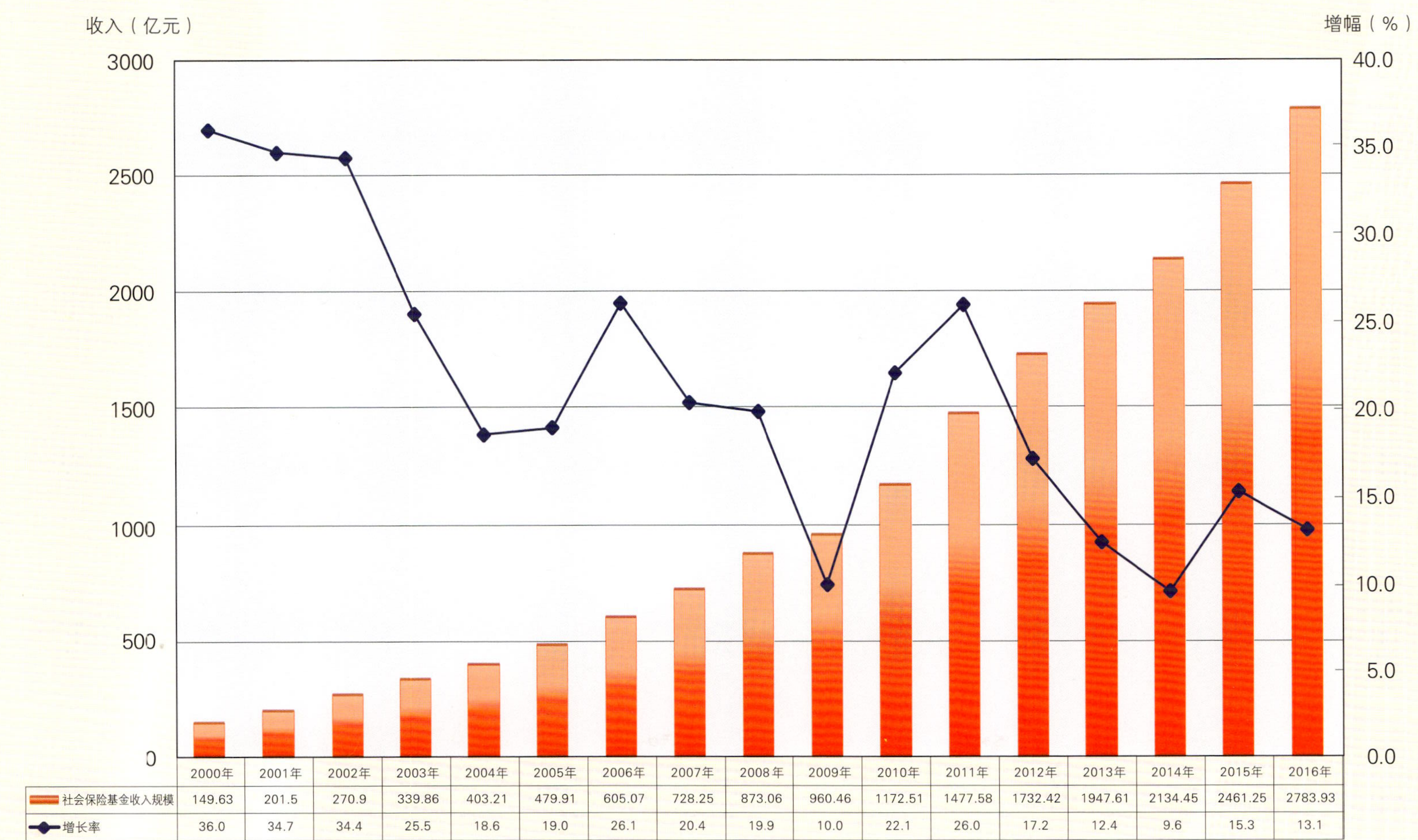


| | 2000年 | 2001年 | 2002年 | 2003年 | 2004年 | 2005年 | 2006年 | 2007年 | 2008年 | 2009年 | 2010年 | 2011年 | 2012年 | 2013年 | 2014年 | 2015年 | 2016年 |
|---|---|---|---|---|---|---|---|---|---|---|---|---|---|---|---|---|---|
| 社会保险基金收入规模 | 149.63 | 201.5 | 270.9 | 339.86 | 403.21 | 479.91 | 605.07 | 728.25 | 873.06 | 960.46 | 1172.51 | 1477.58 | 1732.42 | 1947.61 | 2134.45 | 2461.25 | 2783.93 |
| 增长率 | 36.0 | 34.7 | 34.4 | 25.5 | 18.6 | 19.0 | 26.1 | 20.4 | 19.9 | 10.0 | 22.1 | 26.0 | 17.2 | 12.4 | 9.6 | 15.3 | 13.1 |

# 2016 年广东省地方税务局分单位税收收入情况

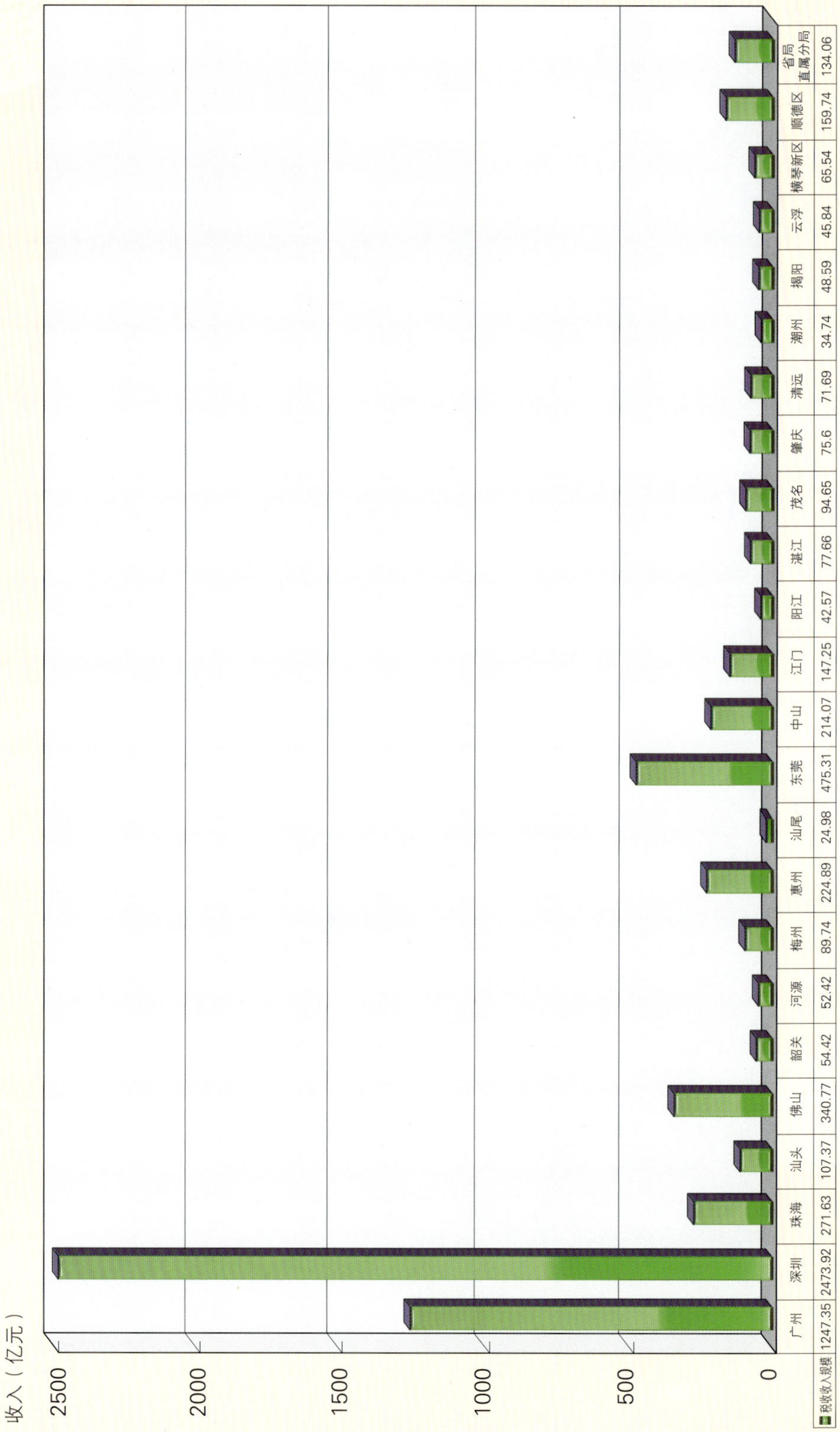

| | 广州 | 深圳 | 珠海 | 汕头 | 佛山 | 韶关 | 河源 | 梅州 | 惠州 | 汕尾 | 东莞 | 中山 | 江门 | 阳江 | 湛江 | 茂名 | 肇庆 | 清远 | 潮州 | 揭阳 | 云浮 | 横琴新区 | 顺德区 | 省局直属分局 |
|---|---|---|---|---|---|---|---|---|---|---|---|---|---|---|---|---|---|---|---|---|---|---|---|---|
| 税收收入规模 | 1247.35 | 2473.92 | 271.63 | 107.37 | 340.77 | 54.42 | 52.42 | 89.74 | 224.89 | 24.98 | 475.31 | 214.07 | 147.25 | 42.57 | 77.66 | 94.65 | 75.6 | 71.69 | 34.74 | 48.59 | 45.84 | 65.54 | 159.74 | 134.06 |

## 2016 年广东省地方税务局税收收入占全省 GDP 比重情况

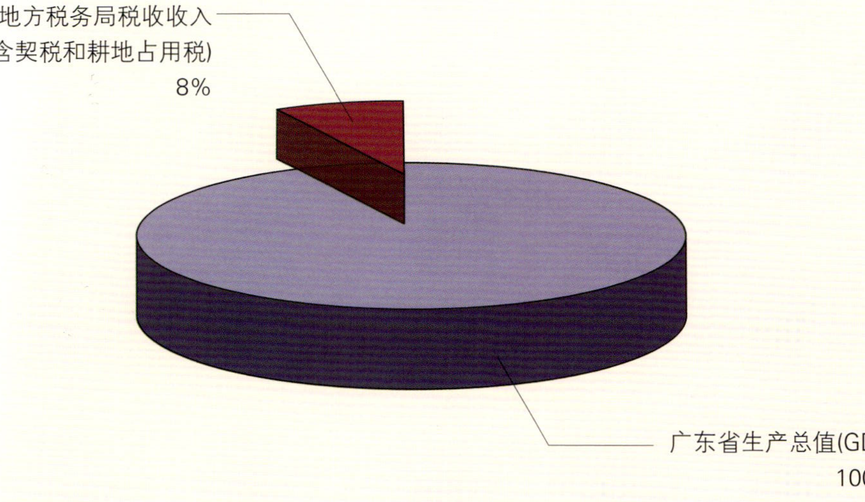


单位：亿元

| 广东省生产总值（GDP） | 79512.05 |
|---|---|
| 广东省地方税务局税收收入（含契税和 耕地占用税） | 6574.8 |

## 2016年广东省地方税务局税收收入分级次结构

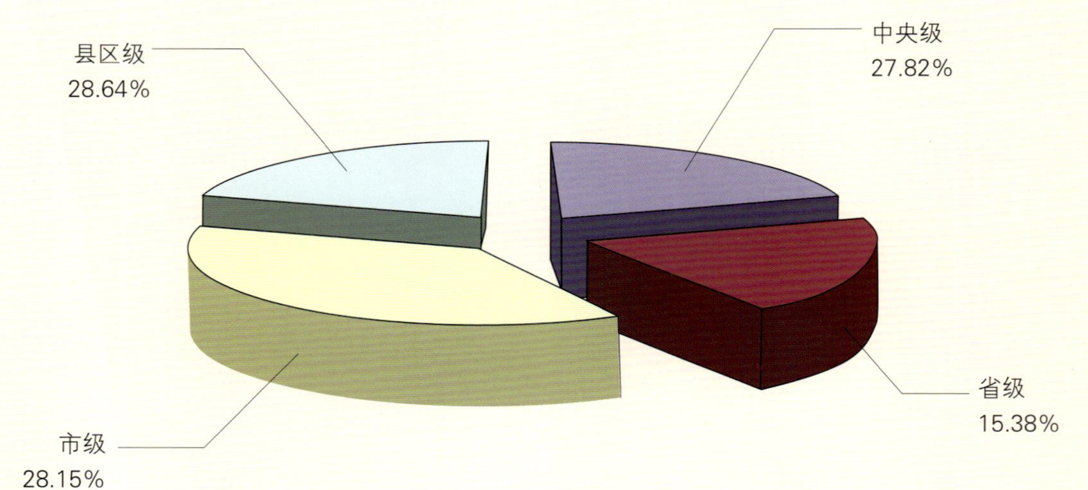


单位：万元

| 合　计 | 中　央 | 省　级 | 市　级 | 县区级 |
|---|---|---|---|---|
| 65747975 | 18293972 | 10111569 | 18509242 | 18833192 |

## 2016年广东省地方税务局税收收入分税种结构

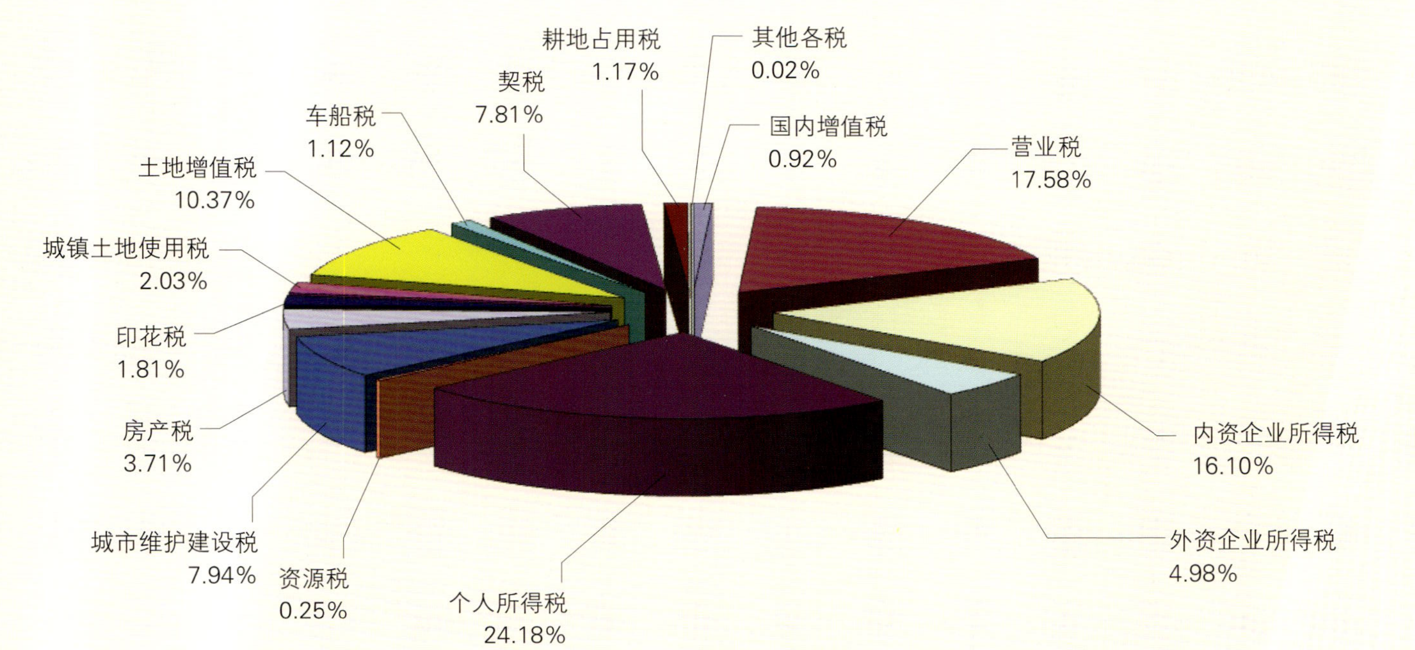


单位：万元

| 总计 | 国内增值税 | 营业税 | 内资企业所得税 | 外资企业所得税 | 个人所得税 | 资源税 | 城市维护建设税 | 房产税 | 印花税 | 城镇土地使用税 | 土地增值税 | 车船税 | 契税 | 耕地占用税 | 其他各税 |
|---|---|---|---|---|---|---|---|---|---|---|---|---|---|---|---|
| 65747975 | 605514 | 11559111 | 10587640 | 3272373 | 15898689 | 166975 | 5222667 | 2437551 | 1192299 | 1335066 | 6815248 | 735893 | 5136687 | 766780 | 15482 |

## 2016年广东省地方税务局税收收入分区域结构

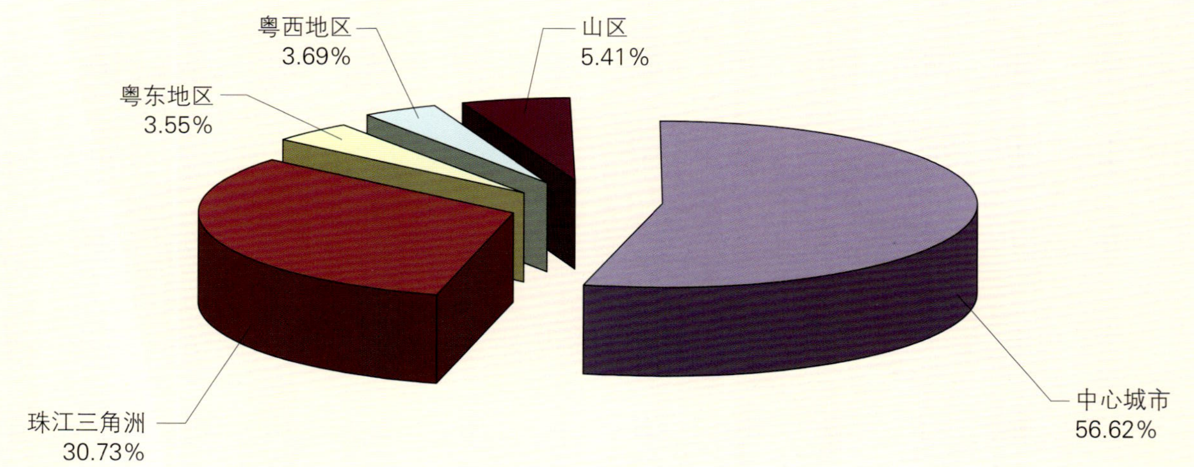


单位：万元

| 全省税收收入 | 中心城市 | 珠江三角洲 | 粤东地区 | 粤西地区 | 山区 |
|---|---|---|---|---|---|
| 65747975 | 37456763 | 20331599 | 2348072 | 2438581 | 3580644 |

分区域说明：中心城市为广州（含省局直属分局）、深圳；
珠江三角洲为珠海、中山、江门、佛山、东莞、惠州、肇庆、横琴、顺德；
粤东地区包括汕头、汕尾、潮州、揭阳；
粤西地区包括湛江、茂名、阳江；
山区包括韶关、河源、梅州、清远、云浮。

## 2016 年广东省地方税务局税收收入分产业结构

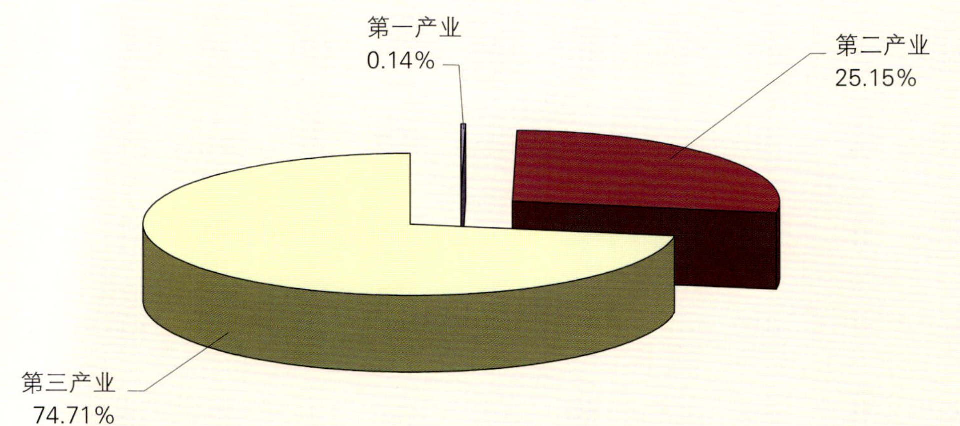


单位：万元

| 税收收入合计 | 第一产业 | 第二产业 | 第三产业 |
|---|---|---|---|
| 65747975 | 92923 | 16537961 | 49117091 |

## 2016 年广东省地方税务局税收收入分企业类型结构

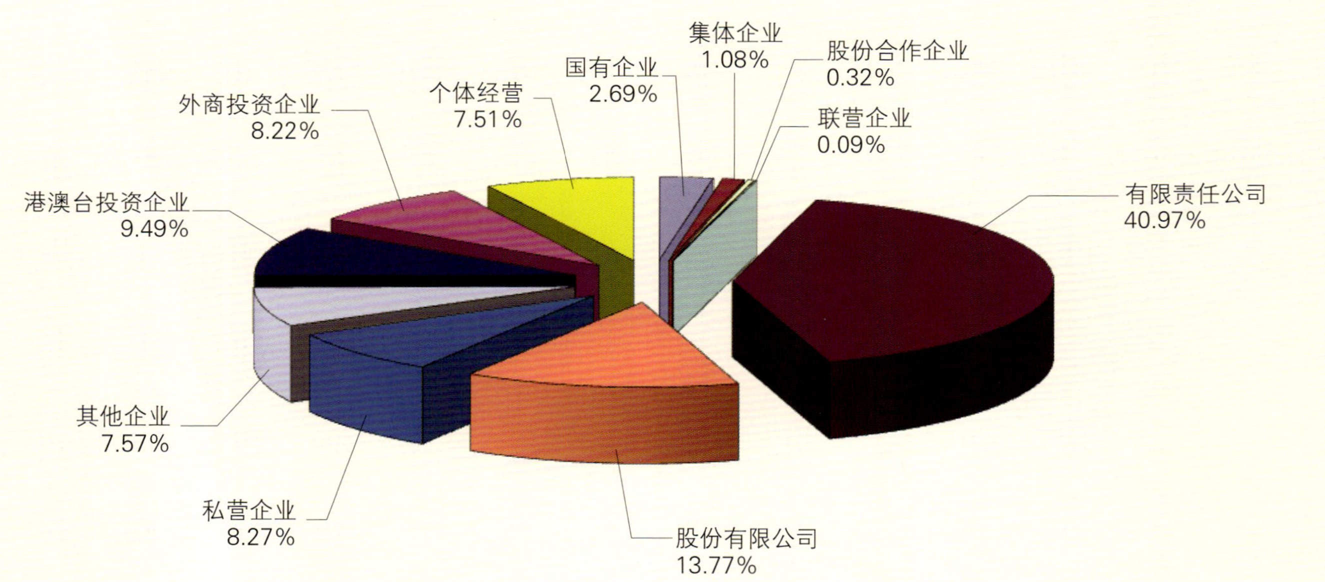


单位：万元

| 税收收入总计 | 国有企业 | 集体企业 | 股份合作企业 | 联营企业 | 有限责任公司 | 股份有限公司 | 私营企业 | 其他企业 | 港澳台投资企业 | 外商投资企业 | 个体经营 |
|---|---|---|---|---|---|---|---|---|---|---|---|
| 65747975 | 1771783 | 711407 | 210580 | 62195 | 26937427 | 9056783 | 5437599 | 4974435 | 6241314 | 5405816 | 4938636 |

## 2016年广东省地方税务局分单位营业税收入情况

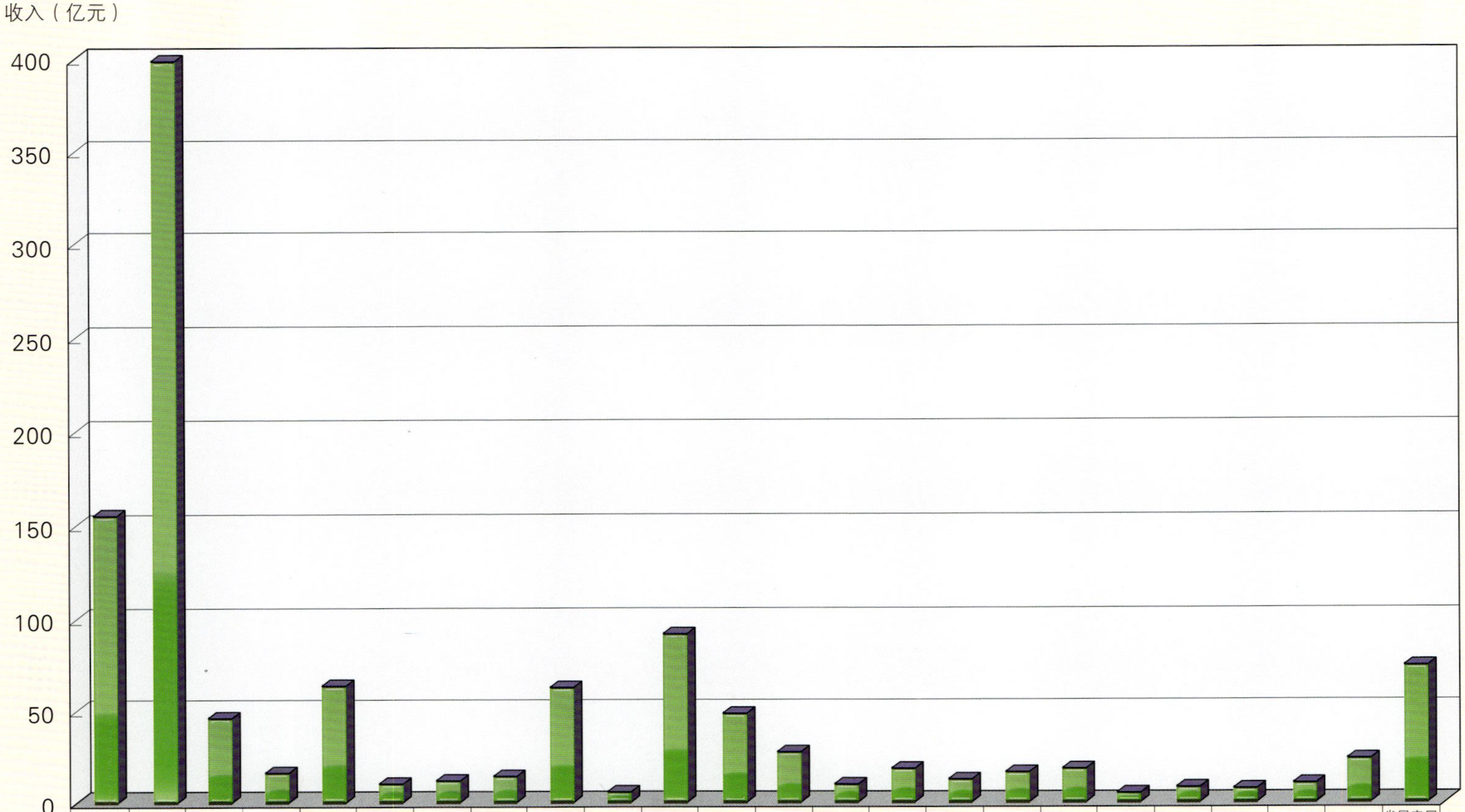

收入（亿元）

| | 广州 | 深圳 | 珠海 | 汕头 | 佛山 | 韶关 | 河源 | 梅州 | 惠州 | 汕尾 | 东莞 | 中山 | 江门 | 阳江 | 湛江 | 茂名 | 肇庆 | 清远 | 潮州 | 揭阳 | 云浮 | 横琴新区 | 顺德区 | 省局直属分局 |
|---|---|---|---|---|---|---|---|---|---|---|---|---|---|---|---|---|---|---|---|---|---|---|---|---|
| 营业税收入规模 | 156.03 | 399.08 | 45.19 | 16.88 | 63.42 | 9.95 | 11.6 | 14.47 | 61.93 | 6.9 | 90.56 | 48.82 | 27.21 | 9.62 | 17.64 | 12.95 | 16.17 | 17.54 | 5.07 | 8.64 | 8.11 | 10.07 | 23.91 | 74.16 |

## 2016 年广东省地方税务局分单位企业所得税收入情况

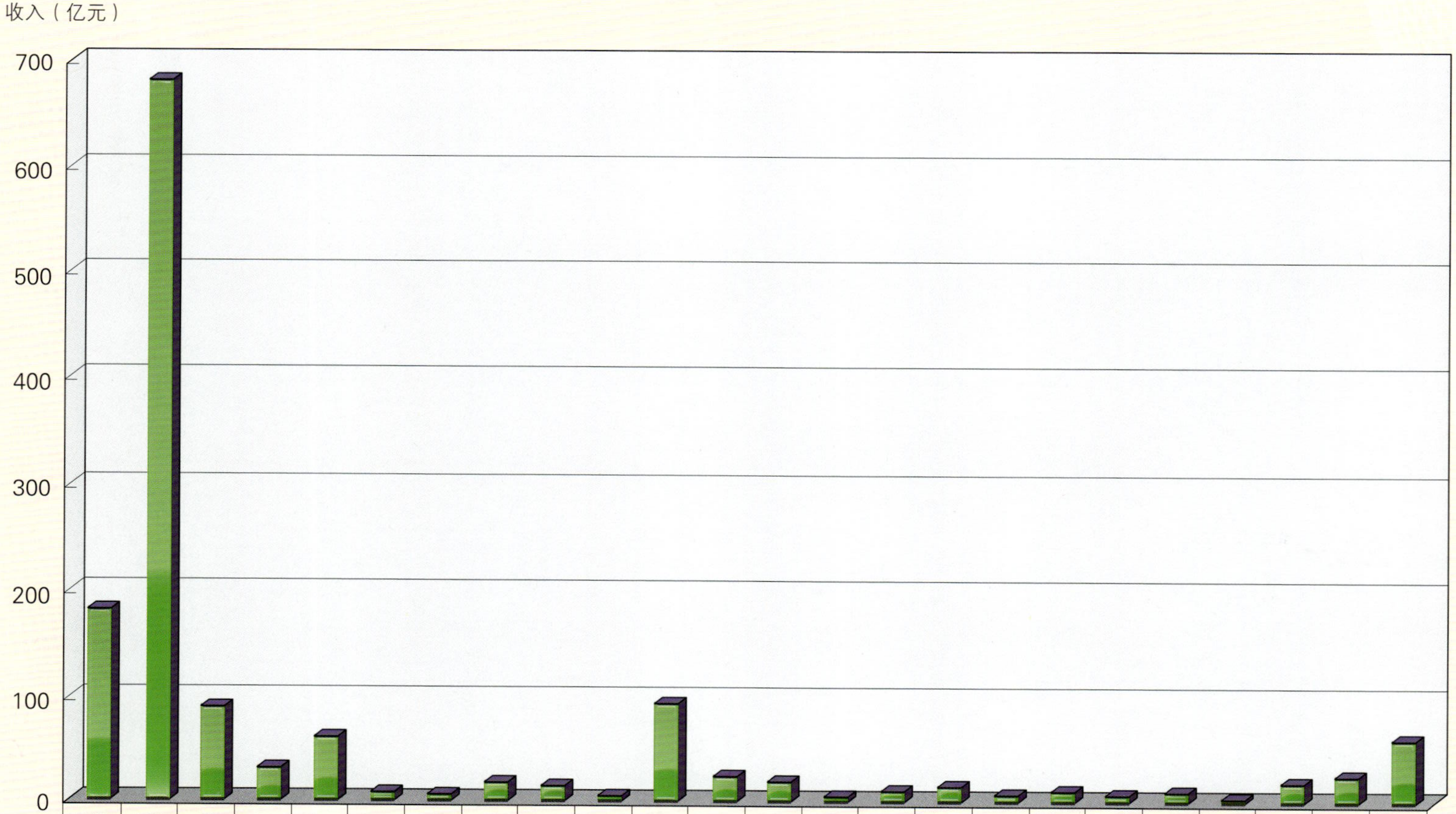

收入（亿元）

| | 广州 | 深圳 | 珠海 | 汕头 | 佛山 | 韶关 | 河源 | 梅州 | 惠州 | 汕尾 | 东莞 | 中山 | 江门 | 阳江 | 湛江 | 茂名 | 肇庆 | 清远 | 潮州 | 揭阳 | 云浮 | 横琴新区 | 顺德区 | 省局直属分局 |
|---|---|---|---|---|---|---|---|---|---|---|---|---|---|---|---|---|---|---|---|---|---|---|---|---|
| 企业所得税收入规模 | 177.33 | 679.27 | 88.84 | 28.57 | 60.49 | 5.51 | 4.82 | 15.97 | 13.8 | 3.48 | 92.61 | 23.24 | 19.25 | 4.91 | 10.02 | 14.04 | 8.04 | 9.88 | 6.66 | 10.64 | 4.45 | 18.77 | 25.6 | 59.84 |

## 2016 年广东省地方税务局分单位个人所得税收入情况

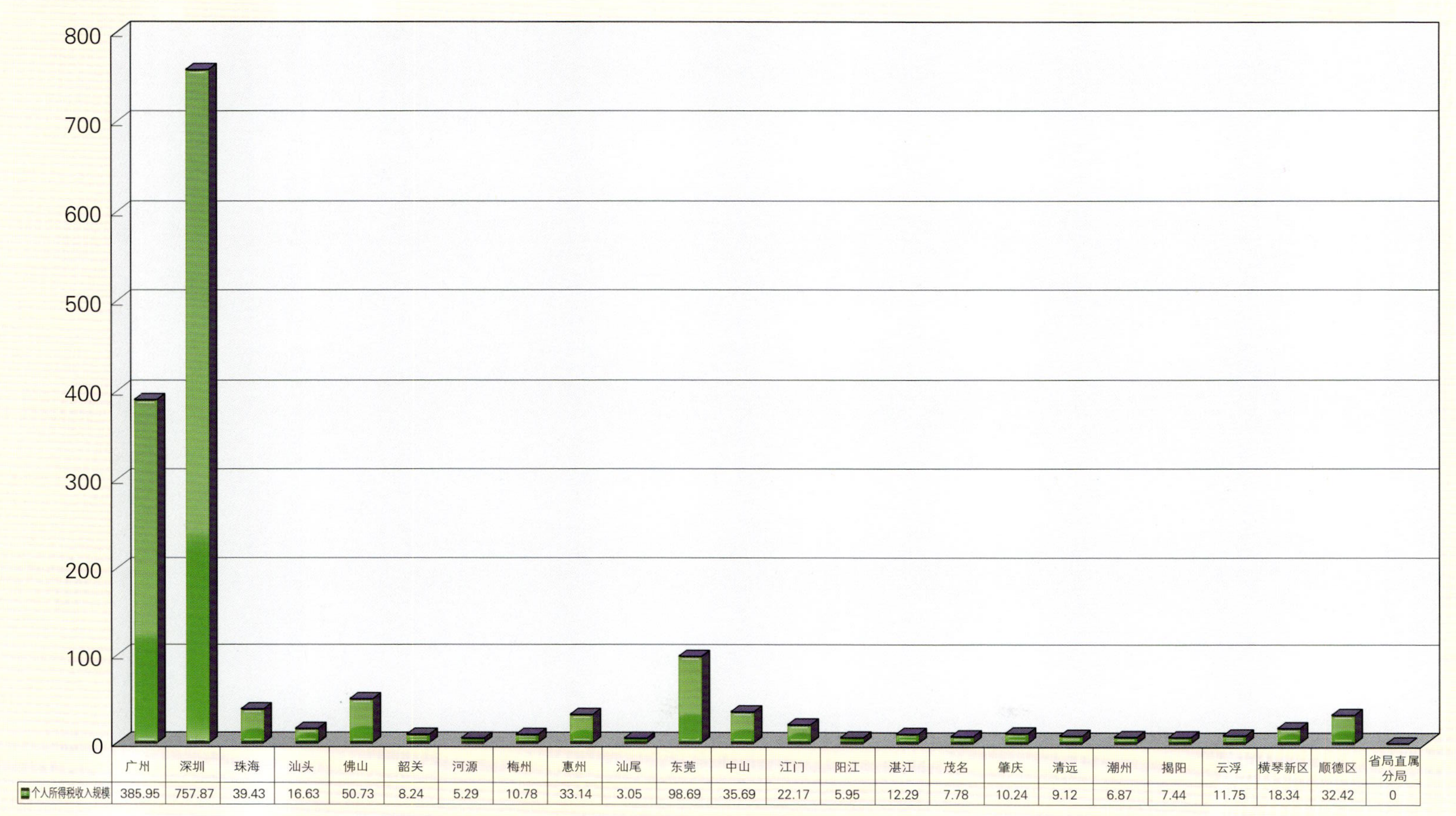

## 2016年广东省地方税务局分单位涉外税收收入情况

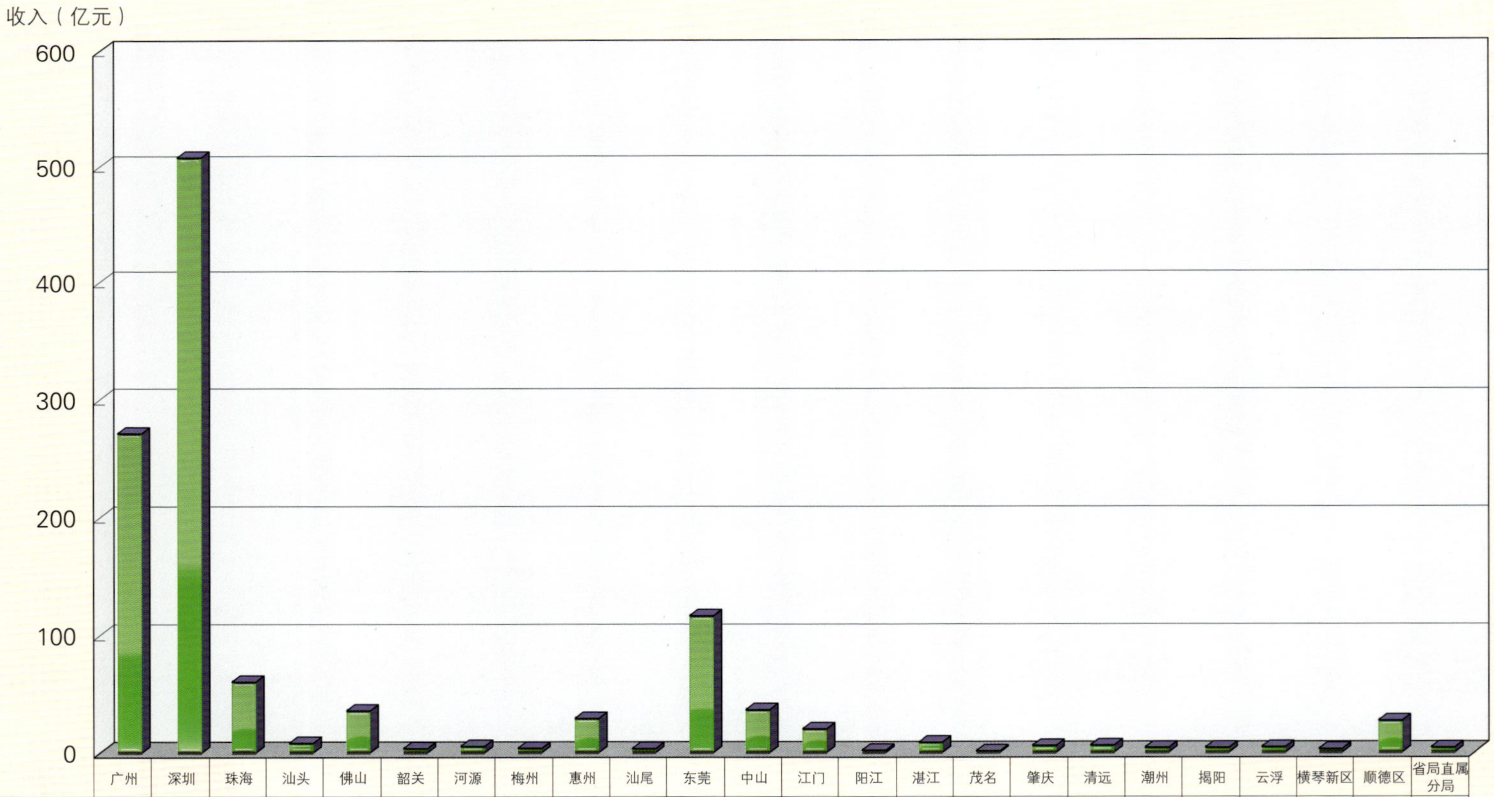

收入（亿元）

| 单位 | 涉外税收收入规模 |
|---|---|
| 广州 | 269.8 |
| 深圳 | 505.1 |
| 珠海 | 61.1 |
| 汕头 | 9.81 |
| 佛山 | 35.68 |
| 韶关 | 3.02 |
| 河源 | 4.06 |
| 梅州 | 2.88 |
| 惠州 | 30.62 |
| 汕尾 | 2.46 |
| 东莞 | 117.15 |
| 中山 | 36.85 |
| 江门 | 21.25 |
| 阳江 | 1.74 |
| 湛江 | 8.76 |
| 茂名 | 0.59 |
| 肇庆 | 5.39 |
| 清远 | 5.99 |
| 潮州 | 1.33 |
| 揭阳 | 1.49 |
| 云浮 | 5.64 |
| 横琴新区 | 3.2 |
| 顺德区 | 27.49 |
| 省局直属分局 | 3.3 |

## 2016年广东省地方税务局分单位资源税收入情况

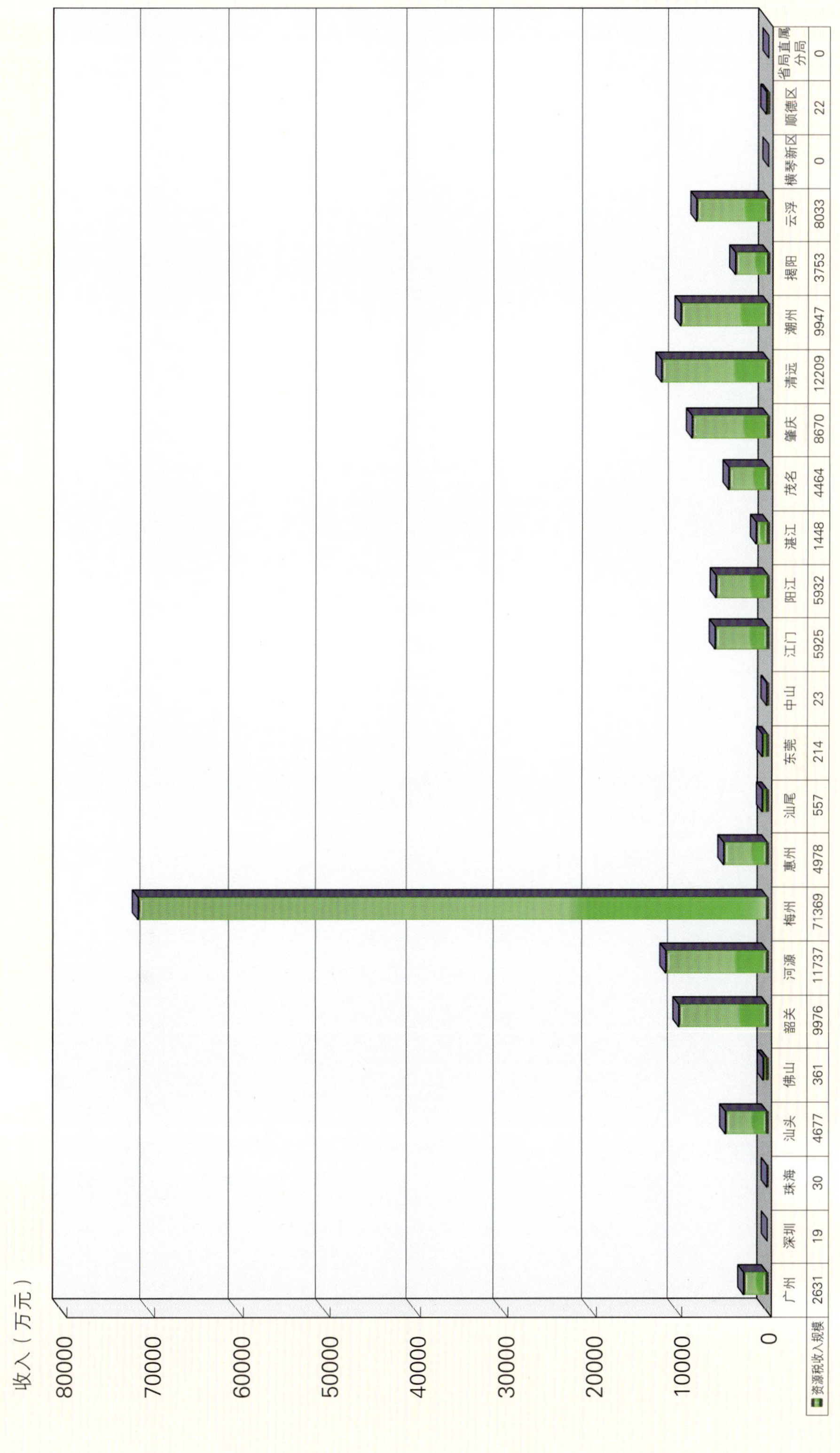


| | 广州 | 深圳 | 珠海 | 汕头 | 佛山 | 韶关 | 河源 | 梅州 | 惠州 | 汕尾 | 东莞 | 中山 | 江门 | 阳江 | 湛江 | 茂名 | 肇庆 | 清远 | 潮州 | 揭阳 | 云浮 | 横琴新区 | 顺德区 | 省局直属分局 |
|---|---|---|---|---|---|---|---|---|---|---|---|---|---|---|---|---|---|---|---|---|---|---|---|---|
| 资源税收入规模 | 2631 | 19 | 30 | 4677 | 361 | 9976 | 11737 | 71369 | 4978 | 557 | 214 | 23 | 5925 | 5932 | 1448 | 4464 | 8670 | 12209 | 9947 | 3753 | 8033 | 0 | 22 | 0 |

## 2016年广东省地方税务局分单位社会保险基金收入情况

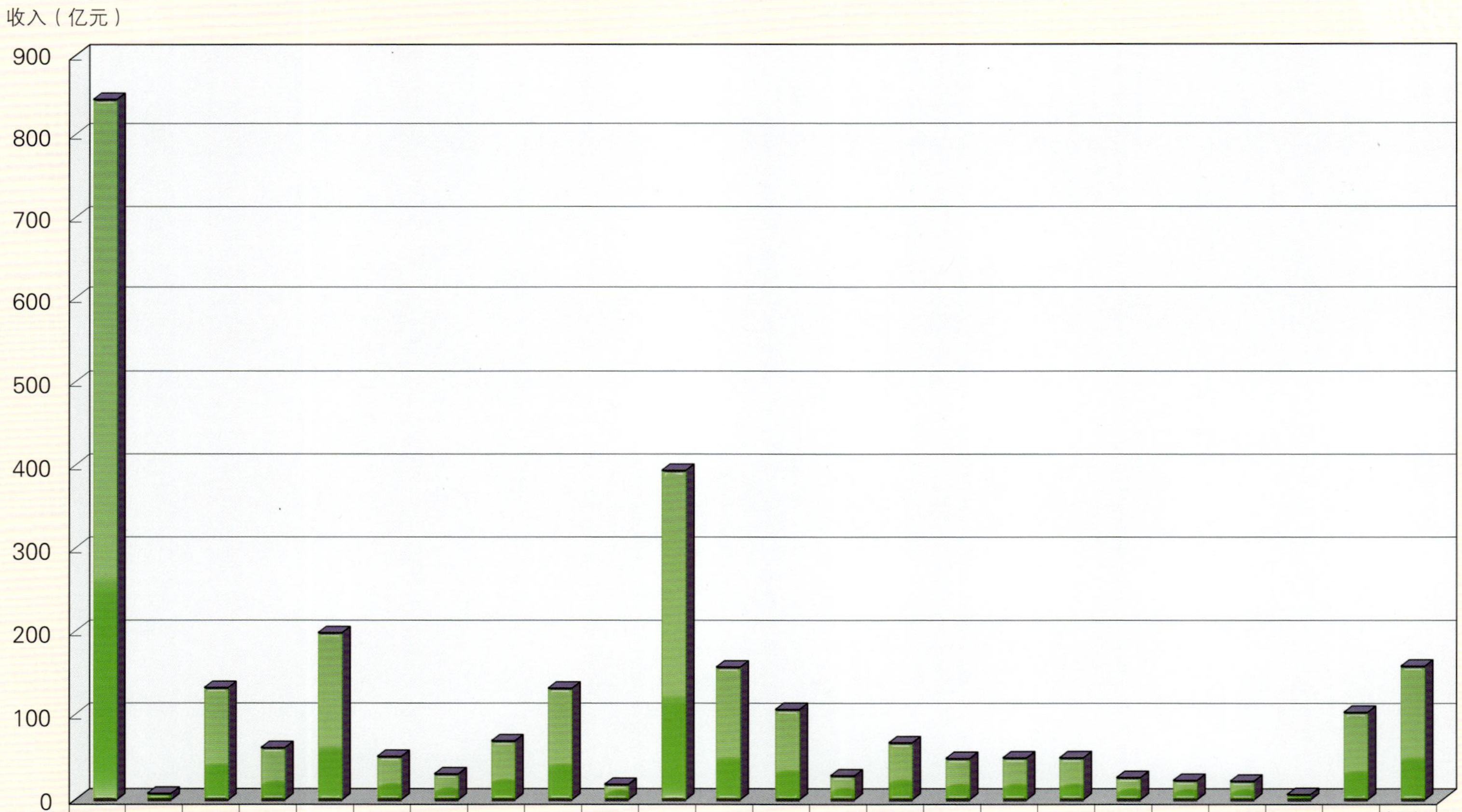

收入（亿元）

| | 广州 | 深圳 | 珠海 | 汕头 | 佛山 | 韶关 | 河源 | 梅州 | 惠州 | 汕尾 | 东莞 | 中山 | 江门 | 阳江 | 湛江 | 茂名 | 肇庆 | 清远 | 潮州 | 揭阳 | 云浮 | 横琴新区 | 顺德区 | 省局直属分局 |
|---|---|---|---|---|---|---|---|---|---|---|---|---|---|---|---|---|---|---|---|---|---|---|---|---|
| 社会保险基金收入规模 | 845.97 | 10.07 | 132.76 | 60.87 | 199.52 | 50.32 | 30.58 | 68.74 | 131.48 | 17.48 | 391.55 | 157.86 | 107.32 | 26.78 | 65.82 | 49.29 | 49.81 | 49.1 | 24.76 | 22.88 | 20.55 | 4.35 | 105.62 | 160.35 |

## 2016年广东省地方税务局社会保险基金收入结构

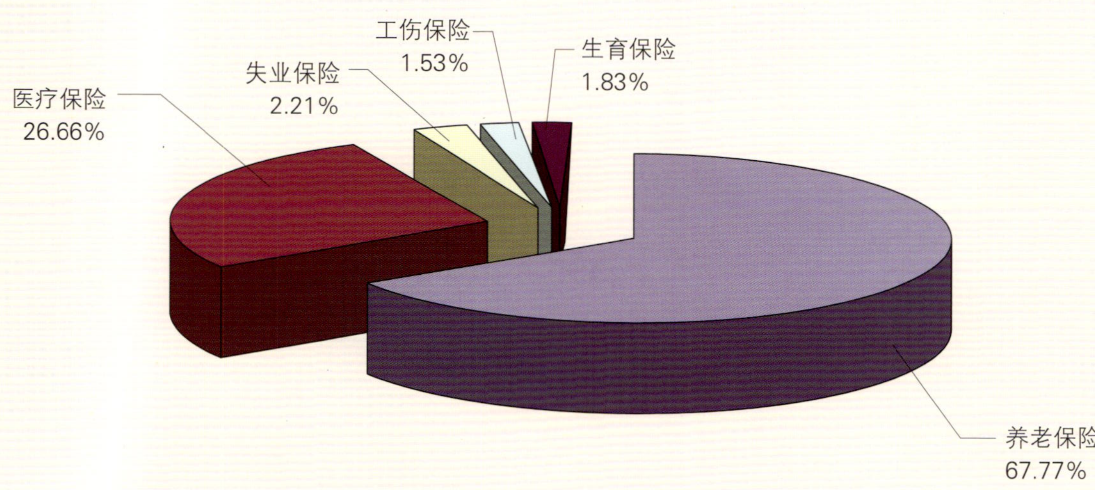


单位：万元

| 合计 | 养老保险 | 医疗保险 | 失业保险 | 工伤保险 | 生育保险 |
|---|---|---|---|---|---|
| 27838367 | 18866526 | 7422328 | 614423 | 425687 | 509403 |

## 2014—2016年广东省地方税务局分月税收收入情况

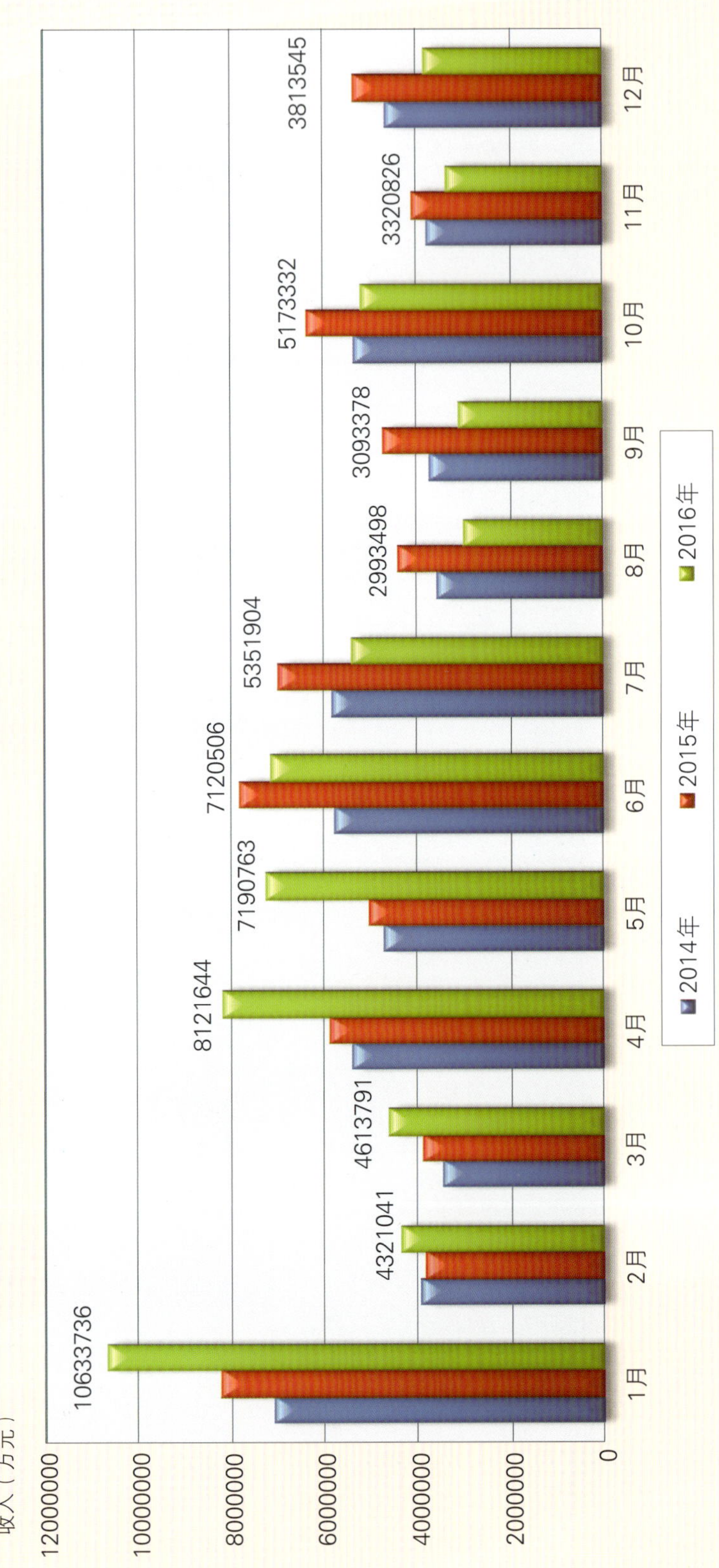

## 2014—2016年广东省地方税务局分月税收收入（不含契税、耕地占用税）情况

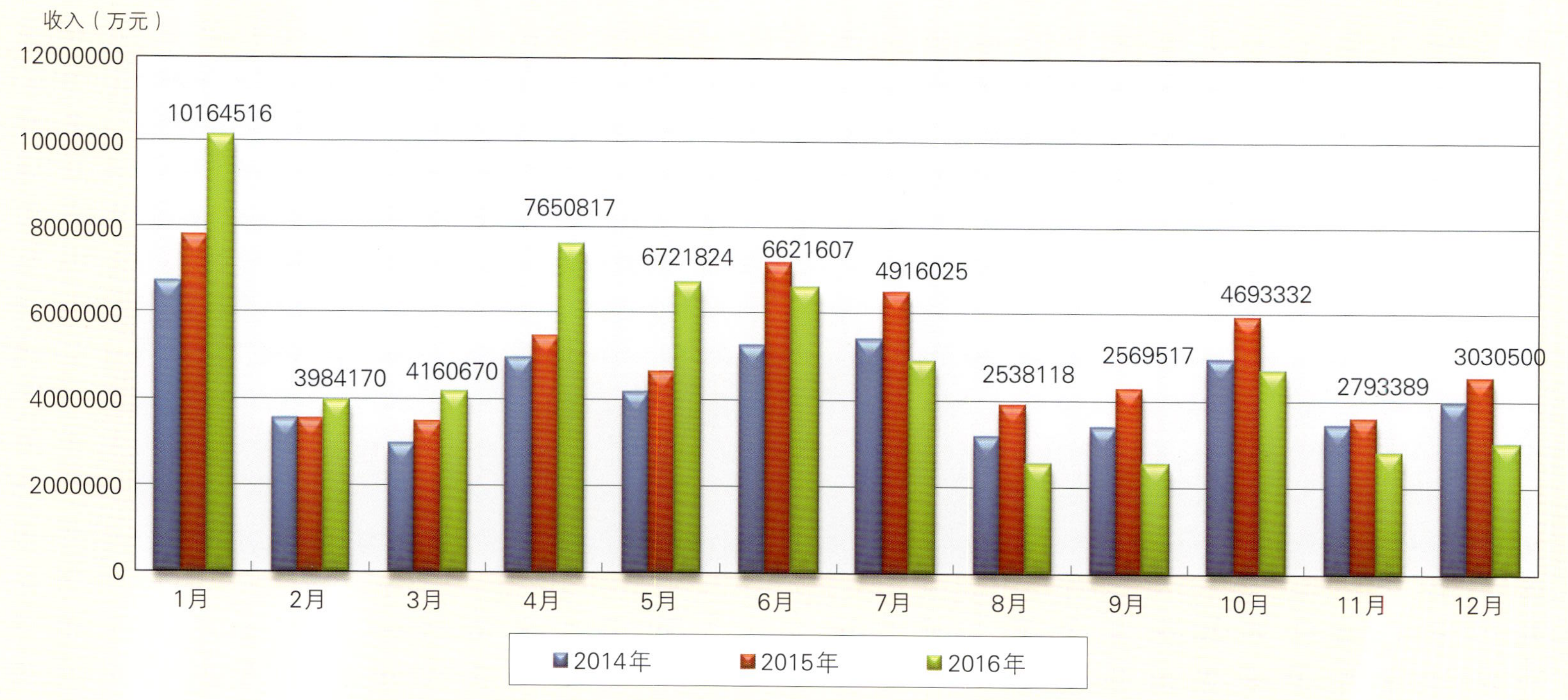

2013—2016 年广东省地方税务局税收收入分月增幅情况

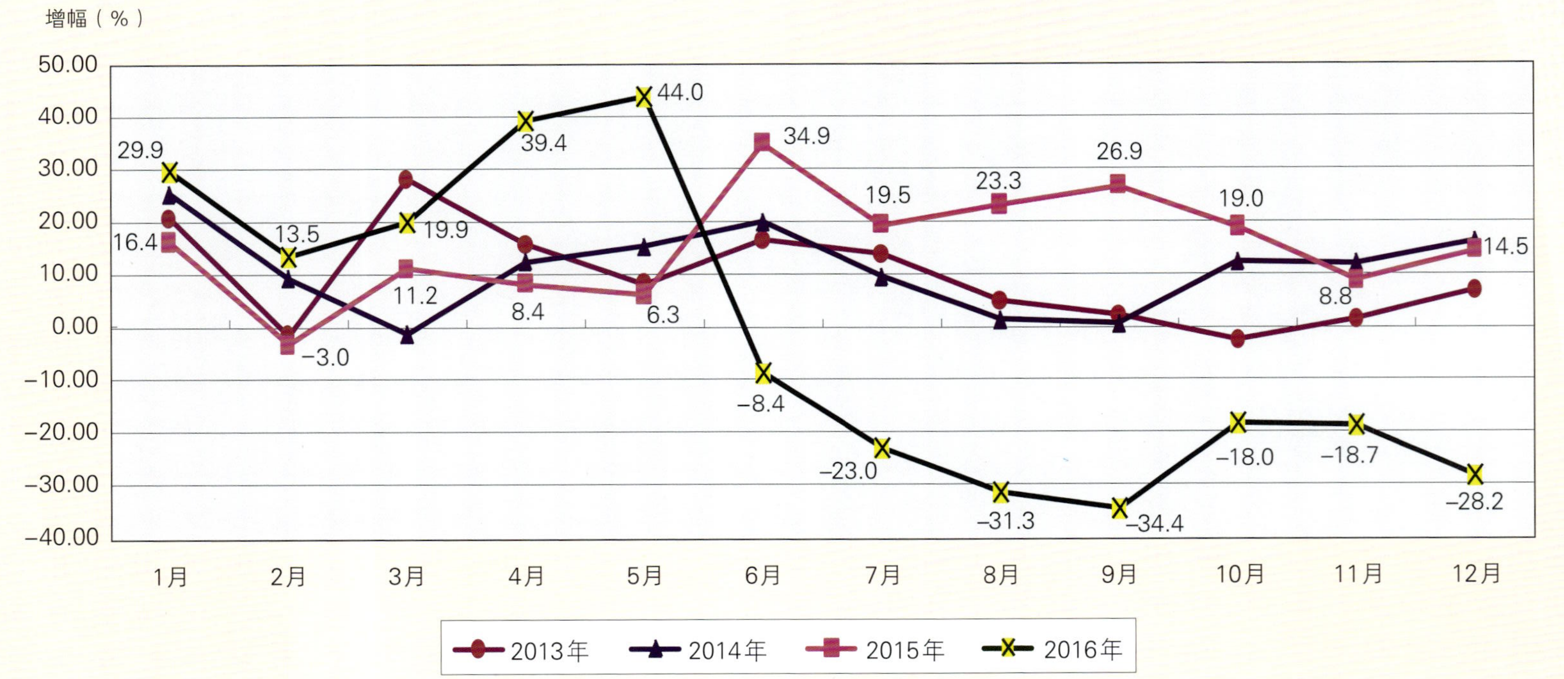

## 2013—2016年广东省地方税务局税收收入（不含契税、耕地占用税）分月增幅情况

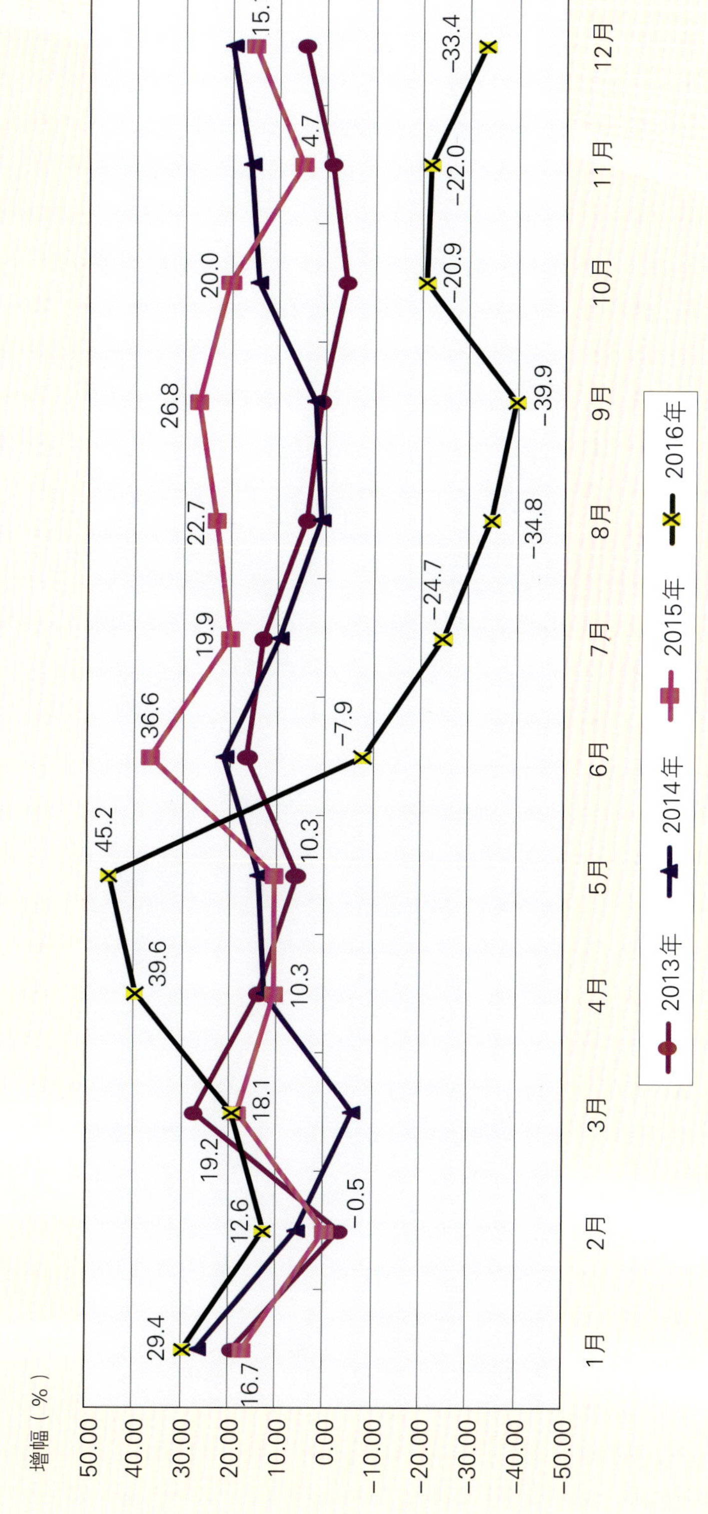

**2013—2016年广东省地方税务局（不含深圳）税收收入分月增幅情况**

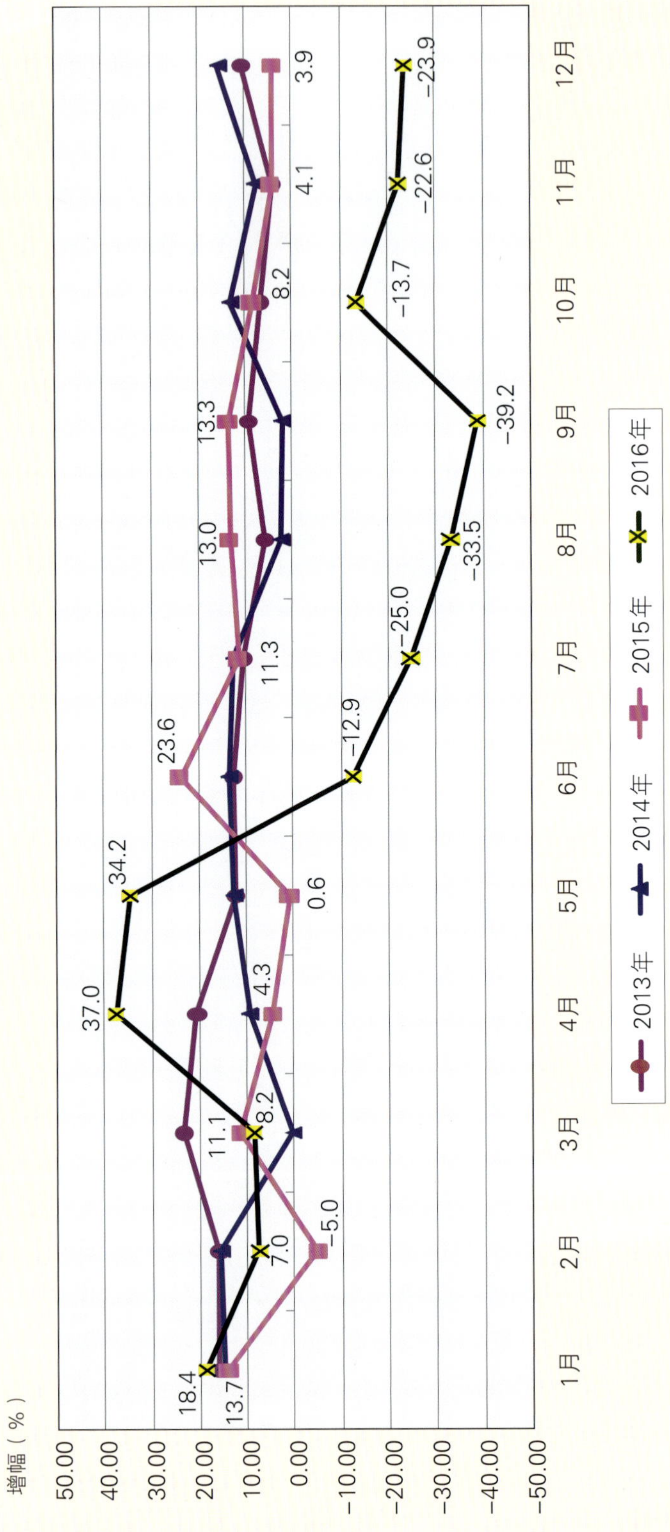

增幅（%）

50.00
40.00
30.00
20.00
10.00
0.00
−10.00
−20.00
−30.00
−40.00
−50.00

1月 2月 3月 4月 5月 6月 7月 8月 9月 10月 11月 12月

18.4
13.7
7.0
−5.0
11.1
8.2
37.0
4.3
34.2
0.6
23.6
−12.9
11.3
−25.0
13.0
−33.5
13.3
−39.2
8.2
−13.7
4.1
−22.6
3.9
−23.9

2013年 2014年 2015年 2016年

## 2013—2016年广东省地方税务局（不含深圳）税收收入（不含契税、耕地占用税）分月增幅情况

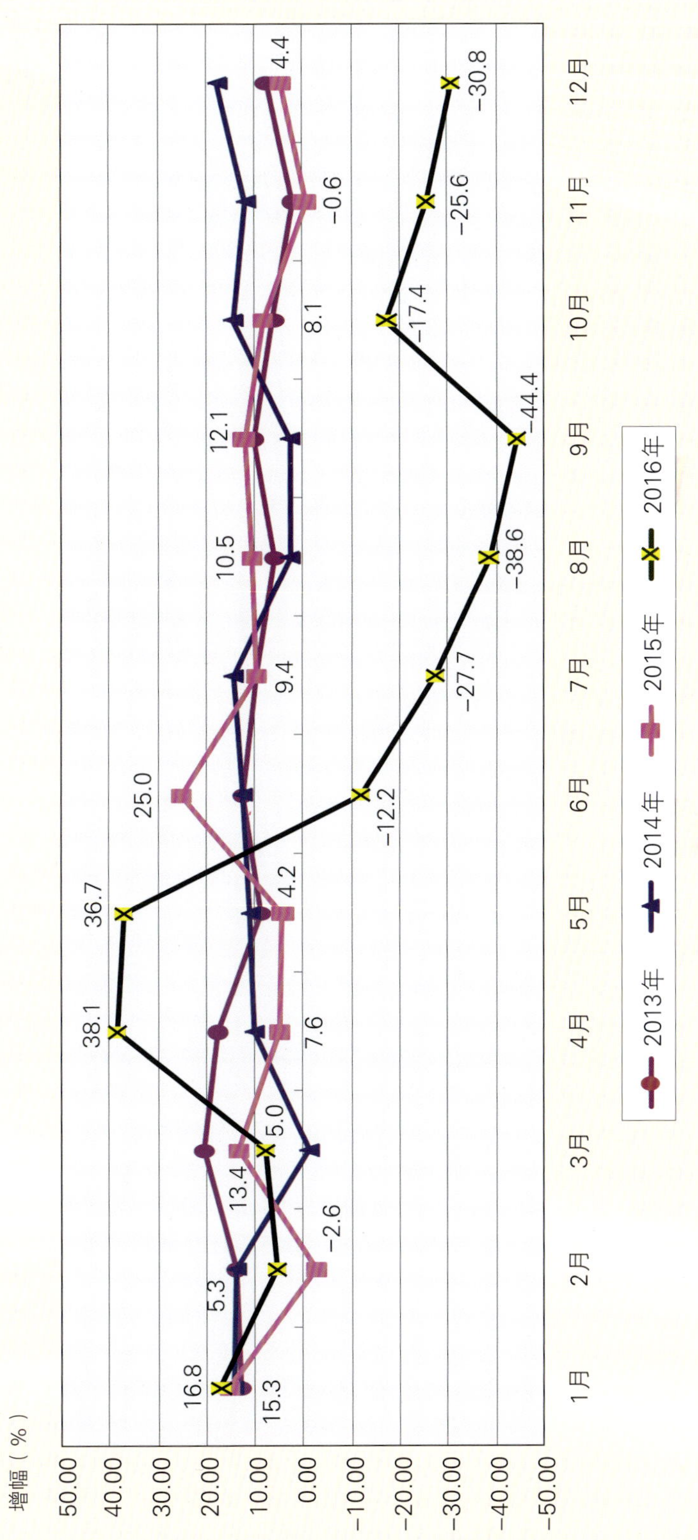

## 2013—2016年广东省地方税务局省级税收收入分月增幅情况

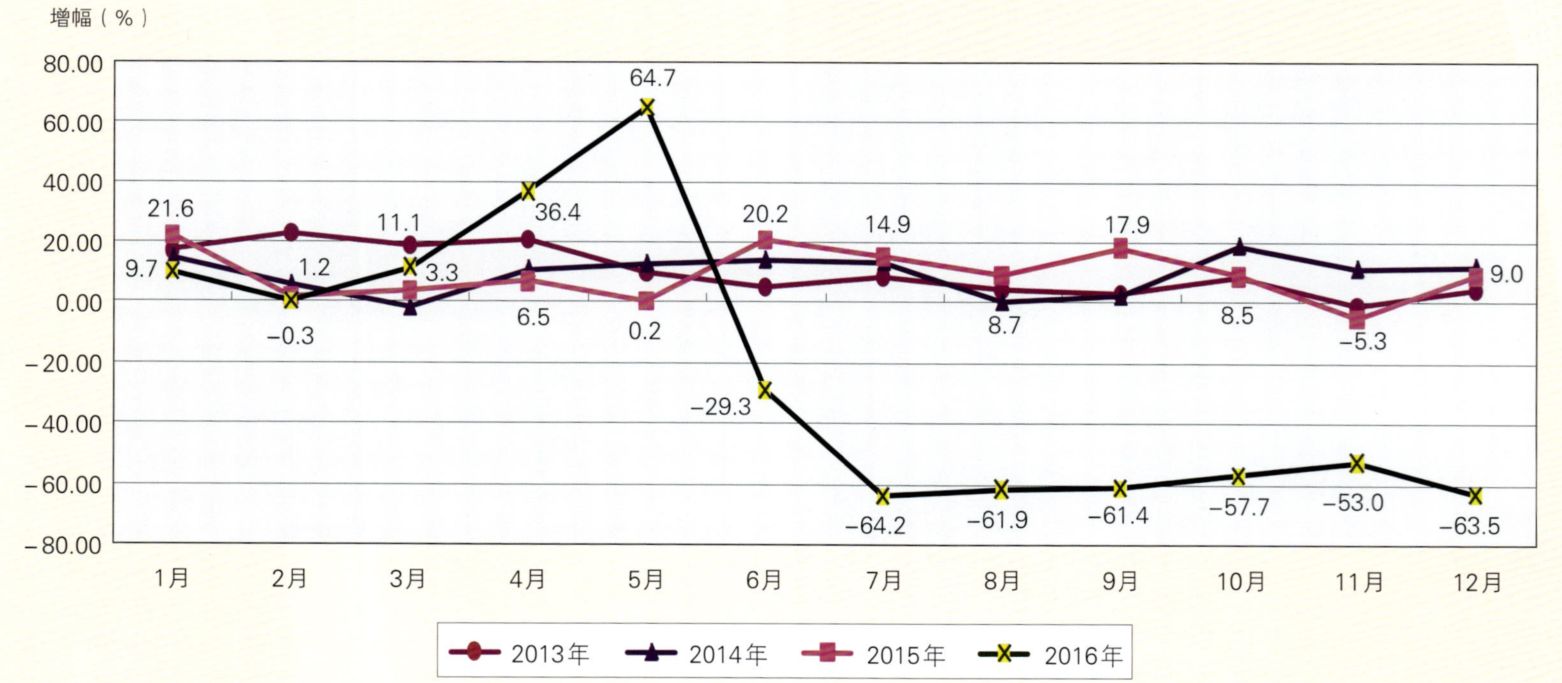

## 2013—2016年广东省地方税务局营业税收入分月增幅情况

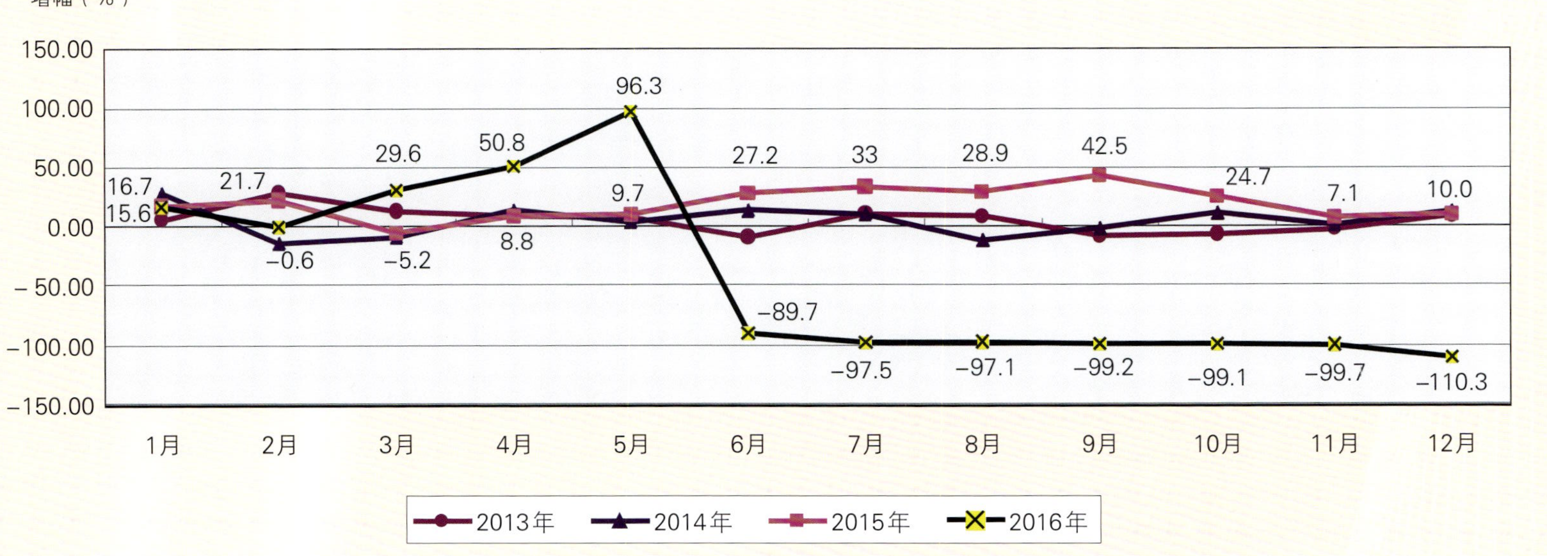

**2013—2016年广东省地方税务局企业所得税收入分月增幅情况**

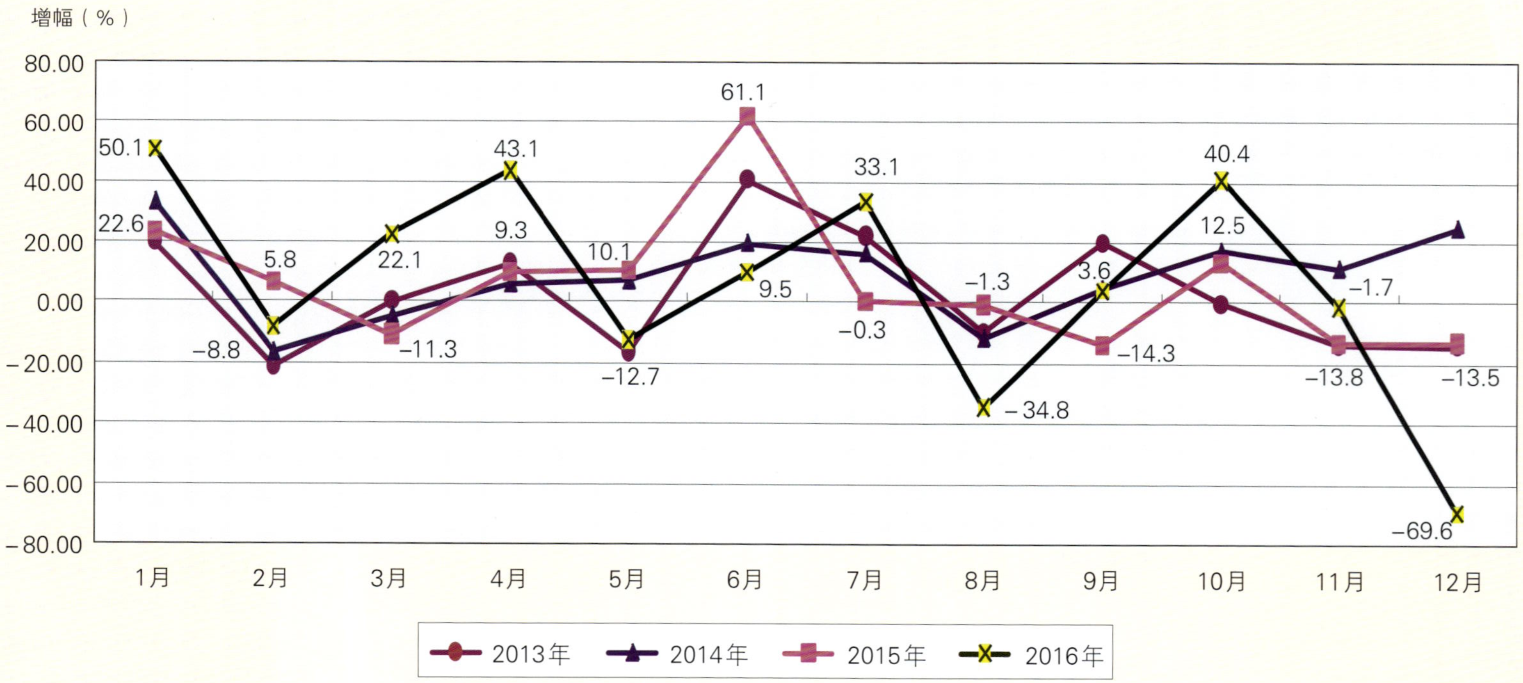

2013—2016 年广东省地方税务局个人所得税收入分月增幅情况

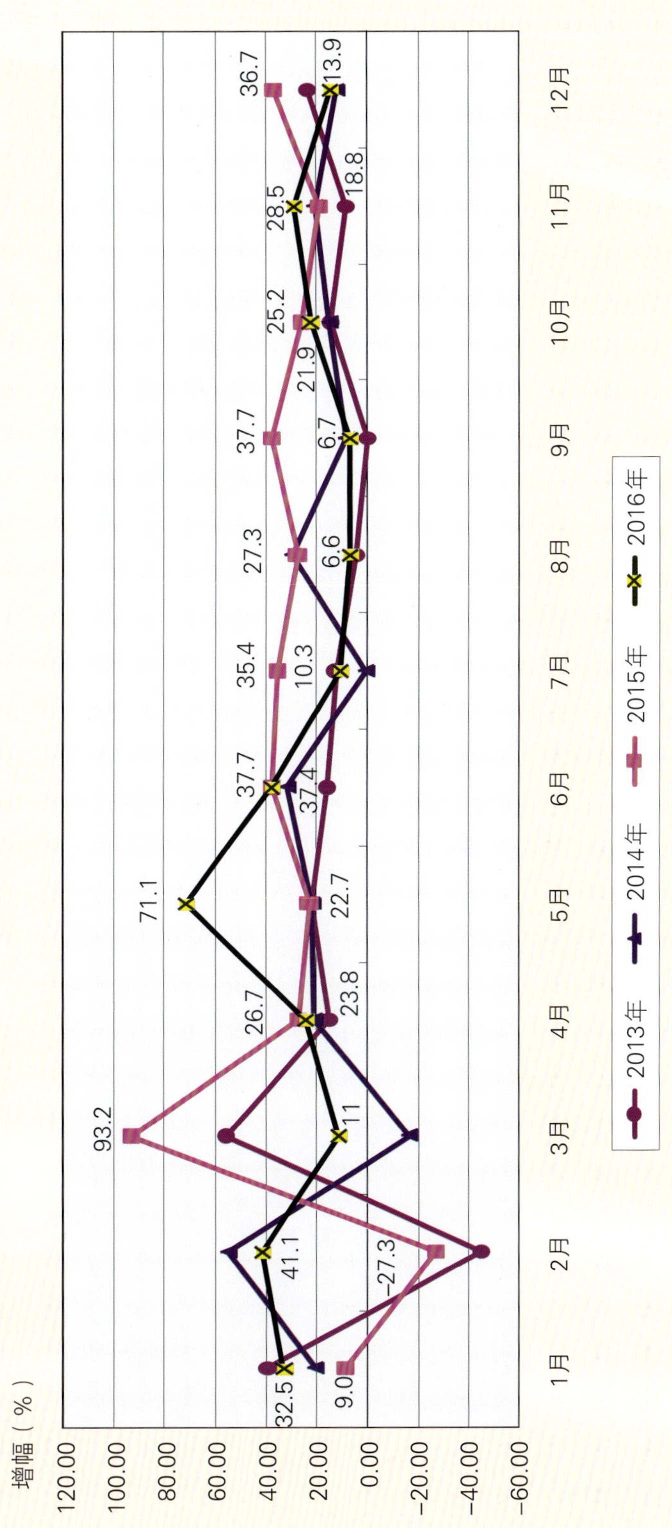

2013—2016年广东省地方税务局财产行为税（含契税、耕地占用税）收入分月增幅情况

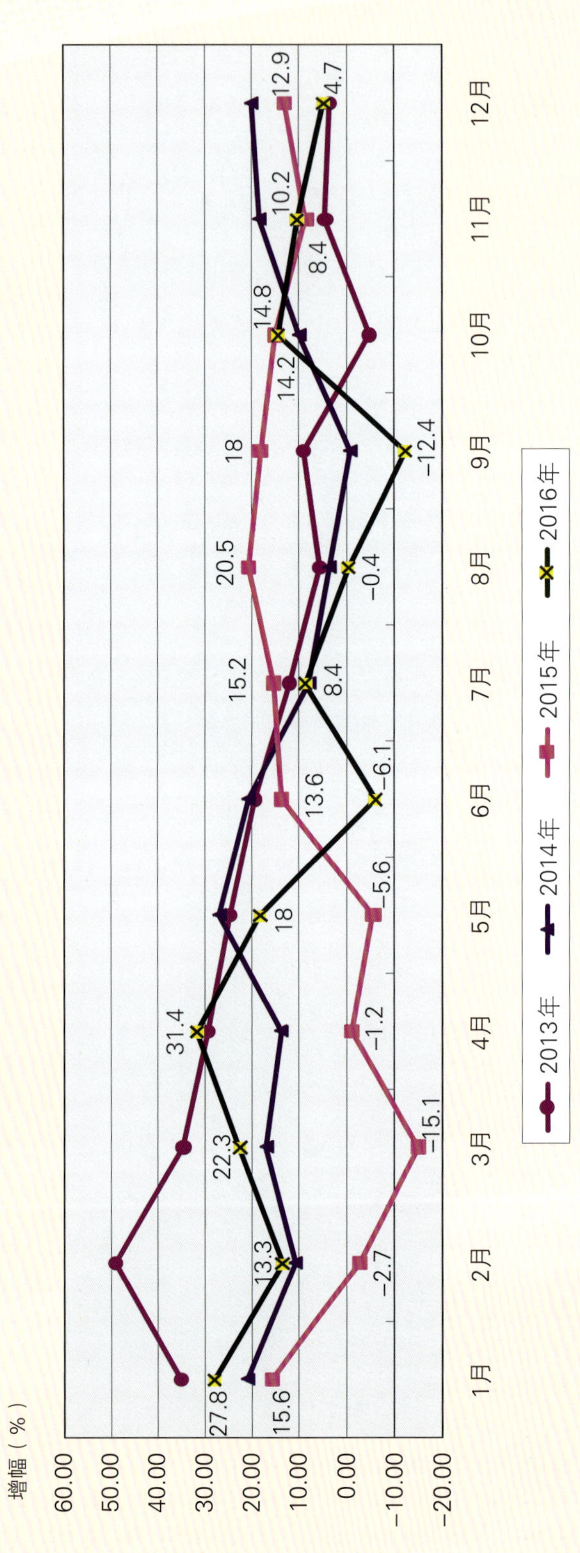

2013—2016年广东省地方税务局财产行为税（不含契税、耕地占用税）收入分月增幅情况

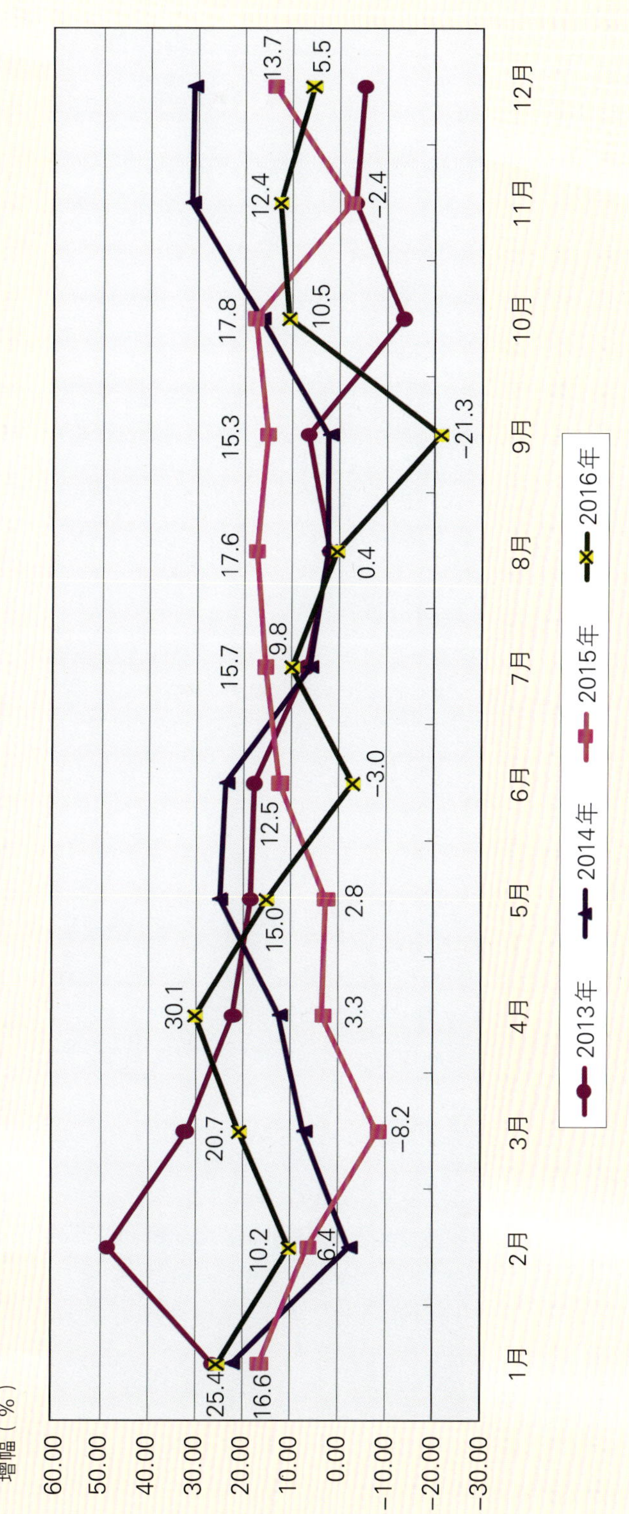

# 第 二 篇

# 年度关注

# 广东地税因势而谋<br>厘清“十三五”发展思路

广东省地税局党组坚持思想引领，各班子成员领衔10个课题组深入调查研究，找准制约地税发展的深层次问题，提出对策建议，形成一批高质量调研成果；组织召开领导干部务虚会和正处级领导干部专题研修班，深入研讨广东地税“十三五”发展重大问题，廓清认识迷雾；认真编制广东地税“十三五”规划，广泛征求各方意见，不断凝聚各方智慧和发展共识，确立了“十三五”时期广东地税“一个率先、三个定位”的发展目标，即到2018年率先基本实现税收现代化，争当依法组织税费收入的排头兵、深化税收征管改革的试验区、创新税收管理服务的先行省。围绕实现“一个率先、三个定位”总目标，进一步明确发展理念，强调要牢固树立法治、创新、服务、共治“四种基本意识”。进一步明确发展着力点，强调服务大局，始终把地税工作放到经济社会发展大局的高度去思考和谋划，强调服务纳税人，持续提升纳税人获得感，强调服务基层，为基层减负担、添活力、办实事。进一步明确发展方法，强调统筹兼顾，坚持税收中心工作与管党治党同频共振，坚持严管与善待并举，推进“收好税、带好队、服好务”各项工作稳步发展。纲举而目张，新时期地税发展思路的确立，为全省地税统一思想谋发展、锐意攻坚破难题，推动各项工作圆满完成提供了指南、注入了动力。

（周忠清）

# 广东地税组织税费规模逼近万亿元<br>税收增速居全国第二

2016年，广东地税系统组织税费收入9886亿元，剔除“营改增”影响可比增长16.6%，按实际入库额计算增长2.7%，其中：组织税收收入6575亿元，可比增长20.3%，是2012年以来最快增速，按实际入库额计算下降0.6%；省级收入1011亿元，可比增长18.4%，超额完成省财政厅安排的省级收入预期目标（1006.4亿元）；中央级收入和市县级收入分别可比增长26.2%和18.1%；组织社保费等规费收入3311亿元，增长9.9%。

2016年，广东地税税收收入规模连续23年居全国地税首位，占全国地税系统税收收入的12.9%，比排名第2的江苏地税多1589亿元（2015年比江苏多864亿元）；广东地税税收入库增速比全国地税平均增速高6.3个百分点，增速连续两年居全国地税系统第2位，低于上海（11.5%），高于北京（-1.0%）、浙江（-2.4%）、山东（-10.3%）、江苏（-13.3%）等主要发达省市。

2016年，广东地税税收增速显著快于经济增长速度，主要有四方面原因：一是与当年度地区生产总值关联度较低的资产性税源高速增长，成为税收较快增长的主要拉动力。随着经济新业态的蓬勃发展，股权转让等经济活动虽然产生大量税收收入，但基本不统计在当年的地区生产总值中；资本市场和房地产市场是地方税收主要税源，但只是部分纳入当年的地区生产总值统计。股权转让、资本市场和房地产市场快速发展，资产性税源占地税总税收比重近四成，资产性税收可比增长35.8%，拉动总税收可比增长12.7个百分点，其中房地产业税收可比增长37.9%，税收增长贡献率约六成。二是与当年度地区生产总值关联度较高的生产性税源稳定增长，为税收增长提供有力支撑。工业、建筑业、生产性服务业等生产性税源是税收稳定运行的基础，相关生产性税收可比增长12.6%，与广东经济增长大体相适应，特别是全省创新驱动、转型升级成效持续显现，带动高技术制造业和先进制造业税收可比增长11.5%，比工业税收增速高7.0个百分点。三是珠三角城市群特别是中心城市税收虹吸效应进一步助推税收增长。经济发达地区在资金、人才、制度、交通等方面具有明显优势,不仅有助于吸引集团总部、大型企业投资落户,也对其他地区的企业、投资和消费形成虹吸效应,税收集聚度进一步提高,珠三角9市税收收入占全省88.7%,同比提高1.3个百分点,其中广州和深圳两大中心城市税收合计可比增长23.1%,比全省高2.8个百分点;两大中心城市企业所得税增速(31.8%)和个人所得税增速(28.6%)明显高于全省平均水平9.2个和3.4个百分点,总部经济和税源质量优势更加突出。四是"营改增"全面试点前形成特殊的增收效应。包括纳税人在"营改增"试点完成前,自行加快结算和缴税进度,2016年4—5月建筑安装业营业税增幅超过100%;落实税务总局的"营改增"征管调整安排,5月金融保险业营业税增长1.1倍;按税务总局部署做好"营改增"过渡期间税款清理工作,1—5月营业税欠税入库额同比增长1.4倍。

(周忠清)

# 广东地税坚持"三个只要"全面打赢"营改增"攻坚战

广东地税局坚决将思想和行动统一到税务总局和省委省政府的决策部署上来,提出"三个只要"(只要涉及全面推开"营改增"试点的相关事项,地税部门都要作为重中之重优先处理;只要国税部门提出的要求,地税部门都尽全力予以满足;只要国税部门提出的人力资源需求,地税部门都马上调配予以支持),全力以赴与财政、国税配合协作,扎实推进全省177万户试点纳税人税制平稳转换及"两代"(对纳税人销售其取得的不动产、其他个人出租不动产代征增值税、代开增值税发票)业务顺利承接。2016年全省地税共代征增值税60.55亿元(其中,深圳22.3亿元),"两代"纳税人税负平均下降4.76%。

一是建立"营改增"工作机制。将"营改增"工作列为"一把手"工程,省、市、县局三级均成立以主要领导为组长的领导小组;制定《全面推开"营改增"扩围任务分解表》,梳理明确26项具体任务,按目标倒排工期,序时推进;省局派出10个组分赴各地督查,所有班子成员都对各自联系市局进行专项督导;各级组建起综合协调、政策指导、技术保障等专项工作组,全省地税共有2693人实行集中办公。

二是全面深化国地税合作。联合国税部门制定《"营改增"合作方案》,明确5大方面共10项合作事项,打破部门界限,在各级国地税建立起按任务分工的"网格化管理"模式;联合国税部门发布《全面推开"营改增"试点八项服务承诺》,丰富网上办税、精简事项、绿色通道、快捷办税等措施;加大力度推进联合办税,通过共建办税厅、共同进驻政务中心、互设窗口等,为纳税人提供便捷的"一门式、一网式"服务,有效缓解国税工作压力;应国税要求,继续维护好地税开发的电子发票在线系统,服务好26万自开票增值税纳税人,并提供1000万份存量发票供过渡使用。

三是扎实推进"两代"业务顺利开展。制定《代征税款和代开发票任务分解表》,对8类26项任务进行细化分工;组织培训办税人员323场10098人次;按时完成3300多套税控设备安装、发票保管场所和设施改造;集中力量全力攻关,按期实现了办税场所、工作人员、税控设备、发票准备、信息系统、业务准备和纳税服务7个准备全面到位;模拟开出全国首张地税代征联网增值税发票;2016年5月1日零时,广州开出了全省第一张二手房交易增值税发票。

四是认真做好对纳税人的服务。全省各级地税部门均制定"营改增"纳税服务工作方案、应急预案、热点难点问题收集和反馈工作方案、服务投诉事项快速处理方案等;提前应对节后业务办理高峰,"五一"期间预约了1800余名纳税人进行实战演练;全省地税共增设"营改增"专窗157个,增配窗口人员177人,各办税厅秩序良好;针对纳税人不同类型联合国税开展各类专题培训。

五是积极发声回应社会关切。税制转换前重点宣传政策内容和改革意义,避免纳税人误解、误读、误判,税制转换后重点宣传实施进展和改革成效,增进全社会对改革的认知、认同;省局在门户网站开设

"营改增"专栏140余篇，在《南方日报》等主流媒体刊登专题报道和政策问答50余篇，在广东电台不间断播出"营改增"专题节目16期，第一时间回应纳税人关切。"营改增"以来，全省地税部门未发生一起负面舆情。

（周忠清）

# 广东地税打出减税降费"组合拳"助力供给侧改革

广东省地税局认真贯彻落实中央和省委省政府关于推进供给侧结构性改革的战略部署，主动对接"三去一降一补"重点任务，充分发挥税收职能作用，打好为企业减负的"组合拳"。

落实减税降费，进一步降低企业税负。广东地税坚持把税收优惠政策落实工作作为省局党组"1号督查"事项来抓，全力打造事前加强宣传、事中密切辅导、事后跟踪管理的全方位服务链条，确保各项税收优惠政策宣传到户、解读准确、办理简便、享受及时，2016年全省地税实际减免各项税费1523亿元。落实省委省政府关于停征价格调节基金、分阶段停征堤围防护费、扩大教育费附加和地方教育附加减免范围、执行社会保险费降率政策等4项举措，为企业减负140亿元。用足地方税权，创新推出附征税费免于"零申报"、调整企业所得税申报预缴期限等降低企业成本的6条措施，针对残疾人等4类特殊人群出台个人所得税减征新政。建立"一企一策"服务机制，为企业重组改制、国有资产无偿划拨、"僵尸企业"注销等提供有针对性的税收政策服务。

推进办税便利化改革，在减少办税成本上发力。广东地税坚持从纳税人角度考虑和谋划工作，紧盯办税"堵点""难点"和"痛点"，减税降费与优化服务同步发力，帮助企业提质增效。打造"电子办税为主、自助办税为辅、实体办税为补"的办税体系，引导纳税人"多走网路，少跑马路"，实现95%涉税事项可网上办理，电子办税率超过80%，微信办税用户超过600万。推进国地税服务深度融合，全省845个办税厅实现了国地税联合办税，上线全国首个国地税共建电子税务局，832项国地税业务实现网上通办。推进涉税事项"全省通办"，全省共有263个办税厅实现全省范围地税业务通办，让纳税人"进一道门，办全省事"。同时，持续开展"便民办税春风行动"，大力优化、再造办税流程，创新网上预约办税和预受理、预审理服务，办税时间平均缩短1/3。

整治规范税收秩序，持续优化税务营商环境。广东地税在抓好服务促发展的同时，切实履行执法责任，扎实推进税收法治，努力为企业发展创造公平竞争的市场环境。推行权力责任清单制度，联合国税制定《规范税务行政处罚裁量权实施办法》，严控自由裁量权，出台指导意见规范各地税务稽查案件定性处罚行为，促进执法标准统一。严厉打击税收违法行为，率先在全国挂牌成立公安派驻地税联络机制办公室，建立重大涉税案件联合办案模式，查办了全国最大虚开普通发票案等一批重特大案件，净化市场经营环境。构建诚信体系，对信用等级良好的纳税人提供绿色办税通道、社会表彰公告、"银税互动"等激励措施，仅2016年累计帮助企业融资近300亿元；对列入"黑名单"的纳税人严格税收管理，与多部门联合实施限制融资授信、阻止出境等惩戒。规范税企交往，制定11大类34项措施，积极构建"亲""清"新型政商关系，既鼓励税务干部坦荡真诚同企业接触交往，特别是在企业遇到困难的情况下积极作为、靠前服务，又严格要求税务干部同企业保持清白、纯洁的关系。

（周忠清）

# 广东省"七个聚焦"探出深化税收征管体制改革新路

《深化国税、地税征管体制改革方案》实施以来，广东省大胆探索、先行先试，聚焦建设电子税务局、共建办税服务厅和共驻政务服务中心、深化拓展银税互动助力企业发展、对纳税人实施分类分级和开展风险管理、提升大企业税收管理层级、改革税务稽查、深度参与国际税收合作等7项专项改革试点任务，着力构建现代税收征管体制，积极探索改革经验。

聚焦电子税务局建设，"互联网+税务"实现新突破。结合广东省"互联网+政务服务"改革工作部署，推进互联网与税收工作深度融合，在全国率先建成国税、地税一体化的广东省电子税务局，整合全部800多项国地税涉税业务，全面实现网上办理。预计每年将减少纳税人上门次数75%，减少纳税人纸质资料报送80%以上。

聚焦国地税联合办税，纳税服务呈现新生态。进一步落实简政放权、转变政府职能的要求，以多种形式落实国税地税办税服务厅合作共建，积极探索"一门式一网式"政府服务模式改革，让纳税人"进一家门、办两家事"。全省目前已有国地税共建大厅336个、24小时国地税自助办税厅172个，互相进驻大厅406个，共同进驻政务大厅121个。统一265项国税地税业务清单、6项制度规范和2项应用系统标准。

聚焦信用增值，社会信用体系建设注入新要素。将纳税信用作为社会信用体系的重要元素，探索实行纳税信用与信贷信用有机结合、增值应用，缓解小微企业融资难、融资贵等问题。国税、地税、银监、银行等多部门联合开展"银税互动"助力小微企业发展活动，推出一批特色金融产品，积极推进将村镇银行、个体工商户纳入银税互动范围。在全国首创推出"税保合作"项目，应用纳税信用为守信纳税人提供更多保险、融资等服务。2016年累计帮助企业融资近300亿元。

聚焦税收风险控制，税收征收管理打造新模式。对税源实施分类，按照纳税人类型、规模、特定业务类型等实行分类管理，推动"属地管理、划片管户"向分级分类管理的转变。对重点税源实施集约化管理，对一般税源实施专业化管理，对零散税源实施社会化管理，形成以"委托街道为主，委托特定行业管理部门为辅，委托专业市场为补充"的管理架构。国地税建成全国首个依托金税三期工程的风险管理系统，依靠大数据对纳税人经营情况进行收集、分析和预警等，有效强化管理。

聚焦管理层级提升，大企业服务与管理水平迈上新台阶。重构省市级大企业管理岗责体系，将大企业风险管理、税源监控、税收经济分析、个性化服务等复杂涉税事项提升至省、市统筹实施，搭建省市大企业组织架构，全省地税市一级均建立大企业管理机构，省级国地税共选共管106户集团、各市国地税选取415户大企业进行服务和管理，国地税共建大企业信息管理系统，制定大企业服务和管理制度，为大企业提供个性化纳税服务，基本形成了"省级统筹、国地协同、税企共治"的大企业税收服务与管理新模式。

聚焦稽查机制建设，打击涉税违法凝聚新力量。牵头组织多部门联合制定失信企业协同监管和联合惩戒方案，将32户失信企业纳入税收违法"黑名单"，共同对税收违法"黑名单"当事人实行严格监管和联合惩戒。成立税警合作办公室，加大涉税违法联合打击力度，形成政府部门协同联动、行业组织自律管理、信用服务机构积极参与、社会监督的共同治理格局。开设以案说法专栏，强化柔性稽查，文明执法，促进纳税人对税务稽查工作从被动服从向主动遵从转变。全省地税查结案件1052宗，查补金额83亿元，捣毁制售假发票窝点120个，打掉作案团伙83个，缴获非法发票318万份。

聚焦国际税收管理，服务对外开放战略展现新作为。建立重大跨境税源风险和案件集中应对工作机制，提升国际税收事项管理层级，完善反避税立结案、会审管理等制度。建立非居民税收风险模型，实施非居民间接股权转让矩阵式管理。积极实施G20/OECD国际税收改革成果，在反避税税收征管工作中融入FTA大会和BEPS行动计划等国际思维，自主研发广东省特别纳税调整管理系统。联合建立跨国企业税收监控机制，实现对全省1468户

"走出去"企业的动态管理和境外经营一户式档案管理,服务广东企业"走出去"。主动服务广东省自贸区发展,推出"自贸税易通"等12项税收服务措施。

（周忠清）

# 广东地税创新微信办税服务再树深化改革品牌

广东地税深入贯彻落实《深化国税、地税征管体制改革方案》,大力推进"互联网+税务",创新融合税收与大数据、云计算等现代信息技术,创新打造微信办税体系,有效满足全省4200万涉税个人的多样化、个性化办税需求。2015年8月上线以来,广东地税微信办税业务量超过2500万笔,用户超过600万。在广东省直单位第四届工作技能大赛中,广东地税微信办税从全省843个项目中脱颖而出,获得"工作创新类"第一名,为广东推进深化税收征管体制改革再树新品牌。

变革传统办税模式,便利4000万纳税人。广东地税微信办税已推出6大类、71项功能,覆盖个人所得税、社保、契税、车船税等自然人主要税费种,实现了从申报、缴款、凭证到查询的全流程可移动办理,办税从"足不出户"向"如影随形"升级。微信办税流程简化易操作,以"年所得12万元以上个人所得税"申报为例,通过微信办税,纳税人无须填写任何表单,只需进行身份认证并一键确认,不到1分钟即可完成申报。微信办税有效破解了办税受时间、地域、场所限制这一难题,减少纳税人来回奔波。此外,纳税人还可以线上开具电子证照、线下配送实物,有效缓解大厅拥堵,极大减少办税时间,为全省4200万纳税人节约办税成本超10亿元。

创新"五大体系",打造移动办税新生态。一是网上实名办税体系。通过微信绑定的银行卡进行信息校验用户身份,进行实名办税,实现税款当天缴入国库,充分保障纳税人的信息、资金安全。目前,广东地税微信办税实名绑定用户以每天新增5000用户左右的速度高速增长。二是税收电子证照体系。纳税人在手机上即可开具和查验多项涉税电子证明、税票和凭证,扫描电子证照上的二维码就能辨真伪,效力获得房管、车管等部门认可,有效解决最后一公里难题。三是全省统一的业务体系。坚持以全国税收征管和服务规范为基础,实现业务规范、数据标准、系统建设"三统一"。广东地税已面向全省21个地市提供服务,有效避免省市多级重复建设的问题。四是税收数据增值体系。运用大数据技术,深度挖掘800亿条涉税数据,免费、主动向纳税人推送涉税数据分析结果。基于此,自然人纳税人能全面了解自身收入、涉税情况,有效提升税法遵从;企业管理层能全面掌握企业缴税、信用、税务风险情况,有效防控涉税风险。五是服务渠道开放共享体系。突破自有公众号传播局限,覆盖微信"城市服务"、省网上办事大厅、"广东发布"等传播载体,覆盖省市县各级地税微信服务号,形成高度协同的服务网络。

工作创新成效显著,智慧税务全国树品牌。作为广东省落实深化国税、地税征管体制改革7项专项改革试点的重要部分,广东地税微信办税在破解个人纳税人管理瓶颈、消除办税"痛点""堵点"等方面的成效多次获得了省委、省政府和税务总局的高度肯定,为全国提供了可复制、可推广的广东经验。在广东省委宣传部"广东发布"微信公众号的6项政务办事中,广东地税微信办税占据5项。在第二届世界互联网大会"微信·连接改变城市"分论坛上,广东地税微信办税获得"2015年最受用户喜爱服务"奖。2016年1月,广东地税联合国税与腾讯公司签署"互联网+税务"战略合作框架协议,在"互联网+办税服务""互联网+数据应用""互联网+税企共治""互联网+征管改革"等四个方面开展深层次战略合作,进一步推动微信办税全面升级,建设电子税务税收共治新生态。

（周忠清）

# 广东地税探索开展巡察工作 着力破解垂直管理系统监督难题

根据中央、广东省委关于巡视巡察相关精神及工作安排，广东省地税局对照上级工作要求，突出政治巡察，坚持问题导向，围绕行业特点，强化成果运用，在全省地税系统部署开展巡察工作，初步形成了具有地税特点的巡察工作格局，取得阶段性成效。

强化"四个保障"，夯实巡察工作基础。一是强化组织保障。成立以省地税局党组书记任组长、纪检组长和分管人事工作的局领导任副组长的巡察工作领导小组，明确由派驻纪检组协助省局党组组织开展巡察工作，并专门调整两名编制设立巡察办。二是强化制度保障。制定全省地税系统开展巡察工作实施意见，编印《巡察工作参考文件和讲话汇编》《广东省地税局巡察工作指引》，将巡察工作纳入规范化、制度化的轨道。三是强化思想保障。将《中国共产党巡视工作条例》《广东省委巡视工作实施办法》列入党组中心组学习内容，组织处级以上领导干部学深学透中央和省委关于巡视巡察工作精神，引导干部职工将思想和行动统一到中央和省委全面从严治党的部署要求上来。四是强化人才保障。由30名既熟悉税收征管又熟悉审计、纪检监察工作的业务骨干组成巡察人才库，先后开展两轮全省地税巡察工作。

坚持"三个突出"，创新巡察方式方法。紧紧围绕地税部门行业特点，瞄准突出问题和薄弱环节，积极探索符合地税实际的巡察工作新路子。一是突出巡察对象全覆盖。将党的十八大以来不收敛不收手、问题线索反映集中、群众反映强烈等"三类重点人"列为巡察重点，5年内对全省地税系统所有市局巡察一遍，并将巡察工作"下沉一级"，每个市局至少延伸2个县(区)局。二是突出巡察内容针对性。针对地税业务职责的特殊性，将税收执法权中的征收、管理和检查以及行政管理权中的选人用人、财务管理和基建采购等重要环节作为重点巡察内容，并通过这些重点环节的巡察，深入查找各级党组领导班子及成员在履行"两个责任"、执行"六大纪律"和"四个着力"等方面存在的问题，做到既突出政治巡察，又紧贴业务实际。三是突出巡察手段多样性。依托地税系统信息化程度高的优势，充分利用税收大数据进行风险疑点筛查分析，提高巡察效率；充分运用原有审计报告或审计手段，狠抓"老大难问题"整改监督；注重从投诉和信访案件入手，深挖问题线索；加强从省局机关各部门收集日常管理和检查中发现的问题，做到巨细无遗。

注重"五个结合"，强化巡察成果运用。一是与案件查办结合。对违规违纪的问题线索，按规定移交纪检监察部门及时组织核查，驻省局纪检组通过巡察移交的线索已立案查处9件，给予党纪政纪处分9人，形成了震慑，推动了整改。二是与班子建设结合。将巡察情况作为考核评价各市局党组班子及成员的重要依据，对发现管党治党不力、不适宜担任领导职务的坚决进行调整。三是与绩效考核结合。将被巡察单位抓问题整改和省局业务处室督导整改情况列入绩效内容，凡是整改态度不端正、整改措施不得力、整改成效不明显的，均进行绩效扣分，以严格的考核倒逼整改落到实处。四是与抓早抓小结合。严格落实省局《关于坚持抓早抓小开展谈话提醒工作的实施意见》，对巡察发现问题较多、较严重的市局，由省局党组书记、纪检组长对被巡察单位主要领导、领导班子和有关部门领导进行谈话提醒；对巡察发现的一般性、苗头性问题，由省局分管领导对市局领导班子及相关成员进行谈话提醒。五是与源头防控结合。在每一轮巡察反馈意见后，迅速召开省局机关相关处室整改工作会议，加强全省层面的制度设计，进一步扎牢制度篱笆。针对巡察发现问题，已组织专项治理5次，建立完善规章制度11项。

(周忠清)

# 第三篇

# 全省地方税收工作

# 经济概况

2016年，广东省实现地区生产总值79512.05亿元，同比增长7.5%，各季度GDP累计增速上下波动幅度只有0.2个百分点。经济结构持续优化。服务业对经济增长贡献加大。三次产业结构为4.7:43.2:52.1，第三产业比重比2015年提高1.5个百分点。经济发展质量增强。2016年，广东省规模以上工业实现利润同比增长11.0%；地方一般公共预算收入突破1万亿元，达10390.33亿元，增长10.3%，总量连续26年居全国第1。新产业、新产品、新业态持续发展。2016年先进制造业和高技术制造业占规模以上工业比重分别为49.3%和27.6%。居民收入稳定增加，城乡收入差距缩小。2016年广东居民人均可支配收入突破3万元，达30295.8元，同比名义增长8.7%。农村居民收入增幅高于城镇居民，城乡收入差距进一步缩小。

# 政务管理

**［政务管理］**　围绕财税体制改革、国地税合作以及“营改增”等重点工作，开展深入调研，形成一批优秀调研成果，其中，《构建面向自然人的税费征管体系》报告得到省委、省政府和税务总局领导的批示肯定。始终紧扣党组决策，努力贴近领导思路，反复琢磨观点，精心锤炼文字，高质量地完成了领导交办的各项综合材料起草任务，涌现出一批领导和有关方面认可的精品力作，完成重要文稿90余篇，近50万字。既总结提炼各地经验做法，又注重挖掘工作中的问题瓶颈，充分依托税务部门专业优势，准确反映经济运行态势，并提出有针对性、建设性的意见建议，为领导决策提供参考依据。全年，共向省委省政府和税务总局报送税收分析和信息专报约140篇，获得省委、省政府及税务总局领导批示共35次。

**［税收宣传］**　一是国地税合作税收宣传“一盘棋”。国地税联合下发《2016年税收宣传重点活动工作方案》，细化部署年度联合开展的3方面20项税宣活动；发布全国首个“税保合作”项目，推出“税收服务‘双创’春笋行动”；联合统筹全省国地税联动、省市县三级联动，税收宣传月期间在《经济日报》、新华网等主流媒体刊发报道超过200篇。二是新媒体宣传“站前沿”。广东地税官方微信推出全国首款“营改增”H5税务游戏“攀越小蛮腰——税到渠成”，短短1个月受到30万网民关注；在“营改增”攻坚阶段，门户网站设“营改增”专栏发布消息350篇，微博微信发布“营改增”图文消息361条。省局推出《连接，让办税更便利》动画作品，获得税务总局局长王军和广东省省长朱小丹的好评。三是传统媒体宣传“接地气”。省局主要领导带队参加广东“民声热线”、省政府网站“在线访谈”节目，积极与公众互动；省局在《南方日报》《羊城晚报》《香港商报》《大公报》以及珠江电台等开设专栏，紧扣热点开展常态化税收宣传。四是网站建设“优模式”。顺利完成网站管理职能划转，完善《省局门户网站管理办法》，强化全省网站日常监测和指标评测，组建税务网站编辑部，增加网站信息报送模块，网站功能和页面均得到优化。

**［综合运转］**　严控各地发文数量，规范发文格式；建立发文台账，实行按月通报制度，依托办公自动化系统实现公文质量和办理效率的自动考核、自动统计、自动分析。认真对照中央八项规定和厉行节约各项要求，严控会议经费预算，严把会议审核关口，狠抓会风会纪，提升办会水平。圆满完成第十届泛珠三角区域地方税务合作会议承办工作，受到了各方一致好评。严格按照档案管理有关规定和省档案局要求，将省局所有发文、收文及相关资料仔细核实后按保管年限进行整理归档，规范各类非文书档案的归档管理工作，并实现室藏档案目录电子化、非文书档案电子化，支持各部门更加便捷地查阅、取阅资料，为各项工作顺利开展提供了保障。

［**督查督办**］ 实行台账管理、跟踪督办和对账销号，将定期通报与不定期通报相结合，将案头督查与实地暗访抽查相结合，及时督促、推动各项决策部署落到实处。2016年，省局117项工作按期完成，按期完成率达100%。创新开展国地税联合实地督查，通过听取汇报、走访、暗访等形式，对32个国地税联合办税服务厅落实深化征管体制改革和国地税合作工作规范等情况进行了抽查，发现问题20项并及时落实整改，成效显著。年初，税务总局对广东国地税落实深改方案、国地税合作、绩效管理等工作进行第一次督查，10月底，又对广东省开展"二次督查"，前期督查提出的12个问题全部整改到位。

［**信访维稳**］ 开展"三个一"学法专题活动，发布《通过法定途径分类处理信访投诉请求清单》引导信访诉访分离；将信访管理工作列入绩效考核，坚持属地管理、分级负责，有效把各种矛盾和问题解决在基层和当地，化解在萌芽状态。严格执行紧急重大情况报告和应对处理制度，发现问题及时报告，依照规定程序妥善处理，维护广东地税良好形象。妥善处理负面涉税舆情20余起，均未造成重大负面影响。重新修订《保密工作办法》，制定《国家秘密定密管理办法》《涉密计算机、通信和办公自动化设备定点维修维护管理办法》，织密保密制度网；促进保密工作与绩效考核进一步融合，通过考核督促保密责任落实。全省地税系统未发生一起失泄密事件，未发现任何重大违反保密法规行为和安全隐患。在2016年省保密委组织的保密检查中，省局获评优秀单位。

［**绩效管理**］ 省局主要领导主持召开季度绩效讲评会议，出台《绩效分析讲评工作制度》，建立季度绩效讲评分析会制度和工作改进约谈机制；省局绩效办将处室绩效报告标准化、表格化、模板化，既确保处室完整报送相关指标执行和完成情况，又减轻处室负担。对21个市（区）局实地督导，反馈整改意见155条，有力规范各地绩效管理工作运转。创新帮扶模式，对排名靠后的基层单位进行实地调研、帮扶整改，得到税务总局局长王军批示表扬，并在全国推广。累计新增或优化功能42项，绩效平台自动取数、自动考评、自动反馈优势进一步凸显。全国税务系统2016年前三季度绩效分析讲评暨预总结视频会议向全国推介广东地税绩效管理经验；建立全省绩效管理人才库，培育一批专业师资；开展"一市一县推经验"工作，选出5个市局、县局为绩效管理优秀单位；各地通过制作绩效知识宣传手册、绩效台历等，加强向党政部门推广经验，扩大宣传实效。2016年，广东省地税局绩效成绩名列全国第2。

（周忠清）

# 税收法治

［**依法行政**］ 建立健全依法行政工作长效推进机制，做到持续发力，久久为功。制定并落实《依法行政工作领导小组议事规则》，实施季度例会制度，依法行政工作领导小组实现规范化、制度化、常态化运行。制定《2016年依法行政工作要点》，统筹落实全年依法行政工作。制定并落实《2016年学法计划》，2016年，广东省地税局党组会议坚持会前专题学法，主要领导以身作则，带头学法尊法用法守法，领导班子依法行政核心带头作用凸显。落实《广东省依法行政考评办法》，将依法行政考评与绩效管理深度融合，组织开展各市（区）局2015年度依法行政考评并通报考评结果，推动加强工作落实。围绕打造法治标杆、推动品牌建设的目标要求，在基层积极稳妥推进法治税务示范基地创建工作。2016年从严掌握，差额评选命名了首批10家全省法治税务示范基地；择优推荐2家参选首批全国法治税务示范基地。整体工作顺利推进，初步发挥典型示范效应。

［**法制专项工作**］ 持续深化审批制度改革，切实加强事中事后管理，深入推进审批事项标准化管理，获税务总局通报肯定。加强已公布权责清单动态完善工作，梳理调整23项权责内容，增加34项职权运行流程图，及时报送省编办。派干部挂职参与税务总局"放管服"改革专项工作，获税务总局法规司会同人事司发函表扬。以省政府将省地税局列为完善规范性文件合法性审查机制试点单位为契机，精心组织提升规范性文件管理质效，按期完成11项试点任务，进一步形成职责清晰、审查严格、程序规范、权责统一的规范性文件合法性审查机制，规范性文件管理质量持续提升。顺应广东省地税复议诉讼

案件发展复杂态势，积极完善办案机制，着力打好复议应诉“组合拳”。2016 年，省地税局办理行政复议 7 件，一审应诉 6 件，二审 4 件，继续保持没有行政诉讼败诉的良好记录。新行政诉讼法施行 1 周年，全省地税发生一审应诉案件 49 件，负责人出庭应诉 26 件，占 53.06%，高于同期全省平均 14.37% 的负责人出庭应诉率。贯彻落实《广东省地方税务系统法律顾问管理暂行办法》，省局、23 个市局及大部分县局均已聘请常年法律顾问。2016 年，印发《广东省地税系统公职律师工作实施方案》及《广东省地税系统公职律师管理办法》，全省地税已有公职律师 20 名。法律顾问和公职律师制度的推行，显著提高了全省地税法律服务保障水平。

**[税收政策服务]**　做好自贸区、珠三角自创区、广东全面创新改革试验区等重大发展战略相关税收政策研究和沟通协调；印发《广东省地方税务局关于支持珠三角国家自主创新示范区发展的意见》，统筹加强政策落实；围绕大众创业万众创新、供给侧结构性改革等提出对策建议，服务地方改革发展。开展综合性税收政策专题调研，形成《科技创新税收政策专项评估》《支持创新投资活动的税收政策研究》《支持创新空间的税收政策研究》等调研成果，提出政策建议。扎实主办 600 多份来文、征求意见稿、人大建议政协提案以及局外会议材料，及时提供决策参考。

**[执法督察]**　注重把规范税收执法与落实组织收入原则、落实税收优惠政策结合起来，突出审批制度改革、创新税收政策落实、存量房交易等改革热点、执法难点和管理重点，发现涉及纳税人问题 812 个，不涉及纳税人问题 141 个。持续加大执法过错责任追究力度，2016 年，税收执法督察追究单位责任 124 次，个人责任 2769 人次。

**[内控机制]**　2016 年，“三转”承接内控职能后，持续加强内控建设，推动职能调整衔接顺畅。落实国家税务总局部署，先后组织完成金税三期工程及非金税三期工程应用软件内控内生化情况调查、税务机关内部控制基础评价意见反馈工作，全程共组织测试金税三期工程地税监控指标 1275 项，发现问题指标 265 项，建议新增监控指标 9 项，为深化内控信息化奠定基础。

（刘义忠）

# 营业税与财产行为税管理

**[营业税和财产行为税收入情况与分析]**　2016 年，广东省地税局组织营业税收入 756.83 亿元，同比下降 44.6%，累计可比增长 28.3%，代征增值税收入 38.25 亿元。组织财产行为税收入 1767.07 亿元，同比增长 8.6%。主要税种如下：土地增值税收入 461.88 亿元，同比增收 76.74 亿元，增长 19.9%。土地增值税增长主要是省政府出台去库存政策，珠三角地区尤其是广州、东莞、佛山、惠州、中山等地在“五一”“金九、银十”等时间段销量大增，全年房地产销售额和商品房价格均有增长，带动预征收入和清算进度。契税收入 384.9 亿元，同比增加 62.31 亿元，增长 19.3%。《关于房地产交易环节契税营业税优惠政策的通知》（财税〔2016〕23 号）文件的出台，有利于存量房交易的增长，政策效应明显。加强征管，完善运用存量房评估系统。“营改增”政策也有利于存量房交易。城市维护建设税收入 372.97 亿元，增收 18.4 亿元，增长 5.2%。城市维护建设税正常增长，原因是省内经济平稳发展，减负降税政策效应凸显，尤其是营业税改征增值税后，纳税人税负有所下降，影响收入。房产税收入 190.07 亿元，减收 0.78 亿元，下降 0.4%。房产税下降主要是受房产出租市场活跃度下降、企业申请困难减免等影响。城镇土地使用税收入 122.63 亿元，减收 10.43 亿元，下降 7.8%，土地使用税下降主要是受宏观经济形势影响，困难企业增多，减免税欠税增多，2015 年加强征管查补，基数较高。车船税收入 57.09 亿元，增收 3.66 亿元，增长 6.8%。车船税整体平稳增长，原因是开展车船税保险代收工作，车船税征管更加到位。印花税收入 82.6 亿元，增收 8.87 亿元，增长 12%。原因主要是广东各项主要经济指标均保持稳健增长，同时近年来各地加强对印花税的征收管理等原因造成增收。资源税收入 16.69 亿元，增收 0.15 亿元，增长 0.9%。增长原因主要是上半年资源税纳税大市梅州部分企业销售高岭土、稀土、铁矿石收入出现大幅度增长，带动资源税出现增长。下半年资源税改革减负效应凸显，抵

消上半年增长,因此全年增长平缓。耕地占用税收入76.68亿元,减收18.6亿元,下降23.5%。主要是以往年份加强征管导致基数过高,2016年有所回落。营业税收入756.83亿元,减收609.66亿元,下降44.6%,主要是受"营改增"影响。

**["营改增"]** 按照上级工作部署,全面推开"营改增"试点相关工作,包括建立健全"营改增"工作机制,移交营业税纳税户,做好税收征管衔接、税收宣传、代征增值税代开发票准备及纳税人服务等相关工作。创新完成试点纳税人管户移交。认真做好管户移交基础工作。多次牵头会同省国税局召开业务座谈会,共同研究管户移交方案。深入基层开展"营改增"试点工作调研,听取基层意见和建议,收集整理税制转换前后有关政策衔接问题,及时向税务总局反映。反复校验营业税纳税人征管基础信息。多次从征管系统抽取"营改增"纳税人基础信息发送全省进行核实,并要求各级地税部门全力协助国税部门,做好试点纳税人基础资料、发票使用、委托代征、税收优惠等关键信息的核验工作,确保相关信息全面、准确。创新提高试点纳税人管户移交工作效率。率先在全国实现国地税互相开放金税三期工程核心征管系统查询权限,国税可通过系统全面查询地税移交管户信息,保障管户无缝交接,为全国提供可复制的模式。经与省财政厅、省国税局共同确认,截至2016年12月31日,广东省纳入试点纳税人177.53万户(不含深圳96.76万户)。先后两次在全国税务系统"营改增"工作视频会议上就推进"营改增"试点工作作经验介绍,"营改增"工作共获得税务总局局长王军表扬性批示2次、副局长汪康表扬性批示1次、广东省省长朱小丹表扬性批示2次。

**[车船税税收管理]** 积极完善车船税税收管理,优化车船税征管系统。为避免车船税重复征税,5月9日,开展全省子系统查询功能测试工作,收集测试情况后修改系统,6月27日正式启用。完善车船税联网征收系统,实现"全省通办、先税后险",方便了纳税人缴税,强化了税种源泉控管。

**[土地增值税管理]** 为建立土地增值税管理长效机制,掌握土地增值税税源,解决土地增值税跟踪跨度长、计算复杂、工作量大等实际问题,组织立项开发土地增值税管理系统。通过信息化手段,收集房地产开发成本信息,抓好前期管理,掌握房地产项目开发进度,及时准确开展清算。

**[资源税改革]** 对2012—2015年全省列入资源税改革范围的28种矿产品企业的销售收入、实际缴纳的资源税及矿产资源补偿费等税费负担情况进行测算,高质量完成各矿产品税率测算、税率确定、换算比和折算率确定、税收优惠政策确定、业务培训、系统调整、申报测试、申报后续问题跟进、改革效益分析等一系列工作。建立从省局机关到办税大厅前台的"问题收集整理—分析研究—处理反馈—持续跟踪"的管理机制,做到及时发现问题,及时解决问题。资源税新征收模块上线前,加班加点进行测试,提交问题报告26单,解决"原矿折算为精矿销售量公式出错"等一系列问题。新申报表上线后,提交多份完善金税三期工程系统业务需求,解决了计量单位锁定,增加数据填写的逻辑校验规则,更新部分税目的税种认定配置等一系列问题。在全省范围内建立23个资源税税企交流微信群,共计1100人加入,基本覆盖全省所有资源税纳税企业。依托微信平台,采用一对一辅导方式,在全面掌握纳税人需求的基础上,及时掌握纳税人在办理业务时遇到的各类问题并予以解答。

**[供给侧结构性改革]** 认真落实关于推进供给侧结构性改革的决策部署,找准定位,充分发挥税收职能作用,立足为企业降本增效,坚持落实好国家政策和用好税收管理权限相衔接、减轻税负与规范管理相结合,打出降低企业税负和办税成本的"组合拳"。统一房产税、城镇土地使用税纳税期限。按照供给侧结构性改革为企业降税负的要求,指导各地将房产税(从价计征)、城镇土地使用税纳税期限统一调整为当年(税款所属期)10—12月一次缴纳。据统计,第三季度房产税申报纳税次数减少12.5万次,下降15.59%,为纳税人节省资金成本4.625亿元;城镇土地使用税申报纳税次数减少13.25万次,下降23.15%,为纳税人节省资金成本6.925亿元。

**[落实税收优惠政策]** 贯彻好小微企业营业税优惠政策,确保符合免税条件的纳税人100%享受到税收优惠。2016年1—4月(税款所属期),广东省地税局为26.59万户次小微企业纳税人免征营业税1.97亿元,为131.67万户次个人(包括个体工商户)免征营业税6.41亿元。研究落实车船税优惠政策。经与省财政厅协调沟通,延续广东省公共交通车船和农村车辆车船税减免政策,2016年5月19日,发布《广东省财政厅　广东省地方税务局关于继续实施公共交通车船和农村车辆车船税减免政策的通知》(粤财法〔2016〕9号),并发文至深圳地税。进一步提高落实税收优惠政策的主动性。为提升落实税收优惠政策的准确性,主动向省直单位获取可能符合优惠政策条件纳税人信息,精准服务纳税人。

**[环境保护税调研]**　按照国家税务总局开展环境保护税专题研究分工,广东省地税局主要负责研究环境保护税的特殊征收管理程序、环境保护税征管平台的搭建及信息共享机制有关内容。先后到省环保厅、广州市、肇庆市、中山市召集环保局和企业召开调研座谈会,并深入到10余家企业实地开展调研,高质量完成税务总局重点调研课题《环境保护税征管流程、职责划分及信息共享机制》中广东省地税局负责部分,对环保部门征收排污费现状、环境保护税征管流程的构建、环境保护税信息共享机制的建立等问题进行深入分析。

（岳　冶）

# 所得税管理

**[企业所得税收入及特点]**　2016年,广东省地税系统企业所得税累计组织收入607.76亿元,增收54.93亿元,同比增长9.94%,增速比上年回落7.36个百分点。其中,查账征收企业实现应纳所得税额568.96亿元,同比增长11.45%,增收58.46亿元;核定征收企业实现应纳所得税额38.8亿元,同比减少8.34%,减收3.53亿元。在应纳所得税额方面,年度实际应纳所得税额排在前5位的行业依次是房地产业(167亿元)、建筑业(133亿元)、制造业(58亿元)、电力、燃气及水的生产和供应业(53亿元)、租赁和商务服务业(44亿元),5个行业在企业所得税总收入中比重达87.52%。在行业利润率方面,企业所得税管户平均利润率6.68%,同比上升1.68个百分点;利润率排在前5位的行业为金融业(54.16%)、租赁和商务服务业(24.99%)、农林牧渔业(24.5%)、房地产业(16.98%)、居民服务和其他服务业(10.54%)。在税收负担率方面,年度企业所得税实际税负率(实际应纳税所得额占应纳税所得额的比例)为22.26%。金融业(24.98%)、房地产业(24.95%)、电力热力燃气及水生产(24.87%)税收负担率排前3名,而文化、体育和娱乐业(12.11%)、信息传输、计算机服务和软件业(13.48%)、制造业(18.21%)税收负担率最低,主要是由于该类行业受文化改制企业免征企业所得税、软件、集成电路企业所得税优惠、高新技术企业所得税优惠等重点优惠政策影响,产生了明显的减负效应。

**[个人所得税收入及特点]**　2016年,广东省(不含深圳,下同)全年累计组织个人所得税收入832亿元,同比增收11.88亿元,同比增长16.65%。收入来源主要是工资、薪金所得,财产转让所得、利息股息红利所得等项目,其中,工资薪金所得个人所得税582.91亿元,累计同比增长20.12%,占个人所得税收入总额的70.06%;财产转让所得个人所得税91.41亿元,累计同比增长29.41%,占个人所得税收入总额的10.99%;利息股息红利所得个人所得税61.37亿元,累计同比下滑11.40%,占个人所得税收入总额的7.38%;个体工商户生产经营所得个人所得税34.75亿元,累计同比下滑4.01%,占个人所得税收入总额的4.18%。全省地区间,个人所得税收入呈现两极分布状况,珠三角发达地区组织个人所得税621.25亿元,占整体收入比重为87.36%,同比增收105.56亿元,增收贡献为88.88%,其中,广州市组织个人所得税收入385.95亿元,占比46.39%,增长贡献44.38%;粤东西北12市累计组织个人所得税105.19亿元,占整体收入比重为12.64%,同比增收13.21亿元,增收贡献为11.12%。

**[税收优惠政策]**　重点抓好高新技术企业所得税优惠、研究开发费用加计扣除优惠、集成电路、软件企业优惠、国家有关人才计划优惠、股权激励税收优惠及残疾人等个人所得税减免政策等有关驱动创新和扶持特殊人群的税收优惠政策落实工作。广东省地税系统企业所得税优惠政策的享受户数及优惠税额均有明显增长,2015年度共132997户企业享受优惠政策,同比上升20.25%,按25%的税率计算,广东省地税系统为纳税人减免企业所得税383.5亿元。其中,3587户企业申报享受“免税收入”优惠,户数同比上升10.44%,免税收入金额为1141.12亿元;23户申报“减计收入”,金额1.37亿元,约减免企业所得税0.34亿元;1632户企业申报享受“加计扣除”优惠,享受户数同比上升38.31%,加计扣除额63.61亿元,同比上升27.82%,其中1113户申报“研究开发费用加计扣除”优惠政策,户数同比增加43.24%,加计扣除金额61.99亿元,金额同比上升28.48%;263户申报“减免所得额”,金

额35.93亿元,减免金额同比上升40.38%,其中享受高新技术企业的户数为971户,同比上升12.12%;115879户次企业申报“减免所得税”,减免税额72.8亿元。

**[建章立制]** 省、市、县各级地税机关建立健全税收优惠政策工作规范,制定《广东省地方税务局系统落实税收优惠政策工作制度》和《广东省地方税务局机关落实税收优惠政策工作规范》,市、县局制订工作规范。全面系统梳理广东省地税执行的285项优惠政策,明确界定各级地税机关落实税收优惠政策工作标准,实现全省各级地税机关落实税收优惠政策工作的统一规范,为贯彻落实好税收优惠提供制度保障。调整企业所得税预缴期限,降低企业办税成本。出台《广东省地方税务局关于居民企业所得税预缴申报期限的公告》,由按月申报预缴全部调整为按季度申报预缴,每年累计减轻85万户次企业所得税预缴申报负担,减轻企业资金成本5064万元,有效降低了企业的办税成本。为特定人群减轻个人所得税负担。经广东省人民政府批准,出台《关于广东省残疾人等个人所得税减征规定的公告》,对残疾人、孤老、烈属及遭受重大自然灾害的个人提升个人所得税减征幅度和优惠力度,残疾人的个人所得由原来的50%提高到60%~80%,年度减免税额度最高可达9万元。

**[税政调研]** 与省国税局联合开展的高新技术企业优惠政策专项调研,通过总结2015年度高新技术企业所得税优惠政策落实成效,分析已认定高新技术企业资格而未享受优惠政策的原因,提出优惠政策执行中存在的问题及进一步推进高新技术企业税收优惠政策落实的措施,成果获广东省省长朱小丹批示表扬。

(曾柳婷)

# 国际税收管理

**[税收收入及特点]** 2016年,全省地税系统共组织国际税收收入(不含深圳)659.61亿元,剔除“营改增”影响可比增长4.64%(2016年589.81亿元,2015年563.66亿元),按实际入库额计算下降6.22%。其中,企业所得税107.07亿元,增长15.67%;个人所得税174.90亿元,增长12.77%。营业税65.80亿元,下降52.89%。

**[国际税收合作]** 全省各地持续不断地举办以“一带一路”为主题的税收宣传会,面向“走出去”企业及个人。与国税部门联手,同时邀请商务部门、外汇管理部门、四大会计师事务所、香港税务学会等机构共同为“走出去”企业建言献策。在新华网、《南方日报》、香港《大公报》及各地方媒体进行宣传报道,以全方位、立体式的税收宣传方式向企业宣传相关税收政策。携手国税部门为大型集团企业开展“走出去”税收协定辅导,为其提供涉及国际税收、“营改增”和大企业风险管控等精准个性化纳税服务。为“世界五百强”企业提供国际税收和大企业风险管控等个性化纳税服务。与国税部门、中介机构等合作编印“走出去”企业及个人税收政策与风险管理手册,赠送给相关纳税人,为其提供全面的境外投资经营涉税风险分析,助力“走出去”。完成新西兰国别投资税收指南的编写,新西兰国别投资税收指南涵盖新西兰国情概要、投资环境、税收法律体系、转让定价管理等多项内容,对中国企业到新西兰投资提供重要参考价值。国地税共同开展“走出去”纳税人基础信息核查工作,全面摸查全省“走出去”企业基本情况,建立动态管理台账,按季更新“走出去”企业清册。帮助企业享受税收协定待遇。做好《中国税收居民身份证明》开具工作,认真做好申请的受理、居民身份的确认、证明的开具和统计汇总工作,使“走出去”企业能够在国外及时享受到有关税收协定待遇。据统计,2016年,为“走出去”企业及个人开具63份中国税收居民身份证明,享受协定待遇减免税270万元。国地税联合编写非居民纳税人享受税收协定待遇后续管理业务工作指引,进一步规范享受协定待遇管理由审批改为备案制的后续管理,防范税收协定滥用和税收流失风险。

**[反避税工作]** 2016年,全省反避税监控管理59户,立案调查4户,结案2户,在执行预约定价协议2份,参与全国案件会审13宗,双边磋商2宗。全省地税系统反避税工作对税收贡献17.64亿元,同比增长8.84%。充分利用金税三期工程系统采集到的关联业务往来报告137963条申报记录进行筛查,将外资企业的关联业务申报信息向重点地区进行风险推送与排查,加强对跨境企业关联申报审

核、同期资料管理等前期监控管理。共完成59户企业的前期监控管理工作,共增加企业所得税14.92亿元。利用外部及内部可比数据,对已结案的反避税案件及已签订预约定价协议的企业实施动态跟踪管理,重点企业实施加强对其事中监控,防范反复的避税行为,共执行入库企业所得税3.34亿元,进一步巩固反避税成效。加大反避税调查力度,东莞市地税局对某外资公司转让定价调查案件顺利结案,调增企业所得税应纳税所得额5.29亿元,补缴企业所得税1.16亿元,加收利息2400多万元,是迄今为止广东省地税系统补税金额最大的一宗转让定价调查案件。举办一期面向全省国际税收业务岗位人员BEPS专题培训班,聘请专家学者重点讲述与地税工作密切联系的第5项、6项、7项行动计划,逐步普及新税制下的国际税收知识及观点,提升基层国际税收人员运用国际税制改革成果解决实际问题的能力。

［**非居民税收管理**］　2016年,非居民税收收入共29.99亿元,按实际入库额计算增长55.36%。剔除“营改增”影响可比增长82.80%(2016年28.26亿元,2015年15.46亿元)比同期全省税收收入增长比例高出62.5个百分点。广州、东莞、珠海、佛山市局为全省非居民税收收入作出突出贡献。跨境税源监管实现突破。通过第三方信息及时掌握境外股权交易情况,提早介入掌控税收主动权,以被转让股权的居民企业为突破口,跟踪企业股东变化信息和资金流向,避免税款流失。2016年,广州市地税局成功入库非居民股权转让企业所得税款5.41亿元,创广东省地税非居民企业税收单笔入库金额新高。佛山市地税局成功办理非居民企业股权间接转让案例,入库企业所得税税款2.16亿元。是广东地税系统首个适用《关于非居民企业间接转让财产企业所得税若干问题的公告》(国家税务总局公告2015年第7号)征收企业所得税的案例,切实维护了我国的税收主权和税收利益。非居民税收协同管理逐步推进。以深化国地税国际税收合作为契机,推进非居民税收协同管理。

［**外籍个人税收管理**］　规范境外演出团体和个人的纳税申报。制定境外团体或个人从事文艺及体育演出税收政策执行指引,从项目登记、发票管理、明确扣缴义务、开展评估约谈、建立电子台账等五方面规范征收管理工作,取得实质成效。加强体育俱乐部的纳税辅导。以恒大、富力为代表的足球俱乐部高薪引入的外籍教练和球员成为重要税源。广州市地税局主动采取送税法上门的形式,面对面向著名外籍教练和球员宣传讲解中国税收政策。清远市地税局为恒大足球学校进行税前政策宣传与辅导。将教练里皮与恒大足球学校合同约定的工资薪金纳入税收管理,预计3年将缴纳个人所得税合计约1.89亿元。主动对外发出专项情报交换请求。通过向相关境外主管税务当局发送外籍个人收入的专项请求,堵塞境内外信息不对称的漏洞。广州、东莞、揭阳市地税局针对外籍个人申报收入偏低的情况,主动向外方发出专项情报请求,进一步掌握外籍个人实际收入情况,有效防止外籍个人利用信息漏洞逃避税收义务。联合粤港业界,共同研究外籍个人税收管理。随着《金融账户涉税信息自动交换之多边政府间协议》(CRS)、《多边税收征管互助公约》、美国《海外账户税收遵从法案》(FATCA)的陆续生效和实施,加强对外籍个人涉税数据的分析并对其实施税收管理成为新的课题。召开外籍个人税收管理高端研讨会,邀请香港会计师公会、香港税务学会、四大会计师事务所等粤港业界同仁参加研讨,从税务部门、纳税人、中介代理3个角度就外籍个人税收遵从度、税收情报、纳税服务、涉税隐私保护、税源信息获取、税源征管等方面进行深入探讨,共同研究加强外籍个人(自然人)税收管理,为下一步自然人税收管理积累经验。完成《非居民个人所得税管理指引》编写工作。针对当前涉及非居民个人所得税的政策多、文件散、管理难等问题,结合广东省个人所得税征管实际,重点对业务发生较频繁的工资薪金、劳务报酬、特许权使用费、利息、股息红利、财产租赁、财产转让、稿酬等8项非居民个人收入所得类型进行了梳理,明晰管理方向,提升税收征管质效。

［**国际税收管理**］　抓住当前国际税收管理迫切需要突破的重点领域,以总结、归纳可复制、可推广的经验方式,以点带面推动全省国际税收管理水平的提高。总结中山市核查加拿大案件的做法和经验。该案件揭示当前高收入个人逃税的手法和模式,案件的查处也为此类情报交换案件的流程、步骤、工作机制积累了经验,对该案件进行了经验总结,并下发各市供借鉴参考。组织编写金税三期工程系统国际税收业务指引并推广至全省使用。金税三期工程业务运作顺畅,国际税收各项业务已经融入大征管通过信息化实施对接,彻底改变过去国际税收业务与信息化“两张皮”的问题。

［**港澳台工作**］　建立健全常态化宣导机制,服务“走出去”和“引进来”。通过中介机构等途径了解和收集港澳地区纳税人的税收服务需求,以此为

导向明确税收宣传和服务的方向和重点，利用《大公报》这一境外平台，推出“南粤税讯”专栏，宣传税收政策、答疑解惑，每月两期持续向海内外传递税收资讯。并将专栏内容刊登于香港会计师公会内部刊物，供其4万余名会员学习借鉴，广受社会各界读者好评。协作香港驻粤办更新《港人内地生活小百科》，帮助港人了解在内地投资、经商、就业等方面涉及的税收问题。

建立定期交流机制，加强与香港业界互动。与香港会计师公会建立定期联系机制，通过定期或不定期沟通、磋商等形式，增进沟通了解。与四大会计师事务所定期交流，双方就赴港培训项目、税收服务“一带一路”建设及专业人才培训等合作事宜等加强进一步合作。继续坚持和完善全省赴港培训工作制度，向国际知名会计师事务所派遣人员实习，加强两地人员沟通交流，增进双方感情。

（汤丹丹）

# 规费管理

[**规费收入**] 2016年，全省地税系统共组织规费收入3316.44亿元，同比增收303.22亿元，增长10.1%。其中，社会保险费收入2783.79亿元，同比增收322.34亿元，增长13.1%；其他规费（教育费附加、文化事业建设费、地方教育附加、堤围防护费、价格调节基金、残疾人就业保障金、工会经费）收入532.65亿元，同比减收19.12亿元，负增长3.5%。

[**规费收入分析**] 一是社会保险费收入保持较快增长态势。养老保险、医疗保险、失业保险、生育保险、工伤保险收入分别为1886.63亿元、742.21亿元、61.44亿元、50.94亿元、42.57亿元，分别占社会保险费总收入的67.8%、26.7%、2.2%、1.8%、1.5%；养老保险和医疗保险同比增长16.8%和11.3%，保持稳定增速；生育保险同比快速增长21.2%；失业保险和工伤保险同比下降30.6%和11.8%。二是珠三角社会保险费收入增速有所下降。珠三角8市累计社保费收入2126.21亿元，占全省收入的76.4%，同比增长12.5%，增速比2015年下调5.9个百分点，略低于全省13.1%的平均增长水平。粤东收入125.98亿元，同比增长7.5%；粤西收入141.87亿元，同比增长12.2%；粤北收入219.29亿元，同比增长27.7%。全省20个地市中，梅州（88.1%）、阳江（20.5%）增长速度较快。省直社保费收入160.35亿元，同比增长9.8%。三是社会保险费缴费人数稳中有升。2016年12月，全省养老保险缴费人数2092万人，同比增加56万人；医疗保险缴费人数2066万人，同比增加29万人；失业保险缴费人数1834万人，同比增加60万人；生育保险缴费人数1762万人，同比增加53万人；工伤保险缴费人数1938万人，同比增加35万人。按缴费单位类型划分，企业缴费人占八成，机关事业单位和灵活就业人员缴费人各占一成。四是文化事业建设费、堤围防护费、价格调节基金收入锐减，其他费金增速下降。1—12月，除社保费以外的7项规费收入分别为：教育费附加231.45亿元、地方教育附加154.20亿元、工会经费79.24亿元、堤围防护费29.74亿元、价格调节基金6.49亿元、残疾人就业保障金30.74亿元、文化事业建设费0.78亿元。文化事业建设费、堤围防护费、价格调节基金分别下降55.5%、46.9%、69.3%；教育费附加、地方教育附加分别增长5.6%和2.9%，增速大幅下降；工会经费增长8.3%；残疾人就业保障金增长0.3%。

[**影响规费收入主要因素**] 扩面征缴、加强征管是规费收入稳定增长的主要原因：一是继续采取有力措施，依法加强征管促收入；配合供给侧结构性调整，认真贯彻执行国家和省有关规费优惠政策，确保参保缴费人“应惠尽惠”，2016年，减免费金112.67亿元。二是严格落实目标管理责任制，加强部门协作联动，严格执法检查，广泛开展宣传，保持各险种参保缴费人数稳中有升，全年新增56万人参加并缴纳养老保险费。三是在全省上线广东地税规费监控分析管理平台、微信移动办费平台、电子档案系统等，运用“大数据”和新功能全面提升全省各级地税机关缴费服务水平和征管质效。四是不断完善优化规费征管业务流程，积极探索费源专业化管理和管事制改革，推进社会保险费通办和无纸化办理。五是严格落实依法征缴，加强电话、短信、文书等方式的催报催缴，积极开展面向高风险企业的质疑约谈，督促各地依法追缴陈欠、控制新欠，依法规范和加强欠费强制执行工作，全年清理欠费49.1亿元。

六是将一些长期以来难以推广、难以突破、难以提升的业务工作作为规费重点督办工作,通过绩效考评推动社保费管理水平的提升。

主要政策性增减收因素。养老保险增收因素:缴费工资下限基数自2016年7月1日起调整,由2408元调整至2906元。各地贯彻落实《广东省人力资源和社会保障厅　广东省财政厅　广东省地方税务局关于完善灵活就业人员参加企业职工基本养老保险有关规定的通知》(粤人社规〔2016〕4号),灵活就业人员参保缴费人数出现快速增长。失业、医疗、工伤、生育保险增收因素:新的社保年度各地区社平工资和最低工资普遍上调10%左右,各险种缴费基数下限因此上浮。随着建筑施工企业推行按建设项目参保,进一步扩大了建筑行业工伤保险覆盖面。减收因素方面,根据《人力资源社会保障部　财政部关于调整工伤保险费率政策的通知》(人社部发〔2015〕71号)规定,自2015年10月1日起,各地分类分阶段下调工伤保险费率。根据《关于调整失业保险费率的通知》(粤人社规〔2015〕8号)规定,从2016年3月1日起,全省失业保险费率暂由现行规定的2%降至1%,其中用人单位费率降至0.8%,个人费率降至0.2%。根据《人力资源社会保障部　财政部关于适当降低生育保险费率的通知》(人社部发〔2015〕70号)规定,自2015年10月1日起,在生育保险基金结余超过合理结存的地区降低生育保险费率。广东省符合国家规定条件的市已全部将生育保险费率下调至0.5%以内。其他规费增收因素:工会经费的上缴返还比例上调有助提升工会经费缴费积极性。广东省关于堤围防护费征收标准下调20%的优惠政策从2016年1月1日开始停止执行。其他税收减收因素:根据《财政部关于取消、停征和整合部分政府性基金项目等有关问题的通知》(财税〔2016〕11号)规定,自2016年2月1日起,停止征收价格调节基金,全年收入同比减少14.66亿元。贯彻省政府供给侧结构性改革总体方案,落实免征涉企行政事业性收费政策。2016年4月1日前,广州、惠州等已停征堤围防护费;从2016年4月1日起,东莞、中山、珠海、佛山等停征堤围防护费;自2016年10月1日起,全省其他地市全面停征堤围防护费。全年减收26.32亿元。根据《财政部　国家税务总局关于扩大有关政府性基金免征范围的通知》(财税〔2016〕12号)规定,从2016年2月1日起,免征教育费附加、地方教育附加的范围,由现行按月纳税的月营业额或销售额不超过3万元(按季纳税的月营业额或销售额不超过9万元)的缴纳义务人,扩大到按月纳税的月营业额或销售额不超10万元(按季纳税的月营业额或销售额不超过30万元)的缴纳义务人。全年减收20.95亿元。全面实施“营改增”后,文化事业建设费改由国税部门征收。

**[社保费管理]**　一是以组织收入为中心,推进社保费征缴扩面。全面推进养老保险扩面征缴工作。2016年,全省养老保险月平均缴费人数2263.39万人,保持各险种参保缴费人数稳中有升,同时配合人力资源社会保障部门做好全省养老保险缴费人数测算、个人所得税申报人数对比等费源摸查工作,为继续推进养老保险扩面征缴打下良好基础。贯彻落实供给侧结构性改革,停征、减免相关规费。大力推进非税收入统一规范管理,积极落实国家和省关于供给侧结构性改革的各项举措。自2016年2月1日起,广东省全面停征价格调节基金,10月起,全省全面停征堤围防护费。2016年,全省地方税务机关减征政府性基金、行政性收费90余亿元,降低社保费率为企业和职工减负约47亿元。全省及时做好宣传贯彻及征管系统调整工作,确保国家和省的规费优惠政策顺利贯彻实施。二是加强征收管理,促进绩效提升。为促进广东省机关事业养老保险顺利开征,广东省地税局与省社保局多次召开联席会议,明确部门职能分工,商定数据信息交换流程与细节,拟定征收办法,并对征管系统进行改造,确保准确征收。三是推动数据管费,加强风险防控。立项建设全省“规费监控分析管理平台”。该项目2016年上半年在韶关、肇庆市局试点上线,2016年9月,全省地税系统正式上线。规费监控分析管理平台主要包含对规费的查询、统计报表、征管质效考核、风险管理及展示等几大功能,可实现规费的数据分析、监控、统计和预测,提高日常工作效率,同时强化风险预警,防范规费执法风险。四是完善工作机制,加强法制建设。着手修订《广东省社会保险费征缴办法》。现行的《广东省社会保险征缴办法》(以下简称《征缴办法》)从实施至今已有15年历史,已经难以适应改革和实践的发展需要,也出现了与上位法的冲突和矛盾。2016年,对《征缴办法》进行修订,修订工作主要围绕明确社保费征缴的相关部门的职能分工、法律责任、处罚手段及投诉举报受理等方面进行。修订过程中,广东省地税局在全省范围内召开3次专项会议征求基层意见,并发人社、财政、人民法院、人民银行等相关部门征求意见。

(黄小青)

# 税收规划核算

**[组织税费收入]** 2016年,全省地税系统累计组织税费收入(含深圳)9886亿元,可比增长(剔除“营改增”因素,下同)16.6%,按入库额计算增长2.7%、增收257亿元,其中税收收入(含深圳)6575亿元,可比增长20.3%,入库下降0.6%;税收收入(不含深圳)4101亿元,可比增长15.1%,入库下降5.5%。其中,中央级税收收入(不含深圳)952.6亿元,增长17.5%;省级税收收入1011亿元,可比增长18.4%;市县级税收收入(不含深圳)可比增长12.6%。社保费收入2777亿元,同比增收316亿元,增长12.8%。

**[收入核算管理]** 一是按时完成预算参数调整,确保税收收入按照规定级次和科目入库。5月1日前,迅速部署完成“预算分配比例参数配置表”“收款国库配置表”和“预算科目代码表”修改,确保5月1日零点开始征收的改征增值税能够按照税务总局规定的预算科目和级次入库。5月30日前,细致部署准备工作,在评估省与市县分配比例以及市县财政分成比例影响的基础上,根据全省138个核算单位的地方性需求提前在金税三期工程系统增加相应参数;5月30日,广东省“营改增”预算管理过渡方案出台,立即组织全省各级核算单位开展金税三期工程系统的“预算分配比例参数配置表”及“收款国库配置表”参数调整,确保6月1日开始征收的改征增值税和营业税按正确的预算级次入库。二是加班加点完成报表修订,确保改征增值税收入情况及时、准确反映。“营改增”后,税收报表制度进行重大调整,在原来97张基础上增加7张增值税的会计、统计及税源情况统计报表,对原有税收会计统计、计划分析报表上百个指标进行修订,超过万条计算公式、审核公式进行修改。迅速组织相关参数修订,确保相关业务变更需求同步在金税三期工程核心系统和决策一包系统实现,确保会统、计划报表的按时正确报送。全省地税系统会统报表工作获得税务总局通报表扬。三是及时完成“营改增”后涉及的减免税性质代码调整。根据“营改增”后调整的减免税政策,结合广东地税实际,迅速组织对1212条减免税性质代码及分类对照关系进行梳理,将减免税分类及代码根据“营改增”情况做了相应调整并下发各地,提高了工作效率,确保减免税核算准确和完整。

**[电子税票应用]** 推行电子税票,是落实“互联网+”行动、进一步优化纳税服务的重要创新举措:一方面,纳税人足不出户即可取得合法有效的完税凭证,大大提升纳税人办税效率、有效降低纳税人办税成本,为纳税人办理各项涉税事务提供便利;另一方面,国土、房管等政府部门可以方便快捷查验电子税票,有效防止税票造假;进一步缓解税务机关前台征收开票压力、提高征缴效率、节约税票印刷及管理等征税成本。电子税票纳入省政府政务电子证照系统首批试点。一是深入开展调查研究和分析论证。对电子税票改革,省局领导带队组织开展调研论证,到珠海、东莞、惠州等地听取基层地税一线人员以及相关政府部门、纳税人代表的意见建议,从税务部门内部管理使用、纳税人记账核算及办理公共事务等方面,详细调查电子税票需求情况;召集有关部门召开专项工作会议,明确电子税票推行总体思路和工作安排。二是全力推进电子税票应用系统开发。组织开展电子税票业务需求编写、需求分析、应用部署分析、功能开发以及测试工作,以提升纳税人体验为出发点,认真研究、分析、细化需求,经过两次测试并征求部分地区意见建议,改进和完善电子税票功能,在征管科技处、信息中心支持配合下,电子税票应用系统功能开发顺利完成。三是积极谋划,拓展电子税票应用渠道。积极与省信息中心协调,将电子税票纳入省政务电子证照系统,并作为电子证照首批试点。经过反复沟通协商,明确电子税票与省政务电子证照系统对接工作的框架部署、系统对接、数据存储等问题,确保涉税数据信息符合安全保密管理规定、电子税票符合电子证照标准规范,提升纳税人查询、验证、应用电子税票体验,进一步便利纳税人办理涉税公共事务。12月底前,电子税票与政务电子证照系统对接工作顺利完成。

**[税收调研分析]** 坚持服务发展、服务税收、服务改革“三个服务”原则,认真落实省局领导对税收分析抓重点、出精品的要求,积极挖掘富有潜在价值的选题,确保专题分析有广度、有深度、有影响力。深入实施精品战略,紧扣税源新趋势、新结构,深入

分析税收入背后的经济动因和创新元素，确保税收分析常做常新。全年共完成各类税收专题分析、收入分析报告以及税务总局税收分析会、省人大财经委、财政厅、经信委等各类分析材料共52篇，其中有10篇获得省委省政府主要领导批示肯定。一是税收分析质量显著提升。在做好收入监控预测的基础上，扩大国地税合作，加强数据共享，不断提高税收收入分析的时效性和针对性。《2016年1季度税收收入情况分析及全年税收形势预判》获得中央政治局委员、广东省委书记胡春华的充分肯定。二是专题调研影响持续扩大。围绕省委省政府的重大决策部署，积极开展专题调研，立足税收职能、反映经济发展，先后完成《从税收变化看广东创新驱动发展》《从税收变化看粤东西北地区发展》《从税收变化看珠江西岸先进装备制造业发展》《个税增长反映广东居民收入呈现积极变化》《广东资本市场税收风险研究》等多篇有影响有分量的税收调研报告，其中3篇被省委省政府专报采用。广东省省长朱小丹、常务副省长徐少华在《从税收变化看广东创新驱动发展》《从税收变化看粤东西北地区发展》批示引起省经信委、省科技厅、省创新办等部门的高度重视并援引采纳相关内容；同时，《从税收变化看粤东西北地区发展》得到有关地市党政主要领导的好评。

（叶友法）

# 纳税服务

**［纳税服务规范］**　一是以推动纳税服务规范落地为契机，促进新一轮办税服务厅标准化、规范化建设。9月，启动新《广东地税办税服务厅规范》编写工作（以下简称《规范》），推动推动纳税服务规范在全省落地。新《规范》的编写包括五大模块内容，特别增加国地税联合办税服务厅管理规范部分，并下发全省各市（区）局征求意见。通过新《规范》的出台、推广和落实，力求有效促进全省办税服务厅统一化、规范化、标准化建设和管理，用一把尺子对待纳税人，一个标准服务纳税人，做到实现纳税人、税务人双减负，树立地税机关的良好形象。二是以办税服务厅分类管理为导向，探索差别化管理。根据税务总局纳税服务司2015年底下发的关于实施办税服务厅分类管理的指导意见，及税务总局局长王军的指示精神："合理配置办税服务资源，分类解决办税服务厅管理存在的不同问题，以差别化管理实现服务质效的统一和规范。"在试点基础上，确立"以问题为导向，以纳税服务规范为基础，以大数据分析为支撑"的总体思路，制定《广东省地方税务局关于实施办税服务厅分类管理的指导意见》，内容包括办税服务厅分类标准（分为4类），以及各类对应的管理措施和设施配置。分类标准上，既采用税务总局建议的传统的指标权重计算法，又结合广东地税办税服务综合管理系统建设，创造性地融合大数据思维和资源，使用AHP层次分析法建立KPI（关键绩效指标）考核模型为每个办税厅评分，以聚类算法划分办税厅的类别。三是以办税服务综合管理系统为平台打造智慧服务。广东地税办税服务综合管理系统（以下简称"系统"）已在全省21个地市（区）共365个办税服务厅上线，基本覆盖省内业务量大、窗口数多、地处中心城区的办税厅，可采集的实体办税厅服务数据量占全省的89.7%。10月，税务总局局长王军来广东视察时，听取省地税局关于办税服务综合管理系统的专项汇报。多渠道协同联动，有力监控预警。系统实时展现全省主要办税服务厅、电子办税服务厅、自助办税终端、12366呼叫中心、门户网站的服务运行状态。多维度挖掘数据，有效服务决策。系统依据历史数据实现业务预测、过程优化、分类管理，为精准服务、资源优化配置提供决策依据。多举措收集反馈，精准解决痛点。系统通过对纳税人分类业务办理时间及等候时长的归集、分析、反馈，找准纳税服务过程中的"痛点"，进一步提升"营改增"纳税人满意度。2016年，系统共处理业务2600万笔，服务纳税人超过680万，全省平均每笔业务办理时间缩短到5.39分钟。

**［信用管理］**　2016年，广东省地税局联合省国税局在全国率先应用金税三期工程纳税信用管理系统，有计划、分步骤、分阶段地实施年度纳税信用评价工作，先后3次开展系统测试应用，为做好全省纳税信用评价工作打下坚实基础。4月中旬，经系统自动取值评分、主管税务机关调整审核、国地税联合评价等环节，全省2015年度纳税信用评价工作顺利完成，参评企业782156户，其中，A级纳税人43800户，占比5.6%；B级纳税人433855户，占比

55.47%；C级纳税人238833户，占比30.54%；D级纳税人65668户，占比8.4%，呈现出A级、D级两头占比小，B级、C级企业占比大的分布。省地税局联合省国税局下发《纳税信用评价补评、复评工作指引（试行）》，突出便利纳税人、规范流程、明确主体责任和强化管理四方面要求。

［**注册税务师管理**］　配合省国税局落实国家税务总局统一部署要求，全面规范注册税务师管理工作，于2016年8月转发《国家税务总局关于暂停执行〈注册税务师管理暂行办法〉第二十三条有关规定的通知》（税总函〔2016〕407号），要求全省注册税务师暂停承办有关涉税鉴证业务，包括企业所得税汇算清缴纳税申报的鉴证、企业税前弥补亏损和财产损失的鉴证以及国家税务总局和省税务局规定的其他涉税鉴证业务；2016年11月，出台《广东省国家税务局　广东省地方税务局关于废止进一步加强我省税务师事务所和注册税务师从事涉税鉴证业务管理有关规定的公告》（联合公告〔2016〕22号）。据省注册税务师管理中心（省国税局）统计，截至2016年底，全省税务师事务所共618户，从业人员13258人。

［**权益保护**］　一是多渠道受理纳税人意见建议及服务投诉。通过办税服务厅、12366纳税服务热线、门户网站等线上线下多渠道收集纳税人意见建议及服务投诉。与省国税局联合草拟《广东省国税局　广东省地税局关于做好国税地税联合维护纳税人权益工作的通知》下发全省国税地税部门，贯彻落实税务总局关于联合维护纳税人权益的要求。二是按照税务总局要求认真规范各类涉税中介活动。妥善处理“红顶税务中介”网络舆情。根据国务院办公厅的督办要求和税务总局局长王军、总经济师任荣发的批示精神，省局局长吴紫骊亲自召集相关部门负责人紧急召开座谈会，明确工作任务和工作职责分工，从快从严抓紧应急处置，并要求广州市地税局协同广州市国税局迅速核查上报企业所得税汇算清缴中介机构鉴证、干部职工及家属是否违规插手涉税中介经营活动等相关情况，加强舆情监控，密切关注舆情被转载、关注和评论的情况，第一时间向省局汇报。在省、市局的积极应对和共同努力下，“红顶税务中介”网络舆情得到有效控制。

［**“便民办税春风行动”**］　一是广开言路，意见征集汇民智。依托纳税人需求收集机制，利用12366纳税服务热线、门户网站“局长信箱”栏目、纳税人学堂、组织座谈会、走访纳税人以及社会各界人士等常态化问需渠道，听取纳税人对税收征管、办税服务、税收执法、廉政建设等工作的意见建议。二是聚焦问题，问卷调查知民忧。联合省国税局委托第三方机构开展满意度调查，并调查结果进行汇总分析，及时将纳税人提出的意见建议以及反映的突出问题归类，并与相关部门共同研究解决。三是注重体验，便民办税顺民意。严格落实纳税服务规范，与“便民办税春风行动”相结合，进一步落实预约服务、延时服务、限时服务、导税服务、提醒服务以及首问责任制等各项便利化措施，积极推出微信办税、预约办税、在线咨询、预审核、设置“营改增”专门咨询岗、咨询专线、绿色通道、国地税联合办税等创新举措，进一步加强办税工作人员的责任感和迫切感，切实提高办税效率。

［**12366全省集中**］　一是建立广东地税12366纳税服务中心，广东地税12366纳税服务热线实现全省“集中服务”。攻克全省集中“场地、人员、机构”三大难题，筹建广东中心新业务场地，启动12366服务人员增配工作，建立广东地税12366纳税服务中心，圆满完成广东地税12366纳税服务热线全省集中工作任务，自2016年8月1日起，广州地区顺利切换税务总局12366系统并正式对外提供服务，9月30日珠海试点上线成功，为全省其他地区集中上线提供模板与经验后，全省按话务量从小到大及地域相近的原则，年底前，分三批切换税务总局12366系统，实现由21个地市分散运营的模式转变为以广东中心为龙头，地市互相配合的集中运营模式。据统计，2016年，全省地税12366系统话务总量累计达346.02万个，其中自动语音话务91.57万个，占总量的26.47%；人工接听话务213.76万个，人工呼出话务20.74万个，人工话务量占总量的67.77%；接听损失话务19.94万个，占总量的5.76%；平均接通率91.47%。二是加强差异业务的质量监控力度，全省集中“社保、技术、需求”实现三大分流。广东中心统一编制梳理模板及操作指引，广东中心负责梳理省级税费业务，各市局梳理本级税费业务，加强对差异业务的质量监控力度，确保全省集中服务的准确性和规范性。同时，从资源合理配置、业务实际差异以及渠道有效利用等因素考虑，实现“社保、技术、需求”三大分流：结合社保政策各地不统一的情况，在12366纳税服务热线自动语音导航上进行社保业务分流，缴费人选择社保业务转所在地远程座席直接受理，合理调配服务资源，实现社保业务分流；拓宽社会化纳税服务渠道，实施电子办税系统服务外包项目，在12366纳税服务热线中开设电子办税操作咨询专线，实现技术咨询分

流;利用全省集中服务的资源优势,定期梳理纳税人关注的热点及难点,依托新兴网络媒介,实现咨询需求分流。三是建立全省集中服务的组织体系和运行机制,全省集中服务初显成效。明确省、市局职责分工,广东中心承接全省通用业务,各地市远程座席承接本地个性化业务。制定广东中心的工作流程和作业标准,包括咨询受理、疑难转办、涉税信息查询、纳税服务投诉处理、涉税违法举报接听、意见建议收集反馈、质量监控、热点难点问题反馈、知识库运维、数据分析、培训辅导、绩效考核、应急管理等方面,为广东中心顺利开展全省业务提供机制和流程保障。随着全省集中工作的推动,服务质效明显提升,税务总局2016年第四季度12366纳税服务热线日常监测成绩也较第三季度有明显提升,人工接通率、准确率及服务规范性总得分比第三季度高出9.5分。广东中心对全省12366服务质量及远程座席的服务质效逐步统一,有效破解各地市分散服务中存在的欠"统一"和"规范"等问题,实现全省服务一个"调"。

（李尚明）

# 税收征管科技

**[税收征管基础]**　一是全面实施办税事项全省通办。制定《广东省地方税务局办税事项全省通办实施方案》,并于11月率先在广州、汕头、佛山等5市6地试点,12月1日起,在全省范围内实施办税事项通办。纳税人可突破属地办理限制在全省范围内自主选择公告授权的全省通办办税服务厅办理相关涉税业务,其管理机关和税款归属级次保持不变,实现"进一道门办全省事",该工作获得广东省省长朱小丹的批示赞扬。二是深化商事登记制度改革。扩大"三证合一"范围。配合将广东省社会组织、事业单位纳入"三证合一"范围。配合工商等部门积极推进"五证合一"登记制度改革,并于10月1日顺利实施。截至2016年底,共接收工商登记机关传输的"五证合一、一照一码"新登记企业549897户。11月1日起,在广东省全面实施个体工商户营业执照和税务登记证"两证整合"登记制度改革。三是助力供给侧结构性改革。发布《广东省地方税务局关于增值税、消费税附征税费免于零申报的公告》(广东省地方税务局公告2016年第1号),明确自2016年4月1日起,随增值税、消费税附征的城市维护建设税、教育费附加、地方教育附加免于零申报,惠及150万户纳税人。发布《广东省地方税务局关于合理简并纳税人申报次数的公告》(广东省地方税务局公告2016年第5号),明确自2016年7月1日(按税款所属期)起,对定期定额征收的纳税人,将原按月申报缴纳税款简并为按季申报缴纳税款,惠及200多万纳税人;对新办登记的纳税人,凡未开展生产经营且未发生纳税义务的,无须进行税种(基金、费)核定(不含社保费),惠及20万户企业纳税人。

**[金税三期工程]**　扎实开展业务保障工作,组织金税三期工程系统测试验证工作91次,梳理120万字的税收信息系统相关知识。与国税加强涉税信息共享,于2016年7月底实现国地税金税三期工程系统基础数据准实时共享。实现全省范围内国税地税纳税人登记信息的互联互通。

**[数据治税]**　推进数据综合治理。规划税收数据综合治理蓝图,建立数据标准,构建数据共享机制,完成数据治理基础平台、数据综合应用平台建设规划,完成2016年金税三期工程系统第一批数据质量管理专项工作,并初步构建一支数据应用人才队伍。深化数据共享应用。加强国税涉税信息应用,截至2016年底,通过国税信息应用,补缴税款15.72亿元。加强第三方涉税信息采集。截至2016年底,全省地税部门共获取1.59亿条外部涉税信息,通过信息利用补缴税款152.64亿元。从地税交换出去的数据共833.07万条,推动全省大数据共享共用。开展国地税共管户比对工作,为广东省电子税务局的推广应用打下基础。

**[税收信息化建设]**　一是强化信息化项目统筹管理。做好信息化建设项目管理和需求审核工作,确保每个项目立项和需求制订的合理性和公正性。2016年,共审核项目执行申请190项次,项目验收66项。深入调研、分析全省信息化建设现状,组织对局内信息化建设和管理相关的办法进行修订,并草拟《广东省地方税务局关于加强信息化项目统筹的意见(征求意见稿)》《广东省地方税务局信息化建设与管理办法(征求意见稿)》。二是完善

电子办税服务体系。建设推广广东省电子税务局，11月1日起，在全省推广，这是全国首个国地税共建电子税务局，也是广东省落实深改专项试点改革重点项目，实现登录一个平台办理国地税两家业务，通过国地税CA数据证书互认、信息共享互用，解决纳税人多头跑、多头报、多口径等问题。创新打造微信办税。为纳税人提供6大类71项实用功能，覆盖个人所得税、车船税、社保等多项税费业务。截至2016年底，微信办税用户超600万，实名认证用户超240万，业务办理总量超2300万笔，获得2016年省直技能大赛工作创新类第一名，为全国“互联网+税务”提供可复制、易推广样板。加大国地税自助办税终端互设力度。全省建成自助服务厅共785个，其中7×24小时服务厅226个，与外部门合作建设服务厅143个；投放自助机共1510台，其中7×24小时自助机480台。2016年全省通过自助办税终端办理业务总量超200万笔。积极融入全省“一门式、一网式”建设工作。已有89个办税事项入驻省网上办事大厅，17个移动办税事项入驻省网上办事大厅手机版。三是搭建全省统一的业务平台。优化税源管理平台业务事项处理流程，实现业务事项流转处理渠道的统一，开发“营改增”专项任务管理、社保费催报催缴、全省通办等10项业务功能，为统一全省业务流转和管理提供平台支撑。建设电子档案系统。提供纳税人涉税资料采集无纸化、一户式存储、跨区调阅、多方运用的系统支撑，避免涉税资料重复采集，有效提升纳税服务水平，为高效征管提供电子信息保障。四是创新推进“互联网+税务”。与腾讯公司签署“互联网+税务”战略合作框架协议，进一步整合优势资源，在“互联网+办税服务”“互联网+数据应用”“互联网+税企共治”“互联网+征管改革”4个方面开展深入合作，推动互联网技术与税务工作深度融合。在税务总局全国“互联网+税务”评比中，广东省地税局被评为一档。

**[发票管理]** 做好“营改增”发票相关衔接工作，联合省国税制定下发《广东省地方税务局 广东省国家税务局转发国家税务总局关于营业税改征增值税委托地税局代征税款和代开增值税发票的通知》（粤地税发〔2016〕37号），明确机制保障、税额核定、发票管理税控专用设备发行维护等8大类26项具体工作，确保“两代”业务平稳实施。

**[税收风险管理]** 联合省国税局编制《2016年税收风险管理年度工作计划》，明确下一步开展风险管理工作的思路和安排。开展风险应对。联合国税开展非正常户管理、清理欠税等工作，交换高风险纳税人名单及风险点信息，并联合开展风险应对。开展五批千户集团税收风险分析工作，取得较好成效。2016年，全省共推送风险纳税人总户数为26.45万户，已采取应对措施的户数为26.27万户。开展征管状况监控。发布2015年度和2016年上半年《全省征管状况监控分析情况报告》，指导并督促各地区加强本地征管存在突出问题的管理，提升征管能力水平。结合税源管理平台二期建设，完成征管状况监控分析系统需求的编写，在税源管理平台开发征管状况监控分析功能。全面参与税务总局征管状况监控评价工作，作为全国地税唯一试点单位，参与风险评价系统需求编写、测试验证、试点运行及系统完善工作，配合建立一套科学的评价指标体系，得到税务总局领导肯定。

（陈欣亮　李俊龙）

# 财务装备管理

**[经费保障]** “营改增”全面实施后，地税部门征收经费计提基数萎缩，经费保障水平有所下降。召开专题座谈会，指导各地落实2016年度经费管理办法，全面了解各地对经费保障的诉求。开展经费调研工作，摸清各市近3年收支规模及面临的困难和问题。加强与省财政厅等部门沟通，力保经费体制平稳过渡。拟定《关于修订地税经费管理办法意见》，充分考虑“三代”手续费迅猛增长对地税征收经费的影响，按照“保障支出、协调发展”的原则，全力为全省地税系统构建规范、稳定的经费来源渠道。对欠发达地区，坚持倾斜原则，对下补助经费较2015年同期增加近一成，确保欠发达地区地税部门正常运转，改善办公和办税环境，促进征管和纳税服务水平的不断提升。

**[预算编制]** 2016年，广东省地税局被纳入省财政厅“零基预算”试点单位，相关政策、预算编制方法、软件系统操作均是全新的业务。组织有关干部认真、系统学习，准确把握政策，熟练掌握方法；完

善局机关《2017 年预算编制基础表》，将部门预算按经济科目、按项目分解到各部门，提高预算编制的针对性和准确性，也为后续绩效考评提供可量化依据；耐心、及时答疑解惑，指导基层预算单位完成数据录入和系统操作，通过系统上下努力，首次按零基预算要求，圆满完成 2017 年部门预算编报工作。

**［预算执行］**　加快预算执行一是完善制度。针对省级经费执行进度不理想、存量资金存在反弹隐患等问题，印发《系统综合支出考核办法》《局机关预算执行考核办法》，将预算执行进度及存量资金变化率等纳入局机关、系统绩效考评，督促各单位、各部门提高预算执行主体意识，加快支出进度。二是定期通报。按月通报省局机关各部门、各省级基层预算单位预算执行进度，针对部分预算执行进度慢的单位（部门），采取上门服务或约谈方式，耐心解释、辅导有关政策、方法和要求，提出加快执行进度建议和意见。三是适时调剂。受“营改增”全面实施、项目立项报批滞后以及往年度项目实施进度偏缓等因素影响，省局本部、部分二级核算单位的若干项目经费指标难以在年内形成实际支出。根据有关规定适时向省财政厅申请调剂使用部分项目经费，避免了该资金被财政收回统筹，提高资金使用效益。

**［财政信息公开］**　结合财专办预决算信息公开整改工作，在完善省本级相关工作的同时，在全省地税系统开展全面的自查，下发《关于切实落实全省地税系统财政信息公开工作的通知》，指导各级地税部门按照同级财政要求公开 2014—2016 年财政信息，将财政信息公开及部门预算报送情况纳入系统绩效考评，督促各地加强与同级财政部门沟通，将预算属地管理原则执行到位，有效防范审计风险。

**［财务管理基础］**　完善会计核算、数据报送及绩效评价等基础性工作。组织编写《广东地税系统会计核算操作实务》，规范会计科目使用，提高会计信息质量。总结经验，再接再厉，部门决算继 2015 年省直单位考评获优秀等次后，2016 年再获此殊荣。狠抓数据质量，按时保质完成全系统会议费及“三公”经费、结余结转资金等数据的统计、分析和上报（月报或季报）。组织申报的 35 个省级财政资金绩效项目均通过省财政厅审核，在 2016 年到期的 40 多个省级财政资金项目绩效评比中，省级社保征收经费项目获总分第三的好成绩。

**［资产管理］**　组织开展 2016 年全省地税系统行政事业单位资产清查工作，完成方案制定、组织协调、重大问题报告、资产清查结果处理、资产清查报表及清查报告等工作。将工作中遇到的常见问题收集整理，编写下发详细的操作步骤和问题解答，通过建立微信群及时解答各单位在填报过程中遇到的问题，清查顺利通过省财政厅程序性审计。通过清查基本摸清全省地税系统的“家底”，为下一步升级改造国有资产管理系统，加强资产管理提供可靠依据。

**［厉行节约］**　从加强结算审核入手，切实贯彻落实中央八项规定精神及厉行节约有关规定，对超预算、超标准的支出坚决说“不”，严格把关确保了省地税局连续多年获省直单位厉行节约考核良好等次，财务结算工作得到省财政厅监督检查局的肯定。在全省地税系统组织开展违规大吃大喝公款消费专项整治工作，督促基层提高认识，节约增效不松懈。

**［风险防控］**　开展全省地税系统经费类银行账户清理核查工作，全面梳理核查发现问题，要求各基层单位逐项对照整改。在清理核查和落实整改的基础上，出台《广东省地方税务系统银行账户管理办法》，完善系统银行账户管理制度，从源头上强化对财政资金监管，确保资金安全。按照文件规定严把基建项目审核关，对基建项目进行实地调研，从政策、资金等层面对项目进行全面、认真评估，督促有关市局落实基建项目属地管理规定，切实规范基建项目管理。围绕近年来审计和财政监督关注焦点，在全系统开展财务、资产、基建风险排查工作，查找管理漏洞，及时落实整改，有效降低风险。对涉及本处业务的省局巡察问题，积极与问题单位沟通，全面了解情况，审核相关资料凭证，对照文件分析原因，并提出针对性强的整改建议。

**［部门协作］**　协助机关服务中心开展后勤服务改革工作，参与方案制定、评估及完善，协调相关部门解决改革所需资金。高度重视领导和群众反映的热点问题，在准确把握政策和调研的基础下，妥善解决无住宿发票无法报销出差补贴等难题，得到省局领导和干部群众的好评。牵头配合省财政厅开展会计信息质量检查工作，在资料传递、审核，以及沟通协调等方面做了大量工作。

（邓晓玮）

# 内审管理

**[内审工作基础建设]** 充分落实上级对内审工作的部署要求，加强统筹规划，通过三个“进一步”夯实全系统内审工作基础。一是进一步推动组织建设。根据《深化国税、地税征管体制改革方案》，组织开展“优化地税组织体系”专题调研。完善督察内审机构设置是调研重点之一，内审处积极参与调研工作，并就如何进一步优化内审机构设置，强化内审工作职责和力量提出了规范建议。二是进一步明确工作目标。制定下发《广东省地方税务局关于进一步加强内审工作的意见》，通过“六加强”“两探索”“两推进”等18项工作措施，从科学确定审计重点、创新审计方式方法、深化审计结果运用、狠抓审计整改落实以及完善内审工作机制等方面提出明确要求，为全系统内审工作明确了发展方向，该做法在税务总局《督审工作动态》上作了报道宣传。三是进一步完善制度体系。结合《全国税务系统督察审计规范(1.0版)》进行制度梳理，在沿用系统原有规范的基础上，吸收税务总局的制度成果，制定出台《广东省地方税务局配合外部审计工作管理办法》，填补制度空缺，通过规范职责分工与工作流程，有效解决配合外部审计过程中流程不统一、个别地方工作拖沓、报送资料质量不高等问题，推动全系统制度体系的进一步完善。

**[经济责任审计]** 贯彻落实全面从严治党的要求，加大“两权”监督力度。通过深化经济责任审计，如实揭露和反映领导干部在履职过程中存在的政策落实不彻底、违规决策及违反财经法纪等问题，切实强化对“关键少数”的监督制约，推动形成“应审尽审、凡审必严、严肃追责”的工作机制。2016年，全系统开展经济责任审计项目279项，发现问题3174个，其中，对225名领导干部进行了离任审计，离任审计覆盖面达100%。结合广东地税系统实际，组织业务骨干针对金税三期工程进行数据筛查业务规则及脚本编写，整理出87个审计重点，形成《2016年广东地税系统内部审计工作要点及方法》，作为全系统审前排查疑点操作指南，为科学确定审计重点，推动实现风险导向审计提供技术保障。2016年，共组织对6位市(区)“一把手”进行经济责任审计，严格把控审计质量，切实提高对领导干部审计评价的客观性、公正性和准确性，发现问题246个，涉及金额4.85亿元，充分发挥内部审计堵漏洞、防风险、促管理的职能作用。

**[专项审计]** 重点围绕贯彻落实中央八项规定精神，加强对“三公”经费、会议费、差旅费以及基本建设、政府采购等情况的审计监督，关注专项资金使用，通过开展针对性的专项审计、审计调查等方式，及时发现和纠正存在的问题，进一步推动管理规范化。2016年，全系统共开展专项审计34项，加大专项审计力度，组织开展省局信息中心、江门市局基础建设、五华县驻点帮扶资金以及连州、饶平两个县级局等5个专项审计，发现问题99个，提出审计建议68条。以基础建设工程审计服务外包为试点，采取公开招投标形式引进社会服务，有效利用社会资源进一步拓宽审计覆盖面。全年，与中介机构合作开展审计项目6个，有效弥补了地税部门部分专业技术知识不足、审计方法单一的短板，解决了审计任务繁重与审计力量薄弱的矛盾。

**[审计整改问责]** 明确各级“一把手”审计整改第一责任，切实发挥内审部门牵头作用，有序部署、协调、督办系统审计整改工作，逐步建立起“举一反三、上下联动、查改并举、严肃问责”的整改工作机制，强化对整改的过程控管，有效保障审计成效落地。将以往审计发现问题整改落实情况纳入项目必审范畴，以审促改；切实加大对基层整改的指导力度，推动边审边改，并依托重点督办和绩效管理，加强对系统内整改落实工作的跟踪督办。深化审计结果分析，筛选带有普遍性的突出问题，在全系统部署开展审计发现问题自查自纠和整改工作并对系统总体情况进行全面通报，推动形成查纠并举、严格问责的审计监督机制，共查出问题462个次，查补入库税费约3.73亿元，得到省局局长吴紫骊的批示肯定。全系统针对发现问题，严格执行《广东省地方税务系统审计查出问题问责办法(试行)》，根据审计结果进行问责79人次，其中，组织处理及诫勉谈话78人次、行政处分1人次；向纪检监察移交6件，涉及25人。

**[配合外部审计监督]** 将涉及面广、协调难度大、工作任务重的审计协调配合工作纳入重点督办

任务，指定专人全程负责，创新开发配合外部审计管理信息化系统，进一步强化流程管理和提高响应时效，有效保障审计资料的真实性、时效性和安全性，最大限度地促进系统内同级部门间、上下级之间以及内外部单位之间的协调配合，以有力的组织和系统保障确保审计协调工作高效完成。2016 年，共配合审计署、财专办、省审计厅等外部监督单位完成 24 项审计协调、配合工作任务，较 2015 年增加 41%。其中，配合审计署、财专办、省审计厅完成关于朱小丹省长任职期间经济责任审计、预算执行与其他财政收支、“营改增”、国家重大政策执行落实情况等审计项目 15 项；抓好对广东省审计厅粤西北土地增值税专项审计、省本级社会保障资金审计、预算执行和其他财政收支审计等审计整改 9 项，相关工作得到了省审计厅、审计署广州特派办、财政部专员办的高度认可。

**[内审队伍建设]** 进一步加大对基层的指导力度，重视挖掘、培养主审人才，着力打造一支知识全、结构优、素质高的内审骨干队伍。2016 年先后举办全省地税系统内审业务骨干培训班和内部审计数据筛查专项培训班两期，并结合以审代训加大对内审人才的培养力度，进一步提升内审人才队伍的专业素养和履职能力。6 月，在长沙举办为期 7 天的内审业务骨干培训班，系统 65 名内审业务骨干参加培训，期间，对当前内审工作存在的突出问题进行探讨，深入查摆出 6 方面 15 条问题意见，明确内审工作加强的着力点，效果显著。

**[内控机制建设]** 内审处和法规处成立联合工作组，指定专人跟进内控工作，加强协调配合，发挥最大合力，在最短的时间内搭建起由 262 名内控人员组成的省、市、县（区）三级内控人员体系，逐项贯彻落实工作要求，确保全系统衔接工作的顺利完成。全系统严格按照税务总局的工作部署，以内生化建设为核心，将内控工作与日常工作紧密联系，认真组织开展金税三期工程及非金税三期工程税务应用软件内控内生化情况调查、税务机关内部控制基础评价和基本制度意见反馈等重点工作，在岗责机构整合过渡期内保持工作不断、秩序不乱。全程对金税三期工程地税监控指标 1275 项进行测试，发现问题指标 265 项，建议新增监控指标 9 项，努力实现内控机制建设与内外部监督、与绩效考核以及与严肃问责的“三个”相结合。

（吴晨曦）

# 人事管理

**[干部选拔任用]** 坚持党管干部原则，树立正确的选人用人导向，加强领导班子和领导干部队伍分析研判，着力提高选人用人科学化水平。学习贯彻《党政领导干部选拔任用工作条例》，认真落实《省局管理的处级干部选拔任用工作规程》，不断强化全省地税系统各级党组的领导、把关作用，严格选人用人程序；加强人事、纪检监察、机关党办等部门协作，形成监督合力，防止失察失误；落实干部选拔任用工作纪实制度要求，对选人用人全过程开展监督和倒查追责。2016 年，全省地税系统推荐担任厅级干部 4 名；选拔处级干部 84 名，其中领导干部 42 名；对 14 个市局班子进行充实调整，其中调整 4 个市局主要负责人。

**[干部交流轮岗]** 根据上级工作部署和《广东省地方税务系统干部交流轮岗暂行办法》，加大干部交流轮岗工作力度。2016 年，全省地税系统处级干部交流轮岗 26 名，其中，省地税局机关 15 名；按照国家税务总局要求做好 5 名领军人才挂职锻炼安排工作；从基层遴选 14 名、选调 9 名年轻干部到省局工作；积极推动国地税互派干部挂职锻炼，全年，互派 185 人挂职锻炼，其中，国税派出 93 人，地税派出 92 人。

**[公务员招录]** 根据 2016 年广东省考试招录公务员相关规定，组织全省地税系统各市（区）局结合干部队伍现状科学设置招录职位，确保招录公务员质量。在公务员招录各环节中，坚持公开、平等、竞争、择优的原则，在省人社厅的统一部署下，早计划、早部署、早落实，严格按程序办事，圆满完成各项工作。2016 年全省地税系统招录公务员 712 名。

**[人事管理信息化建设]** 广东省地税局作为广东省推荐的垂直管理单位，参与并完成了全国公务员管理信息系统汇总版 1.0 软件技术试点工作，得到中组部、人社部、国家公务员局和省人社厅的肯定。在总结试点经验基础上，结合工作实际，设计开

发新一代“广东地税人事信息管理系统”并投入运行,有效提升了干部人事管理信息化、科学化水平。

**[干部人事管理制度建设]** 在班子建设方面,出台《在全省地税系统建立干部选拔任用工作纪实制度的实施意见》《省局管理的处级干部选拔任用工作规程(试行)》《关于加强市、县地方税务局领导班子建设的指导意见》,为选好干部、建好队伍提供制度依据。在交流轮岗方面,出台《广东省地方税务局选调公务员实施办法(试行)》《广东省国家税务局 广东省地方税务局关于互派干部挂职锻炼的实施方案(试行)》,拓宽干部成长空间。在日常管理方面,出台《广东省地方税务局管理的干部职工因私出国(境)管理办法》,进一步严格日常管理、强化纪律监督。

**[机构编制和人员管理]** 深入贯彻落实《深化国税、地税征管体制改革方案》,积极做好全省地税系统机构优化调整工作。为加强大企业税收集约化管理,设置市级大企业税收管理机构,推进税源分级分类管理改革;为顺应12366转型升级的需要,在广州市局规费服务中心加挂“牌子”,推进广东地税12366纳税服务中心建设。不断加大省、市局层面的机构编制实名制管理工作力度,对机构编制实名制信息系统和全省系统机构编制台账实行动态管理维护。

**[选人用人专项检查]** 结合省局巡察工作,完成对惠州、韶关、梅州、湛江4个市局的选人用人工作专项检查。采取听取汇报、查阅工作资料、实地走访、个别约谈、延伸检查、疑点查核剖析、分析比对等方法,查找相关单位在选人用人各环节存在的问题。要求被检查单位制定整改方案和台账,认真抓好整改落实,并对已巡察单位开展针对性培训,有效提升了基层地税部门干部人事工作质量。

**[领导干部个人有关事项报告核查]** 2016年共组织540名处级干部填报《领导干部个人有关事项报告表》,并按要求随机抽取57名处级干部进行核查,完成220名干部个人有关事项报告的核查比对。

**[外事管理]** 出台《广东省地方税务局管理的干部职工因私出国(境)管理办法》,按照相关规定进行出国(境)审批和证照管理,完成因私出国(境)相关事项审批203人次。做好因公出国(境)团组工作,按计划完成出国(境)考察和培训,办理因公出国(境)团组审批共5个,28人次。

**[老干部管理]** 落实每月组织生活和例会制度,加强老干思想政治工作,加强老干党支部建设。为全省地税系统59名离退休干部办理生活和医疗补助。省局被省委老干局评为老干部统计工作先进单位。

(刘玢玢)

# 教育培训

**[干部培训]** 2016年,全省地税系统大力推进分类分级干部教育培训。截至12月,全省地税系统举办脱产培训班共2212期,207063人次参加,合计439933人天,其中,省局组织举办主体培训班17期,1238人次参加,合计15461人天;省局其他部门组织举办培训班共99期,28844人次参加,73960人天。省局干部完成脱产培训41826学时(学分),人均年均脱产培训138学时(学分)。举办3期处级干部培训班,共培训88人次,616人天,增强领导干部依法履职的能力。举办1期纳税服务类岗位能手培训班,2期兼职教师培训班,2期“岗位大练兵、业务大比武”兼职教师课程开发培训班,共培训270人次,1350人天,促进了兼职教师和业务骨干知识更新。举办第三期全省地税系统正科级中青年干部培训班,全系统54名正科级领导干部参加为期10天的培训。举办全省地税系统军转干和初任公务员培训班5期,共培训529人次,10580人天。举办全省地税系统科级干部任职培训班3期,共培训250人次,2500人天。配合组织选派9名税收业务骨干赴港到香港五大会计师事务所进行培训和实习,接受国际一流会计师事务所的专业培训,为广东省地税培养一批高素质的国际税收业务骨干。完成税务总局领军人才选拔推荐,举办领军人才考前辅导班,广东省地税系统共16人参加税务总局第四批领军人才选拔,3人进入面试环节,1人入选。

**[网络教育建设]** 加强广东地税网络学院管理建设。一是开展网络培训。加强与信息中心、开发公司的沟通联系,做好网络学院日常维护,为干部

学习培训提供保障。收集需求，精心挑选和购买了277门包含党建、税收业务、会计、法律、综合知识等方面的电子课件，开设了10期网络培训班，得到了干部的欢迎和好评。二是组织多次网络考试，做好干部学习档案更新维护，共为2.6万名干部建立学习档案。三是推进网络练兵。依托广东地税网络学院，组织兼职教师及业务骨干编写五类岗位习题和在全系统广泛征集3.3万道习题，形成覆盖全省全员的“万题习题集”，上传至网络学院，推进网络自主选学测试的练兵方式。

**［智力援基援疆］**　一是智力援基。组织举办3期援基培训班，为肇庆、阳江、汕尾市局培训干部150人次，750人天，得到了基层单位和干部的欢迎和好评。二是智力援疆。按照税务总局教育培训五年规划的部署，2016年的“智力援疆”工作采取了“实体办班+跟班代训”模式开展，组织兼职教师和业务骨干以送教上门的方式为新疆克拉玛依国地税局举办一期国际税收业务专题培训班，共培训160人次，320人天；其次是跟班代训，在制订年度培训计划时一并考虑新疆地税的培训需求，在部分班次为新疆地税预留培训名额，在各培训班次共为新疆地税跟班代训20人次，150人天。智力援疆工作受到税务总局的肯定和新疆地税的好评。

**［师资课程建设］**　高度重视兼职教师队伍建设，发挥兼职教师在教学科研的优势和引领作用。一是将兼职教师培训班纳入到省局主体班次，举办2期兼职教师培训班。二是举办2期“岗位大练兵、业务大比武”课程开发培训班，组织兼职教师针对“岗位大练兵、业务大比武”活动要求开发课程、编写习题。三是有针对性地选派兼职教师参加税务总局或其他单位组织的各类培训班，选派兼职教师为兄弟省市税务局授课，帮助兼职教师进一步锻炼成长，增长见识。四是加大对兼职教师的使用力度，在初任公务员培训班和军转干部培训班，其中系统内兼职教师授课134门，占全部课程的93.06%。五是创新培训组织形式和授课模式，采取了以老带新、强强联合、共研课题等多种方式促进兼职教师共同成长提高。六是加强教材建设，组织各市局和兼职教师、业务骨干编写“岗位大练兵、业务大比武”习题集，共5个岗位类别，约2万道习题，方便干部岗位学习练兵，进一步完善教育培训教材体系。七是加强课程建设，组织兼职教师开发“微电影”教学、手机安排与防护、大数据与税务等精品课程，组织兼职教师团队开发了兼职教师培训系列课程、征管评估培训系列课程，在税务总局、全省多个培训班上得到推广，取得较好的效果。

**［教育培训改革］**　结合地税实际，积极探索教育培训改革创新。一是推进国地税干部教育培训创新合作和资源共享。与省国税局在台山举办兼职教师培训班；在中山大学举办教育培训管理者培训班；省国税局、地税局和广州市国税局、地税局4家单位首次联合办班，在中央财经大学举办高端人才培训班；国地税双方共享各自的兼职师资和网络课程，创新国地税合作培训办班模式，实现了资源共享、学习交流和合作共赢。二是加强培训管理者思维创新，举办全省地税系统人教科长培训班，首次组织参观中移动南方基地、广汽集团等大企业教育培训先进经验，促进跨部门、跨行业的学习交流，使大家视野大开，深受启发。

**［岗位练兵比武］**　2016年，按照税务总局部署，扎实推进全省地税系统“岗位大练兵、业务大比武”活动。全省共组织“业务比武”704次，编写31万多道练兵习题；省局组织“业务比武”11次，编撰8本岗位练兵教材，共计3.3万多道练兵习题。一是制定下发《广东省地税系统2016年“岗位大练兵、业务大比武”活动方案》，建立广东地税岗位练兵绩效考评机制，科学部署，扎实推进。二是加强工作宣传交流。省局编辑推送练兵比武活动专报26期，经验交流134期；全省地税系统共编撰“岗位大练兵、业务大比武”相关信息简报500多篇；充分利用“广东地税杂志”“广东地税微刊”“广东地税微信公众号”等刊物和载体在全省地税系统报道，营造练兵比武浓厚氛围。三是创新练兵方式方法，探索“互联网+”练兵模式，不断深化网络学院平台建设，将全系统编写“万题习题集”上传至网络学院练兵习题专区；各地创新开发“微学堂”平台、手机APP版的“聚能营”等模块栏目，合理利用干部碎片化时间，增强练兵实效性，达到工作学习“两不误、两促进”。四是组织选拔考试。通过层层选拔、严格筛选，全省地税系统共310人入选“素质提升‘115工程’——岗位能手项目”，62人入选“素质提升‘115工程’——专业骨干项目”，锤炼和打造一支能打“硬仗”的专业人才队伍。五是加大晋级培训力度，组织专业骨干进行了3期业务培训，分类别全方位多角度地进行代表队人选的晋级选拔。在扬州举办的全国税务系统业务大比武中，广东地税代表队取得全国地税系统第五、优胜单位三等奖的优异成绩。

（阮华燕）

# 机关党建和基层工作

**[政治理论学习]** 始终把加强思想理论武装作为提高党员党性修养的重要任务,从严从实抓好政治理论学习。明确各级党组织和党员学习重点,发放《习近平谈治国理政》《党的十八届六中全会文件学习辅导百问》等学习资料逾千本,要求机关全体党员、干部认真深入学党章党规、学系列讲话。以专题轮训、网络考试、主题征文等多种形式,在全局组织集中学习;督促各支部通过“三会一课”、到结对共建点学习、座谈研讨、实地教育等方式,组织广大党员全面系统学习。省局党组率先垂范,认真组织中心组专题学习,主要领导及其他党组成员均以普通党员身份参加党支部组织生活,带头讲党课,带头谈心得体会。注重创新理论学习方式,“七一”前夕,在省局机关开展了纪念建党95周年暨“我是共产党员”主题党日活动,活动通过党章专题学习、听取新老党员感想体会、重温入党誓词、向党龄超过50周年的老党员颁发纪念奖章等内容,进一步强化机关党员的党性教育。11月上旬,组织全系统75名基层党组织书记到焦裕禄干部学院进行党性和作风教育,取得较好效果。

**[“两学一做”学习教育]** 根据中央和省委要求,4月初,迅速召开全系统“两学一做”学习教育动员会,制定下发全系统和机关两个工作方案,成立工作机构,以“打连发、呈递进”的方式,推动学习教育纵深开展。6月初,召开部分市局“两学一做”工作座谈会,同时下发《关于做好“两学一做”学习教育近期有关工作的通知》;7月初,召开全系统“两学一做”工作推进会,对学习教育再动员再部署;10月,印发《关于在“两学一做”学习教育中抓好基层党建七项重点任务的通知》《关于深入学习贯彻党的十八届六中全会精神 从严从实推进“两学一做”学习教育的通知》,明确阶段性工作重点。学习教育主要突出三个特点:一是落实“全覆盖”。坚持领导班子带头学习,省局党组中心组完成4次专题学习,机关各党支部都安排两轮以上的专题学习。9月,利用2周时间组织机关全体党员分3批开展专题培训,培训集3位局领导讲党课、2名专家辅导学习、百余名党员手写心得、观看2部专题教育片等内容于一体,推动机关党员学习教育的全覆盖,取得良好效果,《南方日报》《中国税务报》等予以报道。二是推动“重创新”。组织机关各支部和系统各级党组织采取“线上”和“线下”结合的方式,充分利用微信、微博、OA系统等平台和微视频、微动漫等形式,打造形式新颖的“微学堂”;组织开展“手抄党章”、党章党规党纪在线测试等,以丰富多样的方式提升学习效果。在征管科技处、纳税服务处等4个党支部开展“共产党员先锋岗”创建活动,在直属分局开展“我是共产党员”承诺践诺活动;积极开展机关党支部与基层党支部党建结对共建;组织选送“微信办税”项目参加省直单位第4届工作技能大赛,荣获大赛工作创新类第1名;在《广东地方税务》、OA系统开设专栏,编发“两学一做”简报44期,及时反映全系统“两学一做”学习教育情况,营造学习教育浓厚氛围。三是确保“见实效”。坚持问题导向,认真抓好4项专项整治,顺利完成党代表和党员违法违纪未给予相应处理情况排查、党员组织关系排查、基层党组织换届选举工作以及机关党费专项检查。9月,经过精心筹备,召开机关全体党员大会进行省局机关党委纪委换届选举,组织全体党员过了一次生动、严肃的组织生活,得到省直工委领导充分肯定。

**[干部廉政教育]** 认真落实“三转”后机关党员干部的日常廉政教育和监督管理各项工作。制定《关于2016年全省地税系统开展纪律教育学习月活动的实施意见》,明确“三纪”教育培训等6项活动内容,力求规定动作做到位,自选动作做出彩。8月,以视频方式召开全系统党员领导干部“三纪”教育培训班,通过观看警示教育片、专题学习《中国共产党党组工作条例》和《中国共产党问责条例》、省局主要领导做廉政专题授课等内容,促进广大党员干部切实增强“四个意识”,筑牢拒腐防变的思想防线。选取珠海、江门、广州番禺、惠州惠阳等4个市(区)局为“八小时以外”活动监督工作试点单位,先后两次召开专题座谈会,对全系统“八小时以外”活动监督和谈话提醒工作进行研究部署。继续抓好“清风城”网站、廉政文艺轻骑队等廉政品牌建设,顺利完成廉政文艺轻骑队排演的节目《家风》录制,并在全系统巡演。历时半年在全系统广泛开展南粤

地税“好家风”主题宣传系列活动，通过评选南粤地税“好家风”事例、征集主题书画摄影作品、举办主题征文比赛、开展“好家风”大讨论等，促进地税干部职工自觉践行社会主义核心价值观，传承优良家风。

［**党建工作**］　一是落实党建工作责任制。认真落实《广东地税机关抓党建工作责任清单》，进一步明确党组、党组书记、党组成员、机关党委（党总支）、机关党委（党总支）书记、党支部、党支部书记等7个责任主体、责任内容和具体要求，层层压实责任。制定印发《机关党支部工作考核暂行办法》，明确各支部考核内容，并具体量化为评分表，督促支部责任落实；下发《党建工作领导小组及办公室工作规则》，增强抓机关和系统党建工作的整体性、协调性和系统性；组织编写《广东地税基层党组织工作手册》，归纳整理最常用的36项重点工作规程及方法，统一制作文书规范模板，深受基层好评，并被省直机关工委推广，较好地推动了全面从严治党在全系统基层落地生根。二是融合式党建工作品牌获得肯定。针对地税系统实行垂直管理、点多线长队伍大的实际，大胆探索，积极创新，以融合式党建为重要抓手，深入推进机关与基层、地税与企业、地税与国税党建工作“三个共建”，切实提升党建工作融合税收中心工作、服务税收发展大局的成效，获得省直机关工委高度肯定。以机关与基层党建共建破解发展难题，省局征管科技处党支部针对纳税人办税不便利问题，以“开发微信办税”为共建项目，该项目获省直单位第四届工作技能大赛工作创新类第一名；以地税与企业党建共建大力帮扶企业发展，省局建立起“一企一策”服务机制，为国有企业兼并重组、改制上市、“僵尸企业”出清重组等提供有针对性的税收政策服务，并研究出台了进一步降低企业成本10条措施；以地税与国税党建共建促进国地税合作规范落到实处，在全省336个国地税共建联合办税服务厅中，均成立联合党支部，在2015年全面推开“营改增”攻坚战中，国地税联合组建“党员先锋队”，设立“党员模范岗”，全力推动广东省125万户“营改增”试点纳税人税制平稳转换。三是基层党建工作特色亮点纷呈。全系统各级党组织在推进党建工作中，立足实际、把握特点，积极运用“互联网+”思维，利用微信、微博、OA系统等平台和微视频、微动漫等载体，不断丰富理论学习和思想教育形式；通过微信群、手机短信等平台，实时推送廉政教育活动宣传、计划安排及节假日廉政提醒等，取得了较好效果。四是党组织和党员的引领作用充分彰显。全系统各级党组织牢牢坚持围绕中心、服务大局，充分发挥党建对税收中心工作的引领、促进和保障作用。在全面推进“营改增”试点、深化国地税征管体制改革、推进国地税合作、依法组织税费收入、“便民办税春风行动”等重点工作中，各级基层党组织战斗堡垒和党员先锋模范作用进一步发挥。

［**工青妇群众活动**］　充分发挥工青妇组织作用，不断丰富干部职工的文化生活。完成机关工会和团委换届选举，夯实工作基础；精心办好全系统乒乓球比赛，加强各市局沟通和交流，提高全系统干部职工的凝聚力；以“青春咖啡馆”的形式不定期召开机关团员青年座谈会，省局领导与团员青年面对面沟通交流，激发青年干事创业活力；积极组织参加省直机关纪念建党95周年“翰墨光影·颂党恩争先锋”主题书画摄影展以及省直机关干部职工运动会，均取得优异成绩。

［**精神文明创建**］　认真组织开展争先创优活动，做好向税务总局和省直工委推荐报送先进集体和先进个人的相关工作。严格落实《广东地税队伍思想动态信息收集反馈工作制度》，定期深入基层广泛听取干部职工的心声，对干部队伍思想动态情况进行全面收集和认真分析，形成《全系统队伍思想动态情况分析报告》提交局领导。按照省局党组部署，由省局党组副书记、巡视员、机关党委书记杨楚潮牵头组织就全系统地税文化建设情况开展专题调研，形成了《广东地税文化建设调研报告》，总结“十二五”时期广东地税文化建设情况，分析新形势下推进地税文化建设的重大意义，并提出新时期推进全省地税文化建设需要着重抓好的重点工作。

［**扶贫开发**］　准确把握中央和省委的工作部署，认真落实省委新时期精准扶贫工作要求，落实省局党组要求选派驻村工作队，制定《精准帮扶里塘村三年规划和年度计划实施方案》，确定六大帮扶重点，牵头研究制定扶贫资金管理办法，严格资金使用管理，有序推进各扶贫项目顺利进行。2016年，里塘村实现17户56人脱贫，脱贫比例达到33%，超额完成年度30%的脱贫任务，实现新一轮驻村扶贫工作的良好开局。认真总结上一轮系统对口帮扶工作，抓好新一轮对口帮扶工作的指导和督促落实。

（成津湘）

# 税务纪检监察

**[实践“四种形态”]** 各级纪检监察部门坚持挺纪在前、纪法分开,把“六项纪律”作为管党治党和监督执纪问责的尺子。严明政治纪律,教育引导党员领导干部牢固树立纪律和规矩意识。严明选人用人纪律,严把干部选拔任用廉洁关,防止带病提拔、带病上岗,驻省局纪检组共办理干部党风廉政情况回复165人次。坚持惩前毖后、治病救人方针,认真实践“四种形态”。制定《关于坚持抓早抓小开展谈话提醒工作的实施意见》等制度,明确责任和程序要求,建立健全谈话提醒、抓早抓小工作机制。经常开展提醒教育,省局主要领导每次到基层检查调研都坚持面上谈,点问题、提要求;驻省局纪检组对苗头性、倾向性问题重点谈,对巡察发现的问题专项谈,及时提醒、督促纠正。全系统共开展谈话提醒13659人次,其中,处级干部1393人次、科级干部5964人次、一般干部6300人次。加大信访函询力度,加强对函询结果的核查,提升实施第一种形态的实效。把实践“四种形态”贯穿于监督执纪具体工作中,作为全面从严治党的重要抓手。全系统给予纪律处分48人,其中,给予轻处分41人、给予重处分7人,其中涉嫌违法移送司法机关1人。

**[纠正“四风”]** 建立健全省、市、县局三级暗访机制,坚持暗访、查处、追责、曝光“四管齐下”,深挖细查变异“四风”问题。在执纪审查和通报中,将违反中央八项规定精神问题作为重点,驻省局纪检组共查处违反中央八项规定精神案件11件,处分11人。加大通报曝光力度,通过清风城网站、发文等形式,点名道姓通报曝光典型案例15起22人次,做到发现一起、查处一起、通报一起,释放出越往后执纪越严的信号。严查群众和纳税人身边的不正之风和腐败问题,重视基层税务干部违纪违法问题线索的核查。坚持将“两个尊重、三个区分”原则贯穿于监督执纪的具体实践,严格区分为公与为私,确保准确定性量纪,实事求是为受到错告、诬告的党员干部澄清问题,全年共了结问题线索171件次,推动营造支持改革、宽容失误、鼓励担当的良好氛围。

**[减存量、遏增量]** 各级纪检监察部门保持惩治腐败力度不减、尺度不松,全年,共处置线索108条,初核线索104条,立案48件,给予党纪政纪处分48人,其中,驻省局纪检组立案查处17件17人。规范信访举报处置,全系统纪检监察部门共受理信访举报301件,其中检举控告类250件。完善线索处置和执纪审查“两报告”制度,强化上级纪检监察部门对下级纪检监察部门的指导和监督。坚持纪在法前、纪法分开,突出对违反中央八项规定精神、组织纪律和不收敛不收手问题以及违反税收工作纪律的审核。认真落实“一案双查”,督促案发单位举一反三,健全制度,充分发挥以案治本作用。完成对已移送司法未给予纪律处分的案件清理工作,及时做好受处分人员的回访教育,体现关心、爱护。坚持依规、依纪、安全开展执纪审查。

**[考核问责]** 广东省地税局党组认真落实《主体责任实施办法》和《责任清单》,及时传达学习新出台的党纪条规和上级党风廉政建设的通知要求,深化贯彻落实责任制重要性的认识。省局党组会先后22次研究党风廉政建设问题,主要领导通过党组会、专题会议和调研指导等形式加强督促指导,层层压实责任。省局党组班子其他成员认真履行“一岗双责”,抓好分管范围的党风廉政建设工作。建立实施由省局党组成员带队考核、全程电子化考核相结合的责任制考核办法,组织各级“一把手”在本单位公开“三述”和部分市局“一把手”向省局党组“三述”,积极探索责任制考核与绩效考核相融合,以绩效考核为牵引推动管党治党责任的落实。认真贯彻执行问责条例,对党风廉政建设工作落实不力、疏于管理导致发生重大腐败案件或不正之风长期滋生蔓延的领导班子,严肃落实问责追究,实行一票否决。年初,对3个市局领导班子、3个省局机关部门及5名处级干部的责任制考核作降低等次处理,取消年度评先评优资格,并通报全系统;对责任制考核排名靠后的2个市局领导班子,由省局领导进行约谈,以严肃问责倒逼责任落实。

**[巡察利剑震慑]** 认真贯彻中央和省委关于巡视巡察工作的部署要求,成立巡察领导机构和巡察办,编印巡察指南和制订工作规程,围绕地税特点深化政治巡察,着力发现被巡察单位管党治党方面以及税收执法权和行政管理权运行方面的突出问题,着力破解垂直管理系统监管难题。全年开展3

轮对4个市局的巡察,共发现问题237个和一批重要问题线索。驻省局纪检组根据巡察移交的问题线索,立案查处9件,给予纪律处分9人。省局党组及时加强相关市局领导班子建设,通过约谈、省市两级联动督导等形式,督促被巡察单位及时整改。被巡察单位先后组织专项治理8个,建立完善制度17个,追缴税款和滞纳金约1亿元。建立巡察成果运用机制,在全系统部署开展巡察发现的突出问题自查自纠工作,进一步扩大巡察成果。巡察工作的扎实推进,增强各级管党治党的意识,推动全面从严治党向基层伸延,得到省纪委主要领导批示肯定,有关经验得到省委巡视办的宣传推广。

**[教育监督]** 广东省地税局党组发挥表率作用,结合"两学一做"学习教育,开展常态化法规学习教育。分期分批组织800多名各市、县(区)局班子成员到省纪委反腐倡廉教育基地参观学习,认真落实对新提任干部进行任前集体廉政谈话制度。注重用好反面教材,定期通报典型案件,拍摄制作2部案例警示片,以身边事教育身边人,进一步唤醒和强化广大党员干部的党章党规党纪意识。发出案件整改督办函6件,督促案发单位强化风险防控措施。

**[深化"三转"提升履职能力]** 广东省地税局党组印发《关于进一步深化"三转"有关工作的意见》,明确驻省局纪检组主动退出14个议事协调机构以及具体承接的主责部门,各级纪检组长不再分管其他业务,集中精力抓好纪检工作。全系统共清理压缩纪检监察部门参加的议事协调机构138个、转出主体责任事项87项,形成推动"三转"、聚焦主业的良好氛围。驻省局纪检组结合"两学一做"学习教育,认真学习领会中央纪委和省纪委的部署要求,坚持正确执纪导向,通过约谈、座谈、调研、检查和巡察等形式加强督导,压实各级纪检组长的监督责任。深入开展"能力建设年"和规范化建设活动,通过举办纪检监察业务培训班、选派和抽调干部参加省纪委和本组"以案代训"等形式,不断提升履职能力。建立定期学习制度和支部组织生活会制度,建立健全执纪审查内控机制,强化内部监督管理,严防"灯下黑"。

(覃干乐)

# 税务稽查

**[稽查现代化建设]** 积极推进稽查体制改革试点,多个地区已实施"市一级稽查"改革试点。深化国地税稽查合作,加强制度建设,强化执法合作,共享稽查信息,实现联合稽查新突破。进一步加大税警联合执法力度,整合行政执法资源,实现税警合作机制新突破。大力推进稽查信息化建设,着力打造集查账软件、电子取证工具和数据分析平台"三位一体"的信息化系统。主动开展改革相关专题调研,积极推进稽查现代化进程。

**[稽查体制机制改革]** 稳步推进稽查管理体制改革。2016年,广东省国税、地税稽查体制改革被列入税务总局深化改革专项试点任务,全省各地积极落实《深化国税、地税征管体制改革方案》精神,共有12个地区形成改革方案,4个地区已实施稽查体制改革试点。全省地税稽查部门通过开展改革试点,实施稽查集约化管理,整合各市稽查人力资源、技术力量和业务手段,统筹开展各项稽查业务,达到跨区域、增效能、提层级、降干扰的效果。

**["营改增"专项稽查]** 立足本省税收工作实际,适应后"营改增"的新形势、新要求,严厉打击"营改增"企业税收违法行为,大力开展"营改增"高风险企业专项稽查工作。全省立案检查92户,组织企业自查338户,查补税款1013.27万元。

**[稽查查补收入及分析]** 广东省各级地税稽查部门(不含深圳,下同)共立案检查纳税户1090户,督导自查户数13831户。全省查补收入总额83.47亿元,同比增长47.13%,入库总额81.58亿元,同比增长55.01%。选案准确率93%,入库率97.73%,广东省地税稽查部门查补入库收入和增幅均在全国地税系统排名第一。稽查查补入库收入占全省地税收入比例为1.99%。

**[案件查办]** 全省各级地税稽查部门共审结纳税户1057户,其中,有问题户983户,全省平均选案准确率为93%。全省共立案1090户,税收违法案件查处力度明显加大,较2015年同期增加了71户,上升了6.97个百分点。全省立案数量30户以上有10个单位,其中,广州市立案492户,占全省立案总数45%,清远市、汕头市、中山市分别增长

350%、300%、137.5%，增长率超过100%，居全省前列。全省共立案查补143950万元，同比2015年增加17462万元，增长13.81%，案均查补金额达到136万元。其中，广州、佛山、东莞3个单位立案查补金额均超亿元。

**［重大案件查处］** 全省各级地税稽查部门查补税款100万元以上的案件68宗，查补金额78729万元。其中，查补税款100万~1000万元案件58宗，查补金额24640万元；查补税款1000万~1亿元案件9宗，查补金额28123万元；查补税款1亿元以上案件1宗，查补金额25966万元。

**［随机抽查］** 以全面推进“双随机一公开”监管为突破口，在全省范围内开展随机抽查工作。2016年，共对全省3316户企业开展督导自查，自查补缴税费、滞纳金共50129.71万元；对257户企业进行立案检查，截至2016年底共查补税费3756.89万元。

**［重点税源企业检查］** 对35户国家税务总局重点税源企业集团企业在广东省的2328户成员单位开展随机抽查。在开展重点稽查对象随机抽查过程中，辅导和支持抽查对象进行全面自查，自查补缴税费、滞纳金共9412.6万元，根据企业自查结果及涉税疑点分析情况，与省国税部门共同提出重点检查企业建议名单240户企业。

**［区域性税收专项整治］** 积极组织开展对东莞市汽车销售服务行业区域专项检查，对东莞市的53户汽车销售服务企业进行集中辅导自查，共查补税费357.83万元。在自查基础上，选取其中9户纳税人进行立案检查，查补税款54.04万元，滞纳金13.3万元，罚款23.94万元，查补收入合计91.28万元。认真组织开展对中山市灯具行业的区域税收专项整治，共检查纳税户3户，查补税款0.39万元，组织303户企业开展自查，自查补税274.56万元，检查与自查合计收入274.95万元。

**［打击发票违法犯罪活动］** 规范有序地开展2016年打击发票违法犯罪活动。全省共检查在管企业4778户，查处违法企业944户，税务总局下达应查处违法企业不少于600户，任务完成率为157.33%。查处非法发票24968份，查补税款及滞纳金合计2524万元，处以罚款469万元，查补税费、滞纳金、罚款收入合计2993万元。2016年，广东省国税、地税与公安三方统一指挥，联合查办案件120个，打掉团伙45个，抓获犯罪嫌疑163人。

**［税收“黑名单”制度］** 积极推动联合惩戒机制的落实，参与省发改委“信用评价信息共享平台”建设，主动加强与22个成员单位的信息互联，积极推进联合惩戒。2016年，共公开税收“黑名单”3户，重大税收违法案件信息1例；成功阻止8人出境；通报相关部门，限制16人担任企业的法定代表人、董事、监事及经理；落实与广东省银监局、广东省保监局、人民银行广州分行等征信机构联合惩戒工作协议，成功建立具体合作框架；对接政府公共信用信息平台，曝光典型案例；将“黑名单”企业及相关当事人信息移送公安录入警钟系统作为重点关注对象。

**［涉税违法案件检举］** 全省地税系统共受理检举案件1193件(不含深圳市，下同)，其中，省级直接受理111件，地市级受理922件，县级受理160件；共查处案件1041件，查补金额7137.84万元，其中税款5447.08万元、滞纳金998.18万元、罚款692.58万元；执行入库金额4725.38万元。共向公安机关移送案件3件。检举案件的受理和检查案件数量比2015年同期分别增长13%和50%以上，查补金额比2015年下降18%。

**［稽查制度建设］** 抓好联合稽查的制度建设，与广东省国税局稽查局联合制定《联合稽查综合管理工作指南》《联合稽查进户检查工作指南》《联合稽查协同审理及执行工作指南》，形成优势互补、分工有序的入户执法模式。落实联合稽查的办案机制，联合进户检查户数和工作成效实现大突破，全年联合进户检查1654户，查补收入总额29.5亿元。建立和完善税警联席会议工作制度，联合下发《广东省税警联合执法工作指引》。建立新的稽查人员上岗资格考试制度，为全面提升全省地税稽查干部的执法能力，打造知识化、专业化的稽查干部队伍奠定了坚实的基础。

**［稽查队伍建设］** 认真落实税务总局和省地税局的工作要求，扎实推进“岗位大练兵、业务大比武”活动。创造性地将“大练兵、大比武”活动与稽查人员上岗资格考试有机结合，通过建设统一规范的稽查资格考试题库，开发全省稽查考试系统。建立新的稽查人员上岗资格考试制度和人才遴选机制，明确规定今后凡进入稽查执法岗位的人员，必须通过上岗资格考试，取得执法资格，才能取得稽查检查证，切实加强稽查队伍的建设。

**［稽查人才库建设］** 坚持以人为本，加强全省稽查专业队和稽查岗位能手的管理和使用，继续培养和选拔熟练掌握选案分析、重大案件查处及重点行业检查技能的会计、法律、电子查账等稽查专业人才加入全省稽查专业队，2016年，广东省地税局稽

查专业队共有队员40人。各地共组建市一级稽查专业队5个，现有队员85人。

**［稽查业务培训］**　全省各级地税稽查部门全年共组织591次培训，培训人数达9102人次，突出加强电子稽查、互联网、大数据等技术应用和股权交易、新生业态的涉税问题处理的学习，及时更新知识，为稽查履职提供智力保障。

**［稽查信息化建设］**　大力推进查账软件、电子取证工具和数据分析平台的推广使用。建设移动稽查专线网络，开发移动稽查APP系统，实现企业涉税信息实时采集、查询、共享等功能。印发《稽查电子数据取证工作指引》，保障调查取证过程合法、规范和有效。率先在珠海市地税局建成税务稽查远程数据分析监控指挥中心，积极协调东莞市地税局建设全省稽查远程指挥中心，推动稽查信息化系统建设由分割向整合转变。完善“征稽联动”平台建设，着力解决地区间发展不平衡，案情认定、案件移交标准不够明确，移交信息不够及时等问题。

**［稽查宣传］**　积极采编和报送了大量稽查工作动态信息，2016年，共编发21期《广东地税稽查简报》，多篇动态信息被税务总局稽查工作动态、省委动态信息、省政府动态信息采取，向《中国税务报》等主要新闻媒体报送新闻共刊载31篇，取得良好宣传效果。为提升联合稽查宣传影响，广东省国税、地税稽查局共同在《南方日报》等省级媒体联合打造“以案说法”栏目，由知名法律专家学者对案例进行法理点评，全年，共联合曝光12个案例，联合举办“税收执法讲堂”，向纳税人开展税收宣传，针对打击出口退税、虚开发票、偷逃税行为等主题举办巡回演讲26期，4200多人次现场参与了讲堂活动。

**［稽查调研］**　为及时应对“营改增”及深化国地税征管体制改革带来的新形势新变化，主动开展一系列前瞻性调研活动。组成调研组开展稽查体制改革调研，及时总结各地推进“市一级”稽查改革的试点经验，探索体制改革新路径。深入分析地税稽查工作在“后‘营改增’”时代面临的新挑战，撰写《“营改增”后地税稽查工作面临的形势任务和应对建议》调研报告。研究当前重点税源企业随机抽查工作落实情况，提出妥善处理好随机抽查工作的六大关系以及完善随机抽查工作机制的意见和建议。分析广东省地税稽查案件处罚面偏高的主客观原因，形成《关于我省地税稽查案件处罚问题的调研报告》。

（张雯莹）

# 大企业税收

**［税收收入及特点］**　2016年，省局直属分局（大企业局）组织税收收入217.7亿元，省属社保费收入201.4亿元，省级价格调节基金2.6亿元。积极探索大企业视角研判组织收入形势。主动应对“营改增”转变角色，充分发挥服务与管理职能。“营改增”后，继续做好营业税补缴及退库等工作。顺利完成企业所得税汇算清缴，汇缴入库税款30.77亿元。高效主动服务供给侧改革，助力大企业转型升级。积极推进现代化信息建设，充分利用信息化为税收保驾护航。

**［税收分析］**　2016年，直属分局（大企业局）以广东省（不含深圳）国税或地税年税收规模1亿元以上的578户大企业为样本，采集财务会计及税收征管指标55个，从区域分布、所有制类型和所属行业3个维度，全面剖析广东省大企业的地区分布、盈利能力、资产结构、科技研发、社会贡献、纳税情况六大方面，客观呈现广东省大企业的整体发展状况。联合省国税、深圳国地税、广东社科院，基于广州、深圳、佛山等9个珠三角城市大企业的经营数据和税收数据，分析区域内产业发展状况与变化，探寻税收政策、税收负担、税收环境、经营环境对珠三角大企业产业布局、转型升级、区域经济协调发展的影响及原因，形成珠三角区域年度税收经济发展蓝皮书，为地方政府提供决策参考。

**［社保费征收］**　2016年，省直社保费收入达到201.55亿元，同比增长9%。圆满完成全年的省属社保费收入任务。狠抓落实，政策到位。落实缴费工资上下限调整政策，补缴工作进度理想。短时间内完成921户缴费单位省直社保工伤险的政策性退费142.5万元，有力提升了社保新政的执行力度。严格执行征管制度，着力加强费源管理和信息管理力度，使全年的收入任务超额完成。

**［大企业税收风险管理］**　选取广州越秀集团股份有限公司等7户省级大企业，与国税全程联动

实施税收风险管理。并强化监督和考核,增强对市级及以下税务机关的督导作用。按照7户集团的25个成员企业的实际税源情况和风险等级,细化应对分类,分别采取省局直接现场审计、省局督导市局现场审计及企业自行整改三种应对方式。确认应补申报个人所得税金额5090.77万元,补缴企业所得税金额7175.34万元。

[**重点税源管理**] 制定《关于加强市级大企业税收管理工作的意见》《关于规范大企业风险管理工作流程的意见》《关于加强大企业个性化服务工作的意见》等一系列制度性文件,进一步固化"省级统筹、税企共建、国地合作"的风险管理模式,明确"信息采集、风险自查、风险分析、风险应对和反馈提高"的风险管理步骤,从个性化服务工作内容、团队组建与管理等方面指导、规范全省地税系统的大企业管理工作。在涉税基础事项实行属地管理、不改变税款入库级次的前提下,将大企业风险管理、税源监控、税收经济分析、个性化服务等复杂涉税事项提升至省、市统筹实施,合理划分职责权限。省、市大企业管理部门与属地税务机关优势互补,不断加强对集团化、国际化、跨区域经营大企业的税收管理。

[**税收遵从合作**] 按照"明确思路、细化措施、合理统筹、注重实效"原则,税企协作、国地联动、省、市统筹,服务、监管双管齐下,运用税收征管与企业财务大数据分析,对广州发展集团等6户企业开展监管与服务试点。累计确认风险点111个,确认应补缴税款1.36亿元,圆满完成试点任务。推动试点企业集团健全了税务风险内控机制,提升税务风险防范能力。主动对接国税大企业管理部门和省局风险办处理总局推送的五批千户集团税收风险分析应对任务以及一次融资性担保公司专项调查工作。

(梁 婴)

# 机关服务

[**后勤保障改革**] 以精简人员、降低成本、压缩经费为导向,对机关职工食堂、招待所及桃源楼进行改革。为确保改革的可行性、合理性、合法性,通过电话、走访、座谈会等多种途径调研税务总局机关服务中心、广东省财政厅、珠海市地税局、茂名市地税局等多个单位,听取改革意见和建议,并与省局办公室、财务装备处等相关部门密切协作,进行内部经营测算,并多次召开专题会议研究讨论,制定《广东省地方税务局机关职工食堂改革方案》《广东省地方税务局招待所改革方案》《广东省地方税务局桃源楼改革方案》《广东省地方税务局后勤改革实施方案》,积极推进改革事项。

[**后勤服务保障**] 积极采取举措,强化后勤服务保障。抓好消防安全工作。全年组织消防知识培训2次,消防演习活动1次,重大节假日前开展消防安全检查共计4次,及时更换不符合技术指标的消防设施。抓好水电设施的安全管理。对省局办公大楼水电设施、设备的工程维修工作达2900多次,工程维修项目共计38项。加强安保工作。全年保安员上岗共1100个班次,巡楼2080次,查岗1000余次,处理消防故障报警50余次,排除安全隐患6起。做好更换办公楼植物花草、清理办公大楼化油池、疏通化粪池和排油管道等保洁绿化工作,为干部职工营造整洁舒适的办公环境。抓好食堂管理。严抓食品安全,组织食品安全培训,提升食堂饭菜品质,切实满足干部职工用餐需求。时刻关心干部职工身体健康,做好日常医疗保障工作。新增正骨推拿、针灸、电针、拔火罐、超短波等理疗项目,为干部职工理疗达415人次。加强周转房管理。聘请物业公司对广州大道中周转房进行规范化管理,统一收缴房租、代收代缴水电费用。对周转房进行了全面安全检查,更换漏电开关,并对天面及厨卫进行补漏。

[**后勤队伍建设**] 加强干部队伍教育。以多种形式开展学习教育,严肃党内政治生活,强化组织观念和纪律观念,全面推动从严治党,进一步筑牢干部队伍拒腐防变的思想防线。开好"三严三实"组织生活会,抓好"两学一做"教育,积极同江门市地税局机关服务中心党支部结对,开展党建共建活动。组织干部职工观看多部预防职务犯罪、先进事迹报告会等短片,参观廉政教育基地,并进行讨论学习,进一步转变思想观念和工作作风,强化了服务意识。加强编外合同管理。全年,共新签订劳动合同6人,续签9人,解聘18人,办理医保卡4人,办理退休年审干部职工共4人。完成部分管理岗人员试用期满

转正、招待所及桃源楼负责人的聘用、2015 年度编外合同工 66 份劳动合同的审查等工作。

**[公务接待]**　完成会议接待 595 次，其中，重要及大型会议 21 次，完成公务接待 312 批次，协助对口处室业务接待 70 次，共接待会议代表约 14669 人。顺利完成了“互联网 + 税务战略合作活动”“第十二届泛珠三角区域合作与发展论坛暨经贸洽谈会”“国家中小企业博览会洽谈会”“地税泛珠三角 9 + 2”等大型活动的后勤保障工作。

**[公务用车保障]**　积极推进省局机关公务出行车辆保障社会化和制度化，制定《广东省地方税务局公务用车管理暂行办法》，完成省局公务出行车辆租赁供应商的选定工作和车改后续工作，全年共保障全局公务用车约 2585 趟次。

**[办公用房整改]**　严格按照《党政机关办公用房建设标准》要求，认真开展办公用房清理整改工作。多次召开会议研究讨论，积极与各处室沟通、协商，本着方便工作又不违反相关政策的原则，努力在标准范围内为各处室负责人提供单独办公场所，已完成各处室主要负责人办公用房整改工作。

**[政府采购]**　严格按照《中华人民共和国政府采购法》《中华人民共和国政府采购法实施条例》及相关文件精神，开展政府采购服务，按时完成 2017 年政府采购计划的上报工作。基建方面，积极开展南海桃源楼专家楼、宿舍楼、培训楼、数据楼（含二楼机房）及公共区域 LED 灯改造工程和补漏维修、无线网络安全及空调维修工程；完成数据楼一、三、四层天花的改造工作。

**[节能降耗改造]**　为响应国家和省节能降碳政策，降低能耗，改善工作环境的空气质量，机关服务中心向省财厅及省府机关事务管理局申请并获得 100 万元节能专项资金，用于办公大楼 10—28 楼新风系统的节能改造，此次改造达到节能换气的目的，每年可以节省约 21 万度电，节省资金约 25.34 万元，提升排污效率，提高空气品质，大大降低风机噪声，为干部职工提供了健康、舒适的工作环境。

**[固定资产管理]**　制订《广东省地方税务局固定资产管理办法》，进一步规范固定资产日常管理工作。顺利完成国有资产管理系统上线工作。开展新增及报废固定资产清查盘点工作，及时完成 2015 年省局机关固定资产实物账的编制工作，强化了国有资产管理，提高了资产使用效率。抓好发放办公用品、临时工作卡、开通门禁等日常保障工作。

（邹　明）

# 税务信息化管理

**[信息技术服务]**　充分发挥信息技术保障优势，积极配合业务部门做好业务需要的调整。推进相关需求在各项目的落地实施及上线推广工作，包括 12366 纳税服务热线升级上线、办税服务综合管理系统、税源管理平台二期、高收入者个人所得税管理、土地增值税清算项目、社保费监控平台项目、电子文档管理系统、人事系统等项目均基本完成推广上线（或试点上线）工作。优化微信办税为代表的移动办税体系，完善用户体验和性能，实现能办、能查、能看、能约，有力保障了用户的稳定增长。拓展移动办税业务类型，在移动平台实现包括个人所得税、社保、车船税等适用移动申报和缴纳的功能 11 个。截至 2016 年底，已有 719 万用户，其中有 286 万实名认证用户，提供服务超过 3092 万次。推广“二维码”应用，做好移动办税“扫一扫”查验电子缴款凭证功能开发工作。截至 2016 年底，广东地税微信公众号已上线多项“二维码”应用相关功能，包括：文书查验、完税证明查验、发票查验及个人所得税完税证明查验、移动端扫描二维码功能、“打印个人所得税纳税清单”、移动端扫描查验功能等。

**[金税三期工程]**　全力保障配合税务总局需求，持续发力支持金税三期工程全国推广。实现金税三期工程上线后，广东地税积极配合总局推进金税三期工程的全国推广工作。根据税务总局推广计划，克服自身人力紧张，2016 年，继续派出精干力量参加青岛、大连等省（市）的现场支持工作。对前来考察调研金税三期工程上线工作的省地税局介绍经验、提供参考资料。

**[系统安全建设]**　服务发展大局，夯实基础设施及安全体系建设。建设实施堡垒机和数据库审计系统，提升事后跟踪审计能力，并对存储、计算资源采用虚拟化技术进行优化管理，对使用时间较长的中端存储进行了优化更换。做好基础设施保障工作，推进全省市局网络设备及省局、南海中心互联网

区设备(2015—2017)维保项目,基本完成全省市级视频会议改造项目工作。全面开展安全检查。组织完成省本级各项网络安全自查,全面梳理重要信息系统,做好关键信息基础设施认定及检查工作。制定信息安全检查工作方案,部署全省各单位年度信息安全检查。强化网络安全管理。加强安全监控,及时转发税务总局和省里有关职能部门的安全预警信息,落实自查整改。持续对服务器、网络及安全设备按照安全基线配置规范进行安全检测和加固。加强特殊时期安全保障。提前巡检、加强监控,全力做好"两会""G20峰会"期间的网络安全保障工作。四是强化防病毒管理。对全省地市单位节点趋势防毒墙网络版服务器26台,分别下发并应用16条安全控制策略,有效降低病毒感染风险。推进等级保护。完成对现有重要信息系统的定级、备案和安全测评。

**[系统运行管理]** 完善运维监管,强化协同运维体系建设,应用系统高效稳定运行。全年保持金税三期工程等核心系统稳定运行,未发生影响大的事故。大幅提升运维质量,运维平均绩效由年初的9.23分提升至9.60分,提交至省局的事件单的当月解决率由年初的91%左右提升至98%左右,及时解决率由84%左右提升至90%左右。提升运维安全管理,完成运维堡垒机的部署使用,金税三期工程系统等核心业务系统数据库实现数据库审计。持续改进系统安全、可用性、持续性管理,完成OA、统一工作平台、邮件等系统的容灾切换。

**[数据处理应用]** 强化数据治理,探索数据治税新应用。提高业务数据查询与利用的效率与准确性,协助业务处室做好"营改增"前后业务量及收入统计、税收执法督察项目、年度审计数据等信息的提供,为保障各项税收政策的顺利落实及各部门业务需要提供技术支撑。持续关注数据质量的改进,开展各类项目建设,包括税收分析系统(2016)维保服务项目、税收分析系统(2017)维保服务项目、决策支持1包定制开发项目和决策支持1包升级改造及维保服务项目,促进数据质量提升。认真完成最后一期"南粤金税"全省电子发票抽奖的现场技术支持工作,保障了发票抽奖活动的顺利展开。

**[信息化项目建设]** 开拓创新,整合信息资源,积极构建新一代电子税务局。建设内门户网站以及迁移广州市局网站到省局平台。完成内门户网站的建设,迁移广州市局门户网站子站栏目183个,稿件数量超过18000条,数据库30G,稿件附件50G,并重新开发业务系统6个。实现高收入者管理系统等税源管理类系统与税源管理平台的整合。完成高收入者个人所得税管理系统、规费监控分析管理平台等税源类系统与税源管理平台之间关于待办和风险推送的整合。实现数据分析管理类系统与税源管理平台的整合。做好广东省电子税务局建设工作。经广东省国、地税局共同努力,广东省电子税务局于6月29日全省试点上线运行。该项目实现国税352项、地税480项业务功能和118项国地税融合事项的网上办理,实现国地税CA互认、主附税联合申报、财务报表报送及变更登记等融合业务联合办理,给纳税人提供了新的便捷办税体验。

**[运维工作]** 截至2016年底,省局监控服务台共接收受理事件报告单46453个,解决事件报告单45129个,解决率为97.15%。其中属于金税三期工程核心征管系统的有28077个,按功能模块统计,事件较多的是:"申报"类、"登记"类和"征收"类。按地区分布统计,提交事件单最多的3个城市分别是:广州、广东省局和佛山,事件数量分别为15697个、3953个和2963个。接听用户电话共1061个,其中咨询类466个,催办类595个。监控服务台处理监控系统告警共26064个,其中业务类告警18526个、服务器类告警7538个。

(梁婷婷)

# 税收科研与刊物编辑

**[税收科研]** 围绕税收中心工作、服务税制改革、服务领导决策方针,充分发挥财税智库作用。一是深入组织开展专项课题研究。根据省局党组年初确定的工作重点,结合国内外和广东省经济形势变化,科研所牵头开展《新一轮财税体制改革与地方税费征管问题研究》《面向自然人地方税费征管问题研究》《减免税政策效应分析》《股权转让税收问题分析》《广东中小企业税费负担研究》等多项专题调研工作,积极参与总局《支持扶贫攻坚的财税政策与措施研究》,主动承接广东省政府重大决策咨

询课题《新常态对广东税收的影响及其对策研究》，服务各级党政决策参考。二是税收调研成果质量大幅提升。科研所在注重调研成果数量的同时，更注重调研成果的质量。2016 年，涌现出一批高质量的税收调研成果，得到各级领导的充分肯定和批示表扬。《从税收结构变化看广东经济结构变化：2011—2015》获徐少华常务副省长肯定性批示："该研究报告全面深入，说理透彻，具有很好参考借鉴价值。"《税收视角下广东与江苏、浙江上市公司竞争力比较分析》获广东省常务副省长徐少华肯定性批示："从特定行业、特定企业的角度进行比较分析，富有直接参考借鉴价值。请转省金融办阅研。"《广东中小微企业税费负担调研报告》获广东省省长朱小丹的肯定性批示："此项调查及时、深入，可在政策建议基础上提出中小企业降成本若干措施。"梁若莲撰写的《JITSIC 会议报告》获税务总局局长王军的肯定性批示："我看过几篇若莲同志写的文章及报告，内容、文字、观点皆好！请荣发同志阅。巴拿马案、香港中介等非常敏感，对此要事前预案、事中有请示、事后有汇报。"三是税收调研成果的社会影响持续扩大。全年，科研所累计有近 20 篇税收专业文章公开发表在《税务研究》《国际税收》《财政科学》《广东经济》和《中国税务报》等权威期刊报纸上，下载率和引用率呈上升态势。其中，《从税收变化看广东经济变化：2011—2015》被《南方日报》《中国税务报》等转载，《日本、韩国经济增速换挡对税收增速的影响分析》被中国人民大学报刊复印资料 2016 年第 9 期转载，《互联网 + 与智慧税务构建策略》在"互联网 + 税收治理现代化"全国专题征文大赛中荣获一等奖（仅 10 篇），并受邀作经验交流，《构建面向自然人的地方税费征管体系研究报告》在第 10 届泛珠三角区域地方税务合作会议上进行公开交流，并获新华网等多家媒体转载。科研所参与撰写的部分研究报告提出的政策建议被转化为相关党政部门的具体措施，如《构建面向自然人的地方税费征管体系研究报告》提出部分建议拟转化为省局 2017 年绩效考核指标；《广东中小微企业税费负担调研报告》提出的关于减轻中小微企业税费负担的部分政策建议被省经信委等部门采纳。

**［内刊编办］**　一是坚持办刊特色化。《广东地方税务》坚持以税收中心工作为根，以岭南文化为魂，创立在全国税务系统有广泛影响力的文化品牌，成为广东地税的一张亮丽名片。《广东地方税务》新开设的栏目如"聚焦""群言""财经名家"等深受地税干部喜爱；推出的金税三期工程人物风采、电子税务局建设、纳税服务之星、税企合作等栏目，既记录再现广东地税人敢为天下先、敢于创新的精神，又如实展现平凡地税人怀不平凡心、抒不平凡情、干不平凡事的动人事迹。二是坚持传播手段新媒体化。积极推进"互联网 + 媒体"建设，充分利用各种新兴传播载体，建立了撰稿人微信群和摄影作者微信群，实现《调研报告》《广东地方税务》的 OA 共享。创办全国税务系统第一个内刊微信公众号"广东地税微刊"，该公众号深受广大地税干部喜爱。

**［年鉴编辑出版］**　2016 年，《广东地税年鉴》编校达 182 万字，图片 400 多幅。年鉴编辑坚持需求导向、以用定编，不断健全完善"三审三校"制度，存史资政的税收工具书定位逐渐形成。主要做法：3 月 31 日前，参照税务总局当年大纲新要求和省局年度新情况编写当年大纲并拟定年报资料征集纲目；8 月 31 日前，按照征集纲目，及时核收、催报图片、文字、统计报表；以政治正确、数据精确、文字准确为标准完成初稿汇编和撰写并填报《年报资料报送表》；9 月 30 日前，按照齐、清、准的标准完成三次校对，并完成送审稿的工作。同时承担向中国税务出版社《中国税务年鉴》及省地方志办《广东年鉴》广东地税资料的供稿工作。年鉴编纂工作多次获得全国年鉴编纂表彰及奖励。

**［《广东志·财税卷》编辑报送］**　高标准严要求，严格执行"三审三校"制度，做到意识形态与中央保持高度一致，编校发行与税务总局、省地方志办保持高度一致。供稿 130 万字，编校差错率显著低于 3‰的行业标准。地方志编纂工作多次获得省地方志办的发文表扬。

（陈　莹）

# 干部进修培训

**[教育培训]** 2016年,学校共承办培训班73期,4397人次,共2380课时,培训27691人天,邀请授课老师576人次。集中优势培训资源,突出办好初任班、军转干班、中青班和工会主席班等15个省局重点培训班。根据教学质量评估结果,2016年,领导和学员对学校教育培训工作满意度达92%,同比增长4.5%。与教育培训处联手,全力做好“岗位大练兵、业务大比武”集中培训。学校安排专人全程跟班,全方位提供优质服务,为选手全心备考创造良好条件。“岗位大练兵、业务大比武”活动,广东地税在全国排名第五,受到税务总局和省局表彰。实施学员参与治校计划,双轮驱动改进工作。利用微信扫码和召开学员座谈会两种方式,鼓励学员参与到课程设计、学校管理、校园文化建设和学风建设中,围绕培训前、中、后3个环节,广泛征求学员意见。在培训计划与课程设计方面,共收集15条意见,48条建议,采取改进措施61条;在后勤保障服务方面,共收集27条意见,37条建议,采取改进措施62条。超过96%的意见为学校采纳,并迅速形成工作措施。科学设置教学课程,构建专题精品课程体系。2016年,围绕省局重点工作部署,开发“深化国税、地税征管体制改革方案解读”“税务部门绩效管理”“纳税人需求管理与纳税服务满意度提升”等5门精品课程。5门精品课程好评率均超过98%,其中两门课程在教学质量评估中的好评率为100%。积极发挥精品课程示范与辐射效应,以优质课程带动精品专题培训模块的发展,成功打造5个精品专题培训模块。采用“请进来”的做法,在系统内部推选优秀干部成为兼职教师的基础上,广泛发掘高校、培训机构知名教师到校授课,不断扩充学校师资库。开展星级讲师计划,将课程评价90分以上的兼职教师评为星级讲师。加强与省局各单位和各市(区)局合作,围绕重点、难点工作开发培训课程,送教上门,师资共享。

**[培训改革]** 坚持教育培训创新,推进培训资源共建共享。与省局纳税服务处、教育培训处、珠海市地税局、珠海高新区通力合作,打造微电影精品课程,首创微电影案例教学,深入推进全国纳税服务规范3.0工作。省局局长吴紫骊,省局副局长杨荣华及省局巡视员宋爱勤对此作出批示,《中国税务报》进行专题报道。和珠海市局通力合作,打造一部时长55分钟的“税务礼仪”电影,包括日常礼仪、行政礼仪、纳服礼仪3部分内容,计划2017年用于教学培训。纳税服务微电影教学和税务礼仪长电影教学均开创了全国教育培训先河。

**[内部管理]** 全力抓好党建工作。结合学校工作实际,组织召开党支部专题组织生活会,定期开展党支部成员谈心谈话活动。2016年,通过6次党支部专题会议,学校党员干部在政治学习、工作作风及干事创业方面的问题得到整改,工作效率大幅提升。认真按照“两学一做”学习教育要求,深入开展各项政治教育活动,认真学习党中央有关文件精神。健全完善规章制度。学校以自主招聘为契机,结合工作实际,重新修订完善各项规章制度,形成《广东省地税干部进修学校管理制度汇编》,包括管理制度共50项,修订24项,新建14项;工作流程及风险点防范措施共29项,完善13项,新增9项。实施自主招聘合同方式。经省局党组会议审议同意,学校于2016年7月1日起转为自主招聘,重新制定薪酬框架及薪资标准,明确薪资调整方案,建立员工激励机制,进一步增强学校员工的集体归属感、向心力和凝聚力。自实施自主招聘以来,学校员工工作积极性和主动性得到进一步提高,出勤率和考勤率达到98%,全体员工季度及年度绩效考核达标率为100%。严格执行招标采购程序。学校根据2016年维修维护和添置购置工作计划,分级排序,分步实施,严格按照财务及招标采购制度要求,采取省政府采购中心网上竞价、委托省政府采购中心公开招标投及学校采购领导小组进行货比三家的方式,确保学校工程项目保质保量按时完成。2016年学校共完成大宗工程12项。重新修订的《广东省地税干部进修学校招标采购管理办法》,明确每笔费用支出均须学校所有领导共同签批,项目金额单件1000元以上或批量3000元以上10000元以下的,须采取学校采购领导小组货比三家,集体评审的方式;10000元以上的,须以省局签报上报省局领导审批,报送台山市财政局核价后,再按照招标采购流程办理。严格按照有关财务制度,审核各项经费支出,完善资金

支付程序，确保预算工作顺利执行。严格执行公务卡制度，减少公务支出现金使用。加强固定资产管理，把好固定资产验收关，明确固定资产使用部门及责任人。2016 年 4 月、11 月，对固定资产进行全面清查盘点，按规定报废固定资产 175 件。

（于　森）

# 广东省地方税收研究会

［理论研究］　专项调研方面，选定《广东税源增长潜力分析》专项调研课题为全年重点调研任务。课题报告经省、片区、各市局三层研究会协作完成，经过多次专家论证，并上报省地税局及上级有关部门，受到了高度关注和重要批示。此外，与省地税局科研所、广州市地税局、暨南大学经济学院、广州市地方税收研究会等有关单位联合完成《立足金税三期工程　运用互联网思维创新税收征管模式——以广州地税为例》《广州地区分行业地方财力贡献度比较研究》等多项质量较高、影响较大的调研课题。群众性调研方面，采取“专业性调研与群众自主性调研相结合”方式展开。在各市地方税收研究会的协助支持下，积极开展各项群众性调研工作，全省群众性调研活动共形成调研报告 48 篇。为进一步加强成果转化，研究会拟将完成的群众性调研报告进行推选排序，编印论文集，并推荐优秀论文到省地税局科研所主办的《调研报告》《广东地方税务》杂志等刊物刊登，促进成果的二次转化。

［服务基层］　2016 年 3 月 17 日，省地方税收研究会召开第五届常务理事会扩大会议，全面总结全省地方税收研究会 2015 年工作。2016 年 11 月，派员参加在揭阳市召开的粤东七市地方税收区域协作调研课题结题会，对各地在办会经验及开展群众性调研工作方面进行指导。研究会有关领导还分别赴广州、深圳、东莞、潮州等地参与课题讨论会，活跃活动氛围，鼓励各市认真开展调研活动。此外，研究会秘书处不断深入与各市地方税收研究会沟通与学习，推进全省地方税收研究会共同发展。组织各兄弟省（市）相关社会组织交流互动。通过信函、电话等方式分别与北京、广西、内蒙古等省市进行交流联系，分享办会经验、调研方法、组织及制度建设等情况，到达相互促进，共同提高的目的。作为省社会组织总会的理事单位，研究会参加省社会组织总会组织的各项活动，并获得省社会组织总会理事单位牌匾，得到总会领导的好评。另外，还研究会还积极参加省社科联，省社会组织管理局、省国际税收研究会等省直有关单位及社会团体组织的各项活动，进一步拓宽研究会交流渠道。

（吴　澜）

# 广东省国际税收研究会

［服务税收中心工作］　一是全力打造科研精品。2016 年，广东省国际税收研究会继续深入推进精品工程，重点完成《税收促进供给侧结构性改革的国际借鉴研究》《应对跨境无形资产转移国际避税的对策研究》《推动建立中国“绿色税制”体系的国际借鉴研究》等 7 项重大研究课题，并形成富有针对性的意见建议。其中，《应对跨境无形资产转移国际避税对策研究》刊登于税务总局《税收研究资料》2016 年第 2 期。二是深入开展全省性国际税收研究工作。研究会加强对市国际税收研究会的工作指导和支持，积极推动市研究会之间的联系交流合作，牵头组织市研究会参与全省专题调研活动。年初，制定下发课题选题，由各市国际税收研究会根据自身资源优势和研究方向认领，充分调动全省国际税收的科研力量，完成课题研究，提交具有前瞻性、可行性和业务指导性的政策建议。三是充分发挥信息资料中心作用。充分利用现有资源，发挥国际税收信息资料中心分部作用，积极参与中国国际税收研究会国际税收信息资料库建设。按照“翻译整理的信息资料服务于理论研究精品战略”工作规

划，大力配合省局重点调研课题任务，注重收集整理与重点课题相关的国际税收信息资料，特别是国际经验做法的参考借鉴，为课题研究提供有力的信息资料支持。同时，充分利用信息资料库的内容以及通过共享各分部翻译刊物中的信息资料，为广东省地税系统在课题调研方面提供丰富的参考资料。四是积极推进研究成果转化。积极将本会和各市研究会完成研究报告择优向中国国际税收研究会和省局《广东地方税务》《调研报告》等相关刊物推荐发表，努力推动科研成果的转化。

［**单位会员职能**］ 参加中国国际税收研究会理事会和理论研讨会、经济社会与税收制度发展高层研讨会，以及部分省市会长、秘书长会议等，交流办会经验，分享学术研究成果。完成中国国际税收研究会信息资料部分配的税收资料翻译任务，为进一步充实完善国际税收信息资料库做出了积极贡献。配合中国国际税收研究会做好各类会务工作。如全力配合总会在广东省召开的“2016 年国际税收信息资料工作会”“2015 年世界税收十件大事课题会”等会议。研究会还积极参加中国国际税收研究会举办的税收讲座、业务培训等活动，积极履行单位会员职责。

［**学术交流**］ 搭建学术交流平台，参加上级部门各种类型的工作会议、研讨会和座谈会。与兄弟省市研究会积极交流，学习办会经验，交流学术研究成果。积极参加中国国际税收研究会举办的 2016 年年会、课题研讨会、国际税收理论骨干培训班等，进一步拓宽团队视野，提升素质。

［**组织建设**］ 广东省国际税收研究会注重加强对各市研究会的工作指导，指导各市研究会开展换届工作，推动各市研究会之间的交流协作，有效凝聚了全省国际税收学术研究力量。严格按章程规范办会，坚持通过会长办公会议、秘书长会议、常务理事会议、秘书处工作会议等，总结部署工作，研究解决问题，保障工作的顺利开展。2016 年广东省国际税收研究会各项工作都取得新的成绩，并被中国国际税收研究会授予全国“先进国际税收研究会”荣誉称号。

（李兴蕊）

# 第四篇

# 各市(区)地方税收工作

# 广州市地方税务局

［经济概况］　2016年,广州市经济呈现出“稳、进、优”的特点。一是经济运行总体平稳,三产比重持续提升。全市实现地区生产总值(GDP)19610.94亿元,同比增长8.2%,增速分别较全国(6.7%)、全省(7.5%)高1.5个和0.7个百分点,其中,第一产业增加值240.04亿元,下降0.2%;第二产业增加值5925.87亿元,增长6.0%;第三产业增加值13445.03亿元,增长9.4%。结构为1.22∶30.22∶68.56,第三产业增加值占比同比提高1.45个百分点,对经济增长的贡献率达77.0%。二是工业生产稳中提质,服务业较快发展。规模以上工业增加值和总产值同比均增长6.5%,三大支柱产业总产值增长7.6%,增速较上年提升0.2个百分点,占全市规模以上工业总产值的比重49.6%。三是消费稳中有升,投资缓中趋稳,对外贸易稳定增长。全市实现社会消费品零售总额8706.49亿元,同比增长9.0%,增幅比前三季度提高0.4个百分点。四是财政收支保持平稳,企业经营效益较好,价格水平保持稳定。全市一般公共预算收入1393.85亿元,增长5.2%,其中税收收入1062.27亿元,增长5.5%;一般公共预算支出1943.68亿元,增长12.5%。

［税费概况］　2016年,广州地税部门累计组织各项税费收入2517.79亿元,可比增长11.66%(可比增幅为剔除全面“营改增”、堤围防护费和价格调节基金停征等政策影响因素,下同),按入库额计算(以下简称入库)增长0.42%,收入规模连续18年居全国省会城市第一,在国内大城市中排名第四(仅次于上海、北京和深圳)。包括:税收收入1381.38亿元,可比增长12.45%,入库下降6%;费金收入1136.41亿元,可比增长10.71%,入库增长9.51%。其中,社会保险费收入1006.19亿元,同比增长11.99%;组织市一般公共预算收入728.8亿元,可比增长10.97%,入库下降4.96%,占全市一般公共预算收入总量的52.31%,比市政府下达全年收入预期(710亿元)超收18.8亿元。

［税收收入特点］　一是中央级收入增长快于地方级。在两个所得税较快增长推动下,中央级收入增长20.12%,地方级收入可比增长11.46%,其中,省级收入可比增长15.24%,低于全省省级收入可比增幅3.16个百分点;市区级收入在各级次中增幅最低,可比增长10.01%。受“营改增”和新财政体制调整影响,中央级和地方级的比重调整为28∶72,地方级收入比重比2015年下降5.24个百分点。二是第三产业税收增速明显快于第二产业。在全市经济结构持续优化的带动下,第三产业实现收入1009.79亿元,可比增长15.17%,比第二产业高7.03个百分点。各主要行业中,房地产业在楼市热销、企业利润提升的拉动下可比增长11.53%,占税收总量比重26.75%;信息传输、软件和信息技术服务业、金融业、租赁和商务服务业在工薪水平较快增长的带动下分别实现可比增长12.7%、13.83%、10.07%;建筑业因部分建安企业在“营改增”前自行加快结算和缴税进度,可比增长19.55%;批发零售业和制造业受益于汽车产销回暖,可比分别增长5.37%和3.24%;住宿餐饮业税收则表现低迷,可比下降5.05%。三是个人税收占比明显提升,成为地方税收增长主力。2016年,受全面“营改增”影响,地方税收中的个人和企业税收“此消彼长”:个人税收实现511.03亿元,入库增长16.57%;企业税收实现736.31亿元,入库下降12.28%。两部分税收占比由2015年的34∶66变为2016年的41∶59。若剔除“营改增”影响,个人税收可比增幅高达19.44%,比企业税收可比增幅(10.12%)高出9.32个百分点;个人税收贡献可比增量83.17亿元,占总税收可比增量的55.13%,成为地方税收增长的主力。四是全年实际减免各项税收304.95亿元,为经济社会发展减负增效。其中,改善民生减免143.78亿元,鼓励高新技术减免16.59亿元,促进小微企业发展减免5.16亿元。落实全面推开“营改增”试点政策,推动全市35万户纳税人(不考虑房地产业“营改增”涉及大量自然人)税制平稳转换,全年为全市纳税人减轻负担近120亿元。五是广州地税税收增幅高于全国,但低于全省水平。与国内主要城市相比,广州地方税收入库增速(-6.0%)高于全国总体水平(-6.9%),且高于重庆(-13.1%)、苏州(-7.1%),但低于天津(-5.6%)、北京(-1.0%)、深圳(8.7%)和上海(11.4%)。从全省地税来看,广州地税可比增速(13.8%,不含省直属分局征收部

分)低于全省总体水平(含深圳20.3%),以及佛山(19.8%)、珠海(20.5%)、东莞(29.9%)、深圳(30%)等城市,在珠三角9市中排名第7。

**[税源情况]** 在征收的13个税种中,有10个同比增收、3个同比减收。个人所得税在工薪水平持续提高的作用下完成385.95亿元,同比增长15.82%、增收52.7亿元,收入规模和增量均居各税种之首;企业所得税在房企利润提升和个别企业股权转让等因素推动下增长18.23%,其中房地产企业所得税同比增长24.07%;1—5月,营业税受益于楼市销售畅旺和建安企业自行加快结算和缴税进度,同比增长22.4%,"营改增"全面扩围后,仅有少量查补往期税款入库,全年下降50.32%;"营改增"后地税部门代征增值税收入19.36亿元,同比净增;财产行为税合计收入528.04亿元,同比增长9.9%。城市维护建设税缓增2.5%,其中,房地产业、租赁商务服务业和批发零售业分别增长10.81%、16.84%和14.27%,而制造业、金融业则分别下降2.98%和12.23%;契税收入增长17.39%,其中存量房契税大增69.01%,而土地出让契税下降2.12%;土地增值税小幅增长3.2%,其中,预征类税款增长29.37%,而清算类税款下降25.13%;耕地占用税在外围区域征用耕地入库大笔税款带动下,大增38.53%;房产税、车船税和印花税分别增长2.32%、6.95%和7.92%;在广州市地税13个征收单位均完成广州市地税局下达的年度收入预期,其中,增城区、广州开发区和南沙开发区地税局受益于广州开发区功能优势增长迅猛,分别可比增长32.92%、31.81%和13.34%;天河区、番禺区、海珠区和白云区地税局得益于总部经济集聚效应,分别可比增长28.31%、24.77%、24.27%和19.87%;市地税大企业管理局组织税收收入505亿元,占全市总量的40.49%,可比增长5.68%,其土地增值税清算入库25.17亿元,占全市清算收入总量的54.86%。广州市稽查系列查补入库税收23.09亿元,同比增长32.59%。纳税评估局评补入库税款4.09亿元。

**[国地税合作]** 联合出台《全面服务"营改增"试点纳税人十项措施》,及时制定"两代"业务工作方案,全年办理"两代"业务达到99万宗。全年实现向12个部门、单位提供涉税数据245.07万条;获取22个部门、单位的第三方数据1795.81万条,按广州市政府要求向社会开放涉税数据主题5项;构筑信息共享应用新平台,率先实现国地税内部涉税信息实时共享,自主研发的"税收引擎"项目被税务总局评为"互联网+税务"创意点子。南沙区、越秀区、天河区、白云区地税局被确定为全省国地税合作示范区,南沙区获评全国百佳国税、地税合作县级示范区称号。

**[税费管理]** 所得税方面。一是深化所得税优惠政策落实,全力贯彻小微企业税收优惠政策。二是以重点项目为抓手,挖掘税收增长点。结合"三证合一""一照一码"登记制度改革以及新公司法认缴资本制的推进,加强自然人股东股权转让所得个人所得税征收管理,全年共征收股权转让所得个人所得税约15亿元。三是夯实个人所得税申报数据,为建立自然人税收管理体系奠定基础。依托金税三期工程系统,不断提升全员全额扣缴申报覆盖面和申报率,广州市2016年个人所得税电子明细申报的覆盖面达99.02%,明细申报率达99.13%。四是以重点人群为抓手,扎实推进年所得12万元以上个人所得税自行纳税申报工作。在引导纳税人体验微信申报新模式方面取得突破,成功推广了新兴电子办税申报方式。全市共有290963人完成了自行申报义务,比上年增加51608人,增长21.56%,共补缴个人所得税税款4908.82万元。五是落实试点健康商业保险个人所得税税前扣除政策。全年共有纳税人1156人,5672人次享受了税优型商业健康保险个人所得税税前扣除,涉及扣缴义务人52家,累计税前扣除金额87.63万元,实际减免税额16.79万元。六是构建风险管理体系,健全风险应对机制。进一步加强所得税事中事后管理,针对重点税源企业、重要行业,以及股权转让、重组等高风险事项开展管理,制定重点税源企业和重要事项风险分析与应对指引。

营业税及财产行为税方面。一是"营改增"工作:2016年营业税收入156.03亿元,可比增长17.51%;"营改增"后,"两代"业务全市共代征增值税19.36亿元。向广州市国税局提供建筑业、房地产业、金融保险业、生活服务业等行业35万户、115万余条"营改增"准备数据;牵头做好"营改增"全面扩围中税收宣传、纳税服务、征管衔接、发票衔接、委托代征、业务支持等各项工作准备,特别是"两代"业务有关政策发布、征管系统功能调整、代开增值税发票操作培训等工作;广州市国地税互派人员交流挂职,协助广州市国税部门人员了解营业税政策及行业管理难点,共同促进"营改增"工作顺利实施;开展"两代"业务税收专项检查工作,并就"两代"业务有关问题与广州市国税局货劳处等部门联合出台解释政策口径;二是财产行为税:2016年,财产行为"十税"总体保持低速的增长态势,全年组织收入508.68亿元,480.47亿元,同比增长5.87%。主要做法:(1)以有效管理促土地增值税收入。及时制定指引明确"营改增"后土地增值税执行口径、地下车位土地增值税处理等疑难问题。加强计划管理,统筹全市清算进度,定期通报。制定土地增值税工程造价核定扣除标准,整理已清算项目数据,加强数据管税在土地增值税征收管理中的应用;(2)贯彻落实资源税改革相关工作,成立资源税改革领导小组;做好税目税率测算数据统计上报;建立资源税纳税人基础信息库;组织开展业务培训、政策宣传和纳税辅导;做好系统测试和改革效应分析和评估工作。(3)稳步推进以地控税、以税节地工作。联合广州市国土资源和规划委员会制定发布广州市"以地控税、以税节地"工作方案,建设完成并上线应用以地控税管理系统;协调广州市国土规划委提供广州辖区内宗地管理相关数据。(4)加强印花税管理。将印花税风险指标纳入全市统一的风险管理推送计划,加强纳税评估工作;规范印花税核定征收文书流程。(5)加强税收调研。参与税务总局环保税立法调研课题,参与撰写税务总局环保税课题中广东省负责的部分内容;配合广东省地税局和广州市财政局完成契税立法调研工作。(6)贯彻落实税收优惠政策。继续贯彻落实小微企业营业税优惠政策工作,减免营业税税额合计约1.3亿元。贯彻落实《财政部　国家税务总局　住房城乡建设部关于调整房地产交易环节契税　营业税优惠政策的通知》,减免契税税款30.35亿元。布置开展年度房土两税困难减免工作,公告下放房产税100万元以上的审批权限,广州市地税局权限审批减免城镇土地使用税1045万元。(7)做好财产行为税部分新申报表上线相关工作。通过采取加强组织领导、开展分级分类业务培训、加大税收宣传力度、做细做实纳税辅导、加强过程监管,强化问题反馈处理及加强舆情监控等六项措施,狠抓贯彻落实。(8)加强房地产交易税收管理。推进与住建部门落实个人名下房产查询、查询证明验证以及网签信息实时传递的工作;制定广州市地税局婚姻登记信息共享工作方案;开展房地产交易税收专项和督导检查工作;联合市来穗人员服务管理局开展个人出租房屋税收征管检查工作。

国际税收方面。一是联合服务,协同管理,国地税合作取得新突破。联合举办"一带一路"沿线企业国际税收风险管理沙龙、总部企业"走出去"税收风险防控宣讲会等大型宣讲活动;联合开展"走出去"纳税人基础信息核查工作,全面摸查广州市"走出去"企业基本情况;联合印发协同判定非居民企业构成常设机构工作指引,首次通过金税三期工程下发库实现常设机构备案信息自动交换,并查补3户非居民企业派遣人员个人所得税合计130万元,堵塞非居民个人征管漏洞;联合打击国际逃避税,2016年,首次在反避税领域开展国地税合作,建立案源信息交换机制,顺利实现两单交换。二是创新形式,主动作为,服务提升取得新突破。介绍外国税制,邀请专业机构助力宣讲,分享海外服务经验;主动问需"世界五百强",携手广州市国税到广汽集团开展"走出去"税收协助研讨;与广州市国税、普华永道及安永合作编印并定向赠送"走出去"企业、"走出去"个人税收政策与风险管理手册2000余册,累计服务"走出去"企业及个人600余家(人次);国际化税宣展新篇,制作外籍人员个人所得税英语宣传片,浏览转发达2万余次,并被送选参加2016年全国税收公益广告大赛,走在全国同类宣传活动的前列;发布中英双语外籍人员个人所得税宣传手册及纳税风险提示。三是整合信息,拓展内涵,跨境税源管理取得新突破。首宗自主反避税案件告捷,发起完成广东省地税系统首例大额对外支付特别纳税调整案件,填补自主反避税工作空白,补征企业所得税1372万元,加收利息511万元;税收协定待遇管理优化,下放税收居民证明开具权限,减少资料报送,缩短办理时限,便利居民纳税人享受协定待遇,加强非居民纳税人享受协定待遇管理事中事后管理,开展享受税收待遇记录抽查,防范税收协定滥用和税收流失风险,2016年累计减免税额6447万元。四是动态监控,积极应对,征管成效取得新突破。非居民税源监控更有力,积极探索运用"互联网+税务"思维,组织开发境外交易信息监控系统,从以往被动接收信息升级为主动抓取数据,直接锁定涉税风险疑点。从企业性质和涉税行为特征入手建立高风险名单,整理非居民企业源泉扣缴涉税风险点,建立四大类型风险指标,2016年,以某上市公司增资公告为线索源泉扣缴非居民企业股东股权转让企业所得税5.41亿元,创广东省地税非居民企业税收单笔入库金额新高;外籍个人所得税评估约谈稳推进,增购俄罗斯、法国、加拿大、新加坡、印度5个国家和中国台湾地区薪酬数据信息,扩充完善国际薪酬数据库,制发外籍人员个人所得税风险管理操作指引指导基层开展约谈,连接金税三期工程后台数据升级外籍个人所得税系统,建立申报偏低和多处所得两类风险指标,2016年,共查补税款2200万元。五是内外联动,加强交流,队伍建设取得新突破。拓展外事、专业、协税(政府)三大交流平台,分别与欧盟商会、埃塞俄比亚国家政策调查研究中心调研组,巩固与香港会计师公会定期会晤机制,以联合宣讲、编书、培训等形式进一步深化与四大国际会计师事务所的交流合作,与广州市公安局出入境管理部门落实外籍人员互助征管机制,与广州市商务委共享"走出去"数据、联合服务"走出去",积极配合广州市台办开展统战工作、加强与台协沟通;积极开展专业培训,全年组织开展各类专业培训 11 场(班),编撰基础知识类——国际税收知识读本、实务工具类——国际税收法律法规汇编、国际薪酬数据库、风险防范类——"走出去"企业及个人税收政策与风险管理手册等三大类国际税收书籍。

规费征收管方面。一是狠抓社保费等费金组织收入工作。启动社保费催缴工作通报制度,加大电话、短信等方式的催缴力度,召开建局以来首次全市范围的规费收入分析会议。2016 年,市局组织费金收入 973.6 亿元,同比增收 90.4 亿元,增长 10.23%。组织费金收入占全局组织收入总量的 43.8%,占全省费金收入总量的 30%。其中,社保费收入 846 亿元,同比增收 93.6 亿元,增长 12.44%,教育费附加收入 54.7 亿元,增长 1.9%;地方教育附加收入 36.4 亿元,增长 1.95%;工会经费收入 27.4 亿元,同比增长 9.5%;残疾人保障金收入 7.8 亿元,同比下降 0.8%;价格调节基金收入 1.2 亿元,同比下降 36.7%;文化事业建设费收入 832 万元,同比下降 70%。二是完善征管模式着力推行社保费申报征收制度改革。从 2016 年 7 月 1 日起,广州市用人单位依法每月按时足额自行申报缴纳社保费,申报率月平均 98%,催报率和催缴率均达 99% 以上。三是开展欠费专项治理提高社保费综合治费能力。制定专项清理工作方案,完善广州市地税局社保费欠费清理的制度。制定《社会保险费欠费强制执行操作指引》,规范广州市欠费强制征缴操作流程。四是完善制度建设规范全市业务办理。对广州市地税局社保费业务进行全面梳理识别及优化补充,形成《社保事项清单》(1.0 版)。五是认真执行费金惠民政策严格落实降费减负。联合人社局、财政局等部门落实广州市失业保险费率由 2% 降为 1%,下调广州市工伤保险费率 20%,严格落实阶段性降低职工社会医疗保险费率和教育费附加、地方教育附加免征范围扩大的优惠政策,从 2016 年 1 月起停征价格调节基金,为缴费人减负约 32 亿元。六是加强信息管费建设提升费金征管质效。部署社保费征管监控信息系统第二阶段功能模块的应用上线,开发完成社保费三方协同办公系统的托收缴费管理模块,规避了纸质核定单的执法风险。

**[税务稽查]** 大力推动稽查执行改革,推广应用稽查项目管理系统,完善稽查五维绩效考核体系,实现稽查过程全监控;重点查办大案要案,首次引入司法鉴定服务,查处非法发票 15784 份,扩大轮查、抽查范围,开展资本交易、医疗美容、旅游业等多个行业专项稽查,稽查系列查办千万元以上的大要案 6 宗,查办全省唯一一宗亿元大案。2016 年,广州地税稽查部门共查补税款 25.66 亿元,同比增长 22.6%;入库 24.01 亿元,同比增长 36.7%。全市地税稽查部门共检查企业 2550 户,同比增长 36.9%;全年立案检查 492 户,占全省 45.1%;承办纪委等部门交办案件 16 宗,同比增长 45%。全年立案查补 9.03 亿元,立案查补入库 9.11 亿元,同比增长 47.6%。在全面推行"营改增"后查补营业税和个人所得税分别增长 3.4 倍和 5.1 倍。全年,查办百万元以上案件 40 宗,占全省 58%;千万元以上案占全省 54%;全年,办结案件 529 宗,同比增长 35.3%。完成"稽查项目管理系统"二期开发。完成"稽查案件指挥调度系统"开发。购入电子数据取证设备及"取证大师"软件,配备给一线稽查部门;编写《电子取证指引》《现场笔录模板》等系列文本;参加培训获取电子数据取证分析师资格;组织技术稽查专业队员参与专案的突击进场工作。开创国地税稽查合作"广州模式"。国地双方联合出动 200 多人(次),联合查办案件 423 宗,查补收入达 12.28 亿元。挂牌成立"广州市公安局、广州市国家税务局、广州市地方税务局联合执法办公室",开创了国税、地税、公安三方合作的新格局。组织"公安、检察、国税、地税"四方联席会议,处理好各单位有关行政执法与刑事司法衔接的相关问题。全年组织稽查系列培训 7 期,培训人员 362 人,有效提升了稽查干部队伍素质。

**[纳税服务]** 2016 年是广州市地方税务局连续七年在广东省省情调查研究中心组织的全市政务窗口满意度调查中,名列第一。一是国地税纳税服务深度融合。广州市地方税务局与广州市国家税务局通过共建办税服务厅、互设窗口、共驻政务服务中心等方式积极推进联合办税服务共办理国税业务累计 18 万笔,实现纳税人"进一家门,办两家事"。在广东省率先推出"广州税务"联合微信公众号,2016 年,联合对外推送 25 期 141 条涉税资讯,有效送达 17.8 万人次,有力强化联合宣传辅导。持续推进广州"税融通"服务项目。与多家银行签订合作协议,累计给予 1309 家中小企业及个人核定授信额度 34.01 亿元,贷款金额达 21.57 亿元,有力扶持中小企业发展,推动社会诚信体系建设。二是纳税服务

平台持续优化。全面上线广东省地方税务局办税服务综合管理系统。已有46个综合办税服务厅和5个驻房管局办税服务点上线应用广东省地方税务局综合管理系统,硬件达标率和功能上线率均达95%以上,通过深化服务大数据分析,为优化办税服务管理提供有力支持。推动12366纳税服务热线转型升级。全力配合广东省地方税务局完成12366纳税服务热线办公场地搬迁、国家税务总局12366系统试运行、国家税务总局12366知识库迁移录入等工作,实现广东地税12366在系统、数据、标准、考核等方面与国家税务总局系统的全面对接。完成门户网站迁移工作。广州市地方税务局门户网站正式并入广东省地方税务局门户网站群。纳税人学堂办学成效突出。与广州市国家税务局联合开展"营改增"系列培训,累计培训近40万人次,网上课件浏览量突破93万人次;制作了纳税信用评价、外籍人员个人所得税、社会保险费等5个主题6个"新媒体新传播"。三是纳税人权益保护更加到位。高质效解决纳税人诉求。实现对诉求响应情况进行"每月一通报,半年一总结",规范和监督纳税服务事项处理过程,强化纳税人诉求管理。2016年,通过各渠道收到来件542件,其中表扬144件,投诉147件,其他事项251件,全部按期办结,回访率达100%。广东省首创建立办税服务问题报告反馈机制。构建办税服务问题报告、处理、反馈闭环管理机制,高效解决纳税人办税的"堵点""痛点""难点"问题。率先推动成立广州市纳税人协会。联合广州市国家税务局共同推动成立广州市纳税人协会,这是广东省第一家由纳税人发起、依法注册、自主管理的第三方纳税人权益保护组织,也是广州市地方税务局在纳税人权益保护和社会组织协作方面率先做出的有益尝试。切实加强涉税中介机构监管。严禁违规插手涉税中介经营活动专项治理工作,从源头排查隐患,进一步降低风险。四是纳税信用体系建设有序推进。扎实推进纳税信用评价工作。联合广州市国家税务局首次使用金税三期工程纳税信用管理系统开展评价工作,共评定2015年度纳税信用A级纳税人14205户,占比5.08%;B级164699户,占比58.9%;C级80626户,占比28.84%;D级20072户,占比7.18%。强化纳税信用后续跟踪。建立纳税信用后续跟踪管理体系,密切关注纳税人日常纳税申报、税款缴纳、发票使用等情况,确保信用等级评定工作的真实性和客观性。强化失信联合惩戒。联合广州市社会信用体系建设统筹协调小组办公室制发《关于落实对重大税收违法案件当事人实施联合惩戒措施的工作意见》;开展"守信激励,失信惩戒"工作,联合广州市国家税务局发布"'黑名单'企业",对"黑名单"企业实施联合惩戒。全方位参与社会信用体系建设。全面推进"双公示"工作。协助广州市委组织部、统战部、工商联等部门对200多户企业以及1000多名有关人士进行信用协查评价,报送守信、失信具体案例23宗。

**[党建工作]**　深入开展"两学一做"学习教育。各级领导班子召开党组中心组专题学习,各级党组书记以普通党员身份参加所在支部组织生活;开展纪念建党95周年、纪念长征胜利80周年、"四讲四有"专题研讨等活动,围绕中央提出的"五个着力解决"深入查摆问题,制定整改措施、督促落实改进。大力加强基层党建。严肃党内政治生活,严格民主生活会制度,落实党建工作主体责任,组织开展党组织书记述职评议,选优配强各级党组织书记和党务干部,完善目标管理细则及考评办法,开展创新亮点示范工程建设,得到中央党校"党性教育创新调研组"和省委党校领导的高度评价。

**[人事管理]**　2016年,市局坚持"严管善待"的带队思路,扎实推进人才强税战略,不断强化干部队伍建设、提升队伍素质。一是抓好选人用人。坚持党管干部原则,制定处级干部选拔任用工作实施细则,配合广东省地税局选拔副局级干部,选拔任用处级、科级干部多名,推进与广州市国税互派干部挂职工作。二是抓好能力建设。强化教育培训,"大练兵、大比武"成绩突出,34人入选广东省地税局"专业骨干",5人入选广东省地税局代表队,3人成绩在全国名列前茅。1人新入选税务总局第四批领军人才库。三是抓好绩效管理。召开绩效管理工作会议,组织季度分析讲评会,狠抓督导调研,完善制度办法,将绩效考评结果与干部选拔任用、评优评先工作相结合。全年绩效考评成绩在全省地税系统排名第一。四是抓好税务文化建设。举办广州税务青年论坛等活动,开展多彩的文体活动,1人获全国散文最高奖——冰心散文奖,白云区地税局成立全省地税作家协会首个县(区)局分会,《羊城税萃》再次荣获广州市地税局内部资料出版物"优秀出版单位"称号。2016年,南沙区地税局被税务总局评为全国税务系统先进集体,天河区地税局荣获"广东省五一劳动奖状",广州市地税局团委被授予"广东省五四红旗团委"称号,全市地税系统22个集体和个人荣获市级以上荣誉称号,政务信息工作荣获全省地税系统第1名。

(缪晓苏)

# 深圳市地方税务局

**[经济概况]** 2016年,深圳全市生产总值(GDP)19492.60亿元,同比增长9.0%,GDP总量继续居国内大中城市第四位,全市人均生产总值16.74万元,按2016年平均汇率折算为2.52万美元,继续居于全国内地副省级以上城市首位;第二产业增加值7700.43亿元,增长7.0%;第三产业增加值11785.88亿元,增长10.4%,二三产业结构为39.5:60.5;规模以上工业增加值7199.47亿元,同比增长7.0%;新产业、新业态、新模式经济增加值9827.45亿元,占GDP比重50.4%;完成固定资产投资4078.16亿元,同比增长23.6%;实现社会消费品零售总额5512.76亿元,同比增长8.1%;外贸进出口总额26307.01亿元,其中出口15680.40亿元,出口规模连续24年居全国内地城市首位;财政总收入7238.8亿元,同比增长30.4%;其中,地方公共财政预算收入3136.42亿元,增长15.0%;一般公共预算支出4178.04亿元,增长18.6%。

**[税费概况]** 2016年,深圳市地方税务局全年组织各项收入2608亿元,可比增长30.2%。其中,税收收入2473.9亿元,增收197.7亿元,可比增长31.8%,增幅居全国第二位,规模继续排名大中城市第三位;中央级收入876.8亿元,同比增长37.4%;地方级收入1704亿元,可比增长27.2%(地方级税收1597.1亿元,可比增长29%;教育费附加等非税收入106.9亿元),占全市一般公共预算收入的54.3%。组织各项费金收入134.1亿元,同比增长5.6%;其中,教育费附加收入63.4亿元,同比增长8.8%;地方教育费附加收入42.3亿元,同比下降0.8%;文化事业建设费收入2615万元,同比下降50%;代收广东省属企业社保费收入10.1亿元,同比增长8.5%;代收工会会费及其他罚没收入18.1亿元,同比增长10.9%;广东省委常委、深圳市委书记、市长许勤在深圳地税局年度工作报告上批示:“市地税局去年的业绩突出,2016年的思路明确,有关数据分类分析到位,值得肯定,望再接再厉,全力以赴,争取更高的目标。”

**[税收收入特点]** 质量型发展优势更加凸显,第三产业税收比重为77.9%,每平方公里产出税收1.24亿元,居全国大中城市首位;每百元GDP的地税产出达12.7元,比全国高5.8元;创新型产业体系动能强劲,国家级高新技术企业贡献税收397.4亿元,增长24.6%;战略性新兴产业贡献税收546.8亿元,增长36.2%;493家重点企业贡献税收57.5亿元,增长14.4%;效益型增长特征更加鲜明,财产行为税收入增幅为13.9%;营业税收入399.1亿元,其中,“营改增”前(1—5月)实现收入406亿元,同比增长43.8%;企业所得税收入679.3亿元,同比增长36.4%;个人所得税收入757.9亿元,同比增长36.3%;两个所得税收入增幅分别比2015年提高8个和2.78个百分点;集聚型优质税源不断厚植,纳税百万元以上的大户共11954家,两年新增1800家,贡献税收2131.1亿元,增长38.2%;开放型对外格局加速融合,604家“走出去”企业加强国际产能合作,贡献税收182.6亿元;前海蛇口自贸区进驻企业超12万户,实现税收175.5亿元,增长30.8%,税收规模和增速居广东省三大自贸区之首。

**[税收法治]** 将税政法规工作清单化梳理为320个事项,明确职责,找出薄弱环节,扎实推进咨询辅导、双向互动、智能服务、中介参与和人才培养使用五大机制建设;建立咨询辅导机制,出台税政工作互动办法,有效对接纳税人和基层局的税政咨询需求;建立“税政通”平台,更为规范及时地传导税政问题,上线5个月来使用量近4000人次、解决咨询问题449单;优化税收知识库功能,支持更为精准、智能的搜索;出台人才集智攻关制度,组织税政人才攻关欠税强制、破产税款追缴、存量房交易、城市更新、股权激励5个税政难题;开展专题调研,为税务中介参与税收共治奠定基础。

**[税源涵养]** 全面落实各项税收优惠政策,共为736户企业办理高新技术企业税收优惠,减免税额47亿元;研发费用加计扣除优惠金额达211.49亿元,同比增长51%;3.28万户小型微利企业享受企业所得税减免税款7679.7万元,同比增长45%,受惠面连续多年达到100%;全面落实股权激励和技术入股个人所得税优惠政策,引导企业享受非货币性资产投资、自主创新示范区递延优惠政策,为201人办理递延纳税备案,递延应纳税款3.34亿元;与深圳市国税局紧密协作,完成79万户企业的

数据交换,并建立常态化信息共享机制;充实办税大厅力量,推行延时、无休、预约等多种服务,确保"营改增"后各征期报税及开票顺畅,实现税制平稳转换;全年开具"双代"增值税发票22.6万张,代征增值税22.3亿元;"营改增"整体减负248亿元,其中,当年实施"营改增"的建筑业、房地产业、金融业和生活性服务业四大行业减税63亿元,相应的城市维护建设税、教育费附加等税费减负30余亿元;深圳市委常委、常务副市长张虎在深圳地税局工作报告上批示:"地税局全面推进数据化管事模式改革,有效提升工作效能;全面落实税收该减免政策,助力企业发展,效果明显。"

**[税种管理]**　完成2015年度企业所得税汇算清缴16.2万户,同比增长32.37%;汇缴税款192.09亿元,同比增长4.46%,汇算清缴申报率达99.11%,圆满完成税务总局考核目标;督促全市49.8万人办理年收入12万自行纳税申报,申报税款326.96亿元,网络申报率达90.3%,申报人数及网络申报率全国领先;全面加强对土地增值税、城镇维护建设税、契税、房产税、印花税、车船税、土地使用税和资源税的征管,共实现收入615.39亿元,同比增长13.91%;新建优化财行税风险指标13个,推送风险任务8275户,补税2.47亿元。

**[纳税服务]**　在各办税服务厅全面执行纳税服务规范2.3版,深入开展"便民办税春风行动",共推出10类26项便民措施,推动深圳地税和国税服务深度融合、执法适度整合、信息高度聚合,实现线上线下互通、前台后台贯通、内部外部联通;优化信用等级评价系统,联合国税部门评出A级纳税人16万户;依托12366纳税服务热线系统建成"市局—12366—区局"三级电话咨询服务构架,全年共受理纳税人咨询、投诉、举报、建议等合计近91.6万件,同比增长7.5%,纳税人学校免费培训纳税人近2300人次。联合市国税局共同举办税收宣传月启动式活动,邀请深圳市政府、国税、相关银行等部门领导以及新闻媒体出席,为参与试点的纳税人讲解"营改增"相关税收政策;联合市委宣传部、市教育局、市国税局举办深圳市中小学生税收才艺表演暨知识竞赛;加强对"营改增"、金税三期工程上线和服务供给侧结构性改革等的宣传,在《人民日报》等中央、省市新闻媒体刊发稿件1000余篇;每季度召开媒体交流会,邀请媒体采访热点问题,各级媒体主动报道深圳地税局改革创新成效157次;开展微信有奖问答52期,增强公众对税收工作的关注度。

**[税收征管]**　建立数据化管事模式的核心征管流程,明确各项业务的处理方式,通过数据模型测算各部门工作负荷,确定组织架构和职能、岗责的配置,按照不同区局类型形成可复制和推广的数据化管事模式,制定实施《深化数据化管事模式改革实施方案》;联合市国税局共同推出"互联网+"有奖发票,项目上线以来,发票查验量突破300万次,累计抽奖次数450多万次,发放微信红包255214个;生成20多户次风险任务推送至基层税务机关应对,提高发票管理的精准性;制定《注销税务登记工作指引(试行)》,扩大简易注销程序适用范围,调整后约30%的审核程序注销事项转为简易程序即办;从推进税收管理方式转变、创新大企业税源监控分析、深化大企业个性化服务等方面推进改革,与市国税局联合推出6期《大企业税收月报》,积极构建大企业税收分析、反馈、汇报的平台,受到税务总局大企业司领导和相关部门的充分肯定。编印21个"走出去"目的地国家税制指南,帮助602户企业防范跨境税收风险;全年共推送避税风险任务246户,反避税调查补税1.75亿元;加大国际税收情报交换力度,情报交换的数量和质量明显提升,全年,共向3国发起专项情报请求4份,向9国提供自动情报1909条,核查6国专项请求6份;国家税务总局局长王军到深圳地税局调研时指出:"深圳地税征管方面是排头兵中的排头兵"。

**[税务稽查]**　出台以数据化风险选案传导反馈为突破口,以搭建管查联动大闭环、稽查系列中闭环、稽查四环节小闭环为框架的改革方案,标志着数据化管事模式改革已覆盖税务稽查领域,建立稽查"双随机"、税警联合办案机制,完成市区两级公安派驻地税联络办挂牌工作;全年稽查系列组织检查650户,查补收入16亿元;对房地产、建筑安装、饮食服务、电信、交通运输等行业开展发票专项检查,共检查719户企业,查处存在发票违法行为的317家,查补税款、滞纳金、罚款8063万元。

**[电子税务管理]**　成功实施金税三期工程系统上线运行,扎实开展上线各项工作,使改革创新成果成功融入金税三期工程系统;同源打造电子税务局、移动税务局、微信税务局等办税平台,纳税人网上办税量占比超过90%;微信缴税已覆盖全部税种,自然人税务局已有43万户开户量,个人所得税网络申报率达90%;开发知识管理系统,将税收管理的个人经验固化在信息系统,形成税收管理的工作标准;建设基础运维管理平台,建立数据异地容灾备份中心,强化信息安全培训,进一步保障数据安全;依托数据质量管理平台,通过指标扫描发现

2823个错误数据，推送基层维护，数据差错率仅为2015年的1/3。

［**政务管理**］ 开发上线行政管理平台移动客户端，上线期刊管理、人事管理、督办任务、绩效管理、印章管理、就餐管理、日程管理、团队工作室、查询统计等模块，为多项行政后勤业务提供信息化支撑；高效完成27件人大代表建议和政协提案的答复工作，满意率100%，提案办理被市政协评为优秀等级；认真开展矛盾纠纷及安全隐患排查，做好舆情监测和应对，处理信访案件48件，接访13批32人（次）；及时公开政务信息2113条，处理依申请公开信息51条；落实国家税务总局和市政府绩效管理要求，形成“办法＋细则＋规则＋结果运用”四位一体的制度体系；建立风险任务智能分配平台系统，探索将人员能级和任务难易度进行匹配；研究确立64类风险任务的标准工时，为可量化评价干部工作效能提供支撑，绩效考核成绩明显提升，市政府绩效考核位列A等。

［**后勤管理**］ 制定实施新的《基建与维修工程管理办法》，加强固定资产管理；开展办公用房、公务用车等专项检查，规范财务、出境、会务、接待管理；建立安全管理制度，制定安全管理标准，梳理安全设备清单，构建安全体系管控系统；加强预算工作精细化管理，将经费预算覆盖各个工作环节，完善全口径预决算管理，做好预算信息公开，加强项目库管理，强化预算约束刚性；按计划开展财务督导和财务会审工作，进一步严肃财经纪律，严格控制“三公”经费开支；做好金税三期工程等专项采购，全年保质保量完成市局机关2016年资产采购项目103项，总金额3586万元；对4项风险应对执法行为开展督察，向基层推送69条执法疑点；深入开展财务会审、财务实地督查和培训基地的清理整顿。

［**队伍建设**］ 深圳市地方税务局共设12个处室、3个事业单位，下辖21个基层局；2016年底，该局干部职工共有2185人，局级干部7人，处级领导干部102人，科级领导干部577人，一级执法员14人，二级执法员64人；具有大专以上学历人数为2064人，占总人数94.46%，其中，大专学历人数为418人，占总人数19.13%；本科学历人数1216人，占总人数55.65%；研究生学历人数430人，占总人数19.68%，其中博士研究生8人；中共党员1691人，占总人数的75.8%；全年选拔13名处级干部，完成101名三级及以下执法员职级晋升；全年共举办各类培训班418期，共18014人次参训；举办练兵比武活动83期，共2978人次参与；选拔“专业骨干”和“岗位能手”36名。

［**党建工作**］ 深入开展“两学一做”学习教育，认真贯彻党的十八届六中全会和习总书记重要讲话精神，强化党的《廉洁自律准则》和《纪律处分条例》的落实；开展直属支部书记抓党建述职评议，完成党务专项检查、组织关系集中排查、基层支部集中换届、党费收缴专项整改等任务，举办16期党性教育培训班；圆满完成第二轮扶贫开发“双到”任务，扎实推进新一轮“双精准”扶贫；通过逐级签订廉政勤政责任书等方式，压实“两个责任”，上线廉政内控平台，探索开展廉政风险任务应对，构建“过程可视、权力可控、责任可究”的数据化管事模式廉政风险防控新机制，获深圳市纪委书记张子兴批示肯定；在节假日等重要时点，通过微信和短信发送廉政提醒信息近2万条；创办深圳市地税局“廉洁地税”微信公众号，及时传递廉政信息动态，曝光最新案件，现总用户数1200多人，推送图文信息300多篇，累计阅读量23800人次。

［**税务文化**］ 系统提炼改革实践经验及启示，出版《迈向税收管理现代化之路》一书，举办处级和科级干部理论研讨班；完成《深圳市金融业经济税源状况分析》等15个调研课题，编发《地税调研》12期、《深圳税收参考》6期、《内部参考》30期、《深圳地税人》杂志6期，多形式开展精神文明创建活动，组织参加上级部门举办的排舞等比赛并取得佳绩。深圳地税局获评2016年前海蛇口自贸片区投资便利化改革创新先进单位，罗湖区地税局获“全国税务系统法治基地”称号，税源管理局风险管理三科、罗湖区地税局办税服务科被国家税务总局评为先进单位，电税中心赵晓光被国家税务总局评为先进工作者。

（陈东阳）

# 珠海市地方税务局

［经济概况］　2016年,珠海市经济运行良好,经济增速保持平稳,产业结构不断优化,经济效益稳步提升。实现地区生产总值(GDP)2226.37亿元,按可比价计算同比增长8.5%。第一产业增加值48.21亿元,增长1.4%;第二产业增加值1059.77亿元,增长5.8%;第三产业增加值1118.39亿元,增长11.7%。三次产业比例为2.2∶47.6∶50.2,三产比重首次突破50%,同比提升2.2个百分点。全市完成规模以上工业增加值1043.23亿元,同比增长5.9%,累计增速呈逐月回升态势。其中精密机械和石油化工增长最快,增速分别为22.5%和16.6%。从关联指标看,工业用电量同比增长2.5%。完成固定资产投资1389.75亿元,增长6.5%。分行业看,工业完成投资287.47亿元,同比增长11.4%;工业技改投资147.44亿元,同比增长64.6%,占工业投资的比重为51.3%;房地产开发投资641.03亿元,同比增长22.3%。民间投资638.80亿元,增长32.7%。全市社会消费品零售总额为1016.13亿元,增长11%。从全市限上批发和零售企业的商品零售情况看,通过公共网络实现的商品零售额同比增长164.4%,占全市限上企业零售额的1.3%,占比同比提高0.8个百分点。分类别看,占比近四成的汽车类销售额同比增长12.9%。全市一般公共预算收入累计完成292.27亿元,按照可比口径计算增长12.3%。其中税收收入231.88亿元,增长15.6%,占一般公共预算收入的比重为79.3%。

［税费收入］　2016年,珠海市地税局组织各项税费收入499.09亿元,同比(下同)增收20.73亿元,增长4.3%,可比(剔除"营改增"影响,下同)增长15.3%。其中,税收收入337.17亿元,增收10.65亿元,增长3.3%,可比增长20.0%,其中,中央级收入100.95亿元,增收9.60亿元,增长10.5%;省级收入87.68亿元,减收4.67亿元,下降5.1%,可比增长34.6%;市区级收入148.54亿元,增收5.72亿元,增长4.0%,可比增长20.3%。社保费收入137.11亿元,增收11.16亿元,增长8.9%。其他非税收入(含教育费附加、工会经费、残疾人基金等)24.81亿元,减收1.09亿元,下降4.2%。组织全市一般公共预算收入164.19亿元,同比增收6.15亿元,增长3.9%,完成汇总各区预算调整目标的106.1%。

［税收收入特点］　第二产业税收收入103.37亿元,受制造业减收影响下降15.5%;第三产业税收收入233.66亿元,主要受房地产业和商业服务业较高增速拉动增长14.5%,增幅高于总税收11.2个百分点,占总税收比重69.3%,较上年同期提升6.8个百分点。制造业收入75.18亿元,主要受上年同期较高基数(27.4%)影响,减收11.61亿元,下降13.4%。2016年57家珠海企业入选"广东省制造业500强",入选数量增幅显著,合计纳税49.15亿元。建筑业收入23.38亿元,受"营改增"影响下降21.1%。现代服务业实现税收198.68亿元,增长19.4%。房地产业税收收入122.26亿元,突破百亿元大关,增长30.9%,房地产业增长主要来自土地增值税(65.4%)和二手房转让个人所得税(29.0%);商业服务业税收29.73亿元,主要受横琴新区拉动增长34.7%;批发零售业、交通运输仓储邮政业分别平稳增长2.0%、7.9%;金融业、居民服务业、住宿餐饮业受"营改增"影响分别下降1.8%、7.3%、39.0%。所得税平稳增长,营业税可比增幅较高,财产行为税规模及增量全面跃升。其中,企业所得税收入107.61亿元,占总税收比重32.7%,占比居各税种之首,增收6.93亿元,增长6.9%。个人所得税收入57.77亿元,增收6.38亿元,增长12.4%。营业税(主要是"营改增"前存量税收)收入55.26亿元,减收25.39亿元,下降31.5%。财产行为税收入113.85亿元,增收20.06亿元,增长21.4%。其中,土地增值税收入43.09亿元,增收17.04亿元,增长65.4%;契税收入24.38亿元,增长16.1%;城市维护建设税收入23.09亿元,增长11.3%。

［税源分析］　2016年,珠海经济运行平稳向好,工业增加值增速逐步回稳,固定资产投资增速平稳。商品房销售面积及增幅持续走高是房地产业税收增长的主因。2016年房地产业税收收入122.26亿元,占税收总量的36.3%,占比创10年来新高,增收28.83亿元,是总税收增收额(10.65亿元)的3倍,增长30.9%(可比增长60.4%),拉动总税收增

长8.8个百分点,增收贡献率及增幅均居各行业之首。剔除房地产业,总税收减收18.18亿元,下降7.8%。除横琴新区外(3.2%),珠海市各区房地产业税收普遍实现较快增长:高新区增长94.7%,开发区增长58.2%,斗门区增长46.4%,主城区增长38.5%,金湾区增长29.9%。房地产业相关税种实现较快增长。土地增值税增收17.04亿元,增量超总税收,增长65.4%,增幅居各税种之首;1—5月,销售不动产营业税增收13.33亿元,增长117.2%;契税增收3.38亿元,增长16.1%,其中土地契税收入增长38.5%;二手房转让个人所得税增收1.29亿元,增长29.0%。横琴新区快速发展带动商务服务业高速增长。2016年,珠海市商务服务业税收(占总税收8.8%)增长34.7%(可比增长70.2%),占全市税收增量的71.8%,有力拉动了税收增长。尤其是横琴新区高端资源集聚效应、总部企业效应等叠加影响,商务服务业税收占全市71.6%,增长48.4%,带动全市商务服务业快速增长。"营改增"全面扩围前后,全市地税税收增长情况对比明显:2016年1—5月,累计增幅36.7%,6—12月,单月税收增幅分别为-25.8%、3.2%、-32.1%、-28.3%、-2.7%、-13.9%、-27.8%,全年累计增幅(3.3%)分别较1季度(29.7%)、上半年(16.0%)、前3季度(7.2%)回落26.4个、12.7个、3.9个百分点。其中,6月是"营改增"试点减收影响全面显现的首月,单月税收下降25.8%,成为地税税收收入的拐点。从剔除"营改增"影响的可比增幅来看,全年地税税收累计可比增幅仍实现了20.0%的较高增速。

**[征管改革]** 把全面推开"营改增"试点作为落实深改方案的重要政治任务来抓,联合国税局设立"两代"工作领导小组和办公室,协同做好数据迁移、发票清理、纳税人档案资料交接、系统测试、宣传培训、上门辅导等各项工作,确保税制改革顺利完成、实现"两代"业务无缝衔接。完成44003户"营改增"试点纳税人信息核实和数据迁移,2016年5—12月,"营改增""两代"工作共代开增值税发票67893份,其中,专票7107份,普票70683份;代征增值税额25470万元,其中,二手房交易代征增值税2439万元,房屋出租代征增值税1079万元。与市国税局推动深改方案在全省率先落地,成为全省首个通过市级层面深改实施方案的单位,主动承接并圆满完成了广东省征管体制改革中"共建办税服务厅""税务稽查改革""提升大企业管理层级"3大专项改革试点任务,深改各项工作按部署有序高效推进,得到来自珠海市委书记郭元强等上级领导的高度评价。

**[税种管理]** 通过与市财政、国土、不动产登记中心加强信息共享,建立部门间合作长效机制,突破技术研发难点、打通工作关键节点,成功开发出以珠海市国土部门城镇地籍空间数据和不动产登记部门房产数据为支撑的"以地控税　以税节地"综合税源管理平台。珠海地税"以地控税　以税节地"试点工作,以建立"以地为基、全程跟踪、分类监管、一体管理"的土地税收综合治理体系为目标。通过利用土地信息对税源信息进行定期更新和维护,达到"以地控税"的目的。通过发掘税收管理中发现的违法用地信息以及其他土地管理所需的涉税信息,加强土地管理,达到"以税节地"目的。平台通过数据关联、信息比对、地理信息系统展示、基础信息维护、风险管理、税源分析、数据统计等功能模块的全方位应用,全面涵盖包括城镇土地使用税、耕地占用税、契税、房产税和土地增值税在内的土地税收,实现土地税收和土地资源的可视化、覆盖式管理。

**[法治税务]** 坚持依法征税、依法管理、依法服务、依法带队的原则,2016年2月,珠海市地税局金湾区局被省局命名为首批"广东省地税系统法治税务示范基地",并代表广东省地税系统参加全国法治税务示范基地评选,最终,成为全省唯一一个顺利通过税务总局书面抽查和实地核查,并公示通过法治税务示范基地的单位。圆满完成"六五"普法规划各项工作,在全国普法办举办的"H5讲述六五普法"新媒体创意大赛中荣获三等奖。通过设立"珠海市公安局派驻市地方税务局联络机制办公室"等形式,与公安局、检察院等单位建立联合执法合作机制,查处利用假法院文书偷税的"07"专案,累计补缴税费、罚款及滞纳金206万元。稳步推进"双随机一公开"工作。建立健全"双随机"名录库,在全省率先采取公开摇号的形式随机抽取47户稽查对象、随机抽取检查人员组成9个检查小组,通过督导自查查补税款479万元。规范税收执法行为秩序。2016年累计查补税费6.3亿元,其中立案查处各类案件21宗,立案查补税款3900万元,同比增加70%。强化国地税稽查合作。共对38户纳税人联合实施检查,查补税款6473.66万元,其中地税税款824.26万元。

**[便民办税]** 深入推进"便民办税春风行动",为切实解决纳税人在办税过程中遇到的痛点、难点、堵点问题,在省地税局和市委市政府指导和支持下,全国首创运行"事前预受理、事中易办理、事后严管

理”的“房地产交易预约管理系统”,实现办税厅前台办税资料“零提交”、流程“无纸化”、排队“零等候”的“智能办税”。做到最大限度减少纳税人资料提交,最大限度减少税务人员资料录入,真正实现纳税人和税务人员“两个减负”。每宗二手房交易办理时间,由过去的约 1 小时缩减至现在的约 10 分钟,提速近 6 倍。不涉及减免税的业务,买卖双方只需提供身份证便可办理过户所有涉税业务。其理念和操作先进性在全省乃至全国都属首创。该系统于 2015 年 11 月试点上线,2016 年 6 月全市推广、9 月起全面实行预约预审管理。实行全预约管理以来,累计办理二手房涉税业务约 12000 宗,预约业务成功办理达到九成以上,业务流程顺畅,系统性能稳定,大大提升了办税效率,受到纳税人和社会各界的一致好评。《中国税务报》《南方日报》、珠海电视台、《珠海特区报》等多家主流媒体多次采访报道,收到良好的社会效应。

**[纳税服务]**　丰富纳税服务举措,落实二维码一次性告知制度,实现对六大类 180 项办税事项的二维码告知服务,方便纳税人快速、便捷地获取规范、准确的税收业务办理指南。开展“问需求、优服务、促改革”专项工作,共走访企业、个体工商户及其他纳税人 2517 户,现场答复咨询 2079 个,征求意见建议 561 个。实际走访人大代表、政协委员 26 人,现场答复咨询 11 个,征求意见建议 10 个,有针对性提升纳税人满意度。探索实行办税厅 A、B、C 分类管理,推出特色鲜明的服务举措,更有效地配置资源和服务纳税人。首问责任制实现业务范围全覆盖、服务窗口全覆盖、办税流程全覆盖、落实责任追究全覆盖;稳步推进热线咨询服务。推进实体面授与虚拟办学相结合模式。联合市国税局实行纳税人学堂互借师资、网络学堂互建链接、“珠海税务”微信平台播放课程等,打造“实体、网站、微信公众号、税企 Q 群”4 个培训平台,面向纳税人开展全天候滚动式培训。2016 年联合市国税局联合举办“新办企业培训”11 期,培训达 2000 人次。

**[队伍建设]**　充分发挥绩效管理“指挥棒”作用,以“实施绩效管理、提升工作站位”为工作引领,不断探索富有珠海地税特色、具有良好管理成效的绩效管理工作机制,取得积极成效,全系统 2016 年度绩效总成绩位列全省地税系统第 3 位,连续两年进入全省“三甲”,连续三年进入全省地市排名“一段”档次,被评为全省地税系统绩效管理标杆单位,并作为全省唯一一个市局报送国家税务总局参评全国税务系统“一市一县推经验”标杆单位。坚持深化政风行风建设,围绕“马上就办,办就办好”主题,落实加强信息化建设、规范税收执法行为、提升服务管理效能、巩固机关作风建设成效等各项工作,全面提升全市地税系统机关作风建设水平。积极开展文明单位创新工作并取得丰硕成果。市局团委荣获“全国五四红旗团委”“珠海市 2015 年度社会信用体系建设工作优秀单位”荣誉称号;荣获“2015 年度广东省地税系统依法行政考评”第 1 名;“珠海地税首创税企党建共建工程”项目被评为 2015 年度珠海市“转作风　提效能”服务创新成果三等奖。高新区国税地税联合办税服务厅荣登中国政府网政务大厅优秀榜榜单,是广东省税务系统唯一上榜的办税服务厅。

(吴性坚)

# 汕头市地方税务局

**[经济概况]**　2016 年,汕头市经济持续稳定运行,各主要经济指标稳中有进,GDP、规模以上工业增加值、固定资产投资、社会消费品零售总额等指标增速继续高于全省平均水平,企业盈利水平继续向好,服务业发展较为平稳,居民收入稳步增长,就业较为稳定,为全年经济稳增长积累了基础。GDP 增速列全省第 2 位,第二、三产业继续成为经济发展双动力。全年,汕头市实现地区生产总值(GDP)2080.54 亿元,同比增长 8.7%。其中,第一产业增长 3.4%,第二产业增长 9.0%,第三产业增长 9.0%。工业增速继续回升,增速列全省第 4 位;规模以上工业实现增加值 778.67 亿元,同比增长 9.6%,增速高于全省 2.9 个百分点。固定资产投资高位运行,增速居全省第 1 位。全年,汕头市完成固定资产投资 1579.53 亿元,增长 24.0%,增速高于全省 14 个百分点。社会消费品零售总额增势良好,增速列全省第 4 位。全年,汕头市实现社会消费品零售总额 1515.19 亿元,增长 12.3%,增速高于全省

2.1 个百分点。外贸出口增速回落,进口继续下降。全年,汕头市完成外贸进出口总额 562.4 亿元,增长 -2.4%,降幅比全省高 1.6 个百分点。其中,出口 423.6 亿元,增长 1.0%,增速比全省高 2.3 个百分点;进口 138.8 亿元,增长 -11.5%,降幅比全省高 11.5 个百分点。金融贷款增速低位运行,存贷比继续靠后。截至 12 月末,汕头市金融机构本外币存款余额 3125.20 亿元,同比增长 9.4%;贷款余额 1303.90 亿元,同比增长 8.7%。一般公共预算收入增长较慢,增速低于全省 3.7 个百分点。全年,汕头市完成一般公共预算收入 137.08 亿元,可比口径同比增长 6.2%,增速低于全省 3.7 个百分点,列全省第 8 位。其中,税收收入 83 亿元,可比口径增长 8.6%,增速低于全省 2.5 个百分点。

**[税费收入]** 2016 年,汕头市地方税务局共组织税费收入 177.53 亿元,剔除"营改增"因素影响,可比增长 11%(下同),增收 17.57 亿元。其中,税收收入 107.37 亿元,可比增长 14.3%,增收 13.47 亿元。完成省局下达收入预期目标的 105.9%;征收社保费收入 60.87 亿元,增长 7.1%,增收 4.02 亿元;征收教育费附加、工会经费等 9.29 亿元。来自汕头市地税部门一般公共预算收入 60.74 亿元,可比增长 12.4%。

**[税收收入特点]** 一是税收收入受征期变动等政策性因素影响出现波动变化。2016 年各个季度增速分别为 11.1%、18.6%、-6.9% 和 30.9%。上半年收入实现较平稳增长,第三季度收入受企业所得税、房产税和土地使用税征期变动等因素影响大幅减收,增速明显回落。第四季度收入在房产税、土地使用税和大宗土地交易实现的契税收入大幅增长的拉动下实现高位增长。二是各级库收入均实现增长且超额完成年度收入预期目标,省级和市县级收入实现两位数增长。中央级收入 27.64 亿元,增长 8.4%,完成省局下达年度收入预期目标的 104.7%;省级收入 24.29 亿元,可比增长 20.1%,完成省局下达年度收入预期目标的 104.1%;市县级收入 55.45 亿元,可比增长 15.1%,完成省局下达年度收入预期目标的 107.3%。三是各税种增长参差不齐,所得税收入平缓增长。全年两大所得税合计收入 45.21 亿元,占总税收比重为 42.1%,增长 7.1%,其中企业所得税增长 5.8%,个人所得税增长 9.3%。营业税可比增长 41.1%,同比下降 43.3%,受"营改增"因素影响 6—12 月,同比下降 98.2%。财产行为税合计收入 45.28 亿元,同比增长 14.0%,其中土地增值税增长 30.7%,城市维护建设税增长 7.1%,契税增长 27.8%,房产税和土地使用税增长 8.2%。四是第三产业收入增幅高于第二产业且税收占比略有提升,房地产业税收占比居首。全年来自第二、三产业税收占比约为 34.7:65.1,第三产业占比较上年提升 2 个百分点且增速高于第二产业。其中,第二产业税收可比增长 8.3%,增速比上年提升 5.3 个百分点,第三产业税收可比增长 17.9%,增速比上年提升 5.4 个百分点。房地产业税收占比居首。2016 年上半年,在房地产销售面积大幅增长和"营改增"全面实施前期加大力度开展风险排查工作的推动下,来自房地产行业的税收实现高速增长。全年,来自房地产行业的税收 30.50 亿元,可比增长 48.8%,税收占比 28.4%,比上年(按可比基数口径 21.8%)提升 6.6 个百分点。

**[税源分析]** 主要增收因素:紧紧围绕省委、省政府"三个定位、两个率先"目标,深入落实省创新驱动发展和粤东西北振兴发展战略,以推进供给侧结构性改革为主线,全力抓交通、建平台、造环境、强管理、创文明,全市呈现发展提速、质量提升、排位提前的良好态势,为税收增收奠定坚实的税源基础。全年,税收增幅较高的行业有房地产业增长 48.8%,金融业税收增长 22.8%,住宿餐饮业税收增长 18.7%,建筑业税收增长 16.8%,租赁和商业服务业税收增长 15.7%,信息传输计算机服务和软件业增长 14.6%。主要减收因素:受国际国内复杂发展环境等因素的影响,汕头市经济运行仍处于稳增长态势。经济税源后劲不足,加上实施"营改增"、服务供给侧改革降税负以及一次性税源等诸多制约因素的影响,导致部分行业税收同比低增长或负增长,其中,制造业税收增长 5.1%,批发和零售业税收增长 2.8%,电力煤气水供应和生产业税收下降 9.5%,交通运输仓储和邮政业税收下降 38.3%。

**[管理创新]** 实施契税、耕地占用税、城镇土地使用税、房产税、土地增值税和相关印花税等"5+1"六税一体化控管,采取"政府主导、地税主办、部门配合、联动控管"的工作机制,依托《"5+1"六税一体化控管平台》和综合治税机制,通过数据标准化、流程规范化、对接自动化、信息聚合化和现代计算技术运用,以地税部门为主、涉税部门为辅,实现部门互联互通、管理互助和涉税数据增值应用的"5+1"六税一体化控管。2016 年 12 月 19 日,汕头地税"5+1"六税一体化控管平台成功实现试运行,平台涵盖行政决策、税源管理、风险防控、成果展示、查询统计、核心维护等六大功能,实现对"数据

采集—风险识别—风险排序—风险应对—绩效考核—结果反馈”全流程的自动闭环管理,标志着构建汕头市地方税费征管新格局迈出关键扎实步伐。

**[深化税制和征管体制改革]**　“营改增”各项工作平稳落地。按照上级的部署推进全面实施“营改增”,共清理移交12413户营业税纳税户。落实纳税人销售其取得的不动产、其他个人出租不动产代征增值税、代开增值税发票的“两代”工作,2016年汕头市51个代征点共代开增值税发票19248份,代征增值税税款3694.67万元。深化商事制度改革。在工商营业执照、组织机构代码证、税务登记证“三证合一”登记制度改革基础上,整合社会保险登记证和统计登记证,推进“五证合一”登记制度改革,确保汕头市在10月1日起全面实行“五证合一”登记制度改革。推进全省业务通办。按照通办任务“先全市、再全省”的思路,6月1日在汕头市范围内实施纳税事项全市通办,实现全市纳税人可以就近、就便自主选择任意一家办税服务厅办理相关涉税业务。结合广东地税业务保障平台的“办税指南”“业务指引”铺开跨区域通办事项,上线电子文档管理系统和门前资料影像采集系统,统一规范通办事项办税资料、业务流程、办理期限、表证单书等,11月1日率先成为广东省首批6个跨市通办单位之一,实现纳税人“走进一道门,办完全省事”。

**[深化国地税合作]**　以全面落实《国家税务局　地方税务局合作工作规范(3.0)》为主线,坚持“真诚合作、主动合作、实现共赢”的原则,紧密结合汕头实际,实施税收征管现代化、驱动发展创新化、税源管理专业化等“十大提升行动计划”。在税收征管方面,制订15个合作工作方案,具体涵盖税务登记、涉税信息、外来外出经营企业协同管理、税收风险防控、企业财务报表联合采集等合作内容。在纳税服务方面,制订《合作共建办税厅工作指引》,从软硬件设施、网络权限、业务范围、日常管理、自助终端、培训交流及绩效考评等方面进行全面规范。在国际税收方面,出台包括“走出去”纳税人服务管理工作、反避税调查、非居民企业构成常设机构判定、对外支付税务管理、非居民源泉扣缴管理合作方案等5个文件,助力汕头市“一带一路”发展战略。2016年,汕头国地税实现联合办税的服务厅达55个,共设联合办税窗口180个,其中,“一窗通办”窗口142个;共建联合办税厅7个、24小时国地税自助办税厅9个,共同进驻行政服务中心4个;联合办税窗口共开出票证10481份,征收地方税费4206万元。联合开展税务登记,通过国地税合作进行各类税务登记9945户,确保国地税税务登记内容的一致性。联合开展对个体工商户的定额核定,共对22793户个体工商双定户定额工作实施信息互换,实现了定额的一致性。联合开展欠税公告,对超过200万元欠税户联合向社会进行公告。联合开展税收风险防控,对广东省金叶科技发展有限公司及龙光工程建设有限公司两户大企业联合开展税收风险管理,联合开展对农村信用联社的风险应对工作。联合委托代征税费,澄海区国地税联合出台《委托代征税款合作专项工作方案》,并联合委托中保财险澄海分公司代征营运车辆税费。

**[服务地方发展]**　积极推动供给侧结构性改革措施和税收优惠政策落实,严格执行《落实税收优惠政策工作规范》,确保国家新出台的各项税收优惠政策宣传到户、解读准确、办理简便、享受及时,切实做到该减的减,该免的免,该缓的缓。2016年共落实各项地方税费减免8.86亿元,其中,落实高新技术企业、研发费用加计扣除等减免税优惠2.26亿元;落实个人住房交易契税减免税优惠,共有29515套房产交易享受减免契税2.5亿元;为符合低税率优惠政策的9784户小微企业减免税7083.86万元;落实社保费政策性减免约1.9亿元;取消价格调节基金征收,分步停征堤围防护费,扩大教育费附加和地方教育附加免征范围等合计减免约1.5亿元。落实企业所得税按季预缴制度减轻企业负担,递延缴纳企业所得税3.92亿元。主动对接汕头发展大局,在借鉴广东自贸区税收管理服务制度创新基础上,结合汕头华侨经济文化合作试验区发展规划和纳税人需求,联合国税部门出台《支持华侨经济文化合作试验区发展若干措施》,推出服务发展“联合推”、移动办税“贴身行”、纳税信用“税融通”等14项创新管理和服务措施支持华侨试验区发展。

**[纳税服务]**　顺利完成12366纳税服务热线省级集中测试,切换税务总局12366系统,运用“互联网+”思维,拓展服务功能,将12366纳税服务热线提升为“能问、能查、能看、能听、能约、能办”的“六能”型综合办税服务平台;做好新增14个办税服务厅广东地税办税服务综合管理系统上线工作,全面整合办税服务厅内的排队叫号、满意度评价、税收资讯查询、税收信息公告、办税服务数据等服务资源,实现一体化智能管理;结合各级单位职能权限,完成本级网上办事大厅地税事项的编制修订,并同步进行动态维护;认真落实办税事项“二维码”一次性告知服务制度,通过制作成宣传手册、将二维码附于表格清单等方式,实现宣传全覆盖;积极开展纳税

信用评价工作,联合国税部门发布2015年度纳税信用A级纳税人名单,稳步推进补评复评工作;当好企业的"吉祥三保"(汕头市委书记陈良贤提出,政府要做好企业的"吉祥三保",即当好初长企业的"保姆",当好成长企业的"保安",当好成熟企业的"保镖"。)联合国税、银行等部门开展"银税互动"合作解决中小微企业发展中突出的融资难问题,项目启动以来共发放信用贷款金额共计8.66亿元,惠及企业707户。

**[干部队伍建设]** 深入推进党建工作。制订《汕头地税机关抓党建工作责任清单》,完善党组书记负总责、分管领导分工负责、机关党委推进落实、支部书记"一岗双责"的党建工作格局;聚焦"两学一做",全系统组织专题学习73场、参加超过5000人次;对1165名党员进行组织关系排查,夯实组织基础;开展党费收缴专项检查,促进党性意识提高。推进绩效管理提档进位。创新制订指标台账管理制度、沟通反馈制度、双倍扣分制度、问责制度、末位约谈制度等5项制度,2016年绩效考核位居全省地税第6名。常态化开展岗位练兵。组织各类岗位练兵学习培训75期,开展现场及网络考试45场,参考人数10200多人次。在2016年省局大练兵、大比武活动中,共有3人入选税务总局"115"工程—专业骨干项目,其中1人入选"广东地税'岗位大练兵 业务大比武'代表队";有11人被列入税务总局的"115"工程—岗位能手项目。深化人事制度改革。选拔3名正科级、5名副科级领导干部,对3名正科级和16名副科级领导干部进行第一批交流任职,选派6名干部进行国地税互派干部挂职锻炼。深化精神文明创建。市局及潮南区局蝉联广东省文明单位称号,3个单位被评为"汕头市文明单位";3个单位被评为"汕头市文明窗口";市局驻市行政服务中心窗口荣获全国税务系统先进集体称号,在广东省全国"青年文明号"现场评审中获总分第一。

**[党风廉政建设]** 落实"两个责任"。分解2016年6大类党风廉政建设工作任务并细化、量化24条具体要求;制订党组《落实党风廉政建设主体责任清单》,明确党组领导班子8项39条、党组书记4项21条、领导班子成员3项13条、局内各部门和直属各单位领导班子及其成员3项12条具体责任。落实抓早抓小。加强对"关键少数"和"少数关键"的谈话提醒、咬耳扯袖,2016年共对2个区局班子和14名分局长进行集体谈话,开展抓早抓小谈话提醒185人次。强化廉政风险防控。切实抓好对37个基层分局内审检查发现问题的全面整改、彻底整改,采取全面整改、逐条逐项销号,上下双向同步整改、落实各区县局和市局职能部门两个责任主体,实行"一把手"首责制度,严格落实责任追究等措施,积极消除风险隐患;对7个单位原负责人进行任期经济责任审计,向7个基层单位发出了涉及82个问题的《内控倒查建议书》。加强作风查纠。紧盯"四风"的新形式、新动向,加强对公款吃喝、公款旅游、违规使用公车等违纪行为的明察暗访,对规范津贴补贴发放、清理办公用房,以及治理"小金库"等情况开展内部审计和执法监察,落实"八小时以外"活动监督管理试点和重点监督清单制度,有效地促进中央八项规定精神落实,防止"四风"问题反弹回潮。

(杨　坚)

# 佛山市地方税务局

**[经济概况]** 2016年,佛山市生产总值(GDP)8630亿元,比上年增长8.3%。其中第一产业增加值144.6亿元,增长3%;第二产业增加值5110.09亿元,增长7.5%;第三产业增加值3375.32亿元,增长9.7%。在第三产业中,交通运输、仓储和邮政业增长5.3%,批发和零售业增长7.4%,住宿和餐饮业增长3.5%,金融业增长5.6%,房地产业增长18.9%,其他服务业增长8.6%。三次产业结构为1.7:59.2:39.1。在现代产业中,先进制造业增加值1809.65亿元,增长11%;高技术制造业增加值376.91亿元,增长10%;现代服务业增加值1974.56亿元,增长12.2%。民营经济增加值5180.67亿元,占全市生产总值的比重为63.5%。

**[税费收入]** 2016年,佛山市地税系统(不含顺德区,下同)共组织税费收入571.4亿元,可比增长17.0%,同比增长2.0%。其中,税收收入340.8亿元,可比增长20.1%,同比减少4.2%;社保费收入199.5亿元,同比增长18.9%;其他收入31.1亿

元,同比下降 15.3%。税收收入中,中央级收入 67.6 亿元,同比增长 10.3%;省级收入 83.0 亿元,可比增长 22.8%,同比下降 23.4%;市县级收入 190.2 亿元,可比增长 22.7%,同比增长 2.2%。

［**税收收入特点**］　综合分析 2016 年佛山市地方税收收入运行情况,总体上呈现"税收增速高于全省平均水平、省级收入增长较快、市县级固定税种稳定增长、重点行业税收贡献突出、各区增长不平衡、税源集中度高、非常量税源因素影响力减弱"等特点:一是全市税收收入稳定增长,全年累计增速高于全省平均水平。2016 年,全市地税系统完成税收收入 340.8 亿元(按照地税系统征收入库口径,下同),可比(剔除"营改增"影响,下同)增长 20.1%、增收 57.0 亿元,按入库额计算同比下降 4.2%。月均税收收入规模 28.4 亿元。全市税收收入累计可比增幅(20.1%)高于全省(不含深圳市,下同)平均增幅(15.1%),全省排名第 5,珠三角八市排名第 3。二是分级次看,省级、市县级收入增速快于中央级收入。中央级收入同比增长 10.3%;省级收入和市县级收入在房地产销售升温拉动下实现较快增长,可比增幅分别为 22.8% 和 22.7%,合计增收 50.7 亿元,拉动总收入可比增长 17.9%。三是分税种看,所得税小幅增长,市县级固定税种快速增长。2016 年"营改增"试点全面推开,佛山市营业税仅入库 63.4 亿元,同比下降 47.9%;两个所得税合计入库 111.2 亿元,受 2015 年企业所得税汇算清缴高基数及人力资源成本持续提高影响,所得税小幅增长 9.0%;土地增值税入库 44.5 亿元,受房地产市场升温推动同比增长 41.1%;市县级固定税种入库 118.8 亿元,同比增长 18.2%,增收 18.3 亿元,其中契税在房产交易契税增长 71.4% 拉动下,大幅增长 55.1%,入库 49.3 亿元。四是分产业行业看,房地产相关税收可比增量超九成,重点行业税收贡献突出。第二产业税收可比增速(4.5%)慢于第三产业可比增速(26.1%)。第二产业中,制造业和建筑业税收增长低迷,分别小幅增长 4.4% 和 4.2%。第三产业中,房地产业及公共管理、社会保障和社会组织两个行业税收合计可比增长 38.0%,增收 53.3 亿元,占总收入可比增量的 93.5%。五是区域税收发展协调性不足,南海增势持续领跑。2016 年,禅城、南海两区合计组织税收收入 289.1 亿元,收入占比达 84.8%,可比增收 51.0 亿元,拉动总收入可比增长 18.0%,高明、三水两区税收贡献则不足两成。其中南海区借广佛同城快速发展之势,税收收入比重、增速均领先于其他三区。从比重看,南海区组织税收收入 199.8 亿元,占总收入比重高达 58.6%,较 2015 年(55.4%)进一步提高 3.2 个百分点;从增速看,南海区可比增速(29.7%)高于三水区(18.7%)、禅城区(6.2%)和高明区(3.2%)。六是税源集中度高,纳税超 500 万元企业缴纳税收收入占总收入比例超五成。2016 年,全市纳税超过 500 万元的重点企业共 671 户,合计入库税收 193.2 亿元,占总收入的 56.7%,其中房地产企业支撑作用明显,数量规模、税收贡献均超过其他行业,327 户房地产开发重点企业共入库税收 121.8 亿元,占重点企业纳税总额的 63.0%,同比增长 8.5%,快于全市房地产行业平均增速 10.3 个百分点。七是非常量税源因素影响力减弱。2016 年全市常量税源收入 302.9 亿元,占总收入比重的 88.9%;非常量税源收入 37.9 亿元,同比下降 16.5%,减收 7.5 亿元,税收占比从 2015 年的 12.6% 滑落至 11.1%,其中企业所得税汇算清缴减收 8.0 亿元,主要原因是市局严格执行房地产企业的企业所得税预缴比例不得低于 70% 规定,使得企业所得税入库更加均衡。

［**税源分析**］　增收因素:一是城市服务不断优化,良好环境助力企业税收增长。大力开展城市基础设施建设,加快推进广佛同城一体化,完善现代化城市综合交通体系,打造良好便利的投资、经营环境,引进一汽大众等大型企业,带来新增企业税源;着力培育千家高新技术企业、助推佛山大型骨干企业跨越式发展,促进企业税收持续增长;积极服务企业民生,切实解决企业家困难,提振企业家投资信心,为经济税收发展奠定良好基础。二是房地产市场热销,税收支柱行业增势迅猛。2016 年,受前期宽松的住房调控政策以及户籍政策放宽等利好因素推动,佛山市房地产市场总体升温态势明显,刚需集中释放,去库存效应充分显现,房地产销售量价齐升,据市住建局数据显示,全市商品房网签销售金额 1559.1 亿元,同比增长 48.4%。反映到税收上,商品房销售密切相关的税收增长迅速。全市销售不动产营业税 29.5 亿元,可比增长 52.2%;预缴土地增值税 38.9 亿元,同比增长 55.2%;房屋转让个人所得税同比增长 26.5%,房企利润提升推动房地产业企业所得税增长 17.6%,土地交易契税同比增长 11.5%,上述房产、土地类税收合计贡献税收增量 31.3 亿元,占总收入可比增量的 54.9%,拉动总收入可比增长 11.0 个百分点。三是加强数据管税,强化征管发力促收。2016 年,佛山市局着重推进税收征管改革,强化风险管理,成效显著。一是自 2015 年 11 月 1 日起,佛山市一手房交易契税提前至网签

购房合同前完税，有效保障税款及时入库，推动全年房产交易契税入库39.6亿元，同比增长71.4%，增收16.5亿元。二是积极释放数据管税效应，利用第三方数据比对，反馈疑点协助征收入库9.0亿元，税收贡献率达2.6%。三是积极开展稽查上下联动交叉检查、国地税联合检查，全年稽查户数、查补总额分别同比增长125%和80%，查补入库7.2亿元，税收贡献率达2.1%。

减收因素：一是企业成本上升，传统制造业复苏缓慢增收动力不足。受企业融资、用工等成本上升影响，工业企业经营面临较大困难，经营效益不佳，亏损面持续扩大。据统计局数据显示，佛山市2016年规模以上工业企业亏损面达10.6%，同比上升0.4个百分点。2016年全市制造业税收47.1亿元，同比小幅增长4.4%，其中优势传统产业复苏明显滞后，如金属制品业和非金属矿物制品业(陶瓷业)税收分别下降4.7%和6.4%。

二是不折不扣落实优惠政策，结构性减税力度持续加大。2016年，佛山市局按照供给侧改革决策部署，全力落实各项税收优惠减免政策，切实减轻企业负担。累计减免各项税收98.2亿元，其中：积极扶持小微纳税人发展，小微企业营业税优惠减免税收1383万元，小型微利企业所得税优惠减免税收6305万元；贯彻高新技术企业、研发费用加计扣除等企业所得税优惠政策，合计减免税收3.3亿元。

**[落实税收优惠政策]** 2016年，佛山各级地税部门共减免各项税收98.21亿元，同比增长145.5%，其中，落实去库存工作，减免契税等房地产交易税收79.32亿元；享受高新技术企业、研发费用加计扣除等企业所得税优惠分别为94户、52户，减免税收2.68亿元、0.66亿元；享受小微企业营业税优惠91782户次、减免税收1383万元，享受小型微利企业所得税优惠8734户、减免税收6305万元。同时，严格按照国家及省、市有关政策，积极与相关费种主管部门沟通，稳妥承接系列规费改革，多渠道开展政策宣传，扎实推动建筑业按项目参加工伤保险、灵活就业人员一次性补缴企业职工基本养老保险、机关事业单位养老保险征收等工作；依法执行工伤、生育、失业等保险费率下调，以及价格调节基金、堤围防护费等费金停征、免征等政策，持续加码减负红利，2016年共减免各项规费13.16亿元，同比增长97.9%。其中：落实生育、失业和工伤保险费率下调政策优惠4.89亿元，免征堤围防护费6.16亿元，切实降低企业和个人缴费负担。

**[“营改增”改革]** 佛山市地方税务局认真落实上级部署，成立“营改增”领导小组，出台扩围方案和任务分解表，配套建立督导、应急、问题反馈机制，做到政策宣传到户、解读准确、办理简便、享受及时。佛山各级地税部门全面摸排“营改增”企业底数，做好管户校验对碰、发票和税款清理、资料移交等工作，全市68916户营业税纳税人顺利改征增值税。同时，认真做好税控安装、系统调整测试、业务培训和模拟开票，“两代”工作全省率先落地，2016年5月1日零时，佛山市南海区地方税务局成功开出全省首张个人出租住房增值税发票。5—12月，全市共受理“两代”业务12万宗，入库税费13.01亿元，其中代征增值税2.66亿元。全市各办税厅、代征点运行平稳，未发生“营改增”舆情、投诉事件。此外，积极配合省局开展资源税征收改革摸底调查和税收测算工作。

**[纳税服务]** 推进“互联网+”智能应用。整合国税、地税微信，推出“佛山税务”公众号，开通车船税申报、电子缴费凭证下载等功能，提供掌上办税便利；打造全省首个国地税网络实时咨询平台，实时解答涉税问题5万条；整合12366纳税服务热线与门户网站、网络平台、微信、QQ群等渠道，实施咨询联动，12366纳税服务热线在广东省地方税务局服务质量抽测中排名首位，门户网站喜获佛山市政府网站评比六连冠；打造从线上到线下的“O2O”模式纳税人学校，培训纳税人4万人次；禅城区地方税务局升级“智能办税一体化系统”，实现纳税人19类137项涉税业务无纸化自助办理。

大力推进房产交易涉税流程提速减负。因应房产交易大幅增长，推进与住建部门网签信息实时共享，攻关房地产预审平台，简并房产交易涉税流程。2016年9月起，全市房产交易涉税业务由10个工作日缩短至9成以上即时办结，平均办税时间缩短至20分钟、最快5分钟，其中三水区地方税务局率先实现房产交易网上预申报和预审，纳税人实现现场办税“零等候”。

(姚友谊　周　鹏)

# 韶关市地方税务局

**[经济概况]** 2016年,韶关市全市生产总值(GDP)1218亿元,较上年增长6.3%;人均生产总值4.17万元,居全省山区市首位。其中:第一产业增长4.1%,第二产业增长3.5%,第三产业增长9%。三个产业结构比例为13.7:36.3:50。农业方面:农林牧渔业总产值269.7亿元,增长4.1%;粮食产量91.4万吨,增长2.4%;蔬菜产量231.2万吨,增长4.9%;生猪出栏172万头,增长4.7%。工业方面:规模以上工业增加值332亿元,增长5%;县及县以下属工业增长7.2%;市属工业增长19.7%;中省属工业增长0.5%;民营工业增长5.9%;钢铁工业增长17.7%。投资内需方面:固定资产投资完成额702亿元,增长0.1%,其中房地产开发投资146.8亿元,增长11.3%。社会消费品零售总额638.2亿元,增长9.9%;商品房销售面积368.7万平方米,增长17.1%;个人消费贷款余额258.4亿元,同比增加56.6亿元,增长28.1%;出口89.9亿元,增长1%。全年地方一般公共预算收入85亿元,增长2.3%,增幅较上年回升0.8个百分点。其中税收收入50.6亿元,增长3.2%。

**[税费收入]** 2016年,韶关市地税局全年累计组织各项税费收入111.8亿元,(剔除“营改增”因素影响,下同)可比增长7.9%。按省局考核口径税收收入52.9亿元,同比减收7亿元,下降11.6%,可比增长9.3%,完成省局下达税收预期104.3%。其中,中央级收入8.8亿元,同比增收1.3亿元,增长17.2%,完成省局下达税收预期110.1%;省级共享收入9.2亿元,同比减收4.1亿元,下降30.6%,可比增长22.5%,完成省局下达税收预期100.1%;市县级收入34.9亿元,同比减收4.2亿元,下降10.8%,可比增长4.6%,完成省局下达税收预期104.1%。八项费金合计57.4亿元,同比增收4亿元,增长7.4%。其中,社保基金收入50.3亿元,同比增收4.6亿元,增长10.1%。

**[税收收入特点]** 一是累计增速呈前振后稳态势,全省排名稳中有升。全市地税税收累计增速经历上半年震荡后逐渐回稳,全年增速比上半年提高了2.9个百分点。增速比全省平均增速(20.3%)低了11.8个百分点,在全省排名中位列17位,比上半年提升三位,比三季度提升一位,排名呈现稳中有升态势。二是从收入级次看,各级次收入均实现预期目标,中央级和省级共享收入达到了两位数的增长。其中,中央级收入8.87亿元,同比增收1.33亿元,增长17.6%,完成调整预期109.4%;省级固定收入1.46亿元,可比减收3032万元,下降17.2%,完成调整预期100%;省级共享收入9.21亿元,可比增收1.69亿元,增长22.5%,完成调整预期100.1%;市县级收入34.87亿元,可比增收1.53亿元,增长4.6%,完成调整预期104.1%。三是从税种看,“共享四税”成拉动税收增长主力军,城镇土地使用税是其他地方税种中唯一增长亮点。“共享四税”(包括营业税、企业所得税、个人所得税、土地增值税)共入库28.45亿元,可比增收4.10亿元,增长16.9%,占总税收比重52.3%,对总税收增量贡献率达到96.7%,其中,营业税入库9.95亿元,可比增收1.98亿元,增长24.8%。企业所得税入库5.51亿元,同比增收6237万元,增长12.8%;个人所得税入库8.24亿元,同比增收7556万元,增长10.1%;土地增值税入库4.75亿元,同比增收7496万元,增长18.7%。其他小税种中,城镇土地使用税增长最快,入库4.09亿元,同比增收5202万元,增长14.6%,主要由于巡察整改涉及两家企业入库2883万元,以及凡口铅锌矿因清缴税款增收1069万元。另外,受资源税改革及房产交易环节税收优惠政策影响,资源税、契税降幅较大,分别同比下降了11.3%和10.8%。四是从行业看,“两业”税收一改上年颓势,电力行业和批发零售业带来惊喜。“两业”税收共入库19.87亿元,可比增收3.84亿元,增长24%,比上年(-11.5%)提升35.5个百分点。其中,房地产业入库11.80亿元,可比增收2.75亿元,增长30.4%;建筑业税收入库8.07亿元,可比增收1.09亿元,增长15.6%。电力行业税收增长喜人,入库3.71亿元,可比增收1.23亿元,增长49.4%,成为税收增长最快的行业;批发零售业入库4.03亿元,可比增收8219万元,增长25.7%。其他行业中,采矿业可比增长0.8%,制造业可比下降0.5%,金融业可比下降6.4%。

**[税源分析]** 增收因素:一是全市经济持续健

康发展，是保持税收稳定增长的主要原因。韶关市积极调整产业政策，着力优化发展环境，全力推进“项目攻坚、城市提升、县域发展”三大主题工作，有效保证了经济的持续健康发展。规模以上工业增加值达到302.5亿元，增长5.3%，其中产业转移园规模以上工业增加值增长9.4%；房地产开发投资完成额131.9亿元，增长11.3%；商品房销售额和销售面积分别增长了27.5%和20.8%；社会消费品零售总额增长9.5%。反映在税收上，2016年，全市地税税收可比增长8.5%，工业税收增长10.6%，房地产税收增长30.4%，批发零售业税收增长25.7%，整体与全市经济指标相吻合。二是电力行业利润激增及一次性税源因素，有效拉动企业所得税的增长。从税收看，水电行业2016年共入库企业所得税10818万元，增长1.2倍；火力发电行业入库企业所得税700万元，增长1.1倍，电力供应业入库3003万元，增长7.7%。其中一次性税源因素也是一主要推动力，主要是峡江水电2015年底的股权转让，一次性入库企业所得税1540万元；韶能集团乳源杨溪水有限公司因由分公司转制为全资子公司缴纳企业所得税1843万元。三是部分行业薪酬发放水平的提高及少数民族税收优惠政策初显，助推个人所得税稳步增长。受部分行业薪酬发放水平提高影响，2016年工资薪金个人所得税入库55133万元，同比增收8599万元，增长18.5%。从行业看，医疗、人寿保险、水力发电3个行业贡献突出，共入库个人所得税13820万元，同比增收5223万元，增长60.8%。另外，韶关市充分利用少数民族自治地区企业所得税优惠政策招商引资初见成效，其中，引进的“步步高”集团销售企业群共入库股息红利所得个人所得税2740万元。四是征管质效的不断提升，为税收增长提供了重要保障。一方面，数据管税上台阶。2016年，市局积极落实“互联网+税务”行动计划，通过推进电子文档管理系统和“智税”综合数据应用平台的建设，有效提升了税收数据应用水平，通过拓展第三方数据采集途径，推动实现市局与32个协税护税成员单位交换涉税信息21.7万条，通过数据分析利用，追缴税款及滞纳金4.6亿元。另一方面，风险管控见实效。2016年，市局共完成推送风险纳税人总户数1.3万户，已实施风险管理全流程1万户，累计查补税款及滞纳金3.3亿元。

减收因素：一是土地市场交易趋冷造成耕地占用税下滑较大。2016年前11个月，韶关市入库国有土地出让金4.8亿元，同比减收5.9亿元，下降55.3%，土地出让金大幅下降从一定程度上反映韶关市土地交易明显趋冷，造成2016年韶关市仅入库耕地占用税49340万元，同比减收5438万元，下降9.9%，降幅比去年同期扩大6.4个百分点。二是税收服务供给侧改革力度加大，降成本作用凸显。2016年以来，市局积极服务“三去一补一降”供给侧改革大局，严格落实结构性减税政策，重点加大推进科技创新、扶持小微企业、保障民生等方面的税收优惠政策落实力度，有效发挥了税收调控作用。2016年，全市累计减免各类税收82346万元，比2015年增加20225万元，其中，征前减免78791万元，退库减免3300万元，其他减免255万元。从减免类别看：支持金融资本市场和改善民生方面的减免占比最大，分别减免税收29317万元和26725万元，两项合计占总减免税收的68.1%。另外，促进小微企业发展减免税收3162万元，促进区域发展减免税收2946万元，节能环保减免税收2703万元，鼓励高新技术减免税收2227万元，支持三农减免税收2197万元。从税种减免情况看：企业所得税减免24545万元，其中乳源因少数民族地区企业所得税优惠政策减免了3339万元；受国家下调房地产交易环节税收政策影响，代征增值税减免10289万元，契税减免7277万元。城镇土地使用税减免10648万元；受一年期以上返还性人身保险产品退税影响，营业税退税减免3052万元。三是重点税源企业创税不足，税收占比有所下滑。从13家主要重点企业税收看，除恒大地产、韶钢增长较快外，韶烟、碧桂园、韶冶等企业减收较大，税收贡献明显不足。2016年，13家重点企业共入库税收87157万元，可比增收150万元，增长0.2%，占全市税收比重由上年同期的17.3%下滑到16%，下滑1.3个百分点。其中，韶钢受年底土地房产转让影响（涉及税收4592万元）增收最多，可比增收5995万元，增长71.5%；韶烟受一、二类烟产量下滑39.2%影响减收最大，可比减收3076万元；碧桂园可比减收2010万元，下降11%；大宝山、东阳光等企业税收均出现不同程度的下滑。

**［税费征管］** 强化组织收入责任，严格落实领导分片促收制度，将收入目标和任务量化分解到征收单位和个人，定期通报和分析税费收入完成情况，确保税款均衡足额入库。主动探索“后‘营改增’”时期地方税费征管体制改革，大力推动税收专业化管理、税种精细化管理、大企业风险管理，上线财产行为税新申报表、规费监控分析管理平台，开展企业所得税风险核查、“以地控税、以税节地”试点，加强房地产税收管理，推进分类分级风险管理，全面启动“全省通办”业务，成立大企业管理局，实施国地税

一体化联合办税、委托代征税费,促进税费收入稳定运行。

[依法行政]　坚持依法治税不动摇,对内规范执法、防控风险,对外整顿秩序、促进公平,进一步提高行政执法能力。全年共对3个县局展开了重点督察,对督察中发现的问题进行全面整改。不折不扣落实税收优惠政策,加强政策落实跟踪问效,全年共减免税8亿元,小微企业税收优惠政策得到全面落实。积极推进绩效管理工作,不断增强机关行政效能。

[纳税服务]　以纳税人的满意作为检验自身工作的标准,大力宣传地方税收的法律法规、工作动态、办事程序,为纳税人提供税收咨询和纳税辅导;全力推进全省统一的电子办税服务厅、网上办事大厅、24小时自助办税服务厅的建设,基本实现涉税业务同城通办;扎实推进纳税信用管理,加强与国税局、金融局、银监局等部门合作,跨出税银保合作第一步,先后与8家银行、5家保险机构签订合作协议,全年全市共有90户纳税人成功通过纳税信用评定结果获得贷款,发放信用红利5.75亿元。

[队伍建设]　市局领导班子认真贯彻民主集中制,不断提高决策科学化、法治化、民主化水平,加强各级班子建设,重点抓好大局意识、担当意识、为民意识,促进整体效能的有效发挥。全年在系统内4个单位通过民主推荐方式共选拔出4名主任科员和13名副主任科员,对2名科级干部进行交流轮岗。

[作风建设]　市局党组切实增强管党治党意识,抓牢压实主体责任。通过抓党风廉政建设责任制考核、细分全年工作任务、抓干部廉政教育、强化“两权”监督检查、进一步加强作风建设等,认真落实主体责任。建立各级党组成员基层党建联系点制度,积极开展党员组织关系排查,实行各县(市、区)局党组书记抓党建述职考核评议。全年,全系统共开展谈话提醒共128人次,给予批评教育79人,诫勉谈话1人;对3个县区局长、4名基层分局长进行了经济责任审计,对2个单位财务进行专项审计,组织内控倒查追究24人责任;积极协助省局完成对韶关地税的巡察,推动巡察发现问题的整改,共追缴179户欠税,入库税款及滞纳金总计约5867万元;启动对相关违纪问题的调查处理程序,完成11件和41条案件线索的排查,对被追究刑事责任的罗少林、罗金凌给予了行政开除处分。

(邓粤雄　段　晖)

# 河源市地方税务局

[经济概况]　2016年,河源市实现地区生产总值(GDP)898.72亿元,按可比价格计算,比上年增长8.6%,增速比上年提高0.5个百分点,增速分别比全国(6.7%)、全省(7.5%)高1.9个和1.1个百分点,在全省21个地级以上市排第3位,比上年前移13位。三次产业比例由上年的11.6∶45.7∶42.7调整为11.7∶45.4∶42.9,其中第三产业占比提高0.2个百分点。全市农林牧渔业总产值169.69亿元,比上年增长4.3%,增速比上年提高0.7个百分点。全市实现规模以上工业增加值377.17亿元,比上年增长10.1%,增速比上年提高1.9个百分点,工业增加值增速比全省平均水平(6.7%)高出3.4个百分点,居全省21个地级以上市第2位。全市累计完成固定资产投资652.29亿元,增长15.6%,增速比全省(10.0%)高出5.6个百分点,居全省21个地级以上市第7位。分产业看,第一产业投资13.43亿元,增长89.7%,第二产业投资252.67亿元,增长16.4%,增速分别比上年提高28个和0.1个百分点,第三产业投资386.20亿元,增长13.6%。分行业看,房地产市场产销两旺。全市完成房地产开发投资175.72亿元,增长36.7%,增速比上年提高9.2个百分点。新开工房屋施工面积、商品房销售面积、商品房销售额分别增长96.5%、41.7%和48.5%。全市实现社会消费品零售总额537.44亿元,增长11.0%,增速比全省平均水平(10.2%)高出0.8个百分点。全市进出口总额261.0亿元,增长4.0%,其中,出口总额188.7亿元,增长7.1%,进口总额72.2亿元,下降3.5%。2016年,全市地方一般公共预算收入68.89亿元,增长2.1%。“营改增”政策效果显现,营业税比上年大幅下降47.3%,国内增值税增长33.9%。地方一般公共预算支出294.52亿元,增长10.4%。

[税收收入特点]　2016年,河源市地方税务局组织税费收入87.05亿元,可比增长13.7%(剔除

“营改增”影响，下同），同比下降1.6%、减收1.4亿元。其中，组织税收收入52.4亿元，可比增长15.6%，同比下降8.4%、减收4.8亿元。税收规模居全省第16位，比2015年前移一位，税收增速居全省第9位，在粤北山区5市排名第二。税收收入中，中央级收入6.9亿元，同比增长30.7%；省级收入11.3亿元，可比增长38.2%，入库下降23.5%；市县级收入34.0亿元，可比增长7.4%，入库下降8%。地税收入占全市一般公共预算收入的53.7%。组织社保费收入30.5亿元，同比增长13%，增收3.5亿元；组织其他收入4.05亿元。2016年，受经济下行压力加大、“营改增”全面扩围及结构性减税影响，组织收入形势严峻复杂，税收增速高开低走，全市税收收入分季度累计增速分别为5.3%、-0.2%、-4.3%和-8.4%。一季度，三大主体税种完成税收收入76207万元，增收11490万元，增长17.8%，拉动总税收增长9个百分点；后3个季度受“营改增”全面扩围影响，累计增速逐季下滑，税收增速低于全省（-0.6%）7.8个百分点。分税种来看，所得税快速增长14.6%，拉动总税收增长2.3个百分点，其中，企业所得税增长11.3%，个人所得税增长17.7%；财产行为税同比增长3.1%，占总税收比重57.2%，比上年（50.8%）提高6.4个百分点，除资源税、土地使用税和契税受上年较高基数影响同比下降外，其他6个财产行为税收入均实现增收。分行业来看，占总税收比重前三位的重点行业中，房地产业税收收入增长8.8%，占总税收比重29.1%，比上年提高4.6个百分点；建筑业和金融业税收占总税收比重分别下降5.4个、0.6个百分点。分县区来看，全市五县两区仅高新区局实现正增长（9.4%），其余6个县区局全面减收。占全市税收总量43.5%的源城区局下降12.8%，降幅最大的为连平县局（-21.2%）。

**［税源分析］** 增减因素：一是重点税源企业经营效益较快增长。2016年，入库企业所得税收入100万元以上的企业共89户，贡献企业所得税收入3.9亿元，同比增长26.4%，拉动全市企业所得税增长18.9个百分点。在工资薪金水平上升和二手房转让增多的助推下个人所得税较快增长，全市工资薪金所得个人所得税收入增长23.4%，二手房转让所得个人所得税收入增长35.6%，带动全市个人所得税快速增长17.7%。二是政策性减收效应明显。6月起，原占地税收入近1/3的营业税基本消失，对流转税附征的城市维护建设税也受主税税负降低影响，增速明显下滑。2016年，全市城市维护建设税增长8.8%，比“营改增”前的1—5月（23.5%）回落14.7个百分点。全年为纳税人减负9.38亿元，是2015年减免额的2.6倍，占税费收入总量的10.78%。

**［税费征管］** 全面实施“营改增”，将建筑业、房地产业、金融业、生活服务业纳入试点范围，涉及17000多户纳税人，向市国税局提供营业税纳税人涉税信息76439条，5—12月，共代征增值税7541万元。科学测算税率、制定综合利用税收政策，推进资源税从价计征税制改革，7—12月，全市地税部门共组织入库资源税3980万元，按改革前政策计算税收最高减负达51%。全年采集第三方涉税数据69万余条，开展“房土两税”等7个分事项税收风险管理、7户大企业税收风险管理、内外部门协作风险管理，查补税费及滞纳金2.18亿元。自主开发并成功上线运行河源涉税信息综合利用平台风险管理子系统，实现信息化风险管理。受理年所得12万元以上个人所得税自行申报3099人，申报人数和应补税额分别增长39.41%、43.5%。加强土地增值税管理，对审计发现问题的76个房地产项目制定个性化整改措施，引进中介机构参与清算审核，实现土地增值税入库46481万元，同比增长28.7%。编制社保费征管业务指引，梳理业务流程，统一业务表证单书，实现社保费征管规范化。在全省率先上线运行社保费地税、社保、财政、人社、劳动监察多方协同办公系统，新增12个模块，66个功能点，上线以来产生预警任务18236条，有效防范征管风险。深化国地税合作，联合制定税收风险管理合作计划，协同开展税收风险管理；实行一窗通办，联合征收税款；联合办理税务设立、变更登记3791户，协同开展纳税人定期定额核定和调整31044户，共同认定非正常户5966户；联合开展大企业个性化服务、核定征收企业所得税、欠税公告并全面上线电子税务局。快速推进信息化建设，完成信息安全防病毒隔离系统等16个信息化建设项目的开发。优化房地产税费一体化管理系统，实现存量房、增量房、土地交易税收管理等功能，有效提升房地产税收管理水平。牵头完成河源市政务信息资源共享与交换平台建设，有效打破部门信息壁垒，为全市政务“一网通办”提供数据支撑。

**［税收执法］** 全面梳理税费管理事项，梳理权责清单事项99项，清理规范性文件8份。首次举行领导干部向宪法宣誓仪式。探索建立税收法制员制度，县区局、基层分局配置65名税收法制员，建立县区局，分局两级法制工作队伍。开展岗位公职律师

试点工作,现有公职律师2人。通过《中国税务报》《南方日报》《河源日报》、政风行风热线、LED显示屏、楼宇液晶电视、小区广告灯箱等载体对助力供给侧结构性改革税费措施、税收征管体制改革、"营改增"、税费热点问题等进行专题性、系列化、集群式的宣传。开展"3+2+1"抢占新媒体主阵地宣传活动,河源地税微信、微博、门户网站影响力日益扩大,如依托微信公众号举办"最美纳税人"评选活动和"全城搜索税收知识达人"有奖问答活动,吸引近20万人次参与。在2011—2015年全省法治宣传教育先进集体和先进个人表彰中,河源市局被评为"全省法治宣传教育先进单位",是全省税务系统唯一获此殊荣的单位。稽查管理体制改革由"市区"扩展到"全市",实行全市统一稽查计划、统一选案、统一立案、统一检查、统一审理、统一稽查程序和文书;建立稽查对象分类名录库、稽查异常对象名录库以及执法检查人员名录库;应用电子查账软件、电子取证工具、稽查数据分析三位一体平台实现信息化检查,2016年稽查查补税费收入1.19亿元。

[**纳税服务**]　全面升级改造办税服务厅,开通微信公众号预约办税,个人所得12万元以上自行纳税申报等6项业务可在公众号上办理。编印《便民服务手册》,推进9类24项便民措施。联合国税部门共建办税服务厅26个,通办国地税业务197项,共同进驻政府政务大厅7个,共建国地税自助办税厅15个,实现纳税人"进一家门、办两家事"。推行涵盖税务登记、申报纳税、发票代开、社保费申报征收等4大类共103项税费业务"全市通办",同步上线应用电子文档管理系统,实现办税资料一次采集、实时共享、终身使用。在第三方开展的全省税务系统纳税人满意度调查中,河源市局在全省地税23个市(区)局中排名第四。首次应用金税三期工程纳税信用评价系统开展纳税信用,评出A级纳税人207户,B级纳税人2214户,C级纳税人2792户,D级纳税人462户,加大纳税信用评价结果运用,联合国税局、银监、保险等部门联合开展"银税互动""保税合作"助力小微企业发展,为67户纳税人提供5.85亿元贷款,召开"暖企行动"纳税人代表座谈会,听取河源本地有较大影响力的纳税人代表的意见建议。协调解决鸿大城468户业主办证事宜,获得业主赠予的"高效办实事,百姓贴心人"锦旗。

[**队伍建设**]　注重树立良好用人导向,提拔31名科级干部,其中提拔80后干部4名、女干部9名,分别占提拔人数的12.9%和29%。遴选6名基层干部到市局协助开展工作,挑选10名优秀业务骨干到国税部门挂职锻炼,选派抽调基层干部到市局跟班轮训98人次。举办各类培训班80期,累计培训人数达到6223人次。扎实开展岗位大练兵、业务大比武活动,选拔出128名"业务骨干",9名干部纳入岗位能手项目。开展"两学一做"学习教育知识竞赛和"考学"活动,800多名党员参加了活动。将基层分局党组织关系统一到县区局党总支管理,将协税员、临时工党员纳入党组织内管理。组织全系统党组织书记到井冈山革命教育基地开展体验式教育和培训。各支部建立学习微信群,与国税联合开展"我是党员"主题教育活动。选拔优秀青年党员代表参加全市青年党员两项法规专题演讲比赛,并荣获二等奖。举办第三届青年文化沙龙暨"抢占新媒体主阵地　强化税收宣传"话题讨论会和"读一本好书　长一分智慧"主题读书心得交流会;组织开展青年干部户外拓展活动及其他交流比赛等活动,河源市局代表财税金融线获得河源市庆祝中国共产党成立95周年歌咏比赛银奖。开展珠海、横琴新区、河源地税全面合作共建文化交流联欢会等文化活动,深化文化交流。探索绩效管理与税收业务深度融合,制定试运行量化机考指标16项。创新绩效讲评分析方式,查找出绩效管理38项问题,实现讲问题、找差距、补短板。组建28人全市地税系统绩效管理专业人才库,其中4人入选省局绩效管理专业人才库,1人被推荐为税务总局人才库成员;强化"传帮带",组织县区局人员跟班学习或参与市局绩效管理重大工作。探索绩效管理与绩效文化建设同步推进,征集绩效文化理念、绩效征文、绩效心语,确定"明责重绩　提质增效"绩效文化理念,编印《我心中的绩效管理》,推动绩效文化入脑入心。在全省地税系统绩效考评中,河源市局居全省第七名,位列"优秀"等次。在绩效管理"一市一县推经验"活动中,河源市局、和平县局分别成为广东省地税系统市局、县局绩效管理5个优秀单位之一。赣州市地税局、九江市地税局、韶关市地税局等省内外多个单位来河源地税局考察交流绩效管理工作。

[**党风廉政建设**]　制定各级党组落实党风廉政建设主体责任清单,全市地税系统纪检组长只分管纪检监察工作,全面落实"两个责任"。将副科级以上党员领导干部列为"八小时以外"活动监督管理对象,提出8项提倡行为、15项禁止行为,并将党员领导干部"八小时以外"表现情况作为考核及选拔的依据。制定《谈话提醒工作安排表》,市局"一把手"带头深入基层同县区局领导班子和中层干部谈话,在干部任免、岗位调整等关键节点进行廉政提

醒,累计开展谈话提醒316人。对2015年党风廉政建设责任制考核综合评分末两位的县局进行诫勉谈话。举办《中国共产党廉洁自律准则》和《中国共产党纪律处分条例》专题辅导班,与检察院签订《关于共同开展预防职务犯罪的工作方案》。组织全市地税副科以上干部到广东省反腐倡廉教育基地开展警示教育活动。联合梅州、珠海市局举办纪检监察业务知识培训班。召开领导干部家属"贤(廉)内助"座谈会,向领导干部及家属发出倡议书。在全系统开展风险排查专项工作,共排查新风险点165个,制定防范措施198条。对19名领导干部进行经济责任审计,探索建立"内审监察+风险管理"联动机制,将7720条税收疑点数据作为审计的线索,有针对性地开展审计。对2014—2015年度进行的各种审计、税收执法督察检查发现的共324个问题开展"回头看"。委托市审计局对全市"两基"建设项目的审计手续、资金支付等情况开展专项审计。对稽查局移送的2个涉税案件进行"一案双查",对9名相关责任人进行诫勉谈话。

(黄雪斌)

# 梅州市地方税务局

**[经济概况]** 2016年,梅州市生产总值(GDP)1045.56亿元,同比增长7.5%,增速比上年回落1.1个百分点,与全省(7.5%)平均水平持平,比全国(6.7%)平均水平高0.8个百分点。其中,第一产业增加值211.89亿元,增长4.3%,拉动GDP增长0.9个百分点;第二产业增加值371.27亿元,增长6.3%,拉动GDP增长2.3个百分点;第三产业增加值462.39亿元,增长9.9%,拉动GDP增长4.3个百分点。

**[税收概况]** 2016年,梅州市地方税务局组织各项地方税费收入165.84亿元,按入库口径增收23.47亿元,增长16.49%,按可比口径(剔除"营改增"影响,下同)增长31.04%。其中,税收收入89.74亿元,入库下降8.62%,可比增长8.7%;社保费收入68.74亿元,同比增收32.19亿元,增长88.08%;其他收入(含教育费附加、堤围防护费等收入)7.35亿元,同比减收994万元,下降1.33%。中央级收入16.81亿元,同比增长21.9%;省级收入19.16亿元,可比增长30.1%,市县级收入53.77亿元,可比下降0.5%,占全市市县本级公共预算收入的50.99%。

**[税收收入特点]** 一是县级地税税收收入增长快,比重上升。除市直和梅县区,其余的5县1市累计组织地税税收收入47.94亿元,同比增收2.85亿元,增长6.35%,占全市地税税收收入比重为53.42%,较上年提高7.58个百分点;市直和梅县区累计组织税收收入41.80亿元,同比减收11.47亿元,下降21.54%,占全市地税税收收入比重为46.58%。二是所得税、土地增值税以及资源税税收贡献度加大。2016年"营改增"后上述税种税收收入比重为54.14%,比"营改增"前上升了8.33个百分点。三是纳税大户税收聚集效应凸显。纳税大户纳税额占比不断提升,全市年纳税额超过1000万元的纳税户166户,贡献58.5%的税收收入和7.51亿元的税收增量。其中,4家证券营业部合计缴纳税款2.86亿元,同比增收1.66亿元,增长138.9%;广东宝丽华电力有限公司缴纳税款3亿元,同比增收0.43亿元,增长16.69%。四是税收减免力度持续加大。减免各项税收11.16亿元,占税收收入12.44%,主要有:支持金融资本市场减免税收4.43亿元,改善民生减免税收4.12亿元,鼓励高新技术减免税收1712万元,促进小微企业发展减免税收2077万元。

**[税源分析]** 一是重点行业税收增长总体下滑。房地产业税收占总税收比重(24.05%)比上年上升0.7个百分点,税收下降6.02%,较上年下降6个百分点,其中,房地产营业税受"营改增"影响下降38.23%,房地产企业所得税增长3.38%。建筑业税收占总税收比重(17.97%)比上年上升0.49个百分点,税收增速下降6.23%,较上年下降49个百分点。其中,建筑业营业税下降30.7%,企业所得税增长18.48%,既有固定资产投资特别是交通基础设施和房地产开发投资增长带动,也有"营改增"前各地加大征管力度的管理性增收效应。金融业税收占总税收比重(8.27%)比上年上升1.9个百分点,税收增速16.68%,较上年下降34.54个百分点,其中金融业个人所得税增长84.13%,主要受本地和异地限售股转让收入增加的影响。电力及水供应

业税收占总税收比重(5.89%)较上年上升1.68百分点,税收增速27.81%,较上年上升31.71百分点,其中电力企业所得税增长34.85%,主要是发电量增加,特别是水电发电量增加,带动电力企业利润增长。采矿业税收占总税收的比重(4.96%)较上年上升3.09个百分点,税收增速142.28%,较上年上升63.42个百分点,其中采矿业资源税增长147.16%,主要是部分资源品目高岭土、石灰石、稀土和铁矿生产和销售形势良好以及加大征管清欠力度的管理性增收效应。制造业税收占总税收的比重(9.87%),较上年下降1.76个百分点,税收下降22.58%,主要是梅州卷烟厂因高档烟销量减少及车间搬迁的影响城市维护建设税下降3111万元。二是"营改增"减负以及企业所得税征期调整。"营改增"后,营业税收入基本消失,附带征的城市维护建设税也受主税税负降低影响,税收增速大幅下滑,"营改增"后营业税减收14.72亿元;7月1日起,企业所得税由按月征收调整为按季征收,受此征管调整的影响,第4季度企业所得税减收0.9亿元,下降23.27%。

**[改革创新]**　一是深改方案有效落地。"营改增"顺利转换,按时完成全市1.5万户"营改增"纳税人数据核实补充及信息移交;出台"两代"业务政策指引和操作流程指引,确保"两代"业务顺利开展;组织缴销地税监制各类发票,完成国地税发票有序衔接;持续跟踪解决"营改增"后的各类问题,确保"营改增"的顺利实施和平稳运行。资源税改革稳步推进,资源税改革实施以来(7—12月),征收资源税3.23亿元,同比增收0.37亿元,增长12.5%。商事登记制度改革落实到位,与相关部门对接,统一业务标准,落实"五证合一""两证整合"。二是国地税合作有序推进。以《国家税务局　地方税务局合作工作规范》为指引,共建工作机制,宣传合作内容;联合考察学习国地税业务和深化国地税合作的先进经验;将落实国地税合作事项列入绩效考核和督查督办重点内容,成立国地税合作联合督查组,开展多次全市范围的工作督查。三是落实结构性减税政策,助力大众创新、万众创业。减免各类税收11.16亿元。

**[依法治税]**　一是依法行政水平不断提升。推行权力清单动态管理,建立兼职税收法制员制度,全面清理税收规范性文件,预防化解行政争议,做好行政复议案件的应对和依法处理。二是督察内审质效持续改进。开展执法督察,落实执法责任制,加大执法问责和责任追究力度,通过督察发现问题441个,发出税收执法督察文书47份,跟踪落实问题整改,有效防范执法风险;扎实做好内外部审计问题整改工作,有效促进执法规范。三是巡察发现问题整改有力。对照省局党组巡察组反馈的四大类15个方面问题,认真梳理分解为76项整改任务,制定92条针对性整改措施,严肃责任分工,做到整改项目挂账销号、倒计时推进,截至年底,整改完毕46项任务,长期持续改进28项,党纪政纪处分2人,追缴税费、滞纳金合计1147.92万元,新建制度5个,修订完善制度3个,出台意见规定2个。四是税收执法刚性显著增强。贯彻落实稽查"双随机"抽查制度,有序开展重点税源随机抽查,加大涉税案件查办力度,全年共立案24宗,结案27宗,查补税款、滞纳金、罚款共2302.74万元;严厉打击发票违法犯罪活动,全年检查受票企业48户,查处违法企业25户,非法发票134份,检查涉及金额164.48万元,罚款2.94万元。

**[文化建设]**　35篇调研论文结题,数量为历年之最;优化税收发展史展室和地税文化展室,更新藏品、作品63件次,接待参观400多人次;办好《心灵驿站》内刊、《心香一瓣》《纪言纪语》,6个县级局创办电子文化刊物;出版梅州地税干部职工文学作品集《梅岭欢歌》、摄影作品集《时光拾影》;25篇参加省局举办的"岭南风"征文和摄影比赛作品获奖;21篇参加南粤地税"好家风"主题宣传活动作品获奖;创制歌曲《法治地税在广东》,受到省局肯定并参加全省公益法治宣传比赛。

(郭程望)

# 惠州市地方税务局

**[经济概况]**　2016年,惠州市地区生产总值(GDP)3412.17亿元,同比增长8.2%,增幅居全省第6位,珠三角地区第4位;规模以上工业增加值1762.18亿元,增长8.7%,增幅居全省第5位,珠三角地区第1位;固定资产投资2039.71亿元,增长9.4%,增幅居全省第11位,珠三角地区第4位;社

会消费品零售总额1227.88亿元,增长12.3%,增幅居全省第4位,珠三角地区第3位;地方财政一般预算收入361.29亿元,增长10%,增幅居全省第5位,珠三角地区第4位。

**[税费收入]** 2016年,惠州市地税系统组织税费收入378.8亿元,可比增长16.7%(剔除"营改增"影响因素,下同)。税收收入224.89亿元,税收总量居全省第6位,可比增长25.5%,增幅居全省第4位,珠三角地区第3位,其中,中央级收入31.60亿元,增长36.54%;省级收入59.1亿元,可比增长45.4%;市县级收入134.2亿元,可比增长16.3%。规费收入共计153.9亿元,增长5.8%。

**[税收收入特点]** 一是共享税种高速增长。2016年,共享税种合计收入143.7亿,可比增收46亿,增长47%。其中,营业税可比增长93.4%,企业所得税增长44.5%,个人所得税增长14.2%,土地增值税增长28%。地方固定税种收入81.2亿元,与上年基本持平。二是房地产、建安业是税收增长的主要拉动因素。受全年商品房销售增长以及"营改增"前房地产、建安业受政策调整影响出现集中申报缴纳的影响,2016年房地产、建安业税收收入分别可比增长41%和58%,"两业"合计税收137.4亿元,占税收收入总额的61%(较上年提高2个百分点),可比增收42亿元,占税收可比增量的92%。三是规费收入保持平稳增长。全市规费总收入153.9亿元,同比增收8.5亿元,增长5.8%。其中,社保费收入131.5亿元,同比增收9.1亿元,增长7.4%。

**[税源分析]** 一是房地产市场发展良好成为税收增长的主要拉动力。2016年惠州商品房销售持续高速增长,全年一手房成交面积同比增长36%,成交金额同比增长75%,成为地方税收的主要税源。2016年,房地产业税收105.6亿元,可比增长40.5%,拉动总税收可比增长17%。二是生产性税源稳定增长为税收增长提供有力支撑。2012—2016年,全市地区生产总值、固定资产投资以及社会消费品零售总额年均增长分别为11%、16%和13%,为税收可持续增长提供有力的经济支撑。2016年相关生产性税收100.5亿元,占地税税收总量的45%,可比增长17.8%。三是"营改增"政策调整形成特殊增收效应。1—5月,营业税增幅达66%,其中建安、房地产业营业税分别增长99.7%和71.7%。

**[税费征管]** 深化税收征管改革。推进"三证合一""一照一码"登记制度改革深化完善。2015年9月起,广东省率先在工商登记范围实施"三证合一"登记制度改革后,2016年1月、3月,分别将社会组织、事业单位也纳入改革范围。落实个体工商户"两证整合"工作。根据省局统一工作部署,于2016年11月1日起实施个体工商户营业执照和税务登记证"两证整合",实现个体工商户"两证整合"相关数据在工商和税务部门之间的共享传输。2016年,全市新设立登记的"三证合一"和"两证整合"纳税人26149户,变更登记纳税人36974户次,注销登记纳税人936户。"营改增"试点工作全面推开。加强与国税业务衔接,落实"营改增"地税代征税款和代开增值税发票工作,加强增值税发票管理,截至2016年12月底,全市受理纳税人销售不动产业务15380笔,受理其他个人出租不动产业务46599笔,共代征增值税税款11167万元。国地税合作工作顺利开展。以落实《国家税务局 地方税务局合作工作规范(3.0版)》为抓手,全力推进惠州国地税服务深度融合、执法适度整合、信息高度聚合。

推进征管信息化建设。从2016年12月1日起全面推行办税事项全省通办,涵盖4大类48项332个具体涉税事项。制定《惠州市地方税务局电子文档管理系统上线工作方案》,推进电子文档管理系统和门前资料影像采集系统上线。完善涉税信息交换与共享机制,与国税推动建设经信局搭建的惠州市信息资源交换与共享平台。与工商、房产、国土部门分别规划建设开发数据综合应用平台、房产税收信息共享平台系统、地理信息综合治税系统等信息交换平台。主动与国土部门建立协作机制,定期开展耕地占用税涉税信息交换,建立健全"先税后证"源头控管模式。以博罗县局为试点单位,搭建国土数据中间库系统,实现土地资源信息共享,共完成22万多宗土地登记信息共享。

抓好规费征缴工作。组织规费收入153.86亿元,增收8.5亿元,增长5.8%。做好文书管理功能的配置、测试和培训工作,全面启用文书管理流程。根据省政府关于企业职工基本养老保险缴费工资上下限的指示精神,上调企业职工基本养老保险缴费工资上下限标准,各参保单位缴费基数按新的标准执行。完成"规费监控分析管理平台"在惠州市上线工作。

**[依法治税]** 推进依法行政工作。制定下发《惠州市地方税务局2016年依法行政工作要点》,部署落实依法行政工作与业务工作,总结推进依法行政的经验,分析存在的突出问题,研究提出推进依法行政的新举措。

加大执法督察工作力度。组成重点督察工作组,开展执法督察工作。对21个单位就国务院重大政策措施发布文件落实、组织收入原则执行、专项工作执行情况以及市局自选督察项目四方面内容开展全面督察,发现问题65个,涉及纳税人的问题数49个,涉及纳税人598户次。全面开展税收执法疑点核查,加强执法疑点指标在执法督察工作中的运用,完成2条新增税收执法疑点指标的编写,完成10项以上执法疑点指标的分析核查。

落实税收优惠政策。享受2015年度小型微利企业所得税优惠政策的企业有2573户,减免税额1425万元;2016年度预缴享受1472户,减免税额897.13万元。年度申报和预缴申报享受率均为100%。2016年1—4月(税款所属期),惠州市小微企业享受营业税优惠政策减免户数为31722户,累计减免营业税815.72万元,个体工商户及其他个人享受营业税优惠政策减免户数为13152户,累计减免营业税2586.86万元。积极迅速落实房地产契税、营业税(“营改增”后为增值税)新政各项优惠政策。全市全年共减免契税税款合计23867.21万元,减免营业税(增值税)税款合计65115.09万元。2016年,落实房产税和土地使用税税收优惠政策,减免房产税1711万元,减免土地使用税840万元。

加强稽查执法工作。深入开展重点税源和行业随机抽查,大力打击发票违法犯罪活动,整顿和规范行业税收秩序。全市地税稽查系统查补收入29969.94万元,其中,立案查补12168.64万元(部分案件在审),组织纳税人自查833户,自查查补收入25253.75万元。市局稽查局在全市范围内大力推广电子取证工具的应用。推进稽查管理体制改革,探索“集中办案”模式,向省局选送的《敲头打尾,痛击假发票加工“产业链”》案例分析入选了全省十大优秀稽查案例。

**[纳税服务]**　推进联合办税。整合服务资源,创新开展办税服务厅共建工作。博罗县罗阳国地税共同进驻行政服务中心,仲恺区建成惠州市首个国地税联合办税服务厅,龙门县实行一窗通办模式,做到“一窗、一机、一人、一步到位”,惠阳区首台国地税自助办税终端一体机顺利上线,并建成首个24小时国地税自助办税服务厅。2016年,国地税联合建成办税服务厅11个,共驻政务大厅7个,建成24小时国地税自助办税厅6个。

创新工作方式。大力推行微信预约办税,推广办税事项二维码一次性告知图标,推动惠州市办税服务电子化;持续开展“便民办税春风行动”,推出9类22项便民措施;联合惠州志愿者联合会及20多个职能部门开展“惠民帮办”真情服务进社区活动,为社区居民进行税收政策知识答疑解惑,免费发放宣传小物品,提供专家义诊、法律援助等生活所需项目,解决居民生活日常困难。

强化税收宣传辅导。在《惠州日报》《南方日报》、电台等传统媒体宣传阵地加大税费宣传力度,对“房地产交易环节契税、营业税优惠政策”“‘营改增’试点”等税费热点进行系列宣传。进一步加强微信预约办税、办税二维码广泛宣传工作,推动全市纳税服务电子化,扩大涉税信息的宣传覆盖面。围绕“聚焦‘营改增’试点　助力供给侧改革”税收宣传主题,开展税收宣传系列活动。2016年,全市共举办各类税收辅导宣传培训129场次,培训人数达6821人次。在门户网站开设多个税(费)业务专题栏目,访问量达91万人次。

**[队伍建设]**　推进岗位练兵常态化。2016年,市局积极组织开展“岗位大练兵、业务大比武”活动,注重培养业务尖子和师资人才,把岗位练兵与绩效管理相结合,及时通报各地岗位练兵的开展情况和有效做法,加强地区间经验交流,在全系统内营造全员学习、争先创优、人人提高的良好氛围。共有1251名干部职工及协税员参加练兵比武活动,各岗位系列累计开展各类培训134场,培训人数4503人次;举办比武39场,参加考试4750人次。通过层层比武,全市共产生64名市局“岗位能手”、30名协税员“岗位能手”。17人入选省局“岗位能手”、2人入选省局“专业骨干”。

提高教育培训水平。按照分级、分类的办法,采取多渠道、多形式,突出以专业化为主线,组织开展岗位专业化、创新能力的培训。分三期组织227名科级干部及部分业务骨干参加干部研修班。选派75名业务骨干参加国家税务干部进修学院9期累计90天的专业化培训课程。市局各科室根据业务需求和干部职工的实际,共组织稽查业务、纳税信用评定等各类业务培训18期/次。

完善绩效管理体系。修订完善绩效管理系列制度及考评指标,成立绩效考评委员会,印制绩效管理预警台历及指标墙板,按季开展绩效讲评分析;实现县(区)局督导调研及辅导培训全覆盖,完善市、县两级专兼职人员配备,建立19人的绩效管理专业人才队伍;出台绩效考评结果运用办法,将考评成绩与评先评优、干部任用、年度考核、工作改进等挂钩,有效发挥绩效管理正向激励作用。

**[全面从严治党]**　加强“两学一做”学习教育。

开通25个党建微信群，及时传递学习资料，交流个人思想心得；结合地税文化建设，编印“党章党规硬笔字帖”和“系列讲话硬笔字帖”，学习党的纲领和习近平总书记系列重要讲话精神；邀请惠州市“两学一做”学习教育党课宣讲报告团、学习党的十八届六中全会精神报告团，为机关广大党员作主题宣讲；组织市局党组成员、机关党委委员、党支部书记讲党课，坚持“送党课下基层”；围绕“两学一做”学习教育要求，扎实做好2016年度领导干部民主生活会各项准备工作。

落实“两个责任”强化担当。市局党组严格按照省局党组的部署要求，牢固树立不管党治党就是严重失职的意识，切实肩负起管党治党的政治责任。2016年，将党风廉政建设任务细化为25项，分解至具体责任部门，将任务落实情况列入绩效考评和年终党风廉政建设责任制考核内容。先后16次召开党组会研究、部署党廉工作，并组织学习上级有关会议精神及最新规定，确保准确履责。通过“强部署、常报告、重沟通、勤研究”，把“两个责任”落到实处。

严格执纪问责严明法纪。严格按照“四种形态”处置问题线索，把纪律规矩要求贯穿于执纪审查的全过程。探索加强党员领导干部“八小时以外”监督管理的有效方式方法。在惠阳区局试点建立了“十严禁、十不准”负面清单、“八小时以外”活动情况报备、对拟提拔和重要岗位选任干部进行家庭走访等制度。针对在干部日常管理和纪律审查工作中发现的党员干部执行“六大纪律”、落实“两个责任”、作风建设方面存在的苗头性、倾向性问题，开展谈话提醒138人次，其中咬耳扯袖100人次、红脸出汗38人次。全市系统纪检监察部门受理信访举报12件次（不含重复信访或关联信访件9件）；全市系统党员干部发生违纪案件4起，立案14人。在信访办案中进行诫勉谈话10人，遣返协税费员或临聘人员13人，批评教育7人。

丰富教育形式筑牢防线。以“三纪”教育、专题讲座、知识测试等活动为载体，加强党的纪律和规矩教育，共组织大型专题讲座4场、党章党规知识测试1309人、“南粤清风”微信公众号“党员随身微教育”1127人、发放廉政教育书籍290本。组织20名科级以上干部参观省反腐倡廉教育基地、观看警示教育纪录片、通报违纪违法典型案例、组织发案单位撰写相关案例剖析材料4篇等方式开展反面警示教育。结合党纪法规和典型案例通过OA邮箱发送廉洁自律温馨提示25期；抓住年节假期等重要节点，精心制作廉政微提醒栏目“税月莲香”，发到微信群供干部职工点阅，做到廉政提醒“随身行”。精心打造廉政教育轻喜剧《家风》，组织系统内外巡演共12场，树立良好家风，弘扬廉洁文化。

（黄　广）

# 汕尾市地方税务局

**[经济概况]**　2016年，汕尾市地区生产总值（GDP）810亿元，同比增长7.0%，固定资产投资673.6亿元，年均增长15.4%；社会消费品零售总额535亿元，年均增长10.8%；一般公共预算收入30.78亿元，一般公共预算支出206.65亿元；城镇和农村常住居民人均可支配收入分别为22327元、12261元，年均增长9.2%和9.6%；金融机构本外币存款余额744.28亿元，年均增长14.8%；三次产业结构为15.5∶44.9∶39.6；实体经济加快发展，新培育“四上”企业115家，规模以上工业增加值年均增长16.1%；工业技改投资年均增长7.7%，第三产业增加值年均增长9.2%；现代农业和海洋渔业加快发展，引进海亮、宝莲生物、中汕实业等10个农业龙头项目。2016年，汕尾市地方税务局组织税费收入451287万元，剔除“营改增”影响可比增长18.77%，其中，税收收入249847万元，可比增长30.78%，增幅全年月均位居全省第一；社保费收入174787万元，增长5.82%；其他收入26653万元，增长12.25%。

**[税收收入特点]**　2016年税收收入主要呈现5个特点：一是受“营改增”影响，税收增速持续回落。前5个月在房地产开发和销售大幅增长、着力开展“营改增”风险排查、2015年同期基数较小等因素刺激下，月度税收增幅均超过40%。但“营改增”试点全面推开后，收入受到严重影响，全年税收可比累计增速从上半年的56.8%下降到30.8%。二是分级次看，各级次收入均实现可比增长。中央级收入同比增长12.13%，主要是企业所得税和个人所

得税分别稳定增长9.0%和7.17%。在营业税和土地增值税可比大幅增收的推动下,省级收入(含省级共享收入与省级固定收入)可比增长38.17%。受益于耕地占用税、契税、城市维护建设税和车船税,市县级收入可比增长33.79%。市县库及省级库增速居全省第一和第二位。三是分税种看,营业税、契税和土地增值税增长较快。营业税收入68987万元,可比增长88.98%,增收32482万元,占税收增收总量的55.24%,收入总量和增量均为各个税种之首,主要得益于2016年市重点项目和基础建设投资加大;契税收入32761万元,同比增长75.86%,增收14132万元,占市县级增收总量的39.14%,主要受房地产大幅增长和规范商品房销售环节契税管理的拉动。土地增值税收入也在房地产销售向好的推动下较快增长,共入库30937万元,同比增长11.72%。四是分行业看,重点行业增长明显。在市重点建设项目、房地产开发项目投资加大和商品房销售延续良好势头的促进下,建筑业入库54557万元,可比增长55.1%,增收19382万元,房地产业入库68716万元,可比增长46.24%,增收21727万元,两个行业共增收41109万元,占税收可比增收总额的69.92%。全市纳税前20名的纳税人中,建筑业和房地产业的纳税人占了12名。五是分县区看,城区局可比增收突出,占全市税收可比增量的近6成。2016年,城区局累计完成税收收入88167万元,可比增长61.82%,增收33683万元,贡献全市税收可比增量的57.28%;其他各县区局收入情况:海丰局74182万元、可比增长18%,陆丰局53601万元、可比增长13.99%,陆河局19698万元、可比增长6.29%,红海湾局6374万元、可比增长13.13%,华侨局337万元、可比增长78.31%,深汕合作区局7488万元、可比增长161.36%。

[**税源分析**]　加强执法风险防范,开展营业税风险排查,全市清理167户,入库14617万元;进行欠税清理,清理陈欠1442万元、新欠5894万元。加强税务稽查执法,检查各类企业49户,查补收入6469万元。落实深化征管体制改革,强化国地税合作,抓好资源税各项改革工作落实,确保顺利实施。推行征管档案电子化,实现档案资料集中化管理,加强社保费档案管理,规范建档13178个,建档率89.5%,规范文书审批流程,加强日常监管,促进社保费征管水平的提高。开展税收调研分析,进行"营改增"后的减税预判,定期分析税收运行情况和增减原因,对税收风险预警监控。进行共享涉税数据分析,全年累计从各部门取得涉税数据62033条,增加税收14564万元。加强各税种的勤征细管,耕地占用税"先税后证"控管,增收税款1945万元;财产行为税第三方信息采集和应用,增加契税2309万元;进行企业所得税汇算清缴,汇缴面99.90%,增加税款1866万元。

[**助力经济发展**]　牢固树立服务理念,提升纳税服务质效,主动作为,助力供给侧改革和营商环境优化,积极服务汕尾经济社会发展。一是助力供给侧改革。多渠道、多形式开展税费优惠政策宣传,严格执行税费优惠政策不变样、不变通,全年共减免各项税收2.6亿元,惠及纳税人2.5万户次,减免政府性基金收入和社保费等规费5072万元,推动了企业转型升级。其中,累计为1376户小微企业落实营业税优惠政策,占营业税纳税人总户数的78.23%;为219户小微企业减免企业所得税183万元,户均减免税款8339元;落实房地产交易税收优惠政策,减免契税13299万元,减免营业税1304万元。二是助力企业发展。深入开展"暖企行动",全系统走访企业近150户。开展个性化的税法宣传辅导,开展培训52次,参训纳税人5150人次。抓好"银税互动"工作,推动签约银行向386户企业发放贷款7242万元。联合国税部门与金桔莱公司签订《税收遵从合作协议》,为德昌电子、纬兴纺织两户市级大企业定制专属"体检"服务,增强企业税务风险"免疫力",这项工作得到汕尾市市长杨绪松的表扬批示。三是助力营商环境。落实政务信息公开,公布权责清单,努力打造"阳光税务"。推出9类24项便民措施,实现线上线下互通、前台后台贯通、内部外部联通。精简涉税报表和资料,涉税事项应报送资料减少近30%,40项核准类减免税改为事后备案,减轻了纳税人办税负担,提高纳税人满意度。四是助力"互联网+政务服务"。以前所未有的力度加大信息化建设,全年投入1458万元,先后完成市局机房改造、服务器虚拟化升级、全系统视频会议系统扩容等多个项目的建设,信息化硬件建设水平走在全省系统前列,为推进"互联网+"奠定基础。特别是通过办税服务综合管理系统,对服务厅进行实时视频监控,实施智能化管理,优化办税资源,平均业务办理时间从4分钟缩为2.1分钟。

[**队伍建设**]　把队伍建设作为事业基石,放在首要位置来抓。始终坚持严管与善待并重,用人与育人并行,发挥绩效管理"指挥棒"作用,推动汕尾地税事业的发展动力不断增强。一是选人用人树正气。认真贯彻《党政领导干部选拔任用工作条例》,落实干部选拔任用工作纪实制度,严肃用人纪律,把

跑官要官者一律列入“黑名单”，把能力强、业绩突出的同志提拔上来，特别是注重年轻干部的培养使用，全年提拔25名科级干部，其中40岁以下的年轻干部9人。加大干部交流轮岗力度，全系统共交流轮岗科级干部6人、股级干部和一般干部44人，国地税互派干部挂职锻炼4人。二是练兵比武提能力。加大教育培训力度，开展全员分级分类业务培训，全系统组织培训187场，参训人员7162人次，有效提升队伍整体素质。将大练兵大比武成绩与绩效、晋升等相关联，激励干部职工勤练兵、勇比武。市局对入选全国税务系统“素质提升115工程—专业骨干”的同志进行优先提拔，树立先进典型。三是绩效管理促落实。市局将绩效办独立运作、单独考核，各级配齐配强绩效工作人员，统筹开展绩效工作。自主研发绩效风控系统，杜绝了办文超期和小结延报的情况。实施绩效讲评制度，对全系统进行“全覆盖”实地督导，有效推动绩效改进。通过正面激励和负面制约的一系列绩效措施，有效解决了“出工不出力”“干多干少一个样”的问题，推动重点工作落到实处。汕尾市市长杨绪松对此专门作了学习推广的批示。四是文化建设添活力。加强地税文化建设，市局各兴趣小组积极开展各项全员参与的文体活动，举办“互联网+”、税务公文写作等各类主题文化沙龙，营造“八小时以外”的地税文化氛围，引导健康生活情趣。开展培育汕尾地税核心价值观系列活动，举办主题演讲比赛、党规党纪知识竞赛和“好家风”等系列宣传，积极弘扬正能量，提升队伍软实力。

**[党风廉政建设]** 市局党组认真履行全面从严治党“两个责任”，统筹推进党建工作、党风廉政建设和税收工作同频共振，为“二次创业”提供坚强保障。一是压实责任持续用力。出台落实“两个责任”实施办法，制定任务清单18类64条，实现责任全覆盖，打造明责、履责、追责于一体的责任链条；组织开展廉政谈话，定期报告责任落实情况，开展落实党廉责任制考核实地检查，把责任层层压实。二是基层党建持续强化。深入开展“两学一做”，规范组织生活，理顺基层党组织隶属关系，开展七项重点清理，推动党员教育管理日常化、经常化。落实基层党建联系点制度，开展基层党建共建活动，提升基层党组织的战斗力。市局与佛山市局的机关各党支部“结对子”，海丰县局与省局信息中心“结对共建”，实现党建和业务的互融互促。三是政务整治持续深化。开展清案头、清抽屉、清电脑，抓好政务整治、正风肃纪成果巩固，使守纪律讲规矩成为自觉行为。全年开展明察暗访25次，点名道姓通报曝光违纪问题18人次，严格督促纪律作风、税容税貌等四类23个问题的整改落实。四是执纪问责持续加压。积极支持纪检监察部门“三转”，注重抓早抓小，全系统开展谈话提醒116人次。初步构建监察、内审、巡察“三位一体”监督合力，加强内审监督力度，开展财务专项审计和社保费专项审计，逐项抓好整改落实。强化执纪问责，对落实两个责任不力的11名科级干部进行了问责，推动管党治党责任的有效落实。

（叶生懂）

# 东莞市地方税务局

**[经济概况]** 2016年，东莞市实现生产总值(GDP)6827.67亿元，按可比价格计算，同比增长8.1%。其中，第一产业增加值22.80亿元，下降0.3%；第二产业增加值3172.50亿元，增长7.2%；第三产业增加值3632.37亿元，增长8.9%。三大产业比重为0.3∶46.5∶53.2。全市规模以上工业增加值达2878.32亿元，同比增长7.0%。先进制造业完成工业增加值1435.17亿元，同比增长15.2%。其中装备制造业增长16.0%；高技术制造业完成工业增加值1100.76亿元，增长17.6%。全市固定资产投资1557.46亿元，同比增长7.7%。社会消费品零售总额实现2470.78亿元，同比增长13.1%。按人民币计算，全市进出口总额11416亿元，同比增长9.8%；其中出口6556.8亿元，增长2.0%；进口4859.2亿元，增长22.4%。全市实际利用外资39.3亿美元，新签超千万美元项目22宗，涉及合同外资9.1亿美元，同比增长56.1%。全市一般公共预算收入544.75亿元，同比增长8.2%。截至12月末，全市金融机构各项本外币存款余额11545.10亿元，同比增长15.8%。

**[税费收入]** 2016年，东莞市地税系统组织税费收入921.38亿元，入库增长7.7%，可比增长（剔

除“营改增”影响,下同)18.9%。税收收入475.31亿元,入库增长3.8%,可比增长25.9%,可比增幅居全省地税第三。其中,中央收入117.54亿元,增长31.6%;省级共享收入100.62亿元,入库增长2.5%,可比增长55.6%;市级收入240.14亿元,入库增长3.3%,可比增长20.8%,可比增幅居全省地税第四,占全市一般公共预算收入44%。社保费收入391.55亿元,增长15.5%;其他规费收入54.52亿元。

［**税收收入特点**］　2016年,东莞地税税收实现较快增长,重点税种、行业、企业及地区收入贡献突出。一是税收总体收入增速全省排名第3。税收收入475.31亿元,可比增长25.9%,入库增长3.8%,可比增速比全省地税平均水平快5.6个百分点,在全省排名第3,珠三角地区九市中排名第2。二是所得税收入迅猛增长,财产行为税总体增长较快。企业所得税收入92.61亿元,同比增长22.4%。个人所得税收入98.69亿元,同比增长36.3%。财产行为税收入191.07亿元,同比增长16.4%,其中,土地增值税和契税分别大幅增长72.5%和35.8%,城市维护建设税和印花税分别增长10.2%和14.0%,车船税增长10.6%,房产税和土地使用税分别下降27.0%和40.7%,耕地占用税下降42.3%。受“营改增”影响,营业税收入90.56亿元,可比增长38.9%,入库下降37.8%。代征国内增值税2.38亿元。三是房地产业税收增长,制造业税收表现平稳。房地产业税收187.22亿元,增长23.4%,占总税收比重39.4%,较上年同期提高6.3个百分点;制造业税收132.83亿元,增长15.7%,占总税收比重27.9%,较上年同期提高2.8个百分点;金融业和建筑业税收受“营改增”影响收入下降,占比有所回落。四是纳税大户企业税收占比增加,贡献增大。2016年,税收收入过亿元纳税大户达到54户,同比增加8户,合计纳税116.25亿元,占总税收比重为24.5%,较上年同期提高1.8个百分点。从纳税大户行业构成看,房地产业24户,金融保险业13户,制造业13户,服务业2户,电力行业1户,批发零售业1户。五是绝大多数镇街分局实现增长,区域间收入结构有所优化。按可比口径,全市31个镇街分局税收收入实现增长,仅2个分局下降,最高增幅为74.8%,最大跌幅为2.1%,收入增幅差异较2015年收窄9.4个百分点,区域间增长差异收窄。

［**税源分析**］　东莞经济稳定发展带来持续增长税源基础,尤其是房地产市场向好、重点企业表现突出、资本交易活跃等,对税收产生较大拉动作用。一是经济稳中向好成为税收稳定增长坚实基础。2016年,东莞生产总值预计增长8.1%左右,快于全国、全省增速,供给侧结构性改革扎实推进,产业结构进一步优化,战略性新兴产业加速发展,与地税收入相关的经济税源增长较快。二是房地产业税收拉动作用突出。2016年,东莞房地产销售畅旺,房地产业税收对总税收增长贡献率达到203.5%,相关税种收入大幅增长,土地增值税收入增长72.5%,房屋交易契税增长22.4%。二手房交易活跃,房屋转让所得个人所得税大幅增长165.8%。楼市向好带旺土地出让市场,全年土地交易契税收入增长137.2%。三是重点企业税收表现突出。全年,华为技术有限公司东莞分公司、华为终端(东莞)有限公司、华为机器有限公司等3家公司扣缴个人所得税合计16.12亿元,占全市个人所得税收入的16.3%,合计增收13.10亿元,拉动全市个人所得税增长18.1个百分点。四是资本交易一次性税源收入增多。全年,东莞企业资本交易活跃,股权转让一次性税源增多,全年股权转让所得个人所得税收入大幅增长99.4%。资本交易产生的企业所得税大额收入增多,如4家公司转让某商业银行股权合计缴纳企业所得税1.58亿元,沙田某公司非居民股权间接转让扣缴企业所得税9362万元等。五是受高基数等因素影响部分税种同比减收。2015年金融保险业营业税收入增长45.7%,耕地占用税收入增长218.8%,形成高基数,2016年经济税源发生变化,挖潜增收空间收窄,金融保险业营业税收入按可比口径下降30.7%,耕地占用税收入同比下降42.3%。

［**税收改革**］　落实供给侧结构性改革部署,全面推开“营改增”试点,向国税部门移交纳税人信息10.66万户,抓好“两代”业务承接,实现“营改增”顺利平稳过渡,共代开增值税发票16万份,代征增值税2.38亿元。不断深化国地税合作,推进51项合作事项顺利落地,长安镇获评全国百佳国税地税合作县级示范区;梳理形成可推广、可复制、可移植的改革亮点和经验16项以及东莞特色做法10多项,得到地方党政领导批示肯定。创新税收征管方式手段,升级优化“国地通”平台,率先完成“一照一码”数据在市级层面直接传输和分发;开发存量房交易管理软件,同步房管部门数据,实现存量房交易办税免填单。深化涉税信息交换共享与分析比对,搭建同国税、社保、房管等部门的数据交换平台,全年共获取涉税数据1084.98万条,核查补缴税费13.28亿元。推进征管数据应用系统平台二期开

发，建立税源分析、风险监控体系，强化对税源结构及征管质量的动态监控。加强税收风险管理，推广应用纳税评估管理系统，推进纳税评估模型建设，共对4366户纳税人实施评估，补缴税款及滞纳金20.84亿元。成立大企业管理局，提升大企业管理与服务层级，深入推进税收分析、应对及风险管理工作。

**[依法治税]** 将精准落实税收优惠政策放在更加突出位置，以宣传、解读、辅导和跟踪反馈为主线实施全流程管理，全年累计减免税收89亿元，同比增长48%；其中，落实高新技术企业所得税优惠、研发费加计扣除优惠政策减免税收5.92亿元；实现小微企业税收优惠政策惠及面100%，累计减免税收2.09亿元。规范税收执法，积极推进税收执法督察与审计、内控协同衔接，不断完善督察机制，严格规范基层执法权限和流程；落实行政审批制度改革及权力清单制度，配合市政府开展许可事项标准录入工作，简化税务行政审批和管理流程，全面梳理东莞市地税权责清单。严厉打击国际逃避税，全年查补税款13.2亿元，其中，办理全省地税系统最大宗转让定价调查案件，入库企业所得税及利息1.4亿元。发挥东莞作为全省稽查系统电子取证工具试点单位的优势，运用取证工具提升税务稽查质效，联合国税开展专项税收稽查、随机抽查、涉税案件查处及发票违法犯罪活动整治，有效发挥税务稽查的震慑作用。

**[纳税服务]** 作为全省地税唯一试点，东莞市地税局全面实施办税服务厅分类管理，合理配置硬件、软件及人力资源，实现A类办税服务厅"保护、减压"、BC类"规范、承压、精简"，纳税人办理涉税业务平均等候时间减少50%以上。推动国地税联合办税全市覆盖，建成国地税"共建大厅"10个，"共同进驻"政务部门4个，"互相进驻"联合大厅55个，建成南城、长安24小时"E－TAX"智能办税区。深化"银税互动"与"税保合作"，截至2016年底，共有3605家企业通过税银平台获得贷款77.62亿元，成功签发广东省首张"科技贷"保单。加强点对点纳税辅导，举办"一带一路"专题税宣活动，成立促企业上市服务工作站，组织后备上市企业、股权激励等主题税收政策沙龙，推出大企业"私人定制"服务，联合国税建设大企业服务微信公众号，增进征纳双方良性互动。

**[党建工作]** 严格落实党风廉政建设"两个责任"实施办法和主体责任清单，按照"三转"要求调整职责分工，细化落实党风廉政建设重点任务。研究制定抓党建工作责任清单，将落实党建责任纳入绩效考核，实现检查督查常态化长效化。扎实开展"两学一做"学习教育，认真落实党组中心组学习制度，组织学习研讨、集体学法、专家辅导、宣讲团宣讲等活动20余场。严肃党内政治生活，严格落实"三会一课"、组织生活会、民主集中制等各项党内制度，建立党组成员基层党建工作联系点7个。

**[队伍建设]** 深化绩效管理，建立季度绩效分析讲评会制度，落实绩效管理考评结果运用；研究制定督办工作规程，稳步推行"督考合一"。坚持正确选人用人导向，制定不同层次干部选拔任用规则，严格执行工作纪实制度；充实基层人员配置，建立完善派驻税务协管员管理办法。实施分级分类培训，扎实开展岗位练兵比武，全年共举办培训186期，参训1.8万人次。完善干群连心桥制度，认真做好探访慰问、扶贫帮困等工作。广泛开展"颂歌献给党"主题党日、"党员先锋队"志愿服务、"最美税官"评选，以及乒乓球比赛等各类活动，营造积极向上、干事创业的良好氛围。

（秦长城）

# 中山市地方税务局

**[经济概况]** 2016年，中山市实现生产总值（GDP）3202.78亿元，比上年同期增长（以下简称增长）7.8%。其中，第一产业增加值70.12亿元，同比下降0.4%；第二产业增加值1675.39亿元，增长6.4%；第三产业增加值1457.26亿元，增长9.8%，三次产业比重调整为2.2:52.3:45.5。全市2967家规模以上工业企业实现增加值1385.88亿元，增长6.7%。进出口总值实现2237.7亿元，增长1.3%，增幅由负转正。固定资产投资实现1149.01亿元，增长8.9%。居民人均可支配收入40012元，增长12%。社会消费品零售总额1205.84亿元，增长11%。居民消费价格CPI温和上涨，同比上涨1.9%，低于全省平均涨幅水平0.4个百分点。地方一般公共预算收入295.01亿元，增长6.1%；地方一

般公共预算支出366.9亿元,增长3.6%。

[**税费收入**]　2016年,中山市地税局累计组织税费收入395.03亿元,同比增收0.83亿元,增长0.21%,其中,组织税收收入214.06亿元,可比(剔除"营改增"影响,下同)增收33.2亿元,增长18.36%。各级次税收收入实现较快增长,中央级收入36.6亿元,同比增收5.45亿元,增长17.51%;省级收入55.5亿元,可比增收10.09亿元,增长19.6%;市级收入121.9亿元,可比增收17.65亿元,增长16.9%。除营业税外的其他税种市级收入增长12.5%。从全省情况看,总税收增速在全省排名第7,珠三角九市中排名第5;市级收入增速在全省排名第7,珠三角九市中排名第4。征收规费和其他收入180.96亿元,同比增收12.33亿元,增长7.32%。其中,征收社会保险费157.86亿元,同比增收13.7亿元,增长9.51%;中山市缴费人数(含农养老及灵活就业人员)为167.05万人,减少2.61%;缴费工资水平达3304.31元,增长22.75%。征收堤围防护费1.79亿元、教育费附加9.25亿元、文化事业建设费424万元、地方教育附加6.17亿元;代征2015年度残疾人就业保障金2.33亿元、工会经费3.51亿元。

[**税收收入特点**]　一是总体税收运行平稳。2016年,中山市地税局税收收入呈前高后低态势,在房地产交易畅旺和"营改增"政策效应共同作用下,上半年税收收入可比增长29%。进入下半年,中山房地产交易有所放缓,"营改增"政策性减收逐步显现,加上2015年同期高基数影响,税收增速有所回落,但税收运行总体平稳,增势良好。二是主体税种并驾齐驱。主体税种均实现双位数增幅,房地产相关税种增速领先,有力拉升总体税收。营业税(1—5月)收入48.78亿元,同比增收13.67亿元,增长38.95%。企业所得税收入23.23亿元,同比增收2.6亿元,增长12.6%。个人所得税收入35.69亿元,同比增收4.5亿元,增长14.4%。土地增值税收入30.33亿元,同比增收5.53亿元,增长22.3%,其中土地增值税预征收入增长30.8%;契税收入24.12亿元,同比增收5.56亿元,增长30%。三是行业税收增幅不一。依托深中通道带来的房地产市场良好发展势头,房地产业和建筑业税收均实现高增长,其中,房地产业完成税收70.3亿元,可比增长32.6%,"营改增"后支柱作用未变;建筑业税收18.4亿元,可比增长38.9%。受资本市场冲高回落、银行息差大幅收窄和"去杠杆"制约信贷规模扩张等因素影响,1—4月,金融营业税表现不佳拉低作用下,金融业税收17.3亿元,可比增长18.7%。制造业方面,虽然企业所得税收入不理想,但财行税收入增长稳定,制造业税收增长6.6%。四是镇区税收增减各异。22个镇区实现可比增长,其中15个镇区可比增速高于全市平均水平。在房地产业税收和一次性税源增长拉动下,港口、南朗、神湾、古镇、南区、黄圃和西区的税收增长位于前列,可比增速超过30%。

[**税源分析**]　增收因素:一是楼市火爆拉升房地产税收。随着港珠澳大桥、深中通道加快推进等利好频出,加上房地产去库存工作积极到位,2016年上半年中山商品房交易量价齐升,对税收增长拉动作用凸显。上半年,中山市地税局实现一手房税收42.7亿元,同比增收14.2亿元,增长49.7%。二是自然人资产性税源稳步增长。随着资本运营的蓬勃发展,自然人股权转让、房地产转让等对地方税收的贡献不断增大。全年财产转让所得项目个人所得税完成6.38亿元,同比增收2.9亿元,增长118.8%;流管办代征个人私房出租税收4.28亿元,增长5.6%。同时,单笔交易创税额不断增大。2016年,入库一笔股权转让交易个人所得税1.2亿元,以及一笔工业厂房转让税收1.77亿元。三是加强税种精细化管理。扎实开展房地产开发企业登记备案和税收申报数据差异分析,力促营业税应收尽收;稳步推进房产土地税源登记比对核查,2016年房产税和土地使用税合计完成21.96亿元,同比增收2.26亿元,增长11.5%;优化土地增值税清算工作,2016年土地增值税清算收入6.35亿元,增长6.9%;完善税种分析预警系统,落实征稽联动协作,2016年查补税款超过10亿元。

减收因素:一是"营改增"影响逐步显现。2016年5月,城市维护建设税累计增长18.9%,之后除10月略增1%外,其他月份均有不同程度的下滑,导致全年城市维护建设税增速大幅收窄至6.33%;2016年5月,建筑业企业所得税累计增长15.8%,之后除7月增长16.8%外,其他月份均大幅下降,导致全年建筑业企业所得税同比下降16%。二是楼市走势客观影响。2016年下半年起,中山市房地产交易有放缓迹象,商品房月均交易量从上半年的1.3万宗回落至1.1万宗。直接反映在税收上,土地增值税月均预征收入由上半年的1.9亿元降至下半年的1.4亿元。

[**税收征管**]　以收入任务完成率、税收收入预测率和税源预测吻合度三个绩效指标为抓手抓好组织收入,确保完成税收预期目标。提前部署营业税

专项清理,清缴营业税及其附加13.15亿元;推进企业所得税预缴和汇缴管理,补缴企业所得税6.57亿元,汇缴面达99.78%,创历史新高;以个人股权转让核查、高收入高净值涉税数据核查为切入点,推进个人所得税全员全额明细申报。从2017年5月1日起,做好代征增值税和代开增值税发票(即“两代”)有关工作,全面支持“营改增”扩围工作。推进个体户社保费自行申报,启动机关事业单位养老保险和职业年金征收工作。10月28日,挂牌成立大企业税收管理局,加强市级国地税大企业联合税收管理工作。以国税、工商、国土交换数据为基础,加强城市维护建设税及其附加征管、个人所得税、房产土地两税常态化核查,全年查补税费超过2.86亿元;以金融局和外管局、海关部门交换数据为基础,加强对自然人股东“利息、股息、红利所得”个人所得税和印花税的征管;加强与公安、法院、出入境等部门沟通协作,运用欠税户约谈、阻止出境、税款强制扣缴、优先权申请等形式,落实清欠追缴;整合利用多部门的自然人涉税数据,构建自然人数据仓库,开发自然人管理系统,提高自然人税收管理效能。上线存量房评估价格管理系统,扭转以纳税人提供非住宅评估价格作为计税依据参考的被动局面。依托自行研发的“中山市建安造价智能系统”,组织专业团队开展分项多维度流水线式审核,化解土地增值税清算审核难题。推行企业所得税、土地增值税风险联动管理,全年查补企业所得税及滞纳金2.71亿元。实施税费清欠集约化管理,在全市所有银行市级总部集中、批量扣缴(划拨)欠税(费),明显提高工作效率。

**[依法治税]** 以依法行政考评和法治税务示范基地创建工作为抓手,引领各基层执法单位持续规范执法行为。其中,西区分局被命名为全省首批法治税务示范基地;城区分局引入执法全过程记录制度,被省局向国务院法制办推荐申报“执法全过程记录制度”试点。出台税收优惠政策落实工作制度,强化基层分局的主体责任并纳入绩效考核。全年,共减免税收50.14亿元,包括减免税收收入43.71亿元,减免规费收入6.43亿元,惠及17万纳税人、15万缴费单位。其中,改善民生方面减免税费26.1亿元,鼓励高新技术企业发展方面减免税费2.2亿元,促进小微企业发展方面减免税费1.6亿元(惠及6458户小型微利企业,政策实际受惠面为100%),支持三农、环保、文体金融市场等其他方面减免税费14.9亿元,减免社保费、堤围防护费、工会经费等共5.34亿元。此外,全力推进“营改增”试点,推动5.8万户试点纳税人税制平稳转换,实现“两代”工作顺利承接,共代征增值税2.7亿元,“两代”纳税人税负平均下降4.76%。严厉打击各种涉税违法行为,共查补税费、罚款约5.60亿元,增长370%;通过辅导自查、质疑约谈等方式组织企业自查补报收入5.47亿元。深化国地税合作,中山国地税首次合作成功查结一宗重大税收违法案件,查补税费830万元;共同制定《国地税税务稽查案源管理合作事项操作指引》等。挂牌成立公安局派驻地税局联络机制办公室,与中山市检察院联合出台《税务行政执法与刑事司法衔接工作办法》,进一步加强税检警合作。切实执行重大税收违法案件联合惩戒制度,将4宗偷税案件在省市两级地税部门的门户网站、市工商局门户网站及《中山日报》地税专版予以曝光,发挥联合惩戒的威慑效应。

**[纳税服务]** 一是升级打造“智慧地税”。上线全国首个国地税共建电子税务局,实现832项国地税业务网上通办,惠及全市29万单位纳税人和328万自然人纳税人。不断完善网上办税体系,地税509业务事项95%可在网上办理,电子办税渠道业务量占比98.5%。创新微信办税,涵盖6大类71项功能。推行二手房交易智能管理系统,解决纳税人“多头跑”问题。升级自助办税终端,首创社保费网报APP,实现手机申报缴税(费)轻松搞定。二是大力构建“友好地税”。全面推行税费业务“全市通办”,“通办”业务占日常业务90%,其中“即时办理”事项占“通办”业务98%,百万纳税人受惠。继续优化办税环境,试点建设“服务动线优体验”办税服务厅。持续开展“便民办税春风行动”,落实税务总局纳税服务和税收征管规范,促进纳税服务标准化,实现部分业务“全省通办”。拓展宣传手段,制作微电影《我爱我家》,获广东省社会主义核心价值观微电影大赛优秀奖,为全省地税系统唯一获奖单位。三是部门合作共治谱和谐。推进国地税联合办税,采用“共建”“共驻”“互派”等三种方式,实现国地税联合办税服务“全覆盖”,推行国地税业务“一窗通办”。与国税部门共建官方网站、微信微博,联合开展税宣服务480场次。加强与国税部门、金融机构、保险机构合作,创新推出“银税互动”和“税保合作”项目。其中,“银税互动”项目在全省率先实现税务机关查询银行账户信息化、批量化,全年累计为923家守信纳税人提供贷款47.35亿元。

**[队伍建设]** 认真执行《党政领导干部选拔任用条例》,全年共推荐使用处级干部3名,其中1名副处级领导被提拔到其他市局担任“一把手”;选拔

科级干部6名,股级干部45名,推进队伍建设“梯级化”。开发应用“业务量与人员适配度统计分析”系统,进一步深化交流轮岗工作机制,科学调配基层单位的人力资源,全年累计交流轮岗科级干部27名、科级以下干部144名,轮岗面达26.1%。以争创“全国文明单位”为目标,推进“一部门一亮点”“一分局一品牌”创建热潮,涌现出城区分局“家园文化建设”、火炬开发区分局“法治引擎”、南朗分局“军魂地税”及三乡分局“谷都税风”等地税文化精品。搭建“香山税悦”网络平台,各单位利用平台树典型、弘先进,报道先进集体、优秀个人近90篇,为推进“营改增”等工作提供强大的思想动力;建立“香山税悦”职工书屋,开设网球、羽毛球、乒乓球、太极、瑜伽等兴趣小组,成功举办第十届运动会;组建“香山税悦”志愿服务总队,有在册志愿者654人。全年共开展各类公益活动428场次,服务总时数17335小时,获评中山市“优秀志愿服务典型”。率先出台制度办法,推行孕产妇临时调整工作单位就近上班,并因地制宜建设“爱心妈妈小屋”;开展“连心岁愿”活动,修订完善《干部职工慰问补助办法》,对干部职工大病治疗、家庭困难等情况予以帮助。

**[党风廉政建设]** 制定出台《中山地税抓党建工作责任清单》和《党风廉政建设主体责任清单》,一级抓一级,层层传达压力,推动全面从严治党落地生根。一是注重夯实党建组织基础。在市委的大力支持下,将23个基层分局党支部划归市局机关党委统一管理,推动基层党组织隶属关系“条块”归一,并在此基础上完善市局机关党委组织架构。持续推进领导干部“一岗双责”责任考核与绩效管理相融合,组织党支部书记专题培训班,适时扩大“党员积分制”试点范围。二是健全风险防控体系。以内控升级为抓手,恢复、完善中山应用平台内控预警系统功能;坚持落实内控倒查制度,开展风险排查防控,2016年对相关单位发出《内控倒查建议书》共9份。三是聚焦监督执纪问责:制定执行《中山市地方税务局加强党员干部“八小时以外”活动监督管理实施办法》,建立单位、社会、个人、家庭“四位一体”动态监督模式。加大审计监督力度,拓展审计成果运用的方法和途径。继续开展专项巡察,落实抓早抓小工作机制;进一步完善暗访机制,严查各类顶风违纪行为,加大曝光力度。

(黄秋霞)

# 江门市地方税务局

**[经济概况]** 2016年,江门市经济运行总体平稳,实现地区生产总值(GDP)2418.78亿元,比2015年增长7.4%。其中,第一产业增加值189.13亿元,增长3.0%;第二产业增加值1147.45亿元,增长6.8%;第三产业增加值1082.2亿元,增长8.8%。三次产业结构为7.8:47.4:44.8。人均地区生产总值53374元,增长7.0%。

**[税费收入]** 2016年,江门市地税系统累计组织税费收入272.23亿元,入库口径下降4.37%,可比口径(剔除“营改增”影响,下同)增长7.31%。其中,地方税收收入147.24亿元,入库下降11.05%,可比增长9.45%;社保费收入107.31亿元,入库增长6.41%;其他费金收入17.67亿元,入库下降3.42%。

**[税收收入特点]** 一是2016年5月1日全面实施“营改增”,导致主体税种收入锐减和地方税收收入规模下降。全年营业税入库下降47.39%,减收24.5亿元,全年地方税收收入规模下降超一成。二是税收可比增速在全省处于中下游位置。比全省平均增幅(20.3%)降低12.99个百分点,全省排名第14位,珠三角九市排名第8位。三是省级收入可比增长快于其他级次收入。各预算级次收入中,中央级收入25.36亿元,同比增长7.15%;省级收入33.62亿元,可比增长15.73%(省级共享收入29.25亿元,可比增长23.99%,省级固定收入4.37亿元,可比下降19.94%);市县级收入88.26亿元,可比增长7.88%。四是东部地区税收可比增长略快于西部地区。东部三区一市地方税收收入合计104.28亿元,占全市地方税收总量的70.82%,可比增长9.8%,其中蓬江区、江海区、新会区、鹤山市可比分别增长5.26%、18.39%、12.5%、12.21%;西部三市地方税收收入合计42.96亿元,占全市地方税收总量的29.18%,可比增长8.17%,其中台山市、开平市、恩平市可比分别增长12.3%、6.96%、3.15%。

**[税源分析]** 经济因素:一是房地产市场持续升温,房地产业地方税收增长快、增收贡献大。全市

房地产行业地方税收收入(剔除营业税、增值税)33.35亿元,增长20.83%,占全市地方税收增量的109.11%。二是工业生产有所回落,制造业地方税收收入出现滑坡。全市制造业地方税收收入(剔除营业税、增值税)24.51亿元,同比下降3.27%。政策因素:"营改增"试点全面推开、契税优惠新政出台、小微企业税收优惠持续等,2016年,江门市地税结构性、政策性减税力度达到历史新高,此外多项费金收入也出现政策性停征和扩大免征范围,如2月起,停征价格调节基金;10月起,全面停征堤围防护费,扩大教育费附加、地方教育附加免征范围、降低工伤保险、失业保险及生育保险费率等,全年全市地税系统共办理减免税款达16亿元,办理减免费金达1.26亿元。

征管因素:一是推进涉税信息交换共享,依托"江门市涉税数据交换中心管理系统""江门市商事主体信息管理平台"和各市(区)局涉税数据采集系统获取涉税信息,2016年全市共采集第三方单位涉税数据308.52万条,增加税款2.28亿元。二是推进涉税数据分析应用,分季度分重点开展批量数据分析和疑点推送应对,启动多次涉税风险排查任务;强化通报和考核,进一步推进征管状况监控分析工作;综合核心征管系统数据、纳税人报送的财务资料和第三方涉税信息等,继续优化数据分析指标和风险监控模型。2016年,通过涉税数据比对分析,推送风险纳税人3797户次,促进税款入库8.75亿元。三是强化企业所得税管理,采取落户实地核查和案头核查相结合、企业财务资料和税务中介鉴证资料相结合等核查方式,加大企业所得税申报数据审核和优惠备案项目的核查力度,企业所得税年均汇缴面达99.2%,全市汇算清缴入库企业所得税5.48亿元,增长25.92%。四是强化个人所得税管理,进一步加强个人所得税全员全额扣缴明细申报工作,制定个人所得税风险管理工作计划,全年个人所得税收入22.16亿元,增长7.33%,其中,工薪所得个人所得税收入13.76亿元、财产转让所得个人所得税收入2.33亿元,分别增长10.58%和45.54%。五是规范土地增值税清算,建立健全土地增值税征收管理制度,抽调人员成立清算队伍,对全市81个项目土地增值税项目进行规范化清算。在房地产销售快速增长和土地增值税清算工作的带动下,全年共征收土地增值税18.47亿元,增长14.45%。六是积极开展税务稽查,结合江门市实际,科学组织2016年度税务稽查随机抽查工作,开展对资本交易、医药销售业、营利性教育培训机构、美容医疗等行业的随机抽查及区域专项整治工作,同时积极开展征稽联动,全年全市共立案检查纳税户42户,立案查补收入3114万元,督导自查1736户,查补收入20032万元。

[国地税合作] 江门市国税地税共建联合办税服务厅工作走在全省前列,其中蓬江国税地税联合办税厅是全省进驻政务中心规模最大的共建联合办税厅,服务模式受到省地税局局长吴紫骊、江门市市长邓伟根的批示肯定。开展国税局、地税局相互委托代征税费、联合办理涉税登记、共同核定征收企业所得税、协同加强对外支付税务管理、联合实施欠税公告、联合开展大企业管理、共同打造"税银企互动"升级版、联合开展税务稽查、联合开展税收宣传、落实国税地税干部交流等。多角度探索合作模式,包括探索共用基层服务资源、互鉴税收管理经验、协同管理建筑服务企业外出经营税收、协同实施房地产开发企业税收一体化管理等。江门市蓬江区、江海区被列入全省第二批国地税合作示范县,蓬江区被评为"全国百佳国地税合作示范区"。

深改自主实施的62个改革项目中,除了由税务总局、省局统筹布置的项目,其他项目均落实开展。其中,"三种共建模式"让江门市共建办税服务厅工作一度走在全省前列;税银互动合作项目,累计为江门市3315户企业发放贷款约46亿元;挂牌大企业管理局,江门市地税局大企业管理工作受到了省局领导的批示肯定,其余各项深改任务蹄疾步稳有序推进,深改红利日益显现。

[科学管税] 一是构建信息管税新格局。依托"江门市涉税数据交换中心管理系统"和"江门市商事主体信息管理平台"和各市、区局涉税数据采集系统获取涉税信息。2016年全市共采集第三方单位涉税数据308.52万条,促进税款增加2.28亿元;分季度分重点开展批量数据分析和疑点推送应对,启动多次涉税风险排查任务,强化通报和考核。全年通过涉税数据比对分析,推送风险纳税人3797户次,促进税款入库8.75亿元;与国土部门建立常态化沟通机制,确立共享信息内容,对土地等税源数据进行明细化、规范化整理,研发能与金税三期工程系统有效链接的"以地控税　以税节地"工作平台。二是筑牢税种管理铁篱笆。组建清算队伍对全市81个土地增值税项目进行规范化清算,全年全市共征收土地增值税18.47亿元,同比增长14.45%,增收2.33亿元;加大企业所得税申报数据审核和优惠备案项目的核查力度,今年企业所得税年均汇缴面达99.2%,补缴税款近5亿元;严格执行《江门市契

税征管实施细则》,推进契税征纳期限法制化。三是开启数字地税“E时代”。完成大数据综合应用平台一期项目的开发、测试和上线工作,实现了5大模块、143个功能,为市局数据管税打下坚实基础;开发契税、二手房交易预受理系统,对应办税等候时间缩减近2/3;推广应用广东省电子税务局和广东地税电子文档管理系统。四是夯实科学管理强根基。建立健全欠税管理制度,7月首次依法启动阻止欠税人出境措施,采取催缴、国地税联合欠税公告、资产资金的查封冻结、强制措施的执行等事项达35047次,实现清理欠缴税费3.46亿元,清欠金额同比增长32.06%;委托市国税局代征小规模纳税人代开增值税发票应征的附加税费,蓬江、江海、恩平、鹤山、新会等地陆续推行国税地税联合委托邮政等部门代征税费。截至12月底,全市国税共代征地税税费约1224.15万元,联合委托代征点共代征地税税费总额为约516.54万元;统一征管规范,对41个基层分局开展专项督查;在蓬江区地税局加挂大企业税收管理局的牌子,加强对大企业的税源监控力度,并为其提供个性化纳税服务。

**[依法治税]**　一是科学组织2016年度税务稽查随机抽查工作,开展对资本交易、医药销售业、营利性教育培训机构、美容医疗等行业的随机抽查及区域专项整治工作,并开展征稽联动。全年全市共立案检查纳税户42户,立案查补收入3114.73万元,督导自查1736户,查补收入20032.28万元。二是依托地税局、国税局、公安局联合执法办公室协作平台,加大纳税人发票使用情况检查力度,大力整治发票“买方市场”,重点检查房地产、建筑安装、中介机构、旅游、餐饮等发票违法问题高发、频发行业。全年全市共检查企业108户,查处发票问题40户,涉及金额19.67万元,罚款2.40万元,对社会涉税违法行为形成强大的震慑力。三是加快电子稽查建设,组织全稽查系统的税务稽查电子取证设备操作应用培训班;推进电子查账软件的实践运用;综合利用多个地税信息系统的信息数据,做到“选案精准、查案深入、审案严格、执行到位”。四是与法院部门深入沟通,打通欠缴社保费强制执行渠道,全年移交法院强制执行的社保费案件12宗,涉及金额593.65万元。五是推行基层和市级税收法制员工作制度,聘任市级税收法制员10人,各市区局在基层单位设置专职法制员43人。六是深入贯彻依法行政。制定市局2016年依法行政工作方案,开展对各市(区)局依法行政的考评工作;受理行政复议案件9宗,应诉案件7宗,切实维护纳税人救济权利;以自查、互查、“回头看”等形式,对归集整理出来的7328条疑点数据开展执法督察,建立《税收执法督察整改台账》,促使各市(区)局100%落实问题整改,并对4个未落实税收执法责任制的县级局实行绩效扣分,压实执法责任。

**[纳税服务]**　一是全面落实首问责任、限时办结、微信预约办税、延时服务以及导税服务、提醒服务、“二维码”一次性告知等各项办税服务制度。2016年9月,即时办结类税费业务实现“全市通办”,税务登记、申报纳税、税收优惠、社保申报缴费等334项依申请业务可在全市地税各办税服务厅跨区受理。二是与国税部门联合共建办税服务厅43个,完成互设办税窗口的办税服务厅6个,完成进驻政府政务中心的大厅14个。在508个服务窗口中开设425个国税地税业务“一窗通办”窗口,全年合计受理国税地税业务约140多万宗。“一个门、一个号、一个窗办两家事”的服务模式为纳税人平均节约50%的办税时间。从11月起在全市联合办税厅推广应用国地税联合工作平台“税智通”,解决前台国税地税系统切换互访和重复录入的问题,创新开发“二合一”国税地税税费刷卡POS机,实现信息高度聚合、资源高度整合的“一人一机一账号一平台一呼叫一POS一打印”办税模式。三是大量减少纳税人信息填报。积极配合“多证合一”商事制度改革,开发应用登记“快捷办”辅助系统,免除纳税人重复报送资料。新登记企业资料登记工作由原来平均18分钟缩减至8分钟。三是依托广东省电子税务局、办税服务厅、12366服务热线、地税门户网站、纳税服务平台、自助办税终端机和微信公众平台,构筑“线上、网上、掌上”多位一体的服务后台,受理相关业务,并切实做好纳税人咨询、投诉、举报、建议的跟踪处理。全市共设置自助办税终端84台,自助办税服务厅46个,其中24小时自助办税服务厅17个,积极配合市政府电子政务建设,将自助办税终端现有的六项打印类业务接入“侨都之窗”自助便民服务平台。此外,不断更新12366知识库内容,提升座席咨询服务水平,2016年1—12月,12366纳税服务热线共受理事项34522项,其中人工受理23616项,接通率94.97%;自动语音受理10906项,全部事项均按照要求办结,办结率100%,热线服务得到江门市纳税人的广泛好评。

(梁健玲)

# 阳江市地方税务局

［**经济概况**］ 2016年，阳江市地区生产总值(GDP)1342亿元，同比增长7%；人均地区生产总值53268元，增长6.2%；规模以上工业增加值490亿元，增长7%；农业总产值380亿元，增长3.5%；社会消费品零售总额632亿元，增长8.2%；城镇居民人均可支配收入25097元，增长8.7%，农村居民人均可支配收入13697元，增长9.2%。完成固定资产投资636亿元，其中能源项目投资128亿元。扩大消费需求，电子商务交易总额89亿元，增长35%。开展对外贸易，建成阳江(汇达)跨境电商快件分拣清关中心，支持木森等企业开拓国外市场，发展跨境电商等外贸新业态，进出口总额130亿元。战略性新兴产业产值191.1亿元，占规模以上工业总产值比重10%，提高4.5个百分点。加快发展现代服务业。海陵岛被评为中国“十大美丽海岛”。全市接待游客突破1800万人次，旅游总收入突破200亿元。积极发展现代农业。新增南药、花卉等特色经济作物5.07万亩，春砂仁成为全省首批被立法保护的中药材。新增国家级农民合作社示范社2家、市级农业龙头企业11家和现代农业园区6个。海洋渔业稳步发展，渔业总产值160.7亿元，增长3.8%。获批全国首家五金刀剪知识产权快速维权中心，新增国家级高新技术企业6家、省级科技企业孵化器2个，创建首个省级众创空间。

［**税费收入**］ 2016年，阳江市地方税务系统共有正常纳税登记户47044户，其中，内资企业17843户，外商投资企业和外国企业135户，港澳台商投资企业273户，个体经营户26229户，其他2564户。截至2016年底，全市社保费登记户(含灵活就业人员)12.3万户，据社保统计口径；养老保险参保人数58.49万人，失业保险参保人数21.24万人，医疗保险参保人数27.47万人，工伤保险参保人数24.01万人，生育保险参保人数20.14万人。

全年组织税费收入73.49亿元，可比增长11%，其中税收收入42.57亿元，可比增长6.2%，各项规费收入30.92亿元，同比增长18.5%，增速全省第3。同时，积极跟进阳江市“三大战略”部署，不折不扣落实税收优惠政策，依法减免各项税收2.42亿元，占税收收入总量的8.4%，依法办理退税6010万元，充分发挥了部门职能作用，有力支持地方经济发展。

［**税收收入特点**］ 一是税收增速居全省地税系统第18位。阳江市地税税收累计增速比全省地税系统平均增速(20.3%)低14.1个百分点，高于揭阳(-1.6%)、清远(-1.6%)和肇庆(-3.0%)，低于韶关(8.5%)和梅州(8.7%)。二是各税种收入增长差异明显。营业税收入9.62亿元，受“营改增”影响下降45.4%，可比实际增长37.4%；个人所得税收入5.95亿元，同比增长16.6%，总量跃居第2大税种；企业所得税收入4.91亿元，同比下降9.7%。财产行为税收入21.89亿元，同比下降2.9%，减收6646万元。其中，在房地产交易环节契税新政影响下，契税同比下降19.2%，减收7508万元；耕地占用税受2015年年底审计查补入库2.03亿元抬高基数及政府批准农用地转用途减少影响，同比下降30.1%，减收1.24亿元。三是地区税收收入增长不平衡。剔除“营改增”影响，全市地税系统6个征收单位中，4个征收单位正增长，2个征收单位负增长，按收入增速排序依次是阳西19.4%、阳春15.6%、阳东10.0%、江城8.8%、高新-9.1%、海陵-16.1%。增速最高的阳西和增速最低的海陵相差35.5个百分点。

［**税源分析**］ 一是重点税源企业经营效益快速增长，个人所得税收入创历史新高，总量跃居第二位。2016年，个人所得税收入5.95亿元，同比增长16.6%，创历史新高，总量首次跃居税种收入第二位。主要得益于阳江市企业员工工资薪金收入普遍有所增长，尤其是规模较大、效益较好的优质企业，工资和年终奖均有较大幅度增长，带动工资薪金所得个人所得税入库3.88亿元，同比增长20.5%。二是部分房地产重点企业商品房销售活跃，相关税收延续快速增长势头。保利(海陵岛)房地产开发有限公司在2015年度集中交楼较多，结转收入比2014年度有较大增长，且其属下分公司贡献利润大，2016年1—5月，汇算清缴企业所得税4841万元，同比增长75.2%；阳春市碧桂园房地产有限公司自2015年年末开盘以来，商品房销售畅旺，全年累计入库税收5429万元，同比增收3748万元。三是部分税种征

期调整形成入库时间差。从 7 月 1 日起,全省统一规范调整房产、土地使用税征期为当年度 10 月 1 日—12 月 31 日。受此征管调整影响,拉动房产税和土地使用税分别增长 51.3% 和 8.5%。四是大力清缴欠税,确保税款及时足额入库。全年累计清缴入库欠税 2.68 亿元。其中,清缴阳东区人民政府出租土地历年欠缴的土地使用税及滞纳金共 8210 万元。五是实体经济下行压力加大,税收增收内生动力不足。全市规模以上工业增加值同比增长 6.0%,增幅比上年同期回落 8.4 个百分点;固定资产投资同比下降 16.5%,比 2015 年同期回落 21.2 个百分点,增速全省排名末位,其中,项目投资和房地产开发投资同比分别下降 17.9% 和 9.2%;出口总额同比下降 3.4%;全社会用电量低位增长 6.1%,其中工业用电量仅增长 4.3%。经济的下行拉低全年税收的增长速度。六是政府批转农业用地减少,耕地占用税减收 7492 万元。耕地占用税与政府批转农业用地指标密切相关。受政府近期批转农业用地减少及 2015 年底审计查补入库 2.03 亿元抬高基数影响,全年耕地占用税收入 2.89 亿元,同比下降 30.1%,减收 1.24 亿元。七是税收减免力度进一步加大。执行房地产交易环节营业税、契税新政,房屋交易契税减收 3262 万元。不折不扣落实各项结构性减税政策和中小微企业税收优惠政策,支持企业降成本,服务"调转促"工作大局,全年累计减免税收 3.88 亿元,其中,改善民生减免税收 1.43 亿元,鼓励高新技术减免税收 2386 万元,促进小微企业发展减免税收 2682 万元。累计办理税收退库 6010 万元。

**[税收征管]**　一是全面打赢"营改增"攻坚战。加强管户清理核实,准确移交基础数据,实现业务无缝对接,同时开展全覆盖式宣传,组织有针对性的业务培训,实现了"营改增"的平稳过渡。全年共代开增值税发票 15555 份,代征增值税 1914 万元。二是全面推进资源税改革。通过实地调研与数据分析相结合形式,联合多个部门完成税率测算工作。改革全面实施后,对申报数据质量开展全面自查,即时测算、查找问题、分析整改。2016 年 8—12 月,阳江市资源税征收入库 2615 万元,税费合计减少 1381.91 万元,减幅 44.35%。三是全面推行"互联网 + 税务"。新机房建设和搬迁顺利完成,推动市局信息化建设二次飞跃。电子文档管理系统顺利上线,全市通办、全省通办广泛应用,电子税务局大力推广,微信缴税实现"指尖"办税,虚实同质功能全面构筑,实现"互联网 + 税务"预期。四是积极探索构建新税收征管模式。围绕加强风险管理和数据管税思路,以江城区局和阳东区局为试点,强化税收数据分析比对评估,实行纳税人分级分类管理,探索构建"征管评查"四分离岗责体系,逐步实现"管户制"向"管事制"转变。五是扎实稳妥推进稽查体制改革。推行稽查扁平化管理模式,适度调整市局内部职能结构,上收县级稽查局选案和审理职能,减少内部管理层级,整合优化稽查资源配置,打造"上下一体、信息畅通、反应灵敏、指挥有力"的稽查办案指挥体系。

**[纳税服务]**　一是不断优化纳税服务。规范办税厅建设,上线办税服务综合管理系统,简化办税流程,优化办税程序,推广和完善办税预约、资料预填、限时办结等服务,全面提升办税服务质效。加强 12366 纳税服务热线管理,顺利完成热线升级工作,受理服务事项 10487 件(宗),接通率达 95.06%,答复满意度 100%。积极开展税收宣传月活动,联合市国税局成立纳税人学堂,加强纳税人辅导培训,共举办各类纳税人辅导班、培训班、讲座 348 期,培训人员 28195 人次,纳税人满意度得到较大提升。二是持续助力企业健康发展。积极推动"银税互动",推广"税融通"服务项目,共为 31 户小微企业纳税人贷款 15611 万元,有力助推小微企业健康发展。认真组织开展"便民办税春风行动"、企业集中服务月活动、"问需求、优服务、促改革"专项活动,着力解决企业和纳税人诉求,全方位升级服务质效。三是大力落实税收风险管理。强化增值税发票管理新系统运用,做好增值税发票及出口退税风险管理,加强户籍、登记及申报风险管理和欠税风险管理。全年推送风险纳税人总户数 16058 户,采取应对措施户数 15876 户,完成风险管理全流程户数 4622 户,入库税款 44871.41 万元。四是扎实推进"精准扶贫"工作。把精准的要求贯穿扶贫工作各领域各环节,准确甄别,建档立卡,分类施策。将阳西县塘口镇同由村 90 个贫困户与市局正科级以上领导干部一一对应,实行"包户到人、精准对接",选派干部作为驻村干部履行日常工作。全年有 26 名领导亲自带队,共 78 人次深入贫困户开展精准扶贫工作,全部完成了入户对接、制订帮扶计划。

**[队伍建设]**　一是选好用好干部。认真落实《党政领导干部选拔任用工作条例》,全年共完成 3 名科长、9 名副科长、2 名分局长、4 名主任科员的选拔配备,对 19 名科级干部和 7 名科员实行了交流轮岗,安排 6 名新进公务员到基层挂职锻炼,进一步优化人员配置和队伍结构。二是推进教育培训常态

化。加大分类分级培训力度，积极推广应用教育培训网络系统，不断提高干部职工综合素质，共举办培训班 195 期，培训 8705 人次，培训规模 19627 人天。加强和国税局挂职交流、教育培训合作，共互派挂职锻炼干部 16 名，进一步打通教育培训资源共享。推进“岗位大练兵、业务大比武”活动，提高干部队伍综合素质，8 名干部被纳入“素质提升‘115’工程岗位能手项目”。三是优化绩效管理。全面梳理岗责体系，形成部门职责说明书 82 份，岗位职责说明书 1235 份，使绩效管理成为抓班子、抓工作、防风险的有效手段。2016 年，市局的省局领导评价指标得分在全省排名第 9 位，说明阳江市地税局整体工作质量得到了省局领导肯定和认可。稽查指标和个别考点在省局分档考评中获得一档。此外，财务管理、信访保密、舆情管理、税收科研、后勤保障、群团活动、创建国家卫生城市等工作扎实开展，也取得了新的成绩。

（茹晨光）

# 湛江市地方税务局

［**经济概况**］　2016 年，湛江市完成生产总值（GDP）2380 亿元，同比增长 8.5%。规模以上工业总产值 2259.6 亿元、增长 9.8%，增加值 698.8 亿元、增长 9.9%。服务业增加值 1019.6 亿元，增长 9.1%。固定资产投资 1313.7 亿元，增长 28.7%。社会消费品零售总额 1298 亿元，增长 11.7%。来源于湛江的财政总收入 491.6 亿元，公共财政预算收入 121.9 亿元、增长 2.7%。居民人均可支配收入 16631.7 元，增长 8.7%。年末金融机构存款余额 2675 亿元，增长 10.5%，存贷比 58.4%。

［**税费收入**］　2016 年，湛江市地税局累计组织税费收入 155.1 亿元，可比增长 11.9%（剔除“营改增”因素，下同）；税收收入 77.7 亿元，可比增长 11.1%，其中，市本级库收入 17.5 亿元，占市级公共财政预算收入 36.1%；其他规费收入 77.5 亿元，同比增收 8.7 亿元，增长 12.7%。

［**税源分析**］　从重点行业来看，近年来，房地产业、建筑业、制造业、金融业四大行业对湛江的税收贡献率始终保持在 70% 左右，特别是房地产和建筑安装业，不仅税收规模大，而且税收增长贡献多。2016 年，湛江市房地产业发展态势良好，年销售面积 405.23 万平方米，年销售额 245.4 亿元，贡献地税收入 18.7 亿元，是地方财政收入的重要来源。从区域分布来看，县（市）税收低于市区税收，税收集中度高于经济集中度，2016 年县（市）和市区经济总量的比例约 51∶49，而地方税收比例则为 29∶71。从税种收入来看，2016 年，营业税、企业所得税和个人所得税三大主体税种分别收入 17.6 亿元、10.0 亿元和 12.3 亿元，分别占比 22.71%、12.90%、15.83%。除主体税种外，城市维护建设税收入 10.9 亿元，占比 14%；土地增值税收入 8 亿元，占比 10.3%。

［**服务地方发展**］　建立重点项目涉税服务工作机制，设立优先服务“绿色通道”，建立税源管理数据库，加强走访调研，与国税共同推出个性化服务，支持重点项目建设。加大税收优惠力度，全年减免各项税费 6.1 亿元。其中，改善民生方面减免税费 4.9 亿元，鼓励高新技术企业发展方面减免税费 2043 万元，促进小微企业发展方面减免税费 3376 万元，支持三农、环保等其他方面减免税费 5604 万元。落实各项规费优惠政策，为超过 38 万参保人减免工伤和失业保险费 1.28 亿元，对 437 户企业减半缴交堤围防护费，为 3000 多户小微企业免征教育费附加和地方教育附加。启动“税银互动”项目，全年为 45 户企业免抵押、免担保发放贷款 4067 万元。2016 年，市委、市政府主要领导先后 7 次就湛江市地方税务局落实征管体制改革、推进“营改增”、深化国地税合作、服务重点项目建设等工作作出批示表扬。

［**依法治税**］　健全依法决策机制，落实法律顾问制度，全年法律顾问审核重要合同 38 份，出具书面法律意见 3 份，提供法律咨询 42 次。简化审批手续、规范审批行为、统一审批标准、提高审批效率，大力推进网上审批和网上公开，使执法更加高效透明。有效防止法外扩权。推进监督检查常态化，将日常执法督察和 4 个专项督察项目结合起来，深入挖掘相关涉税信息，先后对 15 个指标近 500 条数据进行了疑点数据筛选。强化法治业务指导和培训，依法开展行政应诉工作，并提高干部队伍依法行政的思维和能力。

[税费征管]　顺利完成"营改增"试点扩围,确保了两代业务无缝衔接,全年共代征增值税 2750 万元。国地税合作成效显著,建立由双方"一把手"任组长的合作工作领导小组及具体的合作事项领导小组,确保合作有条不紊地推进。修订完善联席会议、统筹督办等制度,先后召开 11 次联席会议,就 42 多个议题进行密切沟通、协商,并形成会议纪要印发执行,确保深化征管体制改革任务落到实处。深度融合信息,联合开发国地税合作信息共享系统,建立 38 个数据平台,在欠税名单、非正常户、税收分析、税收调查、纳税信息评定、大企业管理、税收宣传等 19 个模块中共享数据,使信息更加规范齐全。建立涉税数据分析应用机制,全年提取疑点数据 18490 条,共补征税款 3143 万元、滞纳金 629 万元。通过涉税信息交换平台从 11 个部门获取共约 49.3 万条涉税数据,全年共查补税费 3.1 亿元。圆满完成社保费扩面征缴任务,有力推进了湛江市企业职工依法全员足额参保缴费,同时进一步规范各项政策性补缴审批工作,全年补缴入库收入 3.5 亿元。

[纳税服务]　2016 年,建联合办税服务厅共计 18 个,互设窗口 43 个,实现国地税业务一厅办理,其中进驻市行政服务中心的国税地税联合办税服务厅实现了"一窗一人一机一屏"的通办功能,廉江市、赤坎区成功创建为全省国税地税合作县级示范区。成功上线电子税务局,整合线上线下办税资源,将网络办税水平推上新高度。推进"全市通办"及"全省通办",在全市范围内实行税费业务"全市通办"新模式。并在此基础上,进一步梳理业务、规范标准、扩大应用范围,推进"全省通办"。推进纳税人学堂建设,举办分行业、分税种、专业性强的培训班达 106 场次,培训辅导纳税人 18757 人次。

[队伍建设]　深入开展"两学一做"学习教育,组织党员干部开展自学和集中学习,积极尝试微信推送、集中讨论、调研体验、树立先进典型以及领导讲学等丰富方式,使"两学一做"学习教育成为常态。牢固树立正确用人导向,严把政策关、严把动议关、严把程序关、严把考察关,由于工作规范、导向正确,选人用人工作受到了省局主要领导的充分肯定。抓好岗位练兵和业务比武,举办各类培训班 75 期,组织 32 次考试,有 2 名干部入围全省地税系统素质提升"115"工程—业务骨干,其中 1 人入选省局 15 人预备队。此外,有 9 人通过"三师"考试,"三师"人数达 48 人,名列全省前茅。继续深化绩效管理,健全组织机构,优化指标体系,注重结果运用,发挥绩效管理的积极作用。

[从严治党]　注重领导带头、责任分解、跟踪督办、治本长效。实施廉政教育"三个全覆盖",廉政谈话全覆盖,全年开展谈话提醒 409 人次,其中,党组书记和纪检组长对 39 名科级领导干部进行谈话提醒。廉政教育巡讲全覆盖,邀请专家在全系统举办 6 场学习贯彻《准则》《条例》专题辅导报告会,然后是廉政文化教育基地全覆盖,创建"1 + 6"廉政文化教育基地,积极打造廉政文化品牌。健全制度机制"三个深度融合",明确责任目标、健全责任制度,建立责任工作机制,做到与岗位职责深度融合,强化审计监督、强化专项检查、强化案件查办。

(刘妍娥)

# 茂名市地方税务局

[经济概况]　2016 年,茂名市地区生产总值(GDP)为 2636.74 亿元,同比增长 7.1%。其中,第一产业增加值 433.49 亿元,增长 4.2%;第二产业增加值 1060.16 亿元,增长 7.6%;第三产业增加值 1143.09 亿元,增长 7.7%。全年固定资产投资 1262.76 亿元,增长 13.2%,其中,房地产开发投资 109.84 亿元,增长 7.0%。商品房施工面积 1596.97 万平方米,增长 17.7%;竣工面积 104.64 万平方米,增长 46.5%;销售面积 321.26 万平方米,增长 18.8%。社会消费品零售总额 1339.88 亿元,增长 10.3%。实际利用外资金额 7548 万美元,下降 56.1%。进出口总额 104.17 亿元,增长 2.2%。其中,出口总额 74.85 亿元,增长 9.0%;进口总额 29.32 亿元,下降 11.9%。地方一般公共预算收入 121.42 亿元,增长 6.3%。全市居民人均可支配收入 18403 元,增长 9.2%。其中,城镇常住居民人均可支配收入 23323 元,增长 9.0%;农村常住居民人均可支配收入 14520 元,增长 9.8%。

[税费收入]　2016 年,茂名市地税系统累计组织税费收入 159.03 亿元,可比(剔除"营改增"因

素,下同)增长6.8%,增收10.13亿元。其中,组织税收收入94.65亿元,可比增长8.8%,增收7.67亿元,完成省地税局预期目标的101%,税收规模在粤东西北地区排第2位;中央级收入13.59亿元,同比下降6.4%;省级共享收入20.98亿元,可比增长18.9%;省级固定收入2.02亿元,可比下降10.2%;市县级收入58.07亿元,可比增长10.5%。组织各项规费收入64.37亿元,同比增长4%,增收2.45亿元,其中,社保费收入49.28亿元,同比增长6.7%,增收3.08亿元。

［**税收收入特点**］ 一是月份增长波动大,累计增速逐月回落。1—5月,税收收入呈持续上升趋势,5月1日起,全面实施"营改增"试点工作后,6—12月,税收收入累计增速逐月回落,全年税收收入累计同比下降6.5%。二是省级共享和市县级可比增长较快。受土地增值税增长带动影响,省级共享收入可比增长18.9%,在各级次中增长最快;其次为市县级收入,可比增长10.5%。三是县域地区税收增长拉动作用提升。全年市区实现税收收入合计60.53亿元,占全市税收总量比重的64%,可比增长3.9%。县域地区实现税收收入合计34.12亿元,占全市税收总量比重的36%,可比增长18.7%,贡献全年税收增量的70.1%。四是财产行为税收入比重大幅上升。全年财产行为税收入合计59.48亿元,占全市税收总量比重的62.8%。

［**税源分析**］ 增收因素:一是全市经济保持平稳增长奠定税源基础。全年全市完成地区生产总值2636.74亿元,同比增长7.1%,产业结构进一步优化,第三产业税收可比增长16.9%。二是茂名石化公司增收拉动作用明显。全年茂名石化公司实现增值税39.53亿元,同比增长39.3%,相应城市维护建设税同比增长42.3%,贡献全市城市维护建设税增量约6成。三是规范税收征收管理促进收入增长。部署开展营业税风险排查,2016年,营业税收入12.95亿元,可比增长53.6%。出台《茂名市地方税务局关于明确契税申报缴纳期限的公告》,完善契税纳税申报和征管相关规定,组织契税收入7.66亿元,同比增长23.7%。开展耕地占用税清理工作,组织耕地占用税收入5.22亿元,同比增长16.9%。强化重点税源管理,对全市182项重点项目实施监控,入库税收4.16亿元,可比增长47.2%。

减收因素:一是2016年5月1日起,全面实施"营改增"试点工作,全市营业税减收9.69亿元。二是2016年2月,财政部、国家税务总局调整商品房交易环节营业税、契税优惠政策,全市按政策减免契税金额达1亿元。三是2016年6月,省地税局调整企业所得税申报预缴规定,统一调整为按季申报,按2015年同期静态数据测算,2016年第四季度全市约有2.2亿元企业所得税结转到2017年申报入库,对2016年税收收入造成影响。

［**征管改革**］ 坚决贯彻落实《深化国税、地税征管体制改革方案》,积极推进国地税深度合作,全市共有国税地税联合办税服务厅49个、互设办税服务厅窗口大厅12个、共同进驻政务中心5个、联合办税服务点66个。全面顺利实施"营改增"试点改革,全年共开具"两代"业务增值税发票11336套、代征税款4099万元。实施"多证合一、一照一码"商事登记制度改革,登记环节资料减少50%,业务环节减少33%,业务办理时间减少40%。优化整合基层征管资源,全面实施专业管费,构建税费并重管理格局,有效提升税费征管合力,改革探索工作得到省局局长吴紫骊在全省务虚会点名表扬和副局长肖映波批示肯定。坚持"机构编制不变、业务集中为主、人员统筹调配"的原则,在市区实施稽查管理体制改革,整合优化稽查资源,增强市级稽查力量,全面提升稽查工作质效。实施税收风险管理,组建市局大企业局。

［**依法治税**］ 牢固树立法治思维,努力争取各方支持,内外结合促进依法治税。落实各项税费优惠政策,累计为纳税人减免税费9.91亿元。全面推行权力、责任、负面"三个清单",深入开展税收执法督察,认真贯彻政府信息公开条例,全面推动税法宣传和法治税务示范分局创建,不断完善规范性文件管理和重大案件审理机制,规范行使税务行政处罚自由裁量权。贯彻落实法律顾问制度,组建人数达119人的法制员队伍,进一步规范基层执法行为、降低执法风险。

［**纳税服务**］ 深入贯彻落实"便民办税春风行动",严格落实《纳税服务规范》,不断提升纳税服务质效,在2016年委托第三方开展的全省纳税人满意度调查中,茂名市局名列全省地税系统地级市第1。服务地方经济大局,深入开展税费调研,充分发挥税费大数据优势,撰写专题调研报告,积极为地方党委政府排忧解难,得到市主要领导批示肯定。全面规范纳税服务,以茂南区局河东办税服务厅为标杆,全面推进基层办税厅规范化建设,推动服务一把尺子、办税一个标准。规范优化门户网站,全力提升12366服务热线质效,全年平均接通率达98.23%。运用省局综合管理服务系统,充分发挥监控服务中心功能。全面推广应用税费档案电子影像系统,实

现77项税费业务"全市通办",全市15个办税厅实现"全省通办",其中电白区局实现全覆盖。加大电子税务局上线和自助办税终端推广力度,对定期定额户实行简易申报、简并征期,实现纳税人和税务人员双减负。积极推进"税银互动""税保合作",推动纳税人获得信用贷款21.2亿元,其中中小微企业7660万元。

**[队伍建设]**　坚持以人为本,强化绩效管理,全面激发干部队伍活力,2016年度绩效考评总成绩位于全省地税系统前8名。深入开展岗位大练兵、业务大比武活动,有2名同志入选全省地税系统"素质提升'115'工程—专业骨干项目"名单,市局总成绩并列全省第5名。分级分类开展干部教育培训,2016年共举办各类干部培训班154期,参训9683人次;联合国税局开展培训52期;执法资格考试全市43名考生通过率达100%。加大人才培养力度,积极推进稽查专业队、法制员队伍等高层次人才培养计划。与国税互派4名干部挂职锻炼,选拔10名优秀中层干部到东莞地税挂职锻炼,实施基层分局长交流轮岗、跨区(市)局交流轮岗。扎实推进"两学一做"学习教育,各支部书记上党课101堂,全体党员手抄党章100天,开展共建活动32次。积极引导地税正能量,举办"税月如歌"文艺活动,开展"最美地税人"事迹宣讲2期。依法依规保障干部职工工资福利待遇发放,优化落实救急济难互助金制度。

**[全面从严治党]**　落实全面从严治党责任,制定印发主体责任、监督责任《实施办法》和《责任清单》,列出党组、党组书记、党组成员、部门负责人四大责任类别,20项责任要求和78条具体责任清单,各级各部门按照责任主体、责任事项、时间安排逐项对表,逐一落实。坚持监督执纪问责,从"明责、尽责、督责、追责"4个层面构建党风廉政建设责任制体系,并把握运用好"四种形态",办理信访来电举报或上级交办信函8件次、初核8件次、转立案1宗、给予党纪政纪处分1人。坚持教育预防在先,坚持暗访、查处、追责、曝光"四管齐下",对顶风违纪者发现一起处理一起,点名道姓通报曝光,积极营造不敢、不能、不想的氛围。推进反腐倡廉教育,以《廉洁自律准则》《纪律处分条例》《问责条例》为学习重点,掀起学习热潮,在全市"廉洁火炬杯"党规党纪知识竞赛中荣获一等奖。与地方纪委在高州市局共建廉政文化教育基地,并分期分批组织干部职工参观学习,筑牢反腐倡廉的思想和法纪防线。认真落实省局《关于坚持抓早抓小开展谈话提醒工作的实施意见》,深入开展"六个层次"谈话机制,累计开展谈话提醒2437人次。加强政风行风建设,着力推动构建"亲+清"新型政商关系。

(潘　强)

# 肇庆市地方税务局

**[经济概况]**　2016年,肇庆市实现地区生产总值(GDP)2084.02亿元,同比增长5.0%。规模以上工业企业累计完成增加值952.73亿元,同比增长3.7%,比上年回落3.9个百分点。实现消费品零售总额731.98亿元,同比增长12.9%,与上年持平。固定资产投资累计完成1373.74亿元,同比增长3.3%。

**[税费收入]**　肇庆市地方税务局全年累计组织税费收入133.58亿元(剔除"营改增"因素影响,下同),可比增长1.66%,增收2.18亿元。其中,税收收入75.60亿元,下降3.02%,减收2.35亿元,税收总量排全省第12位(不含深圳);组织各项费金收入57.98亿元,增长8.48%,增收4.54亿元。

**[税收收入特点]**　2016年5月1日起,全面"营改增"后,税源收入大幅削减。上半年,肇庆市地方税务局月度税收收入相对均衡,单月收入规模基本稳定在8亿元以上。下半年,税源规模大幅削减,月均收入仅41691万元,较上半年月均收入(84314万元)减少42623万元,规模削减超50%。收入缺乏增收点,除10月收入因企业所得税征期调整大幅增收带动增长外,下半年其他月份税收收入均出现减收。

**[税源分析]**　"营改增"后,经济增长和重大工程建设项目对地税税收的直接推动作用减弱。2016年上半年全市100项重点建设项目产生地方税收3.48亿元,"营改增"后,下半年仅1.57亿元,不到上半年收入规模的50%。营业税作为地税部门的主要增收税种,"营改增"后,地方税收整体收入增

长速度将明显放缓。收入规模排名前3位的税种分别为个人所得税、土地增值税和土地使用税，其入库税额占税收总量比重均在13%左右，暂时难以替代营业税成为主体税种。房地产业、建筑业、制造业、金融业、租赁和商务服务业是地方税收主要来源，2016年五大行业占地方税收总量比重达68.06%，其中房地产业和建筑业税收收入分别为200308万元和116521万元，两大支柱产业税收共占总税收比重41.91%，较上年同期(43.28%)占比下降1.37个百分点，支柱行业收入占比过于集中的情况持续改善，行业税收结构进一步优化。

［**税收优惠**］ 落实税收减免等优惠政策，助力供给侧结构性改革。印发《落实税收优惠政策工作规范》，归集整理并用足用活用好税收优惠政策，实现解读、宣传和征管系统同步，为全市发展建设提供政策支撑。全年累计减免各项税收8.56亿元，其中为30户高新技术企业减免企业所得税0.92亿元，为5655户次小微企业减免企业所得税0.35亿元，小微企业企业所得税实际受惠面100%。

［**纳税服务**］ 搭建“实体办税厅、电子办税厅、智能移动终端”三位一体平台，在全市办税服务厅配置摆渡机25台，为纳税人免费提供公共WiFi服务，全面上线应用门前资料影像采集系统；累计设置自助办税终端96台，全年办理各类业务15.4万次，开具缴款凭证19万份，征收税费0.47亿元；推广应用电子办税服务厅，全年开通智能终端4807户，纯CA931户；完善办税服务厅综合管理系统，业务办理时间提速56%，耗时短为全省各地之首；继续推进“把缴费人请出办税服务厅”工程，办税服务厅前台社保业务办理量较最初下降52%，通过网报、银行储扣和自助终端机等方式缴纳社保费业务占总业务量比重较最初上升19个百分点，有力提高了缴费效率，实现“两个减负”，得到省局主要领导充分肯定。推广“权责监督管理服务系统”，审批效率平均提速80%；顺利切换12366纳税服务热线到“广东中心”，在全省热线服务质量抽测中位列全省第四；深入推进23家银行参与的“银税互动服务项目”，积极开启“以信养信”政银合作，助力企业解决融资难题，全年全市银税合作贷款总金额7.37亿元，惠及企业111户，解决企业就业人数2775人；启动“税保合作”服务小微企业发展项目，实现税保联合、征信互动；配合做好全省纳税人满意度调查，成绩良好；广宁县局对接需求精准服务农村淘宝等电商项目。

［**依法行政**］ 强化规范性文件制定源头管理，拓展信息公开渠道，全年主动公开信息2230条；严格执法过错追责，追究过错48宗；完善纳税人权利救济机制，接收行政复议和诉讼案件各2宗，受理信访上访和纳税服务投诉12起，办结率均为100%，成功化解肇庆天福广场办证难的重点信访积案，得到市委主要领导肯定，在全市2016年信访事项办理满意度评价中排名前列；肇庆市地税系统在2016年执法资格考试中名列全省前茅。德庆县局成为首批“广东省地税系统法治税务示范基地”；建立健全社保费欠费案件强制执行工作机制；定期编写《法规天地》专栏，探索共建公职律师团队；强化督办落实力度，全年办理重点督办事项26件，专项涉税督办事项25件，有效落实承接省局下达专项督办任务1项，办结率均达100%。

［**征管改革**］ 切实落实国地税征管合作，着力打造肇庆国地税合作品牌，促进51项合作措施顺利落实，《中国税务报》、人民网等主流媒体对肇庆市国地税合作成效进行了深度报道，多篇合作报告获市长陈旭东、常务副市长郑剑戈批示表扬。高要区在第二批省国地税合作县级示范区创建单位评选中获选；积极推行“五证合一”“一照一码”登记制度改革，国地税联合办理税务登记3677户；加强国地税共享信息应用，发现问题纳税户306户；推行国地税互设窗口、互派工作人员、互驻自助办税终端、共驻行政服务中心，推行“同城通办”“三证合一”等深度融合服务，让纳税人“进一家门，办两家事”。在高要、怀集、封开、德庆局开展国地税联合办税服务厅共建工作，目前全市国地税联合办税服务厅共8个。在高要城区分局启用全市首家“一窗一人”通办国地税业务办税服务厅；联合开展纳税人纳税信用等级评价，评出A级企业597户。

［**国地税合作**］ 联合国税代拟《关于我市深化国税、地税征管体制改革实施方案》，推进任务落地；如期全面开展“营改增”改革试点，扎实做好“营改增”后“两代”工作，全年代开增值税发票2.41万份，代征增值税0.47亿元；全面实施“两证整合”，办理登记1824户；积极推行全省通办，持续优化金税三期工程应用，加强部门协作，对房地产业税收实行“先税后证”管理；强化信息共享，全年获取第三方涉税数据48.52万条，利用数据增加税款2.19亿元。开展营业税、企业所得税专项清理工作，清理税款1.25亿元；强化税收风险管理，成立大企业税收管理局，选取全市25户企业作为市级大企业进行集约化管理。

［**信息化建设**］ 继续推进“互联网+税务”建设，推广全省首个“智能办税服务卡+智能移动办

税终端”的“双智”平台系统,实现办税“往返跑”到“网上办”,发卡覆盖面92%,排队等候时间缩短71.4%,业务办理提速77.8%,该项目参加省直单位第四届工作技能大赛成绩良好;推广应用肇庆地税征管系统辅助平台,积极探索以自然人为重点进行税源管理,顺利升级改造车船税税警监管系统,配合省局做好在高要区局试点的免填单服务上线工作,成功上线运行省局试点的规费监控分析管理平台并在全省做经验介绍,第一批在全省上线社保费征管系统文书功能;鼎湖区局升级土地使用税房产税监测分析系统,3秒内快速查询辖区税源情况;推广应用桌面云系统,全市云桌面终端共564个;强化系统运维监管,部署全网病毒清除安全软件系统,处理事件4500个,问题解决率98%。

**[队伍建设]**　队伍能力得到加强。深入开展“大练兵、大比武”活动,市局总成绩排全省大比武第6名,两名干部入选省局“专业骨干项目”。全年全系统共举办培训班和讲座75期,培训1.2万人次,组织考试57次;成功引入“世界咖啡馆”学习新模式。绩效管理逐步改进。积极探索绩效管理新方式,充分发挥绩效管理“指挥棒”作用。不断完善制度体系,修订完善绩效管理办法及其实施细则等绩效制度等;强化绩效队伍建设,加大培训和督查力度,开展全面督导调研,落实约谈制度,严格责任追究;加强考评结果运用,以物质和精神激励相结合,强化激励机制。全年开展绩效督导22次、召开座谈会9场、发放测试题189份,提出整改意见38条,开展绩效培训班22期。党建工作扎实开展。健全领导干部基层党建联系点工作制度,严格执行民主集中制度;通过自学、研学、领学、促学、考学等“五学联动”方式,开展“两学一做”学习教育活动。加强督导力度,提升工作质量。创新党建载体,深入开展亮标准、亮身份、亮承诺的“三亮”活动,四会市局开通“两学一做”微信公众号。地税文化蓬勃发展。认真开展“我们的节日”“道德讲堂”活动,展现地税良好精神风貌。在鼎湖局开展省地税文化建设平台试点取得初步成效;探索文化交流途径,鼎湖区局首创研发“文化建设微平台”;推进干群“连心桥”行动和“暖人心”工程,理顺和解决基层问题8宗,慰问看望困难干部职工和家属,解决群众合理诉求。封开县局开通“心灵驿站”,助力干部心理疏导;参加省市比赛,先后荣获省地税系统乒乓球比赛(珠海赛区)和“地税杯”乒乓球邀请赛团体冠军、第十届市运会乒乓球和网球团体冠军,以及一批单项奖项;开展精神文明创建,市局被评为“全国模范职工之家”和市“文明单位”荣誉称号。封开城区分局推荐为“省三八红旗”,德庆县局荣获“省五四红旗团支部”称号。一大批单位和个人荣获各种荣誉。强化纠正“四风”。深入落实中央八项规定,有效消除“四风”问题,加强预算管理,强化厉行节约,开展整治违规公款吃喝专项工作,严控经费支出,全年“三公”经费实现零增长;强化廉政教育。组织到省反腐倡廉基地接受教育,在包公文化园设置廉政题材展示区,高新区局建设“二十四孝”文化走廊宣扬孝廉文化。邀请市检察院领导作预防职务犯罪授课,参加市“廉洁火炬杯”知识竞赛获三等奖,举办廉政书画摄影作品展和征文比赛。

(冯玲玲)

# 清远市地方税务局

**[经济概况]**　2016年,清远市经济运行呈现平稳增长态势。全年完成生产总值(GDP)1388.1亿元,增长7.9%,其中,第一产业增加值216.5亿元,增长4.2%;第二产业增加值507.3亿元,增长8.2%;第三产业增加值664.3亿元,增长8.8%,三次产业结构为15.6:36.5:47.9。社会消费品零售总额626.8亿元,增长9.7%;外贸进出口总额291.5亿元,增长4.2%;规模以上工业增加值444.4亿元,增长10%;完成固定资产投资621亿元,微增0.1%。受“营改增”、降成本和土地出让等因素影响,一般公共预算收入95.6亿元,可比口径负增长7.8%;金融机构本外币存款、贷款余额分别增长13.3%和8.6%。

**[税费收入]**　2016年,清远市地税局累计组织税费收入128.2亿元,可比增长3.7%(剔除“营改增”影响)。其中,组织税收收入71.7亿元,可比下降1.6%;组织社会保险费收入49.2亿元,同比增长12.8%;组织其他费金收入7.3亿元,同比增长1.4%。

**[税收收入特点]**　一是地方税收规模及增速

下降。2016 年，全市地税税收规模由 2015 年的 94.1 亿元下降至 71.7 亿元。总体税收规模在全省 21 个地级市中排名第 14、较去年下降 1 位，在山区 5 市中排名第 2、低于梅州市。另外，全市地方税收可比下降 1.6%，比全省地税平均可比增速低 21.9 个百分点、比山区 5 市平均可比增速低于 10.5 个百分点。二是财产行为税占比近 5 成。2016 年，财产行为税收入 34.7 亿元，占总税收的 48.4%、比上年提高 5.2 个百分点。其中，土地使用税收入 3.9 亿元，同比减收 1.0 亿元、下降 20.4%，主要是 2015 年清欠成效明显形成较高基数；房产税收入 3.0 亿元，与上年基本持平。所得税收入 19.0 亿元，占总税收的 26.5%、比上年提高 6.8 个百分点。三是建筑业占比明显下降。2016 年，第二产业税收收入 20.9 亿元，可比增收 1.8 亿元、增长 9.6%，占总税收比重 29.1%、较上年提高 0.8 个百分点。其中，建筑业税收收入 10.4 亿元、可比增长 11.3%，占比 14.5%、较上年下降 3.4 个百分点；制造业税收收入 7.2 亿元、占比 10.0%，可比增长 1.2%。第三产业税收收入 50.6 亿元，可比减收 2.9 亿元、下降 5.4%，占总税收比重 70.6%、较上年下降 0.9 个百分点。其中，房地产业税收收入 23.6 亿元，占比 32.9%、较上年提高 1.4 个百分点；公共管理、社会保障和社会组织税收收入 10.8 亿元，占比 15.1%、略低于上年同期；金融业税收收入 5.4 亿元、占比 7.5%；住宿和餐饮业税收收入 1.0 亿元、占比 1.4%。四是南部地区税收增速较稳。2016 年，南部地区税收收入 63.6 亿元、可比增长 0.1%。其中，英德市、清新区分别可比增长 4.8%、2.9%，房地产相关税收及个人所得税实现较好增长；开发区可比增长 2.9%，主要税种增减幅度较大；清城区、佛冈县在土地相关税收及土地增值税清算大幅下降等因素影响下分别可比下降 2.2%、6.9%。北部地区税收收入 8.1 亿元、可比下降 14.0%。其中，连南县可比增长 5.7%，小水电及重点房企税收增长明显；阳山县、连州市、连山县分别可比下降 12.4%、17.1%、24.3%，契税和耕地占用税、土地增值税降幅均超 20%。

［**税源分析**］ 减收主要因素：一是“营改增”全面扩围影响明显。在全面“营改增”之前，地税收入一直保持较快增长，“营改增”后地税收入变化明显。二是税收减免持续发力。全年，全市地税系统税收减免共 12.8 亿元、同比增长 93.9%。从减免项目来看，改善民生减免超 7.0 亿元。其中，受 2016 年“2.22 房产新政”下调房地产交易环节契税征收率的影响，全市契税共减免 2.3 亿元。支持公益事业减免 0.8 亿元、支持金融资本市场减免 0.9 亿元、促进小微企业发展减免 0.4 亿元。三是税收政策调整减收效应明显。土地增值税预征率下调，自 2015 年 5 月起下调土地增值税预征率，2016 年 1—5 月，共减少土地增值税收入 0.8 亿元。企业所得税征期调整，自 2016 年 7 月起，企业所得税由按月申报预缴调整为按季申报，有效减少纳税申报次数，有效释放纳税人当期资金压力，11—12 月，企业所得税仅有 0.1 亿元，同比减收 0.9 亿元、下降 89.0%，预计超 1 亿元的相关税款递延至 2017 年申报缴纳。资源税全面改革，自 2016 年 7 月起，绝大多数矿产品由从量定额计征改为从价计征，以石灰石为主要生产原料的水泥行业资源税税负下降近 6 成、减收超 0.4 亿元。四是土地市场相关税收大幅减收。全年，契税和耕地占用税合计收入 9.8 亿元，同比减收 3.7 亿元、下降 27.6%，拉低总税收增速 5.1 个百分点。其中，因用地指标紧张以及部分重点项目征地拆迁难度大，耕地占用税收入 1.6 亿元，同比减收 3.3 亿元、下降 67.9%（清城区减收 2.0 亿元、佛冈县减收 0.4 亿元）。全市国有土地使用权出让收入 25.3 亿元，同比下降 54.1%，以致土地出让契税收入 0.9 亿元、下降 35.6%。

［**服务大局**］ 清远市地税局全年累计减免税费 14.48 亿元，其中，税收 12.79 亿元、社会保险费 1.1 亿元、其他费金 0.6 亿元。持续提升征管服务水平，依法依规制定出台税收减负 9 条及“两类八项”减负新措施，实现地方税收负担大幅降低。组织开展产业发展、地方税体系建设、“营改增”试点扩围、石灰石资源税改革等课题调研并向地方党政提出建设性意见，得到市委书记和市长的多次表扬性批示。其中，为清远长隆国际旅游度假区项目度身定做的 19 条全方位优质涉税服务措施，内容涵盖税政、征管、纳服、大企业服务等，受到省局、地方党政机关的高度肯定和企业的衷心欢迎。

［**税源监控**］ 全面抓好税种管理，抓紧建立以高收入自然人为重点的个人所得税管理体系，借助政府部门、金融机构等第三方数据，重点抓好股权转让所得、转让不动产所得、特许权使用费所得等项目的个人所得税管理。建设有清远品牌特色的以地控税模式，引入国土地理信息系统数据，借助卫星遥感探测技术，开发建设“以地控税”信息化管理系统，加强与国土部门协作，制定各项土地信息的交换标准和频率，开展历史数据清理，将信息系统应用范围涵盖土地征用、土地出转让、土地开发和土地保有 4 个环节，涉及耕地占用税、印花税、契税、土地增值税

和房产税等多个税种,最终建立以土地作为纬度的税种管理体系。构建新机制、实施新模式,细化其他税种管理,衔接做好新税种开征准备。借助第三方数据优化土地增值税清算项目管理,规范契税和耕地占用税征管,加强企业所得税的预缴、汇缴、核查评估,提升精细化管理水平;全面衔接资源税实行从价计征改革,不折不扣落实改革政策,加强实地调研,构建起资源品价格与资源品税负之间的联动机制;争取地方党政的支持,加强与政府各部门协作,提前谋划,衔接做好 2018 年环境保护税开征准备工作。

[**规费征管**]　2016 年,全市规费收入 56.53 亿元,占税费总收入的比重为 44%。站在税费共治的高度,将费金征管放在更重要的位置谋划。一是实现内部管理精细化。调整、细化清远市《社保费征管规程》,真正落实税费同征同管同服务,实现社保费与税收征管相互衔接、相互关联、相互促进。二是实现扩面征缴常态化。持续开展社保费月度监控通报,统筹进度管理;加强社保参保与个人所得税申报的人数、基数比对分析,测算重点行业、重点企业社保费费源总量,锁定重点扩面对象。完善人社、地税、社保三方联动机制,促进社保扩面征缴工作常态化。实现数据管理信息化。加强三方协同办公系统后续建设和推广工作;配合省局推进规费监控系统上线应用,推动社保费管理信息化建设,提高风险管控水平。推进规费新政,主动加强与人社、财政、社保等相关部门的沟通配合,及时调整各项费金政策,全力做好宣传辅导工作,持续推动系列规费改革。

[**税收宣传**]　4 月,是全国第 25 个税收宣传月,全市地税系统根据省局工作部署,紧紧围绕"聚焦'营改增'试点　助力供给侧改革"的宣传主题,立足本地实际,精心策划、周密安排,不断拓宽税收宣传渠道,搭建宣传平台,创新宣传形式,开展一系列宣传活动,取得显著的宣传效果和社会效应,进一步增强纳税人依法诚信纳税意识,营造良好的治税环境,推动各项税收工作的开展。其中,4 月 1 日,市国地税以"联合办税春风行动　国地税合作促发展"为主题,联合举办清新区联合办税服务厅揭幕暨全国第 25 个税收宣传月启动仪式,市委常委、常务副市长曾贤林及国地税有关领导参加揭幕仪式,拉开清远市第 25 个税收宣传月序幕;市局连续两年联合市国税局邀请清远市人民政府在 4 月 1 日的《清远日报》头版刊发《致全市纳税人的公开信》等,全市各县(市、区)局开展各具特色的税收宣传活动多达 20 场,税收宣传辐射面不断扩大。

[**纳税服务**]　一是积极推进联合办税。全市国地税共建办税服务厅 13 个;互设窗口的办税服务厅 10 个;有 8 个县(市、区)国地税局共同进驻当地政府政务大厅;共建 24 小时自助办税区 6 个。联合创建清新、连山国地税合作县级示范区,清新示范区在全市率先实现"六个统一""一窗一人一机";连山示范区建成全省首个少数民族地区县级国地税联合办税服务厅。清城区局两区政务服务中心国地税联合办税服务厅 14 个通办窗口实现了包含社保费征收在内的国地税全业务通办。二是打造税宣知名品牌。升级"便民办税春风行动"。"清远地税"微信服务号自行设置了多个告知性涉税栏目,并依托省局平台设置"个人办税"和"企业办税"两大类涵盖查询、申报、缴纳各项服务的功能性栏目,实现了"掌上办税"。12366 纳税服务热线质量大幅提升,在全省抽测中排名第 7,在纳税人满意度调查中指标得分全省排名第 3。三是联合推进"银税互动"。市国地税联合市银监分局召开"1+21"工作联席会议;与市金融局、银监分局和保险行业协会签订了省内首个"政税银保"合作协议,累计为 71 户企业发放贷款 1.7 亿元。

(阮碧瑜)

# 潮州市地方税务局

[**经济及税收概况**]　2016 年,潮州市实现生产总值(GDP)976.83 亿元,同比增长 7.1%,呈现稳中有升态势。全市规模以上工业增加值 379.3 亿元,增长 6.6%;全市固定资产投资总额 454.62 亿元,增长 16%,外商实际投资增幅居全省首位;全市社会消费品零售总额 495.61 亿元,增长 11.6%;全市进出口额 199.9 亿元,增长 2.5%;拥有各类市场主体 91229 户,规模以上工业企业达到 876 家;全市一般公共预算收入 44.4 亿元,下降 3.8%。2016 年,潮州市地税系统共组织税费收入 62.22 亿元,可比增

长 7.27%（剔除“营改增”影响基数），可比增收 4.22 亿元。税收收入 34.74 亿元，可比增长 10.38%，其中，中央级收入 8.14 亿元，同比增长 8.11%；省级共享收入 5.85 亿元，可比增长 25.16%；市县级收入 19.82 亿元，可比增长 9.03%。社保费收入 24.07 亿元，同比增长 4.36%。其他各费金收入 3.40 亿元，同比下降 1.63%。

**［税收收入特点］** 一是税收收入增速居全省第 9 位。全年税收收入可比增长 10.38%（按入库口径增速下降 5.57%），各级库均完成省局年预期目标，全省排名第 9 位，高于东翼四市平均增速（按入库口径 -8.1%），高于汕尾、广州、茂名、河源、梅州、江门、韶关、湛江、阳江、揭阳、肇庆、清远 12 个市。二是各级库收入保持平稳增长。中央级收入同比增长 8.11%，省级共享收入可比增长 25.16%，市县级收入可比增长 9.03%，各级库收入保持平稳增长。三是共享税种收入增速高于地方固定税种收入。全市共享税种收入 20.75 亿元，可比增长 15.49%，拉动税收增长 8.8 个百分点。地方固定税种收入 13.99 亿元，可比增长 3.58%，比共享税种收入增幅低 11.91 个百分点。四是区域增长不均衡。全年湘桥区、饶平县地方税收收入分别可比增长 32.08% 和 15.77%，分别拉动全市税收增长 11.14 个百分点和 1.83 个百分点；开发区、枫溪区、潮安区地方税收收入分别下降 7.84%、5.55%、2.97%。

**［税源分析］** 2016 年，四大行业税收呈“一降三升”状态，税收收入合计 27.03 亿元，占税收比重 77.78%，可比增长 11.22%。全年工业行业税收 11.10 亿元，可比下降 7.32%，减收 9589 万元。受下半年商品房销售放缓影响，全年房地产业税收 7.06 亿元，可比增长 27.91%，可比增收 1.54 亿元，增速比上半年回稳。受证券公司代扣限售股转让所得个人所得税 1.77 亿元拉动影响，全年金融业税收 4.59 亿元，可比增长 40.38%，可比增收 1.32 亿元。受重点工程项目进度及“营改增”后外来工程政策调整影响，全年建筑业税收 4.2 亿元，可比增长 21.0%，增收 7422 万元，增速比上半年回稳。

**［税（费）源控管］** 一是深化税收分析。年初就启动税源调查，科学编制下达收入计划。认真落实税收分析工作机制，联合国税部门做好经济运行、税收形势、税收风险、税收政策效应等四方面分析，形成反馈潮州市经济税收运行态势分析报告，为政府决策提供参考。全面开展分地区、分税种、分行业、分级次综合分析，协调各时段、各级库收入进度，确保各级库收入协调均衡入库。二是精准监控税源。按月、按季对全市经济税源进行全面监控，及时掌握税源增减变化因素，落实“上旬预测上报、中旬进度跟踪、月末考核预测率”制度，充分发挥市、县区局（分局）两级联动分析和监控机制作用，健全收入质量监控评价指标体系，加强对重点税源、重点企业变动、分布、规模和发展情况的分析对比和监控，科学预测收入走向和变动情况，及时制定应对预案和措施，把握组织收入的主动权。三是强化督导考核。强化市、县、分局三级联动督导机制作用，实现收入督导和专项检查双管齐下、机关和基层上下联动。进一步完善税收收入考核指标体系，实行按月计分、按季通报、年终汇总的考核制度，既考核季度收入均衡增长能力、税收分析质量、异常波动报告制度、税收弹性系数等质量指标，又考核月度、年度指标完成率、收入预测准确率、收入进度等数量指标，实现双向考核。四是联动控管税费。上线规费监控分析平台，推动三方协同办公平台向多方协同平台建设发展，优化社保费征收中信息共享、问题处置、审核对账、基金运行等功能，提升规费数据分析水平和风险管控能力。紧紧依托地方党政部门齐抓共管的社保扩面征缴责任格局，深入实施税费同查。联合市人社局开展专项督查，推进“数据分析 + 实地核查”，促使企业如实申报缴费。

**［税收改革］** 一是“营改增”平稳衔接。抓早抓主动部署推进“营改增”前税费清理工作，全面核实“营改增”行业纳税人基础信息，推进业户全面清理、发票全面清点、税款全面清缴等工作，强化国地税征管衔接，2016 年 5 月 1 日顺利实现税制平稳转换，并突出抓好“营改增”后代征增值税和代开增值税发票工作，在全市 24 个办税厅设置 31 个“两代”窗口。二是主动深化国地税合作。主动作为推进国地税双方资源共享、服务联合、征管互助和执法协同，突出完善互征、代征有关税费、联合开展税收分析、联合执法、统一执行税务行政处罚裁量基准等工作机制，探索开展零散税源互相委托管理。全市共建成国地税联合办税厅 17 个，共同进驻政府政务大厅 2 个，设置联合服务窗口 111 个，联合征收或委托代征税款 14406.53 万元，联合入户检查 28 户，双方共享交换内部涉税信息 4344 万条，联合采集工商、司法、统计、规划、电力等 13 个部门的第三方涉税信息超过 64 万条，实现《国地税合作规范（3.0）》明确的 51 个合作事项件件有部署、有督办、有落实，35 项基本合作事项已基本落实，8 项创新合作事项顺利开展。在湘桥区被评为第二批广东省国地税合作县级示范区后，充分发挥示范点辐射带动作用，探索

可复制、可推广的工作经验。全年,国地税合作工作累计获得地方党政主要领导12次肯定性批示,被《中国税务报》《南方日报》等主流媒体正面宣传报道5次。三是大力推动征管创新。在湘桥区局试点推行管事制改革,建立税收风险专业化管理队伍,实施纳税人分类分级管理;挂牌成立大企业管理局,构建大企业风险防控体系。积极推进省市通办,12月1日正式开启"全省通办"业务,成为全省第一批实现"进一家门,办全省事"的单位。结合潮州市实际,增加社保费申报、征收、完税凭证打印等业务,在全市所有办税厅所有窗口实施5大类49项335个"全市通办"事项,形成横向到边,纵向到底的省市通办格局。

**[征管基础管理]**　一是夯实税费基础。严格推进"基础管理三年行动",落实对五大类49个考核率"量化+台账+专项"和三级联动考核,督促落实整改,逐个提高达标率,同时加大欠税清理、税费申报和缴库的催缴力度,规范档案管理,夯实管理基础。二是精细管理税种。以企业所得税和个人所得税重点税源与高风险事项为中心,构建风险管理导向的所得税管理体系,全年共汇算清缴企业所得税1.34亿元,汇缴面达99.6%。跟踪限售股减持入库税收2.19亿元,个人年所得12万元以上个人所得税自行申报人数及查补税款均创新高。深化"以地控税、以税节地",加强数据分析比对,加强地方固定税种的规范管理。全年共征收土地增值税2.08亿元,同比增长12.2%;耕地占用税征收3.01亿元,同比增长44.7%。同时提升非居民征管水平,全年征收非居民企业税收191万元,同比增长961%。

**[优化营商环境]**　一是规范执法行为。全面推广运用执法记录仪,实行执法过程全记录,防范执法风险;探索执法督察信息系统建设,建立健全疑点数据提取、推送、运用、整改落实、责任追究等"链条式"的制度机制,紧盯重点领域和关键环节,强化数据核查比对,开展重大疑点问题的案头分析,以常态化机制提升执法督察综合效用;贯彻税收执法责任制考核规定,落实"人机结合"考核机制,严格追究过错责任,强化结果应用,定期公布考核数据,规范申辩调整工作。二是维护税收经济秩序。推进市一级稽查管理方式改革,实施统一选案、检查、审理、执行、经费"五统一",优化稽查执法资源,充实一线稽查力量。加强与公检法联动,组织开展查补增值税案件相关流转税附加、"营改增"高风险企业专项稽查,美容医疗行业税收等专项稽查工作,严厉打击各类涉税违法行为,全年共捣毁制售假发票窝点2个、查获假发票12550份,查补金额7381万元,同比增长26.73%,立案查补数额创稽查历年收入新高。三是推进便利化办税。全国首家推行"支付宝缴税",并将支付宝接入金税三期工程系统,提供便捷缴税、信息查询、资料报送、服务评价四大服务,得到社会各界和纳税人高度评价,荣获"2016中国网络理政十大创新案例奖",市局因此获评"互联网+"社会服务最佳创新政务机构。在全市各办税厅推行"前台一家受理、后台分别处理、限时办结反馈"服务模式,落实"一窗通办",推广应用办税事项二维码一次性告知,同时简化并统一业务流程和表证单书,实行档案资料电子化流转,纳税人办理业务平均等候时间缩短40%。并以枫溪区国地税联合办税服务厅为试点,打造涉税事项"一应俱全"、网上办税"一路畅通"、国地税业务"一站通办"的"三个一"纳税人办税体验区,着力提升办税质效。建立大企业管理局领导联系服务重点行业协会、重点企业机制,搭建"企业—行业—税务"的点面联系平台,开展政策直送和意见征询活动等,有效实现大企业个性化服务。与邮政公司合作推出发票及涉税文书免费邮政寄递上门服务,打通服务纳税人"最后一公里"。四是助推企业发展。与14家金融机构推进"税银互动",启动税融通、税易贷等6款信贷服务项目,全年共为540户纳税人提供贷款48.1亿元;与保险机构合作全省率先启动"税保合作",降低小微企业融资成本。严格落实减税降费政策,全年共减免各项税收2.26亿元,占税收收入6.5%。其中,在鼓励科技创新驱动发展方面减免税收1.58亿元,在扶持小微企业发展方面减免税收1348万元,受惠面达到100%。五是增强税宣实效。围绕"营改增"等税费热点,紧抓"深改1周年"等时间节点,在《南方日报》《潮州日报》等新闻媒体上开设宣传专栏,积极开展纳税大户表彰暨"税宣百户行"活动、"营改增"深度宣传报道、"税法进校园"活动、税法主题宣传咨询活动、"深改1周年"专题报道等工作,营造诚信纳税的社会氛围。市局报送新闻被市级以上主流媒体采用22篇,创潮州市地税局成立以来的历史新高。

**[全面从严治党]**　打造清单落实责任。细化全面从严治党主体责任清单,层层落实背书,逐级传导责任压力;纪检监察部门严格围绕"三转"建立监督责任清单,全力聚焦监督执纪问责,认真受理群众来信来访来电,加强对案件多发领域、重点环节和关键岗位的监督检查。扎实开展风险防控。组织开展党章和党内两部法规"党员随身微教育"活动,参观

广东省反腐倡廉教育基地，从体验式教育、反面警示教育入手，筑牢思想防线；监控人财物、征管查、减免罚等风险点，压缩执法弹性和自由裁量空间；践行监督执纪"四种形态"和谈话提醒工作，把问题解决在萌芽状态，全系统共开展谈话提醒262人次。严实并进强化监督。率先推行基层分局长"先审后离、先审后任、边审边改"模式，防止带病提拔；突出责任、问题、目标导向，全覆盖开展巡察风险点排查，严明纪律狠抓整改落实，督促建章立制；推行各级"一把手"公开"五述"，实施落实党风廉政建设责任制情况量化考核，严格落实"一票否决"制度；推进纪律作风明察暗访常态化，规范津补贴及经费管理，开展清理"小金库"及违规公款吃喝专项整治，防范"四风"反弹。

（胡端生）

# 揭阳市地方税务局

**［经济概况］** 2016年，揭阳市实现地区生产总值（GDP）2032.61亿元，同比增长6.3%；规模以上工业增加值1132.66亿元，增长6.3%；固定资产投资1485.54亿元，增长9.1%；社会消费品零售总额978.42亿元，增长5.8%；外贸进出口70.7亿美元，增长0.4%；地方公共财政预算收入73.78亿元；城乡居民人均可支配收入17560元，增长7.68%；金融各项存款余额1392.73亿元，比年初增长9.8%；贷款余额992.39亿元，比年初增长6.5%。工业用电量108.06亿元，增长0.50%。

**［税费收入］** 2016年，揭阳市地税系统共组织税费收入77.9亿元，可比增长2.7%。其中，国内税收48.6亿元，完成省局年度计划的103.1%；其中，中央级收入11亿元，完成省局下达年度收入计划的103.8%；省级固定收入2.1亿元，完成省局任务的100%；省级共享收入8.66亿元，完成省局任务的105.7%；市县级收入26.8亿元，完成省局年度计划的102.3%，其中工商税收22.5亿元，可比增长4.4%。社保费收入22.87亿元，增长14%；其他费（金）收入6.46亿元。

**［税收收入特点］** 一是各级收入稳定发展。其中，中央级收入11.52亿元，同比增长5.58%；省级收入16.53亿元，同比增长6.13%；市县级收入31.72亿元，同比增长0.86%，剔除契税、耕地占用税后增长2.17%。二是主体税种带动税收增长。税收的增长主要得益于主体税种的拉动。三是通过全面强化地方各税种的管理、信息共享、国地税合作等途径增加地方小税种收入，其中，城市维护建设税、印花税、车船税同比分别增长0.92%、7.55%、10.38%。四是加强对具备土地增值税清算条件的项目进行清算，12月，土地增值税收入6124万元，比上年同期增长1986万元，同比增长47.99%，累计同比增长4.14%。

**［税费征管］** 一是征管拉动效应凸显。积极探索"后'营改增'时代"地方附征税费"3+1"管理新模式；突出风险管理的"利剑效应"，对15265户纳税人开展风险管理，查补入库税款5.21亿元；部署"清、扩、追、查"专项工作；强化所得税管理，查补企业所得税6357.94万元，个人所得税电子明细申报覆盖率达到100%；开展国际税收情报交换。截至2016年底，全市共有税务登记户数99958户，比2015年新增7894户。二是数据管税取得新进展。加强与房管、国土、国税、工商等31个政府部门的涉税信息交换与共享，利用第三方信息增加税收收入6.56亿元；与国土、公共资源交易中心等部门三方联网也取得新进展，实现了招、拍、挂土地出让（转让）第一手信息的实时共享和电子把关；推进涉税信息数据综合利用平台建设；积极探索国税全量数据综合利用新模式，建立的15个风险指标模型被省局推广应用。电子文档管理系统全面上线，顺利实现全省通办业务试运行。三是国地税合作实现新突破。全面落实《合作规范3.0版》，将各项合作事项细化154项具体措施；积极创建蓝城区这一省级国地税合作示范区，完成对全市国税26个办税服务厅的共建或派驻，互派干部挂职交流，实现一窗联办、业务通办、联合税务登记、发票代开和合作征收税款；建立征管联动新机制，实现国地税合作征管12个方面事项的全面落地；联合开展税收分析和税收调查，由市财政、国税、地税三方联合撰写的《2015年揭阳市税源收入调研报告》得到揭阳市市长陈东的肯定性批示；国地税联合委托交通部门代征地方税费工作也取得了实质性的进展，在全市范围内开

展代征货运营运纳税人的地方税费工作,初步实现国地税“同一代征单位、同一代征软件、同一 POS 机、同步申报征收、同步结报税款”的“五同”联合委托代征地方税费。四是规费征缴成效突出。深化财政、地税和人社部门三方合作;加强社保与个人所得税数据比对,大力推动社保扩面征缴,2016 年,全市企业养老缴费人数达到 17.4 万人,比 2015 年增加 9000 人。五是夯实档案管理基础,试点上线电子文档(影像)管理系统,全市 40 个基层分局升级为综合档案管理省特级。

[**税收执法**]　一是狠抓依法行政。积极履行税收工作职能,依法组织税收收入,严格依法征税;依法发挥税收调控作用,强化优惠政策落实和管理的长效机制。二是加强制度建设。全面推行法律顾问制度,依规审核出台各类规范性文件。三是规范行政执法。推动业务流程的制度化和规范化,深化行政审批制度改革,规范文明执法,完善执法程序,完善税务行政裁量权基准制度;完善纳税人权利救济机制,积极提高行政复议和行政诉讼的应对能力。四是全面推进政务公开。自觉接受外部监督,健全纳税人监督机制。五是推进依法行政能力建设。落实纳税信用管理办法和税收“黑名单”制度,强化信用评价结果应用。强化税务稽查,打击违法行为,提高税收执法的刚性。六是积极创新依法治税体制机制。以揭东区局为示范点,积极推动法治税务示范基地建设,进一步完善兼职税收法制员工作制度,试行行政执法全过程记录制度,全面提升基层法治水平。

[**纳税服务**]　落实税收优惠政策,为 2438 户(次)纳税人依法减免税款 4.80 亿元。推进“银税互动”合作,联合国税部门与全市所有 16 家银行金融机构签订“银税互动”合作协议,全年实现发放贷款 76 亿元,受惠企业 758 户。推进办税服务综合管理系统建设,提升办税效率,深入开展“便民办税春风行动”,优化全市通办的工作流程,开通微信办税等各项便民措施,纳税人满意率保持在 100%,在 2016 年度全省纳税人满意度调查评比中位列全省第 7 位。以蓝城区局为试点,探索新形势下办税服务资源优化配置。推进办税服务综合管理系统建设,在 15 个税务分局上线,建设市局主监控室,加强对全市各办税服务厅办税情况的分析监控。加强纳税信用管理,2015 年度纳税信用评价全市获评 A 级纳税人 413 户,在全省位列前茅。

[**队伍建设**]　坚持导向,让干部想干事。加强干部选拔交流,建立有利于优秀人才脱颖而出的用人机制,全年全系统共轮岗 179 人次,其中科级 19 人次,科级以下 160 人次。提升素质,让干部会干事。注重教育培训实效,采取“走出去”“请进来”,积极采取与学校合作、邀请优质师资、结对子、网络考试、闭卷笔试和专项考核等形式,大规模开展岗位练兵活动,全市共举办各类业务培训班 122 期,培训 14131 人天次;1 名干部入选省局“素质提升‘115’工程—专业骨干项目”人员名单,1 名干部被揭阳市总工会授予揭阳市“五一劳动奖章”。“两学一做”,让干部乐干事。创新机关党建,在全系统开展“千人齐行动,手抄党章 100 天”活动,创建“两学一做”学习教育平台,组织市局机关党小组与基层党支部党建进行“双联双促”活动,开展亮身份、亮职责、亮承诺、比技能、比作风、比业绩和群众评议、党员互评、领导点评的“三亮三比三评”活动,进一步培育地税精神文化。健全机制,让干部必干事。优化绩效指标制订,强化过程管理,严格考评,打造“明责、履责、问责”的完整责任链条。营造氛围,让干部好干事。着力打造“快乐学习 · 书香地税”机关,以市局网站文化沙龙、图书馆为基地,开设职工健身室,组建兼职心理咨询师队伍,积极推进对口帮扶,发挥好“救急济难互助金”扶危济困的效应。

[**党风廉政建设**]　严格落实“两个责任”。明确责任分工,明底线、划红线、筑防线,抓好分解责任落实,定期督促检查,严格考评,将结果作为干部考核使用、评先选优的重要依据。持续狠抓“四风”整治。贯彻落实中央八项规定,加大“四风”问题整治力度,监督规范会议管理、公文管理、办公用房清理、“三公”经费支出、公车使用管理,做好税企廉政共建、行风评议和效能投诉处理工作,全年实现零案件和零有效信访。强化“两权”监督。加强对“两权”运行的事前、事中、事后监督;开展行政管理权综合检查,围绕房产税、土地使用税政策落实情况开展税收执法监察,对任期满 3 年的基层单位“一把手”进行任中审计。探索“八小时以外”管理。以省局 12 项重点监督清单为指引,制订“八小时以外”活动行为正面和负面行为清单,实施明察暗访,并将明察暗访的结果运用于单位和个人的评先评优、年度考核等。五是加强党风廉政教育。通过“十日一课”、廉政书屋、书画走廊等平台,广泛宣传地税廉政文化,以《党廉信息》《廉政手机报》和《教育园地》等为载体,刊发党内法规、典型案例,做到警钟常敲,严守法规法纪。

[**文明建设**]　2016 年,揭阳市局各项工作得到省局和地方党政领导的充分肯定。揭阳市委副书

记、市长陈东多次专门作出批示,分别对揭阳市局的绩效管理、"不动产先税后登记""土地交易契税三机制"管理新模式、联合税收分析税收调查和"银税互动"工作给予充分肯定;省局副局长肖映波、总会计师苏振钿、总经济师罗达佳分别对揭阳市局同人社财政三方合作、地方附征税费"3+1"管理新模式和行政执法全过程记录工作作出肯定性批示。2016年,揭东区地税局以优异成绩被省局评为首批"广东省地税系统法治示范基地",榕城区城区税务分局、东山税务分局,空港区砲台税务分局和惠来县惠城分局分别被省妇联评为"巾帼文明岗",揭阳市局工会获得"揭阳市先进职工之家示范基地"称号,榕城区局工会获得"揭阳市先进职工之家"称号;1位干部被国家税务总局评为"先进工作者",1位干部被省总工会授予"广东省优秀工会工作者"称号,1位干部荣获省"三八红旗手"称号,1位干部荣获市"五一劳动奖章"。

(杨晓岚)

# 云浮市地方税务局

［经济概况］ 2016年,云浮市实现地区生产总值(GDP)778.28亿元,按可比价格计算,增长7.9%。分产业看,第一产业增加值163.23亿元,增长3.8%;第二产业增加值325.62亿元,增长8.5%;第三产业增加值289.43亿元,增长9.4%。三次产业结构调整为21.0:41.8:37.2。全年,全市实现规模以上工业增加值280.77亿元,同比增长8.6%。实现社会消费品零售总额345.22亿元,同比增长13.3%。固定资产投资591.51亿元,同比增长0.2%。累计完成进出口总额127.72亿元,同比增长7.3%。累计实际利用外资4259.3万美元,同比下降21.9%。累计完成地方一般公共预算收入57.42亿元,同比增长0.3%。地方一般公共预算支出164.93亿元,同比增长2.3%。

［税收收入特点］ 2016年,云浮市地税组织各项收入69.34亿元,可比增长(剔除"营改增"影响)16.4%、增收9.76亿元,按入库额计算(简称入库)增长2.8%、增收1.89亿元。其中,税收收入45.84亿元,可比增长22.2%、增收8.34亿元,入库增长1%、增收4723万元;社会保险费收入20.55亿元,同比增长9%、增收1.69亿元;其他收入(含教育费附加、残疾人保障基金、工会会费等)2.95亿元,同比下降8.4%、减收2713万元。

［税收收入特点］ 一是税收规模再创新高,税收收入可比及入库比双增长,圆满完成年度预期。全年全市地方税收规模达45.8亿元,再创历史新高,12月,8.86亿元的收入规模也创该市单月税收收入历史新高。税收可比增长22.2%,入库比增长1%,完成省地税局考核税收预期目标的103.4%。税收规模超越阳江市、居全省第18位,税收可比增幅居全省第5位,收入进度居全省第10位。二是各预算级次收入可比普遍较快增长,贡献地方财政近五成,全面完成年度预期。全年中央级9.99亿元,同比增长51.5%、增收3.40亿元;省级固定1.27亿元,可比下降7.3%、减收997万元,入库下降47.2%、减收1.13亿元;省级共享9.38亿元,可比增长24.7%、增收1.86亿元,入库下降14.2%、减收1.56亿元;市县级25.21亿元,可比增长14.4%、增收3.18亿元,入库下降0.9%、减收2347万元。全市一般公共预算收入中近五成由地税部门组织完成。三是全市各地可比均增长,可比增幅两位数,全面完成年度预期。全年云城区税收13.41亿元,可比增长10.9%、增收1.32亿元,入库下降9.2%、减收1.36亿元;云安区税收3.54亿元,可比增长1.9%、增收667万元,入库下降16.7%、减收7113万元;罗定市税收7.80亿元,可比增长34%、增收1.98亿元,入库增长3%、增收2241万元;新兴县税收17.12亿元,可比增长35.4%、增收4.48亿元,入库增长18.3%、增收2.65亿元;郁南县税收3.97亿元,可比增长14.2%、增收4939万元,入库下降7.8%、减收3339万元。四是各税种可比普遍较快增长,税收增收主要来自共享税种。2016年除印花税、土地增值税和契税出现减收之外(合计减收1.73亿元),其他税种均有不同幅度增长,其中个人所得税和营业税可比分别增长75.6%和48.8%、合计增收7.72亿元,占总税收可比增量的92.6%。五是建筑及房地产业税收大幅增收。全年建筑及房地产业税收合计可比增收3.94亿元,增收额占总税收可比增量的近五成,其中,建筑业税收6.62亿元,可比增长54.9%、增收2.35亿元;房地产业税收8.29

亿元,可比增长23.7%、增收1.59亿元。在证券公司代扣缴温氏限售股解禁个人所得税3.83亿元的拉动下,金融业税收7.13亿元,可比增长82.9%、增收3.23亿元;在罗定市永盛资产经营有限公司资产处置实现税收1.02亿元的拉动下,租赁和商务服务业税收2.32亿元,可比增长217.3%、增收1.59亿元;受新兴县国有资产处置实现税收大幅减少影响,其他行业税收可比下降8.3%、减收8152万元。

**[税源分析]**　增长因素:一是管理型增长明显。其中,2016年地税部门依法加强"营改增"前营业税及附加的征管力度和欠税清理力度,共清理营业税欠税6605万元;积极做好企业所得税汇算清缴,全市汇缴入库8408万元、增收1154万元;深入整顿和规范税收秩序,加大涉税违法案件的查处力度,全年共立案检查纳税户13户,督导企业自查198户,查补入库金额(含企业自查入库)3308万元;深化国地税合作,创新税收征管模式,全年代征国内增值税入库3055万元;组建风险管理团队,全面推进风险事项管理工作,共对33户风险纳税人进行风险排查,查补企业所得税407万元;规范房产税和土地使用税征管,创新税源管理,积极推行网格化管理,两税合计增收1.05亿元;加强与国土部门工作联系,及时掌握土地涉税信息,确保获批耕地税收及时入库,全年入库耕地占用税4.18亿元、增收7705万元。二是经济税源带动。全市房地产开发投资额增长18.4%,商品房销售面积和商品房销售额分别同比增长30.9%和43.5%,带动建筑业营业税可比增长134.4%、增收1.85亿元,房地产业营业税可比增长40.4%,增收8658万元;受个人收入增长拉动,加上温氏集团及其下属企业代扣缴2015年年终一次性奖金个人所得税较多,工资薪金所得个人所得税收入同比增长29.5%、增收8009万元。三是温氏上市带来税源效应。全年个人所得税收入11.75亿元,增长75.6%,增收5.06亿元,占总税收可比增量的60.7%。其中,在温氏公司扣缴股息红利个人所得税2.10亿元、增收4774万元的拉动下,利息、股息、红利所得个人所得税增长27.7%,增收6717万元。在温氏公司限售股解禁个人所得税3.83亿元的拉动下,财产转让所得个人所得税增长440.7%,增收3.40亿元。减收因素:一是结构性减税效应明显。5月1日起,全面实施"营改增"导致地税税收少收7.87亿元;受个人二手房转让减少及房地产交易环节契税优惠政策的双重影响,住房买卖类契税收入下降10.6%、减收1952万元,土地使用权转让(出售、赠予和交换)类契税下降11.2%,减收681万元,房屋转让所得个人所得税下降8.3%、减收204万元;资源税改革以来,7—12月,共为纳税人减负2354万元;助力供给侧改革,认真贯彻落实各项税收优惠政策,全年共落实各项税收优惠6.01亿元(不包括企业所得税免税收入部分)。二是主要产业税收下滑。水泥、硫化工业受经济大环境影响发展困难,全年缴纳税收同比分别下降11%和7.8%,合计减收1076万元,其中重点企业广业硫铁矿集团有限公司减收412万元;而石材和不锈钢业税收虽然实现增长(增幅仅有7.8%和4.5%),但增收主要来自房产税和土地使用税。三是大额资产处置一次性税源大幅减少。全年全市处置11宗大额资产实现地税2.97亿元,比2015年同期8宗5.19亿元,大幅减少2.22亿元,其中,土地增值税减少1.60亿元,契税减少3535万元,营业税减少1985万元,企业所得税增加2083万元。四是停征部分费金造成其他收入下降。2016年,全市地税积极贯彻落实中央和省关于推进供给侧结构性改革工作部署,2月起,全面停征价格调节基金,10月起,全面停征堤围防护费。受此影响,2016年其他收入下降8.4%,减收2713万元,其中,价格调节金下降81.5%,减收4891万元。

**[税费征管]**　"营改增"后,地方税收工作环境出现较大变化,纳税人主体由大企业、大机构转向自然人和零散税源,以往一些行之有效的管理手段已难奏效。同时,随着国地税合作和税制改革的不断深入,地税部门的机构职责和工作重点、方式方法必须进行相应调整。一是精准定位,成立市局税收风险控制管理中心。对税费管理风险在全面收集相关信息、指标的基础上,进行综合分析、模型评估、风险识别和分类管理,真正让风控中心成为带动税费管理的"引擎"。二是集约借位,做大做强市级稽查局。县(市、区)局稽查局不再实体运作,市局稽查局充实到近40人,查办大要案的能力和作用明显提升,切实减少了稽查干扰,解放了基层人力资源。三是减少缺位,成立全市大企业税收管理局。按照省局统一部署,大企业税收管理局已正式挂牌成立、实体运作。通过完善机构设置,利用微信平台开展大企业服务,组织大企业税收管理人员开展培训,积极开展个性化服务等,为大企业税收管理工作开好头起好步奠定了基础。四是提升站位,全面深化国地税合作。全面落实总局国地税合作规范,市国税、地税部门共建"一窗办"办税服务厅5个、相互派驻服务厅20个、共同进驻政务大厅4个,全市基本实现"进一家门、办两家事、让三方满意"。举办国地税

办税服务知识技能擂台赛，切实推进国地税征管联动、服务同频，纳税人获得感持续增强。五是划定方位，推进“房土两税”网格化管理。在全市部署开展通过卫星地图划定核实土地使用面积工作，依托全市云谷信息系统全面收集普查经营房产土地信息，全市已有491多户企业进行土地核查，核查并在地图上标注的面积约1645万平方米。已核实房产余值6.8亿元、年租金1058万元，其中，已核实需查补税款的应税土地面积近10万平方米，共查补税款15万多元。六是强化社保费管理。积极落实规费优惠政策，认真做好失业保险费率下调和工伤保险费率调整，价格调节基金、堤围防护费停征以及教育费附加、地方教育附加扩大免征范围的相关工作，确保优惠政策顺利落地。切实做好机关事业单位养老保险并轨准备工作。应用先进技术手段加强社会保险征管工作力度，通过系统优化，实现托收补缴便民化和退费管理电子化。七是加强信息化建设。完成“两代”(指纳税人销售其取得的不动产、其他个人出租不动产代征增值税、代开增值税发票业务)业务系统的联调测试和数据验证、操作业务培训，实现内部涉税信息的共享及第三方涉税信息的联合采集和应用；做好个人所得税管理系统推广、“房土两税”网格化管理信息处理软件Google地图操作使用培训、规费监控分析管理平台推广、稽查案源管理双随机系统建设、云浮市社保费三方协同办公系统退费模块开发应用、全市通办(电子档案)系统电子文书模块开发应用等工作；做好网络信息安全管理工作。八是认真贯彻落实各项税收优惠政策。抓好小微企业优惠政策的贯彻落实。2016年1—4月，云浮市局辖区范围内营业税纳税人34247户次，实际享受优惠政策的营业税纳税人30629户次，其中，企业类11479户次，个体类19150户次，实际享受优惠政策的营业税纳税人数占全部纳税人89.44%，实际享受优惠政策的营业税纳税人减免税金额1399.95万元，其中，企业类163.28万元，个体类1236.67万元，实际享受优惠政策的营业税纳税人减免税金额占全部应纳税额4.18%。2016年度，全局共为符合优惠条件的小型微利企业362户减免企业所得税326.43万元；3户企业享受高新技术企业税收优惠政策，减免税款107.81万元；6户企业在2015年度企业所得税汇缴期间享受了研发费用加计扣除税收优惠政策，减免税款1480.47万元。制定《云浮市地方税务局关于贯彻落实房地产交易环节税收优惠政策有关操作指引》下发各地统一执行，确保税收优惠政策落实。全面落实各项税收优惠，规范减免税管理程序，全年共落实各项税收优惠6.01亿元(不包括企业所得税免税收入部分)。

**[税收执法]** 一是依法决策机制不断健全。聘请专业人员担任本局常年法律顾问，逐步建立以税务机关法制机构人员为主体、吸收专家和律师参加的法律顾问队伍，充分发挥法律顾问在制定税务重大行政决策、推进依法行政中的积极作用。积极开展文件清理工作，2016年全局共对税收规范性文件进行全文失效废止文件19份，部分条款废止的文件1份。严格执行税收个案批复规定，2016年全局办理了3件税收个案批复，每件批复均严格执行规定程序。建立重大决策出台和责任追究制度，在重大事项上按规定程序和要求集体讨论、研究决定。积极探索开展法治税务示范基地建设。二是公正文明执法持续规范。严格执行重大税务案件审理制度，全年市局本级共审理重大税务审理案件1宗。妥善处理1宗纳税人因不服行政复议决定和税务行政处罚决定而提起的行政诉讼。三是税收执法督察继续加强。巩固2015年执法督察成果，对各县(市、区)局落实2015年执法督察发现问题的整改情况进行督导，确保整改工作出实效；积极部署和开展2016年税收执法督察工作，以“由点及面，层级推进”的方式开展全市税收督察工作，有效提高督察质量，规范执法行为。四是认真开展打击各类税收违法犯罪的各项工作。做好重点税源企业随机抽查及专项稽查工作，联合市国税局对7户重点税源企业开展检查。开展旅游市场税收整治工作，对2户企业进行了立案检查，对18户相关企业进行了自查，共查补入库4.31万元。开展“营改增”高风险企业专项稽查工作，联合国税局对7户企业进行检查。开展查补增值税案件相关流转税附加专项税收稽查工作，组织对全市75户企业开展自查，自查补税共94.92万元，立案检查1户，查补金额共2.03万元。综合开展整治发票违法犯罪活动，以警税联合执法办公室为平台，严厉打击虚假发票“卖方市场”，全市检查企业共21户，查处非法发票份数55份，查补税款入库120万元，加收滞纳金入库15万元，罚款入库10万元。五是加强国地税合作，推动稽查工作开展。全年共对80户纳税人开展联合稽查，占国地税检查总户数的22%，共计查补入库783万元，同比增长153%，减少稽查进户执法近200次，减少纳税人重复提供检查资料1/4以上，真正实现“进一家门、办两家事、三方共赢”的局面。六是加强警税协作，严厉打击偷逃抗税重大案件。2016年共召开3次警税联合执法工作联席会议，与公安

部门继续完善联合办案工作机制和情报交换制度，集中力量查办有影响力、威慑力的偷逃抗税重大案件。七是积极推行税务检查“双随机一公开”。开发“云浮地税税务稽查双随机辅助系统”，加快“一单两库”建设，建立随机抽查事项清单，健全完善稽查对象名录库和执法人员名录库，并实行动态管理和专人维护。全年全市通过“双随机”抽查系统抽取立案检查企业13户、立案查补税款181万元，罚款69万元，滞纳金74万元，组织企业自查查补1458万元，合计1782万元。

［**纳税服务**］ 一是加大税收宣传力度。继续加强与当地主流媒体合作，办好《云浮日报·走进税务》专版和云浮广播电视台“地税之窗”税收宣传栏目，持续扩大宣传影响力。在税收宣传月期间，开展“便民办税春风行动之税收优惠政策宣讲”和“走访重点税源企业”活动，向纳税人宣讲税收优惠政策，帮助解决纳税人的税收困难；开展“税法宣传进校园”“动漫税法宣传”等系列活动，培养广大青少年和社会各界人士的纳税意识；以便民办税角度出发，向全市广大纳税人免费派发办税资料袋和办税环保袋，受到广大纳税人的好评和欢迎。进一步充实优化云浮地税门户网站功能，有效提升网站工作效率和服务质量。2016年，云浮地税网站共上传信息1903条，比2015年增加171条。积极打造微博、微信公众号服务。从2016年4月1日正式实施微信公众号上线以来，截至12月底，“云浮地税”微信公众服务号关注人数已达2300多人，累计发布33期180条消息。据统计，全年全市地税组织面向纳税人的税法宣传辅导活动43场，参加人员1964人次，媒体宣传次数92次，派发税费宣传资料、办税便利袋逾6000份。二是全面实现全市通办。以电子档案系统为依托，实现涵盖纳税登记、申报征收、票证、税收优惠、契税、车船税、文书管理和社保等11个方面、584项业务的全市通办，并积极推进落实全省通办在云浮市顺利实施。三是全面开展国税、地税联合办税工作。全年全市能办理“一窗办”业务（即一窗一人一机一屏办理国税、地税业务）的办税服务厅已达14个，开通“一窗办”窗口49个，可办理国税、地税通办业务事项达224项，覆盖国税、地税绝大部分业务。全市5个县（市、区）国税、地税部门已全面实现国税、地税人员窗口互派，相互进驻办税服务厅20个，互派窗口30个。四是全面推进“银税互动”。联合银监部门、各大商业银行开展“银税互动”活动，为中小微企业提供纯信用、免抵押金融服务，全年累计授信小微企业85户，发放贷款15497万元。五是有序开展纳税信用评价工作。2016年是运用金税三期工程纳税信用管理系统开展纳税信用级别评价工作的第一年，全市地税系统共对4911户纳税人开展2015年度纳税信用级别评价及补、复评工作，共评出A级纳税人218户，B级纳税人2242户，C级纳税人1889户，D级纳税人562户。六是提升纳税人满意度工作。全面开展“便民办税春风行动”，通过开展“问需求、优服务、促改革”系列活动、打造新型政商关系、下户走访等方式，听取纳税人需求，优化办税流程，提高办税效率。全面开展标杆办税服务厅创建工作，首次采取市局工作组检查得分与第三方公司监测得分相结合的方式进行，首次将纳税人办税服务厅体验得分、第三方观察录像得分、纳税人满意度评价等作为“标杆”办税服务厅考评的重要条件，促使评估结果更加公平、公正、客观、专业。

［**队伍建设**］ 一是绩效管理取得新进展。持续优化绩效指标设计，提升考评准确度和针对性。坚持问题导向，持续改进分析，建立季度绩效讲评分析会制度和工作约谈机制。加强督导工作，逐步在全系统形成“比学赶超”的氛围，以绩效管理倒逼各地各部门转变机关工作作风、提升行政运行效率。二是干部队伍管理不断加强。2016年，共选拔科级非领导职务干部5人。结合云浮市地税系统征管、稽查体制改革，首次尝试遴选借调方式选拔借调16名公务员充实到市局稽查局，进一步盘活了人力资源。完善编外人员管理，通过协商一次性解除了17名后勤岗位编外合同工合同，由直接聘用转变为劳务派遣，使管理更加完善规范。同时加大干部教育培训工作力度，进一步强化队伍素质，2016年全年市本级共组织各类培训班28期，培训5026人次。三是以责任落实为突破，全面推进从严治党。狠抓全面从严治党“两个责任”落实，切实强化党员领导干部特别是单位、部门主要负责人的责任意识、表率意识和担当意识，深入开展“两学一做”学习教育，做到规定动作促规范、分类推进全覆盖、创新载体有特色、强化督导查问题。据统计，全年完成“两学一做”四个专题学习研讨，整理学习资料12份，撰写心得体会500多篇，记录支部学习笔记30份；组织举办3期党员学习专题辅导讲座和1期全市地税系统党务工作者培训班。班子成员按要求参加基层党建联系点组织生活、讲党课，以普通党员参加党支部组织生活达38人次。四是精准扶贫成绩显著。通过工作对接、精准识别、宣传发动、规划措施、自筹资金和项目推进等“六个到位”开展对云安区都杨镇降

面村帮扶工作，共投入资金80万余元，帮助该村发展笋竹产业、建设太阳能路灯和太阳能光伏发电项目、慰问贫困户及生活困难老党员等。

**［党风廉政建设］** 一是强化整改提高，开展“六查六禁”专项检查。按照省地税局要求，结合工作实际，以“减存量、遏增量”为目标，紧紧围绕税费征管、财务开支、公务接待、资产管理、制度执行情况以及问题整改等6个方面，在全市地税系统开展“六查六禁”专项检查整治工作：严格检查财务开支，坚决禁止公款私用；严格检查公务接待，坚决禁止违规接待；严格检查资产管理，坚决禁止假公济私；严格检查税费征管，坚决禁止以税谋私；严格检查内部制度，坚决禁止制度违规；严格检查问题整改，坚决禁止敷衍塞责。专项检查整治发现6大类25种情形486个问题，发出整改通知书5份，监察建议书10份，根据不同的情形对5个县（市、区）局的领导班子进行不同程度的问责。二是强化监督问责，落实“两个责任”。制定《云浮市地方税务系统党风廉政建设主体责任和监督责任清单（试行）》和《云浮市地方税务系统党风廉政建设主体责任和监督责任追究实施办法（试行）》，制订《中共云浮市地方税务局党组领导班子及领导干部党风廉政建设主体责任清单》，明确市局党组8项38条、党组书记4项21条、其他班子成员21项83条责任清单，并将2016年反腐倡廉工作任务分解成8个方面24项工作，明确各单位、部门责任，通过责任清单和考核问责，构建起党组落实两个责任“不松手”、书记带头执行“不甩手”、班子履职尽责“共携手”的全面从严治党带队新格局。三是强化执纪问责，严肃工作纪律。对违法违纪问题始终保持高压态势，明确对于顶风违纪并造成恶劣影响的五种违纪情形，一律先免职再从严处理。2016年，市局开展诫勉谈话3人次，批评教育13人次，责令书面检查15人次，谈话提醒49人次。对违纪行为查处不力、隐瞒不报、压案不查、处理不严，实行“一案双查”，同时追究主体责任和监督责任。通过严肃问责，释放出执纪必严的强烈信号，使全体干部心有所畏、言有所戒、行有所止，真正做到不踩红线、不越底线。四是严守中央八项规定，加强作风建设。进一步完善财务管理、公务接待、差旅费管理等多项制度，有效地防范化解执法风险和廉政风险。通过建立领导干部“八小时以外”重大问题、重要事项请示报告制度，“三书一谈”制度以及干部家属联系制度，切实掌握领导干部“八小时以外”活动情况。全年开展“八小时以外”谈心谈话38人次，“八小时以外”活动情况报告28人次；落实领导干部重大问题、事项请示报告37人次；纪检监察发出《信访函询书》3份。

（陈　虹）

# 珠海横琴新区地方税务局

**［经济概况］** 2016年，横琴新区实现地区生产总值（GDP）157.4亿元，同比增长20.1%，增速排在珠海市各行政（功能）区首位，占全市总量的7%；累计完成固定资产投资346.2亿元，同比增长19.5%，对全市固定资产投资增长贡献率高达66.6%；实际吸收外资直接投资5.2亿美元，同比增长23.0%；出口8.51亿美元，同比增长9.7%。横琴牵头的省、市重点项目建设进展顺利，合计完成投资178.0亿元，提前完成全年投资计划。

**［税费收入］** 2016年，横琴新区地方税务局累计组织税费收入72.0亿元，比去年同期增收6.5亿元，同比增长10.0%。其中，国内税收收入65.5亿元，同比增长8.7%，可比增长31.0%；其他收入2.1亿元，同比增长0.8%；社保费收入4.3亿元，同比增长40.1%。分级次看，中央级收入22.4亿元，同比增长41.5%；省级收入17.5亿元，同比下降8.8%，可比增长35.8%；市县级收入25.6亿元，同比增长1.5%，可比增长20.3%。

**［税收收入特点］** 一是税收可比增幅保持高增长态势，为珠海市贡献近半税收增量。国内税收收入65.5亿元，税收规模在全省23个税收来源地（含深圳）中排在第16位。可比增幅（31.0%）居全省首位，同比增幅（8.7%）与深圳市并列第一。二是除营业税和耕地占用税受不可比因素减收外，其他各税种均有较快增长。企业所得税、个人所得税、土地增值税、契税等4个税种合计收入49.8亿元，占税收比重76.0%，合计增收14.2亿元，税收增长贡献率达270.0%。三是商务服务业、房地产业、金融业三大产业贡献了逾八成税收。第三产业收入61.4亿元，同比增长11.5%，税收占比为93.7%，商

务服务业、房地产业、金融业等3个行业税收收入53.7亿元,同比增长23.6%,占税收比重81.9%,税收增长贡献率为194.7%。

[**税源分析**]　横琴新区持续良好的发展吸引大量企业入驻,截至2016年底,管户数量超过2.7万户。重点税源及有税收入纳税户数大幅增加,15个"亿元户"税收占比近六成。全年有税收入的纳税人共11855户,较上年同期数量明显增加。税收超1百万元的纳税人共290户,相比2015年户数及税收占比均略微下降。分税源看,税收超1亿元的纳税人共15户,合计税收占比为57.0%,其中商务服务业5户、房地产业5户、金融业3户、其他行业2户。

[**自贸区税收服务**]　全国首发纳税便利化指数。对标发达国家及港澳地区,纳税便利度指数得分90.84分,处于国际先进水平。指数包含简便性、应对性、效率、互联网信息化程度、对地税局的信任度等5个一级指标,以及22个二级指标。纳税便利化指数作为横琴自贸片区创新实践案例上报广东省自贸试验区办公室。全国首创V-Tax远程可视自助办税系统。通过实时音视频远程交互,实现跨境跨省跨市跨区办税,打造"全业务、全天候、面对面、类前台"的新型办税服务模式,彻底解决了让纳税人"零跑动"的难题,全年办理涉税事项超过2300宗。该系统荣获国家税务总局"互联网+税务"最佳实践类项目第一档(全国仅有10个)并列入可复制、可推广成果的第一类。全国首创"智税宝"智能导税创客平台。以众包互助、智库分享、威客激励,积极引入港澳及内地注册会计师、税务师、律师等社会智库力量,打造税收专业交流平台,累计发布各类热点问答6000余条,回复率100%。

[**创新征管模式**]　探索构建"大数据下纳税遵从"管理模式,包括:一是建立纳税遵从指数体系。借助数据应用等手段,构建6大类57个纳税遵从度评价指标和15个纳税遵从度指数,搭建纳税遵从度评价指标分析展示平台,分类个性化推送纳税人涉税风险提示。二是推行"3+N"简政放权业务清单。推行权力、责任、考核"3纵"清单,以及先办理后补正、以申报代备案、A级纳税户先退税后监管、简易注销互认等"N横"清单,实现先办理后补正事项6类107项。税收优惠办理以申报代备案115项,先申报后备案90项。三是建立"大数据"风险应对机制。建立"指标设计+风险推送+应对流程"的标准化风险管理业务体系,全年推送风险纳税人1634户,风险分析识别命中率100%,风险管理入库税款6.68亿元。四是加强大企业税收管理。组织税务专家团队为大企业开展个性化服务,引导企业建立税务风险内控体系,建立风险预警指标体系,强化税收风险分析,开展千户集团企业税收风险应对,核查补缴税费786.34万元。

[**依法行政**]　建立依法行政工作领导小组会议制度,规范党组会议、局务会议议事规则,落实重大决策事项及其决定程序,建立健全督查督办机制,确保政令畅通;积极完善执法过错追究程序,形成"发现问题—通知确认—追究告知—申辩复查—责任追究"的模式,保障执法责任制工作的落实。完善法律顾问制度,全面梳理和公布横琴地税部门权力清单和责任清单,实现"行政权力进清单,清单之外无权力",规范权力运行;推进"营改增"试点工作顺利进行,落实房地产交易环节契税、营业税政策,共受理房产交易契税申报109宗,共征收契税333.12万元,减免契税208.62万元,征收增值税52.29万元,减免增值税26.43万元;为9户企业办理横琴新区15%税率企业所得税优惠备案;配合落实港澳个人所得税差额补贴及新区特殊人才奖励实施。享受小微企业所得税优惠政策的纳税人达到100%,享受营业税免征优惠政策的纳税人户数超过96%。

[**税收共治**]　一是推进国地税深度合作。全面落实国家税务总局合作规范2.0、3.0,51项合作项目中37个基础合作项目和14个创新合作项目100%落实。创新打造"12366深度合作品牌",突出"粤港澳有效接合、服务深度融合、执法适度整合、信息高度聚合"特色,创造自贸片区国地税合作"横琴样本"。横琴新区局于2016年8月被确定为第二批广东省国地税合作县级示范区创建单位。二是实施粤港澳跨境合作。率先实现港澳跨境便利化办税,与澳门、香港、横琴三地中国银行、工商银行签订《税银合作跨境办税服务项目协议》,在澳门中行和澳门工行开设办税服务点,完善涉税业务导办链条,为港澳纳税人营造全方位的跨境办税服务环境。三是多部门联合激励和惩戒。推行纳税遵从合作化,与大企业纳税人签订纳税遵从合作协议,建立纳税遵从档案,深化拓展"税融通"合作等守信激励,为横琴A、B级纳税人提供超过10亿元的融资贷款额度。

[**纳税服务**]　一是升级"粤港澳融合无差别"特色服务。组建"港澳企业税务顾问"团队,提供包括粤语、英语、葡语等多语种的无障碍、个性化办税咨询涉税服务,举办"点单式"的培训辅导20余场。

二是深化便民办税。落实"二维码"一次性告知制度,实行首问责任制,在办税厅设置联合导税台和联合领导值班岗,为纳税人提供辅导指引服务。全年受理承诺事项6万余宗;提供7×24小时无限制预约服务超过300小时,延时服务累计达310小时。电子纳税覆盖辖区99%以上的企业,税务登记办理时间缩短近50%,公告文书送达提速60%,推行"互联网+易退税费",工作效率提高90%。三是扩大税宣影响力。拓展税宣阵地,持续擦亮税宣品牌,在《中国税务报》《南方日报》等主流媒体刊登专题宣传报道近20篇,被新华网、凤凰网、南方网等多家新闻网站转载超过280次,社会关注度明显提升。四是支持"一带一路"战略,服务"走出去"企业。定期举办"一带一路"对外经济发展战略国际税收协定宣讲会,建立"走出去"企业清册,加强台账管理,宣传企业面临的税收环境和可享受的税收协定优惠,实施动态监控,强化风险应对。

**[队伍建设]** 坚持以人为本的发展理念,打造适应自贸区发展的人才队伍构筑队伍建设三大体系。建立工作管理体系。深化绩效管理提升工作执行力,围绕解决工作开展状况难跟踪、工作量难以统计、工作任务多头布置等问题,将绩效指标工作、阶段重点任务和督查督办工作纳入"工作行为优化体系",打造督查督办与绩效管理有机融合、同步运转的工作平台,通过对工作任务的监控、管理和分析,指导部门和个人优化工作行为。打造人才培育体系。实施"项目+人才"的培养模式,开展岗位大练兵业务大比武,举办干部知识分享的业务课堂13期。人员硕博士学历占46.8%,"四师"资格占23.4%,1人入选税务总局税务领军人才培养对象,1人入选省局大比武纳服类别第1名。构建文化建设体系。建设办公场所文化长廊,依托门户网站、微信微博建设文化阵地,定期推送动态信息,开展业务沙龙,青年志愿者及文化团队活动等,提升队伍的活力和凝聚力。

**[机关党建]** 落实全面从严治党工作要求,制定涵盖区局党组领导班子、党组书记、领导班子成员和科室主要负责人四大责任类别、21项责任要求和61条具体责任的主体责任清单,以及包含纪检监察6项责任要求20条具体责任的监督责任清单,强化主体责任意识,明确监督执纪问责的职能定位。扎实推进"两学一做"学习教育。建立学习专栏和微信群开展专题学习,邀请市委党校领导专题讲座,开展党组成员和支部书记上党课、"我是共产党员"征文、"两学一做"主题知识竞赛和演讲比赛等形式创新学习教育载体,对照"四讲四有"合格党员标准,各支部排查需整改的问题并制定整改措施21条。落实党组成员基层联系点制度,积极打造"互联网+民心"创新项目,实行支部和党员岗位目标责任制,坚持党支部"三会一课"、民主生活会、组织生活会和民主评议党员等制度。

**[纪检监察]** 深化"一月一主题,一月一活动"的廉政文化创建,创办"廉政阅读角",组织参观省防腐倡廉教育基地,观看廉政专题片等,推动先进典型示范教育与警示教育相结合。推进政务运行标准化,以清单化实现简政放权自贸区业务流,梳理了行政许可、行政处罚、行政强制、行政征收等8大类63项的权力清单;对应厘清责任清单,实现精确化明责、严肃化问责;通过绩效清单有效落实,建立权力阳光运行机制。坚决贯彻上级关于停止新建楼堂馆所和清理办公用房等一系列文件精神,通过租赁方式解决横琴岛办公用房,严格执行《党政机关办公用房建设标准》有关办公室的面积规定,规范政府采购审批。持续改进工作作风,落实中央八项规定,规范公务接待,建立来宾报告审批制度,严格落实经费、车辆、采购等有关制度,厉行勤俭节约。

(范丽华)

# 深汕特别合作区地方税务局

**[经济概况]** 2016年是深汕特别合作区开始依法统计经济指标的第一年。全年合作区地区生产总值(GDP)25亿元,完成全社会固定资产投资66.08亿元,实现规模以上工业总产值38.13亿元,实现"十三五"规划的良好开局。

**[税费收入]** 2016年是深汕特别合作区地税局独立征收的第一年,全年累计组织收入1.02亿元,同比增长44.19%,可比(剔除"营改增"基数,下同)增长94.55%,增收3133.95万元。税收收入7488.49万元,同比增长59.23%,可比增长

161.19%,增收2785.41万元;其中,中央级收入1076.98万元,同比增长108.70%,增收560.95万元;省级收入1968.21万元,同比增长22.64%,增收363.36万元;地市级收入4443.30万元,同比增长72.07%,增收1861.10万元。社保费收入2174.53万元,同比增长8.94%,增收178.53万元。其他收入563.24万元,同比增长43.23%,增收170.01万元。

**[税收收入特点]** 从分税种情况看:营业税收入2329.34万元,同比降低16.92%,可比增长140.73%,减收474.27万元;企业所得税收入956.02万元,同比增长137.00%,增收552.63万元;个人所得税收入821.95万元,同比增长79.99%,增收365.29万元;城市维护建设税收入355.12万元,同比增长69.19%,增收145.23万元;城镇土地使用税收入544.51万元,同比增长37.05%,增收147.20万元;房产税收入401.28万元,同比增长104.24%,增收204.81万元;土地增值税收入886.89万元,同比增长1328.85%,增收824.82万元;契税收入874.86万元,同比增长1775.77%,增收828.22万元;印花税收入194.42万元,同比增长511.77%,增收162.64万元;资源税收入104.83万元,同比增长10.34%,增收9.82万元;车船税收入0.07万元,同比降低72.00%,减收0.18万元;增值税首年收入19.20万元。

从行业情况看:第一产业收入22.75万元,同比降低82.35%,减收106.13万元。第二产业收入3574.99万元,同比增长19.12%,增收573.70万元。第三产业收入3890.75万元,同比增长147.36%,增收2317.83万元。

**[税源分析]** 增收因素:一是固定资产投资增长,重点投资项目建设加快,带动建筑业收入增长,"营改增"前建筑业收入快速增长达74.1%,在此带动下建筑业全年税收入库2856万元,在各行业中收入占比最大;二是房地产业增幅达131.9%,合作区房地产业初显活跃态势;三是合作区国有土地拍卖、大宗资产交易等促一次性税源收入大幅增长,契税和土地增值税分别增长1775.8%和1328.8%。减收因素:一是"营改增"税收政策影响,上半年收入增长大部分来自营业税增收,下半年政策效应影响税收走势,致全年增速放缓;二是住宿和餐饮业持续减收,降幅32.8%;

**[国地税合作]** 2016年,合作区地税局深入贯彻落实《深化国税、地税征管体制改革方案》《国地税合作工作规范》等要求,结合合作区特殊架构,积极主动与合作区国税部门合作:推进共建办税大厅,实现联合办税同厅,让纳税人"进一家门、办两家事";推动国地税双方管理员合署办公,实现税收管理同署,有效强化涉税信息共享,共同加强税源管理,遏制地方税源特别是附征税费的流失;推行统一纳税服务制度,实现纳税服务同步,联合开展送政策下企业,诚信兴商、纳税信用宣讲,纳税信用等级评定等活动,得到纳税人高度评价。

**[征管工作]** "营改增"试点全面推开以来,在地税部门失去营业税这一主体税种的不利局面下,区局积极拓展地方税源发展空间,加大地方税收控管力度,深入开展房地两税专项清理和企业所得税汇算清缴,实现涉税信息"全覆盖"、征管底数"户户清"、纳税主体"责任明",有效破解征管难题,推进征管质效有力提升。

**[两个责任落实]** 区地税局班子深入贯彻全面从严治党要求,压实领导责任,分类制订22项责任清单,形成责任链条,深化建章立制,制订各项规章制度共计16项。深入开展谈话提醒,已累计组织谈话提醒24人次。强化税收执法检查,发现问题共6个,发现问题涉及纳税人22户次,已整改问题数4个,制定整改措施8项,有效防范税收执法风险。

**[纳税服务]** 全面贯彻落实《全国税务机关纳税服务规范》,推广办税事项二维码一次性告知,畅通纳税人信息渠道;简并征期、实行免填单,为纳税人减负松绑;开展"问需求、优服务、促改革"专项活动,构建良好的征纳关系;认真开展2015年度纳税信用评价工作,联合国税完成对辖区73户纳税人的评价工作,得到纳税人高度评价。区地税局在2016年纳税人满意度调查中荣获全省地税系统第一名。

**["两学一做"学习教育]** 加强组织领导,细化方案要求,分解工作责任,层层动员,层层推进。坚持每周一场政治学习会,由区局领导班子带头上党课、讲党史。举办专题党课6场次,组织开展党性党风党纪教育8场次,坚持问题导向,解决党员干部在思想、组织、作风、纪律等方面的问题,做到边学边改,立行立改。

(张文进)

# 顺德区地方税务局

［**经济概况**］ 2016年,顺德区实现地区生产总值(GDP)2793.22亿元,比上年增长8.4%。其中,第一产业增加值43.77亿元,增长2.6%;第二产业增加值1597.71亿元,增长7.7%;第三产业增加值1151.74亿元,增长9.6%。全区规模以上企业实现工业总产值6825.64亿元,增长7.9%。全社会固定资产投资764.85亿元,增长18.9%。社会消费品零售总额975.45亿元,增长11.2%。截至年末,全区金融机构本外币存款余额3943.96亿元,增长15.3%;贷款余额2813.22亿元,增长3.0%;实现地方公共财政预算收入201.90亿元,同比增长7.7%。

［**税费收入**］ 2016年,顺德区地方税务局全年共组织地方税费收入280.97亿元,同比增收1.70亿元。其中,组织税收收入159.74亿元,剔除"营改增"影响可比增长13.5%;组织其他收入121.23亿元,增长9.6%。在税收收入中,中央级收入36.21亿元,可比增长6.8%;省级收入34.12亿元,可比增长6.4%;县区级收入89.41亿元,可比增长19.7%。在其他收入中,社会保险费收入105.62亿元,同比增长14.2%。

［**税收收入特点**］ 2016年,顺德区地方税收结构呈现四大特色:一是累计增速由正转负,可比增速曲线向上。累计增速7月由正转负至-0.3%,下半年继续下滑,12月跌至-6.3%;剔除"营改增"影响的可比增速曲线向上,前三季度保持在9%左右,四季度拉升至13%左右。二是税种结构发生明显变化。营业税退出历史舞台后,个人所得税、土地增值税和契税成为增收重要来源。土地增值税(预征)同比增长132.6%,契税收入增速超八成,城市维护建设税、印花税等地方小税种同比增收1.04亿元。三是行业税收深受"营改增"影响。金融业、制造业、建筑业同比下降14.7%、6.0%、52.3%;房地产业在契税新政、广佛同城等刺激因素作用下,贡献税收48.67亿元,同比增长0.1%;以第三产业领头的其他行业,实现税收54.90亿元,同比增长16.8%。四是镇街增速符合片区发展趋势。广佛同城辐射作用日渐明显,北部片区税收增速领跑全区,北部三镇(北滘、陈村、乐从)合计贡献税收73.21亿元,比东部三镇街(大良、容桂、伦教)多7.12亿元,其中尤以陈村镇增速(6.0%)最为乐观。

［**税源分析**］ 增收因素:一是房地产升温弥补"营改增"缺口。2016年顺德区网签成交额597亿元,同比增长64.21%;全区土地增值税预征收入12.20亿元,同比翻一番;一手房契税收入9.25亿元,增收8.03亿元,为全区税收收入提速4.8个百分点。全年全区土地交易市场活跃,成交土地总价达207.7亿元,贡献土地交易契税收入5.89亿元,同比增长近4倍,增收4.59亿元。二是自然人收入税源普涨。员工工薪、股息分红、期权计划、限售股转让等自然人税源增长,个人所得税入库32.42亿元,同比增长16.6%,增收4.61亿元。三是小税种增收成效显著。印花税收入同比增收5569万元,车船税收入同比增收1892万元,城市维护建设税收入同比增收4871万元,上述3个税种全年增收1.23亿元。减收因素:一是"营改增"改革全面实施。2016年营业税收入累计同比减收27.98亿元,拖累全区税收收入增速16.6个百分点。二是土地增值税清算收入锐减。2016年全区土地增值税清算收入1.11亿元,同比减收4.03亿元。三是重点集团企业税收贡献下降。全区23家集团企业合计贡献税收136.23亿元,与上年同期基本持平。其中,美的、碧桂园、科达等集团企业逆转上半年负增长局面,年终实现累计增幅"由负转正";顺德农商行、万家乐、科龙、周大福等企业始终保持负增长。

［**征管改革**］ 推进深化改革与大数据时代深度合作。一是推动"营改增"改革落地。将"营改增"纳入"一把手"工程,成立领导小组和7个专项组,制定实施方案和任务分解表,开启"白+黑""5+2"工作模式,向国税部门移交全区4万多户纳税人征管数据,全年共完成"两代"业务近5万宗。二是深化税收征管体制改革。作为全省首批创建国地税合作县级示范区,联合国税部门共建"1+5+1+2"工作框架体系,率先在办税服务、税收宣传、纳税评估方面开展深度合作,在省内最早实现国地税共驻、共建、互派联合办税模式全覆盖。三是优化税务协同共治模式。坚持大数据思维,推动数据共享协同共治,将21个部门、121个涉税信息项目纳入第三方数据交换考核,实现300多万条数据的交换

共享。

［**法治建设**］　坚持法治思维,共建和谐有序税收环境。一是强化税收执法风险内部联防。出台重大行政执法决定法制审核办法,实现基层法制工作人力配置由兼职岗位向专职岗位转变;开展执法督察完成内部"大体检";出台税务文书送达操作指引;建立专案组查办大要案模式。二是主动对接公检法部门。引入财产查控查询手段,提升依法治税能力。三是强化税警合作。挂牌成立区公安局派驻国税局、地税局联络机制办公室,警税合作日趋紧密。坚决维护税收经济秩序,为守法经营者打造良好生态。

［**纳税服务**］　以创新驱动提升税收服务供给质量,推出系列便民惠企服务。一是积极助推供给侧结构性改革,主动落实减税降负措施,不折不扣落实税费优惠政策,全年为企业减负20多亿元。二是推出强化服务企业升级行动计划,出台"10+20"措施,联合国税推出扶持高新技术企业专项行动,全面助推企业升级发展。三是创新大企业专业化服务,推出大企业服务指南,联合美的集团开发全省首个税企风险共治平台TRD系统。四是积极推动纳税信用结果运用,全年帮助269户企业通过"银税互动"项目获得"以信授贷"金额达9.1亿元。五是开展"一局一品"管理服务创新行动,深化"互联网+"和大数据应用,推出一批新服务、新举措。创新开发佛山第一个国地税合作微信平台"顺德税务",并在省内率先实现个人二手房交易业务微信预审新功能;完成全省国地税一体化电子税务局试点工作;自主开发存量房交易系统,实现跨部门、跨系统的数据共享,办税速度提升4倍多,以科技创新实现"两个减负"。

［**党风廉政建设**］　压实"两个责任",推动形成全面从严治党新格局。一是理顺"两个责任"运行机制。出台深化"三转"工作意见,厘清主体责任和监督责任边界,将13项主体责任日常工作移交给有关科室承接,从机制上保证"两个责任"有效运行。二是深入开展"两学一做"学习教育。编制党员行为"纪律规矩清单",邀请党风廉政建设反腐专家开展管党治党专题讲座,构建"纪律在线+每日一读"党章党规党纪及中央理论学习平台,深化谈话提醒机制,着力增强税务队伍"四个意识",打造一支政治信仰坚定的纪律队伍。三是完善党建工作架构。优化基层地税分局岗责设置,设立党建(政工)岗和纪检(督导)岗,将全面从严治党责任延伸到基层一线。四是推进科技廉政风险防控建设,加快GIS综合治税系统升级开发应用步伐。

(林　俊)

# 第五篇

# 大　事　记

# 广东省地方税务局大事记(2016 年)

## 第一季度

**1 月 5 日**

广东省地方税务局向税务总局报送《广东省地方税务局关于上报广东省地方税务局 2015 年规范性文件目录的报告》(粤地税发〔2016〕3 号)。印发《广东省地方税务局关于〈广东省地方税务局关于废止广东省地方税务局关于“南粤金税”发票抽奖的暂行办法的公告〉的备案报告》(粤地税发〔2016〕4 号),并报送税务总局备案。

**1 月 6 日**

广东省地方税务局印发《关于进一步加强内审工作的意见》(粤地税函〔2016〕15 号),提出六个“加强”、两个“探索”,以及两个“推进”等 18 条具体工作意见。

广东省地方税务局印发粤地税任〔2016〕1 号,决定:邹汇川提任河源市地方税务局调研员,免去其河源市地方税务局副局长职务;印发粤地税任〔2016〕2 号,决定:黄炯培提任珠海横琴新区地方税务局调研员,免去其珠海横琴新区地方税务局副局长职务。

广东省地方税务局印发粤地税党组发〔2016〕3 号,决定:免去黄炯培同志的中共横琴新区地方税务局党组成员职务;印发粤地税党组发〔2016〕4 号,决定:免去邹汇川同志的中共河源市地方税务局党组成员职务。

**1 月 8 日**

中共广东省委组织部印发粤组干〔2016〕92 号文件,省委批准:肖映波任省地税局副局长,试用一年。

中共广东省委组织部印发粤组干〔2016〕93 号文件,经研究同意:肖映波同志任省地税局党组成员;免去杨朝峰同志的省地税局党组成员职务。

**1 月 11 日—15 日**

广东省地方税务局对税收法治基础工作得分超过 85 分的 13 个法治税务示范基地申报单位开展实地核查工作。

**1 月 13 日**

广东省地方税务局印发粤地税任〔2016〕3 号,决定:免去朱伟馨的广东省地方税务局稽查局副调研员职务,退休。

**1 月 15 日**

广东省地方税务局印发粤地税任〔2016〕5 号,决定:姚诗谋任汕尾市地方税务局副局长,免去其汕尾市地方税务局总会计师职务;印发粤地税任〔2016〕6 号,决定:余庆都提任汕尾市地方税务局副调研员;印发粤地税任〔2016〕7 号,决定:免去冯伟强的清远市地方税务局副调研员职务,退休。

广东省地方税务局向省自贸办报送《广东省地方税务局关于报送 2015 年支持广东自贸试验区建设工作总结的函》(粤地税函〔2016〕41 号),报告 2015 年度支持广东自贸试验区建设工作情况。

广东省局、省人力资源和社会保障厅在省局召开第五次机关事业养老保险费征收工作协调会。

**1 月 18 日**

广东省地方税务局印发粤地税任〔2016〕8 号,决定:李喜妍提任珠海横琴新区地方税务局局长(试用一年),免去其珠海横琴新区地方税务局副局长职务;印发粤地税任〔2016〕9 号,决定:李文平任云浮市地方税务局局长,免去陈伟的云浮市地方税务局局长职务,退休。

广东省地方税务局印发粤地税党组发〔2016〕7 号,决定:李喜妍同志任中共珠海横琴新区地方税务局党组书记;印发粤地税党组发〔2016〕8 号,决定:李文平同志任中共云浮市地方税务局党组书记;免去陈伟同志的中共云浮市地方税务局党组书记职务。

广东省地方税务局印发《广东省地方税务局关于印发深入推进行政许可和行政处罚等信用信息公示工作实施方案的通知》(粤地税函〔2016〕48 号)。

**1 月 18 日—22 日**

广东省地方税务局信息中心在珠海举办数据库备份恢复和业务连续性培训,有效提升各地数据库备份和恢复能力。

广东省地方税务局“岗位大练兵、业务大比武”代表队赴扬州参加国家税务总局举办的全国税务系统“业务大比武”决赛,省局代表队取得全国地税系统三等奖的好成绩。

**1月20日**

广东省地方税务局召开2016年全省地税系统党风廉政建设工作会议。省局党组书记、局长吴紫骊讲话，省局党组成员、省纪委驻省局纪检组组长叶秀佑作工作报告。

广东省地方税务局召开部分市局党组书记抓基层党建述职评议会。

**1月20日—2月20日**

广东省地方税务局与省社保局先后召开多次专题会议，扎实做好全省机关事业单位养老保险费征收准备工作。

**1月22日**

广东省地方税务局印发粤地税任〔2016〕10号，决定：杨平提任茂名市地方税务局副调研员；印发粤地税任〔2016〕11号，决定：谢建新任省地税局内审处副处长；张媛春任省地税局政策法规处副处长；何凡任省地税局税政一处副处长；周爱民任省地税局规费管理处副处长；李航任省地税局人事处副处长；华关任省地税局教育培训处副处长。任职时间从2014年12月算起。印发粤地税任〔2016〕12号，决定：冯世富提任湛江市地方税务局副调研员。

广东省地方税务局印发《广东省地方税务局办公室关于调整依法行政工作领导小组组成人员的通知》（粤地税办发〔2016〕6号）。

广东省地方税务局印发《广东省地方税务局关于2015年全省地税系统组织社会保险费等规费收入情况的通报》（粤地税发〔2016〕8号）。

第十二次广东省国地税联席会议在省地税局召开。会议对省国税局、省地税局代省草拟的关于广东省深化国税、地税征管体制改革贯彻落实意见和省国税局、地税局深化国税地税征管体制改革督促落实制度，以及共建广东电子税务局有关事项进行了审议，并议定了第十三次联席会议时间。

**1月25日—1月29日**

广东省地方税务局教育处在广东省地税干部进修学校举办全省地税系统兼职教师课程开发研修班，省局兼职师资库91名兼职教师参加培训。

**1月26日**

广东省人力资源和社会保障厅印发粤人社发〔2016〕25号文件，省人民政府批准：免去宋爱勤的广东省地方税务局副局长职务。

**1月27日**

广东省地方税务局印发《广东省地方税务局关于报送2015年度重大税务案件审理工作总结的函》（粤地税函〔2016〕71号），向税务总局报送省地税局重大税务案件审理工作情况和相关统计报表。

**1月28日**

广东省地方税务局内审处配合广东省审计厅落实王南健任期经济责任审计、发现问题整改情况及审计整改工作。

广东省地方税务局印发《广东省地方税务局关于2015年依法行政工作情况的报告》（粤地税发〔2016〕12号），向省政府报告省地税局2015年度依法行政工作情况。

广东省地方税务局就申请人江某认为佛山市地税局对其检举张某涉嫌税收违法行为未履行查处及答复职责申请行政复议一案，作出行政复议决定，责令佛山市地税局履行相关职责。

**1月29日**

广东省地方税务局印发粤地税任〔2016〕13号，决定：谢春发提任梅州市地方税务局副调研员；印发粤地税任〔2016〕14号，决定：张浩祥提任广东省地方税务局征管和科技发展处调研员，免去其广东省地方税务局征管和科技发展处副处长职务；朱勇兵提任广东省地方税务局人事处调研员，免去其广东省地方税务局人事处副处长职务；张文邦提任广东省地方税务局稽查局调研员，免去其广东省地方税务局稽查局副局长职务；朱晓菁任广东省地方税务局规费管理处副处长（试用一年），免去其广东省地方税务局办公室副调研员职务；杨建军任广东省地方税务局征管和科技发展处副处长（试用一年），免去其广东省地方税务局征管和科技发展处副调研员职务。

广东省地方税务局印发《广东省地方税务局办公室转发国家税务总局办公厅关于严禁违规插手涉税中介经营活动明察暗访发现问题通报的通知》（粤地税办发〔2016〕5号）。

广东省地方税务局向广东省发展和改革委员会报送《广东省地方税务局关于"双公示"工作意见的函》（粤地税函〔2016〕80号）。

广东省地方税务局印发《广东省地方税务局关于广州市越秀区人民法院调查取证通知书的复函》（粤地税函〔2016〕年84号）。

**1月**

全省地税系统当月完成各项税费收入1323.18亿元，同比增长23.6%（按照地税系统征收入库口径，下同），增收252.42亿元。其中，组织税收收入1063.37亿元，同比增长29.9%，增收244.53亿元（不含深圳，全省地税税收收入556.81亿元，同比增长18.4%）。各级次税收收入中：中央级收入290.10亿元,同比增长 42.9%;省级收入 187.22 亿元,同比增长 9.7%;市县级收入 586.05 亿元,同比增长 31.6%。组织社保费收入 198.41 亿元,同比增长 3.9%,增收 7.44 亿元;组织其他收入合计 61.40 亿元。

广东省地方税务局组织成立 10 个考核小组,对 2015 年度各市(区)局领导班子、局内各单位及省局管理处级干部落实党风廉政建设责任制的情况进行检查考核评议。

**2 月 1 日**

广东省地方税务局在全国金税三期工程上线单位中率先完成财产行为税新申报表的上线。

广东省地方税务局印发《广东省地方税务局转发国家税务总局关于做好"二维码"一次性告知工作的通知》(粤地税函〔2016〕88 号)。

广东省地方税务局印发《广东省地方税务局关于印发推行〈失信企业协同监管和联合惩戒合作备忘录〉工作实施方案的通知》(粤地税函〔2016〕89 号)。

广东省地方税务局举办"抒豪情　迎新春——2016 广东省地税局机关春节联欢会"。

**2 月 2 日**

广东省地方税务局就申请人广州德和昌房地产开发有限公司对广州市海珠区地税局作出的土地增值税清算决定书不服而申请行政复议一案,作出行政复议告知,告知申请人向广州市地税局申请行政复议。

广东省地方税务局召开省局机关部分党支部书记抓基层党建工作述职评议会。

**2 月 3 日**

广东省地方税务局印发《广东省地方税务局关于报送基础养老金省级统筹和全国统筹研究工作进展情况的函》(粤地税函〔2016〕年 108 号)。

广东省地方税务局印发《中共广东省地方税务局党组关于开展巡察工作的实施意见》,进一步贯彻落实全面从严治党要求,加强对各级地税党组及其成员的监督。

**2 月 4 日**

广东省人力资源和社会保障厅印发粤人社发〔2016〕36 号文件,省人民政府批准:免去杨朝峰的广东省地方税务局副局长职务。

广东省地方税务局召开 2016 年经济责任审计工作联席会议,省局党组成员、驻省局纪检组组长叶秀佑、总审计师赵平同志参加会议。

**2 月 5 日**

广东省地方税务局印发粤地税任〔2016〕15 号、16 号、17 号、18 号、19 号、20 号,决定:杨珉任潮州市地方税务局总经济师,任职时间从 2014 年 12 月算起;彭峰彪任韶关市地方税务局副局长,任职时间从 2014 年 12 月算起;刘剑任惠州市地方税务局稽查局局长,任职时间从 2014 年 12 月算起;朱铁清任珠海市地方税务局稽查局局长,任职时间从 2014 年 12 月算起;李玉梅任东莞市地方税务局总会计师,任职时间从 2014 年 12 月算起;蓝铭坚任中山市地方税务局稽查局局长,任职时间从 2014 年 12 月算起。

**2 月 14 日**

广东省地方税务局发文《广东省地方税务局关于我省残疾人就业保障金征缴问题的请示》(粤地税发〔2016〕年 11 号)。

**2 月 15 日**

广东省地方税务局印发粤地税任〔2016〕21 号、22 号、23 号、24 号,决定:梁铭强任佛山市地方税务局稽查局局长,任职时间从 2014 年 12 月算起;梁铭强任佛山市地方税务局稽查局局长,任职时间从 2014 年 12 月算起;免去翟淑仪的佛山市地方税务局副调研员职务,退休;免去郑德亮的肇庆市地方税务局副调研员职务,退休;免去叶少强的河源市地方税务局副调研员职务,退休。

广东省地方税务局印发《广东省地方税务局办公室关于印发〈广东省地方税务局 2016 年学法计划〉的通知》(粤地税办函〔2016〕10 号),对 2016 年省地税局学法活动作出安排。印发《广东省地方税务局关于加强税收个案批复管理工作的通知》(粤地税函〔2016〕118 号),提出加强税收个案批复管理的意见。

**2 月 17 日**

广东省地方税务局印发粤地税任〔2016〕25 号,决定:李明景任广东省地方税务局稽查局调研员,免去其广东省地方税务局财务与装备管理处调研员职务;胡斌任广东省地方税务局稽查局主任科员,免去其广东省地方税务局政策法规处主任科员职务;徐清祥任广东省地方税务局稽查局主任科员,免去其广东省地方税务局收入规划核算处主任科员职务;王世荣任广东省地方税务局稽查局主任科员,免去其广东省地方税务局纳税服务处主任科员职务;夏雨露任广东省地方税务局稽查局主任科员,免去其广东省地方税务局纳税服务处主任科员职务;黎冠文任广东省地方税务局稽查局主任科员,免去其广东省地方税务局内审处主任科员职务。

广东省地方税务局翻印《国家税务总局关于

印发〈税务系统简化优化纳税服务流程方便纳税人办税实施方案〉的通知》(省局翻印〔2016〕23号)。

广东省地方税务局翻印《国家税务总局关于开展2016年“便民办税春风行动”的意见》(省局翻印〔2016〕24号)。

**2月18日**

广东省地方税务局印发《中共广东省地方税务局党组关于成立巡察工作领导小组的通知》。

**2月22日**

广东省地方税务局召开2016年度第一次依法行政工作领导小组会议,审议通过《广东省地方税务局2016年依法行政工作要点》。

**2月22日—2月27日**

国家税务总局第四督查组对广东省地方税务局落实《深化国税、地税征管体制改革方案》及绩效管理等工作落实情况进行了督查。

**2月23日**

广东省地方税务局发布《广东省地方税务局关于命名首批“广东省地税系统法治税务示范基地”的决定》(粤地税发〔2016〕16号),广州市天河区地税局等10个单位成为广东省地税系统法治税务示范基地。

根据《广东省扶贫开发办公室关于做好2016年春节期间扶贫“双到”工作的通知》(粤扶办〔2016〕11号)精神和工作安排,广东省地税局派出审计组,自2016年2月23日起,对2013年2月—2016年1月省局帮扶资金项目管理情况进行专项审计。

**2月24日**

2016年第一次广东省国税、地税稽查局联席工作会议在广州召开。

**2月24日—26日**

广东省地方税务局稽查局在东莞举办广东地税税务稽查电子取证设备本地化改造验收测试研讨会议,广州、佛山、东莞等市局稽查局的业务骨干参加测试研讨。

**2月25日**

广东省地方税务局印发《广东省地方税务局关于对2015年内部审计发现主要问题开展自查自纠和整改工作的通知》(粤地税函〔2016〕156号),针对2015年省局内部审计发现的主要问题,在全省地税系统开展自查自纠和整改工作。

广东省地方税务局配合省府办公厅开展关于配合审计署做好朱小丹省长任职期间经济责任审计的工作。

**2月26日**

广东省地方税务局印发粤地税任〔2016〕26号、27号、28号,决定:吴志坚提任汕头市地方税务局调研员,免去其汕头市地方税务局副局长职务;免去黄俊杰的广东省地方税务局办公室副主任职务;黄俊杰任江门市地方税务局副局长。

广东省地方税务局印发粤地税党组发〔2016〕18号,决定:黄俊杰同志任中共江门市地方税务局党组副书记。

**2月29日**

广东省地方税务局出台《广东省地方税务局2016年党风廉政建设任务分工》,包括七大类、三十二项任务。

广东省地方税务局翻印《财政部关于取消停征和整合部分政府性基金项目等有关问题的通知》(省局翻印〔2016〕31号)。

广东省地方税务局翻印《财政部　国家税务总局关于扩大有关政府性基金免征范围的通知》(省局翻印〔2016〕32号)。

**2月29日—3月19日**

在广东省地税干部进修学校举办全省地税系统军转干部培训班和新录用公务员初任培训班(第一期),来自全省地税系统的38名军转干部和110名学员参加培训。

**2—12月**

广东省地方税务局办理朱小丹等领导同志在《关于研究贯彻落实国务院主要领导同志批示精神的签报意见》上的批示等15份批示件,对科技企业孵化器等税收政策问题进行深入研究。

**3月1日**

广东省地方税务局印发粤地税党组发〔2016〕21号,决定:免去吴志坚同志的中共汕头市地方税务局党组成员职务。

**3月2日**

广东省地方税务局印发粤地税任〔2016〕29号,决定:孙杰任广东省地方税务局办公室主任科员,免去其广东省地方税务局纳税服务处主任科员职务。

广东省国税、地税深化征管体制改革第一次月度推进会在广东省国家税务局召开,省地税局总会计师苏振钿及深改方案7个专项试点工作牵头部门负责人参加会议。

广东省地方税务局向税务总局办公厅报送《广东省地方税务局关于报送组织开展“涉税中介”自查清理及明察暗访工作情况的函》(粤地税函〔2016〕167号)。

**3 月 2 日—3 日**

广东省地方税务局会同省国税局在珠海市联合召开广东省国税、地税合作工作交流推进会,研究当前和今后一个时期国地税合作工作的思路。

广东省地方税务局副局长欧卫东率领规划核算处一行到东莞、深圳开展税源调研。

**3 月 3 日**

广东省地方税务局印发粤地税任〔2016〕30 号,决定:免去叶胜的东莞市地方税务局副局长职务,退休。

广东省地方税务局印发粤地税党组发〔2016〕22 号,决定:免去叶胜同志的中共东莞市地方税务局党组成员职务。

广东省地方税务局印发《广东省地方税务局关于印发〈2016 年内审工作总体思路和工作安排〉的通知》(粤地税函〔2016〕168 号),明确全系统 2016 年内审工作总体要求、主要任务以及重点工作措施。

**3 月 4 日**

广东省地方税务局翻印《关于转发国家发展改革委办公厅转发财政部关于取消停征和整合部分政府性基金项目等有关问题的通知》(省局翻印〔2016〕年 36 号)。

广东省地方税务局对 2015 年 6 月以来全系统新提任的 17 名处级党员领导干部进行集体廉政谈话,并组织签订《廉政承诺书》。省局党组成员、巡视员宋爱勤和省局党组成员、省纪委驻省局纪检组组长叶秀佑同志参加会议。

**3 月 6 日**

广东省委常委、常务副省长徐少华批示《从税收结构看广东经济结构变化:2011—2015》:“该研究报告全面深入,说理透彻,具有很好的参考借鉴价值”。

**3 月 7 日**

黄某不服广东省地方税务局行政复议决定的两个行政诉讼案在广州中院开庭,省地税局党组成员、总经济师罗达佳和法规处相关人员出庭应诉。

广东省地方税务局印发《2016 年税费规范性文件专项清理工作方案》(粤地税函〔2016〕178 号),部署 2016 年全省地税系统税费规范性文件专项清理工作。

广东省地方税务局印发《广东省地方税务局关于印发〈广东省地方税务局 2016 年“便民办税春风行动”实施方案〉的通知》(粤地税函〔2016〕174 号)。

广东省地方税务局召开省局机关党委工作会议。

**3 月 10 日**

广东省地方税务局印发粤地税任〔2016〕31 号,决定:王毅任广东省地税局稽查局调研员。

**3 月 11 日**

广东省地方税务局纳税服务处开展 12366 纳税服务热线升级等业务集中调研,广州(含规费服务中心)、珠海、佛山、惠州、东莞、中山、江门、顺德、横琴市(区)纳税服务部门负责人参加调研。

广东省地方税务局直属分局(大企业局)开展“职场的幸福感”专题授课,正式启动 2016“快乐成长规划”系列培训。

**3 月 14 日**

广东省地方税务局印发《广东省地方税务局关于 2015 年全省税收执法督察工作情况的通报》(粤地税函〔2016〕209 号)、《广东省地方税务局关于 2015 年度税收执法疑点核查情况的通报》(粤地税函〔2016〕208 号),通报 2015 年全省地税系统税收执法督察工作情况和执法疑点核查情况。

**3 月 14 日—15 日**

广东省地方税务局副局长欧卫东率领规划核算处一行到肇庆、云浮开展税源调研。

**3 月 15 日—16 日**

广东省地方税务局纳税服务处在清远开展 12366 纳税服务热线升级等业务集中调研,汕头、韶关、河源、梅州、汕尾、阳江、湛江、茂名、肇庆、清远、潮州、揭阳、云浮市地方税务局纳税服务部门负责人参加调研。

**3 月 16 日**

广东省地方税务局在清远举办全省地税系统巡察工作业务培训班,省纪委驻省局纪检组组长叶秀佑出席培训班并讲话。

**3 月 17 日**

广东省地方税务局在东莞召开 2016 年全省地税系统国际税收工作会议。省局党组成员、副局长李华东,省局机关有关部门、直属单位负责人、各市(区)局分管国际税收工作局领导及负责国际税务管理部门负责人参加会议。

**3 月 18 日**

广东省地方税务局翻印《关于对“双公示”工作有关问题说明的函》(省局翻印〔2016〕48 号)。

广东省地方税务局印发《广东省地方税务局关于印发《2016 年规费重点工作任务》的通知》(粤地税函〔2016〕年 227 号)。

**3 月 21 日—30 日**

广东省地方税务局教育处在广东省地税干部进

修学校举办全省地税系统正科级中青年领导干部培训班（第三期），来自全省地税系统的54名学员参加培训。

**3月22日**

广东省地方税务局干部李祖光获评全省扶贫开发工作优秀个人。

**3月23日**

广东省地方税务局组织召开天河北数据中心搬迁评估专家评审会，邀请来自税务总局、省信息中心、省国税信息中心、腾讯、前平安集团等多位专家评审天河北数据中心搬迁评估项目工作成果。

广东省地方税务局党建工作领导小组印发《省局机关党支部与基层党支部结对开展党建共建活动方案（2016—2017）》。

**3月23日—24日**

国家税务总局电子税务管理中心主任姚琴和国家信息中心专家一行调研广东国税局、地税局共建电子税务局试点示范工作推进情况。

广东省地方税务局副局长李华东应广东省粤港澳合作促进会邀请，出席在香港、澳门举办的广东省2016年港澳春茗活动。

**3月23日—25日**

广东省地方税务局稽查局在佛山举办2016年全省税收执法督察业务培训班，全省地税系统执法督察业务骨干40多人参加培训。

**3月24日**

广东省地方税务局印发《广东省地方税务局办公室关于下发2016年纳税人满意度调查指标的通知》（粤地税办函〔2016〕23号）。

**3月25日**

广东省地方税务局印发粤地税任〔2016〕32号，决定：张友华任广东省地方税务局征管和科技发展处副处长，任职时间从2015年1月算起。

**3月28日**

广东省地方税务局印发粤地税任〔2016〕33号，决定：杨鸿城任广东省地方税务局办公室副主任。

**3月29日**

第十三次广东省国税、地税联席会议在广东省国家税务局召开，会议审议了省国税局、广东省地税局征管体制改革工作安排、关于建设电子税务局等7个专项改革试点的预期目标、县级示范区建设实施方案、全面深化国地税合作的意见、全面推开“营改增”八项服务承诺、第25个税收宣传月启动工作方案、支持广东创新驱动发展战略的10条措施等议题。

申请人戴某森、戴某好对东莞市地税局作出关于政府信息公开的答复不服，向广东省地税局申请行政复议。省局于3月31日作出受理决定。

广东省地方税务局印发《广东省地方税务局关于增值税、消费税附征税费免于零申报的公告》（广东省地方税务局公告2016年第1号），明确自2016年4月1日起，广东省随增值税、消费税附征的城市建设维护税、教育费附加、地方教育附加免于零申报。

广东省地方税务局向税务总局报送《广东省地方税务局“便民办税春风行动”第一季度工作总结》及《2016年“便民办税春风行动”细化措施统计表》。

**3月29日—30日**

广东省地方税务局在广东省税务干部进修学校举办全省企业所得税专题培训班。

**3月30日**

广东省地方税务局印发《广东省地方税务局办公室转发国家税务总局办公厅关于做好2015年度纳税信用评价工作的通知》（粤地税办发〔2016〕18号）。

广东省地方税务局信息中心在汕尾召开2016年信息工作重难点问题东片区研讨会，汕头、河源、梅州、惠州、汕尾、潮州、揭阳市地方税务局信息科参加会议。

广东省地方税务局召开税收风险管理工作领导小组工作会议。会议审议2015年税收风险管理工作总结和2016年税收风险管理工作计划，并就税收风险管理有关问题进行讨论。省局局长吴紫骊出席会议。

**3月31日**

广东省地方税务局印发《广东省地方税务局关于报送广东自贸试验区建设专项督查整改落实情况的函》（粤地税函〔2016〕281号），向省自贸办报告广东自贸试验区建设专项督查整改落实情况。

广东省地方税务局法规处发文《关于深入推行税收执法责任制工作的调研报告》（粤地税法便函〔2016〕33号），向税务总局法规司报告省地税局推行税收执法责任制工作情况。

广东省地方税务局举行省局党组中心组学习扩大会议（视频），学习“五大发展理念”。

**3月**

广东省地方税务局副局长李华东会见安永、毕马威、德勤、普华永道四大会计师事务所代表。

广东省地方税务局法规处共组织对局内相关部门制定的8份规范性文件进行合法性审核和合规性

评估。

**3 月 31 日—4 月 20 日**

广东省国家税务局、省地方税务局、广州市国家税务局和广州市地方税务局在中央财经大学联合举办高层次人才培训班。

**1—3 月**

广东省地方税务局机关服务中心共审核采购类合同 37 份。

全省地税系统累计完成各项税费收入 2694. 65 亿元,同比增长 16. 7% ,增收 386. 56 亿元。其中,组织税收收入 1956. 86 亿元,同比增长 23. 5% ,增收 372. 55 亿元(不含深圳,全省地税税收收入 1149. 61 亿元,同比增长 12. 6% )。组织社保费收入 599. 04 亿元,同比增长 2. 8% ,增收 16. 30 亿元;组织其他收入合计 138. 76 亿元。3 月当月完成各项税费收入 681. 28 亿元,同比增长 9. 4% (按照地税系统征收入库口径,下同),增收 58. 49 亿元。其中,组织税收收入 461. 38 亿元,同比增长 19. 9% ,增收 76. 57 亿元(不含深圳,全省地税税收收入 304. 58 亿元,同比增长 8. 2% )。组织社保费收入 185. 94 亿元,同比下降 8. 1% ,减收 16. 49 亿元;组织其他收入合计 33. 96 亿元。

## 第二季度

**4 月 5 日**

广东省地方税务局召开 2016 年省委保密委全体会议暨全省保密工作会议,省局副局长杨荣华参加会议。

**4 月 5 日—24 日**

广东省地方税务局在广东省地税干部进修学校举办新录用公务员初任培训班(第二期),128 名学员参加培训。

**4 月 6 日**

广东省地方税务局印发《广东省地方税务局转发国家税务总局关于完善办税服务相关制度的通知》(粤地税发〔2016〕29 号)。

广东省地方税务局翻印《国家税务总局关于印发〈2016 年纳税服务重点工作任务〉的通知》(省局翻印〔2016〕56 号)。

广东省地方税务局直属分局(大企业局)联合省国税局开展重点行业调研。共同完成《关于广东省银行业税收贡献问题的分析报告》《2015 年全省地税税收完成情况分析与 2016 年税收形势预判》,获得广东省委、省政府主要领导高度评价。

**4 月 7 日**

广东省地方税务局印发《广东省地方税务局关于提供各市企业职工养老保险有关情况的函》。

**4 月 8 日**

广东省地方税务局印发《广东省地方税务局关于贯彻落实省委十一届五次全会重要举措实施方案的通知》(粤地税函〔2016〕333 号)。

广东省地方税务局印发《广东省地方税务局转发国家税务总局关于做好营业税改征增值税纳税服务工作的通知》(粤地税发〔2016〕35 号)。

**4 月 10 日**

李某以广东省地方税务局稽查局和广东省地方税务局为共同被告案一审在广州铁路运输第一法院开庭审理,省局取得胜诉。这是《行政诉讼法》修订后省局第一宗共同被告案,也是广州市实行行政案件集中管辖后省局首宗应诉案件。

**4 月 11 日**

广东省地方税务局印发《广东省地方税务局关于切实加强社会保险费补缴业务管理工作的通知》。

**4 月 11 日—15 日**

广东省地方税务局在广东省地税干部进修学校举办了“岗位大练兵、业务大比武”课程开发专题培训班,27 名省局师资库兼职教师参加培训。

**4 月 11 日—6 月 10 日**

广东省地方税务局稽查局贯彻落实上级关于反恐怖主义和反宗教渗透专项整治工作的指示要求,由专职纪检监察员张弟带领督导检查组对全省 23 个地市(区)局进行了全方位、全覆盖的督导检查,并提出具体要求。

**4 月 12 日**

广东省地方税务局印发《广东省地方税务局转发国家税务总局关于完善纳税服务投诉管理制度有关问题的通知》(粤地税函〔2016〕401 号)。

**4 月 13 日**

广东省地方税务局印发《广东省地税系统 2016 年“岗位大练兵、业务大比武”活动方案》,部署全省“岗位大练兵、业务大比武”工作。

广东省地方税务局党组成员、总会计师苏振钿,稽查局局长余振荣一行,到重庆参加全国税务稽查工作会议,听取税务总局党组成员、副局长孙瑞标作的“深化改革　砥砺奋进　努力开创税务稽查现代化建设新局面”的主题报告。会上,广东省国税局、地税稽查局就稽查信息化建设工作进行了交流发言,广东省地税局关于构建征稽联动机制的经验材料被列入书面交流材料在会议上印发。

广东省地方税务局印发《广东省地方税务局办公室关于召开2016年全省地税系统规费工作会议的通知》。

**4月18日**

广东省地方税务局印发《广东省地方税务局关于报送2015年度依法行政工作情况自查情况的函》（粤地税函〔2016〕407号）。

**4月19日—22日**

广东省地方税务局运维监控扩容培训班在深圳举办，所有参培人员顺利通过认证考试。

**4月20日**

广东省地方税务局与省国家税务局联合印发《关于深入贯彻〈国家税务局　地方税务局合作工作规范（2.0版）〉全面深化国地税合作的意见》（粤国税发〔2016〕92号）。

**4月21日**

全省地税稽查工作会议在中山召开，广东省地方税务局党组成员、总会计师苏振钿，省局稽查局局长余振荣出席会议并讲话。会议传达全国税务稽查工作会议精神，总结2015年及“十二五”地税稽查工作，提出2016年及“十三五”全省地税稽查工作思路。

**4月22日**

广东省地方税务局印发《广东省地方税务局关于开展2016年全省税收执法督察工作的通知》（粤地税函〔2016〕440号）。

广东省地方税务局直属分局（大企业局）召开“讨论设置市局大企业管理机构方案”座谈会，全省13个市（区）局有关领导参加座谈会。

**4月25日**

广东省地方税务局与省国家税务局联合印发《广东省国地税合作县级示范区建设实施方案》（粤国税发〔2016〕100号）。

广东省地方税务局印发《广东省地方税务局转发国家税务总局关于进一步做好纳税人销售取得的不动产增值税代征工作的通知》（粤地税函〔2016〕455号）。

广东省地方税务局印发《广东省地方税务局办公室关于提供2015年社会保险信息披露有关数据的函》。

**4月25日—26日**

2016年度全省规费工作会议在清远召开。会议总结2015年全省规费征管工作，部署2016年规费工作任务。

**4月26日**

国家税务总局原副局长丘小雄带队到广东开展“关于全面推开‘营改增’试点工作情况”专项督查。

广东省地方税务局印发《广东地税12366转型升级工作方案》《广东地税12366热线升级暨系统切换试点实施方案》（粤地税发〔2016〕46号）。

**4月27日**

广东省地方税务局翻印《财政部　国家税务总局关于营业税改征增值税试点有关文化事业建设费政策及征收管理问题的通知》。

广东省地方税务局印发《广东省地方税务局关于商请提供非税收入征管情况的函》。

**4月27日—29日**

广东省地方税务局派出9个督查组对全省开展“营改增”专项督察。

**4月28日**

广东省地方税务局印发《广东省地方税务局转发国家税务总局关于在全国税务系统深入开展“问需求、优服务、促改革”专项活动的通知》（粤地税函〔2016〕473号）。

广东省地方税务局党组成员、总会计师苏振钿带领法规处有关人员参加2016年全省政府系统重点建议提案办理工作协调督办座谈会，提交书面汇报材料。

**4月**

广东省地方税务局派出4个审计组，先后对云浮市地税局原局长陈伟、横琴新区地税局原局长罗增庆、广州市开发区地税局原局长马世超以及韶关市地税局局长王中高开展任期经济责任审计。

**4—6月**

广东省地方税务局成立安全维稳工作督导检查组，稽查局专职纪检监察专员张弟任组长。

**5月1日**

全省“营改增”试点顺利推开。

**5月4日**

广东省地方税务局配合财政部驻广东省财政监察专员办事处开展广东省“营改增”试点运行情况跟踪调研工作。

广东省地方税务局首期广东地税“青春咖啡馆”在直属分局（大企业局）举办，省局党组副书记、巡视员杨楚潮，直属分局（大企业局）局长方佳雄，人事处处长钟文锋出席活动。

广州市中级人民法院就黄某诉广东省地税局行政复议告知书两案分别作出判决，均驳回原告诉讼请求，省局取得该两案一审的胜出。

**5月4日—25日**

广东省地方税务局在中山参与税务总局督察内

审信息平台业务需求集中编写工作。

**5 月 5 日**

广东省地方税务局召开 2016 年度第二次依法行政工作领导小组会议，审议通过《广东省地方税务局依法行政工作领导小组议事规则》并于 5 月 12 日发文。

**5 月 7 日**

广东省地方税务局印发《广东省地方税务局关于开展 2015 年度纳税信用评价结果核查工作的通知》（粤地税函〔2016〕503 号）。

**5 月 9 日—28 日**

广东省地方税务局在广东省地税干部进修学校举办新录用公务员初任培训班（第三期），126 名学员参加培训。

**5 月 10 日**

广东省地方税务局直属分局（大企业局）在平安大厦五楼会议室召开广晟资产、粤海集团等 10 户企业“落实供给侧改革切实降低企业税收成本”座谈会，省局副局长欧卫东、直属分局（大企业局）局长方佳雄、税政二处处长刘柯、直属分局（大企业局）分管局领导及科室负责人参加会议。

**5 月 11 日**

广东省地方税务局印发《广东省地方税务局关于张文邦免职退休的通知》（粤地税任〔2016〕48 号），决定免去张文邦稽查局调研员职务，退休。

广东省地方税务局印发《广东省地方税务局关于张浩祥、朱勇兵免职退休的通知》（粤地税任〔2016〕49 号），决定免去张浩祥的广东省地方税务局征管和科技发展处调研员职务，退休；免去朱勇兵的广东省地方税务局人事处调研员职务，退休。

广东省地方税务局直属分局（大企业局）联合省国税局选取省内 2015 年国税、地税收入规模 1 亿元以上的 106 户龙头企业，作为国地税共选共管同服务的省级大企业，即广东“百户集团”。同时，指导各市国地税联合选取 415 户市级大企业作为管理对象。

**5 月 12 日**

广东省地方税务局与省公安厅联合举办“广东省公安厅派驻省地方税务局联合机制办公室”揭牌和“广东警税协作信息快查系统”开通仪式，广东省公安厅党委委员、巡视员张小云，经济犯罪侦查局长黄守应，省局党组成员、总会计师苏振钿，稽查局长余振荣出席活动。

广东省地方税务局联合省人力资源和社会保障厅在广州举办全省灵活就业人员参保政策培训班。省局省人社厅、省地税局相关人员 150 余人参加培训，为《关于完善灵活就业人员参加企业职工基本养老保险有关规定的通知》（粤人社规〔2016〕4 号）文件顺利落地实施奠定坚实基础。

**5 月 13 日**

中共广东省委组织部印发粤组干〔2016〕548 号文件，经研究同意：免去李万清的广东省地税局副巡视员职务，退休。

广东省地方税务局直属分局（大企业局）联合省国税局顺利完成千户集团第一批风险应对任务，涉及中国联通、中海油、中国人寿 3 户企业集团 13 个税收风险事项。其中，确认的风险事项涉税金额 6212.54 万元（其中地税 4940.46 万元），涉及应补缴税款或应作增值税进项税额转出金额 1168.12 万元（其中地税 906.42 万元）。

广东省地方税务局完成广东地税规费监控分析管理平台的前期开发和系统测试工作，并在韶关、肇庆试点上线。

**5 月 16 日—22 日**

广东省地方税务局在湖南税务高等专科学校举办全省地税系统正处级领导干部依法行政和深化国税、地税征管体制改革方案专题研修班，46 名正处级领导干部参加培训。

**5 月 17 日—18 日**

国家税务总局所得税司司长刘丽坚一行来开展个人所得税税收管理体系规划调研。

**5 月 18 日**

广东省地方税务局印发《广东省地方税务局关于报送非税收入征管调查情况的函》。

广东省地方税务局印发《关于征求〈广东省城镇企业职工基本养老保险扩面征缴工作责任书〉（征求意见稿）意见的函》。

**5 月 19 日**

广东省地方税务局印发《广东省地方税务局关于提供养老保险欠费有关情况的函》。

广东省地方税务局提交税务总局交办的关于非税收入法治化建设及征管情况调研报告。

**5 月 20 日**

广东省地方税务局印发《广东省地税系统公职律师工作实施方案》（粤地税函〔2016〕549 号）及《广东省地税系统公职律师管理办法》。

**5 月 23 日**

广东省地方税务局翻印《广东省人民政府办公厅关于印发 2016 年支持大型骨干企业发展重点工作任务的通知》（省局翻印〔2016〕95 号）。

广东省地方税务局直属分局(大企业局)向省政府上报《扎实推进供给侧结构性改革着力降低省属大企业税收成本》报告。

**5月23日—27日**

广东省地方税务局在贵州举办网络规划及项目管理培训。

**5月24日**

广东省地方税务局印发《广东省地方税务局关于开展注册税务师职业资格清理规范检查工作情况的函》(粤地税函〔2016〕572号)。

**5月25日**

广东省地方税务局上报税务总局交办的“澳大利亚对华A4复印纸产品反补贴调查”有关事项调查资料。

**5月26日**

2014年度审计查出的几个问题整改情况跟踪调研座谈会在广东省人大常委会机关办公东楼召开,广东省地方税务局党组成员、纪检组长叶秀佑就2014年度审计查出社保基金问题整改落实情况进行汇报。

广东省地方税务局印发《广东省地方税务局关于开展注册税务师职业资格清理规范检查工作情况的函》(粤地税函〔2016〕572号)。

广东省地方税务局印发《广东省地方税务局办公室转发国家税务总局办公厅关于完善进驻政府政务中心税务窗口相关工作的通知》(粤地税办函〔2016〕59号)。

广东省地方税务局印发《广东省地方税务局转发国家税务总局关于进一步优化“营改增”纳税服务工作的通知》(粤地税发〔2016〕50号)。

广东省地方税务局印发《广东省地方税务局关于报送省全面创新改革试验有关情况的函》。

广东省地方税务局印发《广东省地方税务局关于请明确省直机关事业单位社保费征收问题的函》。

**5月27日**

广东省地方税务局印发《广东省地方税务局办公室关于召开全省纳税信用评价工作专题会议的通知》(粤地税办函〔2016〕62号)。

**5月30日**

广东省地方税务局提交“珠三角国家自主创新示范区建设系列提案”的书记督办提案的会办意见。

**5月31日**

全省纳税信用评价工作专题会议召开,广东省地方税务局党组成员、副局长杨荣华,省局纳服处及相关处室领导、各市(区)分管纳税信用评价工作的局领导、各市(区)局纳税服务部门负责人参加了会议。

**5月31日—6月2日**

广东省国家税务局、地方税务局联合在佛山举办省级大企业税企高层见面会暨税务风险管理高管研修班,税务总局大企业管理司副司长刘磊、省国税局副局长张津、省地税局副局长欧卫东,广汽丰田等106户年纳税额超亿元的省级大企业负责人、财务负责人参加会议。

**5月**

广东省地方税务局重点选取4个市局,对落实税收执法责任制工作情况开展调研,向税务总局报送《关于税收执法责任制和执法督察信息化调研情况汇报》。

**6月2日—8日**

广东省地方税务局在税务总局干部进修学院举办全省地税系统副处级领导干部依法行政研修班,40名副处级领导干部参加培训。

**6月2日—7月1日**

广东省地方税务局副局长欧卫东带队到珠海、东莞、惠州开展税收票证电子化调研,对推行电子税收票证进行分析、论证。

**6月7日**

广东省地方税务局印发《广东省地方税务局关于在全省地税系统推行说理式税务稽查文书有关事项的通知》(粤地税函〔2016〕620号),印发《说理式税务稽查文书模板》。

广东省地方税务局印发粤地税党组发〔2016〕38号,决定:免去庄顺明同志的中共汕头市地方税务局纪检组组长、党组成员职务。

**6月12日—18日**

全省地税系统稽查专业队员及业务骨干培训班在山东省地税局青岛培训中心举办,60名稽查专业队员和业务骨干参加培训。

**6月13日**

广东省地方税务局在长沙举办内审业务骨干培训班,63名业务骨干参加培训。培训期间,省局组织各市参训学员代表召开专题座谈会,围绕如何加强内审工作进行交流探讨,共收集21条意见和建议。

**6月13日—7月2日**

广东省地方税务局在广东省地税干部进修学校举办新录用公务员初任培训班(第四期),127名学员参加培训。

**6月14日**

广东省地方税务局印发《广东省地方税务局办

公室关于报送商事登记制度改革专题督查工作情况的函》(粤地税函〔2016〕72 号)。

广东省国家税务局、地方税务局与广发银行在广发南海金融中心签署《税收遵从合作协议》,省国税局局长胡金木、省地税局局长吴紫骊、广发银行董事长董建岳出席签字仪式并讲话,广东省盐业集团等 12 家大企业代表受邀出席签字仪式。

广东省地方税务局在江门台山召开 2016 年全省地税政策法规工作会议,省局党组成员、总经济师罗达佳到会讲话,中山、江门、茂名、肇庆、潮州市局主要负责人作为特邀代表一同参会。

广东省地方税务局发文《广东省地方税务局关于报送经济体制和生态文明体制改革相关材料的函》。

**6 月 15 日**

广东省地方税务局召开领军人才笔试专题座谈会,本届考生及部分往届领军人才入选人员参加。

国家税务总局纳税服务司纳税服务规范 3.0 版调研会召开,税务总局纳税服务司相关人员,广东省地方税务局纳税服务处负责人及相关工作人员,广东省地方税务局征管科技处工作人员广州、佛山、肇庆、顺德地税纳税服务部门负责人、工作人员及办税厅负责人参加会议。

**6 月 16 日**

广东省地方税务局配合广东省审计厅开展 2014 年度省级预算执行和其他财政收支审计工作报告反映问题整改落实工作。

广东省地方税务局召开党组中心组第二季度学习会。

广东省地方税务局发文《广东省地方税务局关于工业稳增长有关政策措施落实情况的函》(粤地税函〔2016〕647 号),向省经信委报送省局落实工业稳增长政策措施情况报告和自查表。

**6 月 17 日**

广东省地方税务局翻印《广东省人民政府办公厅转发国务院办公厅关于加强金融消费者权益保护工作指导意见的通知》(省局翻印〔2016〕122 号)。

广东省地方税务局印发粤地税党组发〔2016〕41 号,决定:免去陈小龙同志的中共湛江市地方税务局党组成员职务。

广东省地方税务局印发粤地税任〔2016〕65 号,决定:免去侯国光的广州市地方税务局副巡视员职务,退休;印发粤地税任〔2016〕66 号,决定免去陈小龙的湛江市地方税务局调研员职务,退休。

**6 月 19 日**

广东省地方税务局组织全省地税系统 16 名考生到北京市参加第四批全国税务领军人才培养对象选拔考试笔试。

**6 月 20 日—24 日**

广东省地方税务局举办“岗位大练兵、业务大比武”课程开发专题研修班(第二期),26 名省局师资库兼职教师和业务骨干参加培训。

广东省地方税务局在深圳举办广东省地税局机房规划设计与运维管理认证培训。省局机关及 21 个市局(含顺德区局)机房管理人员参加培训。

**6 月 20 日**

广东省地方税务局办理华润万家有限公司等 3 家大型骨干企业诉求事项回复。

**6 月 21 日**

广东省地方税务局印发《广东省地方税务局关于报送 2016 年上半年市场监管体系建设工作总结的函》(粤地税函〔2016〕685 号)

广东省地方税务局发文《广东省地方税务局关于修订我省残疾人等个人所得税减征规定的请示》,向省人民政府申请修订广东省残疾人等个人所得税减征规定。

**6 月 21 日—22 日**

广东省地方税务局党组成员、总经济师罗达佳带领法规处有关人员到南沙、横琴自贸区开展创新税收工作调研。

**6 月 23 日**

广东省编办以《关于设立市级大企业税收管理机构等事项的函》(粤机编办〔2016〕116 号)批复同意,在除广州、顺德(已成立大企业管理局)以外的 21 个市选取市局直属行政单位或全职能区局,加挂牌子设立市级大企业税收管理机构。

广东省地方税务局召开纳税服务工作座谈会,省局纳税服务处相关人员、各市(区)分管纳税服务工作的局领导、各市(区)局纳税服务部门负责人及 1 名业务骨干参加会议。

**6 月 24 日**

中共广东省委组织部印发粤组干〔2016〕750 号文件,经研究同意:免去区艳钊的省地税局副巡视员职务,退休。

**6 月 29 日**

广东省地方税务局发文《广东省地方税务局关于〈广东省地方税务局关于居民企业所得税申报预缴期限的公告〉等 2 份公告的备案报告》(粤地税发〔2016〕57 号),将两份公告报送税务总局备案。

广东省地方税务局举办省局机关纪念中国共产党建党95周年暨“我是共产党员”主题党日活动。

**6月30日**

广东省地方税务局印发《广东省地方税务局办公室关于明确办税服务综合管理系统运维职责的通知》(粤地税办发〔2016〕35号)。

广东省国家税务局、地方税务局联合召开税企专题会议,动员部署广州越秀集团等7户省级大企业税收风险管理工作。省国税局副局长张津、省地税局副局长欧卫东、企业所在市国地税分管局领导、大企业管理部门负责人和7户企业分管财务工作的领导参加会议。

广东省地方税务局发文《广东省地方税务局关于2016年上半年贯彻落实〈国家税务总局关于全面推进依法治税的指导意见〉情况的报告》(粤地税发〔2016〕58号),向税务总局报送2016年上半年省局贯彻落实国家税务总局关于全面推进依法治税的指导意见的情况。

全国首个国地税联合共建的电子税务局——广东省电子税务局上线试运行,首批上线的国税、地税联合业务41项,下一步将实现352项国税业务、480项地税业务和118项国地税联合业务的网上办理。

**6月**

广东省地方税务局办理人大提案2份,政协提案5份,征求意见稿19份。

广东省地方税务局召开规费监控分析管理平台第2阶段需求评审会,讨论审定平台第2阶段开发需求。规费处、信息中心及开发公司相关人员参加会议。

## 第三季度

**7月1日**

广东省地方税务局聘请常年法律顾问。

广东省地方税务局印发粤地税党组发〔2016〕42号,决定:免去杨珉同志的中共潮州市地方税务局党组成员职务;印发粤地税党组发〔2016〕43号,决定:免去管仕浩同志的中共梅州市地方税务局党组成员职务;印发粤地税党组发〔2016〕44号,决定:免去莫灿洪同志的中共东莞市地方税务局党组成员职务;印发粤地税党组发〔2016〕45号,决定:游绿东同志任中共揭阳市地方税务局党组副书记。

广东省地方税务局印发粤地税任〔2016〕68号,决定杨珉任广东省地方税务局办公室副主任;印发粤地税任〔2016〕70号,决定:管仕浩提任梅州市地方税务局调研员,免去其梅州市地方税务局副局长职务;印发粤地税任〔2016〕71号,决定:莫灿洪提任东莞市地方税务局调研员,免去其东莞市地方税务局副局长职务。黄见洪任东莞市地方税务局副局长,免去其东莞市地方税务局总经济师职务。

**7月4日**

广东省地方税务局印发粤地税任〔2016〕72号,免去杨珉的潮州市地方税务局总经济师职务。

广东省地方税务局配合广东省审计厅开展2015年度省级预算执行和其他财政收支审计反映问题整改落实工作。

**7月5日**

广东省地方税务局印发粤地税任〔2016〕73号,决定:免去熊保利的广东省地方税务局直属税务分局(大企业税收管理局)调研员职务,退休;印发粤地税任〔2016〕74号,决定:免去庄顺明的汕头市地方税务局调研员职务,退休。

**7月5日—9日**

广东省地方税务局稽查局将“岗位大练兵、业务大比武”活动与稽查人员上岗资格考试有机结合,分批组织全省地税稽查系列岗位大练兵和执法资格考试,实施稽查人员“逢进必考、依考发证、持证上岗”的上岗资格考试制度。

**7月6日**

广东省国家税务局、地方税务局印发《关于下发〈广东省国家税务局　广东省地方税务局纳税信用补评和复评业务指引(试行)〉的通知》(粤国税函〔2016〕579号)。

**7月8日**

广东省地方税务局印发粤地税任〔2016〕75号,决定:免去周爱民的广东省地方税务局规费管理处副处长职务,退休。免去邓瑞琪的广东省地方税务局直属税务分局(大企业税收管理局)副调研员职务,退休。

广东省地方税务局印发《广东省地方税务局转发国家税务总局关于进一步规范纳税人满意度调查工作的指导意见的通知》(粤地税发〔2016〕60号)。

广东省地方税务局召开全省地税系统“两学一做”学习教育工作推进会。

**7月9日—10日**

广东省地方税务局组织考生参加第四批全国税务领军人才培养对象选拔考试面试。

**7月11日**

广东省地方税务局印发《关于开展涉税中介违规事项自查清理工作的通知》(粤地税函〔2016〕763

号）。

广东省地方税务局印发粤地税党组发〔2016〕47号，决定：免去乔伟建同志的中共肇庆市地方税务局党组成员职务。

广东省地方税务局印发粤地税任〔2016〕77号，决定乔伟建提任肇庆市地方税务局调研员，免去其肇庆市地方税务局副局长职务。

**7月11日—15日**

广东地税第九期反避税培训班在广东地税干部进修学校举行，全省地税系统60多名学员参与主题为“税收协定及BEPS有关行动计划讲解”的培训。

**7月11日—20日**

广东省地方税务局组织省局机关党员在南海培训中心分三批开展“两学一做”学习教育专题培训。

**7月12日**

广东省地方税务局印发《广东省地方税务局关于提供我省有关涉企收费减免情况的函》。

**7月15日**

广东省地方税务局印发《广东省地方税务局关于推广使用大集中社保费退费系统的通知》。

广东省地方税务局印发《广东省地方税务局　广东省国家税务局关于统一规范共建办税服务厅标识的通知》（粤地税发〔2016〕49号）。

广东省地方税务局召开2016年全省地方税收科研工作会议。省局党组副书记、巡视员杨楚潮，部分市局分管局领导，全省23个市（区）分管科研工作的科长参加会议。

**7月19日**

广东省地方税务局印发《广东省地方税务局关于开展2016年税收执法疑点核查的通知》（粤地税函〔2016〕835号），开展税收执法疑点核查。

广东省地方税务局印发《广东省地方税务局转发国家税务总局关于开展税务行政审批制度改革阶段性“回头看”的通知》（粤地税函〔2016〕845号），组织开展自查工作。

**7月20日**

广东省地方税务局印发《广东省地方税务局办公室关于举办规费法制建设培训班的通知》。

广东省地方税务局党组印发《关于驻省局纪检组进一步深化“三转”有关工作的意见》的通知（粤地税党组发〔2016〕49号），明确驻省局纪检组主动退出14个议事协调机构，只保留2个，将党风廉政建设责任制考核、谈话提醒、反腐倡廉宣传教育等12项属于驻在部门主体责任和党风廉政建设日常工作转交给省局对口承接部门。

广东省公安厅网警总队总工程师郭宏伟率广东省信息安全等级保护协调小组办公室检查组对广东省地税局进行网络安全现场检查。检查组对广东省地税局在网络安全所开展的工作和采取的措施给予充分的肯定，并对广东省地税局网络安全工作提出要求。

**7月21日**

广东省地方税务局印发《广东省人力资源和社会保障厅　广东省财政厅　广东省地方税务局关于调整省本级统筹工伤保险费率政策有关事项的通知》。

广东省地方税务局印发《2016年全省地税系统“岗位大练兵，业务大比武”专业骨干选拔考试考务工作实施方案》，部署专业骨干选拔考试工作。

**7月22日**

广东省地方税务局收到广州铁路运输第一法院关于周某等人信息公开案的一审行政判决书，法院判决驳回原告诉讼请求，省局取得胜诉。

广东省地方税务局发布《广东省地方税务局关于2016年上半年社会保险费等规费收入情况的通报》。

**7月25日—11月21日**

广东省地方税务局配合广东省审计厅开展对广东地税系统2015—2016年6月底税收相关政策执行情况的审计。

**7月25日—29日**

广东省地方税务局在广东省地税干部进修学校南海校区举办全省地税系统纪检监察业务培训班暨上半年工作总结会，共计114人参加培训。

**7月29日**

广东省地方税务局印发《广东省地方税务局办公室关于印发规范性文件合法性审查范围、审查标准和制定流程图的通知》（粤地税办发〔2016〕41号）。

**7—9月**

广东省国家税务局、省地方税务局委托第三方机构联合开展全省2016年度纳税人满意度调查。

**8月1日**

广东地税12366纳税服务热线正式上线启用税务总局系统。

广东省地方税务局印发《广东省国家税务局　广东省地方税务局关于下发〈广东省“税保合作”服务小微企业发展项目合作备忘录〉的通知》（粤国税函〔2016〕664号）。

广东省地方税务局以广州市地税局为试点单

位,顺利完成税务总局12366纳税服务系统切换上线工作。切换应用税务总局的系统后将实现与总局12366纳税服务中心的双向互通。并以系统切换为契机,依托广东中心,逐步实现全省话务集中受理。

**8月1日—5日**

2016年全省地税系统科研骨干培训班在广东省地税干部进修学校召开。全省23个市(区)地税局科研骨干参加培训。

**8月1日—10日**

广东省地税干部培训学校举办第1期全省地税系统科级干部任职培训班,学员中含10名新疆地税干部。

**8月3日**

广东省委常委、省纪委书记黄先耀,省纪委副书记陈伟东、省纪委常委张晓牧一行到驻省地税局纪检组调研。省局党组书记、局长吴紫骊及驻省局纪检组全体人员参加座谈会。

广东省地方税务局印发粤地税党组发〔2016〕52号,决定:免去黎明礼的中共肇庆市地方税务局党组成员职务。

**8月4日**

广东省地方税务局印发粤地税任〔2016〕79号,决定:黄东辉挂任广东省地方税务局直属税务分局(大企业税收管理局)副局长,肖学波挂任广东省地方税务局稽查局主任科员,以上2位同志挂职时间为2016年8月—2017年7月;印发粤地税任〔2016〕80号,决定:免去黎明礼的肇庆市地方税务局总经济师职务;印发粤地税任〔2016〕81号,决定:免去邹汇川的河源市地方税务局调研员职务,退休;印发粤地税任〔2016〕82号,决定:免去杨平的茂名市地方税务局副调研员职务,退休;印发粤地税任〔2016〕83号,决定:免去谢荣根的中山市地方税务局副调研员职务,退休。

**8月8日**

全省纳税信用管理专题培训班在中山大学国际学术交流中心(珠海)开班。

**8月9日**

广东省地方税务局根据《广东省地方税务系统内部审计工作暂行办法》和2016年经济责任审计工作计划,省局派出审计组对江门市地税局原局长王毅2012年2月—2015年12月的经济责任履行情况开展任期经济责任审计。

广东省地方税务局直属分局(大企业局)在佛山南海组织召开全省大企业税收管理工作会议。会议宣读省局党组书记、局长吴紫骊的批示,省局副局长欧卫东出席会议并讲话,直属分局(大企业局)局长方佳雄主持会议,全省各市(区)局分管大企业税收管理工作的局领导和大企业管理部门负责人、省局相关处室代表、直属分局(大企业局)领导和工作人员参加会议。

**8月11日—20日**

广东省地税干部培训学校举办第2期全省地税系统科级干部任职培训班。

**8月15日**

全省税法宣传专题培训班在广东邮电职业技术学院开班。

广东省人社厅厅长黄汉标到省地方税务局调研干部人事及社保费征管方面工作情况。

**8月16日—17日**

广东省地方税务局在江门台山举办全省地税系统税收专题分析培训班,各市税收分析人员参加。

**8月17日**

广东省地方税务局印发《广东省地方税务局关于全面开展严禁违规插手涉税中介经营活动专项治理自查工作情况的函》(粤地税函〔2016〕947号)。

**8月22日—26日**

广东省地税干部培训学校举办一期纳税服务岗位能手标兵培训班,学员中含10名新疆地税干部。

**8月23日**

广东省地方税务局在东莞召开全省办税服务厅分类管理试点现场会。

广东省地方税务局印发粤地税任〔2016〕84号,决定:孔宪波提任广州市地方税务局副巡视员;印发粤地税任〔2016〕85号,决定:蔡浩提任潮州市地方税务局副局长(试用一年)。

**8月23日—26日**

全省地税系统乒乓球比赛在珠海、韶关、河源举行。

广东省地方税务局在暨南大学管理学院举办全省规费管理干部综合素质培训。全省各地主管规费业务领导及规费科处长60名骨干参加培训。

**8月24日**

广东省地方税务局印发粤地税党组发〔2016〕53号,决定:蔡浩同志任中共潮州市地方税务局党组成员。

广东省地方税务局印发粤地税任〔2016〕86号,决定:免去乔伟建的肇庆市地方税务局调研员职务,退休;印发粤地税任〔2016〕87号,决定:免去李万强的梅州市地方税务局副调研员职务,退休。

**8月25日**

印发粤地税任〔2016〕88号，决定：李新忠提任广东省地方税务局直属税务分局（大企业税收管理局）调研员，免去其广东省地方税务局直属税务分局（大企业税收管理局）副局长职务；印发粤地税任〔2016〕89号，决定：申深提任广东省地方税务局办公室副主任，试用一年，免去其广东省地方税务局办公室主任科员职务。郑珩提任广东省地方税务局纳税服务处副处长，试用一年，免去其广东省地方税务局纳税服务处主任科员职务。谢淼承提任广东省地方税务局征管和科技发展处副处长，试用一年，免去其广东省地方税务局征管和科技发展处主任科员职务。杨若婷提任广东省地方税务局基层工作处（机关党委办公室）副处长，试用一年，免去其广东省地方税务局基层工作处（机关党委办公室）主任科员职务。林蓄仁提任广东省地方税务局信息中心副主任（管理岗六级），试用一年，免去其广东省地方税务局信息中心管理岗七级职务。朱嫣提任广东省地方税务局内审处副调研员，免去其广东省地方税务局内审处主任科员职务。付海涛提任广东省地方税务局人事处副调研员，免去其广东省地方税务局人事处主任科员职务。

**8月29日**

广东省地方税务局召开2016年度第三次依法行政工作领导小组会议，审议通过《广东省地方税务局关于公布全文失效废止和部分条款废止的税费规范性文件的公告（送审稿）》。

**8月30日**

广东省地方税务局邀请香港会计师公会、香港税务学会、境内外知名会计师（税务师）事务所等粤港业界同仁在东莞召开外籍个人（自然人）税收管理高端研讨会。省局副局长李华东出席会议并讲话，国际处全体以及广州、珠海、佛山、东莞、中山等市局分管副局长和税政科（处）长参加会议。

广东省地方税务局副局长欧卫东、直属分局（大企业局）局长方佳雄一行赴江门出席江门地税局大企业税收管理局的揭牌仪式，标志着全省首个市级大企业税收管理局挂牌成立。

**8月31日**

广东省地方税务局举办全省地税系统党员领导干部“三纪”教育培训班。

广东省地方税务局印发粤地税任〔2016〕90号，决定：钟斌任广东省地方税务局教育培训处副调研员，免去其广东省地方税务局直属税务分局（大企业税收管理局）副调研员职务；印发粤地税任〔2016〕91号，决定：赵永清任广东省地方税务局办公室副主任（试用一年），免去其广东省地税干部进修学校副校长职务；印发粤地税任〔2016〕92号，决定：免去龚学泉的广东省地方税务局政策法规处处长职务。

**8—11月**

广东省地方税务局在全省范围内深入开展美容医疗行业、旅游业、“营改增”高风险企业等税收专项检查和部分地区石油炼化企业税收专项检查；在广州、珠海、中山、东莞等地组织开展了流转税附加、普通高等教育及民营医院行业、灯具行业和汽车销售行业等区域税收专项整治工作。

**9月1日**

广东省地方税务局印发《广东省地方税务局关于加强税务人员执法资格管理工作的通知》（粤地税函〔2016〕1152号），要求各市局切实加强税务人员执法资格管理。

**9月1日—14日**

广东省地方税务局举办全省地税系统业务骨干培训（第一期），62名入选“素质提升‘115工程’—专业骨干项目”人员参加培训。

**9月2日**

广东省地方税务局印发《广东省地方税务局办公室关于明确2016年规费绩效指标考评标准的通知》。

**9月5日**

根据《广东省地方税务系统内部审计工作暂行办法》的规定，省局派出审计组对省局信息中心开展2012年2月—2016年6月财务管理、内控管理等情况进行专项审计。

广东省地方税务局印发《关于印发〈广东地税12366纳税服务热线接受涉税违法举报工作方案〉的通知》（粤地税函〔2016〕1036号）。

广东省地方税务局印发粤地税任〔2016〕93号，决定：温丽萍任广东省地方税务局人事处副处长（试用一年），免去其广东地方税收科学研究所副所长职务；印发粤地税任〔2016〕94号，决定：免去陈永浩的汕头市地方税务局副调研员职务，退休；印发粤地税任〔2016〕95号，决定：免去谢正荣的惠州市地方税务局副调研员职务，退休；印发粤地税任〔2016〕96号，决定：免去李明景的广东省地方税务局稽查局调研员职务，退休。

**9月6日**

广东省地方税务局召开省局机关全体党员大会，进行机关党委和纪委换届选举。

**9月7日**

广东省地方税务局印发《广东省地方税务局关于报送省政府“五证合一、一照一码”登记制度改革工作推进会汇报材料的函》。

**9月7日—13日**

广东省地方税务局直属分局(大企业局)在税务总局干部进修学院举办全省大企业风险管理团队专题培训班,全省大企业风险管理团队共计50人参加培训。

**9月8日**

广东省地方税务局召开省局机关第五届工会委员会,选举产生第六届工会委员会。

**9月13日**

广东地税微信办税获广东省直单位第四届工作技能大赛暨市县机关工作技能邀请赛“工作创新”类第一名。

**9月18日**

全省12366纳税服务热线培训班(共两批)在广东省邮电职业技术学院开班。

**9月18日—30日**

广东省地方税务局举办全省地税系统业务骨干培训(第二期),35名入选“素质提升‘115工程’—专业骨干项目”人员参加培训。

**9月19日**

广东省国家税务局、省地方税务局组织新华社、《经济日报》等10多家中央驻粤新闻单位及省内主流媒体,深入基层改革一线进行“深改一周年”媒体采风活动。

**9月19日—23日**

全省地税系统开展以“提升网络安全意识,保障税务信息安全”为主题的网络安全宣传周活动。

**9月19日—23日**

广东省地方税务局在南海数据中心培训楼召开全省地税视频会议系统技术培训。

**9月20日**

广东省地方税务局印发粤地税党组发〔2016〕59号,决定:免去杨亚平同志的中共广州市地方税务局纪检组组长、党组成员职务,退休。

**9月21日**

广东省地方税务局印发《广东省地方税务局办公室关于做好“五证合一、一照一码”登记制度改革地税与社保信息系统调整工作的通知》。

**9月22日**

广东省地方税务局印发《关于广东省残疾人等个人所得税减征规定的公告》(广东省地方税务局2016年第8号公告)。

**9月26日**

广东省地方税务局召开共青团广东省地方税务局直属机关代表大会进行换届选举。

《广东省地方税务局应用系统信息安全审核规范(试行)》(以下简称《规范》)经省局局务会议审议通过。9月30日,《规范》印发全省地税系统。

广东省地方税务局印发粤地税党组发〔2016〕60号,决定:免去戎惠良的中共惠州市地方税务局党组书记职务。省局印发粤地税任〔2016〕98号,决定:免去戎惠良的惠州市地方税务局局长职务,退休。

**9月27日—28日**

广东省地方税务局在南海数据中心召开广东地税规费监控分析管理平台上线应用动员会暨举办培训班。

**9月28日**

广东省地方税务局印发《广东省地方税务局办公室关于印发〈广东地税12366热线省级集中珠海试点上线工作方案〉的通知》。

广东省地方税务局召开全省地税系统宣传舆情暨微博、微信工作现场会。

广东省地方税务局印发粤地税党组发〔2016〕61号,决定:余远辉同志任中共佛山市地方税务局党组成员。省局印发粤地税任〔2016〕99号,决定:余远辉提任佛山市地方税务局总会计师(试用一年)。

**9月29日**

广东省地方税务局印发粤地税党组发〔2016〕62号,决定:免去黄映宣同志的中共汕头市地方税务局党组成员职务。印发粤地税任〔2016〕100号,决定:黄映宣提任汕头市地方税务局调研员,免去其汕头市地方税务局总经济师职务;印发粤地税任〔2016〕101号,决定:王小玲提任佛山市地方税务局副调研员;印发粤地税任〔2016〕102号,决定:孙彦浩任深汕特别合作区地方税务局局长,任职时间从2015年1月算起;印发粤地税任〔2016〕103号,决定:洪伟波任汕头市地方税务局稽查局局长,任职时间从2015年6月算起;印发粤地税任〔2016〕104号,决定:吴鹏任揭阳市地方税务局稽查局局长,任职时间从2015年6月算起。

广东省地方税务局在珠海召开全省地税系统党员领导干部“八小时以外”活动监督工作座谈会。

**9月**

广东省地方税务局启动《广东地税办税服务厅规范》编写工作。

按税务总局部署，广东省地方税务局开展省、市、县三级税务机关规范性文件专项清理，共清理文件473份，其中，全文废止、失效的文件441份，部分条款废止、失效的32份。

根据省政府批示，广东省地方税务局从2016年7月1日起，广东省“2016社保年度企业养老保险缴费工资下限按2906元/月”标准执行。

广东地税规费监控分析管理平台在全省全面上线。

## 第四季度

**10月8日**

广东省地方税务局印发《广东省地方税务局关于印发〈广东省地方税务系统银行账户管理办法〉的通知》（粤地税发〔2016〕89号）。

**10月11日**

根据《广东省地方税务系统内部审计工作暂行办法》和广东省地方税务局2016年审计工作计划，省局派出审计组对连州市地方税务局2014年1月—2016年6月的税收征管执法及内部行政管理情况进行专项审计。

广东省地方税务局报送《广东省地方税务局关于报送完善规范性文件合法性审查机制试点工作总结评估情况的函》（粤地税函〔2016〕1166号），按期完成完善规范性文件合法性审查机制11项试点工作任务，获广东省副省长李春生和省法制办肯定。

**10月12日**

第十届泛珠三角区域地方税务合作会议在广东南海召开。

**10月13日**

广东省地方税务局印发《广东省地方税务局转发国家税务总局关于加强纳税人需求管理工作的通知》（粤地税发〔2016〕99号）。

广东省地方税务局印发粤地税党组发〔2016〕64号，决定：免去李海山同志的中共佛山市地方税务局党组成员职务。免去黄学保同志的中共佛山市禅城区地方税务局党组书记职务。印发粤地税任〔2016〕105号，决定：免去李海山的佛山市地方税务局副局长职务，退休。免去黄学保的佛山市禅城区地方税务局局长职务，退休。

**10月16日—22日**

广东省地方税务局稽查局在北师大珠海分校举办全省地税系统稽查局长培训班，省局稽查局、各市（区）局稽查局的局领导和部分业务骨干共60人参加培训。

**10月17日**

广东省地方税务局印发《广东省地方税务局办公室关于做好广东地税规费监控分析管理平台上线应用的通知》。

广东省税务局局长吴紫骊做客省政府门户网站“政府工作话你知”微访谈栏目，围绕“减税降费、助企惠民”主题接受专访，并回应网友关注问题。

**10月17日—26日**

广东省地方税务局在广东省地税干部培训学校南海校区举办第3期全省地税系统科级干部任职培训班。

**10月18日**

根据《广东省地方税务系统内部审计工作暂行办法》的规定，省局派出审计组对河源市地方税务局原局长刘通天2014年4月—2016年5月的经济责任履行情况开展任期经济责任审计。

**10月19日**

广东省地方税务局印发《广东省地方税务局办公室关于2016年12366热线服务质量抽测情况的通报》（粤地税办发〔2016〕57号）。

广东省地方税务局印发《广东省地方税务局办公室关于举办全省规费业务培训班的通知》。

广东省地方税务局办公室撰写的新闻稿《深度融合“智”“惠”花开——广东省深化税收征管体制改革周年记》被《经济日报》头版刊载。

**10月20日**

广东省地方税务局印发粤地税任〔2016〕106号，决定：利志清任梅州市地方税务局副局长，免去其梅州市地方税务局总经济师职务。

**10月23日—28日**

广东省地方税务局在广东税务干部学院阳江分院举行广东地税信息安全培训。

**10月24日**

广东省地方税务局印发粤地税任〔2016〕108号，决定：何凡任广东省地方税务局税政二处副处长，免去其广东省地方税务局税政一处副处长职务；印发粤地税任〔2016〕109号，决定：彭辛茹提任韶关市地方税务局副调研员。蔡俊波提任韶关市地方税务局副调研员；印发粤地税任〔2016〕110号，决定：免去宋雄东的梅州市地方税务局副调研员职务，退休。

**10月24日—11月3日**

广东省地方税务局在广东省地税干部进修学校举办全省地税系统业务骨干培训（第三期第一班次），20名入选“素质提升‘115工程’—专业骨干项目”人员参加培训。

**10月24日—28日**

广东省地方税务局在广东省地税干部学校(台山)举办一期全省规费业务培训。

**10月25日**

广东省地方税务局与省国家税务局联合印发《广东省地方税务局　广东省国家税务局转发国家税务总局关于规范国税机关代开发票环节征收地方税费工作的通知》(粤地税发〔2016〕103号),明确了国税机关在代开发票环节的国地税合作方式、代征范围等事项。

**10月26日**

广东省地方税务局配合广东省审计厅开展省地税局2013—2015年度粤西北地区土地增值税征管情况专项审计调查发现问题整改落实工作。

**10月26日—28日**

国家税务总局对广东省地方税务局开展了“二次督查”,本次督查没有发现新的问题,第一次督查发现的问题全部整改落实到位。

**10月28日**

广东省地方税务局在佛山顺德召开2016年下半年全省地税系统税收分析会。

**10月29日**

广东省地方税务局印发粤地税党组发〔2016〕66号,决定:林茂峰同志任中共肇庆市地方税务局党组成员。印发粤地税任〔2016〕112号,决定:林茂峰提任肇庆市地方税务局副局长,试用一年。苏恒荣提任肇庆市地方税务局副调研员。

**10月30日—11月1日**

广东省地方税务局在广东省地税干部进修学校与省国税联合举办兼职教师培训班,并邀请新疆地税兼职教师参加培训,共110名兼职教师参加培训,其中,省国税37名兼职教师、省地税63名兼职教师、新疆地税10名兼职教师。

**10月30日—11月3日**

广东省地方税务局在河南省兰考县焦裕禄干部学院举行全系统基层党组织书记培训班。

**10月31日**

广东省地方税务局印发粤地税党组发〔2016〕67号,决定:免去黄伟明同志的中共韶关市地方税务局党组成员职务。

广东省地方税务局印发粤地税任〔2016〕113号,决定:吴锡昌任茂名市地方税务局局长,任职时间从2015年8月算起;印发粤地税任〔2016〕114号,决定:赖竹华任潮州市地方税务局局长,任职时间从2015年8月算起;印发粤地税任〔2016〕116号,决定:免去黄伟明的韶关市地方税务局总会计师职务,退休。

广东省地方税务局办公室印发《广东地税12366热线省级集中上线工作方案》(粤地税办函〔2016〕168号)。

广东省保密局对省局开展重点骨干网络保密管理专项检查暨保密自查自评现场督查工作。最终,根据方案整体15项评分,14项合格评出“优秀”。

广东省地方税务局印发《广东省地方税务局关于报送推进“五证合一、一照一码”和“两证整合”登记制度改革工作情况的函》。

**10月**

广东省地方税务局在全省范围内开展纳税信用政策法规宣讲工作及2016年“诚信兴商宣传月”活动。

按照税务总局部署,广东省地方税务局对金税三期工程和非金税三期工程税务软件进行内控内生化调查,形成书面调查结果报送税务总局。

广东省地方税务局根据《广东省发展改革委员会　广东省财政厅关于免征部分涉企行政事业性收费的通知》(粤发改价格〔2016〕180号)的规定,广东省从2016年10月1日(所属期)起,全面停征市、县级堤围防护费。

**10—11月**

根据省委、省政府部署,广东省地方税务局参与了由省人社厅组织的省级机关(政府系统)绩效考核。

**10—12月**

广东省地方税务局根据省政府关于提高全省企业基本养老保险基数的政策,在全省开展了有关补缴企业基本养老保险基数差额的工作。

**11月1日**

广东省全面实施个体工商户营业执照和税务登记证“两证整合”登记制度改革。

**11月2日**

广东省地方税务局印发《广东省国家税务局　广东省地方税务局关于废止进一步加强我省税务师事务所和注册税务师从事涉税鉴证业务管理有关规定的公告》(广东省国家税务局　广东省地方税务局2016年公告第22号)。

广东省地方税务局向税务总局报送2016年税收执法督察工作报告、报表、处理意见书、专题报告、案例等材料,圆满完成年度执法督察工作。

广东省地方税务局与省国家税务局联合下发《广东省国家税务局　广东省地方税务局关于全面推广应用广东省电子税务局的通知》（粤国税函〔2016〕920 号），明确广东省电子税务局的推广范围、时间等有关内容。

广东省地方税务局印发粤地税任〔2016〕117 号，决定：免去管仕浩的梅州市地方税务局调研员职务，退休；印发粤地税任〔2016〕118 号，决定：免去莫灿洪的东莞市地方税务局调研员职务，退休；印发粤地税任〔2016〕119 号，决定：免去黄鹏的汕尾市地方税务局副调研员职务，退休。

**11 月 4 日**

根据税务总局部署，广东省地方税务局在全省地税系统组织完成内部控制基础性评价工作，形成书面报告上报税务总局。

广东省编办主任潘享清到省地方税务局调研机构编制相关工作。

**11 月 7 日—11 日**

广东省地方税务局在佛山南海举办全省地税系统税收会统及重点税源监控业务培训班，各市会统人员及重点税源监控工作人员参加。

**11 月 7 日—16 日**

广东省地方税务局在广州举办全省地税系统业务骨干培训（第三期第二班次），20 名入选“素质提升‘115 工程’—专业骨干项目”人员参加培训。

**11 月 8 日**

广东省地方税务局举办全省地税系统第 17 期赴港培训人员选拔考试笔试。

广东省地方税务局印发粤地税任〔2016〕120 号，决定：朱彤彤提任江门市地方税务局稽查局局长，试用一年。

**11 月 8 日—10 日**

广东省经济和信息化委对省地方税务局开展关键信息基础设施网络安全现场检查。

**11 月 9 日**

广东省委副书记、省长朱小丹在《广东中小微企业税费负担调研报告》批示：“此项调查及时、深入，可在政策建议基础上提出中小企业降成本若干措施。”

广东省地方税务局印发粤地税党组发〔2016〕71 号，决定：柳晓晖同志任中共惠州市地方税务局党组书记。印发粤地税任〔2016〕121 号，决定：柳晓晖提任惠州市地方税务局局长（试用一年），免去其惠州市地方税务局副局长职务；印发粤地税任〔2016〕123 号，决定：免去黄映宣的汕头市地方税务局调研员职务，退休。

**11 月 10 日**

广东省地方税务局印发《关于实施办税服务厅分类管理的指导意见》（粤地税函〔2016〕1289 号）。

广东省地方税务局启动广东地税办税服务综合管理系统“双一百”检查工作。

**11 月 11 日**

广东省地方税务局报送《广东省地方税务局关于报送 2016 年经济体制改革进展情况及 2017 工作计划的函》（粤地税函〔2016〕1296 号）。

**11 月 14 日**

广东省地方税务局印发粤地税党组发〔2016〕72 号，决定：免去李政科的中共中山市地方税务局党组成员职务；印发粤地税党组发〔2016〕73 号，决定：李政科任中共韶关市地方税务局党组书记，免去王中高的中共韶关市地方税务局党组书记职务。

广东省地方税务局印发粤地税任〔2016〕124 号，决定：免去李政科的中山市地方税务局副局长职务；印发粤地税任〔2016〕125 号，决定：李政科提任韶关市地方税务局局长，试用一年。免去王中高的韶关市地方税务局局长职务。

全省办税服务专题培训班在广东邮电职业技术学院开班。

广东省地方税务局印发《广东省国家税务局　广东省地方税务局关于纳税人申请代开增值税发票办理流程的公告》（广东省国家税务局　广东省地方税务局 2016 年公告第 24 号）。

**11 月 16 日—18 日**

全省地税系统征管工作培训班在南海举行。广东省地方税务局党组成员、总会计师苏振钿出席开班仪式，各市（区）局有关人员参训。

**11 月 17 日**

广东省地方税务局印发粤地税党组发〔2016〕74 号，决定：陈远同志任中共汕尾市地方税务局党组成员；印发粤地税党组发〔2016〕79 号，决定：蔡超文同志任中共东莞市地方税务局党组成员；印发粤地税党组发〔2016〕80 号，决定：免去刁振光同志的中共河源市地方税务局纪检组组长、党组成员职务。

广东省地方税务局印发粤地税任〔2016〕126 号，决定：陈远提任汕尾市地方税务局总会计师，试用一年；印发粤地税任〔2016〕127 号，决定：李玉梅任东莞市地方税务局副局长，免去其东莞市地方税务局总会计师职务。蔡超文任东莞市地方税务局总经济师，免去其东莞市地方税务局稽查局局长职务；

印发粤地税任〔2016〕128 号,决定:刁振光提任河源市地方税务局调研员;印发粤地税任〔2016〕129 号,决定:宋丽萍提任河源市地方税务局副调研员;印发粤地税任〔2016〕132 号,决定:罗强提任潮州市地方税务局副调研员。

广东省地方税务局印发《广东省地方税务局关于支持珠三角国家自主创新示范区发展的意见》(粤地税发〔2016〕105 号),积极落实国家和省自主创新示范区战略部署。

**11 月 17 日—18 日**

国家税务总局在北京召开 2016 年全国税务系统督察内审工作会议。广东省地方税务局党组成员、纪检组长叶秀佑和内审处处长陈小东等参加会议。

**11 月 17 日—23 日**

广东省纪委驻省地方税务局纪检组组织全省地税系统 70 名纪检监察干部参加中国纪检监察学院举办的第 106 期纪检监察业务培训班。

**11 月 18 日**

广东省地方税务局印发粤地税任〔2016〕130 号,决定:王中高任广东省地方税务局教育培训处处长;印发粤地税任〔2016〕131 号,决定:刘越明提任梅州市地方税务局副调研员。

**11 月 21 日**

广东省地方税务局印发粤地税任〔2016〕133 号,决定:林建龙提任汕头市地方税务局副局长,试用一年。

**11 月 21 日—25 日**

广东省地方税务局举办一期岗位练兵业务研讨培训班,培训学员 30 人。

**11 月 22 日**

广东省地方税务局印发粤地税党组发〔2016〕81 号,决定:林揆扬同志提任中共汕头市地方税务局纪检组组长(试用一年)、党组成员,林建龙同志任中共汕头市地方税务局党组成员。

**11 月 23 日**

广东省地方税务局举办全省地税系统第 17 期赴港培训人员选拔考试面试。

广东省直工委书记李学同一行在省地方税务局党组书记、局长吴紫骊,省地方税务局党组副书记、巡视员杨楚潮的陪同下,到直属分局(大企业局)调研。

**11 月 23 日—24 日**

中央编办在佛山召开“依托互联网　深化行政审批制度改革”交流研讨会。23 日下午,中央编办、各省(区、市)编办会议代表约 140 人莅临广东地税南海税务信息处理中心参观考察。广东省地方税务局信息中心代表广东省地方税务局演示介绍广东地税依托互联网、借力大数据、扎实推进地税“放管服”改革,打造电子税务局和数据管税新体系的亮点和经验,得到与会领导和代表的好评。

**11 月 24 日**

广东省地方税务局向税务总局报送关于贯彻落实四项制度的情况报告(具体包括《广东省地方税务局关于贯彻落实〈国家税务总局关于全面推进依法治税的指导意见〉情况的报告》《广东省地方税务局关于公职律师开展工作情况的报告》《广东省地方税务局关于贯彻落实〈国家税务总局关于深化行政审批制度改革切实加强事中事后管理的指导意见〉情况的报告》《广东省地方税务系统推行法律顾问制度工作情况的汇报》)。

**11 月 25 日**

中共广东省委组织部印发粤组干〔2016〕1483 号文件,省委批准:欧卫东任省地税局巡视员;黄松宜、魏少波任省地税局副巡视员。

广东省地方税务局印发粤地税党组发〔2016〕82 号,决定:吴玲玫提任中共潮州市地方税务局纪检组组长(试用一年)、党组成员。

广东省地方税务局印发粤地税任〔2016〕135 号,决定:黄文任韶关市地方税务局总经济师,任职时间从 2015 年 9 月算起;印发粤地税任〔2016〕136 号,决定:黄小林任韶关市地方税务局稽查局局长,任职时间从 2015 年 6 月算起;印发粤地税任〔2016〕139 号,决定:黄武如提任广东省地方税务局财务与装备管理处副处长(试用一年),免去其广东省地方税务局规费管理处主任科员职务;印发粤地税任〔2016〕140 号,决定:黄媛春提任广东省地方税务局财务与装备管理处处长(试用一年),免去其广东省地方税务局财务与装备管理处副处长职务。杨美龙提任广东省地方税务局教育培训处调研员,免去其广东省地方税务局教育培训处副处长职务。

广东省地方税务局印发《广东省地方税务系统配合外部审计工作管理办法》。(粤地税发〔2016〕110 号)。

广东省地方税务局党组书记、局长吴紫骊走访省国资委,与部分省属大企业代表座谈,协调解决省国资委下属 18 户省属大型企业集团共 52 项涉税诉求,服务省属国有企业,助力“供给侧结构性改革”。

**11 月 28 日**

广东省地方税务局在广东地税干部进修学校举

办全省税收法治业务培训班，省局政策法规处相关人员，各市（区）局法规科（处）负责同志以及业务骨干参加培训。

广东省地方税务局举行党组中心组第四季度学习（扩大）会议。

**11 月 29 日**

广东省地方税务局印发《广东省国家税务局 广东省地方税务局关于做好国税地税联合维护纳税人权益工作的通知》（粤国税发〔2016〕237 号）。

广东省地方税务局举办全省地税系统内部审计数据筛查专项培训班。

**11 月 30 日**

广东省地方税务局印发粤地税任〔2016〕142 号，决定：免去师青海的广东省地方税务局机关党委办公室调研员职务，退休。

**11 月**

广东省地方税务局课题组到青海省国税局和中山市人民政府等单位开展“督考合一”调研。

**12 月 1 日**

广东省地方税务局全面实施办税事项全省通办，获广东省省长朱小丹批示表扬：广东省地税局有力开启全省通办，绘就“一网式 + 一门式”通办图，打造全省地税服务统一平台和微信办税五大体系，加快实施“互联网 + 税务”行动计划，初步实现“进一道门、办全省事”，成为全省“放管服”改革的一个新亮点，值得充分肯定。要不断深化办税便利化改革，力争在全国率先建立全覆盖、高效能的便利化地税管理服务体系。

广东省地方税务局印发粤地税党组发〔2016〕84 号，决定：田茂真提任中共惠州市地方税务局纪检组组长（试用一年）、党组成员。

广东省地方税务局印发粤地税任〔2016〕143 号，决定：陈金彪提任清远市地方税务局稽查局局长，试用一年；印发粤地税任〔2016〕144 号，决定：免去苏恒荣的肇庆市地方税务局副调研员职务，退休。

全省各地正式推行全省通办业务。

广东省地方税务局召开媒体通气会。《经济日报》广东记者站、《人民日报》广东记者站、中央人民广播电台广东记者站、新华网、《南方日报》《羊城晚报》等省内各主流媒体新闻工作者，与广东省地方税务局及部分各市（区）局新闻宣传工作者共同参加座谈会。

**12 月 2 日**

广东省地方税务局在惠州市地税局组织召开机关事业单位养老保险费征收上线准备工作会议，汕头市局、梅州市局、惠州市局，广东省地方税务局直属分局（大企业管理局）参加会议。

**12 月 5 日**

广东省地方税务局印发《关于 2016 年全省地税系统纳税人满意度调查有关情况的通报》（粤地税函〔2016〕1368 号）。

广东省地方税务局印发《广东省地方税务局关于纳税信用管理专项督导工作情况的通报》（粤地税函〔2016〕1367 号）。

广东省地方税务局印发《广东省地方税务局关于深入开展规费征管业务调研的通知》。

**12 月 8 日**

广东省地方税务局印发《广东省地方税务局关于印发深入推进〈广东省市场监管条例〉宣传培训工作实施方案的通知》（粤地税函〔2016〕1375 号）。

全国税务系统大企业税收管理工作会议在河北石家庄召开，广东省国税局、广东省地税局做经验介绍发言。

广东省地方税务局印发粤地税党组发〔2016〕86 号，决定：免去钟华清同志的中共清远市地方税务局党组成员职务。广东省地方税务局印发粤地税任〔2016〕145 号，决定：钟华清提任清远市地方税务局调研员，免去其清远市地方税务局总经济师职务。曹子健提任清远市地方税务局副调研员。

**12 月 12 日—15 日**

广东省作协地税分会在台山干部进修学校举行文学创作培训班。

**12 月 14 日**

广东省纪委驻省地方税务局纪检组组织召开广东省地方税务局特邀监察员座谈会，省局党组书记、局长吴紫骊，纪检组长叶秀佑出席会议。

广东省地方税务局印发粤地税任〔2016〕146 号，决定：免去王小玲的佛山市地方税务局副调研员职务，退休。

**12 月 15 日**

广东省地方税务局印发《广东省地方税务局办公室关于协助开展养老保险征收情况调研的通知》。

**12 月 16 日**

广东省地方税务局印发粤地税党组发〔2016〕88 号，决定：免去周景明同志的中共湛江市地方税务局纪检组组长、党组成员职务；印发粤地税党组发〔2016〕89 号，决定：张世盛同志任中共梅州市地方税务局党组成员；印发粤地税任〔2016〕147 号，决定周景明提任湛江市地方税务局调研员。柯照明提任湛江市地方税务局副调研员。李耀新提任湛江市地方税务局副调研员；印发粤地税任〔2016〕148 号，决定：张世盛提任梅州市地方税务局总经济师，试用一年。

**12 月 19 日**

广东省地方税务局印发《广东省地方税务局管理的干部职工因私出国（境）管理办法》的通知。

**12 月 19 日—23 日**

广东省地方税务局稽查局在广东省地税干部进修学校南海校区举办全省地税系统《全国税务稽查规范（1.0 版）》及案件查办程序业务培训班，省地方税务局稽查局、各市局稽查局分管教育培训的局领导和担任师资力量的业务骨干共 93 人参加培训。

**12 月 20 日**

广东省国家税务局、广东省地方税务局和南航集团联合签署《个性化纳税服务备忘录》。省国税局局长胡金木，省地税局局长吴紫骊，南航集团董事长王昌顺出席签约仪式并致辞。

广东省地方税务局办公室印发关于表扬参与税务总局金税三期工程纳税信用评价系统试点等专项工作单位及个人的通报（粤地税办发〔2016〕77 号）。

广东省地方税务局办公室印发《广东省地方税务局办公室关于印发〈广东省地方税务局机关督办管理办法（试行）〉的通知》（粤地税办发〔2016〕76 号），进一步规范广东省地方税务局机关及直属单位的督办工作，加强对机关督办工作的绩效管理。

广东省地方税务局印发《广东省地方税务局关于印发〈广东省地方税务系统督查管理办法（试行）〉的通知》（粤地税发〔2016〕117 号），进一步做好广东省地税系统督查工作，更好地推动重点工作落实。

广东省地方税务局修订印发《广东省地方税务局机关和直属单位在职人员参加学历、学位教育的管理办法》（粤地税办发〔2016〕78 号）。

广东省地方税务局召开 2016 年度广东省地方税务局机关党支部书记抓基层党建工作述职评议会。

广东省地方税务局电子办税服务厅的电子税票模块成功上线试运行（微信、自助办税等渠道未启用），该模块上线后，纳税人可通过互联网渠道获取电子税收票证。

**12 月 22 日**

广东省地方税务局召开全省纳税人满意度调查专项工作会议，广东省地方税务局党组成员、副局长杨荣华主持会议并讲话，广东省地方税务局各处室主要负责人、各市（区）局分管纳税服务局领导、纳税服务部门负责人以及广东省地方税务局纳税服务处全体人员参加会议。

广东省地方税务局印发粤地税党组发〔2016〕90 号，决定：林克波同志提任中共揭阳市地方税务局纪检组组长（试用一年）、党组成员。

广东省地方税务局印发粤地税任〔2016〕150 号，决定：杨皓提任广东省地方税务局税政一处副处长（试用一年），免去其广东省地方税务局税政一处主任科员职务。

**12 月 27 日**

广东省地方税务局发文《广东省地方税务局关于报送〈广东省 2016 年依法行政工作要点〉落实情况的函》（粤地税函〔2016〕1435 号），向省政府报告广东省地方税务局积极推进法治广东地税建设工作情况。

广东省地方税务局纳服处向税务总局报送《广东省地方税务局关于 2016 年国家税务总局满意度调查整改措施的报告》（粤地税发〔2016〕119 号）。

国家税务总局稽查局印发《国家税务总局稽查局关于表扬 2016 年国家税务总局有关工作项目抽调人员的通知》（税总稽便函〔2016〕290 号），对省局干部宁贤威作出表扬。

**12 月 28 日**

广东省地方税务局印发粤地税党组发〔2016〕95 号，决定：吴宏庆同志任中共潮州市地方税务局党组成员；印发粤地税党组发〔2016〕96 号，决定：张凤平同志提任中共广州市地方税务局纪检组组长（试用一年）、党组成员；印发粤地税党组发〔2016〕98 号，决定：颜蔚华同志任中共汕尾市地方税务局纪检组组长，任职时间从 2015 年 10 月算起。

广东省地方税务局印发粤地税任〔2016〕152 号，决定：吴宏庆提任潮州市地方税务局总经济师（试用一年）；印发粤地税任〔2016〕154 号，决定：谭立峰提任广州市地方税务局副巡视员；印发粤地税任〔2016〕155 号，决定：茹岱芸任中山市地方税务局副局长，任职时间从 2015 年 10 月算起；印发粤地税任〔2016〕156 号，决定：李喜妍任珠海横琴新区地方税务局局长，任职时间从 2015 年 12 月算起；印发粤地税任〔2016〕157 号，决定：免去黄松宜的广东省地方税务局稽查局副局长职务；印发粤地税任〔2016〕158 号，决定：陈雁成任江门市地方税务局局长，任职时间从 2015 年 11 月算起；印发粤地税任〔2016〕159 号，决定：免去蔡俊波的韶关市地方税务局副调研员职务，退休；印发粤地税任〔2016〕160 号，决定免去刘越明的梅州市地方税务局副调研员职务，退休;印发粤地税任〔2016〕161 号,决定:免去彭辛茹的韶关市地方税务局副调研员职务,退休。

**12 月 28 日—29 日**

广东省地方税务局财务装备处在佛山南海举办全省地税系统 2016 年度决算布置会暨培训班。省、市、县局三级决算工作经办人参加培训。

**12 月 30 日**

广东省地方税务局信息中心贯彻落实《中共广东省委办公厅 广东省人民政府办公厅关于推进全省事业单位和国有企业公务用车制度改革工作的通知》和《关于省属企事业单位公务用车制度改革工作有关事项的通知》,对名下 4 台公务用车全部封存停驶,并将车辆封存照片归档,确保广东省地方税务局企事业单位公务用车制度改革进度。

广东省地方税务局印发粤地税党组发〔2016〕99 号,决定:张浩林同志任中共汕头市地方税务局党组成员。

广东省地方税务局印发粤地税任〔2016〕162 号,决定:张浩林提任汕头市地方税务局副局长,试用一年。

**12 月 31 日**

广东省人力资源和社会保障厅印发粤人社发〔2016〕246 号文件,省人民政府批准:免去欧卫东的广东省地方税务局副局长职务。

广东省地方税务局信息中心按计划关闭广东地税电子办税服务厅网页版,全面切换上线广东省电子税务局网页版。

广东省地方税务局直属分局(大企业局)大企业税收管理工作在全国绩效考核被评为“一等”档次。

**12 月中旬**

新一代“广东地税人事信息管理系统顺利”上线。

**12 月**

广东省地方税务局规费处积极协调各相关单位做好迎接国务院第三方评估的各项准备工作,包括基础数据采集、文字材料准备及宣传工作。

广东省地方税务局举行南粤地税“好家风”系列宣传书画作品展活动。

**2016 年**

全省地税稽查部门共立案检查纳税户 1090 户,督导自查户数 13831 户;查补收入总额 83.47 亿元,同比增长 47.13%,入库总额 81.58 亿元,同比增长 55.01%。

2016 年,全省省级税收收入累计 1011.1 亿元,其中直属分局(大企业局)组织省级税收收入达 181 亿元,占全省省级税收收入 17.9%,同比减收 151.4 亿元,减少 45.5%。直属分局(大企业局)直接征管的省级收入中,省级固定税收收入 89.8 亿元,减收 65.7 亿元,同比减少 42.2%;省级共享税收收入 4 亿元,增收 0.2 亿元,同比增长 6.1%。全年组织省属社保费 201.55 亿元,比上年同期增长 9%。全年征收省级价格调节基金 2.6 亿元。

(广东省地方税务局办公室)

# 第六篇

# 机构与人员

# 广东省地方税务局厅级以上干部名单(2016年)

统计截止时间:2016年12月31日

| 序号 | 任职部门 | 姓名 | 性别 | 出生日期 | 政治面貌 | 现任职务 | 任现职时间 | 职务级别 | 任现职级时间 | 备注 |
|---|---|---|---|---|---|---|---|---|---|---|
| 1 | 广东省地方税务局 | 吴紫骊 | 男 | 1962.06 | 中共党员 | 局长 | 2015.10 | 厅局级正职 | 2012.01 | 2015年6月任省局党组书记 |
| 2 | 广东省地方税务局 | 杨楚潮 | 男 | 1957.09 | 中共党员 | 巡视员 | 2009.12 | 厅局级正职 | 2009.12 | 2006年4月任省局党组副书记 |
| 3 | 广东省地方税务局 | 欧卫东 | 男 | 1957.07 |  | 巡视员 | 2016.11 | 厅局级正职 | 2016.11 | 无党派人士 |
| 4 | 广东省地方税务局 | 宋爱勤 | 女 | 1957.10 | 中共党员 | 巡视员 | 2015.12 | 厅局级正职 | 2015.12 | 省局党组成员 |
| 5 | 广东省地方税务局 | 揭　晔 | 男 | 1958.09 | 中共党员 | 副局长 | 2007.02 | 厅局级副职 | 2007.02 | 省局党组成员,广州市局局长、党组书记 |
| 6 | 广东省地方税务局 | 李华东 | 男 | 1965.12 | 中共党员 | 副局长 | 2008.02 | 厅局级副职 | 2008.02 | 省局党组成员 |
| 7 | 广东省地方税务局 | 杨朝峰 | 男 | 1964.03 | 中共党员 | 副局长 | 2010.02 | 厅局级副职 | 2007.12 | 省局党组成员(2016年2月调离省局) |
| 8 | 广东省地方税务局 | 杨荣华 | 男 | 1958.11 | 中共党员 | 副局长 | 2012.02 | 厅局级副职 | 2010.03 | 省局党组成员 |
| 9 | 驻广东省地方税务局 | 叶秀佑 | 男 | 1964.07 | 中共党员 | 纪检组组长 | 2014.09 | 厅局级副职 | 2014.09 | 省局党组成员 |
| 10 | 广东省地方税务局 | 肖映波 | 男 | 1968.01 | 中共党员 | 副局长 | 2016.01 | 厅局级副职 | 2016.01 | 省局党组成员 |
| 11 | 广东省地方税务局 | 苏振钿 | 男 | 1958.02 | 中共党员 | 总会计师 | 2010.03 | 厅局级副职 | 2010.03 | 省局党组成员 |

续表

| 序号 | 任职部门 | 姓名 | 性别 | 出生日期 | 政治面貌 | 现任职务 | 任现职时间 | 职务级别 | 任现职级时间 | 备注 |
|---|---|---|---|---|---|---|---|---|---|---|
| 12 | 广东省地方税务局 | 罗达佳 | 男 | 1960.06 | 中共党员 | 总经济师 | 2012.09 | 厅局级副职 | 2012.09 | 省局党组成员 |
| 13 | 驻广东省地方税务局 | 朱汉锋 | 男 | 1958.06 | 中共党员 | 监察专员 | 2010.12 | 厅局级副职 | 2010.12 | 副厅级纪检员 |
| 14 | 广东省地方税务局直属税务分局（大企业税收管理局） | 方佳雄 | 男 | 1967.08 | 中共党员 | 局长 | 2009.10 | 厅局级副职 | 2008.05 | |
| 15 | 广东省地方税务局稽查局 | 余振荣 | 男 | 1962.04 | 中共党员 | 局长 | 2009.10 | 厅局级副职 | 2009.09 | |
| 16 | 广东省地方税务局 | 林如山 | 男 | 1960.05 | 中共党员 | 副巡视员 | 2013.06 | 厅局级副职 | 2013.06 | |
| 17 | 广东省地方税务局 | 黄松宜 | 男 | 1957.10 | 中共党员 | 副巡视员 | 2016.11 | 厅局级副职 | 2016.11 | |
| 18 | 广东省地方税务局 | 魏少波 | 男 | 1960.10 | 中共党员 | 副巡视员 | 2016.11 | 厅局级副职 | 2016.11 | |
| 19 | 广东省地方税务局 | 区艳钊 | 男 | 1959.04 | 中共党员 | 副巡视员 | 2014.06 | 厅局级副职 | 2014.06 | 2016 年 6 月 24 日退休 |
| 20 | 广东省地方税务局 | 李万清 | 男 | 1956.04 | 中共党员 | 副巡视员 | 2015.09 | 厅局级副职 | 2015.09 | 2016 年 5 月 13 日退休 |

# 广东省地方税务局机关及直属单位处级干部名单(2016年)

统计截止时间:2016年12月31日

| 机构类别 | 机构名称 | 配备情况 | | | |
|---|---|---|---|---|---|
| | | 领导职务 | | 非领导职务 | |
| | | 正　职 | 副　职 | 调研员 | 副调研员 |
| 局长室 | 总审计师 | 赵　平 | | | |
| 机关内设处室 | 办公室 | 冯绍伍 | 赵永清　杨　珉<br>杨鸿城　申　深 | 梁明裕 | 王立行 |
| | 政策法规处 | | 曾玉勤　张媛春 | | 陈　勃　李祖光 |
| | 税政一处 | 宁　波 | 蒙全忠　杨　皓 | | 卢红秋 |
| | 税政二处 | 刘　柯 | 吴旭红　何　凡 | | |
| | 国际税务处 | 詹立仁 | 罗翠英　陈云璋 | | |
| | 规费管理处 | 黄　荣 | 卢新生　朱晓菁 | | |
| | 收入规划核算处 | 李殿相 | 黄健劲　杜　鹃<br>李秋然 | | |
| | 纳税服务处 | 刘通天 | 麦　立　肖　戎<br>郑　珩 | | 姚　波 |
| | 征管和科技发展处(与数据应用管理处合署办公) | | | | |
| | 其中：征管和科技发展处 | 陈　挺 | 杨建军　谢森承 | | 肖二蓝　李友乔 |
| | 其中：数据应用管理处 | | | | |
| | 财务与装备管理处(与内审处合署办公) | | | | |
| | 其中：财务与装备管理处 | 黄媛春 | 江　平　黄武如 | | |
| | 其中：内审处 | 陈小东 | 赵善文　谢建新 | 庄义河 | |
| | 人事处 | 钟文锋 | 唐雪峰　温丽萍<br>李　航 | | 冉启红　付海涛 |
| | 教育培训处 | 王中高 | 华　关 | 张俭美 | 钟　斌 |
| | 基层工作处(与机关党办合署办公) | 王绍乐 | 魏冬青　杨若婷 | 林润生 | |

续表

| 机构类别 | 机构名称 | 配备情况 | | | |
|---|---|---|---|---|---|
| | | 领导职务 | | 非领导职务 | |
| | | 正　职 | 副　职 | 调研员 | 副调研员 |
| 直属行政单位 | 稽查局 | 余振荣（副厅级） | 范思鑫　郑小明 | 王　毅 | 张　弟　庞信城　吴建秀　陈　蕾 |
| | 直属税务分局（大企业税收管理局） | 方佳雄（副厅级） | 黄桂祥　林华儿　唐　山　陈晓敏 | 何革明　王力元　宋天福　陈　忠　李新忠 | 黄锡深　苏　彤　吕燕英　陈滨霞　曹令飞 |
| 事业单位 | 机关服务中心 | 黄永桂 | 曾建辉　戴宏辉　张少宏 | | |
| | 信息中心 | 周　昊 | 郑毅强　黄世能　林蓄仁 | | |
| | 税收研究所 | 向　景 | 梁若莲　钟云姗 | | |
| | 票证中心 | | | | |
| | 干部进修学校 | 王永民 | 黄　杰 | | |

# 广东省地方税务局省局管理的市（区）局副处（广州副局）级以上领导干部名单（2016年）

统计截止时间:2016年12月31日　　单位:个

| 职务<br>单位 | 党组书记、局长 | 副局长 | 纪检组组长 | 总经济师 | 总会计师 | 调研员 | 稽查局局长 | 其他同级领导职务 |
|---|---|---|---|---|---|---|---|---|
| 广州 | 揭　晔 | 陆耀炳（党组副书记）<br>李健强　谢红鹰　侯邦安 | 张凤平 | 杨　凡 | 马世超 | | 钟晓山 | 陈汉钗 |
| 珠海 | 严贵杨 | 杨　敏　邝景伦　陆　强 | 李维泽 | 文　英 | 黄炳文 | 徐均红<br>（调研员、党组成员） | 朱铁清 | |
| 横琴 | 李喜妍 | 林锦雄　张友华　刘　军 | / | / | / | | / | |
| 汕头 | 张振宇 | 杨啟丰　林建龙　张浩林 | 林揆扬 | | | 陈德元<br>（调研员、党组副书记） | 洪伟波 | |
| 佛山 | 朱　毅 | 戚晋北 | 周卫平 | 李怀嘉 | 余远辉 | | 梁铭强 | 李振辉 |
| 韶关 | 李政科 | 欧阳坚　赖燕华　彭峰彪 | 陈红光 | 黄　文 | | 苏韶娟<br>（调研员、党组成员） | 黄小林 | |
| 河源 | 徐　伟 | 张亮文　邬坤辉 | | 罗伟民 | | | 余小凡 | |
| 梅州 | 练富强 | 廖永新　甘广木　利志清 | 饶羽平 | 张世盛 | 陈维聪 | | | |
| 惠州 | 柳晓晖 | 陈少龙　叶柏灼 | 田茂真 | 张光华 | 罗群忠 | | 刘　剑 | |
| 汕尾 | 曾　军 | 赖永腾　林永胜　姚诗谋 | 颜蔚华 | 黄礼文 | 陈　远 | | 卢锡豪 | |

续表

| 单位＼职务 | 党组书记、局长 | 副局长 | 纪检组组长 | 总经济师 | 总会计师 | 调研员 | 稽查局局长 | 其他同级领导职务 |
|---|---|---|---|---|---|---|---|---|
| 深汕 | 孙彦浩（深汕未设党组） | 陈海亮　宋相当 | | | | | | |
| 东莞 | 钟毅民 | 黄　真　黄见洪　李玉梅 | 黄月华 | 蔡超文 | | | | |
| 中山 | 罗镜文 | 张政鸿　茹岱芸 | 吴冠伟 | 温牧汉 | | 刘　建（调研员、党组成员） | 蓝铭坚 | |
| 江门 | 陈雁成 | 黄俊杰（党组副书记）<br>徐安办　欧锦驱 | 邓大铁 | 柯见贤 | 黄　钟 | 关子超（调研员、党组成员） | 朱彤彤 | |
| 阳江 | 蒋安平 | 杨　路　陈德亮　王振义 | 许世荣 | | | 郑向阳（调研员、党组成员） | 廖德清 | |
| 湛江 | 李漫天 | 阎　志　王上治　卢俭生 | | 苏赤进 | 邱　秀 | | 杨光照 | 梁宇卫 |
| 茂名 | 吴锡昌 | 叶秀红　黄燎原 | 李　锋 | 冯国雄 | 林　桓 | 邓长学（调研员、党组副书记） | | |
| 肇庆 | 林兆华 | 陈明兴　莫秋涛　林茂峰 | 伍自强 | | | 何　蜀（调研员、党组副书记） | 钟翰文 | |
| 清远 | 徐　杰 | 肖事叶　雷文广　王立新 | 江国煌 | | 熊诵伟 | | 陈金彪 | 曾桂芬 |
| 潮州 | 赖竹华 | 陈　泽　罗逸绪　蔡　浩 | 吴玲玫 | 吴宏庆 | 林玉辉 | | 陈金树 | |
| 揭阳 | 郑杰鹏 | 游绿东（党组副书记）<br>黄瑞章　郑明钦 | 林克波 | 黄建明 | 吴澜星 | | 吴　鹏 | |
| 云浮 | 李文平 | 李　铸（党组副书记）<br>周石南　区卓斌 | 刘永才 | 成志杰 | 全泰丞 | | | |

# 广东省地税系统机构级别情况(2016年)(含深圳、顺德)

统计截止时间:2016年12月31日

| 项目 | 编号 | 总计 | 局机关 | | | | | 直属机构 | | | | 派出机构 | | | 事业单位 | | | | |
|---|---|---|---|---|---|---|---|---|---|---|---|---|---|---|---|---|---|---|---|
| | | | 小计 | 总局 | 省级局 | 省级以下局 | 副省级城市局 | 小计 | 省级局 | 省级以下局 | 副省级城市局 | 小计 | 税务分局 | 税务所 | 小计 | 总局 | 省级局 | 省级以下局 | 副省级城市局 |
| 甲 | | 1 | 2 | 3 | 4 | 5 | 6 | 7 | 8 | 9 | 10 | 11 | 12 | 13 | 14 | 15 | 16 | 17 | 18 |
| 总计 | 1 | 1169 | 137 | | 1 | 136 | 1 | 196 | 2 | 194 | 14 | 715 | 680 | 35 | 121 | | 5 | 116 | 2 |
| 部级 | 2 | | | | | | | | | | | | | | | | | | |
| 正厅级 | 3 | 1 | 1 | | 1 | | | | | | | | | | | | | | |
| 副厅级 | 4 | 2 | 2 | | | 2 | 1 | | | | | | | | | | | | |
| 正处级 | 5 | 73 | 27 | | | 27 | | 37 | 2 | 35 | 14 | | | | 9 | | 5 | 4 | 2 |
| 副处级 | 6 | 59 | 5 | | | 5 | | 37 | | 37 | | 12 | 12 | | 5 | | | 5 | |
| 正科级 | 7 | 301 | 102 | | | 102 | | 24 | | 24 | | 133 | 98 | 35 | 42 | | | 42 | |
| 副科级 | 8 | 655 | | | | | | 95 | | 95 | | 560 | 560 | | | | | | |
| 股级 | 9 | 78 | | | | | | 3 | | 3 | | 10 | 10 | | 65 | | | 65 | |

注:本表数据关系:编号1=编号2+…+编号9;甲1=甲2+甲7+甲11+甲14;甲2=甲3+甲4+甲5;甲7=甲8+甲9;甲11=甲12+甲13;甲14=甲15+甲16+甲17。甲5≥甲6;甲9≥甲10;甲17≥甲18。

# 广东省地税系统机构设置情况
# (2016 年)(含深圳、顺德)

统计截止时间:2016 年 12 月 31 日　　　　单位:个

| 项目 | | 编号 | 合计 | 总局 | 省(自治区、直辖市)局 | 计划单列市局 | 副省级城市局 | 地(市、州、盟)局 | 直辖市区局 | 计划单列市区局 | 副省级城市区局 | 地(市、州、盟)区局 | 县(市、旗)局 |
|---|---|---|---|---|---|---|---|---|---|---|---|---|---|
| 甲 | | | 1 | 2 | 3 | 4 | 5 | 6 | 7 | 8 | 9 | 10 | 11 |
| 总计 | | 1 | 2087 | | 21 | 57 | 47 | 383 | | | 119 | 489 | 971 |
| 局机关 | | 2 | 137 | | 1 | 1 | 1 | 22 | | | 6 | 40 | 66 |
| 局机关内设行政机构 | | 3 | 918 | | 13 | 12 | 14 | 211 | | | 44 | 231 | 393 |
| 直属机构 | 合计 | 4 | 196 | | 2 | 21 | 14 | 38 | | | 18 | 39 | 64 |
| | 稽查局 | 5 | 136 | | 1 | 6 | 6 | 19 | | | 6 | 34 | 64 |
| | 直属税务分局 | 6 | 35 | | 1 | | 7 | 18 | | | 6 | 3 | |
| | 车辆购置税征收管理分局 | 7 | | | | | | | | | | | |
| | 其他直属机构 | 8 | 25 | | | 15 | 1 | 1 | | | 6 | 2 | |
| 派出机构 | 合计 | 9 | 715 | | | 19 | 16 | 79 | | | 41 | 164 | 396 |
| | 税务分局 | 10 | 680 | | | | | 79 | | | 41 | 164 | 396 |
| | 其中:设在开发区 | 11 | 14 | | | | | 8 | | | | 6 | |
| | 税务所 | 12 | 35 | | | 19 | 16 | | | | | | |
| 事业单位 | 合计 | 13 | 121 | | 5 | 4 | 2 | 33 | | | 10 | 15 | 52 |
| | 信息中心 | 14 | 2 | | 1 | 1 | | | | | | | |
| | 机关服务中心 | 15 | 27 | | 1 | 1 | 1 | 19 | | | 4 | 1 | |
| | 注册税务师管理中心 | 16 | | | | | | | | | | | |
| | 税务干部学校(培训中心) | 17 | 1 | | 1 | | | | | | | | |
| | 税收科学研究所 | 18 | 1 | | 1 | | | | | | | | |
| | 票证中心 | 19 | 1 | | 1 | | | | | | | | |
| | 报社、杂志社 | 20 | | | | | | | | | | | |
| | 采购中心 | 21 | | | | | | | | | | | |
| | 其他事业单位 | 22 | 89 | | | 2 | 1 | 14 | | | 6 | 14 | 52 |

补充资料:设在各类开发区的全职能税务局计 4 个,其中:隶属于省(自治区、直辖市)局 0 个,隶属于计划单列市局 1 个,隶属于副省级城市局 2 个,隶属于地(市、州、盟)局 1 个,隶属于直辖市区局 0 个,隶属于计划单列市区局 0 个,隶属于副省级城市区局 0 个,隶属于地(市、州、盟)区局 0 个。

注:1. 本表简称的"开发区"包括经济技术开发区、高新技术产业开发区、口岸和保税区等。

2. 税务分局、税务所为非全职能局(所),是上级税务机关的派出机构。编号 9 统计的"税务分局"不含编号 4 中的各类分局。

3. 本表不统计"机关党委办公室""离退休干部处(科)""记者站"和"工会"。

4. "其他直属机构"和"其他事业单位"有数字的,请列出机构名称并附简要说明。

# 广东省地税系统从业人员基本情况统计表(2016 年)(含深圳、顺德)

统计截止时间:2016 年 12 月 31 日

| 项目 | | 编号 | 总计 | 女 | 少数民族 | 学历：研究生 | 学历：大学本科 | 学历：大学专科 | 学历：中专 | 学历：高中技校职高 | 学历：初中及以下 | 学位：博士 | 学位：硕士 | 政治情况：共产党员 | 政治情况：共青团员 | 政治情况：民主党派 | 政治情况：无党派或群众 | 年龄：30岁以下 | 年龄：31岁至35岁 | 年龄：36岁至40岁 | 年龄：41岁至45岁 | 年龄：46岁至50岁 | 年龄：51岁至54岁 | 年龄：女 | 年龄：55岁至59岁 | 年龄：女 | 年龄：60岁以上 | 人员分布：局机关 | 人员分布：直属机构 | 人员分布：派出机构 | 人员分布：事业单位 |
|---|---|---|---|---|---|---|---|---|---|---|---|---|---|---|---|---|---|---|---|---|---|---|---|---|---|---|---|---|---|---|---|
| 甲 | | | 1 | 2 | 3 | 4 | 5 | 6 | 7 | 8 | 9 | 10 | 11 | 12 | 13 | 14 | 15 | 16 | 17 | 18 | 19 | 20 | 21 | 22 | 23 | 24 | 25 | 26 | 27 | 28 | 29 |
| 总计 | | 1 | 35613 | 15577 | 331 | 1869 | 19581 | 9927 | 1339 | 1651 | 1246 | 47 | 1772 | 20263 | 3396 | 65 | 11889 | 7954 | 4511 | 4431 | 6732 | 5477 | 4395 | 1255 | 2096 | 13 | 17 | 7371 | 6981 | 13729 | 7532 |
| 正式职工合计 | | 2 | 25590 | 9838 | 270 | 1849 | 16400 | 6182 | 727 | 378 | 54 | 47 | 1758 | 18993 | 1200 | 65 | 5332 | 3761 | 2398 | 3100 | 5542 | 4710 | 4116 | 1237 | 1961 | 5 | 2 | 6495 | 6473 | 11049 | 1573 |
| 干部 | 小计 | 3 | 23872 | 9481 | 258 | 1844 | 15892 | 5330 | 580 | 212 | 14 | 47 | 1757 | 18013 | 1189 | 61 | 4609 | 3727 | 2308 | 2878 | 4975 | 4341 | 3857 | 1237 | 1784 | 5 | 2 | 6354 | 6428 | 10548 | 542 |
| 干部 | 公务员 | 4 | 23330 | 9263 | 250 | 1795 | 15637 | 5114 | 570 | 202 | 12 | 43 | 1712 | 17675 | 1180 | 58 | 4417 | 3693 | 2220 | 2780 | 4874 | 4230 | 3766 | 1194 | 1765 | 5 | 2 | 6354 | 6428 | 10548 | |
| 干部 | 事业干部 | 5 | 542 | 218 | 8 | 49 | 255 | 216 | 10 | 10 | 2 | 4 | 45 | 338 | 9 | 3 | 192 | 34 | 88 | 98 | 101 | 111 | 91 | 43 | 19 | | | | | | 542 |
| 正式工人 | | 6 | 1718 | 357 | 12 | 5 | 508 | 852 | 147 | 166 | 40 | | 1 | 980 | 11 | 4 | 723 | 34 | 90 | 222 | 567 | 369 | 259 | | 177 | | | 141 | 45 | 501 | 1031 |
| 临时工 | 小计 | 7 | 10023 | 5739 | 61 | 20 | 3181 | 3745 | 612 | 1273 | 1192 | | 14 | 1270 | 2196 | | 6557 | 4193 | 2113 | 1331 | 1190 | 767 | 279 | 18 | 135 | 8 | 15 | 876 | 508 | 2680 | 5959 |
| 临时工 | 临时助征员 | 8 | 91 | 43 | | | 25 | 52 | 7 | 6 | 1 | | | 8 | | | 83 | | 1 | 14 | 49 | 26 | 1 | | | | | | 7 | | 84 |
| 临时工 | 临时工 | 9 | 9932 | 5696 | 61 | 20 | 3156 | 3693 | 605 | 1267 | 1191 | | 14 | 1262 | 2196 | | 6474 | 4193 | 2112 | 1317 | 1141 | 741 | 278 | 18 | 135 | 8 | 15 | 876 | 501 | 2680 | 5875 |

补充资料:离退休人员 6938 人,其中:离休人员 107 人,退休人员 6821 人(其中:提前离岗人员 27 人),退职人员 10 人。编号 7 中直接签订用工合同的 2494 人,签订劳务派遣合同的 6761 人,未签订用工合同的 768 人。按照人员来源分,由税务机关招聘的 4212 人,由地方政府招聘后派遣给税务机关的 1813 人,以临时工形式接收安置的复员退伍战士 78 人。

本表数据关系:编号 1 = 编号 2 + 编号 7;编号 2 = 编号 3 + 编号 6;编号 3 = 编号 4 + 编号 5;编号 7 = 编号 8 + 编号 9;甲 1 ≥ 甲 2;甲 1 ≥ 甲 3;甲 1 = 甲 4 + … + 甲 9;甲 1 ≥ 甲 10 + 甲 11;甲 1 = 甲 12 + … + 甲 15;甲 1 = 甲 16 + … + 甲 21 + 甲 23 + 甲 25;甲 1 = 甲 26 + … + 甲 29;甲 21 ≥ 甲 22;甲 23 ≥ 甲 24。

# 广东省地税系统从业人员基本情况统计表(2016年)(不含深圳、顺德)

统计截止时间:2016年12月31日

| 项目 | | 编号 | 总计 | | | 学历 | | | | | | 学位 | | 政治情况 | | | | 年龄 | | | | | | | | | | 人员分布 | | | |
|---|---|---|---|---|---|---|---|---|---|---|---|---|---|---|---|---|---|---|---|---|---|---|---|---|---|---|---|---|---|---|---|
| | | | | 女 | 少数民族 | 研究生 | 大学本科 | 大学专科 | 中专 | 高中技校职高 | 初中及以下 | 博士 | 硕士 | 共产党员 | 共青团员 | 民主党派 | 无党派或群众 | 30岁以下 | 31岁至35岁 | 36岁至40岁 | 41岁至45岁 | 46岁至50岁 | 51岁至54岁 | 女 | 55岁至59岁 | 女 | 60岁以上 | 局机关 | 直属机构 | 派出机构 | 事业单位 |
| 甲 | | | 1 | 2 | 3 | 4 | 5 | 6 | 7 | 8 | 9 | 10 | 11 | 12 | 13 | 14 | 15 | 16 | 17 | 18 | 19 | 20 | 21 | 22 | 23 | 24 | 25 | 26 | 27 | 28 | 29 |
| 总计 | | 1 | 31401 | 13578 | 276 | 1406 | 17398 | 8801 | 1208 | 1473 | 1115 | 33 | 1323 | 18241 | 2939 | 51 | 10170 | 6936 | 3888 | 3928 | 5923 | 4862 | 3895 | 1063 | 1952 | 13 | 17 | 7123 | 5278 | 12821 | 6179 |
| 正式职工合计 | | 2 | 23047 | 8784 | 227 | 1390 | 14858 | 5750 | 644 | 352 | 53 | 33 | 1310 | 17180 | 1131 | 51 | 4685 | 3495 | 2165 | 2833 | 4906 | 4181 | 3641 | 1045 | 1824 | 5 | 2 | 6306 | 4902 | 10574 | 1265 |
| 干部 | 小计 | 3 | 21521 | 8479 | 216 | 1387 | 14428 | 4962 | 531 | 199 | 14 | 33 | 1310 | 16275 | 1121 | 47 | 4078 | 3466 | 2080 | 2629 | 4399 | 3863 | 3407 | 1045 | 1675 | 5 | 2 | 6165 | 4857 | 10090 | 409 |
| | 公务员 | 4 | 21112 | 8320 | 213 | 1366 | 14256 | 4767 | 522 | 189 | 12 | 29 | 1291 | 16025 | 1115 | 44 | 3928 | 3444 | 2015 | 2547 | 4312 | 3781 | 3349 | 1023 | 1662 | 5 | 2 | 6165 | 4857 | 10090 | |
| | 事业干部 | 5 | 409 | 159 | 3 | 21 | 172 | 195 | 9 | 10 | 2 | 4 | 19 | 250 | 6 | 3 | 150 | 22 | 65 | 82 | 87 | 82 | 58 | 22 | 13 | | | | | | 409 |
| 正式工人 | | 6 | 1526 | 305 | 11 | 3 | 430 | 788 | 113 | 153 | 39 | | | 905 | 10 | 4 | 607 | 29 | 85 | 204 | 507 | 318 | 234 | | 149 | | | 141 | 45 | 484 | 856 |
| 临时工 | 小计 | 7 | 8354 | 4794 | 49 | 16 | 2540 | 3051 | 564 | 1121 | 1062 | | 13 | 1061 | 1808 | | 5485 | 3441 | 1723 | 1095 | 1017 | 681 | 254 | 18 | 128 | 8 | 15 | 817 | 376 | 2247 | 4914 |
| | 临时助征员 | 8 | 515 | 353 | | | 182 | 286 | 30 | 16 | 1 | | 1 | 56 | 196 | | 263 | 304 | 129 | 54 | 15 | 11 | 2 | | | | | 34 | 79 | 225 | 177 |
| | 临时工 | 9 | 7839 | 4441 | 49 | 16 | 2358 | 2765 | 534 | 1105 | 1061 | | 12 | 1005 | 1612 | | 5222 | 3137 | 1594 | 1041 | 1002 | 670 | 252 | 18 | 128 | 8 | 15 | 783 | 297 | 2022 | 4737 |

补充资料:离退休人员6325人,其中:离休人员101人,退休人员6214人(其中:提前离岗人员27人),退职人员10人。编号7中直接签订用工合同的2403人,签订劳务派遣合同的5183人,未签订用工合同的159人。按照人员来源分,由税务机关招聘的3121人,由地方政府招聘后派遣给税务机关的1751人,以临时工形式接收安置的复员退伍战士78人。

本表数据关系:编号1=编号2+编号7;编号2=编号3+编号6;编号3=编号4+编号5;编号7=编号8+编号9;甲1≥甲2;甲1≥甲3;甲1=甲4+…+甲9;甲1≥甲10+甲11;甲1=甲12+…+甲15;甲1=甲16+…+甲21+甲23+甲25;甲1=甲26+…+甲29;甲21≥甲22;甲23≥甲24。

# 广东省地税系统从业人员基本情况统计表(2016年)(含临时工)

统计截止时间:2016年12月31日

| 单位 | 总计 | 女 | 少数民族 | 学历 | | | | | | 学位 | | 政治情况 | | | | 年龄 | | | | | | | | | | 人员分布 | | | |
|---|---|---|---|---|---|---|---|---|---|---|---|---|---|---|---|---|---|---|---|---|---|---|---|---|---|---|---|---|---|
| | | | | 研究生 | 大学本科 | 大学专科 | 中专 | 高中 技校 职高 | 初中及以下 | 博士 | 硕士 | 共产党员 | 共青团员 | 民主党派 | 无党派或群众 | 30岁以下 | 31岁至35岁 | 36岁至40岁 | 41岁至45岁 | 46岁至50岁 | 51岁至54岁 | 女 | 55岁至59岁 | 女 | 60岁以上 | 局机关 | 直属机构 | 派出机构 | 事业单位 |
| | 1 | 2 | 3 | 4 | 5 | 6 | 7 | 8 | 9 | 10 | 11 | 12 | 13 | 14 | 15 | 16 | 17 | 18 | 19 | 20 | 21 | 22 | 23 | 24 | 25 | 26 | 27 | 28 | 29 |
| 统计汇总 | 35613 | 15577 | 331 | 1869 | 19581 | 9927 | 1339 | 1651 | 1246 | 47 | 1772 | 20263 | 3396 | 65 | 11889 | 7954 | 4511 | 4431 | 6732 | 5477 | 4395 | 1255 | 2096 | 13 | 17 | 7371 | 6981 | 13729 | 7532 |
| 广东省地方税务局机关 | 601 | 260 | 13 | 106 | 289 | 68 | 22 | 48 | 68 | 14 | 102 | 303 | 51 | 2 | 245 | 140 | 91 | 92 | 117 | 69 | 72 | 25 | 18 | 1 | 2 | 168 | 186 | | 247 |
| 广州市地方税务局 | 5682 | 3158 | 78 | 567 | 3810 | 1071 | 61 | 135 | 38 | 9 | 583 | 2573 | 793 | 18 | 2298 | 1899 | 991 | 560 | 756 | 854 | 472 | 174 | 150 | 4 | | 496 | 2018 | 936 | 2232 |
| 佛山市地方税务局 | 2140 | 1145 | 8 | 81 | 1248 | 513 | 46 | 61 | 191 | 2 | 91 | 929 | 403 | 3 | 805 | 575 | 332 | 339 | 359 | 283 | 185 | 46 | 67 | | | 354 | 160 | 1000 | 626 |
| 珠海市地方税务局 | 1243 | 594 | 8 | 85 | 787 | 211 | 71 | 62 | 27 | 3 | 73 | 681 | 149 | 2 | 411 | 258 | 116 | 181 | 291 | 214 | 136 | 44 | 47 | | | 296 | 481 | 377 | 89 |
| 汕头市地方税务局 | 1297 | 420 | 3 | 51 | 692 | 392 | 116 | 24 | 22 | | 26 | 990 | 32 | 2 | 273 | 150 | 125 | 186 | 285 | 203 | 193 | 54 | 155 | | | 397 | 134 | 667 | 99 |
| 韶关市地方税务局 | 1272 | 515 | 16 | 20 | 641 | 467 | 48 | 53 | 43 | | 33 | 796 | 73 | 2 | 401 | 227 | 121 | 156 | 223 | 229 | 231 | 75 | 85 | | | 402 | 164 | 642 | 64 |
| 河源市地方税务局 | 1268 | 508 | 9 | 10 | 448 | 485 | 117 | 147 | 61 | | 12 | 678 | 78 | | 512 | 255 | 119 | 120 | 235 | 247 | 196 | 64 | 96 | | | 417 | 86 | 438 | 327 |
| 梅州市地方税务局 | 1593 | 575 | | 13 | 731 | 613 | 78 | 127 | 31 | | 4 | 1052 | 100 | 5 | 436 | 331 | 156 | 122 | 259 | 273 | 303 | 64 | 149 | | | 431 | 230 | 861 | 71 |
| 惠州市地方税务局 | 1665 | 671 | 8 | 81 | 725 | 692 | 50 | 100 | 17 | | 50 | 1031 | 116 | | 518 | 350 | 222 | 208 | 309 | 253 | 233 | 73 | 90 | | | 470 | 102 | 872 | 221 |
| 汕尾市地方税务局 | 827 | 238 | | 12 | 327 | 350 | 57 | 40 | 41 | | 6 | 545 | 47 | 2 | 233 | 127 | 64 | 83 | 162 | 127 | 148 | 32 | 108 | 1 | 8 | 345 | 119 | 290 | 73 |
| 东莞市地方税务局 | 1470 | 714 | 2 | 62 | 954 | 181 | 12 | 47 | 214 | 1 | 72 | 715 | 176 | 1 | 578 | 311 | 292 | 241 | 305 | 179 | 104 | 26 | 36 | | 2 | 117 | 45 | 1295 | 13 |
| 中山市地方税务局 | 767 | 379 | 6 | 52 | 601 | 42 | 8 | 38 | 26 | 1 | 86 | 491 | 43 | 2 | 231 | 126 | 138 | 157 | 189 | 80 | 65 | 18 | 12 | | | 85 | 38 | 546 | 98 |

续表

| 单位 | 总计 | 女 | 少数民族 | 学历 研究生 | 大学本科 | 大学专科 | 中专 | 高中 技校 职高 | 初中及以下 | 学位 博士 | 硕士 | 政治情况 共产党员 | 共青团员 | 民主党派 | 无党派或群众 | 年龄 30岁以下 | 31岁至35岁 | 36岁至40岁 | 41岁至45岁 | 46岁至50岁 | 51岁至54岁 | 女 | 55岁至59岁 | 女 | 60岁以上 | 人员分布 局机关 | 直属机构 | 派出机构 | 事业单位 |
|---|---|---|---|---|---|---|---|---|---|---|---|---|---|---|---|---|---|---|---|---|---|---|---|---|---|---|---|---|---|
| | 1 | 2 | 3 | 4 | 5 | 6 | 7 | 8 | 9 | 10 | 11 | 12 | 13 | 14 | 15 | 16 | 17 | 18 | 19 | 20 | 21 | 22 | 23 | 24 | 25 | 26 | 27 | 28 | 29 |
| 江门市地方税务局 | 1824 | 845 | 6 | 39 | 891 | 587 | 84 | 131 | 92 | | 29 | 997 | 157 | 2 | 668 | 378 | 213 | 253 | 376 | 281 | 211 | 50 | 109 | 6 | 3 | 503 | 111 | 846 | 364 |
| 阳江市地方税务局 | 1131 | 402 | 3 | 29 | 594 | 375 | 53 | 74 | 6 | | 11 | 743 | 80 | | 308 | 174 | 104 | 148 | 295 | 199 | 153 | 44 | 58 | 1 | | 286 | 261 | 490 | 94 |
| 湛江市地方税务局 | 1807 | 639 | 5 | 70 | 906 | 603 | 117 | 87 | 24 | 1 | 29 | 1193 | 66 | 8 | 540 | 240 | 108 | 209 | 450 | 355 | 259 | 71 | 185 | | 1 | 559 | 153 | 593 | 502 |
| 茂名市地方税务局 | 1507 | 530 | 3 | 32 | 849 | 527 | 47 | 48 | 4 | | 18 | 1086 | 140 | | 281 | 300 | 152 | 149 | 276 | 268 | 231 | 46 | 131 | | | 304 | 200 | 722 | 281 |
| 肇庆市地方税务局 | 1291 | 540 | 10 | 25 | 621 | 446 | 46 | 77 | 76 | | 16 | 682 | 121 | | 488 | 308 | 141 | 153 | 258 | 189 | 162 | 36 | 80 | | | 393 | 146 | 392 | 360 |
| 清远市地方税务局 | 1215 | 535 | 92 | 25 | 753 | 345 | 57 | 17 | 18 | | 26 | 779 | 114 | | 322 | 271 | 159 | 189 | 213 | 172 | 134 | 44 | 77 | | | 326 | 145 | 589 | 155 |
| 潮州市地方税务局 | 790 | 234 | 1 | 8 | 438 | 263 | 36 | 24 | 21 | | 12 | 613 | 37 | | 140 | 98 | 57 | 91 | 166 | 106 | 169 | 34 | 103 | | | 147 | 288 | 210 | 145 |
| 揭阳市地方税务局 | 1126 | 346 | | 13 | 629 | 323 | 45 | 80 | 36 | | 13 | 875 | 66 | 2 | 183 | 206 | 117 | 127 | 226 | 160 | 140 | 27 | 149 | | 1 | 264 | 129 | 691 | 42 |
| 云浮市地方税务局 | 796 | 284 | 4 | 8 | 412 | 240 | 36 | 49 | 51 | 1 | 9 | 446 | 73 | | 277 | 171 | 57 | 151 | 160 | 116 | 97 | 16 | 44 | | | 274 | 82 | 364 | 76 |
| 横琴新区地方税务局 | 82 | 44 | 1 | 16 | 47 | 6 | 1 | 4 | 8 | 1 | 21 | 39 | 21 | | 22 | 38 | 12 | 11 | 13 | 5 | 1 | | 2 | | | 82 | | | |
| 深汕特别合作区局 | 7 | 2 | | 1 | 5 | 1 | | | | | 1 | 4 | 3 | | | 3 | 1 | 2 | | | | | 1 | | | 7 | | | |
| 顺德区地方税务局 | 856 | 442 | 3 | 18 | 493 | 163 | 18 | 61 | 103 | 1 | 26 | 311 | 65 | | 480 | 186 | 195 | 160 | 149 | 91 | 64 | 17 | 11 | | | 127 | 47 | 682 | |
| 深圳市地方税务局 | 3356 | 1557 | 52 | 445 | 1690 | 963 | 113 | 117 | 28 | 13 | 423 | 1711 | 392 | 14 | 1239 | 832 | 428 | 343 | 660 | 524 | 436 | 175 | 133 | | | 121 | 1656 | 229 | 1350 |

# 广东省地税系统从业人员基本情况统计表(2016年)(不含临时工)

统计截止时间:2016年12月31日

| 单位 | 总计 | | | 学历 | | | | | | 学位 | | 政治情况 | | | | 年龄 | | | | | | | | | | 人员分布 | | | |
|---|---|---|---|---|---|---|---|---|---|---|---|---|---|---|---|---|---|---|---|---|---|---|---|---|---|---|---|---|---|
| | | 女 | 少数民族 | 研究生 | 大学本科 | 大学专科 | 中专 | 高中 技校 职高 | 初中及以下 | 博士 | 硕士 | 共产党员 | 共青团员 | 民主党派 | 无党派或群众 | 30岁以下 | 31岁至35岁 | 36岁至40岁 | 41岁至45岁 | 46岁至50岁 | 51岁至54岁 | 女 | 55岁至59岁 | 女 | 60岁以上 | 局机关 | 直属机构 | 派出机构 | 事业单位 |
| | 1 | 2 | 3 | 4 | 5 | 6 | 7 | 8 | 9 | 10 | 11 | 12 | 13 | 14 | 15 | 16 | 17 | 18 | 19 | 20 | 21 | 22 | 23 | 24 | 25 | 26 | 27 | 28 | 29 |
| 统计汇总 | 25590 | 9838 | 270 | 1849 | 16400 | 6182 | 727 | 378 | 54 | 47 | 1758 | 18993 | 1200 | 65 | 5332 | 3761 | 2398 | 3100 | 5542 | 4710 | 4116 | 1237 | 1961 | 5 | 2 | 6495 | 6473 | 11049 | 1573 |
| 广东省地方税务局机关 | 357 | 133 | 6 | 106 | 224 | 22 | 1 | 4 | | 14 | 102 | 284 | 6 | 2 | 65 | 29 | 51 | 63 | 79 | 51 | 65 | 25 | 17 | 1 | 2 | 163 | 118 | | 76 |
| 广州市地方税务局 | 3559 | 1834 | 60 | 558 | 2702 | 235 | 28 | 31 | 5 | 9 | 574 | 2272 | 241 | 18 | 1028 | 745 | 426 | 363 | 644 | 792 | 450 | 174 | 139 | 4 | | 496 | 2018 | 936 | 109 |
| 佛山市地方税务局 | 1088 | 443 | 8 | 78 | 768 | 220 | 8 | 12 | 2 | 2 | 88 | 814 | 38 | 3 | 233 | 124 | 113 | 200 | 228 | 208 | 162 | 46 | 53 | | | 296 | 133 | 595 | 64 |
| 珠海市地方税务局 | 927 | 375 | 8 | 85 | 681 | 140 | 15 | 5 | 1 | 3 | 72 | 638 | 48 | 2 | 239 | 123 | 66 | 130 | 247 | 183 | 131 | 44 | 47 | | | 251 | 322 | 265 | 89 |
| 汕头市地方税务局 | 1154 | 369 | 3 | 51 | 667 | 304 | 114 | 16 | 2 | | 26 | 935 | 32 | 2 | 185 | 130 | 98 | 151 | 249 | 187 | 188 | 52 | 151 | | | 371 | 133 | 607 | 43 |
| 韶关市地方税务局 | 1065 | 401 | 14 | 20 | 614 | 387 | 27 | 16 | 1 | | 33 | 782 | 59 | 2 | 222 | 166 | 75 | 120 | 204 | 201 | 220 | 74 | 79 | | | 360 | 164 | 515 | 26 |
| 河源市地方税务局 | 937 | 331 | 9 | 10 | 419 | 395 | 94 | 17 | 2 | | 12 | 663 | 24 | | 250 | 143 | 60 | 76 | 190 | 204 | 180 | 62 | 84 | | | 354 | 86 | 419 | 78 |
| 梅州市地方税务局 | 1245 | 367 | | 13 | 700 | 499 | 13 | 19 | 1 | | 4 | 1033 | 70 | 5 | 137 | 187 | 79 | 82 | 220 | 245 | 286 | 64 | 146 | | | 317 | 197 | 708 | 23 |
| 惠州市地方税务局 | 1231 | 467 | 8 | 81 | 664 | 411 | 27 | 46 | 2 | | 50 | 961 | 57 | | 213 | 189 | 123 | 135 | 246 | 222 | 228 | 73 | 88 | | | 429 | 97 | 648 | 57 |
| 汕尾市地方税务局 | 708 | 171 | | 12 | 315 | 301 | 50 | 24 | 6 | | 6 | 543 | 30 | 2 | 133 | 86 | 43 | 72 | 147 | 118 | 141 | 27 | 101 | | | 287 | 110 | 262 | 49 |
| 东莞市地方税务局 | 906 | 405 | 2 | 62 | 763 | 75 | 1 | 5 | | 1 | 72 | 657 | 48 | 1 | 200 | 145 | 229 | 152 | 212 | 95 | 57 | 25 | 16 | | | 102 | 45 | 746 | 13 |
| 中山市地方税务局 | 683 | 330 | 6 | 52 | 589 | 34 | | 7 | 1 | 1 | 86 | 488 | 36 | 2 | 157 | 114 | 119 | 139 | 165 | 72 | 62 | 18 | 12 | | | 85 | 38 | 546 | 14 |

续表

| 单位 | 总计 | 学历 | | | | | | | | 学位 | | 政治情况 | | | | 年龄 | | | | | | | | | | 人员分布 | | | |
|---|---|---|---|---|---|---|---|---|---|---|---|---|---|---|---|---|---|---|---|---|---|---|---|---|---|---|---|---|---|
| | | 女 | 少数民族 | 研究生 | 大学本科 | 大学专科 | 中专 | 高中 技校 职高 | 初中及以下 | 博士 | 硕士 | 共产党员 | 共青团员 | 民主党派 | 无党派或群众 | 30岁以下 | 31岁至35岁 | 36岁至40岁 | 41岁至45岁 | 46岁至50岁 | 51岁至54岁 | 女 | 55岁至59岁 | 女 | 60岁以上 | 局机关 | 直属机构 | 派出机构 | 事业单位 |
| | 1 | 2 | 3 | 4 | 5 | 6 | 7 | 8 | 9 | 10 | 11 | 12 | 13 | 14 | 15 | 16 | 17 | 18 | 19 | 20 | 21 | 22 | 23 | 24 | 25 | 26 | 27 | 28 | 29 |
| 江门市地方税务局 | 1240 | 494 | 6 | 39 | 791 | 356 | 27 | 25 | 2 | | 29 | 926 | 68 | 2 | 244 | 176 | 95 | 170 | 298 | 224 | 191 | 46 | 86 | | | 392 | 110 | 693 | 45 |
| 阳江市地方税务局 | 853 | 292 | 3 | 29 | 560 | 233 | 15 | 14 | 2 | | 11 | 685 | 42 | | 126 | 93 | 47 | 94 | 249 | 175 | 140 | 44 | 55 | | | 227 | 217 | 377 | 32 |
| 湛江市地方税务局 | 1502 | 491 | 5 | 66 | 864 | 497 | 63 | 10 | 2 | 1 | 29 | 1155 | 27 | 8 | 312 | 154 | 66 | 162 | 382 | 309 | 253 | 71 | 176 | | | 559 | 153 | 593 | 197 |
| 茂名市地方税务局 | 1235 | 391 | 2 | 32 | 802 | 370 | 21 | 8 | 2 | | 18 | 1013 | 74 | | 148 | 188 | 97 | 108 | 241 | 244 | 227 | 46 | 130 | | | 262 | 190 | 696 | 87 |
| 肇庆市地方税务局 | 921 | 345 | 10 | 25 | 567 | 297 | 18 | 12 | 2 | | 16 | 667 | 40 | | 214 | 144 | 70 | 115 | 212 | 151 | 151 | 36 | 78 | | | 364 | 146 | 357 | 54 |
| 清远市地方税务局 | 995 | 380 | 71 | 25 | 688 | 244 | 33 | 4 | 1 | | 26 | 758 | 44 | | 193 | 140 | 109 | 175 | 200 | 165 | 129 | 42 | 77 | | | 323 | 133 | 468 | 71 |
| 潮州市地方税务局 | 731 | 215 | 1 | 8 | 435 | 240 | 29 | 11 | 8 | | 12 | 601 | 37 | | 93 | 96 | 52 | 81 | 148 | 92 | 161 | 34 | 101 | | | 147 | 288 | 210 | 86 |
| 揭阳市地方税务局 | 1016 | 311 | | 13 | 614 | 291 | 41 | 46 | 11 | | 13 | 828 | 64 | 2 | 122 | 196 | 97 | 102 | 198 | 146 | 131 | 26 | 146 | | | 240 | 125 | 619 | 32 |
| 云浮市地方税务局 | 638 | 214 | 4 | 8 | 395 | 197 | 19 | 19 | | 1 | 9 | 435 | 41 | | 162 | 104 | 43 | 132 | 140 | 93 | 87 | 16 | 39 | | | 225 | 79 | 314 | 20 |
| 横琴新区地方税务局 | 49 | 23 | 1 | 16 | 31 | 1 | | 1 | | 1 | 21 | 38 | 2 | | 9 | 20 | 6 | 9 | 7 | 4 | 1 | | 2 | | | 49 | | | |
| 深汕特别合作区局 | 7 | 2 | | 1 | 5 | 1 | | | | | 1 | 4 | 3 | | | 3 | 1 | 2 | | | | | 1 | | | 7 | | | |
| 顺德区地方税务局 | 358 | 188 | 3 | 18 | 315 | 25 | | | | 1 | 26 | 257 | 21 | | 80 | 67 | 45 | 57 | 83 | 57 | 44 | 17 | 5 | | | 68 | 41 | 249 | |
| 深圳市地方税务局 | 2185 | 866 | 40 | 441 | 1227 | 407 | 83 | 26 | 1 | 13 | 422 | 1556 | 48 | 14 | 567 | 199 | 188 | 210 | 553 | 472 | 431 | 175 | 132 | | | 121 | 1530 | 229 | 305 |

# 广东省地税系统税务公务员岗位分布情况统计表(2016年)(含深圳、顺德)

统计截止时间:2016年12月31日

| 项目 | 编号 | 行政管理人员 | | | | | | | | | 税收业务人员 | | | | | | | | | | | | | | |
|---|---|---|---|---|---|---|---|---|---|---|---|---|---|---|---|---|---|---|---|---|---|---|---|---|---|
| | | 小计 | 局领导 | 综合办公岗位 | 人事岗位 | 教育培训岗位 | 纪检监察岗位 | 巡视岗位 | 党群岗位 | 其他岗位 | 小计 | 法制岗位 | 征管岗位 | 货物和劳务税岗位 | 所得税岗位 | 财产和行为税岗位 | 涉外税岗位 | 进出口税收岗位 | 收入核算岗位 | 财务审计岗位 | 稽查岗位 | 税源管理岗位 | 征收服务岗位 | 基金费征收岗位 | 其他岗位 |
| 甲 | | 1 | 2 | 3 | 4 | 5 | 6 | 7 | 8 | 9 | 10 | 11 | 12 | 13 | 14 | 15 | 16 | 17 | 18 | 19 | 20 | 21 | 22 | 23 | 24 |
| 总计 | 1 | 4421 | 904 | 1538 | 547 | 155 | 535 | | 223 | 519 | 18909 | 465 | 1984 | 166 | 239 | 141 | 70 | 7 | 502 | 370 | 2631 | 7311 | 3875 | 486 | 662 |
| 总局 | 2 | | | | | | | | | | | | | | | | | | | | | | | | |
| 省(自治区、直辖市) | 3 | 75 | 13 | 23 | 14 | 9 | 9 | | 7 | | 206 | 8 | 14 | | 7 | 8 | 7 | | 10 | 13 | 46 | 72 | 10 | 9 | 2 |
| 计划单列市 | 4 | 367 | 6 | 139 | 44 | 14 | 20 | | 14 | 130 | 1513 | 8 | 16 | 6 | 8 | 9 | 6 | 2 | 8 | 8 | 262 | 435 | 612 | | 133 |
| 副省级城市 | 5 | 368 | 10 | 184 | 100 | 9 | 57 | | 8 | | 1942 | 79 | 15 | 64 | 9 | | 7 | | 66 | 7 | 352 | 996 | 286 | 61 | |
| 地(市、州、盟) | 6 | 1034 | 214 | 318 | 88 | 43 | 130 | | 112 | 129 | 3610 | 173 | 241 | 13 | 47 | 32 | 27 | 3 | 106 | 80 | 753 | 1210 | 603 | 46 | 276 |
| 直辖市区 | 7 | | | | | | | | | | | | | | | | | | | | | | | | |
| 计划单列市区 | 8 | | | | | | | | | | | | | | | | | | | | | | | | |
| 副省级城市区 | 9 | 128 | 41 | 44 | 27 | | 16 | | | | 1012 | | 32 | 31 | | | | | | 37 | 70 | 756 | 67 | 19 | |
| 地(市、州、盟)区 | 10 | 957 | 225 | 329 | 101 | 32 | 109 | | 27 | 134 | 3994 | 82 | 827 | 27 | 44 | 32 | 19 | 2 | 81 | 68 | 396 | 1339 | 882 | 111 | 84 |
| 县(市、旗) | 11 | 1492 | 395 | 501 | 173 | 48 | 194 | | 55 | 126 | 6632 | 115 | 839 | 25 | 124 | 60 | 4 | | 231 | 157 | 752 | 2503 | 1415 | 240 | 167 |

注:1. 本表统计范围是公务员。

2. 本表数据关系:编号1=编号2+…+编号11;甲1=甲2+…+甲9;甲10=甲11+…+甲24。

# 广东省地税系统税务人员分单位情况统计表（2016 年）（含深圳、顺德）

统计截止时间:2016 年 12 月 31 日

| 项目 | | 编号 | 合计 | 总局 | 省（自治区、直辖市）局 | 计划单列市局 | 副省级城市局 | 地（市、州、盟）局 | 直辖市区局 | 计划单列市区局 | 副省级城市区局 | 地（市、州、盟）区局 | 县（市、旗）局 |
|---|---|---|---|---|---|---|---|---|---|---|---|---|---|
| 甲 | | | 1 | 2 | 3 | 4 | 5 | 6 | 7 | 8 | 9 | 10 | 11 |
| 总计 | | 1 | 25590 | | 357 | 2185 | 2389 | 5144 | | | 1170 | 5496 | 8849 |
| 局机关 | | 2 | 6495 | | 163 | 121 | 215 | 1663 | | | 281 | 1648 | 2404 |
| 直属机构 | 合计 | 3 | 6473 | | 118 | 1530 | 1868 | 1503 | | | 150 | 543 | 761 |
| | 稽查局 | 4 | 2791 | | 46 | 262 | 452 | 783 | | | 70 | 417 | 761 |
| | 直属税务分局 | 5 | 2420 | | 72 | 197 | 1347 | 693 | | | 33 | 78 | |
| | 车辆购置税征收管理分局 | 6 | | | | | | | | | | | |
| | 其他直属机构 | 7 | 1262 | | | 1071 | 69 | 27 | | | 47 | 48 | |
| 派出机构 | 合计 | 8 | 11049 | | | 229 | 226 | 1636 | | | 710 | 3074 | 5174 |
| | 税务分局 | 9 | 10594 | | | | | 1636 | | | 710 | 3074 | 5174 |
| | 其中:设在开发区 | 10 | 219 | | | | | 150 | | | | 69 | |
| | 税务所 | 11 | 455 | | | 229 | 226 | | | | | | |
| 事业单位 | 合计 | 12 | 1573 | | 76 | 305 | 80 | 342 | | | 29 | 231 | 510 |
| | 信息中心 | 13 | 61 | | 28 | 33 | | | | | | | |
| | 机关服务中心 | 14 | 691 | | 32 | 252 | 62 | 253 | | | 15 | 77 | |
| | 注册税务师管理中心 | 15 | | | | | | | | | | | |
| | 税务干部学校（培训中心） | 16 | 2 | | 2 | | | | | | | | |
| | 税收科学研究所 | 17 | 9 | | 9 | | | | | | | | |
| | 票证中心 | 18 | 5 | | 5 | | | | | | | | |
| | 报社、杂志社 | 19 | | | | | | | | | | | |
| | 采购中心 | 20 | | | | | | | | | | | |
| | 其他事业单位 | 21 | 805 | | | 20 | 18 | 89 | | | 14 | 154 | 510 |

注:1. 本表统计范围为正式职工。

2. “机关党委办公室”“离退休干部处（科）”和“工会”的人员统计在局机关。

# 第七篇

# 税费统计

# 2016 年广东省地方税务局入库税金明细年报表

编报机关:广东省地方税务局　　单位:万元

| 序号 | 项　　目 | 合　计 | | | | 中央 | 省级 | 市级 | 县(区)级 |
|---|---|---|---|---|---|---|---|---|---|
| | | 合　计 | 其中:本年新欠入库 | 2001 年 5 月 1 日以后陈欠入库 | 2001 年 5 月 1 日以前陈欠入库 | | | | |
| 1 | 总　　计 | 71078777 | 735993 | 229772 | 525 | 18293975 | 10575731 | 21267854 | 20941217 |
| 2 | 一、税收收入合计 | 65747975 | 701454 | 218790 | 504 | 18293972 | 10111569 | 18509242 | 18833192 |
| 3 | 1. 增值税 | 605514 | 337 | | | 278640 | 104170 | 112066 | 110638 |
| 4 | 2. 消费税收入 | | | | | | | | |
| 5 | 国内消费税 | | | | | | | | |
| 6 | 其中:成品油消费税 | | | | | | | | |
| 7 | 进口消费品消费税 | | | | | | | | |
| 8 | 其中:进口成品油消费税 | | | 143 | | | | | |
| 9 | 3. 营业税 | 11559111 | 175267 | 76392 | 434 | 43879 | 4555904 | 4023258 | 2936070 |
| 10 | 铁路运输企业营业税 | | | | | | | | |
| 11 | 金融保险业营业税 | 2941385 | 3114 | 546 | | -98279 | 1605080 | 1443944 | -9360 |
| 12 | 其他营业税 | 8617726 | 172153 | 75846 | 434 | 142158 | 2950824 | 2579314 | 2945430 |
| 13 | 4. 企业所得税 | 13860013 | 203875 | 36131 | 11 | 8432238 | 1477686 | 2215905 | 1734184 |
| 14 | (1)一般企业所得税 | 12936798 | 202646 | 36119 | 11 | 7765491 | 1439135 | 2074845 | 1657327 |
| 15 | 内资企业 | 9995299 | 198363 | 26100 | 11 | 6000585 | 1234825 | 1473045 | 1286844 |
| 16 | 外资企业 | 2941499 | 4283 | 10019 | | 1764906 | 204310 | 601800 | 370483 |
| 17 | (2)分支机构预缴所得税 | 229280 | 103 | 4 | | 137572 | 5871 | 56112 | 29725 |
| 18 | 跨省 | 217252 | 76 | | | 130351 | 3468 | 54941 | 28492 |

续表

| 序号 | 项　目 | 合　计 | | | | 中央 | 省级 | 市级 | 县(区)级 |
|---|---|---|---|---|---|---|---|---|---|
| | | 合　计 | 其中:本年新欠入库 | 2001年5月1日以后陈欠入库 | 2001年5月1日以前陈欠入库 | | | | |
| 19 | 内资企业 | 118834 | 22 | | | 71297 | 2654 | 30510 | 14373 |
| 20 | 外资企业 | 98418 | 54 | | | 59054 | 814 | 24431 | 14119 |
| 21 | 省内跨市 | 12028 | 27 | 4 | | 7221 | 2403 | 1171 | 1233 |
| 22 | 内资企业 | 10622 | 27 | 4 | | 6378 | 2122 | 931 | 1191 |
| 23 | 外资企业 | 1406 | | | | 843 | 281 | 240 | 42 |
| 24 | 市内跨县区 | | | | | | | | |
| 25 | 内资企业 | | | | | | | | |
| 26 | 外资企业 | | | | | | | | |
| 27 | (3)总机构预缴所得税 | 360842 | 112 | 6 | | 267949 | 20163 | 46606 | 26124 |
| 28 | 跨省 | 328713 | 100 | 6 | | 246530 | 13024 | 45111 | 24048 |
| 29 | 内资企业 | 188965 | 78 | 6 | | 141719 | 10078 | 23636 | 13532 |
| 30 | 外资企业 | 139748 | 22 | | | 104811 | 2946 | 21475 | 10516 |
| 31 | 省内跨市 | 32129 | 12 | | | 21419 | 7139 | 1495 | 2076 |
| 32 | 内资企业 | 27713 | 12 | | | 18476 | 6158 | 1269 | 1810 |
| 33 | 外资企业 | 4416 | | | | 2943 | 981 | 226 | 266 |
| 34 | 市内跨县区 | | | | | | | | |
| 35 | 内资企业 | | | | | | | | |
| 36 | 外资企业 | | | | | | | | |

续表

| 序号 | 项　目 | 合　计 | | | | 中央 | 省级 | 市级 | 县(区)级 |
|---|---|---|---|---|---|---|---|---|---|
| | | 合　计 | 其中:本年新欠入库 | 2001年5月1日以后陈欠入库 | 2001年5月1日以前陈欠入库 | | | | |
| 37 | (4)分支机构汇算清缴所得税 | 86341 | 504 | | | 51809 | 775 | 22893 | 10864 |
| 38 | 跨省 | 84545 | 232 | | | 50730 | 414 | 22648 | 10753 |
| 39 | 内资企业 | 68859 | 231 | | | 41320 | 402 | 18975 | 8162 |
| 40 | 外资企业 | 15686 | 1 | | | 9410 | 12 | 3673 | 2591 |
| 41 | 省内跨市 | 1796 | 272 | | | 1079 | 361 | 245 | 111 |
| 42 | 内资企业 | 1103 | 272 | | | 662 | 224 | 108 | 109 |
| 43 | 外资企业 | 693 | | | | 417 | 137 | 137 | 2 |
| 44 | 市内跨县区 | | | | | | | | |
| 45 | 内资企业 | | | | | | | | |
| 46 | 外资企业 | | | | | | | | |
| 47 | (5)总机构汇算清缴所得税 | 129579 | 418 | | | 96543 | 7443 | 15449 | 10144 |
| 48 | 跨省 | 123032 | 152 | | | 92177 | 5990 | 15066 | 9799 |
| 49 | 内资企业 | 95244 | 152 | | | 71335 | 5167 | 11441 | 7301 |
| 50 | 外资企业 | 27788 | | | | 20842 | 823 | 3625 | 2498 |
| 51 | 省内跨市 | 6547 | 266 | | | 4366 | 1453 | 383 | 345 |
| 52 | 内资企业 | 6241 | 30 | | | 4162 | 1385 | 373 | 321 |
| 53 | 外资企业 | 306 | 236 | | | 204 | 68 | 10 | 24 |
| 54 | 市内跨县区 | | | | | | | | |
| 55 | 内资企业 | | | | | | | | |

续表

| 序号 | 项　　目 | 合　计 | | | | 中央 | 省级 | 市级 | 县(区)级 |
|---|---|---|---|---|---|---|---|---|---|
| | | 合　计 | 其中:本年新欠入库 | 2001年5月1日以后陈欠入库 | 2001年5月1日以前陈欠入库 | | | | |
| 56 | 外资企业 | | | | | | | | |
| 57 | (6)企业所得税待分配收入 | 117173 | 92 | 2 | | 112874 | 4299 | | |
| 58 | 跨省 | 112874 | 62 | 2 | | 112874 | | | |
| 59 | 内资企业 | 70986 | 57 | 2 | | 70986 | | | |
| 60 | 外资企业 | 41888 | 5 | | | 41888 | | | |
| 61 | 省内跨市 | 4299 | 30 | | | | 4299 | | |
| 62 | 内资企业 | 3774 | 4 | | | | 3774 | | |
| 63 | 外资企业 | 525 | 26 | | | | 525 | | |
| 64 | 5. 个人所得税 | 15898689 | 40962 | 12105 | 6 | 9539215 | 1663999 | 2915190 | 1780285 |
| 65 | 6. 资源税 | 166975 | 6294 | 418 | | | | 8509 | 158466 |
| 66 | 7. 固定资产投资方向调节税 | | | | | | | | |
| 67 | 8. 城市维护建设税 | 5222667 | 30751 | 11323 | 4 | | 390 | 1566685 | 3655592 |
| 68 | 9. 房产税 | 2437551 | 24444 | 12514 | 37 | | | 1115855 | 1321696 |
| 69 | 10. 印花税 | 1192299 | 6837 | 1461 | 12 | | | 238015 | 954284 |
| 70 | 11. 城镇土地使用税 | 1335066 | 25676 | 16876 | | | | 343644 | 991422 |
| 71 | 12. 土地增值税 | 6815248 | 118989 | 42124 | | | 2309420 | 2464879 | 2040949 |
| 72 | 13. 车船税 | 735893 | 311 | 26 | | | | 504403 | 231490 |
| 73 | 14. 车辆购置税 | | | | | | | | |
| 74 | 15. 烟叶税 | 15482 | | | | | | | 15482 |
| 75 | 16. 耕地占用税 | 766780 | 4220 | 1594 | | | | 137475 | 629305 |

续表

| 序号 | 项　　目 | 合　计 | | | | 中央 | 省级 | 市级 | 县(区)级 |
|---|---|---|---|---|---|---|---|---|---|
| | | 合　计 | 其中:本年新欠入库 | 2001年5月1日以后陈欠入库 | 2001年5月1日以前陈欠入库 | | | | |
| 76 | 17. 契税 | 5136687 | 63491 | 7826 | | | | 2863358 | 2273329 |
| 77 | 18. 屠宰税 | | | | | | | | |
| 78 | 19. 其他税收 | | | | | | | | |
| 79 | 二、其他收入合计 | 5330802 | 34539 | 10982 | 21 | 3 | 464162 | 2758612 | 2108025 |
| 80 | 1. 教育费附加收入 | 2314494 | 14481 | 5215 | 13 | | 234 | 1409922 | 904338 |
| 81 | 2. 文化事业建设费收入 | 7839 | 135 | 34 | | 3 | 1425 | 4657 | 1754 |
| 82 | 3. 税务部门罚没收入 | 4250 | 171 | 133 | 8 | | 1 | 3274 | 975 |
| 83 | 4. 堤围费 | 297400 | 4329 | 1288 | | | -3 | 142721 | 154682 |
| 84 | 5. 价格调节基金 | 64910 | 2853 | 569 | | | 25454 | 29901 | 9555 |
| 85 | 6. 残疾人基金 | 307444 | 360 | 301 | | | 66737 | 131672 | 109035 |
| 86 | 7. 地方教育附加 | 1542034 | 9376 | 2402 | | | 370314 | 896067 | 275653 |
| 87 | 8. 交通建设附加 | | | | | | | | |
| 88 | 9. 社会保险基金收入 | | | | | | | | |
| 89 | 基本养老保险基金收入 | | | | | | | | |
| 90 | 失业保险基金收入 | | | | | | | | |
| 91 | 基本医疗保险基金收入 | | | | | | | | |
| 92 | 工伤保险基金收入 | | | | | | | | |
| 93 | 生育保险基金收入 | | | | | | | | |
| 94 | 10. 工会会费 | 613382 | 2502 | 1040 | | | | 99143 | 514239 |
| 95 | 11. 其他非税收入 | 179049 | 332 | | | | | 41255 | 137794 |

# 2016年广州市地方税务局入库税金明细年报表

编报机关:广州市地方税务局　　　　单位:万元

| 序号 | 项　目 | 合　计 | | | | 中央 | 省级 | 市级 | 县(区)级 |
|---|---|---|---|---|---|---|---|---|---|
| | | 合　计 | 其中:本年新欠入库 | 2001年5月1日以后陈欠入库 | 2001年5月1日以前陈欠入库 | | | | |
| 1 | 总　计 | 13749818 | 141966 | 59360 | | 3492701 | 2734200 | 3963322 | 3559595 |
| 2 | 一、税收收入合计 | 12473480 | 135812 | 57151 | | 3492699 | 2578657 | 3490376 | 2911748 |
| 3 | 1. 增值税 | 193635 | 90 | | | 87529 | 53053 | 20367 | 32686 |
| 4 | 2. 消费税收入 | | | | | | | | |
| 5 | 国内消费税 | | | | | | | | |
| 6 | 其中:成品油消费税 | | | | | | | | |
| 7 | 进口消费品消费税 | | | | | | | | |
| 8 | 其中:进口成品油消费税 | | | | | | | | |
| 9 | 3. 营业税 | 1560275 | 19363 | 12694 | | 11670 | 774302 | 270888 | 503415 |
| 10 | 铁路运输企业营业税 | | | | | | | | |
| 11 | 金融保险业营业税 | | | | | | | | |
| 12 | 其他营业税 | 1560275 | 19363 | 12694 | | 11670 | 774302 | 270888 | 503415 |
| 13 | 4. 企业所得税 | 1773251 | 24198 | 18807 | | 1077782 | 349565 | 128270 | 217634 |
| 14 | (1)一般企业所得税 | 1675560 | 24065 | 18799 | | 1005399 | 335081 | 123315 | 211765 |
| 15 | 内资企业 | 1466594 | 23952 | 9318 | | 880019 | 293288 | 102856 | 190431 |
| 16 | 外资企业 | 208966 | 113 | 9481 | | 125380 | 41793 | 20459 | 21334 |
| 17 | (2)分支机构预缴所得税 | 9847 | 60 | | | 5908 | 1969 | 1174 | 796 |
| 18 | 跨省 | 7507 | 59 | | | 4504 | 1501 | 874 | 628 |

续表

| 序号 | 项　　目 | 合　　计 | | | | 中央 | 省级 | 市级 | 县(区)级 |
|---|---|---|---|---|---|---|---|---|---|
| | | 合　计 | 其中:本年新欠入库 | 2001年5月1日以后陈欠入库 | 2001年5月1日以前陈欠入库 | | | | |
| 19 | 内资企业 | 7303 | 5 | | | 4382 | 1460 | 845 | 616 |
| 20 | 外资企业 | 204 | 54 | | | 122 | 41 | 29 | 12 |
| 21 | 省内跨市 | 2340 | 1 | | | 1404 | 468 | 300 | 168 |
| 22 | 内资企业 | 2335 | 1 | | | 1401 | 467 | 299 | 168 |
| 23 | 外资企业 | 5 | | | | 3 | 1 | 1 | |
| 24 | 市内跨县区 | | | | | | | | |
| 25 | 内资企业 | | | | | | | | |
| 26 | 外资企业 | | | | | | | | |
| 27 | (3)总机构预缴所得税 | 44848 | 31 | 6 | | 32692 | 6708 | 2926 | 2522 |
| 28 | 跨省 | 33515 | 24 | 6 | | 25136 | 4190 | 2370 | 1819 |
| 29 | 内资企业 | 32298 | 24 | 6 | | 24223 | 4038 | 2261 | 1776 |
| 30 | 外资企业 | 1217 | | | | 913 | 152 | 109 | 43 |
| 31 | 省内跨市 | 11333 | 7 | | | 7556 | 2518 | 556 | 703 |
| 32 | 内资企业 | 11265 | 7 | | | 7511 | 2503 | 553 | 698 |
| 33 | 外资企业 | 68 | | | | 45 | 15 | 3 | 5 |
| 34 | 市内跨县区 | | | | | | | | |
| 35 | 内资企业 | | | | | | | | |
| 36 | 外资企业 | | | | | | | | |

续表

| 序号 | 项　　目 | 合　　计 | | | | 中央 | 省级 | 市级 | 县(区)级 |
|---|---|---|---|---|---|---|---|---|---|
| | | 合　计 | 其中:本年新欠入库 | 2001 年 5 月 1 日以后陈欠入库 | 2001 年 5 月 1 日以前陈欠入库 | | | | |
| 37 | (4)分支机构汇算清缴所得税 | 798 | 1 | | | 478 | 160 | 70 | 90 |
| 38 | 跨省 | 724 | | | | 434 | 145 | 65 | 80 |
| 39 | 内资企业 | 724 | | | | 434 | 145 | 65 | 80 |
| 40 | 外资企业 | | | | | | | | |
| 41 | 省内跨市 | 74 | 1 | | | 44 | 15 | 5 | 10 |
| 42 | 内资企业 | 74 | 1 | | | 44 | 15 | 5 | 10 |
| 43 | 外资企业 | | | | | | | | |
| 44 | 市内跨县区 | | | | | | | | |
| 45 | 内资企业 | | | | | | | | |
| 46 | 外资企业 | | | | | | | | |
| 47 | (5)总机构汇算清缴所得税 | 26536 | 31 | | | 19474 | 3816 | 785 | 2461 |
| 48 | 跨省 | 21400 | | | | 16050 | 2675 | 466 | 2209 |
| 49 | 内资企业 | 21025 | | | | 15769 | 2628 | 432 | 2196 |
| 50 | 外资企业 | 375 | | | | 281 | 47 | 34 | 13 |
| 51 | 省内跨市 | 5136 | 31 | | | 3424 | 1141 | 319 | 252 |
| 52 | 内资企业 | 5136 | 31 | | | 3424 | 1141 | 319 | 252 |
| 53 | 外资企业 | | | | | | | | |
| 54 | 市内跨县区 | | | | | | | | |
| 55 | 内资企业 | | | | | | | | |

续表

| 序号 | 项目 | 合计 | | | | 中央 | 省级 | 市级 | 县(区)级 |
|---|---|---|---|---|---|---|---|---|---|
| | | 合计 | 其中:本年新欠入库 | 2001年5月1日以后陈欠入库 | 2001年5月1日以前陈欠入库 | | | | |
| 56 | 外资企业 | | | | | | | | |
| 57 | (6)企业所得税待分配收入 | 15662 | 10 | 2 | | 13831 | 1831 | | |
| 58 | 跨省 | 13831 | 6 | 2 | | 13831 | | | |
| 59 | 内资企业 | 13434 | 6 | 2 | | 13434 | | | |
| 60 | 外资企业 | 397 | | | | 397 | | | |
| 61 | 省内跨市 | 1831 | 4 | | | | 1831 | | |
| 62 | 内资企业 | 1823 | 4 | | | | 1823 | | |
| 63 | 外资企业 | 8 | | | | | 8 | | |
| 64 | 5. 个人所得税 | 3859530 | 11593 | 4331 | | 2315718 | 771906 | 743790 | 28116 |
| 65 | 6. 资源税 | 2631 | | | | | | | 2631 |
| 66 | 7. 固定资产投资方向调节税 | | | | | | | | |
| 67 | 8. 城市维护建设税 | 1279781 | 4411 | 1308 | | | | 332779 | 947002 |
| 68 | 9. 房产税 | 777136 | 5872 | 5949 | | | | 348139 | 428997 |
| 69 | 10. 印花税 | 310654 | 1393 | 281 | | | | | 310654 |
| 70 | 11. 城镇土地使用税 | 154041 | 895 | 1423 | | | | | 154041 |
| 71 | 12. 土地增值税 | 1259661 | 16252 | 5287 | | | 629831 | 569144 | 60686 |
| 72 | 13. 车船税 | 139157 | 31 | 2 | | | | 106360 | 32797 |
| 73 | 14. 车辆购置税 | | | | | | | | |
| 74 | 15. 烟叶税 | | | | | | | | |
| 75 | 16. 耕地占用税 | 77968 | 1133 | 46 | | | | | 77968 |

续表

| 序号 | 项目 | 合计 | | | | 中央 | 省级 | 市级 | 县(区)级 |
|---|---|---|---|---|---|---|---|---|---|
| | | 合计 | 其中:本年新欠入库 | 2001年5月1日以后陈欠入库 | 2001年5月1日以前陈欠入库 | | | | |
| 76 | 17. 契税 | 1085760 | 50581 | 7023 | | | | 970639 | 115121 |
| 77 | 18. 屠宰税 | | | | | | | | |
| 78 | 19. 其他税收 | | | | | | | | |
| 79 | 二、其他收入合计 | 1276338 | 6154 | 2209 | | 2 | 155543 | 472946 | 647847 |
| 80 | 1. 教育费附加收入 | 546427 | 1664 | 654 | | | | 215787 | 330640 |
| 81 | 2. 文化事业建设费收入 | 832 | 7 | 13 | | 2 | 110 | 142 | 578 |
| 82 | 3. 税务部门罚没收入 | 805 | 20 | 6 | | | | 501 | 304 |
| 83 | 4. 堤围费 | -191 | 24 | 75 | | | | 45 | -236 |
| 84 | 5. 价格调节基金 | 12547 | 1864 | 62 | | | | 12547 | |
| 85 | 6. 残疾人基金 | 78177 | 358 | 181 | | | 30942 | 25625 | 21610 |
| 86 | 7. 地方教育附加 | 363708 | 1155 | 437 | | | 124491 | 218299 | 20918 |
| 87 | 8. 交通建设附加 | | | | | | | | |
| 88 | 9. 社会保险基金收入 | | | | | | | | |
| 89 | 基本养老保险基金收入 | | | | | | | | |
| 90 | 失业保险基金收入 | | | | | | | | |
| 91 | 基本医疗保险基金收入 | | | | | | | | |
| 92 | 工伤保险基金收入 | | | | | | | | |
| 93 | 生育保险基金收入 | | | | | | | | |
| 94 | 10. 工会会费 | 274033 | 1062 | 781 | | | | | 274033 |
| 95 | 11. 其他非税收入 | | | | | | | | |

# 2016年深圳市地方税务局入库税金明细年报表

编报机关:深圳市地方税务局　　　　单位:万元

| 序号 | 项　目 | 合　计 | | | | 中央 | 省级 | 市级 | 县(区)级 |
|---|---|---|---|---|---|---|---|---|---|
| | | 合　计 | 其中:本年新欠入库 | 2001年5月1日以后陈欠入库 | 2001年5月1日以前陈欠入库 | | | | |
| 1 | 总　计 | 25979483 | 76343 | 33425 | 525 | 8767968 | | 9751798 | 7459717 |
| 2 | 一、税收收入合计 | 24739190 | 72784 | 32245 | 504 | 8767968 | | 8649299 | 7321923 |
| 3 | 1. 增值税 | 223037 | | | | 104500 | | 69211 | 49326 |
| 4 | 2. 消费税收入 | | | | | | | | |
| 5 | 国内消费税 | | | | | | | | |
| 6 | 其中:成品油消费税 | | | | | | | | |
| 7 | 进口消费品消费税 | | | | | | | | |
| 8 | 其中:进口成品油消费税 | | | | | | | | |
| 9 | 3. 营业税 | 3990784 | 17568 | 18138 | 434 | -35043 | | 2835494 | 1190333 |
| 10 | 铁路运输企业营业税 | | | | | | | | |
| 11 | 金融保险业营业税 | 1385330 | 1266 | 438 | | -65031 | | 1450361 | |
| 12 | 其他营业税 | 2605454 | 16302 | 17700 | 434 | 29988 | | 1385133 | 1190333 |
| 13 | 4. 企业所得税 | 6792723 | 19280 | 1178 | 11 | 4151292 | | 1641626 | 999805 |
| 14 | (1)一般企业所得税 | 6131430 | 18860 | 1178 | 11 | 3678865 | | 1514727 | 937838 |
| 15 | 内资企业 | 4211442 | 17663 | 1042 | 11 | 2526866 | | 1052215 | 632361 |
| 16 | 外资企业 | 1919988 | 1197 | 136 | | 1151999 | | 462512 | 305477 |
| 17 | (2)分支机构预缴所得税 | 199916 | 15 | | | 119950 | | 53030 | 26936 |
| 18 | 跨省 | 199916 | 15 | | | 119950 | | 53030 | 26936 |

续表

| 序号 | 项　目 | 合　计 | | | | 中央 | 省级 | 市级 | 县(区)级 |
|---|---|---|---|---|---|---|---|---|---|
| | | 合　计 | 其中:本年新欠入库 | 2001 年 5 月 1 日以后陈欠入库 | 2001 年 5 月 1 日以前陈欠入库 | | | | |
| 19 | 内资企业 | 105570 | 15 | | | 63340 | | 29025 | 13205 |
| 20 | 外资企业 | 94346 | | | | 56610 | | 24005 | 13731 |
| 21 | 省内跨市 | | | | | | | | |
| 22 | 内资企业 | | | | | | | | |
| 23 | 外资企业 | | | | | | | | |
| 24 | 市内跨县区 | | | | | | | | |
| 25 | 内资企业 | | | | | | | | |
| 26 | 外资企业 | | | | | | | | |
| 27 | (3)总机构预缴所得税 | 225199 | 54 | | | 168898 | | 37969 | 18332 |
| 28 | 跨省 | 225199 | 54 | | | 168898 | | 37969 | 18332 |
| 29 | 内资企业 | 109017 | 54 | | | 81761 | | 18784 | 8472 |
| 30 | 外资企业 | 116182 | | | | 87137 | | 19185 | 9860 |
| 31 | 省内跨市 | | | | | | | | |
| 32 | 内资企业 | | | | | | | | |
| 33 | 外资企业 | | | | | | | | |
| 34 | 市内跨县区 | | | | | | | | |
| 35 | 内资企业 | | | | | | | | |
| 36 | 外资企业 | | | | | | | | |

续表

| 序号 | 项　目 | 合　计 | | | | 中央 | 省级 | 市级 | 县(区)级 |
|---|---|---|---|---|---|---|---|---|---|
| | | 合　计 | 其中:本年新欠入库 | 2001 年 5 月 1 日以后陈欠入库 | 2001 年 5 月 1 日以前陈欠入库 | | | | |
| 37 | (4)分支机构汇算清缴所得税 | 82466 | 168 | | | 49480 | | 22492 | 10494 |
| 38 | 跨省 | 82466 | 168 | | | 49480 | | 22492 | 10494 |
| 39 | 内资企业 | 66842 | 167 | | | 40107 | | 18832 | 7903 |
| 40 | 外资企业 | 15624 | 1 | | | 9373 | | 3660 | 2591 |
| 41 | 省内跨市 | | | | | | | | |
| 42 | 内资企业 | | | | | | | | |
| 43 | 外资企业 | | | | | | | | |
| 44 | 市内跨县区 | | | | | | | | |
| 45 | 内资企业 | | | | | | | | |
| 46 | 外资企业 | | | | | | | | |
| 47 | (5)总机构汇算清缴所得税 | 78061 | 136 | | | 58448 | | 13408 | 6205 |
| 48 | 跨省 | 78061 | 136 | | | 58448 | | 13408 | 6205 |
| 49 | 内资企业 | 56857 | 136 | | | 42543 | | 10048 | 4266 |
| 50 | 外资企业 | 21204 | | | | 15905 | | 3360 | 1939 |
| 51 | 省内跨市 | | | | | | | | |
| 52 | 内资企业 | | | | | | | | |
| 53 | 外资企业 | | | | | | | | |
| 54 | 市内跨县区 | | | | | | | | |
| 55 | 内资企业 | | | | | | | | |

续表

| 序号 | 项目 | 合计 | | | | 中央 | 省级 | 市级 | 县(区)级 |
|---|---|---|---|---|---|---|---|---|---|
| | | 合计 | 其中:本年新欠入库 | 2001年5月1日以后陈欠入库 | 2001年5月1日以前陈欠入库 | | | | |
| 56 | 外资企业 | | | | | | | | |
| 57 | (6)企业所得税待分配收入 | 75651 | 47 | | | 75651 | | | |
| 58 | 跨省 | 75651 | 47 | | | 75651 | | | |
| 59 | 内资企业 | 41299 | 47 | | | 41299 | | | |
| 60 | 外资企业 | 34352 | | | | 34352 | | | |
| 61 | 省内跨市 | | | | | | | | |
| 62 | 内资企业 | | | | | | | | |
| 63 | 外资企业 | | | | | | | | |
| 64 | 5. 个人所得税 | 7578697 | 16853 | 1290 | 6 | 4547219 | | 1735077 | 1296401 |
| 65 | 6. 资源税 | 19 | | | | | | 19 | |
| 66 | 7. 固定资产投资方向调节税 | | | | | | | | |
| 67 | 8. 城市维护建设税 | 1492902 | 4408 | 1584 | 4 | | | | 1492902 |
| 68 | 9. 房产税 | 536845 | 4285 | 1349 | 37 | | | 291958 | 244887 |
| 69 | 10. 印花税 | 366244 | 1206 | 241 | 12 | | | | 366244 |
| 70 | 11. 城镇土地使用税 | 108760 | 974 | 153 | | | | | 108760 |
| 71 | 12. 土地增值税 | 2196423 | 8206 | 8296 | | | | 1227017 | 969406 |
| 72 | 13. 车船税 | 165030 | 4 | 1 | | | | 165030 | |
| 73 | 14. 车辆购置税 | | | | | | | | |
| 74 | 15. 烟叶税 | | | | | | | | |
| 75 | 16. 耕地占用税 | | | | | | | | |

续表

| 序号 | 项　　目 | 合　　计 | | | | 中央 | 省级 | 市级 | 县(区)级 |
|---|---|---|---|---|---|---|---|---|---|
| | | 合　计 | 其中:本年新欠入库 | 2001 年 5 月 1 日以后陈欠入库 | 2001 年 5 月 1 日以前陈欠入库 | | | | |
| 76 | 17. 契税 | 1287726 | | 15 | | | | 683867 | 603859 |
| 77 | 18. 屠宰税 | | | | | | | | |
| 78 | 19. 其他税收 | | | | | | | | |
| 79 | 二、其他收入合计 | 1240293 | 3559 | 1180 | 21 | | | 1102499 | 137794 |
| 80 | 1. 教育费附加收入 | 634277 | 1826 | 628 | 13 | | | 634277 | |
| 81 | 2. 文化事业建设费收入 | 2615 | 70 | 2 | | | | 2615 | |
| 82 | 3. 税务部门罚没收入 | 1653 | 112 | 131 | 8 | | | 1653 | |
| 83 | 4. 堤围费 | | | | | | | | |
| 84 | 5. 价格调节基金 | | | | | | | | |
| 85 | 6. 残疾人基金 | | | | | | | | |
| 86 | 7. 地方教育附加 | 422699 | 1219 | 419 | | | | 422699 | |
| 87 | 8. 交通建设附加 | | | | | | | | |
| 88 | 9. 社会保险基金收入 | | | | | | | | |
| 89 | 基本养老保险基金收入 | | | | | | | | |
| 90 | 失业保险基金收入 | | | | | | | | |
| 91 | 基本医疗保险基金收入 | | | | | | | | |
| 92 | 工伤保险基金收入 | | | | | | | | |
| 93 | 生育保险基金收入 | | | | | | | | |
| 94 | 10. 工会会费 | | | | | | | | |
| 95 | 11. 其他非税收入 | 179049 | 332 | | | | | 41255 | 137794 |

# 2016年珠海市地方税务局入库税金明细月报表

编报机关:珠海市地方税务局　　　　单位:万元

| 序号 | 项目 | 合计 | | | | 中央 | 省级 | 市级 | 县(区)级 |
|---|---|---|---|---|---|---|---|---|---|
| | | 合计 | 其中:本年新欠入库 | 2001年5月1日以后陈欠入库 | 2001年5月1日以前陈欠入库 | | | | |
| 1 | 总计 | 2943400 | 84844 | 5211 | | 785506 | 723560 | 724246 | 710088 |
| 2 | 一、税收收入合计 | 2716265 | 83872 | 4823 | | 785506 | 701344 | 636510 | 592905 |
| 3 | 1. 增值税 | 26102 | 32 | | | 11298 | 7402 | 3993 | 3409 |
| 4 | 2. 消费税收入 | | | | | | | | |
| 5 | 国内消费税 | | | | | | | | |
| 6 | 其中:成品油消费税 | | | | | | | | |
| 7 | 进口消费品消费税 | | | | | | | | |
| 8 | 其中:进口成品油消费税 | | | | | | | | |
| 9 | 3. 营业税 | 451888 | 4096 | 1915 | | 3037 | 259351 | 85022 | 104478 |
| 10 | 铁路运输企业营业税 | | | | | | | | |
| 11 | 金融保险业营业税 | 70269 | 2 | | | 231 | 69922 | 81 | 35 |
| 12 | 其他营业税 | 381619 | 4094 | 1915 | | 2806 | 189429 | 84941 | 104443 |
| 13 | 4. 企业所得税 | 888376 | 72921 | 886 | | 534587 | 177444 | 102826 | 73519 |
| 14 | (1)一般企业所得税 | 873797 | 72631 | 886 | | 524277 | 174770 | 101908 | 72842 |
| 15 | 内资企业 | 634089 | 72370 | 842 | | 380453 | 126818 | 82713 | 44105 |
| 16 | 外资企业 | 239708 | 261 | 44 | | 143824 | 47952 | 19195 | 28737 |
| 17 | (2)分支机构预缴所得税 | 1244 | 7 | | | 747 | 248 | 162 | 87 |
| 18 | 跨省 | 903 | | | | 542 | 180 | 123 | 58 |

续表

| 序号 | 项　　目 | 合　计 | | | | 中央 | 省级 | 市级 | 县(区)级 |
|---|---|---|---|---|---|---|---|---|---|
| | | 合　计 | 其中:本年新欠入库 | 2001年5月1日以后陈欠入库 | 2001年5月1日以前陈欠入库 | | | | |
| 19 | 内资企业 | 573 | | | | 344 | 114 | 74 | 41 |
| 20 | 外资企业 | 330 | | | | 198 | 66 | 49 | 17 |
| 21 | 省内跨市 | 341 | 7 | | | 205 | 68 | 39 | 29 |
| 22 | 内资企业 | 336 | 7 | | | 202 | 67 | 39 | 28 |
| 23 | 外资企业 | 5 | | | | 3 | 1 | | 1 |
| 24 | 市内跨县区 | | | | | | | | |
| 25 | 内资企业 | | | | | | | | |
| 26 | 外资企业 | | | | | | | | |
| 27 | (3)总机构预缴所得税 | 10592 | 1 | | | 7562 | 1769 | 710 | 551 |
| 28 | 跨省 | 6015 | | | | 4511 | 752 | 495 | 257 |
| 29 | 内资企业 | 3673 | | | | 2755 | 459 | 317 | 142 |
| 30 | 外资企业 | 2342 | | | | 1756 | 293 | 178 | 115 |
| 31 | 省内跨市 | 4577 | 1 | | | 3051 | 1017 | 215 | 294 |
| 32 | 内资企业 | 1224 | 1 | | | 816 | 272 | 103 | 33 |
| 33 | 外资企业 | 3353 | | | | 2235 | 745 | 112 | 261 |
| 34 | 市内跨县区 | | | | | | | | |
| 35 | 内资企业 | | | | | | | | |
| 36 | 外资企业 | | | | | | | | |

续表

| 序号 | 项　　目 | 合　计 | | | | 中央 | 省级 | 市级 | 县(区)级 |
|---|---|---|---|---|---|---|---|---|---|
| | | 合　计 | 其中:本年新欠入库 | 2001 年 5 月 1 日以后陈欠入库 | 2001 年 5 月 1 日以前陈欠入库 | | | | |
| 37 | (4)分支机构汇算清缴所得税 | 112 | | | | 67 | 23 | 17 | 5 |
| 38 | 跨省 | 109 | | | | 65 | 22 | 17 | 5 |
| 39 | 内资企业 | 109 | | | | 65 | 22 | 17 | 5 |
| 40 | 外资企业 | | | | | | | | |
| 41 | 省内跨市 | 3 | | | | 2 | 1 | | |
| 42 | 内资企业 | 3 | | | | 2 | 1 | | |
| 43 | 外资企业 | | | | | | | | |
| 44 | 市内跨县区 | | | | | | | | |
| 45 | 内资企业 | | | | | | | | |
| 46 | 外资企业 | | | | | | | | |
| 47 | (5)总机构汇算清缴所得税 | 528 | 252 | | | 371 | 94 | 29 | 34 |
| 48 | 跨省 | 239 | 16 | | | 179 | 30 | 21 | 9 |
| 49 | 内资企业 | 36 | 16 | | | 27 | 5 | 3 | 1 |
| 50 | 外资企业 | 203 | | | | 152 | 25 | 18 | 8 |
| 51 | 省内跨市 | 289 | 236 | | | 192 | 64 | 8 | 25 |
| 52 | 内资企业 | 20 | | | | 13 | 4 | 2 | 1 |
| 53 | 外资企业 | 269 | 236 | | | 179 | 60 | 6 | 24 |
| 54 | 市内跨县区 | | | | | | | | |
| 55 | 内资企业 | | | | | | | | |

续表

| 序号 | 项　目 | 合　计 | | | | 中央 | 省级 | 市级 | 县(区)级 |
|---|---|---|---|---|---|---|---|---|---|
| | | 合　计 | 其中:本年新欠入库 | 2001年5月1日以后陈欠入库 | 2001年5月1日以前陈欠入库 | | | | |
| 56 | 外资企业 | | | | | | | | |
| 57 | (6)企业所得税待分配收入 | 2103 | 30 | | | 1563 | 540 | | |
| 58 | 跨省 | 1563 | 4 | | | 1563 | | | |
| 59 | 内资企业 | 927 | 4 | | | 927 | | | |
| 60 | 外资企业 | 636 | | | | 636 | | | |
| 61 | 省内跨市 | 540 | 26 | | | | 540 | | |
| 62 | 内资企业 | 138 | | | | | 138 | | |
| 63 | 外资企业 | 402 | 26 | | | | 402 | | |
| 64 | 5. 个人所得税 | 394306 | 1031 | 429 | | 236584 | 78861 | 40905 | 37956 |
| 65 | 6. 资源税 | 30 | | | | | | 9 | 21 |
| 66 | 7. 固定资产投资方向调节税 | | | | | | | | |
| 67 | 8. 城市维护建设税 | 208945 | 906 | 299 | | | | 99238 | 109707 |
| 68 | 9. 房产税 | 93021 | 858 | 338 | | | | 48758 | 44263 |
| 69 | 10. 印花税 | 40786 | 114 | 16 | | | | 16851 | 23935 |
| 70 | 11. 城镇土地使用税 | 34242 | 667 | 397 | | | | 11488 | 22754 |
| 71 | 12. 土地增值税 | 356572 | 2750 | 543 | | | 178286 | 85547 | 92739 |
| 72 | 13. 车船税 | 19085 | 5 | | | | | 19085 | |
| 73 | 14. 车辆购置税 | | | | | | | | |
| 74 | 15. 烟叶税 | | | | | | | | |
| 75 | 16. 耕地占用税 | 11648 | 153 | | | | | 6460 | 5188 |

续表

| 序号 | 项　　目 | 合　计 | | | | 中央 | 省级 | 市级 | 县(区)级 |
|---|---|---|---|---|---|---|---|---|---|
| | | 合　计 | 其中:本年新欠入库 | 2001年5月1日以后陈欠入库 | 2001年5月1日以前陈欠入库 | | | | |
| 76 | 17. 契税 | 191264 | 339 | | | | | 116328 | 74936 |
| 77 | 18. 屠宰税 | | | | | | | | |
| 78 | 19. 其他税收 | | | | | | | | |
| 79 | 二、其他收入合计 | 227135 | 972 | 388 | | | 22216 | 87736 | 117183 |
| 80 | 1. 教育费附加收入 | 89119 | 399 | 110 | | | | 34881 | 54238 |
| 81 | 2. 文化事业建设费收入 | 237 | 2 | | | | 71 | 32 | 134 |
| 82 | 3. 税务部门罚没收入 | 83 | 1 | | | | | 29 | 54 |
| 83 | 4. 堤围费 | 13260 | 104 | 36 | | | | 5887 | 7373 |
| 84 | 5. 价格调节基金 | | | | | | | | |
| 85 | 6. 残疾人基金 | 16416 | | 64 | | | 2771 | 4673 | 8972 |
| 86 | 7. 地方教育附加 | 59394 | 268 | 50 | | | 19374 | 17091 | 22929 |
| 87 | 8. 交通建设附加 | | | | | | | | |
| 88 | 9. 社会保险基金收入 | | | | | | | | |
| 89 | 基本养老保险基金收入 | | | | | | | | |
| 90 | 失业保险基金收入 | | | | | | | | |
| 91 | 基本医疗保险基金收入 | | | | | | | | |
| 92 | 工伤保险基金收入 | | | | | | | | |
| 93 | 生育保险基金收入 | | | | | | | | |
| 94 | 10. 工会会费 | 48626 | 198 | 128 | | | | 25143 | 23483 |
| 95 | 11. 其他非税收入 | | | | | | | | |

# 2016 年汕头市地方税务局入库税金明细年报表

编报机关:汕头市地方税务局　　　　单位:万元

| 序号 | 项目 | 合计 | | | | 中央 | 省级 | 市级 | 县(区)级 |
|---|---|---|---|---|---|---|---|---|---|
| | | 合计 | 其中:本年新欠入库 | 2001 年 5 月 1 日以后陈欠入库 | 2001 年 5 月 1 日以前陈欠入库 | | | | |
| 1 | 总计 | 1166600 | 17091 | 11020 | | 276354 | 251153 | 288157 | 350936 |
| 2 | 一、税收收入合计 | 1073708 | 15511 | 9186 | | 276354 | 242860 | 255242 | 299252 |
| 3 | 1. 增值税 | 3695 | | | | 1789 | 953 | 434 | 519 |
| 4 | 2. 消费税收入 | | | | | | | | |
| 5 | 国内消费税 | | | | | | | | |
| 6 | 其中:成品油消费税 | | | | | | | | |
| 7 | 进口消费品消费税 | | | | | | | | |
| 8 | 其中:进口成品油消费税 | | | | | | | | |
| 9 | 3. 营业税 | 168801 | 3025 | 853 | | 1261 | 100534 | 26259 | 40747 |
| 10 | 铁路运输企业营业税 | | | | | | | | |
| 11 | 金融保险业营业税 | 31964 | | | | -782 | 33137 | -58 | -333 |
| 12 | 其他营业税 | 136837 | 3025 | 853 | | 2043 | 67397 | 26317 | 41080 |
| 13 | 4. 企业所得税 | 285748 | 6297 | 1320 | | 173498 | 56140 | 19942 | 36168 |
| 14 | (1)一般企业所得税 | 274905 | 6297 | 1320 | | 164943 | 54981 | 19334 | 35647 |
| 15 | 内资企业 | 256228 | 6296 | 1320 | | 153737 | 51246 | 17418 | 33827 |
| 16 | 外资企业 | 18677 | 1 | | | 11206 | 3735 | 1916 | 1820 |
| 17 | (2)分支机构预缴所得税 | 427 | | | | 256 | 86 | 51 | 34 |
| 18 | 跨省 | 242 | | | | 145 | 49 | 29 | 19 |

续表

| 序号 | 项目 | 合计 | | | | 中央 | 省级 | 市级 | 县(区)级 |
|---|---|---|---|---|---|---|---|---|---|
| | | 合计 | 其中:本年新欠入库 | 2001年5月1日以后陈欠入库 | 2001年5月1日以前陈欠入库 | | | | |
| 19 | 内资企业 | 242 | | | | 145 | 49 | 29 | 19 |
| 20 | 外资企业 | | | | | | | | |
| 21 | 省内跨市 | 185 | | | | 111 | 37 | 22 | 15 |
| 22 | 内资企业 | 184 | | | | 110 | 37 | 22 | 15 |
| 23 | 外资企业 | 1 | | | | 1 | | | |
| 24 | 市内跨县区 | | | | | | | | |
| 25 | 内资企业 | | | | | | | | |
| 26 | 外资企业 | | | | | | | | |
| 27 | (3)总机构预缴所得税 | 6927 | | | | 5185 | 878 | 478 | 386 |
| 28 | 跨省 | 6806 | | | | 5104 | 851 | 471 | 380 |
| 29 | 内资企业 | 6806 | | | | 5104 | 851 | 471 | 380 |
| 30 | 外资企业 | | | | | | | | |
| 31 | 省内跨市 | 121 | | | | 81 | 27 | 7 | 6 |
| 32 | 内资企业 | 121 | | | | 81 | 27 | 7 | 6 |
| 33 | 外资企业 | | | | | | | | |
| 34 | 市内跨县区 | | | | | | | | |
| 35 | 内资企业 | | | | | | | | |
| 36 | 外资企业 | | | | | | | | |

续表

| 序号 | 项 目 | 合计 | | | | 中央 | 省级 | 市级 | 县(区)级 |
|---|---|---|---|---|---|---|---|---|---|
| | | 合 计 | 其中:本年新欠入库 | 2001 年 5 月 1 日以后陈欠入库 | 2001 年 5 月 1 日以前陈欠入库 | | | | |
| 37 | (4)分支机构汇算清缴所得税 | 38 | | | | 23 | 8 | 4 | 3 |
| 38 | 跨省 | 10 | | | | 6 | 2 | 1 | 1 |
| 39 | 内资企业 | 10 | | | | 6 | 2 | 1 | 1 |
| 40 | 外资企业 | | | | | | | | |
| 41 | 省内跨市 | 28 | | | | 17 | 6 | 3 | 2 |
| 42 | 内资企业 | 27 | | | | 16 | 6 | 3 | 2 |
| 43 | 外资企业 | 1 | | | | 1 | | | |
| 44 | 市内跨县区 | | | | | | | | |
| 45 | 内资企业 | | | | | | | | |
| 46 | 外资企业 | | | | | | | | |
| 47 | (5)总机构汇算清缴所得税 | 1389 | | | | 1042 | 174 | 75 | 98 |
| 48 | 跨省 | 1389 | | | | 1042 | 174 | 75 | 98 |
| 49 | 内资企业 | 1389 | | | | 1042 | 174 | 75 | 98 |
| 50 | 外资企业 | | | | | | | | |
| 51 | 省内跨市 | | | | | | | | |
| 52 | 内资企业 | | | | | | | | |
| 53 | 外资企业 | | | | | | | | |
| 54 | 市内跨县区 | | | | | | | | |
| 55 | 内资企业 | | | | | | | | |

续表

| 序号 | 项　　目 | 合　计 | | | | 中央 | 省级 | 市级 | 县(区)级 |
|---|---|---|---|---|---|---|---|---|---|
| | | 合　计 | 其中:本年新欠入库 | 2001年5月1日以后陈欠入库 | 2001年5月1日以前陈欠入库 | | | | |
| 56 | 外资企业 | | | | | | | | |
| 57 | (6)企业所得税待分配收入 | 2062 | | | | 2049 | 13 | | |
| 58 | 跨省 | 2049 | | | | 2049 | | | |
| 59 | 内资企业 | 2049 | | | | 2049 | | | |
| 60 | 外资企业 | | | | | | | | |
| 61 | 省内跨市 | 13 | | | | | 13 | | |
| 62 | 内资企业 | 13 | | | | | 13 | | |
| 63 | 外资企业 | | | | | | | | |
| 64 | 5. 个人所得税 | 166344 | 905 | 1242 | | 99806 | 33269 | 15607 | 17662 |
| 65 | 6. 资源税 | 4677 | 14 | 31 | | | | 17 | 4660 |
| 66 | 7. 固定资产投资方向调节税 | | | | | | | | |
| 67 | 8. 城市维护建设税 | 84675 | 1518 | 3207 | | | | 26791 | 57884 |
| 68 | 9. 房产税 | 58466 | 414 | 600 | | | | 18525 | 39941 |
| 69 | 10. 印花税 | 19893 | 221 | 60 | | | | 209 | 19684 |
| 70 | 11. 城镇土地使用税 | 49412 | 1075 | 1793 | | | | 23370 | 26042 |
| 71 | 12. 土地增值税 | 103929 | 1474 | 79 | | | 51964 | 22816 | 29149 |
| 72 | 13. 车船税 | 20984 | 3 | | | | | 13218 | 7766 |
| 73 | 14. 车辆购置税 | | | | | | | | |
| 74 | 15. 烟叶税 | | | | | | | | |
| 75 | 16. 耕地占用税 | 8013 | 528 | | | | | 578 | 7435 |

续表

| 序号 | 项　目 | 合　计 | | | | 中央 | 省级 | 市级 | 县(区)级 |
|---|---|---|---|---|---|---|---|---|---|
| | | 合　计 | 其中:本年新欠入库 | 2001 年 5 月 1 日以后陈欠入库 | 2001 年 5 月 1 日以前陈欠入库 | | | | |
| 76 | 17. 契税 | 99071 | 37 | 1 | | | | 87476 | 11595 |
| 77 | 18. 屠宰税 | | | | | | | | |
| 78 | 19. 其他税收 | | | | | | | | |
| 79 | 二、其他收入合计 | 92892 | 1580 | 1834 | | | 8293 | 32915 | 51684 |
| 80 | 1. 教育费附加收入 | 33140 | 852 | 1413 | | | | 11402 | 21738 |
| 81 | 2. 文化事业建设费收入 | 167 | 17 | 1 | | | 51 | 87 | 29 |
| 82 | 3. 税务部门罚没收入 | 84 | 1 | | | | | 77 | 7 |
| 83 | 4. 堤围费 | 19156 | 282 | 254 | | | | 11529 | 7627 |
| 84 | 5. 价格调节基金 | 922 | 3 | 1 | | | | 793 | 129 |
| 85 | 6. 残疾人基金 | 4808 | 2 | | | | 733 | 4075 | |
| 86 | 7. 地方教育附加 | 22119 | 407 | 162 | | | 7509 | 4918 | 9692 |
| 87 | 8. 交通建设附加 | | | | | | | | |
| 88 | 9. 社会保险基金收入 | | | | | | | | |
| 89 | 基本养老保险基金收入 | | | | | | | | |
| 90 | 失业保险基金收入 | | | | | | | | |
| 91 | 基本医疗保险基金收入 | | | | | | | | |
| 92 | 工伤保险基金收入 | | | | | | | | |
| 93 | 生育保险基金收入 | | | | | | | | |
| 94 | 10. 工会会费 | 12496 | 16 | 3 | | | | 34 | 12462 |
| 95 | 11. 其他非税收入 | | | | | | | | |

# 2016 年佛山市地方税务局入库税金明细年报表

编报机关:佛山市地方税务局　　　　单位:万元

| 序号 | 项　目 | 合计 | | | | 中央 | 省级 | 市级 | 县(区)级 |
|---|---|---|---|---|---|---|---|---|---|
| | | 合　计 | 其中:本年新欠入库 | 2001 年 5 月 1 日以后陈欠入库 | 2001 年 5 月 1 日以前陈欠入库 | | | | |
| 1 | 总　计 | 3719050 | 64058 | 22487 | | 675942 | 861948 | 107962 | 2073198 |
| 2 | 一、税收收入合计 | 3407678 | 61854 | 21890 | | 675941 | 829613 | 103942 | 1798182 |
| 3 | 1. 增值税 | 27917 | 17 | | | 13194 | 7362 | 458 | 6903 |
| 4 | 2. 消费税收入 | | | | | | | | |
| 5 | 国内消费税 | | | | | | | | |
| 6 | 其中:成品油消费税 | | | | | | | | |
| 7 | 进口消费品消费税 | | | | | | | | |
| 8 | 其中:进口成品油消费税 | | | 143 | | | | | |
| 9 | 3. 营业税 | 634223 | 16823 | 7082 | | -5076 | 377501 | 1708 | 260090 |
| 10 | 铁路运输企业营业税 | | | | | | | | |
| 11 | 金融保险业营业税 | 96940 | 1455 | | | -9270 | 110844 | -1497 | -3137 |
| 12 | 其他营业税 | 537283 | 15368 | 7082 | | 4194 | 266657 | 3205 | 263227 |
| 13 | 4. 企业所得税 | 604874 | 17378 | 803 | | 363443 | 120834 | 11625 | 108972 |
| 14 | (1)一般企业所得税 | 600032 | 17368 | 803 | | 360018 | 120007 | 11529 | 108478 |
| 15 | 内资企业 | 570828 | 17368 | 803 | | 342497 | 114165 | 8991 | 105175 |
| 16 | 外资企业 | 29204 | | | | 17521 | 5842 | 2538 | 3303 |
| 17 | (2)分支机构预缴所得税 | 1009 | 8 | | | 605 | 202 | 39 | 163 |
| 18 | 跨省 | 387 | 1 | | | 232 | 78 | 20 | 57 |

续表

| 序号 | 项　　目 | 合　　计 | | | | 中央 | 省级 | 市级 | 县(区)级 |
|---|---|---|---|---|---|---|---|---|---|
| | | 合　计 | 其中:本年新欠入库 | 2001年5月1日以后陈欠入库 | 2001年5月1日以前陈欠入库 | | | | |
| 19 | 内资企业 | 387 | 1 | | | 232 | 78 | 20 | 57 |
| 20 | 外资企业 | | | | | | | | |
| 21 | 省内跨市 | 622 | 7 | | | 373 | 124 | 19 | 106 |
| 22 | 内资企业 | 613 | 7 | | | 368 | 122 | 18 | 105 |
| 23 | 外资企业 | 9 | | | | 5 | 2 | 1 | 1 |
| 24 | 市内跨县区 | | | | | | | | |
| 25 | 内资企业 | | | | | | | | |
| 26 | 外资企业 | | | | | | | | |
| 27 | (3)总机构预缴所得税 | 3141 | 2 | | | 2266 | 497 | 56 | 322 |
| 28 | 跨省 | 2079 | | | | 1559 | 260 | 9 | 251 |
| 29 | 内资企业 | 2079 | | | | 1559 | 260 | 9 | 251 |
| 30 | 外资企业 | | | | | | | | |
| 31 | 省内跨市 | 1062 | 2 | | | 707 | 237 | 47 | 71 |
| 32 | 内资企业 | 1062 | 2 | | | 707 | 237 | 47 | 71 |
| 33 | 外资企业 | | | | | | | | |
| 34 | 市内跨县区 | | | | | | | | |
| 35 | 内资企业 | | | | | | | | |
| 36 | 外资企业 | | | | | | | | |

续表

| 序号 | 项　　目 | 合　计 | | | | 中央 | 省级 | 市级 | 县(区)级 |
|---|---|---|---|---|---|---|---|---|---|
| | | 合　计 | 其中:本年新欠入库 | 2001 年 5 月 1 日以后陈欠入库 | 2001 年 5 月 1 日以前陈欠入库 | | | | |
| 37 | (4)分支机构汇算清缴所得税 | 51 | | | | 31 | 10 | 1 | 9 |
| 38 | 跨省 | 20 | | | | 13 | 3 | 1 | 3 |
| 39 | 内资企业 | 20 | | | | 13 | 3 | 1 | 3 |
| 40 | 外资企业 | | | | | | | | |
| 41 | 省内跨市 | 31 | | | | 18 | 7 | | 6 |
| 42 | 内资企业 | 31 | | | | 18 | 7 | | 6 |
| 43 | 外资企业 | | | | | | | | |
| 44 | 市内跨县区 | | | | | | | | |
| 45 | 内资企业 | | | | | | | | |
| 46 | 外资企业 | | | | | | | | |
| 47 | (5)总机构汇算清缴所得税 | 3 | | | | 3 | | | |
| 48 | 跨省 | 2 | | | | 2 | | | |
| 49 | 内资企业 | 2 | | | | 2 | | | |
| 50 | 外资企业 | | | | | | | | |
| 51 | 省内跨市 | 1 | | | | 1 | | | |
| 52 | 内资企业 | 1 | | | | 1 | | | |
| 53 | 外资企业 | | | | | | | | |
| 54 | 市内跨县区 | | | | | | | | |
| 55 | 内资企业 | | | | | | | | |

续表

| 序号 | 项目 | 合计 | | | | 中央 | 省级 | 市级 | 县(区)级 |
|---|---|---|---|---|---|---|---|---|---|
| | | 合计 | 其中:本年新欠入库 | 2001年5月1日以后陈欠入库 | 2001年5月1日以前陈欠入库 | | | | |
| 56 | 外资企业 | | | | | | | | |
| 57 | (6)企业所得税待分配收入 | 638 | | | | 520 | 118 | | |
| 58 | 跨省 | 520 | | | | 520 | | | |
| 59 | 内资企业 | 520 | | | | 520 | | | |
| 60 | 外资企业 | | | | | | | | |
| 61 | 省内跨市 | 118 | | | | | 118 | | |
| 62 | 内资企业 | 118 | | | | | 118 | | |
| 63 | 外资企业 | | | | | | | | |
| 64 | 5. 个人所得税 | 507299 | 1405 | 611 | | 304380 | 101460 | 18514 | 82945 |
| 65 | 6. 资源税 | 361 | 7 | | | | | | 361 |
| 66 | 7. 固定资产投资方向调节税 | | | | | | | | |
| 67 | 8. 城市维护建设税 | 285363 | 2325 | 584 | | | | 15598 | 269765 |
| 68 | 9. 房产税 | 145746 | 2748 | 430 | | | | 17514 | 128232 |
| 69 | 10. 印花税 | 62021 | 400 | 33 | | | | 8260 | 53761 |
| 70 | 11. 城镇土地使用税 | 101110 | 2266 | 2428 | | | | 3200 | 97910 |
| 71 | 12. 土地增值税 | 444909 | 10390 | 9796 | | | 222456 | 11149 | 211304 |
| 72 | 13. 车船税 | 60506 | 2 | | | | | 2184 | 58322 |
| 73 | 14. 车辆购置税 | | | | | | | | |
| 74 | 15. 烟叶税 | | | | | | | | |
| 75 | 16. 耕地占用税 | 40530 | 670 | | | | | 2553 | 37977 |

续表

| 序号 | 项　目 | 合　计 | | | | 中央 | 省级 | 市级 | 县(区)级 |
|---|---|---|---|---|---|---|---|---|---|
| | | 合　计 | 其中:本年新欠入库 | 2001年5月1日以后陈欠入库 | 2001年5月1日以前陈欠入库 | | | | |
| 76 | 17. 契税 | 492819 | 7423 | 123 | | | | 11179 | 481640 |
| 77 | 18. 屠宰税 | | | | | | | | |
| 78 | 19. 其他税收 | | | | | | | | |
| 79 | 二、其他收入合计 | 311372 | 2204 | 597 | | 1 | 32335 | 4020 | 275016 |
| 80 | 1. 教育费附加收入 | 121217 | 991 | 257 | | | | 867 | 120350 |
| 81 | 2. 文化事业建设费收入 | 434 | 4 | 1 | | 1 | 130 | | 303 |
| 82 | 3. 税务部门罚没收入 | 64 | 2 | | | | | | 64 |
| 83 | 4. 堤围费 | 22877 | 305 | 143 | | | | | 22877 |
| 84 | 5. 价格调节基金 | 3644 | | | | | | 1094 | 2550 |
| 85 | 6. 残疾人基金 | 39603 | | | | | 6087 | 1684 | 31832 |
| 86 | 7. 地方教育附加 | 80420 | 665 | 170 | | | 26118 | 375 | 53927 |
| 87 | 8. 交通建设附加 | | | | | | | | |
| 88 | 9. 社会保险基金收入 | | | | | | | | |
| 89 | 基本养老保险基金收入 | | | | | | | | |
| 90 | 失业保险基金收入 | | | | | | | | |
| 91 | 基本医疗保险基金收入 | | | | | | | | |
| 92 | 工伤保险基金收入 | | | | | | | | |
| 93 | 生育保险基金收入 | | | | | | | | |
| 94 | 10. 工会会费 | 43113 | 237 | 26 | | | | | 43113 |
| 95 | 11. 其他非税收入 | | | | | | | | |

# 2016 年韶关市地方税务局入库税金明细年报表

编报机关:韶关市地方税务局　　　　单位:万元

| 序号 | 项　目 | 合计 | | | | 中央 | 省级 | 市级 | 县(区)级 |
|---|---|---|---|---|---|---|---|---|---|
| | | 合　计 | 其中:本年新欠入库 | 2001 年 5 月 1 日以后陈欠入库 | 2001 年 5 月 1 日以前陈欠入库 | | | | |
| 1 | 总　计 | 614682 | 10435 | 2022 | | 88723 | 113125 | 155625 | 257209 |
| 2 | 一、税收收入合计 | 544165 | 9965 | 1907 | | 88723 | 106707 | 124313 | 224422 |
| 3 | 1. 增值税 | 2740 | | | | 1281 | 731 | 113 | 615 |
| 4 | 2. 消费税收入 | | | | | | | | |
| 5 | 国内消费税 | | | | | | | | |
| 6 | 其中:成品油消费税 | | | | | | | | |
| 7 | 进口消费品消费税 | | | | | | | | |
| 8 | 其中:进口成品油消费税 | | | | | | | | |
| 9 | 3. 营业税 | 99541 | 3329 | 892 | | 2109 | 56004 | 10924 | 30504 |
| 10 | 铁路运输企业营业税 | | | | | | | | |
| 11 | 金融保险业营业税 | 13509 | | | | -534 | 14310 | -87 | -180 |
| 12 | 其他营业税 | 86032 | 3329 | 892 | | 2643 | 41694 | 11011 | 30684 |
| 13 | 4. 企业所得税 | 55057 | 1122 | 224 | | 35882 | 9734 | 2489 | 6952 |
| 14 | (1)一般企业所得税 | 52848 | 1122 | 224 | | 34385 | 9372 | 2349 | 6742 |
| 15 | 内资企业 | 52365 | 1121 | 224 | | 34093 | 9277 | 2349 | 6646 |
| 16 | 外资企业 | 483 | 1 | | | 292 | 95 | | 96 |
| 17 | (2)分支机构预缴所得税 | 1232 | | | | 741 | 246 | 54 | 191 |
| 18 | 跨省 | 518 | | | | 311 | 104 | | 103 |

续表

| 序号 | 项　　目 | 合　　计 | | | | 中央 | 省级 | 市级 | 县(区)级 |
|---|---|---|---|---|---|---|---|---|---|
| | | 合　计 | 其中:本年新欠入库 | 2001 年 5 月 1 日以后陈欠入库 | 2001 年 5 月 1 日以前陈欠入库 | | | | |
| 19 | 内资企业 | 518 | | | | 311 | 104 | | 103 |
| 20 | 外资企业 | | | | | | | | |
| 21 | 省内跨市 | 714 | | | | 430 | 142 | 54 | 88 |
| 22 | 内资企业 | 667 | | | | 402 | 133 | 49 | 83 |
| 23 | 外资企业 | 47 | | | | 28 | 9 | 5 | 5 |
| 24 | 市内跨县区 | | | | | | | | |
| 25 | 内资企业 | | | | | | | | |
| 26 | 外资企业 | | | | | | | | |
| 27 | (3)总机构预缴所得税 | 241 | | | | 177 | 35 | 26 | 3 |
| 28 | 跨省 | 204 | | | | 153 | 26 | 24 | 1 |
| 29 | 内资企业 | 204 | | | | 153 | 26 | 24 | 1 |
| 30 | 外资企业 | | | | | | | | |
| 31 | 省内跨市 | 37 | | | | 24 | 9 | 2 | 2 |
| 32 | 内资企业 | 37 | | | | 24 | 9 | 2 | 2 |
| 33 | 外资企业 | | | | | | | | |
| 34 | 市内跨县区 | | | | | | | | |
| 35 | 内资企业 | | | | | | | | |
| 36 | 外资企业 | | | | | | | | |

续表

| 序号 | 项目 | 合计 | | | | 中央 | 省级 | 市级 | 县(区)级 |
|---|---|---|---|---|---|---|---|---|---|
| | | 合计 | 其中:本年新欠入库 | 2001年5月1日以后陈欠入库 | 2001年5月1日以前陈欠入库 | | | | |
| 37 | (4)分支机构汇算清缴所得税 | 83 | | | | 50 | 16 | 1 | 16 |
| 38 | 跨省 | 1 | | | | 1 | | | |
| 39 | 内资企业 | 1 | | | | 1 | | | |
| 40 | 外资企业 | | | | | | | | |
| 41 | 省内跨市 | 82 | | | | 49 | 16 | 1 | 16 |
| 42 | 内资企业 | 75 | | | | 45 | 15 | | 15 |
| 43 | 外资企业 | 7 | | | | 4 | 1 | 1 | 1 |
| 44 | 市内跨县区 | | | | | | | | |
| 45 | 内资企业 | | | | | | | | |
| 46 | 外资企业 | | | | | | | | |
| 47 | (5)总机构汇算清缴所得税 | 478 | | | | 359 | 60 | 59 | |
| 48 | 跨省 | 477 | | | | 358 | 60 | 59 | |
| 49 | 内资企业 | 477 | | | | 358 | 60 | 59 | |
| 50 | 外资企业 | | | | | | | | |
| 51 | 省内跨市 | 1 | | | | 1 | | | |
| 52 | 内资企业 | 1 | | | | 1 | | | |
| 53 | 外资企业 | | | | | | | | |
| 54 | 市内跨县区 | | | | | | | | |
| 55 | 内资企业 | | | | | | | | |

续表

| 序号 | 项　目 | 合　计 | | | | 中央 | 省级 | 市级 | 县(区)级 |
|---|---|---|---|---|---|---|---|---|---|
| | | 合　计 | 其中:本年新欠入库 | 2001年5月1日以后陈欠入库 | 2001年5月1日以前陈欠入库 | | | | |
| 56 | 外资企业 | | | | | | | | |
| 57 | (6)企业所得税待分配收入 | 175 | | | | 170 | 5 | | |
| 58 | 跨省 | 170 | | | | 170 | | | |
| 59 | 内资企业 | 170 | | | | 170 | | | |
| 60 | 外资企业 | | | | | | | | |
| 61 | 省内跨市 | 5 | | | | | 5 | | |
| 62 | 内资企业 | 5 | | | | | 5 | | |
| 63 | 外资企业 | | | | | | | | |
| 64 | 5. 个人所得税 | 82418 | 326 | 37 | | 49451 | 16483 | 5930 | 10554 |
| 65 | 6. 资源税 | 9976 | 282 | 88 | | | | 634 | 9342 |
| 66 | 7. 固定资产投资方向调节税 | | | | | | | | |
| 67 | 8. 城市维护建设税 | 62595 | 502 | 115 | | | | 36509 | 26086 |
| 68 | 9. 房产税 | 28924 | 423 | 45 | | | | 9585 | 19339 |
| 69 | 10. 印花税 | 8673 | 84 | 13 | | | | 2958 | 5715 |
| 70 | 11. 城镇土地使用税 | 40892 | 1272 | 117 | | | | 13408 | 27484 |
| 71 | 12. 土地增值税 | 47506 | 2586 | 358 | | | 23755 | 11096 | 12655 |
| 72 | 13. 车船税 | 9149 | 9 | 9 | | | | 5030 | 4119 |
| 73 | 14. 车辆购置税 | | | | | | | | |
| 74 | 15. 烟叶税 | 10323 | | | | | | | 10323 |
| 75 | 16. 耕地占用税 | 49341 | | | | | | 10092 | 39249 |

续表

| 序号 | 项目 | 合计 | | | | 中央 | 省级 | 市级 | 县(区)级 |
|---|---|---|---|---|---|---|---|---|---|
| | | 合计 | 其中:本年新欠入库 | 2001年5月1日以后陈欠入库 | 2001年5月1日以前陈欠入库 | | | | |
| 76 | 17. 契税 | 37030 | 30 | 9 | | | | 15545 | 21485 |
| 77 | 18. 屠宰税 | | | | | | | | |
| 78 | 19. 其他税收 | | | | | | | | |
| 79 | 二、其他收入合计 | 70517 | 470 | 115 | | | 6418 | 31312 | 32787 |
| 80 | 1. 教育费附加收入 | 28594 | 191 | 48 | | | | 17700 | 10894 |
| 81 | 2. 文化事业建设费收入 | 51 | 2 | 4 | | | 15 | 26 | 10 |
| 82 | 3. 税务部门罚没收入 | 8 | | | | | | 3 | 5 |
| 83 | 4. 堤围费 | 9555 | 111 | 27 | | | | 3703 | 5852 |
| 84 | 5. 价格调节基金 | 839 | 4 | | | | | 497 | 342 |
| 85 | 6. 残疾人基金 | 2705 | | | | | 414 | 1623 | 668 |
| 86 | 7. 地方教育附加 | 19044 | 132 | 34 | | | 5989 | 7131 | 5924 |
| 87 | 8. 交通建设附加 | | | | | | | | |
| 88 | 9. 社会保险基金收入 | | | | | | | | |
| 89 | 基本养老保险基金收入 | | | | | | | | |
| 90 | 失业保险基金收入 | | | | | | | | |
| 91 | 基本医疗保险基金收入 | | | | | | | | |
| 92 | 工伤保险基金收入 | | | | | | | | |
| 93 | 生育保险基金收入 | | | | | | | | |
| 94 | 10. 工会会费 | 9721 | 30 | 2 | | | | 629 | 9092 |
| 95 | 11. 其他非税收入 | | | | | | | | |

# 2016年河源市地方税务局入库税金明细年报表

编报机关:河源市地方税务局　　　　单位:万元

| 序号 | 项　　目 | 合　计 | | | | 中央 | 省级 | 市级 | 县(区)级 |
|---|---|---|---|---|---|---|---|---|---|
| | | 合　计 | 其中:本年新欠入库 | 2001年5月1日以后陈欠入库 | 2001年5月1日以前陈欠入库 | | | | |
| 1 | 总　　计 | 564731 | 13937 | 3398 | | 69169 | 117158 | 101855 | 276549 |
| 2 | 一、税收收入合计 | 524195 | 13282 | 3211 | | 69169 | 113117 | 91130 | 250779 |
| 3 | 1. 增值税 | 7541 | | | | 3521 | 2010 | 644 | 1366 |
| 4 | 2. 消费税收入 | | | | | | | | |
| 5 | 国内消费税 | | | | | | | | |
| 6 | 其中:成品油消费税 | | | | | | | | |
| 7 | 进口消费品消费税 | | | | | | | | |
| 8 | 其中:进口成品油消费税 | | | | | | | | |
| 9 | 3. 营业税 | 115991 | 5967 | 1025 | | 5006 | 65329 | 14524 | 31132 |
| 10 | 铁路运输企业营业税 | | | | | | | | |
| 11 | 金融保险业营业税 | 19533 | 31 | | | -70 | 19638 | | -35 |
| 12 | 其他营业税 | 96458 | 5936 | 1025 | | 5076 | 45691 | 14524 | 31167 |
| 13 | 4. 企业所得税 | 48207 | 3099 | 143 | | 28926 | 11965 | 2464 | 4852 |
| 14 | (1)一般企业所得税 | 48069 | 3098 | 143 | | 28842 | 11937 | 2455 | 4835 |
| 15 | 内资企业 | 48147 | 3098 | 143 | | 28889 | 11953 | 2466 | 4839 |
| 16 | 外资企业 | -78 | | | | -47 | -16 | -11 | -4 |
| 17 | (2)分支机构预缴所得税 | 117 | | | | 70 | 23 | 8 | 16 |
| 18 | 跨省 | 5 | | | | 3 | 1 | | 1 |

续表

| 序号 | 项目 | 合计 | | | | 中央 | 省级 | 市级 | 县(区)级 |
|---|---|---|---|---|---|---|---|---|---|
| | | 合计 | 其中:本年新欠入库 | 2001年5月1日以后陈欠入库 | 2001年5月1日以前陈欠入库 | | | | |
| 19 | 内资企业 | 5 | | | | 3 | 1 | | 1 |
| 20 | 外资企业 | | | | | | | | |
| 21 | 省内跨市 | 112 | | | | 67 | 22 | 8 | 15 |
| 22 | 内资企业 | 112 | | | | 67 | 22 | 8 | 15 |
| 23 | 外资企业 | | | | | | | | |
| 24 | 市内跨县区 | | | | | | | | |
| 25 | 内资企业 | | | | | | | | |
| 26 | 外资企业 | | | | | | | | |
| 27 | (3)总机构预缴所得税 | 13 | | | | 9 | 3 | | 1 |
| 28 | 跨省 | 6 | | | | 4 | 1 | | 1 |
| 29 | 内资企业 | 6 | | | | 4 | 1 | | 1 |
| 30 | 外资企业 | | | | | | | | |
| 31 | 省内跨市 | 7 | | | | 5 | 2 | | |
| 32 | 内资企业 | 7 | | | | 5 | 2 | | |
| 33 | 外资企业 | | | | | | | | |
| 34 | 市内跨县区 | | | | | | | | |
| 35 | 内资企业 | | | | | | | | |
| 36 | 外资企业 | | | | | | | | |

续表

| 序号 | 项　目 | 合　计 | | | | 中央 | 省级 | 市级 | 县(区)级 |
|---|---|---|---|---|---|---|---|---|---|
| | | 合　计 | 其中:本年新欠入库 | 2001 年 5 月 1 日以后陈欠入库 | 2001 年 5 月 1 日以前陈欠入库 | | | | |
| 37 | (4)分支机构汇算清缴所得税 | 6 | 1 | | | 4 | 1 | 1 | |
| 38 | 跨省 | 1 | | | | 1 | | | |
| 39 | 内资企业 | 1 | | | | 1 | | | |
| 40 | 外资企业 | | | | | | | | |
| 41 | 省内跨市 | 5 | 1 | | | 3 | 1 | 1 | |
| 42 | 内资企业 | 5 | 1 | | | 3 | 1 | 1 | |
| 43 | 外资企业 | | | | | | | | |
| 44 | 市内跨县区 | | | | | | | | |
| 45 | 内资企业 | | | | | | | | |
| 46 | 外资企业 | | | | | | | | |
| 47 | (5)总机构汇算清缴所得税 | | | | | | | | |
| 48 | 跨省 | | | | | | | | |
| 49 | 内资企业 | | | | | | | | |
| 50 | 外资企业 | | | | | | | | |
| 51 | 省内跨市 | | | | | | | | |
| 52 | 内资企业 | | | | | | | | |
| 53 | 外资企业 | | | | | | | | |
| 54 | 市内跨县区 | | | | | | | | |
| 55 | 内资企业 | | | | | | | | |

续表

| 序号 | 项　　目 | 合　　计 | | | | 中央 | 省级 | 市级 | 县(区)级 |
|---|---|---|---|---|---|---|---|---|---|
| | | 合　计 | 其中:本年新欠入库 | 2001年5月1日以后陈欠入库 | 2001年5月1日以前陈欠入库 | | | | |
| 56 | 外资企业 | | | | | | | | |
| 57 | (6)企业所得税待分配收入 | 2 | | | | 1 | 1 | | |
| 58 | 跨省 | 1 | | | | 1 | | | |
| 59 | 内资企业 | 1 | | | | 1 | | | |
| 60 | 外资企业 | | | | | | | | |
| 61 | 省内跨市 | 1 | | | | | 1 | | |
| 62 | 内资企业 | 1 | | | | | 1 | | |
| 63 | 外资企业 | | | | | | | | |
| 64 | 5. 个人所得税 | 52860 | 188 | 18 | | 31716 | 10572 | 3812 | 6760 |
| 65 | 6. 资源税 | 11737 | 55 | 22 | | | | 317 | 11420 |
| 66 | 7. 固定资产投资方向调节税 | | | | | | | | |
| 67 | 8. 城市维护建设税 | 33064 | 716 | 122 | | | | 10184 | 22880 |
| 68 | 9. 房产税 | 19096 | 219 | 19 | | | | 6620 | 12476 |
| 69 | 10. 印花税 | 8130 | 181 | 21 | | | | 1933 | 6197 |
| 70 | 11. 城镇土地使用税 | 24487 | 755 | 12 | | | | 6346 | 18141 |
| 71 | 12. 土地增值税 | 46483 | 1909 | 308 | | | 23241 | 7958 | 15284 |
| 72 | 13. 车船税 | 7483 | 5 | | | | | 3177 | 4306 |
| 73 | 14. 车辆购置税 | | | | | | | | |
| 74 | 15. 烟叶税 | | | | | | | | |
| 75 | 16. 耕地占用税 | 95876 | | 1515 | | | | 14634 | 81242 |

续表

| 序号 | 项目 | 合计 | | | | 中央 | 省级 | 市级 | 县(区)级 |
|---|---|---|---|---|---|---|---|---|---|
| | | 合计 | 其中:本年新欠入库 | 2001年5月1日以后陈欠入库 | 2001年5月1日以前陈欠入库 | | | | |
| 76 | 17. 契税 | 53240 | 188 | 6 | | | | 18517 | 34723 |
| 77 | 18. 屠宰税 | | | | | | | | |
| 78 | 19. 其他税收 | | | | | | | | |
| 79 | 二、其他收入合计 | 40536 | 655 | 187 | | | 4041 | 10725 | 25770 |
| 80 | 1. 教育费附加收入 | 16044 | 285 | 79 | | | | 5457 | 10587 |
| 81 | 2. 文化事业建设费收入 | 57 | 1 | 3 | | | 17 | 23 | 17 |
| 82 | 3. 税务部门罚没收入 | 31 | | | | | | 16 | 15 |
| 83 | 4. 堤围费 | 5699 | 156 | 27 | | | | 2149 | 3550 |
| 84 | 5. 价格调节基金 | 76 | 11 | | | | | 16 | 60 |
| 85 | 6. 残疾人基金 | 2373 | | 26 | | | 439 | 672 | 1262 |
| 86 | 7. 地方教育附加 | 10680 | 185 | 50 | | | 3585 | 2392 | 4703 |
| 87 | 8. 交通建设附加 | | | | | | | | |
| 88 | 9. 社会保险基金收入 | | | | | | | | |
| 89 | 基本养老保险基金收入 | | | | | | | | |
| 90 | 失业保险基金收入 | | | | | | | | |
| 91 | 基本医疗保险基金收入 | | | | | | | | |
| 92 | 工伤保险基金收入 | | | | | | | | |
| 93 | 生育保险基金收入 | | | | | | | | |
| 94 | 10. 工会会费 | 5576 | 17 | 2 | | | | | 5576 |
| 95 | 11. 其他非税收入 | | | | | | | | |

# 2016年梅州市地方税务局入库税金明细年报表

编报机关：梅州市地方税务局

单位：万元

| 序号 | 项目 | 合计 | | | | 中央 | 省级 | 市级 | 县(区)级 |
|---|---|---|---|---|---|---|---|---|---|
| | | 合计 | 其中：本年新欠入库 | 2001年5月1日以后陈欠入库 | 2001年5月1日以前陈欠入库 | | | | |
| 1 | 总计 | 970652 | 28000 | 7240 | | 168147 | 198412 | 170817 | 433276 |
| 2 | 一、税收收入合计 | 897433 | 27227 | 6964 | | 168147 | 191564 | 134946 | 402776 |
| 3 | 1. 增值税 | 4458 | | | | 2054 | 1202 | 202 | 1000 |
| 4 | 2. 消费税收入 | | | | | | | | |
| 5 | 国内消费税 | | | | | | | | |
| 6 | 其中：成品油消费税 | | | | | | | | |
| 7 | 进口消费品消费税 | | | | | | | | |
| 8 | 其中：进口成品油消费税 | | | | | | | | |
| 9 | 3. 营业税 | 144674 | 9220 | 1300 | | 5314 | 79542 | 14527 | 45291 |
| 10 | 铁路运输企业营业税 | | | | | | | | |
| 11 | 金融保险业营业税 | 17364 | | 3 | | -1179 | 19133 | -358 | -232 |
| 12 | 其他营业税 | 127310 | 9220 | 1297 | | 6493 | 60409 | 14885 | 45523 |
| 13 | 4. 企业所得税 | 159711 | 4231 | 2904 | | 96102 | 32640 | 5884 | 25085 |
| 14 | (1)一般企业所得税 | 154594 | 4231 | 2904 | | 92757 | 31447 | 5874 | 24516 |
| 15 | 内资企业 | 154580 | 4231 | 2904 | | 92749 | 31445 | 5874 | 24512 |
| 16 | 外资企业 | 14 | | | | 8 | 2 | | 4 |
| 17 | (2)分支机构预缴所得税 | 676 | | | | 407 | 135 | 9 | 125 |
| 18 | 跨省 | | | | | | | | |

续表

| 序号 | 项目 | 合计 | | | | 中央 | 省级 | 市级 | 县(区)级 |
|---|---|---|---|---|---|---|---|---|---|
| | | 合计 | 其中:本年新欠入库 | 2001年5月1日以后陈欠入库 | 2001年5月1日以前陈欠入库 | | | | |
| 19 | 内资企业 | | | | | | | | |
| 20 | 外资企业 | | | | | | | | |
| 21 | 省内跨市 | 676 | | | | 407 | 135 | 9 | 125 |
| 22 | 内资企业 | 660 | | | | 398 | 131 | 9 | 122 |
| 23 | 外资企业 | 16 | | | | 9 | 4 | | 3 |
| 24 | 市内跨县区 | | | | | | | | |
| 25 | 内资企业 | | | | | | | | |
| 26 | 外资企业 | | | | | | | | |
| 27 | (3)总机构预缴所得税 | 3844 | | | | 2653 | 749 | | 442 |
| 28 | 跨省 | 1084 | | | | 813 | 136 | | 135 |
| 29 | 内资企业 | 1084 | | | | 813 | 136 | | 135 |
| 30 | 外资企业 | | | | | | | | |
| 31 | 省内跨市 | 2760 | | | | 1840 | 613 | | 307 |
| 32 | 内资企业 | 2760 | | | | 1840 | 613 | | 307 |
| 33 | 外资企业 | | | | | | | | |
| 34 | 市内跨县区 | | | | | | | | |
| 35 | 内资企业 | | | | | | | | |
| 36 | 外资企业 | | | | | | | | |

续表

| 序号 | 项　　目 | 合　计 | | | | 中央 | 省级 | 市级 | 县(区)级 |
|---|---|---|---|---|---|---|---|---|---|
| | | 合　计 | 其中:本年新欠入库 | 2001 年 5 月 1 日以后陈欠入库 | 2001 年 5 月 1 日以前陈欠入库 | | | | |
| 37 | (4)分支机构汇算清缴所得税 | 6 | | | | 4 | 1 | 1 | |
| 38 | 跨省 | | | | | | | | |
| 39 | 内资企业 | | | | | | | | |
| 40 | 外资企业 | | | | | | | | |
| 41 | 省内跨市 | 6 | | | | 4 | 1 | 1 | |
| 42 | 内资企业 | 6 | | | | 4 | 1 | 1 | |
| 43 | 外资企业 | | | | | | | | |
| 44 | 市内跨县区 | | | | | | | | |
| 45 | 内资企业 | | | | | | | | |
| 46 | 外资企业 | | | | | | | | |
| 47 | (5)总机构汇算清缴所得税 | 10 | | | | 7 | 1 | | 2 |
| 48 | 跨省 | 10 | | | | 7 | 1 | | 2 |
| 49 | 内资企业 | 10 | | | | 7 | 1 | | 2 |
| 50 | 外资企业 | | | | | | | | |
| 51 | 省内跨市 | | | | | | | | |
| 52 | 内资企业 | | | | | | | | |
| 53 | 外资企业 | | | | | | | | |
| 54 | 市内跨县区 | | | | | | | | |
| 55 | 内资企业 | | | | | | | | |

续表

| 序号 | 项　　目 | 合　　计 | | | | 中央 | 省级 | 市级 | 县(区)级 |
|---|---|---|---|---|---|---|---|---|---|
| | | 合　计 | 其中:本年新欠入库 | 2001 年 5 月 1 日以后陈欠入库 | 2001 年 5 月 1 日以前陈欠入库 | | | | |
| 56 | 外资企业 | | | | | | | | |
| 57 | (6)企业所得税待分配收入 | 581 | | | | 274 | 307 | | |
| 58 | 跨省 | 274 | | | | 274 | | | |
| 59 | 内资企业 | 274 | | | | 274 | | | |
| 60 | 外资企业 | | | | | | | | |
| 61 | 省内跨市 | 307 | | | | | 307 | | |
| 62 | 内资企业 | 307 | | | | | 307 | | |
| 63 | 外资企业 | | | | | | | | |
| 64 | 5. 个人所得税 | 107795 | 479 | 51 | | 64677 | 21560 | 6636 | 14922 |
| 65 | 6. 资源税 | 71369 | 4682 | 4 | | | | 621 | 70748 |
| 66 | 7. 固定资产投资方向调节税 | | | | | | | | |
| 67 | 8. 城市维护建设税 | 65624 | 670 | 104 | | | | 41470 | 24154 |
| 68 | 9. 房产税 | 21197 | 475 | 402 | | | | 6486 | 14711 |
| 69 | 10. 印花税 | 12460 | 155 | 23 | | | | 3811 | 8649 |
| 70 | 11. 城镇土地使用税 | 45669 | 1430 | 1176 | | | | 9770 | 35899 |
| 71 | 12. 土地增值税 | 113238 | 5724 | 869 | | | 56620 | 14709 | 41909 |
| 72 | 13. 车船税 | 10452 | 16 | 10 | | | | 4626 | 5826 |
| 73 | 14. 车辆购置税 | | | | | | | | |
| 74 | 15. 烟叶税 | 4746 | | | | | | | 4746 |
| 75 | 16. 耕地占用税 | 68013 | 1 | 2 | | | | 2994 | 65019 |

续表

| 序号 | 项　目 | 合　计 | | | | 中央 | 省级 | 市级 | 县(区)级 |
|---|---|---|---|---|---|---|---|---|---|
| | | 合　计 | 其中:本年新欠入库 | 2001年5月1日以后陈欠入库 | 2001年5月1日以前陈欠入库 | | | | |
| 76 | 17. 契税 | 68027 | 144 | 119 | | | | 23210 | 44817 |
| 77 | 18. 屠宰税 | | | | | | | | |
| 78 | 19. 其他税收 | | | | | | | | |
| 79 | 二、其他收入合计 | 73219 | 773 | 276 | | | 6848 | 35871 | 30500 |
| 80 | 1. 教育费附加收入 | 30521 | 333 | 203 | | | | 17748 | 12773 |
| 81 | 2. 文化事业建设费收入 | 6 | | | | | 1 | 8 | -3 |
| 82 | 3. 税务部门罚没收入 | 11 | | | | | | 2 | 9 |
| 83 | 4. 堤围费 | 10138 | 197 | 31 | | | | 4177 | 5961 |
| 84 | 5. 价格调节基金 | 1083 | | | | | 2 | 573 | 508 |
| 85 | 6. 残疾人基金 | 1917 | | | | | 392 | 935 | 590 |
| 86 | 7. 地方教育附加 | 20338 | 234 | 38 | | | 6453 | 8100 | 5785 |
| 87 | 8. 交通建设附加 | | | | | | | | |
| 88 | 9. 社会保险基金收入 | | | | | | | | |
| 89 | 基本养老保险基金收入 | | | | | | | | |
| 90 | 失业保险基金收入 | | | | | | | | |
| 91 | 基本医疗保险基金收入 | | | | | | | | |
| 92 | 工伤保险基金收入 | | | | | | | | |
| 93 | 生育保险基金收入 | | | | | | | | |
| 94 | 10. 工会会费 | 9205 | 9 | 4 | | | | 4328 | 4877 |
| 95 | 11. 其他非税收入 | | | | | | | | |

# 2016年惠州市地方税务局入库税金明细年报表

编报机关:惠州市地方税务局 单位:万元

| 序号 | 项目 | 合计 | | | | 中央 | 省级 | 市级 | 县(区)级 |
|---|---|---|---|---|---|---|---|---|---|
| | | 合计 | 其中:本年新欠入库 | 2001年5月1日以后陈欠入库 | 2001年5月1日以前陈欠入库 | | | | |
| 1 | 总计 | 2472983 | 46643 | 4834 | | 316052 | 616345 | 369462 | 1171124 |
| 2 | 一、税收收入合计 | 2248936 | 44869 | 4506 | | 316052 | 591067 | 327928 | 1013889 |
| 3 | 1. 增值税 | 11167 | | | | 5084 | 3041 | 842 | 2200 |
| 4 | 2. 消费税收入 | | | | | | | | |
| 5 | 国内消费税 | | | | | | | | |
| 6 | 其中:成品油消费税 | | | | | | | | |
| 7 | 进口消费品消费税 | | | | | | | | |
| 8 | 其中:进口成品油消费税 | | | | | | | | |
| 9 | 3. 营业税 | 619288 | 23221 | 2271 | | 29340 | 325481 | 47698 | 216769 |
| 10 | 铁路运输企业营业税 | | | | | | | | |
| 11 | 金融保险业营业税 | 54122 | 14 | 10 | | -3445 | 59290 | -848 | -875 |
| 12 | 其他营业税 | 565166 | 23207 | 2261 | | 32785 | 266191 | 48546 | 217644 |
| 13 | 4. 企业所得税 | 137955 | 3598 | 69 | | 82780 | 27592 | 6622 | 20961 |
| 14 | (1)一般企业所得税 | 132990 | 3495 | 69 | | 79794 | 26598 | 6497 | 20101 |
| 15 | 内资企业 | 131078 | 3495 | 69 | | 78647 | 26216 | 6369 | 19846 |
| 16 | 外资企业 | 1912 | | | | 1147 | 382 | 128 | 255 |
| 17 | (2)分支机构预缴所得税 | 4045 | | | | 2427 | 809 | 107 | 702 |
| 18 | 跨省 | 3236 | | | | 1942 | 647 | 49 | 598 |

续表

| 序号 | 项　目 | 合　计 | | | | 中央 | 省级 | 市级 | 县(区)级 |
|---|---|---|---|---|---|---|---|---|---|
| | | 合　计 | 其中:本年新欠入库 | 2001年5月1日以后陈欠入库 | 2001年5月1日以前陈欠入库 | | | | |
| 19 | 内资企业 | 1440 | | | | 864 | 288 | 49 | 239 |
| 20 | 外资企业 | 1796 | | | | 1078 | 359 | | 359 |
| 21 | 省内跨市 | 809 | | | | 485 | 162 | 58 | 104 |
| 22 | 内资企业 | 809 | | | | 485 | 162 | 58 | 104 |
| 23 | 外资企业 | | | | | | | | |
| 24 | 市内跨县区 | | | | | | | | |
| 25 | 内资企业 | | | | | | | | |
| 26 | 外资企业 | | | | | | | | |
| 27 | (3)总机构预缴所得税 | 32 | 2 | | | 21 | 7 | 1 | 3 |
| 28 | 跨省 | | | | | | | | |
| 29 | 内资企业 | | | | | | | | |
| 30 | 外资企业 | | | | | | | | |
| 31 | 省内跨市 | 32 | 2 | | | 21 | 7 | 1 | 3 |
| 32 | 内资企业 | 32 | 2 | | | 21 | 7 | 1 | 3 |
| 33 | 外资企业 | | | | | | | | |
| 34 | 市内跨县区 | | | | | | | | |
| 35 | 内资企业 | | | | | | | | |
| 36 | 外资企业 | | | | | | | | |

续表

| 序号 | 项　　目 | 合　计 | | | | 中央 | 省级 | 市级 | 县(区)级 |
|---|---|---|---|---|---|---|---|---|---|
| | | 合　计 | 其中:本年新欠入库 | 2001 年 5 月 1 日以后陈欠入库 | 2001 年 5 月 1 日以前陈欠入库 | | | | |
| 37 | (4)分支机构汇算清缴所得税 | 852 | 101 | | | 512 | 170 | 16 | 154 |
| 38 | 跨省 | 703 | 64 | | | 422 | 140 | | 141 |
| 39 | 内资企业 | 703 | 64 | | | 422 | 140 | | 141 |
| 40 | 外资企业 | | | | | | | | |
| 41 | 省内跨市 | 149 | 37 | | | 90 | 30 | 16 | 13 |
| 42 | 内资企业 | 149 | 37 | | | 90 | 30 | 16 | 13 |
| 43 | 外资企业 | | | | | | | | |
| 44 | 市内跨县区 | | | | | | | | |
| 45 | 内资企业 | | | | | | | | |
| 46 | 外资企业 | | | | | | | | |
| 47 | (5)总机构汇算清缴所得税 | 26 | | | | 20 | 4 | 1 | 1 |
| 48 | 跨省 | 20 | | | | 15 | 3 | 1 | 1 |
| 49 | 内资企业 | 20 | | | | 15 | 3 | 1 | 1 |
| 50 | 外资企业 | | | | | | | | |
| 51 | 省内跨市 | 6 | | | | 5 | 1 | | |
| 52 | 内资企业 | 6 | | | | 5 | 1 | | |
| 53 | 外资企业 | | | | | | | | |
| 54 | 市内跨县区 | | | | | | | | |
| 55 | 内资企业 | | | | | | | | |

续表

| 序号 | 项　　目 | 合　　计 | | | | 中央 | 省级 | 市级 | 县(区)级 |
|---|---|---|---|---|---|---|---|---|---|
| | | 合　计 | 其中:本年新欠入库 | 2001 年 5 月 1 日以后陈欠入库 | 2001 年 5 月 1 日以前陈欠入库 | | | | |
| 56 | 外资企业 | | | | | | | | |
| 57 | (6)企业所得税待分配收入 | 10 | | | | 6 | 4 | | |
| 58 | 跨省 | 6 | | | | 6 | | | |
| 59 | 内资企业 | 6 | | | | 6 | | | |
| 60 | 外资企业 | | | | | | | | |
| 61 | 省内跨市 | 4 | | | | | 4 | | |
| 62 | 内资企业 | 4 | | | | | 4 | | |
| 63 | 外资企业 | | | | | | | | |
| 64 | 5. 个人所得税 | 331413 | 606 | 255 | | 198848 | 66283 | 20788 | 45494 |
| 65 | 6. 资源税 | 4978 | 17 | 4 | | | | 141 | 4837 |
| 66 | 7. 固定资产投资方向调节税 | | | | | | | | |
| 67 | 8. 城市维护建设税 | 239674 | 2718 | 255 | | | | 90947 | 148727 |
| 68 | 9. 房产税 | 94421 | 1113 | 357 | | | | 23697 | 70724 |
| 69 | 10. 印花税 | 46871 | 334 | 32 | | | | 13871 | 33000 |
| 70 | 11. 城镇土地使用税 | 127837 | 1952 | 485 | | | | 25001 | 102836 |
| 71 | 12. 土地增值税 | 337339 | 10529 | 766 | | | 168670 | 29563 | 139106 |
| 72 | 13. 车船税 | 27010 | 7 | | | | | 10062 | 16948 |
| 73 | 14. 车辆购置税 | | | | | | | | |
| 74 | 15. 烟叶税 | | | | | | | | |
| 75 | 16. 耕地占用税 | 33327 | 749 | | | | | 7790 | 25537 |

续表

| 序号 | 项　目 | 合　计 | | | | 中央 | 省级 | 市级 | 县(区)级 |
|---|---|---|---|---|---|---|---|---|---|
| | | 合　计 | 其中:本年新欠入库 | 2001 年 5 月 1 日以后陈欠入库 | 2001 年 5 月 1 日以前陈欠入库 | | | | |
| 76 | 17. 契税 | 237656 | 25 | 12 | | | | 50906 | 186750 |
| 77 | 18. 屠宰税 | | | | | | | | |
| 78 | 19. 其他税收 | | | | | | | | |
| 79 | 二、其他收入合计 | 224047 | 1774 | 328 | | | 25278 | 41534 | 157235 |
| 80 | 1. 教育费附加收入 | 108026 | 889 | 117 | | | | 22212 | 85814 |
| 81 | 2. 文化事业建设费收入 | 282 | 6 | 2 | | | 84 | 40 | 158 |
| 82 | 3. 税务部门罚没收入 | 270 | 4 | 1 | | | | 55 | 215 |
| 83 | 4. 堤围费 | 39 | | 3 | | | | 12 | 27 |
| 84 | 5. 价格调节基金 | 627 | 132 | 114 | | | 1 | 573 | 53 |
| 85 | 6. 残疾人基金 | 13654 | | 1 | | | 2125 | 8493 | 3036 |
| 86 | 7. 地方教育附加 | 72131 | 644 | 76 | | | 23068 | 10149 | 38914 |
| 87 | 8. 交通建设附加 | | | | | | | | |
| 88 | 9. 社会保险基金收入 | | | | | | | | |
| 89 | 基本养老保险基金收入 | | | | | | | | |
| 90 | 失业保险基金收入 | | | | | | | | |
| 91 | 基本医疗保险基金收入 | | | | | | | | |
| 92 | 工伤保险基金收入 | | | | | | | | |
| 93 | 生育保险基金收入 | | | | | | | | |
| 94 | 10. 工会会费 | 29018 | 99 | 14 | | | | | 29018 |
| 95 | 11. 其他非税收入 | | | | | | | | |

# 2016年汕尾市地方税务局入库税金明细年报表

编报机关:汕尾市地方税务局　　　　单位:万元

| 序号 | 项目 | 合计 | | | | 中央 | 省级 | 市级 | 县(区)级 |
|---|---|---|---|---|---|---|---|---|---|
| | | 合计 | 其中:本年新欠入库 | 2001年5月1日以后陈欠入库 | 2001年5月1日以前陈欠入库 | | | | |
| 1 | 总计 | 276503 | 2087 | 819 | | 40671 | 68385 | 41990 | 125457 |
| 2 | 一、税收收入合计 | 249849 | 2039 | 814 | | 40671 | 66221 | 35121 | 107836 |
| 3 | 1. 增值税 | 1049 | 4 | | | 437 | 306 | 82 | 224 |
| 4 | 2. 消费税收入 | | | | | | | | |
| 5 | 国内消费税 | | | | | | | | |
| 6 | 其中:成品油消费税 | | | | | | | | |
| 7 | 进口消费品消费税 | | | | | | | | |
| 8 | 其中:进口成品油消费税 | | | | | | | | |
| 9 | 3. 营业税 | 68987 | 348 | 122 | | 1054 | 37386 | 6074 | 24473 |
| 10 | 铁路运输企业营业税 | | | | | | | | |
| 11 | 金融保险业营业税 | 7263 | 9 | | | 217 | 6938 | 80 | 28 |
| 12 | 其他营业税 | 61724 | 339 | 122 | | 837 | 30448 | 5994 | 24445 |
| 13 | 4. 企业所得税 | 34789 | 1043 | 195 | | 20873 | 6958 | 1398 | 5560 |
| 14 | (1)一般企业所得税 | 34682 | 1043 | 195 | | 20809 | 6937 | 1394 | 5542 |
| 15 | 内资企业 | 34640 | 1043 | 195 | | 20784 | 6928 | 1393 | 5535 |
| 16 | 外资企业 | 42 | | | | 25 | 9 | 1 | 7 |
| 17 | (2)分支机构预缴所得税 | 100 | | | | 60 | 20 | 3 | 17 |
| 18 | 跨省 | 44 | | | | 26 | 9 | | 9 |

续表

| 序号 | 项目 | 合计 | | | | 中央 | 省级 | 市级 | 县(区)级 |
|---|---|---|---|---|---|---|---|---|---|
| | | 合计 | 其中:本年新欠入库 | 2001年5月1日以后陈欠入库 | 2001年5月1日以前陈欠入库 | | | | |
| 19 | 内资企业 | 44 | | | | 26 | 9 | | 9 |
| 20 | 外资企业 | | | | | | | | |
| 21 | 省内跨市 | 56 | | | | 34 | 11 | 3 | 8 |
| 22 | 内资企业 | 56 | | | | 34 | 11 | 3 | 8 |
| 23 | 外资企业 | | | | | | | | |
| 24 | 市内跨县区 | | | | | | | | |
| 25 | 内资企业 | | | | | | | | |
| 26 | 外资企业 | | | | | | | | |
| 27 | (3)总机构预缴所得税 | | | | | | | | |
| 28 | 跨省 | | | | | | | | |
| 29 | 内资企业 | | | | | | | | |
| 30 | 外资企业 | | | | | | | | |
| 31 | 省内跨市 | | | | | | | | |
| 32 | 内资企业 | | | | | | | | |
| 33 | 外资企业 | | | | | | | | |
| 34 | 市内跨县区 | | | | | | | | |
| 35 | 内资企业 | | | | | | | | |
| 36 | 外资企业 | | | | | | | | |

续表

| 序号 | 项　　目 | 合　　计 | | | | 中央 | 省级 | 市级 | 县(区)级 |
|---|---|---|---|---|---|---|---|---|---|
| | | 合　计 | 其中:本年新欠入库 | 2001 年 5 月 1 日以后陈欠入库 | 2001 年 5 月 1 日以前陈欠入库 | | | | |
| 37 | (4)分支机构汇算清缴所得税 | 7 | | | | 4 | 1 | 1 | 1 |
| 38 | 跨省 | | | | | | | | |
| 39 | 内资企业 | | | | | | | | |
| 40 | 外资企业 | | | | | | | | |
| 41 | 省内跨市 | 7 | | | | 4 | 1 | 1 | 1 |
| 42 | 内资企业 | 7 | | | | 4 | 1 | 1 | 1 |
| 43 | 外资企业 | | | | | | | | |
| 44 | 市内跨县区 | | | | | | | | |
| 45 | 内资企业 | | | | | | | | |
| 46 | 外资企业 | | | | | | | | |
| 47 | (5)总机构汇算清缴所得税 | | | | | | | | |
| 48 | 跨省 | | | | | | | | |
| 49 | 内资企业 | | | | | | | | |
| 50 | 外资企业 | | | | | | | | |
| 51 | 省内跨市 | | | | | | | | |
| 52 | 内资企业 | | | | | | | | |
| 53 | 外资企业 | | | | | | | | |
| 54 | 市内跨县区 | | | | | | | | |
| 55 | 内资企业 | | | | | | | | |

续表

| 序号 | 项　　目 | 合　　计 | | | | 中央 | 省级 | 市级 | 县(区)级 |
|---|---|---|---|---|---|---|---|---|---|
| | | 合　计 | 其中:本年新欠入库 | 2001 年 5 月 1 日以后陈欠入库 | 2001 年 5 月 1 日以前陈欠入库 | | | | |
| 56 | 外资企业 | | | | | | | | |
| 57 | (6)企业所得税待分配收入 | | | | | | | | |
| 58 | 跨省 | | | | | | | | |
| 59 | 内资企业 | | | | | | | | |
| 60 | 外资企业 | | | | | | | | |
| 61 | 省内跨市 | | | | | | | | |
| 62 | 内资企业 | | | | | | | | |
| 63 | 外资企业 | | | | | | | | |
| 64 | 5. 个人所得税 | 30512 | 68 | 223 | | 18307 | 6102 | 2118 | 3985 |
| 65 | 6. 资源税 | 557 | | 1 | | | | 29 | 528 |
| 66 | 7. 固定资产投资方向调节税 | | | | | | | | |
| 67 | 8. 城市维护建设税 | 19793 | 61 | 13 | | | | 6879 | 12914 |
| 68 | 9. 房产税 | 6163 | 14 | 9 | | | | 1724 | 4439 |
| 69 | 10. 印花税 | 4117 | 45 | 4 | | | | 1581 | 2536 |
| 70 | 11. 城镇土地使用税 | 11603 | 15 | 93 | | | | 1091 | 10512 |
| 71 | 12. 土地增值税 | 30937 | 361 | 65 | | | 15469 | 3749 | 11719 |
| 72 | 13. 车船税 | 4062 | 1 | | | | | 1114 | 2948 |
| 73 | 14. 车辆购置税 | | | | | | | | |
| 74 | 15. 烟叶税 | | | | | | | | |
| 75 | 16. 耕地占用税 | 4518 | | | | | | 1224 | 3294 |

续表

| 序号 | 项目 | 合计 | | | | 中央 | 省级 | 市级 | 县(区)级 |
|---|---|---|---|---|---|---|---|---|---|
| | | 合计 | 其中:本年新欠入库 | 2001年5月1日以后陈欠入库 | 2001年5月1日以前陈欠入库 | | | | |
| 76 | 17. 契税 | 32762 | 79 | 89 | | | | 8058 | 24704 |
| 77 | 18. 屠宰税 | | | | | | | | |
| 78 | 19. 其他税收 | | | | | | | | |
| 79 | 二、其他收入合计 | 26654 | 48 | 5 | | | 2164 | 6869 | 17621 |
| 80 | 1. 教育费附加收入 | 9395 | 16 | 2 | | | | 2968 | 6427 |
| 81 | 2. 文化事业建设费收入 | 33 | 1 | | | | 10 | 2 | 21 |
| 82 | 3. 税务部门罚没收入 | 10 | | | | | | 1 | 9 |
| 83 | 4. 堤围费 | 7213 | 17 | 2 | | | | 2090 | 5123 |
| 84 | 5. 价格调节基金 | 600 | | | | | | 380 | 220 |
| 85 | 6. 残疾人基金 | 760 | | | | | 114 | 347 | 299 |
| 86 | 7. 地方教育附加 | 6262 | 12 | 1 | | | 2040 | 1081 | 3141 |
| 87 | 8. 交通建设附加 | | | | | | | | |
| 88 | 9. 社会保险基金收入 | | | | | | | | |
| 89 | 基本养老保险基金收入 | | | | | | | | |
| 90 | 失业保险基金收入 | | | | | | | | |
| 91 | 基本医疗保险基金收入 | | | | | | | | |
| 92 | 工伤保险基金收入 | | | | | | | | |
| 93 | 生育保险基金收入 | | | | | | | | |
| 94 | 10. 工会会费 | 2381 | 2 | | | | | | 2381 |
| 95 | 11. 其他非税收入 | | | | | | | | |

# 2016年东莞市地方税务局入库税金明细年报表

编报机关:东莞市地方税务局　　　　单位:万元

| 序号 | 项　目 | 合　计 | | | | 中央 | 省级 | 市级 | 县(区)级 |
|---|---|---|---|---|---|---|---|---|---|
| | | 合　计 | 其中:本年新欠入库 | 2001年5月1日以后陈欠入库 | 2001年5月1日以前陈欠入库 | | | | |
| 1 | 总　计 | 5298257 | 52723 | 18994 | | 1175431 | 1237272 | 2885554 | |
| 2 | 一、税收收入合计 | 4753053 | 48421 | 17769 | | 1175431 | 1176263 | 2401359 | |
| 3 | 1. 增值税 | 23792 | 44 | | | 10930 | 6431 | 6431 | |
| 4 | 2. 消费税收入 | | | | | | | | |
| 5 | 国内消费税 | | | | | | | | |
| 6 | 其中:成品油消费税 | | | | | | | | |
| 7 | 进口消费品消费税 | | | | | | | | |
| 8 | 其中:进口成品油消费税 | | | | | | | | |
| 9 | 3. 营业税 | 905558 | 18668 | 8838 | | 11126 | 532278 | 362154 | |
| 10 | 铁路运输企业营业税 | | | | | | | | |
| 11 | 金融保险业营业税 | 169823 | 3 | 5 | | -117 | 169999 | -59 | |
| 12 | 其他营业税 | 735735 | 18665 | 8833 | | 11243 | 362279 | 362213 | |
| 13 | 4. 企业所得税 | 926138 | 5495 | 948 | | 561245 | 182625 | 182268 | |
| 14 | (1)一般企业所得税 | 890171 | 5464 | 948 | | 534103 | 178034 | 178034 | |
| 15 | 内资企业 | 426451 | 2757 | 590 | | 255871 | 85290 | 85290 | |
| 16 | 外资企业 | 463720 | 2707 | 358 | | 278232 | 92744 | 92744 | |
| 17 | (2)分支机构预缴所得税 | 5476 | 4 | | | 3286 | 1095 | 1095 | |
| 18 | 跨省 | 3353 | | | | 2011 | 671 | 671 | |

续表

| 序号 | 项　目 | 合　计 | | | | 中央 | 省级 | 市级 | 县(区)级 |
|---|---|---|---|---|---|---|---|---|---|
| | | 合　计 | 其中:本年新欠入库 | 2001年5月1日以后陈欠入库 | 2001年5月1日以前陈欠入库 | | | | |
| 19 | 内资企业 | 1618 | | | | 970 | 324 | 324 | |
| 20 | 外资企业 | 1735 | | | | 1041 | 347 | 347 | |
| 21 | 省内跨市 | 2123 | 4 | | | 1275 | 424 | 424 | |
| 22 | 内资企业 | 992 | 4 | | | 596 | 198 | 198 | |
| 23 | 外资企业 | 1131 | | | | 679 | 226 | 226 | |
| 24 | 市内跨县区 | | | | | | | | |
| 25 | 内资企业 | | | | | | | | |
| 26 | 外资企业 | | | | | | | | |
| 27 | (3)总机构预缴所得税 | 21546 | 22 | | | 16029 | 2845 | 2672 | |
| 28 | 跨省 | 19985 | 22 | | | 14989 | 2498 | 2498 | |
| 29 | 内资企业 | 3981 | | | | 2985 | 498 | 498 | |
| 30 | 外资企业 | 16004 | 22 | | | 12004 | 2000 | 2000 | |
| 31 | 省内跨市 | 1561 | | | | 1040 | 347 | 174 | |
| 32 | 内资企业 | 566 | | | | 377 | 126 | 63 | |
| 33 | 外资企业 | 995 | | | | 663 | 221 | 111 | |
| 34 | 市内跨县区 | | | | | | | | |
| 35 | 内资企业 | | | | | | | | |
| 36 | 外资企业 | | | | | | | | |

续表

| 序号 | 项　　目 | 合　　计 | | | | 中央 | 省级 | 市级 | 县(区)级 |
|---|---|---|---|---|---|---|---|---|---|
| | | 合　计 | 其中:本年新欠入库 | 2001年5月1日以后陈欠入库 | 2001年5月1日以前陈欠入库 | | | | |
| 37 | (4)分支机构汇算清缴所得税 | 895 | | | | 537 | 179 | 179 | |
| 38 | 跨省 | 135 | | | | 81 | 27 | 27 | |
| 39 | 内资企业 | 74 | | | | 44 | 15 | 15 | |
| 40 | 外资企业 | 61 | | | | 37 | 12 | 12 | |
| 41 | 省内跨市 | 760 | | | | 456 | 152 | 152 | |
| 42 | 内资企业 | 82 | | | | 50 | 16 | 16 | |
| 43 | 外资企业 | 678 | | | | 406 | 136 | 136 | |
| 44 | 市内跨县区 | | | | | | | | |
| 45 | 内资企业 | | | | | | | | |
| 46 | 外资企业 | | | | | | | | |
| 47 | (5)总机构汇算清缴所得税 | 2309 | | | | 1728 | 293 | 288 | |
| 48 | 跨省 | 2263 | | | | 1697 | 283 | 283 | |
| 49 | 内资企业 | 561 | | | | 421 | 70 | 70 | |
| 50 | 外资企业 | 1702 | | | | 1276 | 213 | 213 | |
| 51 | 省内跨市 | 46 | | | | 31 | 10 | 5 | |
| 52 | 内资企业 | 9 | | | | 6 | 2 | 1 | |
| 53 | 外资企业 | 37 | | | | 25 | 8 | 4 | |
| 54 | 市内跨县区 | | | | | | | | |
| 55 | 内资企业 | | | | | | | | |

续表

| 序号 | 项　　目 | 合　　计 | | | | 中央 | 省级 | 市级 | 县(区)级 |
|---|---|---|---|---|---|---|---|---|---|
| | | 合　计 | 其中:本年新欠入库 | 2001 年 5 月 1 日以后陈欠入库 | 2001 年 5 月 1 日以前陈欠入库 | | | | |
| 56 | 外资企业 | | | | | | | | |
| 57 | (6)企业所得税待分配收入 | 5741 | 5 | | | 5562 | 179 | | |
| 58 | 跨省 | 5562 | 5 | | | 5562 | | | |
| 59 | 内资企业 | 1135 | | | | 1135 | | | |
| 60 | 外资企业 | 4427 | 5 | | | 4427 | | | |
| 61 | 省内跨市 | 179 | | | | | 179 | | |
| 62 | 内资企业 | 64 | | | | | 64 | | |
| 63 | 外资企业 | 115 | | | | | 115 | | |
| 64 | 5. 个人所得税 | 986884 | 2417 | 1807 | | 592130 | 197377 | 197377 | |
| 65 | 6. 资源税 | 214 | | | | | | 214 | |
| 66 | 7. 固定资产投资方向调节税 | | | | | | | | |
| 67 | 8. 城市维护建设税 | 439627 | 3813 | 942 | | | | 439627 | |
| 68 | 9. 房产税 | 134380 | 1990 | 868 | | | | 134380 | |
| 69 | 10. 印花税 | 121790 | 902 | 344 | | | | 121790 | |
| 70 | 11. 城镇土地使用税 | 81669 | 1295 | 408 | | | | 81669 | |
| 71 | 12. 土地增值税 | 515104 | 12233 | 3613 | | | 257552 | 257552 | |
| 72 | 13. 车船税 | 92532 | 2 | 1 | | | | 92532 | |
| 73 | 14. 车辆购置税 | | | | | | | | |
| 74 | 15. 烟叶税 | | | | | | | | |
| 75 | 16. 耕地占用税 | 44126 | | | | | | 44126 | |

续表

| 序号 | 项目 | 合计 | | | | 中央 | 省级 | 市级 | 县(区)级 |
|---|---|---|---|---|---|---|---|---|---|
| | | 合计 | 其中:本年新欠入库 | 2001年5月1日以后陈欠入库 | 2001年5月1日以前陈欠入库 | | | | |
| 76 | 17. 契税 | 481239 | 1562 | | | | | 481239 | |
| 77 | 18. 屠宰税 | | | | | | | | |
| 78 | 19. 其他税收 | | | | | | | | |
| 79 | 二、其他收入合计 | 545204 | 4302 | 1225 | | | 61009 | 484195 | |
| 80 | 1. 教育费附加收入 | 235717 | 2126 | 551 | | | | 235717 | |
| 81 | 2. 文化事业建设费收入 | 1649 | 5 | 3 | | | 495 | 1154 | |
| 82 | 3. 税务部门罚没收入 | 628 | 3 | | | | | 628 | |
| 83 | 4. 堤围费 | 46539 | 581 | 292 | | | | 46539 | |
| 84 | 5. 价格调节基金 | 9684 | 11 | | | | | 9684 | |
| 85 | 6. 残疾人基金 | 65280 | | | | | 9836 | 55444 | |
| 86 | 7. 地方教育附加 | 157369 | 1403 | 353 | | | 50678 | 106691 | |
| 87 | 8. 交通建设附加 | | | | | | | | |
| 88 | 9. 社会保险基金收入 | | | | | | | | |
| 89 | 基本养老保险基金收入 | | | | | | | | |
| 90 | 失业保险基金收入 | | | | | | | | |
| 91 | 基本医疗保险基金收入 | | | | | | | | |
| 92 | 工伤保险基金收入 | | | | | | | | |
| 93 | 生育保险基金收入 | | | | | | | | |
| 94 | 10. 工会会费 | 28338 | 173 | 26 | | | | 28338 | |
| 95 | 11. 其他非税收入 | | | | | | | | |

# 2016年中山市地方税务局入库税金明细年报表

编报机关:中山市地方税务局　　　　单位:万元

| 序号 | 项目 | 合计 | | | | 中央 | 省级 | 市级 | 县(区)级 |
|---|---|---|---|---|---|---|---|---|---|
| | | 合计 | 其中:本年新欠入库 | 2001年5月1日以后陈欠入库 | 2001年5月1日以前陈欠入库 | | | | |
| 1 | 总计 | 2371747 | 22550 | 18209 | | 366245 | 579155 | 1243479 | 182868 |
| 2 | 一、税收收入合计 | 2140668 | 20377 | 18209 | | 366245 | 555011 | 1062485 | 156927 |
| 3 | 1. 增值税 | 26940 | 17 | | | 12183 | 7378 | 7067 | 312 |
| 4 | 2. 消费税收入 | | | | | | | | |
| 5 | 国内消费税 | | | | | | | | |
| 6 | 其中:成品油消费税 | | | | | | | | |
| 7 | 进口消费品消费税 | | | | | | | | |
| 8 | 其中:进口成品油消费税 | | | | | | | | |
| 9 | 3. 营业税 | 488194 | 5181 | 8270 | | 164 | 278216 | 188986 | 20828 |
| 10 | 铁路运输企业营业税 | | | | | | | | |
| 11 | 金融保险业营业税 | 59639 | | | | -4381 | 66210 | -2190 | |
| 12 | 其他营业税 | 428555 | 5181 | 8270 | | 4545 | 212006 | 191176 | 20828 |
| 13 | 4. 企业所得税 | 232382 | 4501 | 487 | | 139734 | 46383 | 40016 | 6249 |
| 14 | (1)一般企业所得税 | 228967 | 4501 | 487 | | 137380 | 45794 | 39615 | 6178 |
| 15 | 内资企业 | 225133 | 4501 | 487 | | 135079 | 45027 | 39105 | 5922 |
| 16 | 外资企业 | 3834 | | | | 2301 | 767 | 510 | 256 |
| 17 | (2)分支机构预缴所得税 | 1133 | | | | 680 | 227 | 205 | 21 |
| 18 | 跨省 | 366 | | | | 220 | 73 | 61 | 12 |

续表

| 序号 | 项目 | 合计 | | | | 中央 | 省级 | 市级 | 县(区)级 |
|---|---|---|---|---|---|---|---|---|---|
| | | 合计 | 其中:本年新欠入库 | 2001年5月1日以后陈欠入库 | 2001年5月1日以前陈欠入库 | | | | |
| 19 | 内资企业 | 366 | | | | 220 | 73 | 61 | 12 |
| 20 | 外资企业 | | | | | | | | |
| 21 | 省内跨市 | 767 | | | | 460 | 154 | 144 | 9 |
| 22 | 内资企业 | 755 | | | | 453 | 151 | 142 | 9 |
| 23 | 外资企业 | 12 | | | | 7 | 3 | 2 | |
| 24 | 市内跨县区 | | | | | | | | |
| 25 | 内资企业 | | | | | | | | |
| 26 | 外资企业 | | | | | | | | |
| 27 | (3)总机构预缴所得税 | 1489 | | | | 1072 | 237 | 168 | 12 |
| 28 | 跨省 | 961 | | | | 720 | 120 | 109 | 12 |
| 29 | 内资企业 | 961 | | | | 720 | 120 | 109 | 12 |
| 30 | 外资企业 | | | | | | | | |
| 31 | 省内跨市 | 528 | | | | 352 | 117 | 59 | |
| 32 | 内资企业 | 528 | | | | 352 | 117 | 59 | |
| 33 | 外资企业 | | | | | | | | |
| 34 | 市内跨县区 | | | | | | | | |
| 35 | 内资企业 | | | | | | | | |
| 36 | 外资企业 | | | | | | | | |

续表

| 序号 | 项目 | 合计 | | | | 中央 | 省级 | 市级 | 县(区)级 |
|---|---|---|---|---|---|---|---|---|---|
| | | 合计 | 其中:本年新欠入库 | 2001年5月1日以后陈欠入库 | 2001年5月1日以前陈欠入库 | | | | |
| 37 | (4)分支机构汇算清缴所得税 | 167 | | | | 100 | 34 | 23 | 10 |
| 38 | 跨省 | 130 | | | | 78 | 26 | 16 | 10 |
| 39 | 内资企业 | 129 | | | | 78 | 26 | 15 | 10 |
| 40 | 外资企业 | 1 | | | | | | 1 | |
| 41 | 省内跨市 | 37 | | | | 22 | 8 | 7 | |
| 42 | 内资企业 | 37 | | | | 22 | 8 | 7 | |
| 43 | 外资企业 | | | | | | | | |
| 44 | 市内跨县区 | | | | | | | | |
| 45 | 内资企业 | | | | | | | | |
| 46 | 外资企业 | | | | | | | | |
| 47 | (5)总机构汇算清缴所得税 | 262 | | | | 197 | 32 | 5 | 28 |
| 48 | 跨省 | 261 | | | | 196 | 32 | 5 | 28 |
| 49 | 内资企业 | 261 | | | | 196 | 32 | 5 | 28 |
| 50 | 外资企业 | | | | | | | | |
| 51 | 省内跨市 | 1 | | | | 1 | | | |
| 52 | 内资企业 | 1 | | | | 1 | | | |
| 53 | 外资企业 | | | | | | | | |
| 54 | 市内跨县区 | | | | | | | | |
| 55 | 内资企业 | | | | | | | | |

续表

| 序号 | 项目 | 合计 | | | | 中央 | 省级 | 市级 | 县(区)级 |
|---|---|---|---|---|---|---|---|---|---|
| | | 合计 | 其中:本年新欠入库 | 2001年5月1日以后陈欠入库 | 2001年5月1日以前陈欠入库 | | | | |
| 56 | 外资企业 | | | | | | | | |
| 57 | (6)企业所得税待分配收入 | 364 | | | | 305 | 59 | | |
| 58 | 跨省 | 305 | | | | 305 | | | |
| 59 | 内资企业 | 305 | | | | 305 | | | |
| 60 | 外资企业 | | | | | | | | |
| 61 | 省内跨市 | 59 | | | | | 59 | | |
| 62 | 内资企业 | 59 | | | | | 59 | | |
| 63 | 外资企业 | | | | | | | | |
| 64 | 5. 个人所得税 | 356940 | 284 | 384 | | 214164 | 71388 | 62286 | 9102 |
| 65 | 6. 资源税 | 23 | | | | | | 23 | |
| 66 | 7. 固定资产投资方向调节税 | | | | | | | | |
| 67 | 8. 城市维护建设税 | 183178 | 233 | 662 | | | | 153611 | 29567 |
| 68 | 9. 房产税 | 142931 | 1442 | 252 | | | | 123696 | 19235 |
| 69 | 10. 印花税 | 39152 | 26 | 72 | | | | 31758 | 7394 |
| 70 | 11. 城镇土地使用税 | 76715 | 1653 | 3323 | | | | 67155 | 9560 |
| 71 | 12. 土地增值税 | 303292 | 5847 | 4711 | | | 151646 | 122898 | 28748 |
| 72 | 13. 车船税 | 31288 | 122 | | | | | 31087 | 201 |
| 73 | 14. 车辆购置税 | | | | | | | | |
| 74 | 15. 烟叶税 | | | | | | | | |
| 75 | 16. 耕地占用税 | 18469 | 918 | | | | | 15588 | 2881 |

续表

| 序号 | 项目 | 合计 | | | | 中央 | 省级 | 市级 | 县(区)级 |
|---|---|---|---|---|---|---|---|---|---|
| | | 合计 | 其中:本年新欠入库 | 2001年5月1日以后陈欠入库 | 2001年5月1日以前陈欠入库 | | | | |
| 76 | 17. 契税 | 241164 | 153 | 48 | | | | 218314 | 22850 |
| 77 | 18. 屠宰税 | | | | | | | | |
| 78 | 19. 其他税收 | | | | | | | | |
| 79 | 二、其他收入合计 | 231079 | 2173 | | | | 24144 | 180994 | 25941 |
| 80 | 1. 教育费附加收入 | 92503 | 1076 | | | | | 79934 | 12569 |
| 81 | 2. 文化事业建设费收入 | 424 | 7 | | | | 127 | 287 | 10 |
| 82 | 3. 税务部门罚没收入 | 132 | 1 | | | | | 115 | 17 |
| 83 | 4. 堤围费 | 17939 | 215 | | | | -1 | 16453 | 1487 |
| 84 | 5. 价格调节基金 | | | | | | | | |
| 85 | 6. 残疾人基金 | 23313 | | | | | 3808 | 16523 | 2982 |
| 86 | 7. 地方教育附加 | 61668 | 654 | | | | 20210 | 38202 | 3256 |
| 87 | 8. 交通建设附加 | | | | | | | | |
| 88 | 9. 社会保险基金收入 | | | | | | | | |
| 89 | 基本养老保险基金收入 | | | | | | | | |
| 90 | 失业保险基金收入 | | | | | | | | |
| 91 | 基本医疗保险基金收入 | | | | | | | | |
| 92 | 工伤保险基金收入 | | | | | | | | |
| 93 | 生育保险基金收入 | | | | | | | | |
| 94 | 10. 工会会费 | 35100 | 220 | | | | | 29480 | 5620 |
| 95 | 11. 其他非税收入 | | | | | | | | |

# 2016年江门市地方税务局入库税金明细年报表

编报机关:江门市地方税务局　　　　单位:万元

| 序号 | 项　目 | 合计 | | | | 中央 | 省级 | 市级 | 县(区)级 |
|---|---|---|---|---|---|---|---|---|---|
| | | 合　计 | 其中:本年新欠入库 | 2001年5月1日以后陈欠入库 | 2001年5月1日以前陈欠入库 | | | | |
| 1 | 总　计 | 1649204 | 28965 | 10106 | | 253647 | 351752 | 223677 | 820128 |
| 2 | 一、税收收入合计 | 1472477 | 27341 | 9600 | | 253647 | 336186 | 201359 | 681285 |
| 3 | 1. 增值税 | 9425 | 102 | | | 4388 | 2518 | 729 | 1790 |
| 4 | 2. 消费税收入 | | | | | | | | |
| 5 | 国内消费税 | | | | | | | | |
| 6 | 其中:成品油消费税 | | | | | | | | |
| 7 | 进口消费品消费税 | | | | | | | | |
| 8 | 其中:进口成品油消费税 | | | | | | | | |
| 9 | 3. 营业税 | 272105 | 6349 | 2769 | | 706 | 158422 | 23927 | 89050 |
| 10 | 铁路运输企业营业税 | | | | | | | | |
| 11 | 金融保险业营业税 | 38513 | 7 | | | -3465 | 43710 | -630 | -1102 |
| 12 | 其他营业税 | 233592 | 6342 | 2769 | | 4171 | 114712 | 24557 | 90152 |
| 13 | 4. 企业所得税 | 192538 | 5386 | 1120 | | 115534 | 38539 | 7893 | 30572 |
| 14 | (1)一般企业所得税 | 191790 | 5386 | 1120 | | 115074 | 38358 | 7872 | 30486 |
| 15 | 内资企业 | 190781 | 5386 | 1120 | | 114469 | 38156 | 7860 | 30296 |
| 16 | 外资企业 | 1009 | | | | 605 | 202 | 12 | 190 |
| 17 | (2)分支机构预缴所得税 | 287 | | | | 173 | 57 | 15 | 42 |
| 18 | 跨省 | 71 | | | | 43 | 14 | 7 | 7 |

续表

| 序号 | 项　目 | 合　计 | | | | 中央 | 省级 | 市级 | 县(区)级 |
|---|---|---|---|---|---|---|---|---|---|
| | | 合　计 | 其中:本年新欠入库 | 2001年5月1日以后陈欠入库 | 2001年5月1日以前陈欠入库 | | | | |
| 19 | 内资企业 | 71 | | | | 43 | 14 | 7 | 7 |
| 20 | 外资企业 | | | | | | | | |
| 21 | 省内跨市 | 216 | | | | 130 | 43 | 8 | 35 |
| 22 | 内资企业 | 175 | | | | 105 | 35 | 7 | 28 |
| 23 | 外资企业 | 41 | | | | 25 | 8 | 1 | 7 |
| 24 | 市内跨县区 | | | | | | | | |
| 25 | 内资企业 | | | | | | | | |
| 26 | 外资企业 | | | | | | | | |
| 27 | (3)总机构预缴所得税 | 381 | | | | 257 | 80 | 4 | 40 |
| 28 | 跨省 | 45 | | | | 33 | 6 | 3 | 3 |
| 29 | 内资企业 | | | | | | | | |
| 30 | 外资企业 | 45 | | | | 33 | 6 | 3 | 3 |
| 31 | 省内跨市 | 336 | | | | 224 | 74 | 1 | 37 |
| 32 | 内资企业 | 336 | | | | 224 | 74 | 1 | 37 |
| 33 | 外资企业 | | | | | | | | |
| 34 | 市内跨县区 | | | | | | | | |
| 35 | 内资企业 | | | | | | | | |
| 36 | 外资企业 | | | | | | | | |

续表

| 序号 | 项　目 | 合计 | | | | 中央 | 省级 | 市级 | 县(区)级 |
|---|---|---|---|---|---|---|---|---|---|
| | | 合　计 | 其中:本年新欠入库 | 2001年5月1日以后陈欠入库 | 2001年5月1日以前陈欠入库 | | | | |
| 37 | (4)分支机构汇算清缴所得税 | 31 | | | | 19 | 6 | 2 | 4 |
| 38 | 跨省 | 10 | | | | 6 | 2 | | 2 |
| 39 | 内资企业 | 10 | | | | 6 | 2 | | 2 |
| 40 | 外资企业 | | | | | | | | |
| 41 | 省内跨市 | 21 | | | | 13 | 4 | 2 | 2 |
| 42 | 内资企业 | 21 | | | | 13 | 4 | 2 | 2 |
| 43 | 外资企业 | | | | | | | | |
| 44 | 市内跨县区 | | | | | | | | |
| 45 | 内资企业 | | | | | | | | |
| 46 | 外资企业 | | | | | | | | |
| 47 | (5)总机构汇算清缴所得税 | | | | | | | | |
| 48 | 跨省 | | | | | | | | |
| 49 | 内资企业 | | | | | | | | |
| 50 | 外资企业 | | | | | | | | |
| 51 | 省内跨市 | | | | | | | | |
| 52 | 内资企业 | | | | | | | | |
| 53 | 外资企业 | | | | | | | | |
| 54 | 市内跨县区 | | | | | | | | |
| 55 | 内资企业 | | | | | | | | |

续表

| 序号 | 项目 | 合计 | | | | 中央 | 省级 | 市级 | 县(区)级 |
|---|---|---|---|---|---|---|---|---|---|
| | | 合计 | 其中:本年新欠入库 | 2001年5月1日以后陈欠入库 | 2001年5月1日以前陈欠入库 | | | | |
| 56 | 外资企业 | | | | | | | | |
| 57 | (6)企业所得税待分配收入 | 49 | | | | 11 | 38 | | |
| 58 | 跨省 | 11 | | | | 11 | | | |
| 59 | 内资企业 | | | | | | | | |
| 60 | 外资企业 | 11 | | | | 11 | | | |
| 61 | 省内跨市 | 38 | | | | | 38 | | |
| 62 | 内资企业 | 38 | | | | | 38 | | |
| 63 | 外资企业 | | | | | | | | |
| 64 | 5. 个人所得税 | 221698 | 1169 | 309 | | 133019 | 44340 | 11771 | 32568 |
| 65 | 6. 资源税 | 5925 | 4 | | | | | 896 | 5029 |
| 66 | 7. 固定资产投资方向调节税 | | | | | | | | |
| 67 | 8. 城市维护建设税 | 137191 | 1408 | 552 | | | | 32930 | 104261 |
| 68 | 9. 房产税 | 99550 | 1615 | 764 | | | | 25936 | 73614 |
| 69 | 10. 印花税 | 28589 | 308 | 100 | | | | 7079 | 21510 |
| 70 | 11. 城镇土地使用税 | 132532 | 4440 | 2129 | | | | 21262 | 111270 |
| 71 | 12. 土地增值税 | 184734 | 6240 | 1811 | | | 92367 | 24350 | 68017 |
| 72 | 13. 车船税 | 24899 | 27 | | | | | 6388 | 18511 |
| 73 | 14. 车辆购置税 | | | | | | | | |
| 74 | 15. 烟叶税 | | | | | | | | |
| 75 | 16. 耕地占用税 | 33761 | | 31 | | | | 4666 | 29095 |

续表

| 序号 | 项　目 | 合　计 | | | | 中央 | 省级 | 市级 | 县(区)级 |
|---|---|---|---|---|---|---|---|---|---|
| | | 合　计 | 其中:本年新欠入库 | 2001 年 5 月 1 日以后陈欠入库 | 2001 年 5 月 1 日以前陈欠入库 | | | | |
| 76 | 17. 契税 | 129530 | 293 | 15 | | | | 33532 | 95998 |
| 77 | 18. 屠宰税 | | | | | | | | |
| 78 | 19. 其他税收 | | | | | | | | |
| 79 | 二、其他收入合计 | 176727 | 1624 | 506 | | | 15566 | 22318 | 138843 |
| 80 | 1. 教育费附加收入 | 62767 | 596 | 221 | | | | 10316 | 52451 |
| 81 | 2. 文化事业建设费收入 | 188 | 2 | 2 | | | 56 | 71 | 61 |
| 82 | 3. 税务部门罚没收入 | 48 | 1 | 1 | | | | | 48 |
| 83 | 4. 堤围费 | 30081 | 320 | 98 | | | | 4699 | 25382 |
| 84 | 5. 价格调节基金 | 500 | 131 | 17 | | | | 349 | 151 |
| 85 | 6. 残疾人基金 | 12425 | | 15 | | | 1877 | 2433 | 8115 |
| 86 | 7. 地方教育附加 | 41789 | 401 | 132 | | | 13633 | 4450 | 23706 |
| 87 | 8. 交通建设附加 | | | | | | | | |
| 88 | 9. 社会保险基金收入 | | | | | | | | |
| 89 | 基本养老保险基金收入 | | | | | | | | |
| 90 | 失业保险基金收入 | | | | | | | | |
| 91 | 基本医疗保险基金收入 | | | | | | | | |
| 92 | 工伤保险基金收入 | | | | | | | | |
| 93 | 生育保险基金收入 | | | | | | | | |
| 94 | 10. 工会会费 | 28929 | 173 | 20 | | | | | 28929 |
| 95 | 11. 其他非税收入 | | | | | | | | |

# 2016 年阳江市地方税务局入库税金明细年报表

编报机关:阳江市地方税务局　　　　单位:万元

| 序号 | 项　目 | 合　计 | | | | 中央 | 省级 | 市级 | 县(区)级 |
|---|---|---|---|---|---|---|---|---|---|
| | | 合　计 | 其中:本年新欠入库 | 2001 年 5 月 1 日以后陈欠入库 | 2001 年 5 月 1 日以前陈欠入库 | | | | |
| 1 | 总　计 | 467178 | 18477 | 5570 | | 67989 | 106075 | 77022 | 216092 |
| 2 | 一、税收收入合计 | 425730 | 17739 | 5228 | | 67989 | 102575 | 68885 | 186281 |
| 3 | 1. 增值税 | 1971 | | | | 922 | 524 | 185 | 340 |
| 4 | 2. 消费税收入 | | | | | | | | |
| 5 | 国内消费税 | | | | | | | | |
| 6 | 其中:成品油消费税 | | | | | | | | |
| 7 | 进口消费品消费税 | | | | | | | | |
| 8 | 其中:进口成品油消费税 | | | | | | | | |
| 9 | 3. 营业税 | 96197 | 5657 | 2142 | | 1907 | 54980 | 9828 | 29482 |
| 10 | 铁路运输企业营业税 | | | | | | | | |
| 11 | 金融保险业营业税 | 14817 | 100 | 14 | | -427 | 15457 | -64 | -149 |
| 12 | 其他营业税 | 81380 | 5557 | 2128 | | 2334 | 39523 | 9892 | 29631 |
| 13 | 4. 企业所得税 | 49076 | 2090 | 913 | | 29446 | 9821 | 3062 | 6747 |
| 14 | (1)一般企业所得税 | 48365 | 2090 | 913 | | 29019 | 9673 | 3051 | 6622 |
| 15 | 内资企业 | 48256 | 2090 | 913 | | 28954 | 9651 | 3051 | 6600 |
| 16 | 外资企业 | 109 | | | | 65 | 22 | | 22 |
| 17 | (2)分支机构预缴所得税 | 657 | | | | 394 | 132 | 11 | 120 |
| 18 | 跨省 | 63 | | | | 38 | 13 | 8 | 4 |

续表

| 序号 | 项目 | 合计 | | | | 中央 | 省级 | 市级 | 县(区)级 |
|---|---|---|---|---|---|---|---|---|---|
| | | 合计 | 其中:本年新欠入库 | 2001年5月1日以后陈欠入库 | 2001年5月1日以前陈欠入库 | | | | |
| 19 | 内资企业 | 63 | | | | 38 | 13 | 8 | 4 |
| 20 | 外资企业 | | | | | | | | |
| 21 | 省内跨市 | 594 | | | | 356 | 119 | 3 | 116 |
| 22 | 内资企业 | 545 | | | | 327 | 109 | 3 | 106 |
| 23 | 外资企业 | 49 | | | | 29 | 10 | | 10 |
| 24 | 市内跨县区 | | | | | | | | |
| 25 | 内资企业 | | | | | | | | |
| 26 | 外资企业 | | | | | | | | |
| 27 | (3)总机构预缴所得税 | 49 | | | | 33 | 11 | | 5 |
| 28 | 跨省 | | | | | | | | |
| 29 | 内资企业 | | | | | | | | |
| 30 | 外资企业 | | | | | | | | |
| 31 | 省内跨市 | 49 | | | | 33 | 11 | | 5 |
| 32 | 内资企业 | 49 | | | | 33 | 11 | | 5 |
| 33 | 外资企业 | | | | | | | | |
| 34 | 市内跨县区 | | | | | | | | |
| 35 | 内资企业 | | | | | | | | |
| 36 | 外资企业 | | | | | | | | |

续表

| 序号 | 项目 | 合计 | | | | 中央 | 省级 | 市级 | 县(区)级 |
|---|---|---|---|---|---|---|---|---|---|
| | | 合计 | 其中:本年新欠入库 | 2001年5月1日以后陈欠入库 | 2001年5月1日以前陈欠入库 | | | | |
| 37 | (4)分支机构汇算清缴所得税 | | | | | | | | |
| 38 | 跨省 | | | | | | | | |
| 39 | 内资企业 | | | | | | | | |
| 40 | 外资企业 | | | | | | | | |
| 41 | 省内跨市 | | | | | | | | |
| 42 | 内资企业 | | | | | | | | |
| 43 | 外资企业 | | | | | | | | |
| 44 | 市内跨县区 | | | | | | | | |
| 45 | 内资企业 | | | | | | | | |
| 46 | 外资企业 | | | | | | | | |
| 47 | (5)总机构汇算清缴所得税 | | | | | | | | |
| 48 | 跨省 | | | | | | | | |
| 49 | 内资企业 | | | | | | | | |
| 50 | 外资企业 | | | | | | | | |
| 51 | 省内跨市 | | | | | | | | |
| 52 | 内资企业 | | | | | | | | |
| 53 | 外资企业 | | | | | | | | |
| 54 | 市内跨县区 | | | | | | | | |
| 55 | 内资企业 | | | | | | | | |

续表

| 序号 | 项　目 | 合　计 | | | | 中央 | 省级 | 市级 | 县(区)级 |
|---|---|---|---|---|---|---|---|---|---|
| | | 合　计 | 其中:本年新欠入库 | 2001年5月1日以后陈欠入库 | 2001年5月1日以前陈欠入库 | | | | |
| 56 | 外资企业 | | | | | | | | |
| 57 | (6)企业所得税待分配收入 | 5 | | | | | 5 | | |
| 58 | 跨省 | | | | | | | | |
| 59 | 内资企业 | | | | | | | | |
| 60 | 外资企业 | | | | | | | | |
| 61 | 省内跨市 | 5 | | | | | 5 | | |
| 62 | 内资企业 | 5 | | | | | 5 | | |
| 63 | 外资企业 | | | | | | | | |
| 64 | 5. 个人所得税 | 59523 | 338 | 81 | | 35714 | 11905 | 3555 | 8349 |
| 65 | 6. 资源税 | 5932 | 335 | 13 | | | | 655 | 5277 |
| 66 | 7. 固定资产投资方向调节税 | | | | | | | | |
| 67 | 8. 城市维护建设税 | 29325 | 1031 | 275 | | | | 8788 | 20537 |
| 68 | 9. 房产税 | 20332 | 620 | 235 | | | | 4334 | 15998 |
| 69 | 10. 印花税 | 7815 | 206 | 43 | | | | 2069 | 5746 |
| 70 | 11. 城镇土地使用税 | 34789 | 2449 | 625 | | | | 5103 | 29686 |
| 71 | 12. 土地增值税 | 50690 | 4890 | 833 | | | 25345 | 5151 | 20194 |
| 72 | 13. 车船税 | 9671 | | 2 | | | | 3998 | 5673 |
| 73 | 14. 车辆购置税 | | | | | | | | |
| 74 | 15. 烟叶税 | | | | | | | | |
| 75 | 16. 耕地占用税 | 28886 | | | | | | 11960 | 16926 |

续表

| 序号 | 项　　目 | 合　　计 | | | | 中央 | 省级 | 市级 | 县(区)级 |
|---|---|---|---|---|---|---|---|---|---|
| | | 合　计 | 其中:本年新欠入库 | 2001 年 5 月 1 日以后陈欠入库 | 2001 年 5 月 1 日以前陈欠入库 | | | | |
| 76 | 17. 契税 | 31523 | 123 | 66 | | | | 10197 | 21326 |
| 77 | 18. 屠宰税 | | | | | | | | |
| 78 | 19. 其他税收 | | | | | | | | |
| 79 | 二、其他收入合计 | 41448 | 738 | 342 | | | 3500 | 8137 | 29811 |
| 80 | 1. 教育费附加收入 | 14527 | 294 | 171 | | | | 3686 | 10841 |
| 81 | 2. 文化事业建设费收入 | 55 | 1 | | | | 16 | 7 | 32 |
| 82 | 3. 税务部门罚没收入 | 203 | | | | | | 152 | 51 |
| 83 | 4. 堤围费 | 10911 | 240 | 55 | | | -1 | 1863 | 9049 |
| 84 | 5. 价格调节基金 | 411 | 5 | 7 | | | | 411 | |
| 85 | 6. 残疾人基金 | 1403 | | | | | 231 | 500 | 672 |
| 86 | 7. 地方教育附加 | 9651 | 193 | 108 | | | 3254 | 1518 | 4879 |
| 87 | 8. 交通建设附加 | | | | | | | | |
| 88 | 9. 社会保险基金收入 | | | | | | | | |
| 89 | 基本养老保险基金收入 | | | | | | | | |
| 90 | 失业保险基金收入 | | | | | | | | |
| 91 | 基本医疗保险基金收入 | | | | | | | | |
| 92 | 工伤保险基金收入 | | | | | | | | |
| 93 | 生育保险基金收入 | | | | | | | | |
| 94 | 10. 工会会费 | 4287 | 5 | 1 | | | | | 4287 |
| 95 | 11. 其他非税收入 | | | | | | | | |

# 2016年湛江市地方税务局入库税金明细年报表

编报机关:湛江市地方税务局

单位:万元

| 序号 | 项　　目 | 合　计 | | | | 中央 | 省级 | 市级 | 县(区)级 |
|---|---|---|---|---|---|---|---|---|---|
| | | 合　计 | 其中:本年新欠入库 | 2001年5月1日以后陈欠入库 | 2001年5月1日以前陈欠入库 | | | | |
| 1 | 总　　计 | 893115 | 29338 | 2237 | | 141001 | 202103 | 198834 | 351177 |
| 2 | 一、税收收入合计 | 776645 | 27924 | 2108 | | 141001 | 191001 | 152514 | 292129 |
| 3 | 1. 增值税 | 2750 | | | | 1276 | 737 | 158 | 579 |
| 4 | 2. 消费税收入 | | | | | | | | |
| 5 | 国内消费税 | | | | | | | | |
| 6 | 其中:成品油消费税 | | | | | | | | |
| 7 | 进口消费品消费税 | | | | | | | | |
| 8 | 其中:进口成品油消费税 | | | | | | | | |
| 9 | 3. 营业税 | 176361 | 11279 | 924 | | 5784 | 105792 | 19773 | 45012 |
| 10 | 铁路运输企业营业税 | | | | | | | | |
| 11 | 金融保险业营业税 | 39270 | 9 | | | -865 | 40567 | -59 | -373 |
| 12 | 其他营业税 | 137091 | 11270 | 924 | | 6649 | 65225 | 19832 | 45385 |
| 13 | 4. 企业所得税 | 100156 | 5635 | 137 | | 60181 | 20010 | 5644 | 14321 |
| 14 | (1)一般企业所得税 | 99046 | 5627 | 133 | | 59428 | 19809 | 5558 | 14251 |
| 15 | 内资企业 | 87097 | 5627 | 133 | | 52258 | 17419 | 4247 | 13173 |
| 16 | 外资企业 | 11949 | | | | 7170 | 2390 | 1311 | 1078 |
| 17 | (2)分支机构预缴所得税 | 431 | 8 | 4 | | 258 | 86 | 55 | 32 |
| 18 | 跨省 | 267 | | | | 160 | 53 | 47 | 7 |

续表

| 序号 | 项目 | 合计 | | | | 中央 | 省级 | 市级 | 县(区)级 |
|---|---|---|---|---|---|---|---|---|---|
| | | 合计 | 其中:本年新欠入库 | 2001年5月1日以后陈欠入库 | 2001年5月1日以前陈欠入库 | | | | |
| 19 | 内资企业 | 261 | | | | 156 | 52 | 46 | 7 |
| 20 | 外资企业 | 6 | | | | 4 | 1 | 1 | |
| 21 | 省内跨市 | 164 | 8 | 4 | | 98 | 33 | 8 | 25 |
| 22 | 内资企业 | 164 | 8 | 4 | | 98 | 33 | 8 | 25 |
| 23 | 外资企业 | | | | | | | | |
| 24 | 市内跨县区 | | | | | | | | |
| 25 | 内资企业 | | | | | | | | |
| 26 | 外资企业 | | | | | | | | |
| 27 | (3)总机构预缴所得税 | 535 | | | | 384 | 87 | 29 | 35 |
| 28 | 跨省 | 326 | | | | 245 | 41 | 12 | 28 |
| 29 | 内资企业 | 326 | | | | 245 | 41 | 12 | 28 |
| 30 | 外资企业 | | | | | | | | |
| 31 | 省内跨市 | 209 | | | | 139 | 46 | 17 | 7 |
| 32 | 内资企业 | 209 | | | | 139 | 46 | 17 | 7 |
| 33 | 外资企业 | | | | | | | | |
| 34 | 市内跨县区 | | | | | | | | |
| 35 | 内资企业 | | | | | | | | |
| 36 | 外资企业 | | | | | | | | |

续表

| 序号 | 项　目 | 合　计 | | | | 中央 | 省级 | 市级 | 县(区)级 |
|---|---|---|---|---|---|---|---|---|---|
| | | 合　计 | 其中:本年新欠入库 | 2001年5月1日以后陈欠入库 | 2001年5月1日以前陈欠入库 | | | | |
| 37 | (4)分支机构汇算清缴所得税 | 10 | | | | 6 | 2 | 1 | 1 |
| 38 | 跨省 | 7 | | | | 4 | 1 | 1 | 1 |
| 39 | 内资企业 | 7 | | | | 4 | 1 | 1 | 1 |
| 40 | 外资企业 | | | | | | | | |
| 41 | 省内跨市 | 3 | | | | 2 | 1 | | |
| 42 | 内资企业 | 3 | | | | 2 | 1 | | |
| 43 | 外资企业 | | | | | | | | |
| 44 | 市内跨县区 | | | | | | | | |
| 45 | 内资企业 | | | | | | | | |
| 46 | 外资企业 | | | | | | | | |
| 47 | (5)总机构汇算清缴所得税 | 23 | | | | 17 | 3 | 1 | 2 |
| 48 | 跨省 | 23 | | | | 17 | 3 | 1 | 2 |
| 49 | 内资企业 | 23 | | | | 17 | 3 | 1 | 2 |
| 50 | 外资企业 | | | | | | | | |
| 51 | 省内跨市 | | | | | | | | |
| 52 | 内资企业 | | | | | | | | |
| 53 | 外资企业 | | | | | | | | |
| 54 | 市内跨县区 | | | | | | | | |
| 55 | 内资企业 | | | | | | | | |

续表

| 序号 | 项目 | 合计 | | | | 中央 | 省级 | 市级 | 县(区)级 |
|---|---|---|---|---|---|---|---|---|---|
| | | 合计 | 其中:本年新欠入库 | 2001年5月1日以后陈欠入库 | 2001年5月1日以前陈欠入库 | | | | |
| 56 | 外资企业 | | | | | | | | |
| 57 | (6)企业所得税待分配收入 | 111 | | | | 88 | 23 | | |
| 58 | 跨省 | 88 | | | | 88 | | | |
| 59 | 内资企业 | 88 | | | | 88 | | | |
| 60 | 外资企业 | | | | | | | | |
| 61 | 省内跨市 | 23 | | | | | 23 | | |
| 62 | 内资企业 | 23 | | | | | 23 | | |
| 63 | 外资企业 | | | | | | | | |
| 64 | 5. 个人所得税 | 122933 | 408 | 56 | | 73760 | 24586 | 8804 | 15783 |
| 65 | 6. 资源税 | 1448 | 35 | 2 | | | | 32 | 1416 |
| 66 | 7. 固定资产投资方向调节税 | | | | | | | | |
| 67 | 8. 城市维护建设税 | 108884 | 1135 | 108 | | | 12 | 48907 | 59965 |
| 68 | 9. 房产税 | 27355 | 183 | 54 | | | | 9894 | 17461 |
| 69 | 10. 印花税 | 15693 | 122 | 24 | | | | 4413 | 11280 |
| 70 | 11. 城镇土地使用税 | 31831 | 880 | 185 | | | | 10579 | 21252 |
| 71 | 12. 土地增值税 | 79727 | 6999 | 614 | | | 39864 | 11467 | 28396 |
| 72 | 13. 车船税 | 14448 | | | | | | 9514 | 4934 |
| 73 | 14. 车辆购置税 | | | | | | | | |
| 74 | 15. 烟叶税 | | | | | | | | |
| 75 | 16. 耕地占用税 | 25768 | | | | | | | 25768 |

续表

| 序号 | 项　　目 | 合　　计 | | | | 中央 | 省级 | 市级 | 县(区)级 |
|---|---|---|---|---|---|---|---|---|---|
| | | 合　计 | 其中:本年新欠入库 | 2001年5月1日以后陈欠入库 | 2001年5月1日以前陈欠入库 | | | | |
| 76 | 17. 契税 | 69291 | 1248 | 4 | | | | 23329 | 45962 |
| 77 | 18. 屠宰税 | | | | | | | | |
| 78 | 19. 其他税收 | | | | | | | | |
| 79 | 二、其他收入合计 | 116470 | 1414 | 129 | | | 11102 | 46320 | 59048 |
| 80 | 1. 教育费附加收入 | 47777 | 596 | 54 | | | 7 | 22412 | 25358 |
| 81 | 2. 文化事业建设费收入 | 86 | 1 | 1 | | | 26 | 12 | 48 |
| 82 | 3. 税务部门罚没收入 | 17 | | -8 | | | | 6 | 11 |
| 83 | 4. 堤围费 | 17701 | 404 | 40 | | | | 10476 | 7225 |
| 84 | 5. 价格调节基金 | | | | | | | | |
| 85 | 6. 残疾人基金 | 4392 | | | | | 660 | 3121 | 611 |
| 86 | 7. 地方教育附加 | 31807 | 358 | 35 | | | 10409 | 10293 | 11105 |
| 87 | 8. 交通建设附加 | | | | | | | | |
| 88 | 9. 社会保险基金收入 | | | | | | | | |
| 89 | 基本养老保险基金收入 | | | | | | | | |
| 90 | 失业保险基金收入 | | | | | | | | |
| 91 | 基本医疗保险基金收入 | | | | | | | | |
| 92 | 工伤保险基金收入 | | | | | | | | |
| 93 | 生育保险基金收入 | | | | | | | | |
| 94 | 10. 工会会费 | 14690 | 55 | 7 | | | | | 14690 |
| 95 | 11. 其他非税收入 | | | | | | | | |

# 2016 年茂名市地方税务局入库税金明细年报表

编报机关:茂名市地方税务局　　　　单位:万元

| 序号 | 项　　目 | 合　计 | | | | 中央 | 省级 | 市级 | 县(区)级 |
|---|---|---|---|---|---|---|---|---|---|
| | | 合　计 | 其中:本年新欠入库 | 2001 年 5 月 1 日以后陈欠入库 | 2001 年 5 月 1 日以前陈欠入库 | | | | |
| 1 | 总　　计 | 1097445 | 15047 | 2824 | | 135889 | 245227 | 327544 | 388785 |
| 2 | 一、税收收入合计 | 946541 | 14129 | 2368 | | 135889 | 229942 | 224942 | 355768 |
| 3 | 1. 增值税 | 4078 | 21 | | | 1864 | 1107 | 256 | 851 |
| 4 | 2. 消费税收入 | | | | | | | | |
| 5 | 国内消费税 | | | | | | | | |
| 6 | 其中:成品油消费税 | | | | | | | | |
| 7 | 进口消费品消费税 | | | | | | | | |
| 8 | 其中:进口成品油消费税 | | | | | | | | |
| 9 | 3. 营业税 | 129489 | 5256 | 583 | | 2458 | 74193 | 14722 | 38116 |
| 10 | 铁路运输企业营业税 | | | | | | | | |
| 11 | 金融保险业营业税 | 18675 | | | | -989 | 20159 | -290 | -205 |
| 12 | 其他营业税 | 110814 | 5256 | 583 | | 3447 | 54034 | 15012 | 38321 |
| 13 | 4. 企业所得税 | 140361 | 873 | 750 | | 84906 | 28196 | 5935 | 21324 |
| 14 | (1)一般企业所得税 | 130854 | 873 | 750 | | 78512 | 26171 | 5620 | 20551 |
| 15 | 内资企业 | 130468 | 873 | 750 | | 78280 | 26094 | 5608 | 20486 |
| 16 | 外资企业 | 386 | | | | 232 | 77 | 12 | 65 |
| 17 | (2)分支机构预缴所得税 | 1114 | | | | 668 | 223 | 22 | 201 |
| 18 | 跨省 | 64 | | | | 38 | 13 | 9 | 4 |

续表

| 序号 | 项目 | 合计 | | | | 中央 | 省级 | 市级 | 县(区)级 |
|---|---|---|---|---|---|---|---|---|---|
| | | 合计 | 其中:本年新欠入库 | 2001年5月1日以后陈欠入库 | 2001年5月1日以前陈欠入库 | | | | |
| 19 | 内资企业 | 64 | | | | 38 | 13 | 9 | 4 |
| 20 | 外资企业 | | | | | | | | |
| 21 | 省内跨市 | 1050 | | | | 630 | 210 | 13 | 197 |
| 22 | 内资企业 | 1050 | | | | 630 | 210 | 13 | 197 |
| 23 | 外资企业 | | | | | | | | |
| 24 | 市内跨县区 | | | | | | | | |
| 25 | 内资企业 | | | | | | | | |
| 26 | 外资企业 | | | | | | | | |
| 27 | (3)总机构预缴所得税 | 6972 | | | | 4878 | 1281 | 266 | 547 |
| 28 | 跨省 | 2756 | | | | 2067 | 344 | | 345 |
| 29 | 内资企业 | 2756 | | | | 2067 | 344 | | 345 |
| 30 | 外资企业 | | | | | | | | |
| 31 | 省内跨市 | 4216 | | | | 2811 | 937 | 266 | 202 |
| 32 | 内资企业 | 4216 | | | | 2811 | 937 | 266 | 202 |
| 33 | 外资企业 | | | | | | | | |
| 34 | 市内跨县区 | | | | | | | | |
| 35 | 内资企业 | | | | | | | | |
| 36 | 外资企业 | | | | | | | | |

续表

| 序号 | 项目 | 合计 | | | | 中央 | 省级 | 市级 | 县(区)级 |
|---|---|---|---|---|---|---|---|---|---|
| | | 合计 | 其中:本年新欠入库 | 2001年5月1日以后陈欠入库 | 2001年5月1日以前陈欠入库 | | | | |
| 37 | (4)分支机构汇算清缴所得税 | 263 | | | | 159 | 52 | 27 | 25 |
| 38 | 跨省 | 202 | | | | 122 | 40 | 27 | 13 |
| 39 | 内资企业 | 202 | | | | 122 | 40 | 27 | 13 |
| 40 | 外资企业 | | | | | | | | |
| 41 | 省内跨市 | 61 | | | | 37 | 12 | | 12 |
| 42 | 内资企业 | 61 | | | | 37 | 12 | | 12 |
| 43 | 外资企业 | | | | | | | | |
| 44 | 市内跨县区 | | | | | | | | |
| 45 | 内资企业 | | | | | | | | |
| 46 | 外资企业 | | | | | | | | |
| 47 | (5)总机构汇算清缴所得税 | | | | | | | | |
| 48 | 跨省 | | | | | | | | |
| 49 | 内资企业 | | | | | | | | |
| 50 | 外资企业 | | | | | | | | |
| 51 | 省内跨市 | | | | | | | | |
| 52 | 内资企业 | | | | | | | | |
| 53 | 外资企业 | | | | | | | | |
| 54 | 市内跨县区 | | | | | | | | |
| 55 | 内资企业 | | | | | | | | |

续表

| 序号 | 项目 | 合计 | | | | 中央 | 省级 | 市级 | 县(区)级 |
|---|---|---|---|---|---|---|---|---|---|
| | | 合计 | 其中:本年新欠入库 | 2001年5月1日以后陈欠入库 | 2001年5月1日以前陈欠入库 | | | | |
| 56 | 外资企业 | | | | | | | | |
| 57 | (6)企业所得税待分配收入 | 1158 | | | | 689 | 469 | | |
| 58 | 跨省 | 689 | | | | 689 | | | |
| 59 | 内资企业 | 689 | | | | 689 | | | |
| 60 | 外资企业 | | | | | | | | |
| 61 | 省内跨市 | 469 | | | | | 469 | | |
| 62 | 内资企业 | 469 | | | | | 469 | | |
| 63 | 外资企业 | | | | | | | | |
| 64 | 5. 个人所得税 | 77768 | 294 | 28 | | 46661 | 15554 | 5924 | 9629 |
| 65 | 6. 资源税 | 4464 | 51 | | | | | 482 | 3982 |
| 66 | 7. 固定资产投资方向调节税 | | | | | | | | |
| 67 | 8. 城市维护建设税 | 168031 | 568 | 165 | | | | 144315 | 23716 |
| 68 | 9. 房产税 | 17302 | 56 | 93 | | | | 6371 | 10931 |
| 69 | 10. 印花税 | 11807 | 82 | 8 | | | | 3458 | 8349 |
| 70 | 11. 城镇土地使用税 | 27592 | 123 | 301 | | | | 14949 | 12643 |
| 71 | 12. 土地增值税 | 221785 | 6728 | 440 | | | 110892 | 7897 | 102996 |
| 72 | 13. 车船税 | 15093 | 1 | | | | | 5504 | 9589 |
| 73 | 14. 车辆购置税 | | | | | | | | |
| 74 | 15. 烟叶税 | | | | | | | | |
| 75 | 16. 耕地占用税 | 52200 | 2 | | | | | | 52200 |

续表

| 序号 | 项　目 | 合　计 | | | | 中央 | 省级 | 市级 | 县(区)级 |
|---|---|---|---|---|---|---|---|---|---|
| | | 合　计 | 其中:本年新欠入库 | 2001年5月1日以后陈欠入库 | 2001年5月1日以前陈欠入库 | | | | |
| 76 | 17. 契税 | 76571 | 74 | | | | | 15129 | 61442 |
| 77 | 18. 屠宰税 | | | | | | | | |
| 78 | 19. 其他税收 | | | | | | | | |
| 79 | 二、其他收入合计 | 150904 | 918 | 456 | | | 15285 | 102602 | 33017 |
| 80 | 1. 教育费附加收入 | 72077 | 242 | 73 | | | | 62679 | 9398 |
| 81 | 2. 文化事业建设费收入 | 55 | 1 | | | | 16 | 18 | 21 |
| 82 | 3. 税务部门罚没收入 | 23 | 1 | | | | | 7 | 16 |
| 83 | 4. 堤围费 | 15782 | 294 | 23 | | | | 8413 | 7369 |
| 84 | 5. 价格调节基金 | 2572 | 186 | 299 | | | | 1050 | 1522 |
| 85 | 6. 残疾人基金 | 2645 | | 7 | | | 397 | 1610 | 638 |
| 86 | 7. 地方教育附加 | 48059 | 162 | 49 | | | 14872 | 28825 | 4362 |
| 87 | 8. 交通建设附加 | | | | | | | | |
| 88 | 9. 社会保险基金收入 | | | | | | | | |
| 89 | 基本养老保险基金收入 | | | | | | | | |
| 90 | 失业保险基金收入 | | | | | | | | |
| 91 | 基本医疗保险基金收入 | | | | | | | | |
| 92 | 工伤保险基金收入 | | | | | | | | |
| 93 | 生育保险基金收入 | | | | | | | | |
| 94 | 10. 工会会费 | 9691 | 32 | 5 | | | | | 9691 |
| 95 | 11. 其他非税收入 | | | | | | | | |

# 2016 年肇庆市地方税务局入库税金明细年报表

编报机关:肇庆市地方税务局　　单位:万元

| 序号 | 项　目 | 合计 | | | | 中央 | 省级 | 市级 | 县(区)级 |
|---|---|---|---|---|---|---|---|---|---|
| | | 合　计 | 其中:本年新欠入库 | 2001 年 5 月 1 日以后陈欠入库 | 2001 年 5 月 1 日以前陈欠入库 | | | | |
| 1 | 总　计 | 837710 | 13353 | 4702 | | 112625 | 189707 | 119969 | 415409 |
| 2 | 一、税收收入合计 | 756025 | 12632 | 4492 | | 112625 | 183205 | 96372 | 363823 |
| 3 | 1. 增值税 | 4658 | | | | 2154 | 1252 | 215 | 1037 |
| 4 | 2. 消费税收入 | | | | | | | | |
| 5 | 国内消费税 | | | | | | | | |
| 6 | 其中:成品油消费税 | | | | | | | | |
| 7 | 进口消费品消费税 | | | | | | | | |
| 8 | 其中:进口成品油消费税 | | | | | | | | |
| 9 | 3. 营业税 | 161716 | 2647 | 1623 | | 618 | 94306 | 21187 | 45605 |
| 10 | 铁路运输企业营业税 | | | | | | | | |
| 11 | 金融保险业营业税 | 24443 | | | | -1536 | 26746 | -279 | -488 |
| 12 | 其他营业税 | 137273 | 2647 | 1623 | | 2154 | 67560 | 21466 | 46093 |
| 13 | 4. 企业所得税 | 80400 | 3958 | 562 | | 48405 | 16001 | 3628 | 12366 |
| 14 | (1)一般企业所得税 | 79034 | 3956 | 562 | | 47420 | 15809 | 3544 | 12261 |
| 15 | 内资企业 | 78722 | 3956 | 562 | | 47232 | 15747 | 3507 | 12236 |
| 16 | 外资企业 | 312 | | | | 188 | 62 | 37 | 25 |
| 17 | (2)分支机构预缴所得税 | 493 | 1 | | | 296 | 98 | 27 | 72 |
| 18 | 跨省 | 40 | 1 | | | 24 | 8 | 5 | 3 |

续表

| 序号 | 项目 | 合计 | | | | 中央 | 省级 | 市级 | 县(区)级 |
|---|---|---|---|---|---|---|---|---|---|
| | | 合计 | 其中:本年新欠入库 | 2001年5月1日以后陈欠入库 | 2001年5月1日以前陈欠入库 | | | | |
| 19 | 内资企业 | 40 | 1 | | | 24 | 8 | 5 | 3 |
| 20 | 外资企业 | | | | | | | | |
| 21 | 省内跨市 | 453 | | | | 272 | 90 | 22 | 69 |
| 22 | 内资企业 | 420 | | | | 252 | 84 | 21 | 63 |
| 23 | 外资企业 | 33 | | | | 20 | 6 | 1 | 6 |
| 24 | 市内跨县区 | | | | | | | | |
| 25 | 内资企业 | | | | | | | | |
| 26 | 外资企业 | | | | | | | | |
| 27 | (3)总机构预缴所得税 | 683 | | | | 510 | 87 | 55 | 31 |
| 28 | 跨省 | 663 | | | | 497 | 83 | 54 | 29 |
| 29 | 内资企业 | 663 | | | | 497 | 83 | 54 | 29 |
| 30 | 外资企业 | | | | | | | | |
| 31 | 省内跨市 | 20 | | | | 13 | 4 | 1 | 2 |
| 32 | 内资企业 | 20 | | | | 13 | 4 | 1 | 2 |
| 33 | 外资企业 | | | | | | | | |
| 34 | 市内跨县区 | | | | | | | | |
| 35 | 内资企业 | | | | | | | | |
| 36 | 外资企业 | | | | | | | | |

续表

| 序号 | 项　　目 | 合　　计 | | | | 中央 | 省级 | 市级 | 县(区)级 |
|---|---|---|---|---|---|---|---|---|---|
| | | 合　计 | 其中:本年新欠入库 | 2001年5月1日以后陈欠入库 | 2001年5月1日以前陈欠入库 | | | | |
| 37 | (4)分支机构汇算清缴所得税 | 22 | 1 | | | 13 | 5 | 2 | 2 |
| 38 | 跨省 | 2 | | | | 1 | 1 | | |
| 39 | 内资企业 | 2 | | | | 1 | 1 | | |
| 40 | 外资企业 | | | | | | | | |
| 41 | 省内跨市 | 20 | 1 | | | 12 | 4 | 2 | 2 |
| 42 | 内资企业 | 17 | 1 | | | 10 | 4 | 2 | 1 |
| 43 | 外资企业 | 3 | | | | 2 | | | 1 |
| 44 | 市内跨县区 | | | | | | | | |
| 45 | 内资企业 | | | | | | | | |
| 46 | 外资企业 | | | | | | | | |
| 47 | (5)总机构汇算清缴所得税 | | | | | | | | |
| 48 | 跨省 | | | | | | | | |
| 49 | 内资企业 | | | | | | | | |
| 50 | 外资企业 | | | | | | | | |
| 51 | 省内跨市 | | | | | | | | |
| 52 | 内资企业 | | | | | | | | |
| 53 | 外资企业 | | | | | | | | |
| 54 | 市内跨县区 | | | | | | | | |
| 55 | 内资企业 | | | | | | | | |

续表

| 序号 | 项目 | 合计 | | | | 中央 | 省级 | 市级 | 县(区)级 |
|---|---|---|---|---|---|---|---|---|---|
| | | 合计 | 其中:本年新欠入库 | 2001年5月1日以后陈欠入库 | 2001年5月1日以前陈欠入库 | | | | |
| 56 | 外资企业 | | | | | | | | |
| 57 | (6)企业所得税待分配收入 | 168 | | | | 166 | 2 | | |
| 58 | 跨省 | 166 | | | | 166 | | | |
| 59 | 内资企业 | 166 | | | | 166 | | | |
| 60 | 外资企业 | | | | | | | | |
| 61 | 省内跨市 | 2 | | | | | 2 | | |
| 62 | 内资企业 | 2 | | | | | 2 | | |
| 63 | 外资企业 | | | | | | | | |
| 64 | 5. 个人所得税 | 102414 | 327 | 61 | | 61448 | 20482 | 6012 | 14472 |
| 65 | 6. 资源税 | 8670 | 84 | 85 | | | | 28 | 8642 |
| 66 | 7. 固定资产投资方向调节税 | | | | | | | | |
| 67 | 8. 城市维护建设税 | 55831 | 536 | 169 | | | | 15567 | 40264 |
| 68 | 9. 房产税 | 31481 | 160 | 361 | | | | 7239 | 24242 |
| 69 | 10. 印花税 | 13036 | 172 | 28 | | | | 3336 | 9700 |
| 70 | 11. 城镇土地使用税 | 94346 | 890 | 489 | | | | 9714 | 84632 |
| 71 | 12. 土地增值税 | 102326 | 3281 | 825 | | | 51164 | 10945 | 40217 |
| 72 | 13. 车船税 | 14129 | 23 | | | | | 4507 | 9622 |
| 73 | 14. 车辆购置税 | | | | | | | | |
| 74 | 15. 烟叶税 | | | | | | | | |
| 75 | 16. 耕地占用税 | 21356 | 63 | | | | | -1431 | 22787 |

续表

| 序号 | 项目 | 合计 | | | | 中央 | 省级 | 市级 | 县(区)级 |
|---|---|---|---|---|---|---|---|---|---|
| | | 合计 | 其中:本年新欠入库 | 2001年5月1日以后陈欠入库 | 2001年5月1日以前陈欠入库 | | | | |
| 76 | 17. 契税 | 65662 | 491 | 289 | | | | 15425 | 50237 |
| 77 | 18. 屠宰税 | | | | | | | | |
| 78 | 19. 其他税收 | | | | | | | | |
| 79 | 二、其他收入合计 | 81685 | 721 | 210 | | | 6502 | 23597 | 51586 |
| 80 | 1. 教育费附加收入 | 26113 | 261 | 77 | | | | 6662 | 19451 |
| 81 | 2. 文化事业建设费收入 | 116 | 3 | 1 | | | 34 | 25 | 57 |
| 82 | 3. 税务部门罚没收入 | 67 | | 2 | | | | 12 | 55 |
| 83 | 4. 堤围费 | 16678 | 131 | 34 | | | | 5850 | 10828 |
| 84 | 5. 价格调节基金 | 1179 | 84 | 22 | | | | 337 | 842 |
| 85 | 6. 残疾人基金 | 4732 | | | | | 710 | 1430 | 2592 |
| 86 | 7. 地方教育附加 | 17400 | 164 | 56 | | | 5758 | 2913 | 8729 |
| 87 | 8. 交通建设附加 | | | | | | | | |
| 88 | 9. 社会保险基金收入 | | | | | | | | |
| 89 | 基本养老保险基金收入 | | | | | | | | |
| 90 | 失业保险基金收入 | | | | | | | | |
| 91 | 基本医疗保险基金收入 | | | | | | | | |
| 92 | 工伤保险基金收入 | | | | | | | | |
| 93 | 生育保险基金收入 | | | | | | | | |
| 94 | 10. 工会会费 | 15400 | 78 | 18 | | | | 6368 | 9032 |
| 95 | 11. 其他非税收入 | | | | | | | | |

# 2016年清远市地方税务局入库税金明细年报表

编报机关:清远市地方税务局　　　　单位:万元

| 序号 | 项　目 | 合计 | | | | 中央 | 省级 | 市级 | 县(区)级 |
|---|---|---|---|---|---|---|---|---|---|
| | | 合　计 | 其中:本年新欠入库 | 2001年5月1日以后陈欠入库 | 2001年5月1日以前陈欠入库 | | | | |
| 1 | 总　计 | 790080 | 28436 | 4437 | | 118562 | 186435 | 266462 | 218621 |
| 2 | 一、税收收入合计 | 716964 | 27181 | 4262 | | 118562 | 180171 | 232337 | 185894 |
| 3 | 1. 增值税 | 4834 | | | | 2188 | 1324 | 344 | 978 |
| 4 | 2. 消费税收入 | | | | | | | | |
| 5 | 国内消费税 | | | | | | | | |
| 6 | 其中:成品油消费税 | | | | | | | | |
| 7 | 进口消费品消费税 | | | | | | | | |
| 8 | 其中:进口成品油消费税 | | | | | | | | |
| 9 | 3. 营业税 | 175351 | 8568 | 2051 | | 1714 | 97648 | 43691 | 32298 |
| 10 | 铁路运输企业营业税 | | | | | | | | |
| 11 | 金融保险业营业税 | 20345 | 52 | | | -655 | 21329 | -58 | -271 |
| 12 | 其他营业税 | 155006 | 8516 | 2051 | | 2369 | 76319 | 43749 | 32569 |
| 13 | 4. 企业所得税 | 98770 | 9707 | 472 | | 59931 | 19591 | 11104 | 8144 |
| 14 | (1)一般企业所得税 | 97743 | 9482 | 472 | | 59313 | 19335 | 10978 | 8117 |
| 15 | 内资企业 | 97535 | 9482 | 472 | | 59189 | 19294 | 10974 | 8078 |
| 16 | 外资企业 | 208 | | | | 124 | 41 | 4 | 39 |
| 17 | (2)分支机构预缴所得税 | 270 | | | | 163 | 54 | 29 | 24 |
| 18 | 跨省 | 35 | | | | 21 | 7 | 7 | |

续表

| 序号 | 项　目 | 合　计 | | | | 中央 | 省级 | 市级 | 县(区)级 |
|---|---|---|---|---|---|---|---|---|---|
| | | 合　计 | 其中:本年新欠入库 | 2001年5月1日以后陈欠入库 | 2001年5月1日以前陈欠入库 | | | | |
| 19 | 内资企业 | 34 | | | | 20 | 7 | 7 | |
| 20 | 外资企业 | 1 | | | | 1 | | | |
| 21 | 省内跨市 | 235 | | | | 142 | 47 | 22 | 24 |
| 22 | 内资企业 | 209 | | | | 126 | 42 | 22 | 19 |
| 23 | 外资企业 | 26 | | | | 16 | 5 | | 5 |
| 24 | 市内跨县区 | | | | | | | | |
| 25 | 内资企业 | | | | | | | | |
| 26 | 外资企业 | | | | | | | | |
| 27 | (3)总机构预缴所得税 | 254 | | | | 170 | 56 | 28 | |
| 28 | 跨省 | | | | | | | | |
| 29 | 内资企业 | | | | | | | | |
| 30 | 外资企业 | | | | | | | | |
| 31 | 省内跨市 | 254 | | | | 170 | 56 | 28 | |
| 32 | 内资企业 | 254 | | | | 170 | 56 | 28 | |
| 33 | 外资企业 | | | | | | | | |
| 34 | 市内跨县区 | | | | | | | | |
| 35 | 内资企业 | | | | | | | | |
| 36 | 外资企业 | | | | | | | | |

续表

| 序号 | 项　目 | 合　计 | | | | 中央 | 省级 | 市级 | 县(区)级 |
|---|---|---|---|---|---|---|---|---|---|
| | | 合　计 | 其中:本年新欠入库 | 2001年5月1日以后陈欠入库 | 2001年5月1日以前陈欠入库 | | | | |
| 37 | (4)分支机构汇算清缴所得税 | 248 | 225 | | | 149 | 50 | 46 | 3 |
| 38 | 跨省 | 4 | | | | 2 | 1 | 1 | |
| 39 | 内资企业 | 4 | | | | 2 | 1 | 1 | |
| 40 | 外资企业 | | | | | | | | |
| 41 | 省内跨市 | 244 | 225 | | | 147 | 49 | 45 | 3 |
| 42 | 内资企业 | 244 | 225 | | | 147 | 49 | 45 | 3 |
| 43 | 外资企业 | | | | | | | | |
| 44 | 市内跨县区 | | | | | | | | |
| 45 | 内资企业 | | | | | | | | |
| 46 | 外资企业 | | | | | | | | |
| 47 | (5)总机构汇算清缴所得税 | 204 | | | | 136 | 45 | 23 | |
| 48 | 跨省 | | | | | | | | |
| 49 | 内资企业 | | | | | | | | |
| 50 | 外资企业 | | | | | | | | |
| 51 | 省内跨市 | 204 | | | | 136 | 45 | 23 | |
| 52 | 内资企业 | 204 | | | | 136 | 45 | 23 | |
| 53 | 外资企业 | | | | | | | | |
| 54 | 市内跨县区 | | | | | | | | |
| 55 | 内资企业 | | | | | | | | |

续表

| 序号 | 项目 | 合计 | | | | 中央 | 省级 | 市级 | 县(区)级 |
|---|---|---|---|---|---|---|---|---|---|
| | | 合计 | 其中:本年新欠入库 | 2001年5月1日以后陈欠入库 | 2001年5月1日以前陈欠入库 | | | | |
| 56 | 外资企业 | | | | | | | | |
| 57 | (6)企业所得税待分配收入 | 51 | | | | | 51 | | |
| 58 | 跨省 | | | | | | | | |
| 59 | 内资企业 | | | | | | | | |
| 60 | 外资企业 | | | | | | | | |
| 61 | 省内跨市 | 51 | | | | | 51 | | |
| 62 | 内资企业 | 51 | | | | | 51 | | |
| 63 | 外资企业 | | | | | | | | |
| 64 | 5. 个人所得税 | 91214 | 115 | 82 | | 54729 | 18242 | 11061 | 7182 |
| 65 | 6. 资源税 | 12209 | 99 | 33 | | | | 1142 | 11067 |
| 66 | 7. 固定资产投资方向调节税 | | | | | | | | |
| 67 | 8. 城市维护建设税 | 54574 | 921 | 129 | | | | 27423 | 27151 |
| 68 | 9. 房产税 | 30160 | 294 | 59 | | | | 15035 | 15125 |
| 69 | 10. 印花税 | 12975 | 152 | 26 | | | | 8288 | 4687 |
| 70 | 11. 城镇土地使用税 | 39001 | 379 | 581 | | | | 17192 | 21809 |
| 71 | 12. 土地增值税 | 86730 | 6821 | 824 | | | 43366 | 28775 | 14589 |
| 72 | 13. 车船税 | 12629 | 6 | | | | | 7450 | 5179 |
| 73 | 14. 车辆购置税 | | | | | | | | |
| 74 | 15. 烟叶税 | 413 | | | | | | | 413 |
| 75 | 16. 耕地占用税 | 15598 | | | | | | 9361 | 6237 |

续表

| 序号 | 项　目 | 合　计 | | | | 中央 | 省级 | 市级 | 县(区)级 |
|---|---|---|---|---|---|---|---|---|---|
| | | 合　计 | 其中:本年新欠入库 | 2001年5月1日以后陈欠入库 | 2001年5月1日以前陈欠入库 | | | | |
| 76 | 17. 契税 | 82506 | 119 | 5 | | | | 51471 | 31035 |
| 77 | 18. 屠宰税 | | | | | | | | |
| 78 | 19. 其他税收 | | | | | | | | |
| 79 | 二、其他收入合计 | 73116 | 1255 | 175 | | | 6264 | 34125 | 32727 |
| 80 | 1. 教育费附加收入 | 27165 | 517 | 74 | | | | 13013 | 14152 |
| 81 | 2. 文化事业建设费收入 | 168 | 1 | | | | 50 | 91 | 27 |
| 82 | 3. 税务部门罚没收入 | 43 | 25 | | | | | 13 | 30 |
| 83 | 4. 堤围费 | 14397 | 297 | 35 | | | -1 | 8644 | 5754 |
| 84 | 5. 价格调节基金 | 1415 | 49 | 18 | | | | 735 | 680 |
| 85 | 6. 残疾人基金 | 2126 | | | | | 354 | 1176 | 596 |
| 86 | 7. 地方教育附加 | 18105 | 346 | 48 | | | 5861 | 5685 | 6559 |
| 87 | 8. 交通建设附加 | | | | | | | | |
| 88 | 9. 社会保险基金收入 | | | | | | | | |
| 89 | 基本养老保险基金收入 | | | | | | | | |
| 90 | 失业保险基金收入 | | | | | | | | |
| 91 | 基本医疗保险基金收入 | | | | | | | | |
| 92 | 工伤保险基金收入 | | | | | | | | |
| 93 | 生育保险基金收入 | | | | | | | | |
| 94 | 10. 工会会费 | 9697 | 20 | | | | | 4768 | 4929 |
| 95 | 11. 其他非税收入 | | | | | | | | |

# 2016 年潮州市地方税务局入库税金明细年报表

编报机关:潮州市地方税务局　　　　单位:万元

| 序号 | 项　目 | 合计 | | | | 中央 | 省级 | 市级 | 县(区)级 |
|---|---|---|---|---|---|---|---|---|---|
| | | 合　计 | 其中:本年新欠入库 | 2001 年 5 月 1 日以后陈欠入库 | 2001 年 5 月 1 日以前陈欠入库 | | | | |
| 1 | 总　计 | 381478 | 20514 | 4921 | | 81443 | 70939 | 82307 | 146789 |
| 2 | 一、税收收入合计 | 347440 | 19609 | 4620 | | 81443 | 67776 | 74846 | 123375 |
| 3 | 1. 增值税 | 750 | | | | 335 | 208 | 145 | 62 |
| 4 | 2. 消费税收入 | | | | | | | | |
| 5 | 国内消费税 | | | | | | | | |
| 6 | 其中:成品油消费税 | | | | | | | | |
| 7 | 进口消费品消费税 | | | | | | | | |
| 8 | 其中:进口成品油消费税 | | | | | | | | |
| 9 | 3. 营业税 | 50749 | 3264 | 1436 | | -15 | 30114 | 10665 | 9985 |
| 10 | 铁路运输企业营业税 | | | | | | | | |
| 11 | 金融保险业营业税 | 8717 | 5 | 11 | | -360 | 9257 | -104 | -76 |
| 12 | 其他营业税 | 42032 | 3259 | 1425 | | 345 | 20857 | 10769 | 10061 |
| 13 | 4. 企业所得税 | 66556 | 9492 | 1044 | | 39934 | 13312 | 7953 | 5357 |
| 14 | (1)一般企业所得税 | 66534 | 9492 | 1044 | | 39920 | 13307 | 7953 | 5354 |
| 15 | 内资企业 | 66420 | 9490 | 1044 | | 39852 | 13284 | 7938 | 5346 |
| 16 | 外资企业 | 114 | 2 | | | 68 | 23 | 15 | 8 |
| 17 | (2)分支机构预缴所得税 | 19 | | | | 12 | 4 | | 3 |
| 18 | 跨省 | 1 | | | | 1 | | | |

续表

| 序号 | 项　目 | 合　计 | | | | 中央 | 省级 | 市级 | 县(区)级 |
|---|---|---|---|---|---|---|---|---|---|
| | | 合　计 | 其中:本年新欠入库 | 2001年5月1日以后陈欠入库 | 2001年5月1日以前陈欠入库 | | | | |
| 19 | 内资企业 | 1 | | | | 1 | | | |
| 20 | 外资企业 | | | | | | | | |
| 21 | 省内跨市 | 18 | | | | 11 | 4 | | 3 |
| 22 | 内资企业 | 18 | | | | 11 | 4 | | 3 |
| 23 | 外资企业 | | | | | | | | |
| 24 | 市内跨县区 | | | | | | | | |
| 25 | 内资企业 | | | | | | | | |
| 26 | 外资企业 | | | | | | | | |
| 27 | (3)总机构预缴所得税 | | | | | | | | |
| 28 | 跨省 | | | | | | | | |
| 29 | 内资企业 | | | | | | | | |
| 30 | 外资企业 | | | | | | | | |
| 31 | 省内跨市 | | | | | | | | |
| 32 | 内资企业 | | | | | | | | |
| 33 | 外资企业 | | | | | | | | |
| 34 | 市内跨县区 | | | | | | | | |
| 35 | 内资企业 | | | | | | | | |
| 36 | 外资企业 | | | | | | | | |

续表

| 序号 | 项　　目 | 合　计 | | | | 中央 | 省级 | 市级 | 县(区)级 |
|---|---|---|---|---|---|---|---|---|---|
| | | 合　计 | 其中:本年新欠入库 | 2001年5月1日以后陈欠入库 | 2001年5月1日以前陈欠入库 | | | | |
| 37 | (4)分支机构汇算清缴所得税 | 3 | | | | 2 | 1 | | |
| 38 | 跨省 | | | | | | | | |
| 39 | 内资企业 | | | | | | | | |
| 40 | 外资企业 | | | | | | | | |
| 41 | 省内跨市 | 3 | | | | 2 | 1 | | |
| 42 | 内资企业 | 3 | | | | 2 | 1 | | |
| 43 | 外资企业 | | | | | | | | |
| 44 | 市内跨县区 | | | | | | | | |
| 45 | 内资企业 | | | | | | | | |
| 46 | 外资企业 | | | | | | | | |
| 47 | (5)总机构汇算清缴所得税 | | | | | | | | |
| 48 | 跨省 | | | | | | | | |
| 49 | 内资企业 | | | | | | | | |
| 50 | 外资企业 | | | | | | | | |
| 51 | 省内跨市 | | | | | | | | |
| 52 | 内资企业 | | | | | | | | |
| 53 | 外资企业 | | | | | | | | |
| 54 | 市内跨县区 | | | | | | | | |
| 55 | 内资企业 | | | | | | | | |

续表

| 序号 | 项　　目 | 合　　计 | | | | 中央 | 省级 | 市级 | 县(区)级 |
|---|---|---|---|---|---|---|---|---|---|
| | | 合　计 | 其中:本年新欠入库 | 2001年5月1日以后陈欠入库 | 2001年5月1日以前陈欠入库 | | | | |
| 56 | 外资企业 | | | | | | | | |
| 57 | (6)企业所得税待分配收入 | | | | | | | | |
| 58 | 跨省 | | | | | | | | |
| 59 | 内资企业 | | | | | | | | |
| 60 | 外资企业 | | | | | | | | |
| 61 | 省内跨市 | | | | | | | | |
| 62 | 内资企业 | | | | | | | | |
| 63 | 外资企业 | | | | | | | | |
| 64 | 5. 个人所得税 | 68649 | 1082 | 480 | | 41189 | 13730 | 7781 | 5949 |
| 65 | 6. 资源税 | 9947 | 590 | 128 | | | | 1956 | 7991 |
| 66 | 7. 固定资产投资方向调节税 | | | | | | | | |
| 67 | 8. 城市维护建设税 | 30122 | 992 | 257 | | | | 10977 | 19145 |
| 68 | 9. 房产税 | 18003 | 499 | 149 | | | | 5487 | 12516 |
| 69 | 10. 印花税 | 7372 | 240 | 49 | | | | 2189 | 5183 |
| 70 | 11. 城镇土地使用税 | 20321 | 686 | 203 | | | | 5442 | 14879 |
| 71 | 12. 土地增值税 | 20824 | 2568 | 874 | | | 10412 | 5301 | 5111 |
| 72 | 13. 车船税 | 9316 | | | | | | 3510 | 5806 |
| 73 | 14. 车辆购置税 | | | | | | | | |
| 74 | 15. 烟叶税 | | | | | | | | |
| 75 | 16. 耕地占用税 | 30137 | | | | | | | 30137 |

续表

| 序号 | 项目 | 合计 | | | | 中央 | 省级 | 市级 | 县(区)级 |
|---|---|---|---|---|---|---|---|---|---|
| | | 合计 | 其中:本年新欠入库 | 2001年5月1日以后陈欠入库 | 2001年5月1日以前陈欠入库 | | | | |
| 76 | 17. 契税 | 14694 | 196 | | | | | 13440 | 1254 |
| 77 | 18. 屠宰税 | | | | | | | | |
| 78 | 19. 其他税收 | | | | | | | | |
| 79 | 二、其他收入合计 | 34038 | 905 | 301 | | | 3163 | 7461 | 23414 |
| 80 | 1. 教育费附加收入 | 13402 | 402 | 149 | | | | 4789 | 8613 |
| 81 | 2. 文化事业建设费收入 | 34 | 2 | | | | 10 | 1 | 23 |
| 82 | 3. 税务部门罚没收入 | 7 | | | | | | | 7 |
| 83 | 4. 堤围费 | 7094 | 188 | 50 | | | | 411 | 6683 |
| 84 | 5. 价格调节基金 | 121 | 44 | 6 | | | | 107 | 14 |
| 85 | 6. 残疾人基金 | 1340 | | | | | 240 | | 1100 |
| 86 | 7. 地方教育附加 | 8906 | 257 | 94 | | | 2913 | 2098 | 3895 |
| 87 | 8. 交通建设附加 | | | | | | | | |
| 88 | 9. 社会保险基金收入 | | | | | | | | |
| 89 | 基本养老保险基金收入 | | | | | | | | |
| 90 | 失业保险基金收入 | | | | | | | | |
| 91 | 基本医疗保险基金收入 | | | | | | | | |
| 92 | 工伤保险基金收入 | | | | | | | | |
| 93 | 生育保险基金收入 | | | | | | | | |
| 94 | 10. 工会会费 | 3134 | 12 | 2 | | | | 55 | 3079 |
| 95 | 11. 其他非税收入 | | | | | | | | |

# 2016 年揭阳市地方税务局入库税金明细年报表

编报机关:揭阳市地方税务局　　单位:万元

| 序号 | 项　　目 | 合　　计 | | | | 中央 | 省级 | 市级 | 县(区)级 |
|---|---|---|---|---|---|---|---|---|---|
| | | 合　计 | 其中:本年新欠入库 | 2001 年 5 月 1 日以后陈欠入库 | 2001 年 5 月 1 日以前陈欠入库 | | | | |
| 1 | 总　　计 | 550529 | 5279 | 1218 | | 110034 | 113606 | 82969 | 243920 |
| 2 | 一、税收收入合计 | 485872 | 3892 | 917 | | 110034 | 107767 | 66491 | 201580 |
| 3 | 1. 增值税 | 1784 | | | | 779 | 502 | 37 | 466 |
| 4 | 2. 消费税收入 | | | | | | | | |
| 5 | 国内消费税 | | | | | | | | |
| 6 | 其中:成品油消费税 | | | | | | | | |
| 7 | 进口消费品消费税 | | | | | | | | |
| 8 | 其中:进口成品油消费税 | | | | | | | | |
| 9 | 3. 营业税 | 86386 | 770 | 79 | | 762 | 53445 | 7450 | 24729 |
| 10 | 铁路运输企业营业税 | | | | | | | | |
| 11 | 金融保险业营业税 | 20729 | 2 | | | -269 | 21132 | 1 | -135 |
| 12 | 其他营业税 | 65657 | 768 | 79 | | 1031 | 32313 | 7449 | 24864 |
| 13 | 4. 企业所得税 | 106378 | 565 | 122 | | 63827 | 21277 | 2387 | 18887 |
| 14 | (1)一般企业所得税 | 105946 | 558 | 122 | | 63568 | 21189 | 2371 | 18818 |
| 15 | 内资企业 | 105754 | 558 | 122 | | 63453 | 21151 | 2350 | 18800 |
| 16 | 外资企业 | 192 | | | | 115 | 38 | 21 | 18 |
| 17 | (2)分支机构预缴所得税 | 237 | | | | 142 | 47 | 9 | 39 |
| 18 | 跨省 | 33 | | | | 20 | 6 | 1 | 6 |

续表

| 序号 | 项　目 | 合　计 | | | | 中央 | 省级 | 市级 | 县(区)级 |
|---|---|---|---|---|---|---|---|---|---|
| | | 合　计 | 其中:本年新欠入库 | 2001 年 5 月 1 日以后陈欠入库 | 2001 年 5 月 1 日以前陈欠入库 | | | | |
| 19 | 内资企业 | 33 | | | | 20 | 6 | 1 | 6 |
| 20 | 外资企业 | | | | | | | | |
| 21 | 省内跨市 | 204 | | | | 122 | 41 | 8 | 33 |
| 22 | 内资企业 | 204 | | | | 122 | 41 | 8 | 33 |
| 23 | 外资企业 | | | | | | | | |
| 24 | 市内跨县区 | | | | | | | | |
| 25 | 内资企业 | | | | | | | | |
| 26 | 外资企业 | | | | | | | | |
| 27 | (3)总机构预缴所得税 | 15 | | | | 10 | 3 | | 2 |
| 28 | 跨省 | 2 | | | | 1 | | | 1 |
| 29 | 内资企业 | 2 | | | | 1 | | | 1 |
| 30 | 外资企业 | | | | | | | | |
| 31 | 省内跨市 | 13 | | | | 9 | 3 | | 1 |
| 32 | 内资企业 | 13 | | | | 9 | 3 | | 1 |
| 33 | 外资企业 | | | | | | | | |
| 34 | 市内跨县区 | | | | | | | | |
| 35 | 内资企业 | | | | | | | | |
| 36 | 外资企业 | | | | | | | | |

续表

| 序号 | 项目 | 合计 合计 | 合计 其中:本年新欠入库 | 合计 2001年5月1日以后陈欠入库 | 合计 2001年5月1日以前陈欠入库 | 中央 | 省级 | 市级 | 县(区)级 |
|---|---|---|---|---|---|---|---|---|---|
| 37 | (4)分支机构汇算清缴所得税 | 178 | 7 | | | 107 | 36 | 7 | 28 |
| 38 | 跨省 | 3 | | | | 2 | 1 | | |
| 39 | 内资企业 | 3 | | | | 2 | 1 | | |
| 40 | 外资企业 | | | | | | | | |
| 41 | 省内跨市 | 175 | 7 | | | 105 | 35 | 7 | 28 |
| 42 | 内资企业 | 175 | 7 | | | 105 | 35 | 7 | 28 |
| 43 | 外资企业 | | | | | | | | |
| 44 | 市内跨县区 | | | | | | | | |
| 45 | 内资企业 | | | | | | | | |
| 46 | 外资企业 | | | | | | | | |
| 47 | (5)总机构汇算清缴所得税 | | | | | | | | |
| 48 | 跨省 | | | | | | | | |
| 49 | 内资企业 | | | | | | | | |
| 50 | 外资企业 | | | | | | | | |
| 51 | 省内跨市 | | | | | | | | |
| 52 | 内资企业 | | | | | | | | |
| 53 | 外资企业 | | | | | | | | |
| 54 | 市内跨县区 | | | | | | | | |
| 55 | 内资企业 | | | | | | | | |

续表

| 序号 | 项　　目 | 合　　计 | | | | 中央 | 省级 | 市级 | 县(区)级 |
|---|---|---|---|---|---|---|---|---|---|
| | | 合　计 | 其中:本年新欠入库 | 2001 年 5 月 1 日以后陈欠入库 | 2001 年 5 月 1 日以前陈欠入库 | | | | |
| 56 | 外资企业 | | | | | | | | |
| 57 | (6)企业所得税待分配收入 | 2 | | | | | 2 | | |
| 58 | 跨省 | | | | | | | | |
| 59 | 内资企业 | | | | | | | | |
| 60 | 外资企业 | | | | | | | | |
| 61 | 省内跨市 | 2 | | | | | 2 | | |
| 62 | 内资企业 | 2 | | | | | 2 | | |
| 63 | 外资企业 | | | | | | | | |
| 64 | 5. 个人所得税 | 74444 | 340 | 119 | | 44666 | 14889 | 5032 | 9857 |
| 65 | 6. 资源税 | 3753 | 20 | | | | | 718 | 3035 |
| 66 | 7. 固定资产投资方向调节税 | | | | | | | | |
| 67 | 8. 城市维护建设税 | 55431 | 957 | 353 | | | | 15099 | 40332 |
| 68 | 9. 房产税 | 19894 | 100 | 43 | | | | 4758 | 15136 |
| 69 | 10. 印花税 | 12238 | 314 | 37 | | | | 3105 | 9133 |
| 70 | 11. 城镇土地使用税 | 33266 | 288 | 164 | | | | 9263 | 24003 |
| 71 | 12. 土地增值税 | 35309 | 525 | | | | 17654 | 3615 | 14040 |
| 72 | 13. 车船税 | 13793 | 9 | | | | | 7705 | 6088 |
| 73 | 14. 车辆购置税 | | | | | | | | |
| 74 | 15. 烟叶税 | | | | | | | | |
| 75 | 16. 耕地占用税 | 17579 | | | | | | | 17579 |

续表

| 序号 | 项　　目 | 合　　计 | | | | 中央 | 省级 | 市级 | 县(区)级 |
|---|---|---|---|---|---|---|---|---|---|
| | | 合　计 | 其中:本年新欠入库 | 2001年5月1日以后陈欠入库 | 2001年5月1日以前陈欠入库 | | | | |
| 76 | 17. 契税 | 25617 | 4 | | | | | 7322 | 18295 |
| 77 | 18. 屠宰税 | | | | | | | | |
| 78 | 19. 其他税收 | | | | | | | | |
| 79 | 二、其他收入合计 | 64657 | 1387 | 301 | | | 5839 | 16478 | 42340 |
| 80 | 1. 教育费附加收入 | 24720 | 441 | 168 | | | | 4796 | 19924 |
| 81 | 2. 文化事业建设费收入 | 109 | 2 | 1 | | | 33 | 12 | 64 |
| 82 | 3. 税务部门罚没收入 | 19 | | | | | | 1 | 18 |
| 83 | 4. 堤围费 | 14825 | 378 | 54 | | | | 8638 | 6187 |
| 84 | 5. 价格调节基金 | 536 | 275 | | | | | 283 | 253 |
| 85 | 6. 残疾人基金 | 2111 | | | | | 343 | 748 | 1020 |
| 86 | 7. 地方教育附加 | 16444 | 289 | 78 | | | 5463 | 2000 | 8981 |
| 87 | 8. 交通建设附加 | | | | | | | | |
| 88 | 9. 社会保险基金收入 | | | | | | | | |
| 89 | 基本养老保险基金收入 | | | | | | | | |
| 90 | 失业保险基金收入 | | | | | | | | |
| 91 | 基本医疗保险基金收入 | | | | | | | | |
| 92 | 工伤保险基金收入 | | | | | | | | |
| 93 | 生育保险基金收入 | | | | | | | | |
| 94 | 10. 工会会费 | 5893 | 2 | | | | | | 5893 |
| 95 | 11. 其他非税收入 | | | | | | | | |

# 2016 年云浮市地方税务局入库税金明细年报表

编报机关：云浮市地方税务局　　　　单位：万元

| 序号 | 项　目 | 合　计 | | | | 中央 | 省级 | 市级 | 县(区)级 |
|---|---|---|---|---|---|---|---|---|---|
| | | 合　计 | 其中：本年新欠入库 | 2001 年 5 月 1 日以后陈欠入库 | 2001 年 5 月 1 日以前陈欠入库 | | | | |
| 1 | 总　计 | 487952 | 9779 | 5785 | | 99947 | 109406 | 64410 | 214189 |
| 2 | 一、税收收入合计 | 458436 | 9436 | 5601 | | 99947 | 106440 | 58452 | 193597 |
| 3 | 1. 增值税 | 3054 | 2 | | | 1433 | 811 | 153 | 657 |
| 4 | 2. 消费税收入 | | | | | | | | |
| 5 | 国内消费税 | | | | | | | | |
| 6 | 其中：成品油消费税 | | | | | | | | |
| 7 | 进口消费品消费税 | | | | | | | | |
| 8 | 其中：进口成品油消费税 | | | | | | | | |
| 9 | 3. 营业税 | 81108 | 4027 | 1219 | | 1348 | 46324 | 7757 | 25679 |
| 10 | 铁路运输企业营业税 | | | | | | | | |
| 11 | 金融保险业营业税 | 12000 | | | | -444 | 12666 | 2 | -224 |
| 12 | 其他营业税 | 69108 | 4027 | 1219 | | 1792 | 33658 | 7755 | 25903 |
| 13 | 4. 企业所得税 | 44472 | 1599 | 2439 | | 26683 | 8899 | 2638 | 6252 |
| 14 | (1)一般企业所得税 | 44169 | 1599 | 2439 | | 26501 | 8834 | 2629 | 6205 |
| 15 | 内资企业 | 44084 | 1599 | 2439 | | 26450 | 8817 | 2629 | 6188 |
| 16 | 外资企业 | 85 | | | | 51 | 17 | | 17 |
| 17 | (2)分支机构预缴所得税 | 189 | | | | 113 | 38 | 7 | 31 |
| 18 | 跨省 | 7 | | | | 4 | 2 | | 1 |

续表

| 序号 | 项　　目 | 合　　计 | | | | 中央 | 省级 | 市级 | 县(区)级 |
|---|---|---|---|---|---|---|---|---|---|
| | | 合　计 | 其中:本年新欠入库 | 2001 年 5 月 1 日以后陈欠入库 | 2001 年 5 月 1 日以前陈欠入库 | | | | |
| 19 | 内资企业 | 7 | | | | 4 | 2 | | 1 |
| 20 | 外资企业 | | | | | | | | |
| 21 | 省内跨市 | 182 | | | | 109 | 36 | 7 | 30 |
| 22 | 内资企业 | 151 | | | | 91 | 30 | 4 | 26 |
| 23 | 外资企业 | 31 | | | | 18 | 6 | 3 | 4 |
| 24 | 市内跨县区 | | | | | | | | |
| 25 | 内资企业 | | | | | | | | |
| 26 | 外资企业 | | | | | | | | |
| 27 | (3)总机构预缴所得税 | 46 | | | | 31 | 10 | | 5 |
| 28 | 跨省 | | | | | | | | |
| 29 | 内资企业 | | | | | | | | |
| 30 | 外资企业 | | | | | | | | |
| 31 | 省内跨市 | 46 | | | | 31 | 10 | | 5 |
| 32 | 内资企业 | 46 | | | | 31 | 10 | | 5 |
| 33 | 外资企业 | | | | | | | | |
| 34 | 市内跨县区 | | | | | | | | |
| 35 | 内资企业 | | | | | | | | |
| 36 | 外资企业 | | | | | | | | |

续表

| 序号 | 项目 | 合计 | | | | 中央 | 省级 | 市级 | 县(区)级 |
|---|---|---|---|---|---|---|---|---|---|
| | | 合计 | 其中:本年新欠入库 | 2001年5月1日以后陈欠入库 | 2001年5月1日以前陈欠入库 | | | | |
| 37 | (4)分支机构汇算清缴所得税 | 63 | | | | 38 | 12 | 2 | 11 |
| 38 | 跨省 | | | | | | | | |
| 39 | 内资企业 | | | | | | | | |
| 40 | 外资企业 | | | | | | | | |
| 41 | 省内跨市 | 63 | | | | 38 | 12 | 2 | 11 |
| 42 | 内资企业 | 59 | | | | 34 | 12 | 2 | 11 |
| 43 | 外资企业 | 4 | | | | 4 | | | |
| 44 | 市内跨县区 | | | | | | | | |
| 45 | 内资企业 | | | | | | | | |
| 46 | 外资企业 | | | | | | | | |
| 47 | (5)总机构汇算清缴所得税 | | | | | | | | |
| 48 | 跨省 | | | | | | | | |
| 49 | 内资企业 | | | | | | | | |
| 50 | 外资企业 | | | | | | | | |
| 51 | 省内跨市 | | | | | | | | |
| 52 | 内资企业 | | | | | | | | |
| 53 | 外资企业 | | | | | | | | |
| 54 | 市内跨县区 | | | | | | | | |
| 55 | 内资企业 | | | | | | | | |

续表

| 序号 | 项　　目 | 合　计 | | | | 中央 | 省级 | 市级 | 县(区)级 |
|---|---|---|---|---|---|---|---|---|---|
| | | 合　计 | 其中:本年新欠入库 | 2001年5月1日以后陈欠入库 | 2001年5月1日以前陈欠入库 | | | | |
| 56 | 外资企业 | | | | | | | | |
| 57 | (6)企业所得税待分配收入 | 5 | | | | | 5 | | |
| 58 | 跨省 | | | | | | | | |
| 59 | 内资企业 | | | | | | | | |
| 60 | 外资企业 | | | | | | | | |
| 61 | 省内跨市 | 5 | | | | | 5 | | |
| 62 | 内资企业 | 5 | | | | | 5 | | |
| 63 | 外资企业 | | | | | | | | |
| 64 | 5. 个人所得税 | 117472 | 183 | 195 | | 70483 | 23495 | 2410 | 21084 |
| 65 | 6. 资源税 | 8033 | 19 | 7 | | | | 576 | 7457 |
| 66 | 7. 固定资产投资方向调节税 | | | | | | | | |
| 67 | 8. 城市维护建设税 | 23283 | 331 | 97 | | | | 9046 | 14237 |
| 68 | 9. 房产税 | 18419 | 187 | 78 | | | | 5719 | 12700 |
| 69 | 10. 印花税 | 4285 | 54 | 4 | | | | 1056 | 3229 |
| 70 | 11. 城镇土地使用税 | 24484 | 727 | 374 | | | | 7642 | 16842 |
| 71 | 12. 土地增值税 | 53821 | 2223 | 1185 | | | 26911 | 4180 | 22730 |
| 72 | 13. 车船税 | 6538 | 27 | 1 | | | | 2160 | 4378 |
| 73 | 14. 车辆购置税 | | | | | | | | |
| 74 | 15. 烟叶税 | | | | | | | | |
| 75 | 16. 耕地占用税 | 41755 | 3 | | | | | 6880 | 34875 |

续表

| 序号 | 项　　目 | 合　　计 | | | | 中央 | 省级 | 市级 | 县(区)级 |
|---|---|---|---|---|---|---|---|---|---|
| | | 合　计 | 其中:本年新欠入库 | 2001 年 5 月 1 日以后陈欠入库 | 2001 年 5 月 1 日以前陈欠入库 | | | | |
| 76 | 17. 契税 | 31712 | 54 | 2 | | | | 8235 | 23477 |
| 77 | 18. 屠宰税 | | | | | | | | |
| 78 | 19. 其他税收 | | | | | | | | |
| 79 | 二、其他收入合计 | 29516 | 343 | 184 | | | 2966 | 5958 | 20592 |
| 80 | 1. 教育费附加收入 | 10952 | 249 | 155 | | | | 2619 | 8333 |
| 81 | 2. 文化事业建设费收入 | 29 | | | | | 9 | 4 | 16 |
| 82 | 3. 税务部门罚没收入 | 13 | | | | | | 3 | 10 |
| 83 | 4. 堤围费 | 2083 | 1 | | | | | 1143 | 940 |
| 84 | 5. 价格调节基金 | 1108 | 24 | 18 | | | | 472 | 636 |
| 85 | 6. 残疾人基金 | 2879 | | 6 | | | 493 | 560 | 1826 |
| 86 | 7. 地方教育附加 | 7355 | 68 | 5 | | | 2464 | 1157 | 3734 |
| 87 | 8. 交通建设附加 | | | | | | | | |
| 88 | 9. 社会保险基金收入 | | | | | | | | |
| 89 | 基本养老保险基金收入 | | | | | | | | |
| 90 | 失业保险基金收入 | | | | | | | | |
| 91 | 基本医疗保险基金收入 | | | | | | | | |
| 92 | 工伤保险基金收入 | | | | | | | | |
| 93 | 生育保险基金收入 | | | | | | | | |
| 94 | 10. 工会会费 | 5097 | 1 | | | | | | 5097 |
| 95 | 11. 其他非税收入 | | | | | | | | |

# 2016 年横琴新区地方税务局入库税金明细年报表

编报机关:横琴新区地方税务局　　　　单位:万元

| 序号 | 项　目 | 合计 | | | | 中央 | 省级 | 市级 | 县(区)级 |
|---|---|---|---|---|---|---|---|---|---|
| | | 合　计 | 其中:本年新欠入库 | 2001 年 5 月 1 日以后陈欠入库 | 2001 年 5 月 1 日以前陈欠入库 | | | | |
| 1 | 总　计 | 676442 | 756 | 58 | | 223992 | 178073 | 162 | 274215 |
| 2 | 一、税收收入合计 | 655452 | 698 | 54 | | 223992 | 175455 | 162 | 255843 |
| 3 | 1. 增值税 | 624 | | | | 288 | 168 | | 168 |
| 4 | 2. 消费税收入 | | | | | | | | |
| 5 | 国内消费税 | | | | | | | | |
| 6 | 其中:成品油消费税 | | | | | | | | |
| 7 | 进口消费品消费税 | | | | | | | | |
| 8 | 其中:进口成品油消费税 | | | | | | | | |
| 9 | 3. 营业税 | 100733 | 154 | 32 | | 447 | 63960 | | 36326 |
| 10 | 铁路运输企业营业税 | | | | | | | | |
| 11 | 金融保险业营业税 | 28202 | 39 | | | 307 | 27742 | | 153 |
| 12 | 其他营业税 | 72531 | 115 | 32 | | 140 | 36218 | | 36173 |
| 13 | 4. 企业所得税 | 187727 | 334 | 5 | | 113208 | 37465 | | 37054 |
| 14 | (1)一般企业所得税 | 182792 | 334 | 5 | | 109675 | 36559 | | 36558 |
| 15 | 内资企业 | 180783 | 334 | 5 | | 108470 | 36157 | | 36156 |
| 16 | 外资企业 | 2009 | | | | 1205 | 402 | | 402 |
| 17 | (2)分支机构预缴所得税 | 22 | | | | 13 | 4 | | 5 |
| 18 | 跨省 | 14 | | | | 8 | 3 | | 3 |

续表

| 序号 | 项目 | 合计 | | | | 中央 | 省级 | 市级 | 县(区)级 |
|---|---|---|---|---|---|---|---|---|---|
| | | 合计 | 其中:本年新欠入库 | 2001年5月1日以后陈欠入库 | 2001年5月1日以前陈欠入库 | | | | |
| 19 | 内资企业 | 14 | | | | 8 | 3 | | 3 |
| 20 | 外资企业 | | | | | | | | |
| 21 | 省内跨市 | 8 | | | | 5 | 1 | | 2 |
| 22 | 内资企业 | 8 | | | | 5 | 1 | | 2 |
| 23 | 外资企业 | | | | | | | | |
| 24 | 市内跨县区 | | | | | | | | |
| 25 | 内资企业 | | | | | | | | |
| 26 | 外资企业 | | | | | | | | |
| 27 | (3)总机构预缴所得税 | 3894 | | | | 2767 | 666 | | 461 |
| 28 | 跨省 | 2060 | | | | 1545 | 258 | | 257 |
| 29 | 内资企业 | 2060 | | | | 1545 | 258 | | 257 |
| 30 | 外资企业 | | | | | | | | |
| 31 | 省内跨市 | 1834 | | | | 1222 | 408 | | 204 |
| 32 | 内资企业 | 1834 | | | | 1222 | 408 | | 204 |
| 33 | 外资企业 | | | | | | | | |
| 34 | 市内跨县区 | | | | | | | | |
| 35 | 内资企业 | | | | | | | | |
| 36 | 外资企业 | | | | | | | | |

续表

| 序号 | 项　目 | 合　计 | | | | 中央 | 省级 | 市级 | 县(区)级 |
|---|---|---|---|---|---|---|---|---|---|
| | | 合　计 | 其中:本年新欠入库 | 2001年5月1日以后陈欠入库 | 2001年5月1日以前陈欠入库 | | | | |
| 37 | (4)分支机构汇算清缴所得税 | 1 | | | | 1 | | | |
| 38 | 跨省 | 1 | | | | 1 | | | |
| 39 | 内资企业 | 1 | | | | 1 | | | |
| 40 | 外资企业 | | | | | | | | |
| 41 | 省内跨市 | | | | | | | | |
| 42 | 内资企业 | | | | | | | | |
| 43 | 外资企业 | | | | | | | | |
| 44 | 市内跨县区 | | | | | | | | |
| 45 | 内资企业 | | | | | | | | |
| 46 | 外资企业 | | | | | | | | |
| 47 | (5)总机构汇算清缴所得税 | 241 | | | | 180 | 31 | | 30 |
| 48 | 跨省 | 229 | | | | 172 | 28 | | 29 |
| 49 | 内资企业 | 229 | | | | 172 | 28 | | 29 |
| 50 | 外资企业 | | | | | | | | |
| 51 | 省内跨市 | 12 | | | | 8 | 3 | | 1 |
| 52 | 内资企业 | 12 | | | | 8 | 3 | | 1 |
| 53 | 外资企业 | | | | | | | | |
| 54 | 市内跨县区 | | | | | | | | |
| 55 | 内资企业 | | | | | | | | |

续表

| 序号 | 项　目 | 合　计 | | | | 中央 | 省级 | 市级 | 县(区)级 |
|---|---|---|---|---|---|---|---|---|---|
| | | 合　计 | 其中:本年新欠入库 | 2001年5月1日以后陈欠入库 | 2001年5月1日以前陈欠入库 | | | | |
| 56 | 外资企业 | | | | | | | | |
| 57 | (6)企业所得税待分配收入 | 777 | | | | 572 | 205 | | |
| 58 | 跨省 | 572 | | | | 572 | | | |
| 59 | 内资企业 | 572 | | | | 572 | | | |
| 60 | 外资企业 | | | | | | | | |
| 61 | 省内跨市 | 205 | | | | | 205 | | |
| 62 | 内资企业 | 205 | | | | | 205 | | |
| 63 | 外资企业 | | | | | | | | |
| 64 | 5. 个人所得税 | 183415 | 147 | 1 | | 110049 | 36683 | | 36683 |
| 65 | 6. 资源税 | | | | | | | | |
| 66 | 7. 固定资产投资方向调节税 | | | | | | | | |
| 67 | 8. 城市维护建设税 | 21962 | 49 | 4 | | | | | 21962 |
| 68 | 9. 房产税 | 4942 | | 11 | | | | | 4942 |
| 69 | 10. 印花税 | 10731 | 10 | 1 | | | | | 10731 |
| 70 | 11. 城镇土地使用税 | 3617 | 4 | | | | | | 3617 |
| 71 | 12. 土地增值税 | 74358 | | | | | 37179 | | 37179 |
| 72 | 13. 车船税 | 162 | | | | | | 162 | |
| 73 | 14. 车辆购置税 | | | | | | | | |
| 74 | 15. 烟叶税 | | | | | | | | |
| 75 | 16. 耕地占用税 | 14599 | | | | | | | 14599 |

续表

| 序号 | 项　目 | 合　计 | | | | 中央 | 省级 | 市级 | 县(区)级 |
|---|---|---|---|---|---|---|---|---|---|
| | | 合　计 | 其中:本年新欠入库 | 2001年5月1日以后陈欠入库 | 2001年5月1日以前陈欠入库 | | | | |
| 76 | 17. 契税 | 52582 | | | | | | | 52582 |
| 77 | 18. 屠宰税 | | | | | | | | |
| 78 | 19. 其他税收 | | | | | | | | |
| 79 | 二、其他收入合计 | 20990 | 58 | 4 | | | 2618 | | 18372 |
| 80 | 1. 教育费附加收入 | 9400 | 20 | 2 | | | | | 9400 |
| 81 | 2. 文化事业建设费收入 | 19 | | | | | 6 | | 13 |
| 82 | 3. 税务部门罚没收入 | 7 | | | | | | | 7 |
| 83 | 4. 堤围费 | 2433 | 6 | 1 | | | | | 2433 |
| 84 | 5. 价格调节基金 | | | | | | | | |
| 85 | 6. 残疾人基金 | 472 | | | | | 94 | | 378 |
| 86 | 7. 地方教育附加 | 6266 | 14 | 1 | | | 2518 | | 3748 |
| 87 | 8. 交通建设附加 | | | | | | | | |
| 88 | 9. 社会保险基金收入 | | | | | | | | |
| 89 | 基本养老保险基金收入 | | | | | | | | |
| 90 | 失业保险基金收入 | | | | | | | | |
| 91 | 基本医疗保险基金收入 | | | | | | | | |
| 92 | 工伤保险基金收入 | | | | | | | | |
| 93 | 生育保险基金收入 | | | | | | | | |
| 94 | 10. 工会会费 | 2393 | 18 | | | | | | 2393 |
| 95 | 11. 其他非税收入 | | | | | | | | |

# 2016年顺德区地方税务局入库税金明细年报表

编报机关:顺德区地方税务局　　　　单位:万元

| 序号 | 项　目 | 合计 | | | | 中央 | 省级 | 市级 | 县(区)级 |
|---|---|---|---|---|---|---|---|---|---|
| | | 合　计 | 其中:本年新欠入库 | 2001年5月1日以后陈欠入库 | 2001年5月1日以前陈欠入库 | | | | |
| 1 | 总　计 | 1753550 | 5210 | 228 | | 362119 | 358469 | | 1032962 |
| 2 | 一、税收收入合计 | 1597415 | 4698 | 198 | | 362119 | 341231 | | 894065 |
| 3 | 1. 增值税 | 19513 | 8 | | | 9213 | 5150 | | 5150 |
| 4 | 2. 消费税收入 | | | | | | | | |
| 5 | 国内消费税 | | | | | | | | |
| 6 | 其中:成品油消费税 | | | | | | | | |
| 7 | 进口消费品消费税 | | | | | | | | |
| 8 | 其中:进口成品油消费税 | | | | | | | | |
| 9 | 3. 营业税 | 239139 | 365 | 69 | | -330 | 147741 | | 91728 |
| 10 | 铁路运输企业营业税 | | | | | | | | |
| 11 | 金融保险业营业税 | 48968 | | | | -3523 | 54252 | | -1761 |
| 12 | 其他营业税 | 190171 | 365 | 69 | | 3193 | 93489 | | 93489 |
| 13 | 4. 企业所得税 | 255961 | 1033 | 1 | | 158739 | 48732 | | 48490 |
| 14 | (1)一般企业所得税 | 228556 | 1034 | 1 | | 137134 | 45711 | | 45711 |
| 15 | 内资企业 | 194765 | 1033 | 1 | | 116859 | 38953 | | 38953 |
| 16 | 外资企业 | 33791 | 1 | | | 20275 | 6758 | | 6758 |
| 17 | (2)分支机构预缴所得税 | 339 | | | | 203 | 68 | | 68 |
| 18 | 跨省 | 180 | | | | 108 | 36 | | 36 |

续表

| 序号 | 项　　目 | 合　　计 | | | | 中央 | 省级 | 市级 | 县(区)级 |
|---|---|---|---|---|---|---|---|---|---|
| | | 合　计 | 其中:本年新欠入库 | 2001年5月1日以后陈欠入库 | 2001年5月1日以前陈欠入库 | | | | |
| 19 | 内资企业 | 180 | | | | 108 | 36 | | 36 |
| 20 | 外资企业 | | | | | | | | |
| 21 | 省内跨市 | 159 | | | | 95 | 32 | | 32 |
| 22 | 内资企业 | 159 | | | | 95 | 32 | | 32 |
| 23 | 外资企业 | | | | | | | | |
| 24 | 市内跨县区 | | | | | | | | |
| 25 | 内资企业 | | | | | | | | |
| 26 | 外资企业 | | | | | | | | |
| 27 | (3)总机构预缴所得税 | 14582 | | | | 10861 | 1911 | | 1810 |
| 28 | 跨省 | 13678 | | | | 10258 | 1710 | | 1710 |
| 29 | 内资企业 | 9720 | | | | 7290 | 1215 | | 1215 |
| 30 | 外资企业 | 3958 | | | | 2968 | 495 | | 495 |
| 31 | 省内跨市 | 904 | | | | 603 | 201 | | 100 |
| 32 | 内资企业 | 904 | | | | 603 | 201 | | 100 |
| 33 | 外资企业 | | | | | | | | |
| 34 | 市内跨县区 | | | | | | | | |
| 35 | 内资企业 | | | | | | | | |
| 36 | 外资企业 | | | | | | | | |

续表

| 序号 | 项　　目 | 合　计 | | | | 中央 | 省级 | 市级 | 县(区)级 |
|---|---|---|---|---|---|---|---|---|---|
| | | 合　计 | 其中:本年新欠入库 | 2001年5月1日以后陈欠入库 | 2001年5月1日以前陈欠入库 | | | | |
| 37 | (4)分支机构汇算清缴所得税 | 41 | | | | 25 | 8 | | 8 |
| 38 | 跨省 | 17 | | | | 11 | 3 | | 3 |
| 39 | 内资企业 | 17 | | | | 11 | 3 | | 3 |
| 40 | 外资企业 | | | | | | | | |
| 41 | 省内跨市 | 24 | | | | 14 | 5 | | 5 |
| 42 | 内资企业 | 24 | | | | 14 | 5 | | 5 |
| 43 | 外资企业 | | | | | | | | |
| 44 | 市内跨县区 | | | | | | | | |
| 45 | 内资企业 | | | | | | | | |
| 46 | 外资企业 | | | | | | | | |
| 47 | (5)总机构汇算清缴所得税 | 7160 | -1 | | | 5354 | 913 | | 893 |
| 48 | 跨省 | 6972 | | | | 5229 | 871 | | 872 |
| 49 | 内资企业 | 2668 | | | | 2001 | 333 | | 334 |
| 50 | 外资企业 | 4304 | | | | 3228 | 538 | | 538 |
| 51 | 省内跨市 | 188 | -1 | | | 125 | 42 | | 21 |
| 52 | 内资企业 | 188 | -1 | | | 125 | 42 | | 21 |
| 53 | 外资企业 | | | | | | | | |
| 54 | 市内跨县区 | | | | | | | | |
| 55 | 内资企业 | | | | | | | | |

续表

| 序号 | 项　　目 | 合　　计 | | | | 中央 | 省级 | 市级 | 县(区)级 |
|---|---|---|---|---|---|---|---|---|---|
| | | 合　计 | 其中:本年新欠入库 | 2001 年 5 月 1 日以后陈欠入库 | 2001 年 5 月 1 日以前陈欠入库 | | | | |
| 56 | 外资企业 | | | | | | | | |
| 57 | (6)企业所得税待分配收入 | 5283 | | | | 5162 | 121 | | |
| 58 | 跨省 | 5162 | | | | 5162 | | | |
| 59 | 内资企业 | 3097 | | | | 3097 | | | |
| 60 | 外资企业 | 2065 | | | | 2065 | | | |
| 61 | 省内跨市 | 121 | | | | | 121 | | |
| 62 | 内资企业 | 121 | | | | | 121 | | |
| 63 | 外资企业 | | | | | | | | |
| 64 | 5. 个人所得税 | 324161 | 404 | 15 | | 194497 | 64832 | | 64832 |
| 65 | 6. 资源税 | 22 | | | | | | | 22 |
| 66 | 7. 固定资产投资方向调节税 | | | | | | | | |
| 67 | 8. 城市维护建设税 | 142434 | 542 | 19 | | | | | 142434 |
| 68 | 9. 房产税 | 91787 | 877 | 49 | | | | | 91787 |
| 69 | 10. 印花税 | 26967 | 116 | 1 | | | | | 26967 |
| 70 | 11. 城镇土地使用税 | 36850 | 561 | 17 | | | | | 36850 |
| 71 | 12. 土地增值税 | 149551 | 453 | 27 | | | 74776 | | 74775 |
| 72 | 13. 车船税 | 28477 | 11 | | | | | | 28477 |
| 73 | 14. 车辆购置税 | | | | | | | | |
| 74 | 15. 烟叶税 | | | | | | | | |
| 75 | 16. 耕地占用税 | 33312 | | | | | | | 33312 |

续表

| 序号 | 项目 | 合计 | | | | 中央 | 省级 | 市级 | 县(区)级 |
|---|---|---|---|---|---|---|---|---|---|
| | | 合计 | 其中:本年新欠入库 | 2001年5月1日以后陈欠入库 | 2001年5月1日以前陈欠入库 | | | | |
| 76 | 17. 契税 | 249241 | 328 | | | | | | 249241 |
| 77 | 18. 屠宰税 | | | | | | | | |
| 78 | 19. 其他税收 | | | | | | | | |
| 79 | 二、其他收入合计 | 156135 | 512 | 30 | | | 17238 | | 138897 |
| 80 | 1. 教育费附加收入 | 60387 | 215 | 9 | | | | | 60387 |
| 81 | 2. 文化事业建设费收入 | 193 | | | | | 58 | | 135 |
| 82 | 3. 税务部门罚没收入 | 23 | | | | | | | 23 |
| 83 | 4. 堤围费 | 13191 | 78 | 8 | | | | | 13191 |
| 84 | 5. 价格调节基金 | 1595 | 30 | 5 | | | | | 1595 |
| 85 | 6. 残疾人基金 | 23913 | | 1 | | | 3677 | | 20236 |
| 86 | 7. 地方教育附加 | 40269 | 146 | 6 | | | 13503 | | 26766 |
| 87 | 8. 交通建设附加 | | | | | | | | |
| 88 | 9. 社会保险基金收入 | | | | | | | | |
| 89 | 基本养老保险基金收入 | | | | | | | | |
| 90 | 失业保险基金收入 | | | | | | | | |
| 91 | 基本医疗保险基金收入 | | | | | | | | |
| 92 | 工伤保险基金收入 | | | | | | | | |
| 93 | 生育保险基金收入 | | | | | | | | |
| 94 | 10. 工会会费 | 16564 | 43 | 1 | | | | | 16564 |
| 95 | 11. 其他非税收入 | | | | | | | | |

# 2016 年广东省地方税务局直属分局入库税金明细年报表

编报机关:广东省地方税务局直属分局　　　　单位:万元

| 序号 | 项　目 | 合　计 | | | | 中央 | 省级 | 市级 | 县(区)级 |
|---|---|---|---|---|---|---|---|---|---|
| | | 合　计 | 其中:本年新欠入库 | 2001 年 5 月 1 日以后陈欠入库 | 2001 年 5 月 1 日以前陈欠入库 | | | | |
| 1 | 总　计 | 1366188 | 162 | 667 | | 363818 | 963226 | 20231 | 18913 |
| 2 | 一、税收收入合计 | 1340358 | 162 | 667 | | 363818 | 937396 | 20231 | 18913 |
| 3 | 1. 增值税 | | | | | | | | |
| 4 | 2. 消费税收入 | | | | | | | | |
| 5 | 国内消费税 | | | | | | | | |
| 6 | 其中:成品油消费税 | | | | | | | | |
| 7 | 进口消费品消费税 | | | | | | | | |
| 8 | 其中:进口成品油消费税 | | | | | | | | |
| 9 | 3. 营业税 | 741573 | 122 | 65 | | -1482 | 743055 | | |
| 10 | 铁路运输企业营业税 | | | | | | | | |
| 11 | 金融保险业营业税 | 740950 | 120 | 65 | | -1692 | 742642 | | |
| 12 | 其他营业税 | 623 | 2 | | | 210 | 413 | | |
| 13 | 4. 企业所得税 | 598407 | 40 | 602 | | 365300 | 193963 | 20231 | 18913 |
| 14 | (1)一般企业所得税 | 563924 | 40 | 602 | | 338355 | 189422 | 18238 | 17909 |
| 15 | 内资企业 | 559059 | 40 | 602 | | 335435 | 188449 | 17842 | 17333 |
| 16 | 外资企业 | 4865 | | | | 2920 | 973 | 396 | 576 |
| 17 | (2)分支机构预缴所得税 | | | | | | | | |
| 18 | 跨省 | | | | | | | | |

续表

| 序号 | 项目 | 合计 | | | | 中央 | 省级 | 市级 | 县(区)级 |
|---|---|---|---|---|---|---|---|---|---|
| | | 合计 | 其中:本年新欠入库 | 2001年5月1日以后陈欠入库 | 2001年5月1日以前陈欠入库 | | | | |
| 19 | 内资企业 | | | | | | | | |
| 20 | 外资企业 | | | | | | | | |
| 21 | 省内跨市 | | | | | | | | |
| 22 | 内资企业 | | | | | | | | |
| 23 | 外资企业 | | | | | | | | |
| 24 | 市内跨县区 | | | | | | | | |
| 25 | 内资企业 | | | | | | | | |
| 26 | 外资企业 | | | | | | | | |
| 27 | (3)总机构预缴所得税 | 15559 | | | | 11484 | 2243 | 1218 | 614 |
| 28 | 跨省 | 13329 | | | | 9997 | 1748 | 1097 | 487 |
| 29 | 内资企业 | 13329 | | | | 9997 | 1748 | 1097 | 487 |
| 30 | 外资企业 | | | | | | | | |
| 31 | 省内跨市 | 2230 | | | | 1487 | 495 | 121 | 127 |
| 32 | 内资企业 | 2230 | | | | 1487 | 495 | 121 | 127 |
| 33 | 外资企业 | | | | | | | | |
| 34 | 市内跨县区 | | | | | | | | |
| 35 | 内资企业 | | | | | | | | |
| 36 | 外资企业 | | | | | | | | |

续表

| 序号 | 项　　目 | 合　　计 | | | | 中央 | 省级 | 市级 | 县(区)级 |
|---|---|---|---|---|---|---|---|---|---|
| | | 合　计 | 其中:本年新欠入库 | 2001 年 5 月 1 日以后陈欠入库 | 2001 年 5 月 1 日以前陈欠入库 | | | | |
| 37 | (4)分支机构汇算清缴所得税 | | | | | | | | |
| 38 | 跨省 | | | | | | | | |
| 39 | 内资企业 | | | | | | | | |
| 40 | 外资企业 | | | | | | | | |
| 41 | 省内跨市 | | | | | | | | |
| 42 | 内资企业 | | | | | | | | |
| 43 | 外资企业 | | | | | | | | |
| 44 | 市内跨县区 | | | | | | | | |
| 45 | 内资企业 | | | | | | | | |
| 46 | 外资企业 | | | | | | | | |
| 47 | (5)总机构汇算清缴所得税 | 12349 | | | | 9207 | 1977 | 775 | 390 |
| 48 | 跨省 | 11686 | | | | 8765 | 1830 | 747 | 344 |
| 49 | 内资企业 | 11686 | | | | 8765 | 1830 | 747 | 344 |
| 50 | 外资企业 | | | | | | | | |
| 51 | 省内跨市 | 663 | | | | 442 | 147 | 28 | 46 |
| 52 | 内资企业 | 663 | | | | 442 | 147 | 28 | 46 |
| 53 | 外资企业 | | | | | | | | |
| 54 | 市内跨县区 | | | | | | | | |
| 55 | 内资企业 | | | | | | | | |

续表

| 序号 | 项　　目 | 合　计 | | | | 中央 | 省级 | 市级 | 县(区)级 |
|---|---|---|---|---|---|---|---|---|---|
| | | 合　计 | 其中:本年新欠入库 | 2001年5月1日以后陈欠入库 | 2001年5月1日以前陈欠入库 | | | | |
| 56 | 外资企业 | | | | | | | | |
| 57 | (6)企业所得税待分配收入 | 6575 | | | | 6254 | 321 | | |
| 58 | 跨省 | 6254 | | | | 6254 | | | |
| 59 | 内资企业 | 6254 | | | | 6254 | | | |
| 60 | 外资企业 | | | | | | | | |
| 61 | 省内跨市 | 321 | | | | | 321 | | |
| 62 | 内资企业 | 321 | | | | | 321 | | |
| 63 | 外资企业 | | | | | | | | |
| 64 | 5. 个人所得税 | | | | | | | | |
| 65 | 6. 资源税 | | | | | | | | |
| 66 | 7. 固定资产投资方向调节税 | | | | | | | | |
| 67 | 8. 城市维护建设税 | 378 | | | | | 378 | | |
| 68 | 9. 房产税 | | | | | | | | |
| 69 | 10. 印花税 | | | | | | | | |
| 70 | 11. 城镇土地使用税 | | | | | | | | |
| 71 | 12. 土地增值税 | | | | | | | | |
| 72 | 13. 车船税 | | | | | | | | |
| 73 | 14. 车辆购置税 | | | | | | | | |
| 74 | 15. 烟叶税 | | | | | | | | |
| 75 | 16. 耕地占用税 | | | | | | | | |

续表

| 序号 | 项目 | 合计 | | | | 中央 | 省级 | 市级 | 县(区)级 |
|---|---|---|---|---|---|---|---|---|---|
| | | 合计 | 其中:本年新欠入库 | 2001年5月1日以后陈欠入库 | 2001年5月1日以前陈欠入库 | | | | |
| 76 | 17. 契税 | | | | | | | | |
| 77 | 18. 屠宰税 | | | | | | | | |
| 78 | 19. 其他税收 | | | | | | | | |
| 79 | 二、其他收入合计 | 25830 | | | | | 25830 | | |
| 80 | 1. 教育费附加收入 | 227 | | | | | 227 | | |
| 81 | 2. 文化事业建设费收入 | | | | | | | | |
| 82 | 3. 税务部门罚没收入 | 1 | | | | | 1 | | |
| 83 | 4. 堤围费 | | | | | | | | |
| 84 | 5. 价格调节基金 | 25451 | | | | | 25451 | | |
| 85 | 6. 残疾人基金 | | | | | | | | |
| 86 | 7. 地方教育附加 | 151 | | | | | 151 | | |
| 87 | 8. 交通建设附加 | | | | | | | | |
| 88 | 9. 社会保险基金收入 | | | | | | | | |
| 89 | 基本养老保险基金收入 | | | | | | | | |
| 90 | 失业保险基金收入 | | | | | | | | |
| 91 | 基本医疗保险基金收入 | | | | | | | | |
| 92 | 工伤保险基金收入 | | | | | | | | |
| 93 | 生育保险基金收入 | | | | | | | | |
| 94 | 10. 工会会费 | | | | | | | | |
| 95 | 11. 其他非税收入 | | | | | | | | |

# 2016年广东省地方税务局税收收入分行业分税种统计年报表

编报机关:广东省地方税务局

单位:万元

| 序号 | 项目 | 税收收入合计 | 国内增值税 | 营业税 | 企业所得税 | | 个人所得税 | 资源税 | 城市维护建设税 | 房产税 | 印花税 | 城镇土地使用税 | 土地增值税 | 车船税 | 耕地占用税 | 契税 | 其他各税 |
|---|---|---|---|---|---|---|---|---|---|---|---|---|---|---|---|---|---|
| | | | | | 内资企业 | 外资企业 | | | | | | | | | | | |
| 1 | 合计 | 65747975 | 605514 | 11559111 | 10587640 | 3272373 | 15898689 | 166975 | 5222667 | 2437551 | 1192299 | 1335066 | 6815248 | 735893 | 766780 | 5136687 | 15482 |
| 2 | 一、第一产业 | 92923 | 246 | 6899 | 12309 | 1808 | 41103 | 84 | 2658 | 6420 | 3949 | 7105 | 6047 | 44 | 988 | 3263 | |
| 3 | 二、第二产业 | 16537961 | 19713 | 2547164 | 3269484 | 1577772 | 4083367 | 145866 | 2992905 | 645722 | 504994 | 455431 | 173361 | 3617 | 40371 | 77175 | 1019 |
| 4 | (一)采矿业 | 113291 | 84 | 1182 | 5667 | 338 | 8389 | 73403 | 6415 | 2473 | 1568 | 7724 | 1691 | 14 | 1165 | 3178 | |
| 5 | 1. 煤炭开采和洗选业 | 1193 | | 4 | 1020 | | 49 | | 30 | 15 | 34 | 39 | 1 | 1 | | | |
| 6 | 2. 石油和天然气开采业 | 6088 | | 503 | 375 | | 437 | 11 | 450 | 79 | 182 | 2037 | | 3 | | 2011 | |
| 7 | 3. 黑色金属矿采选业 | 14505 | 82 | 9 | 190 | | 780 | 11029 | 513 | 224 | 393 | 867 | 384 | 1 | 6 | 27 | |
| 8 | 4. 有色金属矿采选业 | 17124 | 2 | 27 | 1552 | 3 | 3639 | 6963 | 1671 | 733 | 229 | 2156 | 13 | 2 | 25 | 109 | |
| 9 | 5. 非金属矿采选业 | 48964 | | -130 | 2335 | | 1978 | 40925 | 2133 | 703 | 321 | 1514 | -1958 | 2 | 529 | 612 | |
| 10 | 6. 其他采矿业 | 25417 | | 769 | 195 | 335 | 1506 | 14475 | 1618 | 719 | 409 | 1111 | 3251 | 5 | 605 | 419 | |
| 11 | (二)制造业 | 10226243 | 17515 | 143747 | 1442537 | 1381150 | 3180932 | 52340 | 2496175 | 542455 | 397936 | 380501 | 132128 | 2671 | 2603 | 52534 | 1019 |
| 12 | 1. 农副食品加工业 | 126780 | 81 | 2390 | 15939 | 40102 | 29881 | 10 | 10650 | 10441 | 7534 | 7534 | 1124 | 43 | 161 | 890 | |
| 13 | 2. 食品制造业 | 268220 | 1058 | 4644 | 28150 | 39173 | 78795 | 69 | 77354 | 15415 | 6779 | 7177 | 7934 | 47 | 6 | 1619 | |
| 14 | 3. 酒、饮料和精制茶制造业 | 100260 | 41 | 1154 | 3821 | 27090 | 21364 | 68 | 30440 | 7357 | 3184 | 3929 | 1262 | 45 | 3 | 502 | |
| 15 | 4. 烟草制品业 | 213533 | | 44 | 24310 | 420 | 24498 | | 157285 | 2052 | 2640 | 1201 | 21 | 21 | | 22 | 1019 |
| 16 | 5. 纺织业 | 127997 | 759 | 1731 | 18407 | 7887 | 27280 | 3 | 30863 | 16551 | 5187 | 14571 | 2695 | 60 | 21 | 1982 | |
| 17 | 6. 纺织服装、服饰业 | 240684 | 817 | 3418 | 26483 | 35676 | 49889 | | 66682 | 23438 | 9084 | 15920 | 7033 | 112 | 134 | 1998 | |
| 18 | 7. 皮革、毛皮、羽毛及其制品和制鞋业 | 114984 | 1229 | 980 | 11301 | 4841 | 25062 | 1 | 39031 | 12665 | 5891 | 8857 | 3932 | 88 | | 1106 | |
| 19 | 8. 木材加工和木竹藤棕草制品业 | 46534 | 55 | 1903 | 11671 | 1009 | 4933 | 6 | 14385 | 3143 | 1645 | 5344 | 2028 | 17 | 101 | 293 | |
| 20 | 9. 家具制造业 | 97422 | 459 | 1816 | 5780 | 5465 | 26175 | | 31323 | 10732 | 4593 | 8661 | 1429 | 64 | 6 | 920 | |
| 21 | 10. 造纸和纸制品业 | 135203 | 162 | 2783 | 15352 | 22138 | 33287 | 5 | 30838 | 12372 | 5783 | 10147 | 1204 | 100 | 1 | 1031 | |

续表

| 序号 | 项目 | 税收收入合计 | 国内增值税 | 营业税 | 企业所得税 | | 个人所得税 | 资源税 | 城市维护建设税 | 房产税 | 印花税 | 城镇土地使用税 | 土地增值税 | 车船税 | 耕地占用税 | 契税 | 其他各税 |
|---|---|---|---|---|---|---|---|---|---|---|---|---|---|---|---|---|---|
| | | | | | 内资企业 | 外资企业 | | | | | | | | | | | |
| 22 | 11. 印刷和记录媒介复制业 | 123058 | 320 | 1325 | 18561 | 26834 | 30243 | | 24615 | 8829 | 3707 | 5373 | 639 | 49 | | 2562 | |
| 23 | 12. 文教、工美、体育和娱乐用品制造业 | 134359 | 700 | 2168 | 19714 | 13425 | 28047 | 168 | 33268 | 15384 | 5794 | 10798 | 3641 | 55 | | 1197 | |
| 24 | 13. 石油加工、炼焦和核燃料加工业 | 416148 | | 392 | 605 | 48912 | 15893 | | 324542 | 3613 | 4046 | 18047 | 28 | 22 | 2 | 46 | |
| 25 | 14. 化学原料和化学制品制造业 | 371604 | 611 | 6485 | 66886 | 58140 | 107455 | 295 | 76951 | 20636 | 13388 | 16863 | 1722 | 130 | 26 | 2017 | |
| 26 | 15. 医药制造业 | 353923 | 47 | 4557 | 146345 | 50390 | 70587 | | 51326 | 15250 | 5394 | 7621 | 1226 | 34 | -42 | 1187 | |
| 27 | 16. 化学纤维制造业 | 21792 | | 87 | 7 | 11811 | 2985 | | 3452 | 1817 | 439 | 1133 | 33 | 2 | | 26 | |
| 28 | 17. 橡胶和塑料制品业 | 414121 | 1160 | 26597 | 46301 | 47267 | 93908 | 82 | 98692 | 30671 | 17543 | 25078 | 23481 | 184 | 47 | 3110 | |
| 29 | 18. 非金属矿物制品业 | 317127 | 208 | 1877 | 42274 | 14542 | 55638 | 48122 | 63034 | 30144 | 10022 | 46065 | 2318 | 329 | 315 | 2240 | |
| 30 | 19. 黑色金属冶炼和压延加工业 | 53081 | 1019 | 697 | 1459 | 842 | 9513 | 9 | 10488 | 6598 | 4983 | 13047 | 2481 | 26 | | 1919 | |
| 31 | 20. 有色金属冶炼和压延加工业 | 78744 | | 856 | 17845 | 422 | 17097 | 2610 | 14678 | 8596 | 5195 | 7584 | 2955 | 32 | -53 | 927 | |
| 32 | 21. 金属制品业 | 417207 | 1029 | 6927 | 56230 | 40438 | 108953 | 63 | 104722 | 35841 | 19902 | 31802 | 7200 | 220 | -56 | 3936 | |
| 33 | 22. 通用设备制造业 | 314499 | 721 | 6131 | 67967 | 69932 | 78602 | | 51115 | 16278 | 9455 | 8569 | 3617 | 142 | -10 | 1980 | |
| 34 | 23. 专用设备制造业 | 465114 | 2224 | 6239 | 61178 | 89878 | 169092 | 118 | 71503 | 16924 | 11502 | 10024 | 24038 | 89 | 60 | 2245 | |
| 35 | 24. 汽车制造业 | 448463 | 595 | 1817 | 9130 | 6192 | 149257 | | 206174 | 25561 | 30427 | 13630 | 2570 | 138 | 157 | 2815 | |
| 36 | 25. 铁路、船舶、航空航天和其他运输设备制造业 | 94590 | 112 | 2282 | 4849 | 19658 | 26494 | 1 | 15924 | 11527 | 4597 | 7594 | 1003 | 61 | | 488 | |
| 37 | 26. 电气机械和器材制造业 | 1080143 | 1875 | 6551 | 412620 | 101240 | 224507 | 3 | 205239 | 54912 | 34360 | 26636 | 7571 | 188 | 13 | 4428 | |
| 38 | 27. 计算机、通信和其他电子设备制造业 | 2861766 | 1645 | 32895 | 246652 | 422292 | 1399301 | 1 | 496972 | 86812 | 131152 | 26478 | 14082 | 181 | 1 | 3302 | |
| 39 | 28. 仪表仪器制造业 | 204711 | 33 | 1607 | 16144 | 50902 | 95214 | 6 | 21691 | 7413 | 6456 | 2707 | 1815 | 20 | 70 | 633 | |
| 40 | 29. 其他制造业 | 569808 | 554 | 12882 | 44736 | 124054 | 172986 | 531 | 130166 | 29770 | 26070 | 16444 | 3045 | 143 | 1639 | 6788 | |
| 41 | 30. 废弃资源综合利用业 | 14368 | 1 | 512 | 1820 | 178 | 3996 | 169 | 2772 | 1713 | 1184 | 1667 | 1 | 29 | 1 | 325 | |
| 42 | (三)电力、热力、燃气及水的生产和供应业 | 1423684 | 555 | 33346 | 634061 | 164998 | 239455 | 154 | 203212 | 69001 | 24486 | 38038 | 4354 | 418 | 7466 | 4140 | |

续表

| 序号 | 项　　目 | 税收收入合计 | 国内增值税 | 营业税 | 企业所得税 | | 个人所得税 | 资源税 | 城市维护建设税 | 房产税 | 印花税 | 城镇土地使用税 | 土地增值税 | 车船税 | 耕地占用税 | 契税 | 其他各税 |
|---|---|---|---|---|---|---|---|---|---|---|---|---|---|---|---|---|---|
| | | | | | 内资企业 | 外资企业 | | | | | | | | | | | |
| 43 | 1. 电力、热力生产和供应业 | 1218699 | 166 | 24143 | 558190 | 122518 | 209799 | 92 | 182443 | 61460 | 21495 | 23990 | 3470 | 337 | 6855 | 3741 | |
| 44 | 2. 燃气生产和供应业 | 59507 | | 2436 | 25736 | 1387 | 11587 | | 11745 | 1662 | 2371 | 2332 | | 46 | 15 | 190 | |
| 45 | 3. 水的生产和供应业 | 145478 | 389 | 6767 | 50135 | 41093 | 18069 | 62 | 9024 | 5879 | 620 | 11716 | 884 | 35 | 596 | 209 | |
| 46 | （四）建筑业 | 4774743 | 1559 | 2368889 | 1187219 | 31286 | 654591 | 19969 | 287103 | 31793 | 81004 | 29168 | 35188 | 514 | 29137 | 17323 | |
| 47 | 1. 房屋建筑业 | 1011853 | 464 | 418744 | 355507 | 4786 | 114002 | 7097 | 55534 | 8802 | 20392 | 6841 | 13332 | 61 | 793 | 5498 | |
| 48 | 2. 土木工程建筑业 | 486072 | 30 | 205510 | 141439 | 11 | 78498 | 2934 | 28942 | 5158 | 12565 | 3592 | 1295 | 102 | 4259 | 1737 | |
| 49 | 3. 建筑安装业 | 1456966 | 398 | 667783 | 348638 | 23220 | 243024 | 4759 | 99871 | 9469 | 27075 | 7452 | 12316 | 208 | 9221 | 3532 | |
| 50 | 4. 建筑装饰和其他建筑业 | 1819852 | 667 | 1076852 | 341635 | 3269 | 219067 | 5179 | 102756 | 8364 | 20972 | 11283 | 8245 | 143 | 14864 | 6556 | |
| 51 | 三、第三产业 | 49117091 | 585555 | 9005048 | 7305847 | 1692793 | 11774219 | 21025 | 2227104 | 1785409 | 683356 | 872530 | 6635840 | 732232 | 725421 | 5056249 | 14463 |
| 52 | （一）批发和零售业 | 3853793 | 4846 | 332495 | 804043 | 183144 | 1027388 | 12313 | 680255 | 201200 | 209524 | 103181 | 233188 | 2069 | 5494 | 40190 | 14463 |
| 53 | 1. 批发业 | 2796109 | 3544 | 243248 | 623533 | 93940 | 762590 | 6419 | 476828 | 131779 | 150028 | 53442 | 212790 | 1231 | 1074 | 23027 | 12636 |
| 54 | 2. 零售业 | 1057684 | 1302 | 89247 | 180510 | 89204 | 264798 | 5894 | 203427 | 69421 | 59496 | 49739 | 20398 | 838 | 4420 | 17163 | 1827 |
| 55 | （二）交通运输、仓储和邮政业 | 1261937 | 399 | 124614 | 352906 | 98893 | 374021 | 136 | 69818 | 74986 | 29941 | 41970 | 70317 | 6542 | 5136 | 12258 | |
| 56 | 1. 铁路运输业 | 104888 | | 7228 | 56666 | 1592 | 23550 | | 6974 | 998 | 1626 | 661 | 5355 | 39 | 17 | 182 | |
| 57 | 2. 道路运输业 | 430699 | 134 | 65756 | 136186 | 9797 | 97404 | 115 | 25851 | 15749 | 12775 | 13825 | 41699 | 4139 | 4667 | 2602 | |
| 58 | 3. 水上运输业 | 120809 | 120 | 10413 | 31018 | 31203 | 28209 | 19 | 3748 | 6469 | 1847 | 3400 | 3669 | 513 | | 181 | |
| 59 | 4. 航空运输业 | 167529 | | 18963 | 19770 | 5705 | 92131 | | 12741 | 12131 | 3510 | 2112 | 34 | 32 | 374 | 26 | |
| 60 | 5. 管道运输业 | 1795 | | 92 | 95 | | 799 | | 142 | 212 | 69 | 362 | | 5 | | 19 | |
| 61 | 6. 装卸搬运和运输代理业 | 243141 | 35 | 5685 | 57519 | 45984 | 87987 | 2 | 13270 | 9968 | 6498 | 9062 | 1045 | 1266 | 53 | 4767 | |
| 62 | 7. 仓储业 | 147584 | 110 | 14984 | 49397 | 4608 | 16290 | | 5494 | 20118 | 3287 | 10106 | 18243 | 503 | 25 | 4419 | |
| 63 | 8. 邮政业 | 45492 | | 1493 | 2255 | 4 | 27651 | | 1598 | 9341 | 329 | 2442 | 272 | 45 | | 62 | |
| 64 | （三）住宿和餐饮业 | 578753 | 4379 | 298192 | 33303 | 26947 | 96975 | 143 | 35096 | 51743 | 2213 | 12907 | 12362 | 94 | 121 | 4278 | |

续表

| 序号 | 项　目 | 税收收入合计 | 国内增值税 | 营业税 | 企业所得税 | | 个人所得税 | 资源税 | 城市维护建设税 | 房产税 | 印花税 | 城镇土地使用税 | 土地增值税 | 车船税 | 耕地占用税 | 契税 | 其他各税 |
|---|---|---|---|---|---|---|---|---|---|---|---|---|---|---|---|---|---|
| | | | | | 内资企业 | 外资企业 | | | | | | | | | | | |
| 65 | 1. 住宿业 | 226408 | 4157 | 95584 | 13599 | 7486 | 30644 | 125 | 12385 | 38665 | 890 | 9016 | 10582 | 57 | 9 | 3210 | |
| 66 | 2. 餐饮业 | 352345 | 222 | 202608 | 19704 | 19461 | 66331 | 18 | 22711 | 13078 | 1323 | 3891 | 1780 | 37 | 112 | 1068 | |
| 67 | (四)信息传输、软件和信息技术服务业 | 2137301 | 330 | 42605 | 336747 | 454089 | 1043531 | 2 | 146040 | 50145 | 28487 | 11336 | 5541 | 224 | 54 | 18170 | |
| 68 | 1. 电信、广播电视和卫星传输服务 | 279457 | 97 | 17491 | 56950 | 12 | 117991 | | 37918 | 34391 | 5464 | 6936 | 1287 | 87 | | 833 | |
| 69 | 2. 互联网和相关服务 | 24122 | 125 | 653 | 1312 | 2344 | 15011 | | 1679 | 991 | 960 | 450 | 89 | 2 | | 506 | |
| 70 | 3. 软件和信息技术服务业 | 1833722 | 108 | 24461 | 278485 | 451733 | 910529 | 2 | 106443 | 14763 | 22063 | 3950 | 4165 | 135 | 54 | 16831 | |
| 71 | (五)金融业 | 7501007 | 2470 | 2758599 | 626296 | 59399 | 2771291 | 155 | 381873 | 95318 | 79143 | 18951 | 14200 | 665476 | 33 | 27803 | |
| 72 | 1. 货币金融服务 | 3692628 | 991 | 2108158 | 103038 | 3955 | 1045561 | | 272497 | 77398 | 47044 | 12222 | 5644 | 479 | | 15641 | |
| 73 | 2. 资本市场服务 | 1876235 | 5 | 361950 | 398594 | 14443 | 1019872 | 155 | 55270 | 4623 | 9465 | 1721 | 5143 | 11 | 3 | 4980 | |
| 74 | 3. 保险业 | 1477648 | 106 | 147837 | 6413 | 6 | 598960 | | 35760 | 7353 | 15116 | 620 | 1125 | 664186 | | 166 | |
| 75 | 4. 其他金融业 | 454496 | 1368 | 140654 | 118251 | 40995 | 106898 | | 18346 | 5944 | 7518 | 4388 | 2288 | 800 | 30 | 7016 | |
| 76 | (六)房地产业 | 16891857 | 144324 | 4000906 | 3264956 | 459110 | 804019 | 168 | 511703 | 659857 | 156836 | 353545 | 5522131 | 823 | 74694 | 938785 | |
| 77 | 1. 房地产开发经营 | 13036158 | 11188 | 3176425 | 2645034 | 322433 | 399050 | 99 | 401058 | 283101 | 125424 | 268665 | 4772536 | 387 | 44243 | 586515 | |
| 78 | 2. 物业管理 | 817525 | 1499 | 275763 | 173266 | 18856 | 81402 | 3 | 39430 | 107526 | 8641 | 20778 | 74812 | 266 | 3384 | 11899 | |
| 79 | 3. 房地产中介服务 | 251713 | 154 | 62575 | 38160 | 4387 | 107605 | 11 | 10774 | 6627 | 1087 | 1824 | 14654 | 26 | -33 | 3862 | |
| 80 | 4. 自有房地产经营活动 | 246741 | 15046 | 42592 | 19621 | 1471 | 23813 | | 5833 | 80725 | 2350 | 13771 | 19531 | 25 | 3352 | 18611 | |
| 81 | 5. 其他房地产业 | 2539720 | 116437 | 443551 | 388875 | 111963 | 192149 | 55 | 54608 | 181878 | 19334 | 48507 | 640598 | 119 | 23748 | 317898 | |
| 82 | (七)租赁和商务服务业 | 5542118 | 8082 | 710758 | 1229296 | 188169 | 2327754 | 178 | 163743 | 244403 | 79583 | 134350 | 272251 | 1653 | 79936 | 101962 | |
| 83 | 1. 租赁业 | 101658 | 182 | 21859 | 24066 | 2082 | 11110 | 18 | 5662 | 16441 | 4552 | 3256 | 4981 | 236 | | 7213 | |
| 84 | 2. 商务服务业 | 5440460 | 7900 | 688899 | 1205230 | 186087 | 2316644 | 160 | 158081 | 227962 | 75031 | 131094 | 267270 | 1417 | 79936 | 94749 | |
| 85 | (八)科学研究和技术服务业 | 1319471 | 1667 | 79962 | 314206 | 42753 | 614536 | 149 | 97877 | 37101 | 23867 | 12940 | 52930 | 692 | 28804 | 11987 | |
| 86 | 1. 研究和试验发展 | 352578 | 1032 | 18822 | 47715 | 19365 | 179141 | 1 | 40136 | 16372 | 9968 | 4681 | 6570 | 223 | 99 | 8453 | |

续表

| 序号 | 项目 | 税收收入合计 | 国内增值税 | 营业税 | 企业所得税 | | 个人所得税 | 资源税 | 城市维护建设税 | 房产税 | 印花税 | 城镇土地使用税 | 土地增值税 | 车船税 | 耕地占用税 | 契税 | 其他各税 |
|---|---|---|---|---|---|---|---|---|---|---|---|---|---|---|---|---|---|
| | | | | | 内资企业 | 外资企业 | | | | | | | | | | | |
| 87 | 2. 专业技术服务业 | 920462 | 627 | 58276 | 259573 | 21801 | 413237 | 147 | 53804 | 17332 | 12790 | 7074 | 45024 | 445 | 28705 | 1627 | |
| 88 | 3. 科技推广和应用服务业 | 46431 | 8 | 2864 | 6918 | 1587 | 22158 | 1 | 3937 | 3397 | 1109 | 1185 | 1336 | 24 | | 1907 | |
| 89 | (九)水利、环境和公共设施管理业 | 188032 | 19 | 28144 | 50044 | 12145 | 37525 | 1103 | 12590 | 11350 | 2088 | 14766 | 1897 | 216 | 12212 | 3933 | |
| 90 | 1. 水利管理业 | 20235 | 19 | 3433 | 2766 | 28 | 7026 | 1076 | 1643 | 539 | 407 | 2353 | 707 | 16 | 157 | 65 | |
| 91 | 2. 生态保护和环境治理业 | 26389 | | 1280 | 3977 | 533 | 7968 | 3 | 5873 | 2410 | 572 | 2871 | 33 | 12 | 597 | 260 | |
| 92 | 3. 公共设施管理业 | 141408 | | 23431 | 43301 | 11584 | 22531 | 24 | 5074 | 8401 | 1109 | 9542 | 1157 | 188 | 11458 | 3608 | |
| 93 | (十)居民服务、修理和其他服务业 | 3494201 | 158351 | 407179 | 184980 | 150459 | 949773 | 464 | 80842 | 212341 | 34991 | 54506 | 184914 | 5128 | 82571 | 987702 | |
| 94 | 1. 居民服务业 | 376595 | 25269 | 55768 | 28918 | 1089 | 79172 | 38 | 9729 | 119963 | 7839 | 14147 | 22935 | 273 | 8628 | 2827 | |
| 95 | 2. 机动车、电子产品和日用产品修理业 | 34832 | 105 | 3241 | 7698 | 1551 | 11202 | | 5516 | 2011 | 974 | 934 | 474 | 32 | | 1094 | |
| 96 | 3. 其他服务业 | 3082774 | 132977 | 348170 | 148364 | 147819 | 859399 | 426 | 65597 | 90367 | 26178 | 39425 | 161505 | 4823 | 73943 | 983781 | |
| 97 | (十一)教育 | 457244 | 19 | 26544 | 27624 | 1964 | 372319 | | 4827 | 8666 | 722 | 1386 | 11210 | 788 | 75 | 1100 | |
| 98 | (十二)卫生和社会工作 | 466010 | 163 | 8385 | 19603 | 789 | 427452 | 2 | 1142 | 3981 | 1255 | 549 | 1679 | 213 | 137 | 660 | |
| 99 | 1. 卫生 | 457858 | 61 | 7598 | 19395 | 789 | 422298 | 2 | 1017 | 2659 | 1231 | 529 | 1670 | 200 | 137 | 272 | |
| 100 | 2. 社会工作 | 8152 | 102 | 787 | 208 | | 5154 | | 125 | 1322 | 24 | 20 | 9 | 13 | | 388 | |
| 101 | (十三)文化、体育和娱乐业 | 292842 | 50 | 33846 | 22230 | 14928 | 155204 | 15 | 9155 | 13562 | 1894 | 28069 | 4649 | 75 | 4378 | 4787 | |
| 102 | 1. 新闻和出版业 | 31145 | 16 | 1272 | 5066 | 63 | 18912 | | 1639 | 3131 | 224 | 357 | 30 | 10 | | 425 | |
| 103 | 2. 广播、电视、电影和影视录音制作业 | 46617 | 4 | 1726 | 5153 | 335 | 23366 | | 2503 | 2386 | 681 | 5298 | 507 | 23 | 4378 | 257 | |
| 104 | 3. 文化艺术业 | 33465 | 22 | 4040 | 4635 | 1757 | 14790 | | 1633 | 2010 | 484 | 818 | 203 | 21 | | 3052 | |
| 105 | 4. 体育 | 106255 | 8 | 8084 | 4301 | 606 | 77016 | 1 | 1365 | 3259 | 279 | 7310 | 3698 | 14 | | 314 | |
| 106 | 5. 娱乐业 | 75360 | | 18724 | 3075 | 12167 | 21120 | 14 | 2015 | 2776 | 226 | 14286 | 211 | 7 | | 739 | |
| 107 | (十四)公共管理、社会保障和社会组织 | 5117755 | 260456 | 143468 | 39555 | 3 | 768245 | 6189 | 32102 | 120690 | 32768 | 83149 | 248549 | 48223 | 431728 | 2902630 | |
| 108 | (十五)其他行业 | 14770 | | 9351 | 58 | 1 | 4186 | 8 | 41 | 66 | 44 | 925 | 22 | 16 | 48 | 4 | |

# 2016年广州市地方税务局税收收入分行业分税种统计年报表

编报机关:广州市地方税务局　　　　单位:万元

| 序号 | 项　目 | 税收收入合计 | 国内增值税 | 营业税 | 企业所得税 | | 个人所得税 | 资源税 | 城市维护建设税 | 房产税 | 印花税 | 城镇土地使用税 | 土地增值税 | 车船税 | 耕地占用税 | 契税 | 其他各税 |
|---|---|---|---|---|---|---|---|---|---|---|---|---|---|---|---|---|---|
| | | | | | 内资企业 | 外资企业 | | | | | | | | | | | |
| 1 | 合　计 | 12473480 | 193635 | 1560275 | 1562011 | 211240 | 3859530 | 2631 | 1279781 | 777136 | 310654 | 154041 | 1259661 | 139157 | 77968 | 1085760 | |
| 2 | 一、第一产业 | 5712 | 4 | 353 | 871 | | 3087 | | 224 | 655 | 270 | 177 | 8 | 15 | 29 | 19 | |
| 3 | 二、第二产业 | 2369839 | 2445 | 367217 | 351746 | 12968 | 652427 | 2568 | 671639 | 130000 | 99826 | 53002 | 12246 | 1563 | 1257 | 10935 | |
| 4 | (一)采矿业 | 3568 | 26 | 12 | 1325 | | 536 | 885 | 283 | 214 | 47 | 67 | 161 | 1 | | 11 | |
| 5 | 1. 煤炭开采和洗选业 | 1082 | | 2 | 1018 | | 21 | | 19 | 15 | 2 | 5 | | | | | |
| 6 | 2. 石油和天然气开采业 | 9 | | | | | 2 | | 2 | | | | | | | 5 | |
| 7 | 3. 黑色金属矿采选业 | 148 | 24 | | | | | | 2 | 6 | | | 116 | | | | |
| 8 | 4. 有色金属矿采选业 | 106 | 2 | 1 | 1 | | 70 | | 1 | 10 | 2 | | 13 | | | 6 | |
| 9 | 5. 非金属矿采选业 | 1621 | | 7 | 306 | | 73 | 885 | 195 | 71 | 13 | 39 | 32 | | | | |
| 10 | 6. 其他采矿业 | 602 | | 2 | | | 370 | | 64 | 112 | 30 | 23 | | 1 | | | |
| 11 | (二)制造业 | 1484574 | 1770 | 16466 | 185896 | 9350 | 461317 | 1664 | 563728 | 107768 | 74384 | 46049 | 6858 | 1083 | -43 | 8284 | |
| 12 | 1. 农副食品加工业 | 24477 | | 362 | 4701 | 200 | 11999 | | 1759 | 2562 | 1834 | 994 | 9 | 19 | | 38 | |
| 13 | 2. 食品制造业 | 97020 | 3 | 409 | 7085 | | 45084 | | 33559 | 7102 | 2423 | 1422 | 9 | 29 | | -105 | |
| 14 | 3. 酒、饮料和精制茶制造业 | 23158 | | 332 | 261 | | 8857 | 6 | 9715 | 1987 | 1219 | 723 | | 22 | | 36 | |
| 15 | 4. 烟草制品业 | 92249 | | 22 | | | 15504 | | 74441 | 27 | 2225 | | 21 | 8 | | 1 | |
| 16 | 5. 纺织业 | 15813 | | 214 | 4064 | | 2375 | | 4392 | 1857 | 757 | 2081 | 14 | 17 | | 42 | |
| 17 | 6. 纺织服装、服饰业 | 31978 | 168 | 499 | 1009 | | 7055 | | 13019 | 4860 | 1830 | 2599 | 319 | 57 | | 563 | |
| 18 | 7. 皮革、毛皮、羽毛及其制品和制鞋业 | 18461 | 3 | 172 | 811 | | 4269 | | 8319 | 2069 | 1488 | 1074 | 26 | 37 | | 193 | |
| 19 | 8. 木材加工和木竹藤棕草制品业 | 15389 | 53 | 642 | 10084 | | 864 | | 1264 | 518 | 200 | 440 | 1245 | 11 | | 68 | |
| 20 | 9. 家具制造业 | 18665 | 4 | 139 | 500 | | 10160 | | 4399 | 1687 | 763 | 973 | 1 | 28 | | 11 | |
| 21 | 10. 造纸和纸制品业 | 10363 | | 187 | 600 | | 3211 | | 2760 | 1807 | 736 | 1030 | | 28 | | 4 | |

续表

| 序号 | 项　　目 | 税收收入合计 | 国内增值税 | 营业税 | 企业所得税 | | 个人所得税 | 资源税 | 城市维护建设税 | 房产税 | 印花税 | 城镇土地使用税 | 土地增值税 | 车船税 | 耕地占用税 | 契税 | 其他各税 |
|---|---|---|---|---|---|---|---|---|---|---|---|---|---|---|---|---|---|
| | | | | | 内资企业 | 外资企业 | | | | | | | | | | | |
| 22 | 11. 印刷和记录媒介复制业 | 9540 | 4 | 185 | 1056 | | 2299 | | 2109 | 1029 | 320 | 345 | | 17 | | 2176 | |
| 23 | 12. 文教、工美、体育和娱乐用品制造业 | 17975 | 108 | 548 | 2467 | 4 | 3784 | | 4097 | 3724 | 1163 | 1370 | 319 | 27 | | 364 | |
| 24 | 13. 石油加工、炼焦和核燃料加工业 | 88265 | | 16 | 10 | | 2384 | | 84997 | 267 | 318 | 245 | | 13 | | 15 | |
| 25 | 14. 化学原料和化学制品制造业 | 135901 | 244 | 911 | 33173 | 65 | 54053 | 171 | 31774 | 6788 | 4905 | 3071 | 15 | 63 | | 668 | |
| 26 | 15. 医药制造业 | 56486 | 3 | 340 | 11380 | 5161 | 17585 | | 14896 | 4143 | 1481 | 1417 | 12 | 24 | | 44 | |
| 27 | 16. 化学纤维制造业 | 945 | | | | | 267 | | 354 | 146 | 41 | 135 | | 2 | | | |
| 28 | 17. 橡胶和塑料制品业 | 55972 | 138 | 272 | 9613 | 429 | 19505 | | 14358 | 4990 | 2769 | 3112 | 223 | 69 | | 494 | |
| 29 | 18. 非金属矿物制品业 | 21687 | 29 | 405 | 3286 | | 5570 | 1484 | 5387 | 2643 | 754 | 1724 | 210 | 98 | | 97 | |
| 30 | 19. 黑色金属冶炼和压延加工业 | 13502 | | 30 | 506 | | 3569 | | 4557 | 1714 | 1975 | 1133 | | 15 | | 3 | |
| 31 | 20. 有色金属冶炼和压延加工业 | 7063 | | 84 | 112 | | 2391 | | 1545 | 1321 | 895 | 662 | | 9 | | 44 | |
| 32 | 21. 金属制品业 | 46598 | 2 | 490 | 9868 | | 15366 | | 11304 | 4546 | 2006 | 2573 | 149 | 63 | | 231 | |
| 33 | 22. 通用设备制造业 | 103402 | 88 | 831 | 52407 | 2 | 25643 | | 12943 | 5491 | 2649 | 1490 | 1833 | 40 | -25 | 10 | |
| 34 | 23. 专用设备制造业 | 28980 | 22 | 472 | 2787 | 109 | 12275 | | 6855 | 3368 | 1429 | 1197 | 165 | 41 | | 260 | |
| 35 | 24. 汽车制造业 | 307497 | 519 | 802 | 4346 | 29 | 101913 | | 156661 | 13061 | 22513 | 5782 | 174 | 110 | | 1587 | |
| 36 | 25. 铁路、船舶、航空航天和其他运输设备制造业 | 31099 | | 1410 | 1746 | | 11713 | | 5982 | 4804 | 2520 | 2835 | 31 | 46 | | 12 | |
| 37 | 26. 电气机械和器材制造业 | 61075 | 222 | 418 | 12091 | | 19274 | | 14938 | 7272 | 3242 | 2696 | 28 | 67 | | 827 | |
| 38 | 27. 计算机、通信和其他电子设备制造业 | 107471 | 9 | 3232 | 8249 | 1882 | 37405 | | 28040 | 13487 | 10357 | 3188 | 1387 | 59 | | 176 | |
| 39 | 28. 仪表仪器制造业 | 5690 | 2 | 86 | 267 | | 2349 | | 1714 | 647 | 224 | 245 | 13 | 6 | | 137 | |
| 40 | 29. 其他制造业 | 36001 | 149 | 2847 | 3559 | 1469 | 14084 | 3 | 7028 | 3441 | 1214 | 1247 | 655 | 38 | -18 | 285 | |
| 41 | 30. 废弃资源综合利用业 | 1852 | | 109 | -142 | | 510 | | 562 | 410 | 134 | 246 | | 20 | | 3 | |
| 42 | (三)电力、热力、燃气及水的生产和供应业 | 162818 | 2 | 3222 | 22941 | 3341 | 56292 | 19 | 53800 | 9109 | 8705 | 3951 | 212 | 185 | 812 | 227 | |

续表

| 序号 | 项目 | 税收收入合计 | 国内增值税 | 营业税 | 企业所得税 | | 个人所得税 | 资源税 | 城市维护建设税 | 房产税 | 印花税 | 城镇土地使用税 | 土地增值税 | 车船税 | 耕地占用税 | 契税 | 其他各税 |
|---|---|---|---|---|---|---|---|---|---|---|---|---|---|---|---|---|---|
| | | | | | 内资企业 | 外资企业 | | | | | | | | | | | |
| 43 | 1. 电力、热力生产和供应业 | 120776 | 2 | 2233 | 1470 | 3341 | 47279 | 17 | 48643 | 7362 | 8078 | 1528 | 212 | 139 | 269 | 203 | |
| 44 | 2. 燃气生产和供应业 | 26251 | | 503 | 15485 | | 5423 | | 3365 | 603 | 478 | 348 | | 22 | | 24 | |
| 45 | 3. 水的生产和供应业 | 15791 | | 486 | 5986 | | 3590 | 2 | 1792 | 1144 | 149 | 2075 | | 24 | 543 | | |
| 46 | (四)建筑业 | 718879 | 647 | 347517 | 141584 | 277 | 134282 | | 53828 | 12909 | 16690 | 2935 | 5015 | 294 | 488 | 2413 | |
| 47 | 1. 房屋建筑业 | 170447 | 168 | 69449 | 47816 | 37 | 27147 | | 11445 | 4755 | 5801 | 952 | 1760 | 39 | | 1078 | |
| 48 | 2. 土木工程建筑业 | 78512 | | 25076 | 14977 | 3 | 24521 | | 5521 | 2834 | 3575 | 785 | 697 | 69 | 417 | 37 | |
| 49 | 3. 建筑安装业 | 136224 | 202 | 43588 | 35162 | 71 | 34673 | | 14312 | 2288 | 3798 | 543 | 844 | 112 | | 631 | |
| 50 | 4. 建筑装饰和其他建筑业 | 333696 | 277 | 209404 | 43629 | 166 | 47941 | | 22550 | 3032 | 3516 | 655 | 1714 | 74 | 71 | 667 | |
| 51 | 三、第三产业 | 10097929 | 191186 | 1192705 | 1209394 | 198272 | 3204016 | 63 | 607918 | 646481 | 210558 | 100862 | 1247407 | 137579 | 76682 | 1074806 | |
| 52 | (一)批发和零售业 | 838004 | 1694 | 44989 | 149096 | 11176 | 280916 | 22 | 191140 | 47659 | 78145 | 12271 | 11747 | 1213 | 127 | 7809 | |
| 53 | 1. 批发业 | 590517 | 1417 | 27229 | 103959 | 3881 | 201685 | 4 | 134940 | 33111 | 58884 | 8421 | 9391 | 754 | | 6841 | |
| 54 | 2. 零售业 | 247487 | 277 | 17760 | 45137 | 7295 | 79231 | 18 | 56200 | 14548 | 19261 | 3850 | 2356 | 459 | 127 | 968 | |
| 55 | (二)交通运输、仓储和邮政业 | 309933 | 188 | 29511 | 46326 | 123 | 141139 | | 25005 | 32126 | 13263 | 8391 | 10171 | 2467 | 363 | 860 | |
| 56 | 1. 铁路运输业 | 34856 | | 6781 | 36 | 60 | 16570 | | 3542 | 681 | 1375 | 378 | 5308 | 18 | | 107 | |
| 57 | 2. 道路运输业 | 95376 | 29 | 11541 | 13751 | 7 | 41967 | | 8234 | 6141 | 5270 | 1995 | 3475 | 1595 | 283 | 1088 | |
| 58 | 3. 水上运输业 | 30703 | 120 | 1199 | 6492 | | 14344 | | 1375 | 4597 | 929 | 255 | 1114 | 203 | | 75 | |
| 59 | 4. 航空运输业 | 58267 | | 5848 | 2 | | 37995 | | 5683 | 6374 | 1853 | 372 | 34 | 26 | 80 | | |
| 60 | 5. 管道运输业 | 25 | | | | | 5 | | 2 | | 1 | 17 | | | | | |
| 61 | 6. 装卸搬运和运输代理业 | 41516 | 17 | 1714 | 6760 | 52 | 18950 | | 4152 | 3404 | 2884 | 2191 | 149 | 579 | | 664 | |
| 62 | 7. 仓储业 | 33891 | 22 | 2160 | 17848 | | 2425 | | 1323 | 7539 | 819 | 2761 | 91 | 18 | | -1115 | |
| 63 | 8. 邮政业 | 15299 | | 268 | 1437 | 4 | 8883 | | 694 | 3390 | 132 | 422 | | 28 | | 41 | |
| 64 | (三)住宿和餐饮业 | 165817 | 737 | 87270 | 11440 | 65 | 35918 | 6 | 10939 | 15219 | 745 | 2074 | 1006 | 65 | 9 | 324 | |

续表

| 序号 | 项目 | 税收收入合计 | 国内增值税 | 营业税 | 企业所得税 | | 个人所得税 | 资源税 | 城市维护建设税 | 房产税 | 印花税 | 城镇土地使用税 | 土地增值税 | 车船税 | 耕地占用税 | 契税 | 其他各税 |
|---|---|---|---|---|---|---|---|---|---|---|---|---|---|---|---|---|---|
| | | | | | 内资企业 | 外资企业 | | | | | | | | | | | |
| 65 | 1. 住宿业 | 68238 | 734 | 29949 | 4513 | 14 | 11741 | 6 | 4202 | 13759 | 250 | 1794 | 1003 | 42 | 9 | 222 | |
| 66 | 2. 餐饮业 | 97579 | 3 | 57321 | 6927 | 51 | 24177 | | 6737 | 1460 | 495 | 280 | 3 | 23 | | 102 | |
| 67 | (四)信息传输、软件和信息技术服务业 | 437284 | 170 | 6670 | 40120 | 2675 | 308037 | | 34432 | 16366 | 8842 | 1992 | 1281 | 142 | | 16557 | |
| 68 | 1. 电信、广播电视和卫星传输服务 | 91518 | 70 | 3593 | 3814 | 3 | 54833 | | 11670 | 12495 | 3086 | 1368 | 520 | 39 | | 27 | |
| 69 | 2. 互联网和相关服务 | 7175 | | 203 | 424 | 1 | 5748 | | 553 | 46 | 185 | 9 | | 2 | | 4 | |
| 70 | 3. 软件和信息技术服务业 | 338591 | 100 | 2874 | 35882 | 2671 | 247456 | | 22209 | 3825 | 5571 | 615 | 761 | 101 | | 16526 | |
| 71 | (五)金融业 | 889129 | 310 | 15241 | 40464 | 11800 | 559952 | | 89686 | 30974 | 14654 | 1227 | 2840 | 117435 | | 4546 | |
| 72 | 1. 货币金融服务 | 396797 | 90 | 2946 | 13107 | 44 | 265242 | | 75625 | 25885 | 8608 | 779 | 634 | 307 | | 3530 | |
| 73 | 2. 资本市场服务 | 158483 | | 1901 | 9632 | 360 | 136307 | | 7028 | 432 | 968 | 251 | 1273 | 9 | | 322 | |
| 74 | 3. 保险业 | 274273 | 106 | 8167 | 3266 | | 138595 | | 1939 | 1566 | 2704 | 13 | 805 | 117112 | | | |
| 75 | 4. 其他金融业 | 59576 | 114 | 2227 | 14459 | 11396 | 19808 | | 5094 | 3091 | 2374 | 184 | 128 | 7 | | 694 | |
| 76 | (六)房地产业 | 3336680 | 5019 | 727546 | 550373 | 92712 | 174215 | 4 | 109411 | 270216 | 34364 | 35203 | 1108341 | 345 | 7226 | 221705 | |
| 77 | 1. 房地产开发经营 | 2740144 | 3677 | 560258 | 473358 | 86693 | 111926 | 4 | 83360 | 140152 | 27080 | 22269 | 1066727 | 188 | 631 | 163821 | |
| 78 | 2. 物业管理 | 256579 | 354 | 91163 | 48470 | 97 | 26815 | | 14713 | 55448 | 2526 | 4426 | 9960 | 91 | 201 | 2315 | |
| 79 | 3. 房地产中介服务 | 65856 | 14 | 21468 | 6585 | 354 | 25541 | | 3742 | 3329 | 399 | 422 | 2135 | 22 | -33 | 1878 | |
| 80 | 4. 自有房地产经营活动 | 90944 | 333 | 15838 | 5219 | 734 | 3572 | | 2267 | 31774 | 1191 | 3384 | 8841 | 22 | | 17769 | |
| 81 | 5. 其他房地产业 | 183157 | 641 | 38819 | 16741 | 4834 | 6361 | | 5329 | 39513 | 3168 | 4702 | 20678 | 22 | 6427 | 35922 | |
| 82 | (七)租赁和商务服务业 | 1039659 | 1420 | 110188 | 215596 | 16056 | 457775 | 29 | 53193 | 72714 | 26059 | 15480 | 28569 | 1065 | 23072 | 18443 | |
| 83 | 1. 租赁业 | 16755 | | 1447 | 3614 | | 3367 | | 1554 | 2916 | 3024 | 560 | | 150 | | 123 | |
| 84 | 2. 商务服务业 | 1022904 | 1420 | 108741 | 211982 | 16056 | 454408 | 29 | 51639 | 69798 | 23035 | 14920 | 28569 | 915 | 23072 | 18320 | |
| 85 | (八)科学研究和技术服务业 | 555131 | 1244 | 26154 | 80722 | 2701 | 296320 | | 52004 | 20838 | 12995 | 5119 | 48517 | 479 | 233 | 7805 | |
| 86 | 1. 研究和试验发展 | 233975 | 931 | 7558 | 31089 | 90 | 131000 | | 30628 | 12086 | 7268 | 2719 | 3586 | 210 | | 6810 | |

续表

| 序号 | 项　　目 | 税收收入合计 | 国内增值税 | 营业税 | 企业所得税 | | 个人所得税 | 资源税 | 城市维护建设税 | 房产税 | 印花税 | 城镇土地使用税 | 土地增值税 | 车船税 | 耕地占用税 | 契税 | 其他各税 |
|---|---|---|---|---|---|---|---|---|---|---|---|---|---|---|---|---|---|
| | | | | | 内资企业 | 外资企业 | | | | | | | | | | | |
| 87 | 2. 专业技术服务业 | 297139 | 311 | 16786 | 45797 | 2559 | 152956 | | 19632 | 7221 | 5193 | 2006 | 43717 | 248 | 233 | 480 | |
| 88 | 3. 科技推广和应用服务业 | 24017 | 2 | 1810 | 3836 | 52 | 12364 | | 1744 | 1531 | 534 | 394 | 1214 | 21 | | 515 | |
| 89 | (九)水利、环境和公共设施管理业 | 51730 | 19 | 7463 | 16030 | | 14933 | | 5162 | 4456 | 413 | 1752 | 359 | 163 | 641 | 339 | |
| 90 | 1. 水利管理业 | 1477 | 19 | 99 | 297 | | 735 | | 119 | 81 | 17 | 11 | 90 | 9 | | | |
| 91 | 2. 生态保护和环境治理业 | 7065 | | 187 | 585 | | 1040 | | 3479 | 726 | 177 | 810 | | 5 | | 56 | |
| 92 | 3. 公共设施管理业 | 43188 | | 7177 | 15148 | | 13158 | | 1564 | 3649 | 219 | 931 | 269 | 149 | 641 | 283 | |
| 93 | (十)居民服务、修理和其他服务业 | 554703 | 22874 | 52641 | 24138 | 57236 | 245823 | | 13552 | 106511 | 10136 | 11290 | 2913 | 182 | 2080 | 5327 | |
| 94 | 1. 居民服务业 | 241401 | 20835 | 29821 | 17338 | 39 | 57244 | | 4942 | 92120 | 6887 | 7688 | 1567 | 32 | 782 | 2106 | |
| 95 | 2. 机动车、电子产品和日用产品修理业 | 8411 | | 884 | 605 | | 3945 | | 1287 | 369 | 191 | 132 | | 22 | | 976 | |
| 96 | 3. 其他服务业 | 304891 | 2039 | 21936 | 6195 | 57197 | 184634 | | 7323 | 14022 | 3058 | 3470 | 1346 | 128 | 1298 | 2245 | |
| 97 | (十一)教育 | 190158 | 11 | 12442 | 10177 | 1489 | 157391 | | 2473 | 4738 | 298 | 357 | 106 | 389 | | 287 | |
| 98 | (十二)卫生和社会工作 | 171503 | | 2158 | 4921 | 317 | 160803 | 2 | 424 | 1875 | 586 | 97 | | 114 | 137 | 69 | |
| 99 | 1. 卫生 | 168244 | | 1734 | 4799 | 317 | 159399 | 2 | 360 | 1044 | 568 | 92 | | 104 | 137 | -312 | |
| 100 | 2. 社会工作 | 3259 | | 424 | 122 | | 1404 | | 64 | 831 | 18 | 5 | | 10 | | 381 | |
| 101 | (十三)文化、体育和娱乐业 | 135987 | 42 | 10225 | 9585 | 1921 | 96546 | | 3786 | 5818 | 811 | 2117 | 3717 | 45 | | 1374 | |
| 102 | 1. 新闻和出版业 | 14861 | 16 | 605 | 456 | | 10600 | | 994 | 1470 | 163 | 182 | 17 | 7 | | 351 | |
| 103 | 2. 广播、电视、电影和影视录音制作业 | 12665 | 4 | 647 | 2731 | 1 | 7190 | | 879 | 650 | 274 | 176 | 42 | 8 | | 63 | |
| 104 | 3. 文化艺术业 | 14029 | 22 | 1592 | 1629 | 1662 | 5937 | | 705 | 1103 | 147 | 205 | 200 | 17 | | 810 | |
| 105 | 4. 体育 | 80744 | | 4757 | 3477 | 9 | 64389 | | 880 | 2317 | 201 | 1097 | 3458 | 9 | | 150 | |
| 106 | 5. 娱乐业 | 13688 | | 2624 | 1292 | 249 | 8430 | | 328 | 278 | 26 | 457 | | 4 | | | |
| 107 | (十四)公共管理、社会保障和社会组织 | 1419050 | 157458 | 60154 | 10406 | | 271129 | | 16727 | 16971 | 9243 | 3492 | 27840 | 13475 | 42794 | 789361 | |
| 108 | (十五)其他行业 | 3161 | | 53 | | 1 | 3119 | | -16 | | 4 | | | | | | |

# 2016年深圳市地方税务局税收收入分行业分税种统计年报表

编报机关：深圳市地方税务局

单位：万元

| 序号 | 项　目 | 税收收入合计 | 国内增值税 | 营业税 | 企业所得税 | | 个人所得税 | 资源税 | 城市维护建设税 | 房产税 | 印花税 | 城镇土地使用税 | 土地增值税 | 车船税 | 耕地占用税 | 契税 | 其他各税 |
|---|---|---|---|---|---|---|---|---|---|---|---|---|---|---|---|---|---|
| | | | | | 内资企业 | 外资企业 | | | | | | | | | | | |
| 1 | 合　计 | 24739190 | 223037 | 3990784 | 4591027 | 2201696 | 7578697 | 19 | 1492902 | 536845 | 366244 | 108760 | 2196423 | 165030 | | 1287726 | |
| 2 | 一、第一产业 | 24450 | 2 | 3714 | 8536 | 1599 | 3331 | | 479 | 589 | 898 | 213 | 3406 | 1 | | 1682 | |
| 3 | 二、第二产业 | 5433106 | 2469 | 585808 | 880911 | 969840 | 1898429 | 19 | 721210 | 118168 | 144629 | 30655 | 79005 | 174 | | 1789 | |
| 4 | （一）采矿业 | 6268 | | 63 | 848 | 338 | 2081 | | 74 | 178 | 111 | 4 | 2569 | | | 2 | |
| 5 | 1. 煤炭开采和洗选业 | 21 | | 1 | 1 | | 19 | | | | | | | | | | |
| 6 | 2. 石油和天然气开采业 | 8 | | | | | 8 | | | | | | | | | | |
| 7 | 3. 黑色金属矿采选业 | | | | | | | | | | | | | | | | |
| 8 | 4. 有色金属矿采选业 | 2865 | | | 846 | 3 | 1909 | | 8 | 79 | 18 | 2 | | | | | |
| 9 | 5. 非金属矿采选业 | 27 | | 2 | | | 12 | | 6 | 6 | | 1 | | | | | |
| 10 | 6. 其他采矿业 | 3347 | | 60 | 1 | 335 | 133 | | 60 | 93 | 93 | 1 | 2569 | | | 2 | |
| 11 | （二）制造业 | 3959596 | 2396 | 78923 | 459866 | 824277 | 1665999 | 19 | 619098 | 99058 | 120152 | 24026 | 64673 | 122 | | 987 | |
| 12 | 1. 农副食品加工业 | 43510 | | 557 | 1032 | 36712 | 1855 | | 1075 | 1238 | 638 | 403 | | | | | |
| 13 | 2. 食品制造业 | 41665 | 167 | 879 | 4047 | 19100 | 5532 | | 4097 | 900 | 498 | 191 | 6254 | | | | |
| 14 | 3. 酒、饮料和精制茶制造业 | 20265 | | 240 | 13 | 13052 | 2851 | 2 | 2039 | 726 | 195 | 203 | 943 | 1 | | | |
| 15 | 4. 烟草制品业 | 51279 | | 18 | 22357 | | 1743 | | 26261 | 548 | 173 | 179 | | | | | |
| 16 | 5. 纺织业 | 26117 | | 467 | 7543 | 5338 | 6688 | | 3353 | 1159 | 439 | 448 | 682 | | | | |
| 17 | 6. 纺织服装、服饰业 | 65665 | | 765 | 4262 | 27624 | 14256 | | 12951 | 1795 | 903 | 479 | 2628 | 1 | | 1 | |
| 18 | 7. 皮革、毛皮、羽毛及其制品和制鞋业 | 17090 | | 298 | 6184 | 1769 | 2810 | | 4023 | 1057 | 436 | 392 | 117 | 4 | | | |
| 19 | 8. 木材加工和木竹藤棕草制品业 | 3145 | | 611 | 641 | 659 | 278 | | 446 | 263 | 131 | 116 | | | | | |
| 20 | 9. 家具制造业 | 12637 | 226 | 553 | 569 | 2130 | 2144 | | 3862 | 1395 | 425 | 562 | 769 | 2 | | | |
| 21 | 10. 造纸和纸制品业 | 24571 | | 272 | 2665 | 1693 | 13139 | | 4693 | 908 | 737 | 414 | 6 | 3 | | 41 | |

续表

| 序号 | 项　　目 | 税收收入合计 | 国内增值税 | 营业税 | 企业所得税 | | 个人所得税 | 资源税 | 城市维护建设税 | 房产税 | 印花税 | 城镇土地使用税 | 土地增值税 | 车船税 | 耕地占用税 | 契税 | 其他各税 |
|---|---|---|---|---|---|---|---|---|---|---|---|---|---|---|---|---|---|
| | | | | | 内资企业 | 外资企业 | | | | | | | | | | | |
| 22 | 11. 印刷和记录媒介复制业 | 43759 | | 507 | 7877 | 14482 | 9336 | | 8045 | 2011 | 995 | 505 | | 1 | | | |
| 23 | 12. 文教、工美、体育和娱乐用品制造业 | 24121 | | 542 | 1906 | 5179 | 5808 | | 6153 | 1934 | 1091 | 398 | 1105 | 5 | | | |
| 24 | 13. 石油加工、炼焦和核燃料加工业 | 53304 | | 67 | 14 | 48661 | 196 | | 3962 | 76 | 297 | 31 | | | | | |
| 25 | 14. 化学原料和化学制品制造业 | 89387 | 127 | 1770 | 11907 | 45498 | 18106 | | 7364 | 2018 | 1655 | 608 | 328 | 6 | | | |
| 26 | 15. 医药制造业 | 122356 | | 3551 | 55204 | 25812 | 19477 | | 11084 | 4093 | 1084 | 1232 | 813 | | | 6 | |
| 27 | 16. 化学纤维制造业 | 981 | | 11 | 1 | 175 | 374 | | 263 | 77 | 24 | 56 | | | | | |
| 28 | 17. 橡胶和塑料制品业 | 140174 | | 24125 | 13602 | 33541 | 18112 | | 21734 | 3816 | 2965 | 1549 | 20634 | 10 | | 86 | |
| 29 | 18. 非金属矿物制品业 | 34263 | | 467 | 5250 | 12368 | 10457 | | 3811 | 901 | 615 | 371 | | 23 | | | |
| 30 | 19. 黑色金属冶炼和压延加工业 | 284 | | 2 | | | 45 | | 39 | 67 | 22 | 16 | 93 | | | | |
| 31 | 20. 有色金属冶炼和压延加工业 | 3210 | | 11 | 1694 | 292 | 432 | | 489 | 140 | 86 | 35 | 31 | | | | |
| 32 | 21. 金属制品业 | 101366 | | 2885 | 22637 | 24132 | 22410 | | 20121 | 3901 | 2773 | 1350 | 1132 | 8 | | 17 | |
| 33 | 22. 通用设备制造业 | 117282 | | 3061 | 4047 | 63558 | 25463 | | 15087 | 2185 | 2706 | 665 | 508 | 2 | | | |
| 34 | 23. 专用设备制造业 | 282191 | 1557 | 3112 | 33035 | 75916 | 110196 | | 31078 | 3467 | 3826 | 611 | 19386 | 3 | | 4 | |
| 35 | 24. 汽车制造业 | 31342 | | 196 | 1649 | 2749 | 16605 | | 4766 | 2596 | 1845 | 936 | | | | | |
| 36 | 25. 铁路、船舶、航空航天和其他运输设备制造业 | 19644 | 111 | 548 | 2204 | 6066 | 4192 | | 3005 | 1575 | 330 | 751 | 862 | | | | |
| 37 | 26. 电气机械和器材制造业 | 153639 | | 2189 | 13012 | 36899 | 55645 | | 32046 | 6123 | 5341 | 1544 | 835 | 5 | | | |
| 38 | 27. 计算机、通信和其他电子设备制造业 | 1974349 | 191 | 23523 | 197689 | 211049 | 1111864 | | 306584 | 37806 | 72198 | 6450 | 6807 | 26 | | 162 | |
| 39 | 28. 仪表仪器制造业 | 162287 | | 1197 | 13037 | 43773 | 81672 | | 11841 | 4423 | 5095 | 781 | 462 | 4 | | 2 | |
| 40 | 29. 其他制造业 | 294398 | 17 | 6290 | 24294 | 65872 | 101661 | 17 | 68413 | 11615 | 12598 | 2657 | 278 | 18 | | 668 | |
| 41 | 30. 废弃资源综合利用业 | 5315 | | 209 | 1494 | 178 | 2652 | | 413 | 245 | 31 | 93 | | | | | |
| 42 | (三)电力、热力、燃气及水的生产和供应业 | 348568 | | 12942 | 89746 | 137657 | 43734 | | 43796 | 11897 | 4147 | 4642 | | 7 | | | |

续表

| 序号 | 项　　目 | 税收收入合计 | 国内增值税 | 营业税 | 企业所得税 | | 个人所得税 | 资源税 | 城市维护建设税 | 房产税 | 印花税 | 城镇土地使用税 | 土地增值税 | 车船税 | 耕地占用税 | 契税 | 其他各税 |
|---|---|---|---|---|---|---|---|---|---|---|---|---|---|---|---|---|---|
| | | | | | 内资企业 | 外资企业 | | | | | | | | | | | |
| 43 | 1. 电力、热力生产和供应业 | 281030 | | 9744 | 84709 | 96243 | 35462 | | 39155 | 10432 | 3620 | 1661 | | 4 | | | |
| 44 | 2. 燃气生产和供应业 | 5780 | | 170 | 38 | 422 | 1790 | | 2547 | 234 | 462 | 114 | | 3 | | | |
| 45 | 3. 水的生产和供应业 | 61758 | | 3028 | 4999 | 40992 | 6482 | | 2094 | 1231 | 65 | 2867 | | | | | |
| 46 | (四)建筑业 | 1118674 | 73 | 493880 | 330451 | 7568 | 186615 | | 58242 | 7035 | 20219 | 1983 | 11763 | 45 | | 800 | |
| 47 | 1. 房屋建筑业 | 114929 | | 47194 | 38640 | 3979 | 17229 | | 4541 | 244 | 1305 | 37 | 1757 | 3 | | | |
| 48 | 2. 土木工程建筑业 | 147358 | | 73309 | 37622 | | 23326 | | 7933 | 976 | 3598 | 213 | 352 | 16 | | 13 | |
| 49 | 3. 建筑安装业 | 472510 | 55 | 239430 | 94261 | 1464 | 92158 | | 28219 | 3072 | 8151 | 786 | 4905 | 5 | | 4 | |
| 50 | 4. 建筑装饰和其他建筑业 | 383877 | 18 | 133947 | 159928 | 2125 | 53902 | | 17549 | 2743 | 7165 | 947 | 4749 | 21 | | 783 | |
| 51 | 三、第三产业 | 19281634 | 220566 | 3401262 | 3701580 | 1230257 | 5676937 | | 771213 | 418088 | 220717 | 77892 | 2114012 | 164855 | | 1284255 | |
| 52 | (一)批发和零售业 | 1761793 | 495 | 213708 | 382635 | 147895 | 488350 | | 196433 | 70361 | 54448 | 14179 | 190333 | 241 | | 2715 | |
| 53 | 1. 批发业 | 1487207 | 495 | 183297 | 340997 | 73619 | 417506 | | 164866 | 58346 | 45989 | 12508 | 186875 | 168 | | 2541 | |
| 54 | 2. 零售业 | 274586 | | 30411 | 41638 | 74276 | 70844 | | 31567 | 12015 | 8459 | 1671 | 3458 | 73 | | 174 | |
| 55 | (二)交通运输、仓储和邮政业 | 620204 | 3 | 63812 | 175673 | 86347 | 166773 | | 27185 | 20859 | 11280 | 8347 | 54523 | 1825 | | 3577 | |
| 56 | 1. 铁路运输业 | 64321 | | 320 | 56443 | 1522 | 2662 | | 2849 | 212 | 151 | 154 | | 8 | | | |
| 57 | 2. 道路运输业 | 149932 | | 32748 | 23170 | 7565 | 30637 | | 7340 | 3477 | 5103 | 2002 | 37048 | 842 | | | |
| 58 | 3. 水上运输业 | 63872 | | 7830 | 18917 | 22706 | 9732 | | 1409 | 1021 | 676 | 1114 | 344 | 123 | | | |
| 59 | 4. 航空运输业 | 94173 | | 7859 | 15413 | 5697 | 51274 | | 6716 | 4687 | 1622 | 903 | | 2 | | | |
| 60 | 5. 管道运输业 | 227 | | | | | 205 | | 21 | | 1 | | | | | | |
| 61 | 6. 装卸搬运和运输代理业 | 157272 | | 3162 | 34607 | 45418 | 57825 | | 5598 | 2894 | 2388 | 1739 | 744 | 377 | | 2520 | |
| 62 | 7. 仓储业 | 82928 | 3 | 11641 | 26971 | 3439 | 8837 | | 2981 | 7535 | 1309 | 2298 | 16387 | 472 | | 1055 | |
| 63 | 8. 邮政业 | 7479 | | 252 | 152 | | 5601 | | 271 | 1033 | 30 | 137 | | 1 | | 2 | |
| 64 | (三)住宿和餐饮业 | 175549 | 3241 | 87268 | 8776 | 23964 | 23896 | | 10633 | 9085 | 610 | 885 | 6800 | 2 | | 389 | |

续表

| 序号 | 项　　目 | 税收收入合计 | 国内增值税 | 营业税 | 企业所得税 | | 个人所得税 | 资源税 | 城市维护建设税 | 房产税 | 印花税 | 城镇土地使用税 | 土地增值税 | 车船税 | 耕地占用税 | 契税 | 其他各税 |
|---|---|---|---|---|---|---|---|---|---|---|---|---|---|---|---|---|---|
| | | | | | 内资企业 | 外资企业 | | | | | | | | | | | |
| 65 | 1. 住宿业 | 69955 | 3241 | 27458 | 3045 | 6386 | 10263 | | 3704 | 7834 | 291 | 797 | 6736 | | | 200 | |
| 66 | 2. 餐饮业 | 105594 | | 59810 | 5731 | 17578 | 13633 | | 6929 | 1251 | 319 | 88 | 64 | 2 | | 189 | |
| 67 | (四)信息传输、软件和信息技术服务业 | 1424011 | | 22684 | 289142 | 450529 | 544534 | | 87645 | 11737 | 15190 | 1730 | 3206 | 20 | | -2406 | |
| 68 | 1. 电信、广播电视和卫星传输服务 | 99212 | | 4816 | 52571 | 1 | 23573 | | 12501 | 4198 | 801 | 711 | | 3 | | 37 | |
| 69 | 2. 互联网和相关服务 | 10567 | | 79 | 447 | 2332 | 6813 | | 446 | 67 | 367 | 12 | | | | 4 | |
| 70 | 3. 软件和信息技术服务业 | 1314232 | | 17789 | 236124 | 448196 | 514148 | | 74698 | 7472 | 14022 | 1007 | 3206 | 17 | | -2447 | |
| 71 | (五)金融业 | 3566095 | 230 | 1266584 | 468815 | 6947 | 1407228 | | 182697 | 22917 | 41883 | 1280 | 5114 | 159766 | | 2634 | |
| 72 | 1. 货币金融服务 | 1604192 | 230 | 888891 | 62310 | 3897 | 485271 | | 118624 | 16030 | 24243 | 717 | 1929 | 3 | | 2047 | |
| 73 | 2. 资本市场服务 | 1328294 | | 267382 | 352799 | 818 | 652140 | | 40724 | 3053 | 7353 | 325 | 3126 | | | 574 | |
| 74 | 3. 保险业 | 460436 | | 61504 | 177 | 6 | 211693 | | 16315 | 3632 | 7069 | 224 | 46 | 159763 | | 7 | |
| 75 | 4. 其他金融业 | 173173 | | 48807 | 53529 | 2226 | 58124 | | 7034 | 202 | 3218 | 14 | 13 | | | 6 | |
| 76 | (六)房地产业 | 5206853 | 82017 | 1033034 | 1371335 | 297322 | 308505 | | 124913 | 108004 | 37650 | 19498 | 1596067 | 80 | | 228428 | |
| 77 | 1. 房地产开发经营 | 3065183 | 1 | 647949 | 913594 | 176445 | 115902 | | 74090 | 29098 | 23191 | 8763 | 1060297 | 3 | | 15850 | |
| 78 | 2. 物业管理 | 338362 | 91 | 100280 | 92747 | 17997 | 41229 | | 13493 | 26549 | 4395 | 3704 | 37247 | 1 | | 629 | |
| 79 | 3. 房地产中介服务 | 115017 | 3 | 25470 | 26336 | 603 | 52068 | | 4709 | 1052 | 325 | 98 | 3504 | 1 | | 848 | |
| 80 | 4. 自有房地产经营活动 | 37869 | 1322 | 8759 | 12565 | 571 | 3967 | | 920 | 4905 | 209 | 477 | 4174 | | | | |
| 81 | 5. 其他房地产业 | 1650422 | 80600 | 250576 | 326093 | 101706 | 95339 | | 31701 | 46400 | 9530 | 6456 | 490845 | 75 | | 211101 | |
| 82 | (七)租赁和商务服务业 | 3234653 | 2318 | 409740 | 716840 | 116878 | 1634171 | | 69079 | 73147 | 29602 | 16053 | 166691 | 110 | | 24 | |
| 83 | 1. 租赁业 | 65269 | 83 | 17845 | 18948 | 2043 | 4977 | | 3051 | 11461 | 885 | 1894 | 4061 | 14 | | 7 | |
| 84 | 2. 商务服务业 | 3169384 | 2235 | 391895 | 697892 | 114835 | 1629194 | | 66028 | 61686 | 28717 | 14159 | 162630 | 96 | | 17 | |
| 85 | (八)科学研究和技术服务业 | 530228 | | 42448 | 168718 | 36849 | 231576 | | 28671 | 10126 | 7289 | 1458 | 3065 | 13 | | 15 | |
| 86 | 1. 研究和试验发展 | 85941 | | 10014 | 11372 | 19235 | 36145 | | 3490 | 1890 | 893 | 281 | 2621 | | | | |

续表

| 序号 | 项　　目 | 税收收入合计 | 国内增值税 | 营业税 | 企业所得税 | | 个人所得税 | 资源税 | 城市维护建设税 | 房产税 | 印花税 | 城镇土地使用税 | 土地增值税 | 车船税 | 耕地占用税 | 契税 | 其他各税 |
|---|---|---|---|---|---|---|---|---|---|---|---|---|---|---|---|---|---|
| | | | | | 内资企业 | 外资企业 | | | | | | | | | | | |
| 87 | 2. 专业技术服务业 | 435749 | | 32073 | 155559 | 17093 | 191007 | | 24883 | 7337 | 6269 | 1056 | 444 | 13 | | 15 | |
| 88 | 3. 科技推广和应用服务业 | 8538 | | 361 | 1787 | 521 | 4424 | | 298 | 899 | 127 | 121 | | | | | |
| 89 | （九）水利、环境和公共设施管理业 | 47528 | | 4320 | 13683 | 11598 | 13128 | | 1784 | 2459 | 219 | 223 | 114 | | | | |
| 90 | 1. 水利管理业 | 5748 | | 389 | 609 | | 4416 | | 154 | 94 | 72 | 14 | | | | | |
| 91 | 2. 生态保护和环境治理业 | 10950 | | 611 | 2735 | 14 | 5855 | | 1035 | 502 | 119 | 79 | | | | | |
| 92 | 3. 公共设施管理业 | 30830 | | 3320 | 10339 | 11584 | 2857 | | 595 | 1863 | 28 | 130 | 114 | | | | |
| 93 | （十）居民服务、修理和其他服务业 | 2082951 | 132025 | 233002 | 84197 | 40510 | 412919 | | 37476 | 64731 | 16169 | 6876 | 86846 | 2022 | | 966178 | |
| 94 | 1. 居民服务业 | 44330 | 3629 | 9790 | 2554 | 360 | 8819 | | 1619 | 16772 | 103 | 464 | 159 | 2 | | 59 | |
| 95 | 2. 机动车、电子产品和日用产品修理业 | 14002 | | 1023 | 6275 | 636 | 3629 | | 1614 | 448 | 309 | 67 | | 1 | | | |
| 96 | 3. 其他服务业 | 2024619 | 128396 | 222189 | 75368 | 39514 | 400471 | | 34243 | 47511 | 15757 | 6345 | 86687 | 2019 | | 966119 | |
| 97 | （十一）教育 | 162055 | | 7637 | 7526 | 418 | 142752 | | 1375 | 1787 | 148 | 229 | 173 | 10 | | | |
| 98 | （十二）卫生和社会工作 | 168833 | 101 | 5184 | 4242 | 394 | 157276 | | 510 | 756 | 173 | 30 | 133 | 6 | | 28 | |
| 99 | 1. 卫生 | 167315 | | 5016 | 4213 | 394 | 156499 | | 479 | 347 | 173 | 25 | 133 | 6 | | 30 | |
| 100 | 2. 社会工作 | 1518 | 101 | 168 | 29 | | 777 | | 31 | 409 | | 5 | | | | -2 | |
| 101 | （十三）文化、体育和娱乐业 | 71725 | | 8144 | 8583 | 10604 | 30469 | | 2243 | 3618 | 531 | 6761 | 768 | 4 | | | |
| 102 | 1. 新闻和出版业 | 11558 | | 368 | 4539 | 21 | 4910 | | 364 | 1229 | 19 | 95 | 13 | | | | |
| 103 | 2. 广播、电视、电影和影视录音制作业 | 15375 | | 527 | 1687 | 167 | 10556 | | 742 | 1160 | 257 | -175 | 454 | | | | |
| 104 | 3. 文化艺术业 | 9555 | | 1062 | 1422 | 94 | 6250 | | 298 | 271 | 102 | 56 | | | | | |
| 105 | 4. 体育 | 8809 | | 943 | 546 | 29 | 6769 | | 165 | 32 | 26 | 65 | 231 | 3 | | | |
| 106 | 5. 娱乐业 | 26428 | | 5244 | 389 | 10293 | 1984 | | 674 | 926 | 127 | 6720 | 70 | 1 | | | |
| 107 | （十四）公共管理、社会保障和社会组织 | 229135 | 136 | 3696 | 1415 | 2 | 115360 | | 569 | 18500 | 5525 | 343 | 160 | 756 | | 82673 | |
| 108 | （十五）其他行业 | 21 | | 1 | | | | | | 1 | | | 19 | | | | |

# 2016年珠海市地方税务局税收收入分行业分税种统计年报表

编报机关:珠海市地方税务局　　单位:万元

| 序号 | 项目 | 税收收入合计 | 国内增值税 | 营业税 | 企业所得税 | | 个人所得税 | 资源税 | 城市维护建设税 | 房产税 | 印花税 | 城镇土地使用税 | 土地增值税 | 车船税 | 耕地占用税 | 契税 | 其他各税 |
|---|---|---|---|---|---|---|---|---|---|---|---|---|---|---|---|---|---|
| | | | | | 内资企业 | 外资企业 | | | | | | | | | | | |
| 1 | 合计 | 2716265 | 26102 | 451888 | 641128 | 247248 | 394306 | 30 | 208945 | 93021 | 40786 | 34242 | 356572 | 19085 | 11648 | 191264 | |
| 2 | 一、第一产业 | 1367 | 1 | 178 | 319 | 8 | 116 | | 64 | 212 | 14 | 137 | 315 | | | 3 | |
| 3 | 二、第二产业 | 992316 | 1100 | 114963 | 406566 | 168722 | 116734 | 16 | 119804 | 28035 | 18619 | 11782 | 2992 | 26 | 737 | 2220 | |
| 4 | (一)采矿业 | 289 | 28 | -5 | 36 | | 9 | | 5 | 42 | | 14 | 160 | | | | |
| 5 | 1. 煤炭开采和洗选业 | | | | | | | | | | | | | | | | |
| 6 | 2. 石油和天然气开采业 | -7 | | -6 | | | | | -1 | | | | | | | | |
| 7 | 3. 黑色金属矿采选业 | 191 | 28 | | | | | | 2 | 1 | | | 160 | | | | |
| 8 | 4. 有色金属矿采选业 | | | | | | | | | | | | | | | | |
| 9 | 5. 非金属矿采选业 | 12 | | 1 | | | 1 | | 3 | 4 | | 3 | | | | | |
| 10 | 6. 其他采矿业 | 93 | | | 36 | | 8 | | 1 | 37 | | 11 | | | | | |
| 11 | (二)制造业 | 748208 | 1056 | 2812 | 342854 | 144997 | 102479 | 15 | 98784 | 25664 | 15159 | 10890 | 1913 | 19 | 25 | 1541 | |
| 12 | 1. 农副食品加工业 | 2911 | | 32 | 72 | 667 | 1241 | | 360 | 263 | 116 | 160 | | | | | |
| 13 | 2. 食品制造业 | 9841 | | 260 | 109 | 3355 | 2905 | | 2331 | 338 | 289 | 233 | 16 | | | 5 | |
| 14 | 3. 酒、饮料和精制茶制造业 | 2863 | 41 | 2 | 3 | 52 | 1532 | 7 | 610 | 158 | 39 | 90 | 312 | 1 | | 16 | |
| 15 | 4. 烟草制品业 | 447 | | | | 420 | | | 2 | 20 | | 5 | | | | | |
| 16 | 5. 纺织业 | 2192 | 4 | 18 | | 137 | 425 | | 533 | 554 | 85 | 418 | 18 | | | | |
| 17 | 6. 纺织服装、服饰业 | 5802 | | 171 | 431 | 953 | 1230 | | 1457 | 832 | 141 | 463 | 124 | | | | |
| 18 | 7. 皮革、毛皮、羽毛及其制品和制鞋业 | 1190 | | 11 | 139 | 114 | 184 | | 357 | 264 | 51 | 70 | | | | | |
| 19 | 8. 木材加工和木竹藤棕草制品业 | 301 | | | | -2 | 87 | | 162 | 26 | 16 | 12 | | | | | |
| 20 | 9. 家具制造业 | 2828 | | 6 | 75 | 1269 | 415 | | 574 | 249 | 31 | 209 | | | | | |
| 21 | 10. 造纸和纸制品业 | 3537 | 9 | 7 | 34 | 539 | 596 | | 1248 | 612 | 214 | 278 | | | | | |

续表

| 序号 | 项 目 | 税收收入合计 | 国内增值税 | 营业税 | 企业所得税 | | 个人所得税 | 资源税 | 城市维护建设税 | 房产税 | 印花税 | 城镇土地使用税 | 土地增值税 | 车船税 | 耕地占用税 | 契税 | 其他各税 |
|---|---|---|---|---|---|---|---|---|---|---|---|---|---|---|---|---|---|
| | | | | | 内资企业 | 外资企业 | | | | | | | | | | | |
| 22 | 11. 印刷和记录媒介复制业 | 2386 | | 21 | 269 | 864 | 263 | | 463 | 350 | 25 | 131 | | | | | |
| 23 | 12. 文教、工美、体育和娱乐用品制造业 | 1909 | | 62 | 4 | 81 | 186 | | 466 | 540 | 34 | 307 | 229 | | | | |
| 24 | 13. 石油加工、炼焦和核燃料加工业 | 1400 | | 1 | | 83 | 257 | | 639 | 263 | 72 | 85 | | | | | |
| 25 | 14. 化学原料和化学制品制造业 | 14413 | | 526 | 324 | 2693 | 4447 | | 2821 | 1254 | 1244 | 1047 | | 2 | | 55 | |
| 26 | 15. 医药制造业 | 38498 | 27 | 218 | 4445 | 17276 | 6748 | | 6680 | 1721 | 508 | 660 | 29 | 1 | | 185 | |
| 27 | 16. 化学纤维制造业 | 14457 | | 31 | 1 | 11630 | 1050 | | 1094 | 411 | 101 | 139 | | | | | |
| 28 | 17. 橡胶和塑料制品业 | 7150 | | 155 | 504 | 1040 | 1586 | | 1840 | 1018 | 311 | 577 | 96 | 1 | | 22 | |
| 29 | 18. 非金属矿物制品业 | 3115 | 2 | 23 | 529 | 85 | 884 | 8 | 851 | 297 | 95 | 300 | 3 | 1 | 25 | 12 | |
| 30 | 19. 黑色金属冶炼和压延加工业 | 1813 | | 9 | 47 | 374 | 625 | | 348 | 192 | 124 | 94 | | | | | |
| 31 | 20. 有色金属冶炼和压延加工业 | 1198 | | | | | 260 | | 503 | 153 | 118 | 164 | | | | | |
| 32 | 21. 金属制品业 | 5932 | 47 | 34 | 195 | 785 | 1531 | | 1785 | 910 | 191 | 405 | | 1 | | 48 | |
| 33 | 22. 通用设备制造业 | 3462 | 15 | 44 | 127 | 417 | 1071 | | 905 | 379 | 156 | 305 | 28 | 1 | | 14 | |
| 34 | 23. 专用设备制造业 | 23688 | 135 | 101 | 2438 | 10714 | 4655 | | 3377 | 1229 | 537 | 487 | 15 | | | | |
| 35 | 24. 汽车制造业 | 5014 | | 17 | 257 | 974 | 1760 | | 1126 | 412 | 281 | 161 | 7 | | | 19 | |
| 36 | 25. 铁路、船舶、航空航天和其他运输设备制造业 | 14841 | | 24 | 9 | 9016 | 2537 | | 809 | 1373 | 515 | 549 | | | | 9 | |
| 37 | 26. 电气机械和器材制造业 | 436669 | 356 | 188 | 327217 | 28316 | 23923 | | 45782 | 4358 | 4371 | 1243 | 422 | 5 | | 488 | |
| 38 | 27. 计算机、通信和其他电子设备制造业 | 111355 | 420 | 712 | 4185 | 43473 | 34328 | | 15825 | 5619 | 4469 | 1371 | 612 | 2 | | 339 | |
| 39 | 28. 仪表仪器制造业 | 8970 | | 68 | 464 | 5255 | 1150 | | 1168 | 485 | 66 | 126 | | | | 188 | |
| 40 | 29. 其他制造业 | 19924 | | 71 | 960 | 4417 | 6589 | | 4660 | 1343 | 957 | 780 | 2 | 4 | | 141 | |
| 41 | 30. 废弃资源综合利用业 | 102 | | | 16 | | 14 | | 8 | 41 | 2 | 21 | | | | | |
| 42 | (三)电力、热力、燃气及水的生产和供应业 | 47789 | | 557 | 10040 | 22291 | 6123 | 1 | 6229 | 1345 | 794 | 376 | | 2 | | 31 | |

续表

| 序号 | 项　　目 | 税收收入合计 | 国内增值税 | 营业税 | 企业所得税 |  | 个人所得税 | 资源税 | 城市维护建设税 | 房产税 | 印花税 | 城镇土地使用税 | 土地增值税 | 车船税 | 耕地占用税 | 契税 | 其他各税 |
|---|---|---|---|---|---|---|---|---|---|---|---|---|---|---|---|---|---|
|  |  |  |  |  | 内资企业 | 外资企业 |  |  |  |  |  |  |  |  |  |  |  |
| 43 | 1. 电力、热力生产和供应业 | 34880 |  | 358 | 73 | 21316 | 5404 |  | 5725 | 1095 | 590 | 290 |  | 1 |  | 28 |  |
| 44 | 2. 燃气生产和供应业 | 1547 |  | 2 | 1 | 965 | 84 |  | 233 | 29 | 184 | 48 |  | 1 |  |  |  |
| 45 | 3. 水的生产和供应业 | 11362 |  | 197 | 9966 | 10 | 635 | 1 | 271 | 221 | 20 | 38 |  |  |  | 3 |  |
| 46 | (四)建筑业 | 196030 | 16 | 111599 | 53636 | 1434 | 8123 |  | 14786 | 984 | 2666 | 502 | 919 | 5 | 712 | 648 |  |
| 47 | 1. 房屋建筑业 | 44424 |  | 20853 | 17756 | 121 | 1113 |  | 2920 | 178 | 784 | 73 | 624 | 1 |  | 1 |  |
| 48 | 2. 土木工程建筑业 | 6204 |  | 1388 | 1820 |  | 1682 |  | 414 | 77 | 89 | 48 |  |  | 686 |  |  |
| 49 | 3. 建筑安装业 | 43915 | 14 | 19361 | 13847 | 1287 | 2506 |  | 4795 | 448 | 772 | 212 | 289 | 2 | 26 | 356 |  |
| 50 | 4. 建筑装饰和其他建筑业 | 101487 | 2 | 69997 | 20213 | 26 | 2822 |  | 6657 | 281 | 1021 | 169 | 6 | 2 |  | 291 |  |
| 51 | 三、第三产业 | 1722582 | 25001 | 336747 | 234243 | 78518 | 277456 | 14 | 89077 | 64774 | 22153 | 22323 | 353265 | 19059 | 10911 | 189041 |  |
| 52 | (一)批发和零售业 | 141686 | 487 | 9595 | 40745 | 4899 | 24062 | 3 | 30314 | 11813 | 7393 | 4016 | 3011 | 20 | 130 | 5198 |  |
| 53 | 1. 批发业 | 94501 | 311 | 5782 | 34848 | 336 | 14873 |  | 18790 | 6747 | 5629 | 2433 | 2062 | 14 | -18 | 2694 |  |
| 54 | 2. 零售业 | 47185 | 176 | 3813 | 5897 | 4563 | 9189 | 3 | 11524 | 5066 | 1764 | 1583 | 949 | 6 | 148 | 2504 |  |
| 55 | (二)交通运输、仓储和邮政业 | 40680 | 99 | 1138 | 11422 | 8474 | 7303 |  | 1651 | 2941 | 559 | 1651 | 2211 | 76 | 347 | 2808 |  |
| 56 | 1. 铁路运输业 | 14 |  |  |  |  | 3 |  | 4 | 7 |  |  |  |  |  |  |  |
| 57 | 2. 道路运输业 | 8330 | 91 | 349 | 3331 | 119 | 1721 |  | 653 | 925 | 87 | 182 | 822 | 50 |  |  |  |
| 58 | 3. 水上运输业 | 11284 |  | 156 | 2140 | 7169 | 1043 |  | 111 | 129 | 24 | 59 | 440 | 12 |  | 1 |  |
| 59 | 4. 航空运输业 | 6744 |  | 158 | 3858 |  | 1799 |  | 250 | 288 | 18 | 79 |  |  | 294 |  |  |
| 60 | 5. 管道运输业 | 480 |  |  |  |  | 186 |  | 1 | 165 | 30 | 98 |  |  |  |  |  |
| 61 | 6. 装卸搬运和运输代理业 | 3090 |  | 159 | 429 | 193 | 771 |  | 376 | 516 | 113 | 355 |  | 13 | 53 | 112 |  |
| 62 | 7. 仓储业 | 9546 | 8 | 210 | 1661 | 993 | 1166 |  | 199 | 539 | 280 | 846 | 949 | 1 |  | 2694 |  |
| 63 | 8. 邮政业 | 1192 |  | 106 | 3 |  | 614 |  | 57 | 372 | 7 | 32 |  |  |  | 1 |  |
| 64 | (三)住宿和餐饮业 | 18478 | 7 | 9065 | 854 | 1425 | 2169 |  | 1160 | 2306 | 54 | 341 | 39 | 2 |  | 1056 |  |

续表

| 序号 | 项　目 | 税收收入合计 | 国内增值税 | 营业税 | 企业所得税 | | 个人所得税 | 资源税 | 城市维护建设税 | 房产税 | 印花税 | 城镇土地使用税 | 土地增值税 | 车船税 | 耕地占用税 | 契税 | 其他各税 |
|---|---|---|---|---|---|---|---|---|---|---|---|---|---|---|---|---|---|
| | | | | | 内资企业 | 外资企业 | | | | | | | | | | | |
| 65 | 1. 住宿业 | 9181 | 7 | 2570 | 594 | 1067 | 909 | | 439 | 2203 | 37 | 293 | 39 | 2 | | 1021 | |
| 66 | 2. 餐饮业 | 9297 | | 6495 | 260 | 358 | 1260 | | 721 | 103 | 17 | 48 | | | | 35 | |
| 67 | (四)信息传输、软件和信息技术服务业 | 25417 | 6 | 555 | 2211 | 333 | 16123 | | 3059 | 1721 | 959 | 312 | 51 | 1 | | 86 | |
| 68 | 1. 电信、广播电视和卫星传输服务 | 4463 | 5 | 331 | | | 2330 | | 667 | 887 | 80 | 95 | 51 | | | 17 | |
| 69 | 2. 互联网和相关服务 | 65 | | 5 | | | 51 | | 8 | | 1 | | | | | | |
| 70 | 3. 软件和信息技术服务业 | 20889 | 1 | 219 | 2211 | 333 | 13742 | | 2384 | 834 | 878 | 217 | | 1 | | 69 | |
| 71 | (五)金融业 | 152255 | 41 | 65800 | 1191 | 8659 | 43574 | | 8425 | 3025 | 1662 | 1008 | 295 | 18464 | | 111 | |
| 72 | 1. 货币金融服务 | 88000 | 4 | 53971 | 237 | | 22714 | | 6722 | 2603 | 1300 | 137 | 249 | 3 | | 60 | |
| 73 | 2. 资本市场服务 | 9770 | 1 | 2004 | 1 | 228 | 7090 | | 311 | 26 | 86 | 3 | 2 | | | 18 | |
| 74 | 3. 保险业 | 35078 | | 2128 | 1 | | 12990 | | 1016 | 200 | 259 | 8 | 15 | 18461 | | | |
| 75 | 4. 其他金融业 | 19407 | 36 | 7697 | 952 | 8431 | 780 | | 376 | 196 | 17 | 860 | 29 | | | 33 | |
| 76 | (六)房地产业 | 933429 | 18358 | 208232 | 126510 | 36426 | 72521 | 6 | 30680 | 22633 | 8070 | 7274 | 332958 | 5 | 221 | 69535 | |
| 77 | 1. 房地产开发经营 | 732215 | 228 | 172815 | 123073 | 32427 | 20776 | 6 | 25166 | 12807 | 7381 | 6231 | 304867 | 4 | 40 | 26394 | |
| 78 | 2. 物业管理 | 29468 | 126 | 12992 | 1492 | 373 | 1217 | | 1756 | 2078 | 186 | 290 | 8089 | 1 | 140 | 728 | |
| 79 | 3. 房地产中介服务 | 7996 | 35 | 1720 | 1157 | 120 | 3535 | | 298 | 203 | 18 | 32 | 799 | | | 79 | |
| 80 | 4. 自有房地产经营活动 | 5235 | 429 | 474 | 203 | 11 | 427 | | 236 | 2936 | 16 | 234 | 213 | | 41 | 15 | |
| 81 | 5. 其他房地产业 | 158515 | 17540 | 20231 | 585 | 3495 | 46566 | | 3224 | 4609 | 469 | 487 | 18990 | | | 42319 | |
| 82 | (七)租赁和商务服务业 | 84421 | 453 | 11372 | 14925 | 5714 | 17840 | | 4043 | 5456 | 1449 | 2140 | 5547 | 9 | 3777 | 11696 | |
| 83 | 1. 租赁业 | 8638 | | 399 | 299 | 13 | 257 | | 125 | 254 | 347 | 65 | | 1 | | 6878 | |
| 84 | 2. 商务服务业 | 75783 | 453 | 10973 | 14626 | 5701 | 17583 | | 3918 | 5202 | 1102 | 2075 | 5547 | 8 | 3777 | 4818 | |
| 85 | (八)科学研究和技术服务业 | 19090 | 96 | 866 | 4428 | 673 | 8386 | | 2240 | 915 | 319 | 481 | 231 | | | 455 | |
| 86 | 1. 研究和试验发展 | 6452 | 96 | 125 | 22 | 1 | 3625 | | 1346 | 566 | 221 | 353 | | | | 97 | |

续表

| 序号 | 项　目 | 税收收入合计 | 国内增值税 | 营业税 | 企业所得税 | | 个人所得税 | 资源税 | 城市维护建设税 | 房产税 | 印花税 | 城镇土地使用税 | 土地增值税 | 车船税 | 耕地占用税 | 契税 | 其他各税 |
|---|---|---|---|---|---|---|---|---|---|---|---|---|---|---|---|---|---|
| | | | | | 内资企业 | 外资企业 | | | | | | | | | | | |
| 87 | 2. 专业技术服务业 | 10062 | | 616 | 4404 | 215 | 3569 | | 653 | 288 | 71 | 63 | 102 | | | 81 | |
| 88 | 3. 科技推广和应用服务业 | 2576 | | 125 | 2 | 457 | 1192 | | 241 | 61 | 27 | 65 | 129 | | | 277 | |
| 89 | (九)水利、环境和公共设施管理业 | 1676 | | 462 | 508 | | 352 | | 99 | 72 | 18 | 165 | | | | | |
| 90 | 1. 水利管理业 | 191 | | 35 | 26 | | 63 | | 28 | 23 | | 16 | | | | | |
| 91 | 2. 生态保护和环境治理业 | 76 | | 9 | 1 | | 38 | | 14 | 5 | 3 | 6 | | | | | |
| 92 | 3. 公共设施管理业 | 1409 | | 418 | 481 | | 251 | | 57 | 44 | 15 | 143 | | | | | |
| 93 | (十)居民服务、修理和其他服务业 | 146036 | 86 | 24851 | 29690 | 11177 | 46603 | 5 | 6219 | 8558 | 973 | 3393 | 7752 | 9 | 2400 | 4320 | |
| 94 | 1. 居民服务业 | 10691 | 12 | 2644 | 2530 | 627 | 2556 | 4 | 617 | 1172 | 33 | 170 | 272 | | | 54 | |
| 95 | 2. 机动车、电子产品和日用产品修理业 | 2005 | 56 | 192 | 254 | 465 | 224 | | 205 | 252 | 42 | 31 | 260 | | | 24 | |
| 96 | 3. 其他服务业 | 133340 | 18 | 22015 | 26906 | 10085 | 43823 | 1 | 5397 | 7134 | 898 | 3192 | 7220 | 9 | 2400 | 4242 | |
| 97 | (十一)教育 | 10722 | | 1043 | 661 | | 8637 | | 132 | 122 | 53 | 13 | 37 | 4 | | 20 | |
| 98 | (十二)卫生和社会工作 | 5515 | | 21 | 308 | -19 | 5139 | | 3 | 33 | 8 | 6 | | | | 16 | |
| 99 | 1. 卫生 | 5510 | | 20 | 308 | -19 | 5137 | | 3 | 33 | 8 | 5 | | | | 15 | |
| 100 | 2. 社会工作 | 5 | | 1 | | | 2 | | | | | 1 | | | | 1 | |
| 101 | (十三)文化、体育和娱乐业 | 7131 | | 1225 | 176 | 757 | 2288 | | 390 | 856 | 43 | 1135 | | 2 | | 259 | |
| 102 | 1. 新闻和出版业 | 975 | | 209 | 138 | | 306 | | 61 | 228 | 2 | 20 | | | | 11 | |
| 103 | 2. 广播、电视、电影和影视录音制作业 | 857 | | 30 | | | 760 | | 32 | 25 | 6 | 2 | | 2 | | | |
| 104 | 3. 文化艺术业 | 1990 | | 133 | 29 | | 959 | | 190 | 362 | 27 | 42 | | | | 248 | |
| 105 | 4. 体育 | 804 | | 276 | 2 | 164 | 130 | | 32 | 137 | 3 | 60 | | | | | |
| 106 | 5. 娱乐业 | 2505 | | 577 | 7 | 593 | 133 | | 75 | 104 | 5 | 1011 | | | | | |
| 107 | (十四)公共管理、社会保障和社会组织 | 135801 | 5368 | 2300 | 611 | | 22459 | | 647 | 4323 | 588 | 388 | 1133 | 467 | 4036 | 93481 | |
| 108 | (十五)其他行业 | 245 | | 222 | 3 | | | | 15 | | 5 | | | | | | |

# 2016年汕头市地方税务局税收收入分行业分税种统计年报表

编报机关:汕头市地方税务局　　　　单位:万元

| 序号 | 项目 | 税收收入合计 | 国内增值税 | 营业税 | 企业所得税 | | 个人所得税 | 资源税 | 城市维护建设税 | 房产税 | 印花税 | 城镇土地使用税 | 土地增值税 | 车船税 | 耕地占用税 | 契税 | 其他各税 |
|---|---|---|---|---|---|---|---|---|---|---|---|---|---|---|---|---|---|
| | | | | | 内资企业 | 外资企业 | | | | | | | | | | | |
| 1 | 合计 | 1073708 | 3695 | 168801 | 267069 | 18679 | 166344 | 4677 | 84675 | 58466 | 19893 | 49412 | 103929 | 20984 | 8013 | 99071 | |
| 2 | 一、第一产业 | 1529 | | 51 | 493 | | 86 | 5 | 39 | 78 | 62 | 713 | 1 | 1 | | | |
| 3 | 二、第二产业 | 372849 | 237 | 58502 | 139035 | 7264 | 53746 | 4493 | 52271 | 22425 | 9573 | 19543 | 2471 | 47 | 558 | 2684 | |
| 4 | (一)采矿业 | 261 | | | 3 | | 33 | 79 | 12 | 24 | 35 | 75 | | | | | |
| 5 | 1. 煤炭开采和洗选业 | 34 | | | | | | | 5 | | 29 | | | | | | |
| 6 | 2. 石油和天然气开采业 | | | | | | | | | | | | | | | | |
| 7 | 3. 黑色金属矿采选业 | | | | | | | | | | | | | | | | |
| 8 | 4. 有色金属矿采选业 | | | | | | | | | | | | | | | | |
| 9 | 5. 非金属矿采选业 | 121 | | | 3 | | 30 | 77 | 6 | 1 | 1 | 3 | | | | | |
| 10 | 6. 其他采矿业 | 106 | | | | | 3 | 2 | 1 | 23 | 5 | 72 | | | | | |
| 11 | (二)制造业 | 178476 | 237 | 2128 | 54755 | 7256 | 30100 | 134 | 37791 | 19235 | 5530 | 17122 | 1589 | 37 | 155 | 2407 | |
| 12 | 1. 农副食品加工业 | 3162 | | 69 | 693 | | 323 | 8 | 907 | 411 | 204 | 387 | 79 | | | 81 | |
| 13 | 2. 食品制造业 | 4639 | | 52 | 1198 | 7 | 1336 | | 1111 | 407 | 132 | 325 | | 1 | | 70 | |
| 14 | 3. 酒、饮料和精制茶制造业 | 802 | | | 11 | | 73 | | 246 | 251 | 19 | 184 | | 1 | | 17 | |
| 15 | 4. 烟草制品业 | 4193 | | | 1108 | | 441 | | 2011 | 309 | 162 | 162 | | | | | |
| 16 | 5. 纺织业 | 9653 | | | 2603 | 54 | 1255 | | 1544 | 1649 | 323 | 1897 | 41 | 1 | 21 | 265 | |
| 17 | 6. 纺织服装、服饰业 | 34082 | 39 | 17 | 12952 | 49 | 6217 | | 5865 | 3927 | 1102 | 3485 | | 5 | 134 | 290 | |
| 18 | 7. 皮革、毛皮、羽毛及其制品和制鞋业 | 561 | | 7 | 147 | | 62 | | 101 | 120 | 19 | 103 | | 2 | | | |
| 19 | 8. 木材加工和木竹藤棕草制品业 | 7396 | | 25 | 4 | | 250 | | 5923 | 211 | 168 | 811 | | | | 4 | |
| 20 | 9. 家具制造业 | 298 | | | 9 | | 27 | | 152 | 30 | 14 | 64 | | | | 2 | |
| 21 | 10. 造纸和纸制品业 | 5770 | | 4 | 2317 | | 662 | | 1203 | 629 | 189 | 658 | | 1 | | 107 | |

续表

| 序号 | 项　目 | 税收收入合计 | 国内增值税 | 营业税 | 企业所得税 | | 个人所得税 | 资源税 | 城市维护建设税 | 房产税 | 印花税 | 城镇土地使用税 | 土地增值税 | 车船税 | 耕地占用税 | 契税 | 其他各税 |
|---|---|---|---|---|---|---|---|---|---|---|---|---|---|---|---|---|---|
| | | | | | 内资企业 | 外资企业 | | | | | | | | | | | |
| 22 | 11. 印刷和记录媒介复制业 | 11984 | | | 1617 | 5803 | 1673 | | 1439 | 749 | 219 | 481 | | 3 | | | |
| 23 | 12. 文教、工美、体育和娱乐用品制造业 | 21619 | | 20 | 9984 | 628 | 2575 | | 3575 | 2215 | 481 | 1595 | 91 | 3 | | 452 | |
| 24 | 13. 石油加工、炼焦和核燃料加工业 | 32 | | | 8 | | 1 | | 2 | 13 | | 8 | | | | | |
| 25 | 14. 化学原料和化学制品制造业 | 5329 | | 6 | 2211 | 6 | 525 | | 1233 | 621 | 170 | 555 | | 1 | | 1 | |
| 26 | 15. 医药制造业 | 9970 | | 3 | 2201 | | 5192 | | 1203 | 756 | 184 | 428 | | 1 | | 2 | |
| 27 | 16. 化学纤维制造业 | 30 | | | | | 5 | | 3 | 5 | | 13 | | | | 4 | |
| 28 | 17. 橡胶和塑料制品业 | 17842 | 153 | 223 | 5465 | | 1874 | | 3208 | 2641 | 718 | 2484 | 763 | 5 | | 308 | |
| 29 | 18. 非金属矿物制品业 | 775 | | 16 | 266 | | 75 | 24 | 132 | 57 | 25 | 171 | | 6 | | 3 | |
| 30 | 19. 黑色金属冶炼和压延加工业 | 124 | | | 36 | | 3 | | 27 | 14 | 7 | 37 | | | | | |
| 31 | 20. 有色金属冶炼和压延加工业 | 87 | | 1 | 5 | | 31 | | 30 | 7 | 4 | 9 | | | | | |
| 32 | 21. 金属制品业 | 1153 | | 5 | 71 | 110 | 159 | | 247 | 167 | 55 | 270 | | | | 69 | |
| 33 | 22. 通用设备制造业 | 2416 | | 654 | 456 | | 239 | | 440 | 181 | 49 | 397 | | | | | |
| 34 | 23. 专用设备制造业 | 2273 | | 18 | 1222 | | 159 | 2 | 250 | 212 | 45 | 338 | | | | 27 | |
| 35 | 24. 汽车制造业 | 1785 | | | 52 | 598 | 553 | | 443 | 12 | 102 | 25 | | | | | |
| 36 | 25. 铁路、船舶、航空航天和其他运输设备制造业 | 129 | | | 14 | | 5 | | 17 | 14 | 3 | 76 | | | | | |
| 37 | 26. 电气机械和器材制造业 | 3679 | | 56 | 1356 | | 806 | | 611 | 520 | 111 | 218 | | 1 | | | |
| 38 | 27. 计算机、通信和其他电子设备制造业 | 4212 | | 42 | 983 | | 1476 | | 1031 | 303 | 176 | 197 | | 1 | | 3 | |
| 39 | 28. 仪表仪器制造业 | 734 | | 8 | 13 | | 4 | | 29 | 197 | 4 | 210 | 269 | | | | |
| 40 | 29. 其他制造业 | 23251 | 45 | 902 | 7753 | 1 | 4046 | 100 | 4712 | 2575 | 829 | 1470 | 346 | 5 | | 467 | |
| 41 | 30. 废弃资源综合利用业 | 496 | | | | | 53 | | 96 | 32 | 16 | 64 | | | | 235 | |
| 42 | (三)电力、热力、燃气及水的生产和供应业 | 31603 | | 1162 | 8190 | 5 | 9588 | | 7514 | 2776 | 580 | 1677 | | 5 | | 106 | |

续表

| 序号 | 项目 | 税收收入合计 | 国内增值税 | 营业税 | 企业所得税 | | 个人所得税 | 资源税 | 城市维护建设税 | 房产税 | 印花税 | 城镇土地使用税 | 土地增值税 | 车船税 | 耕地占用税 | 契税 | 其他各税 |
|---|---|---|---|---|---|---|---|---|---|---|---|---|---|---|---|---|---|
| | | | | | 内资企业 | 外资企业 | | | | | | | | | | | |
| 43 | 1. 电力、热力生产和供应业 | 30775 | | 1107 | 7988 | 5 | 9499 | | 7379 | 2682 | 568 | 1451 | | 4 | | 92 | |
| 44 | 2. 燃气生产和供应业 | 261 | | 33 | 5 | | 45 | | 74 | 27 | 6 | 57 | | | | 14 | |
| 45 | 3. 水的生产和供应业 | 567 | | 22 | 197 | | 44 | | 61 | 67 | 6 | 169 | | 1 | | | |
| 46 | (四)建筑业 | 162509 | | 55212 | 76087 | 3 | 14025 | 4280 | 6954 | 390 | 3428 | 669 | 882 | 5 | 403 | 171 | |
| 47 | 1. 房屋建筑业 | 114247 | | 30509 | 66375 | | 6744 | 2858 | 3936 | 192 | 2260 | 411 | 806 | 3 | | 153 | |
| 48 | 2. 土木工程建筑业 | 8066 | | 4957 | 681 | | 933 | 205 | 574 | 4 | 316 | 2 | | | 392 | 2 | |
| 49 | 3. 建筑安装业 | 18267 | | 8494 | 4135 | 2 | 2898 | 645 | 1346 | 123 | 470 | 117 | 30 | 1 | | 6 | |
| 50 | 4. 建筑装饰和其他建筑业 | 21929 | | 11252 | 4896 | 1 | 3450 | 572 | 1098 | 71 | 382 | 139 | 46 | 1 | 11 | 10 | |
| 51 | 三、第三产业 | 699330 | 3458 | 110248 | 127541 | 11415 | 112512 | 179 | 32365 | 35963 | 10258 | 29156 | 101457 | 20936 | 7455 | 96387 | |
| 52 | (一)批发和零售业 | 82643 | 114 | 2668 | 33652 | 117 | 14671 | 97 | 13776 | 5492 | 4857 | 4368 | 421 | 22 | 30 | 2358 | |
| 53 | 1. 批发业 | 70047 | 112 | 1810 | 30829 | 100 | 11798 | 53 | 11646 | 4382 | 3989 | 2977 | 327 | 14 | 18 | 1992 | |
| 54 | 2. 零售业 | 12596 | 2 | 858 | 2823 | 17 | 2873 | 44 | 2130 | 1110 | 868 | 1391 | 94 | 8 | 12 | 366 | |
| 55 | (二)交通运输、仓储和邮政业 | 11338 | | 707 | 1200 | | 3509 | 12 | 749 | 1345 | 372 | 2058 | | 118 | 183 | 1085 | |
| 56 | 1. 铁路运输业 | 22 | | | 1 | | 4 | | 4 | 3 | 3 | 4 | | | | 3 | |
| 57 | 2. 道路运输业 | 3820 | | 354 | 588 | | 587 | | 323 | 549 | 224 | 935 | | 77 | 183 | | |
| 58 | 3. 水上运输业 | 1371 | | 29 | 79 | | 137 | 12 | 58 | 219 | 28 | 761 | | 4 | | 44 | |
| 59 | 4. 航空运输业 | 31 | | | 1 | | 3 | | | | 1 | | | | | 26 | |
| 60 | 5. 管道运输业 | 288 | | | 2 | | 265 | | 1 | | 20 | | | | | | |
| 61 | 6. 装卸搬运和运输代理业 | 4213 | | 50 | 298 | | 2047 | | 307 | 234 | 79 | 150 | | 36 | | 1012 | |
| 62 | 7. 仓储业 | 178 | | 12 | 5 | | 6 | | 8 | 64 | 4 | 79 | | | | | |
| 63 | 8. 邮政业 | 1415 | | 262 | 226 | | 460 | | 48 | 276 | 13 | 129 | | 1 | | | |
| 64 | (三)住宿和餐饮业 | 8668 | | 4038 | 794 | | 1210 | | 456 | 1633 | 12 | 473 | | | | 52 | |

续表

| 序号 | 项　　目 | 税收收入合计 | 国内增值税 | 营业税 | 企业所得税 | | 个人所得税 | 资源税 | 城市维护建设税 | 房产税 | 印花税 | 城镇土地使用税 | 土地增值税 | 车船税 | 耕地占用税 | 契税 | 其他各税 |
|---|---|---|---|---|---|---|---|---|---|---|---|---|---|---|---|---|---|
| | | | | | 内资企业 | 外资企业 | | | | | | | | | | | |
| 65 | 1. 住宿业 | 3801 | | 1394 | 197 | | 338 | | 175 | 1343 | 6 | 335 | | | | 13 | |
| 66 | 2. 餐饮业 | 4867 | | 2644 | 597 | | 872 | | 281 | 290 | 6 | 138 | | | | 39 | |
| 67 | (四)信息传输、软件和信息技术服务业 | 9181 | | 903 | 306 | 38 | 3253 | | 996 | 2610 | 117 | 574 | | 2 | | 382 | |
| 68 | 1. 电信、广播电视和卫星传输服务 | 7033 | | 675 | 6 | | 2453 | | 834 | 2495 | 74 | 487 | | 2 | | 7 | |
| 69 | 2. 互联网和相关服务 | 249 | | 91 | 62 | | 17 | | 36 | 2 | 7 | 33 | | | | 1 | |
| 70 | 3. 软件和信息技术服务业 | 1899 | | 137 | 238 | 38 | 783 | | 126 | 113 | 36 | 54 | | | | 374 | |
| 71 | (五)金融业 | 104504 | | 31999 | 2735 | 9002 | 31813 | | 4907 | 2341 | 915 | 841 | | 19741 | | 210 | |
| 72 | 1. 货币金融服务 | 40317 | | 25854 | 83 | | 8000 | | 3506 | 1727 | 586 | 365 | | 4 | | 192 | |
| 73 | 2. 资本市场服务 | 23064 | | 1393 | 60 | 8938 | 12053 | | 304 | 105 | 15 | 187 | | | | 9 | |
| 74 | 3. 保险业 | 33939 | | 2816 | 788 | | 9348 | | 807 | 196 | 229 | 19 | | 19736 | | | |
| 75 | 4. 其他金融业 | 7184 | | 1936 | 1804 | 64 | 2412 | | 290 | 313 | 85 | 270 | | 1 | | 9 | |
| 76 | (六)房地产业 | 305021 | 2678 | 59812 | 64498 | 1497 | 17373 | 27 | 7367 | 8741 | 2755 | 11678 | 94260 | 6 | 4 | 34325 | |
| 77 | 1. 房地产开发经营 | 261306 | 30 | 50549 | 61483 | 1258 | 5133 | 4 | 6264 | 2338 | 2405 | 9774 | 87783 | 5 | | 34280 | |
| 78 | 2. 物业管理 | 3076 | | 1208 | 469 | | 154 | 1 | 194 | 409 | 21 | 428 | 148 | | | 44 | |
| 79 | 3. 房地产中介服务 | 1169 | 4 | 376 | 159 | | 390 | | 34 | 57 | 5 | 14 | 102 | | | 28 | |
| 80 | 4. 自有房地产经营活动 | 11293 | 1255 | 1464 | 61 | 3 | 3471 | | 200 | 4014 | 54 | 722 | 49 | | | | |
| 81 | 5. 其他房地产业 | 28177 | 1389 | 6215 | 2326 | 236 | 8225 | 22 | 675 | 1923 | 270 | 740 | 6178 | 1 | 4 | -27 | |
| 82 | (七)租赁和商务服务业 | 53137 | 9 | 4179 | 18779 | 755 | 6265 | 19 | 2183 | 10416 | 505 | 3491 | 2114 | 20 | | 4402 | |
| 83 | 1. 租赁业 | 854 | 4 | 141 | 16 | | 20 | 8 | 18 | 266 | 15 | 182 | | 6 | | 178 | |
| 84 | 2. 商务服务业 | 52283 | 5 | 4038 | 18763 | 755 | 6245 | 11 | 2165 | 10150 | 490 | 3309 | 2114 | 14 | | 4224 | |
| 85 | (八)科学研究和技术服务业 | 1718 | 4 | 137 | 495 | | 424 | 4 | 198 | 179 | 60 | 129 | | 3 | | 85 | |
| 86 | 1. 研究和试验发展 | 1006 | | 20 | 274 | | 309 | | 72 | 133 | 31 | 97 | | 1 | | 69 | |

续表

| 序号 | 项　目 | 税收收入合计 | 国内增值税 | 营业税 | 企业所得税 | | 个人所得税 | 资源税 | 城市维护建设税 | 房产税 | 印花税 | 城镇土地使用税 | 土地增值税 | 车船税 | 耕地占用税 | 契税 | 其他各税 |
|---|---|---|---|---|---|---|---|---|---|---|---|---|---|---|---|---|---|
| | | | | | 内资企业 | 外资企业 | | | | | | | | | | | |
| 87 | 2. 专业技术服务业 | 503 | | 99 | 141 | | 98 | 4 | 90 | 18 | 16 | 20 | | 1 | | 16 | |
| 88 | 3. 科技推广和应用服务业 | 209 | 4 | 18 | 80 | | 17 | | 36 | 28 | 13 | 12 | | 1 | | | |
| 89 | (九)水利、环境和公共设施管理业 | 1808 | | 207 | 545 | | 184 | 4 | 246 | 165 | 18 | 424 | | 2 | | 13 | |
| 90 | 1. 水利管理业 | 620 | | 48 | 147 | | 38 | | 84 | 76 | 2 | 212 | | | | 13 | |
| 91 | 2. 生态保护和环境治理业 | 478 | | | 51 | | 33 | 3 | 132 | 46 | 7 | 206 | | | | | |
| 92 | 3. 公共设施管理业 | 710 | | 159 | 347 | | 113 | 1 | 30 | 43 | 9 | 6 | | 2 | | | |
| 93 | (十)居民服务、修理和其他服务业 | 36958 | 266 | 4191 | 3975 | 3 | 16255 | 11 | 1231 | 1825 | 318 | 3052 | 3649 | 22 | 1960 | 200 | |
| 94 | 1. 居民服务业 | 3712 | 6 | 678 | 526 | 1 | 794 | | 115 | 154 | 34 | 920 | 303 | 1 | 122 | 58 | |
| 95 | 2. 机动车、电子产品和日用产品修理业 | 221 | | 41 | 43 | | 62 | | 29 | 10 | 7 | 26 | | 3 | | | |
| 96 | 3. 其他服务业 | 33025 | 260 | 3472 | 3406 | 2 | 15399 | 11 | 1087 | 1661 | 277 | 2106 | 3346 | 18 | 1838 | 142 | |
| 97 | (十一)教育 | 4143 | 1 | 79 | 62 | 3 | 3876 | | 13 | 63 | 4 | 14 | 1 | 10 | 12 | 5 | |
| 98 | (十二)卫生和社会工作 | 6580 | | 33 | 45 | | 6276 | | 6 | 77 | 76 | 62 | | 2 | | 3 | |
| 99 | 1. 卫生 | 5506 | | 33 | 45 | | 5205 | | 6 | 74 | 76 | 62 | | 2 | | 3 | |
| 100 | 2. 社会工作 | 1074 | | | | | 1071 | | | 3 | | | | | | | |
| 101 | (十三)文化、体育和娱乐业 | 4652 | | 885 | 303 | | 2547 | | 170 | 290 | 24 | 360 | 72 | 1 | | | |
| 102 | 1. 新闻和出版业 | 124 | | 16 | | | 32 | | 24 | 43 | 2 | 7 | | | | | |
| 103 | 2. 广播、电视、电影和影视录音制作业 | 407 | | 9 | 9 | | 298 | | 46 | 23 | 6 | 16 | | | | | |
| 104 | 3. 文化艺术业 | 190 | | 27 | 18 | | 99 | | 13 | 19 | 2 | 12 | | | | | |
| 105 | 4. 体育 | 865 | | 14 | 10 | | 804 | | 3 | 22 | | 12 | | | | | |
| 106 | 5. 娱乐业 | 3066 | | 819 | 266 | | 1314 | | 84 | 183 | 14 | 313 | 72 | 1 | | | |
| 107 | (十四)公共管理、社会保障和社会组织 | 68970 | 386 | 410 | 152 | | 4850 | 2 | 67 | 786 | 225 | 1632 | 940 | 987 | 5266 | 53267 | |
| 108 | (十五)其他行业 | 9 | | | | | 6 | 3 | | | | | | | | | |

# 2016 年佛山市地方税务局税收收入分行业分税种统计年报表

编报机关：佛山市地方税务局　　　　单位：万元

| 序号 | 项目 | 税收收入合计 | 国内增值税 | 营业税 | 企业所得税 | | 个人所得税 | 资源税 | 城市维护建设税 | 房产税 | 印花税 | 城镇土地使用税 | 土地增值税 | 车船税 | 耕地占用税 | 契税 | 其他各税 |
|---|---|---|---|---|---|---|---|---|---|---|---|---|---|---|---|---|---|
| | | | | | 内资企业 | 外资企业 | | | | | | | | | | | |
| 1 | 合计 | 3407678 | 27917 | 634223 | 575661 | 29213 | 507299 | 361 | 285363 | 145746 | 62021 | 101110 | 444909 | 60506 | 40530 | 492819 | |
| 2 | 一、第一产业 | 2631 | 13 | 193 | 442 | | 1007 | | 54 | 82 | 95 | 433 | 90 | 2 | | 220 | |
| 3 | 二、第二产业 | 769423 | 1527 | 156743 | 135134 | 28219 | 171771 | 85 | 171150 | 41037 | 24687 | 27193 | 6186 | 389 | | 5302 | |
| 4 | (一)采矿业 | 207 | 25 | | | | 5 | 45 | 38 | | 5 | 1 | 88 | | | | |
| 5 | 1. 煤炭开采和洗选业 | | | | | | | | | | | | | | | | |
| 6 | 2. 石油和天然气开采业 | | | | | | | | | | | | | | | | |
| 7 | 3. 黑色金属矿采选业 | 115 | 25 | | | | | | 2 | | | | 88 | | | | |
| 8 | 4. 有色金属矿采选业 | | | | | | | | | | | | | | | | |
| 9 | 5. 非金属矿采选业 | 39 | | | | | 2 | 9 | 23 | | 5 | | | | | | |
| 10 | 6. 其他采矿业 | 53 | | | | | 3 | 36 | 13 | | | 1 | | | | | |
| 11 | (二)制造业 | 470789 | 1090 | 4061 | 85224 | 28085 | 118484 | 13 | 142204 | 36722 | 21236 | 23119 | 5593 | 335 | | 4623 | |
| 12 | 1. 农副食品加工业 | 4980 | | 38 | 2512 | | 953 | | 354 | 340 | 286 | 312 | | 4 | | 181 | |
| 13 | 2. 食品制造业 | 24693 | 393 | 528 | 2238 | | 11802 | | 6927 | 551 | 911 | 641 | 472 | 1 | | 229 | |
| 14 | 3. 酒、饮料和精制茶制造业 | 13107 | | 116 | 1753 | | 1512 | 8 | 7215 | 1390 | 530 | 520 | 7 | 2 | | 54 | |
| 15 | 4. 烟草制品业 | | | | | | | | | | | | | | | | |
| 16 | 5. 纺织业 | 21061 | 248 | 144 | 2234 | | 6311 | | 6165 | 2587 | 776 | 1379 | 278 | 17 | | 922 | |
| 17 | 6. 纺织服装、服饰业 | 7704 | 100 | 33 | 2495 | 14 | 1122 | | 1929 | 469 | 287 | 441 | 55 | 9 | | 750 | |
| 18 | 7. 皮革、毛皮、羽毛及其制品和制鞋业 | 8005 | 65 | 22 | 952 | | 2428 | | 2755 | 469 | 371 | 237 | 695 | 11 | | | |
| 19 | 8. 木材加工和木竹藤棕草制品业 | 1911 | | 14 | 209 | | 429 | | 616 | 298 | 85 | 250 | | 1 | | 9 | |
| 20 | 9. 家具制造业 | 11569 | | 165 | 1850 | | 3400 | | 3892 | 769 | 550 | 657 | 169 | 12 | | 105 | |
| 21 | 10. 造纸和纸制品业 | 4788 | | 144 | 631 | | 1456 | | 1613 | 338 | 258 | 320 | | 6 | | 22 | |

续表

| 序号 | 项　目 | 税收收入合计 | 国内增值税 | 营业税 | 企业所得税 | | 个人所得税 | 资源税 | 城市维护建设税 | 房产税 | 印花税 | 城镇土地使用税 | 土地增值税 | 车船税 | 耕地占用税 | 契税 | 其他各税 |
|---|---|---|---|---|---|---|---|---|---|---|---|---|---|---|---|---|---|
| | | | | | 内资企业 | 外资企业 | | | | | | | | | | | |
| 22 | 11. 印刷和记录媒介复制业 | 5093 | | 130 | 838 | | 2074 | | 1219 | 336 | 196 | 246 | | 4 | | 50 | |
| 23 | 12. 文教、工美、体育和娱乐用品制造业 | 4069 | | 58 | 438 | 4 | 1491 | | 1023 | 516 | 240 | 295 | 1 | 3 | | | |
| 24 | 13. 石油加工、炼焦和核燃料加工业 | 4940 | | 3 | 376 | | 227 | | 3686 | 23 | 30 | 595 | | | | | |
| 25 | 14. 化学原料和化学制品制造业 | 15197 | 4 | 91 | 5217 | 1 | 3298 | | 3394 | 1132 | 649 | 1267 | 88 | 21 | | 35 | |
| 26 | 15. 医药制造业 | 13010 | | 4 | 8034 | | 1928 | | 2282 | 378 | 259 | 124 | | 1 | | | |
| 27 | 16. 化学纤维制造业 | 1652 | | 32 | 1 | | 464 | | 571 | 359 | 51 | 174 | | | | | |
| 28 | 17. 橡胶和塑料制品业 | 25704 | 5 | 313 | 4535 | | 8373 | | 7682 | 2034 | 1268 | 1202 | 47 | 24 | | 221 | |
| 29 | 18. 非金属矿物制品业 | 47551 | | 143 | 15515 | 15 | 9260 | 5 | 13326 | 3614 | 1619 | 3778 | | 47 | | 229 | |
| 30 | 19. 黑色金属冶炼和压延加工业 | 1817 | | 14 | 120 | | 571 | | 491 | 227 | 161 | 229 | | 4 | | | |
| 31 | 20. 有色金属冶炼和压延加工业 | 26222 | | 211 | 8571 | 1 | 4206 | | 5834 | 2358 | 1814 | 1647 | 1560 | 20 | | | |
| 32 | 21. 金属制品业 | 37769 | 157 | 439 | 4950 | 1 | 11893 | | 11771 | 3093 | 2394 | 2069 | 586 | 46 | | 370 | |
| 33 | 22. 通用设备制造业 | 15093 | 9 | 83 | 1434 | 6 | 5476 | | 4542 | 1560 | 672 | 691 | 19 | 18 | | 583 | |
| 34 | 23. 专用设备制造业 | 19104 | 105 | 170 | 6063 | | 5164 | | 4067 | 1139 | 586 | 562 | 1108 | 9 | | 131 | |
| 35 | 24. 汽车制造业 | 54969 | | 153 | 2705 | | 13579 | | 28905 | 4917 | 3039 | 1637 | | 14 | | 20 | |
| 36 | 25. 铁路、船舶、航空航天和其他运输设备制造业 | 1699 | 1 | 1 | 402 | | 327 | | 516 | 102 | 66 | 281 | | 3 | | | |
| 37 | 26. 电气机械和器材制造业 | 43179 | 1 | 819 | 5117 | 6394 | 10394 | | 12050 | 3509 | 2025 | 2093 | 478 | 31 | | 268 | |
| 38 | 27. 计算机、通信和其他电子设备制造业 | 17748 | 2 | 84 | 4995 | | 5013 | | 3620 | 2354 | 1026 | 625 | | 9 | | 20 | |
| 39 | 28. 仪表仪器制造业 | 3733 | | 14 | 613 | | 1337 | | 1171 | 299 | 174 | 123 | | 2 | | | |
| 40 | 29. 其他制造业 | 33139 | | 84 | 226 | 21649 | 3931 | | 4225 | 1362 | 640 | 558 | 30 | 10 | | 424 | |
| 41 | 30. 废弃资源综合利用业 | 1283 | | 11 | 200 | | 65 | | 363 | 199 | 273 | 166 | | 6 | | | |
| 42 | (三)电力、热力、燃气及水的生产和供应业 | 40874 | 383 | 582 | 11073 | 91 | 13937 | | 9229 | 3291 | 590 | 1659 | | 15 | | 24 | |

续表

| 序号 | 项　　目 | 税收收入合计 | 国内增值税 | 营业税 | 企业所得税 | | 个人所得税 | 资源税 | 城市维护建设税 | 房产税 | 印花税 | 城镇土地使用税 | 土地增值税 | 车船税 | 耕地占用税 | 契税 | 其他各税 |
|---|---|---|---|---|---|---|---|---|---|---|---|---|---|---|---|---|---|
| | | | | | 内资企业 | 外资企业 | | | | | | | | | | | |
| 43 | 1. 电力、热力生产和供应业 | 22833 | | 115 | | | 11887 | | 6867 | 2667 | 405 | 869 | | 8 | | 15 | |
| 44 | 2. 燃气生产和供应业 | 5301 | | 131 | 3021 | | 460 | | 1439 | 71 | 101 | 66 | | 6 | | 6 | |
| 45 | 3. 水的生产和供应业 | 12740 | 383 | 336 | 8052 | 91 | 1590 | | 923 | 553 | 84 | 724 | | 1 | | 3 | |
| 46 | (四)建筑业 | 257553 | 29 | 152100 | 38837 | 43 | 39345 | 27 | 19679 | 1024 | 2856 | 2414 | 505 | 39 | | 655 | |
| 47 | 1. 房屋建筑业 | 53963 | | 27196 | 12270 | 1 | 8528 | | 4744 | 166 | 809 | 26 | 74 | 2 | | 147 | |
| 48 | 2. 土木工程建筑业 | 21589 | 28 | 9095 | 5425 | | 3097 | | 1710 | 489 | 627 | 1059 | 50 | 9 | | | |
| 49 | 3. 建筑安装业 | 65163 | | 33473 | 12364 | 29 | 11928 | 27 | 5518 | 208 | 682 | 811 | 13 | 18 | | 92 | |
| 50 | 4. 建筑装饰和其他建筑业 | 116838 | 1 | 82336 | 8778 | 13 | 15792 | | 7707 | 161 | 738 | 518 | 368 | 10 | | 416 | |
| 51 | 三、第三产业 | 2635624 | 26377 | 477287 | 440085 | 994 | 334521 | 276 | 114159 | 104627 | 37239 | 73484 | 438633 | 60115 | 40530 | 487297 | |
| 52 | (一)批发和零售业 | 121365 | 213 | 6346 | 27280 | 288 | 28056 | 175 | 33420 | 7716 | 11898 | 3226 | 1109 | 139 | | 1499 | |
| 53 | 1. 批发业 | 95115 | 197 | 3874 | 22128 | 42 | 22009 | 18 | 26828 | 5635 | 9776 | 2424 | 1064 | 112 | | 1008 | |
| 54 | 2. 零售业 | 26250 | 16 | 2472 | 5152 | 246 | 6047 | 157 | 6592 | 2081 | 2122 | 802 | 45 | 27 | | 491 | |
| 55 | (二)交通运输、仓储和邮政业 | 28007 | 11 | 2145 | 11054 | | 9207 | | 2184 | 1303 | 440 | 1209 | 48 | 288 | | 118 | |
| 56 | 1. 铁路运输业 | 285 | | 8 | | | 166 | | 78 | 31 | 2 | | | | | | |
| 57 | 2. 道路运输业 | 17434 | 1 | 1689 | 9232 | | 4045 | | 1420 | -128 | 228 | 618 | 11 | 215 | | 103 | |
| 58 | 3. 水上运输业 | 1484 | | 52 | 60 | | 919 | | 149 | 63 | 27 | 171 | 3 | 35 | | 5 | |
| 59 | 4. 航空运输业 | 22 | | | | | 12 | | 10 | | | | | | | | |
| 60 | 5. 管道运输业 | | | | | | | | | | | | | | | | |
| 61 | 6. 装卸搬运和运输代理业 | 4117 | 10 | 134 | 1636 | | 1020 | | 373 | 562 | 102 | 204 | 33 | 33 | | 10 | |
| 62 | 7. 仓储业 | 3011 | | 194 | 100 | | 1935 | | 113 | 422 | 73 | 171 | | 3 | | | |
| 63 | 8. 邮政业 | 1654 | | 68 | 26 | | 1110 | | 41 | 353 | 8 | 45 | 1 | 2 | | | |
| 64 | (三)住宿和餐饮业 | 23733 | 49 | 14054 | 1265 | 8 | 4080 | 18 | 1659 | 1903 | 104 | 511 | 60 | 5 | | 17 | |

续表

| 序号 | 项　目 | 税收收入合计 | 国内增值税 | 营业税 | 企业所得税 | | 个人所得税 | 资源税 | 城市维护建设税 | 房产税 | 印花税 | 城镇土地使用税 | 土地增值税 | 车船税 | 耕地占用税 | 契税 | 其他各税 |
|---|---|---|---|---|---|---|---|---|---|---|---|---|---|---|---|---|---|
| | | | | | 内资企业 | 外资企业 | | | | | | | | | | | |
| 65 | 1. 住宿业 | 7223 | 48 | 3978 | 318 | 3 | 922 | 18 | 516 | 1019 | 27 | 298 | 60 | 3 | | 13 | |
| 66 | 2. 餐饮业 | 16510 | 1 | 10076 | 947 | 5 | 3158 | | 1143 | 884 | 77 | 213 | | 2 | | 4 | |
| 67 | (四)信息传输、软件和信息技术服务业 | 15883 | 14 | 1519 | 621 | 6 | 8873 | | 2202 | 1357 | 372 | 353 | 11 | 11 | | 544 | |
| 68 | 1. 电信、广播电视和卫星传输服务 | 10567 | 13 | 1151 | 17 | | 5962 | | 1568 | 1254 | 224 | 277 | 11 | 8 | | 82 | |
| 69 | 2. 互联网和相关服务 | 513 | | 25 | 15 | | 210 | | 45 | 17 | 13 | 11 | | | | 177 | |
| 70 | 3. 软件和信息技术服务业 | 4803 | 1 | 343 | 589 | 6 | 2701 | | 589 | 86 | 135 | 65 | | 3 | | 285 | |
| 71 | (五)金融业 | 281082 | 127 | 95556 | 8505 | 62 | 100933 | | 14134 | 5615 | 2842 | 945 | 314 | 50664 | | 1385 | |
| 72 | 1. 货币金融服务 | 157173 | 122 | 86088 | 3844 | | 46501 | | 11077 | 5112 | 1959 | 812 | 303 | 22 | | 1333 | |
| 73 | 2. 资本市场服务 | 15184 | | 4273 | 862 | | 9229 | | 579 | 25 | 89 | 100 | | | | 27 | |
| 74 | 3. 保险业 | 97496 | | 1197 | 15 | | 42473 | | 2078 | 390 | 693 | 9 | | 50641 | | | |
| 75 | 4. 其他金融业 | 11229 | 5 | 3998 | 3784 | 62 | 2730 | | 400 | 88 | 101 | 24 | 11 | 1 | | 25 | |
| 76 | (六)房地产业 | 1343476 | 5309 | 310535 | 341132 | 12 | 32378 | | 46498 | 56331 | 13497 | 44506 | 395651 | 53 | 1478 | 96096 | |
| 77 | 1. 房地产开发经营 | 1214902 | 1328 | 281346 | 329853 | 2 | 20717 | | 42004 | 23351 | 12319 | 34948 | 384095 | 36 | 667 | 84236 | |
| 78 | 2. 物业管理 | 33629 | 108 | 13188 | 5488 | 3 | 2507 | | 2069 | 4887 | 237 | 2276 | 2463 | 11 | | 392 | |
| 79 | 3. 房地产中介服务 | 8228 | 5 | 2774 | 726 | | 2591 | | 507 | 684 | 89 | 148 | 595 | 1 | | 108 | |
| 80 | 4. 自有房地产经营活动 | 15642 | 1463 | 1719 | 220 | 1 | 1541 | | 249 | 9151 | 45 | 1000 | 5 | 1 | 188 | 59 | |
| 81 | 5. 其他房地产业 | 71075 | 2405 | 11508 | 4845 | 6 | 5022 | | 1669 | 18258 | 807 | 6134 | 8493 | 4 | 623 | 11301 | |
| 82 | (七)租赁和商务服务业 | 115911 | 76 | 21261 | 25320 | 20 | 21550 | | 4952 | 11678 | 2602 | 4584 | 14915 | 65 | 3580 | 5308 | |
| 83 | 1. 租赁业 | 980 | | 109 | 77 | 5 | 509 | | 138 | 36 | 53 | 29 | | 22 | | 2 | |
| 84 | 2. 商务服务业 | 114931 | 76 | 21152 | 25243 | 15 | 21041 | | 4814 | 11642 | 2549 | 4555 | 14915 | 43 | 3580 | 5306 | |
| 85 | (八)科学研究和技术服务业 | 24314 | 4 | 2310 | 5494 | 24 | 8633 | 82 | 2793 | 851 | 478 | 2601 | 179 | 19 | | 846 | |
| 86 | 1. 研究和试验发展 | 4180 | 1 | 310 | 237 | | 1695 | | 666 | 221 | 185 | 156 | 169 | 4 | | 536 | |

续表

| 序号 | 项　目 | 税收收入合计 | 国内增值税 | 营业税 | 企业所得税 | | 个人所得税 | 资源税 | 城市维护建设税 | 房产税 | 印花税 | 城镇土地使用税 | 土地增值税 | 车船税 | 耕地占用税 | 契税 | 其他各税 |
|---|---|---|---|---|---|---|---|---|---|---|---|---|---|---|---|---|---|
| | | | | | 内资企业 | 外资企业 | | | | | | | | | | | |
| 87 | 2. 专业技术服务业 | 17738 | 3 | 1870 | 5211 | 14 | 5854 | 82 | 1490 | 289 | 216 | 2384 | 10 | 14 | | 301 | |
| 88 | 3. 科技推广和应用服务业 | 2396 | | 130 | 46 | 10 | 1084 | | 637 | 341 | 77 | 61 | | 1 | | 9 | |
| 89 | (九)水利、环境和公共设施管理业 | 8389 | | 1997 | 1025 | 541 | 888 | | 1032 | 188 | 344 | 1438 | | 5 | 577 | 354 | |
| 90 | 1. 水利管理业 | 551 | | 58 | 8 | 22 | 144 | | 49 | 18 | 15 | 236 | | 1 | | | |
| 91 | 2. 生态保护和环境治理业 | 1493 | | 6 | 24 | 519 | 58 | | 140 | 21 | 42 | 137 | | | 546 | | |
| 92 | 3. 公共设施管理业 | 6345 | | 1933 | 993 | | 686 | | 843 | 149 | 287 | 1065 | | 4 | 31 | 354 | |
| 93 | (十)居民服务、修理和其他服务业 | 42350 | 129 | 6716 | 2229 | 33 | 24909 | 1 | 1474 | 1408 | 259 | 3495 | 39 | 26 | 313 | 1319 | |
| 94 | 1. 居民服务业 | 5256 | 40 | 1301 | 731 | 14 | 774 | | 217 | 313 | 45 | 1255 | -2 | 5 | 130 | 433 | |
| 95 | 2. 机动车、电子产品和日用产品修理业 | 1324 | | 180 | 52 | | 624 | | 309 | 64 | 57 | 35 | | 3 | | | |
| 96 | 3. 其他服务业 | 35770 | 89 | 5235 | 1446 | 19 | 23511 | 1 | 948 | 1031 | 157 | 2205 | 41 | 18 | 183 | 886 | |
| 97 | (十一)教育 | 11696 | 6 | 1015 | 2704 | | 7342 | | 198 | 260 | 38 | 32 | 13 | 70 | | 18 | |
| 98 | (十二)卫生和社会工作 | 15840 | 1 | 93 | 3994 | | 11420 | | 32 | 185 | 59 | 11 | 4 | 15 | | 26 | |
| 99 | 1. 卫生 | 15729 | 1 | 54 | 3983 | | 11385 | | 27 | 167 | 58 | 11 | 4 | 13 | | 26 | |
| 100 | 2. 社会工作 | 111 | | 39 | 11 | | 35 | | 5 | 18 | 1 | | | 2 | | | |
| 101 | (十三)文化、体育和娱乐业 | 11550 | | 1867 | 408 | | 6937 | | 327 | 308 | 61 | 1612 | | 6 | | 24 | |
| 102 | 1. 新闻和出版业 | 78 | | 4 | | | 15 | | 4 | 44 | 2 | 5 | | 1 | | 3 | |
| 103 | 2. 广播、电视、电影和影视录音制作业 | 1092 | | 166 | 7 | | 708 | | 107 | 44 | 32 | 9 | | 3 | | 16 | |
| 104 | 3. 文化艺术业 | 492 | | 89 | 82 | | 234 | | 37 | 40 | 7 | 3 | | | | | |
| 105 | 4. 体育 | 5332 | | 507 | 86 | | 2976 | | 77 | 104 | 13 | 1567 | | 2 | | | |
| 106 | 5. 娱乐业 | 4556 | | 1101 | 233 | | 3004 | | 102 | 76 | 7 | 28 | | | | 5 | |
| 107 | (十四)公共管理、社会保障和社会组织 | 591976 | 20438 | 11845 | 9054 | | 69307 | | 3254 | 15524 | 4229 | 8961 | 26290 | 8749 | 34582 | 379743 | |
| 108 | (十五)其他行业 | 52 | | 28 | | | 8 | | | | 16 | | | | | | |

# 2016年韶关市地方税务局税收收入分行业分税种统计年报表

编报机关:韶关市地方税务局　　　　单位:万元

| 序号 | 项　目 | 税收收入合计 | 国内增值税 | 营业税 | 企业所得税 | | 个人所得税 | 资源税 | 城市维护建设税 | 房产税 | 印花税 | 城镇土地使用税 | 土地增值税 | 车船税 | 耕地占用税 | 契税 | 其他各税 |
|---|---|---|---|---|---|---|---|---|---|---|---|---|---|---|---|---|---|
| | | | | | 内资企业 | 外资企业 | | | | | | | | | | | |
| 1 | 合　计 | 544165 | 2740 | 99541 | 54520 | 537 | 82418 | 9976 | 62595 | 28924 | 8673 | 40892 | 47506 | 9149 | 49341 | 37030 | 10323 |
| 2 | 一、第一产业 | 2489 | 6 | 143 | 104 | 190 | 719 | 1 | 86 | 335 | 75 | 800 | 14 | 1 | 1 | 14 | |
| 3 | 二、第二产业 | 208814 | 1099 | 37124 | 38717 | 127 | 32009 | 9179 | 44648 | 12288 | 4199 | 18671 | 6516 | 24 | 1391 | 2822 | |
| 4 | (一)采矿业 | 12788 | | 15 | 381 | | 1887 | 5629 | 1589 | 435 | 126 | 2590 | 1 | 2 | | 133 | |
| 5 | 1. 煤炭开采和洗选业 | 9 | | 1 | 1 | | 6 | | | | | | 1 | | | | |
| 6 | 2. 石油和天然气开采业 | 1 | | | | | 1 | | | | | | | | | | |
| 7 | 3. 黑色金属矿采选业 | 2523 | | 9 | 24 | | 668 | 898 | 263 | 108 | 25 | 527 | | | | 1 | |
| 8 | 4. 有色金属矿采选业 | 8460 | | 3 | 344 | | 1033 | 3460 | 1189 | 320 | 84 | 1965 | | 1 | | 61 | |
| 9 | 5. 非金属矿采选业 | 1514 | | 1 | 12 | | 153 | 1109 | 113 | 6 | 10 | 38 | | 1 | | 71 | |
| 10 | 6. 其他采矿业 | 281 | | 1 | | | 26 | 162 | 24 | 1 | 7 | 60 | | | | | |
| 11 | (二)制造业 | 77032 | 1084 | 1294 | 2482 | 1 | 8628 | 949 | 31198 | 8441 | 2456 | 12747 | 5736 | 9 | 100 | 1907 | |
| 12 | 1. 农副食品加工业 | 262 | | 14 | 15 | | 18 | | 23 | 66 | 13 | 105 | | | | 8 | |
| 13 | 2. 食品制造业 | 652 | 20 | 121 | | | 125 | | 27 | 81 | 6 | 107 | 164 | | | 1 | |
| 14 | 3. 酒、饮料和精制茶制造业 | 618 | | 1 | 10 | | 25 | | 197 | 123 | 11 | 219 | | | | 32 | |
| 15 | 4. 烟草制品业 | 24483 | | 2 | | | 2223 | | 21073 | 528 | 37 | 596 | | 3 | | 21 | |
| 16 | 5. 纺织业 | 1214 | | | 2 | | 139 | | 492 | 96 | 61 | 374 | | 1 | | 49 | |
| 17 | 6. 纺织服装、服饰业 | 486 | | 2 | | | 9 | | 62 | 144 | 9 | 251 | 7 | | | 2 | |
| 18 | 7. 皮革、毛皮、羽毛及其制品和制鞋业 | 273 | | 6 | | | 21 | | 78 | 71 | 3 | 93 | | 1 | | | |
| 19 | 8. 木材加工和木竹藤棕草制品业 | 1889 | | 440 | 8 | | 72 | | 367 | 94 | 63 | 307 | 449 | | 89 | | |
| 20 | 9. 家具制造业 | 179 | | 15 | 1 | | 24 | | 56 | 9 | 6 | 68 | | | | | |
| 21 | 10. 造纸和纸制品业 | 680 | | 1 | 1 | 1 | 101 | | 175 | 106 | 36 | 184 | | 1 | | 74 | |

续表

| 序号 | 项　　目 | 税收收入合计 | 国内增值税 | 营业税 | 企业所得税 | | 个人所得税 | 资源税 | 城市维护建设税 | 房产税 | 印花税 | 城镇土地使用税 | 土地增值税 | 车船税 | 耕地占用税 | 契税 | 其他各税 |
|---|---|---|---|---|---|---|---|---|---|---|---|---|---|---|---|---|---|
| | | | | | 内资企业 | 外资企业 | | | | | | | | | | | |
| 22 | 11. 印刷和记录媒介复制业 | 144 | | 1 | 3 | | 18 | | 28 | 48 | 5 | 36 | | | | 5 | |
| 23 | 12. 文教、工美、体育和娱乐用品制造业 | 2865 | | | 3 | | 336 | | 1456 | 563 | 70 | 437 | | | | | |
| 24 | 13. 石油加工、炼焦和核燃料加工业 | 6 | | | | | 4 | | 1 | | | 1 | | | | | |
| 25 | 14. 化学原料和化学制品制造业 | 4440 | 29 | 3 | 178 | | 592 | 2 | 755 | 818 | 221 | 1477 | 299 | | 11 | 55 | |
| 26 | 15. 医药制造业 | 1581 | 1 | | | | 98 | | 674 | 359 | 20 | 349 | 3 | | | 77 | |
| 27 | 16. 化学纤维制造业 | 22 | | | | | | | | | | | | | | 22 | |
| 28 | 17. 橡胶和塑料制品业 | 858 | | 3 | 15 | | 84 | | 220 | 262 | 31 | 212 | | | | 31 | |
| 29 | 18. 非金属矿物制品业 | 2814 | | | 2 | | 300 | 890 | 428 | 272 | 117 | 789 | | 1 | | 15 | |
| 30 | 19. 黑色金属冶炼和压延加工业 | 14546 | 1019 | 414 | | | 1223 | 2 | 2172 | 1993 | 1013 | 3248 | 2378 | | | 1084 | |
| 31 | 20. 有色金属冶炼和压延加工业 | 5349 | | 26 | 545 | | 1336 | 42 | 297 | 723 | 275 | 712 | 1356 | | | 37 | |
| 32 | 21. 金属制品业 | 1013 | 1 | 2 | 37 | | 253 | | 165 | 189 | 46 | 308 | 3 | | | 9 | |
| 33 | 22. 通用设备制造业 | 2553 | | 25 | 147 | | 288 | | 733 | 624 | 71 | 619 | | | | 46 | |
| 34 | 23. 专用设备制造业 | 1036 | 9 | 9 | 145 | | 118 | 2 | 202 | 180 | 18 | 333 | 9 | | | 11 | |
| 35 | 24. 汽车制造业 | 235 | | | 4 | | 23 | | 44 | 70 | 11 | 83 | | | | | |
| 36 | 25. 铁路、船舶、航空航天和其他运输设备制造业 | 358 | | | | | 193 | 1 | 68 | 13 | 4 | 78 | | 1 | | | |
| 37 | 26. 电气机械和器材制造业 | 2161 | | 13 | 170 | | 292 | 2 | 420 | 380 | 63 | 736 | | | | 85 | |
| 38 | 27. 计算机、通信和其他电子设备制造业 | 2910 | 5 | 15 | | | 503 | | 533 | 217 | 158 | 514 | 858 | | | 107 | |
| 39 | 28. 仪表仪器制造业 | 192 | | 30 | | | 61 | 6 | 28 | 21 | 11 | 20 | | | | 15 | |
| 40 | 29. 其他制造业 | 2977 | | 151 | 1196 | | 119 | 2 | 309 | 367 | 57 | 444 | 210 | 1 | | 121 | |
| 41 | 30. 废弃资源综合利用业 | 236 | | | | | 30 | | 115 | 24 | 20 | 47 | | | | | |
| 42 | (三)电力、热力、燃气及水的生产和供应业 | 38340 | 12 | 193 | 14906 | | 9829 | 60 | 6384 | 3109 | 712 | 2306 | 83 | 10 | 30 | 706 | |

续表

| 序号 | 项　目 | 税收收入合计 | 国内增值税 | 营业税 | 企业所得税 | | 个人所得税 | 资源税 | 城市维护建设税 | 房产税 | 印花税 | 城镇土地使用税 | 土地增值税 | 车船税 | 耕地占用税 | 契税 | 其他各税 |
|---|---|---|---|---|---|---|---|---|---|---|---|---|---|---|---|---|---|
| | | | | | 内资企业 | 外资企业 | | | | | | | | | | | |
| 43 | 1. 电力、热力生产和供应业 | 37060 | 12 | 85 | 14522 | | 9642 | 60 | 6010 | 3045 | 698 | 2178 | 83 | 10 | 30 | 685 | |
| 44 | 2. 燃气生产和供应业 | 567 | | 84 | 4 | | 84 | | 292 | 30 | 10 | 46 | | | | 17 | |
| 45 | 3. 水的生产和供应业 | 713 | | 24 | 380 | | 103 | | 82 | 34 | 4 | 82 | | | | 4 | |
| 46 | (四)建筑业 | 80654 | 3 | 35622 | 20948 | 126 | 11665 | 2541 | 5477 | 303 | 905 | 1028 | 696 | 3 | 1261 | 76 | |
| 47 | 1. 房屋建筑业 | 26393 | 3 | 8783 | 11546 | | 3255 | 409 | 1448 | 62 | 346 | 182 | 338 | | | 21 | |
| 48 | 2. 土木工程建筑业 | 8397 | | 2364 | 2629 | | 1402 | 1152 | 581 | 46 | 83 | 62 | | | 78 | | |
| 49 | 3. 建筑安装业 | 21585 | | 9554 | 4635 | | 3498 | 574 | 1859 | 123 | 269 | 572 | 327 | 2 | 128 | 44 | |
| 50 | 4. 建筑装饰和其他建筑业 | 24279 | | 14921 | 2138 | 126 | 3510 | 406 | 1589 | 72 | 207 | 212 | 31 | 1 | 1055 | 11 | |
| 51 | 三、第三产业 | 332862 | 1635 | 62274 | 15699 | 220 | 49690 | 796 | 17861 | 16301 | 4399 | 21421 | 40976 | 9124 | 47949 | 34194 | 10323 |
| 52 | (一)批发和零售业 | 40257 | 7 | 1059 | 1607 | | 7650 | 695 | 8515 | 2891 | 1422 | 5072 | 453 | 8 | 70 | 485 | 10323 |
| 53 | 1. 批发业 | 29060 | 7 | 280 | 614 | | 6265 | 294 | 6350 | 1463 | 899 | 2223 | 32 | 5 | | 305 | 10323 |
| 54 | 2. 零售业 | 11197 | | 779 | 993 | | 1385 | 401 | 2165 | 1428 | 523 | 2849 | 421 | 3 | 70 | 180 | |
| 55 | (二)交通运输、仓储和邮政业 | 7028 | | 780 | 1361 | | 2827 | 1 | 530 | 589 | 194 | 497 | 119 | 77 | | 53 | |
| 56 | 1. 铁路运输业 | 1645 | | 3 | | | 1564 | | 20 | 8 | 37 | 1 | | 3 | | 9 | |
| 57 | 2. 道路运输业 | 4055 | | 744 | 1221 | | 762 | 1 | 433 | 314 | 148 | 250 | 119 | 58 | | 5 | |
| 58 | 3. 水上运输业 | 120 | | 25 | 66 | | 5 | | 11 | | 3 | 1 | | 9 | | | |
| 59 | 4. 航空运输业 | 5 | | | | | 5 | | | | | | | | | | |
| 60 | 5. 管道运输业 | 12 | | | | | | | | | | | | | | 12 | |
| 61 | 6. 装卸搬运和运输代理业 | 235 | | 14 | 20 | | 92 | | 43 | 24 | 5 | 30 | | 7 | | | |
| 62 | 7. 仓储业 | 286 | | 7 | 51 | | 33 | | 6 | 50 | 1 | 113 | | | | 25 | |
| 63 | 8. 邮政业 | 670 | | -13 | 3 | | 366 | | 17 | 193 | | 102 | | | | 2 | |
| 64 | (三)住宿和餐饮业 | 5813 | | 2420 | 401 | | 437 | 13 | 264 | 1333 | 21 | 714 | 22 | | | 188 | |

续表

| 序号 | 项目 | 税收收入合计 | 国内增值税 | 营业税 | 企业所得税 | | 个人所得税 | 资源税 | 城市维护建设税 | 房产税 | 印花税 | 城镇土地使用税 | 土地增值税 | 车船税 | 耕地占用税 | 契税 | 其他各税 |
|---|---|---|---|---|---|---|---|---|---|---|---|---|---|---|---|---|---|
| | | | | | 内资企业 | 外资企业 | | | | | | | | | | | |
| 65 | 1. 住宿业 | 2831 | | 956 | 78 | | 139 | 13 | 111 | 813 | 14 | 497 | 22 | | | 188 | |
| 66 | 2. 餐饮业 | 2982 | | 1464 | 323 | | 298 | | 153 | 520 | 7 | 217 | | | | | |
| 67 | （四）信息传输、软件和信息技术服务业 | 2927 | 2 | 292 | 17 | | 1021 | | 402 | 735 | 44 | 306 | 35 | 1 | | 72 | |
| 68 | 1. 电信、广播电视和卫星传输服务 | 2540 | | 226 | 7 | | 901 | | 327 | 712 | 30 | 297 | 35 | 1 | | 4 | |
| 69 | 2. 互联网和相关服务 | 38 | | 7 | 3 | | 13 | | 4 | 4 | | 7 | | | | | |
| 70 | 3. 软件和信息技术服务业 | 349 | 2 | 59 | 7 | | 107 | | 71 | 19 | 14 | 2 | | | | 68 | |
| 71 | （五）金融业 | 38168 | 36 | 13391 | 349 | | 12200 | | 1799 | 953 | 334 | 181 | 94 | 8389 | | 442 | |
| 72 | 1. 货币金融服务 | 20028 | 36 | 11872 | 176 | | 5110 | | 1371 | 878 | 194 | 135 | 94 | 3 | | 159 | |
| 73 | 2. 资本市场服务 | 2517 | | 754 | | | 1342 | | 92 | 10 | 33 | 16 | | | | 270 | |
| 74 | 3. 保险业 | 14379 | | 551 | | | 5448 | | 298 | 64 | 104 | 29 | | 7885 | | | |
| 75 | 4. 其他金融业 | 1244 | | 214 | 173 | | 300 | | 38 | 1 | 3 | 1 | | 501 | | 13 | |
| 76 | （六）房地产业 | 118010 | 400 | 34175 | 8287 | 54 | 2937 | 10 | 4305 | 4779 | 1402 | 8095 | 37302 | 3 | 12390 | 3871 | |
| 77 | 1. 房地产开发经营 | 102182 | 73 | 30781 | 7748 | | 2457 | 10 | 3926 | 1861 | 1263 | 7453 | 36354 | 3 | 6390 | 3863 | |
| 78 | 2. 物业管理 | 6367 | | 1210 | 92 | 54 | 177 | | 170 | 1053 | 24 | 109 | 90 | | 3355 | 33 | |
| 79 | 3. 房地产中介服务 | 32 | | 18 | 5 | | 6 | | 2 | 1 | | | | | | | |
| 80 | 4. 自有房地产经营活动 | 4791 | 237 | 400 | 14 | | 137 | | 47 | 835 | 21 | 391 | 40 | | 2645 | 24 | |
| 81 | 5. 其他房地产业 | 4638 | 90 | 1766 | 428 | | 160 | | 160 | 1029 | 94 | 142 | 818 | | | -49 | |
| 82 | （七）租赁和商务服务业 | 18303 | 18 | 3755 | 812 | 101 | 1972 | 4 | 625 | 1070 | 475 | 1575 | 1856 | 6 | 5038 | 996 | |
| 83 | 1. 租赁业 | 936 | | 116 | 6 | | 93 | | 31 | 49 | 12 | 55 | 572 | 2 | | | |
| 84 | 2. 商务服务业 | 17367 | 18 | 3639 | 806 | 101 | 1879 | 4 | 594 | 1021 | 463 | 1520 | 1284 | 4 | 5038 | 996 | |
| 85 | （八）科学研究和技术服务业 | 2023 | | 127 | 473 | 32 | 896 | 3 | 232 | 144 | 27 | 89 | | | | | |
| 86 | 1. 研究和试验发展 | 153 | | 1 | -1 | 32 | 75 | | 10 | 13 | 2 | 21 | | | | | |

续表

| 序号 | 项目 | 税收收入合计 | 国内增值税 | 营业税 | 企业所得税 | | 个人所得税 | 资源税 | 城市维护建设税 | 房产税 | 印花税 | 城镇土地使用税 | 土地增值税 | 车船税 | 耕地占用税 | 契税 | 其他各税 |
|---|---|---|---|---|---|---|---|---|---|---|---|---|---|---|---|---|---|
| | | | | | 内资企业 | 外资企业 | | | | | | | | | | | |
| 87 | 2. 专业技术服务业 | 1725 | | 101 | 455 | | 811 | 2 | 201 | 110 | 21 | 24 | | | | | |
| 88 | 3. 科技推广和应用服务业 | 145 | | 25 | 19 | | 10 | 1 | 21 | 21 | 4 | 44 | | | | | |
| 89 | (九)水利、环境和公共设施管理业 | 882 | | 162 | 151 | | 133 | 4 | 162 | 61 | 30 | 178 | | 1 | | | |
| 90 | 1. 水利管理业 | 292 | | 39 | 121 | | 34 | 4 | 72 | 12 | 5 | 5 | | | | | |
| 91 | 2. 生态保护和环境治理业 | 246 | | 2 | | | 27 | | 56 | 34 | 6 | 120 | | 1 | | | |
| 92 | 3. 公共设施管理业 | 344 | | 121 | 30 | | 72 | | 34 | 15 | 19 | 53 | | | | | |
| 93 | (十)居民服务、修理和其他服务业 | 18131 | 32 | 4548 | 1169 | 33 | 2684 | 47 | 709 | 1071 | 131 | 2362 | 81 | 15 | 5128 | 121 | |
| 94 | 1. 居民服务业 | 6678 | 2 | 578 | 68 | | 219 | | 66 | 339 | 7 | 215 | 55 | | 5128 | 1 | |
| 95 | 2. 机动车、电子产品和日用产品修理业 | 253 | | 36 | 8 | | 47 | | 38 | 67 | 4 | 53 | | | | | |
| 96 | 3. 其他服务业 | 11200 | 30 | 3934 | 1093 | 33 | 2418 | 47 | 605 | 665 | 120 | 2094 | 26 | 15 | | 120 | |
| 97 | (十一)教育 | 2008 | | 101 | 104 | | 1640 | | 37 | 88 | 4 | 30 | 1 | 3 | | | |
| 98 | (十二)卫生和社会工作 | 6801 | 4 | 17 | 23 | | 6666 | | 5 | 48 | 4 | 8 | 24 | 1 | | 1 | |
| 99 | 1. 卫生 | 6793 | 4 | 17 | 20 | | 6664 | | 5 | 47 | 2 | 8 | 24 | 1 | | 1 | |
| 100 | 2. 社会工作 | 8 | | | 3 | | 2 | | | 1 | 2 | | | | | | |
| 101 | (十三)文化、体育和娱乐业 | 992 | | 256 | 92 | | 271 | | 49 | 44 | 13 | 149 | 10 | | | 108 | |
| 102 | 1. 新闻和出版业 | 15 | | | | | 15 | | | | | | | | | | |
| 103 | 2. 广播、电视、电影和影视录音制作业 | 169 | | 21 | 5 | | 89 | | 16 | 20 | 3 | 5 | 10 | | | | |
| 104 | 3. 文化艺术业 | 229 | | 29 | 59 | | 105 | | 15 | 7 | 1 | 10 | | | | 3 | |
| 105 | 4. 体育 | 170 | | 12 | 2 | | 11 | | 1 | 14 | | 130 | | | | | |
| 106 | 5. 娱乐业 | 409 | | 194 | 26 | | 51 | | 17 | 3 | 9 | 4 | | | | 105 | |
| 107 | (十四)公共管理、社会保障和社会组织 | 71445 | 1136 | 1117 | 853 | | 8356 | 19 | 227 | 2495 | 298 | 2165 | 979 | 620 | 25323 | 27857 | |
| 108 | (十五)其他行业 | 74 | | 74 | | | | | | | | | | | | | |

# 2016 年河源市地方税务局税收收入分行业分税种统计年报表

编报机关：河源市地方税务局　　　　单位：万元

| 序号 | 项　目 | 税收收入合计 | 国内增值税 | 营业税 | 企业所得税 | | 个人所得税 | 资源税 | 城市维护建设税 | 房产税 | 印花税 | 城镇土地使用税 | 土地增值税 | 车船税 | 耕地占用税 | 契税 | 其他各税 |
|---|---|---|---|---|---|---|---|---|---|---|---|---|---|---|---|---|---|
| | | | | | 内资企业 | 外资企业 | | | | | | | | | | | |
| 1 | 合　计 | 524195 | 7541 | 115991 | 48285 | -78 | 52860 | 11737 | 33064 | 19096 | 8130 | 24487 | 46483 | 7483 | 95876 | 53240 | |
| 2 | 一、第一产业 | 2323 | 2 | 200 | 163 | | 286 | 2 | 77 | 102 | 384 | 552 | 2 | 1 | 376 | 176 | |
| 3 | 二、第二产业 | 154340 | 367 | 43233 | 26951 | -80 | 17593 | 11481 | 17772 | 7542 | 3106 | 8791 | 1601 | 35 | 14665 | 1283 | |
| 4 | (一)采矿业 | 12568 | | 83 | 375 | | 553 | 9136 | 669 | 340 | 85 | 444 | | 1 | 852 | 30 | |
| 5 | 1. 煤炭开采和洗选业 | | | | | | | | | | | | | | | | |
| 6 | 2. 石油和天然气开采业 | 90 | | | | | 9 | | 6 | 58 | 7 | 10 | | | | | |
| 7 | 3. 黑色金属矿采选业 | 762 | | | 165 | | 87 | 288 | 104 | 27 | 26 | 63 | | | | 2 | |
| 8 | 4. 有色金属矿采选业 | 1223 | | 2 | | | 2 | 1200 | 2 | 3 | 1 | 13 | | | | | |
| 9 | 5. 非金属矿采选业 | 1542 | | 80 | 166 | | 61 | 739 | 86 | 38 | 15 | 78 | | 1 | 250 | 28 | |
| 10 | 6. 其他采矿业 | 8951 | | 1 | 44 | | 394 | 6909 | 471 | 214 | 36 | 280 | | | 602 | | |
| 11 | (二)制造业 | 32648 | 82 | 372 | 1208 | | 5815 | 302 | 9262 | 4756 | 1765 | 6898 | 1068 | 12 | 101 | 1007 | |
| 12 | 1. 农副食品加工业 | 309 | 25 | 4 | 1 | | 24 | | 26 | 42 | 24 | 102 | 25 | | | 36 | |
| 13 | 2. 食品制造业 | 248 | | 35 | | | 39 | | 27 | 14 | 6 | 17 | 110 | | | | |
| 14 | 3. 酒、饮料和精制茶制造业 | 184 | | 1 | | | 6 | | 30 | 9 | 2 | 136 | | | | | |
| 15 | 4. 烟草制品业 | | | | | | | | | | | | | | | | |
| 16 | 5. 纺织业 | 393 | | | | | 68 | | 137 | 67 | 23 | 98 | | | | | |
| 17 | 6. 纺织服装、服饰业 | 1350 | 6 | 2 | | | 287 | | 397 | 220 | 124 | 298 | 5 | | | 11 | |
| 18 | 7. 皮革、毛皮、羽毛及其制品和制鞋业 | 1282 | | | | | 76 | | 628 | 170 | 47 | 359 | | 2 | | | |
| 19 | 8. 木材加工和木竹藤棕草制品业 | 478 | | | | | 44 | | 122 | 54 | 14 | 232 | | | | 12 | |
| 20 | 9. 家具制造业 | 295 | | | | | 18 | | 127 | 25 | 12 | 113 | | | | | |
| 21 | 10. 造纸和纸制品业 | 347 | | | | | 12 | | 62 | 68 | 9 | 196 | | | | | |

续表

| 序号 | 项　　目 | 税收收入合计 | 国内增值税 | 营业税 | 企业所得税 | | 个人所得税 | 资源税 | 城市维护建设税 | 房产税 | 印花税 | 城镇土地使用税 | 土地增值税 | 车船税 | 耕地占用税 | 契税 | 其他各税 |
|---|---|---|---|---|---|---|---|---|---|---|---|---|---|---|---|---|---|
| | | | | | 内资企业 | 外资企业 | | | | | | | | | | | |
| 22 | 11. 印刷和记录媒介复制业 | 358 | | | 4 | | 43 | | 116 | 102 | 13 | 39 | | | | 41 | |
| 23 | 12. 文教、工美、体育和娱乐用品制造业 | 3138 | | 3 | 3 | | 493 | | 1256 | 520 | 195 | 668 | | | | | |
| 24 | 13. 石油加工、炼焦和核燃料加工业 | | | | | | | | | | | | | | | | |
| 25 | 14. 化学原料和化学制品制造业 | 214 | 51 | | | | 34 | | 36 | 7 | 8 | 27 | 51 | | | | |
| 26 | 15. 医药制造业 | 901 | | | 6 | | 117 | | 308 | 170 | 42 | 220 | | | | 38 | |
| 27 | 16. 化学纤维制造业 | | | | | | | | | | | | | | | | |
| 28 | 17. 橡胶和塑料制品业 | 2110 | | | | | 222 | 1 | 772 | 435 | 129 | 491 | | 2 | | 58 | |
| 29 | 18. 非金属矿物制品业 | 5116 | | | 745 | | 586 | 282 | 771 | 767 | 138 | 1593 | | 8 | 39 | 187 | |
| 30 | 19. 黑色金属冶炼和压延加工业 | 205 | | | 15 | | 10 | 7 | 67 | 7 | 13 | 86 | | | | | |
| 31 | 20. 有色金属冶炼和压延加工业 | 783 | | 157 | 231 | | 67 | 4 | 157 | 30 | 16 | 121 | | | | | |
| 32 | 21. 金属制品业 | 902 | | 20 | 184 | | 110 | | 172 | 132 | 31 | 198 | | | | 55 | |
| 33 | 22. 通用设备制造业 | 440 | | | 10 | | 44 | | 177 | 20 | 29 | 51 | | | | 109 | |
| 34 | 23. 专用设备制造业 | 3220 | | 22 | | | 1218 | | 913 | 394 | 122 | 190 | | | | 361 | |
| 35 | 24. 汽车制造业 | 43 | | | | | 5 | | 6 | 13 | 4 | 15 | | | | | |
| 36 | 25. 铁路、船舶、航空航天和其他运输设备制造业 | 18 | | 2 | | | | | 5 | 5 | | 6 | | | | | |
| 37 | 26. 电气机械和器材制造业 | 4609 | | 17 | | | 1320 | | 1300 | 965 | 240 | 734 | | | | 33 | |
| 38 | 27. 计算机、通信和其他电子设备制造业 | 3386 | | 3 | 8 | | 826 | | 1322 | 288 | 385 | 516 | | | | 38 | |
| 39 | 28. 仪表仪器制造业 | 1689 | | 18 | | | 97 | | 217 | 110 | 61 | 230 | 877 | | 62 | 17 | |
| 40 | 29. 其他制造业 | 618 | | 88 | 1 | | 49 | 8 | 111 | 120 | 78 | 152 | | | | 11 | |
| 41 | 30. 废弃资源综合利用业 | 12 | | | | | | | | 2 | | 10 | | | | | |
| 42 | (三)电力、热力、燃气及水的生产和供应业 | 23828 | 5 | 165 | 12009 | -94 | 4149 | 18 | 3887 | 2186 | 327 | 1057 | 5 | 21 | 50 | 43 | |

续表

| 序号 | 项　　目 | 税收收入合计 | 国内增值税 | 营业税 | 企业所得税 | | 个人所得税 | 资源税 | 城市维护建设税 | 房产税 | 印花税 | 城镇土地使用税 | 土地增值税 | 车船税 | 耕地占用税 | 契税 | 其他各税 |
|---|---|---|---|---|---|---|---|---|---|---|---|---|---|---|---|---|---|
| | | | | | 内资企业 | 外资企业 | | | | | | | | | | | |
| 43 | 1. 电力、热力生产和供应业 | 21630 | | 18 | 11314 | -94 | 3980 | 15 | 3318 | 2021 | 282 | 699 | | 21 | 50 | 6 | |
| 44 | 2. 燃气生产和供应业 | 999 | | 74 | 571 | | 60 | | 87 | 41 | 6 | 143 | | | | 17 | |
| 45 | 3. 水的生产和供应业 | 1199 | 5 | 73 | 124 | | 109 | 3 | 482 | 124 | 39 | 215 | 5 | | | 20 | |
| 46 | (四)建筑业 | 85296 | 280 | 42613 | 13359 | 14 | 7076 | 2025 | 3954 | 260 | 929 | 392 | 528 | 1 | 13662 | 203 | |
| 47 | 1. 房屋建筑业 | 13517 | 1 | 6743 | 4349 | | 940 | 491 | 655 | 39 | 133 | 112 | 35 | | | 19 | |
| 48 | 2. 土木工程建筑业 | 9794 | | 5557 | 1850 | | 828 | 201 | 469 | 18 | 64 | 1 | | | 803 | 3 | |
| 49 | 3. 建筑安装业 | 14551 | 66 | 6778 | 3142 | 2 | 1776 | 433 | 969 | 91 | 166 | 101 | 248 | | 736 | 43 | |
| 50 | 4. 建筑装饰和其他建筑业 | 47434 | 213 | 23535 | 4018 | 12 | 3532 | 900 | 1861 | 112 | 566 | 178 | 245 | 1 | 12123 | 138 | |
| 51 | 三、第三产业 | 367532 | 7172 | 72558 | 21171 | 2 | 34981 | 254 | 15215 | 11452 | 4640 | 15144 | 44880 | 7447 | 80835 | 51781 | |
| 52 | (一)批发和零售业 | 20809 | 53 | 799 | 3001 | | 2801 | 98 | 6219 | 1266 | 982 | 1897 | 1821 | 5 | 717 | 1150 | |
| 53 | 1. 批发业 | 8844 | 5 | 66 | 1164 | | 1261 | 37 | 3339 | 207 | 399 | 337 | 714 | 1 | 672 | 642 | |
| 54 | 2. 零售业 | 11965 | 48 | 733 | 1837 | | 1540 | 61 | 2880 | 1059 | 583 | 1560 | 1107 | 4 | 45 | 508 | |
| 55 | (二)交通运输、仓储和邮政业 | 3372 | 8 | 569 | 173 | | 1207 | 7 | 237 | 289 | 103 | 385 | 8 | 26 | 360 | | |
| 56 | 1. 铁路运输业 | 523 | | 1 | | | 519 | | 2 | | 1 | | | | | | |
| 57 | 2. 道路运输业 | 1913 | | 547 | 164 | | 368 | 7 | 204 | 135 | 74 | 28 | | 26 | 360 | | |
| 58 | 3. 水上运输业 | 28 | | 9 | 4 | | 7 | | 3 | 4 | | 1 | | | | | |
| 59 | 4. 航空运输业 | | | | | | | | | | | | | | | | |
| 60 | 5. 管道运输业 | 5 | | | | | 2 | | 3 | | | | | | | | |
| 61 | 6. 装卸搬运和运输代理业 | 136 | 8 | | 1 | | 65 | | 16 | 28 | 10 | | 8 | | | | |
| 62 | 7. 仓储业 | 359 | | | 2 | | 17 | | 3 | 4 | 18 | 315 | | | | | |
| 63 | 8. 邮政业 | 408 | | 12 | 2 | | 229 | | 6 | 118 | | 41 | | | | | |
| 64 | (三)住宿和餐饮业 | 4975 | 18 | 3202 | 195 | | 572 | 22 | 287 | 411 | 4 | 224 | 42 | | | -2 | |

续表

| 序号 | 项　目 | 税收收入合计 | 国内增值税 | 营业税 | 企业所得税 | | 个人所得税 | 资源税 | 城市维护建设税 | 房产税 | 印花税 | 城镇土地使用税 | 土地增值税 | 车船税 | 耕地占用税 | 契税 | 其他各税 |
|---|---|---|---|---|---|---|---|---|---|---|---|---|---|---|---|---|---|
| | | | | | 内资企业 | 外资企业 | | | | | | | | | | | |
| 65 | 1. 住宿业 | 1753 | | 1091 | 47 | | 153 | 16 | 95 | 208 | 2 | 134 | | | | 7 | |
| 66 | 2. 餐饮业 | 3222 | 18 | 2111 | 148 | | 419 | 6 | 192 | 203 | 2 | 90 | 42 | | | -9 | |
| 67 | (四)信息传输、软件和信息技术服务业 | 2744 | | 255 | 64 | 1 | 870 | | 339 | 616 | 91 | 424 | 10 | | 54 | 20 | |
| 68 | 1. 电信、广播电视和卫星传输服务 | 1764 | | 132 | 6 | | 734 | | 236 | 420 | 20 | 212 | | | | 4 | |
| 69 | 2. 互联网和相关服务 | 501 | | 20 | 9 | | 111 | | 60 | 194 | 12 | 85 | 10 | | | | |
| 70 | 3. 软件和信息技术服务业 | 479 | | 103 | 49 | 1 | 25 | | 43 | 2 | 59 | 127 | | | 54 | 16 | |
| 71 | (五)金融业 | 41196 | 26 | 20033 | 482 | | 9384 | | 2164 | 1061 | 382 | 178 | 102 | 6967 | 17 | 400 | |
| 72 | 1. 货币金融服务 | 19697 | 11 | 13288 | 286 | | 3541 | | 1396 | 746 | 208 | 80 | 23 | 43 | | 75 | |
| 73 | 2. 资本市场服务 | 801 | | 159 | | | 512 | | 31 | 50 | 21 | | 2 | | | 26 | |
| 74 | 3. 保险业 | 12540 | | 1246 | | | 3980 | | 282 | 42 | 86 | 11 | | 6893 | | | |
| 75 | 4. 其他金融业 | 8158 | 15 | 5340 | 196 | | 1351 | | 455 | 223 | 67 | 87 | 77 | 31 | 17 | 299 | |
| 76 | (六)房地产业 | 152467 | 352 | 39030 | 15484 | 1 | 3078 | 47 | 4103 | 3793 | 1450 | 5817 | 36236 | 3 | 38026 | 5047 | |
| 77 | 1. 房地产开发经营 | 129845 | 149 | 36595 | 14571 | | 2556 | 36 | 3837 | 1933 | 1369 | 2879 | 35441 | 2 | 25604 | 4873 | |
| 78 | 2. 物业管理 | 2614 | 40 | 906 | 187 | | 110 | | 124 | 296 | 11 | 870 | 44 | | | 26 | |
| 79 | 3. 房地产中介服务 | 1442 | | 513 | 537 | | 36 | 11 | 52 | 33 | 8 | 45 | 207 | | | | |
| 80 | 4. 自有房地产经营活动 | 1052 | 83 | 46 | 2 | | 236 | | 8 | 627 | 6 | 44 | | | | | |
| 81 | 5. 其他房地产业 | 17514 | 80 | 970 | 187 | 1 | 140 | | 82 | 904 | 56 | 1979 | 544 | 1 | 12422 | 148 | |
| 82 | (七)租赁和商务服务业 | 19580 | 6 | 1124 | 379 | | 1042 | 19 | 305 | 555 | 803 | 4686 | 793 | 1 | 6610 | 3257 | |
| 83 | 1. 租赁业 | 86 | | 21 | 2 | | 28 | 8 | 12 | 6 | 3 | 5 | | 1 | | | |
| 84 | 2. 商务服务业 | 19494 | 6 | 1103 | 377 | | 1014 | 11 | 293 | 549 | 800 | 4681 | 793 | | 6610 | 3257 | |
| 85 | (八)科学研究和技术服务业 | 3216 | 297 | 337 | 800 | | 405 | 3 | 212 | 52 | 42 | 78 | 401 | 2 | 540 | 47 | |
| 86 | 1. 研究和试验发展 | 26 | | | | | 7 | 1 | 10 | 1 | 3 | 4 | | | | | |

续表

| 序号 | 项　　目 | 税收收入合计 | 国内增值税 | 营业税 | 企业所得税 | | 个人所得税 | 资源税 | 城市维护建设税 | 房产税 | 印花税 | 城镇土地使用税 | 土地增值税 | 车船税 | 耕地占用税 | 契税 | 其他各税 |
|---|---|---|---|---|---|---|---|---|---|---|---|---|---|---|---|---|---|
| | | | | | 内资企业 | 外资企业 | | | | | | | | | | | |
| 87 | 2. 专业技术服务业 | 3095 | 296 | 328 | 799 | | 371 | 2 | 176 | 48 | 34 | 67 | 400 | 2 | 540 | 32 | |
| 88 | 3. 科技推广和应用服务业 | 95 | 1 | 9 | 1 | | 27 | | 26 | 3 | 5 | 7 | 1 | | | 15 | |
| 89 | (九)水利、环境和公共设施管理业 | 731 | | 188 | 91 | | 74 | 13 | 83 | 67 | 7 | 48 | 3 | 1 | 1 | 155 | |
| 90 | 1. 水利管理业 | 48 | | | 1 | | 9 | 1 | 20 | 6 | | 11 | | | | | |
| 91 | 2. 生态保护和环境治理业 | 26 | | 4 | 1 | | 2 | | | 1 | 1 | 5 | | | 1 | 11 | |
| 92 | 3. 公共设施管理业 | 657 | | 184 | 89 | | 63 | 12 | 63 | 60 | 6 | 32 | 3 | 1 | | 144 | |
| 93 | (十)居民服务、修理和其他服务业 | 19015 | 239 | 2270 | 230 | | 3863 | 10 | 432 | 454 | 67 | 513 | 257 | 215 | 10224 | 241 | |
| 94 | 1. 居民服务业 | 2101 | 222 | 366 | 18 | | 648 | | 70 | 141 | 18 | 34 | 227 | 214 | 96 | 47 | |
| 95 | 2. 机动车、电子产品和日用产品修理业 | 236 | | 25 | 1 | | 69 | | 43 | 12 | 8 | 14 | | | | 64 | |
| 96 | 3. 其他服务业 | 16678 | 17 | 1879 | 211 | | 3146 | 10 | 319 | 301 | 41 | 465 | 30 | 1 | 10128 | 130 | |
| 97 | (十一)教育 | 1058 | | 134 | 3 | | 779 | | 11 | 101 | 1 | 14 | | 15 | | | |
| 98 | (十二)卫生和社会工作 | 2242 | | 14 | 25 | | 2001 | | 1 | 29 | 9 | 3 | | 3 | | 157 | |
| 99 | 1. 卫生 | 2241 | | 14 | 25 | | 2001 | | 1 | 29 | 9 | 3 | | 3 | | 156 | |
| 100 | 2. 社会工作 | 1 | | | | | | | | | | | | | | 1 | |
| 101 | (十三)文化、体育和娱乐业 | 803 | | 235 | 40 | | 431 | | 50 | 28 | 3 | 11 | 1 | | | 4 | |
| 102 | 1. 新闻和出版业 | 226 | | | 24 | | 181 | | 16 | 1 | | | | | | 4 | |
| 103 | 2. 广播、电视、电影和影视录音制作业 | 225 | | 7 | -2 | | 180 | | 14 | 19 | 2 | 4 | 1 | | | | |
| 104 | 3. 文化艺术业 | 105 | | 68 | 12 | | 15 | | 6 | 3 | 1 | | | | | | |
| 105 | 4. 体育 | 16 | | 2 | 2 | | 7 | | 1 | 2 | | 2 | | | | | |
| 106 | 5. 娱乐业 | 231 | | 158 | 4 | | 48 | | 13 | 3 | | 5 | | | | | |
| 107 | (十四)公共管理、社会保障和社会组织 | 95318 | 6173 | 4368 | 204 | | 8474 | 35 | 772 | 2724 | 696 | 866 | 5206 | 209 | 24286 | 41305 | |
| 108 | (十五)其他行业 | 6 | | | | | | | | 6 | | | | | | | |

# 2016年梅州市地方税务局税收收入分行业分税种统计年报表

编报机关:梅州市地方税务局

单位:万元

| 序号 | 项目 | 税收收入合计 | 国内增值税 | 营业税 | 企业所得税 | | 个人所得税 | 资源税 | 城市维护建设税 | 房产税 | 印花税 | 城镇土地使用税 | 土地增值税 | 车船税 | 耕地占用税 | 契税 | 其他各税 |
|---|---|---|---|---|---|---|---|---|---|---|---|---|---|---|---|---|---|
| | | | | | 内资企业 | 外资企业 | | | | | | | | | | | |
| 1 | 合计 | 897433 | 4458 | 144674 | 159681 | 30 | 107795 | 71369 | 65624 | 21197 | 12460 | 45669 | 113238 | 10452 | 68013 | 68027 | 4746 |
| 2 | 一、第一产业 | 2932 | | 251 | 81 | | 532 | 16 | 185 | 241 | 156 | 384 | 202 | 14 | 421 | 449 | |
| 3 | 二、第二产业 | 347255 | | 62423 | 108016 | 48 | 26042 | 60950 | 46146 | 7947 | 5285 | 18857 | 7200 | 91 | 236 | 2995 | 1019 |
| 4 | (一)采矿业 | 44539 | | 17 | 620 | | 185 | 42668 | 212 | 131 | 446 | 198 | | 1 | 6 | 55 | |
| 5 | 1. 煤炭开采和洗选业 | 38 | | | | | 2 | | 1 | | 1 | 34 | | | | | |
| 6 | 2. 石油和天然气开采业 | | | | | | | | | | | | | | | | |
| 7 | 3. 黑色金属矿采选业 | 10197 | | | | | 2 | 9674 | 2 | 58 | 333 | 104 | | | | 24 | |
| 8 | 4. 有色金属矿采选业 | 2195 | | 11 | 277 | | 107 | 1594 | 102 | 65 | 7 | 31 | | 1 | | | |
| 9 | 5. 非金属矿采选业 | 26564 | | 6 | 260 | | 55 | 26050 | 89 | 4 | 63 | 17 | | | 4 | 16 | |
| 10 | 6. 其他采矿业 | 5545 | | | 83 | | 19 | 5350 | 18 | 4 | 42 | 12 | | | 2 | 15 | |
| 11 | (二)制造业 | 88544 | | 1551 | 8235 | 36 | 6862 | 15910 | 34846 | 4266 | 1627 | 10265 | 2689 | 41 | 120 | 1077 | 1019 |
| 12 | 1. 农副食品加工业 | 708 | | 192 | 15 | | 30 | | 33 | 57 | 18 | 143 | 142 | 1 | | 77 | |
| 13 | 2. 食品制造业 | 326 | | | 12 | | 2 | | 57 | 10 | 23 | 54 | | | | 168 | |
| 14 | 3. 酒、饮料和精制茶制造业 | 1880 | | | 1158 | | 46 | 2 | 251 | 194 | 23 | 203 | | | | 3 | |
| 15 | 4. 烟草制品业 | 32437 | | 1 | 844 | | 2791 | | 27255 | 351 | 20 | 148 | | 8 | | | 1019 |
| 16 | 5. 纺织业 | 122 | | | 1 | | 5 | | 43 | 17 | 12 | 44 | | | | | |
| 17 | 6. 纺织服装、服饰业 | 609 | | 105 | 9 | | 74 | | 161 | 121 | 30 | 81 | 26 | | | 2 | |
| 18 | 7. 皮革、毛皮、羽毛及其制品和制鞋业 | 303 | | | | | 6 | | 234 | 10 | 44 | 8 | | | | 1 | |
| 19 | 8. 木材加工和木竹藤棕草制品业 | 478 | | | 3 | | 19 | | 273 | 51 | 43 | 88 | | | | | |
| 20 | 9. 家具制造业 | 341 | | | 1 | | 13 | | 108 | 34 | 74 | 98 | | | | 14 | |
| 21 | 10. 造纸和纸制品业 | 70 | | | 1 | | 3 | | 17 | 7 | 5 | 37 | | | | | |

续表

| 序号 | 项　　目 | 税收收入合计 | 国内增值税 | 营业税 | 企业所得税 | | 个人所得税 | 资源税 | 城市维护建设税 | 房产税 | 印花税 | 城镇土地使用税 | 土地增值税 | 车船税 | 耕地占用税 | 契税 | 其他各税 |
|---|---|---|---|---|---|---|---|---|---|---|---|---|---|---|---|---|---|
| | | | | | 内资企业 | 外资企业 | | | | | | | | | | | |
| 22 | 11. 印刷和记录媒介复制业 | 629 | | 237 | 1 | | 3 | | 100 | 5 | 11 | 45 | 226 | | | | |
| 23 | 12. 文教、工美、体育和娱乐用品制造业 | 254 | | | 4 | | -1 | | 74 | 19 | 10 | 87 | | | | 61 | |
| 24 | 13. 石油加工、炼焦和核燃料加工业 | | | | | | | | | | | | | | | | |
| 25 | 14. 化学原料和化学制品制造业 | 577 | | 16 | 38 | | 125 | | 65 | 18 | 16 | 261 | 28 | | | 11 | |
| 26 | 15. 医药制造业 | 1168 | | 15 | 97 | | 104 | | 255 | 224 | 44 | 379 | | 4 | | 45 | |
| 27 | 16. 化学纤维制造业 | 8 | | | | | | | | 1 | | 7 | | | | | |
| 28 | 17. 橡胶和塑料制品业 | 1325 | | 8 | 158 | | 184 | | 289 | 149 | 50 | 355 | 9 | | | 123 | |
| 29 | 18. 非金属矿物制品业 | 25601 | | 7 | 2234 | 36 | 831 | 13077 | 1199 | 1235 | 213 | 5408 | 1234 | 19 | 7 | 102 | |
| 30 | 19. 黑色金属冶炼和压延加工业 | 125 | | | 4 | | 28 | | 41 | 8 | 10 | 34 | | | | | |
| 31 | 20. 有色金属冶炼和压延加工业 | 3173 | | | -83 | | 203 | 2562 | 145 | 105 | 50 | 167 | | | | 24 | |
| 32 | 21. 金属制品业 | 1775 | | 13 | 842 | | 117 | | 218 | 162 | 79 | 215 | 15 | 1 | | 113 | |
| 33 | 22. 通用设备制造业 | 3552 | | 558 | 2090 | | 180 | | 291 | 130 | 57 | 214 | 20 | 2 | | 10 | |
| 34 | 23. 专用设备制造业 | 691 | | 36 | 15 | | 46 | | 150 | 77 | 28 | 316 | | 1 | | 22 | |
| 35 | 24. 汽车制造业 | 1919 | | 1 | | | 283 | | 555 | 68 | 70 | 340 | 466 | | | 136 | |
| 36 | 25. 铁路、船舶、航空航天和其他运输设备制造业 | 197 | | 28 | 15 | | 13 | | 12 | 10 | 3 | 9 | 107 | | | | |
| 37 | 26. 电气机械和器材制造业 | 1608 | | | 17 | | 525 | | 545 | 159 | 152 | 177 | | | 11 | 22 | |
| 38 | 27. 计算机、通信和其他电子设备制造业 | 6457 | | 28 | 347 | | 1130 | | 2218 | 1003 | 498 | 1143 | | 3 | | 87 | |
| 39 | 28. 仪表仪器制造业 | 378 | | 1 | 177 | | 13 | | 65 | 11 | 9 | 73 | | | 8 | 21 | |
| 40 | 29. 其他制造业 | 1822 | | 305 | 235 | | 87 | 269 | 187 | 30 | 33 | 129 | 416 | 2 | 94 | 35 | |
| 41 | 30. 废弃资源综合利用业 | 11 | | | | | 2 | | 5 | | 2 | 2 | | | | | |
| 42 | (三)电力、热力、燃气及水的生产和供应业 | 52893 | | 506 | 33183 | | 5916 | | 4840 | 3317 | 437 | 1610 | 2980 | 40 | | 64 | |

续表

| 序号 | 项　　目 | 税收收入合计 | 国内增值税 | 营业税 | 企业所得税 | | 个人所得税 | 资源税 | 城市维护建设税 | 房产税 | 印花税 | 城镇土地使用税 | 土地增值税 | 车船税 | 耕地占用税 | 契税 | 其他各税 |
|---|---|---|---|---|---|---|---|---|---|---|---|---|---|---|---|---|---|
| | | | | | 内资企业 | 外资企业 | | | | | | | | | | | |
| 43 | 1. 电力、热力生产和供应业 | 52177 | | 430 | 33169 | | 5663 | | 4729 | 3225 | 422 | 1458 | 2980 | 39 | | 62 | |
| 44 | 2. 燃气生产和供应业 | 197 | | 67 | | | 56 | | 14 | 4 | 7 | 46 | | 1 | | 2 | |
| 45 | 3. 水的生产和供应业 | 519 | | 9 | 14 | | 197 | | 97 | 88 | 8 | 106 | | | | | |
| 46 | (四)建筑业 | 161279 | | 60349 | 65978 | 12 | 13079 | 2372 | 6248 | 233 | 2775 | 6784 | 1531 | 9 | 110 | 1799 | |
| 47 | 1. 房屋建筑业 | 38430 | | 15248 | 15959 | 3 | 2819 | 684 | 1712 | 27 | 385 | 1175 | 399 | | 8 | 11 | |
| 48 | 2. 土木工程建筑业 | 10023 | | 3895 | 2916 | | 1243 | 176 | 537 | 54 | 801 | 94 | | 1 | | 306 | |
| 49 | 3. 建筑安装业 | 67058 | | 17808 | 37467 | | 4553 | 870 | 2367 | 132 | 1270 | 250 | 967 | 4 | | 1370 | |
| 50 | 4. 建筑装饰和其他建筑业 | 45768 | | 23398 | 9636 | 9 | 4464 | 642 | 1632 | 20 | 319 | 5265 | 165 | 4 | 102 | 112 | |
| 51 | 三、第三产业 | 547246 | 4458 | 82000 | 51584 | -18 | 81221 | 10403 | 19293 | 13009 | 7019 | 26428 | 105836 | 10347 | 67356 | 64583 | 3727 |
| 52 | (一)批发和零售业 | 40173 | | 1292 | 9816 | | 5544 | 3488 | 7754 | 1458 | 1983 | 2764 | 1317 | 22 | 14 | 994 | 3727 |
| 53 | 1. 批发业 | 23443 | | 454 | 7755 | | 2232 | 3376 | 5121 | 315 | 732 | 529 | 580 | 8 | | 441 | 1900 |
| 54 | 2. 零售业 | 16730 | | 838 | 2061 | | 3312 | 112 | 2633 | 1143 | 1251 | 2235 | 737 | 14 | 14 | 553 | 1827 |
| 55 | (二)交通运输、仓储和邮政业 | 8657 | | 2083 | 2777 | | 1264 | 53 | 418 | 385 | 78 | 401 | 374 | 122 | 682 | 20 | |
| 56 | 1. 铁路运输业 | 1 | | | | | | | | | | | | 1 | | | |
| 57 | 2. 道路运输业 | 6497 | | 1870 | 2568 | | 513 | 48 | 354 | 156 | 64 | 130 | 1 | 111 | 682 | | |
| 58 | 3. 水上运输业 | 28 | | | | | 17 | 4 | 6 | | 1 | | | | | | |
| 59 | 4. 航空运输业 | 181 | | 8 | | | 156 | | 1 | | 1 | 15 | | | | | |
| 60 | 5. 管道运输业 | | | | | | | | | | | | | | | | |
| 61 | 6. 装卸搬运和运输代理业 | 440 | | 1 | 205 | | 24 | 1 | 31 | 15 | 8 | 41 | 101 | 9 | | 4 | |
| 62 | 7. 仓储业 | 285 | | 56 | 1 | | 36 | | 3 | 4 | 1 | 63 | 105 | | | 16 | |
| 63 | 8. 邮政业 | 1225 | | 148 | 3 | | 518 | | 23 | 210 | 3 | 152 | 167 | 1 | | | |
| 64 | (三)住宿和餐饮业 | 8395 | | 2147 | 102 | 1 | 959 | 3 | 263 | 2990 | 20 | 510 | 1168 | 1 | | 231 | |

续表

| 序号 | 项　　目 | 税收收入合计 | 国内增值税 | 营业税 | 企业所得税 | | 个人所得税 | 资源税 | 城市维护建设税 | 房产税 | 印花税 | 城镇土地使用税 | 土地增值税 | 车船税 | 耕地占用税 | 契税 | 其他各税 |
|---|---|---|---|---|---|---|---|---|---|---|---|---|---|---|---|---|---|
| | | | | | 内资企业 | 外资企业 | | | | | | | | | | | |
| 65 | 1. 住宿业 | 3876 | | 838 | 44 | | 172 | 3 | 87 | 2502 | 2 | 173 | | 1 | | 55 | |
| 66 | 2. 餐饮业 | 4519 | | 1309 | 58 | 1 | 787 | | 176 | 488 | 18 | 337 | 1168 | | | 176 | |
| 67 | (四)信息传输、软件和信息技术服务业 | 3351 | | 261 | 114 | | 1098 | | 494 | 783 | 98 | 325 | 85 | 7 | | 86 | |
| 68 | 1. 电信、广播电视和卫星传输服务 | 2518 | | 227 | 4 | | 924 | | 316 | 662 | 40 | 248 | 85 | 7 | | 5 | |
| 69 | 2. 互联网和相关服务 | 205 | | 1 | 2 | | 74 | | 55 | 44 | 1 | 28 | | | | | |
| 70 | 3. 软件和信息技术服务业 | 628 | | 33 | 108 | | 100 | | 123 | 77 | 57 | 49 | | | | 81 | |
| 71 | (五)金融业 | 74237 | | 17404 | 458 | | 41060 | | 1984 | 2078 | 473 | 275 | 447 | 9188 | | 870 | |
| 72 | 1. 货币金融服务 | 25749 | | 13954 | 34 | | 7210 | | 1468 | 1969 | 307 | 233 | 198 | 13 | | 363 | |
| 73 | 2. 资本市场服务 | 29971 | | 645 | 1 | | 28741 | | 101 | 37 | 14 | 13 | | | | 419 | |
| 74 | 3. 保险业 | 16859 | | 1716 | 35 | | 5006 | | 373 | 69 | 129 | 19 | 249 | 9175 | | 88 | |
| 75 | 4. 其他金融业 | 1658 | | 1089 | 388 | | 103 | | 42 | 3 | 23 | 10 | | | | | |
| 76 | (六)房地产业 | 215841 | 4385 | 51620 | 29037 | 17 | 8612 | 10 | 6501 | 3522 | 1687 | 11656 | 87196 | 4 | 3014 | 8580 | |
| 77 | 1. 房地产开发经营 | 182602 | | 43114 | 26777 | | 4069 | 8 | 5656 | 1940 | 1426 | 9677 | 78079 | 4 | 3036 | 8816 | |
| 78 | 2. 物业管理 | 868 | | 392 | 132 | 17 | 67 | | 129 | 50 | 8 | 29 | | | | 44 | |
| 79 | 3. 房地产中介服务 | 565 | | 173 | 79 | | 131 | | 24 | 6 | 2 | 31 | 92 | | | 27 | |
| 80 | 4. 自有房地产经营活动 | 4010 | | 298 | 11 | | 1948 | | 73 | 684 | 17 | 28 | 951 | | | | |
| 81 | 5. 其他房地产业 | 27796 | 4385 | 7643 | 2038 | | 2397 | 2 | 619 | 842 | 234 | 1891 | 8074 | | -22 | -307 | |
| 82 | (七)租赁和商务服务业 | 21484 | 73 | 2674 | 4986 | -36 | 1457 | 6 | 656 | 760 | 203 | 1715 | 8134 | 6 | 9 | 841 | |
| 83 | 1. 租赁业 | 186 | 73 | 26 | 4 | | 13 | | 14 | 1 | 4 | 2 | 48 | 1 | | | |
| 84 | 2. 商务服务业 | 21298 | | 2648 | 4982 | -36 | 1444 | 6 | 642 | 759 | 199 | 1713 | 8086 | 5 | 9 | 841 | |
| 85 | (八)科学研究和技术服务业 | 22126 | | 462 | 1108 | | 379 | 10 | 210 | 37 | 38 | 161 | 67 | 2 | 19405 | 247 | |
| 86 | 1. 研究和试验发展 | 343 | | 24 | 1 | | 9 | | 12 | 5 | 3 | 38 | 41 | 1 | | 209 | |

续表

| 序号 | 项目 | 税收收入合计 | 国内增值税 | 营业税 | 企业所得税 | | 个人所得税 | 资源税 | 城市维护建设税 | 房产税 | 印花税 | 城镇土地使用税 | 土地增值税 | 车船税 | 耕地占用税 | 契税 | 其他各税 |
|---|---|---|---|---|---|---|---|---|---|---|---|---|---|---|---|---|---|
| | | | | | 内资企业 | 外资企业 | | | | | | | | | | | |
| 87 | 2. 专业技术服务业 | 21710 | | 435 | 1106 | | 359 | 10 | 186 | 30 | 30 | 121 | 26 | 1 | 19405 | 1 | |
| 88 | 3. 科技推广和应用服务业 | 73 | | 3 | 1 | | 11 | | 12 | 2 | 5 | 2 | | | | 37 | |
| 89 | (九)水利、环境和公共设施管理业 | 6082 | | 98 | 277 | | 512 | 1047 | 90 | 128 | 71 | 247 | | 2 | 1381 | 2229 | |
| 90 | 1. 水利管理业 | 1656 | | -25 | 220 | | 229 | 1046 | 29 | 107 | 19 | 17 | | | | 14 | |
| 91 | 2. 生态保护和环境治理业 | 98 | | 9 | 10 | | 7 | | 43 | 9 | 12 | 8 | | | | | |
| 92 | 3. 公共设施管理业 | 4328 | | 114 | 47 | | 276 | 1 | 18 | 12 | 40 | 222 | | 2 | 1381 | 2215 | |
| 93 | (十)居民服务、修理和其他服务业 | 12272 | | 2022 | 2318 | | 2101 | 8 | 360 | 544 | 1728 | 1203 | 736 | 12 | 863 | 377 | |
| 94 | 1. 居民服务业 | 1761 | | 142 | 1241 | | 240 | | 45 | 136 | 10 | 53 | -109 | 3 | | | |
| 95 | 2. 机动车、电子产品和日用产品修理业 | 67 | | 5 | 3 | | 15 | | 14 | 12 | 1 | 17 | | | | | |
| 96 | 3. 其他服务业 | 10444 | | 1875 | 1074 | | 1846 | 8 | 301 | 396 | 1717 | 1133 | 845 | 9 | 863 | 377 | |
| 97 | (十一)教育 | 3457 | | 88 | 46 | | 3220 | | 16 | 47 | 2 | 9 | | 15 | | 14 | |
| 98 | (十二)卫生和社会工作 | 5044 | | 10 | 230 | | 4720 | | 25 | 8 | 36 | 8 | | 7 | | | |
| 99 | 1. 卫生 | 5040 | | 7 | 230 | | 4720 | | 25 | 8 | 36 | 8 | | 6 | | | |
| 100 | 2. 社会工作 | 4 | | 3 | | | | | | | | | | 1 | | | |
| 101 | (十三)文化、体育和娱乐业 | 1696 | | 148 | 142 | | 1009 | | 199 | 45 | 99 | 49 | | 3 | | 2 | |
| 102 | 1. 新闻和出版业 | 30 | | 12 | 1 | | 1 | | 9 | 1 | 2 | 3 | | 1 | | | |
| 103 | 2. 广播、电视、电影和影视录音制作业 | 172 | | 28 | 29 | | 56 | | 23 | 26 | | 9 | | 1 | | | |
| 104 | 3. 文化艺术业 | 464 | | 25 | 105 | | 62 | | 159 | 12 | 96 | 2 | | 1 | | 2 | |
| 105 | 4. 体育 | 206 | | 21 | 1 | | 148 | | 3 | 3 | | 30 | | | | | |
| 106 | 5. 娱乐业 | 824 | | 62 | 6 | | 742 | | 5 | 3 | 1 | 5 | | | | | |
| 107 | (十四)公共管理、社会保障和社会组织 | 123915 | | 1208 | 160 | | 9274 | 5775 | 318 | 224 | 503 | 7105 | 6312 | 956 | 41988 | 50092 | |
| 108 | (十五)其他行业 | 516 | | 483 | 13 | | 12 | 3 | 5 | | | | | | | | |

# 2016年惠州市地方税务局税收收入分行业分税种统计年报表

编报机关：惠州市地方税务局　　单位：万元

| 序号 | 项　目 | 税收收入合计 | 国内增值税 | 营业税 | 企业所得税 | | 个人所得税 | 资源税 | 城市维护建设税 | 房产税 | 印花税 | 城镇土地使用税 | 土地增值税 | 车船税 | 耕地占用税 | 契税 | 其他各税 |
|---|---|---|---|---|---|---|---|---|---|---|---|---|---|---|---|---|---|
| | | | | | 内资企业 | 外资企业 | | | | | | | | | | | |
| 1 | 合　计 | 2248936 | 11167 | 619288 | 134247 | 3708 | 331413 | 4978 | 239674 | 94421 | 46871 | 127837 | 337339 | 27010 | 33327 | 237656 | |
| 2 | 一、第一产业 | 2028 | 61 | 168 | 94 | | 589 | | 71 | 420 | 136 | 274 | 193 | | 10 | 12 | |
| 3 | 二、第二产业 | 693256 | 1656 | 210777 | 52315 | 2412 | 128993 | 4520 | 159071 | 39994 | 25610 | 47625 | 10265 | 96 | 1442 | 8480 | |
| 4 | (一)采矿业 | 4141 | | 24 | 3 | | 147 | 832 | 542 | 42 | 78 | 430 | 15 | | | 2028 | |
| 5 | 1. 煤炭开采和洗选业 | | | | | | | | | | | | | | | | |
| 6 | 2. 石油和天然气开采业 | 2422 | | 2 | | | 9 | | 307 | | 50 | 48 | | | | 2006 | |
| 7 | 3. 黑色金属矿采选业 | 12 | | | | | 3 | 8 | | | 1 | | | | | | |
| 8 | 4. 有色金属矿采选业 | 20 | | | | | 8 | 3 | 8 | | 1 | | | | | | |
| 9 | 5. 非金属矿采选业 | 839 | | | 3 | | 89 | 427 | 177 | 24 | 21 | 76 | | | | 22 | |
| 10 | 6. 其他采矿业 | 848 | | 22 | | | 38 | 394 | 50 | 18 | 5 | 306 | 15 | | | | |
| 11 | (二)制造业 | 337792 | 1510 | 3966 | 5668 | 2241 | 80943 | 3623 | 129557 | 35343 | 21218 | 43063 | 5384 | 67 | 541 | 4668 | |
| 12 | 1. 农副食品加工业 | 1912 | | 6 | 444 | | 261 | | 89 | 305 | 129 | 310 | | 3 | 157 | 208 | |
| 13 | 2. 食品制造业 | 2124 | | 96 | 628 | | 231 | 55 | 711 | 89 | 90 | 177 | | | | 47 | |
| 14 | 3. 酒、饮料和精制茶制造业 | 1100 | | 21 | 2 | | 180 | 16 | 551 | 153 | 65 | 112 | | | | | |
| 15 | 4. 烟草制品业 | | | | | | | | | | | | | | | | |
| 16 | 5. 纺织业 | 2040 | 1 | 10 | 6 | | 153 | | 587 | 209 | 113 | 411 | 3 | 1 | | 546 | |
| 17 | 6. 纺织服装、服饰业 | 8664 | 41 | 316 | 16 | | 1154 | | 2374 | 1816 | 408 | 2161 | 263 | 1 | | 114 | |
| 18 | 7. 皮革、毛皮、羽毛及其制品和制鞋业 | 7128 | 296 | 29 | 197 | | 851 | | 3019 | 952 | 343 | 921 | 519 | 1 | | | |
| 19 | 8. 木材加工和木竹藤棕草制品业 | 694 | | 1 | 5 | | 54 | | 303 | 64 | 61 | 202 | 4 | | | | |
| 20 | 9. 家具制造业 | 8963 | 2 | 472 | 1 | | 1242 | | 3454 | 1522 | 399 | 1343 | 112 | 4 | 6 | 406 | |
| 21 | 10. 造纸和纸制品业 | 2533 | 80 | 12 | 12 | | 465 | | 646 | 471 | 111 | 600 | 99 | 1 | | 36 | |

续表

| 序号 | 项目 | 税收收入合计 | 国内增值税 | 营业税 | 企业所得税 | | 个人所得税 | 资源税 | 城市维护建设税 | 房产税 | 印花税 | 城镇土地使用税 | 土地增值税 | 车船税 | 耕地占用税 | 契税 | 其他各税 |
|---|---|---|---|---|---|---|---|---|---|---|---|---|---|---|---|---|---|
| | | | | | 内资企业 | 外资企业 | | | | | | | | | | | |
| 22 | 11. 印刷和记录媒介复制业 | 2668 | 85 | 24 | 151 | | 373 | | 969 | 441 | 177 | 370 | 45 | 1 | | 32 | |
| 23 | 12. 文教、工美、体育和娱乐用品制造业 | 10739 | | 32 | 1457 | | 2410 | | 2552 | 1544 | 390 | 1969 | 382 | 3 | | | |
| 24 | 13. 石油加工、炼焦和核燃料加工业 | 63464 | | 236 | 27 | | 8103 | | 45158 | 941 | 2391 | 6608 | | | | | |
| 25 | 14. 化学原料和化学制品制造业 | 9432 | | 39 | 148 | | 2678 | | 2956 | 1128 | 763 | 1577 | | 3 | 27 | 113 | |
| 26 | 15. 医药制造业 | 5339 | | 238 | 350 | 2122 | 371 | | 805 | 455 | 77 | 586 | 260 | 1 | | 74 | |
| 27 | 16. 化学纤维制造业 | 315 | | | | | 18 | | 30 | 49 | 10 | 175 | 33 | | | | |
| 28 | 17. 橡胶和塑料制品业 | 14240 | | 116 | 74 | | 2329 | | 4347 | 2711 | 781 | 3607 | 77 | 4 | 31 | 163 | |
| 29 | 18. 非金属矿物制品业 | 24225 | 22 | 35 | 1198 | | 5474 | 3549 | 4769 | 2147 | 1246 | 5411 | 270 | 26 | | 78 | |
| 30 | 19. 黑色金属冶炼和压延加工业 | 2652 | | | | | 69 | | 115 | 253 | 29 | 2141 | | | | 45 | |
| 31 | 20. 有色金属冶炼和压延加工业 | 703 | | 16 | 2 | | 102 | | 111 | 252 | 35 | 183 | 2 | | | | |
| 32 | 21. 金属制品业 | 15531 | 445 | 126 | 40 | | 2849 | | 3846 | 2430 | 715 | 2784 | 2045 | 3 | 4 | 244 | |
| 33 | 22. 通用设备制造业 | 3384 | 10 | 38 | 6 | | 581 | | 652 | 702 | 183 | 472 | 65 | 1 | 15 | 659 | |
| 34 | 23. 专用设备制造业 | 12975 | 84 | 75 | 423 | | 4269 | | 3996 | 1780 | 737 | 1348 | 95 | 4 | 60 | 104 | |
| 35 | 24. 汽车制造业 | 5785 | | 64 | | | 2260 | | 2232 | 366 | 251 | 472 | | | | 140 | |
| 36 | 25. 铁路、船舶、航空航天和其他运输设备制造业 | 309 | | 12 | | | 30 | | 45 | 56 | 10 | 156 | | | | | |
| 37 | 26. 电气机械和器材制造业 | 28152 | 378 | 69 | 139 | | 10778 | | 7880 | 3838 | 1807 | 2341 | 817 | 2 | | 103 | |
| 38 | 27. 计算机、通信和其他电子设备制造业 | 87330 | 64 | 1761 | 320 | 58 | 29657 | | 33552 | 7950 | 8870 | 4360 | 271 | 7 | 1 | 459 | |
| 39 | 28. 仪表仪器制造业 | 738 | | 13 | 1 | | 190 | | 159 | 115 | 54 | 206 | | | | | |
| 40 | 29. 其他制造业 | 14171 | 2 | 109 | 20 | 61 | 3771 | 3 | 3474 | 2569 | 951 | 1851 | 22 | 1 | 240 | 1097 | |
| 41 | 30. 废弃资源综合利用业 | 482 | | | 1 | | 40 | | 175 | 35 | 22 | 209 | | | | | |
| 42 | (三)电力、热力、燃气及水的生产和供应业 | 33773 | | 4338 | 5778 | | 10356 | 50 | 7224 | 2964 | 554 | 2151 | 3 | 21 | 20 | 314 | |

续表

| 序号 | 项　目 | 税收收入合计 | 国内增值税 | 营业税 | 企业所得税 | | 个人所得税 | 资源税 | 城市维护建设税 | 房产税 | 印花税 | 城镇土地使用税 | 土地增值税 | 车船税 | 耕地占用税 | 契税 | 其他各税 |
|---|---|---|---|---|---|---|---|---|---|---|---|---|---|---|---|---|---|
| | | | | | 内资企业 | 外资企业 | | | | | | | | | | | |
| 43 | 1. 电力、热力生产和供应业 | 30263 | | 3694 | 5269 | | 9633 | | 6584 | 2611 | 453 | 1688 | 3 | 16 | 15 | 297 | |
| 44 | 2. 燃气生产和供应业 | 1708 | | 350 | 316 | | 410 | | 288 | 96 | 65 | 156 | | 5 | 5 | 17 | |
| 45 | 3. 水的生产和供应业 | 1802 | | 294 | 193 | | 313 | 50 | 352 | 257 | 36 | 307 | | | | | |
| 46 | (四)建筑业 | 317550 | 146 | 202449 | 40866 | 171 | 37547 | 15 | 21748 | 1645 | 3760 | 1981 | 4863 | 8 | 881 | 1470 | |
| 47 | 1. 房屋建筑业 | 78163 | 139 | 51792 | 8499 | 19 | 9077 | 3 | 5306 | 330 | 1080 | 375 | 1395 | 1 | | 147 | |
| 48 | 2. 土木工程建筑业 | 21623 | | 12284 | 3233 | | 2940 | 7 | 2030 | 78 | 306 | 236 | 113 | 1 | | 395 | |
| 49 | 3. 建筑安装业 | 91010 | 5 | 52669 | 11817 | 58 | 12395 | 3 | 7267 | 754 | 1323 | 822 | 2351 | 5 | 879 | 662 | |
| 50 | 4. 建筑装饰和其他建筑业 | 126754 | 2 | 85704 | 17317 | 94 | 13135 | 2 | 7145 | 483 | 1051 | 548 | 1004 | 1 | 2 | 266 | |
| 51 | 三、第三产业 | 1553652 | 9450 | 408343 | 81838 | 1296 | 201831 | 458 | 80532 | 54007 | 21125 | 79938 | 326881 | 26914 | 31875 | 229164 | |
| 52 | (一)批发和零售业 | 94931 | 388 | 7986 | 3922 | | 16925 | 337 | 21059 | 9045 | 4994 | 17793 | 7316 | 18 | 232 | 4916 | |
| 53 | 1. 批发业 | 33332 | 241 | 2169 | 1735 | | 6000 | 68 | 8220 | 2530 | 1461 | 7589 | 1993 | 3 | 58 | 1265 | |
| 54 | 2. 零售业 | 61599 | 147 | 5817 | 2187 | | 10925 | 269 | 12839 | 6515 | 3533 | 10204 | 5323 | 15 | 174 | 3651 | |
| 55 | (二)交通运输、仓储和邮政业 | 16234 | 7 | 1231 | 3129 | 1 | 3657 | | 1518 | 1943 | 468 | 3145 | 104 | 58 | 646 | 327 | |
| 56 | 1. 铁路运输业 | 173 | | | | | 8 | | 1 | | 2 | 104 | | | | 58 | |
| 57 | 2. 道路运输业 | 9595 | 7 | 1074 | 2350 | | 2009 | | 1084 | 698 | 207 | 1392 | 99 | 41 | 621 | 13 | |
| 58 | 3. 水上运输业 | 361 | | 15 | 65 | | 202 | | 34 | 36 | 3 | 5 | 1 | | | | |
| 59 | 4. 航空运输业 | 6 | | | | | 6 | | | | | | | | | | |
| 60 | 5. 管道运输业 | 378 | | | | | 85 | | 97 | 35 | 13 | 148 | | | | | |
| 61 | 6. 装卸搬运和运输代理业 | 2236 | | 51 | 705 | 1 | 643 | | 196 | 111 | 88 | 424 | | 17 | | | |
| 62 | 7. 仓储业 | 2228 | | 49 | 8 | | 418 | | 76 | 513 | 140 | 739 | 4 | | 25 | 256 | |
| 63 | 8. 邮政业 | 1257 | | 42 | 1 | | 286 | | 30 | 550 | 15 | 333 | | | | | |
| 64 | (三)住宿和餐饮业 | 22309 | 15 | 11449 | 456 | -1 | 3137 | 35 | 1222 | 2294 | 150 | 1170 | 790 | 2 | 103 | 1487 | |

续表

| 序号 | 项目 | 税收收入合计 | 国内增值税 | 营业税 | 企业所得税 | | 个人所得税 | 资源税 | 城市维护建设税 | 房产税 | 印花税 | 城镇土地使用税 | 土地增值税 | 车船税 | 耕地占用税 | 契税 | 其他各税 |
|---|---|---|---|---|---|---|---|---|---|---|---|---|---|---|---|---|---|
| | | | | | 内资企业 | 外资企业 | | | | | | | | | | | |
| 65 | 1. 住宿业 | 8912 | 15 | 3785 | 47 | | 1090 | 31 | 381 | 810 | 88 | 797 | 646 | 1 | | 1221 | |
| 66 | 2. 餐饮业 | 13397 | | 7664 | 409 | -1 | 2047 | 4 | 841 | 1484 | 62 | 373 | 144 | 1 | 103 | 266 | |
| 67 | (四)信息传输、软件和信息技术服务业 | 9731 | 20 | 1118 | 380 | 36 | 4518 | | 1757 | 1134 | 166 | 505 | 56 | 3 | | 38 | |
| 68 | 1. 电信、广播电视和卫星传输服务 | 6958 | 1 | 933 | 272 | | 3501 | | 1081 | 849 | 71 | 245 | 1 | 2 | | 2 | |
| 69 | 2. 互联网和相关服务 | 344 | 19 | 13 | 4 | | 23 | | 59 | 46 | 8 | 118 | 55 | | | -1 | |
| 70 | 3. 软件和信息技术服务业 | 2429 | | 172 | 104 | 36 | 994 | | 617 | 239 | 87 | 142 | | 1 | | 37 | |
| 71 | (五)金融业 | 142763 | 184 | 52407 | 1189 | | 48063 | | 7321 | 2239 | 1350 | 2595 | 501 | 26002 | 3 | 909 | |
| 72 | 1. 货币金融服务 | 70996 | 183 | 45362 | 237 | | 16528 | | 5459 | 1934 | 885 | 175 | 91 | 11 | | 131 | |
| 73 | 2. 资本市场服务 | 15498 | | 2461 | 238 | | 11620 | | 515 | 89 | 23 | 82 | 99 | | 3 | 368 | |
| 74 | 3. 保险业 | 47825 | | 2434 | 4 | | 17764 | | 1128 | 128 | 357 | 9 | | 25991 | | 10 | |
| 75 | 4. 其他金融业 | 8444 | 1 | 2150 | 710 | | 2151 | | 219 | 88 | 85 | 2329 | 311 | | | 400 | |
| 76 | (六)房地产业 | 861486 | 1931 | 301420 | 62664 | 291 | 41138 | 55 | 39555 | 28727 | 11289 | 43088 | 306721 | 30 | 685 | 23892 | |
| 77 | 1. 房地产开发经营 | 784393 | 482 | 277816 | 59699 | 172 | 35591 | 55 | 36283 | 14818 | 10494 | 38338 | 288750 | 27 | 615 | 21253 | |
| 78 | 2. 物业管理 | 15205 | 82 | 6553 | 1371 | 24 | 1059 | | 1180 | 1437 | 212 | 1022 | 1893 | 2 | | 370 | |
| 79 | 3. 房地产中介服务 | 3441 | | 1418 | 257 | | 1163 | | 210 | 108 | 14 | 211 | 42 | | | 18 | |
| 80 | 4. 自有房地产经营活动 | 9459 | 628 | 901 | 35 | | 734 | | 127 | 4056 | 61 | 1227 | 1535 | | 46 | 109 | |
| 81 | 5. 其他房地产业 | 48988 | 739 | 14732 | 1302 | 95 | 2591 | | 1755 | 8308 | 508 | 2290 | 14501 | 1 | 24 | 2142 | |
| 82 | (七)租赁和商务服务业 | 34881 | 34 | 5905 | 3785 | 864 | 9981 | 1 | 2813 | 2902 | 596 | 5181 | 1276 | 8 | 53 | 1482 | |
| 83 | 1. 租赁业 | 453 | | 79 | 5 | | 140 | | 96 | 79 | 21 | 30 | | 3 | | | |
| 84 | 2. 商务服务业 | 34428 | 34 | 5826 | 3780 | 864 | 9841 | 1 | 2717 | 2823 | 575 | 5151 | 1276 | 5 | 53 | 1482 | |
| 85 | (八)科学研究和技术服务业 | 5520 | 9 | 797 | 876 | 21 | 1462 | | 499 | 281 | 66 | 222 | 59 | 2 | 1138 | 88 | |
| 86 | 1. 研究和试验发展 | 297 | | 12 | 61 | | 163 | | 17 | 4 | 5 | 6 | | | | 29 | |

续表

| 序号 | 项目 | 税收收入合计 | 国内增值税 | 营业税 | 企业所得税 | | 个人所得税 | 资源税 | 城市维护建设税 | 房产税 | 印花税 | 城镇土地使用税 | 土地增值税 | 车船税 | 耕地占用税 | 契税 | 其他各税 |
|---|---|---|---|---|---|---|---|---|---|---|---|---|---|---|---|---|---|
| | | | | | 内资企业 | 外资企业 | | | | | | | | | | | |
| 87 | 2. 专业技术服务业 | 4974 | 8 | 777 | 764 | 21 | 1255 | | 449 | 248 | 53 | 201 | 57 | 2 | 1138 | 1 | |
| 88 | 3. 科技推广和应用服务业 | 249 | 1 | 8 | 51 | | 44 | | 33 | 29 | 8 | 15 | 2 | | | 58 | |
| 89 | (九)水利、环境和公共设施管理业 | 6396 | | 1557 | 1099 | | 763 | | 455 | 482 | 72 | 1156 | 492 | 2 | | 318 | |
| 90 | 1. 水利管理业 | 1490 | | 32 | 327 | | 134 | | 53 | 19 | 7 | 885 | 2 | | | 31 | |
| 91 | 2. 生态保护和环境治理业 | 766 | | 46 | 287 | | 114 | | 169 | 44 | 17 | 55 | 33 | 1 | | | |
| 92 | 3. 公共设施管理业 | 4140 | | 1479 | 485 | | 515 | | 233 | 419 | 48 | 216 | 457 | 1 | | 287 | |
| 93 | (十)居民服务、修理和其他服务业 | 65679 | 88 | 13135 | 2888 | 79 | 22789 | 19 | 3337 | 2902 | 1175 | 2888 | 4245 | 123 | 11531 | 480 | |
| 94 | 1. 居民服务业 | 4264 | 1 | 1180 | 860 | | 793 | 14 | 280 | 359 | 45 | 613 | | 1 | 41 | 77 | |
| 95 | 2. 机动车、电子产品和日用产品修理业 | 679 | 49 | 58 | 14 | | 99 | | 66 | 86 | 31 | 62 | 214 | | | | |
| 96 | 3. 其他服务业 | 60736 | 38 | 11897 | 2014 | 79 | 21897 | 5 | 2991 | 2457 | 1099 | 2213 | 4031 | 122 | 11490 | 403 | |
| 97 | (十一)教育 | 3792 | | 268 | 80 | | 3293 | | 40 | 58 | 5 | 10 | 1 | 10 | | 27 | |
| 98 | (十二)卫生和社会工作 | 9253 | | 45 | 1115 | 5 | 7835 | | 8 | 68 | 8 | | | 7 | | 162 | |
| 99 | 1. 卫生 | 9185 | | 42 | 1115 | 5 | 7783 | | 7 | 56 | 8 | | | 7 | | 162 | |
| 100 | 2. 社会工作 | 68 | | 3 | | | 52 | | 1 | 12 | | | | | | | |
| 101 | (十三)文化、体育和娱乐业 | 3305 | | 840 | 48 | | 619 | | 90 | 174 | 15 | 1376 | 3 | | | 140 | |
| 102 | 1. 新闻和出版业 | 4 | | | | | 1 | | 1 | 2 | | | | | | | |
| 103 | 2. 广播、电视、电影和影视录音制作业 | 522 | | 80 | 1 | | 383 | | 14 | 29 | 8 | 7 | | | | | |
| 104 | 3. 文化艺术业 | 323 | | 96 | 14 | | 44 | | 14 | 1 | 5 | 6 | 3 | | | 140 | |
| 105 | 4. 体育 | 267 | | 119 | 26 | | 29 | | 7 | 68 | | 18 | | | | | |
| 106 | 5. 娱乐业 | 2189 | | 545 | 7 | | 162 | | 54 | 74 | 2 | 1345 | | | | | |
| 107 | (十四)公共管理、社会保障和社会组织 | 270433 | 6774 | 3425 | 185 | | 37599 | 11 | 845 | 1701 | 764 | 781 | 5317 | 649 | 17484 | 194898 | |
| 108 | (十五)其他行业 | 6939 | | 6760 | 22 | | 52 | | 13 | 57 | 7 | 28 | | | | | |

# 2016年汕尾市地方税务局税收收入分行业分税种统计年报表

编报机关：汕尾市地方税务局　　　　单位：万元

| 序号 | 项　目 | 税收收入合计 | 国内增值税 | 营业税 | 企业所得税 | | 个人所得税 | 资源税 | 城市维护建设税 | 房产税 | 印花税 | 城镇土地使用税 | 土地增值税 | 车船税 | 耕地占用税 | 契税 | 其他各税 |
|---|---|---|---|---|---|---|---|---|---|---|---|---|---|---|---|---|---|
| | | | | | 内资企业 | 外资企业 | | | | | | | | | | | |
| 1 | 合　计 | 249849 | 1049 | 68987 | 34747 | 42 | 30512 | 557 | 19793 | 6163 | 4117 | 11603 | 30937 | 4062 | 4518 | 32762 | |
| 2 | 一、第一产业 | 290 | | 57 | 75 | | 49 | | 35 | 8 | 8 | 5 | | | | 53 | |
| 3 | 二、第二产业 | 86624 | 22 | 30810 | 14536 | 35 | 15794 | 599 | 11169 | 2887 | 2623 | 3100 | 1577 | 3 | 2226 | 1243 | |
| 4 | (一)采矿业 | 197 | | 3 | 26 | | 45 | 20 | 61 | 13 | 17 | 12 | | | | | |
| 5 | 1. 煤炭开采和洗选业 | | | | | | | | | | | | | | | | |
| 6 | 2. 石油和天然气开采业 | 122 | | 1 | | | 32 | | 51 | 11 | 17 | 10 | | | | | |
| 7 | 3. 黑色金属矿采选业 | | | | | | | | | | | | | | | | |
| 8 | 4. 有色金属矿采选业 | | | | | | | | | | | | | | | | |
| 9 | 5. 非金属矿采选业 | 72 | | | 26 | | 13 | 20 | 10 | 2 | | 1 | | | | | |
| 10 | 6. 其他采矿业 | 3 | | 2 | | | | | | | | 1 | | | | | |
| 11 | (二)制造业 | 16833 | 6 | 548 | 478 | | 3997 | 34 | 5575 | 1070 | 1431 | 1560 | 1363 | 2 | | 769 | |
| 12 | 1. 农副食品加工业 | 336 | | 26 | | | 29 | | 59 | 113 | 15 | 94 | | | | | |
| 13 | 2. 食品制造业 | 109 | | 15 | 1 | | 3 | | 38 | 16 | 3 | 33 | | | | | |
| 14 | 3. 酒、饮料和精制茶制造业 | 126 | | | 68 | | 3 | 1 | 16 | 11 | 4 | 23 | | | | | |
| 15 | 4. 烟草制品业 | | | | | | | | | | | | | | | | |
| 16 | 5. 纺织业 | 1274 | | 5 | 3 | | 270 | | 331 | 243 | 117 | 304 | 1 | | | | |
| 17 | 6. 纺织服装、服饰业 | 783 | | 40 | 185 | | 44 | | 240 | 61 | 22 | 74 | 47 | | | 70 | |
| 18 | 7. 皮革、毛皮、羽毛及其制品和制鞋业 | 94 | | 2 | | | | | 11 | 7 | 1 | 73 | | | | | |
| 19 | 8. 木材加工和木竹藤棕草制品业 | 57 | | | | | 8 | | 13 | 6 | 3 | 27 | | | | | |
| 20 | 9. 家具制造业 | 12 | | | | | | | 4 | 3 | | 5 | | | | | |
| 21 | 10. 造纸和纸制品业 | 129 | | 16 | 1 | | 7 | | 29 | 42 | 5 | 9 | 20 | | | | |

续表

| 序号 | 项　　目 | 税收收入合计 | 国内增值税 | 营业税 | 企业所得税 | | 个人所得税 | 资源税 | 城市维护建设税 | 房产税 | 印花税 | 城镇土地使用税 | 土地增值税 | 车船税 | 耕地占用税 | 契税 | 其他各税 |
|---|---|---|---|---|---|---|---|---|---|---|---|---|---|---|---|---|---|
| | | | | | 内资企业 | 外资企业 | | | | | | | | | | | |
| 22 | 11. 印刷和记录媒介复制业 | 31 | | | 1 | | 4 | | 25 | | 1 | | | | | | |
| 23 | 12. 文教、工美、体育和娱乐用品制造业 | 698 | | | 18 | | 69 | | 117 | 196 | 81 | 199 | | | | 18 | |
| 24 | 13. 石油加工、炼焦和核燃料加工业 | | | | | | | | | | | | | | | | |
| 25 | 14. 化学原料和化学制品制造业 | 188 | | | 17 | | 41 | 16 | 49 | 3 | 7 | 21 | | | | 34 | |
| 26 | 15. 医药制造业 | | | | | | | | | | | | | | | | |
| 27 | 16. 化学纤维制造业 | | | | | | | | | | | | | | | | |
| 28 | 17. 橡胶和塑料制品业 | 376 | | | 1 | | 6 | | 125 | 40 | 11 | 191 | | | | 2 | |
| 29 | 18. 非金属矿物制品业 | 5236 | | | | | 1955 | 17 | 2265 | 10 | 756 | 38 | | 1 | | 194 | |
| 30 | 19. 黑色金属冶炼和压延加工业 | | | | | | | | | | | | | | | | |
| 31 | 20. 有色金属冶炼和压延加工业 | 134 | | | | | | | 1 | 74 | | 59 | | | | | |
| 32 | 21. 金属制品业 | 485 | | | 155 | | 20 | | 24 | 15 | 25 | 188 | | | | 58 | |
| 33 | 22. 通用设备制造业 | 1397 | | 307 | 4 | | 15 | | 51 | 4 | 5 | 12 | 999 | | | | |
| 34 | 23. 专用设备制造业 | 216 | | | 2 | | 81 | | 90 | 1 | 18 | 24 | | | | | |
| 35 | 24. 汽车制造业 | 810 | | | | | 121 | | 319 | 87 | 123 | 60 | | | | 100 | |
| 36 | 25. 铁路、船舶、航空航天和其他运输设备制造业 | 94 | | | 12 | | 9 | | 27 | 1 | | 45 | | | | | |
| 37 | 26. 电气机械和器材制造业 | 185 | | | | | 3 | | 26 | 32 | 2 | 51 | | | | 71 | |
| 38 | 27. 计算机、通信和其他电子设备制造业 | 3494 | 6 | 98 | 10 | | 1197 | | 1557 | 29 | 209 | 7 | 188 | 1 | | 192 | |
| 39 | 28. 仪表仪器制造业 | 494 | | 39 | | | 107 | | 147 | 71 | 22 | | 108 | | | | |
| 40 | 29. 其他制造业 | 74 | | | | | 5 | | 11 | 5 | 1 | 22 | | | | 30 | |
| 41 | 30. 废弃资源综合利用业 | 1 | | | | | | | | | | 1 | | | | | |
| 42 | (三)电力、热力、燃气及水的生产和供应业 | 15533 | | 844 | 914 | | 4587 | | 2670 | 1741 | 619 | 1349 | 116 | 1 | 2226 | 466 | |

续表

| 序号 | 项　　目 | 税收收入合计 | 国内增值税 | 营业税 | 企业所得税 | | 个人所得税 | 资源税 | 城市维护建设税 | 房产税 | 印花税 | 城镇土地使用税 | 土地增值税 | 车船税 | 耕地占用税 | 契税 | 其他各税 |
|---|---|---|---|---|---|---|---|---|---|---|---|---|---|---|---|---|---|
| | | | | | 内资企业 | 外资企业 | | | | | | | | | | | |
| 43 | 1. 电力、热力生产和供应业 | 14823 | | 752 | 616 | | 4544 | | 2597 | 1731 | 613 | 1277 | | 1 | 2226 | 466 | |
| 44 | 2. 燃气生产和供应业 | 111 | | 45 | 7 | | 31 | | 13 | 1 | 2 | 12 | | | | | |
| 45 | 3. 水的生产和供应业 | 599 | | 47 | 291 | | 12 | | 60 | 9 | 4 | 60 | 116 | | | | |
| 46 | (四)建筑业 | 54061 | 16 | 29415 | 13118 | 35 | 7165 | 545 | 2863 | 63 | 556 | 179 | 98 | | | 8 | |
| 47 | 1. 房屋建筑业 | 7470 | | 3905 | 1964 | 25 | 1051 | 62 | 390 | 3 | 69 | 1 | | | | | |
| 48 | 2. 土木工程建筑业 | 2531 | | 1205 | 251 | | 734 | 28 | 287 | | 26 | | | | | | |
| 49 | 3. 建筑安装业 | 19013 | | 8086 | 7225 | 2 | 2013 | 101 | 1045 | 53 | 259 | 167 | 61 | | | 1 | |
| 50 | 4. 建筑装饰和其他建筑业 | 25047 | 16 | 16219 | 3678 | 8 | 3367 | 354 | 1141 | 7 | 202 | 11 | 37 | | | 7 | |
| 51 | 三、第三产业 | 162935 | 1027 | 38120 | 20136 | 7 | 14669 | -42 | 8589 | 3268 | 1486 | 8498 | 29360 | 4059 | 2292 | 31466 | |
| 52 | (一)批发和零售业 | 15163 | | 620 | 6927 | | 1234 | 4 | 3738 | 719 | 257 | 524 | 551 | | 10 | 579 | |
| 53 | 1. 批发业 | 11776 | | 143 | 6610 | | 992 | 4 | 3304 | 92 | 193 | 199 | 142 | | 10 | 87 | |
| 54 | 2. 零售业 | 3387 | | 477 | 317 | | 242 | | 434 | 627 | 64 | 325 | 409 | | | 492 | |
| 55 | (二)交通运输、仓储和邮政业 | 1968 | | 460 | 603 | | 407 | | 157 | 83 | 87 | 67 | 89 | 1 | | 14 | |
| 56 | 1. 铁路运输业 | | | | | | | | | | | | | | | | |
| 57 | 2. 道路运输业 | 1064 | | 420 | 221 | | 93 | | 129 | 21 | 86 | 2 | 77 | 1 | | 14 | |
| 58 | 3. 水上运输业 | 38 | | | | | 26 | | 11 | 1 | | | | | | | |
| 59 | 4. 航空运输业 | | | | | | | | | | | | | | | | |
| 60 | 5. 管道运输业 | | | | | | | | | | | | | | | | |
| 61 | 6. 装卸搬运和运输代理业 | 503 | | 6 | 381 | | 104 | | 11 | | 1 | | | | | | |
| 62 | 7. 仓储业 | 79 | | 28 | | | 5 | | 2 | 1 | | 31 | 12 | | | | |
| 63 | 8. 邮政业 | 284 | | 6 | 1 | | 179 | | 4 | 60 | | 34 | | | | | |
| 64 | (三)住宿和餐饮业 | 2788 | | 1637 | 100 | 6 | 309 | | 167 | 304 | 3 | 247 | | | | 15 | |

续表

| 序号 | 项目 | 税收收入合计 | 国内增值税 | 营业税 | 企业所得税 | | 个人所得税 | 资源税 | 城市维护建设税 | 房产税 | 印花税 | 城镇土地使用税 | 土地增值税 | 车船税 | 耕地占用税 | 契税 | 其他各税 |
|---|---|---|---|---|---|---|---|---|---|---|---|---|---|---|---|---|---|
| | | | | | 内资企业 | 外资企业 | | | | | | | | | | | |
| 65 | 1. 住宿业 | 945 | | 429 | 13 | 6 | 78 | | 52 | 170 | 2 | 180 | | | | 15 | |
| 66 | 2. 餐饮业 | 1843 | | 1208 | 87 | | 231 | | 115 | 134 | 1 | 67 | | | | | |
| 67 | (四)信息传输、软件和信息技术服务业 | 2478 | | 259 | 36 | | 1120 | | 293 | 517 | 75 | 166 | | | | 12 | |
| 68 | 1. 电信、广播电视和卫星传输服务 | 2046 | | 199 | 3 | | 1082 | | 255 | 303 | 55 | 137 | | | | 12 | |
| 69 | 2. 互联网和相关服务 | 301 | | 5 | 27 | | | | 17 | 214 | 9 | 29 | | | | | |
| 70 | 3. 软件和信息技术服务业 | 131 | | 55 | 6 | | 38 | | 21 | | 11 | | | | | | |
| 71 | (五)金融业 | 20853 | 18 | 6588 | 284 | | 4114 | | 853 | 236 | 132 | 4516 | 8 | 4029 | | 75 | |
| 72 | 1. 货币金融服务 | 12773 | | 5642 | 58 | | 1557 | | 663 | 213 | 80 | 4506 | 8 | 1 | | 45 | |
| 73 | 2. 资本市场服务 | 649 | | 225 | | | 400 | | 23 | | 1 | | | | | | |
| 74 | 3. 保险业 | 6901 | | 593 | | | 2044 | | 154 | 23 | 49 | 10 | | 4028 | | | |
| 75 | 4. 其他金融业 | 530 | 18 | 128 | 226 | | 113 | | 13 | | 2 | | | | | 30 | |
| 76 | (六)房地产业 | 68715 | 202 | 23280 | 10051 | 1 | 2079 | -37 | 2649 | 1016 | 684 | 2329 | 26241 | | | 220 | |
| 77 | 1. 房地产开发经营 | 62822 | 33 | 21965 | 9770 | | 908 | -37 | 2379 | 130 | 658 | 1622 | 25284 | | | 110 | |
| 78 | 2. 物业管理 | 992 | | 434 | 181 | | 42 | | 54 | 102 | 4 | 88 | | | | 87 | |
| 79 | 3. 房地产中介服务 | 5 | | 1 | | | 3 | | | 1 | | | | | | | |
| 80 | 4. 自有房地产经营活动 | 559 | 9 | 43 | 6 | | 174 | | 4 | 301 | 2 | 18 | 2 | | | | |
| 81 | 5. 其他房地产业 | 4337 | 160 | 837 | 94 | 1 | 952 | | 212 | 482 | 20 | 601 | 955 | | | 23 | |
| 82 | (七)租赁和商务服务业 | 3873 | 27 | 1581 | 719 | | 255 | | 180 | 18 | 82 | 285 | 703 | | | 23 | |
| 83 | 1. 租赁业 | 54 | 21 | 6 | | | 13 | | 3 | 1 | | | 10 | | | | |
| 84 | 2. 商务服务业 | 3819 | 6 | 1575 | 719 | | 242 | | 177 | 17 | 82 | 285 | 693 | | | 23 | |
| 85 | (八)科学研究和技术服务业 | 798 | | 100 | 295 | | 119 | | 68 | 21 | 14 | 165 | | | | 16 | |
| 86 | 1. 研究和试验发展 | 178 | | 1 | | | 13 | | 3 | 14 | 4 | 143 | | | | | |

续表

| 序号 | 项目 | 税收收入合计 | 国内增值税 | 营业税 | 企业所得税 | | 个人所得税 | 资源税 | 城市维护建设税 | 房产税 | 印花税 | 城镇土地使用税 | 土地增值税 | 车船税 | 耕地占用税 | 契税 | 其他各税 |
|---|---|---|---|---|---|---|---|---|---|---|---|---|---|---|---|---|---|
| | | | | | 内资企业 | 外资企业 | | | | | | | | | | | |
| 87 | 2. 专业技术服务业 | 620 | | 99 | 295 | | 106 | | 65 | 7 | 10 | 22 | | | | 16 | |
| 88 | 3. 科技推广和应用服务业 | | | | | | | | | | | | | | | | |
| 89 | (九)水利、环境和公共设施管理业 | 451 | | 115 | 189 | | 31 | | 68 | 5 | 4 | 39 | | | | | |
| 90 | 1. 水利管理业 | 333 | | 112 | 178 | | 18 | | 19 | 1 | 4 | 1 | | | | | |
| 91 | 2. 生态保护和环境治理业 | 94 | | 1 | | | 4 | | 47 | 4 | | 38 | | | | | |
| 92 | 3. 公共设施管理业 | 24 | | 2 | 11 | | 9 | | 2 | | | | | | | | |
| 93 | (十)居民服务、修理和其他服务业 | 3307 | 1 | 1431 | 430 | | 620 | 1 | 228 | 183 | 36 | 94 | 16 | 3 | | 264 | |
| 94 | 1. 居民服务业 | 250 | | 104 | 9 | | 51 | | 11 | 40 | 1 | 34 | | | | | |
| 95 | 2. 机动车、电子产品和日用产品修理业 | 21 | | | | | 5 | | 3 | 1 | | 2 | | | | 10 | |
| 96 | 3. 其他服务业 | 3036 | 1 | 1327 | 421 | | 564 | 1 | 214 | 142 | 35 | 58 | 16 | 3 | | 254 | |
| 97 | (十一)教育 | 136 | | 15 | 1 | | 80 | | 1 | 25 | | 14 | | | | | |
| 98 | (十二)卫生和社会工作 | 823 | | 11 | 4 | | 766 | | 2 | 12 | 4 | 1 | | | | 23 | |
| 99 | 1. 卫生 | 823 | | 11 | 4 | | 766 | | 2 | 12 | 4 | 1 | | | | 23 | |
| 100 | 2. 社会工作 | | | | | | | | | | | | | | | | |
| 101 | (十三)文化、体育和娱乐业 | 470 | | 134 | 5 | | 24 | 1 | 22 | 10 | 12 | 7 | | | | 255 | |
| 102 | 1. 新闻和出版业 | 7 | | | 1 | | 3 | | 2 | | | 1 | | | | | |
| 103 | 2. 广播、电视、电影和影视录音制作业 | 21 | | | | | 10 | | 10 | 1 | | | | | | | |
| 104 | 3. 文化艺术业 | 4 | | 1 | 1 | | 1 | | | 1 | | | | | | | |
| 105 | 4. 体育 | 74 | | 55 | 1 | | 4 | 1 | 4 | 1 | 8 | | | | | | |
| 106 | 5. 娱乐业 | 364 | | 78 | 2 | | 6 | | 6 | 7 | 4 | 6 | | | | 255 | |
| 107 | (十四)公共管理、社会保障和社会组织 | 41111 | 779 | 1889 | 492 | | 3511 | -11 | 163 | 119 | 96 | 43 | 1752 | 26 | 2282 | 29970 | |
| 108 | (十五)其他行业 | 1 | | | | | | | | | | 1 | | | | | |

# 2016 年东莞市地方税务局税收收入分行业分税种统计年报表

编报机关：东莞市地方税务局　　　　单位：万元

| 序号 | 项　目 | 税收收入合计 | 国内增值税 | 营业税 | 企业所得税 | | 个人所得税 | 资源税 | 城市维护建设税 | 房产税 | 印花税 | 城镇土地使用税 | 土地增值税 | 车船税 | 耕地占用税 | 契税 | 其他各税 |
|---|---|---|---|---|---|---|---|---|---|---|---|---|---|---|---|---|---|
| | | | | | 内资企业 | 外资企业 | | | | | | | | | | | |
| 1 | 合　计 | 4753053 | 23792 | 905558 | 435533 | 490605 | 986884 | 214 | 439627 | 134380 | 121790 | 81669 | 515104 | 92532 | 44126 | 481239 | |
| 2 | 一、第一产业 | 1515 | | 339 | 191 | | 273 | | 94 | 126 | 285 | 186 | 15 | 2 | | 4 | |
| 3 | 二、第二产业 | 1533297 | 2372 | 189425 | 102695 | 366535 | 401239 | 214 | 291725 | 49368 | 72753 | 31687 | 16697 | 479 | 1366 | 6742 | |
| 4 | (一)采矿业 | 2951 | | 680 | 338 | | 236 | 209 | 286 | 5 | 105 | 24 | 667 | 1 | | 400 | |
| 5 | 1. 煤炭开采和洗选业 | 2 | | | | | | | | | 1 | | | 1 | | | |
| 6 | 2. 石油和天然气开采业 | 336 | | | 336 | | | | | | | | | | | | |
| 7 | 3. 黑色金属矿采选业 | | | | | | | | | | | | | | | | |
| 8 | 4. 有色金属矿采选业 | 3 | | | | | | | 3 | | | | | | | | |
| 9 | 5. 非金属矿采选业 | 296 | | 12 | 2 | | 16 | 209 | 31 | 1 | 1 | 24 | | | | | |
| 10 | 6. 其他采矿业 | 2314 | | 668 | | | 220 | | 252 | 4 | 103 | | 667 | | | 400 | |
| 11 | (二)制造业 | 1210511 | 2353 | 11831 | 60557 | 363604 | 349320 | 5 | 260531 | 44189 | 68129 | 28460 | 14052 | 415 | 1328 | 5737 | |
| 12 | 1. 农副食品加工业 | 10438 | 52 | 303 | 722 | 2523 | 3088 | 1 | 586 | 545 | 2140 | 473 | | 5 | | | |
| 13 | 2. 食品制造业 | 30668 | | 369 | 2057 | 16710 | 4286 | | 4665 | 1121 | 762 | 607 | | 8 | | 83 | |
| 14 | 3. 酒、饮料和精制茶制造业 | 20131 | | 106 | 46 | 13986 | 2341 | 4 | 2641 | 197 | 353 | 216 | | 6 | | 235 | |
| 15 | 4. 烟草制品业 | | | | | | | | | | | | | | | | |
| 16 | 5. 纺织业 | 15667 | 95 | 154 | 362 | 2349 | 4412 | | 4678 | 1539 | 952 | 971 | 150 | 8 | | -3 | |
| 17 | 6. 纺织服装、服饰业 | 35304 | 8 | 860 | 1811 | 7019 | 7234 | | 11339 | 2075 | 2035 | 1062 | 1760 | 21 | | 80 | |
| 18 | 7. 皮革、毛皮、羽毛及其制品和制鞋业 | 27431 | 115 | 148 | 1125 | 2958 | 7957 | | 8481 | 2621 | 1322 | 1186 | 1464 | 16 | | 38 | |
| 19 | 8. 木材加工和木竹藤棕草制品业 | 3271 | | 17 | 39 | 342 | 1125 | | 1106 | 240 | 207 | 193 | | 2 | | | |
| 20 | 9. 家具制造业 | 18306 | 27 | 168 | 1069 | 2066 | 4055 | | 6233 | 1676 | 1216 | 1630 | 1 | 10 | | 155 | |
| 21 | 10. 造纸和纸制品业 | 51326 | 73 | 1313 | 1726 | 19905 | 6988 | | 12435 | 3518 | 1958 | 1982 | 768 | 50 | | 610 | |

续表

| 序号 | 项目 | 税收收入合计 | 国内增值税 | 营业税 | 企业所得税 | | 个人所得税 | 资源税 | 城市维护建设税 | 房产税 | 印花税 | 城镇土地使用税 | 土地增值税 | 车船税 | 耕地占用税 | 契税 | 其他各税 |
|---|---|---|---|---|---|---|---|---|---|---|---|---|---|---|---|---|---|
| | | | | | 内资企业 | 外资企业 | | | | | | | | | | | |
| 22 | 11. 印刷和记录媒介复制业 | 18643 | 92 | 119 | 762 | 5249 | 5982 | | 4298 | 604 | 884 | 524 | 115 | 14 | | | |
| 23 | 12. 文教、工美、体育和娱乐用品制造业 | 28760 | 591 | 837 | 1286 | 7529 | 6110 | | 7103 | 1323 | 1111 | 1248 | 1494 | 9 | | 119 | |
| 24 | 13. 石油加工、炼焦和核燃料加工业 | 1361 | | | 32 | 168 | 794 | | 244 | 25 | 55 | 42 | | 1 | | | |
| 25 | 14. 化学原料和化学制品制造业 | 22682 | 156 | 77 | 2339 | 9720 | 4591 | | 3342 | 630 | 754 | 598 | 432 | 11 | | 32 | |
| 26 | 15. 医药制造业 | 8610 | 11 | 22 | 4664 | 14 | 1997 | | 1330 | 185 | 253 | 134 | | | | | |
| 27 | 16. 化学纤维制造业 | 630 | | 3 | 1 | 6 | 239 | | 254 | 29 | 66 | 32 | | | | | |
| 28 | 17. 橡胶和塑料制品业 | 70113 | 174 | 918 | 5165 | 12253 | 21640 | | 19275 | 2916 | 4551 | 2589 | 337 | 38 | 6 | 251 | |
| 29 | 18. 非金属矿物制品业 | 13510 | 42 | 164 | 1179 | 1960 | 3447 | | 3959 | 1088 | 657 | 945 | 58 | 11 | | | |
| 30 | 19. 黑色金属冶炼和压延加工业 | 1867 | | 5 | 25 | 468 | 817 | | 328 | 64 | 111 | 48 | | 1 | | | |
| 31 | 20. 有色金属冶炼和压延加工业 | 2831 | | 21 | 50 | 129 | 1537 | | 556 | 240 | 160 | 132 | 5 | 1 | | | |
| 32 | 21. 金属制品业 | 73106 | 218 | 916 | 7290 | 15393 | 20844 | | 18034 | 3240 | 4058 | 2522 | 732 | 38 | | -179 | |
| 33 | 22. 通用设备制造业 | 23652 | 8 | 185 | 1070 | 5949 | 7075 | | 5786 | 1033 | 1453 | 814 | 5 | 15 | | 259 | |
| 34 | 23. 专用设备制造业 | 41246 | 2 | 2029 | 5051 | 3109 | 14686 | | 9044 | 852 | 2465 | 727 | 2962 | 14 | | 305 | |
| 35 | 24. 汽车制造业 | 10094 | | 53 | 26 | 1689 | 4147 | | 3109 | 276 | 617 | 175 | | 2 | | | |
| 36 | 25. 铁路、船舶、航空航天和其他运输设备制造业 | 7722 | | 77 | 41 | 4571 | 1104 | | 759 | 393 | 211 | 282 | | 2 | | 282 | |
| 37 | 26. 电气机械和器材制造业 | 96543 | | 664 | 10806 | 29623 | 24985 | | 20295 | 3335 | 4512 | 1808 | | 27 | | 488 | |
| 38 | 27. 计算机、通信和其他电子设备制造业 | 459968 | 621 | 1154 | 6976 | 165811 | 154553 | | 83031 | 10434 | 28254 | 4249 | 3568 | 53 | | 1264 | |
| 39 | 28. 仪表仪器制造业 | 12630 | 30 | 103 | 153 | 1868 | 5749 | | 3146 | 547 | 510 | 269 | 46 | 6 | | 203 | |
| 40 | 29. 其他制造业 | 103660 | 38 | 1042 | 4672 | 30237 | 27306 | | 24388 | 3443 | 6494 | 3002 | 155 | 46 | 1322 | 1515 | |
| 41 | 30. 废弃资源综合利用业 | 341 | | 4 | 12 | | 231 | | 86 | | 8 | | | | | | |
| 42 | (三)电力、热力、燃气及水的生产和供应业 | 45968 | | 1492 | 7336 | 1707 | 15294 | | 13528 | 3784 | 974 | 1410 | 254 | 30 | 38 | 121 | |

续表

| 序号 | 项　　目 | 税收收入合计 | 国内增值税 | 营业税 | 企业所得税 | | 个人所得税 | 资源税 | 城市维护建设税 | 房产税 | 印花税 | 城镇土地使用税 | 土地增值税 | 车船税 | 耕地占用税 | 契税 | 其他各税 |
|---|---|---|---|---|---|---|---|---|---|---|---|---|---|---|---|---|---|
| | | | | | 内资企业 | 外资企业 | | | | | | | | | | | |
| 43 | 1. 电力、热力生产和供应业 | 35268 | | 406 | 3974 | 1707 | 12462 | | 11970 | 3295 | 796 | 595 | | 25 | 38 | | |
| 44 | 2. 燃气生产和供应业 | 3573 | | 361 | 1289 | | 800 | | 788 | 45 | 148 | 122 | | 1 | | 19 | |
| 45 | 3. 水的生产和供应业 | 7127 | | 725 | 2073 | | 2032 | | 770 | 444 | 30 | 693 | 254 | 4 | | 102 | |
| 46 | （四）建筑业 | 273867 | 19 | 175422 | 34464 | 1224 | 36389 | | 17380 | 1390 | 3545 | 1793 | 1724 | 33 | | 484 | |
| 47 | 1. 房屋建筑业 | 28248 | | 9701 | 9294 | 565 | 4384 | | 2068 | 200 | 596 | 229 | 975 | 3 | | 233 | |
| 48 | 2. 土木工程建筑业 | 3671 | 2 | 864 | 870 | | 1227 | | 478 | 9 | 128 | 41 | | 1 | | 51 | |
| 49 | 3. 建筑安装业 | 162973 | 13 | 113572 | 15385 | 231 | 20135 | | 9620 | 660 | 1503 | 1095 | 643 | 20 | | 96 | |
| 50 | 4. 建筑装饰和其他建筑业 | 78975 | 4 | 51285 | 8915 | 428 | 10643 | | 5214 | 521 | 1318 | 428 | 106 | 9 | | 104 | |
| 51 | 三、第三产业 | 3218241 | 21420 | 715794 | 332647 | 124070 | 585372 | | 147808 | 84886 | 48752 | 49796 | 498392 | 92051 | 42760 | 474493 | |
| 52 | （一）批发和零售业 | 213167 | 505 | 13786 | 39534 | 5838 | 57708 | | 55216 | 8987 | 17042 | 6550 | 4674 | 168 | | 3159 | |
| 53 | 1. 批发业 | 83574 | 198 | 4426 | 6675 | 3142 | 31845 | | 21060 | 2387 | 7117 | 1642 | 3470 | 50 | | 1562 | |
| 54 | 2. 零售业 | 129593 | 307 | 9360 | 32859 | 2696 | 25863 | | 34156 | 6600 | 9925 | 4908 | 1204 | 118 | | 1597 | |
| 55 | （二）交通运输、仓储和邮政业 | 42214 | | 7847 | 13674 | 1324 | 10420 | | 2917 | 1848 | 1213 | 902 | 25 | 569 | | 1475 | |
| 56 | 1. 铁路运输业 | 124 | | 2 | 3 | 10 | 89 | | 5 | | 8 | | | | | 7 | |
| 57 | 2. 道路运输业 | 19221 | | 7405 | 2762 | 1123 | 4396 | | 1622 | 204 | 473 | 177 | | 520 | | 539 | |
| 58 | 3. 水上运输业 | 1201 | | 48 | 259 | 156 | 291 | | 88 | 56 | 57 | 215 | 25 | 1 | | 5 | |
| 59 | 4. 航空运输业 | 543 | | | 477 | 8 | 27 | | 21 | 3 | 3 | | | 4 | | | |
| 60 | 5. 管道运输业 | 42 | | | 13 | | 1 | | 8 | 8 | 3 | 4 | | 5 | | | |
| 61 | 6. 装卸搬运和运输代理业 | 12756 | | 111 | 8621 | 4 | 2215 | | 660 | 372 | 443 | 110 | | 33 | | 187 | |
| 62 | 7. 仓储业 | 5033 | | 223 | 1479 | 23 | 591 | | 399 | 1098 | 171 | 311 | | 1 | | 737 | |
| 63 | 8. 邮政业 | 3294 | | 58 | 60 | | 2810 | | 114 | 107 | 55 | 85 | | 5 | | | |
| 64 | （三）住宿和餐饮业 | 39618 | | 23350 | 958 | 1402 | 6613 | | 2465 | 2391 | 177 | 1024 | 1172 | 12 | | 54 | |

续表

| 序号 | 项　目 | 税收收入合计 | 国内增值税 | 营业税 | 企业所得税 | | 个人所得税 | 资源税 | 城市维护建设税 | 房产税 | 印花税 | 城镇土地使用税 | 土地增值税 | 车船税 | 耕地占用税 | 契税 | 其他各税 |
|---|---|---|---|---|---|---|---|---|---|---|---|---|---|---|---|---|---|
| | | | | | 内资企业 | 外资企业 | | | | | | | | | | | |
| 65 | 1. 住宿业 | 10866 | | 5432 | 217 | 7 | 1314 | | 700 | 1411 | 45 | 561 | 1172 | 7 | | | |
| 66 | 2. 餐饮业 | 28752 | | 17918 | 741 | 1395 | 5299 | | 1765 | 980 | 132 | 463 | | 5 | | 54 | |
| 67 | (四)信息传输、软件和信息技术服务业 | 146117 | 106 | 2622 | 1546 | 466 | 130531 | | 6176 | 2531 | 862 | 723 | | 12 | | 542 | |
| 68 | 1. 电信、广播电视和卫星传输服务 | 13897 | | 1943 | 11 | 8 | 6734 | | 2916 | 1414 | 303 | 493 | | 7 | | 68 | |
| 69 | 2. 互联网和相关服务 | 2310 | 106 | 68 | 82 | 11 | 1154 | | 92 | 136 | 309 | 69 | | | | 283 | |
| 70 | 3. 软件和信息技术服务业 | 129910 | | 611 | 1453 | 447 | 122643 | | 3168 | 981 | 250 | 161 | | 5 | | 191 | |
| 71 | (五)金融业 | 427032 | 26 | 168106 | 5134 | 410 | 137812 | | 22554 | 2592 | 4830 | 531 | 570 | 83670 | | 797 | |
| 72 | 1. 货币金融服务 | 207838 | | 123807 | 1115 | 14 | 62369 | | 15008 | 2091 | 2798 | 228 | 19 | 14 | | 375 | |
| 73 | 2. 资本市场服务 | 21211 | 4 | 6287 | 393 | 16 | 12351 | | 1127 | 106 | 172 | 66 | 551 | 1 | | 137 | |
| 74 | 3. 保险业 | 178042 | | 27482 | 2101 | | 58399 | | 4994 | 103 | 1212 | 98 | | 83653 | | | |
| 75 | 4. 其他金融业 | 19941 | 22 | 10530 | 1525 | 380 | 4693 | | 1425 | 292 | 648 | 139 | | 2 | | 285 | |
| 76 | (六)房地产业 | 1396651 | 9053 | 431266 | 203223 | 27843 | 41218 | | 38199 | 37725 | 12262 | 19969 | 485493 | 47 | 1348 | 89005 | |
| 77 | 1. 房地产开发经营 | 1175081 | 26 | 361891 | 186039 | 23277 | 21868 | | 31150 | 13301 | 9493 | 10399 | 440858 | 24 | | 76755 | |
| 78 | 2. 物业管理 | 38039 | 45 | 18574 | 4362 | 122 | 2377 | | 2027 | 2036 | 315 | 1212 | 6336 | 12 | | 621 | |
| 79 | 3. 房地产中介服务 | 21385 | 66 | 5232 | 293 | 3310 | 5478 | | 677 | 385 | 92 | 382 | 5545 | 1 | | -76 | |
| 80 | 4. 自有房地产经营活动 | 37534 | 6347 | 8707 | 222 | 144 | 4052 | | 943 | 12398 | 417 | 3407 | 647 | 2 | | 248 | |
| 81 | 5. 其他房地产业 | 124612 | 2569 | 36862 | 12307 | 990 | 7443 | | 3402 | 9605 | 1945 | 4569 | 32107 | 8 | 1348 | 11457 | |
| 82 | (七)租赁和商务服务业 | 217141 | 1044 | 32704 | 36030 | 41943 | 42609 | | 8288 | 18519 | 5748 | 10288 | 3221 | 86 | 5927 | 10734 | |
| 83 | 1. 租赁业 | 1266 | | 365 | 230 | 21 | 342 | | 163 | 35 | 69 | 19 | | 15 | | 7 | |
| 84 | 2. 商务服务业 | 215875 | 1044 | 32339 | 35800 | 41922 | 42267 | | 8125 | 18484 | 5679 | 10269 | 3221 | 71 | 5927 | 10727 | |
| 85 | (八)科学研究和技术服务业 | 34443 | 8 | 1044 | 9085 | 2365 | 13119 | | 5057 | 1111 | 1515 | 510 | 30 | 18 | | 581 | |
| 86 | 1. 研究和试验发展 | 9538 | | 155 | 510 | 7 | 3366 | | 2982 | 677 | 1192 | 328 | | 3 | | 318 | |

续表

| 序号 | 项　目 | 税收收入合计 | 国内增值税 | 营业税 | 企业所得税 | | 个人所得税 | 资源税 | 城市维护建设税 | 房产税 | 印花税 | 城镇土地使用税 | 土地增值税 | 车船税 | 耕地占用税 | 契税 | 其他各税 |
|---|---|---|---|---|---|---|---|---|---|---|---|---|---|---|---|---|---|
| | | | | | 内资企业 | 外资企业 | | | | | | | | | | | |
| 87 | 2. 专业技术服务业 | 21836 | 8 | 872 | 8383 | 1814 | 8181 | | 1661 | 267 | 221 | 111 | 41 | 14 | | 263 | |
| 88 | 3. 科技推广和应用服务业 | 3069 | | 17 | 192 | 544 | 1572 | | 414 | 167 | 102 | 71 | -11 | 1 | | | |
| 89 | (九)水利、环境和公共设施管理业 | 21082 | | 3130 | 13654 | | 2587 | | 771 | 127 | 459 | 346 | 1 | 9 | | -2 | |
| 90 | 1. 水利管理业 | 1074 | | 85 | 89 | | 628 | | 74 | 18 | 145 | 35 | | | | | |
| 91 | 2. 生态保护和环境治理业 | 955 | | 58 | 69 | | 272 | | 194 | 20 | 80 | 262 | | 2 | | -2 | |
| 92 | 3. 公共设施管理业 | 19053 | | 2987 | 13496 | | 1687 | | 503 | 89 | 234 | 49 | 1 | 7 | | | |
| 93 | (十)居民服务、修理和其他服务业 | 137349 | 336 | 20371 | 6019 | 40981 | 55921 | | 4431 | 3965 | 844 | 1628 | 914 | 45 | 1747 | 147 | |
| 94 | 1. 居民服务业 | 5153 | 270 | 2494 | 625 | 38 | 791 | | 403 | 261 | 78 | 142 | 40 | 5 | | 6 | |
| 95 | 2. 机动车、电子产品和日用产品修理业 | 2009 | | 260 | 44 | 450 | 614 | | 389 | 58 | 128 | 44 | | 2 | | 20 | |
| 96 | 3. 其他服务业 | 130187 | 66 | 17617 | 5350 | 40493 | 54516 | | 3639 | 3646 | 638 | 1442 | 874 | 38 | 1747 | 121 | |
| 97 | (十一)教育 | 10797 | | 836 | 1950 | 16 | 7451 | | 125 | 76 | 40 | 8 | | 171 | | 124 | |
| 98 | (十二)卫生和社会工作 | 11030 | | 314 | 1563 | 92 | 8402 | | 50 | 425 | 70 | 100 | | 14 | | | |
| 99 | 1. 卫生 | 10907 | | 252 | 1556 | 92 | 8372 | | 41 | 417 | 70 | 93 | | 14 | | | |
| 100 | 2. 社会工作 | 123 | | 62 | 7 | | 30 | | 9 | 8 | | 7 | | | | | |
| 101 | (十三)文化、体育和娱乐业 | 10883 | | 3771 | -186 | 1390 | 2265 | | 492 | 500 | 32 | 2609 | | 3 | | 7 | |
| 102 | 1. 新闻和出版业 | -111 | | 3 | -399 | | 246 | | 35 | 2 | 1 | | | 1 | | | |
| 103 | 2. 广播、电视、电影和影视录音制作业 | 661 | | 89 | 31 | 4 | 379 | | 73 | 55 | 11 | 18 | | 1 | | | |
| 104 | 3. 文化艺术业 | 395 | | 66 | 39 | | 207 | | 45 | 19 | 6 | 6 | | | | 7 | |
| 105 | 4. 体育 | 2653 | | 508 | 36 | 355 | 1096 | | 64 | 43 | 8 | 543 | | | | | |
| 106 | 5. 娱乐业 | 7285 | | 3105 | 107 | 1031 | 337 | | 275 | 381 | 6 | 2042 | | 1 | | | |
| 107 | (十四)公共管理、社会保障和社会组织 | 510615 | 10342 | 6619 | 463 | | 68673 | | 1057 | 4089 | 3655 | 4607 | 2289 | 7213 | 33738 | 367870 | |
| 108 | (十五)其他行业 | 102 | | 28 | | | 43 | | 10 | | 3 | 1 | 3 | 14 | | | |

# 2016年中山市地方税务局税收收入分行业分税种统计年报表

编报机关:中山市地方税务局　　　　单位:万元

| 序号 | 项目 | 税收收入合计 | 国内增值税 | 营业税 | 企业所得税 | | 个人所得税 | 资源税 | 城市维护建设税 | 房产税 | 印花税 | 城镇土地使用税 | 土地增值税 | 车船税 | 耕地占用税 | 契税 | 其他各税 |
|---|---|---|---|---|---|---|---|---|---|---|---|---|---|---|---|---|---|
| | | | | | 内资企业 | 外资企业 | | | | | | | | | | | |
| 1 | 合计 | 2140668 | 26940 | 488194 | 228535 | 3847 | 356940 | 23 | 183178 | 142931 | 39152 | 76715 | 303292 | 31288 | 18469 | 241164 | |
| 2 | 一、第一产业 | 751 | 4 | 60 | 236 | | 292 | | 33 | 71 | 43 | 11 | | 1 | | | |
| 3 | 二、第二产业 | 570034 | 2547 | 131946 | 86401 | 779 | 130324 | 17 | 123577 | 42090 | 21639 | 19605 | 6740 | 138 | | 4231 | |
| 4 | (一)采矿业 | 798 | | 3 | | | 104 | | 384 | 119 | 22 | 166 | | | | | |
| 5 | 1. 煤炭开采和洗选业 | | | | | | | | | | | | | | | | |
| 6 | 2. 石油和天然气开采业 | | | | | | | | | | | | | | | | |
| 7 | 3. 黑色金属矿采选业 | | | | | | | | | | | | | | | | |
| 8 | 4. 有色金属矿采选业 | | | | | | | | | | | | | | | | |
| 9 | 5. 非金属矿采选业 | | | | | | | | | | | | | | | | |
| 10 | 6. 其他采矿业 | 798 | | 3 | | | 104 | | 384 | 119 | 22 | 166 | | | | | |
| 11 | (二)制造业 | 352412 | 2407 | 2781 | 47294 | 676 | 113680 | 16 | 102910 | 38323 | 18189 | 16841 | 5149 | 113 | | 4033 | |
| 12 | 1. 农副食品加工业 | 4629 | | 27 | 2071 | | 1340 | | 387 | 485 | 134 | 174 | | 5 | | 6 | |
| 13 | 2. 食品制造业 | 5740 | | 86 | 311 | | 1903 | | 1830 | 854 | 324 | 259 | | 2 | | 171 | |
| 14 | 3. 酒、饮料和精制茶制造业 | 3485 | | 33 | 106 | | 1053 | 15 | 1662 | 207 | 305 | 103 | | 1 | | | |
| 15 | 4. 烟草制品业 | | | | | | | | | | | | | | | | |
| 16 | 5. 纺织业 | 7955 | | 86 | 482 | | 1933 | | 2271 | 1700 | 425 | 1054 | | 4 | | | |
| 17 | 6. 纺织服装、服饰业 | 17191 | 160 | 26 | 929 | 2 | 6249 | | 5701 | 2236 | 754 | 952 | 176 | 6 | | | |
| 18 | 7. 皮革、毛皮、羽毛及其制品和制鞋业 | 6514 | | 15 | 542 | | 1316 | | 1892 | 1365 | 280 | 460 | | 4 | | 640 | |
| 19 | 8. 木材加工和木竹藤棕草制品业 | 2112 | | 12 | 559 | | 584 | | 502 | 207 | 141 | 99 | | | | 8 | |
| 20 | 9. 家具制造业 | 6243 | 166 | 14 | 300 | | 1407 | | 2341 | 910 | 244 | 622 | 182 | 3 | | 54 | |
| 21 | 10. 造纸和纸制品业 | 6533 | | 4 | 914 | | 2694 | | 1526 | 642 | 308 | 403 | | 3 | | 39 | |

续表

| 序号 | 项　目 | 税收收入合计 | 国内增值税 | 营业税 | 企业所得税 | | 个人所得税 | 资源税 | 城市维护建设税 | 房产税 | 印花税 | 城镇土地使用税 | 土地增值税 | 车船税 | 耕地占用税 | 契税 | 其他各税 |
|---|---|---|---|---|---|---|---|---|---|---|---|---|---|---|---|---|---|
| | | | | | 内资企业 | 外资企业 | | | | | | | | | | | |
| 22 | 11. 印刷和记录媒介复制业 | 7124 | 99 | 7 | 912 | 436 | 2972 | | 1557 | 515 | 177 | 298 | 35 | 3 | | 113 | |
| 23 | 12. 文教、工美、体育和娱乐用品制造业 | 5951 | 1 | 15 | 1320 | | 1090 | | 1822 | 882 | 374 | 370 | 2 | 3 | | 72 | |
| 24 | 13. 石油加工、炼焦和核燃料加工业 | 49 | | | 1 | | 3 | | 24 | 13 | 1 | 7 | | | | | |
| 25 | 14. 化学原料和化学制品制造业 | 27333 | | 975 | 2776 | | 7712 | | 12651 | 1597 | 707 | 855 | | 8 | | 52 | |
| 26 | 15. 医药制造业 | 6557 | | 4 | 957 | | 1588 | | 2597 | 581 | 611 | 169 | | | | 50 | |
| 27 | 16. 化学纤维制造业 | 496 | | | 1 | | 86 | | 71 | 233 | 16 | 89 | | | | | |
| 28 | 17. 橡胶和塑料制品业 | 25279 | 524 | 25 | 1739 | | 8828 | | 7500 | 3356 | 1064 | 1324 | 910 | 7 | | 2 | |
| 29 | 18. 非金属矿物制品业 | 6033 | 24 | 21 | 986 | | 1744 | 1 | 1791 | 669 | 205 | 513 | 74 | 5 | | | |
| 30 | 19. 黑色金属冶炼和压延加工业 | 1864 | | 31 | 145 | | 437 | | 365 | 607 | 89 | 190 | | | | | |
| 31 | 20. 有色金属冶炼和压延加工业 | 2334 | | 1 | | | 986 | | 982 | 228 | 67 | 70 | | | | | |
| 32 | 21. 金属制品业 | 30959 | 57 | 98 | 1839 | 1 | 12713 | | 9262 | 3206 | 1437 | 1575 | 72 | 11 | | 688 | |
| 33 | 22. 通用设备制造业 | 8162 | 550 | 29 | 367 | | 2700 | | 2512 | 1094 | 470 | 335 | | 3 | | 102 | |
| 34 | 23. 专用设备制造业 | 14517 | 86 | 25 | 1131 | | 6135 | | 3911 | 1628 | 591 | 728 | 75 | 4 | | 203 | |
| 35 | 24. 汽车制造业 | 5535 | | 5 | 30 | | 1524 | | 2406 | 692 | 671 | 170 | | 4 | | 33 | |
| 36 | 25. 铁路、船舶、航空航天和其他运输设备制造业 | 4088 | | 31 | 3 | | 2282 | | 538 | 763 | 92 | 348 | | 1 | | 30 | |
| 37 | 26. 电气机械和器材制造业 | 89159 | 355 | 853 | 21783 | | 25246 | | 19919 | 8712 | 4351 | 3828 | 2988 | 19 | | 1105 | |
| 38 | 27. 计算机、通信和其他电子设备制造业 | 33356 | 185 | 236 | 5804 | 9 | 10718 | | 8431 | 3503 | 3120 | 1018 | 123 | 11 | | 198 | |
| 39 | 28. 仪表仪器制造业 | 4022 | | 2 | 534 | | 1859 | | 1159 | 190 | 122 | 143 | | 1 | | 12 | |
| 40 | 29. 其他制造业 | 18866 | 200 | 106 | 687 | 228 | 6489 | | 7232 | 1233 | 1104 | 616 | 512 | 4 | | 455 | |
| 41 | 30. 废弃资源综合利用业 | 326 | | 14 | 65 | | 89 | | 68 | 15 | 5 | 69 | | 1 | | | |
| 42 | (三)电力、热力、燃气及水的生产和供应业 | 32246 | 31 | 425 | 12207 | | 6175 | 1 | 8028 | 2444 | 1267 | 1497 | 31 | 7 | | 133 | |

续表

| 序号 | 项　　目 | 税收收入合计 | 国内增值税 | 营业税 | 企业所得税 | | 个人所得税 | 资源税 | 城市维护建设税 | 房产税 | 印花税 | 城镇土地使用税 | 土地增值税 | 车船税 | 耕地占用税 | 契税 | 其他各税 |
|---|---|---|---|---|---|---|---|---|---|---|---|---|---|---|---|---|---|
| | | | | | 内资企业 | 外资企业 | | | | | | | | | | | |
| 43 | 1. 电力、热力生产和供应业 | 16536 | 31 | 22 | 1904 | | 5051 | | 6052 | 2044 | 582 | 681 | 31 | 5 | | 133 | |
| 44 | 2. 燃气生产和供应业 | 4077 | | 23 | 1025 | | 660 | | 1543 | 110 | 640 | 75 | | 1 | | | |
| 45 | 3. 水的生产和供应业 | 11633 | | 380 | 9278 | | 464 | 1 | 433 | 290 | 45 | 741 | | 1 | | | |
| 46 | （四）建筑业 | 184578 | 109 | 128737 | 26900 | 103 | 10365 | | 12255 | 1204 | 2161 | 1101 | 1560 | 18 | | 65 | |
| 47 | 1. 房屋建筑业 | 41094 | 29 | 28615 | 6387 | | 731 | | 2921 | 317 | 356 | 327 | 1390 | 1 | | 20 | |
| 48 | 2. 土木工程建筑业 | 4680 | | 2081 | 1155 | | 729 | | 397 | 61 | 120 | 136 | | 1 | | | |
| 49 | 3. 建筑安装业 | 24993 | 1 | 8871 | 8661 | 3 | 3314 | | 2509 | 617 | 734 | 262 | | 4 | | 17 | |
| 50 | 4. 建筑装饰和其他建筑业 | 113811 | 79 | 89170 | 10697 | 100 | 5591 | | 6428 | 209 | 951 | 376 | 170 | 12 | | 28 | |
| 51 | 三、第三产业 | 1569883 | 24389 | 356188 | 141898 | 3068 | 226324 | 6 | 59568 | 100770 | 17470 | 57099 | 296552 | 31149 | 18469 | 236933 | |
| 52 | （一）批发和零售业 | 62930 | 131 | 4073 | 8814 | 546 | 17156 | 2 | 15835 | 6782 | 4046 | 3438 | 1089 | 43 | | 975 | |
| 53 | 1. 批发业 | 31917 | 50 | 1345 | 4370 | 544 | 8236 | 1 | 9303 | 3587 | 2120 | 1438 | 413 | 18 | | 492 | |
| 54 | 2. 零售业 | 31013 | 81 | 2728 | 4444 | 2 | 8920 | 1 | 6532 | 3195 | 1926 | 2000 | 676 | 25 | | 483 | |
| 55 | （二）交通运输、仓储和邮政业 | 16198 | | 2145 | 3731 | 39 | 5349 | | 1272 | 1987 | 294 | 1147 | 48 | 152 | | 34 | |
| 56 | 1. 铁路运输业 | 61 | | | 12 | | 1 | | 1 | | | | 47 | | | | |
| 57 | 2. 道路运输业 | 7843 | | 2000 | 1353 | | 2729 | | 775 | 498 | 148 | 242 | 1 | 90 | | 7 | |
| 58 | 3. 水上运输业 | 569 | | 12 | 19 | | 321 | | 53 | 68 | 12 | 69 | | 15 | | | |
| 59 | 4. 航空运输业 | 72 | | 7 | 1 | | 40 | | 1 | 20 | 2 | 1 | | | | | |
| 60 | 5. 管道运输业 | | | | | | | | | | | | | | | | |
| 61 | 6. 装卸搬运和运输代理业 | 4845 | | 53 | 2281 | 39 | 1466 | | 352 | 335 | 69 | 180 | | 43 | | 27 | |
| 62 | 7. 仓储业 | 1575 | | 58 | 10 | | 134 | | 60 | 735 | 33 | 541 | | 4 | | | |
| 63 | 8. 邮政业 | 1233 | | 15 | 55 | | 658 | | 30 | 331 | 30 | 114 | | | | | |
| 64 | （三）住宿和餐饮业 | 21366 | 24 | 11405 | 832 | 6 | 4518 | 1 | 1190 | 2500 | 108 | 502 | 168 | 2 | | 110 | |

续表

| 序号 | 项目 | 税收收入合计 | 国内增值税 | 营业税 | 企业所得税 | | 个人所得税 | 资源税 | 城市维护建设税 | 房产税 | 印花税 | 城镇土地使用税 | 土地增值税 | 车船税 | 耕地占用税 | 契税 | 其他各税 |
|---|---|---|---|---|---|---|---|---|---|---|---|---|---|---|---|---|---|
| | | | | | 内资企业 | 外资企业 | | | | | | | | | | | |
| 65 | 1. 住宿业 | 6972 | 24 | 3444 | 241 | | 718 | 1 | 408 | 1463 | 24 | 372 | 168 | 1 | | 108 | |
| 66 | 2. 餐饮业 | 14394 | | 7961 | 591 | 6 | 3800 | | 782 | 1037 | 84 | 130 | | 1 | | 2 | |
| 67 | (四)信息传输、软件和信息技术服务业 | 10941 | 3 | 830 | 748 | 1 | 5265 | | 1173 | 1392 | 236 | 995 | 198 | 2 | | 98 | |
| 68 | 1. 电信、广播电视和卫星传输服务 | 4558 | | 525 | 1 | | 2328 | | 614 | 819 | 81 | 186 | | 1 | | 3 | |
| 69 | 2. 互联网和相关服务 | 830 | | 25 | 101 | | 414 | | 166 | 69 | 22 | 15 | | | | 18 | |
| 70 | 3. 软件和信息技术服务业 | 5553 | 3 | 280 | 646 | 1 | 2523 | | 393 | 504 | 133 | 794 | 198 | 1 | | 77 | |
| 71 | (五)金融业 | 164139 | 215 | 60249 | 6806 | 39 | 52390 | | 8433 | 4052 | 1925 | 602 | 303 | 28714 | | 411 | |
| 72 | 1. 货币金融服务 | 95191 | 202 | 55788 | 2402 | | 23966 | | 6863 | 3555 | 1392 | 517 | 275 | 8 | | 223 | |
| 73 | 2. 资本市场服务 | 7188 | | 1192 | 74 | | 5619 | | 174 | 72 | 46 | 8 | | | | 3 | |
| 74 | 3. 保险业 | 51829 | | 223 | 5 | | 21235 | | 1128 | 100 | 418 | 14 | | 28706 | | | |
| 75 | 4. 其他金融业 | 9931 | 13 | 3046 | 4325 | 39 | 1570 | | 268 | 325 | 69 | 63 | 28 | | | 185 | |
| 76 | (六)房地产业 | 709269 | 4018 | 234941 | 96788 | 860 | 16846 | | 23290 | 25037 | 6914 | 27189 | 258222 | 44 | | 15120 | |
| 77 | 1. 房地产开发经营 | 621003 | 1495 | 204262 | 87366 | 558 | 8505 | | 20373 | 10227 | 5781 | 23445 | 247116 | 40 | | 11835 | |
| 78 | 2. 物业管理 | 27903 | 553 | 8722 | 4779 | 13 | 1438 | | 1007 | 2942 | 261 | 1134 | 2496 | 1 | | 4557 | |
| 79 | 3. 房地产中介服务 | 5992 | 17 | 1716 | 1706 | | 1131 | | 263 | 104 | 16 | 150 | 885 | 1 | | 3 | |
| 80 | 4. 自有房地产经营活动 | 4924 | 345 | 595 | 310 | 1 | 431 | | 91 | 1546 | 53 | 590 | 827 | | | 135 | |
| 81 | 5. 其他房地产业 | 49447 | 1608 | 19646 | 2627 | 288 | 5341 | | 1556 | 10218 | 803 | 1870 | 6898 | 2 | | -1410 | |
| 82 | (七)租赁和商务服务业 | 108273 | 2304 | 18089 | 16509 | 1526 | 16307 | | 3333 | 24188 | 1356 | 11650 | 11752 | 27 | 61 | 1171 | |
| 83 | 1. 租赁业 | 1442 | | 178 | 139 | | 405 | | 108 | 432 | 11 | 164 | | 5 | | | |
| 84 | 2. 商务服务业 | 106831 | 2304 | 17911 | 16370 | 1526 | 15902 | | 3225 | 23756 | 1345 | 11486 | 11752 | 22 | 61 | 1171 | |
| 85 | (八)科学研究和技术服务业 | 6887 | 1 | 977 | 1015 | | 2775 | | 847 | 466 | 161 | 143 | 234 | 3 | | 265 | |
| 86 | 1. 研究和试验发展 | 1800 | | 181 | 339 | | 535 | | 181 | 214 | 47 | 64 | 82 | | | 157 | |

续表

| 序号 | 项　　目 | 税收收入合计 | 国内增值税 | 营业税 | 企业所得税 | | 个人所得税 | 资源税 | 城市维护建设税 | 房产税 | 印花税 | 城镇土地使用税 | 土地增值税 | 车船税 | 耕地占用税 | 契税 | 其他各税 |
|---|---|---|---|---|---|---|---|---|---|---|---|---|---|---|---|---|---|
| | | | | | 内资企业 | 外资企业 | | | | | | | | | | | |
| 87 | 2. 专业技术服务业 | 3747 | 1 | 730 | 622 | | 1594 | | 353 | 116 | 50 | 33 | 152 | 3 | | 93 | |
| 88 | 3. 科技推广和应用服务业 | 1340 | | 66 | 54 | | 646 | | 313 | 136 | 64 | 46 | | | | 15 | |
| 89 | (九)水利、环境和公共设施管理业 | 2214 | | 645 | 657 | | 334 | | 180 | 152 | 31 | 159 | | 5 | 51 | | |
| 90 | 1. 水利管理业 | 123 | | 19 | 12 | | 74 | | 10 | 2 | 1 | 5 | | | | | |
| 91 | 2. 生态保护和环境治理业 | 397 | | 42 | 159 | | 73 | | 66 | 31 | 10 | 16 | | | | | |
| 92 | 3. 公共设施管理业 | 1694 | | 584 | 486 | | 187 | | 104 | 119 | 20 | 138 | | 5 | 51 | | |
| 93 | (十)居民服务、修理和其他服务业 | 70998 | 353 | 6868 | 1986 | 42 | 44803 | | 1910 | 12229 | 463 | 1512 | 394 | 110 | 336 | -8 | |
| 94 | 1. 居民服务业 | 10874 | 105 | 1755 | 387 | | 2230 | | 178 | 5604 | 75 | 361 | -6 | 1 | 336 | -152 | |
| 95 | 2. 机动车、电子产品和日用产品修理业 | 2628 | | 138 | 119 | | 994 | | 859 | 307 | 120 | 91 | | | | | |
| 96 | 3. 其他服务业 | 57496 | 248 | 4975 | 1480 | 42 | 41579 | | 873 | 6318 | 268 | 1060 | 400 | 109 | | 144 | |
| 97 | (十一)教育 | 8561 | | 576 | 1081 | | 6489 | | 68 | 54 | 32 | 15 | | 20 | | 226 | |
| 98 | (十二)卫生和社会工作 | 8602 | | 49 | 252 | | 8171 | | 8 | 76 | 7 | 11 | | 7 | | 21 | |
| 99 | 1. 卫生 | 8588 | | 45 | 251 | | 8162 | | 8 | 76 | 7 | 11 | | 7 | | 21 | |
| 100 | 2. 社会工作 | 14 | | 4 | 1 | | 9 | | | | | | | | | | |
| 101 | (十三)文化、体育和娱乐业 | 8721 | | 1681 | 406 | 9 | 4459 | 3 | 273 | 650 | 26 | 1137 | | 2 | | 75 | |
| 102 | 1. 新闻和出版业 | 336 | | 2 | 10 | | 242 | | 25 | 31 | 1 | 4 | | | | 21 | |
| 103 | 2. 广播、电视、电影和影视录音制作业 | 1432 | | 19 | 45 | 9 | 1146 | | 65 | 71 | 14 | 9 | | 1 | | 53 | |
| 104 | 3. 文化艺术业 | 648 | | 181 | 165 | | 203 | | 33 | 57 | 2 | 6 | | 1 | | | |
| 105 | 4. 体育 | 1750 | | 256 | 12 | | 183 | | 43 | 243 | 3 | 1009 | | | | 1 | |
| 106 | 5. 娱乐业 | 4555 | | 1223 | 174 | | 2685 | 3 | 107 | 248 | 6 | 109 | | | | | |
| 107 | (十四)公共管理、社会保障和社会组织 | 370718 | 17340 | 13622 | 2258 | | 41451 | | 1754 | 21205 | 1871 | 8599 | 24144 | 2018 | 18021 | 218435 | |
| 108 | (十五)其他行业 | 66 | | 38 | 15 | | 11 | | 2 | | | | | | | | |

# 2016年江门市地方税务局税收收入分行业分税种统计年报表

编报机关:江门市地方税务局　　　　单位:万元

| 序号 | 项目 | 税收收入合计 | 国内增值税 | 营业税 | 企业所得税 | | 个人所得税 | 资源税 | 城市维护建设税 | 房产税 | 印花税 | 城镇土地使用税 | 土地增值税 | 车船税 | 耕地占用税 | 契税 | 其他各税 |
|---|---|---|---|---|---|---|---|---|---|---|---|---|---|---|---|---|---|
| | | | | | 内资企业 | 外资企业 | | | | | | | | | | | |
| 1 | 合计 | 1472477 | 9425 | 272105 | 191432 | 1106 | 221698 | 5925 | 137191 | 99550 | 28589 | 132532 | 184734 | 24899 | 33761 | 129530 | |
| 2 | 一、第一产业 | 2393 | | 94 | 44 | 11 | 1153 | | 59 | 187 | 153 | 602 | 45 | 2 | 32 | 11 | |
| 3 | 二、第二产业 | 477116 | 534 | 107406 | 68528 | 211 | 88506 | 4523 | 91122 | 42164 | 15593 | 48090 | 5302 | 228 | 269 | 4640 | |
| 4 | (一)采矿业 | 3460 | | | 2 | | 123 | 3059 | 113 | 14 | 25 | 93 | | | 31 | | |
| 5 | 1. 煤炭开采和洗选业 | | | | | | | | | | | | | | | | |
| 6 | 2. 石油和天然气开采业 | | | | | | | | | | | | | | | | |
| 7 | 3. 黑色金属矿采选业 | | | | | | | | | | | | | | | | |
| 8 | 4. 有色金属矿采选业 | 28 | | | | | 1 | | 6 | 2 | 1 | 18 | | | | | |
| 9 | 5. 非金属矿采选业 | 2840 | | | 2 | | 118 | 2513 | 88 | 5 | 18 | 65 | | | 31 | | |
| 10 | 6. 其他采矿业 | 592 | | | | | 4 | 546 | 19 | 7 | 6 | 10 | | | | | |
| 11 | (二)制造业 | 248801 | 500 | 3173 | 19960 | 194 | 52529 | 1463 | 73917 | 35041 | 12241 | 41559 | 3741 | 161 | -14 | 4336 | |
| 12 | 1. 农副食品加工业 | 6494 | 1 | 69 | 511 | | 1933 | | 1598 | 1088 | 369 | 910 | 3 | 3 | | 9 | |
| 13 | 2. 食品制造业 | 22751 | | 46 | 1491 | | 1818 | | 16483 | 1196 | 478 | 999 | | 2 | | 238 | |
| 14 | 3. 酒、饮料和精制茶制造业 | 2091 | | | 20 | | 625 | 1 | 801 | 247 | 99 | 217 | | 10 | | 71 | |
| 15 | 4. 烟草制品业 | 956 | | | | | 420 | | 379 | 77 | 22 | 58 | | | | | |
| 16 | 5. 纺织业 | 11205 | 3 | 331 | 442 | 9 | 1523 | | 2364 | 2615 | 498 | 3017 | 260 | 10 | | 133 | |
| 17 | 6. 纺织服装、服饰业 | 7640 | | 383 | 345 | | 836 | | 2226 | 1255 | 311 | 1322 | 942 | 4 | | 16 | |
| 18 | 7. 皮革、毛皮、羽毛及其制品和制鞋业 | 5495 | 61 | 50 | 232 | | 986 | | 1401 | 881 | 252 | 1385 | 239 | 2 | | 6 | |
| 19 | 8. 木材加工和木竹藤棕草制品业 | 2614 | | 1 | 31 | 2 | 231 | | 547 | 372 | 103 | 1233 | | 2 | | 92 | |
| 20 | 9. 家具制造业 | 4160 | | 16 | 115 | | 656 | | 1176 | 822 | 272 | 1026 | 3 | 2 | | 72 | |
| 21 | 10. 造纸和纸制品业 | 9861 | | 516 | 1816 | | 1558 | | 1696 | 1503 | 536 | 1968 | 182 | 4 | | 82 | |

续表

| 序号 | 项目 | 税收收入合计 | 国内增值税 | 营业税 | 企业所得税 | | 个人所得税 | 资源税 | 城市维护建设税 | 房产税 | 印花税 | 城镇土地使用税 | 土地增值税 | 车船税 | 耕地占用税 | 契税 | 其他各税 |
|---|---|---|---|---|---|---|---|---|---|---|---|---|---|---|---|---|---|
| | | | | | 内资企业 | 外资企业 | | | | | | | | | | | |
| 22 | 11. 印刷和记录媒介复制业 | 5141 | | 17 | 317 | | 1493 | | 1437 | 836 | 291 | 659 | | 6 | | 85 | |
| 23 | 12. 文教、工美、体育和娱乐用品制造业 | 1511 | | 13 | 225 | | 170 | | 418 | 228 | 63 | 350 | 13 | 1 | | 30 | |
| 24 | 13. 石油加工、炼焦和核燃料加工业 | 357 | | | 1 | | 200 | | 139 | 1 | 12 | 4 | | | | | |
| 25 | 14. 化学原料和化学制品制造业 | 14009 | | 116 | 2339 | 154 | 3606 | 3 | 3610 | 1498 | 833 | 1590 | 14 | 6 | －14 | 254 | |
| 26 | 15. 医药制造业 | 11692 | 2 | 3 | 2884 | | 7041 | | 938 | 369 | 89 | 347 | 10 | | | 9 | |
| 27 | 16. 化学纤维制造业 | 1509 | | 10 | 1 | | 357 | | 521 | 378 | 72 | 170 | | | | | |
| 28 | 17. 橡胶和塑料制品业 | 10531 | | 33 | 696 | | 1769 | | 3071 | 1788 | 621 | 2415 | 2 | 12 | | 124 | |
| 29 | 18. 非金属矿物制品业 | 13765 | | 122 | 321 | | 1767 | 1444 | 2691 | 2745 | 501 | 3915 | 140 | 13 | | 106 | |
| 30 | 19. 黑色金属冶炼和压延加工业 | 1849 | | 3 | 122 | | 183 | | 312 | 203 | 144 | 316 | 8 | 4 | | 554 | |
| 31 | 20. 有色金属冶炼和压延加工业 | 1866 | | 21 | 277 | | 248 | | 387 | 236 | 140 | 280 | | 1 | | 276 | |
| 32 | 21. 金属制品业 | 40093 | 49 | 753 | 3809 | 13 | 7894 | 5 | 10536 | 5439 | 2047 | 7475 | 1535 | 33 | | 505 | |
| 33 | 22. 通用设备制造业 | 4603 | | 93 | 177 | | 944 | | 1311 | 818 | 211 | 993 | | 4 | | 52 | |
| 34 | 23. 专用设备制造业 | 4354 | | 26 | 178 | | 1018 | | 1327 | 490 | 318 | 873 | | 8 | | 116 | |
| 35 | 24. 汽车制造业 | 7449 | 73 | 37 | 261 | | 1487 | | 1655 | 1467 | 284 | 1676 | | 1 | | 508 | |
| 36 | 25. 铁路、船舶、航空航天和其他运输设备制造业 | 12307 | | 109 | 213 | 5 | 3770 | | 3447 | 2016 | 700 | 1883 | 2 | 7 | | 155 | |
| 37 | 26. 电气机械和器材制造业 | 24231 | 140 | 81 | 2086 | 1 | 5197 | | 6942 | 4519 | 1838 | 3211 | | 10 | | 206 | |
| 38 | 27. 计算机、通信和其他电子设备制造业 | 11198 | 142 | 116 | 719 | 3 | 2715 | | 4361 | 1129 | 562 | 1071 | 219 | 4 | | 157 | |
| 39 | 28. 仪表仪器制造业 | 853 | 1 | 3 | 30 | | 246 | | 298 | 102 | 45 | 110 | | 1 | | 17 | |
| 40 | 29. 其他制造业 | 8004 | 28 | 203 | 247 | 7 | 1823 | 10 | 1777 | 705 | 520 | 2042 | 169 | 10 | | 463 | |
| 41 | 30. 废弃资源综合利用业 | 212 | | 2 | 54 | | 15 | | 68 | 18 | 10 | 44 | | 1 | | | |
| 42 | （三）电力、热力、燃气及水的生产和供应业 | 29909 | 1 | 693 | 2270 | | 11197 | 1 | 6061 | 4849 | 770 | 3843 | 16 | 45 | 4 | 159 | |

续表

| 序号 | 项目 | 税收收入合计 | 国内增值税 | 营业税 | 企业所得税 | | 个人所得税 | 资源税 | 城市维护建设税 | 房产税 | 印花税 | 城镇土地使用税 | 土地增值税 | 车船税 | 耕地占用税 | 契税 | 其他各税 |
|---|---|---|---|---|---|---|---|---|---|---|---|---|---|---|---|---|---|
| | | | | | 内资企业 | 外资企业 | | | | | | | | | | | |
| 43 | 1. 电力、热力生产和供应业 | 24268 | | 104 | 197 | | 10106 | | 5530 | 4478 | 672 | 2997 | 13 | 41 | | 130 | |
| 44 | 2. 燃气生产和供应业 | 1384 | | 72 | 422 | | 391 | | 197 | 53 | 57 | 190 | | 2 | | | |
| 45 | 3. 水的生产和供应业 | 4257 | 1 | 517 | 1651 | | 700 | 1 | 334 | 318 | 41 | 656 | 3 | 2 | 4 | 29 | |
| 46 | (四)建筑业 | 194946 | 33 | 103540 | 46296 | 17 | 24657 | | 11031 | 2260 | 2557 | 2595 | 1545 | 22 | 248 | 145 | |
| 47 | 1. 房屋建筑业 | 50559 | 32 | 21568 | 17257 | 1 | 4338 | | 2700 | 1832 | 732 | 1100 | 985 | 6 | | 8 | |
| 48 | 2. 土木工程建筑业 | 20551 | | 14987 | 1451 | 1 | 2346 | | 1332 | 70 | 154 | 126 | | 1 | | 83 | |
| 49 | 3. 建筑安装业 | 53712 | | 17334 | 23173 | 6 | 8083 | | 3052 | 237 | 1224 | 481 | 81 | 13 | | 28 | |
| 50 | 4. 建筑装饰和其他建筑业 | 70124 | 1 | 49651 | 4415 | 9 | 9890 | | 3947 | 121 | 447 | 888 | 479 | 2 | 248 | 26 | |
| 51 | 三、第三产业 | 992968 | 8891 | 164605 | 122860 | 884 | 132039 | 1402 | 46010 | 57199 | 12843 | 83840 | 179387 | 24669 | 33460 | 124879 | |
| 52 | (一)批发和零售业 | 61248 | 180 | 4004 | 8126 | | 9383 | 1288 | 18340 | 5066 | 4686 | 6326 | 2617 | 68 | 130 | 1034 | |
| 53 | 1. 批发业 | 31677 | 110 | 957 | 4544 | | 5453 | 533 | 12115 | 1746 | 2388 | 1775 | 1659 | 25 | 130 | 242 | |
| 54 | 2. 零售业 | 29571 | 70 | 3047 | 3582 | | 3930 | 755 | 6225 | 3320 | 2298 | 4551 | 958 | 43 | | 792 | |
| 55 | (二)交通运输、仓储和邮政业 | 29154 | 5 | 876 | 19513 | 713 | 3536 | | 836 | 1372 | 394 | 1327 | 148 | 169 | 78 | 187 | |
| 56 | 1. 铁路运输业 | 44 | | | 15 | | 3 | | 4 | 4 | 1 | | | | 17 | | |
| 57 | 2. 道路运输业 | 23809 | 5 | 648 | 18912 | 713 | 1444 | | 506 | 759 | 181 | 354 | 44 | 111 | 61 | 71 | |
| 58 | 3. 水上运输业 | 632 | | 22 | 191 | | 141 | | 57 | 92 | 11 | 98 | | 19 | | 1 | |
| 59 | 4. 航空运输业 | | | | | | | | | | | | | | | | |
| 60 | 5. 管道运输业 | 187 | | 92 | 77 | | 1 | | 7 | | | 10 | | | | | |
| 61 | 6. 装卸搬运和运输代理业 | 1771 | | 37 | 168 | | 636 | | 170 | 117 | 59 | 548 | | 36 | | | |
| 62 | 7. 仓储业 | 629 | | 6 | 10 | | 69 | | 32 | 57 | 130 | 208 | | 2 | | 115 | |
| 63 | 8. 邮政业 | 2082 | | 71 | 140 | | 1242 | | 60 | 343 | 12 | 109 | 104 | 1 | | | |
| 64 | (三)住宿和餐饮业 | 16591 | 87 | 8358 | 357 | 9 | 3007 | 33 | 959 | 1987 | 58 | 1107 | 579 | 3 | | 47 | |

续表

| 序号 | 项目 | 税收收入合计 | 国内增值税 | 营业税 | 企业所得税 | | 个人所得税 | 资源税 | 城市维护建设税 | 房产税 | 印花税 | 城镇土地使用税 | 土地增值税 | 车船税 | 耕地占用税 | 契税 | 其他各税 |
|---|---|---|---|---|---|---|---|---|---|---|---|---|---|---|---|---|---|
| | | | | | 内资企业 | 外资企业 | | | | | | | | | | | |
| 65 | 1. 住宿业 | 6691 | 87 | 2732 | 194 | 1 | 669 | 25 | 346 | 1395 | 24 | 844 | 335 | | | 39 | |
| 66 | 2. 餐饮业 | 9900 | | 5626 | 163 | 8 | 2338 | 8 | 613 | 592 | 34 | 263 | 244 | 3 | | 8 | |
| 67 | (四)信息传输、软件和信息技术服务业 | 8625 | 3 | 545 | 163 | | 3412 | | 1379 | 1887 | 202 | 649 | 9 | 18 | | 358 | |
| 68 | 1. 电信、广播电视和卫星传输服务 | 6590 | 3 | 424 | 34 | | 2275 | | 1235 | 1647 | 132 | 460 | 9 | 14 | | 357 | |
| 69 | 2. 互联网和相关服务 | 101 | | 9 | 44 | | 25 | | 12 | 7 | 3 | 1 | | | | | |
| 70 | 3. 软件和信息技术服务业 | 1934 | | 112 | 85 | | 1112 | | 132 | 233 | 67 | 188 | | 4 | | 1 | |
| 71 | (五)金融业 | 114378 | 500 | 38728 | 2718 | | 39659 | | 5539 | 3601 | 1226 | 1512 | 863 | 18514 | | 1518 | |
| 72 | 1. 货币金融服务 | 58290 | 34 | 29963 | 753 | | 18045 | | 3316 | 2536 | 739 | 1347 | 123 | 9 | | 1425 | |
| 73 | 2. 资本市场服务 | 4044 | | 1050 | | | 2570 | | 181 | 141 | 8 | 72 | 19 | | | 3 | |
| 74 | 3. 保险业 | 32861 | | -2603 | 2 | | 15850 | | 589 | 190 | 288 | 36 | 10 | 18499 | | | |
| 75 | 4. 其他金融业 | 19183 | 466 | 10318 | 1963 | | 3194 | | 1453 | 734 | 191 | 57 | 711 | 6 | | 90 | |
| 76 | (六)房地产业 | 429693 | 2194 | 93980 | 81890 | 60 | 8323 | | 13963 | 16515 | 4129 | 26756 | 161953 | 16 | 4877 | 15037 | |
| 77 | 1. 房地产开发经营 | 385723 | 665 | 82777 | 78032 | 10 | 6115 | | 12356 | 8930 | 3667 | 20147 | 153925 | 13 | 4825 | 14261 | |
| 78 | 2. 物业管理 | 15777 | 10 | 4776 | 1660 | 45 | 633 | | 685 | 3210 | 135 | 1493 | 2884 | 2 | | 244 | |
| 79 | 3. 房地产中介服务 | 1506 | | 591 | 64 | | 133 | | 70 | 248 | 19 | 121 | 247 | | | 13 | |
| 80 | 4. 自有房地产经营活动 | 4172 | 1000 | 841 | 21 | 5 | 544 | | 291 | 863 | 70 | 339 | 132 | | 52 | 14 | |
| 81 | 5. 其他房地产业 | 22515 | 519 | 4995 | 2113 | | 898 | | 561 | 3264 | 238 | 4656 | 4765 | 1 | | 505 | |
| 82 | (七)租赁和商务服务业 | 43017 | 179 | 4103 | 2257 | 14 | 4831 | 71 | 1096 | 7269 | 910 | 15718 | 2176 | 21 | 756 | 3616 | |
| 83 | 1. 租赁业 | 1605 | | 205 | 233 | | 134 | | 63 | 747 | 25 | 193 | | 5 | | | |
| 84 | 2. 商务服务业 | 41412 | 179 | 3898 | 2024 | 14 | 4697 | 71 | 1033 | 6522 | 885 | 15525 | 2176 | 16 | 756 | 3616 | |
| 85 | (八)科学研究和技术服务业 | 11222 | | 707 | 2969 | 61 | 2383 | | 817 | 395 | 108 | 658 | 1 | 8 | 3062 | 53 | |
| 86 | 1. 研究和试验发展 | 1745 | | 202 | 693 | | 129 | | 127 | 222 | 19 | 248 | | 1 | 99 | 5 | |

续表

| 序号 | 项　　目 | 税收收入合计 | 国内增值税 | 营业税 | 企业所得税 | | 个人所得税 | 资源税 | 城市维护建设税 | 房产税 | 印花税 | 城镇土地使用税 | 土地增值税 | 车船税 | 耕地占用税 | 契税 | 其他各税 |
|---|---|---|---|---|---|---|---|---|---|---|---|---|---|---|---|---|---|
| | | | | | 内资企业 | 外资企业 | | | | | | | | | | | |
| 87 | 2. 专业技术服务业 | 9211 | | 490 | 2273 | 61 | 2163 | | 649 | 144 | 84 | 336 | | 7 | 2963 | 41 | |
| 88 | 3. 科技推广和应用服务业 | 266 | | 15 | 3 | | 91 | | 41 | 29 | 5 | 74 | 1 | | | 7 | |
| 89 | (九)水利、环境和公共设施管理业 | 10498 | | 858 | 243 | | 494 | | 289 | 2369 | 78 | 4931 | | 13 | 1103 | 120 | |
| 90 | 1. 水利管理业 | 378 | | 101 | 97 | | 50 | | 24 | 4 | 13 | 87 | | 2 | | | |
| 91 | 2. 生态保护和环境治理业 | 2168 | | 267 | 31 | | 121 | | 157 | 748 | 53 | 620 | | 1 | 50 | 120 | |
| 92 | 3. 公共设施管理业 | 7952 | | 490 | 115 | | 323 | | 108 | 1617 | 12 | 4224 | | 10 | 1053 | | |
| 93 | (十)居民服务、修理和其他服务业 | 48700 | 198 | 6568 | 2409 | 3 | 25062 | 2 | 1775 | 1744 | 189 | 4748 | 1925 | 53 | 3551 | 473 | |
| 94 | 1. 居民服务业 | 4512 | 4 | 1337 | 267 | 3 | 410 | | 223 | 148 | 34 | 1301 | 763 | 1 | 27 | -6 | |
| 95 | 2. 机动车、电子产品和日用产品修理业 | 548 | | 117 | 80 | | 128 | | 94 | 43 | 15 | 70 | | 1 | | | |
| 96 | 3. 其他服务业 | 43640 | 194 | 5114 | 2062 | | 24524 | 2 | 1458 | 1553 | 140 | 3377 | 1162 | 51 | 3524 | 479 | |
| 97 | (十一)教育 | 4767 | | 296 | 762 | 20 | 3175 | | 58 | 157 | 19 | 52 | 5 | 27 | | 196 | |
| 98 | (十二)卫生和社会工作 | 8078 | 30 | 60 | 252 | | 7460 | | 11 | 81 | 14 | 147 | 2 | 14 | | 7 | |
| 99 | 1. 卫生 | 8033 | 30 | 46 | 246 | | 7446 | | 9 | 81 | 14 | 147 | | 14 | | | |
| 100 | 2. 社会工作 | 45 | | 14 | 6 | | 14 | | 2 | | | | 2 | | | 7 | |
| 101 | (十三)文化、体育和娱乐业 | 4150 | 8 | 738 | 292 | 4 | 863 | 8 | 150 | 226 | 13 | 1833 | 9 | 4 | | 2 | |
| 102 | 1. 新闻和出版业 | 183 | | 5 | | | 141 | | 4 | 28 | 2 | 3 | | | | | |
| 103 | 2. 广播、电视、电影和影视录音制作业 | 731 | | 29 | 91 | 4 | 479 | | 60 | 50 | 4 | 11 | | 3 | | | |
| 104 | 3. 文化艺术业 | 397 | | 44 | 176 | | 67 | | 22 | 20 | 4 | 61 | | 1 | | 2 | |
| 105 | 4. 体育 | 403 | 8 | 58 | 14 | | 30 | | 9 | 14 | 1 | 260 | 9 | | | | |
| 106 | 5. 娱乐业 | 2436 | | 602 | 11 | | 146 | 8 | 55 | 114 | 2 | 1498 | | | | | |
| 107 | (十四)公共管理、社会保障和社会组织 | 200990 | 5507 | 4704 | 907 | | 19550 | | 794 | 14529 | 815 | 17258 | 9100 | 5740 | 19855 | 102231 | |
| 108 | (十五)其他行业 | 1857 | | 80 | 2 | | 901 | | 4 | 1 | 2 | 818 | | 1 | 48 | | |

# 2016年阳江市地方税务局税收收入分行业分税种统计年报表

编报机关:阳江市地方税务局

单位:万元

| 序号 | 项目 | 税收收入合计 | 国内增值税 | 营业税 | 企业所得税 | | 个人所得税 | 资源税 | 城市维护建设税 | 房产税 | 印花税 | 城镇土地使用税 | 土地增值税 | 车船税 | 耕地占用税 | 契税 | 其他各税 |
|---|---|---|---|---|---|---|---|---|---|---|---|---|---|---|---|---|---|
| | | | | | 内资企业 | 外资企业 | | | | | | | | | | | |
| 1 | 合计 | 425730 | 1971 | 96197 | 48918 | 158 | 59523 | 5932 | 29325 | 20332 | 7815 | 34789 | 50690 | 9671 | 28886 | 31523 | |
| 2 | 一、第一产业 | 1031 | | 186 | 21 | | 450 | | 67 | 106 | 78 | 103 | 1 | | | 19 | |
| 3 | 二、第二产业 | 132835 | 31 | 40767 | 20477 | 158 | 25058 | 5237 | 17233 | 9537 | 4794 | 7122 | 497 | 7 | -158 | 2075 | |
| 4 | (一)采矿业 | 775 | | 14 | 9 | | 44 | 562 | 66 | 26 | 18 | 36 | | | | | |
| 5 | 1. 煤炭开采和洗选业 | 6 | | | | | | | 5 | | 1 | | | | | | |
| 6 | 2. 石油和天然气开采业 | 11 | | | | | 4 | | 1 | | | 6 | | | | | |
| 7 | 3. 黑色金属矿采选业 | 1 | | | | | | | 1 | | | | | | | | |
| 8 | 4. 有色金属矿采选业 | 4 | | | | | | | 1 | | 1 | 2 | | | | | |
| 9 | 5. 非金属矿采选业 | 680 | | 10 | 9 | | 24 | 522 | 54 | 24 | 14 | 23 | | | | | |
| 10 | 6. 其他采矿业 | 73 | | 4 | | | 16 | 40 | 4 | 2 | 2 | 5 | | | | | |
| 11 | (二)制造业 | 39981 | 31 | 497 | 4381 | 50 | 8334 | 2574 | 8145 | 6436 | 2335 | 5491 | 244 | 4 | -158 | 1617 | |
| 12 | 1. 农副食品加工业 | 1822 | | 27 | 55 | | 453 | 1 | 344 | 370 | 282 | 256 | 3 | | | 31 | |
| 13 | 2. 食品制造业 | 1722 | | 24 | 357 | | 146 | | 376 | 393 | 77 | 224 | | | | 125 | |
| 14 | 3. 酒、饮料和精制茶制造业 | 1190 | | 11 | 33 | | 96 | 1 | 653 | 189 | 58 | 149 | | | | | |
| 15 | 4. 烟草制品业 | 13 | | | 1 | | | | 7 | 3 | | 2 | | | | | |
| 16 | 5. 纺织业 | 180 | | | | | 10 | | 98 | 22 | 7 | 43 | | | | | |
| 17 | 6. 纺织服装、服饰业 | 544 | | | 73 | | 43 | | 240 | 61 | 27 | 85 | | | | 15 | |
| 18 | 7. 皮革、毛皮、羽毛及其制品和制鞋业 | 397 | | | 11 | | 32 | | 103 | 165 | 16 | 62 | | 1 | | 7 | |
| 19 | 8. 木材加工和木竹藤棕草制品业 | 1049 | | 48 | 42 | | 317 | | 292 | 101 | 37 | 175 | | | | 37 | |
| 20 | 9. 家具制造业 | 118 | | | 14 | | 2 | | 37 | 26 | 3 | 36 | | | | | |
| 21 | 10. 造纸和纸制品业 | 386 | | | 70 | | 55 | | 76 | 57 | 16 | 112 | | | | | |

续表

| 序号 | 项目 | 税收收入合计 | 国内增值税 | 营业税 | 企业所得税 | | 个人所得税 | 资源税 | 城市维护建设税 | 房产税 | 印花税 | 城镇土地使用税 | 土地增值税 | 车船税 | 耕地占用税 | 契税 | 其他各税 |
|---|---|---|---|---|---|---|---|---|---|---|---|---|---|---|---|---|---|
| | | | | | 内资企业 | 外资企业 | | | | | | | | | | | |
| 22 | 11. 印刷和记录媒介复制业 | 372 | | | 119 | | 52 | | 92 | 43 | 11 | 55 | | | | | |
| 23 | 12. 文教、工美、体育和娱乐用品制造业 | 207 | | 3 | 3 | | 7 | | 38 | 131 | 5 | 20 | | | | | |
| 24 | 13. 石油加工、炼焦和核燃料加工业 | 5 | | | | | | | | 3 | | 2 | | | | | |
| 25 | 14. 化学原料和化学制品制造业 | 253 | | | 35 | | 42 | | 66 | 48 | 11 | 51 | | | | | |
| 26 | 15. 医药制造业 | 112 | | | 20 | | 5 | | 50 | 39 | 6 | 34 | | | -42 | | |
| 27 | 16. 化学纤维制造业 | 8 | | | | | | | | 2 | | 6 | | | | | |
| 28 | 17. 橡胶和塑料制品业 | 1491 | 3 | 3 | 165 | | 221 | | 369 | 167 | 50 | 376 | 8 | | | 129 | |
| 29 | 18. 非金属矿物制品业 | 6528 | | 44 | 13 | | 470 | 2526 | 933 | 1212 | 154 | 678 | | | | 498 | |
| 30 | 19. 黑色金属冶炼和压延加工业 | 2705 | | 8 | 56 | | 573 | | 400 | 546 | 316 | 611 | | | | 195 | |
| 31 | 20. 有色金属冶炼和压延加工业 | 1434 | | 5 | | | 436 | | 164 | 489 | 252 | 144 | | | -56 | | |
| 32 | 21. 金属制品业 | 11802 | 28 | 237 | 1055 | | 2104 | 46 | 3031 | 1959 | 900 | 1907 | 233 | 3 | -60 | 359 | |
| 33 | 22. 通用设备制造业 | 5859 | | | 2178 | | 3016 | | 467 | 74 | 44 | 80 | | | | | |
| 34 | 23. 专用设备制造业 | 352 | | 3 | 62 | | 42 | | 76 | 26 | 10 | 133 | | | | | |
| 35 | 24. 汽车制造业 | 14 | | | | | 2 | | 2 | | | 10 | | | | | |
| 36 | 25. 铁路、船舶、航空航天和其他运输设备制造业 | 11 | | | | | 1 | | 2 | 1 | | 7 | | | | | |
| 37 | 26. 电气机械和器材制造业 | 515 | | 6 | 2 | | 27 | | 92 | 246 | 17 | 99 | | | | 26 | |
| 38 | 27. 计算机、通信和其他电子设备制造业 | 54 | | 4 | 1 | | 14 | | 17 | 7 | 4 | 7 | | | | | |
| 39 | 28. 仪表仪器制造业 | 53 | | | 2 | | | | 3 | 16 | | 32 | | | | | |
| 40 | 29. 其他制造业 | 615 | | 74 | 14 | 50 | 159 | | 93 | 23 | 25 | 69 | | | | 108 | |
| 41 | 30. 废弃资源综合利用业 | 170 | | | | | 9 | | 24 | 17 | 7 | 26 | | | | 87 | |
| 42 | (三)电力、热力、燃气及水的生产和供应业 | 16057 | | 559 | -1366 | | 6518 | | 4514 | 2912 | 1566 | 909 | | 2 | | 443 | |

续表

| 序号 | 项　目 | 税收收入合计 | 国内增值税 | 营业税 | 企业所得税 | | 个人所得税 | 资源税 | 城市维护建设税 | 房产税 | 印花税 | 城镇土地使用税 | 土地增值税 | 车船税 | 耕地占用税 | 契税 | 其他各税 |
|---|---|---|---|---|---|---|---|---|---|---|---|---|---|---|---|---|---|
| | | | | | 内资企业 | 外资企业 | | | | | | | | | | | |
| 43 | 1. 电力、热力生产和供应业 | 14848 | | 479 | -1811 | | 6282 | | 4355 | 2814 | 1553 | 731 | | 2 | | 443 | |
| 44 | 2. 燃气生产和供应业 | 491 | | 39 | 111 | | 188 | | 70 | 29 | 8 | 46 | | | | | |
| 45 | 3. 水的生产和供应业 | 718 | | 41 | 334 | | 48 | | 89 | 69 | 5 | 132 | | | | | |
| 46 | (四)建筑业 | 76022 | | 39697 | 17453 | 108 | 10162 | 2101 | 4508 | 163 | 875 | 686 | 253 | 1 | | 15 | |
| 47 | 1. 房屋建筑业 | 13757 | | 5140 | 5402 | | 1783 | 457 | 750 | 44 | 134 | 29 | 17 | 1 | | | |
| 48 | 2. 土木工程建筑业 | 11871 | | 5617 | 3053 | 7 | 1653 | 403 | 822 | 19 | 180 | 97 | 20 | | | | |
| 49 | 3. 建筑安装业 | 25270 | | 11574 | 7338 | 7 | 3267 | 591 | 1586 | 88 | 334 | 470 | | | | 15 | |
| 50 | 4. 建筑装饰和其他建筑业 | 25124 | | 17366 | 1660 | 94 | 3459 | 650 | 1350 | 12 | 227 | 90 | 216 | | | | |
| 51 | 三、第三产业 | 291864 | 1940 | 55244 | 28420 | | 34015 | 695 | 12025 | 10689 | 2943 | 27564 | 50192 | 9664 | 29044 | 29429 | |
| 52 | (一)批发和零售业 | 17114 | 38 | 1050 | 4854 | | 2324 | 597 | 4212 | 1213 | 756 | 1503 | 404 | 14 | -48 | 197 | |
| 53 | 1. 批发业 | 9901 | | 525 | 2679 | | 1231 | 559 | 2875 | 801 | 465 | 411 | 259 | 12 | | 84 | |
| 54 | 2. 零售业 | 7213 | 38 | 525 | 2175 | | 1093 | 38 | 1337 | 412 | 291 | 1092 | 145 | 2 | -48 | 113 | |
| 55 | (二)交通运输、仓储和邮政业 | 7062 | | 50 | 3746 | | 1370 | 1 | 317 | 489 | 105 | 747 | | 49 | | 188 | |
| 56 | 1. 铁路运输业 | 145 | | 8 | 85 | | 42 | | 8 | | 2 | | | | | | |
| 57 | 2. 道路运输业 | 3966 | | 11 | 2936 | | 385 | | 223 | 283 | 54 | 38 | | 33 | | 3 | |
| 58 | 3. 水上运输业 | 596 | | 1 | 502 | | 54 | | 22 | 1 | 6 | 1 | | 9 | | | |
| 59 | 4. 航空运输业 | 88 | | 1 | 3 | | 36 | | 1 | | 3 | 44 | | | | | |
| 60 | 5. 管道运输业 | | | | | | | | | | | | | | | | |
| 61 | 6. 装卸搬运和运输代理业 | 491 | | | 135 | | 70 | 1 | 47 | 11 | 12 | 194 | | 7 | | 14 | |
| 62 | 7. 仓储业 | 863 | | 7 | 83 | | 134 | | 4 | 41 | 27 | 396 | | | | 171 | |
| 63 | 8. 邮政业 | 913 | | 22 | 2 | | 649 | | 12 | 153 | 1 | 74 | | | | | |
| 64 | (三)住宿和餐饮业 | 5608 | | 2511 | 483 | | 1094 | 8 | 307 | 590 | 9 | 403 | 6 | | | 197 | |

续表

| 序号 | 项　　目 | 税收收入合计 | 国内增值税 | 营业税 | 企业所得税 |  | 个人所得税 | 资源税 | 城市维护建设税 | 房产税 | 印花税 | 城镇土地使用税 | 土地增值税 | 车船税 | 耕地占用税 | 契税 | 其他各税 |
|---|---|---|---|---|---|---|---|---|---|---|---|---|---|---|---|---|---|
|  |  |  |  |  | 内资企业 | 外资企业 |  |  |  |  |  |  |  |  |  |  |  |
| 65 | 1. 住宿业 | 1337 |  | 401 | 109 |  | 201 | 8 | 53 | 321 | 3 | 210 |  |  |  | 31 |  |
| 66 | 2. 餐饮业 | 4271 |  | 2110 | 374 |  | 893 |  | 254 | 269 | 6 | 193 | 6 |  |  | 166 |  |
| 67 | (四)信息传输、软件和信息技术服务业 | 3248 | 1 | 736 | 29 |  | 964 |  | 267 | 717 | 64 | 223 | 242 | 1 |  | 4 |  |
| 68 | 1. 电信、广播电视和卫星传输服务 | 3140 | 1 | 710 |  |  | 942 |  | 246 | 712 | 61 | 221 | 242 | 1 |  | 4 |  |
| 69 | 2. 互联网和相关服务 | 2 |  |  | 1 |  |  |  | 1 |  |  |  |  |  |  |  |  |
| 70 | 3. 软件和信息技术服务业 | 106 |  | 26 | 28 |  | 22 |  | 20 | 5 | 3 | 2 |  |  |  |  |  |
| 71 | (五)金融业 | 37848 |  | 15006 | 94 |  | 10170 |  | 1837 | 587 | 252 | 209 | 57 | 9439 |  | 197 |  |
| 72 | 1. 货币金融服务 | 19736 |  | 12111 | 19 |  | 5314 |  | 1338 | 517 | 139 | 194 | 57 |  |  | 47 |  |
| 73 | 2. 资本市场服务 | 1427 |  | 205 |  |  | 1059 |  | 33 | 6 | 2 | 3 |  |  |  | 119 |  |
| 74 | 3. 保险业 | 15953 |  | 2245 |  |  | 3654 |  | 431 | 64 | 108 | 12 |  | 9439 |  |  |  |
| 75 | 4. 其他金融业 | 732 |  | 445 | 75 |  | 143 |  | 35 |  | 3 |  |  |  |  | 31 |  |
| 76 | (六)房地产业 | 123817 | 482 | 29755 | 15338 |  | 2698 | 5 | 3821 | 4482 | 1348 | 14147 | 46055 | 1 | -93 | 5778 |  |
| 77 | 1. 房地产开发经营 | 115213 | 204 | 28389 | 14507 |  | 1738 | 5 | 3649 | 2540 | 1273 | 12313 | 45302 | 1 | -93 | 5385 |  |
| 78 | 2. 物业管理 | 1401 | 1 | 670 | 108 |  | 127 |  | 82 | 26 | 14 | 42 | 2 |  |  | 329 |  |
| 79 | 3. 房地产中介服务 | 72 |  | 40 | 10 |  | 14 |  | 6 | 1 | 1 |  |  |  |  |  |  |
| 80 | 4. 自有房地产经营活动 | 1277 | 147 | 88 | 2 |  | 163 |  | 23 | 282 | 14 | 70 | 389 |  |  | 99 |  |
| 81 | 5. 其他房地产业 | 5854 | 130 | 568 | 711 |  | 656 |  | 61 | 1633 | 46 | 1722 | 362 |  |  | -35 |  |
| 82 | (七)租赁和商务服务业 | 9606 | 20 | 2020 | 1704 |  | 1739 | 2 | 501 | 1078 | 132 | 1136 | 920 | 2 |  | 352 |  |
| 83 | 1. 租赁业 | 238 |  | 70 | 7 |  | 91 |  | 47 | 9 | 10 | 2 |  | 2 |  |  |  |
| 84 | 2. 商务服务业 | 9368 | 20 | 1950 | 1697 |  | 1648 | 2 | 454 | 1069 | 122 | 1134 | 920 |  |  | 352 |  |
| 85 | (八)科学研究和技术服务业 | 8569 |  | 550 | 755 |  | 2349 | 43 | 164 | 159 | 92 | 26 |  |  | 4426 | 5 |  |
| 86 | 1. 研究和试验发展 | 114 |  | 2 | 1 |  | 91 |  | 6 | 11 | 1 | 2 |  |  |  |  |  |

续表

| 序号 | 项目 | 税收收入合计 | 国内增值税 | 营业税 | 企业所得税 | | 个人所得税 | 资源税 | 城市维护建设税 | 房产税 | 印花税 | 城镇土地使用税 | 土地增值税 | 车船税 | 耕地占用税 | 契税 | 其他各税 |
|---|---|---|---|---|---|---|---|---|---|---|---|---|---|---|---|---|---|
| | | | | | 内资企业 | 外资企业 | | | | | | | | | | | |
| 87 | 2. 专业技术服务业 | 8443 | | 547 | 752 | | 2252 | 43 | 158 | 146 | 91 | 23 | | | 4426 | 5 | |
| 88 | 3. 科技推广和应用服务业 | 12 | | 1 | 2 | | 6 | | | 2 | | 1 | | | | | |
| 89 | (九)水利、环境和公共设施管理业 | 1474 | | 193 | 104 | | 182 | 11 | 76 | 41 | 4 | 249 | 614 | | | | |
| 90 | 1. 水利管理业 | 807 | | 78 | 24 | | 34 | 9 | 37 | | 2 | 9 | 614 | | | | |
| 91 | 2. 生态保护和环境治理业 | 108 | | 5 | 1 | | 77 | | 13 | 6 | | 6 | | | | | |
| 92 | 3. 公共设施管理业 | 559 | | 110 | 79 | | 71 | 2 | 26 | 35 | 2 | 234 | | | | | |
| 93 | (十)居民服务、修理和其他服务业 | 19437 | 8 | 1716 | 681 | | 1401 | 5 | 246 | 271 | 19 | 146 | 135 | 1 | 14808 | | |
| 94 | 1. 居民服务业 | 496 | 3 | 252 | 40 | | 153 | | 22 | 19 | 1 | 6 | | | | | |
| 95 | 2. 机动车、电子产品和日用产品修理业 | 85 | | 10 | 9 | | 30 | | 19 | 6 | 2 | 9 | | | | | |
| 96 | 3. 其他服务业 | 18856 | 5 | 1454 | 632 | | 1218 | 5 | 205 | 246 | 16 | 131 | 135 | 1 | 14808 | | |
| 97 | (十一)教育 | 1020 | | 186 | 96 | | 642 | | 21 | 51 | 2 | 8 | | | | 14 | |
| 98 | (十二)卫生和社会工作 | 2734 | | 12 | 104 | | 2575 | | 3 | 11 | 6 | 15 | 7 | 1 | | | |
| 99 | 1. 卫生 | 2717 | | 6 | 102 | | 2573 | | 3 | 11 | 6 | 15 | | 1 | | | |
| 100 | 2. 社会工作 | 17 | | 6 | 2 | | 2 | | | | | | 7 | | | | |
| 101 | (十三)文化、体育和娱乐业 | 1631 | | 141 | 181 | | 802 | | 39 | 36 | 7 | 36 | | | | 389 | |
| 102 | 1. 新闻和出版业 | 58 | | | | | 53 | | 5 | | | | | | | | |
| 103 | 2. 广播、电视、电影和影视录音制作业 | 277 | | | 149 | | 104 | | 16 | 7 | | 1 | | | | | |
| 104 | 3. 文化艺术业 | 35 | | 3 | 2 | | 10 | | 1 | 2 | | 2 | | | | 15 | |
| 105 | 4. 体育 | 39 | | 9 | 5 | | 1 | | 1 | 20 | | 3 | | | | | |
| 106 | 5. 娱乐业 | 1222 | | 129 | 25 | | 634 | | 16 | 7 | 7 | 30 | | | | 374 | |
| 107 | (十四)公共管理、社会保障和社会组织 | 52692 | 1391 | 1318 | 251 | | 5705 | 21 | 214 | 964 | 145 | 8716 | 1752 | 156 | 9951 | 22108 | |
| 108 | (十五)其他行业 | 4 | | | | | | 2 | | | 2 | | | | | | |

# 2016 年湛江市地方税务局税收收入分行业分税种统计年报表

编报机关:湛江市地方税务局　　　　单位:万元

| 序号 | 项　目 | 税收收入合计 | 国内增值税 | 营业税 | 企业所得税 | | 个人所得税 | 资源税 | 城市维护建设税 | 房产税 | 印花税 | 城镇土地使用税 | 土地增值税 | 车船税 | 耕地占用税 | 契税 | 其他各税 |
|---|---|---|---|---|---|---|---|---|---|---|---|---|---|---|---|---|---|
| | | | | | 内资企业 | 外资企业 | | | | | | | | | | | |
| 1 | 合　计 | 776645 | 2750 | 176361 | 88201 | 11955 | 122933 | 1448 | 108884 | 27355 | 15693 | 31831 | 79727 | 14448 | 25768 | 69291 | |
| 2 | 一、第一产业 | 6237 | 2 | 438 | 38 | | 1163 | | 228 | 1914 | 707 | 876 | 735 | 2 | | 134 | |
| 3 | 二、第二产业 | 248858 | 33 | 61772 | 33797 | 27 | 42250 | 838 | 80567 | 5537 | 7596 | 12548 | 2340 | 9 | 170 | 1374 | |
| 4 | (一)采矿业 | 1010 | | 7 | 155 | | 86 | 533 | 112 | 18 | 52 | 47 | | | | | |
| 5 | 1. 煤炭开采和洗选业 | | | | | | | | | | | | | | | | |
| 6 | 2. 石油和天然气开采业 | 68 | | | 39 | | 2 | 11 | 12 | 2 | | 2 | | | | | |
| 7 | 3. 黑色金属矿采选业 | 4 | | | | | | | | | | 4 | | | | | |
| 8 | 4. 有色金属矿采选业 | 7 | | | | | | 1 | 3 | | | 3 | | | | | |
| 9 | 5. 非金属矿采选业 | 657 | | 1 | 91 | | 40 | 386 | 70 | 15 | 26 | 28 | | | | | |
| 10 | 6. 其他采矿业 | 274 | | 6 | 25 | | 44 | 135 | 27 | 1 | 26 | 10 | | | | | |
| 11 | (二)制造业 | 104091 | 7 | 276 | 4765 | 4 | 8922 | 259 | 69696 | 3364 | 2624 | 10684 | 2588 | 8 | 160 | 734 | |
| 12 | 1. 农副食品加工业 | 7899 | | 88 | 933 | | 2634 | | 1081 | 1067 | 657 | 1240 | 185 | 1 | | 13 | |
| 13 | 2. 食品制造业 | 487 | | | 5 | 1 | 12 | | 162 | 86 | 29 | 154 | | | | 38 | |
| 14 | 3. 酒、饮料和精制茶制造业 | 1625 | | | 103 | | 270 | | 632 | 301 | 108 | 211 | | | | | |
| 15 | 4. 烟草制品业 | 7445 | | 1 | | | 1376 | | 5846 | 180 | 1 | 39 | | 2 | | | |
| 16 | 5. 纺织业 | 69 | | | | | 14 | | 20 | 14 | 3 | 18 | | | | | |
| 17 | 6. 纺织服装、服饰业 | 195 | | 3 | 1 | | 70 | | 69 | 39 | 8 | 5 | | | | | |
| 18 | 7. 皮革、毛皮、羽毛及其制品和制鞋业 | 1726 | 1 | 4 | 121 | | 834 | | 409 | 82 | 35 | 78 | 4 | | | 158 | |
| 19 | 8. 木材加工和木竹藤棕草制品业 | 1332 | | 21 | 1 | | 27 | | 693 | 24 | 78 | 207 | 280 | | | 1 | |
| 20 | 9. 家具制造业 | 1053 | | 1 | 14 | | 17 | | 778 | 35 | 121 | 87 | | | | | |
| 21 | 10. 造纸和纸制品业 | 4378 | | 9 | 2844 | | 437 | | 699 | 137 | 137 | 115 | | | | | |

续表

| 序号 | 项　　目 | 税收收入合计 | 国内增值税 | 营业税 | 企业所得税 | | 个人所得税 | 资源税 | 城市维护建设税 | 房产税 | 印花税 | 城镇土地使用税 | 土地增值税 | 车船税 | 耕地占用税 | 契税 | 其他各税 |
|---|---|---|---|---|---|---|---|---|---|---|---|---|---|---|---|---|---|
| | | | | | 内资企业 | 外资企业 | | | | | | | | | | | |
| 22 | 11. 印刷和记录媒介复制业 | 509 | 3 | 26 | 33 | | 106 | | 187 | 33 | 9 | 63 | 49 | | | | |
| 23 | 12. 文教、工美、体育和娱乐用品制造业 | 81 | | 1 | 1 | | 3 | | 68 | 3 | 3 | 2 | | | | | |
| 24 | 13. 石油加工、炼焦和核燃料加工业 | 58947 | | 12 | | | 534 | | 55799 | 147 | 300 | 2154 | | 1 | | | |
| 25 | 14. 化学原料和化学制品制造业 | 236 | | | 19 | | 64 | | 52 | 20 | 18 | 61 | | | | 2 | |
| 26 | 15. 医药制造业 | 1950 | | 3 | 58 | | 934 | | 384 | 214 | 91 | 170 | | | | 96 | |
| 27 | 16. 化学纤维制造业 | 17 | | | | | | | 3 | 11 | | 3 | | | | | |
| 28 | 17. 橡胶和塑料制品业 | 1025 | | 27 | 60 | | 169 | 3 | 320 | 186 | 45 | 193 | | 1 | | 21 | |
| 29 | 18. 非金属矿物制品业 | 2378 | | 26 | 5 | | 357 | 228 | 834 | 244 | 148 | 456 | 58 | 2 | | 20 | |
| 30 | 19. 黑色金属冶炼和压延加工业 | 4255 | | | 11 | | 411 | | 34 | 2 | 552 | 3245 | | | | | |
| 31 | 20. 有色金属冶炼和压延加工业 | 22 | | 3 | | | 1 | | 4 | 4 | 2 | 5 | | | 3 | | |
| 32 | 21. 金属制品业 | 874 | | 8 | 101 | | 30 | | 306 | 90 | 43 | 250 | 23 | | | 23 | |
| 33 | 22. 通用设备制造业 | 180 | | 9 | 1 | | 20 | | 66 | 21 | 8 | 55 | | | | | |
| 34 | 23. 专用设备制造业 | 408 | | 1 | 4 | | 49 | | 90 | 68 | 50 | 58 | | | | 88 | |
| 35 | 24. 汽车制造业 | 4416 | | | 20 | | 200 | | 356 | 146 | 93 | 1416 | 1913 | | 157 | 115 | |
| 36 | 25. 铁路、船舶、航空航天和其他运输设备制造业 | 182 | | 3 | 14 | | 68 | | 63 | 1 | 2 | 30 | 1 | | | | |
| 37 | 26. 电气机械和器材制造业 | 1435 | | 20 | 262 | | 101 | | 554 | 164 | 59 | 236 | | 1 | | 38 | |
| 38 | 27. 计算机、通信和其他电子设备制造业 | 213 | | 1 | 15 | | 78 | | 83 | 8 | 8 | 7 | | | | 13 | |
| 39 | 28. 仪表仪器制造业 | 32 | | | | | 1 | | 7 | 3 | | | | | | 21 | |
| 40 | 29. 其他制造业 | 700 | 2 | 9 | 139 | 3 | 100 | 28 | 89 | 31 | 15 | 123 | 74 | | | 87 | |
| 41 | 30. 废弃资源综合利用业 | 22 | 1 | | | | 5 | | 8 | 3 | 1 | 3 | 1 | | | | |
| 42 | (三)电力、热力、燃气及水的生产和供应业 | 15123 | | 495 | 1668 | | 5498 | | 3062 | 1877 | 491 | 1308 | 492 | | 10 | 222 | |

续表

| 序号 | 项　目 | 税收收入合计 | 国内增值税 | 营业税 | 企业所得税 | | 个人所得税 | 资源税 | 城市维护建设税 | 房产税 | 印花税 | 城镇土地使用税 | 土地增值税 | 车船税 | 耕地占用税 | 契税 | 其他各税 |
|---|---|---|---|---|---|---|---|---|---|---|---|---|---|---|---|---|---|
| | | | | | 内资企业 | 外资企业 | | | | | | | | | | | |
| 43 | 1. 电力、热力生产和供应业 | 11935 | | 245 | 451 | | 5296 | | 2738 | 1731 | 468 | 870 | | | | 136 | |
| 44 | 2. 燃气生产和供应业 | 333 | | 24 | 3 | | 29 | | 118 | 31 | 10 | 66 | | | 10 | 42 | |
| 45 | 3. 水的生产和供应业 | 2855 | | 226 | 1214 | | 173 | | 206 | 115 | 13 | 372 | 492 | | | 44 | |
| 46 | (四)建筑业 | 128634 | 26 | 60994 | 27209 | 23 | 27744 | 46 | 7697 | 278 | 4429 | 509 | -740 | 1 | | 418 | |
| 47 | 1. 房屋建筑业 | 30637 | | 9186 | 12361 | | 5122 | 6 | 1266 | 39 | 1754 | 37 | 834 | | | 32 | |
| 48 | 2. 土木工程建筑业 | 12800 | | 7176 | 1593 | | 2505 | 1 | 840 | 71 | 492 | 122 | 15 | | -15 | | |
| 49 | 3. 建筑安装业 | 47020 | 26 | 16556 | 11296 | 19 | 13091 | 26 | 3226 | 93 | 1711 | 273 | 675 | 1 | 15 | 12 | |
| 50 | 4. 建筑装饰和其他建筑业 | 38177 | | 28076 | 1959 | 4 | 7026 | 13 | 2365 | 75 | 472 | 77 | -2264 | | | 374 | |
| 51 | 三、第三产业 | 521550 | 2715 | 114151 | 54366 | 11928 | 79520 | 610 | 28089 | 19904 | 7390 | 18407 | 76652 | 14437 | 25598 | 67783 | |
| 52 | (一)批发和零售业 | 58820 | 67 | 3081 | 11473 | 10366 | 7852 | 451 | 10312 | 3429 | 2693 | 3847 | 2730 | 7 | 196 | 2316 | |
| 53 | 1. 批发业 | 29750 | 1 | 878 | 2514 | 10366 | 3277 | 94 | 5855 | 1494 | 1198 | 1831 | 1563 | 3 | 196 | 480 | |
| 54 | 2. 零售业 | 29070 | 66 | 2203 | 8959 | | 4575 | 357 | 4457 | 1935 | 1495 | 2016 | 1167 | 4 | | 1836 | |
| 55 | (二)交通运输、仓储和邮政业 | 14826 | 2 | 412 | 2579 | 1453 | 3417 | 13 | 769 | 1493 | 222 | 2613 | 1682 | 102 | | 69 | |
| 56 | 1. 铁路运输业 | 156 | | | | | 118 | | 1 | 37 | | | | | | | |
| 57 | 2. 道路运输业 | 2862 | | 294 | 563 | 4 | 1200 | 13 | 267 | 300 | 54 | 119 | | 48 | | | |
| 58 | 3. 水上运输业 | 5093 | | 4 | 1459 | 1172 | 509 | | 118 | 66 | 19 | 37 | 1681 | 28 | | | |
| 59 | 4. 航空运输业 | 8 | | 5 | | | | | 2 | | 1 | | | | | | |
| 60 | 5. 管道运输业 | 121 | | | 3 | | 27 | | 1 | 4 | 1 | 85 | | | | | |
| 61 | 6. 装卸搬运和运输代理业 | 4807 | | 40 | 536 | 277 | 481 | | 322 | 724 | 127 | 2222 | | 25 | | 53 | |
| 62 | 7. 仓储业 | 321 | 2 | 26 | 15 | | 101 | | 38 | 73 | 17 | 47 | 1 | 1 | | | |
| 63 | 8. 邮政业 | 1458 | | 43 | 3 | | 981 | | 20 | 289 | 3 | 103 | | | | 16 | |
| 64 | (三)住宿和餐饮业 | 9720 | 200 | 4956 | 1103 | 3 | 1698 | 3 | 547 | 751 | 12 | 351 | 24 | | | 72 | |

续表

| 序号 | 项　目 | 税收收入合计 | 国内增值税 | 营业税 | 企业所得税 | | 个人所得税 | 资源税 | 城市维护建设税 | 房产税 | 印花税 | 城镇土地使用税 | 土地增值税 | 车船税 | 耕地占用税 | 契税 | 其他各税 |
|---|---|---|---|---|---|---|---|---|---|---|---|---|---|---|---|---|---|
| | | | | | 内资企业 | 外资企业 | | | | | | | | | | | |
| 65 | 1. 住宿业 | 3115 | 1 | 1405 | 652 | 1 | 281 | 3 | 156 | 279 | 4 | 245 | 23 | | | 65 | |
| 66 | 2. 餐饮业 | 6605 | 199 | 3551 | 451 | 2 | 1417 | | 391 | 472 | 8 | 106 | 1 | | | 7 | |
| 67 | (四)信息传输、软件和信息技术服务业 | 2574 | 1 | 178 | 96 | | 856 | | 487 | 719 | 52 | 180 | | 1 | | 4 | |
| 68 | 1. 电信、广播电视和卫星传输服务 | 1807 | | 50 | 3 | | 615 | | 325 | 615 | 35 | 163 | | 1 | | | |
| 69 | 2. 互联网和相关服务 | 306 | | 12 | 3 | | 118 | | 49 | 102 | 6 | 13 | | | | 3 | |
| 70 | 3. 软件和信息技术服务业 | 461 | 1 | 116 | 90 | | 123 | | 113 | 2 | 11 | 4 | | | | 1 | |
| 71 | (五)金融业 | 82615 | | 39075 | 189 | | 19710 | | 5004 | 1826 | 751 | 382 | 102 | 13891 | | 1685 | |
| 72 | 1. 货币金融服务 | 53836 | | 36548 | 7 | | 8595 | | 4363 | 1694 | 552 | 348 | 102 | | | 1627 | |
| 73 | 2. 资本市场服务 | 2695 | | 662 | | | 1893 | | 100 | 18 | 4 | | | | | 18 | |
| 74 | 3. 保险业 | 24719 | | 1100 | | | 9054 | | 481 | 89 | 169 | 25 | | 13801 | | | |
| 75 | 4. 其他金融业 | 1365 | | 765 | 182 | | 168 | | 60 | 25 | 26 | 9 | | 90 | | 40 | |
| 76 | (六)房地产业 | 186647 | 953 | 53633 | 28358 | | 3144 | | 7329 | 7823 | 2290 | 7936 | 66000 | 1 | 480 | 8700 | |
| 77 | 1. 房地产开发经营 | 145397 | 490 | 40204 | 23287 | | 2048 | | 5678 | 3866 | 1932 | 6481 | 54305 | | 103 | 7003 | |
| 78 | 2. 物业管理 | 3176 | | 1221 | 76 | | 140 | | 174 | 483 | 58 | 637 | 70 | 1 | | 316 | |
| 79 | 3. 房地产中介服务 | 356 | | 42 | 12 | | 11 | | 30 | 3 | 26 | 27 | 192 | | | 13 | |
| 80 | 4. 自有房地产经营活动 | 3472 | 284 | 589 | 27 | | 334 | | 80 | 1552 | 14 | 119 | 89 | | 377 | 7 | |
| 81 | 5. 其他房地产业 | 34246 | 179 | 11577 | 4956 | | 611 | | 1367 | 1919 | 260 | 672 | 11344 | | | 1361 | |
| 82 | (七)租赁和商务服务业 | 31012 | 2 | 3642 | 1207 | | 3321 | | 1049 | 1423 | 524 | 2169 | 1771 | 7 | 13798 | 2099 | |
| 83 | 1. 租赁业 | 660 | | 97 | 6 | | 111 | | 36 | 116 | 4 | 37 | 252 | 1 | | | |
| 84 | 2. 商务服务业 | 30352 | 2 | 3545 | 1201 | | 3210 | | 1013 | 1307 | 520 | 2132 | 1519 | 6 | 13798 | 2099 | |
| 85 | (八)科学研究和技术服务业 | 8482 | | 933 | 1015 | | 4327 | | 1162 | 600 | 133 | 222 | 74 | 1 | | 15 | |
| 86 | 1. 研究和试验发展 | 328 | | 23 | 16 | | 161 | | 27 | 67 | 8 | 25 | | | | 1 | |

续表

| 序号 | 项目 | 税收收入合计 | 国内增值税 | 营业税 | 企业所得税 | | 个人所得税 | 资源税 | 城市维护建设税 | 房产税 | 印花税 | 城镇土地使用税 | 土地增值税 | 车船税 | 耕地占用税 | 契税 | 其他各税 |
|---|---|---|---|---|---|---|---|---|---|---|---|---|---|---|---|---|---|
| | | | | | 内资企业 | 外资企业 | | | | | | | | | | | |
| 87 | 2. 专业技术服务业 | 8081 | | 906 | 995 | | 4140 | | 1128 | 531 | 116 | 176 | 74 | 1 | | 14 | |
| 88 | 3. 科技推广和应用服务业 | 73 | | 4 | 4 | | 26 | | 7 | 2 | 9 | 21 | | | | | |
| 89 | (九)水利、环境和公共设施管理业 | 1355 | | 621 | 140 | 6 | 233 | | 130 | 78 | 23 | 123 | | 1 | | | |
| 90 | 1. 水利管理业 | 229 | | 121 | 20 | 6 | 43 | | 25 | 5 | 3 | 6 | | | | | |
| 91 | 2. 生态保护和环境治理业 | 61 | | 4 | | | 10 | | 11 | 10 | | 26 | | | | | |
| 92 | 3. 公共设施管理业 | 1065 | | 496 | 120 | | 180 | | 94 | 63 | 20 | 91 | | 1 | | | |
| 93 | (十)居民服务、修理和其他服务业 | 17846 | 63 | 3556 | 3845 | 100 | 4105 | 49 | 812 | 588 | 325 | 355 | 425 | 122 | 3376 | 125 | |
| 94 | 1. 居民服务业 | 748 | 35 | 238 | 15 | | 225 | | 47 | 128 | 5 | 15 | | 1 | 27 | 12 | |
| 95 | 2. 机动车、电子产品和日用产品修理业 | 121 | | 11 | 4 | | 37 | | 52 | 4 | 3 | 10 | | | | | |
| 96 | 3. 其他服务业 | 16977 | 28 | 3307 | 3826 | 100 | 3843 | 49 | 713 | 456 | 317 | 330 | 425 | 121 | 3349 | 113 | |
| 97 | (十一)教育 | 7447 | | 202 | 83 | | 6628 | | 37 | 328 | 24 | 31 | | 1 | 58 | 55 | |
| 98 | (十二)卫生和社会工作 | 12954 | | 28 | 1253 | | 11478 | | 4 | 58 | 27 | 8 | | | | 98 | |
| 99 | 1. 卫生 | 12949 | | 27 | 1253 | | 11477 | | 4 | 55 | 27 | 8 | | | | 98 | |
| 100 | 2. 社会工作 | 5 | | 1 | | | 1 | | | 3 | | | | | | | |
| 101 | (十三)文化、体育和娱乐业 | 1527 | | 465 | 190 | | 432 | | 144 | 234 | 5 | 53 | | | | 4 | |
| 102 | 1. 新闻和出版业 | 259 | | 6 | 28 | | 152 | | 60 | 7 | 1 | 5 | | | | | |
| 103 | 2. 广播、电视、电影和影视录音制作业 | 332 | | 10 | 83 | | 143 | | 36 | 53 | 2 | 5 | | | | | |
| 104 | 3. 文化艺术业 | 68 | | 21 | 9 | | 8 | | 5 | 19 | | 2 | | | | 4 | |
| 105 | 4. 体育 | 271 | | 54 | 3 | | 86 | | 10 | 94 | 1 | 23 | | | | | |
| 106 | 5. 娱乐业 | 597 | | 374 | 67 | | 43 | | 33 | 61 | 1 | 18 | | | | | |
| 107 | (十四)公共管理、社会保障和社会组织 | 84116 | 1427 | 1762 | 2835 | | 12319 | 94 | 302 | 554 | 309 | 137 | 3844 | 303 | 7690 | 52540 | |
| 108 | (十五)其他行业 | 1609 | | 1607 | | | | | 1 | | | | | | | 1 | |

# 2016年茂名市地方税务局税收收入分行业分税种统计年报表

编报机关:茂名市地方税务局　　　　单位:万元

| 序号 | 项　目 | 税收收入合计 | 国内增值税 | 营业税 | 企业所得税 | | 个人所得税 | 资源税 | 城市维护建设税 | 房产税 | 印花税 | 城镇土地使用税 | 土地增值税 | 车船税 | 耕地占用税 | 契税 | 其他各税 |
|---|---|---|---|---|---|---|---|---|---|---|---|---|---|---|---|---|---|
| | | | | | 内资企业 | 外资企业 | | | | | | | | | | | |
| 1 | 合　计 | 946541 | 4078 | 129489 | 139975 | 386 | 77768 | 4464 | 168031 | 17302 | 11807 | 27592 | 221785 | 15093 | 52200 | 76571 | |
| 2 | 一、第一产业 | 773 | 1 | 93 | 64 | | 235 | | 61 | 62 | 30 | 66 | 6 | | 119 | 36 | |
| 3 | 二、第二产业 | 337319 | 36 | 44724 | 91542 | 43 | 19393 | 3727 | 142597 | 4227 | 5920 | 11928 | 1317 | 18 | 7704 | 4143 | |
| 4 | (一)采矿业 | 4822 | | 508 | 82 | | 532 | 2917 | 254 | 28 | 18 | 223 | | 3 | 257 | | |
| 5 | 1. 煤炭开采和洗选业 | | | | | | | | | | | | | | | | |
| 6 | 2. 石油和天然气开采业 | 545 | | 506 | | | | | 38 | | | 1 | | | | | |
| 7 | 3. 黑色金属矿采选业 | 142 | | | | | 2 | | | | | 140 | | | | | |
| 8 | 4. 有色金属矿采选业 | 64 | | | | | 29 | 1 | 3 | 1 | | 8 | | | 22 | | |
| 9 | 5. 非金属矿采选业 | 3869 | | 2 | 77 | | 466 | 2794 | 193 | 18 | 16 | 69 | | | 234 | | |
| 10 | 6. 其他采矿业 | 202 | | | 5 | | 35 | 122 | 20 | 9 | 2 | 5 | | 3 | 1 | | |
| 11 | (二)制造业 | 158443 | 16 | 339 | 2630 | 30 | 5890 | 763 | 134098 | 2955 | 939 | 9899 | 277 | 15 | 168 | 424 | |
| 12 | 1. 农副食品加工业 | 2173 | | 20 | 44 | | 959 | | 447 | 349 | 101 | 219 | 2 | | | 32 | |
| 13 | 2. 食品制造业 | 268 | | 3 | 18 | | 87 | | 62 | 39 | 2 | 51 | | | 6 | | |
| 14 | 3. 酒、饮料和精制茶制造业 | 60 | | | 1 | | | 2 | 6 | 9 | | 39 | | | 3 | | |
| 15 | 4. 烟草制品业 | 17 | | | | | | | 10 | 4 | | 3 | | | | | |
| 16 | 5. 纺织业 | 60 | | 1 | 1 | | 2 | 3 | 15 | 13 | | 24 | | | | 1 | |
| 17 | 6. 纺织服装、服饰业 | 249 | | 36 | | | 53 | | 86 | 8 | 5 | 15 | 39 | | | 7 | |
| 18 | 7. 皮革、毛皮、羽毛及其制品和制鞋业 | 439 | | 3 | 3 | | 4 | | 297 | 31 | 27 | 59 | 14 | | | 1 | |
| 19 | 8. 木材加工和木竹藤棕草制品业 | 481 | | | | | 61 | | 278 | 19 | 17 | 56 | | | 12 | 38 | |
| 20 | 9. 家具制造业 | 58 | | | | | 6 | | 17 | 9 | 1 | 25 | | | | | |
| 21 | 10. 造纸和纸制品业 | 377 | | | 175 | | 2 | 1 | 152 | 13 | 11 | 22 | | | 1 | | |

续表

| 序号 | 项　目 | 税收收入合计 | 国内增值税 | 营业税 | 企业所得税 | | 个人所得税 | 资源税 | 城市维护建设税 | 房产税 | 印花税 | 城镇土地使用税 | 土地增值税 | 车船税 | 耕地占用税 | 契税 | 其他各税 |
|---|---|---|---|---|---|---|---|---|---|---|---|---|---|---|---|---|---|
| | | | | | 内资企业 | 外资企业 | | | | | | | | | | | |
| 22 | 11. 印刷和记录媒介复制业 | 305 | | | 28 | | 74 | | 99 | 85 | 3 | 16 | | | | | |
| 23 | 12. 文教、工美、体育和娱乐用品制造业 | 958 | | | 280 | | 67 | 166 | 289 | 7 | 13 | 136 | | | | | |
| 24 | 13. 石油加工、炼焦和核燃料加工业 | 143695 | | 57 | 56 | | 3166 | | 129838 | 1819 | 489 | 8202 | 28 | 7 | 2 | 31 | |
| 25 | 14. 化学原料和化学制品制造业 | 765 | | | 114 | | 66 | | 172 | 78 | 25 | 273 | | | 2 | 35 | |
| 26 | 15. 医药制造业 | 638 | | | 140 | | 31 | | 270 | 61 | 18 | 45 | | | | 73 | |
| 27 | 16. 化学纤维制造业 | 1 | | | | | | | 1 | | | | | | | | |
| 28 | 17. 橡胶和塑料制品业 | 726 | | 7 | 5 | | 104 | 1 | 271 | 129 | 40 | 115 | 7 | | 10 | 37 | |
| 29 | 18. 非金属矿物制品业 | 3032 | | | 927 | | 480 | 513 | 568 | 68 | 37 | 285 | 1 | 5 | 130 | 18 | |
| 30 | 19. 黑色金属冶炼和压延加工业 | 1 | | | | | | | 1 | | | | | | | | |
| 31 | 20. 有色金属冶炼和压延加工业 | 191 | | | | | 16 | | 20 | 2 | 6 | 15 | | | | 132 | |
| 32 | 21. 金属制品业 | 426 | | 52 | 47 | | 100 | | 95 | 25 | 43 | 64 | | | | | |
| 33 | 22. 通用设备制造业 | 367 | 16 | 100 | 9 | | 19 | | 50 | 12 | 3 | 11 | 140 | | | 7 | |
| 34 | 23. 专用设备制造业 | 2355 | | | 617 | 30 | 514 | 64 | 850 | 135 | 54 | 91 | | | | | |
| 35 | 24. 汽车制造业 | | | | | | | | | | | | | | | | |
| 36 | 25. 铁路、船舶、航空航天和其他运输设备制造业 | 8 | | | | | | | 6 | 1 | | 1 | | | | | |
| 37 | 26. 电气机械和器材制造业 | 159 | | | 2 | | 15 | | 59 | 8 | 21 | 54 | | | | | |
| 38 | 27. 计算机、通信和其他电子设备制造业 | 201 | | | 124 | | 9 | | 48 | 3 | 13 | 4 | | | | | |
| 39 | 28. 仪表仪器制造业 | 9 | | | | | | | 8 | | | 1 | | | | | |
| 40 | 29. 其他制造业 | 414 | | 60 | 39 | | 55 | 13 | 80 | 25 | 10 | 70 | 46 | 3 | 1 | 12 | |
| 41 | 30. 废弃资源综合利用业 | 10 | | | | | | | 3 | 3 | | 3 | | | 1 | | |
| 42 | （三）电力、热力、燃气及水的生产和供应业 | 12744 | | 142 | 656 | | 3380 | 1 | 2127 | 1045 | 209 | 1025 | | | 4116 | 43 | |

续表

| 序号 | 项目 | 税收收入合计 | 国内增值税 | 营业税 | 企业所得税 | | 个人所得税 | 资源税 | 城市维护建设税 | 房产税 | 印花税 | 城镇土地使用税 | 土地增值税 | 车船税 | 耕地占用税 | 契税 | 其他各税 |
|---|---|---|---|---|---|---|---|---|---|---|---|---|---|---|---|---|---|
| | | | | | 内资企业 | 外资企业 | | | | | | | | | | | |
| 43 | 1. 电力、热力生产和供应业 | 11745 | | 36 | 573 | | 3230 | | 1991 | 882 | 196 | 678 | | | 4116 | 43 | |
| 44 | 2. 燃气生产和供应业 | 214 | | 57 | 16 | | 24 | | 32 | 19 | 11 | 55 | | | | | |
| 45 | 3. 水的生产和供应业 | 785 | | 49 | 67 | | 126 | 1 | 104 | 144 | 2 | 292 | | | | | |
| 46 | (四)建筑业 | 161310 | 20 | 43735 | 88174 | 13 | 9591 | 46 | 6118 | 199 | 4754 | 781 | 1040 | | 3163 | 3676 | |
| 47 | 1. 房屋建筑业 | 66707 | 20 | 10395 | 45307 | | 3079 | | 1975 | 89 | 2036 | 139 | 448 | | 785 | 2434 | |
| 48 | 2. 土木工程建筑业 | 26986 | | 4493 | 18950 | | 1200 | 8 | 802 | 11 | 676 | 286 | 26 | | 534 | | |
| 49 | 3. 建筑安装业 | 21652 | | 3185 | 11780 | 7 | 1640 | | 1297 | 74 | 1613 | 167 | 518 | | 1368 | 3 | |
| 50 | 4. 建筑装饰和其他建筑业 | 45965 | | 25662 | 12137 | 6 | 3672 | 38 | 2044 | 25 | 429 | 189 | 48 | | 476 | 1239 | |
| 51 | 三、第三产业 | 608449 | 4041 | 84672 | 48369 | 343 | 58140 | 737 | 25373 | 13013 | 5857 | 15598 | 220462 | 15075 | 44377 | 72392 | |
| 52 | (一)批发和零售业 | 34825 | 13 | 1033 | 7900 | 5 | 6165 | 577 | 11379 | 2226 | 1284 | 3034 | 172 | 14 | 287 | 736 | |
| 53 | 1. 批发业 | 20005 | | 383 | 4690 | 5 | 3609 | 31 | 7789 | 813 | 698 | 1473 | 39 | 7 | 8 | 460 | |
| 54 | 2. 零售业 | 14820 | 13 | 650 | 3210 | | 2556 | 546 | 3590 | 1413 | 586 | 1561 | 133 | 7 | 279 | 276 | |
| 55 | (二)交通运输、仓储和邮政业 | 8425 | | 67 | 1608 | | 1614 | | 478 | 606 | 68 | 1391 | 11 | 122 | 2454 | 6 | |
| 56 | 1. 铁路运输业 | 15 | | 4 | | | 3 | | 3 | 6 | 1 | | | | | -2 | |
| 57 | 2. 道路运输业 | 5022 | | 103 | 928 | | 439 | | 319 | 219 | 41 | 434 | 1 | 83 | 2454 | 1 | |
| 58 | 3. 水上运输业 | 661 | | | 10 | | 37 | | 35 | 32 | 11 | 502 | | 34 | | | |
| 59 | 4. 航空运输业 | | | | | | | | | | | | | | | | |
| 60 | 5. 管道运输业 | 29 | | | | | 21 | | 1 | | | | | | | 7 | |
| 61 | 6. 装卸搬运和运输代理业 | 334 | | 21 | 123 | | 73 | | 49 | 19 | 4 | 31 | 10 | 4 | | | |
| 62 | 7. 仓储业 | 977 | | | 530 | | 19 | | 24 | 46 | 4 | 354 | | | | | |
| 63 | 8. 邮政业 | 1387 | | -61 | 17 | | 1022 | | 47 | 284 | 7 | 70 | | 1 | | | |
| 64 | (三)住宿和餐饮业 | 4229 | | 2210 | 129 | 3 | 958 | | 259 | 539 | 6 | 128 | | | 9 | -12 | |

续表

| 序号 | 项　目 | 税收收入合计 | 国内增值税 | 营业税 | 企业所得税 | | 个人所得税 | 资源税 | 城市维护建设税 | 房产税 | 印花税 | 城镇土地使用税 | 土地增值税 | 车船税 | 耕地占用税 | 契税 | 其他各税 |
|---|---|---|---|---|---|---|---|---|---|---|---|---|---|---|---|---|---|
| | | | | | 内资企业 | 外资企业 | | | | | | | | | | | |
| 65 | 1. 住宿业 | 1050 | | 458 | 77 | | 147 | | 58 | 267 | | 52 | | | | -9 | |
| 66 | 2. 餐饮业 | 3179 | | 1752 | 52 | 3 | 811 | | 201 | 272 | 6 | 76 | | | 9 | -3 | |
| 67 | (四)信息传输、软件和信息技术服务业 | 5031 | | 260 | 113 | | 1361 | | 637 | 531 | 112 | 122 | 25 | | | 1870 | |
| 68 | 1. 电信、广播电视和卫星传输服务 | 2687 | | 170 | | | 1255 | | 583 | 499 | 68 | 116 | 1 | | | -5 | |
| 69 | 2. 互联网和相关服务 | 131 | | 63 | 29 | | 3 | | 9 | 3 | 1 | | 24 | | | -1 | |
| 70 | 3. 软件和信息技术服务业 | 2213 | | 27 | 84 | | 103 | | 45 | 29 | 43 | 6 | | | | 1876 | |
| 71 | (五)金融业 | 63206 | 12 | 18982 | 946 | | 17161 | | 2538 | 1040 | 578 | 321 | 117 | 14824 | | 6687 | |
| 72 | 1. 货币金融服务 | 27736 | 12 | 16161 | 313 | | 7318 | | 1908 | 946 | 290 | 181 | 117 | 2 | | 488 | |
| 73 | 2. 资本市场服务 | 4427 | | 498 | | | 1625 | | 49 | 1 | 44 | 118 | | | | 2092 | |
| 74 | 3. 保险业 | 25240 | | 1577 | 13 | | 8170 | | 522 | 81 | 163 | 20 | | 14694 | | | |
| 75 | 4. 其他金融业 | 5803 | | 746 | 620 | | 48 | | 59 | 12 | 81 | 2 | | 128 | | 4107 | |
| 76 | (六)房地产业 | 166876 | 1007 | 51657 | 24610 | 335 | 2717 | | 5564 | 4052 | 2244 | 5160 | 53870 | | 61 | 15599 | |
| 77 | 1. 房地产开发经营 | 148656 | 41 | 45609 | 22066 | 334 | 1118 | | 4898 | 2508 | 2097 | 4766 | 49622 | | 19 | 15578 | |
| 78 | 2. 物业管理 | 798 | | 491 | 68 | 1 | 62 | | 64 | 73 | 3 | 23 | | | | 13 | |
| 79 | 3. 房地产中介服务 | 610 | | 81 | 34 | | 84 | | 12 | 121 | 7 | 23 | 248 | | | | |
| 80 | 4. 自有房地产经营活动 | 2360 | 365 | 286 | 95 | | 459 | | 59 | 445 | 62 | 218 | 368 | | 3 | | |
| 81 | 5. 其他房地产业 | 14452 | 601 | 5190 | 2347 | | 994 | | 531 | 905 | 75 | 130 | 3632 | | 39 | 8 | |
| 82 | (七)租赁和商务服务业 | 14752 | 18 | 1676 | 3025 | | 1143 | | 472 | 985 | 140 | 2158 | 626 | 1 | 4213 | 295 | |
| 83 | 1. 租赁业 | 518 | | 17 | 283 | | 148 | | 17 | 10 | 5 | 2 | 38 | | | -2 | |
| 84 | 2. 商务服务业 | 14234 | 18 | 1659 | 2742 | | 995 | | 455 | 975 | 135 | 2156 | 588 | 1 | 4213 | 297 | |
| 85 | (八)科学研究和技术服务业 | 710 | 4 | 35 | 80 | | 190 | | 80 | 50 | 47 | 74 | 4 | | | 146 | |
| 86 | 1. 研究和试验发展 | 91 | 4 | | | | 11 | | 5 | 2 | 2 | 13 | 4 | | | 50 | |

续表

| 序号 | 项目 | 税收收入合计 | 国内增值税 | 营业税 | 企业所得税 | | 个人所得税 | 资源税 | 城市维护建设税 | 房产税 | 印花税 | 城镇土地使用税 | 土地增值税 | 车船税 | 耕地占用税 | 契税 | 其他各税 |
|---|---|---|---|---|---|---|---|---|---|---|---|---|---|---|---|---|---|
| | | | | | 内资企业 | 外资企业 | | | | | | | | | | | |
| 87 | 2. 专业技术服务业 | 344 | | 26 | 79 | | 56 | | 46 | 16 | 12 | 13 | | | | 96 | |
| 88 | 3. 科技推广和应用服务业 | 275 | | 9 | 1 | | 123 | | 29 | 32 | 33 | 48 | | | | | |
| 89 | (九)水利、环境和公共设施管理业 | 1402 | | 648 | 191 | | 58 | | 77 | 6 | 3 | 9 | 10 | | 400 | | |
| 90 | 1. 水利管理业 | 164 | | 36 | 65 | | 42 | | 20 | | 1 | | | | | | |
| 91 | 2. 生态保护和环境治理业 | 7 | | 4 | | | 1 | | 1 | 1 | | | | | | | |
| 92 | 3. 公共设施管理业 | 1231 | | 608 | 126 | | 15 | | 56 | 5 | 2 | 9 | 10 | | 400 | | |
| 93 | (十)居民服务、修理和其他服务业 | 114398 | 746 | 4767 | 8976 | | 8830 | 53 | 2912 | 2041 | 934 | 2443 | 64434 | 12 | 10937 | 7313 | |
| 94 | 1. 居民服务业 | 26962 | 66 | 1039 | 977 | | 793 | 19 | 595 | 1200 | 354 | 247 | 19637 | 4 | 1917 | 114 | |
| 95 | 2. 机动车、电子产品和日用产品修理业 | 138 | | | 31 | | 24 | | 23 | 40 | | 20 | | | | | |
| 96 | 3. 其他服务业 | 87298 | 680 | 3728 | 7968 | | 8013 | 34 | 2294 | 801 | 580 | 2176 | 44797 | 8 | 9020 | 7199 | |
| 97 | (十一)教育 | 14807 | 1 | 210 | 241 | | 2867 | | 28 | 350 | 8 | 229 | 10868 | | 5 | | |
| 98 | (十二)卫生和社会工作 | 6122 | 4 | 48 | 50 | | 5871 | | 7 | 59 | 5 | 2 | 50 | 3 | | 23 | |
| 99 | 1. 卫生 | 6111 | 3 | 48 | 50 | | 5866 | | 7 | 57 | 2 | 2 | 50 | 3 | | 23 | |
| 100 | 2. 社会工作 | 11 | 1 | | | | 5 | | | 2 | 3 | | | | | | |
| 101 | (十三)文化、体育和娱乐业 | 1023 | | 288 | 173 | | 392 | | 60 | 97 | 2 | 11 | | | | | |
| 102 | 1. 新闻和出版业 | 34 | | | 30 | | 1 | | 2 | 1 | | | | | | | |
| 103 | 2. 广播、电视、电影和影视录音制作业 | 325 | | 6 | 126 | | 117 | | 28 | 42 | 1 | 5 | | | | | |
| 104 | 3. 文化艺术业 | 244 | | 110 | 13 | | 71 | | 14 | 31 | 1 | 4 | | | | | |
| 105 | 4. 体育 | 161 | | 8 | | | 150 | | 1 | 1 | | 1 | | | | | |
| 106 | 5. 娱乐业 | 259 | | 164 | 4 | | 53 | | 15 | 22 | | 1 | | | | | |
| 107 | (十四)公共管理、社会保障和社会组织 | 172447 | 2236 | 2597 | 327 | | 8813 | 107 | 880 | 431 | 426 | 516 | 90275 | 99 | 26011 | 39729 | |
| 108 | (十五)其他行业 | 196 | | 194 | | | | | 2 | | | | | | | | |

# 2016 年肇庆市地方税务局税收收入分行业分税种统计年报表

编报机关:肇庆市地方税务局　　单位:万元

| 序号 | 项　目 | 税收收入合计 | 国内增值税 | 营业税 | 企业所得税 | | 个人所得税 | 资源税 | 城市维护建设税 | 房产税 | 印花税 | 城镇土地使用税 | 土地增值税 | 车船税 | 耕地占用税 | 契税 | 其他各税 |
|---|---|---|---|---|---|---|---|---|---|---|---|---|---|---|---|---|---|
| | | | | | 内资企业 | 外资企业 | | | | | | | | | | | |
| 1 | 合　计 | 756025 | 4658 | 161716 | 80052 | 348 | 102414 | 8670 | 55831 | 31481 | 13036 | 94346 | 102326 | 14129 | 21356 | 65662 | |
| 2 | 一、第一产业 | 2307 | | 136 | 153 | | 652 | | 166 | 222 | 75 | 291 | 341 | 1 | | 270 | |
| 3 | 二、第二产业 | 224547 | 1067 | 68502 | 35008 | 42 | 38347 | 6681 | 31579 | 12567 | 6518 | 15814 | 2029 | 92 | 1535 | 4766 | |
| 4 | (一)采矿业 | 1241 | 5 | -351 | 254 | | 277 | 1866 | 265 | 105 | 45 | 333 | -1970 | 2 | | 410 | |
| 5 | 1. 煤炭开采和洗选业 | | | | | | | | | | | | | | | | |
| 6 | 2. 石油和天然气开采业 | 12 | | | | | | | | 3 | | 9 | | | | | |
| 7 | 3. 黑色金属矿采选业 | 215 | 5 | | | | 8 | 123 | 42 | 5 | 4 | 7 | 20 | 1 | | | |
| 8 | 4. 有色金属矿采选业 | 484 | | 4 | 84 | | 136 | 218 | 7 | 15 | | 20 | | | | | |
| 9 | 5. 非金属矿采选业 | 20 | | -355 | 170 | | 121 | 1289 | 115 | 35 | 28 | 197 | -1990 | | | 410 | |
| 10 | 6. 其他采矿业 | 510 | | | | | 12 | 236 | 101 | 47 | 13 | 100 | | 1 | | | |
| 11 | (二)制造业 | 89703 | 918 | 2166 | 12119 | 19 | 16779 | 4748 | 20407 | 10416 | 4259 | 12649 | 3036 | 67 | | 2120 | |
| 12 | 1. 农副食品加工业 | 1158 | | 7 | 231 | | 335 | | 155 | 123 | 139 | 112 | | | | 56 | |
| 13 | 2. 食品制造业 | 4434 | 475 | 4 | 585 | | 499 | | 1130 | 475 | 129 | 226 | 891 | 3 | | 17 | |
| 14 | 3. 酒、饮料和精制茶制造业 | 909 | | | 4 | | 53 | | 663 | 87 | 25 | 77 | | | | | |
| 15 | 4. 烟草制品业 | | | | | | | | | | | | | | | | |
| 16 | 5. 纺织业 | 1922 | | 40 | 43 | | 147 | | 466 | 370 | 97 | 434 | 324 | 1 | | | |
| 17 | 6. 纺织服装、服饰业 | 987 | | 69 | 37 | | 108 | | 284 | 200 | 38 | 126 | 120 | 5 | | | |
| 18 | 7. 皮革、毛皮、羽毛及其制品和制鞋业 | 2436 | 349 | 74 | 43 | | 162 | | 572 | 235 | 84 | 261 | 643 | 6 | | 7 | |
| 19 | 8. 木材加工和木竹藤棕草制品业 | 868 | | 43 | 5 | | 142 | | 270 | 96 | 37 | 224 | 48 | | | 3 | |
| 20 | 9. 家具制造业 | 2311 | | 2 | 9 | | 726 | | 625 | 529 | 99 | 320 | | 1 | | | |
| 21 | 10. 造纸和纸制品业 | 1271 | | 7 | 8 | | 133 | | 183 | 293 | 113 | 517 | | 1 | | 16 | |

续表

| 序号 | 项目 | 税收收入合计 | 国内增值税 | 营业税 | 企业所得税 | | 个人所得税 | 资源税 | 城市维护建设税 | 房产税 | 印花税 | 城镇土地使用税 | 土地增值税 | 车船税 | 耕地占用税 | 契税 | 其他各税 |
|---|---|---|---|---|---|---|---|---|---|---|---|---|---|---|---|---|---|
| | | | | | 内资企业 | 外资企业 | | | | | | | | | | | |
| 22 | 11. 印刷和记录媒介复制业 | 283 | | 15 | 40 | | 32 | | 93 | 36 | 15 | 41 | 11 | | | | |
| 23 | 12. 文教、工美、体育和娱乐用品制造业 | 643 | | 10 | 2 | | 29 | | 169 | 121 | 26 | 252 | | | | 34 | |
| 24 | 13. 石油加工、炼焦和核燃料加工业 | 83 | | | | | 19 | | 29 | 6 | 12 | 17 | | | | | |
| 25 | 14. 化学原料和化学制品制造业 | 6740 | | 998 | 179 | | 1475 | | 1792 | 696 | 401 | 700 | 238 | 5 | | 256 | |
| 26 | 15. 医药制造业 | 3455 | 3 | 37 | 1103 | 5 | 536 | | 421 | 428 | 66 | 386 | 91 | | | 379 | |
| 27 | 16. 化学纤维制造业 | 51 | | | 1 | | 1 | | 27 | 7 | 3 | 12 | | | | | |
| 28 | 17. 橡胶和塑料制品业 | 3080 | | 2 | 46 | | 386 | | 1085 | 562 | 209 | 576 | 184 | 3 | | 27 | |
| 29 | 18. 非金属矿物制品业 | 16537 | 89 | 7 | 675 | | 1566 | 4739 | 3708 | 1963 | 555 | 3103 | | 16 | | 116 | |
| 30 | 19. 黑色金属冶炼和压延加工业 | 696 | | | | | 235 | | 276 | 89 | 37 | 57 | | 2 | | | |
| 31 | 20. 有色金属冶炼和压延加工业 | 12199 | | 51 | 5288 | | 3110 | | 1171 | 635 | 416 | 1359 | | 1 | | 168 | |
| 32 | 21. 金属制品业 | 8978 | | 349 | 352 | 1 | 1598 | 2 | 2208 | 1165 | 534 | 1619 | 378 | 6 | | 766 | |
| 33 | 22. 通用设备制造业 | 3327 | | 9 | 1025 | | 737 | | 890 | 295 | 93 | 213 | | 3 | | 62 | |
| 34 | 23. 专用设备制造业 | 2145 | | | 86 | | 594 | | 596 | 212 | 79 | 573 | | 3 | | 2 | |
| 35 | 24. 汽车制造业 | 1531 | 2 | 24 | -261 | 9 | 793 | | 394 | 225 | 102 | 190 | 9 | 2 | | 42 | |
| 36 | 25. 铁路、船舶、航空航天和其他运输设备制造业 | 475 | | | 81 | | 23 | | 197 | 41 | 97 | 36 | | | | | |
| 37 | 26. 电气机械和器材制造业 | 3304 | | 37 | 288 | | 944 | | 1275 | 257 | 187 | 310 | | 5 | | 1 | |
| 38 | 27. 计算机、通信和其他电子设备制造业 | 4392 | | 73 | 1335 | 3 | 1183 | | 624 | 648 | 185 | 267 | 49 | 2 | | 23 | |
| 39 | 28. 仪表仪器制造业 | 1040 | | 5 | 697 | | 168 | | 81 | 50 | 19 | 20 | | | | | |
| 40 | 29. 其他制造业 | 3242 | | 244 | 197 | 1 | 993 | 7 | 733 | 381 | 123 | 367 | 50 | 1 | | 145 | |
| 41 | 30. 废弃资源综合利用业 | 1206 | | 59 | 20 | | 52 | | 290 | 191 | 339 | 254 | | 1 | | | |
| 42 | (三)电力、热力、燃气及水的生产和供应业 | 17082 | 50 | 188 | 3167 | | 6601 | | 3365 | 1808 | 355 | 982 | 45 | 7 | | 514 | |

续表

| 序号 | 项目 | 税收收入合计 | 国内增值税 | 营业税 | 企业所得税 | | 个人所得税 | 资源税 | 城市维护建设税 | 房产税 | 印花税 | 城镇土地使用税 | 土地增值税 | 车船税 | 耕地占用税 | 契税 | 其他各税 |
|---|---|---|---|---|---|---|---|---|---|---|---|---|---|---|---|---|---|
| | | | | | 内资企业 | 外资企业 | | | | | | | | | | | |
| 43 | 1. 电力、热力生产和供应业 | 15313 | 50 | 87 | 2805 | | 5967 | | 3128 | 1693 | 305 | 720 | 45 | 7 | | 506 | |
| 44 | 2. 燃气生产和供应业 | 526 | | 83 | 128 | | 57 | | 94 | 32 | 34 | 90 | | | | 8 | |
| 45 | 3. 水的生产和供应业 | 1243 | | 18 | 234 | | 577 | | 143 | 83 | 16 | 172 | | | | | |
| 46 | (四)建筑业 | 116521 | 94 | 66499 | 19468 | 23 | 14690 | 67 | 7542 | 238 | 1859 | 1850 | 918 | 16 | 1535 | 1722 | |
| 47 | 1. 房屋建筑业 | 21991 | 48 | 10343 | 5674 | | 2823 | | 1391 | 29 | 265 | 1337 | 81 | | | | |
| 48 | 2. 土木工程建筑业 | 21759 | | 14919 | 947 | | 2402 | 51 | 1503 | 47 | 252 | 30 | | 2 | 759 | 847 | |
| 49 | 3. 建筑安装业 | 37679 | | 18854 | 10144 | 4 | 5132 | | 2501 | 66 | 703 | 93 | 119 | 11 | | 52 | |
| 50 | 4. 建筑装饰和其他建筑业 | 35092 | 46 | 22383 | 2703 | 19 | 4333 | 16 | 2147 | 96 | 639 | 390 | 718 | 3 | 776 | 823 | |
| 51 | 三、第三产业 | 529171 | 3591 | 93078 | 44891 | 306 | 63415 | 1989 | 24086 | 18692 | 6443 | 78241 | 99956 | 14036 | 19821 | 60626 | |
| 52 | (一)批发和零售业 | 32120 | 59 | 1089 | 9100 | 5 | 3798 | 1799 | 8599 | 2379 | 1516 | 1979 | 708 | 25 | 192 | 872 | |
| 53 | 1. 批发业 | 14298 | 46 | 319 | 7375 | 4 | 1373 | 401 | 2306 | 846 | 609 | 587 | 125 | 12 | | 295 | |
| 54 | 2. 零售业 | 17822 | 13 | 770 | 1725 | 1 | 2425 | 1398 | 6293 | 1533 | 907 | 1392 | 583 | 13 | 192 | 577 | |
| 55 | (二)交通运输、仓储和邮政业 | 13106 | | 475 | 1794 | | 3511 | | 538 | 1230 | 167 | 4756 | | 141 | 23 | 471 | |
| 56 | 1. 铁路运输业 | 1934 | | 44 | | | 1786 | | 72 | 9 | 1 | 13 | | 9 | | | |
| 57 | 2. 道路运输业 | 7573 | | 355 | 1469 | | 786 | | 317 | 272 | 67 | 4182 | | 100 | 23 | 2 | |
| 58 | 3. 水上运输业 | 508 | | 3 | 181 | | 168 | | 46 | 28 | 8 | 42 | | 20 | | 12 | |
| 59 | 4. 航空运输业 | 2 | | | | | 1 | | 1 | | | | | | | | |
| 60 | 5. 管道运输业 | | | | | | | | | | | | | | | | |
| 61 | 6. 装卸搬运和运输代理业 | 607 | | 6 | 111 | | 236 | | 79 | 25 | 11 | 130 | | 9 | | | |
| 62 | 7. 仓储业 | 1405 | | 3 | 2 | | 57 | | 7 | 486 | 79 | 313 | | 1 | | 457 | |
| 63 | 8. 邮政业 | 1077 | | 64 | 31 | | 477 | | 16 | 410 | 1 | 76 | | 2 | | | |
| 64 | (三)住宿和餐饮业 | 6872 | | 3811 | 446 | 3 | 1056 | | 411 | 573 | 19 | 541 | | | | 12 | |

续表

| 序号 | 项目 | 税收收入合计 | 国内增值税 | 营业税 | 企业所得税 | | 个人所得税 | 资源税 | 城市维护建设税 | 房产税 | 印花税 | 城镇土地使用税 | 土地增值税 | 车船税 | 耕地占用税 | 契税 | 其他各税 |
|---|---|---|---|---|---|---|---|---|---|---|---|---|---|---|---|---|---|
| | | | | | 内资企业 | 外资企业 | | | | | | | | | | | |
| 65 | 1. 住宿业 | 2196 | | 1080 | 227 | 1 | 133 | | 132 | 292 | 9 | 320 | | | | 2 | |
| 66 | 2. 餐饮业 | 4676 | | 2731 | 219 | 2 | 923 | | 279 | 281 | 10 | 221 | | | | 10 | |
| 67 | (四)信息传输、软件和信息技术服务业 | 6006 | | 270 | 97 | 3 | 2353 | | 1453 | 719 | 521 | 553 | | 3 | | 34 | |
| 68 | 1. 电信、广播电视和卫星传输服务 | 2362 | | 183 | 55 | | 984 | | 469 | 428 | 86 | 126 | | 1 | | 30 | |
| 69 | 2. 互联网和相关服务 | 83 | | 6 | 2 | | 37 | | 5 | 21 | 1 | 11 | | | | | |
| 70 | 3. 软件和信息技术服务业 | 3561 | | 81 | 40 | 3 | 1332 | | 979 | 270 | 434 | 416 | | 2 | | 4 | |
| 71 | (五)金融业 | 60551 | 91 | 23941 | 1017 | 150 | 15542 | 155 | 2993 | 1786 | 709 | 571 | 929 | 11797 | 13 | 857 | |
| 72 | 1. 货币金融服务 | 34315 | 10 | 20928 | 691 | | 7112 | | 2361 | 1580 | 525 | 472 | 74 | 13 | | 549 | |
| 73 | 2. 资本市场服务 | 2198 | | 495 | 37 | 150 | 947 | 155 | 82 | 6 | 24 | 45 | | 1 | | 256 | |
| 74 | 3. 保险业 | 21027 | | 1697 | | | 6816 | | 478 | 119 | 152 | 15 | | 11750 | | | |
| 75 | 4. 其他金融业 | 3011 | 81 | 821 | 289 | | 667 | | 72 | 81 | 8 | 39 | 855 | 33 | 13 | 52 | |
| 76 | (六)房地产业 | 200308 | 642 | 49843 | 24506 | 52 | 5257 | 30 | 7019 | 7618 | 2004 | 25628 | 71335 | 164 | 607 | 5603 | |
| 77 | 1. 房地产开发经营 | 178098 | 69 | 46068 | 23469 | 14 | 4041 | | 6541 | 2947 | 1800 | 20936 | 67267 | 21 | 1265 | 3660 | |
| 78 | 2. 物业管理 | 9079 | 1 | 2150 | 765 | 38 | 310 | | 277 | 2029 | 62 | 1428 | 2481 | 141 | -1116 | 513 | |
| 79 | 3. 房地产中介服务 | 1314 | | 109 | 22 | | 70 | | 16 | 68 | 57 | 60 | | | | 912 | |
| 80 | 4. 自有房地产经营活动 | 3791 | 327 | 478 | 109 | | 401 | | 55 | 1109 | 36 | 619 | 534 | | | 123 | |
| 81 | 5. 其他房地产业 | 8026 | 245 | 1038 | 141 | | 435 | 30 | 130 | 1465 | 49 | 2585 | 1053 | 2 | 458 | 395 | |
| 82 | (七)租赁和商务服务业 | 47488 | 2 | 2188 | 2361 | 51 | 1993 | | 732 | 814 | 372 | 24354 | 6168 | 56 | 5565 | 2832 | |
| 83 | 1. 租赁业 | 231 | 1 | 37 | 6 | | 87 | | 56 | 7 | 31 | 3 | | 3 | | | |
| 84 | 2. 商务服务业 | 47257 | 1 | 2151 | 2355 | 51 | 1906 | | 676 | 807 | 341 | 24351 | 6168 | 53 | 5565 | 2832 | |
| 85 | (八)科学研究和技术服务业 | 3186 | | 310 | 644 | 23 | 1003 | | 279 | 378 | 96 | 300 | 17 | 2 | | 134 | |
| 86 | 1. 研究和试验发展 | 661 | | 16 | 21 | | 107 | | 12 | 216 | 18 | 124 | 16 | 3 | | 128 | |

续表

| 序号 | 项 目 | 税收收入合计 | 国内增值税 | 营业税 | 企业所得税 | | 个人所得税 | 资源税 | 城市维护建设税 | 房产税 | 印花税 | 城镇土地使用税 | 土地增值税 | 车船税 | 耕地占用税 | 契税 | 其他各税 |
|---|---|---|---|---|---|---|---|---|---|---|---|---|---|---|---|---|---|
| | | | | | 内资企业 | 外资企业 | | | | | | | | | | | |
| 87 | 2. 专业技术服务业 | 2133 | | 266 | 614 | 22 | 791 | | 246 | 70 | 49 | 102 | 1 | -1 | | -27 | |
| 88 | 3. 科技推广和应用服务业 | 392 | | 28 | 9 | 1 | 105 | | 21 | 92 | 29 | 74 | | | | 33 | |
| 89 | (九)水利、环境和公共设施管理业 | 6235 | | 2964 | 406 | | 450 | | 506 | 225 | 111 | 1202 | 242 | 7 | | 122 | |
| 90 | 1. 水利管理业 | 3044 | | 2140 | 351 | | 148 | | 212 | 29 | 81 | 72 | 1 | 3 | | 7 | |
| 91 | 2. 生态保护和环境治理业 | 488 | | 1 | 3 | | 81 | | 141 | 154 | 3 | 94 | | 1 | | 10 | |
| 92 | 3. 公共设施管理业 | 2703 | | 823 | 52 | | 221 | | 153 | 42 | 27 | 1036 | 241 | 3 | | 105 | |
| 93 | (十)居民服务、修理和其他服务业 | 37089 | 621 | 3772 | 2175 | 19 | 9400 | 5 | 904 | 1066 | 236 | 3082 | 9674 | 49 | 5705 | 381 | |
| 94 | 1. 居民服务业 | 3470 | 6 | 718 | 73 | | 1543 | | 110 | 560 | 61 | 357 | 1 | | | 41 | |
| 95 | 2. 机动车、电子产品和日用产品修理业 | 542 | | 31 | 1 | | 126 | | 213 | 86 | 22 | 63 | | | | | |
| 96 | 3. 其他服务业 | 33077 | 615 | 3023 | 2101 | 19 | 7731 | 5 | 581 | 420 | 153 | 2662 | 9673 | 49 | 5705 | 340 | |
| 97 | (十一)教育 | 4371 | | 201 | 238 | | 3698 | | 24 | 93 | 14 | 33 | | 16 | | 54 | |
| 98 | (十二)卫生和社会工作 | 4059 | | 34 | 43 | | 3813 | | 10 | 88 | 46 | 12 | | 13 | | | |
| 99 | 1. 卫生 | 4007 | | 30 | 42 | | 3808 | | 5 | 53 | 46 | 10 | | 13 | | | |
| 100 | 2. 社会工作 | 52 | | 4 | 1 | | 5 | | 5 | 35 | | 2 | | | | | |
| 101 | (十三)文化、体育和娱乐业 | 12360 | | 526 | 93 | | 505 | | 90 | 345 | 12 | 6286 | | 2 | 4378 | 123 | |
| 102 | 1. 新闻和出版业 | 41 | | 3 | 5 | | 24 | | 9 | | | | | | | | |
| 103 | 2. 广播、电视、电影和影视录音制作业 | 10113 | | 28 | 37 | | 220 | | 34 | 99 | 8 | 5184 | | 2 | 4378 | 123 | |
| 104 | 3. 文化艺术业 | 78 | | 15 | 2 | | 33 | | 2 | 23 | 1 | 2 | | | | | |
| 105 | 4. 体育 | 1273 | | 78 | 5 | | 38 | | 10 | 58 | | 1084 | | | | | |
| 106 | 5. 娱乐业 | 855 | | 402 | 44 | | 190 | | 35 | 165 | 3 | 16 | | | | | |
| 107 | (十四)公共管理、社会保障和社会组织 | 95265 | 2176 | 3617 | 1968 | | 11009 | | 523 | 1377 | 616 | 8867 | 10883 | 1760 | 3338 | 49131 | |
| 108 | (十五)其他行业 | 155 | | 37 | 3 | | 27 | | 5 | 1 | 4 | 77 | | 1 | | | |

# 2016年清远市地方税务局税收收入分行业分税种统计年报表

编报机关:清远市地方税务局　　　　单位:万元

| 序号 | 项　　目 | 税收收入合计 | 国内增值税 | 营业税 | 企业所得税 | | 个人所得税 | 资源税 | 城市维护建设税 | 房产税 | 印花税 | 城镇土地使用税 | 土地增值税 | 车船税 | 耕地占用税 | 契税 | 其他各税 |
|---|---|---|---|---|---|---|---|---|---|---|---|---|---|---|---|---|---|
| | | | | | 内资企业 | 外资企业 | | | | | | | | | | | |
| 1 | 合　计 | 716964 | 4834 | 175351 | 98535 | 235 | 91214 | 12209 | 54574 | 30160 | 12975 | 39001 | 86730 | 12629 | 15598 | 82506 | 413 |
| 2 | 一、第一产业 | 2439 | 68 | 42 | 98 | | 1455 | 60 | 133 | 224 | 80 | 215 | 1 | | | 63 | |
| 3 | 二、第二产业 | 208617 | 312 | 61118 | 35987 | 49 | 32102 | 11228 | 29577 | 12844 | 6095 | 15650 | 1297 | 96 | 240 | 2022 | |
| 4 | (一)采矿业 | 3559 | | 2 | 1 | | 433 | 1765 | 662 | 161 | 148 | 306 | | 3 | 16 | 62 | |
| 5 | 1. 煤炭开采和洗选业 | | | | | | | | | | | | | | | | |
| 6 | 2. 石油和天然气开采业 | 69 | | | | | 15 | | 34 | 3 | 2 | 12 | | 3 | | | |
| 7 | 3. 黑色金属矿采选业 | 157 | | | | | 1 | 14 | 91 | 19 | 4 | 22 | | | 6 | | |
| 8 | 4. 有色金属矿采选业 | 907 | | | | | 239 | 127 | 217 | 108 | 109 | 65 | | | | 42 | |
| 9 | 5. 非金属矿采选业 | 1719 | | 2 | | | 111 | 1156 | 222 | 7 | 20 | 173 | | | 10 | 18 | |
| 10 | 6. 其他采矿业 | 707 | | | 1 | | 67 | 468 | 98 | 24 | 13 | 34 | | | | 2 | |
| 11 | (二)制造业 | 72009 | 226 | 935 | 3372 | 6 | 9001 | 9381 | 18122 | 11097 | 3711 | 13834 | 473 | 87 | 45 | 1719 | |
| 12 | 1. 农副食品加工业 | 1270 | | 161 | 50 | | 186 | | 356 | 209 | 81 | 223 | | | 4 | | |
| 13 | 2. 食品制造业 | 1247 | | | 414 | | 158 | | 189 | 186 | 77 | 85 | | | | 138 | |
| 14 | 3. 酒、饮料和精制茶制造业 | 2195 | | 7 | 186 | | 366 | | 593 | 651 | 90 | 273 | | 1 | | 28 | |
| 15 | 4. 烟草制品业 | 12 | | | | | | | | 4 | | 8 | | | | | |
| 16 | 5. 纺织业 | 1844 | | 7 | 2 | | 102 | | 652 | 545 | 104 | 412 | | | | 20 | |
| 17 | 6. 纺织服装、服饰业 | 1057 | 63 | 2 | 31 | | 46 | | 290 | 247 | 37 | 192 | 149 | | | | |
| 18 | 7. 皮革、毛皮、羽毛及其制品和制鞋业 | 6181 | 163 | 66 | 2 | | 1066 | | 2218 | 1132 | 350 | 985 | 159 | 1 | | 39 | |
| 19 | 8. 木材加工和木竹藤棕草制品业 | 555 | | | 3 | | 57 | | 160 | 76 | 34 | 225 | | | | | |
| 20 | 9. 家具制造业 | 462 | | | | | 92 | | 94 | 110 | 19 | 131 | | | | 16 | |
| 21 | 10. 造纸和纸制品业 | 1716 | | 276 | 10 | | 129 | | 312 | 390 | 115 | 368 | 116 | | | | |

续表

| 序号 | 项目 | 税收收入合计 | 国内增值税 | 营业税 | 企业所得税 | | 个人所得税 | 资源税 | 城市维护建设税 | 房产税 | 印花税 | 城镇土地使用税 | 土地增值税 | 车船税 | 耕地占用税 | 契税 | 其他各税 |
|---|---|---|---|---|---|---|---|---|---|---|---|---|---|---|---|---|---|
| | | | | | 内资企业 | 外资企业 | | | | | | | | | | | |
| 22 | 11. 印刷和记录媒介复制业 | 1157 | | 5 | 23 | | 126 | | 269 | 325 | 31 | 378 | | | | | |
| 23 | 12. 文教、工美、体育和娱乐用品制造业 | 1105 | | 1 | | | 183 | | 276 | 211 | 42 | 341 | 4 | | | 47 | |
| 24 | 13. 石油加工、炼焦和核燃料加工业 | 10 | | | | | | | 2 | 2 | | 6 | | | | | |
| 25 | 14. 化学原料和化学制品制造业 | 3064 | | 7 | 42 | | 617 | 10 | 590 | 531 | 203 | 869 | | | | 195 | |
| 26 | 15. 医药制造业 | 2142 | | 3 | 1130 | | 253 | | 410 | 112 | 33 | 178 | | | | 23 | |
| 27 | 16. 化学纤维制造业 | 2 | | | | | | | 2 | | | | | | | | |
| 28 | 17. 橡胶和塑料制品业 | 3364 | | 11 | 42 | | 492 | | 880 | 369 | 232 | 930 | | 1 | | 407 | |
| 29 | 18. 非金属矿物制品业 | 24037 | | 27 | 19 | | 1494 | 9309 | 5168 | 3073 | 638 | 4137 | | 32 | 39 | 101 | |
| 30 | 19. 黑色金属冶炼和压延加工业 | 795 | | 1 | | | 59 | | 191 | 112 | 90 | 304 | | | | 38 | |
| 31 | 20. 有色金属冶炼和压延加工业 | 3989 | | 214 | | | 686 | 1 | 1104 | 436 | 446 | 987 | | | | 115 | |
| 32 | 21. 金属制品业 | 1891 | | | 7 | | 114 | | 430 | 234 | 236 | 651 | 5 | | | 214 | |
| 33 | 22. 通用设备制造业 | 2142 | | 10 | 16 | | 686 | | 738 | 225 | 138 | 223 | | 51 | | 55 | |
| 34 | 23. 专用设备制造业 | 681 | | | | | 122 | 48 | 190 | 111 | 28 | 148 | | | | 34 | |
| 35 | 24. 汽车制造业 | 1146 | | | | | 403 | | 182 | 303 | 59 | 133 | | 1 | | 65 | |
| 36 | 25. 铁路、船舶、航空航天和其他运输设备制造业 | 116 | | 2 | 5 | | 23 | | 52 | 12 | 5 | 17 | | | | | |
| 37 | 26. 电气机械和器材制造业 | 3717 | | 3 | 1361 | | 491 | | 635 | 536 | 188 | 417 | | | 2 | 84 | |
| 38 | 27. 计算机、通信和其他电子设备制造业 | 2806 | | 15 | 27 | | 677 | | 993 | 423 | 84 | 586 | | | | 1 | |
| 39 | 28. 仪表仪器制造业 | 179 | | 12 | | 6 | 12 | | 35 | 27 | 2 | 45 | 40 | | | | |
| 40 | 29. 其他制造业 | 1515 | | 1 | 2 | | 239 | 1 | 784 | 70 | 64 | 255 | | | | 99 | |
| 41 | 30. 废弃资源综合利用业 | 1612 | | 104 | | | 122 | 12 | 327 | 435 | 285 | 327 | | | | | |
| 42 | (三)电力、热力、燃气及水的生产和供应业 | 29210 | 70 | 390 | 16128 | | 5864 | | 3637 | 1327 | 367 | 1262 | 103 | 5 | | 57 | |

续表

| 序号 | 项目 | 税收收入合计 | 国内增值税 | 营业税 | 企业所得税 | | 个人所得税 | 资源税 | 城市维护建设税 | 房产税 | 印花税 | 城镇土地使用税 | 土地增值税 | 车船税 | 耕地占用税 | 契税 | 其他各税 |
|---|---|---|---|---|---|---|---|---|---|---|---|---|---|---|---|---|---|
| | | | | | 内资企业 | 外资企业 | | | | | | | | | | | |
| 43 | 1. 电力、热力生产和供应业 | 24642 | 70 | 180 | 12698 | | 5630 | | 3351 | 1192 | 338 | 1035 | 103 | 4 | | 41 | |
| 44 | 2. 燃气生产和供应业 | 3459 | | 123 | 2944 | | 122 | | 126 | 39 | 13 | 75 | | 1 | | 16 | |
| 45 | 3. 水的生产和供应业 | 1109 | | 87 | 486 | | 112 | | 160 | 96 | 16 | 152 | | | | | |
| 46 | (四)建筑业 | 103839 | 16 | 59791 | 16486 | 43 | 16804 | 82 | 7156 | 259 | 1869 | 248 | 721 | 1 | 179 | 184 | |
| 47 | 1. 房屋建筑业 | 18103 | | 10324 | 3153 | 11 | 2394 | 22 | 1037 | 12 | 590 | 65 | 458 | | | 37 | |
| 48 | 2. 土木工程建筑业 | 7212 | | 2922 | 1856 | | 1315 | 21 | 585 | 46 | 202 | 86 | | | 179 | | |
| 49 | 3. 建筑安装业 | 24668 | 16 | 7716 | 8429 | 14 | 5014 | 2 | 2443 | 168 | 596 | 73 | 123 | 1 | | 73 | |
| 50 | 4. 建筑装饰和其他建筑业 | 53856 | | 38829 | 3048 | 18 | 8081 | 37 | 3091 | 33 | 481 | 24 | 140 | | | 74 | |
| 51 | 三、第三产业 | 505908 | 4454 | 114191 | 62450 | 186 | 57657 | 921 | 24864 | 17092 | 6800 | 23136 | 85432 | 12533 | 15358 | 80421 | 413 |
| 52 | (一)批发和零售业 | 26722 | 7 | 486 | 7877 | | 3398 | 635 | 7013 | 2204 | 1082 | 1989 | 85 | 5 | | 1528 | 413 |
| 53 | 1. 批发业 | 16181 | 6 | 105 | 6049 | | 1734 | 338 | 4592 | 854 | 448 | 772 | 75 | 2 | | 793 | 413 |
| 54 | 2. 零售业 | 10541 | 1 | 381 | 1828 | | 1664 | 297 | 2421 | 1350 | 634 | 1217 | 10 | 3 | | 735 | |
| 55 | (二)交通运输、仓储和邮政业 | 6591 | | 1887 | 1858 | | 1057 | 37 | 718 | 534 | 83 | 238 | 61 | 47 | | 71 | |
| 56 | 1. 铁路运输业 | 11 | | | | | 5 | | 1 | | 5 | | | | | | |
| 57 | 2. 道路运输业 | 5381 | | 1800 | 1740 | | 705 | 37 | 566 | 299 | 51 | 131 | 1 | 42 | | 9 | |
| 58 | 3. 水上运输业 | 328 | | 51 | 95 | | 11 | | 78 | 2 | 11 | 1 | 60 | | | 19 | |
| 59 | 4. 航空运输业 | 1 | | | | | 1 | | | | | | | | | | |
| 60 | 5. 管道运输业 | | | | | | | | | | | | | | | | |
| 61 | 6. 装卸搬运和运输代理业 | 259 | | | 14 | | 95 | | 55 | 10 | 8 | 30 | | 4 | | 43 | |
| 62 | 7. 仓储业 | 38 | | 2 | 1 | | 5 | | 1 | 17 | 5 | 7 | | | | | |
| 63 | 8. 邮政业 | 573 | | 34 | 8 | | 235 | | 17 | 206 | 3 | 69 | | 1 | | | |
| 64 | (三)住宿和餐饮业 | 10132 | | 4984 | 840 | | 1065 | | 479 | 1993 | 29 | 299 | 424 | | | 19 | |

续表

| 序号 | 项　目 | 税收收入合计 | 国内增值税 | 营业税 | 企业所得税 | | 个人所得税 | 资源税 | 城市维护建设税 | 房产税 | 印花税 | 城镇土地使用税 | 土地增值税 | 车船税 | 耕地占用税 | 契税 | 其他各税 |
|---|---|---|---|---|---|---|---|---|---|---|---|---|---|---|---|---|---|
| | | | | | 内资企业 | 外资企业 | | | | | | | | | | | |
| 65 | 1. 住宿业 | 4696 | | 2305 | 472 | | 381 | | 212 | 785 | 14 | 192 | 335 | | | | |
| 66 | 2. 餐饮业 | 5436 | | 2679 | 368 | | 684 | | 267 | 1208 | 15 | 107 | 89 | | | 19 | |
| 67 | (四)信息传输、软件和信息技术服务业 | 3972 | | 409 | 40 | | 1498 | | 525 | 817 | 88 | 222 | 155 | | | 218 | |
| 68 | 1. 电信、广播电视和卫星传输服务 | 3519 | | 363 | 28 | | 1367 | | 452 | 786 | 59 | 174 | 155 | | | 135 | |
| 69 | 2. 互联网和相关服务 | 77 | | | 3 | | 30 | | 24 | | 2 | | | | | 18 | |
| 70 | 3. 软件和信息技术服务业 | 376 | | 46 | 9 | | 101 | | 49 | 31 | 27 | 48 | | | | 65 | |
| 71 | (五)金融业 | 53800 | 15 | 20369 | 235 | | 15712 | | 2690 | 1389 | 470 | 140 | 941 | 11442 | | 397 | |
| 72 | 1. 货币金融服务 | 30597 | 13 | 17629 | 102 | | 7794 | | 2077 | 1312 | 280 | 99 | 940 | 5 | | 346 | |
| 73 | 2. 资本市场服务 | 1275 | | 384 | 2 | | 770 | | 59 | | 4 | 5 | | | | 51 | |
| 74 | 3. 保险业 | 20541 | | 1940 | | | 6392 | | 522 | 70 | 171 | 9 | | 11437 | | | |
| 75 | 4. 其他金融业 | 1387 | 2 | 416 | 131 | | 756 | | 32 | 7 | 15 | 27 | 1 | | | | |
| 76 | (六)房地产业 | 235843 | 197 | 73953 | 41962 | 37 | 10226 | 2 | 9189 | 3423 | 3516 | 10758 | 79474 | 8 | | 3098 | |
| 77 | 1. 房地产开发经营 | 223494 | 20 | 69286 | 40952 | | 9435 | | 8746 | 1952 | 3294 | 9600 | 78278 | 8 | | 1923 | |
| 78 | 2. 物业管理 | 3209 | 1 | 2073 | 131 | 37 | 209 | 2 | 215 | 209 | 21 | 65 | 125 | | | 121 | |
| 79 | 3. 房地产中介服务 | 359 | | 163 | 32 | | 70 | | 24 | 4 | 5 | 29 | 21 | | | 11 | |
| 80 | 4. 自有房地产经营活动 | 966 | 67 | 207 | 10 | | 78 | | 25 | 288 | 7 | 127 | 146 | | | 11 | |
| 81 | 5. 其他房地产业 | 7815 | 109 | 2224 | 837 | | 434 | | 179 | 970 | 189 | 937 | 904 | | | 1032 | |
| 82 | (七)租赁和商务服务业 | 26449 | 30 | 5097 | 5192 | | 3075 | 15 | 1881 | 1836 | 438 | 5497 | 701 | 4 | | 2683 | |
| 83 | 1. 租赁业 | 367 | | 221 | 21 | | 68 | | 31 | | 5 | | | 1 | | 20 | |
| 84 | 2. 商务服务业 | 26082 | 30 | 4876 | 5171 | | 3007 | 15 | 1850 | 1836 | 433 | 5497 | 701 | 3 | | 2663 | |
| 85 | (八)科学研究和技术服务业 | 4097 | | 173 | 2392 | 2 | 786 | | 381 | 152 | 51 | 114 | | | | 46 | |
| 86 | 1. 研究和试验发展 | 42 | | | 2 | | 24 | | 8 | 2 | 4 | 2 | | | | | |

续表

| 序号 | 项目 | 税收收入合计 | 国内增值税 | 营业税 | 企业所得税 | | 个人所得税 | 资源税 | 城市维护建设税 | 房产税 | 印花税 | 城镇土地使用税 | 土地增值税 | 车船税 | 耕地占用税 | 契税 | 其他各税 |
|---|---|---|---|---|---|---|---|---|---|---|---|---|---|---|---|---|---|
| | | | | | 内资企业 | 外资企业 | | | | | | | | | | | |
| 87 | 2. 专业技术服务业 | 3923 | | 169 | 2350 | | 752 | | 366 | 148 | 45 | 90 | | | | 3 | |
| 88 | 3. 科技推广和应用服务业 | 132 | | 4 | 40 | 2 | 10 | | 7 | 2 | 2 | 22 | | | | 43 | |
| 89 | (九)水利、环境和公共设施管理业 | 2302 | | 248 | 238 | | 269 | 2 | 584 | 128 | 17 | 597 | 62 | | 157 | | |
| 90 | 1. 水利管理业 | 972 | | 3 | 165 | | 132 | | 477 | 25 | 12 | 1 | | | 157 | | |
| 91 | 2. 生态保护和环境治理业 | 142 | | 13 | 1 | | 19 | | 53 | 18 | 3 | 35 | | | | | |
| 92 | 3. 公共设施管理业 | 1188 | | 232 | 72 | | 118 | 2 | 54 | 85 | 2 | 561 | 62 | | | | |
| 93 | (十)居民服务、修理和其他服务业 | 15961 | 28 | 3540 | 966 | 147 | 4773 | 104 | 848 | 1201 | 422 | 998 | 132 | 191 | 2295 | 316 | |
| 94 | 1. 居民服务业 | 1164 | 3 | 437 | 155 | | 218 | 1 | 66 | 221 | 23 | 63 | 5 | | | -28 | |
| 95 | 2. 机动车、电子产品和日用产品修理业 | 204 | | 16 | 5 | | 66 | | 70 | 12 | 17 | 18 | | | | | |
| 96 | 3. 其他服务业 | 14593 | 25 | 3087 | 806 | 147 | 4489 | 103 | 712 | 968 | 382 | 917 | 127 | 191 | 2295 | 344 | |
| 97 | (十一)教育 | 2822 | | 130 | 57 | | 2361 | | 19 | 55 | 5 | 145 | | 3 | | 47 | |
| 98 | (十二)卫生和社会工作 | 6080 | 2 | 8 | 236 | | 5785 | | 4 | 21 | 1 | 7 | 4 | 2 | | 10 | |
| 99 | 1. 卫生 | 4827 | 2 | 6 | 236 | | 4534 | | 4 | 21 | 1 | 7 | 4 | 2 | | 10 | |
| 100 | 2. 社会工作 | 1253 | | 2 | | | 1251 | | | | | | | | | | |
| 101 | (十三)文化、体育和娱乐业 | 2708 | | 483 | 36 | | 231 | | 83 | 44 | 29 | 606 | 69 | | | 1127 | |
| 102 | 1. 新闻和出版业 | 1 | | | | | 1 | | | | | | | | | | |
| 103 | 2. 广播、电视、电影和影视录音制作业 | 134 | | 9 | 11 | | 84 | | 28 | | | | | | | 2 | |
| 104 | 3. 文化艺术业 | 1535 | | 25 | | | 11 | | 12 | 2 | 27 | 333 | | | | 1125 | |
| 105 | 4. 体育 | 131 | | 73 | 16 | | 17 | | 8 | 16 | | 1 | | | | | |
| 106 | 5. 娱乐业 | 907 | | 376 | 9 | | 118 | | 35 | 26 | 2 | 272 | 69 | | | | |
| 107 | (十四)公共管理、社会保障和社会组织 | 108426 | 4175 | 2424 | 521 | | 7421 | 126 | 450 | 3295 | 569 | 1526 | 3324 | 831 | 12906 | 70858 | |
| 108 | (十五)其他行业 | 3 | | | | | | | | | | | | | | 3 | |

# 2016年潮州市地方税务局税收收入分行业分税种统计年报表

编报机关：潮州市地方税务局　　　　单位：万元

| 序号 | 项目 | 税收收入合计 | 国内增值税 | 营业税 | 企业所得税 | | 个人所得税 | 资源税 | 城市维护建设税 | 房产税 | 印花税 | 城镇土地使用税 | 土地增值税 | 车船税 | 耕地占用税 | 契税 | 其他各税 |
|---|---|---|---|---|---|---|---|---|---|---|---|---|---|---|---|---|---|
| | | | | | 内资企业 | 外资企业 | | | | | | | | | | | |
| 1 | 合计 | 347440 | 750 | 50749 | 66442 | 114 | 68649 | 9947 | 30122 | 18003 | 7372 | 20321 | 20824 | 9316 | 30137 | 14694 | |
| 2 | 一、第一产业 | 493 | | 28 | 16 | | 74 | | 63 | 64 | 189 | 59 | | | | | |
| 3 | 二、第二产业 | 153767 | 4 | 19222 | 40793 | 109 | 27272 | 9826 | 21147 | 11931 | 4303 | 15047 | 1653 | 5 | 2066 | 389 | |
| 4 | （一）采矿业 | 739 | | | 1 | | 172 | 214 | 74 | 59 | 70 | 149 | | | | | |
| 5 | 1. 煤炭开采和洗选业 | | | | | | | | | | | | | | | | |
| 6 | 2. 石油和天然气开采业 | 84 | | | | | 18 | | | 2 | 63 | 1 | | | | | |
| 7 | 3. 黑色金属矿采选业 | | | | | | | | | | | | | | | | |
| 8 | 4. 有色金属矿采选业 | | | | | | | | | | | | | | | | |
| 9 | 5. 非金属矿采选业 | 644 | | | 1 | | 153 | 214 | 73 | 54 | 6 | 143 | | | | | |
| 10 | 6. 其他采矿业 | 11 | | | | | 1 | | 1 | 3 | 1 | 5 | | | | | |
| 11 | （二）制造业 | 97694 | 1 | 569 | 28172 | 108 | 18323 | 6685 | 15329 | 10084 | 3404 | 13273 | 1554 | 1 | | 191 | |
| 12 | 1. 农副食品加工业 | 617 | | | 20 | | 121 | | 162 | 90 | 44 | 143 | | | | 37 | |
| 13 | 2. 食品制造业 | 8943 | | 14 | 3770 | | 1099 | 14 | 1872 | 839 | 325 | 885 | 18 | | | 107 | |
| 14 | 3. 酒、饮料和精制茶制造业 | 109 | | | 30 | | 16 | 2 | 11 | 23 | 3 | 24 | | | | | |
| 15 | 4. 烟草制品业 | | | | | | | | | | | | | | | | |
| 16 | 5. 纺织业 | 305 | | | 32 | | 97 | | 30 | 55 | 6 | 85 | | | | | |
| 17 | 6. 纺织服装、服饰业 | 2764 | | 26 | 221 | 6 | 582 | | 879 | 539 | 122 | 352 | 4 | | | 33 | |
| 18 | 7. 皮革、毛皮、羽毛及其制品和制鞋业 | 3614 | | 41 | 631 | | 961 | 1 | 803 | 438 | 144 | 534 | 52 | | | 9 | |
| 19 | 8. 木材加工和木竹藤棕草制品业 | 110 | | | | | 29 | 6 | 9 | 19 | 2 | 45 | | | | | |
| 20 | 9. 家具制造业 | 941 | | 222 | 211 | | 65 | | 70 | 68 | 16 | 137 | 152 | | | | |
| 21 | 10. 造纸和纸制品业 | 2534 | | | 367 | | 949 | 4 | 356 | 291 | 89 | 478 | | | | | |

续表

| 序号 | 项目 | 税收收入合计 | 国内增值税 | 营业税 | 企业所得税 | | 个人所得税 | 资源税 | 城市维护建设税 | 房产税 | 印花税 | 城镇土地使用税 | 土地增值税 | 车船税 | 耕地占用税 | 契税 | 其他各税 |
|---|---|---|---|---|---|---|---|---|---|---|---|---|---|---|---|---|---|
| | | | | | 内资企业 | 外资企业 | | | | | | | | | | | |
| 22 | 11. 印刷和记录媒介复制业 | 6634 | | | 2653 | | 1739 | | 750 | 633 | 199 | 660 | | | | | |
| 23 | 12. 文教、工美、体育和娱乐用品制造业 | 658 | | 2 | 38 | | 113 | 2 | 190 | 105 | 31 | 177 | | | | | |
| 24 | 13. 石油加工、炼焦和核燃料加工业 | | | | | | | | | | | | | | | | |
| 25 | 14. 化学原料和化学制品制造业 | 1575 | | | 344 | | 427 | 90 | 239 | 181 | 69 | 265 | | | | -40 | |
| 26 | 15. 医药制造业 | 1088 | | 1 | 48 | | 311 | | 509 | 82 | 60 | 77 | | | | | |
| 27 | 16. 化学纤维制造业 | | | | | | | | | | | | | | | | |
| 28 | 17. 橡胶和塑料制品业 | 2593 | | | 399 | | 766 | 77 | 389 | 375 | 92 | 495 | | | | | |
| 29 | 18. 非金属矿物制品业 | 32944 | | 38 | 3880 | 78 | 5135 | 6425 | 5409 | 4608 | 831 | 6500 | 12 | 1 | | 27 | |
| 30 | 19. 黑色金属冶炼和压延加工业 | 44 | | | | | 22 | | 8 | 3 | 6 | 5 | | | | | |
| 31 | 20. 有色金属冶炼和压延加工业 | 1701 | | | 669 | | 152 | 1 | 331 | 93 | 263 | 192 | | | | | |
| 32 | 21. 金属制品业 | 6640 | 1 | | 743 | | 1697 | 10 | 943 | 1018 | 780 | 1477 | | | | -29 | |
| 33 | 22. 通用设备制造业 | 141 | | | 2 | | 81 | | 24 | 14 | 5 | 15 | | | | | |
| 34 | 23. 专用设备制造业 | 463 | | | 87 | | 107 | 2 | 76 | 67 | 19 | 105 | | | | | |
| 35 | 24. 汽车制造业 | 55 | | | 22 | | 13 | | 9 | 5 | 1 | 5 | | | | | |
| 36 | 25. 铁路、船舶、航空航天和其他运输设备制造业 | 8 | | | 1 | | 2 | | 1 | 1 | 1 | 2 | | | | | |
| 37 | 26. 电气机械和器材制造业 | 3062 | | 173 | 480 | | 232 | | 287 | 189 | 93 | 245 | 1316 | | | 47 | |
| 38 | 27. 计算机、通信和其他电子设备制造业 | 19204 | | 52 | 13511 | | 3360 | 1 | 1674 | 214 | 159 | 233 | | | | | |
| 39 | 28. 仪表仪器制造业 | 90 | | | 1 | | 2 | | 39 | 19 | 4 | 25 | | | | | |
| 40 | 29. 其他制造业 | 800 | | | 5 | 24 | 233 | 50 | 234 | 113 | 35 | 106 | | | | | |
| 41 | 30. 废弃资源综合利用业 | 57 | | | 7 | | 12 | | 25 | 2 | 5 | 6 | | | | | |
| 42 | (三)电力、热力、燃气及水的生产和供应业 | 12563 | 1 | 55 | 1779 | | 3363 | 1 | 3585 | 1691 | 361 | 1480 | | 3 | 49 | 195 | |

续表

| 序号 | 项　目 | 税收收入合计 | 国内增值税 | 营业税 | 企业所得税 | | 个人所得税 | 资源税 | 城市维护建设税 | 房产税 | 印花税 | 城镇土地使用税 | 土地增值税 | 车船税 | 耕地占用税 | 契税 | 其他各税 |
|---|---|---|---|---|---|---|---|---|---|---|---|---|---|---|---|---|---|
| | | | | | 内资企业 | 外资企业 | | | | | | | | | | | |
| 43 | 1. 电力、热力生产和供应业 | 10715 | 1 | 8 | 1191 | | 3132 | | 3448 | 1539 | 302 | 896 | | 3 | | 195 | |
| 44 | 2. 燃气生产和供应业 | 708 | | 36 | 36 | | 116 | | 81 | 63 | 55 | 321 | | | | | |
| 45 | 3. 水的生产和供应业 | 1140 | | 11 | 552 | | 115 | 1 | 56 | 89 | 4 | 263 | | | 49 | | |
| 46 | (四)建筑业 | 42771 | 2 | 18598 | 10841 | 1 | 5414 | 2926 | 2159 | 97 | 468 | 145 | 99 | 1 | 2017 | 3 | |
| 47 | 1. 房屋建筑业 | 21746 | | 8388 | 8469 | 1 | 2143 | 1484 | 861 | 36 | 215 | 82 | 64 | | | 3 | |
| 48 | 2. 土木工程建筑业 | 3005 | | 1355 | 558 | | 508 | 203 | 302 | 12 | 54 | 13 | | | | | |
| 49 | 3. 建筑安装业 | 9464 | | 3545 | 1375 | | 1185 | 599 | 530 | 31 | 124 | 23 | 35 | | 2017 | | |
| 50 | 4. 建筑装饰和其他建筑业 | 8556 | 2 | 5310 | 439 | | 1578 | 640 | 466 | 18 | 75 | 27 | | 1 | | | |
| 51 | 三、第三产业 | 193180 | 746 | 31499 | 25633 | 5 | 41303 | 121 | 8912 | 6008 | 2880 | 5215 | 19171 | 9311 | 28071 | 14305 | |
| 52 | (一)批发和零售业 | 13949 | | 438 | 1353 | 4 | 3342 | 97 | 4365 | 1662 | 1075 | 1325 | 222 | 6 | | 60 | |
| 53 | 1. 批发业 | 8128 | | 81 | 1030 | | 1505 | 45 | 3624 | 373 | 685 | 562 | 174 | 5 | | 44 | |
| 54 | 2. 零售业 | 5821 | | 357 | 323 | 4 | 1837 | 52 | 741 | 1289 | 390 | 763 | 48 | 1 | | 16 | |
| 55 | (二)交通运输、仓储和邮政业 | 3478 | 1 | 308 | 683 | | 772 | 3 | 224 | 395 | 214 | 255 | 1 | 13 | | 609 | |
| 56 | 1. 铁路运输业 | 37 | | | | | | | | | 37 | | | | | | |
| 57 | 2. 道路运输业 | 2286 | 1 | 273 | 567 | | 372 | 3 | 139 | 153 | 60 | 116 | | 12 | | 590 | |
| 58 | 3. 水上运输业 | 235 | | 26 | 61 | | 38 | | 37 | 19 | 18 | 16 | 1 | | | 19 | |
| 59 | 4. 航空运输业 | | | | | | | | | | | | | | | | |
| 60 | 5. 管道运输业 | 1 | | | | | 1 | | | | | | | | | | |
| 61 | 6. 装卸搬运和运输代理业 | 140 | | | 21 | | 50 | | 16 | 58 | 8 | -13 | | | | | |
| 62 | 7. 仓储业 | 211 | | | | | 58 | | 17 | 8 | 88 | 40 | | | | | |
| 63 | 8. 邮政业 | 568 | | 9 | 34 | | 253 | | 15 | 157 | 3 | 96 | | 1 | | | |
| 64 | (三)住宿和餐饮业 | 2119 | | 863 | 223 | | 311 | | 98 | 387 | 7 | 217 | 9 | | | 4 | |

续表

| 序号 | 项　目 | 税收收入合计 | 国内增值税 | 营业税 | 企业所得税 | | 个人所得税 | 资源税 | 城市维护建设税 | 房产税 | 印花税 | 城镇土地使用税 | 土地增值税 | 车船税 | 耕地占用税 | 契税 | 其他各税 |
|---|---|---|---|---|---|---|---|---|---|---|---|---|---|---|---|---|---|
| | | | | | 内资企业 | 外资企业 | | | | | | | | | | | |
| 65 | 1. 住宿业 | 908 | | 337 | 125 | | 87 | | 38 | 207 | 2 | 99 | 9 | | | 4 | |
| 66 | 2. 餐饮业 | 1211 | | 526 | 98 | | 224 | | 60 | 180 | 5 | 118 | | | | | |
| 67 | (四)信息传输、软件和信息技术服务业 | 3892 | 4 | 1253 | 18 | | 1273 | 1 | 439 | 833 | 195 | 274 | | | | -398 | |
| 68 | 1. 电信、广播电视和卫星传输服务 | 3032 | 4 | 376 | 2 | | 1198 | | 341 | 806 | 68 | 237 | | | | | |
| 69 | 2. 互联网和相关服务 | 35 | | | 4 | | 9 | | 2 | 14 | 1 | 5 | | | | | |
| 70 | 3. 软件和信息技术服务业 | 825 | | 877 | 12 | | 66 | 1 | 96 | 13 | 126 | 32 | | | | -398 | |
| 71 | (五)金融业 | 45934 | 1 | 8682 | 999 | | 24550 | | 1236 | 985 | 323 | 206 | 5 | 8945 | | 2 | |
| 72 | 1. 货币金融服务 | 10436 | 1 | 6171 | 452 | | 1882 | | 774 | 885 | 131 | 131 | 5 | 2 | | 2 | |
| 73 | 2. 资本市场服务 | 19381 | | 366 | | | 18881 | | 61 | 15 | 6 | 52 | | | | | |
| 74 | 3. 保险业 | 14190 | | 1284 | | | 3449 | | 309 | 33 | 166 | 6 | | 8943 | | | |
| 75 | 4. 其他金融业 | 1927 | | 861 | 547 | | 338 | | 92 | 52 | 20 | 17 | | | | | |
| 76 | (六)房地产业 | 70556 | 173 | 18230 | 21101 | 1 | 3183 | 6 | 1926 | 830 | 668 | 2018 | 18131 | | | 4289 | |
| 77 | 1. 房地产开发经营 | 67473 | | 17227 | 21012 | | 2468 | 6 | 1820 | 142 | 646 | 1816 | 18064 | | | 4272 | |
| 78 | 2. 物业管理 | 1006 | 2 | 669 | 35 | | 69 | | 73 | 74 | 4 | 80 | | | | | |
| 79 | 3. 房地产中介服务 | 6 | | 2 | 2 | | 1 | | | 1 | | | | | | | |
| 80 | 4. 自有房地产经营活动 | 1169 | 119 | 149 | 17 | 1 | 418 | | 17 | 363 | 10 | 75 | | | | | |
| 81 | 5. 其他房地产业 | 902 | 52 | 183 | 35 | | 227 | | 16 | 250 | 8 | 47 | 67 | | | 17 | |
| 82 | (七)租赁和商务服务业 | 8010 | 6 | 357 | 229 | | 693 | 2 | 128 | 189 | 151 | 315 | 170 | 37 | 2920 | 2813 | |
| 83 | 1. 租赁业 | 70 | | 10 | 12 | | 24 | 1 | 8 | 4 | 2 | 8 | | 1 | | | |
| 84 | 2. 商务服务业 | 7940 | 6 | 347 | 217 | | 669 | 1 | 120 | 185 | 149 | 307 | 170 | 36 | 2920 | 2813 | |
| 85 | (八)科学研究和技术服务业 | 1168 | | 66 | 331 | | 192 | 1 | 78 | 47 | 68 | 106 | | | | 279 | |
| 86 | 1. 研究和试验发展 | 19 | | | 5 | | 10 | | 1 | 1 | 1 | 1 | | | | | |

续表

| 序号 | 项　目 | 税收收入合计 | 国内增值税 | 营业税 | 企业所得税 | | 个人所得税 | 资源税 | 城市维护建设税 | 房产税 | 印花税 | 城镇土地使用税 | 土地增值税 | 车船税 | 耕地占用税 | 契税 | 其他各税 |
|---|---|---|---|---|---|---|---|---|---|---|---|---|---|---|---|---|---|
| | | | | | 内资企业 | 外资企业 | | | | | | | | | | | |
| 87 | 2. 专业技术服务业 | 790 | | 52 | 303 | | 142 | 1 | 72 | 42 | 23 | 49 | | | | 106 | |
| 88 | 3. 科技推广和应用服务业 | 359 | | 14 | 23 | | 40 | | 5 | 4 | 44 | 56 | | | | 173 | |
| 89 | (九)水利、环境和公共设施管理业 | 966 | | 49 | 22 | | 87 | 9 | 117 | 33 | 29 | 112 | | 1 | 507 | | |
| 90 | 1. 水利管理业 | 148 | | 2 | 4 | | 30 | 6 | 96 | 4 | 3 | 3 | | | | | |
| 91 | 2. 生态保护和环境治理业 | 79 | | | | | 10 | | 10 | 9 | 15 | 35 | | | | | |
| 92 | 3. 公共设施管理业 | 739 | | 47 | 18 | | 47 | 3 | 11 | 20 | 11 | 74 | | 1 | 507 | | |
| 93 | (十)居民服务、修理和其他服务业 | 5329 | 125 | 597 | 358 | | 2309 | | 130 | 476 | 62 | 182 | 155 | | 891 | 44 | |
| 94 | 1. 居民服务业 | 391 | 1 | 54 | 195 | | 34 | | 9 | 68 | 13 | 17 | | | | | |
| 95 | 2. 机动车、电子产品和日用产品修理业 | 229 | | 43 | 12 | | 58 | | 14 | 39 | 5 | 58 | | | | | |
| 96 | 3. 其他服务业 | 4709 | 124 | 500 | 151 | | 2217 | | 107 | 369 | 44 | 107 | 155 | | 891 | 44 | |
| 97 | (十一)教育 | 1813 | | 252 | 249 | | 1165 | | 42 | 44 | 2 | 54 | 5 | | | | |
| 98 | (十二)卫生和社会工作 | 599 | | 3 | 12 | | 533 | | 2 | 1 | 35 | 1 | 11 | | | 1 | |
| 99 | 1. 卫生 | 599 | | 3 | 12 | | 533 | | 2 | 1 | 35 | 1 | 11 | | | 1 | |
| 100 | 2. 社会工作 | | | | | | | | | | | | | | | | |
| 101 | (十三)文化、体育和娱乐业 | 481 | | 118 | 37 | | 160 | | 41 | 46 | 7 | 72 | | | | | |
| 102 | 1. 新闻和出版业 | 39 | | | | | 30 | | 8 | | 1 | | | | | | |
| 103 | 2. 广播、电视、电影和影视录音制作业 | 141 | | 4 | 18 | | 80 | | 22 | 6 | 4 | 7 | | | | | |
| 104 | 3. 文化艺术业 | 43 | | 16 | 5 | | 7 | | 2 | 3 | 1 | 9 | | | | | |
| 105 | 4. 体育 | 57 | | 8 | | | 9 | | 1 | 4 | | 35 | | | | | |
| 106 | 5. 娱乐业 | 201 | | 90 | 14 | | 34 | | 8 | 33 | 1 | 21 | | | | | |
| 107 | (十四)公共管理、社会保障和社会组织 | 34879 | 436 | 281 | 18 | | 2728 | 2 | 86 | 80 | 44 | 78 | 462 | 309 | 23753 | 6602 | |
| 108 | (十五)其他行业 | 7 | | 2 | | | 5 | | | | | | | | | | |

# 2016 年揭阳市地方税务局税收收入分行业分税种统计年报表

编报机关:揭阳市地方税务局　　　　单位:万元

| 序号 | 项　目 | 税收收入合计 | 国内增值税 | 营业税 | 企业所得税 | | 个人所得税 | 资源税 | 城市维护建设税 | 房产税 | 印花税 | 城镇土地使用税 | 土地增值税 | 车船税 | 耕地占用税 | 契税 | 其他各税 |
|---|---|---|---|---|---|---|---|---|---|---|---|---|---|---|---|---|---|
| | | | | | 内资企业 | 外资企业 | | | | | | | | | | | |
| 1 | 合　计 | 485872 | 1784 | 86386 | 106186 | 192 | 74444 | 3753 | 55431 | 19894 | 12238 | 33266 | 35309 | 13793 | 17579 | 25617 | |
| 2 | 一、第一产业 | 576 | | 70 | 13 | | 168 | | 92 | 29 | 115 | 35 | 54 | | | | |
| 3 | 二、第二产业 | 220360 | 3 | 37803 | 80963 | | 27702 | 3369 | 35244 | 9351 | 6451 | 16378 | 424 | 21 | 504 | 2147 | |
| 4 | (一)采矿业 | 3080 | | | | | 506 | 456 | 29 | 1 | 49 | 1992 | | | | 47 | |
| 5 | 1. 煤炭开采和洗选业 | | | | | | | | | | | | | | | | |
| 6 | 2. 石油和天然气开采业 | 2318 | | | | | 337 | | | | 43 | 1938 | | | | | |
| 7 | 3. 黑色金属矿采选业 | | | | | | | | | | | | | | | | |
| 8 | 4. 有色金属矿采选业 | | | | | | | | | | | | | | | | |
| 9 | 5. 非金属矿采选业 | 668 | | | | | 169 | 382 | 20 | 1 | 4 | 45 | | | | 47 | |
| 10 | 6. 其他采矿业 | 94 | | | | | | 74 | 9 | | 2 | 9 | | | | | |
| 11 | (二)制造业 | 127598 | 1 | 75 | 60520 | | 12537 | 111 | 27314 | 6693 | 5310 | 13299 | 203 | 14 | | 1521 | |
| 12 | 1. 农副食品加工业 | 1739 | | 1 | 291 | | 274 | | 318 | 237 | 122 | 443 | | | | 53 | |
| 13 | 2. 食品制造业 | 3490 | | | 1280 | | 251 | | 871 | 415 | 127 | 339 | | | | 207 | |
| 14 | 3. 酒、饮料和精制茶制造业 | 726 | | | | | 41 | | 320 | 195 | 27 | 143 | | | | | |
| 15 | 4. 烟草制品业 | | | | | | | | | | | | | | | | |
| 16 | 5. 纺织业 | 3496 | | 1 | 369 | | 474 | | 1386 | 342 | 258 | 666 | | | | | |
| 17 | 6. 纺织服装、服饰业 | 8528 | | | 1058 | | 1124 | | 3539 | 1191 | 603 | 923 | 46 | 2 | | 42 | |
| 18 | 7. 皮革、毛皮、羽毛及其制品和制鞋业 | 4706 | | | 66 | | 729 | | 2792 | 274 | 457 | 388 | | | | | |
| 19 | 8. 木材加工和木竹藤棕草制品业 | 1002 | | | 34 | | 10 | | 662 | 33 | 160 | 103 | | | | | |
| 20 | 9. 家具制造业 | 702 | | | 9 | | 57 | | 410 | 33 | 88 | 105 | | | | | |
| 21 | 10. 造纸和纸制品业 | 723 | | | 103 | | 41 | | 232 | 66 | 87 | 193 | | 1 | | | |

续表

| 序号 | 项目 | 税收收入合计 | 国内增值税 | 营业税 | 企业所得税 | | 个人所得税 | 资源税 | 城市维护建设税 | 房产税 | 印花税 | 城镇土地使用税 | 土地增值税 | 车船税 | 耕地占用税 | 契税 | 其他各税 |
|---|---|---|---|---|---|---|---|---|---|---|---|---|---|---|---|---|---|
| | | | | | 内资企业 | 外资企业 | | | | | | | | | | | |
| 22 | 11. 印刷和记录媒介复制业 | 929 | | 2 | 376 | | 94 | | 166 | 71 | 33 | 187 | | | | | |
| 23 | 12. 文教、工美、体育和娱乐用品制造业 | 4438 | | | 230 | | 2199 | | 1308 | 111 | 234 | 356 | | | | | |
| 24 | 13. 石油加工、炼焦和核燃料加工业 | 30 | | | | | | | 2 | 10 | 1 | 17 | | | | | |
| 25 | 14. 化学原料和化学制品制造业 | 2479 | | | 411 | | 135 | | 533 | 188 | 372 | 691 | | | | 149 | |
| 26 | 15. 医药制造业 | 62991 | | 11 | 53542 | | 2363 | | 5475 | 545 | 404 | 559 | 8 | 1 | | 83 | |
| 27 | 16. 化学纤维制造业 | 595 | | | | | 111 | | 242 | 91 | 53 | 98 | | | | | |
| 28 | 17. 橡胶和塑料制品业 | 6890 | | 9 | 495 | | 677 | | 2877 | 623 | 616 | 1204 | 43 | 2 | | 344 | |
| 29 | 18. 非金属矿物制品业 | 2748 | | | 281 | | 366 | 97 | 532 | 148 | 97 | 1170 | | 5 | | 52 | |
| 30 | 19. 黑色金属冶炼和压延加工业 | 2128 | | 1 | 275 | | 14 | | 294 | 172 | 209 | 1163 | | | | | |
| 31 | 20. 有色金属冶炼和压延加工业 | 1549 | | 13 | 216 | | 129 | | 192 | 347 | 75 | 446 | | | | 131 | |
| 32 | 21. 金属制品业 | 6343 | | 3 | 312 | | 555 | | 2090 | 712 | 517 | 1896 | | 2 | | 256 | |
| 33 | 22. 通用设备制造业 | 351 | | 1 | 7 | | 41 | | 94 | 61 | 29 | 118 | | | | | |
| 34 | 23. 专用设备制造业 | 4820 | 1 | 19 | 684 | | 2163 | | 681 | 352 | 155 | 607 | | | | 158 | |
| 35 | 24. 汽车制造业 | 41 | | | 12 | | 1 | | 5 | 5 | 1 | 17 | | | | | |
| 36 | 25. 铁路、船舶、航空航天和其他运输设备制造业 | 15 | | | 4 | | 3 | | 3 | 2 | | 3 | | | | | |
| 37 | 26. 电气机械和器材制造业 | 3728 | | 1 | 377 | | 435 | 1 | 1325 | 285 | 335 | 829 | 99 | 1 | | 40 | |
| 38 | 27. 计算机、通信和其他电子设备制造业 | 818 | | | 30 | | 117 | | 241 | 61 | 47 | 322 | | | | | |
| 39 | 28. 仪表仪器制造业 | 163 | | | 48 | | 4 | | 45 | 26 | 10 | 30 | | | | | |
| 40 | 29. 其他制造业 | 1355 | | 13 | 10 | | 120 | 13 | 656 | 93 | 180 | 257 | 7 | | | 6 | |
| 41 | 30. 废弃资源综合利用业 | 75 | | | | | 9 | | 23 | 4 | 13 | 26 | | | | | |
| 42 | (三)电力、热力、燃气及水的生产和供应业 | 17972 | | 46 | 3330 | | 6610 | 2 | 4046 | 2542 | 343 | 885 | 14 | 6 | 78 | 70 | |

续表

| 序号 | 项目 | 税收收入合计 | 国内增值税 | 营业税 | 企业所得税 | | 个人所得税 | 资源税 | 城市维护建设税 | 房产税 | 印花税 | 城镇土地使用税 | 土地增值税 | 车船税 | 耕地占用税 | 契税 | 其他各税 |
|---|---|---|---|---|---|---|---|---|---|---|---|---|---|---|---|---|---|
| | | | | | 内资企业 | 外资企业 | | | | | | | | | | | |
| 43 | 1. 电力、热力生产和供应业 | 16142 | | 14 | 2776 | | 6215 | | 3878 | 2399 | 282 | 429 | | 4 | 78 | 67 | |
| 44 | 2. 燃气生产和供应业 | 659 | | | 10 | | 330 | | 36 | 50 | 46 | 186 | | 1 | | | |
| 45 | 3. 水的生产和供应业 | 1171 | | 32 | 544 | | 65 | 2 | 132 | 93 | 15 | 270 | 14 | 1 | | 3 | |
| 46 | (四)建筑业 | 71710 | 2 | 37682 | 17113 | | 8049 | 2800 | 3855 | 115 | 749 | 202 | 207 | 1 | 426 | 509 | |
| 47 | 1. 房屋建筑业 | 15706 | 2 | 8320 | 3556 | | 1744 | 539 | 786 | 18 | 224 | 15 | 7 | | | 495 | |
| 48 | 2. 土木工程建筑业 | 8960 | | 5467 | 788 | | 989 | 476 | 632 | 14 | 110 | 47 | 11 | | 426 | | |
| 49 | 3. 建筑安装业 | 22939 | | 7355 | 10383 | | 2645 | 884 | 1210 | 65 | 298 | 98 | | 1 | | | |
| 50 | 4. 建筑装饰和其他建筑业 | 24105 | | 16540 | 2386 | | 2671 | 901 | 1227 | 18 | 117 | 42 | 189 | | | 14 | |
| 51 | 三、第三产业 | 264936 | 1781 | 48513 | 25210 | 192 | 46574 | 384 | 20095 | 10514 | 5672 | 16853 | 34831 | 13772 | 17075 | 23470 | |
| 52 | (一)批发和零售业 | 32258 | 3 | 883 | 3972 | 110 | 5474 | 201 | 12337 | 1674 | 3525 | 2728 | 831 | 6 | | 514 | |
| 53 | 1. 批发业 | 23552 | 3 | 423 | 2934 | 7 | 3788 | 104 | 10164 | 1020 | 2589 | 1567 | 700 | 3 | | 250 | |
| 54 | 2. 零售业 | 8706 | | 460 | 1038 | 103 | 1686 | 97 | 2173 | 654 | 936 | 1161 | 131 | 3 | | 264 | |
| 55 | (二)交通运输、仓储和邮政业 | 6334 | | 661 | 673 | | 1652 | 9 | 399 | 1489 | 79 | 1216 | | 35 | | 121 | |
| 56 | 1. 铁路运输业 | 6 | | | | | | | | | | 6 | | | | | |
| 57 | 2. 道路运输业 | 2271 | | 539 | 598 | | 289 | 6 | 236 | 202 | 31 | 339 | | 31 | | | |
| 58 | 3. 水上运输业 | 31 | | | 5 | | 17 | 3 | 4 | 1 | 1 | | | | | | |
| 59 | 4. 航空运输业 | 2031 | | 56 | 15 | | 774 | | 55 | 759 | 3 | 369 | | | | | |
| 60 | 5. 管道运输业 | | | | | | | | | | | | | | | | |
| 61 | 6. 装卸搬运和运输代理业 | 649 | | 4 | 40 | | 26 | | 30 | 186 | 18 | 221 | | 3 | | 121 | |
| 62 | 7. 仓储业 | 260 | | | 7 | | 43 | | 34 | 47 | 22 | 107 | | | | | |
| 63 | 8. 邮政业 | 1086 | | 62 | 8 | | 503 | | 40 | 294 | 4 | 174 | | 1 | | | |
| 64 | (三)住宿和餐饮业 | 5277 | | 2058 | 503 | | 1127 | | 243 | 808 | 4 | 533 | | | | 1 | |

续表

| 序号 | 项　目 | 税收收入合计 | 国内增值税 | 营业税 | 企业所得税 | | 个人所得税 | 资源税 | 城市维护建设税 | 房产税 | 印花税 | 城镇土地使用税 | 土地增值税 | 车船税 | 耕地占用税 | 契税 | 其他各税 |
|---|---|---|---|---|---|---|---|---|---|---|---|---|---|---|---|---|---|
| | | | | | 内资企业 | 外资企业 | | | | | | | | | | | |
| 65 | 1. 住宿业 | 2512 | | 825 | 272 | | 209 | | 105 | 674 | 1 | 425 | | | | 1 | |
| 66 | 2. 餐饮业 | 2765 | | 1233 | 231 | | 918 | | 138 | 134 | 3 | 108 | | | | | |
| 67 | (四)信息传输、软件和信息技术服务业 | 4160 | | 407 | 127 | | 1633 | 1 | 719 | 824 | 80 | 361 | | | | 8 | |
| 68 | 1. 电信、广播电视和卫星传输服务 | 3597 | | 347 | | | 1580 | | 455 | 808 | 58 | 341 | | | | 8 | |
| 69 | 2. 互联网和相关服务 | 99 | | 1 | 40 | | 23 | | 20 | 4 | 7 | 4 | | | | | |
| 70 | 3. 软件和信息技术服务业 | 464 | | 59 | 87 | | 30 | 1 | 244 | 12 | 15 | 16 | | | | | |
| 71 | (五)金融业 | 57284 | 64 | 20974 | 633 | | 16393 | | 2653 | 1546 | 591 | 532 | 93 | 13277 | | 528 | |
| 72 | 1. 货币金融服务 | 30923 | 9 | 17521 | 134 | | 8687 | | 1978 | 1452 | 425 | 396 | 9 | 6 | | 306 | |
| 73 | 2. 资本市场服务 | 2804 | | 667 | 2 | | 1747 | | 111 | 3 | 9 | 103 | | | | 162 | |
| 74 | 3. 保险业 | 22579 | | 2596 | | | 5889 | | 540 | 64 | 146 | 13 | | 13271 | | 60 | |
| 75 | 4. 其他金融业 | 978 | 55 | 190 | 497 | | 70 | | 24 | 27 | 11 | 20 | 84 | | | | |
| 76 | (六)房地产业 | 76493 | 417 | 15780 | 14694 | | 2080 | 3 | 2376 | 2253 | 701 | 3488 | 29730 | 2 | 804 | 4165 | |
| 77 | 1. 房地产开发经营 | 68393 | 55 | 13873 | 14355 | | 255 | 2 | 2116 | 506 | 646 | 3086 | 29473 | 1 | | 4025 | |
| 78 | 2. 物业管理 | 1963 | | 672 | 207 | | 64 | | 82 | 64 | 6 | 28 | 35 | 1 | 804 | | |
| 79 | 3. 房地产中介服务 | 26 | | 8 | 2 | | 2 | | 2 | 2 | | 10 | | | | | |
| 80 | 4. 自有房地产经营活动 | 1017 | 112 | 98 | 1 | | 350 | | 15 | 292 | 5 | 108 | 35 | | | 1 | |
| 81 | 5. 其他房地产业 | 5094 | 250 | 1129 | 129 | | 1409 | 1 | 161 | 1389 | 44 | 256 | 187 | | | 139 | |
| 82 | (七)租赁和商务服务业 | 13610 | 6 | 2194 | 2372 | | 755 | 10 | 519 | 792 | 194 | 1700 | 2335 | 1 | 1999 | 733 | |
| 83 | 1. 租赁业 | 166 | | 111 | 15 | | 14 | 1 | 15 | 5 | 3 | 2 | | | | | |
| 84 | 2. 商务服务业 | 13444 | 6 | 2083 | 2357 | | 741 | 9 | 504 | 787 | 191 | 1698 | 2335 | 1 | 1999 | 733 | |
| 85 | (八)科学研究和技术服务业 | 926 | | 69 | 237 | | 192 | 3 | 123 | 39 | 30 | 152 | | 1 | | 80 | |
| 86 | 1. 研究和试验发展 | 75 | | | | | 10 | | 15 | 6 | 8 | 36 | | | | | |

续表

| 序号 | 项　目 | 税收收入合计 | 国内增值税 | 营业税 | 企业所得税 | | 个人所得税 | 资源税 | 城市维护建设税 | 房产税 | 印花税 | 城镇土地使用税 | 土地增值税 | 车船税 | 耕地占用税 | 契税 | 其他各税 |
|---|---|---|---|---|---|---|---|---|---|---|---|---|---|---|---|---|---|
| | | | | | 内资企业 | 外资企业 | | | | | | | | | | | |
| 87 | 2. 专业技术服务业 | 794 | | 62 | 237 | | 172 | 3 | 104 | 31 | 21 | 97 | | 1 | | 66 | |
| 88 | 3. 科技推广和应用服务业 | 57 | | 7 | | | 10 | | 4 | 2 | 1 | 19 | | | | 14 | |
| 89 | (九)水利、环境和公共设施管理业 | 796 | | 98 | 26 | | 153 | 7 | 38 | 20 | 35 | 132 | | 2 | | 285 | |
| 90 | 1. 水利管理业 | 75 | | 24 | 3 | | 9 | 4 | 14 | 10 | 4 | 6 | | 1 | | | |
| 91 | 2. 生态保护和环境治理业 | 222 | | 3 | 17 | | 2 | | 6 | 6 | 21 | 101 | | 1 | | 65 | |
| 92 | 3. 公共设施管理业 | 499 | | 71 | 6 | | 142 | 3 | 18 | 4 | 10 | 25 | | | | 220 | |
| 93 | (十)居民服务、修理和其他服务业 | 13364 | 36 | 2716 | 1386 | 82 | 1372 | 142 | 352 | 182 | 98 | 3645 | 135 | 2 | 3205 | 11 | |
| 94 | 1. 居民服务业 | 481 | 21 | 109 | 119 | 1 | 72 | | 17 | 62 | 5 | 51 | | 1 | 22 | 1 | |
| 95 | 2. 机动车、电子产品和日用产品修理业 | 141 | | 27 | 4 | | 22 | | 24 | 9 | 2 | 53 | | | | | |
| 96 | 3. 其他服务业 | 12742 | 15 | 2580 | 1263 | 81 | 1278 | 142 | 311 | 111 | 91 | 3541 | 135 | 1 | 3183 | 10 | |
| 97 | (十一)教育 | 784 | | 196 | 76 | | 375 | | 29 | 47 | 10 | 21 | | 20 | | 10 | |
| 98 | (十二)卫生和社会工作 | 6407 | | 10 | 259 | | 6061 | | 1 | 3 | 68 | 3 | | 2 | | | |
| 99 | 1. 卫生 | 5940 | | 6 | 259 | | 5598 | | 1 | 3 | 68 | 3 | | 2 | | | |
| 100 | 2. 社会工作 | 467 | | 4 | | | 463 | | | | | | | | | | |
| 101 | (十三)文化、体育和娱乐业 | 1424 | | 340 | 77 | | 270 | | 67 | 39 | 8 | 611 | | 2 | | 10 | |
| 102 | 1. 新闻和出版业 | 14 | | 2 | 2 | | 5 | | 5 | | | | | | | | |
| 103 | 2. 广播、电视、电影和影视录音制作业 | 158 | | 1 | 6 | | 99 | | 33 | 6 | 4 | 8 | | 1 | | | |
| 104 | 3. 文化艺术业 | 102 | | 12 | 10 | | 26 | | 3 | 3 | 3 | 34 | | 1 | | 10 | |
| 105 | 4. 体育 | 217 | | 14 | | | 12 | | 1 | | | 190 | | | | | |
| 106 | 5. 娱乐业 | 933 | | 311 | 59 | | 128 | | 25 | 30 | 1 | 379 | | | | | |
| 107 | (十四)公共管理、社会保障和社会组织 | 45818 | 1255 | 2127 | 175 | | 9037 | 8 | 239 | 798 | 248 | 1731 | 1707 | 422 | 11067 | 17004 | |
| 108 | (十五)其他行业 | 1 | | | | | | | | | 1 | | | | | | |

# 2016 年云浮市地方税务局税收收入分行业分税种统计年报表

编报机关:云浮市地方税务局　　　　单位:万元

| 序号 | 项　目 | 税收收入合计 | 国内增值税 | 营业税 | 企业所得税 | | 个人所得税 | 资源税 | 城市维护建设税 | 房产税 | 印花税 | 城镇土地使用税 | 土地增值税 | 车船税 | 耕地占用税 | 契税 | 其他各税 |
|---|---|---|---|---|---|---|---|---|---|---|---|---|---|---|---|---|---|
| | | | | | 内资企业 | 外资企业 | | | | | | | | | | | |
| 1 | 合　计 | 458436 | 3054 | 81108 | 44352 | 120 | 117472 | 8033 | 23283 | 18419 | 4285 | 24484 | 53821 | 6538 | 41755 | 31712 | |
| 2 | 一、第一产业 | 28199 | 82 | 47 | 151 | | 25265 | | 306 | 605 | 68 | 959 | 618 | | | 98 | |
| 3 | 二、第二产业 | 117123 | 9 | 34129 | 17069 | 2 | 20628 | 6282 | 12925 | 7245 | 1992 | 9591 | 2145 | 7 | 4163 | 936 | |
| 4 | (一)采矿业 | 6022 | | 101 | 1208 | | 393 | 2528 | 685 | 518 | 66 | 520 | | | 3 | | |
| 5 | 1. 煤炭开采和洗选业 | | | | | | | | | | | | | | | | |
| 6 | 2. 石油和天然气开采业 | | | | | | | | | | | | | | | | |
| 7 | 3. 黑色金属矿采选业 | 38 | | | 1 | | 9 | 24 | 4 | | | | | | | | |
| 8 | 4. 有色金属矿采选业 | 752 | | | | | 105 | 359 | 121 | 130 | 5 | 29 | | | 3 | | |
| 9 | 5. 非金属矿采选业 | 5220 | | 101 | 1207 | | 271 | 2144 | 559 | 387 | 60 | 491 | | | | | |
| 10 | 6. 其他采矿业 | 12 | | | | | 8 | 1 | 1 | 1 | 1 | | | | | | |
| 11 | (二)制造业 | 33339 | 3 | 366 | 1918 | | 6117 | 3670 | 6293 | 4631 | 1098 | 7009 | 1249 | 2 | 75 | 908 | |
| 12 | 1. 农副食品加工业 | 2631 | 3 | 104 | 18 | | 1306 | | 119 | 170 | 35 | 177 | 676 | | | 23 | |
| 13 | 2. 食品制造业 | 395 | | | 30 | | 138 | | 63 | 30 | 8 | 46 | | | | 80 | |
| 14 | 3. 酒、饮料和精制茶制造业 | 47 | | | | | 4 | 1 | 12 | 7 | 1 | 12 | | | | 10 | |
| 15 | 4. 烟草制品业 | 2 | | | | | | | | 1 | | 1 | | | | | |
| 16 | 5. 纺织业 | 94 | | | | | 29 | | 28 | 7 | 11 | 19 | | | | | |
| 17 | 6. 纺织服装、服饰业 | 1013 | | 2 | 4 | | 148 | | 603 | 115 | 36 | 104 | 1 | | | | |
| 18 | 7. 皮革、毛皮、羽毛及其制品和制鞋业 | 23 | | | | | | | 3 | 7 | 1 | 12 | | | | | |
| 19 | 8. 木材加工和木竹藤棕草制品业 | 219 | | 1 | | | 14 | | 37 | 49 | 12 | 100 | | | | 6 | |
| 20 | 9. 家具制造业 | 123 | | | | | 5 | | 3 | 3 | 4 | 30 | | | | 78 | |
| 21 | 10. 造纸和纸制品业 | 1192 | | | 710 | | 79 | | 55 | 195 | 46 | 94 | 13 | | | | |

续表

| 序号 | 项目 | 税收收入合计 | 国内增值税 | 营业税 | 企业所得税 | | 个人所得税 | 资源税 | 城市维护建设税 | 房产税 | 印花税 | 城镇土地使用税 | 土地增值税 | 车船税 | 耕地占用税 | 契税 | 其他各税 |
|---|---|---|---|---|---|---|---|---|---|---|---|---|---|---|---|---|---|
| | | | | | 内资企业 | 外资企业 | | | | | | | | | | | |
| 22 | 11. 印刷和记录媒介复制业 | 52 | | | 11 | | 1 | | 15 | 12 | 1 | 12 | | | | | |
| 23 | 12. 文教、工美、体育和娱乐用品制造业 | 211 | | | | | 16 | | 178 | 5 | 7 | 4 | 1 | | | | |
| 24 | 13. 石油加工、炼焦和核燃料加工业 | 19 | | | | | | | | | | 19 | | | | | |
| 25 | 14. 化学原料和化学制品制造业 | 2254 | | 21 | 469 | | 375 | 3 | 395 | 341 | 68 | 456 | 16 | | | 110 | |
| 26 | 15. 医药制造业 | 487 | | 1 | 19 | | 32 | | 156 | 185 | 8 | 83 | | | | 3 | |
| 27 | 16. 化学纤维制造业 | | | | | | | | | | | | | | | | |
| 28 | 17. 橡胶和塑料制品业 | 354 | | | 12 | | 39 | | 85 | 86 | 21 | 94 | | | | 17 | |
| 29 | 18. 非金属矿物制品业 | 14995 | | 212 | 95 | | 1247 | 3502 | 2364 | 1938 | 397 | 4556 | 258 | 1 | 75 | 350 | |
| 30 | 19. 黑色金属冶炼和压延加工业 | 17 | | 7 | 3 | | | | 3 | 2 | | | 2 | | | | |
| 31 | 20. 有色金属冶炼和压延加工业 | 259 | | | 56 | | 5 | | 12 | 119 | 4 | 63 | | | | | |
| 32 | 21. 金属制品业 | 3464 | | 6 | 12 | | 937 | | 833 | 535 | 159 | 601 | 269 | 1 | | 111 | |
| 33 | 22. 通用设备制造业 | 485 | | | 42 | | 45 | | 89 | 177 | 6 | 120 | | | | 6 | |
| 34 | 23. 专用设备制造业 | 520 | | | | | 204 | | 83 | 79 | 28 | 69 | | | | 57 | |
| 35 | 24. 汽车制造业 | 1012 | | 4 | | | 426 | | 232 | 289 | 38 | 23 | | | | | |
| 36 | 25. 铁路、船舶、航空航天和其他运输设备制造业 | 19 | | 1 | 2 | | 1 | | 7 | 5 | | 3 | | | | | |
| 37 | 26. 电气机械和器材制造业 | 1829 | | | 13 | | 657 | | 656 | 162 | 185 | 142 | 13 | | | 1 | |
| 38 | 27. 计算机、通信和其他电子设备制造业 | 247 | | 5 | | | 45 | | 90 | 54 | 7 | 39 | | | | 7 | |
| 39 | 28. 仪表仪器制造业 | 1 | | | | | | | | 1 | | | | | | | |
| 40 | 29. 其他制造业 | 1078 | | 2 | 422 | | 328 | 7 | 104 | 42 | 8 | 116 | | | | 49 | |
| 41 | 30. 废弃资源综合利用业 | 297 | | | | | 36 | 157 | 68 | 15 | 7 | 14 | | | | | |
| 42 | (三)电力、热力、燃气及水的生产和供应业 | 11527 | | 126 | 1969 | | 2974 | | 2394 | 1964 | 218 | 1817 | | 4 | 33 | 28 | |

续表

| 序号 | 项　目 | 税收收入合计 | 国内增值税 | 营业税 | 企业所得税 |  | 个人所得税 | 资源税 | 城市维护建设税 | 房产税 | 印花税 | 城镇土地使用税 | 土地增值税 | 车船税 | 耕地占用税 | 契税 | 其他各税 |
|---|---|---|---|---|---|---|---|---|---|---|---|---|---|---|---|---|---|
|  |  |  |  |  | 内资企业 | 外资企业 |  |  |  |  |  |  |  |  |  |  |  |
| 43 | 1. 电力、热力生产和供应业 | 10111 |  | 11 | 1648 |  | 2858 |  | 2303 | 1897 | 211 | 1128 |  | 3 | 33 | 19 |  |
| 44 | 2. 燃气生产和供应业 | 535 |  | 53 | 304 |  | 75 |  | 32 | 12 | 6 | 44 |  | 1 |  | 8 |  |
| 45 | 3. 水的生产和供应业 | 881 |  | 62 | 17 |  | 41 |  | 59 | 55 | 1 | 645 |  |  |  | 1 |  |
| 46 | (四)建筑业 | 66235 | 6 | 33536 | 11974 | 2 | 11144 | 84 | 3553 | 132 | 610 | 245 | 896 | 1 | 4052 |  |  |
| 47 | 1. 房屋建筑业 | 16691 |  | 4850 | 5110 |  | 4826 | 82 | 738 | 48 | 180 | 81 | 776 |  |  |  |  |
| 48 | 2. 土木工程建筑业 | 5071 |  | 2708 | 718 |  | 924 | 2 | 426 | 54 | 162 | 77 |  |  |  |  |  |
| 49 | 3. 建筑安装业 | 22226 |  | 9567 | 4652 | 2 | 2592 |  | 1121 | 12 | 180 | 6 | 42 |  | 4052 |  |  |
| 50 | 4. 建筑装饰和其他建筑业 | 22247 | 6 | 16411 | 1494 |  | 2802 |  | 1268 | 18 | 88 | 81 | 78 | 1 |  |  |  |
| 51 | 三、第三产业 | 313114 | 2963 | 46932 | 27132 | 118 | 71579 | 1751 | 10052 | 10569 | 2225 | 13934 | 51058 | 6531 | 37592 | 30678 |  |
| 52 | (一)批发和零售业 | 24063 | 2 | 630 | 5633 | 55 | 3076 | 1739 | 3917 | 975 | 453 | 2826 | 970 | 2 | 3407 | 378 |  |
| 53 | 1. 批发业 | 13585 |  | 328 | 5376 | 55 | 2240 | 457 | 3148 | 361 | 249 | 626 | 576 | 1 |  | 168 |  |
| 54 | 2. 零售业 | 10478 | 2 | 302 | 257 |  | 836 | 1282 | 769 | 614 | 204 | 2200 | 394 | 1 | 3407 | 210 |  |
| 55 | (二)交通运输、仓储和邮政业 | 5449 | 75 | 40 | 1644 |  | 1751 |  | 224 | 295 | 34 | 507 | 694 | 20 |  | 165 |  |
| 56 | 1. 铁路运输业 | 7 |  |  |  |  | 6 |  |  |  |  | 1 |  |  |  |  |  |
| 57 | 2. 道路运输业 | 3429 |  | 25 | 1562 |  | 1282 |  | 164 | 151 | 19 | 52 |  | 17 |  | 157 |  |
| 58 | 3. 水上运输业 | 53 |  | 1 | 5 |  | 6 |  | 6 | 3 | 1 | 31 |  |  |  |  |  |
| 59 | 4. 航空运输业 | 331 |  |  |  |  | 2 |  |  |  |  | 329 |  |  |  |  |  |
| 60 | 5. 管道运输业 |  |  |  |  |  |  |  |  |  |  |  |  |  |  |  |  |
| 61 | 6. 装卸搬运和运输代理业 | 427 |  |  | 69 |  | 256 |  | 40 | 10 | 12 | 37 |  | 3 |  |  |  |
| 62 | 7. 仓储业 | 900 | 75 | 6 | 7 |  | 28 |  | 6 | 41 | 1 | 34 | 694 |  |  | 8 |  |
| 63 | 8. 邮政业 | 302 |  | 8 | 1 |  | 171 |  | 8 | 90 | 1 | 23 |  |  |  |  |  |
| 64 | (三)住宿和餐饮业 | 3766 |  | 1757 | 212 |  | 473 | 1 | 163 | 718 | 16 | 423 |  |  |  | 3 |  |

续表

| 序号 | 项目 | 税收收入合计 | 国内增值税 | 营业税 | 企业所得税 | | 个人所得税 | 资源税 | 城市维护建设税 | 房产税 | 印花税 | 城镇土地使用税 | 土地增值税 | 车船税 | 耕地占用税 | 契税 | 其他各税 |
|---|---|---|---|---|---|---|---|---|---|---|---|---|---|---|---|---|---|
| | | | | | 内资企业 | 外资企业 | | | | | | | | | | | |
| 65 | 1. 住宿业 | 1554 | | 525 | 73 | | 125 | 1 | 47 | 480 | 5 | 298 | | | | | |
| 66 | 2. 餐饮业 | 2212 | | 1232 | 139 | | 348 | | 116 | 238 | 11 | 125 | | | | 3 | |
| 67 | (四)信息传输、软件和信息技术服务业 | 2706 | | 85 | 49 | | 1116 | | 162 | 843 | 35 | 233 | 177 | | | 6 | |
| 68 | 1. 电信、广播电视和卫星传输服务 | 2535 | | 77 | 34 | | 1009 | | 135 | 838 | 30 | 229 | 177 | | | 6 | |
| 69 | 2. 互联网和相关服务 | 6 | | | 4 | | | | | 1 | 1 | | | | | | |
| 70 | 3. 软件和信息技术服务业 | 165 | | 8 | 11 | | 107 | | 27 | 4 | 4 | 4 | | | | | |
| 71 | (五)金融业 | 71253 | 5 | 12107 | 803 | 28 | 48160 | | 1445 | 865 | 227 | 431 | 366 | 6292 | | 524 | |
| 72 | 1. 货币金融服务 | 18564 | 5 | 9984 | | | 5619 | | 1115 | 715 | 136 | 187 | 305 | | | 498 | |
| 73 | 2. 资本市场服务 | 40124 | | 524 | 507 | | 38849 | | 61 | | 6 | 90 | 61 | | | 26 | |
| 74 | 3. 保险业 | 10550 | | 852 | | | 3000 | | 226 | 91 | 71 | 18 | | 6292 | | | |
| 75 | 4. 其他金融业 | 2015 | | 747 | 296 | 28 | 692 | | 43 | 59 | 14 | 136 | | | | | |
| 76 | (六)房地产业 | 82899 | 148 | 22561 | 13988 | 35 | 2820 | | 2691 | 2728 | 808 | 5336 | 28350 | 1 | 870 | 2563 | |
| 77 | 1. 房地产开发经营 | 74440 | | 20806 | 13839 | | 1528 | | 2493 | 674 | 736 | 4603 | 26523 | 1 | 866 | 2371 | |
| 78 | 2. 物业管理 | 1935 | | 788 | 9 | 35 | 72 | | 89 | 348 | 29 | 323 | 33 | | | 209 | |
| 79 | 3. 房地产中介服务 | 56 | | 16 | 24 | | 9 | | 5 | 1 | | 1 | | | | | |
| 80 | 4. 自有房地产经营活动 | 1911 | 23 | 207 | 39 | | 124 | | 21 | 650 | 5 | 315 | 530 | | | -3 | |
| 81 | 5. 其他房地产业 | 4557 | 125 | 744 | 77 | | 1087 | | 83 | 1055 | 38 | 94 | 1264 | | 4 | -14 | |
| 82 | (七)租赁和商务服务业 | 23228 | | 2061 | 2272 | | 2278 | | 394 | 1257 | 306 | 921 | 6120 | 1 | 2518 | 5100 | |
| 83 | 1. 租赁业 | 109 | | 13 | 1 | | 79 | | 13 | | 2 | 1 | | | | | |
| 84 | 2. 商务服务业 | 23119 | | 2048 | 2271 | | 2199 | | 381 | 1257 | 304 | 920 | 6120 | 1 | 2518 | 5100 | |
| 85 | (八)科学研究和技术服务业 | 1342 | | 153 | 555 | | 330 | | 146 | 29 | 19 | 70 | | | | 40 | |
| 86 | 1. 研究和试验发展 | 32 | | 2 | 5 | | 6 | | 5 | 6 | 1 | 7 | | | | | |

续表

| 序号 | 项　　目 | 税收收入合计 | 国内增值税 | 营业税 | 企业所得税 | | 个人所得税 | 资源税 | 城市维护建设税 | 房产税 | 印花税 | 城镇土地使用税 | 土地增值税 | 车船税 | 耕地占用税 | 契税 | 其他各税 |
|---|---|---|---|---|---|---|---|---|---|---|---|---|---|---|---|---|---|
| | | | | | 内资企业 | 外资企业 | | | | | | | | | | | |
| 87 | 2. 专业技术服务业 | 1070 | | 78 | 541 | | 259 | | 105 | 18 | 13 | 43 | | | | 13 | |
| 88 | 3. 科技推广和应用服务业 | 240 | | 73 | 9 | | 65 | | 36 | 5 | 5 | 20 | | | | 27 | |
| 89 | (九)水利、环境和公共设施管理业 | 8627 | | 110 | 1 | | 54 | 6 | 37 | 43 | 26 | 956 | | | 7394 | | |
| 90 | 1. 水利管理业 | 777 | | 37 | -12 | | 15 | 6 | 7 | 4 | | 720 | | | | | |
| 91 | 2. 生态保护和环境治理业 | 189 | | | | | 8 | | 12 | 10 | 1 | 158 | | | | | |
| 92 | 3. 公共设施管理业 | 7661 | | 73 | 13 | | 31 | | 18 | 29 | 25 | 78 | | | 7394 | | |
| 93 | (十)居民服务、修理和其他服务业 | 8867 | 83 | 4322 | 1149 | | 1427 | 2 | 494 | 172 | 25 | 246 | 48 | 66 | 829 | 4 | |
| 94 | 1. 居民服务业 | 470 | | 214 | 18 | | 74 | | 17 | 57 | 4 | 64 | 16 | 6 | | | |
| 95 | 2. 机动车、电子产品和日用产品修理业 | 98 | | 7 | 4 | | 27 | | 12 | 19 | 4 | 25 | | | | | |
| 96 | 3. 其他服务业 | 8299 | 83 | 4101 | 1127 | | 1326 | 2 | 465 | 96 | 17 | 157 | 32 | 60 | 829 | 4 | |
| 97 | (十一)教育 | 3060 | | 244 | 202 | | 2473 | | 19 | 75 | 1 | 45 | | 1 | | | |
| 98 | (十二)卫生和社会工作 | 3886 | 21 | 157 | 54 | | 2140 | | 13 | 24 | 10 | 7 | 1444 | 1 | | 15 | |
| 99 | 1. 卫生 | 3884 | 21 | 157 | 54 | | 2138 | | 13 | 24 | 10 | 7 | 1444 | 1 | | 15 | |
| 100 | 2. 社会工作 | 2 | | | | | 2 | | | | | | | | | | |
| 101 | (十三)文化、体育和娱乐业 | 507 | | 95 | 48 | | 71 | 3 | 18 | 20 | 6 | 18 | | | | 228 | |
| 102 | 1. 新闻和出版业 | 112 | | | 42 | | 26 | | 7 | | 2 | | | | | 35 | |
| 103 | 2. 广播、电视、电影和影视录音制作业 | 16 | | | 2 | | 13 | | 4 | | | -3 | | | | | |
| 104 | 3. 文化艺术业 | 237 | | 4 | 1 | | 11 | | 1 | 6 | 4 | 17 | | | | 193 | |
| 105 | 4. 体育 | 12 | | 1 | 1 | | 4 | | | 5 | | 1 | | | | | |
| 106 | 5. 娱乐业 | 130 | | 90 | 2 | | 17 | 3 | 6 | 9 | | 3 | | | | | |
| 107 | (十四)公共管理、社会保障和社会组织 | 73461 | 2629 | 2610 | 522 | | 5410 | | 329 | 2525 | 259 | 1915 | 12889 | 147 | 22574 | 21652 | |
| 108 | (十五)其他行业 | | | | | | | | | | | | | | | | |

# 2016年横琴新区地方税务局税收收入分行业分税种统计年报表

编报机关:横琴新区地方税务局　　单位:万元

| 序号 | 项　目 | 税收收入合计 | 国内增值税 | 营业税 | 企业所得税 | | 个人所得税 | 资源税 | 城市维护建设税 | 房产税 | 印花税 | 城镇土地使用税 | 土地增值税 | 车船税 | 耕地占用税 | 契税 | 其他各税 |
|---|---|---|---|---|---|---|---|---|---|---|---|---|---|---|---|---|---|
| | | | | | 内资企业 | 外资企业 | | | | | | | | | | | |
| 1 | 合　计 | 655452 | 624 | 100733 | 185718 | 2009 | 183415 | | 21962 | 4942 | 10731 | 3617 | 74358 | 162 | 14599 | 52582 | |
| 2 | 一、第一产业 | 8 | | 3 | 1 | | | | 1 | | 3 | | | | | | |
| 3 | 二、第二产业 | 41416 | 2 | 15044 | 13951 | 120 | 7087 | | 2546 | 174 | 884 | 11 | | | | 1597 | |
| 4 | (一)采矿业 | 1 | | | | | 1 | | | | | | | | | | |
| 5 | 1. 煤炭开采和洗选业 | 1 | | | | | 1 | | | | | | | | | | |
| 6 | 2. 石油和天然气开采业 | | | | | | | | | | | | | | | | |
| 7 | 3. 黑色金属矿采选业 | | | | | | | | | | | | | | | | |
| 8 | 4. 有色金属矿采选业 | | | | | | | | | | | | | | | | |
| 9 | 5. 非金属矿采选业 | | | | | | | | | | | | | | | | |
| 10 | 6. 其他采矿业 | | | | | | | | | | | | | | | | |
| 11 | (二)制造业 | 3556 | 2 | 26 | 2 | 2 | 3422 | | 27 | 5 | 70 | | | | | | |
| 12 | 1. 农副食品加工业 | | | | | | | | | | | | | | | | |
| 13 | 2. 食品制造业 | | | | | | | | | | | | | | | | |
| 14 | 3. 酒、饮料和精制茶制造业 | | | | | | | | | | | | | | | | |
| 15 | 4. 烟草制品业 | | | | | | | | | | | | | | | | |
| 16 | 5. 纺织业 | | | | | | | | | | | | | | | | |
| 17 | 6. 纺织服装、服饰业 | | | | | | | | | | | | | | | | |
| 18 | 7. 皮革、毛皮、羽毛及其制品和制鞋业 | | | | | | | | | | | | | | | | |
| 19 | 8. 木材加工和木竹藤棕草制品业 | | | | | | | | | | | | | | | | |
| 20 | 9. 家具制造业 | | | | | | | | | | | | | | | | |
| 21 | 10. 造纸和纸制品业 | | | | | | | | | | | | | | | | |

续表

| 序号 | 项　目 | 税收收入合计 | 国内增值税 | 营业税 | 企业所得税 | | 个人所得税 | 资源税 | 城市维护建设税 | 房产税 | 印花税 | 城镇土地使用税 | 土地增值税 | 车船税 | 耕地占用税 | 契税 | 其他各税 |
|---|---|---|---|---|---|---|---|---|---|---|---|---|---|---|---|---|---|
| | | | | | 内资企业 | 外资企业 | | | | | | | | | | | |
| 22 | 11. 印刷和记录媒介复制业 | | | | | | | | | | | | | | | | |
| 23 | 12. 文教、工美、体育和娱乐用品制造业 | | | | | | | | | | | | | | | | |
| 24 | 13. 石油加工、炼焦和核燃料加工业 | 72 | | | | | 1 | | 5 | | 66 | | | | | | |
| 25 | 14. 化学原料和化学制品制造业 | 1 | | | | | | | | | 1 | | | | | | |
| 26 | 15. 医药制造业 | 3380 | | 1 | | | 3377 | | 1 | | 1 | | | | | | |
| 27 | 16. 化学纤维制造业 | | | | | | | | | | | | | | | | |
| 28 | 17. 橡胶和塑料制品业 | | | | | | | | | | | | | | | | |
| 29 | 18. 非金属矿物制品业 | 4 | | | | | | | 4 | | | | | | | | |
| 30 | 19. 黑色金属冶炼和压延加工业 | | | | | | | | | | | | | | | | |
| 31 | 20. 有色金属冶炼和压延加工业 | | | | | | | | | | | | | | | | |
| 32 | 21. 金属制品业 | 15 | 2 | | 2 | 2 | 1 | | 3 | 5 | | | | | | | |
| 33 | 22. 通用设备制造业 | 9 | | | | | 3 | | 5 | | 1 | | | | | | |
| 34 | 23. 专用设备制造业 | | | | | | | | | | | | | | | | |
| 35 | 24. 汽车制造业 | | | | | | | | | | | | | | | | |
| 36 | 25. 铁路、船舶、航空航天和其他运输设备制造业 | 2 | | | | | 2 | | | | | | | | | | |
| 37 | 26. 电气机械和器材制造业 | 61 | | 25 | | | 33 | | 3 | | | | | | | | |
| 38 | 27. 计算机、通信和其他电子设备制造业 | 8 | | | | | 4 | | 3 | | 1 | | | | | | |
| 39 | 28. 仪表仪器制造业 | | | | | | | | | | | | | | | | |
| 40 | 29. 其他制造业 | 4 | | | | | 1 | | 3 | | | | | | | | |
| 41 | 30. 废弃资源综合利用业 | | | | | | | | | | | | | | | | |
| 42 | (三)电力、热力、燃气及水的生产和供应业 | 119 | | | | | 65 | | 27 | 6 | 16 | 5 | | | | | |

续表

| 序号 | 项目 | 税收收入合计 | 国内增值税 | 营业税 | 企业所得税 | | 个人所得税 | 资源税 | 城市维护建设税 | 房产税 | 印花税 | 城镇土地使用税 | 土地增值税 | 车船税 | 耕地占用税 | 契税 | 其他各税 |
|---|---|---|---|---|---|---|---|---|---|---|---|---|---|---|---|---|---|
| | | | | | 内资企业 | 外资企业 | | | | | | | | | | | |
| 43 | 1. 电力、热力生产和供应业 | 118 | | | | | 65 | | 27 | 6 | 15 | 5 | | | | | |
| 44 | 2. 燃气生产和供应业 | 1 | | | | | | | | | 1 | | | | | | |
| 45 | 3. 水的生产和供应业 | | | | | | | | | | | | | | | | |
| 46 | (四)建筑业 | 37740 | | 15018 | 13949 | 118 | 3599 | | 2492 | 163 | 798 | 6 | | | | 1597 | |
| 47 | 1. 房屋建筑业 | 2164 | | 987 | 86 | 23 | 29 | | 316 | | 78 | | | | | 645 | |
| 48 | 2. 土木工程建筑业 | 1885 | | 528 | 279 | | 709 | | 163 | 1 | 205 | | | | | | |
| 49 | 3. 建筑安装业 | 9455 | | 4337 | 2101 | 86 | 1746 | | 1036 | 4 | 145 | | | | | | |
| 50 | 4. 建筑装饰和其他建筑业 | 24236 | | 9166 | 11483 | 9 | 1115 | | 977 | 158 | 370 | 6 | | | | 952 | |
| 51 | 三、第三产业 | 614028 | 622 | 85686 | 171766 | 1889 | 176328 | | 19415 | 4768 | 9844 | 3606 | 74358 | 162 | 14599 | 50985 | |
| 52 | (一)批发和零售业 | 36063 | | 321 | 2189 | | 27895 | | 3532 | 121 | 1697 | 27 | | 1 | | 280 | |
| 53 | 1. 批发业 | 12997 | | 57 | 1737 | | 8127 | | 1858 | 108 | 1084 | 10 | | | | 16 | |
| 54 | 2. 零售业 | 23066 | | 264 | 452 | | 19768 | | 1674 | 13 | 613 | 17 | | 1 | | 264 | |
| 55 | (二)交通运输、仓储和邮政业 | 302 | | 11 | 14 | | 99 | | 71 | 14 | 71 | 20 | | 2 | | | |
| 56 | 1. 铁路运输业 | 1 | | | | | | | 1 | | | | | | | | |
| 57 | 2. 道路运输业 | 141 | | 7 | 14 | | 31 | | 9 | 14 | 65 | | | 1 | | | |
| 58 | 3. 水上运输业 | 70 | | | | | 47 | | 3 | | | 20 | | | | | |
| 59 | 4. 航空运输业 | 3 | | | | | | | | | 3 | | | | | | |
| 60 | 5. 管道运输业 | | | | | | | | | | | | | | | | |
| 61 | 6. 装卸搬运和运输代理业 | 29 | | 4 | | | 5 | | 16 | | 3 | | | 1 | | | |
| 62 | 7. 仓储业 | 58 | | | | | 16 | | 42 | | | | | | | | |
| 63 | 8. 邮政业 | | | | | | | | | | | | | | | | |
| 64 | (三)住宿和餐饮业 | 3218 | | 2696 | 1 | | 254 | | 190 | 58 | 19 | | | | | | |

续表

| 序号 | 项　　目 | 税收收入合计 | 国内增值税 | 营业税 | 企业所得税 | | 个人所得税 | 资源税 | 城市维护建设税 | 房产税 | 印花税 | 城镇土地使用税 | 土地增值税 | 车船税 | 耕地占用税 | 契税 | 其他各税 |
|---|---|---|---|---|---|---|---|---|---|---|---|---|---|---|---|---|---|
| | | | | | 内资企业 | 外资企业 | | | | | | | | | | | |
| 65 | 1. 住宿业 | 3137 | | 2648 | | | 226 | | 186 | 58 | 19 | | | | | | |
| 66 | 2. 餐饮业 | 81 | | 48 | 1 | | 28 | | 4 | | | | | | | | |
| 67 | (四)信息传输、软件和信息技术服务业 | 2182 | | 121 | 72 | | 1778 | | 153 | | 53 | | | | | 5 | |
| 68 | 1. 电信、广播电视和卫星传输服务 | 3 | | 2 | | | | | | | 1 | | | | | | |
| 69 | 2. 互联网和相关服务 | 139 | | | | | 129 | | 8 | | 2 | | | | | | |
| 70 | 3. 软件和信息技术服务业 | 2040 | | 119 | 72 | | 1649 | | 145 | | 50 | | | | | 5 | |
| 71 | (五)金融业 | 160131 | | 27796 | 51048 | 644 | 74332 | | 4286 | | 1125 | 25 | | 158 | | 717 | |
| 72 | 1. 货币金融服务 | 2017 | | 1053 | | | 530 | | 268 | | 166 | | | | | | |
| 73 | 2. 资本市场服务 | 126057 | | 21333 | 33908 | | 67017 | | 3298 | | 501 | | | | | | |
| 74 | 3. 保险业 | 876 | | 112 | | | 510 | | 34 | | 62 | | | 158 | | | |
| 75 | 4. 其他金融业 | 31181 | | 5298 | 17140 | 644 | 6275 | | 686 | | 396 | 25 | | | | 717 | |
| 76 | (六)房地产业 | 163527 | 576 | 24158 | 28384 | | 7412 | | 4791 | 915 | 1881 | 665 | 73460 | | | 21285 | |
| 77 | 1. 房地产开发经营 | 159575 | | 23741 | 28265 | | 6313 | | 4652 | 767 | 1759 | 610 | 73243 | | | 20225 | |
| 78 | 2. 物业管理 | 261 | | 134 | 95 | | 6 | | 21 | | 5 | | | | | | |
| 79 | 3. 房地产中介服务 | 312 | | 196 | 20 | | 66 | | 29 | | 1 | | | | | | |
| 80 | 4. 自有房地产经营活动 | 297 | 26 | 8 | | | 80 | | 37 | 92 | 34 | 20 | | | | | |
| 81 | 5. 其他房地产业 | 3082 | 550 | 79 | 4 | | 947 | | 52 | 56 | 82 | 35 | 217 | | | 1060 | |
| 82 | (七)租赁和商务服务业 | 212869 | | 29219 | 89152 | 1196 | 56904 | | 5122 | 3454 | 4480 | 1794 | 898 | | | 20650 | |
| 83 | 1. 租赁业 | 99 | | 3 | | | 67 | | 13 | | 16 | | | | | | |
| 84 | 2. 商务服务业 | 212770 | | 29216 | 89152 | 1196 | 56837 | | 5109 | 3454 | 4464 | 1794 | 898 | | | 20650 | |
| 85 | (八)科学研究和技术服务业 | 5452 | | 45 | 2 | | 4051 | | 523 | 73 | 63 | 11 | | | | 684 | |
| 86 | 1. 研究和试验发展 | 1365 | | 8 | | | 1039 | | 294 | | 24 | | | | | | |

续表

| 序号 | 项　　目 | 税收收入合计 | 国内增值税 | 营业税 | 企业所得税 | | 个人所得税 | 资源税 | 城市维护建设税 | 房产税 | 印花税 | 城镇土地使用税 | 土地增值税 | 车船税 | 耕地占用税 | 契税 | 其他各税 |
|---|---|---|---|---|---|---|---|---|---|---|---|---|---|---|---|---|---|
| | | | | | 内资企业 | 外资企业 | | | | | | | | | | | |
| 87 | 2. 专业技术服务业 | 3211 | | 33 | 2 | | 2843 | | 225 | 73 | 32 | 3 | | | | | |
| 88 | 3. 科技推广和应用服务业 | 876 | | 4 | | | 169 | | 4 | | 7 | 8 | | | | 684 | |
| 89 | (九)水利、环境和公共设施管理业 | 977 | | 411 | 299 | | 87 | | 42 | 2 | 3 | 133 | | | | | |
| 90 | 1. 水利管理业 | 7 | | | 1 | | | | 5 | 1 | | | | | | | |
| 91 | 2. 生态保护和环境治理业 | 4 | | | | | | | 4 | | | | | | | | |
| 92 | 3. 公共设施管理业 | 966 | | 411 | 298 | | 87 | | 33 | 1 | 3 | 133 | | | | | |
| 93 | (十)居民服务、修理和其他服务业 | 4047 | | 436 | 111 | | 2317 | | 606 | 45 | 276 | 191 | | | | 65 | |
| 94 | 1. 居民服务业 | 64 | | 53 | 1 | | 6 | | 4 | | | | | | | | |
| 95 | 2. 机动车、电子产品和日用产品修理业 | 3 | | | | | 2 | | 1 | | | | | | | | |
| 96 | 3. 其他服务业 | 3980 | | 383 | 110 | | 2309 | | 601 | 45 | 276 | 191 | | | | 65 | |
| 97 | (十一)教育 | 84 | | 45 | 2 | | 33 | | 4 | | | | | | | | |
| 98 | (十二)卫生和社会工作 | 3 | | | | | 3 | | | | | | | | | | |
| 99 | 1. 卫生 | 1 | | | | | 1 | | | | | | | | | | |
| 100 | 2. 社会工作 | 2 | | | | | 2 | | | | | | | | | | |
| 101 | (十三)文化、体育和娱乐业 | 2857 | | 420 | 492 | 49 | 442 | | 89 | 56 | 95 | 721 | | | | 493 | |
| 102 | 1. 新闻和出版业 | 2 | | | | | 1 | | 1 | | | | | | | | |
| 103 | 2. 广播、电视、电影和影视录音制作业 | 93 | | | | | 29 | | 26 | | 38 | | | | | | |
| 104 | 3. 文化艺术业 | 1746 | | 277 | 491 | | 392 | | 42 | | 46 | 5 | | | | 493 | |
| 105 | 4. 体育 | 994 | | 122 | 1 | 49 | 20 | | 19 | 56 | 11 | 716 | | | | | |
| 106 | 5. 娱乐业 | 22 | | 21 | | | | | 1 | | | | | | | | |
| 107 | (十四)公共管理、社会保障和社会组织 | 22314 | 46 | 5 | | | 721 | | 6 | 30 | 81 | 19 | | 1 | 14599 | 6806 | |
| 108 | (十五)其他行业 | 2 | | 2 | | | | | | | | | | | | | |

# 2016 年顺德区地方税务局税收收入分行业分税种统计年报表

编报机关:顺德区地方税务局　　单位:万元

| 序号 | 项　目 | 税收收入合计 | 国内增值税 | 营业税 | 企业所得税 | | 个人所得税 | 资源税 | 城市维护建设税 | 房产税 | 印花税 | 城镇土地使用税 | 土地增值税 | 车船税 | 耕地占用税 | 契税 | 其他各税 |
|---|---|---|---|---|---|---|---|---|---|---|---|---|---|---|---|---|---|
| | | | | | 内资企业 | 外资企业 | | | | | | | | | | | |
| 1 | 合　计 | 1597415 | 19513 | 239139 | 211843 | 44118 | 324161 | 22 | 142434 | 91787 | 26967 | 36850 | 149551 | 28477 | 33312 | 249241 | |
| 2 | 一、第一产业 | 423 | | 45 | 88 | | 121 | | 41 | 88 | 25 | 14 | | 1 | | | |
| 3 | 二、第二产业 | 406358 | 1841 | 55546 | 62014 | 20142 | 109921 | 14 | 98186 | 28364 | 12299 | 12741 | 2861 | 69 | | 2360 | |
| 4 | (一)采矿业 | 1 | | | | | 1 | | | | | | | | | | |
| 5 | 1. 煤炭开采和洗选业 | | | | | | | | | | | | | | | | |
| 6 | 2. 石油和天然气开采业 | | | | | | | | | | | | | | | | |
| 7 | 3. 黑色金属矿采选业 | | | | | | | | | | | | | | | | |
| 8 | 4. 有色金属矿采选业 | | | | | | | | | | | | | | | | |
| 9 | 5. 非金属矿采选业 | | | | | | | | | | | | | | | | |
| 10 | 6. 其他采矿业 | 1 | | | | | 1 | | | | | | | | | | |
| 11 | (二)制造业 | 284641 | 1819 | 2109 | 47692 | 214 | 91454 | 2 | 87343 | 26898 | 10669 | 11764 | 2696 | 57 | | 1924 | |
| 12 | 1. 农副食品加工业 | 2909 | | 3 | 1354 | | 519 | | 412 | 311 | 153 | 154 | | 2 | | 1 | |
| 13 | 2. 食品制造业 | 5111 | | 56 | 2514 | | 1339 | | 766 | 273 | 60 | 102 | | 1 | | | |
| 14 | 3. 酒、饮料和精制茶制造业 | 3311 | | 6 | 13 | | 1414 | | 1576 | 242 | 8 | 52 | | | | | |
| 15 | 4. 烟草制品业 | | | | | | | | | | | | | | | | |
| 16 | 5. 纺织业 | 5103 | 408 | 35 | 218 | | 848 | | 1278 | 891 | 120 | 374 | 924 | | | 7 | |
| 17 | 6. 纺织服装、服饰业 | 8066 | 232 | 58 | 594 | 9 | 1948 | | 2971 | 1227 | 252 | 450 | 322 | 1 | | 2 | |
| 18 | 7. 皮革、毛皮、羽毛及其制品和制鞋业 | 1622 | 176 | 19 | 95 | | 308 | | 535 | 245 | 120 | 117 | | | | 7 | |
| 19 | 8. 木材加工和木竹藤棕草制品业 | 1183 | 2 | 27 | 3 | 8 | 231 | | 340 | 322 | 33 | 199 | 2 | 1 | | 15 | |
| 20 | 9. 家具制造业 | 7139 | 34 | 24 | 1033 | | 1644 | | 2911 | 788 | 236 | 420 | 40 | 2 | | 7 | |
| 21 | 10. 造纸和纸制品业 | 2106 | | 3 | 347 | | 570 | | 670 | 279 | 67 | 169 | | 1 | | | |

续表

| 序号 | 项　目 | 税收收入合计 | 国内增值税 | 营业税 | 企业所得税 | | 个人所得税 | 资源税 | 城市维护建设税 | 房产税 | 印花税 | 城镇土地使用税 | 土地增值税 | 车船税 | 耕地占用税 | 契税 | 其他各税 |
|---|---|---|---|---|---|---|---|---|---|---|---|---|---|---|---|---|---|
| | | | | | 内资企业 | 外资企业 | | | | | | | | | | | |
| 22 | 11. 印刷和记录媒介复制业 | 5283 | 37 | 26 | 1439 | | 1486 | | 1139 | 565 | 91 | 282 | 158 | | | 60 | |
| 23 | 12. 文教、工美、体育和娱乐用品制造业 | 2441 | | 13 | 45 | | 909 | | 640 | 486 | 130 | 217 | | 1 | | | |
| 24 | 13. 石油加工、炼焦和核燃料加工业 | 109 | | | 80 | | 4 | | 15 | 4 | 2 | 4 | | | | | |
| 25 | 14. 化学原料和化学制品制造业 | 14457 | | 251 | 4606 | 3 | 4446 | | 3062 | 1041 | 288 | 543 | 213 | 4 | | | |
| 26 | 15. 医药制造业 | 1425 | | 15 | 63 | | 499 | | 598 | 150 | 55 | 44 | | 1 | | | |
| 27 | 16. 化学纤维制造业 | 73 | | | | | 13 | | 16 | 18 | 2 | 24 | | | | | |
| 28 | 17. 橡胶和塑料制品业 | 21215 | 163 | 298 | 1850 | 4 | 6542 | | 7995 | 2018 | 969 | 987 | 141 | 5 | | 243 | |
| 29 | 18. 非金属矿物制品业 | 10039 | | 29 | 4765 | | 2173 | 2 | 2134 | 445 | 224 | 224 | | 8 | | 35 | |
| 30 | 19. 黑色金属冶炼和压延加工业 | 1650 | | 30 | 94 | | 619 | | 419 | 323 | 75 | 90 | | | | | |
| 31 | 20. 有色金属冶炼和压延加工业 | 2444 | | 18 | 212 | | 763 | | 643 | 604 | 71 | 132 | 1 | | | | |
| 32 | 21. 金属制品业 | 19672 | 22 | 144 | 1609 | | 5658 | | 7298 | 2668 | 833 | 1405 | 23 | 4 | | 8 | |
| 33 | 22. 通用设备制造业 | 12079 | 25 | 46 | 2232 | | 4235 | | 3262 | 1178 | 417 | 676 | | 2 | | 6 | |
| 34 | 23. 专用设备制造业 | 18620 | 223 | 88 | 6922 | | 5277 | | 3601 | 1057 | 359 | 506 | 223 | 2 | | 362 | |
| 35 | 24. 汽车制造业 | 7357 | 1 | 47 | 7 | 144 | 3159 | | 2767 | 551 | 322 | 304 | 1 | 4 | | 50 | |
| 36 | 25. 铁路、船舶、航空航天和其他运输设备制造业 | 1238 | | 23 | 83 | | 196 | | 363 | 338 | 38 | 196 | | 1 | | | |
| 37 | 26. 电气机械和器材制造业 | 117250 | 423 | 729 | 16037 | 7 | 43184 | | 37599 | 9343 | 5220 | 3624 | 575 | 14 | | 495 | |
| 38 | 27. 计算机、通信和其他电子设备制造业 | 8878 | | 102 | 1252 | 4 | 2429 | | 3094 | 1272 | 362 | 304 | | 3 | | 56 | |
| 39 | 28. 仪表仪器制造业 | 733 | | 7 | 107 | | 193 | | 331 | 53 | 24 | 18 | | | | | |
| 40 | 29. 其他制造业 | 2911 | 73 | 12 | 58 | 35 | 798 | | 863 | 184 | 134 | 111 | 73 | | | 570 | |
| 41 | 30. 废弃资源综合利用业 | 217 | | | 60 | | 50 | | 45 | 22 | 4 | 36 | | | | | |
| 42 | (三)电力、热力、燃气及水的生产和供应业 | 10477 | | 210 | 3483 | | 1405 | | 3265 | 1017 | 84 | 837 | | 2 | | 174 | |

续表

| 序号 | 项　目 | 税收收入合计 | 国内增值税 | 营业税 | 企业所得税 | | 个人所得税 | 资源税 | 城市维护建设税 | 房产税 | 印花税 | 城镇土地使用税 | 土地增值税 | 车船税 | 耕地占用税 | 契税 | 其他各税 |
|---|---|---|---|---|---|---|---|---|---|---|---|---|---|---|---|---|---|
| | | | | | 内资企业 | 外资企业 | | | | | | | | | | | |
| 43 | 1. 电力、热力生产和供应业 | 4175 | | 33 | | | 512 | | 2665 | 619 | 46 | 126 | | | | 174 | |
| 44 | 2. 燃气生产和供应业 | 800 | | 81 | | | 352 | | 276 | 43 | 21 | 26 | | 1 | | | |
| 45 | 3. 水的生产和供应业 | 5502 | | 96 | 3483 | | 541 | | 324 | 355 | 17 | 685 | | 1 | | | |
| 46 | (四)建筑业 | 111239 | 22 | 53227 | 10839 | 19928 | 17061 | 12 | 7578 | 449 | 1546 | 140 | 165 | 10 | | 262 | |
| 47 | 1. 房屋建筑业 | 16674 | 22 | 8869 | 2870 | | 2703 | | 1628 | 142 | 260 | 56 | 109 | 1 | | 14 | |
| 48 | 2. 土木工程建筑业 | 6895 | | 2197 | 2254 | | 1285 | | 604 | 167 | 345 | 31 | 11 | 1 | | | |
| 49 | 3. 建筑安装业 | 38592 | | 5908 | 3007 | 19926 | 6782 | 4 | 2043 | 62 | 750 | 30 | 45 | 8 | | 27 | |
| 50 | 4. 建筑装饰和其他建筑业 | 49078 | | 36253 | 2708 | 2 | 6291 | 8 | 3303 | 78 | 191 | 23 | | | | 221 | |
| 51 | 三、第三产业 | 1190634 | 17672 | 183548 | 149741 | 23976 | 214119 | 8 | 44207 | 63335 | 14643 | 24095 | 146690 | 28407 | 33312 | 246881 | |
| 52 | (一)批发和零售业 | 49901 | 390 | 5661 | 9478 | 8 | 9608 | 8 | 12830 | 6062 | 3290 | 1499 | 607 | 22 | | 438 | |
| 53 | 1. 批发业 | 30959 | 345 | 4040 | 3287 | 7 | 5551 | 2 | 8735 | 4561 | 2427 | 1108 | 557 | 14 | | 325 | |
| 54 | 2. 零售业 | 18942 | 45 | 1621 | 6191 | 1 | 4057 | 6 | 4095 | 1501 | 863 | 391 | 50 | 8 | | 113 | |
| 55 | (二)交通运输、仓储和邮政业 | 9387 | | 1045 | 2832 | | 2180 | | 1043 | 1371 | 153 | 700 | | 63 | | | |
| 56 | 1. 铁路运输业 | 1 | | | | | 1 | | | | | | | | | | |
| 57 | 2. 道路运输业 | 4816 | | 781 | 2568 | | 644 | | 534 | 107 | 40 | 107 | | 35 | | | |
| 58 | 3. 水上运输业 | 270 | | 17 | 48 | | 137 | | 34 | 31 | 1 | 1 | | 1 | | | |
| 59 | 4. 航空运输业 | | | | | | | | | | | | | | | | |
| 60 | 5. 管道运输业 | | | | | | | | | | | | | | | | |
| 61 | 6. 装卸搬运和运输代理业 | 1967 | | 19 | 156 | | 837 | | 331 | 313 | 46 | 238 | | 27 | | | |
| 62 | 7. 仓储业 | 1702 | | 216 | 18 | | 157 | | 116 | 798 | 65 | 332 | | | | | |
| 63 | 8. 邮政业 | 631 | | 12 | 42 | | 404 | | 28 | 122 | 1 | 22 | | | | | |
| 64 | (三)住宿和餐饮业 | 11554 | 1 | 6575 | 783 | 53 | 2114 | | 735 | 970 | 26 | 230 | 53 | | | 14 | |

续表

| 序号 | 项　目 | 税收收入合计 | 国内增值税 | 营业税 | 企业所得税 | | 个人所得税 | 资源税 | 城市维护建设税 | 房产税 | 印花税 | 城镇土地使用税 | 土地增值税 | 车船税 | 耕地占用税 | 契税 | 其他各税 |
|---|---|---|---|---|---|---|---|---|---|---|---|---|---|---|---|---|---|
| | | | | | 内资企业 | 外资企业 | | | | | | | | | | | |
| 65 | 1. 住宿业 | 2706 | | 1517 | 118 | | 348 | | 182 | 372 | 21 | 100 | 34 | | | 14 | |
| 66 | 2. 餐饮业 | 8848 | 1 | 5058 | 665 | 53 | 1766 | | 553 | 598 | 5 | 130 | 19 | | | | |
| 67 | (四)信息传输、软件和信息技术服务业 | 4243 | | 95 | 319 | 1 | 2044 | | 851 | 756 | 33 | 114 | | | | 30 | |
| 68 | 1. 电信、广播电视和卫星传输服务 | 3014 | | 17 | 6 | | 1411 | | 692 | 744 | 1 | 113 | | | | 30 | |
| 69 | 2. 互联网和相关服务 | 43 | | 20 | 4 | | 9 | | 8 | | 2 | | | | | | |
| 70 | 3. 软件和信息技术服务业 | 1186 | | 58 | 309 | 1 | 624 | | 151 | 12 | 30 | 1 | | | | | |
| 71 | (五)金融业 | 165907 | 569 | 48628 | 16815 | 20351 | 41379 | | 6695 | 3610 | 1509 | 443 | 139 | 23868 | | 1901 | |
| 72 | 1. 货币金融服务 | 95786 | 29 | 41746 | 15917 | | 26656 | | 5217 | 3018 | 1101 | 183 | 89 | 10 | | 1820 | |
| 73 | 2. 资本市场服务 | 13409 | | 1330 | 74 | 3933 | 7110 | | 226 | 428 | 36 | 182 | 10 | | | 80 | |
| 74 | 3. 保险业 | 36981 | | 4446 | 6 | | 7201 | | 1116 | 39 | 311 | 3 | | 23858 | | 1 | |
| 75 | 4. 其他金融业 | 19731 | 540 | 1106 | 818 | 16418 | 412 | | 136 | 125 | 61 | 75 | 40 | | | | |
| 76 | (六)房地产业 | 486666 | 3813 | 96335 | 86239 | 1554 | 35259 | | 15563 | 38694 | 5223 | 15351 | 129085 | 10 | 2696 | 56844 | |
| 77 | 1. 房地产开发经营 | 381633 | 2122 | 85225 | 69413 | 1243 | 13583 | | 13621 | 6313 | 4714 | 8509 | 120883 | 6 | 275 | 55726 | |
| 78 | 2. 物业管理 | 23520 | 85 | 5092 | 9449 | | 2518 | | 752 | 3723 | 104 | 1071 | 416 | 2 | | 308 | |
| 79 | 3. 房地产中介服务 | 15840 | 10 | 320 | 98 | | 15072 | | 62 | 215 | 3 | 20 | 40 | | | | |
| 80 | 4. 自有房地产经营活动 | 2503 | 125 | 321 | 14 | | 172 | | 45 | 1562 | 1 | 239 | 24 | | | | |
| 81 | 5. 其他房地产业 | 63170 | 1471 | 5377 | 7265 | 311 | 3914 | | 1083 | 26881 | 401 | 5512 | 7722 | 2 | 2421 | 810 | |
| 82 | (七)租赁和商务服务业 | 85413 | 37 | 8842 | 17384 | 1987 | 39798 | | 2199 | 3883 | 2456 | 1460 | 4795 | 120 | 40 | 2412 | |
| 83 | 1. 租赁业 | 376 | | 66 | 119 | | 123 | | 50 | 7 | 5 | 3 | | 3 | | | |
| 84 | 2. 商务服务业 | 85037 | 37 | 8776 | 17265 | 1987 | 39675 | | 2149 | 3876 | 2451 | 1457 | 4795 | 117 | 40 | 2412 | |
| 85 | (八)科学研究和技术服务业 | 45290 | | 463 | 8883 | 2 | 34239 | | 1093 | 158 | 156 | 51 | 51 | 139 | | 55 | |
| 86 | 1. 研究和试验发展 | 1051 | | 53 | 17 | | 611 | | 219 | 15 | 28 | 13 | 51 | | | 44 | |

续表

| 序号 | 项　目 | 税收收入合计 | 国内增值税 | 营业税 | 企业所得税 | | 个人所得税 | 资源税 | 城市维护建设税 | 房产税 | 印花税 | 城镇土地使用税 | 土地增值税 | 车船税 | 耕地占用税 | 契税 | 其他各税 |
|---|---|---|---|---|---|---|---|---|---|---|---|---|---|---|---|---|---|
| | | | | | 内资企业 | 外资企业 | | | | | | | | | | | |
| 87 | 2. 专业技术服务业 | 44061 | | 393 | 8856 | 2 | 33506 | | 866 | 134 | 120 | 34 | | 139 | | 11 | |
| 88 | 3. 科技推广和应用服务业 | 178 | | 17 | 10 | | 122 | | 8 | 9 | 8 | 4 | | | | | |
| 89 | (九)水利、环境和公共设施管理业 | 4277 | | 1583 | 328 | | 1539 | | 562 | 43 | 73 | 147 | | 2 | | | |
| 90 | 1. 水利管理业 | 18 | | | | | 1 | | 15 | | 1 | 1 | | | | | |
| 91 | 2. 生态保护和环境治理业 | 270 | | 1 | 2 | | 116 | | 90 | 5 | 2 | 54 | | | | | |
| 92 | 3. 公共设施管理业 | 3989 | | 1582 | 326 | | 1422 | | 457 | 38 | 70 | 92 | | 2 | | | |
| 93 | (十)居民服务、修理和其他服务业 | 15277 | 14 | 1911 | 750 | 14 | 9487 | | 404 | 174 | 106 | 164 | 9 | 1848 | 392 | 4 | |
| 94 | 1. 居民服务业 | 1334 | 8 | 433 | 170 | 6 | 485 | | 56 | 89 | 3 | 77 | 7 | -4 | | 4 | |
| 95 | 2. 机动车、电子产品和日用产品修理业 | 860 | | 130 | 130 | | 355 | | 138 | 67 | 6 | 34 | | | | | |
| 96 | 3. 其他服务业 | 13083 | 6 | 1348 | 450 | 8 | 8647 | | 210 | 18 | 97 | 53 | 2 | 1852 | 392 | | |
| 97 | (十一)教育 | 6967 | | 321 | 544 | 5 | 5952 | | 57 | 47 | 12 | 23 | | 3 | | 3 | |
| 98 | (十二)卫生和社会工作 | 2818 | | 74 | 416 | | 2258 | | 13 | 43 | 3 | 10 | | 1 | | | |
| 99 | 1. 卫生 | 2712 | | 22 | 397 | | 2231 | | 5 | 43 | 3 | 10 | | 1 | | | |
| 100 | 2. 社会工作 | 106 | | 52 | 19 | | 27 | | 8 | | | | | | | | |
| 101 | (十三)文化、体育和娱乐业 | 5358 | | 747 | 375 | 1 | 3171 | | 283 | 78 | 40 | 499 | | 1 | | 163 | |
| 102 | 1. 新闻和出版业 | 2038 | | 6 | 1 | | 1926 | | 3 | 44 | 26 | 32 | | | | | |
| 103 | 2. 广播、电视、电影和影视录音制作业 | 640 | | 12 | 182 | | 243 | | 195 | | 7 | | | 1 | | | |
| 104 | 3. 文化艺术业 | 214 | | 143 | 10 | 1 | 38 | | 14 | 6 | 1 | 1 | | | | | |
| 105 | 4. 体育 | 962 | | 162 | 37 | | 103 | | 25 | 5 | 4 | 463 | | | | 163 | |
| 106 | 5. 娱乐业 | 1504 | | 424 | 145 | | 861 | | 46 | 23 | 2 | 3 | | | | | |
| 107 | (十四)公共管理、社会保障和社会组织 | 297561 | 12848 | 11255 | 4595 | | 25089 | | 1879 | 7446 | 1563 | 3404 | 11951 | 2330 | 30184 | 185017 | |
| 108 | (十五)其他行业 | 15 | | 13 | | | 2 | | | | | | | | | | |

# 2016年广东省地方税务局直属分局税收收入分行业分税种统计年报表

编报机关:广东省地方税务局直属分局　　　　单位:万元

| 序号 | 项　目 | 税收收入合计 | 国内增值税 | 营业税 | 企业所得税 | | 个人所得税 | 资源税 | 城市维护建设税 | 房产税 | 印花税 | 城镇土地使用税 | 土地增值税 | 车船税 | 耕地占用税 | 契税 | 其他各税 |
|---|---|---|---|---|---|---|---|---|---|---|---|---|---|---|---|---|---|
| | | | | | 内资企业 | 外资企业 | | | | | | | | | | | |
| 1 | 合　计 | 1340358 | | 741573 | 593542 | 4865 | | | 378 | | | | | | | | |
| 2 | 一、第一产业 | 27 | | 10 | 17 | | | | | | | | | | | | |
| 3 | 二、第二产业 | 438492 | | 12160 | 426332 | | | | | | | | | | | | |
| 4 | (一)采矿业 | 6 | | 6 | | | | | | | | | | | | | |
| 5 | 1. 煤炭开采和洗选业 | | | | | | | | | | | | | | | | |
| 6 | 2. 石油和天然气开采业 | | | | | | | | | | | | | | | | |
| 7 | 3. 黑色金属矿采选业 | | | | | | | | | | | | | | | | |
| 8 | 4. 有色金属矿采选业 | 6 | | 6 | | | | | | | | | | | | | |
| 9 | 5. 非金属矿采选业 | | | | | | | | | | | | | | | | |
| 10 | 6. 其他采矿业 | | | | | | | | | | | | | | | | |
| 11 | (二)制造业 | 8972 | | 6483 | 2489 | | | | | | | | | | | | |
| 12 | 1. 农副食品加工业 | 434 | | 280 | 154 | | | | | | | | | | | | |
| 13 | 2. 食品制造业 | 1647 | | 1647 | | | | | | | | | | | | | |
| 14 | 3. 酒、饮料和精制茶制造业 | 278 | | 278 | | | | | | | | | | | | | |
| 15 | 4. 烟草制品业 | | | | | | | | | | | | | | | | |
| 16 | 5. 纺织业 | 218 | | 218 | | | | | | | | | | | | | |
| 17 | 6. 纺织服装、服饰业 | 23 | | 3 | 20 | | | | | | | | | | | | |
| 18 | 7. 皮革、毛皮、羽毛及其制品和制鞋业 | 13 | | 13 | | | | | | | | | | | | | |
| 19 | 8. 木材加工和木竹藤棕草制品业 | | | | | | | | | | | | | | | | |
| 20 | 9. 家具制造业 | 19 | | 19 | | | | | | | | | | | | | |
| 21 | 10. 造纸和纸制品业 | 12 | | 12 | | | | | | | | | | | | | |

续表

| 序号 | 项目 | 税收收入合计 | 国内增值税 | 营业税 | 企业所得税 | | 个人所得税 | 资源税 | 城市维护建设税 | 房产税 | 印花税 | 城镇土地使用税 | 土地增值税 | 车船税 | 耕地占用税 | 契税 | 其他各税 |
|---|---|---|---|---|---|---|---|---|---|---|---|---|---|---|---|---|---|
| | | | | | 内资企业 | 外资企业 | | | | | | | | | | | |
| 22 | 11. 印刷和记录媒介复制业 | 34 | | 3 | 31 | | | | | | | | | | | | |
| 23 | 12. 文教、工美、体育和娱乐用品制造业 | 8 | | 8 | | | | | | | | | | | | | |
| 24 | 13. 石油加工、炼焦和核燃料加工业 | | | | | | | | | | | | | | | | |
| 25 | 14. 化学原料和化学制品制造业 | 678 | | 678 | | | | | | | | | | | | | |
| 26 | 15. 医药制造业 | 87 | | 87 | | | | | | | | | | | | | |
| 27 | 16. 化学纤维制造业 | | | | | | | | | | | | | | | | |
| 28 | 17. 橡胶和塑料制品业 | 1709 | | 49 | 1660 | | | | | | | | | | | | |
| 29 | 18. 非金属矿物制品业 | 194 | | 91 | 103 | | | | | | | | | | | | |
| 30 | 19. 黑色金属冶炼和压延加工业 | 142 | | 142 | | | | | | | | | | | | | |
| 31 | 20. 有色金属冶炼和压延加工业 | 3 | | 3 | | | | | | | | | | | | | |
| 32 | 21. 金属制品业 | 420 | | 347 | 73 | | | | | | | | | | | | |
| 33 | 22. 通用设备制造业 | 161 | | 48 | 113 | | | | | | | | | | | | |
| 34 | 23. 专用设备制造业 | 259 | | 33 | 226 | | | | | | | | | | | | |
| 35 | 24. 汽车制造业 | 414 | | 414 | | | | | | | | | | | | | |
| 36 | 25. 铁路、船舶、航空航天和其他运输设备制造业 | 11 | | 11 | | | | | | | | | | | | | |
| 37 | 26. 电气机械和器材制造业 | 194 | | 190 | 4 | | | | | | | | | | | | |
| 38 | 27. 计算机、通信和其他电子设备制造业 | 1711 | | 1639 | 72 | | | | | | | | | | | | |
| 39 | 28. 仪表仪器制造业 | 1 | | 1 | | | | | | | | | | | | | |
| 40 | 29. 其他制造业 | 269 | | 269 | | | | | | | | | | | | | |
| 41 | 30. 废弃资源综合利用业 | 33 | | | 33 | | | | | | | | | | | | |
| 42 | (三)电力、热力、燃气及水的生产和供应业 | 376668 | | 4014 | 372654 | | | | | | | | | | | | |

续表

| 序号 | 项　　目 | 税收收入合计 | 国内增值税 | 营业税 | 企业所得税 | | 个人所得税 | 资源税 | 城市维护建设税 | 房产税 | 印花税 | 城镇土地使用税 | 土地增值税 | 车船税 | 耕地占用税 | 契税 | 其他各税 |
|---|---|---|---|---|---|---|---|---|---|---|---|---|---|---|---|---|---|
| | | | | | 内资企业 | 外资企业 | | | | | | | | | | | |
| 43 | 1. 电力、热力生产和供应业 | 376636 | | 3982 | 372654 | | | | | | | | | | | | |
| 44 | 2. 燃气生产和供应业 | 25 | | 25 | | | | | | | | | | | | | |
| 45 | 3. 水的生产和供应业 | 7 | | 7 | | | | | | | | | | | | | |
| 46 | (四)建筑业 | 52846 | | 1657 | 51189 | | | | | | | | | | | | |
| 47 | 1. 房屋建筑业 | 5793 | | 386 | 5407 | | | | | | | | | | | | |
| 48 | 2. 土木工程建筑业 | 36629 | | 1066 | 35563 | | | | | | | | | | | | |
| 49 | 3. 建筑安装业 | 7027 | | 168 | 6859 | | | | | | | | | | | | |
| 50 | 4. 建筑装饰和其他建筑业 | 3397 | | 37 | 3360 | | | | | | | | | | | | |
| 51 | 三、第三产业 | 901839 | | 729403 | 167193 | 4865 | | | 378 | | | | | | | | |
| 52 | (一)批发和零售业 | 33789 | | 6898 | 25059 | 1832 | | | | | | | | | | | |
| 53 | 1. 批发业 | 25743 | | 4277 | 19634 | 1832 | | | | | | | | | | | |
| 54 | 2. 零售业 | 8046 | | 2621 | 5425 | | | | | | | | | | | | |
| 55 | (二)交通运输、仓储和邮政业 | 51990 | | 6354 | 44839 | 419 | | | 378 | | | | | | | | |
| 56 | 1. 铁路运输业 | 506 | | 57 | 71 | | | | 378 | | | | | | | | |
| 57 | 2. 道路运输业 | 44063 | | 179 | 43618 | 266 | | | | | | | | | | | |
| 58 | 3. 水上运输业 | 1273 | | 913 | 360 | | | | | | | | | | | | |
| 59 | 4. 航空运输业 | 5021 | | 5021 | | | | | | | | | | | | | |
| 60 | 5. 管道运输业 | | | | | | | | | | | | | | | | |
| 61 | 6. 装卸搬运和运输代理业 | 301 | | 99 | 202 | | | | | | | | | | | | |
| 62 | 7. 仓储业 | 821 | | 80 | 588 | 153 | | | | | | | | | | | |
| 63 | 8. 邮政业 | 5 | | 5 | | | | | | | | | | | | | |
| 64 | (三)住宿和餐饮业 | 2158 | | 108 | 2050 | | | | | | | | | | | | |

续表

| 序号 | 项　目 | 税收收入合计 | 国内增值税 | 营业税 | 企业所得税 | | 个人所得税 | 资源税 | 城市维护建设税 | 房产税 | 印花税 | 城镇土地使用税 | 土地增值税 | 车船税 | 耕地占用税 | 契税 | 其他各税 |
|---|---|---|---|---|---|---|---|---|---|---|---|---|---|---|---|---|---|
| | | | | | 内资企业 | 外资企业 | | | | | | | | | | | |
| 65 | 1. 住宿业 | 1953 | | 27 | 1926 | | | | | | | | | | | | |
| 66 | 2. 餐饮业 | 205 | | 81 | 124 | | | | | | | | | | | | |
| 67 | (四)信息传输、软件和信息技术服务业 | 597 | | 278 | 319 | | | | | | | | | | | | |
| 68 | 1. 电信、广播电视和卫星传输服务 | 97 | | 21 | 76 | | | | | | | | | | | | |
| 69 | 2. 互联网和相关服务 | 2 | | | 2 | | | | | | | | | | | | |
| 70 | 3. 软件和信息技术服务业 | 498 | | 257 | 241 | | | | | | | | | | | | |
| 71 | (五)金融业 | 686647 | | 670953 | 14387 | 1307 | | | | | | | | | | | |
| 72 | 1. 货币金融服务 | 571641 | | 570880 | 761 | | | | | | | | | | | | |
| 73 | 2. 资本市场服务 | 45764 | | 45760 | 4 | | | | | | | | | | | | |
| 74 | 3. 保险业 | 22534 | | 22534 | | | | | | | | | | | | | |
| 75 | 4. 其他金融业 | 46708 | | 31779 | 13622 | 1307 | | | | | | | | | | | |
| 76 | (六)房地产业 | 20634 | | 16130 | 4504 | | | | | | | | | | | | |
| 77 | 1. 房地产开发经营 | 16385 | | 13879 | 2506 | | | | | | | | | | | | |
| 78 | 2. 物业管理 | 2298 | | 1405 | 893 | | | | | | | | | | | | |
| 79 | 3. 房地产中介服务 | 128 | | 128 | | | | | | | | | | | | | |
| 80 | 4. 自有房地产经营活动 | 494 | | 76 | 418 | | | | | | | | | | | | |
| 81 | 5. 其他房地产业 | 1329 | | 642 | 687 | | | | | | | | | | | | |
| 82 | (七)租赁和商务服务业 | 75348 | | 26787 | 47461 | 1100 | | | | | | | | | | | |
| 83 | 1. 租赁业 | 300 | | 277 | 23 | | | | | | | | | | | | |
| 84 | 2. 商务服务业 | 75048 | | 26510 | 47438 | 1100 | | | | | | | | | | | |
| 85 | (八)科学研究和技术服务业 | 23533 | | 699 | 22834 | | | | | | | | | | | | |
| 86 | 1. 研究和试验发展 | 3166 | | 115 | 3051 | | | | | | | | | | | | |

续表

| 序号 | 项　目 | 税收收入合计 | 国内增值税 | 营业税 | 企业所得税 | | 个人所得税 | 资源税 | 城市维护建设税 | 房产税 | 印花税 | 城镇土地使用税 | 土地增值税 | 车船税 | 耕地占用税 | 契税 | 其他各税 |
|---|---|---|---|---|---|---|---|---|---|---|---|---|---|---|---|---|---|
| | | | | | 内资企业 | 外资企业 | | | | | | | | | | | |
| 87 | 2. 专业技术服务业 | 19503 | | 468 | 19035 | | | | | | | | | | | | |
| 88 | 3. 科技推广和应用服务业 | 864 | | 116 | 748 | | | | | | | | | | | | |
| 89 | (九)水利、环境和公共设施管理业 | 154 | | 17 | 137 | | | | | | | | | | | | |
| 90 | 1. 水利管理业 | 13 | | | 13 | | | | | | | | | | | | |
| 91 | 2. 生态保护和环境治理业 | 7 | | 7 | | | | | | | | | | | | | |
| 92 | 3. 公共设施管理业 | 134 | | 10 | 124 | | | | | | | | | | | | |
| 93 | (十)居民服务、修理和其他服务业 | 4137 | | 1232 | 2905 | | | | | | | | | | | | |
| 94 | 1. 居民服务业 | 32 | | 31 | 1 | | | | | | | | | | | | |
| 95 | 2. 机动车、电子产品和日用产品修理业 | 7 | | 7 | | | | | | | | | | | | | |
| 96 | 3. 其他服务业 | 4098 | | 1194 | 2904 | | | | | | | | | | | | |
| 97 | (十一)教育 | 719 | | 27 | 679 | 13 | | | | | | | | | | | |
| 98 | (十二)卫生和社会工作 | 204 | | 2 | 202 | | | | | | | | | | | | |
| 99 | 1. 卫生 | 197 | | 2 | 195 | | | | | | | | | | | | |
| 100 | 2. 社会工作 | 7 | | | 7 | | | | | | | | | | | | |
| 101 | (十三)文化、体育和娱乐业 | 901 | | 74 | 634 | 193 | | | | | | | | | | | |
| 102 | 1. 新闻和出版业 | 261 | | 31 | 188 | 42 | | | | | | | | | | | |
| 103 | 2. 广播、电视、电影和影视录音制作业 | 59 | | 4 | -95 | 150 | | | | | | | | | | | |
| 104 | 3. 文化艺术业 | 342 | | 1 | 341 | | | | | | | | | | | | |
| 105 | 4. 体育 | 45 | | 27 | 18 | | | | | | | | | | | | |
| 106 | 5. 娱乐业 | 194 | | 11 | 182 | 1 | | | | | | | | | | | |
| 107 | (十四)公共管理、社会保障和社会组织 | 1299 | | 115 | 1183 | 1 | | | | | | | | | | | |
| 108 | (十五)其他行业 | -271 | | -271 | | | | | | | | | | | | | |

# 2016年广东省地方税务局税收收入分企业类型分税种统计年报表

编报机关:广东省地方税务局　　　　单位:万元

| 序号 | 项　目 | 税收收入合计 | 国内增值税 | 营业税 | 企业所得税 | 个人所得税 | 资源税 | 城市维护建设税 | 房产税 | 印花税 | 城镇土地使用税 | 土地增值税 | 车船税 | 耕地占用税 | 契税 | 其他税收 |
|---|---|---|---|---|---|---|---|---|---|---|---|---|---|---|---|---|
| 1 | 合　计 | 65747975 | 605514 | 11559111 | 13860013 | 15898689 | 166975 | 5222667 | 2437551 | 1192299 | 1335066 | 6815248 | 735893 | 766780 | 5136687 | 15482 |
| 2 | 一、内资企业 | 49162209 | 275380 | 10173686 | 10587640 | 11738860 | 136946 | 3633768 | 1660210 | 866400 | 994929 | 5447497 | 674767 | 761494 | 2195150 | 15482 |
| 3 | (一)国有企业 | 1771783 | 2475 | 463586 | 611186 | 312056 | 6474 | 118158 | 81196 | 16849 | 83671 | 52005 | 9169 | 9036 | 5922 | |
| 4 | (二)集体企业 | 711407 | 4929 | 212739 | 238576 | 52342 | 9441 | 29505 | 54364 | 6855 | 35000 | 57302 | 199 | 5694 | 4461 | |
| 5 | (三)股份合作企业 | 210580 | 227 | 75520 | 26165 | 42298 | 124 | 10462 | 24424 | 1673 | 12977 | 14143 | 67 | 207 | 2293 | |
| 6 | (四)联营企业 | 62195 | 263 | 17945 | 20287 | 10467 | 48 | 3470 | 3462 | 509 | 2396 | 2821 | 7 | | 520 | |
| 7 | 其中:国有控股 | 19617 | 257 | 2826 | 5978 | 5404 | 38 | 1372 | 1409 | 71 | 1535 | 704 | 1 | | 22 | |
| 8 | 1. 国有联营企业 | 26927 | 3 | 5822 | 11262 | 5836 | 41 | 1478 | 1674 | 86 | 377 | 315 | 2 | | 31 | |
| 9 | 2. 集体联营企业 | 9162 | 86 | 2161 | 2592 | 850 | 2 | 374 | 348 | 58 | 1352 | 897 | | | 442 | |
| 10 | 3. 国有与集体联营企业 | 2291 | 171 | 157 | 475 | 49 | | 127 | 230 | 18 | 306 | 754 | | | 4 | |
| 11 | 4. 其他联营企业 | 23815 | 3 | 9805 | 5958 | 3732 | 5 | 1491 | 1210 | 347 | 361 | 855 | 5 | | 43 | |
| 12 | (五)有限责任公司 | 26937427 | 25609 | 5280934 | 7136951 | 5442205 | 76139 | 2028143 | 750925 | 511568 | 598621 | 4139740 | 44976 | 103903 | 784222 | 13491 |
| 13 | 其中:国有控股 | 3259546 | 4258 | 484391 | 915751 | 582390 | 4791 | 338952 | 144466 | 72023 | 126424 | 347082 | 6956 | 37221 | 186952 | 7889 |
| 14 | 1. 国有独资企业 | 878054 | 621 | 146105 | 242751 | 128020 | 2929 | 102671 | 51930 | 20193 | 48936 | 68904 | 586 | 38766 | 25642 | |
| 15 | 2. 其他有限责任公司 | 26059373 | 24988 | 5134829 | 6894200 | 5314185 | 73210 | 1925472 | 698995 | 491375 | 549685 | 4070836 | 44390 | 65137 | 758580 | 13491 |
| 16 | (六)股份有限公司 | 9056783 | 3409 | 2579941 | 1382249 | 3085569 | 4523 | 784445 | 214484 | 117533 | 46880 | 231093 | 580025 | 35 | 24606 | 1991 |
| 17 | 其中:国有控股 | 2386436 | 1971 | 827306 | 116500 | 771940 | 3724 | 342313 | 55288 | 26088 | 13646 | 13980 | 210136 | | 3544 | |
| 18 | (七)私营企业 | 5437599 | 9828 | 1208741 | 987185 | 1239265 | 32741 | 600881 | 206532 | 165012 | 124513 | 640882 | 12821 | 1564 | 207634 | |
| 19 | 1. 私营独资企业 | 208000 | 389 | 18413 | 471 | 108454 | 17376 | 25884 | 11467 | 4301 | 13719 | 3858 | 226 | 252 | 3190 | |
| 20 | 2. 私营合伙企业 | 270035 | 201 | 27517 | 5 | 202876 | 7385 | 12471 | 2226 | 12071 | 1397 | 1065 | 35 | 52 | 2734 | |

续表

| 序号 | 项　　目 | 税收收入合计 | 国内增值税 | 营业税 | 企业所得税 | 个人所得税 | 资源税 | 城市维护建设税 | 房产税 | 印花税 | 城镇土地使用税 | 土地增值税 | 车船税 | 耕地占用税 | 契税 | 其他税收 |
|---|---|---|---|---|---|---|---|---|---|---|---|---|---|---|---|---|
| 21 | 3. 私营有限责任公司 | 4727531 | 8684 | 1150667 | 915596 | 831921 | 7967 | 536848 | 184139 | 139630 | 106355 | 631875 | 12296 | 1258 | 200295 | |
| 22 | 4. 私营股份有限公司 | 232033 | 554 | 12144 | 71113 | 96014 | 13 | 25678 | 8700 | 9010 | 3042 | 4084 | 264 | 2 | 1415 | |
| 23 | (八)其他企业 | 4974435 | 228640 | 334280 | 185041 | 1554658 | 7456 | 58704 | 324823 | 46401 | 90871 | 309511 | 27503 | 641055 | 1165492 | |
| 24 | 二、港、澳、台商投资企业 | 6241314 | 32292 | 709194 | 1772489 | 1436517 | 18859 | 765342 | 362798 | 139401 | 186282 | 692194 | 2045 | 2639 | 121262 | |
| 25 | 其中:国有控股 | 350438 | 90 | 38527 | 175280 | 44562 | 2398 | 28505 | 19476 | 6835 | 9604 | 19469 | 69 | 30 | 5593 | |
| 26 | 1. 合资经营企业(港或澳、台资) | 1378977 | 1506 | 148825 | 455054 | 281055 | 4629 | 156266 | 90785 | 34341 | 44282 | 151319 | 232 | 1841 | 8842 | |
| 27 | 2. 合作经营企业(港或澳、台资) | 479349 | 601 | 88816 | 80203 | 27141 | 676 | 79945 | 24557 | 4076 | 15418 | 155908 | 60 | 6 | 1942 | |
| 28 | 3. 港、澳、台商独资经营企业 | 3483853 | 5075 | 424730 | 718924 | 1007653 | 13554 | 494371 | 222647 | 94427 | 114445 | 354857 | 1382 | 761 | 31027 | |
| 29 | 4. 港、澳、台商投资股份有限公司 | 148362 | 24 | 6087 | 52543 | 46843 | | 26554 | 6540 | 4482 | 4426 | 344 | 42 | 25 | 452 | |
| 30 | 5. 其他港、澳、台商投资企业 | 750773 | 25086 | 40736 | 465765 | 73825 | | 8206 | 18269 | 2075 | 7711 | 29766 | 329 | 6 | 78999 | |
| 31 | 三、外商投资企业 | 5405816 | 12644 | 395157 | 1499884 | 1624762 | 1937 | 754089 | 258545 | 161988 | 92618 | 559911 | 16236 | 134 | 27911 | |
| 32 | 其中:国有控股 | 604150 | 3146 | 53497 | 154185 | 159100 | 460 | 119665 | 23852 | 23259 | 12248 | 52660 | 340 | | 1738 | |
| 33 | 1. 中外合资经营企业 | 1683550 | 4866 | 127497 | 290487 | 549534 | 719 | 321495 | 84759 | 61605 | 34420 | 186499 | 8995 | | 12674 | |
| 34 | 2. 中外合作经营企业 | 224840 | | 30108 | 96693 | 17988 | 503 | 12492 | 9148 | 1942 | 5364 | 50312 | 15 | | 275 | |
| 35 | 3. 外资企业 | 2786471 | 2304 | 204949 | 636194 | 948912 | 690 | 396589 | 143466 | 93450 | 48418 | 301131 | 3039 | 132 | 7197 | |
| 36 | 4. 外商投资股份有限公司 | 144873 | 67 | 15812 | 52220 | 31814 | 17 | 14779 | 7948 | 2349 | 2556 | 12390 | 4148 | | 773 | |
| 37 | 5. 其他外商投资企业 | 566082 | 5407 | 16791 | 424290 | 76514 | 8 | 8734 | 13224 | 2642 | 1860 | 9579 | 39 | 2 | 6992 | |
| 38 | 四、个体经营 | 4938636 | 285198 | 281074 | | 1098550 | 9233 | 69468 | 155998 | 24510 | 61237 | 115646 | 42845 | 2513 | 2792364 | |
| 39 | 1. 个体户 | 4701484 | 275040 | 244966 | | 963581 | 9104 | 64983 | 141815 | 22555 | 59512 | 102617 | 40764 | 2512 | 2774035 | |
| 40 | 2. 个人合伙 | 237152 | 10158 | 36108 | | 134969 | 129 | 4485 | 14183 | 1955 | 1725 | 13029 | 2081 | 1 | 18329 | |

# 2016年广州市地方税务局税收收入分企业类型分税种统计年报表

编报机关:广州地方税务局　　　　单位:万元

| 序号 | 项　目 | 税收收入合计 | 国内增值税 | 营业税 | 企业所得税 | 个人所得税 | 资源税 | 城市维护建设税 | 房产税 | 印花税 | 城镇土地使用税 | 土地增值税 | 车船税 | 耕地占用税 | 契税 | 其他税收 |
|---|---|---|---|---|---|---|---|---|---|---|---|---|---|---|---|---|
| 1 | 合　计 | 12473480 | 193635 | 1560275 | 1773251 | 3859530 | 2631 | 1279781 | 777136 | 310654 | 154041 | 1259661 | 139157 | 77968 | 1085760 | |
| 2 | 一、内资企业 | 8450539 | 37876 | 1208658 | 1562011 | 2664411 | 1130 | 837494 | 551215 | 220151 | 113969 | 768414 | 122740 | 77279 | 285191 | |
| 3 | (一)国有企业 | 360911 | 485 | 77718 | 51315 | 133396 | 4 | 20666 | 38009 | 5451 | 10054 | 20471 | 1065 | 174 | 2103 | |
| 4 | (二)集体企业 | 131707 | 1950 | 30790 | 46270 | 8171 | | 5377 | 25032 | 968 | 6602 | 5310 | 78 | 751 | 408 | |
| 5 | (三)股份合作企业 | 23863 | 2 | 3735 | 5756 | 8547 | 1 | 2324 | 2075 | 440 | 454 | 173 | 57 | | 299 | |
| 6 | (四)联营企业 | 10115 | 3 | 1637 | 3780 | 2233 | 2 | 520 | 1309 | 40 | 336 | 224 | 2 | | 29 | |
| 7 | 其中:国有控股 | 6963 | | 909 | 3048 | 1467 | | 247 | 944 | 20 | 144 | 162 | | | 22 | |
| 8 | 1. 国有联营企业 | 7351 | 3 | 1161 | 2785 | 1985 | 2 | 260 | 907 | 12 | 43 | 163 | 1 | | 29 | |
| 9 | 2. 集体联营企业 | 935 | | 87 | 418 | 44 | | 89 | 133 | 8 | 156 | | | | | |
| 10 | 3. 国有与集体联营企业 | 303 | | 22 | 48 | 9 | | 34 | 70 | 4 | 116 | | | | | |
| 11 | 4. 其他联营企业 | 1526 | | 367 | 529 | 195 | | 137 | 199 | 16 | 21 | 61 | 1 | | | |
| 12 | (五)有限责任公司 | 4117806 | 4020 | 685646 | 967019 | 858190 | 299 | 402040 | 214848 | 121587 | 50757 | 590637 | 5136 | 3660 | 213967 | |
| 13 | 其中:国有控股 | 1002003 | 495 | 123483 | 237803 | 248051 | | 81173 | 67809 | 37234 | 17782 | 85280 | 652 | 596 | 101645 | |
| 14 | 1. 国有独资企业 | 177671 | 417 | 24777 | 50054 | 44808 | | 7381 | 22871 | 6548 | 4572 | 12751 | 65 | 329 | 3098 | |
| 15 | 2. 其他有限责任公司 | 3940135 | 3603 | 660869 | 916965 | 813382 | 299 | 394659 | 191977 | 115039 | 46185 | 577886 | 5071 | 3331 | 210869 | |
| 16 | (六)股份有限公司 | 1342915 | 636 | 58564 | 109918 | 736824 | 171 | 200679 | 64138 | 23205 | 5537 | 23082 | 110169 | 34 | 9958 | |
| 17 | 其中:国有控股 | 499534 | 226 | 14497 | 41501 | 247806 | 170 | 122443 | 21566 | 9166 | 2148 | 2066 | 36850 | | 1095 | |
| 18 | (七)私营企业 | 1521477 | 3599 | 285057 | 332736 | 383153 | 637 | 191608 | 68206 | 53644 | 22014 | 122978 | 3963 | -76 | 53958 | |
| 19 | 1. 私营独资企业 | 25089 | 7 | 5479 | 68 | 12508 | 3 | 3456 | 1572 | 585 | 1158 | 38 | 103 | | 112 | |
| 20 | 2. 私营合伙企业 | 62832 | 124 | 1841 | | 54269 | | 3459 | 458 | 1629 | 281 | 3 | 18 | | 750 | |

续表

| 序号 | 项目 | 税收收入合计 | 国内增值税 | 营业税 | 企业所得税 | 个人所得税 | 资源税 | 城市维护建设税 | 房产税 | 印花税 | 城镇土地使用税 | 土地增值税 | 车船税 | 耕地占用税 | 契税 | 其他税收 |
|---|---|---|---|---|---|---|---|---|---|---|---|---|---|---|---|---|
| 21 | 3. 私营有限责任公司 | 1356290 | 3465 | 276131 | 311477 | 279443 | 634 | 176300 | 63915 | 45699 | 20021 | 122852 | 3604 | −76 | 52825 | |
| 22 | 4. 私营股份有限公司 | 77266 | 3 | 1606 | 21191 | 36933 | | 8393 | 2261 | 5731 | 554 | 85 | 238 | | 271 | |
| 23 | (八)其他企业 | 941745 | 27181 | 65511 | 45217 | 533897 | 16 | 14280 | 137598 | 14816 | 18215 | 5539 | 2270 | 72736 | 4469 | |
| 24 | 二、港、澳、台商投资企业 | 1168401 | 12745 | 166184 | 130794 | 329628 | 875 | 115967 | 115853 | 25362 | 17378 | 236875 | 793 | 654 | 15293 | |
| 25 | 其中:国有控股 | 57704 | 29 | 5389 | 13711 | 13312 | | 7265 | 7168 | 2193 | 1270 | 5385 | 38 | | 1944 | |
| 26 | 1. 合资经营企业(港或澳、台资) | 181212 | 177 | 28491 | 17770 | 38470 | 875 | 24163 | 24306 | 5508 | 3354 | 36417 | 93 | 28 | 1560 | |
| 27 | 2. 合作经营企业(港或澳、台资) | 190886 | 3 | 38315 | 260 | 14335 | | 10229 | 16417 | 1806 | 2743 | 105212 | 44 | 20 | 1502 | |
| 28 | 3. 港、澳、台商独资经营企业 | 621631 | 857 | 86145 | 27554 | 242457 | | 75511 | 69352 | 16901 | 11110 | 85812 | 550 | 606 | 4776 | |
| 29 | 4. 港、澳、台商投资股份有限公司 | 18948 | 15 | 94 | 1217 | 11851 | | 3599 | 1075 | 783 | 33 | 92 | 26 | | 163 | |
| 30 | 5. 其他港、澳、台商投资企业 | 155724 | 11693 | 13139 | 83993 | 22515 | | 2465 | 4703 | 364 | 138 | 9342 | 80 | | 7292 | |
| 31 | 三、外商投资企业 | 1529634 | 5417 | 122016 | 80446 | 584401 | 626 | 307636 | 106884 | 59780 | 20652 | 232124 | 3535 | 2 | 6115 | |
| 32 | 其中:国有控股 | 319933 | 4 | 28411 | 45650 | 100345 | | 72406 | 9021 | 16451 | 2765 | 43348 | 194 | | 1338 | |
| 33 | 1. 中外合资经营企业 | 615322 | 319 | 38894 | 15756 | 192213 | | 168024 | 39318 | 30488 | 8888 | 118259 | 838 | | 2325 | |
| 34 | 2. 中外合作经营企业 | 46054 | | 11749 | 3 | 5642 | | 3568 | 4458 | 650 | 1381 | 18322 | 11 | | 270 | |
| 35 | 3. 外资企业 | 695534 | 413 | 53350 | 7680 | 334292 | 609 | 128706 | 50341 | 27087 | 9844 | 81433 | 821 | 2 | 956 | |
| 36 | 4. 外商投资股份有限公司 | 95447 | 1 | 12064 | 38781 | 18528 | 17 | 5698 | 4207 | 959 | 439 | 12379 | 1844 | | 530 | |
| 37 | 5. 其他外商投资企业 | 77277 | 4684 | 5959 | 18226 | 33726 | | 1640 | 8560 | 596 | 100 | 1731 | 21 | | 2034 | |
| 38 | 四、个体经营 | 1324906 | 137597 | 63417 | | 281090 | | 18684 | 3184 | 5361 | 2042 | 22248 | 12089 | 33 | 779161 | |
| 39 | 1. 个体户 | 1324737 | 137597 | 63415 | | 280957 | | 18675 | 3184 | 5358 | 2020 | 22248 | 12089 | 33 | 779161 | |
| 40 | 2. 个人合伙 | 169 | | 2 | | 133 | | 9 | | 3 | 22 | | | | | |

# 2016年深圳市地方税务局税收收入分企业类型分税种统计年报表

编报机关:深圳地方税务局　　　　单位:万元

| 序号 | 项　目 | 税收收入合计 | 国内增值税 | 营业税 | 企业所得税 | 个人所得税 | 资源税 | 城市维护建设税 | 房产税 | 印花税 | 城镇土地使用税 | 土地增值税 | 车船税 | 耕地占用税 | 契税 | 其他税收 |
|---|---|---|---|---|---|---|---|---|---|---|---|---|---|---|---|---|
| 1 | 合　计 | 24739190 | 223037 | 3990784 | 6792723 | 7578697 | 19 | 1492902 | 536845 | 366244 | 108760 | 2196423 | 165030 |  | 1287726 |  |
| 2 | 一、内资企业 | 19380461 | 203359 | 3507793 | 4591027 | 6080694 | 2 | 1077616 | 378221 | 274598 | 69132 | 1779469 | 156912 |  | 1261638 |  |
| 3 | (一)国有企业 | 791716 | 12 | 189060 | 448473 | 71018 |  | 52116 | 9960 | 3813 | 2522 | 11974 | 1709 |  | 1059 |  |
| 4 | (二)集体企业 | 52370 | 28 | 15066 | 18262 | 10202 |  | 3982 | 2823 | 288 | 911 | 798 | 10 |  |  |  |
| 5 | (三)股份合作企业 | 86674 | 187 | 30060 | 15835 | 5371 |  | 2917 | 15852 | 312 | 4775 | 11353 | 1 |  | 11 |  |
| 6 | (四)联营企业 | 35499 |  | 11906 | 12280 | 6300 |  | 1533 | 1621 | 355 | 428 | 1046 | 4 |  | 26 |  |
| 7 | 其中:国有控股 | 7028 |  | 1704 | 1658 | 3001 |  | 339 | 207 | 29 | 89 |  | 1 |  |  |  |
| 8 | 1. 国有联营企业 | 15897 |  | 3471 | 8285 | 3048 |  | 427 | 485 | 45 | 135 |  | 1 |  |  |  |
| 9 | 2. 集体联营企业 | 1901 |  | 788 | 370 | 502 |  | 96 | 111 | 11 | 23 |  |  |  |  |  |
| 10 | 3. 国有与集体联营企业 | 751 |  | 157 | 151 | 12 |  | 33 | 125 | 4 | 14 | 255 |  |  |  |  |
| 11 | 4. 其他联营企业 | 16950 |  | 7490 | 3474 | 2738 |  | 977 | 900 | 295 | 256 | 791 | 3 |  | 26 |  |
| 12 | (五)有限责任公司 | 10919886 | 7113 | 1680363 | 3164907 | 3516953 | 2 | 635939 | 164713 | 166468 | 41704 | 1424234 | 10843 |  | 106647 |  |
| 13 | 其中:国有控股 | 693099 | 3450 | 122114 | 275005 | 171401 |  | 29887 | 12866 | 6644 | 6187 | 64704 | 10 |  | 831 |  |
| 14 | 1. 国有独资企业 | 323402 | 95 | 61351 | 132176 | 44173 |  | 15193 | 9917 | 8381 | 2484 | 49291 | 1 |  | 340 |  |
| 15 | 2. 其他有限责任公司 | 10596484 | 7018 | 1619012 | 3032731 | 3472780 | 2 | 620746 | 154796 | 158087 | 39220 | 1374943 | 10842 |  | 106307 |  |
| 16 | (六)股份有限公司 | 4074891 | 369 | 1140531 | 697645 | 1544570 |  | 245132 | 73052 | 56650 | 11909 | 159149 | 143144 |  | 2740 |  |
| 17 | 其中:国有控股 | 818216 |  | 327431 | 39911 | 348296 |  | 35424 | 7724 | 6617 | 1227 | 7894 | 42920 |  | 772 |  |
| 18 | (七)私营企业 | 993453 | 10 | 285957 | 179182 | 254768 |  | 107973 | 31636 | 26598 | 5827 | 97127 | 657 |  | 3718 |  |
| 19 | 1. 私营独资企业 | 2921 |  | 545 | 259 | 1223 |  | 343 | 116 | 32 | 46 | 355 | 2 |  |  |  |
| 20 | 2. 私营合伙企业 | 138928 |  | 17119 | -7 | 106268 |  | 4921 | 419 | 7522 | 7 | 799 |  |  | 1880 |  |

续表

| 序号 | 项　目 | 税收收入合计 | 国内增值税 | 营业税 | 企业所得税 | 个人所得税 | 资源税 | 城市维护建设税 | 房产税 | 印花税 | 城镇土地使用税 | 土地增值税 | 车船税 | 耕地占用税 | 契税 | 其他税收 |
|---|---|---|---|---|---|---|---|---|---|---|---|---|---|---|---|---|
| 21 | 3. 私营有限责任公司 | 840541 | 10 | 265144 | 176170 | 143808 |  | 101419 | 30998 | 18847 | 5724 | 95930 | 653 |  | 1838 |  |
| 22 | 4. 私营股份有限公司 | 11063 |  | 3149 | 2760 | 3469 |  | 1290 | 103 | 197 | 50 | 43 | 2 |  |  |  |
| 23 | (八)其他企业 | 2425972 | 195640 | 154850 | 54443 | 671512 |  | 28024 | 78564 | 20114 | 1056 | 73788 | 544 |  | 1147437 |  |
| 24 | 二、港、澳、台商投资企业 | 2867539 | 1551 | 291473 | 1249211 | 712327 | 17 | 253936 | 80880 | 51345 | 22073 | 198678 | 75 |  | 5973 |  |
| 25 | 其中:国有控股 | 125916 |  | 17857 | 93730 | 5215 |  | 2327 | 2531 | 345 | 1567 | 2145 |  |  | 199 |  |
| 26 | 1. 合资经营企业(港或澳、台资) | 778331 | 3 | 70262 | 362067 | 172170 |  | 55466 | 24808 | 14859 | 8359 | 67542 | 15 |  | 2780 |  |
| 27 | 2. 合作经营企业(港或澳、台资) | 41579 |  | 6970 | 15674 | 4560 |  | 3203 | 2536 | 341 | 533 | 7751 | -1 |  | 12 |  |
| 28 | 3. 港、澳、台商独资经营企业 | 1672516 | 626 | 193862 | 538389 | 526820 | 17 | 191321 | 49492 | 35324 | 12740 | 121378 | 42 |  | 2505 |  |
| 29 | 4. 港、澳、台商投资股份有限公司 | 15493 |  | 1997 | 10827 | 1423 |  | 460 | 215 | 148 | 193 | 230 |  |  |  |  |
| 30 | 5. 其他港、澳、台商投资企业 | 359620 | 922 | 18382 | 322254 | 7354 |  | 3486 | 3829 | 673 | 248 | 1777 | 19 |  | 676 |  |
| 31 | 三、外商投资企业 | 2183486 | 3349 | 154918 | 952485 | 599986 |  | 155928 | 57867 | 38242 | 15659 | 200217 | 5738 |  | -903 |  |
| 32 | 其中:国有控股 | 142048 | 3133 | 10841 | 71100 | 33815 |  | 7639 | 5295 | 1343 | 3472 | 5408 | 2 |  |  |  |
| 33 | 1. 中外合资经营企业 | 652716 | 3243 | 72115 | 232279 | 205441 |  | 49914 | 18877 | 11912 | 7996 | 47199 | 5620 |  | -1880 |  |
| 34 | 2. 中外合作经营企业 | 128563 |  | 10171 | 74630 | 8390 |  | 2290 | 2090 | 697 | 1351 | 28943 |  |  | 1 |  |
| 35 | 3. 外资企业 | 1068987 | 11 | 64180 | 349781 | 374942 |  | 97505 | 33780 | 24774 | 5938 | 117039 | 115 |  | 922 |  |
| 36 | 4. 外商投资股份有限公司 | 9691 | 61 | 1472 | 2498 | 4405 |  | 655 | 262 | 118 | 218 |  | 2 |  |  |  |
| 37 | 5. 其他外商投资企业 | 323529 | 34 | 6980 | 293297 | 6808 |  | 5564 | 2858 | 741 | 156 | 7036 | 1 |  | 54 |  |
| 38 | 四、个体经营 | 307704 | 14778 | 36600 |  | 185690 |  | 5422 | 19877 | 2059 | 1896 | 18059 | 2305 |  | 21018 |  |
| 39 | 1. 个体户 | 72949 | 4737 | 609 |  | 52115 |  | 1159 | 5769 | 124 | 293 | 5192 | 227 |  | 2724 |  |
| 40 | 2. 个人合伙 | 234755 | 10041 | 35991 |  | 133575 |  | 4263 | 14108 | 1935 | 1603 | 12867 | 2078 |  | 18294 |  |

# 2016年珠海市地方税务局税收收入分企业类型分税种统计年报表

编报机关：珠海地方税务局　　　　单位：万元

| 序号 | 项　目 | 税收收入合计 | 国内增值税 | 营业税 | 企业所得税 | 个人所得税 | 资源税 | 城市维护建设税 | 房产税 | 印花税 | 城镇土地使用税 | 土地增值税 | 车船税 | 耕地占用税 | 契税 | 其他税收 |
|---|---|---|---|---|---|---|---|---|---|---|---|---|---|---|---|---|
| 1 | 合　计 | 2716265 | 26102 | 451888 | 888376 | 394306 | 30 | 208945 | 93021 | 40786 | 34242 | 356572 | 19085 | 11648 | 191264 | |
| 2 | 一、内资企业 | 1867425 | 2014 | 379349 | 641128 | 227260 | 19 | 153788 | 57917 | 28471 | 19883 | 283060 | 18252 | 11648 | 44636 | |
| 3 | (一)国有企业 | 37578 | 47 | 13837 | 6996 | 7739 | | 2889 | 2641 | 549 | 606 | 1831 | 2 | | 441 | |
| 4 | (二)集体企业 | 14119 | 148 | 3908 | 3500 | 313 | | 781 | 1473 | 112 | 480 | 3283 | | 94 | 27 | |
| 5 | (三)股份合作企业 | 6718 | 4 | 2446 | 848 | 63 | 2 | 368 | 2038 | 32 | 184 | 532 | | 113 | 88 | |
| 6 | (四)联营企业 | 583 | | 261 | 38 | 4 | | 31 | 29 | 1 | 2 | 211 | | | 6 | |
| 7 | 其中:国有控股 | 4 | | | | | | | 4 | | | | | | | |
| 8 | 1. 国有联营企业 | 352 | | 144 | 21 | 1 | | 16 | 20 | | | 148 | | | 2 | |
| 9 | 2. 集体联营企业 | 2 | | | | | | 1 | | | 1 | | | | | |
| 10 | 3. 国有与集体联营企业 | 130 | | 54 | | | | 4 | 7 | | 1 | 60 | | | 4 | |
| 11 | 4. 其他联营企业 | 99 | | 63 | 17 | 3 | | 10 | 2 | 1 | | 3 | | | | |
| 12 | (五)有限责任公司 | 1039063 | 1248 | 254047 | 261464 | 89566 | 7 | 78617 | 32126 | 18922 | 14239 | 248391 | 290 | 2306 | 37840 | |
| 13 | 其中:国有控股 | 98781 | 22 | 9328 | 49359 | 13737 | | 6931 | 3970 | 1956 | 3108 | 7842 | 4 | | 2524 | |
| 14 | 1. 国有独资企业 | 40504 | 15 | 2469 | 25253 | 4920 | | 2300 | 2274 | 397 | 740 | 1663 | 1 | | 472 | |
| 15 | 2. 其他有限责任公司 | 998559 | 1233 | 251578 | 236211 | 84646 | 7 | 76317 | 29852 | 18525 | 13499 | 246728 | 289 | 2306 | 37368 | |
| 16 | (六)股份有限公司 | 545381 | 18 | 62355 | 326081 | 81401 | | 55744 | 9692 | 5874 | 1591 | 864 | 1293 | | 468 | |
| 17 | 其中:国有控股 | 37240 | | 11824 | 6290 | 12307 | | 4248 | 1572 | 671 | 220 | 37 | 5 | | 66 | |
| 18 | (七)私营企业 | 144999 | 482 | 34829 | 34831 | 17730 | 10 | 13966 | 6273 | 2665 | 2099 | 26853 | 26 | 33 | 5202 | |
| 19 | 1. 私营独资企业 | 550 | 3 | 140 | 5 | 96 | | 115 | 74 | 6 | 71 | 30 | 2 | | 8 | |
| 20 | 2. 私营合伙企业 | 3139 | | 69 | | 2785 | | 230 | 18 | 8 | 6 | | | | 23 | |

续表

| 序号 | 项　目 | 税收收入合计 | 国内增值税 | 营业税 | 企业所得税 | 个人所得税 | 资源税 | 城市维护建设税 | 房产税 | 印花税 | 城镇土地使用税 | 土地增值税 | 车船税 | 耕地占用税 | 契税 | 其他税收 |
|---|---|---|---|---|---|---|---|---|---|---|---|---|---|---|---|---|
| 21 | 3. 私营有限责任公司 | 124832 | 478 | 31717 | 27661 | 12831 | 10 | 12406 | 6048 | 2422 | 1988 | 24212 | 23 | 33 | 5003 | |
| 22 | 4. 私营股份有限公司 | 16478 | 1 | 2903 | 7165 | 2018 | | 1215 | 133 | 229 | 34 | 2611 | 1 | | 168 | |
| 23 | (八)其他企业 | 78984 | 67 | 7666 | 7370 | 30444 | | 1392 | 3645 | 316 | 682 | 1095 | 16641 | 9102 | 564 | |
| 24 | 二、港、澳、台商投资企业 | 276432 | 3703 | 36130 | 79756 | 44905 | 11 | 24932 | 18030 | 3763 | 8381 | 40322 | 18 | | 16481 | |
| 25 | 其中:国有控股 | 9733 | 53 | 139 | 3879 | 1104 | | 732 | 753 | 356 | 204 | 2028 | | | 485 | |
| 26 | 1. 合资经营企业(港或澳、台资) | 62360 | 286 | 3749 | 29414 | 8710 | | 7224 | 5461 | 1231 | 1688 | 4478 | 1 | | 118 | |
| 27 | 2. 合作经营企业(港或澳、台资) | 41952 | | 12769 | 11492 | 1103 | 4 | 1810 | 911 | 208 | 873 | 12781 | | | 1 | |
| 28 | 3. 港、澳、台商独资经营企业 | 109631 | 63 | 16047 | 20867 | 18053 | 7 | 12192 | 9830 | 1874 | 5590 | 21853 | 8 | | 3247 | |
| 29 | 4. 港、澳、台商投资股份有限公司 | 19090 | 4 | 582 | 9645 | 4735 | | 3236 | 323 | 357 | 97 | 3 | 1 | | 107 | |
| 30 | 5. 其他港、澳、台商投资企业 | 43399 | 3350 | 2983 | 8338 | 12304 | | 470 | 1505 | 93 | 133 | 1207 | 8 | | 13008 | |
| 31 | 三、外商投资企业 | 334552 | 712 | 23316 | 167492 | 52125 | | 27199 | 11970 | 7913 | 5635 | 29063 | 393 | | 8734 | |
| 32 | 其中:国有控股 | 35404 | | 315 | 27383 | 3007 | | 3298 | 507 | 470 | 213 | 211 | | | | |
| 33 | 1. 中外合资经营企业 | 73987 | 522 | 9589 | 21466 | 10530 | | 6424 | 3848 | 2363 | 1809 | 10125 | 380 | | 6931 | |
| 34 | 2. 中外合作经营企业 | 23512 | | 186 | 20149 | 235 | | 1918 | 387 | 206 | 431 | | | | | |
| 35 | 3. 外资企业 | 187932 | 50 | 13134 | 86074 | 35720 | | 18260 | 7167 | 5182 | 2656 | 18703 | 13 | | 973 | |
| 36 | 4. 外商投资股份有限公司 | 1563 | | 59 | 374 | 504 | | 366 | 137 | 83 | 36 | 4 | | | | |
| 37 | 5. 其他外商投资企业 | 47558 | 140 | 348 | 39429 | 5136 | | 231 | 431 | 79 | 703 | 231 | | | 830 | |
| 38 | 四、个体经营 | 237856 | 19673 | 13093 | | 70016 | | 3026 | 5104 | 639 | 343 | 4127 | 422 | | 121413 | |
| 39 | 1. 个体户 | 237825 | 19673 | 13093 | | 69987 | | 3024 | 5104 | 639 | 343 | 4127 | 422 | | 121413 | |
| 40 | 2. 个人合伙 | 31 | | | | 29 | | 2 | | | | | | | | |

# 2016 年汕头市地方税务局税收收入分企业类型分税种统计年报表

编报机关:汕头地方税务局　　　　单位:万元

| 序号 | 项　目 | 税收收入合计 | 国内增值税 | 营业税 | 企业所得税 | 个人所得税 | 资源税 | 城市维护建设税 | 房产税 | 印花税 | 城镇土地使用税 | 土地增值税 | 车船税 | 耕地占用税 | 契税 | 其他税收 |
|---|---|---|---|---|---|---|---|---|---|---|---|---|---|---|---|---|
| 1 | 合　计 | 1073708 | 3695 | 168801 | 285748 | 166344 | 4677 | 84675 | 58466 | 19893 | 49412 | 103929 | 20984 | 8013 | 99071 | |
| 2 | 一、内资企业 | 888117 | 1741 | 152308 | 267069 | 135912 | 4435 | 65306 | 42752 | 17137 | 39259 | 89369 | 19717 | 7979 | 45133 | |
| 3 | (一)国有企业 | 78493 | 918 | 14020 | 34184 | 14301 | 879 | 4069 | 3220 | 1037 | 3004 | 2652 | 18 | | 191 | |
| 4 | (二)集体企业 | 37958 | | 10373 | 19994 | 1387 | 768 | 1377 | 593 | 389 | 605 | 1907 | 8 | 519 | 38 | |
| 5 | (三)股份合作企业 | 7681 | | 3313 | 850 | 1799 | 2 | 579 | 394 | 109 | 414 | | 1 | | 220 | |
| 6 | (四)联营企业 | 601 | | 61 | 92 | 120 | 1 | 172 | 71 | 18 | 51 | | | | 15 | |
| 7 | 其中:国有控股 | 456 | | 27 | 90 | 86 | | 148 | 60 | 16 | 29 | | | | | |
| 8 | 1. 国有联营企业 | 404 | | 17 | 76 | 78 | | 129 | 56 | 14 | 34 | | | | | |
| 9 | 2. 集体联营企业 | 5 | | 2 | 1 | | 1 | 1 | | | | | | | | |
| 10 | 3. 国有与集体联营企业 | 4 | | | | | | | 3 | | 1 | | | | | |
| 11 | 4. 其他联营企业 | 188 | | 42 | 15 | 42 | | 42 | 12 | 4 | 16 | | | | 15 | |
| 12 | (五)有限责任公司 | 456650 | 218 | 79678 | 146518 | 39496 | 2269 | 37031 | 15300 | 10462 | 19613 | 67910 | 1372 | 114 | 36669 | |
| 13 | 其中:国有控股 | 34601 | | 5175 | 6221 | 7969 | 6 | 4529 | 2092 | 714 | 1681 | 4895 | 7 | | 1312 | |
| 14 | 1. 国有独资企业 | 6526 | | 832 | 2798 | 305 | 84 | 125 | 339 | 236 | 695 | | 1 | | 1111 | |
| 15 | 2. 其他有限责任公司 | 450124 | 218 | 78846 | 143720 | 39191 | 2185 | 36906 | 14961 | 10226 | 18918 | 67910 | 1371 | 114 | 35558 | |
| 16 | (六)股份有限公司 | 141191 | | 25596 | 34038 | 37972 | 33 | 11788 | 7406 | 2583 | 2482 | 583 | 18259 | | 451 | |
| 17 | 其中:国有控股 | 31095 | | 16107 | 2375 | 4878 | | 2527 | 1375 | 426 | 517 | | 2844 | | 46 | |
| 18 | (七)私营企业 | 106655 | | 16559 | 29104 | 14038 | 464 | 9859 | 6620 | 2239 | 7442 | 13100 | 16 | 145 | 7069 | |
| 19 | 1. 私营独资企业 | 7183 | | 406 | 1 | 3418 | 82 | 812 | 872 | 133 | 1217 | | 1 | 72 | 169 | |
| 20 | 2. 私营合伙企业 | 6702 | | 69 | 1 | 6369 | 1 | 95 | 71 | 21 | 71 | | 1 | | 3 | |

续表

| 序号 | 项目 | 税收收入合计 | 国内增值税 | 营业税 | 企业所得税 | 个人所得税 | 资源税 | 城市维护建设税 | 房产税 | 印花税 | 城镇土地使用税 | 土地增值税 | 车船税 | 耕地占用税 | 契税 | 其他税收 |
|---|---|---|---|---|---|---|---|---|---|---|---|---|---|---|---|---|
| 21 | 3. 私营有限责任公司 | 88302 | | 16017 | 26751 | 3474 | 381 | 8324 | 5324 | 1987 | 5971 | 13100 | 14 | 73 | 6886 | |
| 22 | 4. 私营股份有限公司 | 4468 | | 67 | 2351 | 777 | | 628 | 353 | 98 | 183 | | | | 11 | |
| 23 | (八)其他企业 | 58888 | 605 | 2708 | 2289 | 26799 | 19 | 431 | 9148 | 300 | 5648 | 3217 | 43 | 7201 | 480 | |
| 24 | 二、港、澳、台商投资企业 | 59438 | 279 | 7388 | 7517 | 7855 | 4 | 10675 | 5807 | 1227 | 4478 | 12856 | 16 | | 1336 | |
| 25 | 其中:国有控股 | 11967 | | 894 | 5748 | 2319 | 1 | 1484 | 1080 | 189 | 217 | 34 | 1 | | | |
| 26 | 1. 合资经营企业(港或澳、台资) | 9634 | | 458 | 361 | 2582 | | 2739 | 1125 | 373 | 1155 | 779 | 2 | | 60 | |
| 27 | 2. 合作经营企业(港或澳、台资) | 5667 | | 1318 | | 154 | 2 | 653 | 419 | 100 | 360 | 2659 | 2 | | | |
| 28 | 3. 港、澳、台商独资经营企业 | 27339 | 192 | 4908 | 1290 | 2289 | 2 | 2753 | 3045 | 612 | 2397 | 9413 | 4 | | 434 | |
| 29 | 4. 港、澳、台商投资股份有限公司 | 8384 | | 646 | | 1802 | | 4408 | 876 | 138 | 513 | | 1 | | | |
| 30 | 5. 其他港、澳、台商投资企业 | 8414 | 87 | 58 | 5866 | 1028 | | 122 | 342 | 4 | 53 | 5 | 7 | | 842 | |
| 31 | 三、外商投资企业 | 38707 | 67 | 3022 | 11162 | 8351 | 1 | 7382 | 3762 | 1138 | 2434 | 839 | 290 | | 259 | |
| 32 | 其中:国有控股 | 14101 | | 70 | 8370 | 1829 | | 1933 | 962 | 222 | 714 | | 1 | | | |
| 33 | 1. 中外合资经营企业 | 6475 | | 298 | 21 | 4040 | | 883 | 361 | 256 | 440 | 8 | | | 168 | |
| 34 | 2. 中外合作经营企业 | 1215 | | 415 | | 102 | | 330 | 176 | 35 | 157 | | | | | |
| 35 | 3. 外资企业 | 9734 | | 1336 | 24 | 2027 | 1 | 2684 | 1546 | 365 | 901 | 831 | 2 | | 17 | |
| 36 | 4. 外商投资股份有限公司 | 14467 | | 423 | 5598 | 1746 | | 3420 | 1638 | 465 | 889 | | 288 | | | |
| 37 | 5. 其他外商投资企业 | 6816 | 67 | 550 | 5519 | 436 | | 65 | 41 | 17 | 47 | | | | 74 | |
| 38 | 四、个体经营 | 87446 | 1608 | 6083 | | 14226 | 237 | 1312 | 6145 | 391 | 3241 | 865 | 961 | 34 | 52343 | |
| 39 | 1. 个体户 | 87313 | 1608 | 6083 | | 14182 | 212 | 1300 | 6134 | 389 | 3233 | 865 | 961 | 34 | 52312 | |
| 40 | 2. 个人合伙 | 133 | | | | 44 | 25 | 12 | 11 | 2 | 8 | | | | 31 | |

# 2016 年佛山市地方税务局税收收入分企业类型分税种统计年报表

编报机关:佛山地方税务局　　　　单位:万元

| 序号 | 项　目 | 税收收入合计 | 国内增值税 | 营业税 | 企业所得税 | 个人所得税 | 资源税 | 城市维护建设税 | 房产税 | 印花税 | 城镇土地使用税 | 土地增值税 | 车船税 | 耕地占用税 | 契税 | 其他税收 |
|---|---|---|---|---|---|---|---|---|---|---|---|---|---|---|---|---|
| 1 | 合　计 | 3407678 | 27917 | 634223 | 604874 | 507299 | 361 | 285363 | 145746 | 62021 | 101110 | 444909 | 60506 | 40530 | 492819 | |
| 2 | 一、内资企业 | 2480907 | 4339 | 569869 | 575661 | 334013 | 350 | 193884 | 95061 | 46643 | 74135 | 387381 | 48532 | 40530 | 110509 | |
| 3 | (一)国有企业 | 29862 | 24 | 16160 | 2112 | 4331 | | 2278 | 2004 | 192 | 2421 | 199 | 13 | | 128 | |
| 4 | (二)集体企业 | 46298 | 204 | 19341 | 7221 | 4442 | | 2456 | 2986 | 210 | 3880 | 4433 | 7 | 76 | 1042 | |
| 5 | (三)股份合作企业 | 1595 | 12 | 258 | 500 | 36 | | 178 | 148 | 35 | 299 | 25 | 1 | 94 | 9 | |
| 6 | (四)联营企业 | 2646 | 86 | 234 | 400 | 62 | 36 | 101 | 62 | 16 | 1122 | 105 | | | 422 | |
| 7 | 其中:国有控股 | 1679 | 86 | 48 | 225 | 16 | 36 | 41 | 19 | 3 | 1102 | 103 | | | | |
| 8 | 1. 国有联营企业 | 191 | | 85 | 2 | 22 | 36 | 25 | 18 | 1 | 1 | 1 | | | | |
| 9 | 2. 集体联营企业 | 2228 | 86 | 92 | 316 | 13 | | 42 | 37 | 12 | 1104 | 104 | | | 422 | |
| 10 | 3. 国有与集体联营企业 | 10 | | | 8 | 1 | | 1 | | | | | | | | |
| 11 | 4. 其他联营企业 | 217 | | 57 | 74 | 26 | | 33 | 7 | 3 | 17 | | | | | |
| 12 | (五)有限责任公司 | 1562917 | 1086 | 345207 | 462377 | 111167 | 269 | 117699 | 46059 | 25699 | 49579 | 320963 | 2712 | 4732 | 75368 | |
| 13 | 其中:国有控股 | 162896 | 42 | 21081 | 50349 | 21672 | 142 | 14570 | 8891 | 2785 | 9741 | 30092 | 510 | 107 | 2914 | |
| 14 | 1. 国有独资企业 | 36860 | 25 | 4446 | 4123 | 13344 | | 4906 | 3844 | 467 | 4733 | 88 | 491 | | 393 | |
| 15 | 2. 其他有限责任公司 | 1526057 | 1061 | 340761 | 458254 | 97823 | 269 | 112793 | 42215 | 25232 | 44846 | 320875 | 2221 | 4732 | 74975 | |
| 16 | (六)股份有限公司 | 314100 | 280 | 98630 | 17601 | 110446 | | 20842 | 8582 | 4024 | 1706 | 5133 | 45342 | | 1514 | |
| 17 | 其中:国有控股 | 63110 | | 32583 | 7032 | 11155 | | 5115 | 2627 | 871 | 442 | 1 | 3055 | | 229 | |
| 18 | (七)私营企业 | 378246 | 1367 | 76946 | 70031 | 71440 | 45 | 47903 | 20252 | 14444 | 9853 | 37699 | 336 | | 27930 | |
| 19 | 1. 私营独资企业 | 35210 | | 1937 | 6 | 25055 | 2 | 4674 | 1052 | 695 | 671 | 1038 | 23 | | 57 | |
| 20 | 2. 私营合伙企业 | 6326 | | 751 | | 4424 | 1 | 627 | 266 | 145 | 84 | 2 | 7 | | 19 | |

续表

| 序号 | 项目 | 税收收入合计 | 国内增值税 | 营业税 | 企业所得税 | 个人所得税 | 资源税 | 城市维护建设税 | 房产税 | 印花税 | 城镇土地使用税 | 土地增值税 | 车船税 | 耕地占用税 | 契税 | 其他税收 |
|---|---|---|---|---|---|---|---|---|---|---|---|---|---|---|---|---|
| 21 | 3. 私营有限责任公司 | 310909 | 1367 | 73731 | 59827 | 34095 | 42 | 38371 | 17384 | 13030 | 8491 | 36659 | 301 | | 27611 | |
| 22 | 4. 私营股份有限公司 | 25801 | | 527 | 10198 | 7866 | | 4231 | 1550 | 574 | 607 | | 5 | | 243 | |
| 23 | (八)其他企业 | 145243 | 1280 | 13093 | 15419 | 32089 | | 2427 | 14968 | 2023 | 5275 | 18824 | 121 | 35628 | 4096 | |
| 24 | 二、港、澳、台商投资企业 | 176055 | 798 | 34572 | 2165 | 26024 | | 29006 | 15433 | 5036 | 13144 | 39670 | 108 | | 10099 | |
| 25 | 其中:国有控股 | 13366 | | 3288 | 118 | 1119 | | 1845 | 933 | 298 | 955 | 4043 | 5 | | 762 | |
| 26 | 1. 合资经营企业(港或澳、台资) | 50609 | 47 | 10484 | 19 | 7333 | | 8734 | 5568 | 1876 | 3918 | 9470 | 29 | | 3131 | |
| 27 | 2. 合作经营企业(港或澳、台资) | 20211 | 26 | 5899 | 14 | 1618 | | 1889 | 285 | 271 | 2156 | 8050 | 3 | | | |
| 28 | 3. 港、澳、台商独资经营企业 | 88844 | 137 | 17373 | 304 | 13496 | | 17296 | 8778 | 2692 | 6740 | 21022 | 33 | | 973 | |
| 29 | 4. 港、澳、台商投资股份有限公司 | 2674 | 2 | 73 | | 990 | | 969 | 371 | 118 | 149 | 1 | 1 | | | |
| 30 | 5. 其他港、澳、台商投资企业 | 13717 | 586 | 743 | 1828 | 2587 | | 118 | 431 | 79 | 181 | 1127 | 42 | | 5995 | |
| 31 | 三、外商投资企业 | 180718 | 194 | 10246 | 27048 | 47321 | | 56707 | 11305 | 7194 | 5561 | 10661 | 3211 | | 1270 | |
| 32 | 其中:国有控股 | 30753 | | 521 | 4 | 5440 | | 20341 | 2710 | 1285 | 163 | 284 | 3 | | 2 | |
| 33 | 1. 中外合资经营企业 | 48060 | | -411 | 5 | 11352 | | 28872 | 3973 | 2427 | 1269 | 65 | 341 | | 167 | |
| 34 | 2. 中外合作经营企业 | 3286 | | 671 | 1 | 961 | | 712 | 286 | 110 | 259 | 284 | | | 2 | |
| 35 | 3. 外资企业 | 90476 | 128 | 9603 | 5 | 29018 | | 25065 | 6657 | 4326 | 3540 | 10256 | 1800 | | 78 | |
| 36 | 4. 外商投资股份有限公司 | 11764 | | 385 | 4755 | 2423 | | 2047 | 345 | 272 | 469 | | 1068 | | | |
| 37 | 5. 其他外商投资企业 | 27132 | 66 | -2 | 22282 | 3567 | | 11 | 44 | 59 | 24 | 56 | 2 | | 1023 | |
| 38 | 四、个体经营 | 569998 | 22586 | 19536 | | 99941 | 11 | 5766 | 23947 | 3148 | 8270 | 7197 | 8655 | | 370941 | |
| 39 | 1. 个体户 | 569849 | 22586 | 19526 | | 99810 | 11 | 5758 | 23947 | 3148 | 8270 | 7197 | 8655 | | 370941 | |
| 40 | 2. 个人合伙 | 149 | | 10 | | 131 | | 8 | | | | | | | | |

# 2016年韶关市地方税务局税收收入分企业类型分税种统计年报表

编报机关：韶关地方税务局　　　　单位：万元

| 序号 | 项　目 | 税收收入合计 | 国内增值税 | 营业税 | 企业所得税 | 个人所得税 | 资源税 | 城市维护建设税 | 房产税 | 印花税 | 城镇土地使用税 | 土地增值税 | 车船税 | 耕地占用税 | 契税 | 其他税收 |
|---|---|---|---|---|---|---|---|---|---|---|---|---|---|---|---|---|
| 1 | 合　计 | 544165 | 2740 | 99541 | 55057 | 82418 | 9976 | 62595 | 28924 | 8673 | 40892 | 47506 | 9149 | 49341 | 37030 | 10323 |
| 2 | 一、内资企业 | 464157 | 1369 | 90111 | 54520 | 67607 | 9456 | 56047 | 23747 | 7484 | 36092 | 40458 | 8475 | 49253 | 9215 | 10323 |
| 3 | (一)国有企业 | 32295 | 13 | 5828 | 10386 | 5217 | 294 | 2486 | 1584 | 274 | 3914 | 1338 | 103 | 819 | 39 | |
| 4 | (二)集体企业 | 14793 | 2 | 5864 | 4616 | 1125 | 484 | 931 | 615 | 113 | 389 | 645 | 1 | | 8 | |
| 5 | (三)股份合作企业 | 4586 | | 2062 | 35 | 1870 | 5 | 222 | 195 | 39 | 85 | 26 | | | 47 | |
| 6 | (四)联营企业 | 443 | | 102 | 173 | 97 | 1 | 38 | 15 | 1 | 15 | | 1 | | | |
| 7 | 其中：国有控股 | 100 | | 37 | 26 | 25 | 1 | 7 | 3 | | 1 | | | | | |
| 8 | 1. 国有联营企业 | 18 | | 14 | 1 | 2 | | 1 | | | | | | | | |
| 9 | 2. 集体联营企业 | 79 | | 36 | 30 | 8 | 1 | 4 | | | | | | | | |
| 10 | 3. 国有与集体联营企业 | 11 | | 8 | 1 | | | 2 | | | | | | | | |
| 11 | 4. 其他联营企业 | 335 | | 44 | 141 | 87 | | 31 | 15 | 1 | 15 | | 1 | | | |
| 12 | (五)有限责任公司 | 260518 | 187 | 55713 | 31632 | 25230 | 5104 | 42586 | 12201 | 4853 | 23624 | 32865 | 477 | 12070 | 5644 | 8332 |
| 13 | 其中：国有控股 | 76628 | 19 | 6106 | 5481 | 11106 | 1718 | 25825 | 4060 | 825 | 8718 | 2325 | 19 | 2498 | 1720 | 6208 |
| 14 | 1. 国有独资企业 | 16502 | | 1519 | 849 | 4109 | 602 | 1121 | 927 | 369 | 4852 | 182 | 3 | 600 | 1369 | |
| 15 | 2. 其他有限责任公司 | 244016 | 187 | 54194 | 30783 | 21121 | 4502 | 41465 | 11274 | 4484 | 18772 | 32683 | 474 | 11470 | 4275 | 8332 |
| 16 | (六)股份有限公司 | 60834 | 1055 | 12492 | 4127 | 13474 | 2806 | 5688 | 3882 | 1281 | 3470 | 2478 | 7857 | | 233 | 1991 |
| 17 | 其中：国有控股 | 45423 | 1019 | 9398 | 3619 | 8557 | 2798 | 4963 | 3112 | 1168 | 2995 | 2383 | 5263 | | 148 | |
| 18 | (七)私营企业 | 28047 | 28 | 5953 | 1621 | 7844 | 658 | 3315 | 1430 | 773 | 2084 | 2815 | 8 | | 1518 | |
| 19 | 1. 私营独资企业 | 1990 | 6 | 194 | 4 | 811 | 336 | 298 | 106 | 27 | 179 | 14 | 1 | | 14 | |
| 20 | 2. 私营合伙企业 | 1488 | | 85 | | 852 | 12 | 286 | 31 | 22 | 57 | 143 | | | | |

续表

| 序号 | 项　目 | 税收收入合计 | 国内增值税 | 营业税 | 企业所得税 | 个人所得税 | 资源税 | 城市维护建设税 | 房产税 | 印花税 | 城镇土地使用税 | 土地增值税 | 车船税 | 耕地占用税 | 契税 | 其他税收 |
|---|---|---|---|---|---|---|---|---|---|---|---|---|---|---|---|---|
| 21 | 3. 私营有限责任公司 | 24050 | 22 | 5621 | 1600 | 6071 | 309 | 2663 | 1285 | 704 | 1813 | 2492 | 7 | | 1463 | |
| 22 | 4. 私营股份有限公司 | 519 | | 53 | 17 | 110 | 1 | 68 | 8 | 20 | 35 | 166 | | | 41 | |
| 23 | (八)其他企业 | 62641 | 84 | 2097 | 1930 | 12750 | 104 | 781 | 3825 | 150 | 2511 | 291 | 28 | 36364 | 1726 | |
| 24 | 二、港、澳、台商投资企业 | 10628 | 30 | 713 | 482 | 1016 | | 2285 | 1906 | 344 | 2712 | 723 | 1 | | 416 | |
| 25 | 其中:国有控股 | 760 | | 27 | | 67 | | 215 | 171 | 26 | 246 | 7 | | | 1 | |
| 26 | 1. 合资经营企业(港或澳、台资) | 3643 | | 375 | 283 | 208 | | 881 | 429 | 67 | 699 | 608 | | | 93 | |
| 27 | 2. 合作经营企业(港或澳、台资) | 170 | | 17 | 126 | 2 | | 3 | 5 | | 3 | 14 | | | | |
| 28 | 3. 港、澳、台商独资经营企业 | 6054 | | 271 | | 740 | | 1324 | 1415 | 223 | 1916 | 79 | | | 86 | |
| 29 | 4. 港、澳、台商投资股份有限公司 | 164 | | | | 11 | | 8 | 16 | 44 | 85 | | | | | |
| 30 | 5. 其他港、澳、台商投资企业 | 597 | 30 | 50 | 73 | 55 | | 69 | 41 | 10 | 9 | 22 | 1 | | 237 | |
| 31 | 三、外商投资企业 | 19560 | | 4973 | 55 | 2493 | 12 | 2988 | 1296 | 472 | 1678 | 5392 | 63 | | 138 | |
| 32 | 其中:国有控股 | 1182 | | 181 | | 490 | | 322 | 116 | 36 | 37 | | | | | |
| 33 | 1. 中外合资经营企业 | 3524 | | 5 | | 424 | | 737 | 423 | 220 | 337 | 1375 | | | 3 | |
| 34 | 2. 中外合作经营企业 | 20 | | 6 | | | | 5 | 7 | 1 | 1 | | | | | |
| 35 | 3. 外资企业 | 15629 | | 4958 | 54 | 1776 | 12 | 2244 | 866 | 250 | 1340 | 4012 | 49 | | 68 | |
| 36 | 4. 外商投资股份有限公司 | 83 | | 4 | | 63 | | 2 | | | | | 14 | | | |
| 37 | 5. 其他外商投资企业 | 304 | | | 1 | 230 | | | | 1 | | 5 | | | 67 | |
| 38 | 四、个体经营 | 49820 | 1341 | 3744 | | 11302 | 508 | 1275 | 1975 | 373 | 410 | 933 | 610 | 88 | 27261 | |
| 39 | 1. 个体户 | 49697 | 1340 | 3743 | | 11240 | 508 | 1229 | 1974 | 372 | 402 | 930 | 610 | 88 | 27261 | |
| 40 | 2. 个人合伙 | 123 | 1 | 1 | | 62 | | 46 | 1 | 1 | 8 | 3 | | | | |

# 2016年河源市地方税务局税收收入分企业类型分税种统计年报表

编报机关：河源地方税务局　　单位：万元

| 序号 | 项目 | 税收收入合计 | 国内增值税 | 营业税 | 企业所得税 | 个人所得税 | 资源税 | 城市维护建设税 | 房产税 | 印花税 | 城镇土地使用税 | 土地增值税 | 车船税 | 耕地占用税 | 契税 | 其他税收 |
|---|---|---|---|---|---|---|---|---|---|---|---|---|---|---|---|---|
| 1 | 合计 | 524195 | 7541 | 115991 | 48207 | 52860 | 11737 | 33064 | 19096 | 8130 | 24487 | 46483 | 7483 | 95876 | 53240 | |
| 2 | 一、内资企业 | 410470 | 1202 | 103305 | 48285 | 35872 | 11384 | 23479 | 12643 | 5159 | 17205 | 37415 | 7183 | 95188 | 12150 | |
| 3 | (一)国有企业 | 16536 | 74 | 4056 | 777 | 4530 | 256 | 1809 | 856 | 238 | 467 | 465 | 2688 | 285 | 35 | |
| 4 | (二)集体企业 | 8614 | | 3010 | 3997 | 591 | 270 | 437 | 86 | 57 | 116 | 23 | 6 | | 21 | |
| 5 | (三)股份合作企业 | 7775 | 11 | 5585 | | 1114 | 1 | 479 | 209 | 62 | 41 | 12 | | | 261 | |
| 6 | (四)联营企业 | 111 | | 74 | 11 | 11 | 2 | 13 | | | | | | | | |
| 7 | 其中:国有控股 | | | | | | | | | | | | | | | |
| 8 | 1. 国有联营企业 | 61 | | 48 | | 6 | 2 | 5 | | | | | | | | |
| 9 | 2. 集体联营企业 | 2 | | 2 | | | | | | | | | | | | |
| 10 | 3. 国有与集体联营企业 | | | | | | | | | | | | | | | |
| 11 | 4. 其他联营企业 | 48 | | 24 | 11 | 5 | | 8 | | | | | | | | |
| 12 | (五)有限责任公司 | 280544 | 723 | 71818 | 41317 | 13715 | 9238 | 17492 | 6881 | 3992 | 14752 | 34645 | 762 | 54423 | 10786 | |
| 13 | 其中:国有控股 | 50368 | | 4345 | 2174 | 2653 | 14 | 4052 | 1344 | 524 | 2217 | 2732 | 220 | 27026 | 3067 | |
| 14 | 1. 国有独资企业 | 37688 | | 1046 | 305 | 371 | 56 | 211 | 341 | 58 | 1383 | -3 | 1 | 31257 | 2662 | |
| 15 | 2. 其他有限责任公司 | 242856 | 723 | 70772 | 41012 | 13344 | 9182 | 17281 | 6540 | 3934 | 13369 | 34648 | 761 | 23166 | 8124 | |
| 16 | (六)股份有限公司 | 26710 | 14 | 11518 | 405 | 6219 | 964 | 1934 | 1266 | 264 | 521 | 16 | 3537 | | 52 | |
| 17 | 其中:国有控股 | 9324 | | 4372 | 5 | 1102 | 753 | 785 | 666 | 103 | 352 | 2 | 1181 | | 3 | |
| 18 | (七)私营企业 | 11513 | | 5063 | 905 | 1704 | 618 | 1006 | 282 | 172 | 539 | 421 | 137 | 39 | 627 | |
| 19 | 1. 私营独资企业 | 2340 | | 321 | 1 | 563 | 212 | 259 | 131 | 33 | 207 | | 55 | 2 | 556 | |
| 20 | 2. 私营合伙企业 | 361 | | 51 | | 202 | 17 | 48 | 16 | 3 | 17 | | | 7 | | |

续表

| 序号 | 项目 | 税收收入合计 | 国内增值税 | 营业税 | 企业所得税 | 个人所得税 | 资源税 | 城市维护建设税 | 房产税 | 印花税 | 城镇土地使用税 | 土地增值税 | 车船税 | 耕地占用税 | 契税 | 其他税收 |
|---|---|---|---|---|---|---|---|---|---|---|---|---|---|---|---|---|
| 21 | 3. 私营有限责任公司 | 8739 |  | 4652 | 899 | 925 | 387 | 694 | 131 | 135 | 312 | 421 | 82 | 30 | 71 |  |
| 22 | 4. 私营股份有限公司 | 73 |  | 39 | 5 | 14 | 2 | 5 | 4 | 1 | 3 |  |  |  |  |  |
| 23 | (八)其他企业 | 58667 | 380 | 2181 | 873 | 7988 | 35 | 309 | 3063 | 374 | 769 | 1833 | 53 | 40441 | 368 |  |
| 24 | 二、港、澳、台商投资企业 | 36199 | 230 | 4699 | -88 | 5300 | 25 | 6605 | 4871 | 1841 | 6277 | 5304 | 90 | 385 | 660 |  |
| 25 | 其中:国有控股 | 1080 |  | 116 |  | 577 |  | 192 | 95 | 42 | 47 |  |  |  | 11 |  |
| 26 | 1. 合资经营企业(港或澳、台资) | 6877 | 6 | 406 | -90 | 1394 | 16 | 1261 | 1804 | 676 | 1072 | 21 | 1 | 310 |  |  |
| 27 | 2. 合作经营企业(港或澳、台资) | 55 |  | 6 |  | 6 |  | 1 | 12 | 1 | 21 |  |  |  | 8 |  |
| 28 | 3. 港、澳、台商独资经营企业 | 27924 | 106 | 4125 | 1 | 3761 | 9 | 5307 | 3041 | 1123 | 5167 | 5122 | 89 | 50 | 23 |  |
| 29 | 4. 港、澳、台商投资股份有限公司 | 154 |  | 56 |  | 20 |  | 19 | 1 | 33 |  |  |  | 25 |  |  |
| 30 | 5. 其他港、澳、台商投资企业 | 1189 | 118 | 106 | 1 | 119 |  | 17 | 13 | 8 | 17 | 161 |  |  | 629 |  |
| 31 | 三、外商投资企业 | 4352 |  | 400 | 10 | 835 |  | 1624 | 541 | 411 | 504 |  | 2 |  | 25 |  |
| 32 | 其中:国有控股 | 19 |  |  |  | 3 |  |  | 3 |  | 13 |  |  |  |  |  |
| 33 | 1. 中外合资经营企业 | 859 |  | 30 |  | 163 |  | 173 | 178 | 59 | 236 |  |  |  | 20 |  |
| 34 | 2. 中外合作经营企业 | 22 |  |  |  | 6 |  | 15 |  | 1 |  |  |  |  |  |  |
| 35 | 3. 外资企业 | 3391 |  | 358 |  | 639 |  | 1432 | 350 | 351 | 259 |  | 2 |  |  |  |
| 36 | 4. 外商投资股份有限公司 | 20 |  | 1 |  |  |  | 1 | 9 |  | 9 |  |  |  |  |  |
| 37 | 5. 其他外商投资企业 | 60 |  | 11 | 10 | 27 |  | 3 | 4 |  |  |  |  |  | 5 |  |
| 38 | 四、个体经营 | 73174 | 6109 | 7587 |  | 10853 | 328 | 1356 | 1041 | 719 | 501 | 3764 | 208 | 303 | 40405 |  |
| 39 | 1. 个体户 | 72833 | 6109 | 7529 |  | 10595 | 328 | 1348 | 1037 | 718 | 490 | 3764 | 208 | 303 | 40404 |  |
| 40 | 2. 个人合伙 | 341 |  | 58 |  | 258 |  | 8 | 4 | 1 | 11 |  |  |  | 1 |  |

# 2016 年梅州市地方税务局税收收入分企业类型分税种统计年报表

编报机关:梅州地方税务局　　　　单位:万元

| 序号 | 项　　目 | 税收收入合计 | 国内增值税 | 营业税 | 企业所得税 | 个人所得税 | 资源税 | 城市维护建设税 | 房产税 | 印花税 | 城镇土地使用税 | 土地增值税 | 车船税 | 耕地占用税 | 契税 | 其他税收 |
|---|---|---|---|---|---|---|---|---|---|---|---|---|---|---|---|---|
| 1 | 合　　计 | 897433 | 4458 | 144674 | 159711 | 107795 | 71369 | 65624 | 21197 | 12460 | 45669 | 113238 | 10452 | 68013 | 68027 | 4746 |
| 2 | 一、内资企业 | 768673 | 246 | 137507 | 159681 | 77518 | 62648 | 61051 | 17608 | 11138 | 38474 | 103685 | 9461 | 67876 | 17034 | 4746 |
| 3 | (一)国有企业 | 38739 | 23 | 4394 | 2635 | 5176 | 3923 | 2305 | 1600 | 275 | 15293 | 1949 | 502 |  | 664 |  |
| 4 | (二)集体企业 | 27816 | 4 | 9125 | 7282 | 2088 | 5567 | 766 | 1459 | 318 | 401 | 765 | 5 |  | 36 |  |
| 5 | (三)股份合作企业 | 5529 |  | 2007 | 279 | 2225 | 68 | 280 | 247 | 62 | 66 | 285 | 2 |  | 8 |  |
| 6 | (四)联营企业 | -228 |  | -49 | -75 | 7 | 1 | -2 |  |  |  | -110 |  |  |  |  |
| 7 | 其中:国有控股 | -244 |  | -61 | -75 | 5 | 1 | -3 |  | -1 |  | -110 |  |  |  |  |
| 8 | 1. 国有联营企业 | 58 |  | 47 |  | 6 | 1 | 3 |  | 1 |  |  |  |  |  |  |
| 9 | 2. 集体联营企业 |  |  |  |  |  |  |  |  |  |  |  |  |  |  |  |
| 10 | 3. 国有与集体联营企业 | -291 |  | -100 | -75 |  |  | -5 |  | -1 |  | -110 |  |  |  |  |
| 11 | 4. 其他联营企业 | 5 |  | 4 |  | 1 |  |  |  |  |  |  |  |  |  |  |
| 12 | (五)有限责任公司 | 497461 | 175 | 101959 | 138865 | 25159 | 25017 | 52256 | 10944 | 8661 | 22012 | 88512 | 1183 | 5776 | 12196 | 4746 |
| 13 | 其中:国有控股 | 56056 | 1 | 2029 | 6295 | 4113 | 216 | 28449 | 973 | 209 | 1803 | 6382 | 108 | 1381 | 2416 | 1681 |
| 14 | 1. 国有独资企业 | 36861 | 5 | 985 | 593 | 2687 | 830 | 27406 | 502 | 46 | 1129 | 31 | 11 | 1539 | 1097 |  |
| 15 | 2. 其他有限责任公司 | 460600 | 170 | 100974 | 138272 | 22472 | 24187 | 24850 | 10442 | 8615 | 20883 | 88481 | 1172 | 4237 | 11099 | 4746 |
| 16 | (六)股份有限公司 | 66278 | 10 | 11983 | 6222 | 29226 | 302 | 3338 | 2161 | 811 | 1388 | 2972 | 7640 |  | 225 |  |
| 17 | 其中:国有控股 | 21218 |  | 7585 |  | 7089 |  | 1175 | 824 | 213 | 216 | 1 | 4064 |  | 51 |  |
| 18 | (七)私营企业 | 46176 | 4 | 5816 | 2450 | 2274 | 20808 | 1757 | 712 | 785 | 1374 | 6318 | 25 |  | 3853 |  |
| 19 | 1. 私营独资企业 | 15903 |  | 128 | 13 | 950 | 12363 | 395 | 126 | 150 | 459 | 1168 | 1 |  | 150 |  |
| 20 | 2. 私营合伙企业 | 6897 |  | 33 | 3 | 70 | 6702 | 37 | 8 | 33 | 8 |  | 3 |  |  |  |

续表

| 序号 | 项目 | 税收收入合计 | 国内增值税 | 营业税 | 企业所得税 | 个人所得税 | 资源税 | 城市维护建设税 | 房产税 | 印花税 | 城镇土地使用税 | 土地增值税 | 车船税 | 耕地占用税 | 契税 | 其他税收 |
|---|---|---|---|---|---|---|---|---|---|---|---|---|---|---|---|---|
| 21 | 3. 私营有限责任公司 | 22596 | 4 | 5623 | 2325 | 1079 | 1743 | 1310 | 228 | 586 | 829 | 5150 | 21 |  | 3698 |  |
| 22 | 4. 私营股份有限公司 | 780 |  | 32 | 109 | 175 |  | 15 | 350 | 16 | 78 |  |  |  | 5 |  |
| 23 | (八)其他企业 | 86902 | 30 | 2272 | 2023 | 11363 | 6962 | 351 | 485 | 226 | -2060 | 2994 | 104 | 62100 | 52 |  |
| 24 | 二、港、澳、台商投资企业 | 19671 | 531 | 787 | 14 | 1194 | 3532 | 2046 | 1423 | 740 | 5754 | 1286 | 3 | 10 | 2351 |  |
| 25 | 其中:国有控股 | 48 |  |  |  | 1 |  | 5 | 3 | 3 | 1 |  |  |  | 35 |  |
| 26 | 1. 合资经营企业(港或澳、台资) | 2746 | 2 | 88 | 4 | 128 | 911 | 292 | 699 | 215 | 401 | 6 |  |  |  |  |
| 27 | 2. 合作经营企业(港或澳、台资) | 472 |  | 46 |  | 30 |  | 162 | 36 | 22 | 129 | 12 |  |  | 35 |  |
| 28 | 3. 港、澳、台商独资经营企业 | 14151 | 91 | 585 | 8 | 701 | 2621 | 1391 | 558 | 451 | 5048 | 754 | 1 | 10 | 1932 |  |
| 29 | 4. 港、澳、台商投资股份有限公司 | 387 |  | 14 |  | 141 |  | 128 | 55 | 36 | 13 |  |  |  |  |  |
| 30 | 5. 其他港、澳、台商投资企业 | 1915 | 438 | 54 | 2 | 194 |  | 73 | 75 | 16 | 163 | 514 | 2 |  | 384 |  |
| 31 | 三、外商投资企业 | 9174 | 16 | 1576 | 16 | 1699 | 516 | 1737 | 413 | 163 | 880 | 2035 | 67 |  | 56 |  |
| 32 | 其中:国有控股 | 1204 |  | 13 |  | 493 |  | 186 | 176 | 25 | 281 |  | 30 |  |  |  |
| 33 | 1. 中外合资经营企业 | 3498 |  | 271 |  | 987 | 506 | 725 | 256 | 86 | 631 | 29 |  |  | 7 |  |
| 34 | 2. 中外合作经营企业 | 655 |  | 214 |  | 2 |  | 40 | 21 | 6 | 111 | 261 |  |  |  |  |
| 35 | 3. 外资企业 | 4553 |  | 1032 |  | 466 | 10 | 962 | 134 | 70 | 138 | 1732 | 1 |  | 8 |  |
| 36 | 4. 外商投资股份有限公司 | 211 |  | 44 | 3 | 88 |  | 8 | 2 |  |  |  | 66 |  |  |  |
| 37 | 5. 其他外商投资企业 | 257 | 16 | 15 | 13 | 156 |  | 2 |  | 1 |  | 13 |  |  | 41 |  |
| 38 | 四、个体经营 | 99915 | 3665 | 4804 |  | 27384 | 4673 | 790 | 1753 | 419 | 561 | 6232 | 921 | 127 | 48586 |  |
| 39 | 1. 个体户 | 99596 | 3550 | 4801 |  | 27311 | 4673 | 782 | 1753 | 418 | 560 | 6114 | 921 | 127 | 48586 |  |
| 40 | 2. 个人合伙 | 319 | 115 | 3 |  | 73 |  | 8 |  | 1 | 1 | 118 |  |  |  |  |

# 2016年惠州市地方税务局税收收入分企业类型分税种统计年报表

编报机关:惠州地方税务局　　　　单位:万元

| 序号 | 项　目 | 税收收入合计 | 国内增值税 | 营业税 | 企业所得税 | 个人所得税 | 资源税 | 城市维护建设税 | 房产税 | 印花税 | 城镇土地使用税 | 土地增值税 | 车船税 | 耕地占用税 | 契税 | 其他税收 |
|---|---|---|---|---|---|---|---|---|---|---|---|---|---|---|---|---|
| 1 | 合　计 | 2248936 | 11167 | 619288 | 137955 | 331413 | 4978 | 239674 | 94421 | 46871 | 127837 | 337339 | 27010 | 33327 | 237656 | |
| 2 | 一、内资企业 | 1666961 | 2089 | 576952 | 134247 | 214143 | 4263 | 163922 | 51249 | 28226 | 87437 | 308549 | 25690 | 33165 | 37029 | |
| 3 | (一)国有企业 | 59622 | 505 | 20777 | 4103 | 12346 | | 5628 | 2822 | 682 | 8992 | 2179 | 1116 | 330 | 142 | |
| 4 | (二)集体企业 | 34268 | | 19561 | 4697 | 3259 | 8 | 1997 | 1609 | 214 | 2598 | 295 | 7 | 19 | 4 | |
| 5 | (三)股份合作企业 | 390 | | 112 | 50 | 108 | | 59 | 31 | 11 | 19 | | | | | |
| 6 | (四)联营企业 | 2716 | | 641 | 117 | 802 | 1 | 586 | 267 | 14 | 285 | 3 | | | | |
| 7 | 其中:国有控股 | 1409 | | 95 | 1 | 579 | | 496 | 145 | | 93 | | | | | |
| 8 | 1. 国有联营企业 | 1665 | | 196 | 87 | 597 | | 512 | 164 | 4 | 102 | 3 | | | | |
| 9 | 2. 集体联营企业 | 68 | | 6 | | 11 | | 6 | 33 | 1 | 11 | | | | | |
| 10 | 3. 国有与集体联营企业 | 170 | | 1 | 1 | 1 | | 2 | 5 | | 160 | | | | | |
| 11 | 4. 其他联营企业 | 813 | | 438 | 29 | 193 | 1 | 66 | 65 | 9 | 12 | | | | | |
| 12 | (五)有限责任公司 | 1105818 | 538 | 393467 | 99591 | 89983 | 3673 | 119466 | 26871 | 18964 | 58979 | 261757 | 1776 | 2320 | 28433 | |
| 13 | 其中:国有控股 | 67480 | | 2421 | 1345 | 7313 | 43 | 43640 | 1106 | 977 | 5834 | 2545 | 820 | 13 | 1423 | |
| 14 | 1. 国有独资企业 | 53117 | | 1885 | 385 | 4770 | 42 | 38040 | 789 | 585 | 5444 | 528 | 1 | | 648 | |
| 15 | 2. 其他有限责任公司 | 1052701 | 538 | 391582 | 99206 | 85213 | 3631 | 81426 | 26082 | 18379 | 53535 | 261229 | 1775 | 2320 | 27785 | |
| 16 | (六)股份有限公司 | 170199 | 56 | 59496 | 3288 | 60578 | 31 | 12991 | 5112 | 2536 | 1923 | 404 | 22696 | | 1088 | |
| 17 | 其中:国有控股 | 52287 | 55 | 25077 | 79 | 15582 | | 3475 | 1671 | 666 | 159 | 81 | 5384 | | 58 | |
| 18 | (七)私营企业 | 221528 | 978 | 76922 | 20292 | 22358 | 550 | 22340 | 12249 | 5389 | 13558 | 39756 | 60 | 665 | 6411 | |
| 19 | 1. 私营独资企业 | 4884 | | 811 | 4 | 1096 | 106 | 741 | 398 | 160 | 979 | 426 | 1 | 24 | 138 | |
| 20 | 2. 私营合伙企业 | 3525 | 75 | 28 | | 3089 | | 121 | 55 | 25 | 92 | 6 | | | 34 | |

续表

| 序号 | 项　目 | 税收收入合计 | 国内增值税 | 营业税 | 企业所得税 | 个人所得税 | 资源税 | 城市维护建设税 | 房产税 | 印花税 | 城镇土地使用税 | 土地增值税 | 车船税 | 耕地占用税 | 契税 | 其他税收 |
|---|---|---|---|---|---|---|---|---|---|---|---|---|---|---|---|---|
| 21 | 3. 私营有限责任公司 | 211744 | 903 | 75470 | 20092 | 17948 | 444 | 21300 | 11765 | 5173 | 12402 | 39308 | 59 | 641 | 6239 | |
| 22 | 4. 私营股份有限公司 | 1375 | | 613 | 196 | 225 | | 178 | 31 | 31 | 85 | 16 | | | | |
| 23 | (八)其他企业 | 72420 | 12 | 5976 | 2109 | 24709 | | 855 | 2288 | 416 | 1083 | 4155 | 35 | 29831 | 951 | |
| 24 | 二、港、澳、台商投资企业 | 171341 | 1456 | 21305 | 2659 | 28699 | 571 | 30869 | 21371 | 6303 | 26852 | 19809 | 33 | 159 | 11255 | |
| 25 | 其中:国有控股 | 7573 | | 2391 | | 969 | | 786 | 353 | 270 | 344 | 2246 | 1 | | 213 | |
| 26 | 1. 合资经营企业(港或澳、台资) | 46078 | 82 | 10040 | 2201 | 6338 | 17 | 6470 | 4964 | 1358 | 7474 | 6865 | 8 | 157 | 104 | |
| 27 | 2. 合作经营企业(港或澳、台资) | 3666 | | 890 | 28 | 635 | 126 | 639 | 363 | 123 | 791 | 69 | 2 | | | |
| 28 | 3. 港、澳、台商独资经营企业 | 104848 | 978 | 9987 | 191 | 18893 | 428 | 23421 | 15016 | 4723 | 15656 | 12532 | 18 | 2 | 3003 | |
| 29 | 4. 港、澳、台商投资股份有限公司 | 519 | | 49 | 1 | 131 | | 219 | 64 | 15 | 40 | | | | | |
| 30 | 5. 其他港、澳、台商投资企业 | 16230 | 396 | 339 | 238 | 2702 | | 120 | 964 | 84 | 2891 | 343 | 5 | | 8148 | |
| 31 | 三、外商投资企业 | 134839 | 372 | 5808 | 1049 | 43983 | 54 | 41145 | 11957 | 11309 | 10765 | 3823 | 649 | | 3925 | |
| 32 | 其中:国有控股 | 17483 | | -1082 | 856 | 5847 | | 6183 | 1045 | 1946 | 2580 | 7 | | | 101 | |
| 33 | 1. 中外合资经营企业 | 66428 | 61 | 1525 | 21 | 21741 | 54 | 22397 | 4740 | 6513 | 4975 | 1323 | 638 | | 2440 | |
| 34 | 2. 中外合作经营企业 | 474 | | 96 | 2 | 172 | | 53 | 63 | 9 | 51 | 27 | 1 | | | |
| 35 | 3. 外资企业 | 62212 | 297 | 4163 | 97 | 18845 | | 18077 | 7028 | 4597 | 5581 | 2446 | 10 | | 1071 | |
| 36 | 4. 外商投资股份有限公司 | 1223 | | -15 | | 500 | | 486 | 110 | 53 | 87 | | | | 2 | |
| 37 | 5. 其他外商投资企业 | 4502 | 14 | 39 | 929 | 2725 | | 132 | 16 | 137 | 71 | 27 | | | 412 | |
| 38 | 四、个体经营 | 275795 | 7250 | 15223 | | 44588 | 90 | 3738 | 9844 | 1033 | 2783 | 5158 | 638 | 3 | 185447 | |
| 39 | 1. 个体户 | 275664 | 7250 | 15213 | | 44535 | 90 | 3733 | 9818 | 1032 | 2753 | 5152 | 638 | 3 | 185447 | |
| 40 | 2. 个人合伙 | 131 | | 10 | | 53 | | 5 | 26 | 1 | 30 | 6 | | | | |

# 2016年汕尾市地方税务局税收收入分企业类型分税种统计年报表

编报机关:汕尾地方税务局　　　　单位:万元

| 序号 | 项　目 | 税收收入合计 | 国内增值税 | 营业税 | 企业所得税 | 个人所得税 | 资源税 | 城市维护建设税 | 房产税 | 印花税 | 城镇土地使用税 | 土地增值税 | 车船税 | 耕地占用税 | 契税 | 其他税收 |
|---|---|---|---|---|---|---|---|---|---|---|---|---|---|---|---|---|
| 1 | 合　计 | 249849 | 1049 | 68987 | 34789 | 30512 | 557 | 19793 | 6163 | 4117 | 11603 | 30937 | 4062 | 4518 | 32762 | |
| 2 | 一、内资企业 | 184772 | 62 | 62173 | 34747 | 20649 | 548 | 13052 | 4181 | 2356 | 9913 | 25498 | 4038 | 4518 | 3037 | |
| 3 | (一)国有企业 | 8876 | | 2931 | 1383 | 1280 | 102 | 584 | 330 | 63 | 825 | 1340 | 1 | | 37 | |
| 4 | (二)集体企业 | 7996 | | 3638 | 3150 | 710 | 49 | 365 | 29 | 56 | 25 | -53 | | | 27 | |
| 5 | (三)股份合作企业 | 5898 | | 813 | 68 | 317 | | 87 | 84 | 12 | 4487 | | | | 30 | |
| 6 | (四)联营企业 | 5 | | 4 | | 1 | | | | | | | | | | |
| 7 | 其中:国有控股 | | | | | | | | | | | | | | | |
| 8 | 1. 国有联营企业 | | | | | | | | | | | | | | | |
| 9 | 2. 集体联营企业 | | | | | | | | | | | | | | | |
| 10 | 3. 国有与集体联营企业 | | | | | | | | | | | | | | | |
| 11 | 4. 其他联营企业 | 5 | | 4 | | 1 | | | | | | | | | | |
| 12 | (五)有限责任公司 | 98898 | 29 | 31471 | 21736 | 9942 | 266 | 8987 | 2607 | 1607 | 3435 | 14049 | 4 | 2226 | 2539 | |
| 13 | 其中:国有控股 | 8343 | | 340 | 1000 | 1259 | -23 | 1453 | 1649 | 267 | 1756 | 19 | | | 623 | |
| 14 | 1. 国有独资企业 | 584 | | 247 | 48 | 141 | | 99 | 6 | 39 | 4 | | | | | |
| 15 | 2. 其他有限责任公司 | 98314 | 29 | 31224 | 21688 | 9801 | 266 | 8888 | 2601 | 1568 | 3431 | 14049 | 4 | 2226 | 2539 | |
| 16 | (六)股份有限公司 | 17485 | | 6866 | 406 | 3723 | 49 | 948 | 342 | 203 | 186 | 689 | 4028 | | 45 | |
| 17 | 其中:国有控股 | 10461 | | 4639 | | 1909 | 3 | 696 | 303 | 95 | 160 | 4 | 2607 | | 45 | |
| 18 | (七)私营企业 | 38480 | | 15329 | 7889 | 2220 | 93 | 1963 | 614 | 385 | 908 | 9210 | 1 | | -132 | |
| 19 | 1. 私营独资企业 | 409 | | 195 | 15 | 77 | 3 | 52 | 29 | 4 | 25 | 9 | | | | |
| 20 | 2. 私营合伙企业 | 99 | | 18 | | 44 | | 10 | 13 | 1 | 13 | | | | | |

续表

| 序号 | 项　目 | 税收收入合计 | 国内增值税 | 营业税 | 企业所得税 | 个人所得税 | 资源税 | 城市维护建设税 | 房产税 | 印花税 | 城镇土地使用税 | 土地增值税 | 车船税 | 耕地占用税 | 契税 | 其他税收 |
|---|---|---|---|---|---|---|---|---|---|---|---|---|---|---|---|---|
| 21 | 3. 私营有限责任公司 | 37872 | | 15066 | 7870 | 2081 | 90 | 1895 | 552 | 380 | 868 | 9201 | 1 | | -132 | |
| 22 | 4. 私营股份有限公司 | 100 | | 50 | 4 | 18 | | 6 | 20 | | 2 | | | | | |
| 23 | (八)其他企业 | 7134 | 33 | 1121 | 115 | 2456 | -11 | 118 | 175 | 30 | 47 | 263 | 4 | 2292 | 491 | |
| 24 | 二、港、澳、台商投资企业 | 21353 | 49 | 2884 | 36 | 4484 | | 5896 | 1181 | 1488 | 1322 | 3021 | 2 | | 990 | |
| 25 | 其中:国有控股 | 5007 | | 46 | | 1932 | | 2231 | 20 | 770 | 7 | | | | 1 | |
| 26 | 1. 合资经营企业(港或澳、台资) | 392 | | 204 | 28 | 31 | | 21 | 3 | 101 | 1 | 3 | | | | |
| 27 | 2. 合作经营企业(港或澳、台资) | 683 | | 275 | | 2 | | 56 | 12 | 5 | 48 | 285 | | | | |
| 28 | 3. 港、澳、台商独资经营企业 | 13403 | 6 | 2328 | 1 | 2378 | | 3580 | 1081 | 626 | 1236 | 2667 | 2 | | -502 | |
| 29 | 4. 港、澳、台商投资股份有限公司 | 5018 | | | | 1888 | | 2228 | 45 | 752 | | | | | 105 | |
| 30 | 5. 其他港、澳、台商投资企业 | 1857 | 43 | 77 | 7 | 185 | | 11 | 40 | 4 | 37 | 66 | | | 1387 | |
| 31 | 三、外商投资企业 | 3286 | | 942 | 6 | 798 | 4 | 466 | 168 | 177 | 147 | 22 | | | 556 | |
| 32 | 其中:国有控股 | 146 | | 52 | | 23 | | 35 | 9 | 2 | 10 | 15 | | | | |
| 33 | 1. 中外合资经营企业 | 484 | | 296 | 1 | 53 | 1 | 70 | 23 | 15 | 11 | 14 | | | | |
| 34 | 2. 中外合作经营企业 | 389 | | 307 | | 6 | 3 | 52 | 8 | | 13 | | | | | |
| 35 | 3. 外资企业 | 1604 | | 337 | 5 | 618 | | 74 | 42 | 39 | 41 | | | | 448 | |
| 36 | 4. 外商投资股份有限公司 | 32 | | 2 | | | | | 8 | | 22 | | | | | |
| 37 | 5. 其他外商投资企业 | 777 | | | | 121 | | 270 | 87 | 123 | 60 | 8 | | | 108 | |
| 38 | 四、个体经营 | 40438 | 938 | 2988 | | 4581 | 5 | 379 | 633 | 96 | 221 | 2396 | 22 | | 28179 | |
| 39 | 1. 个体户 | 40435 | 938 | 2987 | | 4580 | 5 | 378 | 633 | 96 | 221 | 2396 | 22 | | 28179 | |
| 40 | 2. 个人合伙 | 3 | | 1 | | 1 | | 1 | | | | | | | | |

# 2016年东莞市地方税务局税收收入分企业类型分税种统计年报表

编报机关:东莞地方税务局　　　　单位:万元

| 序号 | 项 目 | 税收收入合计 | 国内增值税 | 营业税 | 企业所得税 | 个人所得税 | 资源税 | 城市维护建设税 | 房产税 | 印花税 | 城镇土地使用税 | 土地增值税 | 车船税 | 耕地占用税 | 契税 | 其他税收 |
|---|---|---|---|---|---|---|---|---|---|---|---|---|---|---|---|---|
| 1 | 合 计 | 4753053 | 23792 | 905558 | 926138 | 986884 | 214 | 439627 | 134380 | 121790 | 81669 | 515104 | 92532 | 44126 | 481239 | |
| 2 | 一、内资企业 | 3017453 | 3307 | 811765 | 435533 | 599824 | 213 | 270618 | 76678 | 78735 | 47541 | 463422 | 84487 | 42720 | 102610 | |
| 3 | (一)国有企业 | 29129 | | 16101 | 2191 | 6548 | 19 | 1776 | 943 | 299 | 580 | 667 | 5 | | | |
| 4 | (二)集体企业 | 140603 | 287 | 37977 | 55052 | 5819 | | 3705 | 7630 | 2220 | 6113 | 18987 | 49 | 399 | 2365 | |
| 5 | (三)股份合作企业 | 850 | | 229 | 32 | 355 | | 19 | 129 | 35 | 30 | 2 | | | 19 | |
| 6 | (四)联营企业 | 528 | | 260 | 130 | 82 | | 50 | 1 | 4 | 1 | | | | | |
| 7 | 其中:国有控股 | 1 | | 1 | | | | | | | | | | | | |
| 8 | 1. 国有联营企业 | 85 | | 69 | 1 | 11 | | 4 | | | | | | | | |
| 9 | 2. 集体联营企业 | 5 | | | 1 | 2 | | 1 | | 1 | | | | | | |
| 10 | 3. 国有与集体联营企业 | 69 | | 2 | 15 | 24 | | 24 | 1 | 2 | 1 | | | | | |
| 11 | 4. 其他联营企业 | 369 | | 189 | 113 | 45 | | 21 | | 1 | | | | | | |
| 12 | (五)有限责任公司 | 1377135 | 2306 | 404456 | 235518 | 168012 | 182 | 142290 | 37644 | 37222 | 26835 | 268620 | 1605 | 223 | 52222 | |
| 13 | 其中:国有控股 | 327713 | 7 | 76073 | 62977 | 25515 | 182 | 31373 | 3751 | 5911 | 2980 | 82480 | 746 | | 35718 | |
| 14 | 1. 国有独资企业 | 10401 | | 4055 | 1389 | 2789 | | 496 | 390 | 847 | 219 | 300 | 2 | | -86 | |
| 15 | 2. 其他有限责任公司 | 1366734 | 2306 | 400401 | 234129 | 165223 | 182 | 141794 | 37254 | 36375 | 26616 | 268320 | 1603 | 223 | 52308 | |
| 16 | (六)股份有限公司 | 499782 | 18 | 167970 | 24665 | 147374 | | 30449 | 6189 | 6102 | 1505 | 32712 | 82322 | | 476 | |
| 17 | 其中:国有控股 | 171340 | | 74364 | 185 | 37275 | | 11459 | 1317 | 1802 | 167 | 17 | 44754 | | | |
| 18 | (七)私营企业 | 844884 | 299 | 167939 | 106987 | 238287 | 12 | 90268 | 17384 | 30326 | 11008 | 134665 | 224 | 614 | 46871 | |
| 19 | 1. 私营独资企业 | 13356 | | 1704 | 10 | 6824 | 7 | 1654 | 611 | 365 | 485 | | 10 | | 1686 | |
| 20 | 2. 私营合伙企业 | 6927 | | 819 | 1 | 5133 | | 472 | 123 | 114 | 142 | 108 | 2 | | 13 | |

续表

| 序号 | 项　　目 | 税收收入合计 | 国内增值税 | 营业税 | 企业所得税 | 个人所得税 | 资源税 | 城市维护建设税 | 房产税 | 印花税 | 城镇土地使用税 | 土地增值税 | 车船税 | 耕地占用税 | 契税 | 其他税收 |
|---|---|---|---|---|---|---|---|---|---|---|---|---|---|---|---|---|
| 21 | 3. 私营有限责任公司 | 801640 | 299 | 164823 | 99683 | 217424 | 4 | 84077 | 16002 | 28723 | 10124 | 134557 | 204 | 614 | 45106 | |
| 22 | 4. 私营股份有限公司 | 22961 | | 593 | 7293 | 8906 | 1 | 4065 | 648 | 1124 | 257 | | 8 | | 66 | |
| 23 | (八)其他企业 | 124542 | 397 | 16833 | 10958 | 33347 | | 2061 | 6758 | 2527 | 1469 | 7769 | 282 | 41484 | 657 | |
| 24 | 二、港、澳、台商投资企业 | 675034 | 2631 | 48497 | 266801 | 145097 | 1 | 91704 | 26425 | 21184 | 17154 | 39319 | 289 | 1324 | 14608 | |
| 25 | 其中:国有控股 | 72363 | | 4523 | 54450 | 7926 | 1 | 3444 | 651 | 829 | 306 | | 9 | | 224 | |
| 26 | 1. 合资经营企业(港或澳、台资) | 81709 | | 10419 | 29768 | 10754 | 1 | 11417 | 4264 | 1973 | 2885 | 8563 | 24 | 1322 | 319 | |
| 27 | 2. 合作经营企业(港或澳、台资) | 87043 | | 12360 | 52606 | 1680 | | 1746 | 856 | 377 | 1600 | 15605 | 2 | | 211 | |
| 28 | 3. 港、澳、台商独资经营企业 | 398285 | 499 | 21025 | 129133 | 109126 | | 74841 | 18072 | 17400 | 10918 | 14665 | 148 | | 2458 | |
| 29 | 4. 港、澳、台商投资股份有限公司 | 48451 | 1 | 1858 | 29057 | 12287 | | 3186 | 716 | 1101 | 218 | 3 | 9 | | 15 | |
| 30 | 5. 其他港、澳、台商投资企业 | 59546 | 2131 | 2835 | 26237 | 11250 | | 514 | 2517 | 333 | 1533 | 483 | 106 | 2 | 11605 | |
| 31 | 三、外商投资企业 | 496505 | 880 | 21047 | 223804 | 125049 | | 69121 | 15048 | 18049 | 8081 | 10185 | 452 | | 4789 | |
| 32 | 其中:国有控股 | 7856 | 5 | 433 | 510 | 3082 | | 1968 | 822 | 391 | 397 | 7 | 2 | | 239 | |
| 33 | 1. 中外合资经营企业 | 78547 | 581 | 4740 | 20371 | 29032 | | 10398 | 1728 | 2102 | 1238 | 5943 | 354 | | 2060 | |
| 34 | 2. 中外合作经营企业 | 8244 | | 2335 | 1905 | 1088 | | 1723 | 715 | 69 | 167 | 240 | | | 2 | |
| 35 | 3. 外资企业 | 364872 | 187 | 11787 | 171615 | 86239 | | 56179 | 11764 | 15128 | 6171 | 3868 | 90 | | 1844 | |
| 36 | 4. 外商投资股份有限公司 | 3008 | 5 | 399 | 131 | 1331 | | 573 | 186 | 106 | 58 | 7 | 1 | | 211 | |
| 37 | 5. 其他外商投资企业 | 41834 | 107 | 1786 | 29782 | 7359 | | 248 | 655 | 644 | 447 | 127 | 7 | | 672 | |
| 38 | 四、个体经营 | 564061 | 16974 | 24249 | | 116914 | | 8184 | 16229 | 3822 | 8893 | 2178 | 7304 | 82 | 359232 | |
| 39 | 1. 个体户 | 564043 | 16974 | 24247 | | 116906 | | 8181 | 16228 | 3821 | 8890 | 2178 | 7304 | 82 | 359232 | |
| 40 | 2. 个人合伙 | 18 | | 2 | | 8 | | 3 | 1 | 1 | 3 | | | | | |

# 2016 年中山市地方税务局税收收入分企业类型分税种统计年报表

编报机关：中山地方税务局　　　　单位：万元

| 序号 | 项目 | 税收收入合计 | 国内增值税 | 营业税 | 企业所得税 | 个人所得税 | 资源税 | 城市维护建设税 | 房产税 | 印花税 | 城镇土地使用税 | 土地增值税 | 车船税 | 耕地占用税 | 契税 | 其他税收 |
|---|---|---|---|---|---|---|---|---|---|---|---|---|---|---|---|---|
| 1 | 合计 | 2140668 | 26940 | 488194 | 232382 | 356940 | 23 | 183178 | 142931 | 39152 | 76715 | 303292 | 31288 | 18469 | 241164 | |
| 2 | 一、内资企业 | 1456675 | 7523 | 436629 | 228535 | 214773 | 12 | 111742 | 106130 | 25382 | 55953 | 199072 | 28894 | 18469 | 23561 | |
| 3 | (一)国有企业 | 15354 | 1 | 9522 | 2767 | 1360 | | 933 | 407 | 180 | 176 | 2 | 1 | | 5 | |
| 4 | (二)集体企业 | 30535 | 1957 | 5070 | 6332 | 1488 | | 908 | 5926 | 163 | 3845 | 4568 | 7 | 75 | 196 | |
| 5 | (三)股份合作企业 | 1085 | | 670 | 99 | | | 49 | 214 | 3 | 50 | | | | | |
| 6 | (四)联营企业 | 1289 | | 226 | 714 | 216 | | 48 | 27 | 6 | 25 | 27 | | | | |
| 7 | 其中：国有控股 | 467 | | | 248 | 204 | | 13 | 1 | | 1 | | | | | |
| 8 | 1. 国有联营企业 | 2 | | 1 | | | | 1 | | | | | | | | |
| 9 | 2. 集体联营企业 | 451 | | 9 | 350 | 12 | | 16 | 13 | 4 | 20 | 27 | | | | |
| 10 | 3. 国有与集体联营企业 | 28 | | 3 | 8 | | | | 13 | | 4 | | | | | |
| 11 | 4. 其他联营企业 | 808 | | 213 | 356 | 204 | | 31 | 1 | 2 | 1 | | | | | |
| 12 | (五)有限责任公司 | 780670 | 2273 | 265119 | 143501 | 55414 | 9 | 64553 | 37498 | 14147 | 32338 | 150816 | 1964 | | 13038 | |
| 13 | 其中：国有控股 | 107367 | 94 | 22559 | 28925 | 10014 | | 10522 | 10542 | 2772 | 7383 | 12840 | 663 | | 1053 | |
| 14 | 1. 国有独资企业 | 23506 | 45 | 4385 | 5185 | 1289 | | 1562 | 4604 | 1086 | 3911 | 708 | 1 | | 730 | |
| 15 | 2. 其他有限责任公司 | 757164 | 2228 | 260734 | 138316 | 54125 | 9 | 62991 | 32894 | 13061 | 28427 | 150108 | 1963 | | 12308 | |
| 16 | (六)股份有限公司 | 208014 | 282 | 67140 | 24602 | 63236 | | 12655 | 6837 | 3505 | 1494 | 547 | 26806 | | 910 | |
| 17 | 其中：国有控股 | 78075 | 58 | 35742 | 1618 | 17228 | | 5190 | 2176 | 1165 | 359 | 51 | 14285 | | 203 | |
| 18 | (七)私营企业 | 259197 | 1811 | 63910 | 45449 | 51815 | 3 | 30768 | 8919 | 5946 | 9594 | 31804 | 73 | | 9105 | |
| 19 | 1. 私营独资企业 | 38848 | 197 | 2922 | 10 | 27933 | 2 | 4795 | 1342 | 671 | 783 | 182 | 9 | | 2 | |
| 20 | 2. 私营合伙企业 | 5209 | | 148 | | 4371 | | 427 | 86 | 110 | 66 | | 1 | | | |

续表

| 序号 | 项目 | 税收收入合计 | 国内增值税 | 营业税 | 企业所得税 | 个人所得税 | 资源税 | 城市维护建设税 | 房产税 | 印花税 | 城镇土地使用税 | 土地增值税 | 车船税 | 耕地占用税 | 契税 | 其他税收 |
|---|---|---|---|---|---|---|---|---|---|---|---|---|---|---|---|---|
| 21 | 3. 私营有限责任公司 | 195743 | 1064 | 60137 | 37784 | 13628 | 1 | 22925 | 6599 | 4671 | 8293 | 31622 | 60 | | 8959 | |
| 22 | 4. 私营股份有限公司 | 19397 | 550 | 703 | 7655 | 5883 | | 2621 | 892 | 494 | 452 | | 3 | | 144 | |
| 23 | (八)其他企业 | 160531 | 1199 | 24972 | 5071 | 41244 | | 1828 | 46302 | 1432 | 8431 | 11308 | 43 | 18394 | 307 | |
| 24 | 二、港、澳、台商投资企业 | 212399 | 4414 | 34139 | 2367 | 38460 | 9 | 29082 | 18901 | 5060 | 11987 | 52253 | 66 | | 15661 | |
| 25 | 其中:国有控股 | 13936 | 8 | 1476 | 38 | 4034 | | 2266 | 2097 | 527 | 1036 | 2445 | 9 | | | |
| 26 | 1. 合资经营企业(港或澳、台资) | 23433 | | 2950 | 6 | 4898 | 9 | 4680 | 3506 | 829 | 1815 | 4596 | 15 | | 129 | |
| 27 | 2. 合作经营企业(港或澳、台资) | 7011 | | 3598 | | 847 | | 482 | 219 | 122 | 223 | 1519 | 1 | | | |
| 28 | 3. 港、澳、台商独资经营企业 | 134447 | 753 | 27059 | 722 | 23302 | | 21688 | 13577 | 3683 | 9041 | 33512 | 29 | | 1081 | |
| 29 | 4. 港、澳、台商投资股份有限公司 | 3480 | | 11 | 1 | 940 | | 1915 | 307 | 240 | 64 | | 2 | | | |
| 30 | 5. 其他港、澳、台商投资企业 | 44028 | 3661 | 521 | 1638 | 8473 | | 317 | 1292 | 186 | 844 | 12626 | 19 | | 14451 | |
| 31 | 三、外商投资企业 | 156077 | 260 | 6116 | 1480 | 39219 | | 38884 | 13260 | 7278 | 4283 | 44285 | 343 | | 669 | |
| 32 | 其中:国有控股 | 2398 | | 191 | 33 | 399 | | 283 | 1235 | 39 | 218 | | | | | |
| 33 | 1. 中外合资经营企业 | 32382 | | 686 | 443 | 10513 | | 14875 | 2960 | 1302 | 1079 | 506 | 14 | | 4 | |
| 34 | 2. 中外合作经营企业 | 3027 | | 1379 | 1 | 174 | | 199 | 244 | 26 | 110 | 893 | 1 | | | |
| 35 | 3. 外资企业 | 108286 | 168 | 2840 | 717 | 21056 | | 22762 | 9233 | 5747 | 2859 | 42844 | 16 | | 44 | |
| 36 | 4. 外商投资股份有限公司 | 3419 | | 75 | 7 | 1336 | | 762 | 628 | 141 | 162 | | 308 | | | |
| 37 | 5. 其他外商投资企业 | 8963 | 92 | 1136 | 312 | 6140 | | 286 | 195 | 62 | 73 | 42 | 4 | | 621 | |
| 38 | 四、个体经营 | 315517 | 14743 | 11310 | | 64488 | 2 | 3470 | 4640 | 1432 | 4492 | 7682 | 1985 | | 201273 | |
| 39 | 1. 个体户 | 315513 | 14743 | 11309 | | 64486 | 2 | 3469 | 4640 | 1432 | 4492 | 7682 | 1985 | | 201273 | |
| 40 | 2. 个人合伙 | 4 | | 1 | | 2 | | 1 | | | | | | | | |

# 2016年江门市地方税务局税收收入分企业类型分税种统计年报表

编报机关:江门地方税务局　　　　单位:万元

| 序号 | 项目 | 税收收入合计 | 国内增值税 | 营业税 | 企业所得税 | 个人所得税 | 资源税 | 城市维护建设税 | 房产税 | 印花税 | 城镇土地使用税 | 土地增值税 | 车船税 | 耕地占用税 | 契税 | 其他税收 |
|---|---|---|---|---|---|---|---|---|---|---|---|---|---|---|---|---|
| 1 | 合计 | 1472477 | 9425 | 272105 | 192538 | 221698 | 5925 | 137191 | 99550 | 28589 | 132532 | 184734 | 24899 | 33761 | 129530 | |
| 2 | 一、内资企业 | 1067547 | 2215 | 241896 | 191432 | 134996 | 5386 | 79014 | 55805 | 19834 | 96136 | 160149 | 22096 | 32564 | 26024 | |
| 3 | (一)国有企业 | 34680 | 47 | 14351 | 1348 | 4375 | | 2866 | 3978 | 241 | 5990 | 922 | 488 | | 74 | |
| 4 | (二)集体企业 | 44686 | 210 | 12221 | 11770 | 1103 | 1 | 1543 | 1630 | 281 | 4090 | 11605 | 8 | 90 | 134 | |
| 5 | (三)股份合作企业 | 10593 | | 3383 | 12 | 5275 | | 429 | 436 | 114 | 847 | | 1 | | 96 | |
| 6 | (四)联营企业 | 1266 | 171 | 205 | 93 | 70 | | 89 | 21 | 8 | 60 | 549 | | | | |
| 7 | 其中:国有控股 | 968 | 171 | 1 | 74 | 20 | | 71 | 19 | 4 | 59 | 549 | | | | |
| 8 | 1. 国有联营企业 | 380 | | 188 | | 43 | | 70 | 14 | 7 | 58 | | | | | |
| 9 | 2. 集体联营企业 | | | | | | | | | | | | | | | |
| 10 | 3. 国有与集体联营企业 | 735 | 171 | 1 | | | | 12 | 2 | | | 549 | | | | |
| 11 | 4. 其他联营企业 | 151 | | 16 | 93 | 27 | | 7 | 5 | 1 | 2 | | | | | |
| 12 | (五)有限责任公司 | 630158 | 874 | 138906 | 143861 | 46294 | 3644 | 46922 | 32835 | 12145 | 59283 | 120664 | 1848 | 6098 | 16784 | |
| 13 | 其中:国有控股 | 68012 | 61 | 12394 | 12658 | 4920 | | 5636 | 6085 | 1492 | 10519 | 11655 | 542 | 493 | 1557 | |
| 14 | 1. 国有独资企业 | 14493 | | 889 | 942 | 524 | | 199 | 2019 | 232 | 8929 | 25 | 8 | 320 | 406 | |
| 15 | 2. 其他有限责任公司 | 615665 | 874 | 138017 | 142919 | 45770 | 3644 | 46723 | 30816 | 11913 | 50354 | 120639 | 1840 | 5778 | 16378 | |
| 16 | (六)股份有限公司 | 122651 | 502 | 38683 | 4664 | 41646 | | 8688 | 5627 | 1723 | 2380 | 936 | 16232 | | 1570 | |
| 17 | 其中:国有控股 | 33880 | 490 | 17651 | 865 | 5876 | | 2447 | 1755 | 333 | 440 | 821 | 3174 | | 28 | |
| 18 | (七)私营企业 | 149952 | 322 | 30481 | 25735 | 18446 | 1741 | 17788 | 7720 | 4878 | 11695 | 24835 | 121 | 31 | 6159 | |
| 19 | 1. 私营独资企业 | 9640 | | 776 | 4 | 4498 | 183 | 1701 | 561 | 339 | 1371 | 30 | 11 | 31 | 135 | |
| 20 | 2. 私营合伙企业 | 1824 | | 70 | | 1344 | 18 | 165 | 77 | 25 | 124 | | 1 | | | |

续表

| 序号 | 项　目 | 税收收入合计 | 国内增值税 | 营业税 | 企业所得税 | 个人所得税 | 资源税 | 城市维护建设税 | 房产税 | 印花税 | 城镇土地使用税 | 土地增值税 | 车船税 | 耕地占用税 | 契税 | 其他税收 |
|---|---|---|---|---|---|---|---|---|---|---|---|---|---|---|---|---|
| 21 | 3. 私营有限责任公司 | 137536 | 322 | 29496 | 25405 | 12456 | 1540 | 15822 | 7040 | 4494 | 10119 | 24805 | 109 |  | 5928 |  |
| 22 | 4. 私营股份有限公司 | 952 |  | 139 | 326 | 148 |  | 100 | 42 | 20 | 81 |  |  |  | 96 |  |
| 23 | (八)其他企业 | 73561 | 89 | 3666 | 3949 | 17787 |  | 689 | 3558 | 444 | 11791 | 638 | 3398 | 26345 | 1207 |  |
| 24 | 二、港、澳、台商投资企业 | 153852 | 656 | 12388 | 314 | 32471 | 40 | 43137 | 20250 | 5115 | 19970 | 13883 | 95 | -14 | 5547 |  |
| 25 | 其中:国有控股 | 5716 |  | 506 | 137 | 988 |  | 1045 | 1038 | 257 | 1437 | 185 | 3 |  | 120 |  |
| 26 | 1. 合资经营企业(港或澳、台资) | 29968 |  | 1944 | 170 | 7388 | 14 | 8032 | 5061 | 1381 | 4426 | 1275 | 19 |  | 258 |  |
| 27 | 2. 合作经营企业(港或澳、台资) | 4905 | 95 | 477 | 3 | 410 | 17 | 888 | 311 | 127 | 1910 | 665 | 5 | -14 | 11 |  |
| 28 | 3. 港、澳、台商独资经营企业 | 106380 | 68 | 9321 | 105 | 22199 | 9 | 33560 | 13190 | 3486 | 12550 | 11064 | 44 |  | 784 |  |
| 29 | 4. 港、澳、台商投资股份有限公司 | 2254 | 1 | 186 | 8 | 1116 |  | 569 | 177 | 63 | 122 | 12 |  |  |  |  |
| 30 | 5. 其他港、澳、台商投资企业 | 10345 | 492 | 460 | 28 | 1358 |  | 88 | 1511 | 58 | 962 | 867 | 27 |  | 4494 |  |
| 31 | 三、外商投资企业 | 58638 | 403 | 1462 | 792 | 23430 | 10 | 11735 | 7934 | 2460 | 6074 | 2882 | 304 | 130 | 1022 |  |
| 32 | 其中:国有控股 | 4912 | 4 | 192 | 6 | 1149 |  | 2398 | 395 | 396 | 266 | 23 | 33 |  | 50 |  |
| 33 | 1. 中外合资经营企业 | 18055 | 140 | -2504 | 25 | 7677 | 10 | 4921 | 3266 | 1070 | 2412 | 454 | 265 |  | 319 |  |
| 34 | 2. 中外合作经营企业 | 442 |  | 123 |  | 109 |  | 140 | 49 | 13 | 21 | -13 |  |  |  |  |
| 35 | 3. 外资企业 | 28544 | 144 | 3723 | 32 | 7345 |  | 5977 | 4192 | 1244 | 3400 | 2227 | 35 | 130 | 95 |  |
| 36 | 4. 外商投资股份有限公司 | 1128 |  | 23 | 17 | 307 |  | 464 | 175 | 47 | 94 |  | 1 |  |  |  |
| 37 | 5. 其他外商投资企业 | 10469 | 119 | 97 | 718 | 7992 |  | 233 | 252 | 86 | 147 | 214 | 3 |  | 608 |  |
| 38 | 四、个体经营 | 192440 | 6151 | 16359 |  | 30801 | 489 | 3305 | 15561 | 1180 | 10352 | 7820 | 2404 | 1081 | 96937 |  |
| 39 | 1. 个体户 | 192399 | 6151 | 16359 |  | 30763 | 489 | 3304 | 15560 | 1180 | 10351 | 7820 | 2404 | 1081 | 96937 |  |
| 40 | 2. 个人合伙 | 41 |  |  |  | 38 |  | 1 | 1 |  | 1 |  |  |  |  |  |

# 2016年阳江市地方税务局税收收入分企业类型分税种统计年报表

编报机关:阳江地方税务局　　单位:万元

| 序号 | 项目 | 税收收入合计 | 国内增值税 | 营业税 | 企业所得税 | 个人所得税 | 资源税 | 城市维护建设税 | 房产税 | 印花税 | 城镇土地使用税 | 土地增值税 | 车船税 | 耕地占用税 | 契税 | 其他税收 |
|---|---|---|---|---|---|---|---|---|---|---|---|---|---|---|---|---|
| 1 | 合计 | 425730 | 1971 | 96197 | 49076 | 59523 | 5932 | 29325 | 20332 | 7815 | 34789 | 50690 | 9671 | 28886 | 31523 | |
| 2 | 一、内资企业 | 364025 | 393 | 88232 | 48918 | 47465 | 5329 | 25950 | 14909 | 6791 | 31653 | 46762 | 9502 | 28940 | 9181 | |
| 3 | (一)国有企业 | 11579 | | 3443 | -1250 | 3290 | 104 | 1467 | 807 | 177 | 3032 | 274 | 139 | | 96 | |
| 4 | (二)集体企业 | 8749 | | 3141 | 4026 | 783 | 182 | 370 | 66 | 74 | 47 | 57 | 1 | | 2 | |
| 5 | (三)股份合作企业 | 1163 | | 551 | 1 | 478 | | 44 | 25 | 10 | 54 | | | | | |
| 6 | (四)联营企业 | 21 | | 17 | | 3 | | 1 | | | | | | | | |
| 7 | 其中:国有控股 | | | | | | | | | | | | | | | |
| 8 | 1. 国有联营企业 | 11 | | 7 | | 3 | | 1 | | | | | | | | |
| 9 | 2. 集体联营企业 | | | | | | | | | | | | | | | |
| 10 | 3. 国有与集体联营企业 | | | | | | | | | | | | | | | |
| 11 | 4. 其他联营企业 | 10 | | 10 | | | | | | | | | | | | |
| 12 | (五)有限责任公司 | 178592 | 132 | 47303 | 27933 | 18691 | 4484 | 15805 | 9674 | 4753 | 13247 | 29060 | 651 | -143 | 7002 | |
| 13 | 其中:国有控股 | 22206 | 1 | 1291 | 4791 | 5403 | 328 | 4466 | 2553 | 1520 | 1207 | 26 | 316 | | 304 | |
| 14 | 1. 国有独资企业 | 2582 | | 555 | 422 | 627 | 20 | 87 | 198 | 16 | 330 | | | | 327 | |
| 15 | 2. 其他有限责任公司 | 176010 | 132 | 46748 | 27511 | 18064 | 4464 | 15718 | 9476 | 4737 | 12917 | 29060 | 651 | -143 | 6675 | |
| 16 | (六)股份有限公司 | 46628 | 86 | 14283 | 4711 | 13577 | 64 | 2438 | 1297 | 319 | 509 | 596 | 8690 | | 58 | |
| 17 | 其中:国有控股 | 27148 | 86 | 8093 | 4507 | 7743 | | 1525 | 735 | 174 | 263 | 475 | 3524 | | 23 | |
| 18 | (七)私营企业 | 69789 | 160 | 17522 | 12920 | 4779 | 476 | 5582 | 2674 | 1424 | 6436 | 15929 | 15 | -121 | 1993 | |
| 19 | 1. 私营独资企业 | 2204 | | 212 | | 1048 | 61 | 405 | 190 | 40 | 307 | -60 | | | 1 | |
| 20 | 2. 私营合伙企业 | 318 | | 26 | | 144 | 10 | 77 | 15 | 5 | 41 | | | | | |

续表

| 序号 | 项　　目 | 税收收入合计 | 国内增值税 | 营业税 | 企业所得税 | 个人所得税 | 资源税 | 城市维护建设税 | 房产税 | 印花税 | 城镇土地使用税 | 土地增值税 | 车船税 | 耕地占用税 | 契税 | 其他税收 |
|---|---|---|---|---|---|---|---|---|---|---|---|---|---|---|---|---|
| 21 | 3. 私营有限责任公司 | 67084 | 160 | 17172 | 12909 | 3553 | 399 | 5082 | 2469 | 1377 | 6088 | 15989 | 15 | -121 | 1992 | |
| 22 | 4. 私营股份有限公司 | 183 | | 112 | 11 | 34 | 6 | 18 | | 2 | | | | | | |
| 23 | (八)其他企业 | 47504 | 15 | 1972 | 577 | 5864 | 19 | 243 | 366 | 34 | 8328 | 846 | 6 | 29204 | 30 | |
| 24 | 二、港、澳、台商投资企业 | 11809 | 175 | 2079 | 101 | 1279 | 404 | 2047 | 1445 | 307 | 1460 | 2047 | | -35 | 500 | |
| 25 | 其中:国有控股 | 146 | | 1 | | 25 | 1 | 37 | 24 | 9 | 49 | | | | | |
| 26 | 1. 合资经营企业(港或澳、台资) | 2667 | | 612 | 101 | 142 | | 363 | 122 | 95 | 371 | 821 | | -35 | 75 | |
| 27 | 2. 合作经营企业(港或澳、台资) | 1748 | | 337 | | 142 | | 758 | 247 | 64 | 197 | 3 | | | | |
| 28 | 3. 港、澳、台商独资经营企业 | 6438 | | 1102 | | 839 | 404 | 821 | 872 | 134 | 833 | 1223 | | | 210 | |
| 29 | 4. 港、澳、台商投资股份有限公司 | 335 | | 6 | | 20 | | 90 | 170 | 11 | 38 | | | | | |
| 30 | 5. 其他港、澳、台商投资企业 | 621 | 175 | 22 | | 136 | | 15 | 34 | 3 | 21 | | | | 215 | |
| 31 | 三、外商投资企业 | 5590 | 9 | 715 | 57 | 1496 | | 625 | 1267 | 510 | 669 | 197 | 16 | | 29 | |
| 32 | 其中:国有控股 | 184 | | 15 | | 8 | | 122 | 6 | 5 | 22 | | | | 6 | |
| 33 | 1. 中外合资经营企业 | 808 | | 125 | 50 | 171 | | 220 | 33 | 13 | 190 | | | | 6 | |
| 34 | 2. 中外合作经营企业 | 93 | | 21 | | 4 | | 35 | 12 | 5 | 16 | | | | | |
| 35 | 3. 外资企业 | 4475 | | 523 | | 1254 | | 354 | 1207 | 487 | 454 | 183 | 1 | | 12 | |
| 36 | 4. 外商投资股份有限公司 | 42 | | 3 | | 1 | | 1 | 13 | | 9 | | 15 | | | |
| 37 | 5. 其他外商投资企业 | 172 | 9 | 43 | 7 | 66 | | 15 | 2 | 5 | | 14 | | | 11 | |
| 38 | 四、个体经营 | 44306 | 1394 | 5171 | | 9283 | 199 | 703 | 2711 | 207 | 1007 | 1684 | 153 | -19 | 21813 | |
| 39 | 1. 个体户 | 44287 | 1394 | 5171 | | 9275 | 199 | 695 | 2710 | 207 | 1005 | 1684 | 153 | -19 | 21813 | |
| 40 | 2. 个人合伙 | 19 | | | | 8 | | 8 | 1 | | 2 | | | | | |

# 2016年湛江市地方税务局税收收入分企业类型分税种统计年报表

编报机关:湛江地方税务局　　　　单位:万元

| 序号 | 项　目 | 税收收入合计 | 国内增值税 | 营业税 | 企业所得税 | 个人所得税 | 资源税 | 城市维护建设税 | 房产税 | 印花税 | 城镇土地使用税 | 土地增值税 | 车船税 | 耕地占用税 | 契税 | 其他税收 |
|---|---|---|---|---|---|---|---|---|---|---|---|---|---|---|---|---|
| 1 | 合　计 | 776645 | 2750 | 176361 | 100156 | 122933 | 1448 | 108884 | 27355 | 15693 | 31831 | 79727 | 14448 | 25768 | 69291 | |
| 2 | 一、内资企业 | 606848 | 877 | 165843 | 88201 | 106017 | 1198 | 49811 | 22224 | 14203 | 27652 | 74584 | 13865 | 25768 | 16605 | |
| 3 | (一)国有企业 | 52419 | 29 | 12413 | 11935 | 10771 | 15 | 2960 | 2285 | 1592 | 3334 | 6425 | 7 | 353 | 300 | |
| 4 | (二)集体企业 | 21765 | 2 | 8382 | 6282 | 4906 | 28 | 986 | 311 | 480 | 246 | 83 | 8 | | 51 | |
| 5 | (三)股份合作企业 | 5486 | | 2897 | 10 | 1739 | | 328 | 303 | 77 | 77 | | | | 55 | |
| 6 | (四)联营企业 | 1005 | | 106 | 12 | 62 | | 19 | 8 | 11 | 39 | 728 | | | 20 | |
| 7 | 其中:国有控股 | 9 | | 1 | | 1 | | 1 | | | 6 | | | | | |
| 8 | 1. 国有联营企业 | 13 | | 1 | 1 | | | 3 | 8 | | | | | | | |
| 9 | 2. 集体联营企业 | 943 | | 99 | 1 | 56 | | 5 | | 2 | 32 | 728 | | | 20 | |
| 10 | 3. 国有与集体联营企业 | 30 | | | 6 | 1 | | 8 | | 9 | 6 | | | | | |
| 11 | 4. 其他联营企业 | 19 | | 6 | 4 | 5 | | 3 | | | 1 | | | | | |
| 12 | (五)有限责任公司 | 313525 | 693 | 81858 | 55488 | 31833 | 763 | 32821 | 12525 | 8183 | 19098 | 56455 | 1562 | 24 | 12222 | |
| 13 | 其中:国有控股 | 53681 | 1 | 4674 | 5881 | 13336 | 50 | 11324 | 3087 | 1929 | 8338 | 2945 | 4 | 13 | 2099 | |
| 14 | 1. 国有独资企业 | 4157 | | 1908 | 240 | 654 | | 346 | 519 | 177 | 1279 | -2477 | | 13 | 1498 | |
| 15 | 2. 其他有限责任公司 | 309368 | 693 | 79950 | 55248 | 31179 | 763 | 32475 | 12006 | 8006 | 17819 | 58932 | 1562 | 11 | 10724 | |
| 16 | (六)股份有限公司 | 75567 | 8 | 34187 | 1849 | 16017 | 11 | 5361 | 2205 | 866 | 1249 | 102 | 12197 | | 1515 | |
| 17 | 其中:国有控股 | 36108 | 8 | 16987 | 3 | 6758 | | 2737 | 1537 | 429 | 386 | 91 | 6834 | | 338 | |
| 18 | (七)私营企业 | 69186 | 116 | 22254 | 7890 | 11906 | 380 | 6671 | 2692 | 2474 | 3272 | 10126 | 37 | 3 | 1365 | |
| 19 | 1. 私营独资企业 | 2786 | 55 | 712 | 52 | 831 | 9 | 304 | 140 | 25 | 196 | 453 | 1 | | 8 | |
| 20 | 2. 私营合伙企业 | 512 | | 46 | | 280 | 8 | 131 | 7 | 7 | 24 | | | | 9 | |

续表

| 序号 | 项目 | 税收收入合计 | 国内增值税 | 营业税 | 企业所得税 | 个人所得税 | 资源税 | 城市维护建设税 | 房产税 | 印花税 | 城镇土地使用税 | 土地增值税 | 车船税 | 耕地占用税 | 契税 | 其他税收 |
|---|---|---|---|---|---|---|---|---|---|---|---|---|---|---|---|---|
| 21 | 3. 私营有限责任公司 | 65626 | 61 | 21454 | 7827 | 10772 | 363 | 6216 | 2538 | 2422 | 2917 | 9673 | 36 | 3 | 1344 | |
| 22 | 4. 私营股份有限公司 | 262 | | 42 | 11 | 23 | | 20 | 7 | 20 | 135 | | | | 4 | |
| 23 | (八)其他企业 | 67895 | 29 | 3746 | 4735 | 28783 | 1 | 665 | 1895 | 520 | 337 | 665 | 54 | 25388 | 1077 | |
| 24 | 二、港、澳、台商投资企业 | 81070 | 8 | 2221 | 11922 | 3471 | 17 | 56294 | 1532 | 688 | 3225 | 1151 | 2 | | 539 | |
| 25 | 其中:国有控股 | 481 | | 32 | | 80 | | 115 | 16 | 50 | 4 | 184 | | | | |
| 26 | 1. 合资经营企业(港或澳、台资) | 13991 | | 151 | 11539 | 719 | 17 | 610 | 206 | 120 | 377 | 234 | 1 | | 17 | |
| 27 | 2. 合作经营企业(港或澳、台资) | 56396 | | 287 | | 346 | | 54769 | 189 | 204 | 438 | 1 | | | 162 | |
| 28 | 3. 港、澳、台商独资经营企业 | 5332 | 6 | 1644 | 1 | 1072 | | 749 | 410 | 235 | 200 | 906 | 1 | | 108 | |
| 29 | 4. 港、澳、台商投资股份有限公司 | 4667 | | 125 | 4 | 1300 | | 163 | 705 | 125 | 2209 | | | | 36 | |
| 30 | 5. 其他港、澳、台商投资企业 | 684 | 2 | 14 | 378 | 34 | | 3 | 22 | 4 | 1 | 10 | | | 216 | |
| 31 | 三、外商投资企业 | 6553 | 2 | 880 | 33 | 1731 | 6 | 1444 | 1045 | 465 | 563 | | 328 | | 56 | |
| 32 | 其中:国有控股 | 192 | | 34 | | 84 | | 43 | 17 | 7 | 7 | | | | | |
| 33 | 1. 中外合资经营企业 | 3362 | | 280 | 21 | 809 | | 971 | 429 | 353 | 308 | | 149 | | 42 | |
| 34 | 2. 中外合作经营企业 | 91 | | 1 | | 16 | | 9 | 3 | 3 | 59 | | | | | |
| 35 | 3. 外资企业 | 2268 | | 564 | 7 | 426 | | 415 | 571 | 95 | 190 | | | | | |
| 36 | 4. 外商投资股份有限公司 | 333 | | 29 | | 60 | | 25 | 29 | 5 | 6 | | 179 | | | |
| 37 | 5. 其他外商投资企业 | 499 | 2 | 6 | 5 | 420 | 6 | 24 | 13 | 9 | | | | | 14 | |
| 38 | 四、个体经营 | 82174 | 1863 | 7417 | | 11714 | 227 | 1335 | 2554 | 337 | 391 | 3992 | 253 | | 52091 | |
| 39 | 1. 个体户 | 82139 | 1863 | 7409 | | 11709 | 225 | 1333 | 2540 | 337 | 387 | 3992 | 253 | | 52091 | |
| 40 | 2. 个人合伙 | 35 | | 8 | | 5 | 2 | 2 | 14 | | 4 | | | | | |

# 2016年茂名市地方税务局税收收入分企业类型分税种统计年报表

编报机关:茂名地方税务局　　　　单位:万元

| 序号 | 项　目 | 税收收入合计 | 国内增值税 | 营业税 | 企业所得税 | 个人所得税 | 资源税 | 城市维护建设税 | 房产税 | 印花税 | 城镇土地使用税 | 土地增值税 | 车船税 | 耕地占用税 | 契税 | 其他税收 |
|---|---|---|---|---|---|---|---|---|---|---|---|---|---|---|---|---|
| 1 | 合　计 | 946541 | 4078 | 129489 | 140361 | 77768 | 4464 | 168031 | 17302 | 11807 | 27592 | 221785 | 15093 | 52200 | 76571 | |
| 2 | 一、内资企业 | 871160 | 773 | 122645 | 139975 | 66048 | 3826 | 165373 | 15115 | 11271 | 26445 | 216315 | 14879 | 51596 | 36899 | |
| 3 | (一)国有企业 | 51770 | 2 | 12274 | 8639 | 8128 | 1 | 3328 | 2424 | 859 | 10685 | 347 | 452 | 4479 | 152 | |
| 4 | (二)集体企业 | 18316 | | 3430 | 12643 | 661 | 131 | 628 | 224 | 346 | 170 | 53 | | 5 | 25 | |
| 5 | (三)股份合作企业 | 10821 | | 5049 | 257 | 3862 | | 688 | 366 | 77 | 65 | 105 | | | 352 | |
| 6 | (四)联营企业 | 141 | | 15 | 17 | 71 | | 23 | 10 | | 3 | | | | 2 | |
| 7 | 其中:国有控股 | 2 | | | | | | | | | 2 | | | | | |
| 8 | 1. 国有联营企业 | 14 | | 8 | | 1 | | 4 | 1 | | | | | | | |
| 9 | 2. 集体联营企业 | 71 | | 2 | 1 | 54 | | 6 | 8 | | | | | | | |
| 10 | 3. 国有与集体联营企业 | 2 | | | | | | | | | 2 | | | | | |
| 11 | 4. 其他联营企业 | 54 | | 5 | 16 | 16 | | 13 | 1 | | 1 | | | | 2 | |
| 12 | (五)有限责任公司 | 388269 | 346 | 84176 | 104554 | 23819 | 2661 | 26912 | 7342 | 8062 | 13703 | 79387 | 2307 | 1078 | 33922 | |
| 13 | 其中:国有控股 | 33910 | | 3114 | 10181 | 2460 | 1 | 6826 | 562 | 1048 | 1630 | 2439 | 147 | 2 | 5500 | |
| 14 | 1. 国有独资企业 | 4163 | | 350 | 346 | 132 | | 104 | 62 | 86 | 647 | | | | 2436 | |
| 15 | 2. 其他有限责任公司 | 384106 | 346 | 83826 | 104208 | 23687 | 2661 | 26808 | 7280 | 7976 | 13056 | 79387 | 2307 | 1078 | 31486 | |
| 16 | (六)股份有限公司 | 181273 | 29 | 10869 | 9928 | 12940 | | 131553 | 1977 | 979 | 772 | 104 | 12084 | 1 | 37 | |
| 17 | 其中:国有控股 | 155259 | | 5528 | 771 | 7708 | | 130207 | 1534 | 594 | 455 | | 8425 | | 37 | |
| 18 | (七)私营企业 | 10539 | 11 | 2682 | 515 | 1759 | 901 | 946 | 235 | 362 | 473 | 339 | 30 | 218 | 2068 | |
| 19 | 1. 私营独资企业 | 2035 | 7 | 129 | 9 | 767 | 476 | 266 | 110 | 12 | 120 | 3 | | 123 | 13 | |
| 20 | 2. 私营合伙企业 | 935 | | 30 | 7 | 382 | 256 | 131 | 31 | 8 | 45 | | | 45 | | |

续表

| 序号 | 项　目 | 税收收入合计 | 国内增值税 | 营业税 | 企业所得税 | 个人所得税 | 资源税 | 城市维护建设税 | 房产税 | 印花税 | 城镇土地使用税 | 土地增值税 | 车船税 | 耕地占用税 | 契税 | 其他税收 |
|---|---|---|---|---|---|---|---|---|---|---|---|---|---|---|---|---|
| 21 | 3. 私营有限责任公司 | 7505 | 4 | 2489 | 492 | 598 | 169 | 542 | 93 | 341 | 308 | 336 | 30 | 48 | 2055 | |
| 22 | 4. 私营股份有限公司 | 64 | | 34 | 7 | 12 | | 7 | 1 | 1 | | | | 2 | | |
| 23 | (八)其他企业 | 210031 | 385 | 4150 | 3422 | 14808 | 132 | 1295 | 2537 | 586 | 574 | 135980 | 6 | 45815 | 341 | |
| 24 | 二、港、澳、台商投资企业 | 3622 | 1 | 363 | 352 | 1075 | 31 | 817 | 267 | 143 | 318 | 54 | 5 | 48 | 148 | |
| 25 | 其中:国有控股 | 621 | | | 334 | 60 | | 135 | 84 | 3 | 5 | | | | | |
| 26 | 1. 合资经营企业(港或澳、台资) | 606 | | 27 | 13 | 88 | | 192 | 93 | 42 | 134 | | 5 | | 12 | |
| 27 | 2. 合作经营企业(港或澳、台资) | 80 | | 16 | | 4 | | 52 | 1 | 3 | 4 | | | | | |
| 28 | 3. 港、澳、台商独资经营企业 | 1367 | | 152 | 334 | 141 | 31 | 363 | 131 | 31 | 81 | 40 | | 48 | 15 | |
| 29 | 4. 港、澳、台商投资股份有限公司 | 23 | | 2 | | 9 | | 12 | | | | | | | | |
| 30 | 5. 其他港、澳、台商投资企业 | 1546 | 1 | 166 | 5 | 833 | | 198 | 42 | 67 | 99 | 14 | | | 121 | |
| 31 | 三、外商投资企业 | 2263 | | -28 | 34 | 816 | | 705 | 189 | 136 | 277 | 1 | 112 | | 21 | |
| 32 | 其中:国有控股 | 383 | | -348 | | 218 | | 237 | 74 | 99 | 103 | | | | | |
| 33 | 1. 中外合资经营企业 | 1724 | | -295 | | 710 | | 609 | 175 | 133 | 264 | | 112 | | 16 | |
| 34 | 2. 中外合作经营企业 | | | | | | | | | | | | | | | |
| 35 | 3. 外资企业 | 440 | | 235 | 1 | 82 | | 92 | 14 | 3 | 13 | | | | | |
| 36 | 4. 外商投资股份有限公司 | 9 | | 2 | | 6 | | 1 | | | | | | | | |
| 37 | 5. 其他外商投资企业 | 90 | | 30 | 33 | 18 | | 3 | | | | 1 | | | 5 | |
| 38 | 四、个体经营 | 69496 | 3304 | 6509 | | 9829 | 607 | 1136 | 1731 | 257 | 552 | 5415 | 97 | 556 | 39503 | |
| 39 | 1. 个体户 | 69284 | 3303 | 6506 | | 9774 | 505 | 1113 | 1728 | 257 | 532 | 5414 | 97 | 555 | 39500 | |
| 40 | 2. 个人合伙 | 212 | 1 | 3 | | 55 | 102 | 23 | 3 | | 20 | 1 | | 1 | 3 | |

# 2016 年肇庆市地方税务局税收收入分企业类型分税种统计年报表

编报机关:肇庆地方税务局　　　　单位:万元

| 序号 | 项　目 | 税收收入合计 | 国内增值税 | 营业税 | 企业所得税 | 个人所得税 | 资源税 | 城市维护建设税 | 房产税 | 印花税 | 城镇土地使用税 | 土地增值税 | 车船税 | 耕地占用税 | 契税 | 其他税收 |
|---|---|---|---|---|---|---|---|---|---|---|---|---|---|---|---|---|
| 1 | 合　计 | 756025 | 4658 | 161716 | 80400 | 102414 | 8670 | 55831 | 31481 | 13036 | 94346 | 102326 | 14129 | 21356 | 65662 | |
| 2 | 一、内资企业 | 612456 | 1344 | 149316 | 80052 | 74094 | 4310 | 43244 | 21813 | 10336 | 86143 | 93685 | 11787 | 21288 | 15044 | |
| 3 | (一)国有企业 | 22695 | 281 | 7135 | 638 | 2703 | | 1419 | 2763 | 201 | 8687 | -1375 | 117 | 23 | 103 | |
| 4 | (二)集体企业 | 14703 | 46 | 4118 | 1961 | 938 | 24 | 535 | 573 | 53 | 2430 | 2534 | 2 | 1456 | 33 | |
| 5 | (三)股份合作企业 | 5670 | 9 | 2509 | 7 | 1988 | | 248 | 323 | 30 | 338 | 11 | 2 | | 205 | |
| 6 | (四)联营企业 | 134 | | 36 | 44 | 21 | | 14 | 6 | 1 | 11 | 1 | | | | |
| 7 | 其中:国有控股 | 7 | | | | | | 1 | 2 | | 4 | | | | | |
| 8 | 1. 国有联营企业 | 36 | | 20 | 1 | 6 | | 4 | 1 | 1 | 3 | | | | | |
| 9 | 2. 集体联营企业 | 14 | | 5 | 3 | | | 1 | 3 | | 1 | 1 | | | | |
| 10 | 3. 国有与集体联营企业 | 1 | | | | | | | | | 1 | | | | | |
| 11 | 4. 其他联营企业 | 83 | | 11 | 40 | 15 | | 9 | 2 | | 6 | | | | | |
| 12 | (五)有限责任公司 | 348607 | 883 | 85153 | 57798 | 27872 | 3668 | 29132 | 11765 | 6970 | 52732 | 57061 | 1230 | 2863 | 11480 | |
| 13 | 其中:国有控股 | 77338 | | 10570 | 16029 | 3924 | 111 | 3138 | 1207 | 945 | 25977 | 10827 | 301 | 459 | 3850 | |
| 14 | 1. 国有独资企业 | 6089 | 18 | 957 | 239 | 403 | | 116 | 381 | 62 | 801 | | | 63 | 3049 | |
| 15 | 2. 其他有限责任公司 | 342518 | 865 | 84196 | 57559 | 27469 | 3668 | 29016 | 11384 | 6908 | 51931 | 57061 | 1230 | 2800 | 8431 | |
| 16 | (六)股份有限公司 | 61458 | 3 | 20400 | 3327 | 18564 | | 4403 | 2459 | 1040 | 559 | 149 | 10240 | | 314 | |
| 17 | 其中:国有控股 | 25169 | | 9960 | 886 | 6694 | | 1804 | 1009 | 450 | 129 | | 4217 | | 20 | |
| 18 | (七)私营企业 | 79648 | 18 | 24123 | 12169 | 9182 | 618 | 6781 | 2459 | 1677 | 2552 | 16635 | 94 | 12 | 3328 | |
| 19 | 1. 私营独资企业 | 3616 | 13 | 250 | | 1491 | 413 | 516 | 190 | 69 | 503 | 16 | 2 | | 153 | |
| 20 | 2. 私营合伙企业 | 729 | | 18 | | 253 | 128 | 124 | 38 | 66 | 99 | | | | 3 | |

续表

| 序号 | 项　　目 | 税收收入合计 | 国内增值税 | 营业税 | 企业所得税 | 个人所得税 | 资源税 | 城市维护建设税 | 房产税 | 印花税 | 城镇土地使用税 | 土地增值税 | 车船税 | 耕地占用税 | 契税 | 其他税收 |
|---|---|---|---|---|---|---|---|---|---|---|---|---|---|---|---|---|
| 21 | 3. 私营有限责任公司 | 71801 | 5 | 23643 | 11310 | 5816 | 77 | 5640 | 2069 | 1461 | 1895 | 16611 | 90 | 12 | 3172 | |
| 22 | 4. 私营股份有限公司 | 3502 | | 212 | 859 | 1622 | | 501 | 162 | 81 | 55 | 8 | 2 | | | |
| 23 | (八)其他企业 | 79541 | 104 | 5842 | 4108 | 12826 | | 712 | 1465 | 364 | 18834 | 18669 | 102 | 16934 | -419 | |
| 24 | 二、港、澳、台商投资企业 | 29121 | 83 | 2572 | 215 | 3710 | 4176 | 5706 | 3578 | 1274 | 4585 | 1924 | 40 | | 1258 | |
| 25 | 其中:国有控股 | 1379 | | 157 | 2 | 201 | 1 | 141 | 308 | 36 | 97 | 433 | 2 | | 1 | |
| 26 | 1. 合资经营企业(港或澳、台资) | 5574 | 5 | 439 | 7 | 720 | 91 | 1714 | 812 | 372 | 573 | 805 | 6 | | 30 | |
| 27 | 2. 合作经营企业(港或澳、台资) | 2303 | | 803 | | 102 | | 169 | 71 | 12 | 1145 | | 1 | | | |
| 28 | 3. 港、澳、台商独资经营企业 | 18407 | | 1220 | 14 | 2195 | 4085 | 3456 | 2456 | 836 | 2793 | 917 | 25 | | 410 | |
| 29 | 4. 港、澳、台商投资股份有限公司 | 817 | | 3 | | 281 | | 351 | 112 | 40 | 29 | | 1 | | | |
| 30 | 5. 其他港、澳、台商投资企业 | 2020 | 78 | 107 | 194 | 412 | | 16 | 127 | 14 | 45 | 202 | 7 | | 818 | |
| 31 | 三、外商投资企业 | 24763 | 360 | 2975 | 133 | 4865 | 103 | 5359 | 3093 | 857 | 2609 | 3579 | 597 | | 233 | |
| 32 | 其中:国有控股 | 1656 | | 3 | | 179 | 90 | 549 | 405 | 108 | 322 | | | | | |
| 33 | 1. 中外合资经营企业 | 5258 | | 278 | 1 | 1372 | 90 | 1562 | 832 | 343 | 521 | 102 | 157 | | | |
| 34 | 2. 中外合作经营企业 | 907 | | 106 | | 97 | | 271 | 78 | 13 | 302 | 39 | 1 | | | |
| 35 | 3. 外资企业 | 17360 | 349 | 2493 | 2 | 2950 | 13 | 3463 | 2122 | 491 | 1764 | 3437 | 77 | | 199 | |
| 36 | 4. 外商投资股份有限公司 | 753 | | 93 | 32 | 137 | | 58 | 42 | 8 | 21 | | 362 | | | |
| 37 | 5. 其他外商投资企业 | 485 | 11 | 5 | 98 | 309 | | 5 | 19 | 2 | 1 | 1 | | | 34 | |
| 38 | 四、个体经营 | 89685 | 2871 | 6853 | | 19745 | 81 | 1522 | 2997 | 569 | 1009 | 3138 | 1705 | 68 | 49127 | |
| 39 | 1. 个体户 | 89459 | 2871 | 6842 | | 19590 | 81 | 1505 | 2992 | 568 | 1007 | 3105 | 1703 | 68 | 49127 | |
| 40 | 2. 个人合伙 | 226 | | 11 | | 155 | | 17 | 5 | 1 | 2 | 33 | 2 | | | |

# 2016年清远市地方税务局税收收入分企业类型分税种统计年报表

编报机关:清远地方税务局　　　　单位:万元

| 序号 | 项　目 | 税收收入合计 | 国内增值税 | 营业税 | 企业所得税 | 个人所得税 | 资源税 | 城市维护建设税 | 房产税 | 印花税 | 城镇土地使用税 | 土地增值税 | 车船税 | 耕地占用税 | 契税 | 其他税收 |
|---|---|---|---|---|---|---|---|---|---|---|---|---|---|---|---|---|
| 1 | 合　计 | 716964 | 4834 | 175351 | 98770 | 91214 | 12209 | 54574 | 30160 | 12975 | 39001 | 86730 | 12629 | 15598 | 82506 | 413 |
| 2 | 一、内资企业 | 555429 | 531 | 159076 | 98535 | 69404 | 4946 | 40912 | 22091 | 10568 | 30950 | 78471 | 11891 | 15563 | 12078 | 413 |
| 3 | (一)国有企业 | 22520 | 11 | 7274 | 3574 | 4965 | 91 | 3386 | 1583 | 272 | 939 | 14 | 184 |  | 227 |  |
| 4 | (二)集体企业 | 6572 | 4 | 2689 | 2298 | 709 | 58 | 437 | 170 | 72 | 99 | 35 |  |  | 1 |  |
| 5 | (三)股份合作企业 | 5928 | 2 | 2260 | 13 | 2238 |  | 223 | 175 | 47 | 23 | 927 | 1 |  | 19 |  |
| 6 | (四)联营企业 | 4609 | 3 | 1840 | 2204 | 266 |  | 210 | 11 | 27 | 11 | 37 |  |  |  |  |
| 7 | 其中:国有控股 | 518 |  |  | 502 |  |  | 11 | 5 |  |  |  |  |  |  |  |
| 8 | 1. 国有联营企业 | 82 |  | 67 |  | 9 |  | 5 |  | 1 |  |  |  |  |  |  |
| 9 | 2. 集体联营企业 | 2413 |  | 1033 | 1073 | 147 |  | 102 | 6 | 13 | 2 | 37 |  |  |  |  |
| 10 | 3. 国有与集体联营企业 | 305 |  | 9 | 279 | 1 |  | 12 | 4 |  |  |  |  |  |  |  |
| 11 | 4. 其他联营企业 | 1809 | 3 | 731 | 852 | 109 |  | 91 | 1 | 13 | 9 |  |  |  |  |  |
| 12 | (五)有限责任公司 | 403181 | 35 | 117552 | 84130 | 32231 | 3799 | 30456 | 13223 | 8876 | 26509 | 73145 | 2615 | 210 | 9987 | 413 |
| 13 | 其中:国有控股 | 30798 | 1 | 2395 | 8758 | 2867 | 91 | 4657 | 1330 | 831 | 4006 | 2208 | 1468 | 116 | 2070 |  |
| 14 | 1. 国有独资企业 | 5000 | 1 | 1436 | 150 | 110 |  | 170 | 421 | 29 | 2355 | 1 |  |  | 327 |  |
| 15 | 2. 其他有限责任公司 | 398181 | 34 | 116116 | 83980 | 32121 | 3799 | 30286 | 12802 | 8847 | 24154 | 73144 | 2615 | 210 | 9660 | 413 |
| 16 | (六)股份有限公司 | 46674 |  | 16615 | 1772 | 13098 |  | 2976 | 1863 | 423 | 627 | 18 | 8839 |  | 443 |  |
| 17 | 其中:国有控股 | 28054 |  | 11289 | 126 | 7697 |  | 1919 | 1068 | 222 | 254 | 18 | 5136 |  | 325 |  |
| 18 | (七)私营企业 | 22982 | 2 | 7309 | 1776 | 3926 | 854 | 2488 | 711 | 547 | 1580 | 2882 | 8 | 1 | 898 |  |
| 19 | 1. 私营独资企业 | 2300 |  | 198 | 6 | 843 | 460 | 364 | 116 | 117 | 176 |  |  |  | 20 |  |
| 20 | 2. 私营合伙企业 | 1945 | 2 | 95 |  | 1125 | 202 | 350 | 64 | 34 | 69 | 2 | 2 |  |  |  |

续表

| 序号 | 项　目 | 税收收入合计 | 国内增值税 | 营业税 | 企业所得税 | 个人所得税 | 资源税 | 城市维护建设税 | 房产税 | 印花税 | 城镇土地使用税 | 土地增值税 | 车船税 | 耕地占用税 | 契税 | 其他税收 |
|---|---|---|---|---|---|---|---|---|---|---|---|---|---|---|---|---|
| 21 | 3. 私营有限责任公司 | 18618 |  | 6978 | 1748 | 1941 | 192 | 1765 | 526 | 393 | 1323 | 2880 | 6 | 1 | 865 |  |
| 22 | 4. 私营股份有限公司 | 119 |  | 38 | 22 | 17 |  | 9 | 5 | 3 | 12 |  |  |  | 13 |  |
| 23 | (八)其他企业 | 42963 | 474 | 3537 | 2768 | 11971 | 144 | 736 | 4355 | 304 | 1162 | 1413 | 244 | 15352 | 503 |  |
| 24 | 二、港、澳、台商投资企业 | 44159 | 342 | 4797 | 39 | 4668 | 6778 | 9074 | 5443 | 1384 | 5696 | 4531 | 21 | 29 | 1357 |  |
| 25 | 其中:国有控股 | 5051 |  | 68 | 6 | 435 | 2369 | 1122 | 382 | 143 | 486 | 40 |  |  |  |  |
| 26 | 1. 合资经营企业(港或澳、台资) | 8232 | 63 | 584 | 31 | 752 | 2371 | 1811 | 660 | 315 | 980 | 623 |  | 29 | 13 |  |
| 27 | 2. 合作经营企业(港或澳、台资) | 323 | 69 | 3 |  | 68 |  | 44 | 132 | 2 | -61 | 66 |  |  |  |  |
| 28 | 3. 港、澳、台商独资经营企业 | 32410 | 163 | 4005 | 8 | 3345 | 4407 | 6515 | 4363 | 955 | 4624 | 3713 | 20 |  | 292 |  |
| 29 | 4. 港、澳、台商投资股份有限公司 | 1706 |  | 174 |  | 367 |  | 698 | 251 | 97 | 119 |  |  |  |  |  |
| 30 | 5. 其他港、澳、台商投资企业 | 1488 | 47 | 31 |  | 136 |  | 6 | 37 | 15 | 34 | 129 | 1 |  | 1052 |  |
| 31 | 三、外商投资企业 | 15780 | 19 | 3632 | 196 | 3400 | 17 | 3115 | 1847 | 535 | 1601 | 1100 | 127 |  | 191 |  |
| 32 | 其中:国有控股 | 1832 |  | 964 |  | 164 |  | 259 | 258 | 35 | 75 |  | 75 |  | 2 |  |
| 33 | 1. 中外合资经营企业 | 6172 |  | 1326 | 12 | 1331 | 17 | 1004 | 451 | 218 | 572 | 1093 | 125 |  | 23 |  |
| 34 | 2. 中外合作经营企业 | 1129 |  | 911 |  | 42 |  | 141 | 33 | 1 | 1 |  |  |  |  |  |
| 35 | 3. 外资企业 | 7515 |  | 1357 | 37 | 1806 |  | 1809 | 1221 | 221 | 998 | 5 | 2 |  | 59 |  |
| 36 | 4. 外商投资股份有限公司 | 684 |  | 33 |  | 201 |  | 160 | 142 | 89 | 29 |  |  |  | 30 |  |
| 37 | 5. 其他外商投资企业 | 280 | 19 | 5 | 147 | 20 |  | 1 |  | 6 | 1 | 2 |  |  | 79 |  |
| 38 | 四、个体经营 | 101596 | 3942 | 7846 |  | 13742 | 468 | 1473 | 779 | 488 | 754 | 2628 | 590 | 6 | 68880 |  |
| 39 | 1. 个体户 | 101325 | 3942 | 7840 |  | 13544 | 468 | 1415 | 777 | 485 | 751 | 2627 | 590 | 6 | 68880 |  |
| 40 | 2. 个人合伙 | 271 |  | 6 |  | 198 |  | 58 | 2 | 3 | 3 | 1 |  |  |  |  |

# 2016 年潮州市地方税务局税收收入分企业类型分税种统计年报表

编报机关:潮州地方税务局　　　　单位:万元

| 序号 | 项　目 | 税收收入合计 | 国内增值税 | 营业税 | 企业所得税 | 个人所得税 | 资源税 | 城市维护建设税 | 房产税 | 印花税 | 城镇土地使用税 | 土地增值税 | 车船税 | 耕地占用税 | 契税 | 其他税收 |
|---|---|---|---|---|---|---|---|---|---|---|---|---|---|---|---|---|
| 1 | 合　计 | 347440 | 750 | 50749 | 66556 | 68649 | 9947 | 30122 | 18003 | 7372 | 20321 | 20824 | 9316 | 30137 | 14694 | |
| 2 | 一、内资企业 | 308641 | 10 | 47378 | 66442 | 58961 | 8090 | 26370 | 13296 | 5679 | 15804 | 19105 | 9292 | 30137 | 8077 | |
| 3 | (一)国有企业 | 10524 | 3 | 1671 | 1829 | 1760 | 287 | 1286 | 535 | 56 | 479 | 59 | 3 | 2573 | -17 | |
| 4 | (二)集体企业 | 15368 | | 5699 | 6058 | 1383 | 1136 | 615 | 114 | 170 | 140 | 52 | | | 1 | |
| 5 | (三)股份合作企业 | 5610 | | 1621 | 1426 | 761 | 45 | 400 | 413 | 71 | 327 | 544 | 1 | | 1 | |
| 6 | (四)联营企业 | 50 | | 9 | 22 | 4 | | 4 | 3 | 6 | 2 | | | | | |
| 7 | 其中:国有控股 | | | | | | | | | | | | | | | |
| 8 | 1. 国有联营企业 | 6 | | 4 | | 2 | | | | | | | | | | |
| 9 | 2. 集体联营企业 | 36 | | | 22 | | | 3 | 3 | 6 | 2 | | | | | |
| 10 | 3. 国有与集体联营企业 | | | | | | | | | | | | | | | |
| 11 | 4. 其他联营企业 | 8 | | 5 | | 2 | | 1 | | | | | | | | |
| 12 | (五)有限责任公司 | 154501 | 3 | 27120 | 37276 | 17402 | 3994 | 16709 | 7626 | 3809 | 10144 | 16927 | 5344 | | 8147 | |
| 13 | 其中:国有控股 | 8726 | | 334 | 956 | 2413 | 63 | 2358 | 1187 | 299 | 737 | 1 | 183 | | 195 | |
| 14 | 1. 国有独资企业 | 2807 | | 31 | 35 | 2 | 1 | 2 | 41 | 2 | 31 | | | | 2662 | |
| 15 | 2. 其他有限责任公司 | 151694 | 3 | 27089 | 37241 | 17400 | 3993 | 16707 | 7585 | 3807 | 10113 | 16927 | 5344 | | 5485 | |
| 16 | (六)股份有限公司 | 64777 | | 7550 | 17644 | 27080 | 75 | 4598 | 2059 | 769 | 1061 | | 3941 | | | |
| 17 | 其中:国有控股 | 15283 | | 5770 | | 6618 | | 1130 | 797 | 200 | 255 | | 513 | | | |
| 18 | (七)私营企业 | 24325 | 3 | 2424 | 1697 | 7417 | 2525 | 2488 | 2276 | 717 | 3429 | 1416 | 2 | | -69 | |
| 19 | 1. 私营独资企业 | 17424 | 3 | 275 | 2 | 6741 | 2321 | 2049 | 2179 | 623 | 3254 | 15 | 2 | | -40 | |
| 20 | 2. 私营合伙企业 | 190 | | 13 | | 69 | 29 | 21 | 18 | 6 | 34 | | | | | |

续表

| 序号 | 项　　目 | 税收收入合计 | 国内增值税 | 营业税 | 企业所得税 | 个人所得税 | 资源税 | 城市维护建设税 | 房产税 | 印花税 | 城镇土地使用税 | 土地增值税 | 车船税 | 耕地占用税 | 契税 | 其他税收 |
|---|---|---|---|---|---|---|---|---|---|---|---|---|---|---|---|---|
| 21 | 3. 私营有限责任公司 | 6691 |  | 2132 | 1695 | 601 | 173 | 416 | 76 | 87 | 139 | 1401 |  |  | -29 |  |
| 22 | 4. 私营股份有限公司 | 20 |  | 4 |  | 6 | 2 | 2 | 3 | 1 | 2 |  |  |  |  |  |
| 23 | (八)其他企业 | 33486 | 1 | 1284 | 490 | 3154 | 28 | 270 | 270 | 81 | 222 | 107 | 1 | 27564 | 14 |  |
| 24 | 二、港、澳、台商投资企业 | 7918 | 5 | 119 | 113 | 937 | 592 | 2187 | 1262 | 890 | 1816 | -18 |  |  | 15 |  |
| 25 | 其中:国有控股 | 325 |  | 42 |  | 77 | 25 | 50 | 83 | 6 | 42 |  |  |  |  |  |
| 26 | 1. 合资经营企业(港或澳、台资) | 1530 |  | 46 |  | 108 | 15 | 236 | 136 | 578 | 411 |  |  |  |  |  |
| 27 | 2. 合作经营企业(港或澳、台资) | 3439 |  | 7 |  | 461 | 527 | 1093 | 549 | 124 | 678 |  |  |  |  |  |
| 28 | 3. 港、澳、台商独资经营企业 | 2785 |  | 64 | 1 | 359 | 50 | 855 | 569 | 188 | 726 | -27 |  |  |  |  |
| 29 | 4. 港、澳、台商投资股份有限公司 | 7 |  |  |  | 1 |  | 2 | 4 |  |  |  |  |  |  |  |
| 30 | 5. 其他港、澳、台商投资企业 | 157 | 5 | 2 | 112 | 8 |  | 1 | 4 |  | 1 | 9 |  |  | 15 |  |
| 31 | 三、外商投资企业 | 5406 | 4 | 800 | 1 | 955 | 218 | 712 | 591 | 267 | 497 | 1322 |  |  | 39 |  |
| 32 | 其中:国有控股 | 194 |  |  |  | 69 | 1 | 81 | 35 | 2 | 6 |  |  |  |  |  |
| 33 | 1. 中外合资经营企业 | 317 |  | 28 | 1 | 27 | 36 | 63 | 48 | 11 | 103 |  |  |  |  |  |
| 34 | 2. 中外合作经营企业 | 2402 |  | 173 |  | 118 | 136 | 288 | 144 | 38 | 189 | 1316 |  |  |  |  |
| 35 | 3. 外资企业 | 2562 |  | 597 |  | 797 | 44 | 360 | 397 | 162 | 205 |  |  |  |  |  |
| 36 | 4. 外商投资股份有限公司 |  |  |  |  |  |  |  |  |  |  |  |  |  |  |  |
| 37 | 5. 其他外商投资企业 | 125 | 4 | 2 |  | 13 | 2 | 1 | 2 | 56 |  | 6 |  |  | 39 |  |
| 38 | 四、个体经营 | 25475 | 731 | 2452 |  | 7796 | 1047 | 853 | 2854 | 536 | 2204 | 415 | 24 |  | 6563 |  |
| 39 | 1. 个体户 | 25410 | 731 | 2452 |  | 7750 | 1047 | 848 | 2849 | 531 | 2200 | 415 | 24 |  | 6563 |  |
| 40 | 2. 个人合伙 | 65 |  |  |  | 46 |  | 5 | 5 | 5 | 4 |  |  |  |  |  |

# 2016 年揭阳市地方税务局税收收入分企业类型分税种统计年报表

编报机关:揭阳地方税务局　　单位:万元

| 序号 | 项　目 | 税收收入合计 | 国内增值税 | 营业税 | 企业所得税 | 个人所得税 | 资源税 | 城市维护建设税 | 房产税 | 印花税 | 城镇土地使用税 | 土地增值税 | 车船税 | 耕地占用税 | 契税 | 其他税收 |
|---|---|---|---|---|---|---|---|---|---|---|---|---|---|---|---|---|
| 1 | 合　计 | 485872 | 1784 | 86386 | 106378 | 74444 | 3753 | 55431 | 19894 | 12238 | 33266 | 35309 | 13793 | 17579 | 25617 | |
| 2 | 一、内资企业 | 427222 | 156 | 80534 | 106186 | 59076 | 3519 | 50497 | 16179 | 11270 | 27140 | 33244 | 13375 | 17549 | 8497 | |
| 3 | (一)国有企业 | 21876 | | 7291 | 4712 | 4713 | 475 | 2021 | 1089 | 212 | 715 | 32 | 556 | | 60 | |
| 4 | (二)集体企业 | 15738 | 1 | 5448 | 7359 | 1093 | 417 | 582 | 323 | 141 | 227 | 131 | 2 | | 14 | |
| 5 | (三)股份合作企业 | 3825 | | 1339 | | 1726 | | 161 | 374 | 44 | 52 | | | | 129 | |
| 6 | (四)联营企业 | 68 | | 36 | 15 | 8 | 4 | 5 | | | | | | | | |
| 7 | 其中:国有控股 | | | | | | | | | | | | | | | |
| 8 | 1. 国有联营企业 | 9 | | 8 | | 1 | | | | | | | | | | |
| 9 | 2. 集体联营企业 | | | | | | | | | | | | | | | |
| 10 | 3. 国有与集体联营企业 | | | | | | | | | | | | | | | |
| 11 | 4. 其他联营企业 | 59 | | 28 | 15 | 7 | 4 | 5 | | | | | | | | |
| 12 | (五)有限责任公司 | 211962 | 135 | 43633 | 35787 | 19355 | 2196 | 34380 | 9299 | 7861 | 17588 | 31756 | 435 | 2474 | 7063 | |
| 13 | 其中:国有控股 | 21913 | | 636 | 1004 | 2980 | 13 | 8669 | 2333 | 872 | 1273 | 364 | 2 | 1999 | 1768 | |
| 14 | 1. 国有独资企业 | 6633 | | 560 | 73 | 108 | 44 | 64 | 41 | 78 | 3397 | | | 1999 | 269 | |
| 15 | 2. 其他有限责任公司 | 205329 | 135 | 43073 | 35714 | 19247 | 2152 | 34316 | 9258 | 7783 | 14191 | 31756 | 435 | 475 | 6794 | |
| 16 | (六)股份有限公司 | 124322 | 9 | 18516 | 55249 | 19281 | 17 | 9158 | 3069 | 1343 | 4815 | 32 | 12347 | | 486 | |
| 17 | 其中:国有控股 | 20499 | | 5464 | | 4270 | | 838 | 562 | 211 | 2189 | | 6957 | | 8 | |
| 18 | (七)私营企业 | 20377 | | 3529 | 2689 | 2612 | 403 | 4072 | 1259 | 1450 | 2454 | 1229 | 4 | | 676 | |
| 19 | 1. 私营独资企业 | 2450 | | 217 | 2 | 975 | 133 | 373 | 164 | 84 | 502 | | | | | |
| 20 | 2. 私营合伙企业 | 241 | | 47 | | 134 | | 21 | 17 | 4 | 18 | | | | | |

续表

| 序号 | 项　　目 | 税收收入合计 | 国内增值税 | 营业税 | 企业所得税 | 个人所得税 | 资源税 | 城市维护建设税 | 房产税 | 印花税 | 城镇土地使用税 | 土地增值税 | 车船税 | 耕地占用税 | 契税 | 其他税收 |
|---|---|---|---|---|---|---|---|---|---|---|---|---|---|---|---|---|
| 21 | 3. 私营有限责任公司 | 16795 |  | 2880 | 2681 | 1301 | 269 | 3636 | 1068 | 1322 | 1906 | 1224 | 4 |  | 504 |  |
| 22 | 4. 私营股份有限公司 | 891 |  | 385 | 6 | 202 | 1 | 42 | 10 | 40 | 28 | 5 |  |  | 172 |  |
| 23 | (八)其他企业 | 29054 | 11 | 742 | 375 | 10288 | 7 | 118 | 766 | 219 | 1289 | 64 | 31 | 15075 | 69 |  |
| 24 | 二、港、澳、台商投资企业 | 10381 | 6 | 499 | 7 | 2680 | 2 | 2684 | 1172 | 504 | 2389 | 188 | 2 | 30 | 218 |  |
| 25 | 其中:国有控股 | 433 |  |  |  | 112 |  | 81 | 124 | 13 | 73 |  |  | 30 |  |  |
| 26 | 1. 合资经营企业(港或澳、台资) | 1176 |  | 14 |  | 151 |  | 307 | 196 | 90 | 300 | 4 |  | 30 | 84 |  |
| 27 | 2. 合作经营企业(港或澳、台资) | 1539 |  | 68 |  | 52 |  | 560 | 110 | 107 | 641 |  | 1 |  |  |  |
| 28 | 3. 港、澳、台商独资经营企业 | 5070 |  | 406 |  | 401 | 2 | 1674 | 823 | 282 | 1312 | 169 | 1 |  |  |  |
| 29 | 4. 港、澳、台商投资股份有限公司 | 2351 |  |  |  | 2030 |  | 142 | 23 | 23 | 133 |  |  |  |  |  |
| 30 | 5. 其他港、澳、台商投资企业 | 245 | 6 | 11 | 7 | 46 |  | 1 | 20 | 2 | 3 | 15 |  |  | 134 |  |
| 31 | 三、外商投资企业 | 4565 | 1 | 1188 | 185 | 1181 | 6 | 740 | 393 | 172 | 682 | 4 | 1 |  | 12 |  |
| 32 | 其中:国有控股 | 791 |  | 529 |  | 80 | 5 | 101 | 28 | 4 | 44 |  |  |  |  |  |
| 33 | 1. 中外合资经营企业 | 255 |  | 88 |  | 13 |  | 82 | 31 | 10 | 27 | 4 |  |  |  |  |
| 34 | 2. 中外合作经营企业 | 1290 |  | 547 |  | 25 | 5 | 212 | 62 | 23 | 415 |  | 1 |  |  |  |
| 35 | 3. 外资企业 | 2758 |  | 540 | 103 | 1007 | 1 | 441 | 299 | 136 | 231 |  |  |  |  |  |
| 36 | 4. 外商投资股份有限公司 | 137 |  | 13 |  | 119 |  | 5 |  |  |  |  |  |  |  |  |
| 37 | 5. 其他外商投资企业 | 125 | 1 |  | 82 | 17 |  |  | 1 | 3 | 9 |  |  |  | 12 |  |
| 38 | 四、个体经营 | 43704 | 1621 | 4165 |  | 11507 | 226 | 1510 | 2150 | 292 | 3055 | 1873 | 415 |  | 16890 |  |
| 39 | 1. 个体户 | 43702 | 1621 | 4165 |  | 11507 | 226 | 1510 | 2150 | 292 | 3054 | 1873 | 414 |  | 16890 |  |
| 40 | 2. 个人合伙 | 2 |  |  |  |  |  |  |  |  | 1 |  | 1 |  |  |  |

# 2016 年云浮市地方税务局税收收入分企业类型分税种统计年报表

编报机关:云浮地方税务局　　　　单位:万元

| 序号 | 项　目 | 税收收入合计 | 国内增值税 | 营业税 | 企业所得税 | 个人所得税 | 资源税 | 城市维护建设税 | 房产税 | 印花税 | 城镇土地使用税 | 土地增值税 | 车船税 | 耕地占用税 | 契税 | 其他税收 |
|---|---|---|---|---|---|---|---|---|---|---|---|---|---|---|---|---|
| 1 | 合　计 | 458436 | 3054 | 81108 | 44472 | 117472 | 8033 | 23283 | 18419 | 4285 | 24484 | 53821 | 6538 | 41755 | 31712 | |
| 2 | 一、内资企业 | 352440 | 714 | 73891 | 44352 | 69145 | 5869 | 18426 | 11510 | 3239 | 18706 | 48591 | 6391 | 41705 | 9901 | |
| 3 | (一)国有企业 | 8287 | | 3202 | -389 | 2582 | 24 | 948 | 811 | 82 | 790 | 154 | | | 83 | |
| 4 | (二)集体企业 | 7532 | 13 | 1966 | 2897 | 336 | 318 | 352 | 114 | 44 | 1335 | 156 | | | 1 | |
| 5 | (三)股份合作企业 | 7400 | | 3250 | 87 | 2426 | | 328 | 377 | 50 | 290 | 148 | | | 444 | |
| 6 | (四)联营企业 | 91 | | 47 | 29 | 6 | | 4 | | 1 | 4 | | | | | |
| 7 | 其中:国有控股 | 5 | | 1 | | | | | | | 4 | | | | | |
| 8 | 1. 国有联营企业 | 13 | | 11 | | 1 | | 1 | | | | | | | | |
| 9 | 2. 集体联营企业 | | | | | | | | | | | | | | | |
| 10 | 3. 国有与集体联营企业 | | | | | | | | | | | | | | | |
| 11 | 4. 其他联营企业 | 78 | | 36 | 29 | 5 | | 3 | | 1 | 4 | | | | | |
| 12 | (五)有限责任公司 | 186690 | 80 | 46639 | 37290 | 20522 | 4587 | 13476 | 7532 | 2333 | 12038 | 30413 | 248 | 3449 | 8083 | |
| 13 | 其中:国有控股 | 30771 | | 3928 | 7024 | 1580 | 1836 | 3252 | 899 | 261 | 1162 | 5875 | 1 | 2518 | 2435 | |
| 14 | 1. 国有独资企业 | 18923 | | 3592 | 1689 | 223 | 1250 | 290 | 515 | 102 | 530 | 5816 | | 2646 | 2270 | |
| 15 | 2. 其他有限责任公司 | 167767 | 80 | 43047 | 35601 | 20299 | 3337 | 13186 | 7017 | 2231 | 11508 | 24597 | 248 | 803 | 5813 | |
| 16 | (六)股份有限公司 | 50995 | 5 | 7456 | 139 | 33508 | | 1093 | 1158 | 254 | 578 | 438 | 6133 | | 233 | |
| 17 | 其中:国有控股 | 12896 | | 5540 | 77 | 2671 | | 777 | 598 | 105 | 247 | | 2839 | | 42 | |
| 18 | (七)私营企业 | 26322 | | 9058 | 3037 | 2757 | 940 | 1903 | 776 | 406 | 1309 | 5196 | 5 | | 935 | |
| 19 | 1. 私营独资企业 | 1151 | | 73 | | 415 | 203 | 162 | 90 | 23 | 184 | | 1 | | | |
| 20 | 2. 私营合伙企业 | 761 | | 85 | | 523 | 1 | 22 | 84 | 3 | 43 | | | | | |

续表

| 序号 | 项目 | 税收收入合计 | 国内增值税 | 营业税 | 企业所得税 | 个人所得税 | 资源税 | 城市维护建设税 | 房产税 | 印花税 | 城镇土地使用税 | 土地增值税 | 车船税 | 耕地占用税 | 契税 | 其他税收 |
|---|---|---|---|---|---|---|---|---|---|---|---|---|---|---|---|---|
| 21 | 3. 私营有限责任公司 | 24142 |  | 8733 | 3008 | 1786 | 736 | 1693 | 601 | 377 | 1079 | 5196 | 4 |  | 929 |  |
| 22 | 4. 私营股份有限公司 | 268 |  | 167 | 29 | 33 |  | 26 | 1 | 3 | 3 |  |  |  | 6 |  |
| 23 | (八)其他企业 | 65123 | 616 | 2273 | 1262 | 7008 |  | 322 | 742 | 69 | 2362 | 12086 | 5 | 38256 | 122 |  |
| 24 | 二、港、澳、台商投资企业 | 15595 | 130 | 2085 | 83 | 2176 | 1774 | 2730 | 2044 | 489 | 2401 | 950 | 1 | 45 | 687 |  |
| 25 | 其中:国有控股 | 1987 |  | 119 |  | 483 |  | 369 | 286 | 59 | 478 | 193 |  |  |  |  |
| 26 | 1. 合资经营企业(港或澳、台资) | 2988 |  | 138 |  | 598 | 292 | 652 | 335 | 80 | 636 | 217 |  |  | 40 |  |
| 27 | 2. 合作经营企业(港或澳、台资) | 2066 |  | 1443 |  | 126 |  | 80 | 37 | 13 | 86 | 281 |  |  |  |  |
| 28 | 3. 港、澳、台商独资经营企业 | 8036 | 43 | 371 |  | 1091 | 1482 | 1760 | 1187 | 364 | 1349 | 159 |  | 45 | 185 |  |
| 29 | 4. 港、澳、台商投资股份有限公司 | 553 |  | 7 |  | 43 |  | 217 | 148 | 19 | 93 |  |  |  | 26 |  |
| 30 | 5. 其他港、澳、台商投资企业 | 1952 | 87 | 126 | 83 | 318 |  | 21 | 337 | 13 | 237 | 293 | 1 |  | 436 |  |
| 31 | 三、外商投资企业 | 40789 | 1 | 509 | 37 | 36856 | 364 | 1305 | 903 | 157 | 564 | 74 |  | 2 | 17 |  |
| 32 | 其中:国有控股 | 1382 |  | 49 |  | 201 | 364 | 283 | 252 | 22 | 211 |  |  |  |  |  |
| 33 | 1. 中外合资经营企业 | 37402 |  | 91 | 2 | 35970 | 5 | 646 | 251 | 86 | 340 |  |  |  | 11 |  |
| 34 | 2. 中外合作经营企业 | 1025 |  | 75 |  | 129 | 359 | 169 | 177 | 15 | 101 |  |  |  |  |  |
| 35 | 3. 外资企业 | 2258 |  | 309 | 11 | 740 |  | 485 | 472 | 55 | 106 | 74 |  |  | 6 |  |
| 36 | 4. 外商投资股份有限公司 | 58 |  | 28 | 24 | 2 |  | 4 |  |  |  |  |  |  |  |  |
| 37 | 5. 其他外商投资企业 | 46 | 1 | 6 |  | 15 |  | 1 | 3 | 1 | 17 |  |  | 2 |  |  |
| 38 | 四、个体经营 | 49612 | 2209 | 4623 |  | 9295 | 26 | 822 | 3962 | 400 | 2813 | 4206 | 146 | 3 | 21107 |  |
| 39 | 1. 个体户 | 49595 | 2209 | 4623 |  | 9286 | 26 | 818 | 3961 | 399 | 2811 | 4206 | 146 | 3 | 21107 |  |
| 40 | 2. 个人合伙 | 17 |  |  |  | 9 |  | 4 | 1 | 1 | 2 |  |  |  |  |  |

# 2016 年横琴新区地方税务局税收收入分企业类型分税种统计年报表

编报机关：横琴新区地方税务局　　　　单位：万元

| 序号 | 项　目 | 税收收入合计 | 国内增值税 | 营业税 | 企业所得税 | 个人所得税 | 资源税 | 城市维护建设税 | 房产税 | 印花税 | 城镇土地使用税 | 土地增值税 | 车船税 | 耕地占用税 | 契税 | 其他税收 |
|---|---|---|---|---|---|---|---|---|---|---|---|---|---|---|---|---|
| 1 | 合　计 | 655452 | 624 | 100733 | 187727 | 183415 |  | 21962 | 4942 | 10731 | 3617 | 74358 | 162 | 14599 | 52582 |  |
| 2 | 一、内资企业 | 616471 |  | 97907 | 185718 | 168645 |  | 20241 | 4784 | 9250 | 2597 | 73814 | 161 | 14599 | 38755 |  |
| 3 | (一)国有企业 | 2040 |  | 1593 | 197 | 2 |  | 230 | 5 | 13 |  |  |  |  |  |  |
| 4 | (二)集体企业 | 95 |  | 77 | 2 |  |  | 14 | 2 |  |  |  |  |  |  |  |
| 5 | (三)股份合作企业 | 21 |  | 4 |  |  |  |  | 16 | 1 |  |  |  |  |  |  |
| 6 | (四)联营企业 | 5 |  | 1 | 4 |  |  |  |  |  |  |  |  |  |  |  |
| 7 | 其中:国有控股 |  |  |  |  |  |  |  |  |  |  |  |  |  |  |  |
| 8 | 1. 国有联营企业 |  |  |  |  |  |  |  |  |  |  |  |  |  |  |  |
| 9 | 2. 集体联营企业 |  |  |  |  |  |  |  |  |  |  |  |  |  |  |  |
| 10 | 3. 国有与集体联营企业 |  |  |  |  |  |  |  |  |  |  |  |  |  |  |  |
| 11 | 4. 其他联营企业 | 5 |  | 1 | 4 |  |  |  |  |  |  |  |  |  |  |  |
| 12 | (五)有限责任公司 | 398956 |  | 55715 | 143313 | 106719 |  | 12605 | 4690 | 4497 | 2317 | 39967 | 153 |  | 28980 |  |
| 13 | 其中:国有控股 | 63585 |  | 2672 | 36630 | 13555 |  | 1322 | 260 | 1110 | 468 | 2 | 16 |  | 7550 |  |
| 14 | 1. 国有独资企业 | 5830 |  | 924 | 3400 | 551 |  | 149 | 197 | 276 | 333 |  |  |  |  |  |
| 15 | 2. 其他有限责任公司 | 393126 |  | 54791 | 139913 | 106168 |  | 12456 | 4493 | 4221 | 1984 | 39967 | 153 |  | 28980 |  |
| 16 | (六)股份有限公司 | 26101 |  | 18126 | 980 | 5152 |  | 1652 |  | 181 | 3 |  | 7 |  |  |  |
| 17 | 其中:国有控股 | 1369 |  | 323 | 129 | 712 |  | 86 |  | 112 |  |  | 7 |  |  |  |
| 18 | (七)私营企业 | 173867 |  | 22362 | 41218 | 56083 |  | 5734 | 40 | 4548 | 259 | 33847 | 1 |  | 9775 |  |
| 19 | 1. 私营独资企业 | 8 |  | 5 |  | 2 |  | 1 |  |  |  |  |  |  |  |  |
| 20 | 2. 私营合伙企业 | 14682 |  | 2661 |  | 9316 |  | 437 |  | 2268 |  |  |  |  |  |  |

续表

| 序号 | 项　　目 | 税收收入合计 | 国内增值税 | 营业税 | 企业所得税 | 个人所得税 | 资源税 | 城市维护建设税 | 房产税 | 印花税 | 城镇土地使用税 | 土地增值税 | 车船税 | 耕地占用税 | 契税 | 其他税收 |
|---|---|---|---|---|---|---|---|---|---|---|---|---|---|---|---|---|
| 21 | 3. 私营有限责任公司 | 159138 | | 19690 | 41214 | 46740 | | 5294 | 40 | 2278 | 259 | 33847 | 1 | | 9775 | |
| 22 | 4. 私营股份有限公司 | 39 | | 6 | 4 | 25 | | 2 | | 2 | | | | | | |
| 23 | (八)其他企业 | 15386 | | 29 | 4 | 689 | | 6 | 31 | 10 | 18 | | | 14599 | | |
| 24 | 二、港、澳、台商投资企业 | 22278 | 286 | 2534 | 1720 | 5404 | | 488 | 40 | 512 | 818 | 544 | | | 9932 | |
| 25 | 其中:国有控股 | 3118 | | 69 | 823 | 399 | | 127 | | 103 | | | | | 1597 | |
| 26 | 1. 合资经营企业(港或澳、台资) | 1177 | | 262 | 82 | 727 | | 89 | | 17 | | | | | | |
| 27 | 2. 合作经营企业(港或澳、台资) | 840 | | 123 | | 5 | | 9 | 8 | 2 | 693 | | | | | |
| 28 | 3. 港、澳、台商独资经营企业 | 13927 | | 2129 | 1 | 3894 | | 368 | | 465 | 125 | 328 | | | 6617 | |
| 29 | 4. 港、澳、台商投资股份有限公司 | | | | | | | | | | | | | | | |
| 30 | 5. 其他港、澳、台商投资企业 | 6334 | 286 | 20 | 1637 | 778 | | 22 | 32 | 28 | | 216 | | | 3315 | |
| 31 | 三、外商投资企业 | 9736 | | 139 | 289 | 6977 | | 1181 | | 836 | 202 | | | | 112 | |
| 32 | 其中:国有控股 | 395 | | 1 | 241 | 46 | | 43 | | 64 | | | | | | |
| 33 | 1. 中外合资经营企业 | 367 | | 88 | 12 | 75 | | 75 | | 113 | | | | | 4 | |
| 34 | 2. 中外合作经营企业 | 390 | | 24 | 2 | 226 | | 5 | | 8 | 125 | | | | | |
| 35 | 3. 外资企业 | 8270 | | 17 | 23 | 6288 | | 1100 | | 710 | 77 | | | | 55 | |
| 36 | 4. 外商投资股份有限公司 | 5 | | 5 | | | | | | | | | | | | |
| 37 | 5. 其他外商投资企业 | 704 | | 5 | 252 | 388 | | 1 | | 5 | | | | | 53 | |
| 38 | 四、个体经营 | 6967 | 338 | 153 | | 2389 | | 52 | 118 | 133 | | | 1 | | 3783 | |
| 39 | 1. 个体户 | 6967 | 338 | 153 | | 2389 | | 52 | 118 | 133 | | | 1 | | 3783 | |
| 40 | 2. 个人合伙 | | | | | | | | | | | | | | | |

# 2016年顺德区地方税务局税收收入分企业类型分税种统计年报表

编报机关:顺德区地方税务局　　　　单位:万元

| 序号 | 项　目 | 税收收入合计 | 国内增值税 | 营业税 | 企业所得税 | 个人所得税 | 资源税 | 城市维护建设税 | 房产税 | 印花税 | 城镇土地使用税 | 土地增值税 | 车船税 | 耕地占用税 | 契税 | 其他税收 |
|---|---|---|---|---|---|---|---|---|---|---|---|---|---|---|---|---|
| 1 | 合　计 | 1597415 | 19513 | 239139 | 255961 | 324161 | 22 | 142434 | 91787 | 26967 | 36850 | 149551 | 28477 | 33312 | 249241 | |
| 2 | 一、内资企业 | 1036010 | 3240 | 197119 | 211843 | 212333 | 13 | 85553 | 45082 | 18479 | 22710 | 116985 | 27147 | 33160 | 62346 | |
| 3 | (一)国有企业 | 7715 | | 4539 | 60 | 1525 | | 708 | 540 | 91 | 166 | 86 | | | | |
| 4 | (二)集体企业 | 9712 | 73 | 1831 | 1827 | 835 | | 361 | 576 | 86 | 251 | 1635 | | 2210 | 27 | |
| 5 | (三)股份合作企业 | 742 | | 690 | | | | 52 | | | | | | | | |
| 6 | (四)联营企业 | 125 | | 85 | 6 | 21 | | 11 | 1 | | 1 | | | | | |
| 7 | 其中:国有控股 | 1 | | | | | | | | | 1 | | | | | |
| 8 | 1. 国有联营企业 | 88 | | 66 | | 14 | | 7 | | | 1 | | | | | |
| 9 | 2. 集体联营企业 | 9 | | | 6 | 1 | | 1 | 1 | | | | | | | |
| 10 | 3. 国有与集体联营企业 | | | | | | | | | | | | | | | |
| 11 | 4. 其他联营企业 | 28 | | 19 | | 6 | | 3 | | | | | | | | |
| 12 | (五)有限责任公司 | 613680 | 2512 | 113873 | 153576 | 94640 | 8 | 49591 | 26722 | 11495 | 14095 | 101506 | 459 | | 45203 | |
| 13 | 其中:国有控股 | 48542 | 64 | 4683 | 12822 | 4149 | | 4900 | 5910 | 898 | 1917 | 8604 | 217 | | 4378 | |
| 14 | 1. 国有独资企业 | 6781 | | 1954 | 35 | 980 | | 2304 | 732 | 74 | 138 | | | | 564 | |
| 15 | 2. 其他有限责任公司 | 606899 | 2512 | 111919 | 153541 | 93660 | 8 | 47287 | 25990 | 11421 | 13957 | 101506 | 459 | | 44639 | |
| 16 | (六)股份有限公司 | 151681 | 29 | 46825 | 19402 | 49663 | | 10337 | 4111 | 2598 | 615 | 89 | 16222 | | 1790 | |
| 17 | 其中:国有控股 | 19926 | 29 | 8142 | 1939 | 2009 | | 1343 | 760 | 295 | 66 | 38 | 5298 | | 7 | |
| 18 | (七)私营企业 | 176152 | 618 | 21668 | 31306 | 52767 | 5 | 23702 | 11113 | 3163 | 4754 | 5702 | 6978 | | 14376 | |
| 19 | 1. 私营独资企业 | 15703 | 98 | 784 | | 10289 | 1 | 2149 | 1298 | 108 | 826 | 141 | 1 | | 8 | |
| 20 | 2. 私营合伙企业 | 2190 | | 120 | | 1430 | | 259 | 311 | 12 | 56 | 2 | | | | |

续表

| 序号 | 项目 | 税收收入合计 | 国内增值税 | 营业税 | 企业所得税 | 个人所得税 | 资源税 | 城市维护建设税 | 房产税 | 印花税 | 城镇土地使用税 | 土地增值税 | 车船税 | 耕地占用税 | 契税 | 其他税收 |
|---|---|---|---|---|---|---|---|---|---|---|---|---|---|---|---|---|
| 21 | 3. 私营有限责任公司 | 114100 | 520 | 20332 | 21467 | 13550 | 4 | 19058 | 7388 | 2721 | 3486 | 4409 | 6972 |  | 14193 |  |
| 22 | 4. 私营股份有限公司 | 44159 |  | 432 | 9839 | 27498 |  | 2236 | 2116 | 322 | 386 | 1150 | 5 |  | 175 |  |
| 23 | (八)其他企业 | 76203 | 8 | 7608 | 5666 | 12882 |  | 791 | 2019 | 1046 | 2828 | 7967 | 3488 | 30950 | 950 |  |
| 24 | 二、港、澳、台商投资企业 | 149360 | 2183 | 17832 | 11184 | 33657 |  | 37175 | 13684 | 4402 | 6092 | 16824 | 385 | 4 | 5938 |  |
| 25 | 其中:国有控股 | 8355 |  | 268 | 50 | 3127 |  | 2491 | 1276 | 308 | 733 | 101 | 1 |  |  |  |
| 26 | 1. 合资经营企业(港或澳、台资) | 60589 | 835 | 4453 | 54 | 16646 |  | 18912 | 6227 | 2185 | 3253 | 7992 | 13 |  | 19 |  |
| 27 | 2. 合作经营企业(港或澳、台资) | 5758 | 408 | 2232 |  | 453 |  | 650 | 831 | 42 | 207 | 935 |  |  |  |  |
| 28 | 3. 港、澳、台商独资经营企业 | 54860 | 487 | 10833 |  | 10101 |  | 13625 | 5389 | 1819 | 2293 | 7556 | 367 |  | 2390 |  |
| 29 | 4. 港、澳、台商投资股份有限公司 | 10962 | 1 | 62 |  | 5457 |  | 3935 | 886 | 339 | 278 | 3 | 1 |  |  |  |
| 30 | 5. 其他港、澳、台商投资企业 | 17191 | 452 | 252 | 11130 | 1000 |  | 53 | 351 | 17 | 61 | 338 | 4 | 4 | 3529 |  |
| 31 | 三、外商投资企业 | 125523 | 578 | 13325 | 32934 | 36795 |  | 16351 | 6812 | 3467 | 2601 | 12106 | 8 |  | 546 |  |
| 32 | 其中:国有控股 | 13421 |  | 5863 |  | 2129 |  | 955 | 481 | 307 | 329 | 3357 |  |  |  |  |
| 33 | 1. 中外合资经营企业 | 27442 |  | -152 |  | 14890 |  | 7850 | 2558 | 1512 | 774 |  | 2 |  | 8 |  |
| 34 | 2. 中外合作经营企业 | 1033 |  | 21 |  | 444 |  | 317 | 135 | 13 | 103 |  |  |  |  |  |
| 35 | 3. 外资企业 | 82985 | 557 | 13687 | 19926 | 20579 |  | 8143 | 4063 | 1930 | 1712 | 12041 | 5 |  | 342 |  |
| 36 | 4. 外商投资股份有限公司 | 126 |  |  |  | 57 |  | 43 | 15 | 3 | 8 |  |  |  |  |  |
| 37 | 5. 其他外商投资企业 | 13937 | 21 | -231 | 13008 | 825 |  | -2 | 41 | 9 | 4 | 65 | 1 |  | 196 |  |
| 38 | 四、个体经营 | 286522 | 13512 | 10863 |  | 41376 | 9 | 3355 | 26209 | 619 | 5447 | 3636 | 937 | 148 | 180411 |  |
| 39 | 1. 个体户 | 286434 | 13512 | 10862 |  | 41290 | 9 | 3354 | 26209 | 619 | 5447 | 3636 | 937 | 148 | 180411 |  |
| 40 | 2. 个人合伙 | 88 |  | 1 |  | 86 |  | 1 |  |  |  |  |  |  |  |  |

# 2016年广东省地方税务局直属分局税收收入分企业类型分税种统计年报表

编报机关:广东省地方税务局直属分局　　　　单位:万元

| 序号 | 项　目 | 税收收入合计 | 国内增值税 | 营业税 | 企业所得税 | 个人所得税 | 资源税 | 城市维护建设税 | 房产税 | 印花税 | 城镇土地使用税 | 土地增值税 | 车船税 | 耕地占用税 | 契税 | 其他税收 |
|---|---|---|---|---|---|---|---|---|---|---|---|---|---|---|---|---|
| 1 | 合　计 | 1340358 | | 741573 | 598407 | | | 378 | | | | | | | | |
| 2 | 一、内资企业 | 1307350 | | 713430 | 593542 | | | 378 | | | | | | | | |
| 3 | (一)国有企业 | 26567 | | 13996 | 12571 | | | | | | | | | | | |
| 4 | (二)集体企业 | 1094 | | 14 | 1080 | | | | | | | | | | | |
| 5 | (三)股份合作企业 | 677 | | 677 | | | | | | | | | | | | |
| 6 | (四)联营企业 | 372 | | 191 | 181 | | | | | | | | | | | |
| 7 | 其中:国有控股 | 244 | | 63 | 181 | | | | | | | | | | | |
| 8 | 1. 国有联营企业 | 191 | | 189 | 2 | | | | | | | | | | | |
| 9 | 2. 集体联营企业 | | | | | | | | | | | | | | | |
| 10 | 3. 国有与集体联营企业 | 33 | | | 33 | | | | | | | | | | | |
| 11 | 4. 其他联营企业 | 148 | | 2 | 146 | | | | | | | | | | | |
| 12 | (五)有限责任公司 | 611940 | | 70062 | 541500 | | | 378 | | | | | | | | |
| 13 | 其中:国有控股 | 114729 | | 42646 | 72083 | | | | | | | | | | | |
| 14 | 1. 国有独资企业 | 36974 | | 24952 | 12022 | | | | | | | | | | | |
| 15 | 2. 其他有限责任公司 | 574966 | | 45110 | 529478 | | | 378 | | | | | | | | |
| 16 | (六)股份有限公司 | 636876 | | 623290 | 13586 | | | | | | | | | | | |
| 17 | 其中:国有控股 | 173522 | | 168940 | 4582 | | | | | | | | | | | |
| 18 | (七)私营企业 | 19805 | | 5049 | 14756 | | | | | | | | | | | |
| 19 | 1. 私营独资企业 | | | | | | | | | | | | | | | |
| 20 | 2. 私营合伙企业 | 3275 | | 3275 | | | | | | | | | | | | |

续表

| 序号 | 项　目 | 税收收入合计 | 国内增值税 | 营业税 | 企业所得税 | 个人所得税 | 资源税 | 城市维护建设税 | 房产税 | 印花税 | 城镇土地使用税 | 土地增值税 | 车船税 | 耕地占用税 | 契税 | 其他税收 |
|---|---|---|---|---|---|---|---|---|---|---|---|---|---|---|---|---|
| 21 | 3. 私营有限责任公司 | 15237 | | 1536 | 13701 | | | | | | | | | | | |
| 22 | 4. 私营股份有限公司 | 1293 | | 238 | 1055 | | | | | | | | | | | |
| 23 | (八)其他企业 | 10019 | | 151 | 9868 | | | | | | | | | | | |
| 24 | 二、港、澳、台商投资企业 | 17659 | | 12934 | 4725 | | | | | | | | | | | |
| 25 | 其中:国有控股 | 3373 | | 1119 | 2254 | | | | | | | | | | | |
| 26 | 1. 合资经营企业(港或澳、台资) | 3455 | | 2229 | 1226 | | | | | | | | | | | |
| 27 | 2. 合作经营企业(港或澳、台资) | 557 | | 557 | | | | | | | | | | | | |
| 28 | 3. 港、澳、台商独资经营企业 | 9768 | | 9768 | | | | | | | | | | | | |
| 29 | 4. 港、澳、台商投资股份有限公司 | 1925 | | 142 | 1783 | | | | | | | | | | | |
| 30 | 5. 其他港、澳、台商投资企业 | 1954 | | 238 | 1716 | | | | | | | | | | | |
| 31 | 三、外商投资企业 | 15320 | | 15180 | 140 | | | | | | | | | | | |
| 32 | 其中:国有控股 | 6281 | | 6249 | 32 | | | | | | | | | | | |
| 33 | 1. 中外合资经营企业 | 106 | | 106 | | | | | | | | | | | | |
| 34 | 2. 中外合作经营企业 | 577 | | 577 | | | | | | | | | | | | |
| 35 | 3. 外资企业 | 13826 | | 13826 | | | | | | | | | | | | |
| 36 | 4. 外商投资股份有限公司 | 670 | | 670 | | | | | | | | | | | | |
| 37 | 5. 其他外商投资企业 | 141 | | 1 | 140 | | | | | | | | | | | |
| 38 | 四、个体经营 | 29 | | 29 | | | | | | | | | | | | |
| 39 | 1. 个体户 | 29 | | 29 | | | | | | | | | | | | |
| 40 | 2. 个人合伙 | | | | | | | | | | | | | | | |

# 2016年广东省地方税务局营业税分税目分企业类型统计年报表

编报机关:广东省地方税务局　　　　单位:万元

| 序号 | 项　目 | 应税营业收入 | 合计 | 内资企业 | | | | | | | | | | 港澳台投资企业 | 国有控股 | 外商投资企业 | 国有控股 | 个体经营 |
|---|---|---|---|---|---|---|---|---|---|---|---|---|---|---|---|---|---|---|
| | | | | 小计 | 国有企业 | 集体企业 | 股份合作企业 | 联营企业 | 国有控股 | 股份公司 | 国有控股 | 私营企业 | 其他企业 | | | | | |
| 1 | 合　计 | 280243433 | 11559111 | 10173686 | 463586 | 212739 | 75520 | 17945 | 2826 | 7860875 | 1311697 | 1208741 | 334280 | 709194 | 38527 | 395157 | 53497 | 281074 |
| 2 | 一、建筑业 | 76259053 | 2412320 | 2302701 | 238497 | 131976 | 3173 | 10258 | 507 | 1503543 | 45274 | 377020 | 38234 | 13925 | 2367 | 10862 | 1578 | 84832 |
| 3 | 其中:建筑 | 42184044 | 1321670 | 1291648 | 151522 | 84930 | 1580 | 7436 | 158 | 861575 | 31364 | 165427 | 19178 | 3457 | 168 | 4605 | 1161 | 21960 |
| 4 | 安装 | 6676054 | 206921 | 189475 | 10219 | 4136 | 235 | 761 | 93 | 113255 | 6671 | 59064 | 1805 | 2885 | 228 | 3503 | 240 | 11058 |
| 5 | 二、交通运输业 | 57277 | 1775 | 688 | | | | | | 698 | 16 | 1 | -11 | 135 | | 951 | 32 | 1 |
| 6 | 1. 陆路运输 | 57088 | 1767 | 683 | | | | | | 694 | 16 | | -11 | 133 | | 951 | 32 | |
| 7 | 2. 水路运输 | 12 | 2 | | | | | | | | | | | 2 | | | | |
| 8 | 3. 航空运输 | | | | | | | | | | | | | | | | | |
| 9 | 4. 管道运输 | | | | | | | | | | | | | | | | | |
| 10 | 5. 装卸搬运 | 177 | 6 | 5 | | | | | | 4 | | 1 | | | | | | 1 |
| 11 | 三、邮电通信业 | 247837 | 6843 | 4565 | -123 | | | | | 4714 | 8 | -18 | -8 | 409 | 256 | 1869 | 117 | |
| 12 | 1. 邮政 | 52 | -123 | -123 | -123 | | | | | | | | | | | | | |
| 13 | 2. 电信 | 247785 | 6966 | 4688 | | | | | | 4714 | 8 | -18 | -8 | 409 | 256 | 1869 | 117 | |
| 14 | 四、金融保险业 | 77218736 | 2941385 | 2800217 | 116603 | 5774 | 35793 | 1999 | 989 | 2597241 | 884311 | 39423 | 3384 | 83032 | 2837 | 57086 | 8218 | 1050 |
| 15 | 1. 金融 | 59367496 | 2897685 | 2736252 | 112131 | 5774 | 35793 | 1996 | 989 | 2539028 | 807818 | 38146 | 3384 | 82202 | 2826 | 78208 | 9390 | 1023 |
| 16 | 2. 保险 | 17851240 | 43700 | 63965 | 4472 | | | 3 | | 58213 | 76493 | 1277 | | 830 | 11 | -21122 | -1172 | 27 |
| 17 | 五、娱乐业 | 273852 | 23415 | 14741 | 92 | 97 | 86 | 22 | | 6911 | 717 | 7523 | 10 | 4653 | 2 | 1811 | 6 | 2210 |

续表

| 序号 | 项目 | 应税营业收入 | 合计 | 内资企业 | | | | | | | | | | 港澳台投资企业 | | 外商投资企业 | | 个体经营 |
|---|---|---|---|---|---|---|---|---|---|---|---|---|---|---|---|---|---|---|
| | | | | 小计 | 国有企业 | 集体企业 | 股份合作企业 | 联营企业 | 国有控股 | 股份公司 | 国有控股 | 私营企业 | 其他企业 | | 国有控股 | | 国有控股 | |
| 18 | 其中:按5%税率征收 | 191463 | 17289 | 11099 | 70 | 92 | 79 | | | 5226 | 354 | 5622 | 10 | 3725 | | 429 | 5 | 2036 |
| 19 | 按10%税率征收 | 56550 | 2839 | 667 | 22 | | | | | 632 | 363 | 13 | | 882 | | 1290 | | |
| 20 | 按20%税率征收 | | | | | | | | | | | | | | | | | |
| 21 | 六、服务业 | 38197074 | 1809775 | 1394256 | 62794 | 35515 | 20814 | 4614 | 1395 | 867699 | 119172 | 297064 | 105756 | 194195 | 16571 | 127956 | 18273 | 93368 |
| 22 | 1. 代理业 | 2081691 | 92500 | 79750 | 753 | 473 | 45 | 22 | 11 | 66246 | 11503 | 11514 | 697 | 7635 | 131 | 2973 | 1078 | 2142 |
| 23 | 2. 旅店业 | 1618780 | 80323 | 61977 | 3042 | 550 | 106 | 354 | 77 | 39351 | 3224 | 17060 | 1514 | 8589 | 218 | 6223 | 177 | 3534 |
| 24 | 3. 饮食业 | 4815209 | 238835 | 126360 | 3226 | 678 | 1303 | 276 | 52 | 66053 | 5432 | 54077 | 747 | 29255 | 591 | 32020 | 4341 | 51200 |
| 25 | 4. 旅游业 | 184196 | 9158 | 8834 | 400 | 49 | | 14 | 10 | 6477 | 1565 | 1765 | 129 | 163 | 74 | 152 | | 9 |
| 26 | 5. 仓储业 | 998 | 70 | 58 | 6 | 3 | | | | 38 | 1 | 11 | | 11 | | | | 1 |
| 27 | 6. 租赁业 | 10478743 | 501072 | 402133 | 13840 | 22835 | 15818 | 1677 | 644 | 206055 | 36194 | 75288 | 66620 | 54535 | 3387 | 28450 | 1872 | 15954 |
| 28 | 其中:房屋租赁 | 4415284 | 203521 | 154162 | 6084 | 11581 | 889 | 199 | 34 | 63441 | 13771 | 28134 | 43834 | 23324 | 1459 | 14230 | 773 | 11805 |
| 29 | 7. 广告业 | 2429 | 171 | 156 | | | | | | 79 | -11 | 77 | | | | 14 | | 1 |
| 30 | 8. 其他服务业 | 19015028 | 887646 | 714988 | 41527 | 10927 | 3542 | 2271 | 601 | 483400 | 61264 | 137272 | 36049 | 94007 | 12170 | 58124 | 10805 | 20527 |
| 31 | 七、转让无形资产 | 1353994 | 70323 | 60185 | 20138 | 1398 | 1471 | -54 | -100 | 17792 | 4161 | 4976 | 14464 | 2847 | 107 | 3110 | -12 | 4181 |
| 32 | 其中:转让土地使用权 | 1313049 | 68353 | 58281 | 20131 | 1357 | 1448 | -54 | -100 | 16536 | 4157 | 4888 | 13975 | 2813 | 107 | 3091 | -13 | 4168 |
| 33 | 八、销售不动产 | 85196732 | 4186192 | 3502953 | 24058 | 35006 | 13732 | 896 | 30 | 2811989 | 253532 | 463532 | 153740 | 402893 | 15752 | 187469 | 25131 | 92877 |
| 34 | 九、文化体育业 | 1438878 | 42575 | 38107 | 403 | 475 | 116 | 2 | | 13645 | 1555 | 7328 | 16138 | 1854 | 37 | 1968 | 97 | 646 |
| 35 | 十、税款滞纳金罚款收入 | | 64508 | 55273 | 1124 | 2498 | 335 | 208 | 5 | 36643 | 2951 | 11892 | 2573 | 5251 | 598 | 2075 | 57 | 1909 |

# 2016 年广州市地方税务局营业税分税目分企业类型统计年报表

编报机关:广州市地方税务局　　单位:万元

| 序号 | 项　目 | 应税营业收入 | 合计 | 内资企业 | | | | | | | | | | 港澳台投资企业 | 国有控股 | 外商投资企业 | 国有控股 | 个体经营 |
|---|---|---|---|---|---|---|---|---|---|---|---|---|---|---|---|---|---|---|
| | | | | 小计 | 国有企业 | 集体企业 | 股份合作企业 | 联营企业 | 国有控股 | 股份公司 | 国有控股 | 私营企业 | 其他企业 | | | | | |
| 1 | 合　计 | 35804462 | 1560275 | 1208658 | 77718 | 30790 | 3735 | 1637 | 909 | 744210 | 137980 | 285057 | 65511 | 166184 | 5389 | 122016 | 28411 | 63417 |
| 2 | 一、建筑业 | 11300031 | 357157 | 347921 | 33221 | 15009 | 784 | 638 | 133 | 209814 | 17990 | 84357 | 4098 | 3110 | 459 | 2859 | 61 | 3267 |
| 3 | 其中:建筑 | 4314449 | 133891 | 132408 | 9710 | 5738 | 597 | 221 | 2 | 83178 | 11846 | 31256 | 1708 | 335 | 66 | 883 | 2 | 265 |
| 4 | 安装 | 1107488 | 33524 | 31389 | 2373 | 378 | 53 | 8 | | 12552 | 2927 | 15950 | 75 | 442 | 29 | 1241 | 57 | 452 |
| 5 | 二、交通运输业 | 35689 | 1089 | 5 | | | | | | 16 | 16 | | -11 | 133 | | 951 | 32 | |
| 6 | 1. 陆路运输 | 35688 | 1089 | 5 | | | | | | 16 | 16 | | -11 | 133 | | 951 | 32 | |
| 7 | 2. 水路运输 | | | | | | | | | | | | | | | | | |
| 8 | 3. 航空运输 | | | | | | | | | | | | | | | | | |
| 9 | 4. 管道运输 | | | | | | | | | | | | | | | | | |
| 10 | 5. 装卸搬运 | 1 | | | | | | | | | | | | | | | | |
| 11 | 三、邮电通信业 | 85496 | 1287 | 1287 | | | | | | 1317 | | -20 | -10 | | | | | |
| 12 | 1. 邮政 | 6 | | | | | | | | | | | | | | | | |
| 13 | 2. 电信 | 85490 | 1287 | 1287 | | | | | | 1317 | | -20 | -10 | | | | | |
| 14 | 四、金融保险业 | | | | | | | | | | | | | | | | | |
| 15 | 1. 金融 | | | | | | | | | | | | | | | | | |
| 16 | 2. 保险 | | | | | | | | | | | | | | | | | |
| 17 | 五、娱乐业 | 34102 | 3223 | 2657 | 28 | 7 | 62 | | | 643 | 37 | 1914 | 3 | 364 | | 92 | 6 | 110 |

续表

| 序号 | 项　目 | 应税营业收入 | 合计 | 内资企业 | | | | | | | | | | 港澳台投资企业 | 国有控股 | 外商投资企业 | 国有控股 | 个体经营 |
|---|---|---|---|---|---|---|---|---|---|---|---|---|---|---|---|---|---|---|
| | | | | 小计 | 国有企业 | 集体企业 | 股份合作企业 | 联营企业 | 国有控股 | 股份公司 | 国有控股 | 私营企业 | 其他企业 | | | | | |
| 18 | 其中:按5%税率征收 | 34102 | 3223 | 2657 | 28 | 7 | 62 | | | 643 | 37 | 1914 | 3 | 364 | | 92 | 5 | 110 |
| 19 | 按10%税率征收 | | | | | | | | | | | | | | | | | |
| 20 | 按20%税率征收 | | | | | | | | | | | | | | | | | |
| 21 | 六、服务业 | 10768362 | 518539 | 394227 | 27022 | 12708 | 2183 | 963 | 745 | 188021 | 55548 | 117138 | 46192 | 58784 | 2811 | 49826 | 12107 | 15702 |
| 22 | 1. 代理业 | 453728 | 22832 | 17714 | 279 | 423 | 20 | 9 | | 11780 | 3228 | 4989 | 214 | 3626 | 76 | 1392 | 894 | 100 |
| 23 | 2. 旅店业 | 495968 | 24864 | 19777 | 2286 | 246 | 32 | 8 | 8 | 9282 | 1911 | 7146 | 777 | 2226 | | 2478 | 38 | 383 |
| 24 | 3. 饮食业 | 1405771 | 70331 | 38973 | 1841 | 240 | 1111 | | | 14626 | 3712 | 20861 | 294 | 8768 | 114 | 11075 | 3929 | 11515 |
| 25 | 4. 旅游业 | 73255 | 3653 | 3641 | 326 | | | | | 2438 | 1287 | 796 | 81 | 9 | | 3 | | |
| 26 | 5. 仓储业 | 419 | 42 | 42 | 6 | 3 | | | | 22 | | 11 | | | | | | |
| 27 | 6. 租赁业 | 3375421 | 166275 | 135432 | 8134 | 7860 | 870 | 581 | 416 | 54026 | 17010 | 32876 | 31085 | 17899 | 1057 | 12328 | 669 | 616 |
| 28 | 其中:房屋租赁 | 2038842 | 99751 | 75754 | 4181 | 4074 | 319 | 150 | 22 | 28668 | 8315 | 15970 | 22392 | 13611 | 839 | 10093 | 602 | 293 |
| 29 | 7. 广告业 | 564 | 89 | 75 | | | | | | 1 | 1 | 74 | | | | 14 | | |
| 30 | 8. 其他服务业 | 4963236 | 230453 | 178573 | 14150 | 3936 | 150 | 365 | 321 | 95846 | 28399 | 50385 | 13741 | 26256 | 1564 | 22536 | 6577 | 3088 |
| 31 | 七、转让无形资产 | 157536 | 7425 | 5903 | 8 | 56 | | | | 4933 | 1600 | 459 | 447 | 165 | | 1351 | 1 | 6 |
| 32 | 其中:转让土地使用权 | 146246 | 6860 | 5343 | 3 | 56 | | | | 4823 | 1600 | 430 | 31 | 165 | | 1346 | | 6 |
| 33 | 八、销售不动产 | 12867198 | 645361 | 433475 | 17208 | 2505 | 351 | 34 | 30 | 332669 | 61516 | 73582 | 7126 | 102242 | 1584 | 65647 | 16191 | 43997 |
| 34 | 九、文化体育业 | 556048 | 16834 | 14994 | 114 | 118 | 96 | 1 | | 2596 | 482 | 4911 | 7158 | 448 | 35 | 1203 | 8 | 189 |
| 35 | 十、税款滞纳金罚款收入 | | 9360 | 8189 | 117 | 387 | 259 | 1 | 1 | 4201 | 791 | 2716 | 508 | 938 | 500 | 87 | 5 | 146 |

# 2016年深圳市地方税务局营业税分税目分企业类型统计年报表

编报机关：深圳市地方税务局　　　　单位：万元

| 序号 | 项　目 | 应税营业收入 | 合计 | 内资企业 | | | | | | | | | | 港澳台投资企业 | | 外商投资企业 | | 个体经营 |
|---|---|---|---|---|---|---|---|---|---|---|---|---|---|---|---|---|---|---|
| | | | | 小计 | 国有企业 | 集体企业 | 股份合作企业 | 联营企业 | 国有控股 | 股份公司 | 国有控股 | 私营企业 | 其他企业 | | 国有控股 | | 国有控股 | |
| 1 | 合　计 | 95596620 | 3990784 | 3507793 | 189060 | 15066 | 30060 | 11906 | 1704 | 2820894 | 449545 | 285957 | 154850 | 291473 | 17857 | 154918 | 10841 | 36600 |
| 2 | 一、建筑业 | 18234329 | 529459 | 512812 | 63871 | 10553 | 141 | 5814 | 210 | 339503 | 10638 | 92567 | 363 | 3919 | 1883 | 2475 | 1305 | 10253 |
| 3 | 其中：建筑 | 12819784 | 372927 | 368938 | 54928 | 8501 | 81 | 5180 | 149 | 251875 | 8253 | 48308 | 65 | 448 | 95 | 1314 | 1158 | 2227 |
| 4 | 安装 | 1813294 | 51736 | 47862 | 2564 | 320 | 17 | 173 | 12 | 30864 | 807 | 13909 | 15 | 1006 | 184 | 703 | 67 | 2165 |
| 5 | 二、交通运输业 | 109 | 6 | 4 | | | | | | 3 | | 1 | | 2 | | | | |
| 6 | 1. 陆路运输 | 71 | 3 | 3 | | | | | | 3 | | | | | | | | |
| 7 | 2. 水路运输 | 12 | 2 | | | | | | | | | | | 2 | | | | |
| 8 | 3. 航空运输 | | | | | | | | | | | | | | | | | |
| 9 | 4. 管道运输 | | | | | | | | | | | | | | | | | |
| 10 | 5. 装卸搬运 | 26 | 1 | 1 | | | | | | | | 1 | | | | | | |
| 11 | 三、邮电通信业 | 57840 | 1741 | 1683 | | | | | | 1683 | | | | 58 | | | | |
| 12 | 1. 邮政 | | | | | | | | | | | | | | | | | |
| 13 | 2. 电信 | 57840 | 1741 | 1683 | | | | | | 1683 | | | | 58 | | | | |
| 14 | 四、金融保险业 | 33818565 | 1385330 | 1286032 | 81612 | 109 | 13 | 1805 | 926 | 1178602 | 354762 | 23688 | 203 | 55685 | 1108 | 43381 | 3455 | 232 |
| 15 | 1. 金融 | 29852938 | 1475413 | 1375516 | 78757 | 109 | 13 | 1805 | 926 | 1270945 | 325132 | 23684 | 203 | 55676 | 1108 | 43989 | 3455 | 232 |
| 16 | 2. 保险 | 3965627 | -90083 | -89484 | 2855 | | | | | -92343 | 29630 | 4 | | 9 | | -608 | | |
| 17 | 五、娱乐业 | 89509 | 6477 | 3915 | 22 | 5 | 7 | 22 | | 1789 | 364 | 2070 | | 930 | 2 | 1382 | | 250 |

续表

| 序号 | 项目 | 应税营业收入 | 合计 | 内资企业 | | | | | | | | | | 港澳台投资企业 | 国有控股 | 外商投资企业 | 国有控股 | 个体经营 |
|---|---|---|---|---|---|---|---|---|---|---|---|---|---|---|---|---|---|---|
| | | | | 小计 | 国有企业 | 集体企业 | 股份合作企业 | 联营企业 | 国有控股 | 股份公司 | 国有控股 | 私营企业 | 其他企业 | | | | | |
| 18 | 其中:按5%税率征收 | 7120 | 356 | 274 | | | | | | 104 | 1 | 170 | | 3 | | | | 79 |
| 19 | 按10%税率征收 | 56550 | 2839 | 667 | 22 | | | | | 632 | 363 | 13 | | 882 | | 1290 | | |
| 20 | 按20%税率征收 | | | | | | | | | | | | | | | | | |
| 21 | 六、服务业 | 15115371 | 707957 | 554443 | 25369 | 4242 | 17395 | 3392 | 565 | 391198 | 32384 | 93383 | 19464 | 87510 | 6210 | 44119 | 3453 | 21885 |
| 22 | 1. 代理业 | 784086 | 28327 | 25178 | 75 | | | 13 | 11 | 23023 | 6487 | 2067 | | 2182 | 22 | 764 | 95 | 203 |
| 23 | 2. 旅店业 | 490652 | 24049 | 17896 | 363 | 106 | 70 | 319 | 53 | 13020 | 380 | 3815 | 203 | 3360 | 104 | 2289 | 100 | 504 |
| 24 | 3. 饮食业 | 1521063 | 74564 | 42443 | 853 | 97 | 129 | 275 | 52 | 24218 | 196 | 16706 | 165 | 12361 | 124 | 10168 | 16 | 9592 |
| 25 | 4. 旅游业 | 57416 | 2787 | 2743 | | | | 12 | 10 | 2079 | 161 | 650 | 2 | 37 | | 7 | | |
| 26 | 5. 仓储业 | 12 | | | | | | | | | | | | | | | | |
| 27 | 6. 租赁业 | 4061104 | 184239 | 148039 | 1918 | 1737 | 14206 | 975 | 192 | 93525 | 10800 | 24678 | 11000 | 24206 | 1252 | 10102 | 936 | 1892 |
| 28 | 其中:房屋租赁 | 478097 | 10351 | 7972 | 29 | 9 | 3 | 6 | | 478 | 24 | 244 | 7203 | 675 | 3 | 367 | 20 | 1337 |
| 29 | 7. 广告业 | 1822 | 91 | 91 | | | | | | 89 | | 2 | | | | | | |
| 30 | 8. 其他服务业 | 8199216 | 393900 | 318053 | 22160 | 2302 | 2990 | 1798 | 247 | 235244 | 14360 | 45465 | 8094 | 45364 | 4708 | 20789 | 2306 | 9694 |
| 31 | 七、转让无形资产 | 384255 | 19164 | 19029 | 16568 | 8 | 1164 | 3 | | 397 | 7 | 883 | 6 | 96 | 61 | 39 | | |
| 32 | 其中:转让土地使用权 | 380354 | 18989 | 18882 | 16567 | | 1162 | 3 | | 267 | 4 | 883 | | 74 | 61 | 33 | | |
| 33 | 八、销售不动产 | 27410378 | 1303762 | 1098690 | 1326 | 142 | 11272 | 682 | | 889235 | 49898 | 66927 | 129106 | 139293 | 8592 | 62689 | 2625 | 3090 |
| 34 | 九、文化体育业 | 486264 | 14042 | 12203 | 128 | 4 | 19 | 1 | | 5533 | 500 | 1062 | 5456 | 1242 | | 468 | | 129 |
| 35 | 十、税款滞纳金罚款收入 | | 22846 | 18982 | 164 | 3 | 49 | 187 | 3 | 12951 | 992 | 5376 | 252 | 2738 | 1 | 365 | 3 | 761 |

# 2016年珠海市地方税务局营业税分税目分企业类型统计年报表

编报机关:珠海市地方税务局　　　　单位:万元

| 序号 | 项目 | 应税营业收入 | 合计 | 内资企业 | | | | | | | | | | 港澳台投资企业 | 国有控股 | 外商投资企业 | 国有控股 | 个体经营 |
|---|---|---|---|---|---|---|---|---|---|---|---|---|---|---|---|---|---|---|
| | | | | 小计 | 国有企业 | 集体企业 | 股份合作企业 | 联营企业 | 国有控股 | 股份公司 | 国有控股 | 私营企业 | 其他企业 | | | | | |
| 1 | 合　计 | 10087566 | 451888 | 379349 | 13837 | 3908 | 2446 | 261 | | 316402 | 21152 | 34829 | 7666 | 36130 | 139 | 23316 | 315 | 13093 |
| 2 | 一、建筑业 | 3290443 | 105913 | 103091 | 9218 | 1540 | 4 | 172 | | 79631 | 532 | 11407 | 1119 | 356 | | 418 | | 2048 |
| 3 | 其中:建筑 | 1004141 | 31852 | 31660 | 2191 | 670 | | 67 | | 25349 | 366 | 3303 | 80 | 32 | | 87 | | 73 |
| 4 | 安装 | 171663 | 5273 | 4764 | 59 | 19 | | | | 3484 | 27 | 1181 | 21 | 50 | | 181 | | 278 |
| 5 | 二、交通运输业 | | 2 | 2 | | | | | | 2 | | | | | | | | |
| 6 | 1. 陆路运输 | | | | | | | | | | | | | | | | | |
| 7 | 2. 水路运输 | | | | | | | | | | | | | | | | | |
| 8 | 3. 航空运输 | | | | | | | | | | | | | | | | | |
| 9 | 4. 管道运输 | | | | | | | | | | | | | | | | | |
| 10 | 5. 装卸搬运 | | 2 | 2 | | | | | | 2 | | | | | | | | |
| 11 | 三、邮电通信业 | 5522 | 166 | 166 | | | | | | 166 | | | | | | | | |
| 12 | 1. 邮政 | 4 | | | | | | | | | | | | | | | | |
| 13 | 2. 电信 | 5518 | 166 | 166 | | | | | | 166 | | | | | | | | |
| 14 | 四、金融保险业 | 1476584 | 70269 | 65743 | 2856 | 2 | 19 | | | 59684 | 11533 | 284 | 2898 | 2208 | 7 | 2305 | | 13 |
| 15 | 1. 金融 | 1285818 | 64340 | 59833 | 2815 | 2 | 19 | | | 53815 | 11935 | 284 | 2898 | 2208 | 7 | 2286 | | 13 |
| 16 | 2. 保险 | 190766 | 5929 | 5910 | 41 | | | | | 5869 | -402 | | | | | 19 | | |
| 17 | 五、娱乐业 | 7910 | 575 | 284 | 4 | | | | | 247 | 21 | 27 | 6 | 159 | | 47 | | 85 |

续表

| 序号 | 项目 | 应税营业收入 | 合计 | 内资企业 | | | | | | | | | | 港澳台投资企业 | 国有控股 | 外商投资企业 | 国有控股 | 个体经营 |
|---|---|---|---|---|---|---|---|---|---|---|---|---|---|---|---|---|---|---|
| | | | | 小计 | 国有企业 | 集体企业 | 股份合作企业 | 联营企业 | 国有控股 | 股份公司 | 国有控股 | 私营企业 | 其他企业 | | | | | |
| 18 | 其中:按5%税率征收 | 7910 | 575 | 284 | 4 | | | | | 247 | 21 | 27 | 6 | 159 | | 47 | | 85 |
| 19 | 按10%税率征收 | | | | | | | | | | | | | | | | | |
| 20 | 按20%税率征收 | | | | | | | | | | | | | | | | | |
| 21 | 六、服务业 | 908948 | 45072 | 31986 | 941 | 537 | 777 | 6 | | 22803 | 2257 | 5272 | 1650 | 7358 | 119 | 2554 | 112 | 3174 |
| 22 | 1. 代理业 | 82298 | 4114 | 2541 | 204 | | 3 | | | 1957 | 318 | 323 | 54 | 1405 | | 88 | | 80 |
| 23 | 2. 旅店业 | 76431 | 3718 | 2551 | 108 | 15 | | | | 1846 | 160 | 358 | 224 | 844 | | 170 | | 153 |
| 24 | 3. 饮食业 | 154423 | 7669 | 2911 | 47 | 18 | | | | 2047 | 214 | 671 | 128 | 1642 | 21 | 991 | 68 | 2125 |
| 25 | 4. 旅游业 | 5775 | 289 | 289 | 8 | 2 | | | | 208 | 11 | 68 | 3 | | | | | |
| 26 | 5. 仓储业 | | | | | | | | | | | | | | | | | |
| 27 | 6. 租赁业 | 201118 | 10086 | 7472 | 301 | 229 | 464 | 6 | | 5014 | 608 | 912 | 546 | 1486 | 69 | 717 | 13 | 411 |
| 28 | 其中:房屋租赁 | 160584 | 8038 | 5836 | 277 | 203 | 402 | 6 | | 3958 | 439 | 664 | 326 | 1274 | 68 | 555 | 11 | 373 |
| 29 | 7. 广告业 | | | | | | | | | | | | | | | | | |
| 30 | 8. 其他服务业 | 388903 | 19196 | 16222 | 273 | 273 | 310 | | | 11731 | 946 | 2940 | 695 | 1981 | 29 | 588 | 31 | 405 |
| 31 | 七、转让无形资产 | 842 | 42 | 39 | | | | | | 39 | 7 | | | 2 | | | | 1 |
| 32 | 其中:转让土地使用权 | 641 | 32 | 31 | | | | | | 31 | 7 | | | | | | | 1 |
| 33 | 八、销售不动产 | 4350242 | 225798 | 174248 | 799 | 1789 | 1645 | 82 | | 151238 | 6703 | 17571 | 1124 | 25868 | 13 | 17969 | 203 | 7713 |
| 34 | 九、文化体育业 | 47075 | 1413 | 1320 | 16 | 3 | | | | 338 | 79 | 212 | 751 | 56 | | 15 | | 22 |
| 35 | 十、税款滞纳金罚款收入 | | 2638 | 2470 | 3 | 37 | 1 | 1 | | 2254 | 20 | 56 | 118 | 123 | | 8 | | 37 |

# 2016年汕头市地方税务局营业税分税目分企业类型统计年报表

编报机关:汕头市地方税务局

单位:万元

| 序号 | 项目 | 应税营业收入 | 合计 | 内资企业 | | | | | | | | | | 港澳台投资企业 | 国有控股 | 外商投资企业 | 国有控股 | 个体经营 |
|---|---|---|---|---|---|---|---|---|---|---|---|---|---|---|---|---|---|---|
| | | | | 小计 | 国有企业 | 集体企业 | 股份合作企业 | 联营企业 | 国有控股 | 股份公司 | 国有控股 | 私营企业 | 其他企业 | | | | | |
| 1 | 合计 | 4213642 | 168801 | 152308 | 14020 | 10373 | 3313 | 61 | 27 | 105274 | 21282 | 16559 | 2708 | 7388 | 894 | 3022 | 70 | 6083 |
| 2 | 一、建筑业 | 1838981 | 57147 | 52911 | 9660 | 8083 | 43 | 41 | 8 | 29614 | 1099 | 4837 | 633 | 115 | 10 | 83 | 42 | 4038 |
| 3 | 其中:建筑 | 1460789 | 45313 | 42705 | 8882 | 7770 | | 10 | 7 | 22098 | 15 | 3548 | 397 | 18 | 10 | | | 2590 |
| 4 | 安装 | 145453 | 4423 | 4102 | 182 | 109 | 1 | 31 | | 3442 | 1057 | 283 | 54 | 18 | | 30 | | 273 |
| 5 | 二、交通运输业 | 17 | | | | | | | | | | | | | | | | |
| 6 | 1. 陆路运输 | | | | | | | | | | | | | | | | | |
| 7 | 2. 水路运输 | | | | | | | | | | | | | | | | | |
| 8 | 3. 航空运输 | | | | | | | | | | | | | | | | | |
| 9 | 4. 管道运输 | | | | | | | | | | | | | | | | | |
| 10 | 5. 装卸搬运 | 17 | | | | | | | | | | | | | | | | |
| 11 | 三、邮电通信业 | 7138 | 183 | | | | | | | | | | | 183 | 182 | | | |
| 12 | 1. 邮政 | | | | | | | | | | | | | | | | | |
| 13 | 2. 电信 | 7138 | 183 | | | | | | | | | | | 183 | 182 | | | |
| 14 | 四、金融保险业 | 794030 | 31964 | 31383 | 2075 | 412 | 3209 | | | 25622 | 16366 | 61 | 4 | 500 | | 79 | -43 | 2 |
| 15 | 1. 金融 | 620850 | 28268 | 27655 | 2078 | 412 | 3209 | | | 21891 | 15820 | 61 | 4 | 484 | | 127 | 5 | 2 |
| 16 | 2. 保险 | 173180 | 3696 | 3728 | -3 | | | | | 3731 | 546 | | | 16 | | -48 | -48 | |
| 17 | 五、娱乐业 | 5787 | 707 | 605 | 4 | 14 | | | | 466 | 40 | 121 | | 86 | | | | 16 |

续表

| 序号 | 项目 | 应税营业收入 | 合计 | 内资企业 | | | | | | | | | | 港澳台投资企业 | 国有控股 | 外商投资企业 | 国有控股 | 个体经营 |
|---|---|---|---|---|---|---|---|---|---|---|---|---|---|---|---|---|---|---|
| | | | | 小计 | 国有企业 | 集体企业 | 股份合作企业 | 联营企业 | 国有控股 | 股份公司 | 国有控股 | 私营企业 | 其他企业 | | | | | |
| 18 | 其中:按5%税率征收 | 5787 | 707 | 605 | 4 | 14 | | | | 466 | 40 | 121 | | 86 | | | | 16 |
| 19 | 按10%税率征收 | | | | | | | | | | | | | | | | | |
| 20 | 按20%税率征收 | | | | | | | | | | | | | | | | | |
| 21 | 六、服务业 | 335251 | 16260 | 11251 | 1070 | 238 | 24 | 20 | 19 | 7742 | 585 | 1359 | 798 | 1470 | 612 | 1890 | 71 | 1649 |
| 22 | 1. 代理业 | 5109 | 272 | 225 | 13 | 2 | 1 | | | 197 | 49 | 8 | 4 | 10 | | 19 | | 18 |
| 23 | 2. 旅店业 | 25851 | 1308 | 995 | 7 | 10 | | 16 | 16 | 745 | 17 | 185 | 32 | 185 | 69 | 112 | 6 | 16 |
| 24 | 3. 饮食业 | 61860 | 3061 | 1504 | | 29 | | | | 1056 | 25 | 397 | 22 | 275 | 57 | 693 | 8 | 589 |
| 25 | 4. 旅游业 | 1633 | 81 | 81 | | | | | | 65 | 6 | 4 | 12 | | | | | |
| 26 | 5. 仓储业 | 7 | | | | | | | | | | | | | | | | |
| 27 | 6. 租赁业 | 77349 | 3851 | 2284 | 415 | 104 | 17 | 3 | 3 | 1287 | 243 | 254 | 204 | 270 | 72 | 477 | 1 | 820 |
| 28 | 其中:房屋租赁 | 42437 | 2097 | 1260 | 244 | 48 | 13 | | | 770 | 186 | 114 | 71 | 152 | 5 | 425 | | 260 |
| 29 | 7. 广告业 | | | | | | | | | | | | | | | | | |
| 30 | 8. 其他服务业 | 163442 | 7687 | 6162 | 635 | 93 | 6 | 1 | | 4392 | 245 | 511 | 524 | 730 | 414 | 589 | 56 | 206 |
| 31 | 七、转让无形资产 | 31588 | 2139 | 1307 | 175 | 326 | | | | 585 | | 39 | 182 | 349 | | 479 | | 4 |
| 32 | 其中:转让土地使用权 | 26996 | 2065 | 1239 | 175 | 326 | | | | 556 | | | 182 | 349 | | 473 | | 4 |
| 33 | 八、销售不动产 | 1192805 | 59815 | 54388 | 1025 | 1286 | 27 | | | 40984 | 3189 | 10076 | 990 | 4616 | 31 | 450 | | 361 |
| 34 | 九、文化体育业 | 8045 | 237 | 196 | 2 | 5 | | | | 79 | 2 | 32 | 78 | 2 | | 37 | | 2 |
| 35 | 十、税款滞纳金罚款收入 | | 349 | 267 | 9 | 9 | 10 | | | 182 | 1 | 34 | 23 | 67 | 59 | 4 | | 11 |

# 2016年佛山市地方税务局营业税分税目分企业类型统计年报表

编报机关:佛山市地方税务局　　　　单位:万元

| 序号 | 项目 | 应税营业收入 | 合计 | 内资企业 | | | | | | | | | | 港澳台投资企业 | 国有控股 | 外商投资企业 | 国有控股 | 个体经营 |
|---|---|---|---|---|---|---|---|---|---|---|---|---|---|---|---|---|---|---|
| | | | | 小计 | 国有企业 | 集体企业 | 股份合作企业 | 联营企业 | 国有控股 | 股份公司 | 国有控股 | 私营企业 | 其他企业 | | | | | |
| 1 | 合计 | 15100370 | 634223 | 569869 | 16160 | 19341 | 258 | 234 | 48 | 443837 | 53664 | 76946 | 13093 | 34572 | 3288 | 10246 | 521 | 19536 |
| 2 | 一、建筑业 | 4533503 | 152887 | 144632 | 13828 | 12949 | 46 | 127 | | 89184 | 766 | 25092 | 3406 | 633 | 14 | 416 | 3 | 7206 |
| 3 | 其中:建筑 | 2211966 | 75464 | 73712 | 9596 | 6096 | 11 | 75 | | 46298 | 264 | 10481 | 1155 | 46 | | 76 | | 1630 |
| 4 | 安装 | 669199 | 21499 | 19757 | 528 | 920 | 21 | 13 | | 12340 | 466 | 5761 | 174 | 282 | 14 | 164 | 3 | 1296 |
| 5 | 二、交通运输业 | 1 | | | | | | | | | | | | | | | | |
| 6 | 1. 陆路运输 | 1 | | | | | | | | | | | | | | | | |
| 7 | 2. 水路运输 | | | | | | | | | | | | | | | | | |
| 8 | 3. 航空运输 | | | | | | | | | | | | | | | | | |
| 9 | 4. 管道运输 | | | | | | | | | | | | | | | | | |
| 10 | 5. 装卸搬运 | | | | | | | | | | | | | | | | | |
| 11 | 三、邮电通信业 | | 655 | 655 | | | | | | 655 | | | | | | | | |
| 12 | 1. 邮政 | | | | | | | | | | | | | | | | | |
| 13 | 2. 电信 | | 655 | 655 | | | | | | 655 | | | | | | | | |
| 14 | 四、金融保险业 | 3000542 | 96940 | 95510 | 657 | 2003 | | | | 90160 | 33246 | 2695 | -5 | 1661 | 169 | -359 | 110 | 128 |
| 15 | 1. 金融 | 2036489 | 95091 | 92750 | 657 | 2003 | | | | 87408 | 32424 | 2687 | -5 | 1591 | 169 | 640 | 3 | 110 |
| 16 | 2. 保险 | 964053 | 1849 | 2760 | | | | | | 2752 | 822 | 8 | | 70 | | -999 | 107 | 18 |
| 17 | 五、娱乐业 | 17297 | 1604 | 1288 | 18 | 23 | 17 | | | 370 | 20 | 860 | | 210 | | 11 | | 95 |

续表

| 序号 | 项目 | 应税营业收入 | 合计 | 内资企业 | | | | | | | | | | 港澳台投资企业 | 国有控股 | 外商投资企业 | 国有控股 | 个体经营 |
|---|---|---|---|---|---|---|---|---|---|---|---|---|---|---|---|---|---|---|
| | | | | 小计 | 国有企业 | 集体企业 | 股份合作企业 | 联营企业 | 国有控股 | 股份公司 | 国有控股 | 私营企业 | 其他企业 | | | | | |
| 18 | 其中:按5%税率征收 | 17297 | 1604 | 1288 | 18 | 23 | 17 | | | 370 | 20 | 860 | | 210 | | 11 | | 95 |
| 19 | 按10%税率征收 | | | | | | | | | | | | | | | | | |
| 20 | 按20%税率征收 | | | | | | | | | | | | | | | | | |
| 21 | 六、服务业 | 1642091 | 78395 | 63500 | 1411 | 1664 | 184 | 103 | 48 | 34297 | 4017 | 18087 | 7754 | 5101 | 229 | 4035 | 155 | 5759 |
| 22 | 1. 代理业 | 98382 | 4952 | 4148 | | 2 | | | | 2005 | 50 | 1784 | 357 | 53 | | 60 | 1 | 691 |
| 23 | 2. 旅店业 | 52732 | 2645 | 2290 | 29 | 17 | | 8 | | 1187 | 151 | 1040 | 9 | 208 | | 78 | | 69 |
| 24 | 3. 饮食业 | 233879 | 11711 | 6841 | 35 | 63 | 40 | 1 | | 2790 | 164 | 3902 | 10 | 823 | 11 | 1590 | 14 | 2457 |
| 25 | 4. 旅游业 | 11102 | 572 | 572 | | | | | | 422 | 4 | 138 | 12 | | | | | |
| 26 | 5. 仓储业 | 28 | 1 | | | | | | | | | | | | | | | 1 |
| 27 | 6. 租赁业 | 512222 | 24654 | 20396 | 408 | 1267 | 125 | 66 | 21 | 10076 | 1505 | 3473 | 4981 | 1775 | 97 | 651 | 28 | 1832 |
| 28 | 其中:房屋租赁 | 278639 | 13839 | 10432 | 144 | 599 | 44 | 9 | 2 | 5799 | 889 | 2417 | 1420 | 1402 | 51 | 537 | 16 | 1468 |
| 29 | 7. 广告业 | | | | | | | | | | | | | | | | | |
| 30 | 8. 其他服务业 | 733746 | 33860 | 29253 | 939 | 315 | 19 | 28 | 27 | 17817 | 2143 | 7750 | 2385 | 2242 | 121 | 1656 | 112 | 709 |
| 31 | 七、转让无形资产 | 57301 | 3249 | 3156 | | 151 | | | | 2877 | | 42 | 86 | 4 | | | | 89 |
| 32 | 其中:转让土地使用权 | 57300 | 3246 | 3153 | | 151 | | | | 2875 | | 41 | 86 | 4 | | | | 89 |
| 33 | 八、销售不动产 | 5799054 | 295328 | 256280 | 166 | 2396 | | 1 | | 223349 | 15370 | 29220 | 1148 | 26807 | 2874 | 6083 | 250 | 6158 |
| 34 | 九、文化体育业 | 50581 | 1365 | 1240 | 23 | 22 | | | | 470 | 193 | 71 | 654 | 32 | | 57 | 3 | 36 |
| 35 | 十、税款滞纳金罚款收入 | | 3800 | 3608 | 57 | 133 | 11 | 3 | | 2475 | 52 | 879 | 50 | 124 | 2 | 3 | | 65 |

# 2016年韶关市地方税务局营业税分税目分企业类型统计年报表

编报机关:韶关市地方税务局　　　　单位:万元

| 序号 | 项目 | 应税营业收入 | 合计 | 内资企业 | | | | | | | | | | 港澳台投资企业 | | 外商投资企业 | | 个体经营 |
|---|---|---|---|---|---|---|---|---|---|---|---|---|---|---|---|---|---|---|
| | | | | 小计 | 国有企业 | 集体企业 | 股份合作企业 | 联营企业 | 国有控股 | 股份公司 | 国有控股 | 私营企业 | 其他企业 | | 国有控股 | | 国有控股 | |
| 1 | 合计 | 2640250 | 99541 | 90111 | 5828 | 5864 | 2062 | 102 | 37 | 68205 | 15504 | 5953 | 2097 | 713 | 27 | 4973 | 181 | 3744 |
| 2 | 一、建筑业 | 1070421 | 35454 | 33286 | 4314 | 4946 | 30 | 91 | 36 | 20033 | 1944 | 3054 | 818 | 84 | | 242 | 12 | 1842 |
| 3 | 其中:建筑 | 593757 | 19842 | 19370 | 2282 | 4192 | 12 | 22 | | 11275 | 1779 | 1368 | 219 | | | 198 | | 274 |
| 4 | 安装 | 73382 | 2317 | 1960 | 59 | 111 | 13 | | | 1309 | 31 | 440 | 28 | 7 | | 21 | 12 | 329 |
| 5 | 二、交通运输业 | 8 | | | | | | | | | | | | | | | | |
| 6 | 1. 陆路运输 | | | | | | | | | | | | | | | | | |
| 7 | 2. 水路运输 | | | | | | | | | | | | | | | | | |
| 8 | 3. 航空运输 | | | | | | | | | | | | | | | | | |
| 9 | 4. 管道运输 | | | | | | | | | | | | | | | | | |
| 10 | 5. 装卸搬运 | 8 | | | | | | | | | | | | | | | | |
| 11 | 三、邮电通信业 | 3876 | 85 | -31 | -31 | | | | | | | | | | | 116 | 116 | |
| 12 | 1. 邮政 | | -31 | -31 | -31 | | | | | | | | | | | | | |
| 13 | 2. 电信 | 3876 | 116 | | | | | | | | | | | | | 116 | 116 | |
| 14 | 四、金融保险业 | 505739 | 13509 | 13485 | 535 | | 1961 | | | 10963 | 8868 | 15 | 11 | 108 | 6 | -91 | -96 | 7 |
| 15 | 1. 金融 | 289659 | 12327 | 12208 | 514 | | 1961 | | | 9707 | 8208 | 15 | 11 | 108 | 6 | 4 | | 7 |
| 16 | 2. 保险 | 216080 | 1182 | 1277 | 21 | | | | | 1256 | 660 | | | | | -95 | -96 | |
| 17 | 五、娱乐业 | 1800 | 250 | 125 | | | | | | 83 | 7 | 42 | | 8 | | | | 117 |

续表

| 序号 | 项　目 | 应税营业收入 | 合计 | 内资企业 | | | | | | | | | | | 港澳台投资企业 | 国有控股 | 外商投资企业 | 国有控股 | 个体经营 |
|---|---|---|---|---|---|---|---|---|---|---|---|---|---|---|---|---|---|---|---|
| | | | | 小计 | 国有企业 | 集体企业 | 股份合作企业 | 联营企业 | 国有控股 | 股份公司 | 国有控股 | 私营企业 | 其他企业 | | | | | | |
| 18 | 其中:按5%税率征收 | 1800 | 249 | 125 | | | | | | 83 | 7 | 42 | | 8 | | | | 116 |
| 19 | 按10%税率征收 | | | | | | | | | | | | | | | | | |
| 20 | 按20%税率征收 | | | | | | | | | | | | | | | | | |
| 21 | 六、服务业 | 284686 | 12442 | 10473 | 312 | 220 | 48 | 11 | 1 | 7706 | 2644 | 1132 | 1044 | 283 | 21 | 729 | 101 | 957 |
| 22 | 1. 代理业 | 4957 | 241 | 199 | 2 | | | | | 139 | 33 | 57 | 1 | | | 1 | | 41 |
| 23 | 2. 旅店业 | 20094 | 999 | 811 | 35 | 11 | 3 | | | 585 | 69 | 176 | 1 | 15 | | 105 | | 68 |
| 24 | 3. 饮食业 | 32224 | 1560 | 844 | 53 | 8 | 15 | | | 545 | 40 | 222 | 1 | 10 | | 229 | | 477 |
| 25 | 4. 旅游业 | 3319 | 165 | 144 | 2 | | | | | 142 | 54 | | | 21 | 21 | | | |
| 26 | 5. 仓储业 | 15 | 1 | 1 | | | | | | 1 | | | | | | | | |
| 27 | 6. 租赁业 | 44520 | 2225 | 1971 | 114 | 147 | 21 | | | 1166 | 390 | 132 | 391 | 96 | | 62 | 37 | 96 |
| 28 | 其中:房屋租赁 | 26565 | 1333 | 1160 | 85 | 92 | 20 | | | 650 | 261 | 87 | 226 | 60 | | 43 | 37 | 70 |
| 29 | 7. 广告业 | 1 | | | | | | | | | | | | | | | | |
| 30 | 8. 其他服务业 | 179556 | 7251 | 6503 | 106 | 54 | 9 | 11 | 1 | 5128 | 2058 | 545 | 650 | 141 | | 332 | 64 | 275 |
| 31 | 七、转让无形资产 | 5173 | 270 | 233 | 69 | | 21 | | | 132 | 3 | | 11 | | | | | 37 |
| 32 | 其中:转让土地使用权 | 4152 | 196 | 172 | 69 | | | | | 101 | 3 | | 2 | | | | | 24 |
| 33 | 八、销售不动产 | 760707 | 36344 | 31462 | 567 | 668 | 2 | | | 28521 | 1958 | 1630 | 74 | 221 | | 3921 | | 740 |
| 34 | 九、文化体育业 | 7840 | 240 | 227 | 18 | | | | | 110 | 74 | 40 | 59 | | | 8 | | 5 |
| 35 | 十、税款滞纳金罚款收入 | | 947 | 851 | 44 | 30 | | | | 657 | 6 | 40 | 80 | 9 | | 48 | 48 | 39 |

# 2016年河源市地方税务局营业税分税目分企业类型统计年报表

编报机关:河源市地方税务局　　　　单位:万元

| 序号 | 项目 | 应税营业收入 | 合计 | 内资企业 | | | | | | | | | | 港澳台投资企业 | | 外商投资企业 | | 个体经营 |
|---|---|---|---|---|---|---|---|---|---|---|---|---|---|---|---|---|---|---|
| | | | | 小计 | 国有企业 | 集体企业 | 股份合作企业 | 联营企业 | 国有控股 | 股份公司 | 国有控股 | 私营企业 | 其他企业 | | 国有控股 | | 国有控股 | |
| 1 | 合计 | 2928798 | 115991 | 103305 | 4056 | 3010 | 5585 | 74 | | 83336 | 8717 | 5063 | 2181 | 4699 | 116 | 400 | | 7587 |
| 2 | 一、建筑业 | 1267252 | 43024 | 39966 | 1698 | 2851 | 7 | 69 | | 30513 | 451 | 4012 | 816 | 359 | | 24 | | 2675 |
| 3 | 其中:建筑 | 511670 | 16944 | 16277 | 662 | 1608 | 5 | | | 12908 | 72 | 850 | 244 | 52 | | | | 615 |
| 4 | 安装 | 55987 | 1808 | 1548 | 171 | 15 | | | | 1153 | 20 | 163 | 46 | 66 | | 5 | | 189 |
| 5 | 二、交通运输业 | | | | | | | | | | | | | | | | | |
| 6 | 1. 陆路运输 | | | | | | | | | | | | | | | | | |
| 7 | 2. 水路运输 | | | | | | | | | | | | | | | | | |
| 8 | 3. 航空运输 | | | | | | | | | | | | | | | | | |
| 9 | 4. 管道运输 | | | | | | | | | | | | | | | | | |
| 10 | 5. 装卸搬运 | | | | | | | | | | | | | | | | | |
| 11 | 三、邮电通信业 | 2473 | 74 | | | | | | | | | | | 74 | 74 | | | |
| 12 | 1. 邮政 | | | | | | | | | | | | | | | | | |
| 13 | 2. 电信 | 2473 | 74 | | | | | | | | | | | 74 | 74 | | | |
| 14 | 四、金融保险业 | 530743 | 19533 | 19474 | 1823 | | 5576 | | | 12069 | 5381 | 6 | | 54 | | 4 | | 1 |
| 15 | 1. 金融 | 429895 | 18199 | 18158 | 1267 | | 5576 | | | 11309 | 5052 | 6 | | 40 | | | | 1 |
| 16 | 2. 保险 | 100848 | 1334 | 1316 | 556 | | | | | 760 | 329 | | | 14 | | 4 | | |
| 17 | 五、娱乐业 | 2110 | 265 | 194 | | | | | | 148 | 1 | 46 | | 7 | | | | 64 |

续表

| 序号 | 项目 | 应税营业收入 | 合计 | 内资企业 | | | | | | | | | | 港澳台投资企业 | | 外商投资企业 | | 个体经营 |
|---|---|---|---|---|---|---|---|---|---|---|---|---|---|---|---|---|---|---|
| | | | | 小计 | 国有企业 | 集体企业 | 股份合作企业 | 联营企业 | 国有控股 | 股份公司 | 国有控股 | 私营企业 | 其他企业 | | 国有控股 | | 国有控股 | |
| 18 | 其中:按5%税率征收 | 2110 | 265 | 194 | | | | | | 148 | 1 | 46 | | 7 | | | | 64 |
| 19 | 按10%税率征收 | | | | | | | | | | | | | | | | | |
| 20 | 按20%税率征收 | | | | | | | | | | | | | | | | | |
| 21 | 六、服务业 | 221607 | 9676 | 7703 | 368 | 133 | 2 | 5 | | 6051 | 393 | 300 | 844 | 342 | 14 | 369 | | 1262 |
| 22 | 1. 代理业 | 2433 | 122 | 122 | 27 | | | | | 95 | 15 | | | | | | | |
| 23 | 2. 旅店业 | 21038 | 932 | 729 | 23 | | | | | 596 | 12 | 109 | 1 | 74 | | 51 | | 78 |
| 24 | 3. 饮食业 | 41269 | 1993 | 779 | 168 | 2 | | | | 481 | 16 | 127 | 1 | 49 | | 210 | | 955 |
| 25 | 4. 旅游业 | 850 | 42 | 42 | 9 | | | 2 | | 30 | | 1 | | | | | | |
| 26 | 5. 仓储业 | | | | | | | | | | | | | | | | | |
| 27 | 6. 租赁业 | 24140 | 1155 | 1020 | 46 | 7 | 2 | | | 583 | 239 | 24 | 358 | 97 | 14 | 12 | | 26 |
| 28 | 其中:房屋租赁 | 13603 | 630 | 524 | 37 | 3 | 1 | | | 326 | 109 | 20 | 137 | 88 | 13 | 1 | | 17 |
| 29 | 7. 广告业 | 1 | | | | | | | | | | | | | | | | |
| 30 | 8. 其他服务业 | 131876 | 5432 | 5011 | 95 | 124 | | 3 | | 4266 | 111 | 39 | 484 | 122 | | 96 | | 203 |
| 31 | 七、转让无形资产 | 19026 | 1042 | 398 | 5 | 4 | | | | 251 | 51 | | 138 | 25 | | | | 619 |
| 32 | 其中:转让土地使用权 | 19025 | 1041 | 397 | 5 | 4 | | | | 250 | 51 | | 138 | 25 | | | | 619 |
| 33 | 八、销售不动产 | 875952 | 41110 | 34582 | 119 | 12 | | | | 33483 | 2397 | 622 | 346 | 3780 | | | | 2748 |
| 34 | 九、文化体育业 | 9635 | 291 | 195 | | 1 | | | | 128 | 12 | 34 | 32 | | | 1 | | 95 |
| 35 | 十、税款滞纳金罚款收入 | | 976 | 793 | 43 | 9 | | | | 693 | 31 | 43 | 5 | 58 | 28 | 2 | | 123 |

# 2016 年梅州市地方税务局营业税分税目分企业类型统计年报表

编报机关:梅州市地方税务局　　　　单位:万元

| 序号 | 项目 | 应税营业收入 | 合计 | 内资企业 | | | | | | | | | | 港澳台投资企业 | | 外商投资企业 | | 个体经营 |
|---|---|---|---|---|---|---|---|---|---|---|---|---|---|---|---|---|---|---|
| | | | | 小计 | 国有企业 | 集体企业 | 股份合作企业 | 联营企业 | 国有控股 | 股份公司 | 国有控股 | 私营企业 | 其他企业 | | 国有控股 | | 国有控股 | |
| 1 | 合　计 | 4031451 | 144674 | 137507 | 4394 | 9125 | 2007 | -49 | -61 | 113942 | 9614 | 5816 | 2272 | 787 | | 1576 | 13 | 4804 |
| 2 | 一、建筑业 | 2055471 | 61251 | 58968 | 2384 | 7080 | 156 | 51 | 39 | 43933 | 1472 | 3506 | 1858 | 128 | | 345 | | 1810 |
| 3 | 其中:建筑 | 1431264 | 42167 | 41051 | 977 | 5127 | 145 | 1 | | 32822 | 1273 | 1762 | 217 | 98 | | 242 | | 776 |
| 4 | 安装 | 80608 | 3952 | 3754 | 375 | 187 | 4 | | | 2698 | 21 | 475 | 15 | 17 | | 13 | | 168 |
| 5 | 二、交通运输业 | 10564 | 317 | 317 | | | | | | 317 | | | | | | | | |
| 6 | 1. 陆路运输 | 10564 | 317 | 317 | | | | | | 317 | | | | | | | | |
| 7 | 2. 水路运输 | | | | | | | | | | | | | | | | | |
| 8 | 3. 航空运输 | | | | | | | | | | | | | | | | | |
| 9 | 4. 管道运输 | | | | | | | | | | | | | | | | | |
| 10 | 5. 装卸搬运 | | | | | | | | | | | | | | | | | |
| 11 | 三、邮电通信业 | 4082 | 122 | 122 | | | | | | 120 | | | 2 | | | | | |
| 12 | 1. 邮政 | | | | | | | | | | | | | | | | | |
| 13 | 2. 电信 | 4082 | 122 | 122 | | | | | | 120 | | | 2 | | | | | |
| 14 | 四、金融保险业 | 559461 | 17364 | 17308 | 1185 | 1515 | 1766 | | | 12829 | 7480 | 13 | | 18 | | 32 | 13 | 6 |
| 15 | 1. 金融 | 360964 | 15761 | 15732 | 1064 | 1515 | 1766 | | | 11374 | 6923 | 13 | | 16 | | 7 | | 6 |
| 16 | 2. 保险 | 198497 | 1603 | 1576 | 121 | | | | | 1455 | 557 | | | 2 | | 25 | 13 | |
| 17 | 五、娱乐业 | 728 | 98 | 71 | | | | | | 51 | | 20 | | | | 4 | | 23 |

续表

| 序号 | 项　目 | 应税营业收入 | 合计 | 内资企业 | | | | | | | | | | 港澳台投资企业 | 国有控股 | 外商投资企业 | 国有控股 | 个体经营 |
|---|---|---|---|---|---|---|---|---|---|---|---|---|---|---|---|---|---|---|
| | | | | 小计 | 国有企业 | 集体企业 | 股份合作企业 | 联营企业 | 国有控股 | 股份公司 | 国有控股 | 私营企业 | 其他企业 | | | | | |
| 18 | 其中:按5%税率征收 | 728 | 97 | 71 | | | | | | 51 | | 20 | | | | 4 | | 22 |
| 19 | 按10%税率征收 | | | | | | | | | | | | | | | | | |
| 20 | 按20%税率征收 | | | | | | | | | | | | | | | | | |
| 21 | 六、服务业 | 165363 | 7615 | 6176 | 313 | 89 | 4 | | | 4628 | 517 | 311 | 831 | 119 | | 219 | | 1101 |
| 22 | 1. 代理业 | 5995 | 303 | 247 | 3 | | | | | 226 | 74 | 4 | 14 | | | 3 | | 53 |
| 23 | 2. 旅店业 | 15547 | 781 | 673 | 13 | 2 | | | | 558 | | 55 | 45 | 2 | | 6 | | 100 |
| 24 | 3. 饮食业 | 27186 | 1376 | 541 | 19 | 3 | | | | 469 | 1 | 49 | 1 | 45 | | 150 | | 640 |
| 25 | 4. 旅游业 | 1425 | 52 | 49 | 1 | | | | | 35 | -10 | 5 | 8 | 3 | | | | |
| 26 | 5. 仓储业 | 3 | | | | | | | | | | | | | | | | |
| 27 | 6. 租赁业 | 23039 | 1141 | 890 | 86 | 16 | | | | 392 | 34 | 36 | 360 | 37 | | 9 | | 205 |
| 28 | 其中:房屋租赁 | 7515 | 365 | 268 | 45 | 8 | | | | 161 | 18 | 18 | 36 | 30 | | | | 67 |
| 29 | 7. 广告业 | | | | | | | | | | | | | | | | | |
| 30 | 8. 其他服务业 | 92168 | 3962 | 3776 | 191 | 68 | 4 | | | 2948 | 418 | 162 | 403 | 32 | | 51 | | 103 |
| 31 | 七、转让无形资产 | 5867 | 296 | 186 | 131 | | | -100 | -100 | 94 | | 53 | 8 | 16 | | 38 | | 56 |
| 32 | 其中:转让土地使用权 | 5661 | 255 | 145 | 131 | | | -100 | -100 | 55 | | 51 | 8 | 16 | | 38 | | 56 |
| 33 | 八、销售不动产 | 1224327 | 56388 | 53204 | 339 | 392 | 81 | | | 51029 | 142 | 1826 | -463 | 494 | | 933 | | 1757 |
| 34 | 九、文化体育业 | 5588 | 166 | 128 | 3 | 3 | | | | 48 | | 40 | 34 | 3 | | | | 35 |
| 35 | 十、税款滞纳金罚款收入 | | 1057 | 1027 | 39 | 46 | | | | 893 | 3 | 47 | 2 | 9 | | 5 | | 16 |

# 2016年惠州市地方税务局营业税分税目分企业类型统计年报表

编报机关:惠州市地方税务局　　　　单位:万元

| 序号 | 项目 | 应税营业收入 | 合计 | 内资企业 | | | | | | | | | | 港澳台投资企业 | | 外商投资企业 | | 个体经营 |
|---|---|---|---|---|---|---|---|---|---|---|---|---|---|---|---|---|---|---|
| | | | | 小计 | 国有企业 | 集体企业 | 股份合作企业 | 联营企业 | 国有控股 | 股份公司 | 国有控股 | 私营企业 | 其他企业 | | 国有控股 | | 国有控股 | |
| 1 | 合计 | 14781863 | 619288 | 576952 | 20777 | 19561 | 112 | 641 | 95 | 452963 | 27498 | 76922 | 5976 | 21305 | 2391 | 5808 | -1082 | 15223 |
| 2 | 一、建筑业 | 6066248 | 196989 | 189331 | 19050 | 18474 | 107 | 551 | 81 | 117373 | 134 | 30982 | 2794 | 1444 | | 562 | | 5652 |
| 3 | 其中:建筑 | 3172191 | 103070 | 99587 | 11350 | 11457 | 34 | 333 | | 61119 | 66 | 14005 | 1289 | 895 | | 375 | | 2213 |
| 4 | 安装 | 329417 | 10601 | 9848 | 668 | 350 | | 145 | 81 | 4671 | 47 | 3928 | 86 | 382 | | 85 | | 286 |
| 5 | 二、交通运输业 | | | | | | | | | | | | | | | | | |
| 6 | 1. 陆路运输 | | | | | | | | | | | | | | | | | |
| 7 | 2. 水路运输 | | | | | | | | | | | | | | | | | |
| 8 | 3. 航空运输 | | | | | | | | | | | | | | | | | |
| 9 | 4. 管道运输 | | | | | | | | | | | | | | | | | |
| 10 | 5. 装卸搬运 | | | | | | | | | | | | | | | | | |
| 11 | 三、邮电通信业 | 9057 | 272 | 2 | | | | | | | | 2 | | | | 270 | | |
| 12 | 1. 邮政 | | | | | | | | | | | | | | | | | |
| 13 | 2. 电信 | 9057 | 272 | 2 | | | | | | | | 2 | | | | 270 | | |
| 14 | 四、金融保险业 | 1282470 | 54122 | 52524 | 501 | | | | | 51905 | 24245 | 118 | | 1258 | 17 | 326 | -1202 | 14 |
| 15 | 1. 金融 | 1041348 | 50128 | 47363 | 290 | | | | | 46955 | 23884 | 118 | | 1212 | 17 | 1539 | 31 | 14 |
| 16 | 2. 保险 | 241122 | 3994 | 5161 | 211 | | | | | 4950 | 361 | | | 46 | | -1213 | -1233 | |
| 17 | 五、娱乐业 | 9199 | 961 | 412 | 1 | 1 | | | | 227 | | 183 | | 228 | | 34 | | 287 |

续表

| 序号 | 项目 | 应税营业收入 | 合计 | 内资企业 | | | | | | | | | | 港澳台投资企业 | 国有控股 | 外商投资企业 | 国有控股 | 个体经营 |
|---|---|---|---|---|---|---|---|---|---|---|---|---|---|---|---|---|---|---|
| | | | | 小计 | 国有企业 | 集体企业 | 股份合作企业 | 联营企业 | 国有控股 | 股份公司 | 国有控股 | 私营企业 | 其他企业 | | | | | |
| 18 | 其中:按5%税率征收 | 9199 | 960 | 412 | 1 | 1 | | | | 227 | | 183 | | 227 | | 34 | | 287 |
| 19 | 按10%税率征收 | | | | | | | | | | | | | | | | | |
| 20 | 按20%税率征收 | | | | | | | | | | | | | | | | | |
| 21 | 六、服务业 | 1035830 | 48363 | 37568 | 841 | 563 | 5 | 82 | 13 | 25995 | 845 | 8293 | 1789 | 3541 | 265 | 2415 | 114 | 4839 |
| 22 | 1. 代理业 | 33904 | 1714 | 1600 | 4 | | | | | 1381 | 160 | 205 | 10 | 24 | | 64 | | 26 |
| 23 | 2. 旅店业 | 60045 | 3020 | 2274 | 2 | 9 | | | | 1646 | 39 | 616 | 1 | 449 | 36 | 17 | | 280 |
| 24 | 3. 饮食业 | 153197 | 7554 | 2796 | 1 | 2 | | | | 1779 | 76 | 1013 | 1 | 757 | 117 | 832 | 46 | 3169 |
| 25 | 4. 旅游业 | 4169 | 211 | 151 | 6 | 8 | | | | 128 | | 9 | | 40 | | 20 | | |
| 26 | 5. 仓储业 | 276 | 14 | 3 | | | | | | 3 | | | | 11 | | | | |
| 27 | 6. 租赁业 | 159908 | 7960 | 5587 | 217 | 323 | 5 | 28 | 10 | 2945 | 94 | 1536 | 533 | 1073 | 25 | 487 | 13 | 813 |
| 28 | 其中:房屋租赁 | 96538 | 4883 | 3307 | 154 | 204 | 3 | 22 | 10 | 1796 | 74 | 784 | 344 | 679 | 2 | 229 | 12 | 668 |
| 29 | 7. 广告业 | 15 | 1 | 1 | | | | | | | | 1 | | | | | | |
| 30 | 8. 其他服务业 | 624316 | 27889 | 25156 | 611 | 221 | | 54 | 3 | 18113 | 476 | 4913 | 1244 | 1187 | 87 | 995 | 55 | 551 |
| 31 | 七、转让无形资产 | 69812 | 3575 | 2796 | 49 | 33 | | | | 1550 | | 310 | 854 | 216 | | 126 | | 437 |
| 32 | 其中:转让土地使用权 | 69444 | 3556 | 2783 | 48 | 28 | | | | 1550 | | 310 | 847 | 210 | | 126 | | 437 |
| 33 | 八、销售不动产 | 6287526 | 311421 | 291106 | 266 | 137 | | | | 254174 | 2259 | 36313 | 216 | 14479 | 2109 | 1961 | 6 | 3875 |
| 34 | 九、文化体育业 | 21721 | 641 | 636 | 44 | 254 | | | | 65 | 13 | 85 | 188 | 2 | | | | 3 |
| 35 | 十、税款滞纳金罚款收入 | | 2944 | 2577 | 25 | 99 | | 8 | 1 | 1674 | 2 | 636 | 135 | 137 | | 114 | | 116 |

# 2016年汕尾市地方税务局营业税分税目分企业类型统计年报表

编报机关:汕尾市地方税务局　　　　单位:万元

| 序号 | 项目 | 应税营业收入 | 合计 | 内资企业 | | | | | | | | | | 港澳台投资企业 | 国有控股 | 外商投资企业 | 国有控股 | 个体经营 |
|---|---|---|---|---|---|---|---|---|---|---|---|---|---|---|---|---|---|---|
| | | | | 小计 | 国有企业 | 集体企业 | 股份合作企业 | 联营企业 | 国有控股 | 股份公司 | 国有控股 | 私营企业 | 其他企业 | | | | | |
| 1 | 合　计 | 1673881 | 68987 | 62173 | 2931 | 3638 | 813 | 4 | | 38337 | 4979 | 15329 | 1121 | 2884 | 46 | 942 | 52 | 2988 |
| 2 | 一、建筑业 | 882049 | 29362 | 28479 | 1868 | 3526 | 59 | 4 | | 17705 | 93 | 5355 | -38 | 158 | | 66 | | 659 |
| 3 | 其中:建筑 | 478705 | 15654 | 15342 | 1137 | 1940 | 34 | | | 9811 | 10 | 2530 | -110 | 108 | | 29 | | 175 |
| 4 | 安装 | 90382 | 3001 | 2894 | 74 | 258 | 25 | | | 1869 | 25 | 660 | 8 | 39 | | 4 | | 64 |
| 5 | 二、交通运输业 | | | | | | | | | | | | | | | | | |
| 6 | 1. 陆路运输 | | | | | | | | | | | | | | | | | |
| 7 | 2. 水路运输 | | | | | | | | | | | | | | | | | |
| 8 | 3. 航空运输 | | | | | | | | | | | | | | | | | |
| 9 | 4. 管道运输 | | | | | | | | | | | | | | | | | |
| 10 | 5. 装卸搬运 | | | | | | | | | | | | | | | | | |
| 11 | 三、邮电通信业 | 1712 | 53 | | | | | | | | | | | | | 53 | | |
| 12 | 1. 邮政 | | | | | | | | | | | | | | | | | |
| 13 | 2. 电信 | 1712 | 53 | | | | | | | | | | | | | 53 | | |
| 14 | 四、金融保险业 | 165917 | 7263 | 6914 | 136 | | 746 | | | 6032 | 4534 | | | 347 | 44 | 2 | | |
| 15 | 1. 金融 | 140319 | 6619 | 6272 | 136 | | 746 | | | 5390 | 4254 | | | 347 | 44 | | | |
| 16 | 2. 保险 | 25598 | 644 | 642 | | | | | | 642 | 280 | | | | | 2 | | |
| 17 | 五、娱乐业 | 1106 | 158 | 91 | | | | | | 46 | | 45 | | 31 | | | | 36 |

续表

| 序号 | 项目 | 应税营业收入 | 合计 | 内资企业 | | | | | | | | | | 港澳台投资企业 | 国有控股 | 外商投资企业 | 国有控股 | 个体经营 |
|---|---|---|---|---|---|---|---|---|---|---|---|---|---|---|---|---|---|---|
| | | | | 小计 | 国有企业 | 集体企业 | 股份合作企业 | 联营企业 | 国有控股 | 股份公司 | 国有控股 | 私营企业 | 其他企业 | | | | | |
| 18 | 其中:按5%税率征收 | 1106 | 158 | 91 | | | | | | 46 | | 45 | | 31 | | | | 36 |
| 19 | 按10%税率征收 | | | | | | | | | | | | | | | | | |
| 20 | 按20%税率征收 | | | | | | | | | | | | | | | | | |
| 21 | 六、服务业 | 115440 | 5034 | 3235 | 531 | 50 | 5 | | | 1608 | 266 | 686 | 355 | 357 | | 789 | 43 | 653 |
| 22 | 1. 代理业 | 2686 | 137 | 108 | 19 | | 1 | | | 88 | 44 | | | | | | | 29 |
| 23 | 2. 旅店业 | 9350 | 465 | 198 | 2 | 1 | 1 | | | 124 | | 67 | 3 | 97 | | 93 | | 77 |
| 24 | 3. 饮食业 | 24210 | 1219 | 402 | 3 | | 3 | | | 168 | 1 | 222 | 6 | 159 | | 266 | 43 | 392 |
| 25 | 4. 旅游业 | 890 | 44 | 44 | 2 | 36 | | | | 6 | 6 | | | | | | | |
| 26 | 5. 仓储业 | | | | | | | | | | | | | | | | | |
| 27 | 6. 租赁业 | 10906 | 530 | 290 | 77 | 2 | | | | 71 | 5 | 103 | 37 | 67 | | 96 | | 77 |
| 28 | 其中:房屋租赁 | 5149 | 233 | 141 | 40 | | | | | 34 | 2 | 54 | 13 | 50 | | 3 | | 39 |
| 29 | 7. 广告业 | | | | | | | | | | | | | | | | | |
| 30 | 8. 其他服务业 | 67398 | 2639 | 2193 | 428 | 11 | | | | 1151 | 210 | 294 | 309 | 34 | | 334 | | 78 |
| 31 | 七、转让无形资产 | 32347 | 1683 | 1052 | 305 | | 3 | | | 35 | | 82 | 627 | 132 | | 9 | 9 | 490 |
| 32 | 其中:转让土地使用权 | 31739 | 1653 | 1022 | 305 | | 3 | | | 32 | | 82 | 600 | 132 | | 9 | 9 | 490 |
| 33 | 八、销售不动产 | 474545 | 24991 | 22003 | 90 | 39 | | | | 12725 | 82 | 9147 | 2 | 1850 | | | | 1138 |
| 34 | 九、文化体育业 | 765 | 22 | 20 | | 1 | | | | 6 | 4 | 4 | 9 | 2 | 2 | | | |
| 35 | 十、税款滞纳金罚款收入 | | 421 | 379 | 1 | 22 | | | | 180 | | 10 | 166 | 7 | | 23 | | 12 |

# 2016年东莞市地方税务局营业税分税目分企业类型统计年报表

编报机关:东莞市地方税务局　　　　单位:万元

| 序号 | 项目 | 应税营业收入 | 合计 | 内资企业 | | | | | | | | | | 港澳台投资企业 | 国有控股 | 外商投资企业 | 国有控股 | 个体经营 |
|---|---|---|---|---|---|---|---|---|---|---|---|---|---|---|---|---|---|---|
| | | | | 小计 | 国有企业 | 集体企业 | 股份合作企业 | 联营企业 | 国有控股 | 股份公司 | 国有控股 | 私营企业 | 其他企业 | | | | | |
| 1 | 合计 | 20095049 | 905558 | 811765 | 16101 | 37977 | 229 | 260 | 1 | 572426 | 150437 | 167939 | 16833 | 48497 | 4523 | 21047 | 433 | 24249 |
| 2 | 一、建筑业 | 5276432 | 180832 | 172859 | 14419 | 6760 | 213 | 257 | | 118695 | 965 | 25900 | 6615 | 1698 | -3 | 718 | | 5557 |
| 3 | 其中:建筑 | 3342929 | 116454 | 113354 | 10750 | 5589 | 200 | 172 | | 78722 | 720 | 13946 | 3975 | 1055 | -3 | 241 | | 1804 |
| 4 | 安装 | 658394 | 20933 | 19580 | 760 | 340 | 10 | 31 | | 13473 | 139 | 4253 | 713 | 238 | | 303 | | 812 |
| 5 | 二、交通运输业 | 46 | 1 | | | | | | | | | | | | | | | 1 |
| 6 | 1. 陆路运输 | 3 | | | | | | | | | | | | | | | | |
| 7 | 2. 水路运输 | | | | | | | | | | | | | | | | | |
| 8 | 3. 航空运输 | | | | | | | | | | | | | | | | | |
| 9 | 4. 管道运输 | | | | | | | | | | | | | | | | | |
| 10 | 5. 装卸搬运 | 43 | 1 | | | | | | | | | | | | | | | 1 |
| 11 | 三、邮电通信业 | 34840 | 1094 | 49 | | | | | | 49 | | | | | | 1045 | | |
| 12 | 1. 邮政 | 15 | | | | | | | | | | | | | | | | |
| 13 | 2. 电信 | 34825 | 1094 | 49 | | | | | | 49 | | | | | | 1045 | | |
| 14 | 四、金融保险业 | 3841417 | 169823 | 165146 | 440 | 26 | | | | 161359 | 74557 | 3322 | -1 | 2578 | 234 | 2079 | 1 | 20 |
| 15 | 1. 金融 | 2877246 | 140328 | 136195 | 439 | 26 | | | | 132409 | 62271 | 3322 | -1 | 2378 | 234 | 1735 | 1 | 20 |
| 16 | 2. 保险 | 964171 | 29495 | 28951 | 1 | | | | | 28950 | 12286 | | | 200 | | 344 | | |
| 17 | 五、娱乐业 | 54777 | 3618 | 1350 | | 9 | | | | 919 | 86 | 422 | | 2025 | | 209 | | 34 |

续表

| 序号 | 项　目 | 应税营业收入 | 合计 | 内资企业 | | | | | | | | | | 港澳台投资企业 | 国有控股 | 外商投资企业 | 国有控股 | 个体经营 |
|---|---|---|---|---|---|---|---|---|---|---|---|---|---|---|---|---|---|---|
| | | | | 小计 | 国有企业 | 集体企业 | 股份合作企业 | 联营企业 | 国有控股 | 股份公司 | 国有控股 | 私营企业 | 其他企业 | | | | | |
| 18 | 其中:按5%税率征收 | 54777 | 3618 | 1350 | | 9 | | | | 919 | 86 | 422 | | 2025 | | 209 | | 34 |
| 19 | 按10%税率征收 | | | | | | | | | | | | | | | | | |
| 20 | 按20%税率征收 | | | | | | | | | | | | | | | | | |
| 21 | 六、服务业 | 2674491 | 129441 | 93857 | 364 | 11491 | 14 | 3 | 1 | 59180 | 4843 | 17638 | 5167 | 13605 | 4291 | 8625 | 347 | 13354 |
| 22 | 1. 代理业 | 68999 | 3469 | 3064 | 3 | | | | | 2476 | 225 | 583 | 2 | 122 | 20 | 186 | 79 | 97 |
| 23 | 2. 旅店业 | 89481 | 4490 | 3893 | 1 | 56 | | | | 2662 | 129 | 1170 | 4 | 239 | 2 | 139 | | 219 |
| 24 | 3. 饮食业 | 366567 | 18320 | 8525 | 1 | 99 | 5 | | | 6084 | 325 | 2336 | | 1580 | 42 | 2116 | 83 | 6099 |
| 25 | 4. 旅游业 | 5642 | 262 | 262 | 2 | 1 | | | | 252 | 10 | 7 | | | | | | |
| 26 | 5. 仓储业 | | | | | | | | | | | | | | | | | |
| 27 | 6. 租赁业 | 949271 | 47808 | 37930 | 221 | 9104 | 9 | 2 | | 18298 | 1638 | 6529 | 3767 | 3522 | 362 | 1564 | 46 | 4792 |
| 28 | 其中:房屋租赁 | 579136 | 28244 | 20524 | 90 | 4999 | 4 | | | 8935 | 440 | 4638 | 1858 | 2627 | 297 | 936 | 5 | 4157 |
| 29 | 7. 广告业 | 24 | 2 | 1 | | | | | | 1 | | | | | | | | 1 |
| 30 | 8. 其他服务业 | 1194507 | 55090 | 40182 | 136 | 2231 | | 1 | 1 | 29407 | 2516 | 7013 | 1394 | 8142 | 3865 | 4620 | 139 | 2146 |
| 31 | 七、转让无形资产 | 156182 | 9126 | 6462 | 667 | 393 | | | | 877 | | 2936 | 1589 | 1237 | | 1008 | | 419 |
| 32 | 其中:转让土地使用权 | 144566 | 8544 | 5882 | 667 | 388 | | | | 306 | | 2932 | 1589 | 1235 | | 1008 | | 419 |
| 33 | 八、销售不动产 | 8006818 | 404401 | 366286 | 209 | 18142 | 1 | | | 229020 | 69481 | 116678 | 2236 | 27079 | 1 | 6377 | | 4659 |
| 34 | 九、文化体育业 | 50046 | 1516 | 1378 | 2 | -1 | 1 | | | 685 | 24 | 108 | 583 | 11 | | 100 | 85 | 27 |
| 35 | 十、税款滞纳金罚款收入 | | 5706 | 4378 | | 1157 | | | | 1642 | 481 | 935 | 644 | 264 | | 886 | | 178 |

# 2016年中山市地方税务局营业税分税目分企业类型统计年报表

编报机关:中山市地方税务局　　　　单位:万元

| 序号 | 项　目 | 应税营业收入 | 合计 | 内资企业 | | | | | | | | | | 港澳台投资企业 | | 外商投资企业 | | 个体经营 |
|---|---|---|---|---|---|---|---|---|---|---|---|---|---|---|---|---|---|---|
| | | | | 小计 | 国有企业 | 集体企业 | 股份合作企业 | 联营企业 | 国有控股 | 股份公司 | 国有控股 | 私营企业 | 其他企业 | | 国有控股 | | 国有控股 | |
| 1 | 合　计 | 12398850 | 488194 | 436629 | 9522 | 5070 | 670 | 226 | | 332259 | 58301 | 63910 | 24972 | 34139 | 1476 | 6116 | 191 | 11310 |
| 2 | 一、建筑业 | 3895997 | 130648 | 122124 | 9256 | 2748 | 627 | 214 | | 83402 | 371 | 20102 | 5775 | 395 | | 264 | | 7865 |
| 3 | 其中:建筑 | 1885312 | 62744 | 62095 | 5326 | 1598 | 419 | 2 | | 44948 | 5 | 5547 | 4255 | 1 | | 18 | | 630 |
| 4 | 安装 | 385842 | 13026 | 11634 | 501 | 205 | 48 | 5 | | 6842 | 258 | 3945 | 88 | 72 | | 133 | | 1187 |
| 5 | 二、交通运输业 | | | | | | | | | | | | | | | | | |
| 6 | 1. 陆路运输 | | | | | | | | | | | | | | | | | |
| 7 | 2. 水路运输 | | | | | | | | | | | | | | | | | |
| 8 | 3. 航空运输 | | | | | | | | | | | | | | | | | |
| 9 | 4. 管道运输 | | | | | | | | | | | | | | | | | |
| 10 | 5. 装卸搬运 | | | | | | | | | | | | | | | | | |
| 11 | 三、邮电通信业 | 9044 | 271 | 271 | | | | | | 271 | | | | | | | | |
| 12 | 1. 邮政 | | | | | | | | | | | | | | | | | |
| 13 | 2. 电信 | 9044 | 271 | 271 | | | | | | 271 | | | | | | | | |
| 14 | 四、金融保险业 | 2452776 | 59639 | 59929 | 135 | 135 | | | | 59347 | 36083 | 269 | 43 | 787 | 1 | -1378 | 37 | 301 |
| 15 | 1. 金融 | 1184274 | 59212 | 57227 | 135 | 135 | | | | 56645 | 33381 | 269 | 43 | 787 | 1 | 897 | 25 | 301 |
| 16 | 2. 保险 | 1268502 | 427 | 2702 | | | | | | 2702 | 2702 | | | | | -2275 | 12 | |
| 17 | 五、娱乐业 | 14033 | 1467 | 1214 | | 14 | | | | 505 | 65 | 695 | | 208 | | 16 | | 29 |

续表

| 序号 | 项　目 | 应税营业收入 | 合计 | 内　资　企　业 | | | | | | | | | | 港澳台投资企业 | | 外商投资企业 | | 个体经营 |
|---|---|---|---|---|---|---|---|---|---|---|---|---|---|---|---|---|---|---|
| | | | | 小计 | 国有企业 | 集体企业 | 股份合作企业 | 联营企业 | 国有控股 | 股份公司 | 国有控股 | 私营企业 | 其他企业 | | 国有控股 | | 国有控股 | |
| 18 | 其中:按5%税率征收 | 14033 | 1467 | 1214 | | 14 | | | | 505 | 65 | 695 | | 208 | | 16 | | 29 |
| 19 | 按10%税率征收 | | | | | | | | | | | | | | | | | |
| 20 | 按20%税率征收 | | | | | | | | | | | | | | | | | |
| 21 | 六、服务业 | 1113580 | 53149 | 41011 | 131 | 1538 | 43 | 9 | | 21619 | 4088 | 8897 | 8774 | 5881 | 1469 | 3571 | 154 | 2686 |
| 22 | 1. 代理业 | 79923 | 3225 | 2674 | 3 | 23 | | | | 1789 | 67 | 820 | 39 | 100 | 2 | 284 | 2 | 167 |
| 23 | 2. 旅店业 | 40818 | 2038 | 1706 | 4 | 9 | | | | 1115 | 64 | 574 | 4 | 201 | 6 | 92 | 21 | 39 |
| 24 | 3. 饮食业 | 194200 | 9689 | 6145 | | 67 | | | | 2989 | 227 | 3075 | 14 | 1075 | 46 | 610 | 47 | 1859 |
| 25 | 4. 旅游业 | 2795 | 140 | 139 | 7 | | | | | 115 | 21 | 17 | | | | | | 1 |
| 26 | 5. 仓储业 | | | | | | | | | | | | | | | | | |
| 27 | 6. 租赁业 | 364339 | 18089 | 16163 | 42 | 1220 | 35 | 9 | | 5945 | 1721 | 972 | 7940 | 1223 | 347 | 449 | 60 | 254 |
| 28 | 其中:房屋租赁 | 310889 | 15357 | 14107 | 42 | 961 | 33 | 4 | | 4828 | 1563 | 887 | 7352 | 670 | 102 | 409 | 59 | 171 |
| 29 | 7. 广告业 | | | | | | | | | | | | | | | | | |
| 30 | 8. 其他服务业 | 431505 | 19968 | 14184 | 75 | 219 | 8 | | | 9666 | 1988 | 3439 | 777 | 3282 | 1068 | 2136 | 24 | 366 |
| 31 | 七、转让无形资产 | 12274 | -529 | -566 | | 105 | | | | -1119 | -1119 | | 448 | | | | | 37 |
| 32 | 其中:转让土地使用权 | 12274 | -559 | -596 | | 90 | | | | -1119 | -1119 | | 433 | | | | | 37 |
| 33 | 八、销售不动产 | 4870335 | 240161 | 209658 | | 483 | | 3 | | 166098 | 18791 | 33422 | 9652 | 26752 | | 3525 | | 226 |
| 34 | 九、文化体育业 | 30811 | 924 | 841 | | | | | | 308 | 8 | 261 | 272 | 28 | | 17 | | 38 |
| 35 | 十、税款滞纳金罚款收入 | | 2464 | 2147 | | 47 | | | | 1828 | 14 | 264 | 8 | 88 | 6 | 101 | | 128 |

# 2016年江门市地方税务局营业税分税目分企业类型统计年报表

编报机关:江门市地方税务局　　　　单位:万元

| 序号 | 项目 | 应税营业收入 | 合计 | 内资企业 | | | | | | | | | | 港澳台投资企业 | | 外商投资企业 | | 个体经营 |
|---|---|---|---|---|---|---|---|---|---|---|---|---|---|---|---|---|---|---|
| | | | | 小计 | 国有企业 | 集体企业 | 股份合作企业 | 联营企业 | 国有控股 | 股份公司 | 国有控股 | 私营企业 | 其他企业 | | 国有控股 | | 国有控股 | |
| 1 | 合　计 | 7113949 | 272105 | 241896 | 14351 | 12221 | 3383 | 205 | 1 | 177589 | 30045 | 30481 | 3666 | 12388 | 506 | 1462 | 192 | 16359 |
| 2 | 一、建筑业 | 2938708 | 102734 | 93566 | 12686 | 5021 | 52 | 198 | | 61344 | 2673 | 12812 | 1453 | 434 | | 296 | 97 | 8438 |
| 3 | 其中:建筑 | 1507151 | 56560 | 55412 | 9714 | 2672 | | 68 | | 37058 | 2051 | 4866 | 1034 | 141 | | 41 | | 966 |
| 4 | 安装 | 222936 | 6864 | 5598 | 127 | 100 | 41 | 7 | | 2762 | 561 | 2546 | 15 | 108 | | 127 | 96 | 1031 |
| 5 | 二、交通运输业 | 11878 | 356 | 356 | | | | | | 356 | | | | | | | | |
| 6 | 1. 陆路运输 | 11796 | 354 | 354 | | | | | | 354 | | | | | | | | |
| 7 | 2. 水路运输 | | | | | | | | | | | | | | | | | |
| 8 | 3. 航空运输 | | | | | | | | | | | | | | | | | |
| 9 | 4. 管道运输 | | | | | | | | | | | | | | | | | |
| 10 | 5. 装卸搬运 | 82 | 2 | 2 | | | | | | 2 | | | | | | | | |
| 11 | 三、邮电通信业 | 6031 | 181 | 174 | | | | | | 174 | | | | | | 7 | | |
| 12 | 1. 邮政 | | | | | | | | | | | | | | | | | |
| 13 | 2. 电信 | 6031 | 181 | 174 | | | | | | 174 | | | | | | 7 | | |
| 14 | 四、金融保险业 | 1566517 | 38513 | 41353 | 847 | | 3314 | 3 | | 37116 | 17542 | 73 | | 603 | 79 | -3459 | 20 | 16 |
| 15 | 1. 金融 | 931116 | 40697 | 39736 | 733 | | 3314 | | | 35616 | 16585 | 73 | | 523 | 48 | 431 | 18 | 7 |
| 16 | 2. 保险 | 635401 | -2184 | 1617 | 114 | | | 3 | | 1500 | 957 | | | 80 | 31 | -3890 | 2 | 9 |
| 17 | 五、娱乐业 | 6303 | 716 | 453 | 8 | | | | | 233 | 42 | 212 | | 66 | | 12 | | 185 |

续表

| 序号 | 项目 | 应税营业收入 | 合计 | 内资企业 | | | | | | | | | | 港澳台投资企业 | 国有控股 | 外商投资企业 | 国有控股 | 个体经营 |
|---|---|---|---|---|---|---|---|---|---|---|---|---|---|---|---|---|---|---|
| | | | | 小计 | 国有企业 | 集体企业 | 股份合作企业 | 联营企业 | 国有控股 | 股份公司 | 国有控股 | 私营企业 | 其他企业 | | | | | |
| 18 | 其中:按5%税率征收 | 6303 | 716 | 453 | 8 | | | | | 233 | 42 | 212 | | 66 | | 12 | | 185 |
| 19 | 按10%税率征收 | | | | | | | | | | | | | | | | | |
| 20 | 按20%税率征收 | | | | | | | | | | | | | | | | | |
| 21 | 六、服务业 | 617020 | 29142 | 19376 | 323 | 718 | 16 | 4 | 1 | 12605 | 1452 | 3860 | 1850 | 3260 | 209 | 1899 | 54 | 4607 |
| 22 | 1. 代理业 | 9715 | 486 | 388 | 38 | 5 | | | | 270 | 20 | 75 | | 41 | | 22 | 2 | 35 |
| 23 | 2. 旅店业 | 35051 | 1760 | 1085 | 5 | 2 | | | | 814 | 86 | 255 | 9 | 97 | | 282 | | 296 |
| 24 | 3. 饮食业 | 120721 | 6022 | 2277 | 1 | 2 | | | | 1381 | 68 | 893 | | 607 | | 640 | 13 | 2498 |
| 25 | 4. 旅游业 | 3890 | 195 | 192 | 6 | 2 | | | | 140 | 2 | 37 | 7 | | | | | 3 |
| 26 | 5. 仓储业 | | | | | | | | | | | | | | | | | |
| 27 | 6. 租赁业 | 143003 | 7023 | 4643 | 204 | 381 | 5 | 1 | 1 | 2315 | 177 | 654 | 1083 | 1052 | 8 | 189 | 15 | 1139 |
| 28 | 其中:房屋租赁 | 73165 | 3595 | 2053 | 69 | 167 | 1 | | | 1052 | 74 | 341 | 423 | 654 | 3 | 95 | | 793 |
| 29 | 7. 广告业 | | | | | | | | | | | | | | | | | |
| 30 | 8. 其他服务业 | 304640 | 13656 | 10791 | 69 | 326 | 11 | 3 | | 7685 | 1099 | 1946 | 751 | 1463 | 201 | 766 | 24 | 636 |
| 31 | 七、转让无形资产 | 16954 | 1335 | 935 | 6 | 35 | | | | 680 | | 84 | 130 | 166 | | 4 | | 230 |
| 32 | 其中:转让土地使用权 | 16760 | 1324 | 927 | 6 | 34 | | | | 680 | | 81 | 126 | 165 | | 2 | | 230 |
| 33 | 八、销售不动产 | 1936521 | 96784 | 83626 | 344 | 6322 | 1 | | | 63675 | 8148 | 13203 | 81 | 7725 | 218 | 2676 | 21 | 2757 |
| 34 | 九、文化体育业 | 14017 | 421 | 398 | 3 | 1 | | | | 209 | 62 | 79 | 106 | 1 | | 9 | | 13 |
| 35 | 十、税款滞纳金罚款收入 | | 1923 | 1659 | 134 | 124 | | | | 1197 | 126 | 158 | 46 | 133 | | 18 | | 113 |

# 2016年阳江市地方税务局营业税分税目分企业类型统计年报表

编报机关:阳江市地方税务局　　　　单位:万元

| 序号 | 项目 | 应税营业收入 | 合计 | 内资企业 | | | | | | | | | | 港澳台投资企业 | | 外商投资企业 | | 个体经营 |
|---|---|---|---|---|---|---|---|---|---|---|---|---|---|---|---|---|---|---|
| | | | | 小计 | 国有企业 | 集体企业 | 股份合作企业 | 联营企业 | 国有控股 | 股份公司 | 国有控股 | 私营企业 | 其他企业 | | 国有控股 | | 国有控股 | |
| 1 | 合计 | 2582990 | 96197 | 88232 | 3443 | 3141 | 551 | 17 | | 61586 | 9384 | 17522 | 1972 | 2079 | 1 | 715 | 15 | 5171 |
| 2 | 一、建筑业 | 1288223 | 40154 | 36957 | 1935 | 3043 | 2 | 17 | | 25272 | 702 | 6062 | 626 | 49 | | 66 | | 3082 |
| 3 | 其中:建筑 | 762643 | 22990 | 21803 | 979 | 2171 | | 4 | | 15616 | 683 | 2687 | 346 | 33 | | 27 | | 1127 |
| 4 | 安装 | 56456 | 1820 | 1735 | 138 | 69 | 1 | | | 1025 | 14 | 485 | 17 | 8 | | 28 | | 49 |
| 5 | 二、交通运输业 | | | | | | | | | | | | | | | | | |
| 6 | 1. 陆路运输 | | | | | | | | | | | | | | | | | |
| 7 | 2. 水路运输 | | | | | | | | | | | | | | | | | |
| 8 | 3. 航空运输 | | | | | | | | | | | | | | | | | |
| 9 | 4. 管道运输 | | | | | | | | | | | | | | | | | |
| 10 | 5. 装卸搬运 | | | | | | | | | | | | | | | | | |
| 11 | 三、邮电通信业 | 2751 | 64 | 8 | | | | | | 8 | 8 | | | | | 56 | | |
| 12 | 1. 邮政 | | | | | | | | | | | | | | | | | |
| 13 | 2. 电信 | 2751 | 64 | 8 | | | | | | 8 | 8 | | | | | 56 | | |
| 14 | 四、金融保险业 | 409573 | 14817 | 14696 | 922 | | 549 | | | 13219 | 7894 | 6 | | 101 | | 20 | | |
| 15 | 1. 金融 | 277195 | 12685 | 12565 | 889 | | 549 | | | 11121 | 6941 | 6 | | 101 | | 19 | | |
| 16 | 2. 保险 | 132378 | 2132 | 2131 | 33 | | | | | 2098 | 953 | | | | | 1 | | |
| 17 | 五、娱乐业 | 1751 | 176 | 93 | | | | | | 21 | 1 | 72 | | 42 | | | | 41 |

续表

| 序号 | 项目 | 应税营业收入 | 合计 | 内资企业 | | | | | | | | | | 港澳台投资企业 | | 外商投资企业 | | 个体经营 |
|---|---|---|---|---|---|---|---|---|---|---|---|---|---|---|---|---|---|---|
| | | | | 小计 | 国有企业 | 集体企业 | 股份合作企业 | 联营企业 | 国有控股 | 股份公司 | 国有控股 | 私营企业 | 其他企业 | | 国有控股 | | 国有控股 | |
| 18 | 其中:按5%税率征收 | 1751 | 176 | 93 | | | | | | 21 | 1 | 72 | | 42 | | | | 41 |
| 19 | 按10%税率征收 | | | | | | | | | | | | | | | | | |
| 20 | 按20%税率征收 | | | | | | | | | | | | | | | | | |
| 21 | 六、服务业 | 202785 | 9093 | 7163 | 148 | 60 | | | | 3477 | 443 | 2383 | 1095 | 458 | 1 | 396 | 15 | 1076 |
| 22 | 1. 代理业 | 2208 | 110 | 110 | 3 | | | | | 99 | 64 | 8 | | | | | | |
| 23 | 2. 旅店业 | 12094 | 591 | 438 | 1 | 3 | | | | 203 | 1 | 146 | 85 | 23 | | 34 | | 96 |
| 24 | 3. 饮食业 | 43804 | 2191 | 1214 | 5 | 3 | | | | 410 | 9 | 759 | 37 | 155 | | 165 | | 657 |
| 25 | 4. 旅游业 | 251 | 13 | 13 | | | | | | 3 | | 10 | | | | | | |
| 26 | 5. 仓储业 | 5 | | | | | | | | | | | | | | | | |
| 27 | 6. 租赁业 | 19893 | 973 | 695 | 42 | 3 | | | | 232 | 65 | 261 | 157 | 77 | 1 | 39 | 15 | 162 |
| 28 | 其中:房屋租赁 | 10396 | 484 | 331 | 29 | 1 | | | | 124 | 52 | 108 | 69 | 36 | 1 | 1 | | 116 |
| 29 | 7. 广告业 | | | | | | | | | | | | | | | | | |
| 30 | 8. 其他服务业 | 124530 | 5215 | 4693 | 97 | 51 | | | | 2530 | 304 | 1199 | 816 | 203 | | 158 | | 161 |
| 31 | 七、转让无形资产 | 7898 | 447 | 253 | 67 | 4 | | | | 111 | 52 | 10 | 61 | | | | | 194 |
| 32 | 其中:转让土地使用权 | 7848 | 444 | 250 | 67 | 4 | | | | 111 | 52 | 7 | 61 | | | | | 194 |
| 33 | 八、销售不动产 | 663315 | 30111 | 27818 | 315 | 8 | | | | 18689 | 180 | 8780 | 26 | 1391 | | 137 | | 765 |
| 34 | 九、文化体育业 | 6694 | 214 | 208 | 10 | 9 | | | | 41 | 5 | 6 | 142 | | | 2 | | 4 |
| 35 | 十、税款滞纳金罚款收入 | | 1121 | 1036 | 46 | 17 | | | | 748 | 99 | 203 | 22 | 38 | | 38 | | 9 |

# 2016年湛江市地方税务局营业税分税目分企业类型统计年报表

编报机关:湛江市地方税务局　　　　单位:万元

| 序号 | 项目 | 应税营业收入 | 合计 | 内资企业 | | | | | | | | | | 港澳台投资企业 | 国有控股 | 外商投资企业 | 国有控股 | 个体经营 |
|---|---|---|---|---|---|---|---|---|---|---|---|---|---|---|---|---|---|---|
| | | | | 小计 | 国有企业 | 集体企业 | 股份合作企业 | 联营企业 | 国有控股 | 股份公司 | 国有控股 | 私营企业 | 其他企业 | | | | | |
| 1 | 合计 | 4723739 | 176361 | 165843 | 12413 | 8382 | 2897 | 106 | 1 | 116045 | 21661 | 22254 | 3746 | 2221 | 32 | 880 | 34 | 7417 |
| 2 | 一、建筑业 | 2176790 | 61680 | 57718 | 9139 | 7279 | 111 | 5 | | 27950 | 243 | 11447 | 1787 | 138 | | 174 | | 3650 |
| 3 | 其中:建筑 | 1438990 | 36949 | 35761 | 5407 | 4417 | | 2 | | 18113 | 82 | 6912 | 910 | 48 | | 42 | | 1098 |
| 4 | 安装 | 133581 | 4434 | 4085 | 979 | 224 | | | | 1647 | 9 | 1032 | 203 | 17 | | 103 | | 229 |
| 5 | 二、交通运输业 | -1233 | | | | | | | | | | | | | | | | |
| 6 | 1. 陆路运输 | -1233 | | | | | | | | | | | | | | | | |
| 7 | 2. 水路运输 | | | | | | | | | | | | | | | | | |
| 8 | 3. 航空运输 | | | | | | | | | | | | | | | | | |
| 9 | 4. 管道运输 | | | | | | | | | | | | | | | | | |
| 10 | 5. 装卸搬运 | | | | | | | | | | | | | | | | | |
| 11 | 三、邮电通信业 | 927 | 176 | 176 | 1 | | | | | 175 | | | | | | | | |
| 12 | 1. 邮政 | 27 | 1 | 1 | 1 | | | | | | | | | | | | | |
| 13 | 2. 电信 | 900 | 175 | 175 | | | | | | 175 | | | | | | | | |
| 14 | 四、金融保险业 | 941505 | 39270 | 38891 | 1259 | 604 | 2767 | | | 34028 | 16520 | 195 | 38 | 272 | -20 | 91 | -14 | 16 |
| 15 | 1. 金融 | 819617 | 37706 | 37419 | 1358 | 604 | 2767 | | | 32457 | 16483 | 195 | 38 | 235 | | 36 | | 16 |
| 16 | 2. 保险 | 121888 | 1564 | 1472 | -99 | | | | | 1571 | 37 | | | 37 | -20 | 55 | -14 | |
| 17 | 五、娱乐业 | 2888 | 401 | 210 | | 3 | | | | 30 | | 177 | | 122 | | | | 69 |

续表

| 序号 | 项目 | 应税营业收入 | 合计 | 内资企业 | | | | | | | | | | 港澳台投资企业 | | 外商投资企业 | | 个体经营 |
|---|---|---|---|---|---|---|---|---|---|---|---|---|---|---|---|---|---|---|
| | | | | 小计 | 国有企业 | 集体企业 | 股份合作企业 | 联营企业 | 国有控股 | 股份公司 | 国有控股 | 私营企业 | 其他企业 | | 国有控股 | | 国有控股 | |
| 18 | 其中:按5%税率征收 | 2888 | 401 | 210 | | 3 | | | | 30 | | 177 | | 122 | | | | 69 |
| 19 | 按10%税率征收 | | | | | | | | | | | | | | | | | |
| 20 | 按20%税率征收 | | | | | | | | | | | | | | | | | |
| 21 | 六、服务业 | 395048 | 18537 | 15090 | 503 | 335 | 19 | 2 | 1 | 9337 | 3318 | 3229 | 1665 | 468 | 1 | 581 | 47 | 2398 |
| 22 | 1. 代理业 | 4940 | 247 | 242 | 9 | | 1 | | | 199 | 30 | 33 | | | | 5 | 1 | |
| 23 | 2. 旅店业 | 25457 | 1270 | 915 | 29 | 7 | | | | 451 | 63 | 412 | 16 | 81 | 1 | | | 274 |
| 24 | 3. 饮食业 | 75744 | 3799 | 1786 | 24 | 10 | | | | 858 | 193 | 885 | 9 | 173 | | 352 | | 1488 |
| 25 | 4. 旅游业 | 650 | 32 | 32 | 1 | | | | | 25 | 3 | 3 | 3 | | | | | |
| 26 | 5. 仓储业 | 218 | 11 | 11 | | | | | | 11 | | | | | | | | |
| 27 | 6. 租赁业 | 78030 | 3631 | 3106 | 221 | 79 | 10 | | | 1386 | 261 | 631 | 779 | 84 | | 120 | 17 | 321 |
| 28 | 其中:房屋租赁 | 35504 | 1607 | 1394 | 110 | 52 | 9 | | | 605 | 90 | 297 | 321 | 28 | | 13 | 4 | 172 |
| 29 | 7. 广告业 | 1 | | | | | | | | | | | | | | | | |
| 30 | 8. 其他服务业 | 210008 | 9547 | 8998 | 219 | 239 | 8 | 2 | 1 | 6407 | 2768 | 1265 | 858 | 130 | | 104 | 29 | 315 |
| 31 | 七、转让无形资产 | 32358 | 1679 | 1117 | 572 | 6 | | 42 | | 379 | 9 | 29 | 89 | 58 | 51 | 33 | | 471 |
| 32 | 其中:转让土地使用权 | 27647 | 1444 | 882 | 572 | 6 | | 42 | | 149 | 9 | 24 | 89 | 58 | 51 | 33 | | 471 |
| 33 | 八、销售不动产 | 1169050 | 52845 | 50904 | 710 | 66 | | 57 | | 43092 | 1491 | 6932 | 47 | 1159 | | | | 782 |
| 34 | 九、文化体育业 | 6406 | 168 | 160 | 3 | 3 | | | | 32 | 14 | 23 | 99 | | | | | 8 |
| 35 | 十、税款滞纳金罚款收入 | | 1605 | 1577 | 226 | 86 | | | | 1022 | 66 | 222 | 21 | 4 | | 1 | 1 | 23 |

# 2016年茂名市地方税务局营业税分税目分企业类型统计年报表

编报机关：茂名市地方税务局　　　　单位：万元

| 序号 | 项　目 | 应税营业收入 | 合计 | 内资企业 | | | | | | | | | | 港澳台投资企业 | | 外商投资企业 | | 个体经营 |
|---|---|---|---|---|---|---|---|---|---|---|---|---|---|---|---|---|---|---|
| | | | | 小计 | 国有企业 | 集体企业 | 股份合作企业 | 联营企业 | 国有控股 | 股份公司 | 国有控股 | 私营企业 | 其他企业 | | 国有控股 | | 国有控股 | |
| 1 | 合　计 | 3404933 | 129489 | 122645 | 12274 | 3430 | 5049 | 15 | | 95045 | 8642 | 2682 | 4150 | 363 | | -28 | -348 | 6509 |
| 2 | 一、建筑业 | 1385649 | 43713 | 41144 | 5760 | 3129 | 64 | 9 | | 27899 | 717 | 2170 | 2113 | 57 | | 111 | | 2401 |
| 3 | 其中：建筑 | 686251 | 20317 | 19471 | 2203 | 2007 | 16 | | | 12826 | 541 | 662 | 1757 | 3 | | 87 | | 756 |
| 4 | 安装 | 45316 | 1397 | 1271 | 213 | 98 | | 7 | | 897 | 3 | 48 | 8 | 30 | | 7 | | 89 |
| 5 | 二、交通运输业 | 21 | 1 | 1 | | | | | | 1 | | | | | | | | |
| 6 | 1. 陆路运输 | 21 | 1 | 1 | | | | | | 1 | | | | | | | | |
| 7 | 2. 水路运输 | | | | | | | | | | | | | | | | | |
| 8 | 3. 航空运输 | | | | | | | | | | | | | | | | | |
| 9 | 4. 管道运输 | | | | | | | | | | | | | | | | | |
| 10 | 5. 装卸搬运 | | | | | | | | | | | | | | | | | |
| 11 | 三、邮电通信业 | 3145 | 1 | -93 | -93 | | | | | | | | | 94 | | | | |
| 12 | 1. 邮政 | | -93 | -93 | -93 | | | | | | | | | | | | | |
| 13 | 2. 电信 | 3145 | 94 | | | | | | | | | | | 94 | | | | |
| 14 | 四、金融保险业 | 678166 | 18675 | 18898 | 3331 | 164 | 4827 | | | 10559 | 5623 | 15 | 2 | 76 | | -300 | -334 | 1 |
| 15 | 1. 金融 | 366125 | 16821 | 16700 | 3151 | 164 | 4827 | | | 8541 | 4591 | 15 | 2 | 75 | | 45 | 40 | 1 |
| 16 | 2. 保险 | 312041 | 1854 | 2198 | 180 | | | | | 2018 | 1032 | | | 1 | | -345 | -374 | |
| 17 | 五、娱乐业 | 1966 | 249 | 130 | | | | | | 108 | 7 | 21 | 1 | | | | | 119 |

续表

| 序号 | 项目 | 应税营业收入 | 合计 | 内资企业 | | | | | | | | | | 港澳台投资企业 | 国有控股 | 外商投资企业 | 国有控股 | 个体经营 |
|---|---|---|---|---|---|---|---|---|---|---|---|---|---|---|---|---|---|---|
| | | | | 小计 | 国有企业 | 集体企业 | 股份合作企业 | 联营企业 | 国有控股 | 股份公司 | 国有控股 | 私营企业 | 其他企业 | | | | | |
| 18 | 其中:按5%税率征收 | 1966 | 249 | 130 | | | | | | 108 | 7 | 21 | 1 | | | | | 119 |
| 19 | 按10%税率征收 | | | | | | | | | | | | | | | | | |
| 20 | 按20%税率征收 | | | | | | | | | | | | | | | | | |
| 21 | 六、服务业 | 227990 | 10651 | 8782 | 1280 | 81 | 39 | 6 | | 6128 | 467 | 161 | 1087 | 35 | | 175 | 8 | 1659 |
| 22 | 1. 代理业 | 6470 | 326 | 276 | 2 | 14 | 2 | | | 246 | 86 | 12 | | | | 3 | | 47 |
| 23 | 2. 旅店业 | 12628 | 629 | 407 | 19 | 4 | | 3 | | 351 | | 26 | 4 | | | | | 222 |
| 24 | 3. 饮食业 | 37978 | 1864 | 616 | 36 | 3 | | | | 492 | 1 | 85 | | | | 157 | 8 | 1091 |
| 25 | 4. 旅游业 | 1442 | 72 | 68 | 4 | | | | | 64 | | | | | | | | 4 |
| 26 | 5. 仓储业 | | | | | | | | | | | | | | | | | |
| 27 | 6. 租赁业 | 47538 | 2335 | 2178 | 800 | 17 | 15 | 3 | | 793 | 88 | 11 | 539 | 28 | | 2 | | 127 |
| 28 | 其中:房屋租赁 | 21307 | 1023 | 944 | 209 | 7 | 15 | 2 | | 390 | 76 | | 321 | | | | | 79 |
| 29 | 7. 广告业 | | | | | | | | | | | | | | | | | |
| 30 | 8. 其他服务业 | 121934 | 5425 | 5237 | 419 | 43 | 22 | | | 4182 | 292 | 27 | 544 | 7 | | 13 | | 168 |
| 31 | 七、转让无形资产 | 31882 | 3719 | 3117 | 1897 | 42 | 34 | | | 913 | 10 | | 231 | 28 | | -22 | -22 | 596 |
| 32 | 其中:转让土地使用权 | 31809 | 3717 | 3115 | 1897 | 42 | 34 | | | 911 | 10 | | 231 | 28 | | -22 | -22 | 596 |
| 33 | 八、销售不动产 | 1056945 | 51084 | 49355 | 49 | 4 | 84 | | | 48411 | 1804 | 314 | 493 | 19 | | 8 | | 1702 |
| 34 | 九、文化体育业 | 19169 | 576 | 556 | 15 | | | | | 481 | 3 | | 60 | 16 | | | | 4 |
| 35 | 十、税款滞纳金罚款收入 | | 820 | 755 | 35 | 10 | 1 | | | 545 | 11 | 1 | 163 | 38 | | | | 27 |

# 2016年肇庆市地方税务局营业税分税目分企业类型统计年报表

编报机关：肇庆市地方税务局　　　　单位：万元

| 序号 | 项目 | 应税营业收入 | 合计 | 内资企业 | | | | | | | | | | 港澳台投资企业 | | 外商投资企业 | | 个体经营 |
|---|---|---|---|---|---|---|---|---|---|---|---|---|---|---|---|---|---|---|
| | | | | 小计 | 国有企业 | 集体企业 | 股份合作企业 | 联营企业 | 国有控股 | 股份公司 | 国有控股 | 私营企业 | 其他企业 | | 国有控股 | | 国有控股 | |
| 1 | 合计 | 4108987 | 161716 | 149316 | 7135 | 4118 | 2509 | 36 | | 105553 | 20530 | 24123 | 5842 | 2572 | 157 | 2975 | 3 | 6853 |
| 2 | 一、建筑业 | 1905437 | 65457 | 62140 | 4808 | 3403 | 10 | 29 | | 43602 | 3354 | 9940 | 348 | 55 | 3 | 296 | 1 | 2966 |
| 3 | 其中：建筑 | 1147145 | 40808 | 39514 | 2325 | 1271 | | 20 | | 31205 | 2873 | 4558 | 135 | 17 | | 109 | 1 | 1168 |
| 4 | 安装 | 80012 | 2495 | 1990 | 46 | 54 | | | | 1185 | 188 | 672 | 33 | 13 | | 104 | | 388 |
| 5 | 二、交通运输业 | | | | | | | | | | | | | | | | | |
| 6 | 1. 陆路运输 | | | | | | | | | | | | | | | | | |
| 7 | 2. 水路运输 | | | | | | | | | | | | | | | | | |
| 8 | 3. 航空运输 | | | | | | | | | | | | | | | | | |
| 9 | 4. 管道运输 | | | | | | | | | | | | | | | | | |
| 10 | 5. 装卸搬运 | | | | | | | | | | | | | | | | | |
| 11 | 三、邮电通信业 | 3188 | 96 | 96 | | | | | | 96 | | | | | | | | |
| 12 | 1. 邮政 | | | | | | | | | | | | | | | | | |
| 13 | 2. 电信 | 3188 | 96 | 96 | | | | | | 96 | | | | | | | | |
| 14 | 四、金融保险业 | 708770 | 24443 | 23868 | 1610 | | 2476 | | | 19612 | 9924 | 165 | 5 | 306 | | 261 | -2 | 8 |
| 15 | 1. 金融 | 517469 | 22541 | 22129 | 1570 | | 2476 | | | 17913 | 8888 | 165 | 5 | 268 | | 136 | | 8 |
| 16 | 2. 保险 | 191301 | 1902 | 1739 | 40 | | | | | 1699 | 1036 | | | 38 | | 125 | -2 | |
| 17 | 五、娱乐业 | 3897 | 496 | 181 | | | | | | 74 | | 107 | | 33 | | | | 282 |

续表

| 序号 | 项　目 | 应税营业收入 | 合计 | 内资企业 | | | | | | | | | | 港澳台投资企业 | | 外商投资企业 | | 个体经营 |
|---|---|---|---|---|---|---|---|---|---|---|---|---|---|---|---|---|---|---|
| | | | | 小计 | 国有企业 | 集体企业 | 股份合作企业 | 联营企业 | 国有控股 | 股份公司 | 国有控股 | 私营企业 | 其他企业 | | 国有控股 | | 国有控股 | |
| 18 | 其中:按5%税率征收 | 3897 | 496 | 181 | | | | | | 74 | | 107 | | 33 | | | | 282 |
| 19 | 按10%税率征收 | | | | | | | | | | | | | | | | | |
| 20 | 按20%税率征收 | | | | | | | | | | | | | | | | | |
| 21 | 六、服务业 | 349441 | 15672 | 11462 | 730 | 261 | 23 | 2 | | 6495 | 962 | 2511 | 1440 | 1128 | 37 | 761 | 4 | 2321 |
| 22 | 1. 代理业 | 12619 | 616 | 523 | 10 | 3 | 16 | | | 387 | 144 | 107 | | 2 | | 36 | | 55 |
| 23 | 2. 旅店业 | 18849 | 938 | 681 | 63 | | | | | 298 | 17 | 317 | 3 | 31 | | 50 | | 176 |
| 24 | 3. 饮食业 | 61892 | 3022 | 1096 | 94 | 1 | | | | 670 | 43 | 314 | 17 | 120 | | 274 | | 1532 |
| 25 | 4. 旅游业 | 1591 | 79 | 78 | 24 | | | | | 49 | 3 | 4 | 1 | | | | | 1 |
| 26 | 5. 仓储业 | | | | | | | | | | | | | | | | | |
| 27 | 6. 租赁业 | 73639 | 3654 | 3072 | 300 | 129 | 4 | | | 991 | 154 | 708 | 940 | 160 | 37 | 160 | 4 | 262 |
| 28 | 其中:房屋租赁 | 34734 | 1655 | 1339 | 148 | 21 | 1 | | | 585 | 96 | 311 | 273 | 91 | 37 | 105 | | 120 |
| 29 | 7. 广告业 | | | | | | | | | | | | | | | | | |
| 30 | 8. 其他服务业 | 180851 | 7363 | 6012 | 239 | 128 | 3 | 2 | | 4100 | 601 | 1061 | 479 | 815 | | 241 | | 295 |
| 31 | 七、转让无形资产 | 110294 | 4601 | 4173 | -411 | 216 | | 1 | | 870 | 210 | 62 | 3435 | 320 | -5 | 4 | | 104 |
| 32 | 其中:转让土地使用权 | 109964 | 4568 | 4141 | -411 | 216 | | 1 | | 845 | 209 | 60 | 3430 | 319 | -5 | 4 | | 104 |
| 33 | 八、销售不动产 | 1011478 | 49511 | 45992 | 353 | -4 | | | | 34099 | 6015 | 11248 | 296 | 728 | 122 | 1653 | | 1138 |
| 34 | 九、文化体育业 | 16482 | 487 | 481 | 6 | 4 | | | | 226 | 12 | 33 | 212 | | | | | 6 |
| 35 | 十、税款滞纳金罚款收入 | | 953 | 923 | 39 | 238 | | 4 | | 479 | 53 | 57 | 106 | 2 | | | | 28 |

# 2016年清远市地方税务局营业税分税目分企业类型统计年报表

编报机关：清远市地方税务局　　　　单位：万元

| 序号 | 项目 | 应税营业收入 | 合计 | 内资企业 | | | | | | | | | | 港澳台投资企业 | | 外商投资企业 | | 个体经营 |
|---|---|---|---|---|---|---|---|---|---|---|---|---|---|---|---|---|---|---|
| | | | | 小计 | 国有企业 | 集体企业 | 股份合作企业 | 联营企业 | 国有控股 | 股份公司 | 国有控股 | 私营企业 | 其他企业 | | 国有控股 | | 国有控股 | |
| 1 | 合计 | 4425736 | 175351 | 159076 | 7274 | 2689 | 2260 | 1840 | | 134167 | 13684 | 7309 | 3537 | 4797 | 68 | 3632 | 964 | 7846 |
| 2 | 一、建筑业 | 1895215 | 59581 | 54787 | 6243 | 1788 | 26 | 1795 | | 39861 | 147 | 3672 | 1402 | 245 | 2 | 661 | | 3888 |
| 3 | 其中：建筑 | 846911 | 25935 | 24287 | 3248 | 1081 | 26 | 1181 | | 17572 | 84 | 925 | 254 | 114 | | 576 | | 958 |
| 4 | 安装 | 130737 | 4134 | 3762 | 111 | 22 | | 328 | | 2686 | 16 | 525 | 90 | 26 | 2 | 16 | | 330 |
| 5 | 二、交通运输业 | | | | | | | | | | | | | | | | | |
| 6 | 1. 陆路运输 | | | | | | | | | | | | | | | | | |
| 7 | 2. 水路运输 | | | | | | | | | | | | | | | | | |
| 8 | 3. 航空运输 | | | | | | | | | | | | | | | | | |
| 9 | 4. 管道运输 | | | | | | | | | | | | | | | | | |
| 10 | 5. 装卸搬运 | | | | | | | | | | | | | | | | | |
| 11 | 三、邮电通信业 | 3320 | 100 | | | | | | | | | | | | | 100 | 1 | |
| 12 | 1. 邮政 | | | | | | | | | | | | | | | | | |
| 13 | 2. 电信 | 3320 | 100 | | | | | | | | | | | | | 100 | 1 | |
| 14 | 四、金融保险业 | 567526 | 20345 | 19757 | 300 | 783 | 2007 | | | 16665 | 11908 | | 2 | 418 | | -8 | 25 | 178 |
| 15 | 1. 金融 | 416947 | 18394 | 17657 | 300 | 783 | 2007 | | | 14565 | 10067 | | 2 | 418 | | 141 | 4 | 178 |
| 16 | 2. 保险 | 150579 | 1951 | 2100 | | | | | | 2100 | 1841 | | | | | -149 | 21 | |
| 17 | 五、娱乐业 | 5706 | 548 | 395 | | | | | | 328 | | 67 | | 6 | | 3 | | 144 |

续表

| 序号 | 项目 | 应税营业收入 | 合计 | 内资企业 | | | | | | | | | | 港澳台投资企业 | 国有控股 | 外商投资企业 | 国有控股 | 个体经营 |
|---|---|---|---|---|---|---|---|---|---|---|---|---|---|---|---|---|---|---|
| | | | | 小计 | 国有企业 | 集体企业 | 股份合作企业 | 联营企业 | 国有控股 | 股份公司 | 国有控股 | 私营企业 | 其他企业 | | | | | |
| 18 | 其中:按5%税率征收 | 5706 | 548 | 395 | | | | | | 328 | | 67 | | 6 | | 3 | | 144 |
| 19 | 按10%税率征收 | | | | | | | | | | | | | | | | | |
| 20 | 按20%税率征收 | | | | | | | | | | | | | | | | | |
| 21 | 六、服务业 | 383740 | 16613 | 12348 | 716 | 85 | 3 | 4 | | 9556 | 726 | 537 | 1447 | 863 | 55 | 1706 | 938 | 1696 |
| 22 | 1. 代理业 | 10346 | 511 | 384 | 16 | 1 | 1 | | | 364 | 203 | 2 | | | | 17 | 4 | 110 |
| 23 | 2. 旅店业 | 32503 | 1617 | 1152 | 5 | 5 | | | | 908 | 59 | 151 | 83 | 229 | | 81 | | 155 |
| 24 | 3. 饮食业 | 52569 | 2630 | 1092 | 17 | 10 | | | | 925 | 17 | 106 | 34 | 114 | | 347 | 22 | 1077 |
| 25 | 4. 旅游业 | 2655 | 198 | 43 | | | | | | 40 | | 3 | | 53 | 53 | 102 | | |
| 26 | 5. 仓储业 | | | | | | | | | | | | | | | | | |
| 27 | 6. 租赁业 | 41690 | 2130 | 1843 | 105 | 16 | 2 | 1 | | 1118 | 55 | 77 | 524 | 115 | 2 | 89 | 7 | 83 |
| 28 | 其中:房屋租赁 | 23200 | 1204 | 1049 | 39 | 5 | 1 | | | 492 | 40 | 26 | 486 | 96 | 2 | 30 | 5 | 29 |
| 29 | 7. 广告业 | 1 | | | | | | | | | | | | | | | | |
| 30 | 8. 其他服务业 | 243976 | 9527 | 7834 | 573 | 53 | | 3 | | 6201 | 392 | 198 | 806 | 352 | | 1070 | 905 | 271 |
| 31 | 七、转让无形资产 | 17209 | 745 | 664 | | 7 | 224 | | | 244 | -2 | -26 | 215 | | | | | 81 |
| 32 | 其中:转让土地使用权 | 16975 | 733 | 652 | | | 224 | | | 239 | -2 | -26 | 215 | | | | | 81 |
| 33 | 八、销售不动产 | 1544505 | 76158 | 69944 | 3 | 24 | | 37 | | 66477 | 898 | 3020 | 383 | 3252 | 9 | 1118 | | 1844 |
| 34 | 九、文化体育业 | 8515 | 253 | 238 | | 1 | | | | 166 | 7 | 21 | 50 | 10 | | 2 | | 3 |
| 35 | 十、税款滞纳金罚款收入 | | 1008 | 943 | 12 | 1 | | 4 | | 870 | | 18 | 38 | 3 | 2 | 50 | | 12 |

# 2016年潮州市地方税务局营业税分税目分企业类型统计年报表

编报机关:潮州市地方税务局　　　　单位:万元

| 序号 | 项目 | 应税营业收入 | 合计 | 内资企业 | | | | | | | | | | 港澳台投资企业 | | 外商投资企业 | | 个体经营 |
|---|---|---|---|---|---|---|---|---|---|---|---|---|---|---|---|---|---|---|
| | | | | 小计 | 国有企业 | 集体企业 | 股份合作企业 | 联营企业 | 国有控股 | 股份公司 | 国有控股 | 私营企业 | 其他企业 | | 国有控股 | | 国有控股 | |
| 1 | 合计 | 1278117 | 50749 | 47378 | 1671 | 5699 | 1621 | 9 | | 34670 | 6104 | 2424 | 1284 | 119 | 42 | 800 | | 2452 |
| 2 | 一、建筑业 | 571629 | 18589 | 16819 | 1405 | 5580 | 1 | 9 | | 8232 | 168 | 739 | 853 | 7 | | 10 | | 1753 |
| 3 | 其中:建筑 | 443549 | 14623 | 13557 | 1264 | 5105 | | | | 5935 | 120 | 516 | 737 | | | 7 | | 1059 |
| 4 | 安装 | 40063 | 1253 | 957 | 11 | 92 | 1 | 9 | | 733 | 22 | 101 | 10 | 6 | | | | 290 |
| 5 | 二、交通运输业 | | | | | | | | | | | | | | | | | |
| 6 | 1. 陆路运输 | | | | | | | | | | | | | | | | | |
| 7 | 2. 水路运输 | | | | | | | | | | | | | | | | | |
| 8 | 3. 航空运输 | | | | | | | | | | | | | | | | | |
| 9 | 4. 管道运输 | | | | | | | | | | | | | | | | | |
| 10 | 5. 装卸搬运 | | | | | | | | | | | | | | | | | |
| 11 | 三、邮电通信业 | 2587 | 78 | | | | | | | | | | | | | 78 | | |
| 12 | 1. 邮政 | | | | | | | | | | | | | | | | | |
| 13 | 2. 电信 | 2587 | 78 | | | | | | | | | | | | | 78 | | |
| 14 | 四、金融保险业 | 252624 | 8717 | 8682 | 68 | 2 | 1340 | | | 7272 | 5657 | | | 35 | | | | |
| 15 | 1. 金融 | 162621 | 7213 | 7178 | 68 | 2 | 1340 | | | 5768 | 4708 | | | 35 | | | | |
| 16 | 2. 保险 | 90003 | 1504 | 1504 | | | | | | 1504 | 949 | | | | | | | |
| 17 | 五、娱乐业 | 1301 | 168 | 158 | 4 | 1 | | | | 95 | 1 | 58 | | 3 | | | | 7 |

续表

| 序号 | 项　目 | 应税营业收入 | 合计 | 内　资　企　业 | | | | | | | | | | 港澳台投资企业 | 国有控股 | 外商投资企业 | 国有控股 | 个体经营 |
|---|---|---|---|---|---|---|---|---|---|---|---|---|---|---|---|---|---|---|
| | | | | 小计 | 国有企业 | 集体企业 | 股份合作企业 | 联营企业 | 国有控股 | 股份公司 | 国有控股 | 私营企业 | 其他企业 | | | | | |
| 18 | 其中:按5%税率征收 | 1301 | 167 | 158 | 4 | 1 | | | | 95 | 1 | 58 | | 3 | | | | 6 |
| 19 | 按10%税率征收 | | | | | | | | | | | | | | | | | |
| 20 | 按20%税率征收 | | | | | | | | | | | | | | | | | |
| 21 | 六、服务业 | 92604 | 4098 | 3118 | 119 | 39 | 13 | | | 2354 | 261 | 199 | 394 | 72 | 42 | 502 | | 406 |
| 22 | 1. 代理业 | 3017 | 150 | 141 | 2 | | | | | 134 | 33 | 5 | | | | | | 9 |
| 23 | 2. 旅店业 | 5411 | 267 | 213 | 30 | 5 | | | | 154 | | 19 | 5 | | | 38 | | 16 |
| 24 | 3. 饮食业 | 11194 | 552 | 287 | 24 | 10 | | | | 149 | 2 | 101 | 3 | | | 132 | | 133 |
| 25 | 4. 旅游业 | 909 | 45 | 25 | | | | | | 25 | | | | | | 20 | | |
| 26 | 5. 仓储业 | | | | | | | | | | | | | | | | | |
| 27 | 6. 租赁业 | 23260 | 884 | 447 | 31 | 5 | 12 | | | 308 | 29 | 47 | 44 | 37 | 8 | 239 | | 161 |
| 28 | 其中:房屋租赁 | 4941 | 188 | 140 | 11 | 1 | 11 | | | 76 | 27 | 20 | 21 | | | | | 48 |
| 29 | 7. 广告业 | | | | | | | | | | | | | | | | | |
| 30 | 8. 其他服务业 | 48813 | 2200 | 2005 | 32 | 19 | 1 | | | 1584 | 197 | 27 | 342 | 35 | 34 | 73 | | 87 |
| 31 | 七、转让无形资产 | 2475 | 138 | 114 | 19 | | | | | 95 | | | | | | | | 24 |
| 32 | 其中:转让土地使用权 | 2475 | 137 | 113 | 19 | | | | | 94 | | | | | | | | 24 |
| 33 | 八、销售不动产 | 352450 | 18178 | 17782 | 45 | 65 | 267 | | | 15972 | 9 | 1421 | 12 | 2 | | 140 | | 254 |
| 34 | 九、文化体育业 | 2447 | 73 | 71 | 11 | | | | | 35 | 8 | 2 | 23 | | | | | 2 |
| 35 | 十、税款滞纳金罚款收入 | | 710 | 634 | | 12 | | | | 615 | | 5 | 2 | | | 70 | | 6 |

# 2016年揭阳市地方税务局营业税分税目分企业类型统计年报表

编报机关:揭阳市地方税务局　　　　单位:万元

| 序号 | 项目 | 应税营业收入 | 合计 | 内资企业 | | | | | | | | | | 港澳台投资企业 | 国有控股 | 外商投资企业 | 国有控股 | 个体经营 |
|---|---|---|---|---|---|---|---|---|---|---|---|---|---|---|---|---|---|---|
| | | | | 小计 | 国有企业 | 集体企业 | 股份合作企业 | 联营企业 | 国有控股 | 股份公司 | 国有控股 | 私营企业 | 其他企业 | | | | | |
| 1 | 合计 | 2275031 | 86386 | 80534 | 7291 | 5448 | 1339 | 36 | | 62149 | 6100 | 3529 | 742 | 499 | | 1188 | 529 | 4165 |
| 2 | 一、建筑业 | 1161896 | 39033 | 38003 | 6379 | 5097 | | 36 | | 24630 | 154 | 1677 | 184 | 39 | | 66 | 52 | 925 |
| 3 | 其中:建筑 | 783583 | 27120 | 26491 | 5383 | 3653 | | 15 | | 16776 | 62 | 587 | 77 | 3 | | | | 626 |
| 4 | 安装 | 65241 | 2070 | 1994 | 104 | 167 | | | | 1471 | 22 | 214 | 38 | 5 | | 14 | | 57 |
| 5 | 二、交通运输业 | 2 | | | | | | | | | | | | | | | | |
| 6 | 1. 陆路运输 | 2 | | | | | | | | | | | | | | | | |
| 7 | 2. 水路运输 | | | | | | | | | | | | | | | | | |
| 8 | 3. 航空运输 | | | | | | | | | | | | | | | | | |
| 9 | 4. 管道运输 | | | | | | | | | | | | | | | | | |
| 10 | 5. 装卸搬运 | | | | | | | | | | | | | | | | | |
| 11 | 三、邮电通信业 | 2969 | 89 | | | | | | | | | | | | | 89 | | |
| 12 | 1. 邮政 | | | | | | | | | | | | | | | | | |
| 13 | 2. 电信 | 2969 | 89 | | | | | | | | | | | | | 89 | | |
| 14 | 四、金融保险业 | 564831 | 20729 | 20654 | 625 | | 1334 | | | 18333 | 5327 | 362 | | 67 | | 8 | | |
| 15 | 1. 金融 | 388279 | 17780 | 17712 | 544 | | 1334 | | | 15472 | 3806 | 362 | | 67 | | 1 | | |
| 16 | 2. 保险 | 176552 | 2949 | 2942 | 81 | | | | | 2861 | 1521 | | | | | 7 | | |
| 17 | 五、娱乐业 | 3572 | 493 | 332 | 2 | 11 | | | | 207 | | 112 | | 30 | | | | 131 |

续表

| 序号 | 项目 | 应税营业收入 | 合计 | 内资企业 | | | | | | | | | | 港澳台投资企业 | | 外商投资企业 | | 个体经营 |
|---|---|---|---|---|---|---|---|---|---|---|---|---|---|---|---|---|---|---|
| | | | | 小计 | 国有企业 | 集体企业 | 股份合作企业 | 联营企业 | 国有控股 | 股份公司 | 国有控股 | 私营企业 | 其他企业 | | 国有控股 | | 国有控股 | |
| 18 | 其中:按5%税率征收 | 3572 | 493 | 332 | 2 | 11 | | | | 207 | | 112 | | 30 | | | | 131 |
| 19 | 按10%税率征收 | | | | | | | | | | | | | | | | | |
| 20 | 按20%税率征收 | | | | | | | | | | | | | | | | | |
| 21 | 六、服务业 | 156920 | 6979 | 4753 | 145 | 152 | 5 | | | 3535 | 469 | 481 | 435 | 138 | | 982 | 477 | 1106 |
| 22 | 1. 代理业 | 9776 | 492 | 378 | 29 | | | | | 336 | 133 | 13 | | | | 20 | | 94 |
| 23 | 2. 旅店业 | 13819 | 686 | 509 | 4 | 23 | | | | 356 | | 125 | 1 | 60 | | | | 117 |
| 24 | 3. 饮食业 | 26521 | 1312 | 536 | 3 | 7 | | | | 399 | | 127 | | 40 | | 216 | | 520 |
| 25 | 4. 旅游业 | 124 | 6 | 6 | 2 | | | | | 4 | | | | | | | | |
| 26 | 5. 仓储业 | | | | | | | | | | | | | | | | | |
| 27 | 6. 租赁业 | 26867 | 1325 | 857 | 68 | 18 | 5 | | | 418 | 15 | 54 | 294 | 10 | | 194 | | 264 |
| 28 | 其中:房屋租赁 | 7873 | 355 | 246 | 25 | 6 | 3 | | | 68 | 2 | 27 | 117 | 6 | | 1 | | 102 |
| 29 | 7. 广告业 | | | | | | | | | | | | | | | | | |
| 30 | 8. 其他服务业 | 79813 | 3158 | 2467 | 39 | 104 | | | | 2022 | 321 | 162 | 140 | 28 | | 552 | 477 | 111 |
| 31 | 七、转让无形资产 | 2502 | 125 | 20 | | | | | | 20 | | | | | | | | 105 |
| 32 | 其中:转让土地使用权 | 2426 | 121 | 16 | | | | | | 16 | | | | | | | | 105 |
| 33 | 八、销售不动产 | 374767 | 17871 | 15760 | 18 | 167 | | | | 14677 | 150 | 850 | 48 | 225 | | 6 | | 1880 |
| 34 | 九、文化体育业 | 7572 | 225 | 224 | | 2 | | | | 172 | | 41 | 9 | | | | | 1 |
| 35 | 十、税款滞纳金罚款收入 | | 842 | 788 | 122 | 19 | | | | 575 | | 6 | 66 | | | 37 | | 17 |

# 2016年云浮市地方税务局营业税分税目分企业类型统计年报表

编报机关：云浮市地方税务局　　　　单位：万元

| 序号 | 项目 | 应税营业收入 | 合计 | 内资企业 | | | | | | | | | | 港澳台投资企业 | 国有控股 | 外商投资企业 | 国有控股 | 个体经营 |
|---|---|---|---|---|---|---|---|---|---|---|---|---|---|---|---|---|---|---|
| | | | | 小计 | 国有企业 | 集体企业 | 股份合作企业 | 联营企业 | 国有控股 | 股份公司 | 国有控股 | 私营企业 | 其他企业 | | | | | |
| 1 | 合　计 | 2155450 | 81108 | 73891 | 3202 | 1966 | 3250 | 47 | 1 | 54095 | 9468 | 9058 | 2273 | 2085 | 119 | 509 | 49 | 4623 |
| 2 | 一、建筑业 | 1069676 | 32328 | 30410 | 1503 | 1820 | | 45 | | 22702 | 196 | 3501 | 839 | 50 | -1 | 69 | 5 | 1799 |
| 3 | 其中：建筑 | 579056 | 15603 | 15127 | 84 | 1448 | | | | 11852 | 173 | 1492 | 251 | 2 | | 7 | | 467 |
| 4 | 安装 | 35468 | 1136 | 854 | 25 | 20 | | | | 536 | 5 | 230 | 43 | 2 | -1 | 30 | 5 | 250 |
| 5 | 二、交通运输业 | 71 | | | | | | | | | | | | | | | | |
| 6 | 1. 陆路运输 | 71 | | | | | | | | | | | | | | | | |
| 7 | 2. 水路运输 | | | | | | | | | | | | | | | | | |
| 8 | 3. 航空运输 | | | | | | | | | | | | | | | | | |
| 9 | 4. 管道运输 | | | | | | | | | | | | | | | | | |
| 10 | 5. 装卸搬运 | | | | | | | | | | | | | | | | | |
| 11 | 三、邮电通信业 | 1839 | 55 | | | | | | | | | | | | | 55 | | |
| 12 | 1. 邮政 | | | | | | | | | | | | | | | | | |
| 13 | 2. 电信 | 1839 | 55 | | | | | | | | | | | | | 55 | | |
| 14 | 四、金融保险业 | 358190 | 12000 | 11821 | 1486 | | 3212 | | | 7072 | 5468 | 51 | | 125 | 22 | 52 | -12 | 2 |
| 15 | 1. 金融 | 267836 | 10827 | 10679 | 1578 | | 3212 | | | 5838 | 4705 | 51 | | 125 | 22 | 21 | | 2 |
| 16 | 2. 保险 | 90354 | 1173 | 1142 | -92 | | | | | 1234 | 763 | | | | | 31 | -12 | |
| 17 | 五、娱乐业 | 1032 | 118 | 46 | 1 | | | | | 36 | | 9 | | | | | | 72 |

续表

| 序号 | 项目 | 应税营业收入 | 合计 | 内资企业 | | | | | | | | | | 港澳台投资企业 | 国有控股 | 外商投资企业 | 国有控股 | 个体经营 |
|---|---|---|---|---|---|---|---|---|---|---|---|---|---|---|---|---|---|---|
| | | | | 小计 | 国有企业 | 集体企业 | 股份合作企业 | 联营企业 | 国有控股 | 股份公司 | 国有控股 | 私营企业 | 其他企业 | | | | | |
| 18 | 其中:按5%税率征收 | 1032 | 118 | 46 | 1 | | | | | 36 | | 9 | | | | | | 72 |
| 19 | 按10%税率征收 | | | | | | | | | | | | | | | | | |
| 20 | 按20%税率征收 | | | | | | | | | | | | | | | | | |
| 21 | 六、服务业 | 141491 | 6293 | 4743 | 109 | 119 | 8 | 2 | 1 | 3396 | 298 | 618 | 491 | 252 | | 210 | 55 | 1088 |
| 22 | 1. 代理业 | 2725 | 137 | 125 | 12 | | | | | 96 | 24 | 15 | 2 | 10 | | | | 2 |
| 23 | 2. 旅店业 | 11240 | 572 | 406 | 13 | 10 | | | | 323 | 18 | 60 | | 1 | | 44 | 12 | 121 |
| 24 | 3. 饮食业 | 25232 | 1251 | 415 | 1 | 4 | | | | 251 | 13 | 159 | | 79 | | 79 | 27 | 678 |
| 25 | 4. 旅游业 | 148 | 6 | 6 | | | | | | 6 | 2 | | | | | | | |
| 26 | 5. 仓储业 | 15 | 1 | 1 | | | | | | 1 | 1 | | | | | | | |
| 27 | 6. 租赁业 | 21185 | 1082 | 825 | 45 | 43 | 8 | 2 | 1 | 478 | 109 | 35 | 214 | 116 | | 19 | 10 | 122 |
| 28 | 其中:房屋租赁 | 11354 | 564 | 405 | 33 | 29 | 4 | | | 260 | 65 | 16 | 63 | 83 | | 3 | 1 | 73 |
| 29 | 7. 广告业 | | -12 | -12 | | | | | | -12 | -12 | | | | | | | |
| 30 | 8. 其他服务业 | 80946 | 3256 | 2977 | 38 | 62 | | | | 2253 | 143 | 349 | 275 | 46 | | 68 | 6 | 165 |
| 31 | 七、转让无形资产 | 83761 | 4229 | 3974 | 11 | 12 | 25 | | | 3829 | 3333 | 13 | 84 | 33 | | 41 | | 181 |
| 32 | 其中:转让土地使用权 | 82292 | 4164 | 3909 | 11 | 12 | 25 | | | 3764 | 3333 | 13 | 84 | 33 | | 41 | | 181 |
| 33 | 八、销售不动产 | 497150 | 25349 | 22359 | 85 | 2 | 1 | | | 16744 | 152 | 4735 | 792 | 1461 | 98 | 62 | | 1467 |
| 34 | 九、文化体育业 | 2240 | 61 | 59 | | 5 | | | | 25 | | 12 | 17 | | | 1 | 1 | 1 |
| 35 | 十、税款滞纳金罚款收入 | | 675 | 479 | 7 | 8 | 4 | | | 291 | 21 | 119 | 50 | 164 | | 19 | | 13 |

# 2016年横琴新区地方税务局营业税分税目分企业类型统计年报表

编报机关:横琴新区地方税务局　　　　单位:万元

| 序号 | 项目 | 应税营业收入 | 合计 | 内资企业 | | | | | | | | | | 港澳台投资企业 | 国有控股 | 外商投资企业 | 国有控股 | 个体经营 |
|---|---|---|---|---|---|---|---|---|---|---|---|---|---|---|---|---|---|---|
| | | | | 小计 | 国有企业 | 集体企业 | 股份合作企业 | 联营企业 | 国有控股 | 股份公司 | 国有控股 | 私营企业 | 其他企业 | | | | | |
| 1 | 合　计 | 2205040 | 100733 | 97907 | 1593 | 77 | 4 | 1 | | 73841 | 2995 | 22362 | 29 | 2534 | 69 | 139 | 1 | 153 |
| 2 | 一、建筑业 | 478518 | 15360 | 14963 | 1592 | 76 | | 1 | | 10151 | 370 | 3135 | 8 | 224 | | 119 | | 54 |
| 3 | 其中:建筑 | 42016 | 1264 | 1257 | 130 | 3 | | | | 621 | | 503 | | 7 | | | | |
| 4 | 安装 | 17779 | 681 | 661 | | 3 | | | | 546 | | 111 | 1 | 3 | | 1 | | 16 |
| 5 | 二、交通运输业 | | | | | | | | | | | | | | | | | |
| 6 | 1. 陆路运输 | | | | | | | | | | | | | | | | | |
| 7 | 2. 水路运输 | | | | | | | | | | | | | | | | | |
| 8 | 3. 航空运输 | | | | | | | | | | | | | | | | | |
| 9 | 4. 管道运输 | | | | | | | | | | | | | | | | | |
| 10 | 5. 装卸搬运 | | | | | | | | | | | | | | | | | |
| 11 | 三、邮电通信业 | | | | | | | | | | | | | | | | | |
| 12 | 1. 邮政 | | | | | | | | | | | | | | | | | |
| 13 | 2. 电信 | | | | | | | | | | | | | | | | | |
| 14 | 四、金融保险业 | 560271 | 28202 | 26107 | | | | | | 24612 | 1793 | 1495 | | 2094 | 49 | 1 | | |
| 15 | 1. 金融 | 478674 | 24123 | 22028 | | | | | | 20533 | 1755 | 1495 | | 2094 | 49 | 1 | | |
| 16 | 2. 保险 | 81597 | 4079 | 4079 | | | | | | 4079 | 38 | | | | | | | |
| 17 | 五、娱乐业 | 649 | 33 | 22 | | | | | | 21 | 21 | 1 | | 11 | | | | |

续表

| 序号 | 项　目 | 应税营业收入 | 合计 | 内资企业 | | | | | | | | | | 港澳台投资企业 | 国有控股 | 外商投资企业 | 国有控股 | 个体经营 |
|---|---|---|---|---|---|---|---|---|---|---|---|---|---|---|---|---|---|---|
| | | | | 小计 | 国有企业 | 集体企业 | 股份合作企业 | 联营企业 | 国有控股 | 股份公司 | 国有控股 | 私营企业 | 其他企业 | | | | | |
| 18 | 其中:按5%税率征收 | 649 | 32 | 21 | | | | | | 21 | 21 | | | 11 | | | | |
| 19 | 按10%税率征收 | | | | | | | | | | | | | | | | | |
| 20 | 按20%税率征收 | | | | | | | | | | | | | | | | | |
| 21 | 六、服务业 | 630016 | 31347 | 31057 | 1 | | 4 | | | 25126 | 768 | 5906 | 20 | 197 | 20 | 14 | 1 | 79 |
| 22 | 1. 代理业 | 358788 | 17939 | 17919 | | | | | | 17773 | 5 | 146 | | 20 | 11 | | | |
| 23 | 2. 旅店业 | 31183 | 1560 | 1555 | | | | | | 1552 | 4 | 3 | | | | 5 | | |
| 24 | 3. 饮食业 | 30196 | 1511 | 1474 | | | | | | 1462 | 3 | 12 | | | | 1 | 1 | 36 |
| 25 | 4. 旅游业 | 2233 | 112 | 112 | | | | | | 111 | 1 | 1 | | | | | | |
| 26 | 5. 仓储业 | | | | | | | | | | | | | | | | | |
| 27 | 6. 租赁业 | 9482 | 474 | 405 | 1 | | 3 | | | 255 | 5 | 145 | 1 | 53 | | 8 | | 8 |
| 28 | 其中:房屋租赁 | 7928 | 395 | 393 | 1 | | 2 | | | 247 | | 143 | | | | | | 2 |
| 29 | 7. 广告业 | | | | | | | | | | | | | | | | | |
| 30 | 8. 其他服务业 | 198134 | 9751 | 9592 | | | 1 | | | 3973 | 750 | 5599 | 19 | 124 | 9 | | | 35 |
| 31 | 七、转让无形资产 | | | | | | | | | | | | | | | | | |
| 32 | 其中:转让土地使用权 | | | | | | | | | | | | | | | | | |
| 33 | 八、销售不动产 | 476962 | 23848 | 23820 | | | | | | 12004 | 1 | 11816 | | 8 | | | | 20 |
| 34 | 九、文化体育业 | 58624 | 1748 | 1743 | | | | | | 1739 | 40 | 3 | 1 | | | 5 | | |
| 35 | 十、税款滞纳金罚款收入 | | 195 | 195 | | 1 | | | | 188 | 2 | 6 | | | | | | |

# 2016年顺德区地方税务局营业税分税目分企业类型统计年报表

编报机关:顺德区地方税务局　　　　单位:万元

| 序号 | 项目 | 应税营业收入 | 合计 | 内资企业 | | | | | | | | | | 港澳台投资企业 | | 外商投资企业 | | 个体经营 |
|---|---|---|---|---|---|---|---|---|---|---|---|---|---|---|---|---|---|---|
| | | | | 小计 | 国有企业 | 集体企业 | 股份合作企业 | 联营企业 | 国有控股 | 股份公司 | 国有控股 | 私营企业 | 其他企业 | | 国有控股 | | 国有控股 | |
| 1 | 合　计 | 5658842 | 239139 | 197119 | 4539 | 1831 | 690 | 85 | | 160698 | 12825 | 21668 | 7608 | 17832 | 268 | 13325 | 5863 | 10863 |
| 2 | 一、建筑业 | 1676155 | 53568 | 49814 | 4260 | 1221 | 690 | 85 | | 32500 | 95 | 10694 | 364 | 228 | | 522 | | 3004 |
| 3 | 其中:建筑 | 719792 | 23179 | 22469 | 2994 | 816 | | 63 | | 13598 | 26 | 4815 | 183 | 1 | | 246 | | 463 |
| 4 | 安装 | 267356 | 8544 | 7476 | 151 | 75 | | 4 | | 5070 | 6 | 2152 | 24 | 48 | | 190 | | 830 |
| 5 | 二、交通运输业 | 104 | 3 | 3 | | | | | | 3 | | | | | | | | |
| 6 | 1. 陆路运输 | 104 | 3 | 3 | | | | | | 3 | | | | | | | | |
| 7 | 2. 水路运输 | | | | | | | | | | | | | | | | | |
| 8 | 3. 航空运输 | | | | | | | | | | | | | | | | | |
| 9 | 4. 管道运输 | | | | | | | | | | | | | | | | | |
| 10 | 5. 装卸搬运 | | | | | | | | | | | | | | | | | |
| 11 | 三、邮电通信业 | | | | | | | | | | | | | | | | | |
| 12 | 1. 邮政 | | | | | | | | | | | | | | | | | |
| 13 | 2. 电信 | | | | | | | | | | | | | | | | | |
| 14 | 四、金融保险业 | 1224702 | 48968 | 49037 | 205 | 5 | | | | 47247 | 8193 | 1544 | 36 | 801 | 2 | -947 | 11 | 77 |
| 15 | 1. 金融 | 1027320 | 43911 | 42884 | 205 | 5 | | | | 42359 | 6667 | 279 | 36 | 710 | 2 | 240 | 11 | 77 |
| 16 | 2. 保险 | 197382 | 5057 | 6153 | | | | | | 4888 | 1526 | 1265 | | 91 | | -1187 | | |
| 17 | 五、娱乐业 | 6429 | 614 | 515 | | 9 | | | | 264 | 4 | 242 | | 84 | | 1 | | 14 |

续表

| 序号 | 项目 | 应税营业收入 | 合计 | 内资企业 | | | | | | | | | | 港澳台投资企业 | | 外商投资企业 | | 个体经营 |
|---|---|---|---|---|---|---|---|---|---|---|---|---|---|---|---|---|---|---|
| | | | | 小计 | 国有企业 | 集体企业 | 股份合作企业 | 联营企业 | 国有控股 | 股份公司 | 国有控股 | 私营企业 | 其他企业 | | 国有控股 | | 国有控股 | |
| 18 | 其中:按5%税率征收 | 6429 | 614 | 515 | | 9 | | | | 264 | 4 | 242 | | 84 | | 1 | | 14 |
| 19 | 按10%税率征收 | | | | | | | | | | | | | | | | | |
| 20 | 按20%税率征收 | | | | | | | | | | | | | | | | | |
| 21 | 六、服务业 | 618999 | 29407 | 20934 | 47 | 192 | | | | 14842 | 1621 | 4683 | 1170 | 2973 | 165 | 1589 | 17 | 3911 |
| 22 | 1. 代理业 | 38587 | 1778 | 1444 | | | | | | 1186 | 11 | 258 | | 40 | | 9 | | 285 |
| 23 | 2. 旅店业 | 22538 | 1124 | 823 | | 9 | | | | 575 | 44 | 235 | 4 | 167 | | 59 | | 75 |
| 24 | 3. 饮食业 | 113509 | 5634 | 2863 | | | | | | 1804 | 86 | 1055 | 4 | 423 | 59 | 727 | 16 | 1621 |
| 25 | 4. 旅游业 | 2032 | 102 | 102 | | | | | | 90 | 4 | 12 | | | | | | |
| 26 | 5. 仓储业 | | | | | | | | | | | | | | | | | |
| 27 | 6. 租赁业 | 190819 | 9548 | 6588 | 44 | 128 | | | | 4433 | 949 | 1140 | 843 | 1052 | 36 | 437 | 1 | 1471 |
| 28 | 其中:房屋租赁 | 146888 | 7330 | 4583 | 42 | 92 | | | | 3139 | 929 | 948 | 362 | 1012 | 36 | 384 | 1 | 1351 |
| 29 | 7. 广告业 | | | | | | | | | | | | | | | | | |
| 30 | 8. 其他服务业 | 251514 | 11221 | 9114 | 3 | 55 | | | | 6754 | 527 | 1983 | 319 | 1291 | 70 | 357 | | 459 |
| 31 | 七、转让无形资产 | 116458 | 5823 | 5823 | | | | | | | | | 5823 | | | | | |
| 32 | 其中:转让土地使用权 | 116455 | 5823 | 5823 | | | | | | | | | 5823 | | | | | |
| 33 | 八、销售不动产 | 1993702 | 99573 | 70211 | 22 | 361 | | | | 65624 | 2898 | 4199 | 5 | 13442 | 101 | 12114 | 5835 | 3806 |
| 34 | 九、文化体育业 | 22293 | 658 | 591 | 5 | 40 | | | | 153 | 13 | 248 | 145 | 1 | | 43 | | 23 |
| 35 | 十、税款滞纳金罚款收入 | | 525 | 191 | | 3 | | | | 65 | 1 | 58 | 65 | 303 | | 3 | | 28 |

# 2016年广东省地方税务局直属分局营业税分税目分企业类型统计年报表

编报机关:广东省地方税务局直属分局 单位:万元

| 序号 | 项 目 | 应税营业收入 | 合计 | 内资企业 | | | | | | | | | | 港澳台投资企业 | | 外商投资企业 | | 个体经营 |
|---|---|---|---|---|---|---|---|---|---|---|---|---|---|---|---|---|---|---|
| | | | | 小计 | 国有企业 | 集体企业 | 股份合作企业 | 联营企业 | 国有控股 | 股份公司 | 国有控股 | 私营企业 | 其他企业 | | 国有控股 | | 国有控股 | |
| 1 | 合 计 | 20957817 | 741573 | 713430 | 13996 | 14 | 677 | 191 | 63 | 693352 | 211586 | 5049 | 151 | 12934 | 1119 | 15180 | 6249 | 29 |
| 2 | 一、建筑业 | | | | | | | | | | | | | | | | | |
| 3 | 其中:建筑 | | | | | | | | | | | | | | | | | |
| 4 | 安装 | | | | | | | | | | | | | | | | | |
| 5 | 二、交通运输业 | | | | | | | | | | | | | | | | | |
| 6 | 1. 陆路运输 | | | | | | | | | | | | | | | | | |
| 7 | 2. 水路运输 | | | | | | | | | | | | | | | | | |
| 8 | 3. 航空运输 | | | | | | | | | | | | | | | | | |
| 9 | 4. 管道运输 | | | | | | | | | | | | | | | | | |
| 10 | 5. 装卸搬运 | | | | | | | | | | | | | | | | | |
| 11 | 三、邮电通信业 | | | | | | | | | | | | | | | | | |
| 12 | 1. 邮政 | | | | | | | | | | | | | | | | | |
| 13 | 2. 电信 | | | | | | | | | | | | | | | | | |
| 14 | 四、金融保险业 | 20957817 | 740950 | 713005 | 13995 | 14 | 677 | 191 | 63 | 692934 | 211407 | 5046 | 148 | 12930 | 1119 | 14987 | 6249 | 28 |
| 15 | 1. 金融 | 13594497 | 679301 | 640656 | 13583 | 14 | 677 | 191 | 63 | 620997 | 193338 | 5046 | 148 | 12704 | 1119 | 25913 | 5797 | 28 |
| 16 | 2. 保险 | 7363320 | 61649 | 72349 | 412 | | | | | 71937 | 18069 | | | 226 | | -10926 | 452 | |
| 17 | 五、娱乐业 | | | | | | | | | | | | | | | | | |

续表

| 序号 | 项目 | 应税营业收入 | 合计 | 内资企业 | | | | | | | | | | 港澳台投资企业 | 国有控股 | 外商投资企业 | 国有控股 | 个体经营 |
|---|---|---|---|---|---|---|---|---|---|---|---|---|---|---|---|---|---|---|
| | | | | 小计 | 国有企业 | 集体企业 | 股份合作企业 | 联营企业 | 国有控股 | 股份公司 | 国有控股 | 私营企业 | 其他企业 | | | | | |
| 18 | 其中:按5%税率征收 | | | | | | | | | | | | | | | | | |
| 19 | 按10%税率征收 | | | | | | | | | | | | | | | | | |
| 20 | 按20%税率征收 | | | | | | | | | | | | | | | | | |
| 21 | 六、服务业 | | | | | | | | | | | | | | | | | |
| 22 | 1. 代理业 | | | | | | | | | | | | | | | | | |
| 23 | 2. 旅店业 | | | | | | | | | | | | | | | | | |
| 24 | 3. 饮食业 | | | | | | | | | | | | | | | | | |
| 25 | 4. 旅游业 | | | | | | | | | | | | | | | | | |
| 26 | 5. 仓储业 | | | | | | | | | | | | | | | | | |
| 27 | 6. 租赁业 | | | | | | | | | | | | | | | | | |
| 28 | 其中:房屋租赁 | | | | | | | | | | | | | | | | | |
| 29 | 7. 广告业 | | | | | | | | | | | | | | | | | |
| 30 | 8. 其他服务业 | | | | | | | | | | | | | | | | | |
| 31 | 七、转让无形资产 | | | | | | | | | | | | | | | | | |
| 32 | 其中:转让土地使用权 | | | | | | | | | | | | | | | | | |
| 33 | 八、销售不动产 | | | | | | | | | | | | | | | | | |
| 34 | 九、文化体育业 | | | | | | | | | | | | | | | | | |
| 35 | 十、税款滞纳金罚款收入 | | 623 | 425 | 1 | | | | | 418 | 179 | 3 | 3 | 4 | | 193 | | 1 |

# 2016年广东省地方税务局企业所得税分行业分企业类型统计年报表

编报机关:广东省地方税务局　　　　单位:万元

| 序号 | 项目 | 合计 | 内资企业 | | | | | | | 港澳台投资企业 | 外商投资企业 |
|---|---|---|---|---|---|---|---|---|---|---|---|
| | | | 小计 | 国有企业 | 集体企业 | 股份合作企业 | 联营企业 | 股份公司 | 私营企业 | 其他企业 | | |
| 1 | 合　计 | 13860013 | 10587640 | 611186 | 238576 | 26165 | 20287 | 8519200 | 987185 | 185041 | 1772489 | 1499884 |
| 2 | (一)采矿业 | 6005 | 5667 | 632 | 250 | 1 | | 4633 | 150 | 1 | 335 | 3 |
| 3 | 1. 煤炭开采和洗选业 | 1020 | 1020 | 1 | | | | 1018 | 1 | | | |
| 4 | 2. 石油和天然气开采业 | 375 | 375 | 334 | 2 | | | 39 | | | | |
| 5 | 3. 黑色金属矿采选业 | 190 | 190 | | 24 | | | 166 | | | | |
| 6 | 4. 有色金属矿采选业 | 1555 | 1552 | 277 | 1 | | | 1274 | | | | 3 |
| 7 | 5. 非金属矿采选业 | 2335 | 2335 | 2 | 221 | 1 | | 1979 | 132 | | | |
| 8 | 6. 其他采矿业 | 530 | 195 | 18 | 2 | | | 157 | 17 | 1 | 335 | |
| 9 | (二)制造业 | 2823687 | 1442537 | 20135 | 22861 | 3764 | 5486 | 1227281 | 160892 | 2118 | 614820 | 766330 |
| 10 | 1. 农副食品加工业 | 56041 | 15939 | 979 | 39 | 10 | 1 | 11277 | 3479 | 154 | 30068 | 10034 |
| 11 | 2. 食品制造业 | 67323 | 28150 | 200 | 41 | 123 | | 24489 | 3297 | | 24050 | 15123 |
| 12 | 3. 酒、饮料和精制茶制造业 | 30911 | 3821 | 202 | 7 | | | 3482 | 130 | | 6670 | 20420 |
| 13 | 4. 烟草制品业 | 24730 | 24310 | 13512 | | | | 10798 | | | 420 | |
| 14 | 5. 纺织业 | 26294 | 18407 | 21 | 124 | 90 | 21 | 14906 | 3223 | 22 | 7281 | 606 |
| 15 | 6. 纺织服装、服饰业 | 62159 | 26483 | 686 | 565 | 244 | 5 | 16430 | 8541 | 12 | 8122 | 27554 |
| 16 | 7. 皮革、毛皮、羽毛及其制品和制鞋业 | 16142 | 11301 | 7 | 1591 | 3 | | 8284 | 1416 | | 2948 | 1893 |
| 17 | 8. 木材加工和木竹藤棕草制品业 | 12680 | 11671 | 21 | 6 | 2 | | 11080 | 562 | | 442 | 567 |
| 18 | 9. 家具制造业 | 11245 | 5780 | 17 | 16 | 22 | | 3620 | 2105 | | 3944 | 1521 |
| 19 | 10. 造纸和纸制品业 | 37490 | 15352 | | 421 | 126 | 1 | 12808 | 1980 | 16 | 21328 | 810 |

续表

| 序号 | 项目 | 合计 | 内资企业 | | | | | | | | 港澳台投资企业 | 外商投资企业 |
|---|---|---|---|---|---|---|---|---|---|---|---|---|
| | | | 小计 | 国有企业 | 集体企业 | 股份合作企业 | 联营企业 | 股份公司 | 私营企业 | 其他企业 | | |
| 20 | 11. 印刷和记录媒介复制业 | 45395 | 18561 | 851 | 214 | 839 | 2 | 14307 | 2326 | 22 | 15676 | 11158 |
| 21 | 12. 文教、工美、体育和娱乐用品制造业 | 33139 | 19714 | 459 | 1342 | 115 | | 14359 | 3439 | | 5844 | 7581 |
| 22 | 13. 石油加工、炼焦和核燃料加工业 | 49517 | 605 | | 1 | | | 479 | 125 | | 256 | 48656 |
| 23 | 14. 化学原料和化学制品制造业 | 125026 | 66886 | 55 | 6888 | 469 | 5008 | 27598 | 26868 | | 12168 | 45972 |
| 24 | 15. 医药制造业 | 196735 | 146345 | 783 | 13 | 72 | 65 | 141458 | 3841 | 113 | 27676 | 22714 |
| 25 | 16. 化学纤维制造业 | 11818 | 7 | | 1 | | | 4 | 2 | | 11072 | 739 |
| 26 | 17. 橡胶和塑料制品业 | 93568 | 46301 | 28 | 2032 | 140 | 2 | 33846 | 8840 | 1413 | 40176 | 7091 |
| 27 | 18. 非金属矿物制品业 | 56816 | 42274 | 22 | 562 | 605 | 19 | 30198 | 10819 | 49 | 6468 | 8074 |
| 28 | 19. 黑色金属冶炼和压延加工业 | 2301 | 1459 | 1 | 50 | | | 902 | 506 | | 24 | 818 |
| 29 | 20. 有色金属冶炼和压延加工业 | 18267 | 17845 | 17 | 143 | 4 | | 12302 | 5379 | | 317 | 105 |
| 30 | 21. 金属制品业 | 96668 | 56230 | 949 | 1377 | 138 | 25 | 40367 | 13373 | 1 | 31607 | 8831 |
| 31 | 22. 通用设备制造业 | 137899 | 67967 | 41 | 518 | 25 | 1 | 64153 | 3197 | 32 | 8468 | 61464 |
| 32 | 23. 专用设备制造业 | 151056 | 61178 | 286 | 900 | 22 | | 51609 | 8361 | | 68294 | 21584 |
| 33 | 24. 汽车制造业 | 15322 | 9130 | 229 | 25 | 1 | | 5844 | 3031 | | 3152 | 3040 |
| 34 | 25. 铁路、船舶、航空航天和其他运输设备制造业 | 24507 | 4849 | 8 | 26 | 1 | | 3344 | 1470 | | 5780 | 13878 |
| 35 | 26. 电气机械和器材制造业 | 513860 | 412620 | 396 | 1383 | 136 | | 397633 | 12882 | 190 | 35726 | 65514 |
| 36 | 27. 计算机、通信和其他电子设备制造业 | 668944 | 246652 | 114 | 3088 | 202 | 287 | 220441 | 22516 | 4 | 163831 | 258461 |
| 37 | 28. 仪表仪器制造业 | 67046 | 16144 | 3 | 134 | 17 | -37 | 15463 | 564 | | 14319 | 36583 |
| 38 | 29. 其他制造业 | 170788 | 46556 | 248 | 1354 | 358 | 86 | 35800 | 8620 | 90 | 58693 | 65539 |

续表

| 序号 | 项目 | 合计 | 内资企业 | | | | | | | 港澳台投资企业 | 外商投资企业 |
|---|---|---|---|---|---|---|---|---|---|---|---|
| | | | 小计 | 国有企业 | 集体企业 | 股份合作企业 | 联营企业 | 股份公司 | 私营企业 | 其他企业 | | |
| 39 | (三)电力、热力、燃气及水的生产和供应业 | 799059 | 634061 | 18336 | 5776 | 118 | 884 | 604263 | 3823 | 861 | 77097 | 87901 |
| 40 | 1. 电力、热力生产和供应业 | 680708 | 558190 | 15111 | 2007 | 118 | 815 | 539572 | 508 | 59 | 71656 | 50862 |
| 41 | 2. 燃气生产和供应业 | 27123 | 25736 | 124 | 128 | | | 25288 | 195 | 1 | 422 | 965 |
| 42 | 3. 水的生产和供应业 | 91228 | 50135 | 3101 | 3641 | | 69 | 39403 | 3120 | 801 | 5019 | 36074 |
| 43 | (四)建筑业 | 1218505 | 1187219 | 93003 | 89575 | 547 | 2978 | 851459 | 142489 | 7168 | 7772 | 23514 |
| 44 | 1. 房屋建筑业 | 360293 | 355507 | 48537 | 53864 | 180 | 43 | 224668 | 26320 | 1895 | 3958 | 828 |
| 45 | 2. 土木工程建筑业 | 141450 | 141439 | 9033 | 5749 | 37 | 245 | 109155 | 16790 | 430 | 1 | 10 |
| 46 | 3. 建筑安装业 | 371858 | 348638 | 27899 | 21624 | 188 | 2170 | 242561 | 52847 | 1349 | 2296 | 20924 |
| 47 | 4. 建筑装饰和其他建筑业 | 344904 | 341635 | 7534 | 8338 | 142 | 520 | 275075 | 46532 | 3494 | 1517 | 1752 |
| 48 | (五)批发和零售业 | 987187 | 804043 | 75151 | 20482 | 6885 | 5214 | 598503 | 96524 | 1284 | 105565 | 77579 |
| 49 | 1. 批发业 | 717473 | 623533 | 71220 | 7971 | 5373 | 3272 | 465752 | 69437 | 508 | 44696 | 49244 |
| 50 | 2. 零售业 | 269714 | 180510 | 3931 | 12511 | 1512 | 1942 | 132751 | 27087 | 776 | 60869 | 28335 |
| 51 | (六)交通运输、仓储和邮政业 | 451799 | 352906 | 5301 | 4190 | 239 | 355 | 307566 | 18601 | 16654 | 64167 | 34726 |
| 52 | 1. 交通运输业 | 395546 | 301264 | 4180 | 1654 | 138 | 301 | 268281 | 10103 | 16607 | 61970 | 32312 |
| 53 | 2. 仓储业 | 53996 | 49389 | 1121 | 2536 | 101 | 54 | 37535 | 7995 | 47 | 2193 | 2414 |
| 54 | 3. 邮政业 | 2257 | 2253 | | | | | 1750 | 503 | | 4 | |
| 55 | (七)住宿和餐饮业 | 60250 | 33303 | 2453 | 594 | 700 | 89 | 20606 | 8573 | 288 | 8673 | 18274 |
| 56 | 1. 住宿业 | 21085 | 13599 | 2129 | 355 | 29 | 81 | 9277 | 1447 | 281 | 6670 | 816 |
| 57 | 2. 餐饮业 | 39165 | 19704 | 324 | 239 | 671 | 8 | 11329 | 7126 | 7 | 2003 | 17458 |

续表

| 序号 | 项　目 | 合计 | 内资企业 | | | | | | | | 港澳台投资企业 | 外商投资企业 |
|---|---|---|---|---|---|---|---|---|---|---|---|---|
| | | | 小计 | 国有企业 | 集体企业 | 股份合作企业 | 联营企业 | 股份公司 | 私营企业 | 其他企业 | | |
| 58 | (八)信息传输、软件和信息技术服务业 | 790836 | 336747 | 177 | 111 | 54 | 78 | 318650 | 17374 | 303 | 302111 | 151978 |
| 59 | 1. 电信、广播电视和卫星传输服务业 | 56962 | 56950 | 61 | 6 | | 11 | 55661 | 1191 | 20 | 8 | 4 |
| 60 | 2. 互联网和相关服务 | 3656 | 1312 | 4 | | | | 1066 | 212 | 30 | 2332 | 12 |
| 61 | 3. 软件和信息技术服务业 | 730218 | 278485 | 112 | 105 | 54 | 67 | 261923 | 15971 | 253 | 299771 | 151962 |
| 62 | (九)金融业 | 685695 | 626296 | 288809 | 8 | 5 | | 323297 | 14122 | 55 | 24776 | 34623 |
| 63 | 1. 货币金融服务 | 106993 | 103038 | 1 | 8 | 5 | | 94914 | 8107 | 3 | 3613 | 342 |
| 64 | 2. 资本市场服务 | 413037 | 398594 | 288808 | | | | 106992 | 2794 | | 6223 | 8220 |
| 65 | 3. 保险业 | 6419 | 6413 | | | | | 6391 | 22 | | | 6 |
| 66 | 4. 其他金融业 | 159246 | 118251 | | | | | 115000 | 3199 | 52 | 14940 | 26055 |
| 67 | (十)房地产业 | 3724066 | 3264956 | 23466 | 63261 | 5959 | 1018 | 2825556 | 311420 | 34276 | 281630 | 177480 |
| 68 | (十一)租赁和商务服务业 | 1417465 | 1229296 | 58545 | 17859 | 5237 | 1778 | 999284 | 136695 | 9898 | 105833 | 82336 |
| 69 | 1. 租赁业 | 26148 | 24066 | 44 | 698 | 1666 | 190 | 19234 | 2187 | 47 | 1844 | 238 |
| 70 | 2. 商务服务业 | 1391317 | 1205230 | 58501 | 17161 | 3571 | 1588 | 980050 | 134508 | 9851 | 103989 | 82098 |
| 71 | (十二)科学研究和技术服务业 | 356959 | 314206 | 12989 | 3151 | 399 | 155 | 222132 | 49159 | 26221 | 27303 | 15450 |
| 72 | (十三)居民服务、修理和其他服务业 | 335439 | 184980 | 6881 | 8270 | 1879 | 325 | 131969 | 15350 | 20306 | 124563 | 25896 |
| 73 | (十四)教育 | 29588 | 27624 | 457 | 278 | 167 | | 5732 | 859 | 20131 | 1568 | 396 |
| 74 | (十五)卫生和社会工作 | 20392 | 19603 | 46 | 487 | 44 | 1 | 14078 | 2255 | 2692 | 709 | 80 |
| 75 | (十六)文化、体育和娱乐业 | 37158 | 22230 | 630 | 87 | 54 | 1917 | 13700 | 3271 | 2571 | 12143 | 2785 |
| 76 | (十七)公共管理、社会保障和社会组织 | 39558 | 39555 | 204 | 754 | 27 | 6 | 765 | 15 | 37784 | 1 | 2 |
| 77 | (十八)其他行业 | 76365 | 62411 | 3971 | 582 | 86 | 3 | 49726 | 5613 | 2430 | 13423 | 531 |

# 2016年广州市地方税务局企业所得税分行业分企业类型统计年报表

编报机关:广州市地方税务局　　　　单位:万元

| 序号 | 项目 | 合计 | 内资企业 | | | | | | | | 港澳台投资企业 | 外商投资企业 |
|---|---|---|---|---|---|---|---|---|---|---|---|---|
| | | | 小计 | 国有企业 | 集体企业 | 股份合作企业 | 联营企业 | 股份公司 | 私营企业 | 其他企业 | | |
| 1 | 合　计 | 1773251 | 1562011 | 51315 | 46270 | 5756 | 3780 | 1076937 | 332736 | 45217 | 130794 | 80446 |
| 2 | (一)采矿业 | 1325 | 1325 | 2 | 1 | | | 1205 | 117 | | | |
| 3 | 1. 煤炭开采和洗选业 | 1018 | 1018 | | | | | 1018 | | | | |
| 4 | 2. 石油和天然气开采业 | | | | | | | | | | | |
| 5 | 3. 黑色金属矿采选业 | | | | | | | | | | | |
| 6 | 4. 有色金属矿采选业 | 1 | 1 | | 1 | | | | | | | |
| 7 | 5. 非金属矿采选业 | 306 | 306 | 2 | | | | 187 | 117 | | | |
| 8 | 6. 其他采矿业 | | | | | | | | | | | |
| 9 | (二)制造业 | 195246 | 185896 | 3640 | 8519 | 1458 | 12 | 126572 | 45647 | 48 | 2469 | 6881 |
| 10 | 1. 农副食品加工业 | 4901 | 4701 | 548 | 17 | 1 | | 1532 | 2603 | | | 200 |
| 11 | 2. 食品制造业 | 7085 | 7085 | 178 | 30 | 1 | | 6589 | 287 | | | |
| 12 | 3. 酒、饮料和精制茶制造业 | 261 | 261 | 202 | | | | 17 | 42 | | | |
| 13 | 4. 烟草制品业 | | | | | | | | | | | |
| 14 | 5. 纺织业 | 4064 | 4064 | 17 | 32 | | | 3811 | 204 | | | |
| 15 | 6. 纺织服装、服饰业 | 1009 | 1009 | | 50 | 17 | | 176 | 766 | | | |
| 16 | 7. 皮革、毛皮、羽毛及其制品和制鞋业 | 811 | 811 | 2 | 63 | 1 | | 67 | 678 | | | |
| 17 | 8. 木材加工和木竹藤棕草制品业 | 10084 | 10084 | | | 1 | | 9714 | 369 | | | |
| 18 | 9. 家具制造业 | 500 | 500 | 14 | 1 | 22 | | 50 | 413 | | | |
| 19 | 10. 造纸和纸制品业 | 600 | 600 | | 3 | 48 | | 43 | 506 | | | |

续表

| 序号 | 项目 | 合计 | 内资企业 | | | | | | | | 港澳台投资企业 | 外商投资企业 |
|---|---|---|---|---|---|---|---|---|---|---|---|---|
| | | | 小计 | 国有企业 | 集体企业 | 股份合作企业 | 联营企业 | 股份公司 | 私营企业 | 其他企业 | | |
| 20 | 11. 印刷和记录媒介复制业 | 1056 | 1056 | 368 | 7 | 36 | | 326 | 319 | | | |
| 21 | 12. 文教、工美、体育和娱乐用品制造业 | 2471 | 2467 | 453 | 44 | 15 | | 1735 | 220 | | 4 | |
| 22 | 13. 石油加工、炼焦和核燃料加工业 | 10 | 10 | | | | | 1 | 9 | | | |
| 23 | 14. 化学原料和化学制品制造业 | 33238 | 33173 | | 6750 | 420 | | 7772 | 18231 | | 3 | 62 |
| 24 | 15. 医药制造业 | 16541 | 11380 | 38 | 11 | 23 | | 10646 | 662 | | 131 | 5030 |
| 25 | 16. 化学纤维制造业 | | | | | | | | | | | |
| 26 | 17. 橡胶和塑料制品业 | 10042 | 9613 | 25 | 86 | 16 | 2 | 8210 | 1274 | | 324 | 105 |
| 27 | 18. 非金属矿物制品业 | 3286 | 3286 | 9 | 108 | 556 | 1 | 1929 | 635 | 48 | | |
| 28 | 19. 黑色金属冶炼和压延加工业 | 506 | 506 | 1 | 2 | | | 213 | 290 | | | |
| 29 | 20. 有色金属冶炼和压延加工业 | 112 | 112 | | | | | 88 | 24 | | | |
| 30 | 21. 金属制品业 | 9868 | 9868 | 870 | 76 | 38 | 2 | 7395 | 1487 | | | |
| 31 | 22. 通用设备制造业 | 52409 | 52407 | 4 | 21 | 9 | | 51881 | 492 | | | 2 |
| 32 | 23. 专用设备制造业 | 2896 | 2787 | 268 | 3 | 6 | | 1873 | 637 | | 107 | 2 |
| 33 | 24. 汽车制造业 | 4375 | 4346 | 229 | | 1 | | 2682 | 1434 | | 29 | |
| 34 | 25. 铁路、船舶、航空航天和其他运输设备制造业 | 1746 | 1746 | 2 | | 1 | | 663 | 1080 | | | |
| 35 | 26. 电气机械和器材制造业 | 12091 | 12091 | 347 | 132 | 114 | | 7820 | 3678 | | | |
| 36 | 27. 计算机、通信和其他电子设备制造业 | 10131 | 8249 | | 653 | 36 | 6 | 1453 | 6101 | | 1871 | 11 |
| 37 | 28. 仪表仪器制造业 | 267 | 267 | 3 | 7 | 7 | | 139 | 111 | | | |
| 38 | 29. 其他制造业 | 4886 | 3417 | 62 | 423 | 89 | 1 | -253 | 3095 | | | 1469 |

续表

| 序号 | 项目 | 合计 | 内资企业 | | | | | | | | 港澳台投资企业 | 外商投资企业 |
|---|---|---|---|---|---|---|---|---|---|---|---|---|
| | | | 小计 | 国有企业 | 集体企业 | 股份合作企业 | 联营企业 | 股份公司 | 私营企业 | 其他企业 | | |
| 39 | (三)电力、热力、燃气及水的生产和供应业 | 26282 | 22941 | 177 | 790 | | 4 | 20734 | 381 | 855 | | 3341 |
| 40 | 1. 电力、热力生产和供应业 | 4811 | 1470 | | 137 | | | 1322 | -3 | 14 | | 3341 |
| 41 | 2. 燃气生产和供应业 | 15485 | 15485 | | 29 | | | 15449 | 7 | | | |
| 42 | 3. 水的生产和供应业 | 5986 | 5986 | 177 | 624 | | 4 | 3963 | 377 | 841 | | |
| 43 | (四)建筑业 | 141861 | 141584 | 5116 | 2047 | 229 | 49 | 83475 | 50211 | 457 | 114 | 163 |
| 44 | 1. 房屋建筑业 | 47853 | 47816 | 1757 | 1166 | 163 | | 36921 | 7778 | 31 | 4 | 33 |
| 45 | 2. 土木工程建筑业 | 14980 | 14977 | 1017 | 103 | | 1 | 7882 | 5966 | 8 | | 3 |
| 46 | 3. 建筑安装业 | 35233 | 35162 | 967 | 278 | 11 | 20 | 14588 | 19214 | 84 | 16 | 55 |
| 47 | 4. 建筑装饰和其他建筑业 | 43795 | 43629 | 1375 | 500 | 55 | 28 | 24084 | 17253 | 334 | 94 | 72 |
| 48 | (五)批发和零售业 | 160272 | 149096 | 4702 | 6739 | 1698 | 601 | 96943 | 38310 | 103 | 7444 | 3732 |
| 49 | 1. 批发业 | 107840 | 103959 | 3765 | 2073 | 480 | 96 | 66025 | 31510 | 10 | 585 | 3296 |
| 50 | 2. 零售业 | 52432 | 45137 | 937 | 4666 | 1218 | 505 | 30918 | 6800 | 93 | 6859 | 436 |
| 51 | (六)交通运输、仓储和邮政业 | 46449 | 46326 | 1855 | 1284 | 238 | 36 | 27746 | 12539 | 2628 | 106 | 17 |
| 52 | 1. 交通运输业 | 27160 | 27041 | 1687 | 414 | 137 | 2 | 16730 | 5441 | 2630 | 102 | 17 |
| 53 | 2. 仓储业 | 17848 | 17848 | 168 | 870 | 101 | 34 | 9918 | 6759 | -2 | | |
| 54 | 3. 邮政业 | 1441 | 1437 | | | | | 1098 | 339 | | 4 | |
| 55 | (七)住宿和餐饮业 | 11505 | 11440 | 917 | 327 | 671 | 1 | 4937 | 4422 | 165 | 36 | 29 |
| 56 | 1. 住宿业 | 4527 | 4513 | 802 | 217 | 23 | 1 | 2672 | 634 | 164 | 11 | 3 |
| 57 | 2. 餐饮业 | 6978 | 6927 | 115 | 110 | 648 | | 2265 | 3788 | 1 | 25 | 26 |

续表

| 序号 | 项目 | 合计 | 内资企业 | | | | | | | | 港澳台投资企业 | 外商投资企业 |
|---|---|---|---|---|---|---|---|---|---|---|---|---|
| | | | 小计 | 国有企业 | 集体企业 | 股份合作企业 | 联营企业 | 股份公司 | 私营企业 | 其他企业 | | |
| 58 | (八)信息传输、软件和信息技术服务业 | 42795 | 40120 | 50 | 73 | | 3 | 29300 | 10526 | 168 | 2185 | 490 |
| 59 | 1. 电信、广播电视和卫星传输服务业 | 3817 | 3814 | 50 | | | | 2610 | 1154 | | 3 | |
| 60 | 2. 互联网和相关服务 | 425 | 424 | | | | | 324 | 100 | | | 1 |
| 61 | 3. 软件和信息技术服务业 | 38553 | 35882 | | 73 | | 3 | 26366 | 9272 | 168 | 2182 | 489 |
| 62 | (九)金融业 | 52264 | 40464 | -1 | | | | 34129 | 6333 | 3 | 1148 | 10652 |
| 63 | 1. 货币金融服务 | 13151 | 13107 | | | | | 8709 | 4398 | | 44 | |
| 64 | 2. 资本市场服务 | 9992 | 9632 | | | | | 9377 | 255 | | 60 | 300 |
| 65 | 3. 保险业 | 3266 | 3266 | | | | | 3266 | | | | |
| 66 | 4. 其他金融业 | 25855 | 14459 | -1 | | | | 12777 | 1680 | 3 | 1044 | 10352 |
| 67 | (十)房地产业 | 643085 | 550373 | 18100 | 16617 | 387 | 214 | 431782 | 78707 | 4566 | 41775 | 50937 |
| 68 | (十一)租赁和商务服务业 | 231652 | 215596 | 8948 | 4668 | 171 | 887 | 152225 | 46084 | 2613 | 13964 | 2092 |
| 69 | 1. 租赁业 | 3614 | 3614 | | 143 | 3 | | 2134 | 1319 | 15 | | |
| 70 | 2. 商务服务业 | 228038 | 211982 | 8948 | 4525 | 168 | 887 | 150091 | 44765 | 2598 | 13964 | 2092 |
| 71 | (十二)科学研究和技术服务业 | 83423 | 80722 | 4365 | 566 | 248 | 64 | 39529 | 30215 | 5735 | 2549 | 152 |
| 72 | (十三)居民服务、修理和其他服务业 | 81374 | 24138 | 353 | 4212 | 404 | 1 | 7852 | 3999 | 7317 | 57195 | 41 |
| 73 | (十四)教育 | 11666 | 10177 | 1 | 160 | 167 | | 1401 | 596 | 7852 | 1489 | |
| 74 | (十五)卫生和社会工作 | 5238 | 4921 | 27 | 3 | 42 | | 2692 | 1316 | 841 | 317 | |
| 75 | (十六)文化、体育和娱乐业 | 11506 | 9585 | 139 | 22 | 42 | 1908 | 3912 | 2620 | 942 | 3 | 1918 |
| 76 | (十七)公共管理、社会保障和社会组织 | 10406 | 10406 | 1 | 221 | | | 18 | | 10166 | | |
| 77 | (十八)其他行业 | 16902 | 16901 | 2923 | 21 | 1 | | 12485 | 713 | 758 | | 1 |

# 2016年深圳市地方税务局企业所得税分行业分企业类型统计年报表

编报机关:深圳市地方税务局　　单位:万元

| 序号 | 项目 | 合计 | 内资企业 | | | | | | | | 港澳台投资企业 | 外商投资企业 |
|---|---|---|---|---|---|---|---|---|---|---|---|---|
| | | | 小计 | 国有企业 | 集体企业 | 股份合作企业 | 联营企业 | 股份公司 | 私营企业 | 其他企业 | | |
| 1 | 合　计 | 6792723 | 4591027 | 448473 | 18262 | 15835 | 12280 | 3862552 | 179182 | 54443 | 1249211 | 952485 |
| 2 | (一)采矿业 | 1186 | 848 | | | | | 847 | 1 | | 335 | 3 |
| 3 | 1. 煤炭开采和洗选业 | 1 | 1 | | | | | | 1 | | | |
| 4 | 2. 石油和天然气开采业 | | | | | | | | | | | |
| 5 | 3. 黑色金属矿采选业 | | | | | | | | | | | |
| 6 | 4. 有色金属矿采选业 | 849 | 846 | | | | | 846 | | | | 3 |
| 7 | 5. 非金属矿采选业 | | | | | | | | | | | |
| 8 | 6. 其他采矿业 | 336 | 1 | | | | | 1 | | | 335 | |
| 9 | (二)制造业 | 1284143 | 459866 | 14809 | 2993 | 245 | 5258 | 421737 | 14708 | 116 | 388149 | 436128 |
| 10 | 1. 农副食品加工业 | 37744 | 1032 | | 4 | 4 | | 942 | 82 | | 29833 | 6879 |
| 11 | 2. 食品制造业 | 23147 | 4047 | | | | | 3850 | 197 | | 8146 | 10954 |
| 12 | 3. 酒、饮料和精制茶制造业 | 13065 | 13 | | | | | 13 | | | 5323 | 7729 |
| 13 | 4. 烟草制品业 | 22357 | 22357 | 13512 | | | | 8845 | | | | |
| 14 | 5. 纺织业 | 12881 | 7543 | 3 | | | | 7538 | 2 | | 5110 | 228 |
| 15 | 6. 纺织服装、服饰业 | 31886 | 4262 | 6 | 72 | | | 3666 | 518 | | 4338 | 23286 |
| 16 | 7. 皮革、毛皮、羽毛及其制品和制鞋业 | 7953 | 6184 | | 18 | 1 | | 5954 | 211 | | 1511 | 258 |
| 17 | 8. 木材加工和木竹藤棕草制品业 | 1300 | 641 | | | | | 641 | | | 91 | 568 |
| 18 | 9. 家具制造业 | 2699 | 569 | | 3 | | | 450 | 116 | | 1979 | 151 |
| 19 | 10. 造纸和纸制品业 | 4358 | 2665 | | 5 | | | 2492 | 168 | | 1474 | 219 |

续表

| 序号 | 项目 | 合计 | 内资企业 | | | | | | | | 港澳台投资企业 | 外商投资企业 |
|---|---|---|---|---|---|---|---|---|---|---|---|---|
| | | | 小计 | 国有企业 | 集体企业 | 股份合作企业 | 联营企业 | 股份公司 | 私营企业 | 其他企业 | | |
| 20 | 11. 印刷和记录媒介复制业 | 22359 | 7877 | 452 | 7 | | 2 | 6955 | 461 | | 9417 | 5065 |
| 21 | 12. 文教、工美、体育和娱乐用品制造业 | 7085 | 1906 | 1 | 32 | | | 1183 | 690 | | 2265 | 2914 |
| 22 | 13. 石油加工、炼焦和核燃料加工业 | 48675 | 14 | | | | | 14 | | | 5 | 48656 |
| 23 | 14. 化学原料和化学制品制造业 | 57405 | 11907 | | | | 4937 | 6726 | 244 | | 4853 | 40645 |
| 24 | 15. 医药制造业 | 81016 | 55204 | 745 | | | | 53006 | 1340 | 113 | 8741 | 17071 |
| 25 | 16. 化学纤维制造业 | 176 | 1 | | | | | | 1 | | 175 | |
| 26 | 17. 橡胶和塑料制品业 | 47143 | 13602 | | 820 | 62 | | 12371 | 349 | | 29604 | 3937 |
| 27 | 18. 非金属矿物制品业 | 17618 | 5250 | | | | | 5224 | 26 | | 4450 | 7918 |
| 28 | 19. 黑色金属冶炼和压延加工业 | | | | | | | | | | | |
| 29 | 20. 有色金属冶炼和压延加工业 | 1986 | 1694 | | | | | 1549 | 145 | | 292 | |
| 30 | 21. 金属制品业 | 46769 | 22637 | | 743 | 14 | 23 | 20647 | 1210 | | 17792 | 6340 |
| 31 | 22. 通用设备制造业 | 67605 | 4047 | 32 | 54 | | | 3786 | 175 | | 5926 | 57632 |
| 32 | 23. 专用设备制造业 | 108951 | 33035 | | | | | 32694 | 341 | | 64979 | 10937 |
| 33 | 24. 汽车制造业 | 4398 | 1649 | | | | | 1648 | 1 | | 1347 | 1402 |
| 34 | 25. 铁路、船舶、航空航天和其他运输设备制造业 | 8270 | 2204 | | 9 | | | 2187 | 8 | | 5657 | 409 |
| 35 | 26. 电气机械和器材制造业 | 49911 | 13012 | 13 | 478 | | | 11767 | 754 | | 15757 | 21142 |
| 36 | 27. 计算机、通信和其他电子设备制造业 | 408738 | 197689 | 41 | 441 | 160 | 281 | 192352 | 4411 | 3 | 107749 | 103300 |
| 37 | 28. 仪表仪器制造业 | 56810 | 13037 | | 12 | | -37 | 13033 | 29 | | 13126 | 30647 |
| 38 | 29. 其他制造业 | 91838 | 25788 | 4 | 295 | 4 | 52 | 22204 | 3229 | | 38209 | 27841 |

续表

| 序号 | 项目 | 合计 | 内资企业 | | | | | | | 港澳台投资企业 | 外商投资企业 |
|---|---|---|---|---|---|---|---|---|---|---|---|
| | | | 小计 | 国有企业 | 集体企业 | 股份合作企业 | 联营企业 | 股份公司 | 私营企业 | 其他企业 | | |
| 39 | (三)电力、热力、燃气及水的生产和供应业 | 227403 | 89746 | | 69 | | 65 | 88140 | 1471 | 1 | 74168 | 63489 |
| 40 | 1. 电力、热力生产和供应业 | 180952 | 84709 | | | | | 84704 | 4 | 1 | 68828 | 27415 |
| 41 | 2. 燃气生产和供应业 | 460 | 38 | | | | | 38 | | | 422 | |
| 42 | 3. 水的生产和供应业 | 45991 | 4999 | | 69 | | 65 | 3398 | 1467 | | 4918 | 36074 |
| 43 | (四)建筑业 | 338019 | 330451 | 27185 | 2422 | 41 | 847 | 275396 | 24483 | 77 | 5083 | 2485 |
| 44 | 1. 房屋建筑业 | 42619 | 38640 | 3392 | 399 | | | 34362 | 481 | 6 | 3651 | 328 |
| 45 | 2. 土木工程建筑业 | 37622 | 37622 | 4970 | 326 | | 212 | 26763 | 5329 | 22 | | |
| 46 | 3. 建筑安装业 | 95725 | 94261 | 17068 | 1613 | 40 | 571 | 65705 | 9241 | 23 | 663 | 801 |
| 47 | 4. 建筑装饰和其他建筑业 | 162053 | 159928 | 1755 | 84 | 1 | 64 | 148566 | 9432 | 26 | 769 | 1356 |
| 48 | (五)批发和零售业 | 530530 | 382635 | 61205 | 3597 | 4677 | 3797 | 282880 | 26467 | 12 | 77380 | 70515 |
| 49 | 1. 批发业 | 414616 | 340997 | 59875 | 2337 | 4522 | 3035 | 250662 | 20554 | 12 | 28885 | 44734 |
| 50 | 2. 零售业 | 115914 | 41638 | 1330 | 1260 | 155 | 762 | 32218 | 5913 | | 48495 | 25781 |
| 51 | (六)交通运输、仓储和邮政业 | 262020 | 175673 | 1674 | 1666 | | 318 | 157593 | 1578 | 12844 | 60477 | 25870 |
| 52 | 1. 交通运输业 | 231467 | 148558 | 899 | 4 | | 298 | 133156 | 1357 | 12844 | 58460 | 24449 |
| 53 | 2. 仓储业 | 30401 | 26963 | 775 | 1662 | | 20 | 24309 | 197 | | 2017 | 1421 |
| 54 | 3. 邮政业 | 152 | 152 | | | | | 128 | 24 | | | |
| 55 | (七)住宿和餐饮业 | 32740 | 8776 | 257 | 8 | 6 | 87 | 7723 | 695 | | 7216 | 16748 |
| 56 | 1. 住宿业 | 9431 | 3045 | 253 | 8 | 5 | 79 | 2658 | 42 | | 5581 | 805 |
| 57 | 2. 餐饮业 | 23309 | 5731 | 4 | | 1 | 8 | 5065 | 653 | | 1635 | 15943 |

续表

| 序号 | 项　　目 | 合计 | 内　资　企　业 | | | | | | | | 港澳台投资企业 | 外商投资企业 |
|---|---|---|---|---|---|---|---|---|---|---|---|---|
| | | | 小计 | 国有企业 | 集体企业 | 股份合作企业 | 联营企业 | 股份公司 | 私营企业 | 其他企业 | | |
| 58 | （八）信息传输、软件和信息技术服务业 | 739671 | 289142 | 10 | | 52 | 75 | 283648 | 5337 | 20 | 299416 | 151113 |
| 59 | 1. 电信、广播电视和卫星传输服务业 | 52572 | 52571 | 6 | | | 11 | 52554 | | | | 1 |
| 60 | 2. 互联网和相关服务 | 2779 | 447 | | | | | 424 | 23 | | 2332 | |
| 61 | 3. 软件和信息技术服务业 | 684320 | 236124 | 4 | | 52 | 64 | 230670 | 5314 | 20 | 297084 | 151112 |
| 62 | （九）金融业 | 475762 | 468815 | 288808 | | | | 178657 | 1350 | | 5989 | 958 |
| 63 | 1. 货币金融服务 | 66207 | 62310 | | | | | 61484 | 826 | | 3563 | 334 |
| 64 | 2. 资本市场服务 | 353617 | 352799 | 288808 | | | | 63757 | 234 | | 249 | 569 |
| 65 | 3. 保险业 | 183 | 177 | | | | | 176 | 1 | | | 6 |
| 66 | 4. 其他金融业 | 55755 | 53529 | | | | | 53240 | 289 | | 2177 | 49 |
| 67 | （十）房地产业 | 1668657 | 1371335 | 1865 | 1888 | 5072 | 743 | 1293190 | 45958 | 22619 | 196492 | 100830 |
| 68 | （十一）租赁和商务服务业 | 833718 | 716840 | 48634 | 4082 | 4991 | 882 | 612607 | 42298 | 3346 | 63433 | 53445 |
| 69 | 1. 租赁业 | 20991 | 18948 | 44 | 80 | 1611 | 190 | 16357 | 666 | | 1823 | 220 |
| 70 | 2. 商务服务业 | 812727 | 697892 | 48590 | 4002 | 3380 | 692 | 596250 | 41632 | 3346 | 61610 | 53225 |
| 71 | （十二）科学研究和技术服务业 | 205567 | 168718 | 1459 | 241 | 147 | 51 | 153518 | 8368 | 4934 | 22578 | 14271 |
| 72 | （十三）居民服务、修理和其他服务业 | 124707 | 84197 | 1972 | 931 | 574 | 145 | 70613 | 5776 | 4186 | 24653 | 15857 |
| 73 | （十四）教育 | 7944 | 7526 | 386 | 16 | | | 3358 | 10 | 3756 | 59 | 359 |
| 74 | （十五）卫生和社会工作 | 4636 | 4242 | 7 | 346 | 1 | 1 | 3318 | 448 | 121 | 392 | 2 |
| 75 | （十六）文化、体育和娱乐业 | 19187 | 8583 | 148 | 3 | | 9 | 7926 | 65 | 432 | 10194 | 410 |
| 76 | （十七）公共管理、社会保障和社会组织 | 1417 | 1415 | | | | | 4 | | 1411 | | 2 |
| 77 | （十八）其他行业 | 35416 | 22219 | 54 | | 29 | 2 | 21397 | 169 | 568 | 13197 | |

# 2016 年珠海市地方税务局企业所得税分行业分企业类型统计年报表

编报机关:珠海市地方税务局　　　　单位:万元

| 序号 | 项　目 | 合计 | 内资企业 | | | | | | | 港澳台投资企业 | 外商投资企业 |
|---|---|---|---|---|---|---|---|---|---|---|---|
| | | | 小计 | 国有企业 | 集体企业 | 股份合作企业 | 联营企业 | 股份公司 | 私营企业 | 其他企业 | | |
| 1 | 合　计 | 888376 | 641128 | 6996 | 3500 | 848 | 38 | 587545 | 34831 | 7370 | 79756 | 167492 |
| 2 | (一)采矿业 | 36 | 36 | | | | | 36 | | | | |
| 3 | 1. 煤炭开采和洗选业 | | | | | | | | | | | |
| 4 | 2. 石油和天然气开采业 | | | | | | | | | | | |
| 5 | 3. 黑色金属矿采选业 | | | | | | | | | | | |
| 6 | 4. 有色金属矿采选业 | | | | | | | | | | | |
| 7 | 5. 非金属矿采选业 | | | | | | | | | | | |
| 8 | 6. 其他采矿业 | 36 | 36 | | | | | 36 | | | | |
| 9 | (二)制造业 | 487851 | 342854 | 10 | 179 | | | 340894 | 1771 | | 49214 | 95783 |
| 10 | 1. 农副食品加工业 | 739 | 72 | | | | | 28 | 44 | | 234 | 433 |
| 11 | 2. 食品制造业 | 3464 | 109 | | | | | 108 | 1 | | 3345 | 10 |
| 12 | 3. 酒、饮料和精制茶制造业 | 55 | 3 | | 2 | | | 1 | | | 52 | |
| 13 | 4. 烟草制品业 | 420 | | | | | | | | | 420 | |
| 14 | 5. 纺织业 | 137 | | | | | | | | | | 137 |
| 15 | 6. 纺织服装、服饰业 | 1384 | 431 | | | | | 411 | 20 | | 952 | 1 |
| 16 | 7. 皮革、毛皮、羽毛及其制品和制鞋业 | 253 | 139 | | 138 | | | | 1 | | 26 | 88 |
| 17 | 8. 木材加工和木竹藤棕草制品业 | -2 | | | | | | | | | | -2 |
| 18 | 9. 家具制造业 | 1344 | 75 | 3 | | | | 72 | | | 222 | 1047 |
| 19 | 10. 造纸和纸制品业 | 573 | 34 | | | | | 22 | 12 | | 49 | 490 |

续表

| 序号 | 项目 | 合计 | 内资企业 | | | | | | | | 港澳台投资企业 | 外商投资企业 |
|---|---|---|---|---|---|---|---|---|---|---|---|---|
| | | | 小计 | 国有企业 | 集体企业 | 股份合作企业 | 联营企业 | 股份公司 | 私营企业 | 其他企业 | | |
| 20 | 11. 印刷和记录媒介复制业 | 1133 | 269 | 1 | | | | 233 | 35 | | 864 | |
| 21 | 12. 文教、工美、体育和娱乐用品制造业 | 85 | 4 | | | | | | 4 | | 81 | |
| 22 | 13. 石油加工、炼焦和核燃料加工业 | 83 | | | | | | | | | 83 | |
| 23 | 14. 化学原料和化学制品制造业 | 3017 | 324 | | | | | 95 | 229 | | 1051 | 1642 |
| 24 | 15. 医药制造业 | 21721 | 4445 | | | | | 4437 | 8 | | 16672 | 604 |
| 25 | 16. 化学纤维制造业 | 11631 | 1 | | | | | 1 | | | 10891 | 739 |
| 26 | 17. 橡胶和塑料制品业 | 1544 | 504 | | 4 | | | 490 | 10 | | 418 | 622 |
| 27 | 18. 非金属矿物制品业 | 614 | 529 | | | | | 151 | 378 | | 82 | 3 |
| 28 | 19. 黑色金属冶炼和压延加工业 | 421 | 47 | | 39 | | | 8 | | | | 374 |
| 29 | 20. 有色金属冶炼和压延加工业 | | | | | | | | | | | |
| 30 | 21. 金属制品业 | 980 | 195 | | -7 | | | 72 | 130 | | 18 | 767 |
| 31 | 22. 通用设备制造业 | 544 | 127 | | | | | 94 | 33 | | 92 | 325 |
| 32 | 23. 专用设备制造业 | 13152 | 2438 | 4 | | | | 2301 | 133 | | 905 | 9809 |
| 33 | 24. 汽车制造业 | 1231 | 257 | | | | | 18 | 239 | | 279 | 695 |
| 34 | 25. 铁路、船舶、航空航天和其他运输设备制造业 | 9025 | 9 | | | | | 9 | | | 84 | 8932 |
| 35 | 26. 电气机械和器材制造业 | 355533 | 327217 | 2 | | | | 327200 | 15 | | 57 | 28259 |
| 36 | 27. 计算机、通信和其他电子设备制造业 | 47658 | 4185 | | 2 | | | 3850 | 333 | | 8520 | 34953 |
| 37 | 28. 仪表仪器制造业 | 5719 | 464 | | | | | 454 | 10 | | 626 | 4629 |
| 38 | 29. 其他制造业 | 5393 | 976 | | 1 | | | 839 | 136 | | 3191 | 1226 |

续表

| 序号 | 项　目 | 合计 | 内资企业 | | | | | | | | 港澳台投资企业 | 外商投资企业 |
|---|---|---|---|---|---|---|---|---|---|---|---|---|
| | | | 小计 | 国有企业 | 集体企业 | 股份合作企业 | 联营企业 | 股份公司 | 私营企业 | 其他企业 | | |
| 39 | (三)电力、热力、燃气及水的生产和供应业 | 32331 | 10040 | | | | | 9968 | 72 | | 1225 | 21066 |
| 40 | 1. 电力、热力生产和供应业 | 21389 | 73 | | | | | 73 | | | 1215 | 20101 |
| 41 | 2. 燃气生产和供应业 | 966 | 1 | | | | | 1 | | | | 965 |
| 42 | 3. 水的生产和供应业 | 9976 | 9966 | | | | | 9894 | 72 | | 10 | |
| 43 | (四)建筑业 | 55070 | 53636 | 2475 | 1151 | 1 | 16 | 44462 | 5377 | 154 | 1349 | 85 |
| 44 | 1. 房屋建筑业 | 17877 | 17756 | 610 | 336 | | 2 | 14353 | 2455 | | 79 | 42 |
| 45 | 2. 土木工程建筑业 | 1820 | 1820 | 504 | 32 | | | 1017 | 259 | 8 | | |
| 46 | 3. 建筑安装业 | 15134 | 13847 | 848 | 166 | 1 | 1 | 11139 | 1688 | 4 | 1251 | 36 |
| 47 | 4. 建筑装饰和其他建筑业 | 20239 | 20213 | 513 | 617 | | 13 | 17953 | 975 | 142 | 19 | 7 |
| 48 | (五)批发和零售业 | 45644 | 40745 | 1606 | 192 | 74 | 21 | 34463 | 3974 | 415 | 3756 | 1143 |
| 49 | 1. 批发业 | 35184 | 34848 | 1401 | 101 | 2 | 20 | 29283 | 3626 | 415 | 267 | 69 |
| 50 | 2. 零售业 | 10460 | 5897 | 205 | 91 | 72 | 1 | 5180 | 348 | | 3489 | 1074 |
| 51 | (六)交通运输、仓储和邮政业 | 19896 | 11422 | 192 | 3 | | | 10921 | 306 | | 361 | 8113 |
| 52 | 1. 交通运输业 | 17238 | 9757 | 71 | 3 | | | 9391 | 292 | | 361 | 7120 |
| 53 | 2. 仓储业 | 2655 | 1662 | 121 | | | | 1529 | 12 | | | 993 |
| 54 | 3. 邮政业 | 3 | 3 | | | | | 1 | 2 | | | |
| 55 | (七)住宿和餐饮业 | 2279 | 854 | 132 | 13 | | 1 | 636 | 72 | | 1265 | 160 |
| 56 | 1. 住宿业 | 1661 | 594 | 132 | 10 | | 1 | 442 | 9 | | 1063 | 4 |
| 57 | 2. 餐饮业 | 618 | 260 | | 3 | | | 194 | 63 | | 202 | 156 |

续表

| 序号 | 项目 | 合计 | 内资企业 | | | | | | | | 港澳台投资企业 | 外商投资企业 |
|---|---|---|---|---|---|---|---|---|---|---|---|---|
| | | | 小计 | 国有企业 | 集体企业 | 股份合作企业 | 联营企业 | 股份公司 | 私营企业 | 其他企业 | | |
| 58 | (八)信息传输、软件和信息技术服务业 | 2544 | 2211 | 1 | | | | 2122 | 86 | 2 | 133 | 200 |
| 59 | 1. 电信、广播电视和卫星传输服务业 | | | | | | | | | | | |
| 60 | 2. 互联网和相关服务 | | | | | | | | | | | |
| 61 | 3. 软件和信息技术服务业 | 2544 | 2211 | 1 | | | | 2122 | 86 | 2 | 133 | 200 |
| 62 | (九)金融业 | 9850 | 1191 | | | | | 1191 | | | 597 | 8062 |
| 63 | 1. 货币金融服务 | 237 | 237 | | | | | 237 | | | | |
| 64 | 2. 资本市场服务 | 229 | 1 | | | | | 1 | | | | 228 |
| 65 | 3. 保险业 | 1 | 1 | | | | | 1 | | | | |
| 66 | 4. 其他金融业 | 9383 | 952 | | | | | 952 | | | 597 | 7834 |
| 67 | (十)房地产业 | 162936 | 126510 | 189 | 776 | 65 | | 105531 | 19842 | 107 | 15220 | 21206 |
| 68 | (十一)租赁和商务服务业 | 20639 | 14925 | 42 | 217 | 55 | | 12880 | 1638 | 93 | 990 | 4724 |
| 69 | 1. 租赁业 | 312 | 299 | | 182 | 52 | | 64 | 1 | | | 13 |
| 70 | 2. 商务服务业 | 20327 | 14626 | 42 | 35 | 3 | | 12816 | 1637 | 93 | 990 | 4711 |
| 71 | (十二)科学研究和技术服务业 | 5101 | 4428 | 99 | 74 | | | 1843 | 217 | 2195 | 168 | 505 |
| 72 | (十三)居民服务、修理和其他服务业 | 40867 | 29690 | 2216 | 652 | 653 | | 21802 | 1448 | 2919 | 5045 | 6132 |
| 73 | (十四)教育 | 661 | 661 | | | | | 20 | 2 | 639 | | |
| 74 | (十五)卫生和社会工作 | 289 | 308 | 8 | 1 | | | 229 | | 70 | | -19 |
| 75 | (十六)文化、体育和娱乐业 | 933 | 176 | 2 | | | | 28 | 5 | 141 | 430 | 327 |
| 76 | (十七)公共管理、社会保障和社会组织 | 611 | 611 | 1 | 4 | | | | | 606 | | |
| 77 | (十八)其他行业 | 838 | 830 | 23 | 238 | | | 519 | 21 | 29 | 3 | 5 |

# 2016 年汕头市地方税务局企业所得税分行业分企业类型统计年报表

编报机关:汕头市地方税务局　　　　单位:万元

| 序号 | 项　目 | 合计 | 内资企业 | | | | | | | | 港澳台投资企业 | 外商投资企业 |
|---|---|---|---|---|---|---|---|---|---|---|---|---|
| | | | 小计 | 国有企业 | 集体企业 | 股份合作企业 | 联营企业 | 股份公司 | 私营企业 | 其他企业 | | |
| 1 | 合　计 | 285748 | 267069 | 34184 | 19994 | 850 | 92 | 180556 | 29104 | 2289 | 7517 | 11162 |
| 2 | (一)采矿业 | 3 | 3 | | | | | 3 | | | | |
| 3 | 1. 煤炭开采和洗选业 | | | | | | | | | | | |
| 4 | 2. 石油和天然气开采业 | | | | | | | | | | | |
| 5 | 3. 黑色金属矿采选业 | | | | | | | | | | | |
| 6 | 4. 有色金属矿采选业 | | | | | | | | | | | |
| 7 | 5. 非金属矿采选业 | 3 | 3 | | | | | 3 | | | | |
| 8 | 6. 其他采矿业 | | | | | | | | | | | |
| 9 | (二)制造业 | 62011 | 54755 | 86 | 241 | 593 | | 39768 | 14067 | | 360 | 6896 |
| 10 | 1. 农副食品加工业 | 693 | 693 | 8 | | | | 574 | 111 | | | |
| 11 | 2. 食品制造业 | 1205 | 1198 | 3 | | | | 1194 | 1 | | | 7 |
| 12 | 3. 酒、饮料和精制茶制造业 | 11 | 11 | | | | | 11 | | | | |
| 13 | 4. 烟草制品业 | 1108 | 1108 | | | | | 1108 | | | | |
| 14 | 5. 纺织业 | 2657 | 2603 | | 2 | 45 | | 509 | 2047 | | | 54 |
| 15 | 6. 纺织服装、服饰业 | 13001 | 12952 | | 1 | 219 | | 6982 | 5750 | | 45 | 4 |
| 16 | 7. 皮革、毛皮、羽毛及其制品和制鞋业 | 147 | 147 | | | 1 | | 50 | 96 | | | |
| 17 | 8. 木材加工和木竹藤棕草制品业 | 4 | 4 | | 1 | | | 2 | 1 | | | |
| 18 | 9. 家具制造业 | 9 | 9 | | 1 | | | 8 | | | | |
| 19 | 10. 造纸和纸制品业 | 2317 | 2317 | | 169 | 4 | | 1693 | 451 | | | |

续表

| 序号 | 项目 | 合计 | 内资企业 | | | | | | | | 港澳台投资企业 | 外商投资企业 |
|---|---|---|---|---|---|---|---|---|---|---|---|---|
| | | | 小计 | 国有企业 | 集体企业 | 股份合作企业 | 联营企业 | 股份公司 | 私营企业 | 其他企业 | | |
| 20 | 11. 印刷和记录媒介复制业 | 7420 | 1617 | | 1 | 53 | | 1385 | 178 | | 205 | 5598 |
| 21 | 12. 文教、工美、体育和娱乐用品制造业 | 10612 | 9984 | | 16 | 99 | | 8876 | 993 | | | 628 |
| 22 | 13. 石油加工、炼焦和核燃料加工业 | 8 | 8 | | | | | 8 | | | | |
| 23 | 14. 化学原料和化学制品制造业 | 2217 | 2211 | | | 43 | | 1055 | 1113 | | | 6 |
| 24 | 15. 医药制造业 | 2201 | 2201 | | | 49 | | 1914 | 238 | | | |
| 25 | 16. 化学纤维制造业 | | | | | | | | | | | |
| 26 | 17. 橡胶和塑料制品业 | 5465 | 5465 | | 11 | 29 | | 3717 | 1708 | | | |
| 27 | 18. 非金属矿物制品业 | 266 | 266 | | | | | 221 | 45 | | | |
| 28 | 19. 黑色金属冶炼和压延加工业 | 36 | 36 | | | | | | 36 | | | |
| 29 | 20. 有色金属冶炼和压延加工业 | 5 | 5 | | | 4 | | 1 | | | | |
| 30 | 21. 金属制品业 | 181 | 71 | | 2 | 1 | | 60 | 8 | | 110 | |
| 31 | 22. 通用设备制造业 | 456 | 456 | | 3 | 3 | | 434 | 16 | | | |
| 32 | 23. 专用设备制造业 | 1222 | 1222 | 1 | 1 | 13 | | 556 | 651 | | | |
| 33 | 24. 汽车制造业 | 650 | 52 | | | | | 52 | | | | 598 |
| 34 | 25. 铁路、船舶、航空航天和其他运输设备制造业 | 14 | 14 | | | | | 14 | | | | |
| 35 | 26. 电气机械和器材制造业 | 1356 | 1356 | 29 | | 1 | | 1247 | 79 | | | |
| 36 | 27. 计算机、通信和其他电子设备制造业 | 983 | 983 | | | | | 679 | 304 | | | |
| 37 | 28. 仪表仪器制造业 | 13 | 13 | | | | | 13 | | | | |
| 38 | 29. 其他制造业 | 7754 | 7753 | 45 | 33 | 29 | | 7405 | 241 | | | 1 |

续表

| 序号 | 项目 | 合计 | 内资企业 | | | | | | | 港澳台投资企业 | 外商投资企业 |
|---|---|---|---|---|---|---|---|---|---|---|---|
| | | | 小计 | 国有企业 | 集体企业 | 股份合作企业 | 联营企业 | 股份公司 | 私营企业 | 其他企业 | | |
| 39 | (三)电力、热力、燃气及水的生产和供应业 | 8195 | 8190 | 7147 | 31 | 1 | | 1009 | 2 | | | 5 |
| 40 | 1. 电力、热力生产和供应业 | 7993 | 7988 | 6981 | 1 | 1 | | 1005 | | | | 5 |
| 41 | 2. 燃气生产和供应业 | 5 | 5 | | | | | 3 | 2 | | | |
| 42 | 3. 水的生产和供应业 | 197 | 197 | 166 | 30 | | | 1 | | | | |
| 43 | (四)建筑业 | 76090 | 76087 | 24053 | 18518 | 31 | 11 | 30543 | 2785 | 146 | 1 | 2 |
| 44 | 1. 房屋建筑业 | 66375 | 66375 | 23026 | 17384 | | 9 | 24048 | 1906 | 2 | | |
| 45 | 2. 土木工程建筑业 | 681 | 681 | 69 | 110 | 28 | 1 | 437 | 30 | 6 | | |
| 46 | 3. 建筑安装业 | 4137 | 4135 | 594 | 970 | 1 | | 2111 | 447 | 12 | 1 | 1 |
| 47 | 4. 建筑装饰和其他建筑业 | 4897 | 4896 | 364 | 54 | 2 | 1 | 3947 | 402 | 126 | | 1 |
| 48 | (五)批发和零售业 | 33769 | 33652 | 1634 | 240 | 181 | 6 | 29165 | 2422 | 4 | 73 | 44 |
| 49 | 1. 批发业 | 30929 | 30829 | 1529 | 170 | 153 | 5 | 26895 | 2073 | 4 | 56 | 44 |
| 50 | 2. 零售业 | 2840 | 2823 | 105 | 70 | 28 | 1 | 2270 | 349 | | 17 | |
| 51 | (六)交通运输、仓储和邮政业 | 1200 | 1200 | 39 | 78 | 1 | | 1029 | 53 | | | |
| 52 | 1. 交通运输业 | 969 | 969 | 39 | 77 | 1 | | 826 | 26 | | | |
| 53 | 2. 仓储业 | 5 | 5 | | 1 | | | 4 | | | | |
| 54 | 3. 邮政业 | 226 | 226 | | | | | 199 | 27 | | | |
| 55 | (七)住宿和餐饮业 | 794 | 794 | 2 | 20 | | | 637 | 132 | 3 | | |
| 56 | 1. 住宿业 | 197 | 197 | 2 | 5 | | | 137 | 51 | 2 | | |
| 57 | 2. 餐饮业 | 597 | 597 | | 15 | | | 500 | 81 | 1 | | |

续表

| 序号 | 项目 | 合计 | 内资企业 | | | | | | | 港澳台投资企业 | 外商投资企业 |
|---|---|---|---|---|---|---|---|---|---|---|---|
| | | | 小计 | 国有企业 | 集体企业 | 股份合作企业 | 联营企业 | 股份公司 | 私营企业 | 其他企业 | | |
| 58 | (八)信息传输、软件和信息技术服务业 | 344 | 306 | | | 2 | | 254 | 46 | 4 | | 38 |
| 59 | 1. 电信、广播电视和卫星传输服务业 | 6 | 6 | | | | | 2 | | 4 | | |
| 60 | 2. 互联网和相关服务 | 62 | 62 | | | | | 39 | 23 | | | |
| 61 | 3. 软件和信息技术服务业 | 276 | 238 | | | 2 | | 213 | 23 | | | 38 |
| 62 | (九)金融业 | 11737 | 2735 | | | | | 2644 | 91 | | 5810 | 3192 |
| 63 | 1. 货币金融服务 | 83 | 83 | | | | | 83 | | | | |
| 64 | 2. 资本市场服务 | 8998 | 60 | | | | | 60 | | | 5748 | 3190 |
| 65 | 3. 保险业 | 788 | 788 | | | | | 788 | | | | |
| 66 | 4. 其他金融业 | 1868 | 1804 | | | | | 1713 | 91 | | 62 | 2 |
| 67 | (十)房地产业 | 65995 | 64498 | 530 | 755 | | | 53779 | 8981 | 453 | 1261 | 236 |
| 68 | (十一)租赁和商务服务业 | 19534 | 18779 | 190 | 2 | 12 | | 18111 | 325 | 139 | 12 | 743 |
| 69 | 1. 租赁业 | 16 | 16 | | | | | 3 | 13 | | | |
| 70 | 2. 商务服务业 | 19518 | 18763 | 190 | 2 | 12 | | 18108 | 312 | 139 | 12 | 743 |
| 71 | (十二)科学研究和技术服务业 | 495 | 495 | 25 | 3 | 1 | | 372 | 47 | 47 | | |
| 72 | (十三)居民服务、修理和其他服务业 | 3978 | 3975 | 339 | 64 | 20 | 75 | 2170 | 102 | 1205 | | 3 |
| 73 | (十四)教育 | 65 | 62 | | | | | | 1 | 61 | | 3 |
| 74 | (十五)卫生和社会工作 | 45 | 45 | | | | | 15 | | 30 | | |
| 75 | (十六)文化、体育和娱乐业 | 303 | 303 | 2 | 9 | 8 | | 248 | 26 | 10 | | |
| 76 | (十七)公共管理、社会保障和社会组织 | 152 | 152 | | 30 | | | | | 122 | | |
| 77 | (十八)其他行业 | 1038 | 1038 | 137 | 3 | | | 809 | 24 | 65 | | |

# 2016年佛山市地方税务局企业所得税分行业分企业类型统计年报表

编报机关:佛山市地方税务局　　单位:万元

| 序号 | 项目 | 合计 | 内资企业 | | | | | | | | 港澳台投资企业 | 外商投资企业 |
|---|---|---|---|---|---|---|---|---|---|---|---|---|
| | | | 小计 | 国有企业 | 集体企业 | 股份合作企业 | 联营企业 | 股份公司 | 私营企业 | 其他企业 | | |
| 1 | 合计 | 604874 | 575661 | 2112 | 7221 | 500 | 400 | 479978 | 70031 | 15419 | 2165 | 27048 |
| 2 | (一)采矿业 | | | | | | | | | | | |
| 3 | 1. 煤炭开采和洗选业 | | | | | | | | | | | |
| 4 | 2. 石油和天然气开采业 | | | | | | | | | | | |
| 5 | 3. 黑色金属矿采选业 | | | | | | | | | | | |
| 6 | 4. 有色金属矿采选业 | | | | | | | | | | | |
| 7 | 5. 非金属矿采选业 | | | | | | | | | | | |
| 8 | 6. 其他采矿业 | | | | | | | | | | | |
| 9 | (二)制造业 | 113309 | 85224 | 111 | 657 | 162 | 131 | 55283 | 28855 | 25 | 1659 | 26426 |
| 10 | 1. 农副食品加工业 | 2512 | 2512 | 92 | 2 | | | 2365 | 53 | | | |
| 11 | 2. 食品制造业 | 2238 | 2238 | | | | | 2231 | 7 | | | |
| 12 | 3. 酒、饮料和精制茶制造业 | 1753 | 1753 | | | | | 1733 | 20 | | | |
| 13 | 4. 烟草制品业 | | | | | | | | | | | |
| 14 | 5. 纺织业 | 2234 | 2234 | | 8 | 41 | 21 | 1634 | 508 | 22 | | |
| 15 | 6. 纺织服装、服饰业 | 2509 | 2495 | | | 2 | 5 | 2352 | 133 | 3 | 14 | |
| 16 | 7. 皮革、毛皮、羽毛及其制品和制鞋业 | 952 | 952 | | 44 | | | 571 | 337 | | | |
| 17 | 8. 木材加工和木竹藤棕草制品业 | 209 | 209 | 12 | | 1 | | 108 | 88 | | | |
| 18 | 9. 家具制造业 | 1850 | 1850 | | | | | 1261 | 589 | | | |
| 19 | 10. 造纸和纸制品业 | 631 | 631 | | 41 | 2 | | 514 | 74 | | | |

续表

| 序号 | 项目 | 合计 | 内资企业 | | | | | | | | 港澳台投资企业 | 外商投资企业 |
|---|---|---|---|---|---|---|---|---|---|---|---|---|
| | | | 小计 | 国有企业 | 集体企业 | 股份合作企业 | 联营企业 | 股份公司 | 私营企业 | 其他企业 | | |
| 20 | 11. 印刷和记录媒介复制业 | 838 | 838 | | 3 | 17 | | 292 | 526 | | | |
| 21 | 12. 文教、工美、体育和娱乐用品制造业 | 442 | 438 | 1 | 24 | 1 | | 297 | 115 | | 4 | |
| 22 | 13. 石油加工、炼焦和核燃料加工业 | 376 | 376 | | | | | 362 | 14 | | | |
| 23 | 14. 化学原料和化学制品制造业 | 5218 | 5217 | 1 | 75 | 1 | 22 | 2218 | 2900 | | 1 | |
| 24 | 15. 医药制造业 | 8034 | 8034 | | | | 65 | 7947 | 22 | | | |
| 25 | 16. 化学纤维制造业 | 1 | 1 | | | | | 1 | | | | |
| 26 | 17. 橡胶和塑料制品业 | 4535 | 4535 | | 23 | 16 | | 1630 | 2866 | | | |
| 27 | 18. 非金属矿物制品业 | 15530 | 15515 | 1 | 54 | | 18 | 10198 | 5244 | | | 15 |
| 28 | 19. 黑色金属冶炼和压延加工业 | 120 | 120 | | | | | 48 | 72 | | | |
| 29 | 20. 有色金属冶炼和压延加工业 | 8572 | 8571 | | 114 | | | 3670 | 4787 | | 1 | |
| 30 | 21. 金属制品业 | 4951 | 4950 | | 82 | 38 | | 3841 | 989 | | | 1 |
| 31 | 22. 通用设备制造业 | 1440 | 1434 | 1 | 4 | 8 | | 910 | 511 | | | 6 |
| 32 | 23. 专用设备制造业 | 6063 | 6063 | | 177 | 3 | | 3677 | 2206 | | | |
| 33 | 24. 汽车制造业 | 2705 | 2705 | | | | | 1382 | 1323 | | | |
| 34 | 25. 铁路、船舶、航空航天和其他运输设备制造业 | 402 | 402 | | | | | 179 | 223 | | | |
| 35 | 26. 电气机械和器材制造业 | 11511 | 5117 | 1 | 5 | 16 | | 2911 | 2184 | | 1639 | 4755 |
| 36 | 27. 计算机、通信和其他电子设备制造业 | 4995 | 4995 | 1 | | 6 | | 2384 | 2604 | | | |
| 37 | 28. 仪表仪器制造业 | 613 | 613 | | | 10 | | 303 | 300 | | | |
| 38 | 29. 其他制造业 | 22075 | 426 | 1 | 1 | | | 264 | 160 | | | 21649 |

续表

| 序号 | 项　　目 | 合计 | 内　资　企　业 | | | | | | | | 港澳台投资企业 | 外商投资企业 |
|---|---|---|---|---|---|---|---|---|---|---|---|---|
| | | | 小计 | 国有企业 | 集体企业 | 股份合作企业 | 联营企业 | 股份公司 | 私营企业 | 其他企业 | | |
| 39 | (三)电力、热力、燃气及水的生产和供应业 | 11164 | 11073 | | 44 | | | 11026 | 3 | | 91 | |
| 40 | 1. 电力、热力生产和供应业 | | | | | | | | | | | |
| 41 | 2. 燃气生产和供应业 | 3021 | 3021 | | | | | 3018 | 3 | | | |
| 42 | 3. 水的生产和供应业 | 8143 | 8052 | | 44 | | | 8008 | | | 91 | |
| 43 | (四)建筑业 | 38880 | 38837 | 241 | 2352 | 5 | 30 | 26102 | 9534 | 573 | 22 | 21 |
| 44 | 1. 房屋建筑业 | 12271 | 12270 | 22 | 1164 | | 10 | 8772 | 1995 | 307 | | 1 |
| 45 | 2. 土木工程建筑业 | 5425 | 5425 | 44 | 776 | | | 3057 | 1542 | 6 | | |
| 46 | 3. 建筑安装业 | 12393 | 12364 | 49 | 355 | 5 | 1 | 8067 | 3804 | 83 | 15 | 14 |
| 47 | 4. 建筑装饰和其他建筑业 | 8791 | 8778 | 126 | 57 | | 19 | 6206 | 2193 | 177 | 7 | 6 |
| 48 | (五)批发和零售业 | 27568 | 27280 | 1107 | 1380 | 209 | 31 | 18725 | 5805 | 23 | 288 | |
| 49 | 1. 批发业 | 22170 | 22128 | 1048 | 406 | 204 | 31 | 15262 | 5177 | | 42 | |
| 50 | 2. 零售业 | 5398 | 5152 | 59 | 974 | 5 | | 3463 | 628 | 23 | 246 | |
| 51 | (六)交通运输、仓储和邮政业 | 11054 | 11054 | 47 | 5 | | | 10464 | 518 | 20 | | |
| 52 | 1. 交通运输业 | 10929 | 10929 | 5 | 3 | | | 10409 | 493 | 19 | | |
| 53 | 2. 仓储业 | 100 | 100 | 42 | 2 | | | 54 | 1 | 1 | | |
| 54 | 3. 邮政业 | 25 | 25 | | | | | 1 | 24 | | | |
| 55 | (七)住宿和餐饮业 | 1273 | 1265 | 16 | 59 | 23 | | 379 | 787 | 1 | 1 | 7 |
| 56 | 1. 住宿业 | 321 | 318 | 1 | 18 | 1 | | 118 | 179 | 1 | | 3 |
| 57 | 2. 餐饮业 | 952 | 947 | 15 | 41 | 22 | | 261 | 608 | | 1 | 4 |

续表

| 序号 | 项目 | 合计 | 内资企业 | | | | | | | | 港澳台投资企业 | 外商投资企业 |
|---|---|---|---|---|---|---|---|---|---|---|---|---|
| | | | 小计 | 国有企业 | 集体企业 | 股份合作企业 | 联营企业 | 股份公司 | 私营企业 | 其他企业 | | |
| 58 | (八)信息传输、软件和信息技术服务业 | 627 | 621 | 2 | | | | 352 | 228 | 39 | | 6 |
| 59 | 1. 电信、广播电视和卫星传输服务业 | 17 | 17 | 2 | | | | 2 | 13 | | | |
| 60 | 2. 互联网和相关服务 | 15 | 15 | | | | | 8 | 7 | | | |
| 61 | 3. 软件和信息技术服务业 | 595 | 589 | | | | | 342 | 208 | 39 | | 6 |
| 62 | (九)金融业 | 8567 | 8505 | | | | | 6050 | 2455 | | 58 | 4 |
| 63 | 1. 货币金融服务 | 3844 | 3844 | | | | | 1455 | 2389 | | | |
| 64 | 2. 资本市场服务 | 862 | 862 | | | | | 862 | | | | |
| 65 | 3. 保险业 | 15 | 15 | | | | | | 15 | | | |
| 66 | 4. 其他金融业 | 3846 | 3784 | | | | | 3733 | 51 | | 58 | 4 |
| 67 | (十)房地产业 | 341144 | 341132 | 149 | 1824 | 60 | 3 | 320214 | 17893 | 989 | 10 | 2 |
| 68 | (十一)租赁和商务服务业 | 25340 | 25320 | 18 | 148 | 1 | | 23149 | 1844 | 160 | 5 | 15 |
| 69 | 1. 租赁业 | 82 | 77 | | 1 | | | 46 | 13 | 17 | | 5 |
| 70 | 2. 商务服务业 | 25258 | 25243 | 18 | 147 | 1 | | 23103 | 1831 | 143 | 5 | 10 |
| 71 | (十二)科学研究和技术服务业 | 5518 | 5494 | 281 | 6 | 2 | 20 | 2431 | 962 | 1792 | 6 | 18 |
| 72 | (十三)居民服务、修理和其他服务业 | 2262 | 2229 | 38 | 423 | 7 | 179 | 781 | 578 | 223 | 3 | 30 |
| 73 | (十四)教育 | 2704 | 2704 | | 47 | | | 388 | 8 | 2261 | | |
| 74 | (十五)卫生和社会工作 | 3994 | 3994 | | 1 | | | 3727 | 8 | 258 | | |
| 75 | (十六)文化、体育和娱乐业 | 408 | 408 | 1 | 12 | 4 | | 55 | 212 | 124 | | |
| 76 | (十七)公共管理、社会保障和社会组织 | 9054 | 9054 | | 257 | 27 | 6 | 95 | | 8669 | | |
| 77 | (十八)其他行业 | 2008 | 1467 | 101 | 6 | | | 757 | 341 | 262 | 22 | 519 |

# 2016年韶关市地方税务局企业所得税分行业分企业类型统计年报表

编报机关:韶关市地方税务局　　　　单位:万元

| 序号 | 项　目 | 合计 | 内资企业 | | | | | | | | 港澳台投资企业 | 外商投资企业 |
|---|---|---|---|---|---|---|---|---|---|---|---|---|
| | | | 小计 | 国有企业 | 集体企业 | 股份合作企业 | 联营企业 | 股份公司 | 私营企业 | 其他企业 | | |
| 1 | 合　计 | 55057 | 54520 | 10386 | 4616 | 35 | 173 | 35759 | 1621 | 1930 | 482 | 55 |
| 2 | (一)采矿业 | 381 | 381 | 1 | 36 | | | 344 | | | | |
| 3 | 1. 煤炭开采和洗选业 | 1 | 1 | 1 | | | | | | | | |
| 4 | 2. 石油和天然气开采业 | | | | | | | | | | | |
| 5 | 3. 黑色金属矿采选业 | 24 | 24 | | 24 | | | | | | | |
| 6 | 4. 有色金属矿采选业 | 344 | 344 | | | | | 344 | | | | |
| 7 | 5. 非金属矿采选业 | 12 | 12 | | 12 | | | | | | | |
| 8 | 6. 其他采矿业 | | | | | | | | | | | |
| 9 | (二)制造业 | 2483 | 2482 | 28 | 1 | 4 | 1 | 2396 | 9 | 43 | | 1 |
| 10 | 1. 农副食品加工业 | 15 | 15 | | | | | 15 | | | | |
| 11 | 2. 食品制造业 | | | | | | | | | | | |
| 12 | 3. 酒、饮料和精制茶制造业 | 10 | 10 | | | | | 10 | | | | |
| 13 | 4. 烟草制品业 | | | | | | | | | | | |
| 14 | 5. 纺织业 | 2 | 2 | | | | | 2 | | | | |
| 15 | 6. 纺织服装、服饰业 | | | | | | | | | | | |
| 16 | 7. 皮革、毛皮、羽毛及其制品和制鞋业 | | | | | | | | | | | |
| 17 | 8. 木材加工和木竹藤棕草制品业 | 8 | 8 | 8 | | | | | | | | |
| 18 | 9. 家具制造业 | 1 | 1 | | | | | 1 | | | | |
| 19 | 10. 造纸和纸制品业 | 2 | 1 | | | | | 1 | | | | 1 |

续表

| 序号 | 项目 | 合计 | 内资企业 | | | | | | | 港澳台投资企业 | 外商投资企业 |
|---|---|---|---|---|---|---|---|---|---|---|---|
| | | | 小计 | 国有企业 | 集体企业 | 股份合作企业 | 联营企业 | 股份公司 | 私营企业 | 其他企业 | | |
| 20 | 11. 印刷和记录媒介复制业 | 3 | 3 | | 1 | | | 2 | | | | |
| 21 | 12. 文教、工美、体育和娱乐用品制造业 | 3 | 3 | | | | | 3 | | | | |
| 22 | 13. 石油加工、炼焦和核燃料加工业 | | | | | | | | | | | |
| 23 | 14. 化学原料和化学制品制造业 | 178 | 178 | | | | | 173 | 5 | | | |
| 24 | 15. 医药制造业 | | | | | | | | | | | |
| 25 | 16. 化学纤维制造业 | | | | | | | | | | | |
| 26 | 17. 橡胶和塑料制品业 | 15 | 15 | | | | | 15 | | | | |
| 27 | 18. 非金属矿物制品业 | 2 | 2 | 2 | | | | | | | | |
| 28 | 19. 黑色金属冶炼和压延加工业 | | | | | | | | | | | |
| 29 | 20. 有色金属冶炼和压延加工业 | 545 | 545 | 17 | | | | 529 | -1 | | | |
| 30 | 21. 金属制品业 | 37 | 37 | | | | | 37 | | | | |
| 31 | 22. 通用设备制造业 | 147 | 147 | | | 4 | 1 | 140 | 2 | | | |
| 32 | 23. 专用设备制造业 | 145 | 145 | 1 | | | | 141 | 3 | | | |
| 33 | 24. 汽车制造业 | 4 | 4 | | | | | 4 | | | | |
| 34 | 25. 铁路、船舶、航空航天和其他运输设备制造业 | | | | | | | | | | | |
| 35 | 26. 电气机械和器材制造业 | 170 | 170 | | | | | 170 | | | | |
| 36 | 27. 计算机、通信和其他电子设备制造业 | | | | | | | | | | | |
| 37 | 28. 仪表仪器制造业 | | | | | | | | | | | |
| 38 | 29. 其他制造业 | 1196 | 1196 | | | | | 1153 | | 43 | | |

续表

| 序号 | 项　目 | 合计 | 内资企业 | | | | | | | | 港澳台投资企业 | 外商投资企业 |
|---|---|---|---|---|---|---|---|---|---|---|---|---|
| | | | 小计 | 国有企业 | 集体企业 | 股份合作企业 | 联营企业 | 股份公司 | 私营企业 | 其他企业 | | |
| 39 | (三)电力、热力、燃气及水的生产和供应业 | 14906 | 14906 | 4996 | 527 | 29 | 134 | 9135 | 85 | | | |
| 40 | 1. 电力、热力生产和供应业 | 14522 | 14522 | 4690 | 526 | 29 | 134 | 9058 | 85 | | | |
| 41 | 2. 燃气生产和供应业 | 4 | 4 | 4 | | | | | | | | |
| 42 | 3. 水的生产和供应业 | 380 | 380 | 302 | 1 | | | 77 | | | | |
| 43 | (四)建筑业 | 21074 | 20948 | 4468 | 3855 | 1 | 29 | 11949 | 420 | 226 | 126 | |
| 44 | 1. 房屋建筑业 | 11546 | 11546 | 4252 | 1704 | | | 5571 | 15 | 4 | | |
| 45 | 2. 土木工程建筑业 | 2629 | 2629 | 67 | 333 | | 26 | 2020 | 182 | 1 | | |
| 46 | 3. 建筑安装业 | 4635 | 4635 | 56 | 1769 | 1 | | 2638 | 54 | 117 | | |
| 47 | 4. 建筑装饰和其他建筑业 | 2264 | 2138 | 93 | 49 | | 3 | 1720 | 169 | 104 | 126 | |
| 48 | (五)批发和零售业 | 1607 | 1607 | 269 | 73 | 1 | | 1150 | 93 | 21 | | |
| 49 | 1. 批发业 | 614 | 614 | 224 | 43 | | | 334 | 13 | | | |
| 50 | 2. 零售业 | 993 | 993 | 45 | 30 | 1 | | 816 | 80 | 21 | | |
| 51 | (六)交通运输、仓储和邮政业 | 1361 | 1361 | 29 | 7 | | | 1264 | 21 | 40 | | |
| 52 | 1. 交通运输业 | 1308 | 1308 | 28 | 7 | | | 1251 | 21 | 1 | | |
| 53 | 2. 仓储业 | 51 | 51 | 1 | | | | 11 | | 39 | | |
| 54 | 3. 邮政业 | 2 | 2 | | | | | 2 | | | | |
| 55 | (七)住宿和餐饮业 | 401 | 401 | 25 | 4 | | | 149 | 223 | | | |
| 56 | 1. 住宿业 | 78 | 78 | 25 | 3 | | | 47 | 3 | | | |
| 57 | 2. 餐饮业 | 323 | 323 | | 1 | | | 102 | 220 | | | |

续表

| 序号 | 项　　目 | 合计 | 内资企业 | | | | | | | | 港澳台投资企业 | 外商投资企业 |
|---|---|---|---|---|---|---|---|---|---|---|---|---|
| | | | 小计 | 国有企业 | 集体企业 | 股份合作企业 | 联营企业 | 股份公司 | 私营企业 | 其他企业 | | |
| 58 | (八)信息传输、软件和信息技术服务业 | 17 | 17 | | | | | 17 | | | | |
| 59 | 1. 电信、广播电视和卫星传输服务业 | 7 | 7 | | | | | 7 | | | | |
| 60 | 2. 互联网和相关服务 | 3 | 3 | | | | | 3 | | | | |
| 61 | 3. 软件和信息技术服务业 | 7 | 7 | | | | | 7 | | | | |
| 62 | (九)金融业 | 349 | 349 | | | | | 286 | 5 | 58 | | |
| 63 | 1. 货币金融服务 | 176 | 176 | | | | | 171 | 5 | | | |
| 64 | 2. 资本市场服务 | | | | | | | | | | | |
| 65 | 3. 保险业 | | | | | | | | | | | |
| 66 | 4. 其他金融业 | 173 | 173 | | | | | 115 | | 58 | | |
| 67 | (十)房地产业 | 8341 | 8287 | 163 | 49 | | 5 | 7545 | 489 | 36 | | 54 |
| 68 | (十一)租赁和商务服务业 | 913 | 812 | 16 | 11 | | | 526 | 245 | 14 | 101 | |
| 69 | 1. 租赁业 | 6 | 6 | | | | | 5 | 1 | | | |
| 70 | 2. 商务服务业 | 907 | 806 | 16 | 11 | | | 521 | 244 | 14 | 101 | |
| 71 | (十二)科学研究和技术服务业 | 505 | 473 | 54 | 6 | | 3 | 212 | 6 | 192 | 32 | |
| 72 | (十三)居民服务、修理和其他服务业 | 1202 | 1169 | 335 | 40 | | 1 | 597 | 21 | 175 | 33 | |
| 73 | (十四)教育 | 104 | 104 | | | | | 1 | | 103 | | |
| 74 | (十五)卫生和社会工作 | 23 | 23 | | | | | 5 | | 18 | | |
| 75 | (十六)文化、体育和娱乐业 | 92 | 92 | 2 | | | | 29 | 1 | 60 | | |
| 76 | (十七)公共管理、社会保障和社会组织 | 853 | 853 | | 1 | | | | | 852 | | |
| 77 | (十八)其他行业 | 445 | 255 | | 6 | | | 154 | 3 | 92 | 190 | |

# 2016年河源市地方税务局企业所得税分行业分企业类型统计年报表

编报机关:河源市地方税务局　　　　单位:万元

| 序号 | 项目 | 合计 | 内资企业 | | | | | | | 港澳台投资企业 | 外商投资企业 |
|---|---|---|---|---|---|---|---|---|---|---|---|
| | | | 小计 | 国有企业 | 集体企业 | 股份合作企业 | 联营企业 | 股份公司 | 私营企业 | 其他企业 | | |
| 1 | 合　计 | 48207 | 48285 | 777 | 3997 | | 11 | 41722 | 905 | 873 | -88 | 10 |
| 2 | (一)采矿业 | 375 | 375 | | 164 | | | 211 | | | | |
| 3 | 1. 煤炭开采和洗选业 | | | | | | | | | | | |
| 4 | 2. 石油和天然气开采业 | | | | | | | | | | | |
| 5 | 3. 黑色金属矿采选业 | 165 | 165 | | | | | 165 | | | | |
| 6 | 4. 有色金属矿采选业 | | | | | | | | | | | |
| 7 | 5. 非金属矿采选业 | 166 | 166 | | 162 | | | 4 | | | | |
| 8 | 6. 其他采矿业 | 44 | 44 | | 2 | | | 42 | | | | |
| 9 | (二)制造业 | 1208 | 1208 | 3 | 359 | | | 830 | 15 | 1 | | |
| 10 | 1. 农副食品加工业 | 1 | 1 | 1 | | | | | | | | |
| 11 | 2. 食品制造业 | | | | | | | | | | | |
| 12 | 3. 酒、饮料和精制茶制造业 | | | | | | | | | | | |
| 13 | 4. 烟草制品业 | | | | | | | | | | | |
| 14 | 5. 纺织业 | | | | | | | | | | | |
| 15 | 6. 纺织服装、服饰业 | | | | | | | | | | | |
| 16 | 7. 皮革、毛皮、羽毛及其制品和制鞋业 | | | | | | | | | | | |
| 17 | 8. 木材加工和木竹藤棕草制品业 | | | | | | | | | | | |
| 18 | 9. 家具制造业 | | | | | | | | | | | |
| 19 | 10. 造纸和纸制品业 | | | | | | | | | | | |

续表

| 序号 | 项目 | 合计 | 内资企业 | | | | | | | 港澳台投资企业 | 外商投资企业 |
|---|---|---|---|---|---|---|---|---|---|---|---|
| | | | 小计 | 国有企业 | 集体企业 | 股份合作企业 | 联营企业 | 股份公司 | 私营企业 | 其他企业 | | |
| 20 | 11. 印刷和记录媒介复制业 | 4 | 4 | 2 | 1 | | | 1 | | | | |
| 21 | 12. 文教、工美、体育和娱乐用品制造业 | 3 | 3 | | | | | 3 | | | | |
| 22 | 13. 石油加工、炼焦和核燃料加工业 | | | | | | | | | | | |
| 23 | 14. 化学原料和化学制品制造业 | | | | | | | | | | | |
| 24 | 15. 医药制造业 | 6 | 6 | | | | | 6 | | | | |
| 25 | 16. 化学纤维制造业 | | | | | | | | | | | |
| 26 | 17. 橡胶和塑料制品业 | | | | | | | | | | | |
| 27 | 18. 非金属矿物制品业 | 745 | 745 | | 358 | | | 386 | 1 | | | |
| 28 | 19. 黑色金属冶炼和压延加工业 | 15 | 15 | | | | | 1 | 14 | | | |
| 29 | 20. 有色金属冶炼和压延加工业 | 231 | 231 | | | | | 231 | | | | |
| 30 | 21. 金属制品业 | 184 | 184 | | | | | 183 | | 1 | | |
| 31 | 22. 通用设备制造业 | 10 | 10 | | | | | 10 | | | | |
| 32 | 23. 专用设备制造业 | | | | | | | | | | | |
| 33 | 24. 汽车制造业 | | | | | | | | | | | |
| 34 | 25. 铁路、船舶、航空航天和其他运输设备制造业 | | | | | | | | | | | |
| 35 | 26. 电气机械和器材制造业 | | | | | | | | | | | |
| 36 | 27. 计算机、通信和其他电子设备制造业 | 8 | 8 | | | | | 8 | | | | |
| 37 | 28. 仪表仪器制造业 | | | | | | | | | | | |
| 38 | 29. 其他制造业 | 1 | 1 | | | | | 1 | | | | |

续表

| 序号 | 项　目 | 合计 | 内资企业 | | | | | | | 港澳台投资企业 | 外商投资企业 |
|---|---|---|---|---|---|---|---|---|---|---|---|
| | | | 小计 | 国有企业 | 集体企业 | 股份合作企业 | 联营企业 | 股份公司 | 私营企业 | 其他企业 | | |
| 39 | (三)电力、热力、燃气及水的生产和供应业 | 11915 | 12009 | -449 | 97 | | | 12352 | 5 | 4 | -94 | |
| 40 | 1. 电力、热力生产和供应业 | 11220 | 11314 | -452 | 95 | | | 11666 | 1 | 4 | -94 | |
| 41 | 2. 燃气生产和供应业 | 571 | 571 | | | | | 567 | 4 | | | |
| 42 | 3. 水的生产和供应业 | 124 | 124 | 3 | 2 | | | 119 | | | | |
| 43 | (四)建筑业 | 13373 | 13359 | 564 | 3247 | | 10 | 8519 | 806 | 213 | 4 | 10 |
| 44 | 1. 房屋建筑业 | 4349 | 4349 | 22 | 2221 | | | 2029 | 77 | | | |
| 45 | 2. 土木工程建筑业 | 1850 | 1850 | 350 | 111 | | | 1381 | 5 | 3 | | |
| 46 | 3. 建筑安装业 | 3144 | 3142 | 15 | 418 | | 5 | 2467 | 157 | 80 | 2 | |
| 47 | 4. 建筑装饰和其他建筑业 | 4030 | 4018 | 177 | 497 | | 5 | 2642 | 567 | 130 | 2 | 10 |
| 48 | (五)批发和零售业 | 3001 | 3001 | 54 | 38 | | | 2888 | 21 | | | |
| 49 | 1. 批发业 | 1164 | 1164 | | 5 | | | 1139 | 20 | | | |
| 50 | 2. 零售业 | 1837 | 1837 | 54 | 33 | | | 1749 | 1 | | | |
| 51 | (六)交通运输、仓储和邮政业 | 173 | 173 | | 5 | | 1 | 114 | 1 | 52 | | |
| 52 | 1. 交通运输业 | 170 | 170 | | 5 | | 1 | 111 | 1 | 52 | | |
| 53 | 2. 仓储业 | 2 | 2 | | | | | 2 | | | | |
| 54 | 3. 邮政业 | 1 | 1 | | | | | 1 | | | | |
| 55 | (七)住宿和餐饮业 | 195 | 195 | 32 | | | | 162 | | 1 | | |
| 56 | 1. 住宿业 | 47 | 47 | | | | | 47 | | | | |
| 57 | 2. 餐饮业 | 148 | 148 | 32 | | | | 115 | | 1 | | |

续表

| 序号 | 项目 | 合计 | 内资企业 | | | | | | | | 港澳台投资企业 | 外商投资企业 |
|---|---|---|---|---|---|---|---|---|---|---|---|---|
| | | | 小计 | 国有企业 | 集体企业 | 股份合作企业 | 联营企业 | 股份公司 | 私营企业 | 其他企业 | | |
| 58 | (八)信息传输、软件和信息技术服务业 | 65 | 64 | | | | | 64 | | | 1 | |
| 59 | 1. 电信、广播电视和卫星传输服务业 | 6 | 6 | | | | | 6 | | | | |
| 60 | 2. 互联网和相关服务 | 9 | 9 | | | | | 9 | | | | |
| 61 | 3. 软件和信息技术服务业 | 50 | 49 | | | | | 49 | | | 1 | |
| 62 | (九)金融业 | 482 | 482 | 1 | 1 | | | 480 | | | | |
| 63 | 1. 货币金融服务 | 286 | 286 | | 1 | | | 285 | | | | |
| 64 | 2. 资本市场服务 | | | | | | | | | | | |
| 65 | 3. 保险业 | | | | | | | | | | | |
| 66 | 4. 其他金融业 | 196 | 196 | 1 | | | | 195 | | | | |
| 67 | (十)房地产业 | 15485 | 15484 | 65 | 49 | | | 15320 | 34 | 16 | 1 | |
| 68 | (十一)租赁和商务服务业 | 379 | 379 | 32 | 1 | | | 294 | 8 | 44 | | |
| 69 | 1. 租赁业 | 2 | 2 | | | | | 2 | | | | |
| 70 | 2. 商务服务业 | 377 | 377 | 32 | 1 | | | 292 | 8 | 44 | | |
| 71 | (十二)科学研究和技术服务业 | 800 | 800 | 445 | 12 | | | 139 | | 204 | | |
| 72 | (十三)居民服务、修理和其他服务业 | 230 | 230 | 8 | 1 | | | 112 | 1 | 108 | | |
| 73 | (十四)教育 | 3 | 3 | | | | | 1 | | 2 | | |
| 74 | (十五)卫生和社会工作 | 25 | 25 | | | | | | | 25 | | |
| 75 | (十六)文化、体育和娱乐业 | 40 | 40 | | | | | 16 | | 24 | | |
| 76 | (十七)公共管理、社会保障和社会组织 | 204 | 204 | | | | | 38 | | 166 | | |
| 77 | (十八)其他行业 | 254 | 254 | 22 | 23 | | | 182 | 14 | 13 | | |

# 2016 年梅州市地方税务局企业所得税分行业分企业类型统计年报表

编报机关：梅州市地方税务局　　　　单位：万元

| 序号 | 项　目 | 合计 | 内资企业 | | | | | | | | 港澳台投资企业 | 外商投资企业 |
|---|---|---|---|---|---|---|---|---|---|---|---|---|
| | | | 小计 | 国有企业 | 集体企业 | 股份合作企业 | 联营企业 | 股份公司 | 私营企业 | 其他企业 | | |
| 1 | 合　计 | 159711 | 159681 | 2635 | 7282 | 279 | -75 | 145087 | 2450 | 2023 | 14 | 16 |
| 2 | (一)采矿业 | 620 | 620 | 294 | 1 | | | 325 | | | | |
| 3 | 1. 煤炭开采和洗选业 | | | | | | | | | | | |
| 4 | 2. 石油和天然气开采业 | | | | | | | | | | | |
| 5 | 3. 黑色金属矿采选业 | | | | | | | | | | | |
| 6 | 4. 有色金属矿采选业 | 277 | 277 | 277 | | | | | | | | |
| 7 | 5. 非金属矿采选业 | 260 | 260 | | 1 | | | 259 | | | | |
| 8 | 6. 其他采矿业 | 83 | 83 | 17 | | | | 66 | | | | |
| 9 | (二)制造业 | 8271 | 8235 | 30 | 17 | 236 | | 7706 | 92 | 154 | | 36 |
| 10 | 1. 农副食品加工业 | 15 | 15 | 13 | | | | 1 | 1 | | | |
| 11 | 2. 食品制造业 | 12 | 12 | | | | | 12 | | | | |
| 12 | 3. 酒、饮料和精制茶制造业 | 1158 | 1158 | | | | | 1158 | | | | |
| 13 | 4. 烟草制品业 | 844 | 844 | | | | | 844 | | | | |
| 14 | 5. 纺织业 | 1 | 1 | | | | | 1 | | | | |
| 15 | 6. 纺织服装、服饰业 | 9 | 9 | | | | | 9 | | | | |
| 16 | 7. 皮革、毛皮、羽毛及其制品和制鞋业 | | | | | | | | | | | |
| 17 | 8. 木材加工和木竹藤棕草制品业 | 3 | 3 | | | | | 3 | | | | |
| 18 | 9. 家具制造业 | 1 | 1 | | | | | 1 | | | | |
| 19 | 10. 造纸和纸制品业 | 1 | 1 | | | | | 1 | | | | |

续表

| 序号 | 项目 | 合计 | 内资企业 | | | | | | | | 港澳台投资企业 | 外商投资企业 |
|---|---|---|---|---|---|---|---|---|---|---|---|---|
| | | | 小计 | 国有企业 | 集体企业 | 股份合作企业 | 联营企业 | 股份公司 | 私营企业 | 其他企业 | | |
| 20 | 11. 印刷和记录媒介复制业 | 1 | 1 | | | | | 1 | | | | |
| 21 | 12. 文教、工美、体育和娱乐用品制造业 | 4 | 4 | | 2 | | | 1 | 1 | | | |
| 22 | 13. 石油加工、炼焦和核燃料加工业 | | | | | | | | | | | |
| 23 | 14. 化学原料和化学制品制造业 | 38 | 38 | | | | | 38 | | | | |
| 24 | 15. 医药制造业 | 97 | 97 | | | | | 97 | | | | |
| 25 | 16. 化学纤维制造业 | | | | | | | | | | | |
| 26 | 17. 橡胶和塑料制品业 | 158 | 158 | | | | | 2 | 2 | 154 | | |
| 27 | 18. 非金属矿物制品业 | 2270 | 2234 | | | | | 2233 | 1 | | | 36 |
| 28 | 19. 黑色金属冶炼和压延加工业 | 4 | 4 | | 4 | | | | | | | |
| 29 | 20. 有色金属冶炼和压延加工业 | -83 | -83 | | | | | -171 | 88 | | | |
| 30 | 21. 金属制品业 | 842 | 842 | | | | | 842 | | | | |
| 31 | 22. 通用设备制造业 | 2090 | 2090 | | | | | 2090 | | | | |
| 32 | 23. 专用设备制造业 | 15 | 15 | 12 | | | | 3 | | | | |
| 33 | 24. 汽车制造业 | | | | | | | | | | | |
| 34 | 25. 铁路、船舶、航空航天和其他运输设备制造业 | 15 | 15 | 5 | 10 | | | | | | | |
| 35 | 26. 电气机械和器材制造业 | 17 | 17 | | | | | 17 | | | | |
| 36 | 27. 计算机、通信和其他电子设备制造业 | 347 | 347 | | | | | 347 | | | | |
| 37 | 28. 仪表仪器制造业 | 177 | 177 | | 1 | | | 176 | | | | |
| 38 | 29. 其他制造业 | 235 | 235 | | | 236 | | | -1 | | | |

续表

| 序号 | 项目 | 合计 | 内资企业 | | | | | | | | 港澳台投资企业 | 外商投资企业 |
|---|---|---|---|---|---|---|---|---|---|---|---|---|
| | | | 小计 | 国有企业 | 集体企业 | 股份合作企业 | 联营企业 | 股份公司 | 私营企业 | 其他企业 | | |
| 39 | (三)电力、热力、燃气及水的生产和供应业 | 33183 | 33183 | 103 | 20 | | | 33060 | | | | |
| 40 | 1. 电力、热力生产和供应业 | 33169 | 33169 | 103 | 19 | | | 33047 | | | | |
| 41 | 2. 燃气生产和供应业 | | | | | | | | | | | |
| 42 | 3. 水的生产和供应业 | 14 | 14 | | 1 | | | 13 | | | | |
| 43 | (四)建筑业 | 65990 | 65978 | 1612 | 6574 | 6 | | 56559 | 1066 | 161 | 12 | |
| 44 | 1. 房屋建筑业 | 15962 | 15959 | 31 | 3350 | 4 | | 12164 | 375 | 35 | 3 | |
| 45 | 2. 土木工程建筑业 | 2916 | 2916 | 7 | 26 | | | 2827 | 44 | 12 | | |
| 46 | 3. 建筑安装业 | 37467 | 37467 | 1361 | 1137 | | | 34662 | 272 | 35 | | |
| 47 | 4. 建筑装饰和其他建筑业 | 9645 | 9636 | 213 | 2061 | 2 | | 6906 | 375 | 79 | 9 | |
| 48 | (五)批发和零售业 | 9816 | 9816 | 166 | 31 | 8 | | 9501 | 101 | 9 | | |
| 49 | 1. 批发业 | 7755 | 7755 | 169 | 1 | 8 | | 7501 | 70 | 6 | | |
| 50 | 2. 零售业 | 2061 | 2061 | -3 | 30 | | | 2000 | 31 | 3 | | |
| 51 | (六)交通运输、仓储和邮政业 | 2777 | 2777 | 272 | 3 | | | 1505 | 40 | 957 | | |
| 52 | 1. 交通运输业 | 2773 | 2773 | 271 | 3 | | | 1504 | 38 | 957 | | |
| 53 | 2. 仓储业 | 1 | 1 | 1 | | | | | | | | |
| 54 | 3. 邮政业 | 3 | 3 | | | | | 1 | 2 | | | |
| 55 | (七)住宿和餐饮业 | 103 | 102 | 14 | | | | 72 | 16 | | 1 | |
| 56 | 1. 住宿业 | 44 | 44 | | | | | 38 | 6 | | | |
| 57 | 2. 餐饮业 | ·59 | 58 | 14 | | | | 34 | 10 | | 1 | |

续表

| 序号 | 项目 | 合计 | 内资企业 | | | | | | | | 港澳台投资企业 | 外商投资企业 |
|---|---|---|---|---|---|---|---|---|---|---|---|---|
| | | | 小计 | 国有企业 | 集体企业 | 股份合作企业 | 联营企业 | 股份公司 | 私营企业 | 其他企业 | | |
| 58 | (八)信息传输、软件和信息技术服务业 | 114 | 114 | | | | | 106 | 8 | | | |
| 59 | 1. 电信、广播电视和卫星传输服务业 | 4 | 4 | | | | | 4 | | | | |
| 60 | 2. 互联网和相关服务 | 2 | 2 | | | | | 1 | 1 | | | |
| 61 | 3. 软件和信息技术服务业 | 108 | 108 | | | | | 101 | 7 | | | |
| 62 | (九)金融业 | 458 | 458 | | | | | 457 | 1 | | | |
| 63 | 1. 货币金融服务 | 34 | 34 | | | | | 34 | | | | |
| 64 | 2. 资本市场服务 | 1 | 1 | | | | | 1 | | | | |
| 65 | 3. 保险业 | 35 | 35 | | | | | 35 | | | | |
| 66 | 4. 其他金融业 | 388 | 388 | | | | | 387 | 1 | | | |
| 67 | (十)房地产业 | 29054 | 29037 | 28 | 222 | 29 | | 27905 | 706 | 147 | | 17 |
| 68 | (十一)租赁和商务服务业 | 4950 | 4986 | 3 | 50 | | | 4512 | 385 | 36 | 1 | -37 |
| 69 | 1. 租赁业 | 4 | 4 | | | | | 5 | -1 | | | |
| 70 | 2. 商务服务业 | 4946 | 4982 | 3 | 50 | | | 4507 | 386 | 36 | 1 | -37 |
| 71 | (十二)科学研究和技术服务业 | 1108 | 1108 | 108 | 322 | | | 348 | 15 | 315 | | |
| 72 | (十三)居民服务、修理和其他服务业 | 2318 | 2318 | 3 | 1 | | -75 | 2365 | 7 | 17 | | |
| 73 | (十四)教育 | 46 | 46 | | | | | 8 | | 38 | | |
| 74 | (十五)卫生和社会工作 | 230 | 230 | | | | | 228 | | 2 | | |
| 75 | (十六)文化、体育和娱乐业 | 142 | 142 | | 14 | | | 116 | 4 | 8 | | |
| 76 | (十七)公共管理、社会保障和社会组织 | 160 | 160 | | | | | 2 | | 158 | | |
| 77 | (十八)其他行业 | 371 | 371 | 2 | 27 | | | 312 | 9 | 21 | | |

# 2016 年惠州市地方税务局企业所得税分行业分企业类型统计年报表

编报机关:惠州市地方税务局　　　　单位:万元

| 序号 | 项目 | 合计 | 内资企业 | | | | | | | | 港澳台投资企业 | 外商投资企业 |
|---|---|---|---|---|---|---|---|---|---|---|---|---|
| | | | 小计 | 国有企业 | 集体企业 | 股份合作企业 | 联营企业 | 股份公司 | 私营企业 | 其他企业 | | |
| 1 | 合计 | 137955 | 134247 | 4103 | 4697 | 50 | 117 | 102879 | 20292 | 2109 | 2659 | 1049 |
| 2 | (一)采矿业 | 3 | 3 | | 1 | | | 2 | | | | |
| 3 | 1. 煤炭开采和洗选业 | | | | | | | | | | | |
| 4 | 2. 石油和天然气开采业 | | | | | | | | | | | |
| 5 | 3. 黑色金属矿采选业 | | | | | | | | | | | |
| 6 | 4. 有色金属矿采选业 | | | | | | | | | | | |
| 7 | 5. 非金属矿采选业 | 3 | 3 | | 1 | | | 2 | | | | |
| 8 | 6. 其他采矿业 | | | | | | | | | | | |
| 9 | (二)制造业 | 7909 | 5668 | 3 | 121 | | 48 | 3837 | 1659 | | 2179 | 62 |
| 10 | 1. 农副食品加工业 | 444 | 444 | 2 | 1 | | | 441 | | | | |
| 11 | 2. 食品制造业 | 628 | 628 | | | | | 627 | 1 | | | |
| 12 | 3. 酒、饮料和精制茶制造业 | 2 | 2 | | 2 | | | | | | | |
| 13 | 4. 烟草制品业 | | | | | | | | | | | |
| 14 | 5. 纺织业 | 6 | 6 | | 3 | | | 3 | | | | |
| 15 | 6. 纺织服装、服饰业 | 16 | 16 | | 9 | | | 3 | 4 | | | |
| 16 | 7. 皮革、毛皮、羽毛及其制品和制鞋业 | 197 | 197 | | | | | 171 | 26 | | | |
| 17 | 8. 木材加工和木竹藤棕草制品业 | 5 | 5 | 1 | | | | 4 | | | | |
| 18 | 9. 家具制造业 | 1 | 1 | | | | | 1 | | | | |
| 19 | 10. 造纸和纸制品业 | 12 | 12 | | 1 | | | 8 | 3 | | | |

续表

| 序号 | 项目 | 合计 | 内资企业 | | | | | | | 港澳台投资企业 | 外商投资企业 |
|---|---|---|---|---|---|---|---|---|---|---|---|
| | | | 小计 | 国有企业 | 集体企业 | 股份合作企业 | 联营企业 | 股份公司 | 私营企业 | 其他企业 | | |
| 20 | 11. 印刷和记录媒介复制业 | 151 | 151 | | 2 | | | 144 | 5 | | | |
| 21 | 12. 文教、工美、体育和娱乐用品制造业 | 1457 | 1457 | | 13 | | | 391 | 1053 | | | |
| 22 | 13. 石油加工、炼焦和核燃料加工业 | 27 | 27 | | | | | 27 | | | | |
| 23 | 14. 化学原料和化学制品制造业 | 148 | 148 | | | | 48 | 47 | 53 | | | |
| 24 | 15. 医药制造业 | 2472 | 350 | | | | | 337 | 13 | | 2122 | |
| 25 | 16. 化学纤维制造业 | | | | | | | | | | | |
| 26 | 17. 橡胶和塑料制品业 | 74 | 74 | | 5 | | | 12 | 57 | | | |
| 27 | 18. 非金属矿物制品业 | 1198 | 1198 | | | | | 1198 | | | | |
| 28 | 19. 黑色金属冶炼和压延加工业 | | | | | | | | | | | |
| 29 | 20. 有色金属冶炼和压延加工业 | 2 | 2 | | | | | | 2 | | | |
| 30 | 21. 金属制品业 | 40 | 40 | | 25 | | | 3 | 12 | | | |
| 31 | 22. 通用设备制造业 | 6 | 6 | | 2 | | | 4 | | | | |
| 32 | 23. 专用设备制造业 | 423 | 423 | | 32 | | | 1 | 390 | | | |
| 33 | 24. 汽车制造业 | | | | | | | | | | | |
| 34 | 25. 铁路、船舶、航空航天和其他运输设备制造业 | | | | | | | | | | | |
| 35 | 26. 电气机械和器材制造业 | 139 | 139 | | 10 | | | 120 | 9 | | | |
| 36 | 27. 计算机、通信和其他电子设备制造业 | 378 | 320 | | 8 | | | 295 | 17 | | | 58 |
| 37 | 28. 仪表仪器制造业 | 1 | 1 | | 1 | | | | | | | |
| 38 | 29. 其他制造业 | 82 | 21 | | 7 | | | | 14 | | 57 | 4 |

续表

| 序号 | 项　目 | 合计 | 内资企业 | | | | | | | 港澳台投资企业 | 外商投资企业 |
|---|---|---|---|---|---|---|---|---|---|---|---|
| | | | 小计 | 国有企业 | 集体企业 | 股份合作企业 | 联营企业 | 股份公司 | 私营企业 | 其他企业 | | |
| 39 | (三)电力、热力、燃气及水的生产和供应业 | 5778 | 5778 | -283 | 70 | | | 5941 | 48 | 2 | | |
| 40 | 1. 电力、热力生产和供应业 | 5269 | 5269 | -355 | 58 | | | 5560 | 4 | 2 | | |
| 41 | 2. 燃气生产和供应业 | 316 | 316 | 2 | | | | 314 | | | | |
| 42 | 3. 水的生产和供应业 | 193 | 193 | 70 | 12 | | | 67 | 44 | | | |
| 43 | (四)建筑业 | 41037 | 40866 | 3301 | 3758 | 50 | 28 | 29043 | 4019 | 667 | 137 | 34 |
| 44 | 1. 房屋建筑业 | 8518 | 8499 | 1537 | 1986 | 2 | | 4385 | 383 | 206 | 18 | 1 |
| 45 | 2. 土木工程建筑业 | 3233 | 3233 | 731 | 246 | 4 | | 1889 | 222 | 141 | | |
| 46 | 3. 建筑安装业 | 11875 | 11817 | 592 | 1236 | 44 | 21 | 8617 | 1189 | 118 | 40 | 18 |
| 47 | 4. 建筑装饰和其他建筑业 | 17411 | 17317 | 441 | 290 | | 7 | 14152 | 2225 | 202 | 79 | 15 |
| 48 | (五)批发和零售业 | 3922 | 3922 | 338 | 168 | | 39 | 1994 | 1375 | 8 | | |
| 49 | 1. 批发业 | 1735 | 1735 | 25 | 56 | | 36 | 1297 | 316 | 5 | | |
| 50 | 2. 零售业 | 2187 | 2187 | 313 | 112 | | 3 | 697 | 1059 | 3 | | |
| 51 | (六)交通运输、仓储和邮政业 | 3130 | 3129 | 262 | 1 | | | 2631 | 182 | 53 | 1 | |
| 52 | 1. 交通运输业 | 3121 | 3120 | 262 | 1 | | | 2631 | 173 | 53 | 1 | |
| 53 | 2. 仓储业 | 8 | 8 | | | | | | 8 | | | |
| 54 | 3. 邮政业 | 1 | 1 | | | | | | 1 | | | |
| 55 | (七)住宿和餐饮业 | 455 | 456 | 14 | 9 | | | 294 | 139 | | | -1 |
| 56 | 1. 住宿业 | 47 | 47 | | 9 | | | 30 | 8 | | | |
| 57 | 2. 餐饮业 | 408 | 409 | 14 | | | | 264 | 131 | | | -1 |

续表

| 序号 | 项目 | 合计 | 内资企业 | | | | | | | 港澳台投资企业 | 外商投资企业 |
|---|---|---|---|---|---|---|---|---|---|---|---|
| | | | 小计 | 国有企业 | 集体企业 | 股份合作企业 | 联营企业 | 股份公司 | 私营企业 | 其他企业 | | |
| 58 | (八)信息传输、软件和信息技术服务业 | 416 | 380 | | 1 | | | 325 | 55 | -1 | | 36 |
| 59 | 1. 电信、广播电视和卫星传输服务业 | 272 | 272 | | | | | 272 | | | | |
| 60 | 2. 互联网和相关服务 | 4 | 4 | | | | | 2 | 2 | | | |
| 61 | 3. 软件和信息技术服务业 | 140 | 104 | | 1 | | | 51 | 53 | -1 | | 36 |
| 62 | (九)金融业 | 1189 | 1189 | | | | | 1100 | 89 | | | |
| 63 | 1. 货币金融服务 | 237 | 237 | | | | | 226 | 11 | | | |
| 64 | 2. 资本市场服务 | 238 | 238 | | | | | 238 | | | | |
| 65 | 3. 保险业 | 4 | 4 | | | | | 4 | | | | |
| 66 | 4. 其他金融业 | 710 | 710 | | | | | 632 | 78 | | | |
| 67 | (十)房地产业 | 62955 | 62664 | 189 | 52 | | | 51116 | 10624 | 683 | 261 | 30 |
| 68 | (十一)租赁和商务服务业 | 4649 | 3785 | 21 | 53 | | 9 | 2775 | 904 | 23 | 2 | 862 |
| 69 | 1. 租赁业 | 5 | 5 | | | | | 4 | 1 | | | |
| 70 | 2. 商务服务业 | 4644 | 3780 | 21 | 53 | | 9 | 2771 | 903 | 23 | 2 | 862 |
| 71 | (十二)科学研究和技术服务业 | 897 | 876 | 139 | 20 | | 1 | 173 | 296 | 247 | | 21 |
| 72 | (十三)居民服务、修理和其他服务业 | 2967 | 2888 | 24 | 412 | | -8 | 2153 | 266 | 41 | 79 | |
| 73 | (十四)教育 | 80 | 80 | | | | | 3 | | 77 | | |
| 74 | (十五)卫生和社会工作 | 1120 | 1115 | | | | | 822 | 238 | 55 | | 5 |
| 75 | (十六)文化、体育和娱乐业 | 48 | 48 | | | | | 15 | 3 | 30 | | |
| 76 | (十七)公共管理、社会保障和社会组织 | 185 | 185 | 4 | 8 | | | | | 173 | | |
| 77 | (十八)其他行业 | 1215 | 1215 | 91 | 23 | | | 655 | 395 | 51 | | |

# 2016年汕尾市地方税务局企业所得税分行业分企业类型统计年报表

编报机关:汕尾市地方税务局　　　　单位:万元

| 序号 | 项目 | 合计 | 内资企业 | | | | | | | | 港澳台投资企业 | 外商投资企业 |
|---|---|---|---|---|---|---|---|---|---|---|---|---|
| | | | 小计 | 国有企业 | 集体企业 | 股份合作企业 | 联营企业 | 股份公司 | 私营企业 | 其他企业 | | |
| 1 | 合计 | 34789 | 34747 | 1383 | 3150 | 68 | | 22142 | 7889 | 115 | 36 | 6 |
| 2 | (一)采矿业 | 26 | 26 | | | | | 18 | 8 | | | |
| 3 | 1. 煤炭开采和洗选业 | | | | | | | | | | | |
| 4 | 2. 石油和天然气开采业 | | | | | | | | | | | |
| 5 | 3. 黑色金属矿采选业 | | | | | | | | | | | |
| 6 | 4. 有色金属矿采选业 | | | | | | | | | | | |
| 7 | 5. 非金属矿采选业 | 26 | 26 | | | | | 18 | 8 | | | |
| 8 | 6. 其他采矿业 | | | | | | | | | | | |
| 9 | (二)制造业 | 478 | 478 | 1 | 4 | | | 264 | 209 | | | |
| 10 | 1. 农副食品加工业 | | | | | | | | | | | |
| 11 | 2. 食品制造业 | 1 | 1 | | | | | | 1 | | | |
| 12 | 3. 酒、饮料和精制茶制造业 | 68 | 68 | | 1 | | | 67 | | | | |
| 13 | 4. 烟草制品业 | | | | | | | | | | | |
| 14 | 5. 纺织业 | 3 | 3 | | | | | | 3 | | | |
| 15 | 6. 纺织服装、服饰业 | 185 | 185 | | | | | 18 | 167 | | | |
| 16 | 7. 皮革、毛皮、羽毛及其制品和制鞋业 | | | | | | | | | | | |
| 17 | 8. 木材加工和木竹藤棕草制品业 | | | | | | | | | | | |
| 18 | 9. 家具制造业 | | | | | | | | | | | |
| 19 | 10. 造纸和纸制品业 | 1 | 1 | | | | | | 1 | | | |

续表

| 序号 | 项目 | 合计 | 内资企业 | | | | | | | | 港澳台投资企业 | 外商投资企业 |
|---|---|---|---|---|---|---|---|---|---|---|---|---|
| | | | 小计 | 国有企业 | 集体企业 | 股份合作企业 | 联营企业 | 股份公司 | 私营企业 | 其他企业 | | |
| 20 | 11. 印刷和记录媒介复制业 | 1 | 1 | | 1 | | | | | | | |
| 21 | 12. 文教、工美、体育和娱乐用品制造业 | 18 | 18 | | 2 | | | 16 | | | | |
| 22 | 13. 石油加工、炼焦和核燃料加工业 | | | | | | | | | | | |
| 23 | 14. 化学原料和化学制品制造业 | 17 | 17 | | | | | 2 | 15 | | | |
| 24 | 15. 医药制造业 | | | | | | | | | | | |
| 25 | 16. 化学纤维制造业 | | | | | | | | | | | |
| 26 | 17. 橡胶和塑料制品业 | 1 | 1 | | | | | 1 | | | | |
| 27 | 18. 非金属矿物制品业 | | | | | | | | | | | |
| 28 | 19. 黑色金属冶炼和压延加工业 | | | | | | | | | | | |
| 29 | 20. 有色金属冶炼和压延加工业 | | | | | | | | | | | |
| 30 | 21. 金属制品业 | 155 | 155 | | | | | 144 | 11 | | | |
| 31 | 22. 通用设备制造业 | 4 | 4 | 1 | | | | 2 | 1 | | | |
| 32 | 23. 专用设备制造业 | 2 | 2 | | | | | 2 | | | | |
| 33 | 24. 汽车制造业 | | | | | | | | | | | |
| 34 | 25. 铁路、船舶、航空航天和其他运输设备制造业 | 12 | 12 | | | | | 12 | | | | |
| 35 | 26. 电气机械和器材制造业 | | | | | | | | | | | |
| 36 | 27. 计算机、通信和其他电子设备制造业 | 10 | 10 | | | | | | 10 | | | |
| 37 | 28. 仪表仪器制造业 | | | | | | | | | | | |
| 38 | 29. 其他制造业 | | | | | | | | | | | |

续表

| 序号 | 项　目 | 合计 | 内资企业 | | | | | | | 港澳台投资企业 | 外商投资企业 |
|---|---|---|---|---|---|---|---|---|---|---|---|
| | | | 小计 | 国有企业 | 集体企业 | 股份合作企业 | 联营企业 | 股份公司 | 私营企业 | 其他企业 | | |
| 39 | (三)电力、热力、燃气及水的生产和供应业 | 914 | 914 | 640 | 37 | | | 233 | 4 | | | |
| 40 | 1. 电力、热力生产和供应业 | 616 | 616 | 374 | 11 | | | 231 | | | | |
| 41 | 2. 燃气生产和供应业 | 7 | 7 | | 1 | | | 2 | 4 | | | |
| 42 | 3. 水的生产和供应业 | 291 | 291 | 266 | 25 | | | | | | | |
| 43 | (四)建筑业 | 13153 | 13118 | 686 | 2789 | 68 | | 6750 | 2796 | 29 | 29 | 6 |
| 44 | 1. 房屋建筑业 | 1989 | 1964 | | 980 | | | 543 | 440 | 1 | 25 | |
| 45 | 2. 土木工程建筑业 | 251 | 251 | 8 | 24 | 4 | | 164 | 51 | | | |
| 46 | 3. 建筑安装业 | 7227 | 7225 | 632 | 902 | 64 | | 4051 | 1552 | 24 | 2 | |
| 47 | 4. 建筑装饰和其他建筑业 | 3686 | 3678 | 46 | 883 | | | 1992 | 753 | 4 | 2 | 6 |
| 48 | (五)批发和零售业 | 6927 | 6927 | 31 | 1 | | | 6685 | 209 | 1 | | |
| 49 | 1. 批发业 | 6610 | 6610 | 29 | | | | 6567 | 14 | | | |
| 50 | 2. 零售业 | 317 | 317 | 2 | 1 | | | 118 | 195 | 1 | | |
| 51 | (六)交通运输、仓储和邮政业 | 603 | 603 | | | | | 574 | 28 | 1 | | |
| 52 | 1. 交通运输业 | 602 | 602 | | | | | 573 | 28 | 1 | | |
| 53 | 2. 仓储业 | | | | | | | | | | | |
| 54 | 3. 邮政业 | 1 | 1 | | | | | 1 | | | | |
| 55 | (七)住宿和餐饮业 | 106 | 100 | | | | | 60 | 40 | | 6 | |
| 56 | 1. 住宿业 | 19 | 13 | | | | | 11 | 2 | | 6 | |
| 57 | 2. 餐饮业 | 87 | 87 | | | | | 49 | 38 | | | |

续表

| 序号 | 项　目 | 合计 | 内资企业 | | | | | | | 港澳台投资企业 | 外商投资企业 |
|---|---|---|---|---|---|---|---|---|---|---|---|
| | | | 小计 | 国有企业 | 集体企业 | 股份合作企业 | 联营企业 | 股份公司 | 私营企业 | 其他企业 | | |
| 58 | (八)信息传输、软件和信息技术服务业 | 36 | 36 | | | | | 29 | 5 | 2 | | |
| 59 | 1. 电信、广播电视和卫星传输服务业 | 3 | 3 | | | | | 1 | 2 | | | |
| 60 | 2. 互联网和相关服务 | 27 | 27 | | | | | 27 | | | | |
| 61 | 3. 软件和信息技术服务业 | 6 | 6 | | | | | 1 | 3 | 2 | | |
| 62 | (九)金融业 | 284 | 284 | | | | | 282 | | 2 | | |
| 63 | 1. 货币金融服务 | 58 | 58 | | | | | 56 | | 2 | | |
| 64 | 2. 资本市场服务 | | | | | | | | | | | |
| 65 | 3. 保险业 | | | | | | | | | | | |
| 66 | 4. 其他金融业 | 226 | 226 | | | | | 226 | | | | |
| 67 | (十)房地产业 | 10052 | 10051 | 12 | 74 | | | 5722 | 4144 | 99 | 1 | |
| 68 | (十一)租赁和商务服务业 | 719 | 719 | | 4 | | | 700 | 13 | 2 | | |
| 69 | 1. 租赁业 | | | | | | | | | | | |
| 70 | 2. 商务服务业 | 719 | 719 | | 4 | | | 700 | 13 | 2 | | |
| 71 | (十二)科学研究和技术服务业 | 295 | 295 | | 67 | | | 153 | 48 | 27 | | |
| 72 | (十三)居民服务、修理和其他服务业 | 430 | 430 | 13 | 2 | | | 67 | 337 | 11 | | |
| 73 | (十四)教育 | 1 | 1 | | | | | | | 1 | | |
| 74 | (十五)卫生和社会工作 | 4 | 4 | | | | | | | 4 | | |
| 75 | (十六)文化、体育和娱乐业 | 5 | 5 | | | | | | 4 | 1 | | |
| 76 | (十七)公共管理、社会保障和社会组织 | 492 | 492 | | | | | 574 | | -82 | | |
| 77 | (十八)其他行业 | 264 | 264 | | 172 | | | 31 | 44 | 17 | | |

# 2016年东莞市地方税务局企业所得税分行业分企业类型统计年报表

编报机关：东莞市地方税务局　　　　单位：万元

| 序号 | 项　　目 | 合计 | 内资企业 | | | | | | | | 港澳台投资企业 | 外商投资企业 |
|---|---|---|---|---|---|---|---|---|---|---|---|---|
| | | | 小计 | 国有企业 | 集体企业 | 股份合作企业 | 联营企业 | 股份公司 | 私营企业 | 其他企业 | | |
| 1 | 合　　计 | 926138 | 435533 | 2191 | 55052 | 32 | 130 | 260183 | 106987 | 10958 | 266801 | 223804 |
| 2 | （一）采矿业 | 338 | 338 | 334 | 2 | | | | 2 | | | |
| 3 | 1. 煤炭开采和洗选业 | | | | | | | | | | | |
| 4 | 2. 石油和天然气开采业 | 336 | 336 | 334 | 2 | | | | | | | |
| 5 | 3. 黑色金属矿采选业 | | | | | | | | | | | |
| 6 | 4. 有色金属矿采选业 | | | | | | | | | | | |
| 7 | 5. 非金属矿采选业 | 2 | 2 | | | | | | 2 | | | |
| 8 | 6. 其他采矿业 | | | | | | | | | | | |
| 9 | （二）制造业 | 424161 | 60557 | 692 | 8321 | 9 | | 30038 | 20007 | 1490 | 170255 | 193349 |
| 10 | 1. 农副食品加工业 | 3245 | 722 | 8 | 8 | | | 696 | 10 | | 1 | 2522 |
| 11 | 2. 食品制造业 | 18767 | 2057 | | 8 | | | 1967 | 82 | | 12558 | 4152 |
| 12 | 3. 酒、饮料和精制茶制造业 | 14032 | 46 | | 1 | | | 41 | 4 | | 1295 | 12691 |
| 13 | 4. 烟草制品业 | | | | | | | | | | | |
| 14 | 5. 纺织业 | 2711 | 362 | | 61 | | | 249 | 52 | | 2162 | 187 |
| 15 | 6. 纺织服装、服饰业 | 8830 | 1811 | 680 | 325 | | | 744 | 62 | | 2765 | 4254 |
| 16 | 7. 皮革、毛皮、羽毛及其制品和制鞋业 | 4083 | 1125 | | 828 | | | 278 | 19 | | 1411 | 1547 |
| 17 | 8. 木材加工和木竹藤棕草制品业 | 381 | 39 | | 1 | | | 20 | 18 | | 341 | 1 |
| 18 | 9. 家具制造业 | 3135 | 1069 | | 7 | | | 801 | 261 | | 1743 | 323 |
| 19 | 10. 造纸和纸制品业 | 21631 | 1726 | | 170 | | | 1040 | 500 | 16 | 19805 | 100 |

续表

| 序号 | 项目 | 合计 | 内资企业 | | | | | | | | 港澳台投资企业 | 外商投资企业 |
|---|---|---|---|---|---|---|---|---|---|---|---|---|
| | | | 小计 | 国有企业 | 集体企业 | 股份合作企业 | 联营企业 | 股份公司 | 私营企业 | 其他企业 | | |
| 20 | 11. 印刷和记录媒介复制业 | 6011 | 762 | | 37 | | | 695 | 30 | | 5190 | 59 |
| 21 | 12. 文教、工美、体育和娱乐用品制造业 | 8815 | 1286 | 4 | 1124 | | | 112 | 46 | | 3490 | 4039 |
| 22 | 13. 石油加工、炼焦和核燃料加工业 | 200 | 32 | | | | | 2 | 30 | | 168 | |
| 23 | 14. 化学原料和化学制品制造业 | 12059 | 2339 | | 7 | | | 491 | 1841 | | 6103 | 3617 |
| 24 | 15. 医药制造业 | 4678 | 4664 | | 1 | | | 3988 | 675 | | 10 | 4 |
| 25 | 16. 化学纤维制造业 | 7 | 1 | | 1 | | | | | | 6 | |
| 26 | 17. 橡胶和塑料制品业 | 17418 | 5165 | | 929 | 9 | | 1802 | 1166 | 1259 | 9830 | 2423 |
| 27 | 18. 非金属矿物制品业 | 3139 | 1179 | | 18 | | | 1149 | 12 | | 1858 | 102 |
| 28 | 19. 黑色金属冶炼和压延加工业 | 493 | 25 | | | | | 15 | 10 | | 24 | 444 |
| 29 | 20. 有色金属冶炼和压延加工业 | 179 | 50 | | | | | 39 | 11 | | 24 | 105 |
| 30 | 21. 金属制品业 | 22683 | 7290 | | 400 | | | 1026 | 5864 | | 13671 | 1722 |
| 31 | 22. 通用设备制造业 | 7019 | 1070 | | 399 | | | 614 | 33 | 24 | 2450 | 3499 |
| 32 | 23. 专用设备制造业 | 8160 | 5051 | | 681 | | | 1127 | 3243 | | 2303 | 806 |
| 33 | 24. 汽车制造业 | 1715 | 26 | | 25 | | | 1 | | | 1353 | 336 |
| 34 | 25. 铁路、船舶、航空航天和其他运输设备制造业 | 4612 | 41 | | | | | 41 | | | 34 | 4537 |
| 35 | 26. 电气机械和器材制造业 | 40429 | 10806 | | 739 | | | 8090 | 1787 | 190 | 18272 | 11351 |
| 36 | 27. 计算机、通信和其他电子设备制造业 | 172787 | 6976 | | 1981 | | | 2053 | 2942 | | 45676 | 120135 |
| 37 | 28. 仪表仪器制造业 | 2021 | 153 | | 112 | | | 41 | | | 561 | 1307 |
| 38 | 29. 其他制造业 | 34921 | 4684 | | 458 | | | 2916 | 1309 | 1 | 17151 | 13086 |

续表

| 序号 | 项目 | 合计 | 内资企业 | | | | | | | | 港澳台投资企业 | 外商投资企业 |
|---|---|---|---|---|---|---|---|---|---|---|---|---|
| | | | 小计 | 国有企业 | 集体企业 | 股份合作企业 | 联营企业 | 股份公司 | 私营企业 | 其他企业 | | |
| 39 | (三)电力、热力、燃气及水的生产和供应业 | 9043 | 7336 | | 1331 | | | 5661 | 343 | 1 | 1707 | |
| 40 | 1. 电力、热力生产和供应业 | 5681 | 3974 | | | | | 3974 | | | 1707 | |
| 41 | 2. 燃气生产和供应业 | 1289 | 1289 | | 2 | | | 1213 | 73 | 1 | | |
| 42 | 3. 水的生产和供应业 | 2073 | 2073 | | 1329 | | | 474 | 270 | | | |
| 43 | (四)建筑业 | 35688 | 34464 | 390 | 3068 | 18 | 116 | 23929 | 6254 | 689 | 543 | 681 |
| 44 | 1. 房屋建筑业 | 9859 | 9294 | 10 | 1223 | 1 | | 6861 | 1161 | 38 | 167 | 398 |
| 45 | 2. 土木工程建筑业 | 870 | 870 | 6 | 5 | | 1 | 757 | 99 | 2 | | |
| 46 | 3. 建筑安装业 | 15616 | 15385 | 287 | 498 | 13 | 100 | 11207 | 2937 | 343 | 190 | 41 |
| 47 | 4. 建筑装饰和其他建筑业 | 9343 | 8915 | 87 | 1342 | 4 | 15 | 5104 | 2057 | 306 | 186 | 242 |
| 48 | (五)批发和零售业 | 45372 | 39534 | 123 | 4135 | | | 24794 | 9866 | 616 | 3808 | 2030 |
| 49 | 1. 批发业 | 9817 | 6675 | 34 | 332 | | | 4258 | 2048 | 3 | 2052 | 1090 |
| 50 | 2. 零售业 | 35555 | 32859 | 89 | 3803 | | | 20536 | 7818 | 613 | 1756 | 940 |
| 51 | (六)交通运输、仓储和邮政业 | 14998 | 13674 | 8 | 19 | | | 11722 | 1907 | 18 | 1311 | 13 |
| 52 | 1. 交通运输业 | 13436 | 12135 | 8 | 19 | | | 11211 | 880 | 17 | 1288 | 13 |
| 53 | 2. 仓储业 | 1502 | 1479 | | | | | 483 | 995 | 1 | 23 | |
| 54 | 3. 邮政业 | 60 | 60 | | | | | 28 | 32 | | | |
| 55 | (七)住宿和餐饮业 | 2360 | 958 | | 52 | | | 665 | 241 | | 87 | 1315 |
| 56 | 1. 住宿业 | 224 | 217 | | 44 | | | 143 | 30 | | 7 | |
| 57 | 2. 餐饮业 | 2136 | 741 | | 8 | | | 522 | 211 | | 80 | 1315 |

续表

| 序号 | 项目 | 合计 | 内资企业 | | | | | | | | 港澳台投资企业 | 外商投资企业 |
|---|---|---|---|---|---|---|---|---|---|---|---|---|
| | | | 小计 | 国有企业 | 集体企业 | 股份合作企业 | 联营企业 | 股份公司 | 私营企业 | 其他企业 | | |
| 58 | (八)信息传输、软件和信息技术服务业 | 2012 | 1546 | | 24 | | | 1253 | 244 | 25 | 375 | 91 |
| 59 | 1. 电信、广播电视和卫星传输服务业 | 19 | 11 | | | | | 8 | | 3 | 5 | 3 |
| 60 | 2. 互联网和相关服务 | 93 | 82 | | | | | 76 | 6 | | | 11 |
| 61 | 3. 软件和信息技术服务业 | 1900 | 1453 | | 24 | | | 1169 | 238 | 22 | 370 | 77 |
| 62 | (九)金融业 | 5544 | 5134 | | 7 | | | 4779 | 348 | | 274 | 136 |
| 63 | 1. 货币金融服务 | 1129 | 1115 | | 7 | | | 1108 | | | 6 | 8 |
| 64 | 2. 资本市场服务 | 409 | 393 | | | | | 219 | 174 | | 16 | |
| 65 | 3. 保险业 | 2101 | 2101 | | | | | 2101 | | | | |
| 66 | 4. 其他金融业 | 1905 | 1525 | | | | | 1351 | 174 | | 252 | 128 |
| 67 | (十)房地产业 | 231066 | 203223 | 19 | 29820 | | | 120022 | 50599 | 2763 | 25448 | 2395 |
| 68 | (十一)租赁和商务服务业 | 77973 | 36030 | 15 | 6891 | 4 | | 20334 | 6658 | 2128 | 22259 | 19684 |
| 69 | 1. 租赁业 | 251 | 230 | | 186 | | | 40 | 4 | | 21 | |
| 70 | 2. 商务服务业 | 77722 | 35800 | 15 | 6705 | 4 | | 20294 | 6654 | 2128 | 22238 | 19684 |
| 71 | (十二)科学研究和技术服务业 | 11450 | 9085 | 560 | 382 | | 14 | 1283 | 6312 | 534 | 1894 | 471 |
| 72 | (十三)居民服务、修理和其他服务业 | 47000 | 6019 | 20 | 764 | | | 3891 | 1018 | 326 | 37436 | 3545 |
| 73 | (十四)教育 | 1966 | 1950 | | 5 | | | 6 | 12 | 1927 | 15 | 1 |
| 74 | (十五)卫生和社会工作 | 1655 | 1563 | | 115 | 1 | | 1171 | 205 | 71 | | 92 |
| 75 | (十六)文化、体育和娱乐业 | 1204 | -186 | | 3 | | | 121 | -326 | 16 | 1389 | 1 |
| 76 | (十七)公共管理、社会保障和社会组织 | 463 | 463 | | 112 | | | 4 | | 347 | | |
| 77 | (十八)其他行业 | 13845 | 13845 | 30 | 1 | | | 10510 | 3297 | 7 | | |

# 2016年中山市地方税务局企业所得税分行业分企业类型统计年报表

编报机关：中山市地方税务局　　　单位：万元

| 序号 | 项　目 | 合计 | 内资企业 | | | | | | | | 港澳台投资企业 | 外商投资企业 |
|---|---|---|---|---|---|---|---|---|---|---|---|---|
| | | | 小计 | 国有企业 | 集体企业 | 股份合作企业 | 联营企业 | 股份公司 | 私营企业 | 其他企业 | | |
| 1 | 合　计 | 232382 | 228535 | 2767 | 6332 | 99 | 714 | 168103 | 45449 | 5071 | 2367 | 1480 |
| 2 | （一）采矿业 | | | | | | | | | | | |
| 3 | 1. 煤炭开采和洗选业 | | | | | | | | | | | |
| 4 | 2. 石油和天然气开采业 | | | | | | | | | | | |
| 5 | 3. 黑色金属矿采选业 | | | | | | | | | | | |
| 6 | 4. 有色金属矿采选业 | | | | | | | | | | | |
| 7 | 5. 非金属矿采选业 | | | | | | | | | | | |
| 8 | 6. 其他采矿业 | | | | | | | | | | | |
| 9 | （二）制造业 | 47970 | 47294 | | 888 | | 2 | 36258 | 10146 | | 32 | 644 |
| 10 | 1. 农副食品加工业 | 2071 | 2071 | | 2 | | 1 | 2020 | 48 | | | |
| 11 | 2. 食品制造业 | 311 | 311 | | | | | 187 | 124 | | | |
| 12 | 3. 酒、饮料和精制茶制造业 | 106 | 106 | | | | | 44 | 62 | | | |
| 13 | 4. 烟草制品业 | | | | | | | | | | | |
| 14 | 5. 纺织业 | 482 | 482 | | 3 | | | 414 | 65 | | | |
| 15 | 6. 纺织服装、服饰业 | 931 | 929 | | 67 | | | 601 | 261 | | 2 | |
| 16 | 7. 皮革、毛皮、羽毛及其制品和制鞋业 | 542 | 542 | | 487 | | | 43 | 12 | | | |
| 17 | 8. 木材加工和木竹藤棕草制品业 | 559 | 559 | | | | | 559 | | | | |
| 18 | 9. 家具制造业 | 300 | 300 | | 1 | | | 243 | 56 | | | |
| 19 | 10. 造纸和纸制品业 | 914 | 914 | | 25 | | 1 | 867 | 21 | | | |

续表

| 序号 | 项目 | 合计 | 内资企业 | | | | | | | | 港澳台投资企业 | 外商投资企业 |
|---|---|---|---|---|---|---|---|---|---|---|---|---|
| | | | 小计 | 国有企业 | 集体企业 | 股份合作企业 | 联营企业 | 股份公司 | 私营企业 | 其他企业 | | |
| 20 | 11. 印刷和记录媒介复制业 | 1348 | 912 | | 50 | | | 628 | 234 | | | 436 |
| 21 | 12. 文教、工美、体育和娱乐用品制造业 | 1320 | 1320 | | 58 | | | 1257 | 5 | | | |
| 22 | 13. 石油加工、炼焦和核燃料加工业 | 1 | 1 | | | | | 1 | | | | |
| 23 | 14. 化学原料和化学制品制造业 | 2776 | 2776 | | 2 | | | 1500 | 1274 | | | |
| 24 | 15. 医药制造业 | 957 | 957 | | | | | 871 | 86 | | | |
| 25 | 16. 化学纤维制造业 | 1 | 1 | | | | | | 1 | | | |
| 26 | 17. 橡胶和塑料制品业 | 1739 | 1739 | | 138 | | | 1410 | 191 | | | |
| 27 | 18. 非金属矿物制品业 | 986 | 986 | | 1 | | | 751 | 234 | | | |
| 28 | 19. 黑色金属冶炼和压延加工业 | 145 | 145 | | 1 | | | 71 | 73 | | | |
| 29 | 20. 有色金属冶炼和压延加工业 | | | | | | | | | | | |
| 30 | 21. 金属制品业 | 1840 | 1839 | | 25 | | | 1353 | 461 | | 1 | |
| 31 | 22. 通用设备制造业 | 367 | 367 | | 27 | | | 286 | 54 | | | |
| 32 | 23. 专用设备制造业 | 1131 | 1131 | | 1 | | | 851 | 279 | | | |
| 33 | 24. 汽车制造业 | 30 | 30 | | | | | 30 | | | | |
| 34 | 25. 铁路、船舶、航空航天和其他运输设备制造业 | 3 | 3 | | | | | 3 | | | | |
| 35 | 26. 电气机械和器材制造业 | 21783 | 21783 | | | | | 20216 | 1567 | | | |
| 36 | 27. 计算机、通信和其他电子设备制造业 | 5813 | 5804 | | | | | 1038 | 4766 | | 9 | |
| 37 | 28. 仪表仪器制造业 | 534 | 534 | | | | | 527 | 7 | | | |
| 38 | 29. 其他制造业 | 980 | 752 | | | | | 487 | 265 | | 20 | 208 |

续表

| 序号 | 项　目 | 合计 | 内资企业 | | | | | | | | 港澳台投资企业 | 外商投资企业 |
|---|---|---|---|---|---|---|---|---|---|---|---|---|
| | | | 小计 | 国有企业 | 集体企业 | 股份合作企业 | 联营企业 | 股份公司 | 私营企业 | 其他企业 | | |
| 39 | (三)电力、热力、燃气及水的生产和供应业 | 12207 | 12207 | 1821 | 1438 | | | 8174 | 774 | | | |
| 40 | 1. 电力、热力生产和供应业 | 1904 | 1904 | 1821 | 81 | | | | 2 | | | |
| 41 | 2. 燃气生产和供应业 | 1025 | 1025 | | | | | 1025 | | | | |
| 42 | 3. 水的生产和供应业 | 9278 | 9278 | | 1357 | | | 7149 | 772 | | | |
| 43 | (四)建筑业 | 27003 | 26900 | 726 | 268 | 43 | 108 | 18013 | 7326 | 416 | 93 | 10 |
| 44 | 1. 房屋建筑业 | 6387 | 6387 | 134 | 159 | 7 | | 4129 | 1911 | 47 | | |
| 45 | 2. 土木工程建筑业 | 1155 | 1155 | 7 | 5 | | | 428 | 682 | 33 | | |
| 46 | 3. 建筑安装业 | 8664 | 8661 | 71 | 46 | | | 6640 | 1886 | 18 | 1 | 2 |
| 47 | 4. 建筑装饰和其他建筑业 | 10797 | 10697 | 514 | 58 | 36 | 108 | 6816 | 2847 | 318 | 92 | 8 |
| 48 | (五)批发和零售业 | 9360 | 8814 | 22 | 880 | | 596 | 6160 | 1149 | 7 | 546 | |
| 49 | 1. 批发业 | 4914 | 4370 | 21 | 192 | | 27 | 3578 | 552 | | 544 | |
| 50 | 2. 零售业 | 4446 | 4444 | 1 | 688 | | 569 | 2582 | 597 | 7 | 2 | |
| 51 | (六)交通运输、仓储和邮政业 | 3770 | 3731 | | 285 | | | 3004 | 438 | 4 | 39 | |
| 52 | 1. 交通运输业 | 3706 | 3667 | | 285 | | | 2974 | 404 | 4 | 39 | |
| 53 | 2. 仓储业 | 9 | 9 | | | | | 7 | 2 | | | |
| 54 | 3. 邮政业 | 55 | 55 | | | | | 23 | 32 | | | |
| 55 | (七)住宿和餐饮业 | 838 | 832 | | 47 | | | 406 | 379 | | 1 | 5 |
| 56 | 1. 住宿业 | 241 | 241 | | 7 | | | 114 | 120 | | | |
| 57 | 2. 餐饮业 | 597 | 591 | | 40 | | | 292 | 259 | | 1 | 5 |

续表

| 序号 | 项目 | 合计 | 内资企业 | | | | | | | 港澳台投资企业 | 外商投资企业 |
|---|---|---|---|---|---|---|---|---|---|---|---|
| | | | 小计 | 国有企业 | 集体企业 | 股份合作企业 | 联营企业 | 股份公司 | 私营企业 | 其他企业 | | |
| 58 | (八)信息传输、软件和信息技术服务业 | 749 | 748 | 4 | | | | 276 | 467 | 1 | | 1 |
| 59 | 1. 电信、广播电视和卫星传输服务业 | 1 | 1 | | | | | | | 1 | | |
| 60 | 2. 互联网和相关服务 | 101 | 101 | 4 | | | | 87 | 10 | | | |
| 61 | 3. 软件和信息技术服务业 | 647 | 646 | | | | | 189 | 457 | | | 1 |
| 62 | (九)金融业 | 6845 | 6806 | | | | | 6386 | 420 | | 37 | 2 |
| 63 | 1. 货币金融服务 | 2402 | 2402 | | | | | 2402 | | | | |
| 64 | 2. 资本市场服务 | 74 | 74 | | | | | 74 | | | | |
| 65 | 3. 保险业 | 5 | 5 | | | | | 5 | | | | |
| 66 | 4. 其他金融业 | 4364 | 4325 | | | | | 3905 | 420 | | 37 | 2 |
| 67 | (十)房地产业 | 97648 | 96788 | | 1137 | | 8 | 73178 | 21874 | 591 | 799 | 61 |
| 68 | (十一)租赁和商务服务业 | 18035 | 16509 | 185 | 1261 | | | 13533 | 1416 | 114 | 811 | 715 |
| 69 | 1. 租赁业 | 139 | 139 | | | | | 89 | 50 | | | |
| 70 | 2. 商务服务业 | 17896 | 16370 | 185 | 1261 | | | 13444 | 1366 | 114 | 811 | 715 |
| 71 | (十二)科学研究和技术服务业 | 1015 | 1015 | 2 | 19 | | | 392 | 374 | 228 | | |
| 72 | (十三)居民服务、修理和其他服务业 | 2028 | 1986 | 6 | 51 | | | 1510 | 309 | 110 | | 42 |
| 73 | (十四)教育 | 1081 | 1081 | 1 | 4 | | | 170 | 114 | 792 | | |
| 74 | (十五)卫生和社会工作 | 252 | 252 | | 3 | | | 5 | 21 | 223 | | |
| 75 | (十六)文化、体育和娱乐业 | 415 | 406 | | 8 | | | 126 | 125 | 147 | 9 | |
| 76 | (十七)公共管理、社会保障和社会组织 | 2258 | 2258 | | 12 | | | | | 2246 | | |
| 77 | (十八)其他行业 | 908 | 908 | | 31 | 56 | | 512 | 117 | 192 | | |

# 2016年江门市地方税务局企业所得税分行业分企业类型统计年报表

编报机关：江门市地方税务局　　　　单位：万元

| 序号 | 项目 | 合计 | 内资企业 | | | | | | | | 港澳台投资企业 | 外商投资企业 |
|---|---|---|---|---|---|---|---|---|---|---|---|---|
| | | | 小计 | 国有企业 | 集体企业 | 股份合作企业 | 联营企业 | 股份公司 | 私营企业 | 其他企业 | | |
| 1 | 合计 | 192538 | 191432 | 1348 | 11770 | 12 | 93 | 148525 | 25735 | 3949 | 314 | 792 |
| 2 | (一)采矿业 | 2 | 2 | | | | | | 2 | | | |
| 3 | 1. 煤炭开采和洗选业 | | | | | | | | | | | |
| 4 | 2. 石油和天然气开采业 | | | | | | | | | | | |
| 5 | 3. 黑色金属矿采选业 | | | | | | | | | | | |
| 6 | 4. 有色金属矿采选业 | | | | | | | | | | | |
| 7 | 5. 非金属矿采选业 | 2 | 2 | | | | | | 2 | | | |
| 8 | 6. 其他采矿业 | | | | | | | | | | | |
| 9 | (二)制造业 | 20154 | 19960 | 22 | 121 | | | 15409 | 4394 | 14 | 195 | -1 |
| 10 | 1. 农副食品加工业 | 511 | 511 | 8 | 2 | | | 494 | 7 | | | |
| 11 | 2. 食品制造业 | 1491 | 1491 | | | | | 1469 | 22 | | | |
| 12 | 3. 酒、饮料和精制茶制造业 | 20 | 20 | | 1 | | | 19 | | | | |
| 13 | 4. 烟草制品业 | | | | | | | | | | | |
| 14 | 5. 纺织业 | 451 | 442 | | | | | 362 | 80 | | 9 | |
| 15 | 6. 纺织服装、服饰业 | 345 | 345 | | 2 | | | 157 | 177 | 9 | | |
| 16 | 7. 皮革、毛皮、羽毛及其制品和制鞋业 | 232 | 232 | 5 | 1 | | | 218 | 8 | | | |
| 17 | 8. 木材加工和木竹藤棕草制品业 | 33 | 31 | | | | | 22 | 9 | | 2 | |
| 18 | 9. 家具制造业 | 115 | 115 | | 3 | | | 35 | 77 | | | |
| 19 | 10. 造纸和纸制品业 | 1816 | 1816 | | 1 | | | 1672 | 143 | | | |

续表

| 序号 | 项目 | 合计 | 内资企业 | | | | | | | 港澳台投资企业 | 外商投资企业 |
|---|---|---|---|---|---|---|---|---|---|---|---|
| | | | 小计 | 国有企业 | 集体企业 | 股份合作企业 | 联营企业 | 股份公司 | 私营企业 | 其他企业 | | |
| 20 | 11. 印刷和记录媒介复制业 | 317 | 317 | | 31 | | | 197 | 89 | | | |
| 21 | 12. 文教、工美、体育和娱乐用品制造业 | 225 | 225 | | 1 | | | 107 | 117 | | | |
| 22 | 13. 石油加工、炼焦和核燃料加工业 | 1 | 1 | | | | | 1 | | | | |
| 23 | 14. 化学原料和化学制品制造业 | 2493 | 2339 | | 19 | | | 2023 | 297 | | 154 | |
| 24 | 15. 医药制造业 | 2884 | 2884 | | 1 | | | 2504 | 379 | | | |
| 25 | 16. 化学纤维制造业 | 1 | 1 | | | | | 1 | | | | |
| 26 | 17. 橡胶和塑料制品业 | 696 | 696 | 3 | 3 | | | 537 | 153 | | | |
| 27 | 18. 非金属矿物制品业 | 321 | 321 | | | | | 167 | 154 | | | |
| 28 | 19. 黑色金属冶炼和压延加工业 | 122 | 122 | | 1 | | | 117 | 4 | | | |
| 29 | 20. 有色金属冶炼和压延加工业 | 277 | 277 | | | | | 207 | 70 | | | |
| 30 | 21. 金属制品业 | 3822 | 3809 | | 29 | | | 2387 | 1393 | | 15 | -2 |
| 31 | 22. 通用设备制造业 | 177 | 177 | 2 | 4 | | | 147 | 24 | | | |
| 32 | 23. 专用设备制造业 | 178 | 178 | | | | | 110 | 68 | | | |
| 33 | 24. 汽车制造业 | 261 | 261 | | | | | 253 | 8 | | | |
| 34 | 25. 铁路、船舶、航空航天和其他运输设备制造业 | 218 | 213 | | | | | 107 | 106 | | 5 | |
| 35 | 26. 电气机械和器材制造业 | 2087 | 2086 | | 11 | | | 1414 | 661 | | 1 | |
| 36 | 27. 计算机、通信和其他电子设备制造业 | 722 | 719 | | | | | 458 | 261 | | 3 | |
| 37 | 28. 仪表仪器制造业 | 30 | 30 | | | | | 20 | 10 | | | |
| 38 | 29. 其他制造业 | 308 | 301 | 4 | 11 | | | 204 | 77 | 5 | 6 | 1 |

续表

| 序号 | 项目 | 合计 | 内资企业 | | | | | | | 港澳台投资企业 | 外商投资企业 |
|---|---|---|---|---|---|---|---|---|---|---|---|
| | | | 小计 | 国有企业 | 集体企业 | 股份合作企业 | 联营企业 | 股份公司 | 私营企业 | 其他企业 | | |
| 39 | (三)电力、热力、燃气及水的生产和供应业 | 2270 | 2270 | 1 | 46 | | 74 | 1966 | 183 | | | |
| 40 | 1. 电力、热力生产和供应业 | 197 | 197 | 1 | 10 | | 74 | 107 | 5 | | | |
| 41 | 2. 燃气生产和供应业 | 422 | 422 | | | | | 350 | 72 | | | |
| 42 | 3. 水的生产和供应业 | 1651 | 1651 | | 36 | | | 1509 | 106 | | | |
| 43 | (四)建筑业 | 46313 | 46296 | 328 | 1730 | 7 | 2 | 36099 | 7648 | 482 | 13 | 4 |
| 44 | 1. 房屋建筑业 | 17258 | 17257 | 42 | 1462 | | | 13106 | 2636 | 11 | | 1 |
| 45 | 2. 土木工程建筑业 | 1452 | 1451 | 25 | 2 | | | 1140 | 271 | 13 | 1 | |
| 46 | 3. 建筑安装业 | 23179 | 23173 | 53 | 191 | 4 | | 19019 | 3716 | 190 | 6 | |
| 47 | 4. 建筑装饰和其他建筑业 | 4424 | 4415 | 208 | 75 | 3 | 2 | 2834 | 1025 | 268 | 6 | 3 |
| 48 | (五)批发和零售业 | 8126 | 8126 | 220 | 308 | 2 | 16 | 6029 | 1547 | 4 | | |
| 49 | 1. 批发业 | 4544 | 4544 | 55 | 50 | | | 3782 | 657 | | | |
| 50 | 2. 零售业 | 3582 | 3582 | 165 | 258 | 2 | 16 | 2247 | 890 | 4 | | |
| 51 | (六)交通运输、仓储和邮政业 | 20226 | 19513 | 84 | 138 | | | 18935 | 348 | 8 | | 713 |
| 52 | 1. 交通运输业 | 20076 | 19363 | 81 | 138 | | | 18809 | 327 | 8 | | 713 |
| 53 | 2. 仓储业 | 10 | 10 | 3 | | | | | 7 | | | |
| 54 | 3. 邮政业 | 140 | 140 | | | | | 126 | 14 | | | |
| 55 | (七)住宿和餐饮业 | 366 | 357 | 3 | 1 | | | 201 | 152 | | 4 | 5 |
| 56 | 1. 住宿业 | 195 | 194 | 1 | 1 | | | 157 | 35 | | | 1 |
| 57 | 2. 餐饮业 | 171 | 163 | 2 | | | | 44 | 117 | | 4 | 4 |

续表

| 序号 | 项目 | 合计 | 内资企业 | | | | | | | | 港澳台投资企业 | 外商投资企业 |
|---|---|---|---|---|---|---|---|---|---|---|---|---|
| | | | 小计 | 国有企业 | 集体企业 | 股份合作企业 | 联营企业 | 股份公司 | 私营企业 | 其他企业 | | |
| 58 | （八）信息传输、软件和信息技术服务业 | 163 | 163 | 2 | | | | 79 | 71 | 11 | | |
| 59 | 1. 电信、广播电视和卫星传输服务业 | 34 | 34 | 2 | | | | 2 | 20 | 10 | | |
| 60 | 2. 互联网和相关服务 | 44 | 44 | | | | | 39 | 5 | | | |
| 61 | 3. 软件和信息技术服务业 | 85 | 85 | | | | | 38 | 46 | 1 | | |
| 62 | （九）金融业 | 2718 | 2718 | | | | | 2718 | | | | |
| 63 | 1. 货币金融服务 | 753 | 753 | | | | | 753 | | | | |
| 64 | 2. 资本市场服务 | | | | | | | | | | | |
| 65 | 3. 保险业 | 2 | 2 | | | | | 2 | | | | |
| 66 | 4. 其他金融业 | 1963 | 1963 | | | | | 1963 | | | | |
| 67 | （十）房地产业 | 81950 | 81890 | 356 | 8850 | 1 | | 63013 | 9577 | 93 | 10 | 50 |
| 68 | （十一）租赁和商务服务业 | 2271 | 2257 | 16 | 221 | 2 | | 1359 | 515 | 144 | 14 | |
| 69 | 1. 租赁业 | 233 | 233 | | 105 | | | 109 | 6 | 13 | | |
| 70 | 2. 商务服务业 | 2038 | 2024 | 16 | 116 | 2 | | 1250 | 509 | 131 | 14 | |
| 71 | （十二）科学研究和技术服务业 | 3030 | 2969 | 122 | 116 | | | 1485 | 463 | 783 | 60 | 1 |
| 72 | （十三）居民服务、修理和其他服务业 | 2412 | 2409 | 190 | 206 | | 1 | 998 | 547 | 467 | 3 | |
| 73 | （十四）教育 | 782 | 762 | 1 | | | | 78 | 25 | 658 | | 20 |
| 74 | （十五）卫生和社会工作 | 252 | 252 | | 17 | | | | | 235 | | |
| 75 | （十六）文化、体育和娱乐业 | 296 | 292 | 1 | 2 | | | 7 | 186 | 96 | 4 | |
| 76 | （十七）公共管理、社会保障和社会组织 | 907 | 907 | 2 | 1 | | | | 11 | 893 | | |
| 77 | （十八）其他行业 | 300 | 289 | | 13 | | | 149 | 66 | 61 | 11 | |

# 2016年阳江市地方税务局企业所得税分行业分企业类型统计年报表

编报机关:阳江市地方税务局　　　　单位:万元

| 序号 | 项目 | 合计 | 内资企业 | | | | | | | 港澳台投资企业 | 外商投资企业 |
|---|---|---|---|---|---|---|---|---|---|---|---|
| | | | 小计 | 国有企业 | 集体企业 | 股份合作企业 | 联营企业 | 股份公司 | 私营企业 | 其他企业 | | |
| 1 | 合计 | 49076 | 48918 | -1250 | 4026 | 1 | | 32644 | 12920 | 577 | 101 | 57 |
| 2 | (一)采矿业 | 9 | 9 | | | | | 9 | | | | |
| 3 | 1. 煤炭开采和洗选业 | | | | | | | | | | | |
| 4 | 2. 石油和天然气开采业 | | | | | | | | | | | |
| 5 | 3. 黑色金属矿采选业 | | | | | | | | | | | |
| 6 | 4. 有色金属矿采选业 | | | | | | | | | | | |
| 7 | 5. 非金属矿采选业 | 9 | 9 | | | | | 9 | | | | |
| 8 | 6. 其他采矿业 | | | | | | | | | | | |
| 9 | (二)制造业 | 4431 | 4381 | 10 | 71 | | | 3046 | 1254 | | | 50 |
| 10 | 1. 农副食品加工业 | 55 | 55 | 1 | | | | 29 | 25 | | | |
| 11 | 2. 食品制造业 | 357 | 357 | | | | | 334 | 23 | | | |
| 12 | 3. 酒、饮料和精制茶制造业 | 33 | 33 | | | | | 33 | | | | |
| 13 | 4. 烟草制品业 | 1 | 1 | | | | | 1 | | | | |
| 14 | 5. 纺织业 | | | | | | | | | | | |
| 15 | 6. 纺织服装、服饰业 | 73 | 73 | | | | | | 73 | | | |
| 16 | 7. 皮革、毛皮、羽毛及其制品和制鞋业 | 11 | 11 | | | | | 8 | 3 | | | |
| 17 | 8. 木材加工和木竹藤棕草制品业 | 42 | 42 | | | | | | 42 | | | |
| 18 | 9. 家具制造业 | 14 | 14 | | | | | | 14 | | | |
| 19 | 10. 造纸和纸制品业 | 70 | 70 | | | | | 63 | 7 | | | |

续表

| 序号 | 项目 | 合计 | 内资企业 | | | | | | | | 港澳台投资企业 | 外商投资企业 |
|---|---|---|---|---|---|---|---|---|---|---|---|---|
| | | | 小计 | 国有企业 | 集体企业 | 股份合作企业 | 联营企业 | 股份公司 | 私营企业 | 其他企业 | | |
| 20 | 11. 印刷和记录媒介复制业 | 119 | 119 | 3 | 33 | | | 51 | 32 | | | |
| 21 | 12. 文教、工美、体育和娱乐用品制造业 | 3 | 3 | | 3 | | | | | | | |
| 22 | 13. 石油加工、炼焦和核燃料加工业 | | | | | | | | | | | |
| 23 | 14. 化学原料和化学制品制造业 | 35 | 35 | | 34 | | | | 1 | | | |
| 24 | 15. 医药制造业 | 20 | 20 | | | | | 20 | | | | |
| 25 | 16. 化学纤维制造业 | | | | | | | | | | | |
| 26 | 17. 橡胶和塑料制品业 | 165 | 165 | | | | | 11 | 154 | | | |
| 27 | 18. 非金属矿物制品业 | 13 | 13 | | | | | | 13 | | | |
| 28 | 19. 黑色金属冶炼和压延加工业 | 56 | 56 | | | | | 56 | | | | |
| 29 | 20. 有色金属冶炼和压延加工业 | | | | | | | | | | | |
| 30 | 21. 金属制品业 | 1055 | 1055 | 6 | 1 | | | 270 | 778 | | | |
| 31 | 22. 通用设备制造业 | 2178 | 2178 | | | | | 2166 | 12 | | | |
| 32 | 23. 专用设备制造业 | 62 | 62 | | | | | 4 | 58 | | | |
| 33 | 24. 汽车制造业 | | | | | | | | | | | |
| 34 | 25. 铁路、船舶、航空航天和其他运输设备制造业 | | | | | | | | | | | |
| 35 | 26. 电气机械和器材制造业 | 2 | 2 | | | | | | 2 | | | |
| 36 | 27. 计算机、通信和其他电子设备制造业 | 1 | 1 | | | | | | 1 | | | |
| 37 | 28. 仪表仪器制造业 | 2 | 2 | | | | | | 2 | | | |
| 38 | 29. 其他制造业 | 64 | 14 | | | | | | 14 | | | 50 |

续表

| 序号 | 项　目 | 合计 | 内资企业 | | | | | | | | 港澳台投资企业 | 外商投资企业 |
|---|---|---|---|---|---|---|---|---|---|---|---|---|
| | | | 小计 | 国有企业 | 集体企业 | 股份合作企业 | 联营企业 | 股份公司 | 私营企业 | 其他企业 | | |
| 39 | (三)电力、热力、燃气及水的生产和供应业 | -1366 | -1366 | -2035 | 31 | | | 392 | 245 | 1 | | |
| 40 | 1. 电力、热力生产和供应业 | -1811 | -1811 | -2345 | 8 | | | 306 | 219 | 1 | | |
| 41 | 2. 燃气生产和供应业 | 111 | 111 | | | | | 86 | 25 | | | |
| 42 | 3. 水的生产和供应业 | 334 | 334 | 310 | 23 | | | | 1 | | | |
| 43 | (四)建筑业 | 17561 | 17453 | 493 | 3727 | 1 | | 8432 | 4744 | 56 | 101 | 7 |
| 44 | 1. 房屋建筑业 | 5402 | 5402 | | 1916 | | | 1677 | 1809 | | | |
| 45 | 2. 土木工程建筑业 | 3060 | 3053 | 15 | 852 | | | 831 | 1338 | 17 | | 7 |
| 46 | 3. 建筑安装业 | 7345 | 7338 | 453 | 851 | 1 | | 5271 | 744 | 18 | 7 | |
| 47 | 4. 建筑装饰和其他建筑业 | 1754 | 1660 | 25 | 108 | | | 653 | 853 | 21 | 94 | |
| 48 | (五)批发和零售业 | 4854 | 4854 | 16 | 43 | | | 4158 | 633 | 4 | | |
| 49 | 1. 批发业 | 2679 | 2679 | 14 | 1 | | | 2168 | 492 | 4 | | |
| 50 | 2. 零售业 | 2175 | 2175 | 2 | 42 | | | 1990 | 141 | | | |
| 51 | (六)交通运输、仓储和邮政业 | 3746 | 3746 | 2 | 115 | | | 3553 | 74 | 2 | | |
| 52 | 1. 交通运输业 | 3661 | 3661 | | 115 | | | 3470 | 74 | 2 | | |
| 53 | 2. 仓储业 | 83 | 83 | 2 | | | | 81 | | | | |
| 54 | 3. 邮政业 | 2 | 2 | | | | | 2 | | | | |
| 55 | (七)住宿和餐饮业 | 483 | 483 | 11 | 2 | | | 111 | 359 | | | |
| 56 | 1. 住宿业 | 109 | 109 | 11 | 1 | | | 42 | 55 | | | |
| 57 | 2. 餐饮业 | 374 | 374 | | 1 | | | 69 | 304 | | | |

续表

| 序号 | 项　目 | 合计 | 内资企业 | | | | | | | 港澳台投资企业 | 外商投资企业 |
|---|---|---|---|---|---|---|---|---|---|---|---|
| | | | 小计 | 国有企业 | 集体企业 | 股份合作企业 | 联营企业 | 股份公司 | 私营企业 | 其他企业 | | |
| 58 | (八)信息传输、软件和信息技术服务业 | 29 | 29 | | | | | 15 | 14 | | | |
| 59 | 1. 电信、广播电视和卫星传输服务业 | | | | | | | | | | | |
| 60 | 2. 互联网和相关服务 | 1 | 1 | | | | | | 1 | | | |
| 61 | 3. 软件和信息技术服务业 | 28 | 28 | | | | | 15 | 13 | | | |
| 62 | (九)金融业 | 94 | 94 | | | | | 78 | 16 | | | |
| 63 | 1. 货币金融服务 | 19 | 19 | | | | | 3 | 16 | | | |
| 64 | 2. 资本市场服务 | | | | | | | | | | | |
| 65 | 3. 保险业 | | | | | | | | | | | |
| 66 | 4. 其他金融业 | 75 | 75 | | | | | 75 | | | | |
| 67 | (十)房地产业 | 15338 | 15338 | 58 | 8 | | | 10856 | 4404 | 12 | | |
| 68 | (十一)租赁和商务服务业 | 1704 | 1704 | | 4 | | | 890 | 726 | 84 | | |
| 69 | 1. 租赁业 | 7 | 7 | | | | | 1 | 6 | | | |
| 70 | 2. 商务服务业 | 1697 | 1697 | | 4 | | | 889 | 720 | 84 | | |
| 71 | (十二)科学研究和技术服务业 | 755 | 755 | | 21 | | | 484 | 117 | 133 | | |
| 72 | (十三)居民服务、修理和其他服务业 | 681 | 681 | 1 | 3 | | | 562 | 63 | 52 | | |
| 73 | (十四)教育 | 96 | 96 | | 1 | | | 9 | 52 | 34 | | |
| 74 | (十五)卫生和社会工作 | 104 | 104 | 1 | | | | 4 | 19 | 80 | | |
| 75 | (十六)文化、体育和娱乐业 | 181 | 181 | | | | | 13 | 162 | 6 | | |
| 76 | (十七)公共管理、社会保障和社会组织 | 251 | 251 | 192 | | | | 10 | | 49 | | |
| 77 | (十八)其他行业 | 125 | 125 | 1 | | | | 22 | 38 | 64 | | |

# 2016年湛江市地方税务局企业所得税分行业分企业类型统计年报表

编报机关:湛江市地方税务局　　单位:万元

| 序号 | 项目 | 合计 | 内资企业 | | | | | | | | 港澳台投资企业 | 外商投资企业 |
|---|---|---|---|---|---|---|---|---|---|---|---|---|
| | | | 小计 | 国有企业 | 集体企业 | 股份合作企业 | 联营企业 | 股份公司 | 私营企业 | 其他企业 | | |
| 1 | 合计 | 100156 | 88201 | 11935 | 6282 | 10 | 12 | 57337 | 7890 | 4735 | 11922 | 33 |
| 2 | (一)采矿业 | 155 | 155 | | | | | 138 | 16 | 1 | | |
| 3 | 1. 煤炭开采和洗选业 | | | | | | | | | | | |
| 4 | 2. 石油和天然气开采业 | 39 | 39 | | | | | 39 | | | | |
| 5 | 3. 黑色金属矿采选业 | | | | | | | | | | | |
| 6 | 4. 有色金属矿采选业 | | | | | | | | | | | |
| 7 | 5. 非金属矿采选业 | 91 | 91 | | | | | 91 | | | | |
| 8 | 6. 其他采矿业 | 25 | 25 | | | | | 8 | 16 | 1 | | |
| 9 | (二)制造业 | 4769 | 4765 | 407 | 21 | | | 3977 | 350 | 10 | 1 | 3 |
| 10 | 1. 农副食品加工业 | 933 | 933 | 260 | 1 | | | 450 | 222 | | | |
| 11 | 2. 食品制造业 | 6 | 5 | | | | | 4 | 1 | | 1 | |
| 12 | 3. 酒、饮料和精制茶制造业 | 103 | 103 | | | | | 102 | 1 | | | |
| 13 | 4. 烟草制品业 | | | | | | | | | | | |
| 14 | 5. 纺织业 | | | | | | | | | | | |
| 15 | 6. 纺织服装、服饰业 | 1 | 1 | | 1 | | | | | | | |
| 16 | 7. 皮革、毛皮、羽毛及其制品和制鞋业 | 121 | 121 | | | | | 121 | | | | |
| 17 | 8. 木材加工和木竹藤棕草制品业 | 1 | 1 | | | | | 1 | | | | |
| 18 | 9. 家具制造业 | 14 | 14 | | | | | 14 | | | | |
| 19 | 10. 造纸和纸制品业 | 2844 | 2844 | | | | | 2843 | 1 | | | |

续表

| 序号 | 项目 | 合计 | 内资企业 | | | | | | | | 港澳台投资企业 | 外商投资企业 |
|---|---|---|---|---|---|---|---|---|---|---|---|---|
| | | | 小计 | 国有企业 | 集体企业 | 股份合作企业 | 联营企业 | 股份公司 | 私营企业 | 其他企业 | | |
| 20 | 11. 印刷和记录媒介复制业 | 33 | 33 | | 2 | | | 15 | 16 | | | |
| 21 | 12. 文教、工美、体育和娱乐用品制造业 | 1 | 1 | | 1 | | | | | | | |
| 22 | 13. 石油加工、炼焦和核燃料加工业 | | | | | | | | | | | |
| 23 | 14. 化学原料和化学制品制造业 | 19 | 19 | 17 | | | | 2 | | | | |
| 24 | 15. 医药制造业 | 58 | 58 | | | | | 58 | | | | |
| 25 | 16. 化学纤维制造业 | | | | | | | | | | | |
| 26 | 17. 橡胶和塑料制品业 | 60 | 60 | | 11 | | | 47 | 2 | | | |
| 27 | 18. 非金属矿物制品业 | 5 | 5 | 3 | | | | 2 | | | | |
| 28 | 19. 黑色金属冶炼和压延加工业 | 11 | 11 | | | | | 11 | | | | |
| 29 | 20. 有色金属冶炼和压延加工业 | | | | | | | | | | | |
| 30 | 21. 金属制品业 | 101 | 101 | | | | | 78 | 23 | | | |
| 31 | 22. 通用设备制造业 | 1 | 1 | | 1 | | | | | | | |
| 32 | 23. 专用设备制造业 | 4 | 4 | | 3 | | | | 1 | | | |
| 33 | 24. 汽车制造业 | 20 | 20 | | | | | | 20 | | | |
| 34 | 25. 铁路、船舶、航空航天和其他运输设备制造业 | 14 | 14 | | 1 | | | | 13 | | | |
| 35 | 26. 电气机械和器材制造业 | 262 | 262 | | | | | 226 | 36 | | | |
| 36 | 27. 计算机、通信和其他电子设备制造业 | 15 | 15 | | | | | | 14 | 1 | | |
| 37 | 28. 仪表仪器制造业 | | | | | | | | | | | |
| 38 | 29. 其他制造业 | 142 | 139 | 127 | | | | 3 | | 9 | | 3 |

续表

| 序号 | 项　　目 | 合计 | 内资企业 | | | | | | | | 港澳台投资企业 | 外商投资企业 |
|---|---|---|---|---|---|---|---|---|---|---|---|---|
| | | | 小计 | 国有企业 | 集体企业 | 股份合作企业 | 联营企业 | 股份公司 | 私营企业 | 其他企业 | | |
| 39 | (三)电力、热力、燃气及水的生产和供应业 | 1668 | 1668 | 1534 | 4 | | | 119 | 10 | 1 | | |
| 40 | 1. 电力、热力生产和供应业 | 451 | 451 | 439 | | | | 1 | 10 | 1 | | |
| 41 | 2. 燃气生产和供应业 | 3 | 3 | | | | | 3 | | | | |
| 42 | 3. 水的生产和供应业 | 1214 | 1214 | 1095 | 4 | | | 115 | | | | |
| 43 | (四)建筑业 | 27232 | 27209 | 9476 | 5420 | 9 | 4 | 10717 | 1152 | 431 | | 23 |
| 44 | 1. 房屋建筑业 | 12361 | 12361 | 8142 | 813 | | | 3271 | 86 | 49 | | |
| 45 | 2. 土木工程建筑业 | 1593 | 1593 | 550 | 196 | 1 | 2 | 641 | 133 | 70 | | |
| 46 | 3. 建筑安装业 | 11315 | 11296 | 648 | 3897 | 2 | | 6100 | 563 | 86 | | 19 |
| 47 | 4. 建筑装饰和其他建筑业 | 1963 | 1959 | 136 | 514 | 6 | 2 | 705 | 370 | 226 | | 4 |
| 48 | (五)批发和零售业 | 21839 | 11473 | -352 | 355 | | 7 | 10244 | 1216 | 3 | 10365 | 1 |
| 49 | 1. 批发业 | 12880 | 2514 | -390 | 334 | | | 2113 | 457 | | 10365 | 1 |
| 50 | 2. 零售业 | 8959 | 8959 | 38 | 21 | | 7 | 8131 | 759 | 3 | | |
| 51 | (六)交通运输、仓储和邮政业 | 4032 | 2579 | 32 | 279 | | | 2105 | 161 | 2 | 1453 | |
| 52 | 1. 交通运输业 | 4014 | 2561 | 32 | 279 | | | 2100 | 149 | 1 | 1453 | |
| 53 | 2. 仓储业 | 15 | 15 | | | | | 5 | 9 | 1 | | |
| 54 | 3. 邮政业 | 3 | 3 | | | | | | 3 | | | |
| 55 | (七)住宿和餐饮业 | 1106 | 1103 | 454 | 7 | | | 311 | 331 | | 3 | |
| 56 | 1. 住宿业 | 653 | 652 | 453 | 2 | | | 80 | 117 | | 1 | |
| 57 | 2. 餐饮业 | 453 | 451 | 1 | 5 | | | 231 | 214 | | 2 | |

续表

| 序号 | 项目 | 合计 | 内资企业 | | | | | | | | 港澳台投资企业 | 外商投资企业 |
|---|---|---|---|---|---|---|---|---|---|---|---|---|
| | | | 小计 | 国有企业 | 集体企业 | 股份合作企业 | 联营企业 | 股份公司 | 私营企业 | 其他企业 | | |
| 58 | (八)信息传输、软件和信息技术服务业 | 96 | 96 | 1 | | | | 11 | 83 | 1 | | |
| 59 | 1. 电信、广播电视和卫星传输服务业 | 3 | 3 | | | | | 1 | 1 | 1 | | |
| 60 | 2. 互联网和相关服务 | 3 | 3 | | | | | 1 | 2 | | | |
| 61 | 3. 软件和信息技术服务业 | 90 | 90 | 1 | | | | 9 | 80 | | | |
| 62 | (九)金融业 | 189 | 189 | 1 | | | | 187 | | 1 | | |
| 63 | 1. 货币金融服务 | 7 | 7 | 1 | | | | 5 | | 1 | | |
| 64 | 2. 资本市场服务 | | | | | | | | | | | |
| 65 | 3. 保险业 | | | | | | | | | | | |
| 66 | 4. 其他金融业 | 182 | 182 | | | | | 182 | | | | |
| 67 | (十)房地产业 | 28358 | 28358 | 56 | 9 | | | 24646 | 3619 | 28 | | |
| 68 | (十一)租赁和商务服务业 | 1207 | 1207 | 7 | 2 | 1 | | 686 | 440 | 71 | | |
| 69 | 1. 租赁业 | 6 | 6 | | | | | 1 | 4 | 1 | | |
| 70 | 2. 商务服务业 | 1201 | 1201 | 7 | 2 | 1 | | 685 | 436 | 70 | | |
| 71 | (十二)科学研究和技术服务业 | 1015 | 1015 | 243 | 141 | | | 242 | 160 | 229 | | |
| 72 | (十三)居民服务、修理和其他服务业 | 3945 | 3845 | 40 | 40 | | | 2545 | 207 | 1013 | 100 | |
| 73 | (十四)教育 | 83 | 83 | | | | | | 1 | 82 | | |
| 74 | (十五)卫生和社会工作 | 1253 | 1253 | | | | | 1242 | | 11 | | |
| 75 | (十六)文化、体育和娱乐业 | 190 | 190 | 28 | | | | 91 | 68 | 3 | | |
| 76 | (十七)公共管理、社会保障和社会组织 | 2835 | 2835 | | | | | 1 | 4 | 2830 | | |
| 77 | (十八)其他行业 | 184 | 178 | 8 | 4 | | 1 | 75 | 72 | 18 | | 6 |

# 2016年茂名市地方税务局企业所得税分行业分企业类型统计年报表

编报机关:茂名市地方税务局　　单位:万元

| 序号 | 项　目 | 合计 | 内资企业 | | | | | | | | 港澳台投资企业 | 外商投资企业 |
|---|---|---|---|---|---|---|---|---|---|---|---|---|
| | | | 小计 | 国有企业 | 集体企业 | 股份合作企业 | 联营企业 | 股份公司 | 私营企业 | 其他企业 | | |
| 1 | 合　计 | 140361 | 139975 | 8639 | 12643 | 257 | 17 | 114482 | 515 | 3422 | 352 | 34 |
| 2 | (一)采矿业 | 82 | 82 | 1 | 31 | | | 50 | | | | |
| 3 | 1. 煤炭开采和洗选业 | | | | | | | | | | | |
| 4 | 2. 石油和天然气开采业 | | | | | | | | | | | |
| 5 | 3. 黑色金属矿采选业 | | | | | | | | | | | |
| 6 | 4. 有色金属矿采选业 | | | | | | | | | | | |
| 7 | 5. 非金属矿采选业 | 77 | 77 | | 31 | | | 46 | | | | |
| 8 | 6. 其他采矿业 | 5 | 5 | 1 | | | | 4 | | | | |
| 9 | (二)制造业 | 2660 | 2630 | 53 | 24 | 1 | | 2500 | 12 | 40 | | 30 |
| 10 | 1. 农副食品加工业 | 44 | 44 | 33 | | | | 11 | | | | |
| 11 | 2. 食品制造业 | 18 | 18 | 18 | | | | | | | | |
| 12 | 3. 酒、饮料和精制茶制造业 | 1 | 1 | | | | | 1 | | | | |
| 13 | 4. 烟草制品业 | | | | | | | | | | | |
| 14 | 5. 纺织业 | 1 | 1 | 1 | | | | | | | | |
| 15 | 6. 纺织服装、服饰业 | | | | | | | | | | | |
| 16 | 7. 皮革、毛皮、羽毛及其制品和制鞋业 | 3 | 3 | | 2 | | | 1 | | | | |
| 17 | 8. 木材加工和木竹藤棕草制品业 | | | | | | | | | | | |
| 18 | 9. 家具制造业 | | | | | | | | | | | |
| 19 | 10. 造纸和纸制品业 | 175 | 175 | | 1 | | | 174 | | | | |

续表

| 序号 | 项　目 | 合计 | 内资企业 | | | | | | | | 港澳台投资企业 | 外商投资企业 |
|---|---|---|---|---|---|---|---|---|---|---|---|---|
| | | | 小计 | 国有企业 | 集体企业 | 股份合作企业 | 联营企业 | 股份公司 | 私营企业 | 其他企业 | | |
| 20 | 11. 印刷和记录媒介复制业 | 28 | 28 | | 2 | | | 26 | | | | |
| 21 | 12. 文教、工美、体育和娱乐用品制造业 | 280 | 280 | | 5 | | | 275 | | | | |
| 22 | 13. 石油加工、炼焦和核燃料加工业 | 56 | 56 | | 1 | | | 55 | | | | |
| 23 | 14. 化学原料和化学制品制造业 | 114 | 114 | | | | | 114 | | | | |
| 24 | 15. 医药制造业 | 140 | 140 | | | | | 140 | | | | |
| 25 | 16. 化学纤维制造业 | | | | | | | | | | | |
| 26 | 17. 橡胶和塑料制品业 | 5 | 5 | | | | | 5 | | | | |
| 27 | 18. 非金属矿物制品业 | 927 | 927 | | 12 | 1 | | 914 | | | | |
| 28 | 19. 黑色金属冶炼和压延加工业 | | | | | | | | | | | |
| 29 | 20. 有色金属冶炼和压延加工业 | | | | | | | | | | | |
| 30 | 21. 金属制品业 | 47 | 47 | | | | | 47 | | | | |
| 31 | 22. 通用设备制造业 | 9 | 9 | 1 | | | | | | 8 | | |
| 32 | 23. 专用设备制造业 | 647 | 617 | | | | | 617 | | | | 30 |
| 33 | 24. 汽车制造业 | | | | | | | | | | | |
| 34 | 25. 铁路、船舶、航空航天和其他运输设备制造业 | | | | | | | | | | | |
| 35 | 26. 电气机械和器材制造业 | 2 | 2 | | 1 | | | 1 | | | | |
| 36 | 27. 计算机、通信和其他电子设备制造业 | 124 | 124 | | | | | 112 | 12 | | | |
| 37 | 28. 仪表仪器制造业 | | | | | | | | | | | |
| 38 | 29. 其他制造业 | 39 | 39 | | | | | 7 | | 32 | | |

续表

| 序号 | 项　目 | 合计 | 内资企业 | | | | | | | | 港澳台投资企业 | 外商投资企业 |
|---|---|---|---|---|---|---|---|---|---|---|---|---|
| | | | 小计 | 国有企业 | 集体企业 | 股份合作企业 | 联营企业 | 股份公司 | 私营企业 | 其他企业 | | |
| 39 | (三)电力、热力、燃气及水的生产和供应业 | 656 | 656 | 192 | 84 | 1 | 6 | 343 | 9 | 21 | | |
| 40 | 1. 电力、热力生产和供应业 | 573 | 573 | 192 | 84 | 1 | 6 | 260 | 9 | 21 | | |
| 41 | 2. 燃气生产和供应业 | 16 | 16 | | | | | 16 | | | | |
| 42 | 3. 水的生产和供应业 | 67 | 67 | | | | | 67 | | | | |
| 43 | (四)建筑业 | 88187 | 88174 | 7908 | 11959 | 34 | 8 | 66386 | 263 | 1616 | 13 | |
| 44 | 1. 房屋建筑业 | 45307 | 45307 | 3713 | 8098 | 1 | | 32295 | 83 | 1117 | | |
| 45 | 2. 土木工程建筑业 | 18950 | 18950 | 185 | 2281 | | | 16464 | 13 | 7 | | |
| 46 | 3. 建筑安装业 | 11787 | 11780 | 3192 | 872 | | 4 | 7677 | 25 | 10 | 7 | |
| 47 | 4. 建筑装饰和其他建筑业 | 12143 | 12137 | 818 | 708 | 33 | 4 | 9950 | 142 | 482 | 6 | |
| 48 | (五)批发和零售业 | 7905 | 7900 | 92 | 30 | | 2 | 7749 | 23 | 4 | 5 | |
| 49 | 1. 批发业 | 4695 | 4690 | 35 | 15 | | | 4615 | 23 | 2 | 5 | |
| 50 | 2. 零售业 | 3210 | 3210 | 57 | 15 | | 2 | 3134 | | 2 | | |
| 51 | (六)交通运输、仓储和邮政业 | 1608 | 1608 | 145 | 85 | | | 1377 | | 1 | | |
| 52 | 1. 交通运输业 | 1061 | 1061 | 145 | 85 | | | 830 | | 1 | | |
| 53 | 2. 仓储业 | 530 | 530 | | | | | 530 | | | | |
| 54 | 3. 邮政业 | 17 | 17 | | | | | 17 | | | | |
| 55 | (七)住宿和餐饮业 | 132 | 129 | 5 | 3 | | | 120 | 1 | | | 3 |
| 56 | 1. 住宿业 | 77 | 77 | 2 | 2 | | | 73 | | | | |
| 57 | 2. 餐饮业 | 55 | 52 | 3 | 1 | | | 47 | 1 | | | 3 |

续表

| 序号 | 项目 | 合计 | 内资企业 | | | | | | | 港澳台投资企业 | 外商投资企业 |
|---|---|---|---|---|---|---|---|---|---|---|---|
| | | | 小计 | 国有企业 | 集体企业 | 股份合作企业 | 联营企业 | 股份公司 | 私营企业 | 其他企业 | | |
| 58 | (八)信息传输、软件和信息技术服务业 | 113 | 113 | | | | | 88 | | 25 | | |
| 59 | 1. 电信、广播电视和卫星传输服务业 | | | | | | | | | | | |
| 60 | 2. 互联网和相关服务 | 29 | 29 | | | | | 4 | | 25 | | |
| 61 | 3. 软件和信息技术服务业 | 84 | 84 | | | | | 84 | | | | |
| 62 | (九)金融业 | 946 | 946 | | | | | 792 | 154 | | | |
| 63 | 1. 货币金融服务 | 313 | 313 | | | | | 159 | 154 | | | |
| 64 | 2. 资本市场服务 | | | | | | | | | | | |
| 65 | 3. 保险业 | 13 | 13 | | | | | 13 | | | | |
| 66 | 4. 其他金融业 | 620 | 620 | | | | | 620 | | | | |
| 67 | (十)房地产业 | 24945 | 24610 | 87 | 10 | 1 | 1 | 24365 | 8 | 138 | 334 | 1 |
| 68 | (十一)租赁和商务服务业 | 3025 | 3025 | | 41 | | | 2977 | 2 | 5 | | |
| 69 | 1. 租赁业 | 283 | 283 | | 1 | | | 282 | | | | |
| 70 | 2. 商务服务业 | 2742 | 2742 | | 40 | | | 2695 | 2 | 5 | | |
| 71 | (十二)科学研究和技术服务业 | 80 | 80 | | 2 | | | 58 | | 20 | | |
| 72 | (十三)居民服务、修理和其他服务业 | 8976 | 8976 | 112 | 374 | 220 | | 7112 | 43 | 1115 | | |
| 73 | (十四)教育 | 241 | 241 | | | | | 162 | | 79 | | |
| 74 | (十五)卫生和社会工作 | 50 | 50 | | | | | 25 | | 25 | | |
| 75 | (十六)文化、体育和娱乐业 | 173 | 173 | 38 | | | | 129 | | 6 | | |
| 76 | (十七)公共管理、社会保障和社会组织 | 327 | 327 | 2 | | | | 4 | | 321 | | |
| 77 | (十八)其他行业 | 255 | 255 | 4 | | | | 245 | | 6 | | |

# 2016年肇庆市地方税务局企业所得税分行业分企业类型统计年报表

编报机关:肇庆市地方税务局　　　　单位:万元

| 序号 | 项　目 | 合计 | 内资企业 | | | | | | | 港澳台投资企业 | 外商投资企业 |
|---|---|---|---|---|---|---|---|---|---|---|---|
| | | | 小计 | 国有企业 | 集体企业 | 股份合作企业 | 联营企业 | 股份公司 | 私营企业 | 其他企业 | | |
| 1 | 合　计 | 80400 | 80052 | 638 | 1961 | 7 | 44 | 61125 | 12169 | 4108 | 215 | 133 |
| 2 | (一)采矿业 | 254 | 254 | | 6 | | | 245 | 3 | | | |
| 3 | 1. 煤炭开采和洗选业 | | | | | | | | | | | |
| 4 | 2. 石油和天然气开采业 | | | | | | | | | | | |
| 5 | 3. 黑色金属矿采选业 | | | | | | | | | | | |
| 6 | 4. 有色金属矿采选业 | 84 | 84 | | | | | 84 | | | | |
| 7 | 5. 非金属矿采选业 | 170 | 170 | | 6 | | | 161 | 3 | | | |
| 8 | 6. 其他采矿业 | | | | | | | | | | | |
| 9 | (二)制造业 | 12138 | 12119 | 24 | 136 | | 1 | 11224 | 733 | 1 | 1 | 18 |
| 10 | 1. 农副食品加工业 | 231 | 231 | 1 | | | | 226 | 4 | | | |
| 11 | 2. 食品制造业 | 585 | 585 | | | | | 585 | | | | |
| 12 | 3. 酒、饮料和精制茶制造业 | 4 | 4 | | | | | 4 | | | | |
| 13 | 4. 烟草制品业 | | | | | | | | | | | |
| 14 | 5. 纺织业 | 43 | 43 | | | | | 43 | | | | |
| 15 | 6. 纺织服装、服饰业 | 37 | 37 | | 30 | | | 5 | 2 | | | |
| 16 | 7. 皮革、毛皮、羽毛及其制品和制鞋业 | 43 | 43 | | | | | 41 | 2 | | | |
| 17 | 8. 木材加工和木竹藤棕草制品业 | 5 | 5 | | 2 | | | | 3 | | | |
| 18 | 9. 家具制造业 | 9 | 9 | | | | | 9 | | | | |
| 19 | 10. 造纸和纸制品业 | 8 | 8 | | 5 | | | 3 | | | | |

续表

| 序号 | 项目 | 合计 | 内资企业 | | | | | | | 港澳台投资企业 | 外商投资企业 |
|---|---|---|---|---|---|---|---|---|---|---|---|
| | | | 小计 | 国有企业 | 集体企业 | 股份合作企业 | 联营企业 | 股份公司 | 私营企业 | 其他企业 | | |
| 20 | 11. 印刷和记录媒介复制业 | 40 | 40 | 16 | 10 | | | 12 | 2 | | | |
| 21 | 12. 文教、工美、体育和娱乐用品制造业 | 2 | 2 | | | | | 2 | | | | |
| 22 | 13. 石油加工、炼焦和核燃料加工业 | | | | | | | | | | | |
| 23 | 14. 化学原料和化学制品制造业 | 179 | 179 | 2 | | | 1 | 161 | 15 | | | |
| 24 | 15. 医药制造业 | 1108 | 1103 | | | | | 686 | 417 | | | 5 |
| 25 | 16. 化学纤维制造业 | 1 | 1 | | | | | 1 | | | | |
| 26 | 17. 橡胶和塑料制品业 | 46 | 46 | | 1 | | | 37 | 8 | | | |
| 27 | 18. 非金属矿物制品业 | 675 | 675 | | 1 | | | 670 | 3 | 1 | | |
| 28 | 19. 黑色金属冶炼和压延加工业 | | | | | | | | | | | |
| 29 | 20. 有色金属冶炼和压延加工业 | 5288 | 5288 | | | | | 5288 | | | | |
| 30 | 21. 金属制品业 | 353 | 352 | | | | | 304 | 48 | | | 1 |
| 31 | 22. 通用设备制造业 | 1025 | 1025 | | | | | 885 | 140 | | | |
| 32 | 23. 专用设备制造业 | 86 | 86 | | | | | 9 | 77 | | | |
| 33 | 24. 汽车制造业 | -252 | -261 | | | | | -261 | | | | 9 |
| 34 | 25. 铁路、船舶、航空航天和其他运输设备制造业 | 81 | 81 | | | | | 81 | | | | |
| 35 | 26. 电气机械和器材制造业 | 288 | 288 | | | | | 278 | 10 | | | |
| 36 | 27. 计算机、通信和其他电子设备制造业 | 1338 | 1335 | | | | | 1335 | | | | 3 |
| 37 | 28. 仪表仪器制造业 | 697 | 697 | | | | | 697 | | | | |
| 38 | 29. 其他制造业 | 218 | 217 | 5 | 87 | | | 123 | 2 | | 1 | |

续表

| 序号 | 项　目 | 合计 | 内资企业 | | | | | | | 港澳台投资企业 | 外商投资企业 |
|---|---|---|---|---|---|---|---|---|---|---|---|
| | | | 小计 | 国有企业 | 集体企业 | 股份合作企业 | 联营企业 | 股份公司 | 私营企业 | 其他企业 | | |
| 39 | (三)电力、热力、燃气及水的生产和供应业 | 3167 | 3167 | -1547 | 232 | | 2 | 4333 | 147 | | | |
| 40 | 1. 电力、热力生产和供应业 | 2805 | 2805 | -1665 | 226 | | 2 | 4095 | 147 | | | |
| 41 | 2. 燃气生产和供应业 | 128 | 128 | 118 | 1 | | | 9 | | | | |
| 42 | 3. 水的生产和供应业 | 234 | 234 | | 5 | | | 229 | | | | |
| 43 | (四)建筑业 | 19491 | 19468 | 892 | 1239 | | | 14210 | 2695 | 432 | 18 | 5 |
| 44 | 1. 房屋建筑业 | 5674 | 5674 | 367 | 886 | | | 4067 | 336 | 18 | | |
| 45 | 2. 土木工程建筑业 | 947 | 947 | 111 | 108 | | | 619 | 69 | 40 | | |
| 46 | 3. 建筑安装业 | 10148 | 10144 | 367 | 101 | | | 7935 | 1693 | 48 | | 4 |
| 47 | 4. 建筑装饰和其他建筑业 | 2722 | 2703 | 47 | 144 | | | 1589 | 597 | 326 | 18 | 1 |
| 48 | (五)批发和零售业 | 9105 | 9100 | 88 | 19 | | 41 | 8514 | 438 | | 1 | 4 |
| 49 | 1. 批发业 | 7379 | 7375 | 78 | 11 | | | 7085 | 201 | | | 4 |
| 50 | 2. 零售业 | 1726 | 1725 | 10 | 8 | | 41 | 1429 | 237 | | 1 | |
| 51 | (六)交通运输、仓储和邮政业 | 1794 | 1794 | 10 | 1 | | | 1688 | 85 | 10 | | |
| 52 | 1. 交通运输业 | 1761 | 1761 | 8 | 1 | | | 1657 | 85 | 10 | | |
| 53 | 2. 仓储业 | 2 | 2 | 2 | | | | | | | | |
| 54 | 3. 邮政业 | 31 | 31 | | | | | 31 | | | | |
| 55 | (七)住宿和餐饮业 | 449 | 446 | 22 | | | | 316 | 106 | 2 | 3 | |
| 56 | 1. 住宿业 | 228 | 227 | 22 | | | | 182 | 23 | | 1 | |
| 57 | 2. 餐饮业 | 221 | 219 | | | | | 134 | 83 | 2 | 2 | |

续表

| 序号 | 项目 | 合计 | 内资企业 | | | | | | | 港澳台投资企业 | 外商投资企业 |
|---|---|---|---|---|---|---|---|---|---|---|---|
| | | | 小计 | 国有企业 | 集体企业 | 股份合作企业 | 联营企业 | 股份公司 | 私营企业 | 其他企业 | | |
| 58 | （八）信息传输、软件和信息技术服务业 | 100 | 97 | | | | | 92 | 5 | | 1 | 2 |
| 59 | 1. 电信、广播电视和卫星传输服务业 | 55 | 55 | | | | | 55 | | | | |
| 60 | 2. 互联网和相关服务 | 2 | 2 | | | | | | 2 | | | |
| 61 | 3. 软件和信息技术服务业 | 43 | 40 | | | | | 37 | 3 | | 1 | 2 |
| 62 | （九）金融业 | 1167 | 1017 | | | 5 | | 712 | 300 | | 150 | |
| 63 | 1. 货币金融服务 | 691 | 691 | | | 5 | | 444 | 242 | | | |
| 64 | 2. 资本市场服务 | 187 | 37 | | | | | 37 | | | 150 | |
| 65 | 3. 保险业 | | | | | | | | | | | |
| 66 | 4. 其他金融业 | 289 | 289 | | | | | 231 | 58 | | | |
| 67 | （十）房地产业 | 24558 | 24506 | 396 | 206 | 1 | | 16651 | 7074 | 178 | 16 | 36 |
| 68 | （十一）租赁和商务服务业 | 2412 | 2361 | 16 | 18 | | | 1799 | 217 | 311 | 1 | 50 |
| 69 | 1. 租赁业 | 6 | 6 | | | | | 4 | 1 | 1 | | |
| 70 | 2. 商务服务业 | 2406 | 2355 | 16 | 18 | | | 1795 | 216 | 310 | 1 | 50 |
| 71 | （十二）科学研究和技术服务业 | 667 | 644 | 122 | 23 | | | 115 | 112 | 272 | 14 | 9 |
| 72 | （十三）居民服务、修理和其他服务业 | 2194 | 2175 | 220 | 32 | 1 | | 1049 | 243 | 630 | 10 | 9 |
| 73 | （十四）教育 | 238 | 238 | | | | | 9 | 1 | 228 | | |
| 74 | （十五）卫生和社会工作 | 43 | 43 | | | | | | | 43 | | |
| 75 | （十六）文化、体育和娱乐业 | 93 | 93 | 45 | 12 | | | 12 | 6 | 18 | | |
| 76 | （十七）公共管理、社会保障和社会组织 | 1968 | 1968 | 1 | 37 | | | | | 1930 | | |
| 77 | （十八）其他行业 | 562 | 562 | 349 | | | | 156 | 4 | 53 | | |

# 2016年清远市地方税务局企业所得税分行业分企业类型统计年报表

编报机关:清远市地方税务局　　　　单位:万元

| 序号 | 项目 | 合计 | 内资企业 | | | | | | | | 港澳台投资企业 | 外商投资企业 |
|---|---|---|---|---|---|---|---|---|---|---|---|---|
| | | | 小计 | 国有企业 | 集体企业 | 股份合作企业 | 联营企业 | 股份公司 | 私营企业 | 其他企业 | | |
| 1 | 合计 | 98770 | 98535 | 3574 | 2298 | 13 | 2204 | 85902 | 1776 | 2768 | 39 | 196 |
| 2 | (一)采矿业 | 1 | 1 | | | | | | 1 | | | |
| 3 | 1. 煤炭开采和洗选业 | | | | | | | | | | | |
| 4 | 2. 石油和天然气开采业 | | | | | | | | | | | |
| 5 | 3. 黑色金属矿采选业 | | | | | | | | | | | |
| 6 | 4. 有色金属矿采选业 | | | | | | | | | | | |
| 7 | 5. 非金属矿采选业 | | | | | | | | | | | |
| 8 | 6. 其他采矿业 | 1 | 1 | | | | | | 1 | | | |
| 9 | (二)制造业 | 3378 | 3372 | 35 | 33 | | | 3301 | 3 | | 6 | |
| 10 | 1. 农副食品加工业 | 50 | 50 | | | | | 48 | 2 | | | |
| 11 | 2. 食品制造业 | 414 | 414 | | | | | 414 | | | | |
| 12 | 3. 酒、饮料和精制茶制造业 | 186 | 186 | | | | | 186 | | | | |
| 13 | 4. 烟草制品业 | | | | | | | | | | | |
| 14 | 5. 纺织业 | 2 | 2 | | | | | 2 | | | | |
| 15 | 6. 纺织服装、服饰业 | 31 | 31 | | 3 | | | 28 | | | | |
| 16 | 7. 皮革、毛皮、羽毛及其制品和制鞋业 | 2 | 2 | | 2 | | | | | | | |
| 17 | 8. 木材加工和木竹藤棕草制品业 | 3 | 3 | | 1 | | | 2 | | | | |
| 18 | 9. 家具制造业 | | | | | | | | | | | |
| 19 | 10. 造纸和纸制品业 | 10 | 10 | | | | | 10 | | | | |

续表

| 序号 | 项目 | 合计 | 内资企业 | | | | | | | | 港澳台投资企业 | 外商投资企业 |
|---|---|---|---|---|---|---|---|---|---|---|---|---|
| | | | 小计 | 国有企业 | 集体企业 | 股份合作企业 | 联营企业 | 股份公司 | 私营企业 | 其他企业 | | |
| 20 | 11. 印刷和记录媒介复制业 | 23 | 23 | | 21 | | | 2 | | | | |
| 21 | 12. 文教、工美、体育和娱乐用品制造业 | | | | | | | | | | | |
| 22 | 13. 石油加工、炼焦和核燃料加工业 | | | | | | | | | | | |
| 23 | 14. 化学原料和化学制品制造业 | 42 | 42 | 34 | | | | 8 | | | | |
| 24 | 15. 医药制造业 | 1130 | 1130 | | | | | 1130 | | | | |
| 25 | 16. 化学纤维制造业 | | | | | | | | | | | |
| 26 | 17. 橡胶和塑料制品业 | 42 | 42 | | | | | 42 | | | | |
| 27 | 18. 非金属矿物制品业 | 19 | 19 | 1 | | | | 17 | 1 | | | |
| 28 | 19. 黑色金属冶炼和压延加工业 | | | | | | | | | | | |
| 29 | 20. 有色金属冶炼和压延加工业 | | | | | | | | | | | |
| 30 | 21. 金属制品业 | 7 | 7 | | | | | 7 | | | | |
| 31 | 22. 通用设备制造业 | 16 | 16 | | | | | 16 | | | | |
| 32 | 23. 专用设备制造业 | | | | | | | | | | | |
| 33 | 24. 汽车制造业 | | | | | | | | | | | |
| 34 | 25. 铁路、船舶、航空航天和其他运输设备制造业 | 5 | 5 | | 5 | | | | | | | |
| 35 | 26. 电气机械和器材制造业 | 1361 | 1361 | | | | | 1361 | | | | |
| 36 | 27. 计算机、通信和其他电子设备制造业 | 27 | 27 | | | | | 27 | | | | |
| 37 | 28. 仪表仪器制造业 | 6 | | | | | | | | | 6 | |
| 38 | 29. 其他制造业 | 2 | 2 | | 1 | | | 1 | | | | |

续表

| 序号 | 项　　目 | 合计 | 内资企业 | | | | | | | | 港澳台投资企业 | 外商投资企业 |
|---|---|---|---|---|---|---|---|---|---|---|---|---|
| | | | 小计 | 国有企业 | 集体企业 | 股份合作企业 | 联营企业 | 股份公司 | 私营企业 | 其他企业 | | |
| 39 | (三)电力、热力、燃气及水的生产和供应业 | 16128 | 16128 | 2505 | 640 | | 599 | 12400 | 23 | -39 | | |
| 40 | 1. 电力、热力生产和供应业 | 12698 | 12698 | 2505 | 639 | | 599 | 8932 | 22 | 1 | | |
| 41 | 2. 燃气生产和供应业 | 2944 | 2944 | | 1 | | | 2943 | | | | |
| 42 | 3. 水的生产和供应业 | 486 | 486 | | | | | 525 | 1 | -40 | | |
| 43 | (四)建筑业 | 16529 | 16486 | 570 | 1155 | 2 | 1526 | 12750 | 364 | 119 | 30 | 13 |
| 44 | 1. 房屋建筑业 | 3164 | 3153 | 48 | 939 | 2 | 19 | 2117 | 16 | 12 | 11 | |
| 45 | 2. 土木工程建筑业 | 1856 | 1856 | 50 | 18 | | 2 | 1741 | 10 | 35 | | |
| 46 | 3. 建筑安装业 | 8443 | 8429 | 186 | 189 | | 1445 | 6363 | 236 | 10 | 14 | |
| 47 | 4. 建筑装饰和其他建筑业 | 3066 | 3048 | 286 | 9 | | 60 | 2529 | 102 | 62 | 5 | 13 |
| 48 | (五)批发和零售业 | 7877 | 7877 | 10 | 147 | 11 | 35 | 7652 | 19 | 3 | | |
| 49 | 1. 批发业 | 6049 | 6049 | 8 | 1 | | | 6024 | 16 | | | |
| 50 | 2. 零售业 | 1828 | 1828 | 2 | 146 | 11 | 35 | 1628 | 3 | 3 | | |
| 51 | (六)交通运输、仓储和邮政业 | 1858 | 1858 | | 14 | | | 1842 | | 2 | | |
| 52 | 1. 交通运输业 | 1849 | 1849 | | 14 | | | 1833 | | 2 | | |
| 53 | 2. 仓储业 | 1 | 1 | | | | | 1 | | | | |
| 54 | 3. 邮政业 | 8 | 8 | | | | | 8 | | | | |
| 55 | (七)住宿和餐饮业 | 840 | 840 | 7 | 23 | | | 807 | 3 | | | |
| 56 | 1. 住宿业 | 472 | 472 | 7 | 23 | | | 440 | 2 | | | |
| 57 | 2. 餐饮业 | 368 | 368 | | | | | 367 | 1 | | | |

续表

| 序号 | 项　目 | 合计 | 内资企业 | | | | | | | 港澳台投资企业 | 外商投资企业 |
|---|---|---|---|---|---|---|---|---|---|---|---|
| | | | 小计 | 国有企业 | 集体企业 | 股份合作企业 | 联营企业 | 股份公司 | 私营企业 | 其他企业 | | |
| 58 | (八)信息传输、软件和信息技术服务业 | 40 | 40 | | 1 | | | 36 | 2 | 1 | | |
| 59 | 1. 电信、广播电视和卫星传输服务业 | 28 | 28 | | 1 | | | 27 | | | | |
| 60 | 2. 互联网和相关服务 | 3 | 3 | | | | | | 2 | 1 | | |
| 61 | 3. 软件和信息技术服务业 | 9 | 9 | | | | | 9 | | | | |
| 62 | (九)金融业 | 235 | 235 | | | | | 235 | | | | |
| 63 | 1. 货币金融服务 | 102 | 102 | | | | | 102 | | | | |
| 64 | 2. 资本市场服务 | 2 | 2 | | | | | 2 | | | | |
| 65 | 3. 保险业 | | | | | | | | | | | |
| 66 | 4. 其他金融业 | 131 | 131 | | | | | 131 | | | | |
| 67 | (十)房地产业 | 41999 | 41962 | 40 | 31 | | 44 | 39977 | 1337 | 533 | 1 | 36 |
| 68 | (十一)租赁和商务服务业 | 5192 | 5192 | 23 | 26 | | | 5020 | 7 | 116 | | |
| 69 | 1. 租赁业 | 21 | 21 | | | | | 21 | | | | |
| 70 | 2. 商务服务业 | 5171 | 5171 | 23 | 26 | | | 4999 | 7 | 116 | | |
| 71 | (十二)科学研究和技术服务业 | 2394 | 2392 | 229 | 204 | | | 924 | 6 | 1029 | 2 | |
| 72 | (十三)居民服务、修理和其他服务业 | 1113 | 966 | 149 | 3 | | | 710 | 6 | 98 | | 147 |
| 73 | (十四)教育 | 57 | 57 | | | | | 45 | | 12 | | |
| 74 | (十五)卫生和社会工作 | 236 | 236 | | | | | | | 236 | | |
| 75 | (十六)文化、体育和娱乐业 | 36 | 36 | | | | | 21 | 4 | 11 | | |
| 76 | (十七)公共管理、社会保障和社会组织 | 521 | 521 | 1 | | | | | | 520 | | |
| 77 | (十八)其他行业 | 336 | 336 | 5 | 21 | | | 182 | 1 | 127 | | |

# 2016 年潮州市地方税务局企业所得税分行业分企业类型统计年报表

编报机关:潮州市地方税务局　　　　单位:万元

| 序号 | 项　目 | 合计 | 内资企业 | | | | | | | | 港澳台投资企业 | 外商投资企业 |
|---|---|---|---|---|---|---|---|---|---|---|---|---|
| | | | 小计 | 国有企业 | 集体企业 | 股份合作企业 | 联营企业 | 股份公司 | 私营企业 | 其他企业 | | |
| 1 | 合　计 | 66556 | 66442 | 1829 | 6058 | 1426 | 22 | 54920 | 1697 | 490 | 113 | 1 |
| 2 | (一)采矿业 | 1 | 1 | | | 1 | | | | | | |
| 3 | 1. 煤炭开采和洗选业 | | | | | | | | | | | |
| 4 | 2. 石油和天然气开采业 | | | | | | | | | | | |
| 5 | 3. 黑色金属矿采选业 | | | | | | | | | | | |
| 6 | 4. 有色金属矿采选业 | | | | | | | | | | | |
| 7 | 5. 非金属矿采选业 | 1 | 1 | | | 1 | | | | | | |
| 8 | 6. 其他采矿业 | | | | | | | | | | | |
| 9 | (二)制造业 | 28280 | 28172 | 8 | 16 | 1056 | | 26980 | 112 | | 108 | |
| 10 | 1. 农副食品加工业 | 20 | 20 | | 1 | 5 | | 14 | | | | |
| 11 | 2. 食品制造业 | 3770 | 3770 | 1 | | 122 | | 3647 | | | | |
| 12 | 3. 酒、饮料和精制茶制造业 | 30 | 30 | | | | | 30 | | | | |
| 13 | 4. 烟草制品业 | | | | | | | | | | | |
| 14 | 5. 纺织业 | 32 | 32 | | | 4 | | 28 | | | | |
| 15 | 6. 纺织服装、服饰业 | 227 | 221 | | 3 | 6 | | 212 | | | 6 | |
| 16 | 7. 皮革、毛皮、羽毛及其制品和制鞋业 | 631 | 631 | | | | | 617 | 14 | | | |
| 17 | 8. 木材加工和木竹藤棕草制品业 | | | | | | | | | | | |
| 18 | 9. 家具制造业 | 211 | 211 | | | | | 211 | | | | |
| 19 | 10. 造纸和纸制品业 | 367 | 367 | | | 72 | | 295 | | | | |

续表

| 序号 | 项　　目 | 合计 | 内资企业 | | | | | | | | 港澳台投资企业 | 外商投资企业 |
|---|---|---|---|---|---|---|---|---|---|---|---|---|
| | | | 小计 | 国有企业 | 集体企业 | 股份合作企业 | 联营企业 | 股份公司 | 私营企业 | 其他企业 | | |
| 20 | 11. 印刷和记录媒介复制业 | 2653 | 2653 | | | 733 | | 1918 | 2 | | | |
| 21 | 12. 文教、工美、体育和娱乐用品制造业 | 38 | 38 | | 1 | | | 25 | 12 | | | |
| 22 | 13. 石油加工、炼焦和核燃料加工业 | | | | | | | | | | | |
| 23 | 14. 化学原料和化学制品制造业 | 344 | 344 | | 1 | 5 | | 338 | | | | |
| 24 | 15. 医药制造业 | 48 | 48 | | | | | 48 | | | | |
| 25 | 16. 化学纤维制造业 | | | | | | | | | | | |
| 26 | 17. 橡胶和塑料制品业 | 399 | 399 | | | 8 | | 391 | | | | |
| 27 | 18. 非金属矿物制品业 | 3958 | 3880 | 6 | 9 | 48 | | 3816 | 1 | | 78 | |
| 28 | 19. 黑色金属冶炼和压延加工业 | | | | | | | | | | | |
| 29 | 20. 有色金属冶炼和压延加工业 | 669 | 669 | | | | | 669 | | | | |
| 30 | 21. 金属制品业 | 743 | 743 | | | 47 | | 613 | 83 | | | |
| 31 | 22. 通用设备制造业 | 2 | 2 | | | 1 | | 1 | | | | |
| 32 | 23. 专用设备制造业 | 87 | 87 | | | | | 87 | | | | |
| 33 | 24. 汽车制造业 | 22 | 22 | | | | | 22 | | | | |
| 34 | 25. 铁路、船舶、航空航天和其他运输设备制造业 | 1 | 1 | 1 | | | | | | | | |
| 35 | 26. 电气机械和器材制造业 | 480 | 480 | | | 5 | | 475 | | | | |
| 36 | 27. 计算机、通信和其他电子设备制造业 | 13511 | 13511 | | | | | 13511 | | | | |
| 37 | 28. 仪表仪器制造业 | 1 | 1 | | 1 | | | | | | | |
| 38 | 29. 其他制造业 | 36 | 12 | | | | | 12 | | | 24 | |

续表

| 序号 | 项　目 | 合计 | 内资企业 | | | | | | | 港澳台投资企业 | 外商投资企业 |
|---|---|---|---|---|---|---|---|---|---|---|---|
| | | | 小计 | 国有企业 | 集体企业 | 股份合作企业 | 联营企业 | 股份公司 | 私营企业 | 其他企业 | | |
| 39 | (三)电力、热力、燃气及水的生产和供应业 | 1779 | 1779 | 1633 | 80 | | | 66 | | | | |
| 40 | 1. 电力、热力生产和供应业 | 1191 | 1191 | 1090 | 71 | | | 30 | | | | |
| 41 | 2. 燃气生产和供应业 | 36 | 36 | | | | | 36 | | | | |
| 42 | 3. 水的生产和供应业 | 552 | 552 | 543 | 9 | | | | | | | |
| 43 | (四)建筑业 | 10842 | 10841 | 22 | 5761 | 1 | | 4158 | 843 | 56 | | 1 |
| 44 | 1. 房屋建筑业 | 8470 | 8469 | 19 | 5529 | | | 2091 | 823 | 7 | | 1 |
| 45 | 2. 土木工程建筑业 | 558 | 558 | 1 | 169 | | | 385 | 1 | 2 | | |
| 46 | 3. 建筑安装业 | 1375 | 1375 | 1 | 58 | 1 | | 1300 | 4 | 11 | | |
| 47 | 4. 建筑装饰和其他建筑业 | 439 | 439 | 1 | 5 | | | 382 | 15 | 36 | | |
| 48 | (五)批发和零售业 | 1357 | 1353 | 11 | 43 | 24 | 22 | 832 | 420 | 1 | 4 | |
| 49 | 1. 批发业 | 1030 | 1030 | 2 | 35 | 4 | 22 | 554 | 412 | 1 | | |
| 50 | 2. 零售业 | 327 | 323 | 9 | 8 | 20 | | 278 | 8 | | 4 | |
| 51 | (六)交通运输、仓储和邮政业 | 683 | 683 | | 94 | | | 589 | | | | |
| 52 | 1. 交通运输业 | 649 | 649 | | 94 | | | 555 | | | | |
| 53 | 2. 仓储业 | | | | | | | | | | | |
| 54 | 3. 邮政业 | 34 | 34 | | | | | 34 | | | | |
| 55 | (七)住宿和餐饮业 | 223 | 223 | 14 | 6 | | | 190 | 13 | | | |
| 56 | 1. 住宿业 | 125 | 125 | 7 | | | | 118 | | | | |
| 57 | 2. 餐饮业 | 98 | 98 | 7 | 6 | | | 72 | 13 | | | |

续表

| 序号 | 项目 | 合计 | 内资企业 | | | | | | | | 港澳台投资企业 | 外商投资企业 |
|---|---|---|---|---|---|---|---|---|---|---|---|---|
| | | | 小计 | 国有企业 | 集体企业 | 股份合作企业 | 联营企业 | 股份公司 | 私营企业 | 其他企业 | | |
| 58 | (八)信息传输、软件和信息技术服务业 | 18 | 18 | 1 | | | | 14 | | 3 | | |
| 59 | 1. 电信、广播电视和卫星传输服务业 | 2 | 2 | 1 | | | | | | 1 | | |
| 60 | 2. 互联网和相关服务 | 4 | 4 | | | | | 2 | | 2 | | |
| 61 | 3. 软件和信息技术服务业 | 12 | 12 | | | | | 12 | | | | |
| 62 | (九)金融业 | 999 | 999 | | | | | 999 | | | | |
| 63 | 1. 货币金融服务 | 452 | 452 | | | | | 452 | | | | |
| 64 | 2. 资本市场服务 | | | | | | | | | | | |
| 65 | 3. 保险业 | | | | | | | | | | | |
| 66 | 4. 其他金融业 | 547 | 547 | | | | | 547 | | | | |
| 67 | (十)房地产业 | 21102 | 21101 | 8 | 50 | 343 | | 20355 | 305 | 40 | 1 | |
| 68 | (十一)租赁和商务服务业 | 229 | 229 | 1 | 2 | | | 217 | 3 | 6 | | |
| 69 | 1. 租赁业 | 12 | 12 | | | | | 12 | | | | |
| 70 | 2. 商务服务业 | 217 | 217 | 1 | 2 | | | 205 | 3 | 6 | | |
| 71 | (十二)科学研究和技术服务业 | 331 | 331 | 73 | | 1 | | 144 | | 113 | | |
| 72 | (十三)居民服务、修理和其他服务业 | 358 | 358 | 1 | 2 | | | 322 | 1 | 32 | | |
| 73 | (十四)教育 | 249 | 249 | 57 | | | | 3 | | 189 | | |
| 74 | (十五)卫生和社会工作 | 12 | 12 | | | | | 2 | | 10 | | |
| 75 | (十六)文化、体育和娱乐业 | 37 | 37 | | | | | 18 | | 19 | | |
| 76 | (十七)公共管理、社会保障和社会组织 | 18 | 18 | | | | | | | 18 | | |
| 77 | (十八)其他行业 | 38 | 38 | | 4 | | | 31 | | 3 | | |

# 2016年揭阳市地方税务局企业所得税分行业分企业类型统计年报表

编报机关：揭阳市地方税务局　　　　单位：万元

| 序号 | 项　目 | 合计 | 内资企业 | | | | | | | | 港澳台投资企业 | 外商投资企业 |
|---|---|---|---|---|---|---|---|---|---|---|---|---|
| | | | 小计 | 国有企业 | 集体企业 | 股份合作企业 | 联营企业 | 股份公司 | 私营企业 | 其他企业 | | |
| 1 | 合　计 | 106378 | 106186 | 4712 | 7359 | | 15 | 91036 | 2689 | 375 | 7 | 185 |
| 2 | (一)采矿业 | | | | | | | | | | | |
| 3 | 1. 煤炭开采和洗选业 | | | | | | | | | | | |
| 4 | 2. 石油和天然气开采业 | | | | | | | | | | | |
| 5 | 3. 黑色金属矿采选业 | | | | | | | | | | | |
| 6 | 4. 有色金属矿采选业 | | | | | | | | | | | |
| 7 | 5. 非金属矿采选业 | | | | | | | | | | | |
| 8 | 6. 其他采矿业 | | | | | | | | | | | |
| 9 | (二)制造业 | 60520 | 60520 | 5 | 58 | | | 59243 | 1214 | | | |
| 10 | 1. 农副食品加工业 | 291 | 291 | 4 | 1 | | | 227 | 59 | | | |
| 11 | 2. 食品制造业 | 1280 | 1280 | | 3 | | | 1219 | 58 | | | |
| 12 | 3. 酒、饮料和精制茶制造业 | | | | | | | | | | | |
| 13 | 4. 烟草制品业 | | | | | | | | | | | |
| 14 | 5. 纺织业 | 369 | 369 | | 15 | | | 218 | 136 | | | |
| 15 | 6. 纺织服装、服饰业 | 1058 | 1058 | | 1 | | | 825 | 232 | | | |
| 16 | 7. 皮革、毛皮、羽毛及其制品和制鞋业 | 66 | 66 | | 8 | | | 58 | | | | |
| 17 | 8. 木材加工和木竹藤棕草制品业 | 34 | 34 | | 1 | | | 2 | 31 | | | |
| 18 | 9. 家具制造业 | 9 | 9 | | | | | 1 | 8 | | | |
| 19 | 10. 造纸和纸制品业 | 103 | 103 | | | | | 100 | 3 | | | |

续表

| 序号 | 项目 | 合计 | 内资企业 | | | | | | | 港澳台投资企业 | 外商投资企业 |
|---|---|---|---|---|---|---|---|---|---|---|---|
| | | | 小计 | 国有企业 | 集体企业 | 股份合作企业 | 联营企业 | 股份公司 | 私营企业 | 其他企业 | | |
| 20 | 11. 印刷和记录媒介复制业 | 376 | 376 | | 3 | | | 280 | 93 | | | |
| 21 | 12. 文教、工美、体育和娱乐用品制造业 | 230 | 230 | | 16 | | | 33 | 181 | | | |
| 22 | 13. 石油加工、炼焦和核燃料加工业 | | | | | | | | | | | |
| 23 | 14. 化学原料和化学制品制造业 | 411 | 411 | 1 | | | | 386 | 24 | | | |
| 24 | 15. 医药制造业 | 53542 | 53542 | | | | | 53542 | | | | |
| 25 | 16. 化学纤维制造业 | | | | | | | | | | | |
| 26 | 17. 橡胶和塑料制品业 | 495 | 495 | | | | | 401 | 94 | | | |
| 27 | 18. 非金属矿物制品业 | 281 | 281 | | 1 | | | 280 | | | | |
| 28 | 19. 黑色金属冶炼和压延加工业 | 275 | 275 | | | | | 275 | | | | |
| 29 | 20. 有色金属冶炼和压延加工业 | 216 | 216 | | | | | 136 | 80 | | | |
| 30 | 21. 金属制品业 | 312 | 312 | | 1 | | | 185 | 126 | | | |
| 31 | 22. 通用设备制造业 | 7 | 7 | | | | | 7 | | | | |
| 32 | 23. 专用设备制造业 | 684 | 684 | | 2 | | | 665 | 17 | | | |
| 33 | 24. 汽车制造业 | 12 | 12 | | | | | 12 | | | | |
| 34 | 25. 铁路、船舶、航空航天和其他运输设备制造业 | 4 | 4 | | | | | 2 | 2 | | | |
| 35 | 26. 电气机械和器材制造业 | 377 | 377 | | 6 | | | 329 | 42 | | | |
| 36 | 27. 计算机、通信和其他电子设备制造业 | 30 | 30 | | | | | 2 | 28 | | | |
| 37 | 28. 仪表仪器制造业 | 48 | 48 | | | | | 48 | | | | |
| 38 | 29. 其他制造业 | 10 | 10 | | | | | 10 | | | | |

续表

| 序号 | 项　目 | 合计 | 内资企业 | | | | | | | 港澳台投资企业 | 外商投资企业 |
|---|---|---|---|---|---|---|---|---|---|---|---|
| | | | 小计 | 国有企业 | 集体企业 | 股份合作企业 | 联营企业 | 股份公司 | 私营企业 | 其他企业 | | |
| 39 | (三)电力、热力、燃气及水的生产和供应业 | 3330 | 3330 | 2821 | 86 | | | 407 | 2 | 14 | | |
| 40 | 1. 电力、热力生产和供应业 | 2776 | 2776 | 2667 | 17 | | | 77 | 1 | 14 | | |
| 41 | 2. 燃气生产和供应业 | 10 | 10 | | | | | 9 | 1 | | | |
| 42 | 3. 水的生产和供应业 | 544 | 544 | 154 | 69 | | | 321 | | | | |
| 43 | (四)建筑业 | 17113 | 17113 | 1660 | 6594 | | 15 | 8409 | 409 | 26 | | |
| 44 | 1. 房屋建筑业 | 3556 | 3556 | 1237 | 1295 | | | 998 | 22 | 4 | | |
| 45 | 2. 土木工程建筑业 | 788 | 788 | 106 | 20 | | | 612 | 49 | 1 | | |
| 46 | 3. 建筑安装业 | 10383 | 10383 | 217 | 5023 | | 1 | 5024 | 106 | 12 | | |
| 47 | 4. 建筑装饰和其他建筑业 | 2386 | 2386 | 100 | 256 | | 14 | 1775 | 232 | 9 | | |
| 48 | (五)批发和零售业 | 4082 | 3972 | 186 | 138 | | | 3542 | 106 | | 7 | 103 |
| 49 | 1. 批发业 | 2941 | 2934 | 179 | 4 | | | 2682 | 69 | | 7 | |
| 50 | 2. 零售业 | 1141 | 1038 | 7 | 134 | | | 860 | 37 | | | 103 |
| 51 | (六)交通运输、仓储和邮政业 | 673 | 673 | 30 | 89 | | | 524 | 28 | 2 | | |
| 52 | 1. 交通运输业 | 658 | 658 | 30 | 89 | | | 509 | 28 | 2 | | |
| 53 | 2. 仓储业 | 7 | 7 | | | | | 7 | | | | |
| 54 | 3. 邮政业 | 8 | 8 | | | | | 8 | | | | |
| 55 | (七)住宿和餐饮业 | 503 | 503 | 1 | 4 | | | 461 | 37 | | | |
| 56 | 1. 住宿业 | 272 | 272 | | 4 | | | 235 | 33 | | | |
| 57 | 2. 餐饮业 | 231 | 231 | 1 | | | | 226 | 4 | | | |

续表

| 序号 | 项目 | 合计 | 内资企业 | | | | | | | 港澳台投资企业 | 外商投资企业 |
|---|---|---|---|---|---|---|---|---|---|---|---|
| | | | 小计 | 国有企业 | 集体企业 | 股份合作企业 | 联营企业 | 股份公司 | 私营企业 | 其他企业 | | |
| 58 | (八)信息传输、软件和信息技术服务业 | 127 | 127 | | | | | 101 | 26 | | | |
| 59 | 1. 电信、广播电视和卫星传输服务业 | | | | | | | | | | | |
| 60 | 2. 互联网和相关服务 | 40 | 40 | | | | | 15 | 25 | | | |
| 61 | 3. 软件和信息技术服务业 | 87 | 87 | | | | | 86 | 1 | | | |
| 62 | (九)金融业 | 633 | 633 | | | | | 632 | 1 | | | |
| 63 | 1. 货币金融服务 | 134 | 134 | | | | | 134 | | | | |
| 64 | 2. 资本市场服务 | 2 | 2 | | | | | 1 | 1 | | | |
| 65 | 3. 保险业 | | | | | | | | | | | |
| 66 | 4. 其他金融业 | 497 | 497 | | | | | 497 | | | | |
| 67 | (十)房地产业 | 14694 | 14694 | 1 | 128 | | | 13735 | 789 | 41 | | |
| 68 | (十一)租赁和商务服务业 | 2372 | 2372 | 5 | 122 | | | 2172 | 39 | 34 | | |
| 69 | 1. 租赁业 | 15 | 15 | | | | | 15 | | | | |
| 70 | 2. 商务服务业 | 2357 | 2357 | 5 | 122 | | | 2157 | 39 | 34 | | |
| 71 | (十二)科学研究和技术服务业 | 237 | 237 | | 54 | | | 122 | 11 | 50 | | |
| 72 | (十三)居民服务、修理和其他服务业 | 1468 | 1386 | 3 | 49 | | | 1289 | 11 | 34 | | 82 |
| 73 | (十四)教育 | 76 | 76 | | 7 | | | 46 | 5 | 18 | | |
| 74 | (十五)卫生和社会工作 | 259 | 259 | | | | | 257 | | 2 | | |
| 75 | (十六)文化、体育和娱乐业 | 77 | 77 | | | | | 58 | 11 | 8 | | |
| 76 | (十七)公共管理、社会保障和社会组织 | 175 | 175 | | 30 | | | 2 | | 143 | | |
| 77 | (十八)其他行业 | 39 | 39 | | | | | 36 | | 3 | | |

# 2016年云浮市地方税务局企业所得税分行业分企业类型统计年报表

编报机关:云浮市地方税务局　　单位:万元

| 序号 | 项目 | 合计 | 内资企业 | | | | | | | 港澳台投资企业 | 外商投资企业 |
|---|---|---|---|---|---|---|---|---|---|---|---|
| | | | 小计 | 国有企业 | 集体企业 | 股份合作企业 | 联营企业 | 股份公司 | 私营企业 | 其他企业 | | |
| 1 | 合　计 | 44472 | 44352 | -389 | 2897 | 87 | 29 | 37429 | 3037 | 1262 | 83 | 37 |
| 2 | (一)采矿业 | 1208 | 1208 | | 8 | | | 1200 | | | | |
| 3 | 1. 煤炭开采和洗选业 | | | | | | | | | | | |
| 4 | 2. 石油和天然气开采业 | | | | | | | | | | | |
| 5 | 3. 黑色金属矿采选业 | 1 | 1 | | | | | 1 | | | | |
| 6 | 4. 有色金属矿采选业 | | | | | | | | | | | |
| 7 | 5. 非金属矿采选业 | 1207 | 1207 | | 8 | | | 1199 | | | | |
| 8 | 6. 其他采矿业 | | | | | | | | | | | |
| 9 | (二)制造业 | 1918 | 1918 | | 7 | | | 1695 | 216 | | | |
| 10 | 1. 农副食品加工业 | 18 | 18 | | | | | 18 | | | | |
| 11 | 2. 食品制造业 | 30 | 30 | | | | | 30 | | | | |
| 12 | 3. 酒、饮料和精制茶制造业 | | | | | | | | | | | |
| 13 | 4. 烟草制品业 | | | | | | | | | | | |
| 14 | 5. 纺织业 | | | | | | | | | | | |
| 15 | 6. 纺织服装、服饰业 | 4 | 4 | | | | | 4 | | | | |
| 16 | 7. 皮革、毛皮、羽毛及其制品和制鞋业 | | | | | | | | | | | |
| 17 | 8. 木材加工和木竹藤棕草制品业 | | | | | | | | | | | |
| 18 | 9. 家具制造业 | | | | | | | | | | | |
| 19 | 10. 造纸和纸制品业 | 710 | 710 | | | | | 704 | 6 | | | |

续表

| 序号 | 项目 | 合计 | 内资企业 | | | | | | | | 港澳台投资企业 | 外商投资企业 |
|---|---|---|---|---|---|---|---|---|---|---|---|---|
| | | | 小计 | 国有企业 | 集体企业 | 股份合作企业 | 联营企业 | 股份公司 | 私营企业 | 其他企业 | | |
| 20 | 11. 印刷和记录媒介复制业 | 11 | 11 | | 2 | | | 9 | | | | |
| 21 | 12. 文教、工美、体育和娱乐用品制造业 | | | | | | | | | | | |
| 22 | 13. 石油加工、炼焦和核燃料加工业 | | | | | | | | | | | |
| 23 | 14. 化学原料和化学制品制造业 | 469 | 469 | | | | | 328 | 141 | | | |
| 24 | 15. 医药制造业 | 19 | 19 | | | | | 19 | | | | |
| 25 | 16. 化学纤维制造业 | | | | | | | | | | | |
| 26 | 17. 橡胶和塑料制品业 | 12 | 12 | | 1 | | | 11 | | | | |
| 27 | 18. 非金属矿物制品业 | 95 | 95 | | | | | 95 | | | | |
| 28 | 19. 黑色金属冶炼和压延加工业 | 3 | 3 | | 3 | | | | | | | |
| 29 | 20. 有色金属冶炼和压延加工业 | 56 | 56 | | | | | 1 | 55 | | | |
| 30 | 21. 金属制品业 | 12 | 12 | | | | | 12 | | | | |
| 31 | 22. 通用设备制造业 | 42 | 42 | | | | | 42 | | | | |
| 32 | 23. 专用设备制造业 | | | | | | | | | | | |
| 33 | 24. 汽车制造业 | | | | | | | | | | | |
| 34 | 25. 铁路、船舶、航空航天和其他运输设备制造业 | 2 | 2 | | 1 | | | 1 | | | | |
| 35 | 26. 电气机械和器材制造业 | 13 | 13 | | | | | | 13 | | | |
| 36 | 27. 计算机、通信和其他电子设备制造业 | | | | | | | | | | | |
| 37 | 28. 仪表仪器制造业 | | | | | | | | | | | |
| 38 | 29. 其他制造业 | 422 | 422 | | | | | 421 | 1 | | | |

续表

| 序号 | 项目 | 合计 | 内资企业 | | | | | | | | 港澳台投资企业 | 外商投资企业 |
|---|---|---|---|---|---|---|---|---|---|---|---|---|
| | | | 小计 | 国有企业 | 集体企业 | 股份合作企业 | 联营企业 | 股份公司 | 私营企业 | 其他企业 | | |
| 39 | (三)电力、热力、燃气及水的生产和供应业 | 1969 | 1969 | -920 | 119 | 87 | | 2678 | 5 | | | |
| 40 | 1. 电力、热力生产和供应业 | 1648 | 1648 | -935 | 24 | 87 | | 2470 | 2 | | | |
| 41 | 2. 燃气生产和供应业 | 304 | 304 | | 94 | | | 206 | 4 | | | |
| 42 | 3. 水的生产和供应业 | 17 | 17 | 15 | 1 | | | 2 | -1 | | | |
| 43 | (四)建筑业 | 11976 | 11974 | 245 | 1939 | | 29 | 7463 | 2166 | 132 | | 2 |
| 44 | 1. 房屋建筑业 | 5110 | 5110 | 2 | 854 | | | 3876 | 378 | | | |
| 45 | 2. 土木工程建筑业 | 718 | 718 | 163 | 6 | | | 524 | 22 | 3 | | |
| 46 | 3. 建筑安装业 | 4654 | 4652 | 13 | 1054 | | 1 | 2146 | 1421 | 17 | | 2 |
| 47 | 4. 建筑装饰和其他建筑业 | 1494 | 1494 | 67 | 25 | | 28 | 917 | 345 | 112 | | |
| 48 | (五)批发和零售业 | 5688 | 5633 | 185 | 509 | | | 4907 | 32 | | 55 | |
| 49 | 1. 批发业 | 5431 | 5376 | 177 | 498 | | | 4685 | 16 | | 55 | |
| 50 | 2. 零售业 | 257 | 257 | 8 | 11 | | | 222 | 16 | | | |
| 51 | (六)交通运输、仓储和邮政业 | 1644 | 1644 | 6 | 5 | | | 1569 | 60 | 4 | | |
| 52 | 1. 交通运输业 | 1636 | 1636 | | 5 | | | 1568 | 60 | 3 | | |
| 53 | 2. 仓储业 | 7 | 7 | 6 | | | | | | 1 | | |
| 54 | 3. 邮政业 | 1 | 1 | | | | | 1 | | | | |
| 55 | (七)住宿和餐饮业 | 212 | 212 | 2 | | | | 159 | 4 | 47 | | |
| 56 | 1. 住宿业 | 73 | 73 | 2 | | | | 21 | 3 | 47 | | |
| 57 | 2. 餐饮业 | 139 | 139 | | | | | 138 | 1 | | | |

续表

| 序号 | 项目 | 合计 | 内资企业 | | | | | | | | 港澳台投资企业 | 外商投资企业 |
|---|---|---|---|---|---|---|---|---|---|---|---|---|
| | | | 小计 | 国有企业 | 集体企业 | 股份合作企业 | 联营企业 | 股份公司 | 私营企业 | 其他企业 | | |
| 58 | (八)信息传输、软件和信息技术服务业 | 49 | 49 | | | | | 49 | | | | |
| 59 | 1. 电信、广播电视和卫星传输服务业 | 34 | 34 | | | | | 34 | | | | |
| 60 | 2. 互联网和相关服务 | 4 | 4 | | | | | 4 | | | | |
| 61 | 3. 软件和信息技术服务业 | 11 | 11 | | | | | 11 | | | | |
| 62 | (九)金融业 | 831 | 803 | | | | | 812 | | -9 | 28 | |
| 63 | 1. 货币金融服务 | | | | | | | | | | | |
| 64 | 2. 资本市场服务 | 507 | 507 | | | | | 507 | | | | |
| 65 | 3. 保险业 | | | | | | | | | | | |
| 66 | 4. 其他金融业 | 324 | 296 | | | | | 305 | | -9 | 28 | |
| 67 | (十)房地产业 | 14023 | 13988 | 9 | 42 | | | 13661 | 237 | 39 | | 35 |
| 68 | (十一)租赁和商务服务业 | 2272 | 2272 | | 31 | | | 1950 | 289 | 2 | | |
| 69 | 1. 租赁业 | 1 | 1 | | | | | 1 | | | | |
| 70 | 2. 商务服务业 | 2271 | 2271 | | 31 | | | 1949 | 289 | 2 | | |
| 71 | (十二)科学研究和技术服务业 | 555 | 555 | 11 | 238 | | | 144 | 6 | 156 | | |
| 72 | (十三)居民服务、修理和其他服务业 | 1149 | 1149 | 2 | | | | 1036 | 17 | 94 | | |
| 73 | (十四)教育 | 202 | 202 | 1 | 10 | | | 8 | 2 | 181 | | |
| 74 | (十五)卫生和社会工作 | 54 | 54 | | | | | 8 | | 46 | | |
| 75 | (十六)文化、体育和娱乐业 | 48 | 48 | 1 | | | | 3 | 1 | 43 | | |
| 76 | (十七)公共管理、社会保障和社会组织 | 522 | 522 | | | | | | | 522 | | |
| 77 | (十八)其他行业 | 152 | 152 | 69 | -11 | | | 87 | 2 | 5 | | |

# 2016 年横琴新区地方税务局企业所得税分行业分企业类型统计年报表

编报机关:横琴新区地方税务局　　单位:万元

| 序号 | 项目 | 合计 | 内资企业 | | | | | | | 港澳台投资企业 | 外商投资企业 |
|---|---|---|---|---|---|---|---|---|---|---|---|
| | | | 小计 | 国有企业 | 集体企业 | 股份合作企业 | 联营企业 | 股份公司 | 私营企业 | 其他企业 | | |
| 1 | 合　计 | 187727 | 185718 | 197 | 2 | | 4 | 144293 | 41218 | 4 | 1720 | 289 |
| 2 | (一)采矿业 | | | | | | | | | | | |
| 3 | 1. 煤炭开采和洗选业 | | | | | | | | | | | |
| 4 | 2. 石油和天然气开采业 | | | | | | | | | | | |
| 5 | 3. 黑色金属矿采选业 | | | | | | | | | | | |
| 6 | 4. 有色金属矿采选业 | | | | | | | | | | | |
| 7 | 5. 非金属矿采选业 | | | | | | | | | | | |
| 8 | 6. 其他采矿业 | | | | | | | | | | | |
| 9 | (二)制造业 | 4 | 2 | | | | | | 2 | | | 2 |
| 10 | 1. 农副食品加工业 | | | | | | | | | | | |
| 11 | 2. 食品制造业 | | | | | | | | | | | |
| 12 | 3. 酒、饮料和精制茶制造业 | | | | | | | | | | | |
| 13 | 4. 烟草制品业 | | | | | | | | | | | |
| 14 | 5. 纺织业 | | | | | | | | | | | |
| 15 | 6. 纺织服装、服饰业 | | | | | | | | | | | |
| 16 | 7. 皮革、毛皮、羽毛及其制品和制鞋业 | | | | | | | | | | | |
| 17 | 8. 木材加工和木竹藤棕草制品业 | | | | | | | | | | | |
| 18 | 9. 家具制造业 | | | | | | | | | | | |
| 19 | 10. 造纸和纸制品业 | | | | | | | | | | | |

续表

| 序号 | 项目 | 合计 | 内资企业 | | | | | | | | 港澳台投资企业 | 外商投资企业 |
|---|---|---|---|---|---|---|---|---|---|---|---|---|
| | | | 小计 | 国有企业 | 集体企业 | 股份合作企业 | 联营企业 | 股份公司 | 私营企业 | 其他企业 | | |
| 20 | 11. 印刷和记录媒介复制业 | | | | | | | | | | | |
| 21 | 12. 文教、工美、体育和娱乐用品制造业 | | | | | | | | | | | |
| 22 | 13. 石油加工、炼焦和核燃料加工业 | | | | | | | | | | | |
| 23 | 14. 化学原料和化学制品制造业 | | | | | | | | | | | |
| 24 | 15. 医药制造业 | | | | | | | | | | | |
| 25 | 16. 化学纤维制造业 | | | | | | | | | | | |
| 26 | 17. 橡胶和塑料制品业 | | | | | | | | | | | |
| 27 | 18. 非金属矿物制品业 | | | | | | | | | | | |
| 28 | 19. 黑色金属冶炼和压延加工业 | | | | | | | | | | | |
| 29 | 20. 有色金属冶炼和压延加工业 | | | | | | | | | | | |
| 30 | 21. 金属制品业 | 4 | 2 | | | | | | 2 | | | 2 |
| 31 | 22. 通用设备制造业 | | | | | | | | | | | |
| 32 | 23. 专用设备制造业 | | | | | | | | | | | |
| 33 | 24. 汽车制造业 | | | | | | | | | | | |
| 34 | 25. 铁路、船舶、航空航天和其他运输设备制造业 | | | | | | | | | | | |
| 35 | 26. 电气机械和器材制造业 | | | | | | | | | | | |
| 36 | 27. 计算机、通信和其他电子设备制造业 | | | | | | | | | | | |
| 37 | 28. 仪表仪器制造业 | | | | | | | | | | | |
| 38 | 29. 其他制造业 | | | | | | | | | | | |

续表

| 序号 | 项　　目 | 合计 | 内资企业 | | | | | | | 港澳台投资企业 | 外商投资企业 |
|---|---|---|---|---|---|---|---|---|---|---|---|
| | | | 小计 | 国有企业 | 集体企业 | 股份合作企业 | 联营企业 | 股份公司 | 私营企业 | 其他企业 | | |
| 39 | (三)电力、热力、燃气及水的生产和供应业 | | | | | | | | | | | |
| 40 | 1. 电力、热力生产和供应业 | | | | | | | | | | | |
| 41 | 2. 燃气生产和供应业 | | | | | | | | | | | |
| 42 | 3. 水的生产和供应业 | | | | | | | | | | | |
| 43 | (四)建筑业 | 14067 | 13949 | 195 | 2 | | 4 | 10430 | 3318 | | 83 | 35 |
| 44 | 1. 房屋建筑业 | 109 | 86 | 14 | | | 3 | 58 | 11 | | | 23 |
| 45 | 2. 土木工程建筑业 | 279 | 279 | 47 | | | | 92 | 140 | | | |
| 46 | 3. 建筑安装业 | 2187 | 2101 | 69 | | | | 1072 | 960 | | 81 | 5 |
| 47 | 4. 建筑装饰和其他建筑业 | 11492 | 11483 | 65 | 2 | | 1 | 9208 | 2207 | | 2 | 7 |
| 48 | (五)批发和零售业 | 2189 | 2189 | 2 | | | | 2095 | 92 | | | |
| 49 | 1. 批发业 | 1737 | 1737 | 2 | | | | 1648 | 87 | | | |
| 50 | 2. 零售业 | 452 | 452 | | | | | 447 | 5 | | | |
| 51 | (六)交通运输、仓储和邮政业 | 14 | 14 | | | | | 13 | 1 | | | |
| 52 | 1. 交通运输业 | 14 | 14 | | | | | 13 | 1 | | | |
| 53 | 2. 仓储业 | | | | | | | | | | | |
| 54 | 3. 邮政业 | | | | | | | | | | | |
| 55 | (七)住宿和餐饮业 | 1 | 1 | | | | | | 1 | | | |
| 56 | 1. 住宿业 | | | | | | | | | | | |
| 57 | 2. 餐饮业 | 1 | 1 | | | | | | 1 | | | |

续表

| 序号 | 项　目 | 合计 | 内资企业 | | | | | | | | 港澳台投资企业 | 外商投资企业 |
|---|---|---|---|---|---|---|---|---|---|---|---|---|
| | | | 小计 | 国有企业 | 集体企业 | 股份合作企业 | 联营企业 | 股份公司 | 私营企业 | 其他企业 | | |
| 58 | (八)信息传输、软件和信息技术服务业 | 72 | 72 | | | | | 1 | 71 | | | |
| 59 | 1. 电信、广播电视和卫星传输服务业 | | | | | | | | | | | |
| 60 | 2. 互联网和相关服务 | | | | | | | | | | | |
| 61 | 3. 软件和信息技术服务业 | 72 | 72 | | | | | 1 | 71 | | | |
| 62 | (九)金融业 | 51692 | 51048 | | | | | 48608 | 2440 | | 403 | 241 |
| 63 | 1. 货币金融服务 | | | | | | | | | | | |
| 64 | 2. 资本市场服务 | 33908 | 33908 | | | | | 31813 | 2095 | | | |
| 65 | 3. 保险业 | | | | | | | | | | | |
| 66 | 4. 其他金融业 | 17784 | 17140 | | | | | 16795 | 345 | | 403 | 241 |
| 67 | (十)房地产业 | 28384 | 28384 | | | | | 7711 | 20671 | 2 | | |
| 68 | (十一)租赁和商务服务业 | 90348 | 89152 | | | | | 74538 | 14614 | | 1186 | 10 |
| 69 | 1. 租赁业 | | | | | | | | | | | |
| 70 | 2. 商务服务业 | 90348 | 89152 | | | | | 74538 | 14614 | | 1186 | 10 |
| 71 | (十二)科学研究和技术服务业 | 2 | 2 | | | | | 2 | | | | |
| 72 | (十三)居民服务、修理和其他服务业 | 111 | 111 | | | | | 110 | 1 | | | |
| 73 | (十四)教育 | 2 | 2 | | | | | | | 2 | | |
| 74 | (十五)卫生和社会工作 | | | | | | | | | | | |
| 75 | (十六)文化、体育和娱乐业 | 541 | 492 | | | | | 485 | 7 | | 48 | 1 |
| 76 | (十七)公共管理、社会保障和社会组织 | | | | | | | | | | | |
| 77 | (十八)其他行业 | 300 | 300 | | | | | 300 | | | | |

# 2016年顺德区地方税务局企业所得税分行业分企业类型统计年报表

编报机关:顺德区地方税务局　　　　单位:万元

| 序号 | 项目 | 合计 | 内资企业 | | | | | | | | 港澳台投资企业 | 外商投资企业 |
|---|---|---|---|---|---|---|---|---|---|---|---|---|
| | | | 小计 | 国有企业 | 集体企业 | 股份合作企业 | 联营企业 | 股份公司 | 私营企业 | 其他企业 | | |
| 1 | 合　计 | 255961 | 211843 | 60 | 1827 | | 6 | 172978 | 31306 | 5666 | 11184 | 32934 |
| 2 | (一)采矿业 | | | | | | | | | | | |
| 3 | 1. 煤炭开采和洗选业 | | | | | | | | | | | |
| 4 | 2. 石油和天然气开采业 | | | | | | | | | | | |
| 5 | 3. 黑色金属矿采选业 | | | | | | | | | | | |
| 6 | 4. 有色金属矿采选业 | | | | | | | | | | | |
| 7 | 5. 非金属矿采选业 | | | | | | | | | | | |
| 8 | 6. 其他采矿业 | | | | | | | | | | | |
| 9 | (二)制造业 | 47906 | 47692 | | 74 | | | 32201 | 15417 | | 192 | 22 |
| 10 | 1. 农副食品加工业 | 1354 | 1354 | | | | | 1146 | 208 | | | |
| 11 | 2. 食品制造业 | 2514 | 2514 | | | | | 22 | 2492 | | | |
| 12 | 3. 酒、饮料和精制茶制造业 | 13 | 13 | | | | | 12 | 1 | | | |
| 13 | 4. 烟草制品业 | | | | | | | | | | | |
| 14 | 5. 纺织业 | 218 | 218 | | | | | 92 | 126 | | | |
| 15 | 6. 纺织服装、服饰业 | 603 | 594 | | 1 | | | 217 | 376 | | | 9 |
| 16 | 7. 皮革、毛皮、羽毛及其制品和制鞋业 | 95 | 95 | | | | | 86 | 9 | | | |
| 17 | 8. 木材加工和木竹藤棕草制品业 | 11 | 3 | | | | | 2 | 1 | | 8 | |
| 18 | 9. 家具制造业 | 1033 | 1033 | | | | | 462 | 571 | | | |
| 19 | 10. 造纸和纸制品业 | 347 | 347 | | | | | 263 | 84 | | | |

续表

| 序号 | 项目 | 合计 | 内资企业 | | | | | | | | 港澳台投资企业 | 外商投资企业 |
|---|---|---|---|---|---|---|---|---|---|---|---|---|
| | | | 小计 | 国有企业 | 集体企业 | 股份合作企业 | 联营企业 | 股份公司 | 私营企业 | 其他企业 | | |
| 20 | 11. 印刷和记录媒介复制业 | 1439 | 1439 | | | | | 1135 | 304 | | | |
| 21 | 12. 文教、工美、体育和娱乐用品制造业 | 45 | 45 | | | | | 43 | 2 | | | |
| 22 | 13. 石油加工、炼焦和核燃料加工业 | 80 | 80 | | | | | 8 | 72 | | | |
| 23 | 14. 化学原料和化学制品制造业 | 4609 | 4606 | | | | | 4121 | 485 | | 3 | |
| 24 | 15. 医药制造业 | 63 | 63 | | | | | 62 | 1 | | | |
| 25 | 16. 化学纤维制造业 | | | | | | | | | | | |
| 26 | 17. 橡胶和塑料制品业 | 1854 | 1850 | | | | | 1044 | 806 | | | 4 |
| 27 | 18. 非金属矿物制品业 | 4765 | 4765 | | | | | 694 | 4071 | | | |
| 28 | 19. 黑色金属冶炼和压延加工业 | 94 | 94 | | | | | 87 | 7 | | | |
| 29 | 20. 有色金属冶炼和压延加工业 | 212 | 212 | | 29 | | | 65 | 118 | | | |
| 30 | 21. 金属制品业 | 1609 | 1609 | | | | | 861 | 748 | | | |
| 31 | 22. 通用设备制造业 | 2232 | 2232 | | 3 | | | 525 | 1704 | | | |
| 32 | 23. 专用设备制造业 | 6922 | 6922 | | | | | 6665 | 257 | | | |
| 33 | 24. 汽车制造业 | 151 | 7 | | | | | 1 | 6 | | 144 | |
| 34 | 25. 铁路、船舶、航空航天和其他运输设备制造业 | 83 | 83 | | | | | 45 | 38 | | | |
| 35 | 26. 电气机械和器材制造业 | 16044 | 16037 | | 1 | | | 13991 | 2045 | | | 7 |
| 36 | 27. 计算机、通信和其他电子设备制造业 | 1256 | 1252 | | 3 | | | 537 | 712 | | 3 | 1 |
| 37 | 28. 仪表仪器制造业 | 107 | 107 | | | | | 12 | 95 | | | |
| 38 | 29. 其他制造业 | 153 | 118 | | 37 | | | 3 | 78 | | 34 | 1 |

续表

| 序号 | 项　　目 | 合计 | 内　资　企　业 | | | | | | | | 港澳台投资企业 | 外商投资企业 |
|---|---|---|---|---|---|---|---|---|---|---|---|---|
| | | | 小计 | 国有企业 | 集体企业 | 股份合作企业 | 联营企业 | 股份公司 | 私营企业 | 其他企业 | | |
| 39 | (三)电力、热力、燃气及水的生产和供应业 | 3483 | 3483 | | | | | 3472 | 11 | | | |
| 40 | 1. 电力、热力生产和供应业 | | | | | | | | | | | |
| 41 | 2. 燃气生产和供应业 | | | | | | | | | | | |
| 42 | 3. 水的生产和供应业 | 3483 | 3483 | | | | | 3472 | 11 | | | |
| 43 | (四)建筑业 | 30767 | 10839 | 3 | | | | 7038 | 3789 | 9 | 1 | 19927 |
| 44 | 1. 房屋建筑业 | 2870 | 2870 | | | | | 1748 | 1122 | | | |
| 45 | 2. 土木工程建筑业 | 2254 | 2254 | | | | | 1921 | 333 | | | |
| 46 | 3. 建筑安装业 | 22933 | 3007 | 2 | | | | 2061 | 938 | 6 | | 19926 |
| 47 | 4. 建筑装饰和其他建筑业 | 2710 | 2708 | 1 | | | | 1308 | 1396 | 3 | 1 | 1 |
| 48 | (五)批发和零售业 | 9486 | 9478 | 7 | 339 | | | 6926 | 2206 | | 1 | 7 |
| 49 | 1. 批发业 | 3294 | 3287 | 7 | 233 | | | 2013 | 1034 | | 1 | 6 |
| 50 | 2. 零售业 | 6192 | 6191 | | 106 | | | 4913 | 1172 | | | 1 |
| 51 | (六)交通运输、仓储和邮政业 | 2832 | 2832 | | 14 | | | 2585 | 233 | | | |
| 52 | 1. 交通运输业 | 2771 | 2771 | | 13 | | | 2533 | 225 | | | |
| 53 | 2. 仓储业 | 18 | 18 | | 1 | | | 12 | 5 | | | |
| 54 | 3. 邮政业 | 43 | 43 | | | | | 40 | 3 | | | |
| 55 | (七)住宿和餐饮业 | 836 | 783 | | 9 | | | 352 | 420 | 2 | 50 | 3 |
| 56 | 1. 住宿业 | 118 | 118 | | 1 | | | 22 | 95 | | | |
| 57 | 2. 餐饮业 | 718 | 665 | | 8 | | | 330 | 325 | 2 | 50 | 3 |

续表

| 序号 | 项目 | 合计 | 内资企业 | | | | | | | | 港澳台投资企业 | 外商投资企业 |
|---|---|---|---|---|---|---|---|---|---|---|---|---|
| | | | 小计 | 国有企业 | 集体企业 | 股份合作企业 | 联营企业 | 股份公司 | 私营企业 | 其他企业 | | |
| 58 | (八)信息传输、软件和信息技术服务业 | 320 | 319 | | 12 | | | 207 | 100 | | | 1 |
| 59 | 1. 电信、广播电视和卫星传输服务业 | 6 | 6 | | 5 | | | | 1 | | | |
| 60 | 2. 互联网和相关服务 | 4 | 4 | | | | | 1 | 3 | | | |
| 61 | 3. 软件和信息技术服务业 | 310 | 309 | | 7 | | | 206 | 96 | | | 1 |
| 62 | (九)金融业 | 37166 | 16815 | | | | | 16696 | 119 | | 8975 | 11376 |
| 63 | 1. 货币金融服务 | 15917 | 15917 | | | | | 15851 | 66 | | | |
| 64 | 2. 资本市场服务 | 4007 | 74 | | | | | 39 | 35 | | | 3933 |
| 65 | 3. 保险业 | 6 | 6 | | | | | | 6 | | | |
| 66 | 4. 其他金融业 | 17236 | 818 | | | | | 806 | 12 | | 8975 | 7443 |
| 67 | (十)房地产业 | 87793 | 86239 | | 661 | | | 81962 | 3513 | 103 | | 1554 |
| 68 | (十一)租赁和商务服务业 | 19371 | 17384 | 8 | 4 | | | 12920 | 4380 | 72 | 1954 | 33 |
| 69 | 1. 租赁业 | 119 | 119 | | | | | 16 | 103 | | | |
| 70 | 2. 商务服务业 | 19252 | 17265 | 8 | 4 | | | 12904 | 4277 | 72 | 1954 | 33 |
| 71 | (十二)科学研究和技术服务业 | 8885 | 8883 | 29 | 634 | | | 7631 | 369 | 220 | | 2 |
| 72 | (十三)居民服务、修理和其他服务业 | 764 | 750 | | 8 | | 6 | 255 | 349 | 132 | 6 | 8 |
| 73 | (十四)教育 | 549 | 544 | | 28 | | | 16 | 30 | 470 | 5 | |
| 74 | (十五)卫生和社会工作 | 416 | 416 | | 1 | | | 328 | | 87 | | |
| 75 | (十六)文化、体育和娱乐业 | 376 | 375 | | 2 | | | 269 | 87 | 17 | | 1 |
| 76 | (十七)公共管理、社会保障和社会组织 | 4595 | 4595 | | 41 | | | | | 4554 | | |
| 77 | (十八)其他行业 | 416 | 416 | 13 | | | | 120 | 283 | | | |

# 2016年广东省地方税务局直属分局企业所得税分行业分企业类型统计年报表

编报机关:广东省地方税务局直属分局　　　　单位:万元

| 序号 | 项　目 | 合计 | 内资企业 | | | | | | | | 港澳台投资企业 | 外商投资企业 |
|---|---|---|---|---|---|---|---|---|---|---|---|---|
| | | | 小计 | 国有企业 | 集体企业 | 股份合作企业 | 联营企业 | 股份公司 | 私营企业 | 其他企业 | | |
| 1 | 合　计 | 598407 | 593542 | 12571 | 1080 | | 181 | 555086 | 14756 | 9868 | 4725 | 140 |
| 2 | (一)采矿业 | | | | | | | | | | | |
| 3 | 1. 煤炭开采和洗选业 | | | | | | | | | | | |
| 4 | 2. 石油和天然气开采业 | | | | | | | | | | | |
| 5 | 3. 黑色金属矿采选业 | | | | | | | | | | | |
| 6 | 4. 有色金属矿采选业 | | | | | | | | | | | |
| 7 | 5. 非金属矿采选业 | | | | | | | | | | | |
| 8 | 6. 其他采矿业 | | | | | | | | | | | |
| 9 | (二)制造业 | 2489 | 2489 | 158 | | | 33 | 2122 | | 176 | | |
| 10 | 1. 农副食品加工业 | 154 | 154 | | | | | | | 154 | | |
| 11 | 2. 食品制造业 | | | | | | | | | | | |
| 12 | 3. 酒、饮料和精制茶制造业 | | | | | | | | | | | |
| 13 | 4. 烟草制品业 | | | | | | | | | | | |
| 14 | 5. 纺织业 | | | | | | | | | | | |
| 15 | 6. 纺织服装、服饰业 | 20 | 20 | | | | | 20 | | | | |
| 16 | 7. 皮革、毛皮、羽毛及其制品和制鞋业 | | | | | | | | | | | |
| 17 | 8. 木材加工和木竹藤棕草制品业 | | | | | | | | | | | |
| 18 | 9. 家具制造业 | | | | | | | | | | | |
| 19 | 10. 造纸和纸制品业 | | | | | | | | | | | |

续表

| 序号 | 项目 | 合计 | 内资企业 | | | | | | | | 港澳台投资企业 | 外商投资企业 |
|---|---|---|---|---|---|---|---|---|---|---|---|---|
| | | | 小计 | 国有企业 | 集体企业 | 股份合作企业 | 联营企业 | 股份公司 | 私营企业 | 其他企业 | | |
| 20 | 11. 印刷和记录媒介复制业 | 31 | 31 | 9 | | | | | | 22 | | |
| 21 | 12. 文教、工美、体育和娱乐用品制造业 | | | | | | | | | | | |
| 22 | 13. 石油加工、炼焦和核燃料加工业 | | | | | | | | | | | |
| 23 | 14. 化学原料和化学制品制造业 | | | | | | | | | | | |
| 24 | 15. 医药制造业 | | | | | | | | | | | |
| 25 | 16. 化学纤维制造业 | | | | | | | | | | | |
| 26 | 17. 橡胶和塑料制品业 | 1660 | 1660 | | | | | 1660 | | | | |
| 27 | 18. 非金属矿物制品业 | 103 | 103 | | | | | 103 | | | | |
| 28 | 19. 黑色金属冶炼和压延加工业 | | | | | | | | | | | |
| 29 | 20. 有色金属冶炼和压延加工业 | | | | | | | | | | | |
| 30 | 21. 金属制品业 | 73 | 73 | 73 | | | | | | | | |
| 31 | 22. 通用设备制造业 | 113 | 113 | | | | | 113 | | | | |
| 32 | 23. 专用设备制造业 | 226 | 226 | | | | | 226 | | | | |
| 33 | 24. 汽车制造业 | | | | | | | | | | | |
| 34 | 25. 铁路、船舶、航空航天和其他运输设备制造业 | | | | | | | | | | | |
| 35 | 26. 电气机械和器材制造业 | 4 | 4 | 4 | | | | | | | | |
| 36 | 27. 计算机、通信和其他电子设备制造业 | 72 | 72 | 72 | | | | | | | | |
| 37 | 28. 仪表仪器制造业 | | | | | | | | | | | |
| 38 | 29. 其他制造业 | 33 | 33 | | | | 33 | | | | | |

续表

| 序号 | 项　　目 | 合计 | 内资企业 | | | | | | | | 港澳台投资企业 | 外商投资企业 |
|---|---|---|---|---|---|---|---|---|---|---|---|---|
| | | | 小计 | 国有企业 | 集体企业 | 股份合作企业 | 联营企业 | 股份公司 | 私营企业 | 其他企业 | | |
| 39 | (三)电力、热力、燃气及水的生产和供应业 | 372654 | 372654 | | | | | 372654 | | | | |
| 40 | 1. 电力、热力生产和供应业 | 372654 | 372654 | | | | | 372654 | | | | |
| 41 | 2. 燃气生产和供应业 | | | | | | | | | | | |
| 42 | 3. 水的生产和供应业 | | | | | | | | | | | |
| 43 | (四)建筑业 | 51189 | 51189 | 394 | | | 146 | 50627 | 21 | 1 | | |
| 44 | 1. 房屋建筑业 | 5407 | 5407 | 160 | | | | 5226 | 21 | | | |
| 45 | 2. 土木工程建筑业 | 35563 | 35563 | | | | | 35563 | | | | |
| 46 | 3. 建筑安装业 | 6859 | 6859 | 158 | | | | 6701 | | | | |
| 47 | 4. 建筑装饰和其他建筑业 | 3360 | 3360 | 76 | | | 146 | 3137 | | 1 | | |
| 48 | (五)批发和零售业 | 26891 | 25059 | 3429 | 1077 | | | 20507 | | 46 | 1832 | |
| 49 | 1. 批发业 | 21466 | 19634 | 2933 | 1073 | | | 15582 | | 46 | 1832 | |
| 50 | 2. 零售业 | 5425 | 5425 | 496 | 4 | | | 4925 | | | | |
| 51 | (六)交通运输、仓储和邮政业 | 45258 | 44839 | 614 | | | | 44219 | | 6 | 419 | |
| 52 | 1. 交通运输业 | 44517 | 44251 | 614 | | | | 43637 | | | 266 | |
| 53 | 2. 仓储业 | 741 | 588 | | | | | 582 | | 6 | 153 | |
| 54 | 3. 邮政业 | | | | | | | | | | | |
| 55 | (七)住宿和餐饮业 | 2050 | 2050 | 525 | | | | 1458 | | 67 | | |
| 56 | 1. 住宿业 | 1926 | 1926 | 409 | | | | 1450 | | 67 | | |
| 57 | 2. 餐饮业 | 124 | 124 | 116 | | | | 8 | | | | |

续表

| 序号 | 项目 | 合计 | 内资企业 | | | | | | | 港澳台投资企业 | 外商投资企业 |
|---|---|---|---|---|---|---|---|---|---|---|---|
| | | | 小计 | 国有企业 | 集体企业 | 股份合作企业 | 联营企业 | 股份公司 | 私营企业 | 其他企业 | | |
| 58 | (八)信息传输、软件和信息技术服务业 | 319 | 319 | 106 | | | | 211 | | 2 | | |
| 59 | 1. 电信、广播电视和卫星传输服务业 | 76 | 76 | | | | | 76 | | | | |
| 60 | 2. 互联网和相关服务 | 2 | 2 | | | | | | | 2 | | |
| 61 | 3. 软件和信息技术服务业 | 241 | 241 | 106 | | | | 135 | | | | |
| 62 | (九)金融业 | 15694 | 14387 | | | | | 14387 | | | 1307 | |
| 63 | 1. 货币金融服务 | 761 | 761 | | | | | 761 | | | | |
| 64 | 2. 资本市场服务 | 4 | 4 | | | | | 4 | | | | |
| 65 | 3. 保险业 | | | | | | | | | | | |
| 66 | 4. 其他金融业 | 14929 | 13622 | | | | | 13622 | | | 1307 | |
| 67 | (十)房地产业 | 4504 | 4504 | 1146 | 3 | | | 3320 | 35 | | | |
| 68 | (十一)租赁和商务服务业 | 48561 | 47461 | 365 | | | | 33110 | 13645 | 341 | 1100 | |
| 69 | 1. 租赁业 | 23 | 23 | | | | | 23 | | | | |
| 70 | 2. 商务服务业 | 48538 | 47438 | 365 | | | | 33087 | 13645 | 341 | 1100 | |
| 71 | (十二)科学研究和技术服务业 | 22834 | 22834 | 4623 | | | 2 | 10388 | 1055 | 6766 | | |
| 72 | (十三)居民服务、修理和其他服务业 | 2905 | 2905 | 836 | | | | 2068 | | 1 | | |
| 73 | (十四)教育 | 692 | 679 | 10 | | | | | | 669 | | 13 |
| 74 | (十五)卫生和社会工作 | 202 | 202 | 3 | | | | | | 199 | | |
| 75 | (十六)文化、体育和娱乐业 | 827 | 634 | 223 | | | | 2 | | 409 | 66 | 127 |
| 76 | (十七)公共管理、社会保障和社会组织 | 1184 | 1183 | | | | | 13 | | 1170 | 1 | |
| 77 | (十八)其他行业 | 154 | 154 | 139 | | | | | | 15 | | |

# 2016年广东省地方税务局个人所得税分项目统计年报表

编报机关:广东省地方税务局　　　　单位:万元

| 序号 | 项　目 | 合　计 | 大　陆 | 港澳台 | 外　国 |
|---|---|---|---|---|---|
| 1 | 合　计 | 15898689 | 13617442 | 1018559 | 1262688 |
| 2 | 1. 工资、薪金所得 | 11203215 | 9120157 | 929979 | 1153079 |
| 3 | 按3%税率征收 | 592264 | 512591 | 41419 | 38254 |
| 4 | 按10%税率征收 | 1139269 | 926351 | 109553 | 103365 |
| 5 | 按20%税率征收 | 1489717 | 1241851 | 117005 | 130861 |
| 6 | 按25%税率征收 | 3913983 | 3241025 | 299962 | 372996 |
| 7 | 按30%税率征收 | 1325832 | 1115077 | 91740 | 119015 |
| 8 | 按35%税率征收 | 823839 | 640908 | 75992 | 106939 |
| 9 | 按45%税率征收 | 1918311 | 1442354 | 194308 | 281649 |
| 10 | 2. 个体工商户生产、经营所得 | 424454 | 420230 | 2739 | 1485 |
| 11 | 按5%税率征收 | 70105 | 67047 | 1762 | 1296 |
| 12 | 按10%税率征收 | 335 | 335 | | |
| 13 | 按20%税率征收 | 23501 | 23434 | 61 | 6 |
| 14 | 按30%税率征收 | 32477 | 32405 | 66 | 6 |
| 15 | 按35%税率征收 | 257585 | 257004 | 545 | 36 |
| 16 | 核定征收 | 40451 | 40005 | 305 | 141 |
| 17 | 3. 企事业单位承包、承租经营所得 | 33704 | 33700 | 4 | |
| 18 | 按5%税率征收 | 33136 | 33132 | 4 | |
| 19 | 按10%税率征收 | 2 | 2 | | |

续表

| 序号 | 项　目 | 合　计 | 大　陆 | 港澳台 | 外　国 |
|---|---|---|---|---|---|
| 20 | 按20%税率征收 | 26 | 26 | | |
| 21 | 按30%税率征收 | 26 | 26 | | |
| 22 | 按35%税率征收 | 186 | 186 | | |
| 23 | 核定征收 | 328 | 328 | | |
| 24 | 4. 劳务报酬所得 | 496429 | 443137 | 18029 | 35263 |
| 25 | 按20%税率征收 | 339523 | 299620 | 14665 | 25238 |
| 26 | 按30%税率征收 | 69571 | 63275 | 1190 | 5106 |
| 27 | 按40%税率征收 | 87335 | 80242 | 2174 | 4919 |
| 28 | 5. 稿酬所得 | 2411 | 2367 | 41 | 3 |
| 29 | 6. 特许权使用费所得 | 2495 | 2401 | 75 | 19 |
| 30 | 7. 利息、股息、红利所得 | 1898281 | 1860319 | 18903 | 19059 |
| 31 | 其中:储蓄存款利息所得 | | | | |
| 32 | 8. 财产租赁所得 | 104997 | 102855 | 2015 | 127 |
| 33 | 9. 财产转让所得 | 1485159 | 1393221 | 43169 | 48769 |
| 34 | 其中:限售股转让所得 | 123416 | 86615 | 898 | 35903 |
| 35 | 房屋转让所得 | 655912 | 618396 | 32934 | 4582 |
| 36 | 10. 偶然所得 | 101803 | 99179 | 1553 | 1071 |
| 37 | 11. 其他所得 | 128471 | 125863 | 600 | 2008 |
| 38 | 12. 税款滞纳金、罚款收入 | 17270 | 14013 | 1452 | 1805 |

# 2016年广州市地方税务局个人所得税分项目统计年报表

编报机关:广州市地方税务局　　　　单位:万元

| 序号 | 项　目 | 合　计 | 大　陆 | 港澳台 | 外　国 |
|---|---|---|---|---|---|
| 1 | 合　计 | 3859530 | 2945506 | 329629 | 584395 |
| 2 | 1. 工资、薪金所得 | 3033051 | 2174636 | 306416 | 551999 |
| 3 | 按3%税率征收 | 145617 | 125121 | 7566 | 12930 |
| 4 | 按10%税率征收 | 339629 | 271394 | 25556 | 42679 |
| 5 | 按20%税率征收 | 474221 | 379686 | 34408 | 60127 |
| 6 | 按25%税率征收 | 1156749 | 861225 | 99874 | 195650 |
| 7 | 按30%税率征收 | 269254 | 180892 | 28422 | 59940 |
| 8 | 按35%税率征收 | 177890 | 102545 | 25916 | 49429 |
| 9 | 按45%税率征收 | 469691 | 253773 | 84674 | 131244 |
| 10 | 2. 个体工商户生产、经营所得 | 78197 | 77912 | 276 | 9 |
| 11 | 按5%税率征收 | 5953 | 5936 | 9 | 8 |
| 12 | 按10%税率征收 | | | | |
| 13 | 按20%税率征收 | 4051 | 4025 | 25 | 1 |
| 14 | 按30%税率征收 | 5123 | 5107 | 16 | |
| 15 | 按35%税率征收 | 61577 | 61362 | 215 | |
| 16 | 核定征收 | 1493 | 1482 | 11 | |
| 17 | 3. 企事业单位承包、承租经营所得 | 259 | 259 | | |
| 18 | 按5%税率征收 | 222 | 222 | | |
| 19 | 按10%税率征收 | | | | |

续表

| 序号 | 项　　目 | 合　计 | 大　陆 | 港澳台 | 外　国 |
|---|---|---|---|---|---|
| 20 | 按20%税率征收 | 9 | 9 | | |
| 21 | 按30%税率征收 | 6 | 6 | | |
| 22 | 按35%税率征收 | 18 | 18 | | |
| 23 | 核定征收 | 4 | 4 | | |
| 24 | 4. 劳务报酬所得 | 129437 | 107504 | 3564 | 18369 |
| 25 | 按20%税率征收 | 91058 | 75791 | 2350 | 12917 |
| 26 | 按30%税率征收 | 16572 | 13470 | 428 | 2674 |
| 27 | 按40%税率征收 | 21807 | 18243 | 786 | 2778 |
| 28 | 5. 稿酬所得 | 1644 | 1609 | 35 | |
| 29 | 6. 特许权使用费所得 | 664 | 660 | 1 | 3 |
| 30 | 7. 利息、股息、红利所得 | 187935 | 173254 | 7181 | 7500 |
| 31 | 其中:储蓄存款利息所得 | | | | |
| 32 | 8. 财产租赁所得 | 55916 | 55905 | 5 | 6 |
| 33 | 9. 财产转让所得 | 329346 | 315397 | 10768 | 3181 |
| 34 | 其中:限售股转让所得 | 20269 | 19853 | | 416 |
| 35 | 房屋转让所得 | 159454 | 150657 | 6362 | 2435 |
| 36 | 10. 偶然所得 | 27903 | 26690 | 597 | 616 |
| 37 | 11. 其他所得 | 10306 | 8259 | 198 | 1849 |
| 38 | 12. 税款滞纳金、罚款收入 | 4872 | 3421 | 588 | 863 |

# 2016年深圳市地方税务局个人所得税分项目统计年报表

编报机关:深圳市地方税务局　　　　单位:万元

| 序号 | 项　目 | 合　计 | 大　陆 | 港澳台 | 外　国 |
|---|---|---|---|---|---|
| 1 | 合　计 | 7578697 | 7045939 | 294740 | 238018 |
| 2 | 1. 工资、薪金所得 | 5350777 | 4835667 | 284116 | 230994 |
| 3 | 按3%税率征收 | 94800 | 88253 | 4400 | 2147 |
| 4 | 按10%税率征收 | 342887 | 315947 | 16966 | 9974 |
| 5 | 按20%税率征收 | 566209 | 524830 | 24656 | 16723 |
| 6 | 按25%税率征收 | 1845106 | 1687542 | 91380 | 66184 |
| 7 | 按30%税率征收 | 856979 | 791491 | 36560 | 28928 |
| 8 | 按35%税率征收 | 512888 | 455343 | 30256 | 27289 |
| 9 | 按45%税率征收 | 1131908 | 972261 | 79898 | 79749 |
| 10 | 2. 个体工商户生产、经营所得 | 78852 | 78334 | 361 | 157 |
| 11 | 按5%税率征收 | 3549 | 3511 | 20 | 18 |
| 12 | 按10%税率征收 | 324 | 324 | | |
| 13 | 按20%税率征收 | 891 | 887 | 4 | |
| 14 | 按30%税率征收 | 1602 | 1594 | 8 | |
| 15 | 按35%税率征收 | 41841 | 41797 | 44 | |
| 16 | 核定征收 | 30645 | 30221 | 285 | 139 |
| 17 | 3. 企事业单位承包、承租经营所得 | 618 | 618 | | |
| 18 | 按5%税率征收 | 481 | 481 | | |
| 19 | 按10%税率征收 | 2 | 2 | | |

续表

| 序号 | 项　　目 | 合　计 | 大　陆 | 港澳台 | 外　国 |
|---|---|---|---|---|---|
| 20 | 按20%税率征收 | | | | |
| 21 | 按30%税率征收 | | | | |
| 22 | 按35%税率征收 | 3 | 3 | | |
| 23 | 核定征收 | 132 | 132 | | |
| 24 | 4. 劳务报酬所得 | 164781 | 160264 | 2324 | 2193 |
| 25 | 按20%税率征收 | 92308 | 90389 | 801 | 1118 |
| 26 | 按30%税率征收 | 28411 | 27488 | 465 | 458 |
| 27 | 按40%税率征收 | 44062 | 42387 | 1058 | 617 |
| 28 | 5. 稿酬所得 | 568 | 560 | 6 | 2 |
| 29 | 6. 特许权使用费所得 | 1066 | 1050 | 10 | 6 |
| 30 | 7. 利息、股息、红利所得 | 1281027 | 1272579 | 6033 | 2415 |
| 31 | 其中:储蓄存款利息所得 | | | | |
| 32 | 8. 财产租赁所得 | 3659 | 3594 | 59 | 6 |
| 33 | 9. 财产转让所得 | 554781 | 552493 | 631 | 1657 |
| 34 | 其中:限售股转让所得 | 10158 | 10158 | | |
| 35 | 房屋转让所得 | 174395 | 174351 | 44 | |
| 36 | 10. 偶然所得 | 26415 | 25861 | 493 | 61 |
| 37 | 11. 其他所得 | 111884 | 111685 | 161 | 38 |
| 38 | 12. 税款滞纳金、罚款收入 | 4269 | 3234 | 546 | 489 |

# 2016年珠海市地方税务局个人所得税分项目统计年报表

编报机关:珠海市地方税务局　　　　单位:万元

| 序号 | 项　　目 | 合　计 | 大　陆 | 港澳台 | 外　国 |
|---|---|---|---|---|---|
| 1 | 合　　计 | 394306 | 297276 | 44905 | 52125 |
| 2 | 1. 工资、薪金所得 | 260547 | 178125 | 33780 | 48642 |
| 3 | 按3%税率征收 | 13618 | 9823 | 1689 | 2106 |
| 4 | 按10%税率征收 | 39812 | 29565 | 4842 | 5405 |
| 5 | 按20%税率征收 | 47875 | 35673 | 5254 | 6948 |
| 6 | 按25%税率征收 | 99164 | 71204 | 12484 | 15476 |
| 7 | 按30%税率征收 | 22929 | 15403 | 2887 | 4639 |
| 8 | 按35%税率征收 | 14781 | 7908 | 2580 | 4293 |
| 9 | 按45%税率征收 | 22368 | 8549 | 4044 | 9775 |
| 10 | 2. 个体工商户生产、经营所得 | 5999 | 5890 | 88 | 21 |
| 11 | 按5%税率征收 | 1894 | 1828 | 64 | 2 |
| 12 | 按10%税率征收 | | | | |
| 13 | 按20%税率征收 | 263 | 263 | | |
| 14 | 按30%税率征收 | 395 | 394 | | 1 |
| 15 | 按35%税率征收 | 3343 | 3302 | 24 | 17 |
| 16 | 核定征收 | 104 | 103 | | 1 |
| 17 | 3. 企事业单位承包、承租经营所得 | 1 | 1 | | |
| 18 | 按5%税率征收 | | | | |
| 19 | 按10%税率征收 | | | | |

续表

| 序号 | 项　　目 | 合　计 | 大　陆 | 港澳台 | 外　国 |
|---|---|---|---|---|---|
| 20 | 按20%税率征收 | 1 | 1 | | |
| 21 | 按30%税率征收 | | | | |
| 22 | 按35%税率征收 | | | | |
| 23 | 核定征收 | | | | |
| 24 | 4. 劳务报酬所得 | 12186 | 11510 | 176 | 500 |
| 25 | 按20%税率征收 | 8908 | 8498 | 108 | 302 |
| 26 | 按30%税率征收 | 1578 | 1405 | 55 | 118 |
| 27 | 按40%税率征收 | 1700 | 1607 | 13 | 80 |
| 28 | 5. 稿酬所得 | 11 | 11 | | |
| 29 | 6. 特许权使用费所得 | 142 | 136 | | 6 |
| 30 | 7. 利息、股息、红利所得 | 23188 | 21858 | 756 | 574 |
| 31 | 其中:储蓄存款利息所得 | | | | |
| 32 | 8. 财产租赁所得 | 1857 | 1623 | 211 | 23 |
| 33 | 9. 财产转让所得 | 85954 | 74113 | 9786 | 2055 |
| 34 | 其中:限售股转让所得 | 1334 | 1334 | | |
| 35 | 房屋转让所得 | 56240 | 46960 | 8593 | 687 |
| 36 | 10. 偶然所得 | 3296 | 3097 | 74 | 125 |
| 37 | 11. 其他所得 | 551 | 520 | 1 | 30 |
| 38 | 12. 税款滞纳金、罚款收入 | 574 | 392 | 33 | 149 |

# 2016年汕头市地方税务局个人所得税分项目统计年报表

编报机关:汕头市地方税务局　　　　单位:万元

| 序号 | 项　　目 | 合　计 | 大　陆 | 港澳台 | 外　国 |
|---|---|---|---|---|---|
| 1 | 合　　计 | 166344 | 150159 | 7846 | 8339 |
| 2 | 1. 工资、薪金所得 | 80994 | 70499 | 6086 | 4409 |
| 3 | 按3%税率征收 | 7124 | 6304 | 421 | 399 |
| 4 | 按10%税率征收 | 15434 | 13640 | 1026 | 768 |
| 5 | 按20%税率征收 | 14686 | 12913 | 1008 | 765 |
| 6 | 按25%税率征收 | 28604 | 25358 | 2069 | 1177 |
| 7 | 按30%税率征收 | 4868 | 4039 | 500 | 329 |
| 8 | 按35%税率征收 | 2989 | 2289 | 360 | 340 |
| 9 | 按45%税率征收 | 7289 | 5956 | 702 | 631 |
| 10 | 2. 个体工商户生产、经营所得 | 10739 | 10100 | 639 | |
| 11 | 按5%税率征收 | 2550 | 1918 | 632 | |
| 12 | 按10%税率征收 | | | | |
| 13 | 按20%税率征收 | 1614 | 1614 | | |
| 14 | 按30%税率征收 | 1274 | 1273 | 1 | |
| 15 | 按35%税率征收 | 4645 | 4639 | 6 | |
| 16 | 核定征收 | 656 | 656 | | |
| 17 | 3. 企事业单位承包、承租经营所得 | 7315 | 7315 | | |
| 18 | 按5%税率征收 | 7132 | 7132 | | |
| 19 | 按10%税率征收 | | | | |

续表

| 序号 | 项　　目 | 合　计 | 大　陆 | 港澳台 | 外　国 |
|---|---|---|---|---|---|
| 20 | 按20%税率征收 | | | | |
| 21 | 按30%税率征收 | | | | |
| 22 | 按35%税率征收 | 3 | 3 | | |
| 23 | 核定征收 | 180 | 180 | | |
| 24 | 4. 劳务报酬所得 | 7623 | 7286 | 76 | 261 |
| 25 | 按20%税率征收 | 5724 | 5441 | 64 | 219 |
| 26 | 按30%税率征收 | 856 | 829 | 6 | 21 |
| 27 | 按40%税率征收 | 1043 | 1016 | 6 | 21 |
| 28 | 5. 稿酬所得 | 5 | 5 | | |
| 29 | 6. 特许权使用费所得 | 28 | 28 | | |
| 30 | 7. 利息、股息、红利所得 | 22675 | 21786 | 255 | 634 |
| 31 | 其中:储蓄存款利息所得 | | | | |
| 32 | 8. 财产租赁所得 | 5554 | 5015 | 525 | 14 |
| 33 | 9. 财产转让所得 | 28207 | 25029 | 190 | 2988 |
| 34 | 其中:限售股转让所得 | 6086 | 6086 | | |
| 35 | 房屋转让所得 | 15175 | 14900 | 119 | 156 |
| 36 | 10. 偶然所得 | 2367 | 2351 | 12 | 4 |
| 37 | 11. 其他所得 | 529 | 475 | 27 | 27 |
| 38 | 12. 税款滞纳金、罚款收入 | 308 | 270 | 36 | 2 |

# 2016 年佛山市地方税务局个人所得税分项目统计年报表

编报机关:佛山市地方税务局　　　　单位:万元

| 序号 | 项　目 | 合　计 | 大　陆 | 港澳台 | 外　国 |
|---|---|---|---|---|---|
| 1 | 合　计 | 507299 | 433954 | 26026 | 47319 |
| 2 | 1. 工资、薪金所得 | 292778 | 229058 | 22895 | 40825 |
| 3 | 按 3% 税率征收 | 41769 | 37807 | 1632 | 2330 |
| 4 | 按 10% 税率征收 | 47847 | 38763 | 3568 | 5516 |
| 5 | 按 20% 税率征收 | 48690 | 38077 | 3655 | 6958 |
| 6 | 按 25% 税率征收 | 94629 | 74553 | 7867 | 12209 |
| 7 | 按 30% 税率征收 | 19256 | 13980 | 1866 | 3410 |
| 8 | 按 35% 税率征收 | 12893 | 8267 | 1502 | 3124 |
| 9 | 按 45% 税率征收 | 27694 | 17611 | 2805 | 7278 |
| 10 | 2. 个体工商户生产、经营所得 | 46294 | 46246 | 47 | 1 |
| 11 | 按 5% 税率征收 | 6681 | 6662 | 18 | 1 |
| 12 | 按 10% 税率征收 | | | | |
| 13 | 按 20% 税率征收 | 2838 | 2835 | 3 | |
| 14 | 按 30% 税率征收 | 4681 | 4679 | 2 | |
| 15 | 按 35% 税率征收 | 31090 | 31068 | 22 | |
| 16 | 核定征收 | 1004 | 1002 | 2 | |
| 17 | 3. 企事业单位承包、承租经营所得 | | | | |
| 18 | 按 5% 税率征收 | | | | |
| 19 | 按 10% 税率征收 | | | | |

续表

| 序号 | 项　目 | 合　计 | 大　陆 | 港澳台 | 外　国 |
|---|---|---|---|---|---|
| 20 | 按20%税率征收 | | | | |
| 21 | 按30%税率征收 | | | | |
| 22 | 按35%税率征收 | | | | |
| 23 | 核定征收 | | | | |
| 24 | 4. 劳务报酬所得 | 29041 | 23106 | 211 | 5724 |
| 25 | 按20%税率征收 | 19744 | 15497 | 96 | 4151 |
| 26 | 按30%税率征收 | 4103 | 3253 | 27 | 823 |
| 27 | 按40%税率征收 | 5194 | 4356 | 88 | 750 |
| 28 | 5. 稿酬所得 | 5 | 5 | | |
| 29 | 6. 特许权使用费所得 | 31 | 31 | | |
| 30 | 7. 利息、股息、红利所得 | 53405 | 52293 | 630 | 482 |
| 31 | 其中:储蓄存款利息所得 | | | | |
| 32 | 8. 财产租赁所得 | 4992 | 4938 | 48 | 6 |
| 33 | 9. 财产转让所得 | 75632 | 73268 | 2106 | 258 |
| 34 | 其中:限售股转让所得 | 988 | 987 | | 1 |
| 35 | 房屋转让所得 | 58524 | 56202 | 2072 | 250 |
| 36 | 10. 偶然所得 | 3743 | 3659 | 80 | 4 |
| 37 | 11. 其他所得 | 223 | 215 | 2 | 6 |
| 38 | 12. 税款滞纳金、罚款收入 | 1155 | 1135 | 7 | 13 |

# 2016年韶关市地方税务局个人所得税分项目统计年报表

编报机关:韶关市地方税务局　　单位:万元

| 序号 | 项　　目 | 合　计 | 大　陆 | 港澳台 | 外　国 |
|---|---|---|---|---|---|
| 1 | 合　　计 | 82418 | 78913 | 1016 | 2489 |
| 2 | 1. 工资、薪金所得 | 55132 | 51873 | 965 | 2294 |
| 3 | 按3%税率征收 | 11318 | 10802 | 138 | 378 |
| 4 | 按10%税率征收 | 11047 | 10454 | 279 | 314 |
| 5 | 按20%税率征收 | 10429 | 9914 | 200 | 315 |
| 6 | 按25%税率征收 | 17629 | 16746 | 255 | 628 |
| 7 | 按30%税率征收 | 2329 | 2092 | 82 | 155 |
| 8 | 按35%税率征收 | 1211 | 1056 | 5 | 150 |
| 9 | 按45%税率征收 | 1169 | 809 | 6 | 354 |
| 10 | 2. 个体工商户生产、经营所得 | 5899 | 5874 | | 25 |
| 11 | 按5%税率征收 | 2050 | 2025 | | 25 |
| 12 | 按10%税率征收 | | | | |
| 13 | 按20%税率征收 | 323 | 323 | | |
| 14 | 按30%税率征收 | 482 | 482 | | |
| 15 | 按35%税率征收 | 2888 | 2888 | | |
| 16 | 核定征收 | 156 | 156 | | |
| 17 | 3. 企事业单位承包、承租经营所得 | 221 | 221 | | |
| 18 | 按5%税率征收 | 213 | 213 | | |
| 19 | 按10%税率征收 | | | | |

续表

| 序号 | 项目 | 合计 | 大陆 | 港澳台 | 外国 |
|---|---|---|---|---|---|
| 20 | 按20%税率征收 | | | | |
| 21 | 按30%税率征收 | | | | |
| 22 | 按35%税率征收 | 8 | 8 | | |
| 23 | 核定征收 | | | | |
| 24 | 4. 劳务报酬所得 | 4455 | 4289 | | 166 |
| 25 | 按20%税率征收 | 3975 | 3835 | | 140 |
| 26 | 按30%税率征收 | 369 | 351 | | 18 |
| 27 | 按40%税率征收 | 111 | 103 | | 8 |
| 28 | 5. 稿酬所得 | 10 | 10 | | |
| 29 | 6. 特许权使用费所得 | 22 | 22 | | |
| 30 | 7. 利息、股息、红利所得 | 8590 | 8587 | 2 | 1 |
| 31 | 其中:储蓄存款利息所得 | | | | |
| 32 | 8. 财产租赁所得 | 399 | 394 | 5 | |
| 33 | 9. 财产转让所得 | 6435 | 6391 | 42 | 2 |
| 34 | 其中:限售股转让所得 | 21 | 21 | | |
| 35 | 房屋转让所得 | 4557 | 4518 | 39 | |
| 36 | 10. 偶然所得 | 919 | 916 | 2 | 1 |
| 37 | 11. 其他所得 | 18 | 18 | | |
| 38 | 12. 税款滞纳金、罚款收入 | 318 | 318 | | |

# 2016年河源市地方税务局个人所得税分项目统计年报表

编报机关:河源市地方税务局　　　　单位:万元

| 序号 | 项　目 | 合　计 | 大　陆 | 港澳台 | 外　国 |
|---|---|---|---|---|---|
| 1 | 合　计 | 52860 | 46727 | 5299 | 834 |
| 2 | 1. 工资、薪金所得 | 33582 | 27762 | 5016 | 804 |
| 3 | 按3%税率征收 | 7594 | 6978 | 506 | 110 |
| 4 | 按10%税率征收 | 7853 | 6625 | 1010 | 218 |
| 5 | 按20%税率征收 | 5955 | 4946 | 905 | 104 |
| 6 | 按25%税率征收 | 8718 | 6444 | 2065 | 209 |
| 7 | 按30%税率征收 | 1139 | 656 | 379 | 104 |
| 8 | 按35%税率征收 | 500 | 366 | 89 | 45 |
| 9 | 按45%税率征收 | 1823 | 1747 | 62 | 14 |
| 10 | 2. 个体工商户生产、经营所得 | 3523 | 3520 | 3 | |
| 11 | 按5%税率征收 | 1710 | 1707 | 3 | |
| 12 | 按10%税率征收 | 7 | 7 | | |
| 13 | 按20%税率征收 | 139 | 139 | | |
| 14 | 按30%税率征收 | 193 | 193 | | |
| 15 | 按35%税率征收 | 1429 | 1429 | | |
| 16 | 核定征收 | 45 | 45 | | |
| 17 | 3. 企事业单位承包、承租经营所得 | 1067 | 1067 | | |
| 18 | 按5%税率征收 | 1066 | 1066 | | |
| 19 | 按10%税率征收 | | | | |

续表

| 序号 | 项目 | 合计 | 大陆 | 港澳台 | 外国 |
|---|---|---|---|---|---|
| 20 | 按20%税率征收 | | | | |
| 21 | 按30%税率征收 | | | | |
| 22 | 按35%税率征收 | 1 | 1 | | |
| 23 | 核定征收 | | | | |
| 24 | 4. 劳务报酬所得 | 3311 | 3285 | 1 | 25 |
| 25 | 按20%税率征收 | 2933 | 2907 | 1 | 25 |
| 26 | 按30%税率征收 | 251 | 251 | | |
| 27 | 按40%税率征收 | 127 | 127 | | |
| 28 | 5. 稿酬所得 | 1 | 1 | | |
| 29 | 6. 特许权使用费所得 | | | | |
| 30 | 7. 利息、股息、红利所得 | 1859 | 1843 | 16 | |
| 31 | 其中:储蓄存款利息所得 | | | | |
| 32 | 8. 财产租赁所得 | 1588 | 1582 | 2 | 4 |
| 33 | 9. 财产转让所得 | 6536 | 6437 | 99 | |
| 34 | 其中:限售股转让所得 | | | | |
| 35 | 房屋转让所得 | 4058 | 3988 | 70 | |
| 36 | 10. 偶然所得 | 859 | 732 | 127 | |
| 37 | 11. 其他所得 | 219 | 187 | 32 | |
| 38 | 12. 税款滞纳金、罚款收入 | 315 | 311 | 3 | 1 |

# 2016 年梅州市地方税务局个人所得税分项目统计年报表

编报机关:梅州市地方税务局　　　　单位:万元

| 序号 | 项　　目 | 合　计 | 大　陆 | 港澳台 | 外　国 |
|---|---|---|---|---|---|
| 1 | 合　　计 | 107795 | 104905 | 1193 | 1697 |
| 2 | 1. 工资、薪金所得 | 52839 | 50370 | 986 | 1483 |
| 3 | 按 3% 税率征收 | 13021 | 12727 | 84 | 210 |
| 4 | 按 10% 税率征收 | 10550 | 10061 | 186 | 303 |
| 5 | 按 20% 税率征收 | 9030 | 8528 | 246 | 256 |
| 6 | 按 25% 税率征收 | 13439 | 12703 | 343 | 393 |
| 7 | 按 30% 税率征收 | 2197 | 2069 | 50 | 78 |
| 8 | 按 35% 税率征收 | 1071 | 1028 | 7 | 36 |
| 9 | 按 45% 税率征收 | 3531 | 3254 | 70 | 207 |
| 10 | 2. 个体工商户生产、经营所得 | 5756 | 5744 | 2 | 10 |
| 11 | 按 5% 税率征收 | 262 | 262 | | |
| 12 | 按 10% 税率征收 | 4 | 4 | | |
| 13 | 按 20% 税率征收 | 174 | 174 | | |
| 14 | 按 30% 税率征收 | 257 | 257 | | |
| 15 | 按 35% 税率征收 | 4979 | 4967 | 2 | 10 |
| 16 | 核定征收 | 80 | 80 | | |
| 17 | 3. 企事业单位承包、承租经营所得 | 28 | 28 | | |
| 18 | 按 5% 税率征收 | 28 | 28 | | |
| 19 | 按 10% 税率征收 | | | | |

续表

| 序号 | 项　目 | 合　计 | 大　陆 | 港澳台 | 外　国 |
|---|---|---|---|---|---|
| 20 | 按20%税率征收 | | | | |
| 21 | 按30%税率征收 | | | | |
| 22 | 按35%税率征收 | | | | |
| 23 | 核定征收 | | | | |
| 24 | 4. 劳务报酬所得 | 4332 | 4166 | 7 | 159 |
| 25 | 按20%税率征收 | 3627 | 3485 | 1 | 141 |
| 26 | 按30%税率征收 | 497 | 479 | 6 | 12 |
| 27 | 按40%税率征收 | 208 | 202 | | 6 |
| 28 | 5. 稿酬所得 | 1 | 1 | | |
| 29 | 6. 特许权使用费所得 | 1 | 1 | | |
| 30 | 7. 利息、股息、红利所得 | 4497 | 4457 | 40 | |
| 31 | 其中:储蓄存款利息所得 | | | | |
| 32 | 8. 财产租赁所得 | 1822 | 1805 | 17 | |
| 33 | 9. 财产转让所得 | 37037 | 36878 | 124 | 35 |
| 34 | 其中:限售股转让所得 | 25727 | 25727 | | |
| 35 | 房屋转让所得 | 7345 | 7209 | 101 | 35 |
| 36 | 10. 偶然所得 | 911 | 899 | 2 | 10 |
| 37 | 11. 其他所得 | 420 | 420 | | |
| 38 | 12. 税款滞纳金、罚款收入 | 151 | 136 | 15 | |

# 2016年惠州市地方税务局个人所得税分项目统计年报表

编报机关:惠州市地方税务局　　　　单位:万元

| 序号 | 项　目 | 合　计 | 大　陆 | 港澳台 | 外　国 |
|---|---|---|---|---|---|
| 1 | 合　计 | 331413 | 258733 | 28699 | 43981 |
| 2 | 1. 工资、薪金所得 | 245785 | 176352 | 26854 | 42579 |
| 3 | 按3%税率征收 | 45122 | 38601 | 3240 | 3281 |
| 4 | 按10%税率征收 | 43362 | 28332 | 8359 | 6671 |
| 5 | 按20%税率征收 | 39204 | 27964 | 4703 | 6537 |
| 6 | 按25%税率征收 | 66095 | 45950 | 6558 | 13587 |
| 7 | 按30%税率征收 | 11121 | 6882 | 1427 | 2812 |
| 8 | 按35%税率征收 | 9564 | 5535 | 963 | 3066 |
| 9 | 按45%税率征收 | 31317 | 23088 | 1604 | 6625 |
| 10 | 2. 个体工商户生产、经营所得 | 7410 | 7267 | 70 | 73 |
| 11 | 按5%税率征收 | 3305 | 3162 | 70 | 73 |
| 12 | 按10%税率征收 | | | | |
| 13 | 按20%税率征收 | 387 | 387 | | |
| 14 | 按30%税率征收 | 597 | 597 | | |
| 15 | 按35%税率征收 | 2971 | 2971 | | |
| 16 | 核定征收 | 150 | 150 | | |
| 17 | 3. 企事业单位承包、承租经营所得 | | | | |
| 18 | 按5%税率征收 | | | | |
| 19 | 按10%税率征收 | | | | |

续表

| 序号 | 项　　目 | 合　计 | 大　陆 | 港澳台 | 外　国 |
|---|---|---|---|---|---|
| 20 | 按20%税率征收 | | | | |
| 21 | 按30%税率征收 | | | | |
| 22 | 按35%税率征收 | | | | |
| 23 | 核定征收 | | | | |
| 24 | 4. 劳务报酬所得 | 14362 | 13554 | 64 | 744 |
| 25 | 按20%税率征收 | 10923 | 10330 | 23 | 570 |
| 26 | 按30%税率征收 | 1697 | 1548 | 37 | 112 |
| 27 | 按40%税率征收 | 1742 | 1676 | 4 | 62 |
| 28 | 5. 稿酬所得 | 50 | 50 | | |
| 29 | 6. 特许权使用费所得 | 115 | 115 | | |
| 30 | 7. 利息、股息、红利所得 | 18975 | 18556 | 418 | 1 |
| 31 | 其中:储蓄存款利息所得 | | | | |
| 32 | 8. 财产租赁所得 | 1911 | 1792 | 117 | 2 |
| 33 | 9. 财产转让所得 | 39598 | 38032 | 1119 | 447 |
| 34 | 其中:限售股转让所得 | 52 | 52 | | |
| 35 | 房屋转让所得 | 20543 | 19490 | 994 | 59 |
| 36 | 10. 偶然所得 | 2425 | 2335 | 16 | 74 |
| 37 | 11. 其他所得 | 234 | 199 | 20 | 15 |
| 38 | 12. 税款滞纳金、罚款收入 | 548 | 481 | 21 | 46 |

# 2016年汕尾市地方税务局个人所得税分项目统计年报表

编报机关：汕尾市地方税务局　　　　单位：万元

| 序号 | 项　　目 | 合　计 | 大　陆 | 港澳台 | 外　国 |
|---|---|---|---|---|---|
| 1 | 合　　计 | 30512 | 25230 | 4484 | 798 |
| 2 | 1. 工资、薪金所得 | 22749 | 17651 | 4317 | 781 |
| 3 | 按3%税率征收 | 7510 | 7004 | 466 | 40 |
| 4 | 按10%税率征收 | 3255 | 2214 | 846 | 195 |
| 5 | 按20%税率征收 | 3112 | 2335 | 595 | 182 |
| 6 | 按25%税率征收 | 5967 | 4133 | 1523 | 311 |
| 7 | 按30%税率征收 | 1221 | 792 | 399 | 30 |
| 8 | 按35%税率征收 | 612 | 434 | 155 | 23 |
| 9 | 按45%税率征收 | 1072 | 739 | 333 | |
| 10 | 2. 个体工商户生产、经营所得 | 1024 | 1018 | 6 | |
| 11 | 按5%税率征收 | 490 | 490 | | |
| 12 | 按10%税率征收 | | | | |
| 13 | 按20%税率征收 | 57 | 56 | 1 | |
| 14 | 按30%税率征收 | 64 | 64 | | |
| 15 | 按35%税率征收 | 357 | 352 | 5 | |
| 16 | 核定征收 | 56 | 56 | | |
| 17 | 3. 企事业单位承包、承租经营所得 | | | | |
| 18 | 按5%税率征收 | | | | |
| 19 | 按10%税率征收 | | | | |

续表

| 序号 | 项　　目 | 合　计 | 大　陆 | 港澳台 | 外　国 |
|---|---|---|---|---|---|
| 20 | 按20%税率征收 | | | | |
| 21 | 按30%税率征收 | | | | |
| 22 | 按35%税率征收 | | | | |
| 23 | 核定征收 | | | | |
| 24 | 4. 劳务报酬所得 | 1764 | 1744 | 4 | 16 |
| 25 | 按20%税率征收 | 1494 | 1475 | 4 | 15 |
| 26 | 按30%税率征收 | 209 | 208 | | 1 |
| 27 | 按40%税率征收 | 61 | 61 | | |
| 28 | 5. 稿酬所得 | | | | |
| 29 | 6. 特许权使用费所得 | | | | |
| 30 | 7. 利息、股息、红利所得 | 514 | 514 | | |
| 31 | 其中:储蓄存款利息所得 | | | | |
| 32 | 8. 财产租赁所得 | 979 | 937 | 42 | |
| 33 | 9. 财产转让所得 | 2368 | 2254 | 113 | 1 |
| 34 | 其中:限售股转让所得 | | | | |
| 35 | 房屋转让所得 | 2026 | 1935 | 91 | |
| 36 | 10. 偶然所得 | 1049 | 1049 | | |
| 37 | 11. 其他所得 | 33 | 32 | 1 | |
| 38 | 12. 税款滞纳金、罚款收入 | 32 | 31 | 1 | |

# 2016 年东莞市地方税务局个人所得税分项目统计年报表

编报机关：东莞市地方税务局　　　　单位：万元

| 序号 | 项　目 | 合　计 | 大　陆 | 港澳台 | 外　国 |
|---|---|---|---|---|---|
| 1 | 合　计 | 986884 | 716738 | 145098 | 125048 |
| 2 | 1. 工资、薪金所得 | 717658 | 468459 | 135068 | 114131 |
| 3 | 按 3% 税率征收 | 68518 | 47606 | 12651 | 8261 |
| 4 | 按 10% 税率征收 | 103131 | 58727 | 26708 | 17696 |
| 5 | 按 20% 税率征收 | 103945 | 63632 | 22907 | 17406 |
| 6 | 按 25% 税率征收 | 279856 | 200459 | 42577 | 36820 |
| 7 | 按 30% 税率征收 | 68022 | 45544 | 12008 | 10470 |
| 8 | 按 35% 税率征收 | 31894 | 14936 | 8425 | 8533 |
| 9 | 按 45% 税率征收 | 62292 | 37555 | 9792 | 14945 |
| 10 | 2. 个体工商户生产、经营所得 | 41175 | 39621 | 409 | 1145 |
| 11 | 按 5% 税率征收 | 6326 | 4973 | 208 | 1145 |
| 12 | 按 10% 税率征收 | | | | |
| 13 | 按 20% 税率征收 | 3433 | 3421 | 12 | |
| 14 | 按 30% 税率征收 | 5073 | 5051 | 22 | |
| 15 | 按 35% 税率征收 | 25099 | 24936 | 163 | |
| 16 | 核定征收 | 1244 | 1240 | 4 | |
| 17 | 3. 企事业单位承包、承租经营所得 | 3 | 3 | | |
| 18 | 按 5% 税率征收 | | | | |
| 19 | 按 10% 税率征收 | | | | |

续表

| 序号 | 项　　目 | 合　计 | 大　陆 | 港澳台 | 外　国 |
|---|---|---|---|---|---|
| 20 | 按20%税率征收 | | | | |
| 21 | 按30%税率征收 | 1 | 1 | | |
| 22 | 按35%税率征收 | 2 | 2 | | |
| 23 | 核定征收 | | | | |
| 24 | 4. 劳务报酬所得 | 44140 | 41659 | 410 | 2071 |
| 25 | 按20%税率征收 | 32533 | 30873 | 266 | 1394 |
| 26 | 按30%税率征收 | 6527 | 6078 | 45 | 404 |
| 27 | 按40%税率征收 | 5080 | 4708 | 99 | 273 |
| 28 | 5. 稿酬所得 | 53 | 53 | | |
| 29 | 6. 特许权使用费所得 | 21 | 3 | 18 | |
| 30 | 7. 利息、股息、红利所得 | 75123 | 66706 | 1712 | 6705 |
| 31 | 其中:储蓄存款利息所得 | | | | |
| 32 | 8. 财产租赁所得 | 5785 | 5171 | 595 | 19 |
| 33 | 9. 财产转让所得 | 91521 | 84156 | 6584 | 781 |
| 34 | 其中:限售股转让所得 | 222 | -676 | 898 | |
| 35 | 房屋转让所得 | 54441 | 48755 | 5458 | 228 |
| 36 | 10. 偶然所得 | 8013 | 7890 | 88 | 35 |
| 37 | 11. 其他所得 | 1156 | 1037 | 109 | 10 |
| 38 | 12. 税款滞纳金、罚款收入 | 2236 | 1980 | 105 | 151 |

# 2016 年中山市地方税务局个人所得税分项目统计年报表

编报机关:中山市地方税务局

单位:万元

| 序号 | 项目 | 合计 | 大陆 | 港澳台 | 外国 |
|---|---|---|---|---|---|
| 1 | 合计 | 356940 | 279262 | 38459 | 39219 |
| 2 | 1. 工资、薪金所得 | 192891 | 126265 | 31145 | 35481 |
| 3 | 按 3% 税率征收 | 14026 | 9032 | 2742 | 2252 |
| 4 | 按 10% 税率征收 | 40843 | 29181 | 6344 | 5318 |
| 5 | 按 20% 税率征收 | 36812 | 25969 | 5358 | 5485 |
| 6 | 按 25% 税率征收 | 61354 | 41404 | 10252 | 9698 |
| 7 | 按 30% 税率征收 | 13004 | 8125 | 2155 | 2724 |
| 8 | 按 35% 税率征收 | 10665 | 5375 | 1633 | 3657 |
| 9 | 按 45% 税率征收 | 16187 | 7179 | 2661 | 6347 |
| 10 | 2. 个体工商户生产、经营所得 | 46304 | 46058 | 236 | 10 |
| 11 | 按 5% 税率征收 | 7114 | 6923 | 188 | 3 |
| 12 | 按 10% 税率征收 | | | | |
| 13 | 按 20% 税率征收 | 3005 | 2999 | 5 | 1 |
| 14 | 按 30% 税率征收 | 4395 | 4389 | 6 | |
| 15 | 按 35% 税率征收 | 30894 | 30852 | 36 | 6 |
| 16 | 核定征收 | 896 | 895 | 1 | |
| 17 | 3. 企事业单位承包、承租经营所得 | | | | |
| 18 | 按 5% 税率征收 | | | | |
| 19 | 按 10% 税率征收 | | | | |

续表

| 序号 | 项目 | 合计 | 大陆 | 港澳台 | 外国 |
|---|---|---|---|---|---|
| 20 | 按20%税率征收 | | | | |
| 21 | 按30%税率征收 | | | | |
| 22 | 按35%税率征收 | | | | |
| 23 | 核定征收 | | | | |
| 24 | 4. 劳务报酬所得 | 15624 | 13376 | 168 | 2080 |
| 25 | 按20%税率征收 | 11690 | 9809 | 52 | 1829 |
| 26 | 按30%税率征收 | 2167 | 2002 | 45 | 120 |
| 27 | 按40%税率征收 | 1767 | 1565 | 71 | 131 |
| 28 | 5. 稿酬所得 | 6 | 6 | | |
| 29 | 6. 特许权使用费所得 | 185 | 139 | 46 | |
| 30 | 7. 利息、股息、红利所得 | 27130 | 26515 | 226 | 389 |
| 31 | 其中:储蓄存款利息所得 | | | | |
| 32 | 8. 财产租赁所得 | 6924 | 6861 | 63 | |
| 33 | 9. 财产转让所得 | 63815 | 56089 | 6497 | 1229 |
| 34 | 其中:限售股转让所得 | 1022 | 1022 | | |
| 35 | 房屋转让所得 | 33975 | 27520 | 6297 | 158 |
| 36 | 10. 偶然所得 | 2821 | 2799 | 12 | 10 |
| 37 | 11. 其他所得 | 649 | 604 | 40 | 5 |
| 38 | 12. 税款滞纳金、罚款收入 | 591 | 550 | 26 | 15 |

# 2016 年江门市地方税务局个人所得税分项目统计年报表

编报机关:江门市地方税务局　　　　单位:万元

| 序号 | 项　目 | 合　计 | 大　陆 | 港澳台 | 外　国 |
|---|---|---|---|---|---|
| 1 | 合　计 | 221698 | 165798 | 32470 | 23430 |
| 2 | 1. 工资、薪金所得 | 137624 | 96266 | 19718 | 21640 |
| 3 | 按 3% 税率征收 | 23683 | 20612 | 1711 | 1360 |
| 4 | 按 10% 税率征收 | 24765 | 18144 | 4361 | 2260 |
| 5 | 按 20% 税率征收 | 23640 | 17578 | 3914 | 2148 |
| 6 | 按 25% 税率征收 | 40728 | 28804 | 6712 | 5212 |
| 7 | 按 30% 税率征收 | 7236 | 4299 | 1207 | 1730 |
| 8 | 按 35% 税率征收 | 5788 | 2371 | 624 | 2793 |
| 9 | 按 45% 税率征收 | 11784 | 4458 | 1189 | 6137 |
| 10 | 2. 个体工商户生产、经营所得 | 17717 | 17263 | 447 | 7 |
| 11 | 按 5% 税率征收 | 3887 | 3459 | 425 | 3 |
| 12 | 按 10% 税率征收 | | | | |
| 13 | 按 20% 税率征收 | 1603 | 1595 | 7 | 1 |
| 14 | 按 30% 税率征收 | 2079 | 2071 | 5 | 3 |
| 15 | 按 35% 税率征收 | 9530 | 9522 | 8 | |
| 16 | 核定征收 | 618 | 616 | 2 | |
| 17 | 3. 企事业单位承包、承租经营所得 | 62 | 62 | | |
| 18 | 按 5% 税率征收 | 15 | 15 | | |
| 19 | 按 10% 税率征收 | | | | |

续表

| 序号 | 项　目 | 合　计 | 大　陆 | 港澳台 | 外　国 |
|---|---|---|---|---|---|
| 20 | 按20%税率征收 | 10 | 10 | | |
| 21 | 按30%税率征收 | 8 | 8 | | |
| 22 | 按35%税率征收 | 19 | 19 | | |
| 23 | 核定征收 | 10 | 10 | | |
| 24 | 4. 劳务报酬所得 | 21331 | 9374 | 10859 | 1098 |
| 25 | 按20%税率征收 | 19027 | 7410 | 10791 | 826 |
| 26 | 按30%税率征收 | 1367 | 1184 | 32 | 151 |
| 27 | 按40%税率征收 | 937 | 780 | 36 | 121 |
| 28 | 5. 稿酬所得 | 7 | 7 | | |
| 29 | 6. 特许权使用费所得 | 2 | 2 | | |
| 30 | 7. 利息、股息、红利所得 | 17393 | 17202 | 119 | 72 |
| 31 | 其中:储蓄存款利息所得 | | | | |
| 32 | 8. 财产租赁所得 | 1422 | 1282 | 113 | 27 |
| 33 | 9. 财产转让所得 | 23373 | 21714 | 1153 | 506 |
| 34 | 其中:限售股转让所得 | | | | |
| 35 | 房屋转让所得 | 12964 | 11494 | 991 | 479 |
| 36 | 10. 偶然所得 | 2205 | 2167 | 21 | 17 |
| 37 | 11. 其他所得 | 119 | 115 | 3 | 1 |
| 38 | 12. 税款滞纳金、罚款收入 | 443 | 344 | 37 | 62 |

# 2016年阳江市地方税务局个人所得税分项目统计年报表

编报机关：阳江市地方税务局　　　　单位：万元

| 序号 | 项　目 | 合　计 | 大　陆 | 港澳台 | 外　国 |
|---|---|---|---|---|---|
| 1 | 合　计 | 59523 | 56748 | 1277 | 1498 |
| 2 | 1. 工资、薪金所得 | 38833 | 36213 | 1140 | 1480 |
| 3 | 按3%税率征收 | 9368 | 9166 | 130 | 72 |
| 4 | 按10%税率征收 | 7073 | 6574 | 211 | 288 |
| 5 | 按20%税率征收 | 7068 | 6552 | 214 | 302 |
| 6 | 按25%税率征收 | 11921 | 10965 | 370 | 586 |
| 7 | 按30%税率征收 | 1612 | 1530 | 19 | 63 |
| 8 | 按35%税率征收 | 713 | 556 | 78 | 79 |
| 9 | 按45%税率征收 | 1078 | 870 | 118 | 90 |
| 10 | 2. 个体工商户生产、经营所得 | 4531 | 4530 | 1 | |
| 11 | 按5%税率征收 | 2252 | 2251 | 1 | |
| 12 | 按10%税率征收 | | | | |
| 13 | 按20%税率征收 | 280 | 280 | | |
| 14 | 按30%税率征收 | 370 | 370 | | |
| 15 | 按35%税率征收 | 1534 | 1534 | | |
| 16 | 核定征收 | 95 | 95 | | |
| 17 | 3. 企事业单位承包、承租经营所得 | | | | |
| 18 | 按5%税率征收 | | | | |
| 19 | 按10%税率征收 | | | | |

续表

| 序号 | 项　目 | 合　计 | 大　陆 | 港澳台 | 外　国 |
|---|---|---|---|---|---|
| 20 | 按20%税率征收 | | | | |
| 21 | 按30%税率征收 | | | | |
| 22 | 按35%税率征收 | | | | |
| 23 | 核定征收 | | | | |
| 24 | 4. 劳务报酬所得 | 3456 | 3451 | 2 | 3 |
| 25 | 按20%税率征收 | 3069 | 3064 | 2 | 3 |
| 26 | 按30%税率征收 | 298 | 298 | | |
| 27 | 按40%税率征收 | 89 | 89 | | |
| 28 | 5. 稿酬所得 | 35 | 35 | | |
| 29 | 6. 特许权使用费所得 | | | | |
| 30 | 7. 利息、股息、红利所得 | 5402 | 5402 | | |
| 31 | 其中:储蓄存款利息所得 | | | | |
| 32 | 8. 财产租赁所得 | 1035 | 1025 | 9 | 1 |
| 33 | 9. 财产转让所得 | 5229 | 5098 | 121 | 10 |
| 34 | 其中:限售股转让所得 | 316 | 316 | | |
| 35 | 房屋转让所得 | 4028 | 3937 | 85 | 6 |
| 36 | 10. 偶然所得 | 781 | 774 | 4 | 3 |
| 37 | 11. 其他所得 | 124 | 124 | | |
| 38 | 12. 税款滞纳金、罚款收入 | 97 | 96 | | 1 |

# 2016 年湛江市地方税务局个人所得税分项目统计年报表

编报机关:湛江市地方税务局　　　　单位:万元

| 序号 | 项　目 | 合　计 | 大　陆 | 港澳台 | 外　国 |
|---|---|---|---|---|---|
| 1 | 合　计 | 122933 | 117732 | 3470 | 1731 |
| 2 | 1. 工资、薪金所得 | 78146 | 73472 | 3174 | 1500 |
| 3 | 按 3% 税率征收 | 10732 | 10193 | 395 | 144 |
| 4 | 按 10% 税率征收 | 17120 | 16062 | 819 | 239 |
| 5 | 按 20% 税率征收 | 17363 | 16490 | 669 | 204 |
| 6 | 按 25% 税率征收 | 25656 | 24209 | 942 | 505 |
| 7 | 按 30% 税率征收 | 3011 | 2809 | 120 | 82 |
| 8 | 按 35% 税率征收 | 1687 | 1455 | 118 | 114 |
| 9 | 按 45% 税率征收 | 2577 | 2254 | 111 | 212 |
| 10 | 2. 个体工商户生产、经营所得 | 7902 | 7810 | 75 | 17 |
| 11 | 按 5% 税率征收 | 3446 | 3358 | 71 | 17 |
| 12 | 按 10% 税率征收 |  |  |  |  |
| 13 | 按 20% 税率征收 | 236 | 236 |  |  |
| 14 | 按 30% 税率征收 | 359 | 359 |  |  |
| 15 | 按 35% 税率征收 | 2920 | 2916 | 4 |  |
| 16 | 核定征收 | 941 | 941 |  |  |
| 17 | 3. 企事业单位承包、承租经营所得 | 18521 | 18521 |  |  |
| 18 | 按 5% 税率征收 | 18516 | 18516 |  |  |
| 19 | 按 10% 税率征收 |  |  |  |  |

续表

| 序号 | 项　　目 | 合　计 | 大　陆 | 港澳台 | 外　国 |
|---|---|---|---|---|---|
| 20 | 按20%税率征收 | 1 | 1 | | |
| 21 | 按30%税率征收 | 4 | 4 | | |
| 22 | 按35%税率征收 | | | | |
| 23 | 核定征收 | | | | |
| 24 | 4. 劳务报酬所得 | 6613 | 6376 | 38 | 199 |
| 25 | 按20%税率征收 | 5442 | 5230 | 27 | 185 |
| 26 | 按30%税率征收 | 724 | 707 | 5 | 12 |
| 27 | 按40%税率征收 | 447 | 439 | 6 | 2 |
| 28 | 5. 稿酬所得 | 1 | 1 | | |
| 29 | 6. 特许权使用费所得 | | | | |
| 30 | 7. 利息、股息、红利所得 | 3472 | 3331 | 141 | |
| 31 | 其中:储蓄存款利息所得 | | | | |
| 32 | 8. 财产租赁所得 | 362 | 359 | 2 | 1 |
| 33 | 9. 财产转让所得 | 5565 | 5545 | 20 | |
| 34 | 其中:限售股转让所得 | 9 | 9 | | |
| 35 | 房屋转让所得 | 4300 | 4285 | 15 | |
| 36 | 10. 偶然所得 | 1167 | 1160 | 7 | |
| 37 | 11. 其他所得 | 927 | 921 | | 6 |
| 38 | 12. 税款滞纳金、罚款收入 | 257 | 236 | 13 | 8 |

# 2016年茂名市地方税务局个人所得税分项目统计年报表

编报机关:茂名市地方税务局　　　　单位:万元

| 序号 | 项　目 | 合　计 | 大　陆 | 港澳台 | 外　国 |
|---|---|---|---|---|---|
| 1 | 合　计 | 77768 | 75877 | 1076 | 815 |
| 2 | 1. 工资、薪金所得 | 49666 | 48083 | 1059 | 524 |
| 3 | 按3%税率征收 | 9629 | 9478 | 76 | 75 |
| 4 | 按10%税率征收 | 11649 | 11352 | 211 | 86 |
| 5 | 按20%税率征收 | 10202 | 9849 | 229 | 124 |
| 6 | 按25%税率征收 | 14091 | 13455 | 467 | 169 |
| 7 | 按30%税率征收 | 1709 | 1614 | 42 | 53 |
| 8 | 按35%税率征收 | 806 | 760 | 29 | 17 |
| 9 | 按45%税率征收 | 1580 | 1575 | 5 | |
| 10 | 2. 个体工商户生产、经营所得 | 5845 | 5845 | | |
| 11 | 按5%税率征收 | 3111 | 3111 | | |
| 12 | 按10%税率征收 | | | | |
| 13 | 按20%税率征收 | 232 | 232 | | |
| 14 | 按30%税率征收 | 335 | 335 | | |
| 15 | 按35%税率征收 | 2054 | 2054 | | |
| 16 | 核定征收 | 113 | 113 | | |
| 17 | 3. 企事业单位承包、承租经营所得 | 16 | 16 | | |
| 18 | 按5%税率征收 | 15 | 15 | | |
| 19 | 按10%税率征收 | | | | |

续表

| 序号 | 项　目 | 合　计 | 大　陆 | 港澳台 | 外　国 |
|---|---|---|---|---|---|
| 20 | 按20%税率征收 | 1 | 1 | | |
| 21 | 按30%税率征收 | | | | |
| 22 | 按35%税率征收 | | | | |
| 23 | 核定征收 | | | | |
| 24 | 4. 劳务报酬所得 | 5296 | 5010 | 1 | 285 |
| 25 | 按20%税率征收 | 4473 | 4196 | 1 | 276 |
| 26 | 按30%税率征收 | 463 | 454 | | 9 |
| 27 | 按40%税率征收 | 360 | 360 | | |
| 28 | 5. 稿酬所得 | 1 | 1 | | |
| 29 | 6. 特许权使用费所得 | | | | |
| 30 | 7. 利息、股息、红利所得 | 9775 | 9775 | | |
| 31 | 其中:储蓄存款利息所得 | | | | |
| 32 | 8. 财产租赁所得 | 1164 | 1162 | 2 | |
| 33 | 9. 财产转让所得 | 5039 | 5019 | 14 | 6 |
| 34 | 其中:限售股转让所得 | 9 | 9 | | |
| 35 | 房屋转让所得 | 4087 | 4070 | 11 | 6 |
| 36 | 10. 偶然所得 | 598 | 598 | | |
| 37 | 11. 其他所得 | 289 | 289 | | |
| 38 | 12. 税款滞纳金、罚款收入 | 79 | 79 | | |

# 2016年肇庆市地方税务局个人所得税分项目统计年报表

编报机关:肇庆市地方税务局　　　　单位:万元

| 序号 | 项　目 | 合　计 | 大　陆 | 港澳台 | 外　国 |
|---|---|---|---|---|---|
| 1 | 合　计 | 102414 | 93840 | 3713 | 4861 |
| 2 | 1. 工资、薪金所得 | 62328 | 54775 | 3279 | 4274 |
| 3 | 按3%税率征收 | 13920 | 13010 | 449 | 461 |
| 4 | 按10%税率征收 | 13884 | 12072 | 919 | 893 |
| 5 | 按20%税率征收 | 11754 | 10247 | 694 | 813 |
| 6 | 按25%税率征收 | 17444 | 15436 | 876 | 1132 |
| 7 | 按30%税率征收 | 2395 | 1944 | 111 | 340 |
| 8 | 按35%税率征收 | 1221 | 1070 | 9 | 142 |
| 9 | 按45%税率征收 | 1710 | 996 | 221 | 493 |
| 10 | 2. 个体工商户生产、经营所得 | 7818 | 7807 | 10 | 1 |
| 11 | 按5%税率征收 | 3438 | 3427 | 10 | 1 |
| 12 | 按10%税率征收 | | | | |
| 13 | 按20%税率征收 | 362 | 362 | | |
| 14 | 按30%税率征收 | 492 | 492 | | |
| 15 | 按35%税率征收 | 3403 | 3403 | | |
| 16 | 核定征收 | 123 | 123 | | |
| 17 | 3. 企事业单位承包、承租经营所得 | 1295 | 1295 | | |
| 18 | 按5%税率征收 | 1267 | 1267 | | |
| 19 | 按10%税率征收 | | | | |

续表

| 序号 | 项　　目 | 合　计 | 大　陆 | 港澳台 | 外　国 |
|---|---|---|---|---|---|
| 20 | 按20%税率征收 | | | | |
| 21 | 按30%税率征收 | | | | |
| 22 | 按35%税率征收 | 28 | 28 | | |
| 23 | 核定征收 | | | | |
| 24 | 4. 劳务报酬所得 | 5407 | 5010 | 9 | 388 |
| 25 | 按20%税率征收 | 4551 | 4229 | 9 | 313 |
| 26 | 按30%税率征收 | 627 | 560 | | 67 |
| 27 | 按40%税率征收 | 229 | 221 | | 8 |
| 28 | 5. 稿酬所得 | 2 | 2 | | |
| 29 | 6. 特许权使用费所得 | 6 | 6 | | |
| 30 | 7. 利息、股息、红利所得 | 9326 | 9231 | 35 | 60 |
| 31 | 其中:储蓄存款利息所得 | | | | |
| 32 | 8. 财产租赁所得 | 694 | 664 | 27 | 3 |
| 33 | 9. 财产转让所得 | 12911 | 12508 | 351 | 52 |
| 34 | 其中:限售股转让所得 | 19 | 19 | | |
| 35 | 房屋转让所得 | 6343 | 6173 | 154 | 16 |
| 36 | 10. 偶然所得 | 2081 | 1998 | | 83 |
| 37 | 11. 其他所得 | 369 | 368 | 1 | |
| 38 | 12. 税款滞纳金、罚款收入 | 177 | 176 | 1 | |

# 2016年清远市地方税务局个人所得税分项目统计年报表

编报机关:清远市地方税务局　　　　单位:万元

| 序号 | 项　目 | 合　计 | 大　陆 | 港澳台 | 外　国 |
|---|---|---|---|---|---|
| 1 | 合　计 | 91214 | 83153 | 4662 | 3399 |
| 2 | 1. 工资、薪金所得 | 58392 | 50973 | 4526 | 2893 |
| 3 | 按3%税率征收 | 17347 | 16326 | 623 | 398 |
| 4 | 按10%税率征收 | 11525 | 9780 | 1198 | 547 |
| 5 | 按20%税率征收 | 10221 | 8580 | 1093 | 548 |
| 6 | 按25%税率征收 | 15162 | 12932 | 1230 | 1000 |
| 7 | 按30%税率征收 | 1812 | 1480 | 155 | 177 |
| 8 | 按35%税率征收 | 888 | 687 | 80 | 121 |
| 9 | 按45%税率征收 | 1437 | 1188 | 147 | 102 |
| 10 | 2. 个体工商户生产、经营所得 | 7432 | 7421 | 4 | 7 |
| 11 | 按5%税率征收 | 3400 | 3396 | 4 | |
| 12 | 按10%税率征收 | | | | |
| 13 | 按20%税率征收 | 416 | 414 | | 2 |
| 14 | 按30%税率征收 | 569 | 567 | | 2 |
| 15 | 按35%税率征收 | 2906 | 2904 | | 2 |
| 16 | 核定征收 | 141 | 140 | | 1 |
| 17 | 3. 企事业单位承包、承租经营所得 | | | | |
| 18 | 按5%税率征收 | | | | |
| 19 | 按10%税率征收 | | | | |

续表

| 序号 | 项　目 | 合　计 | 大　陆 | 港澳台 | 外　国 |
|---|---|---|---|---|---|
| 20 | 按20%税率征收 | | | | |
| 21 | 按30%税率征收 | | | | |
| 22 | 按35%税率征收 | | | | |
| 23 | 核定征收 | | | | |
| 24 | 4. 劳务报酬所得 | 5035 | 4715 | | 320 |
| 25 | 按20%税率征收 | 4179 | 3936 | | 243 |
| 26 | 按30%税率征收 | 580 | 542 | | 38 |
| 27 | 按40%税率征收 | 276 | 237 | | 39 |
| 28 | 5. 稿酬所得 | | | | |
| 29 | 6. 特许权使用费所得 | | | | |
| 30 | 7. 利息、股息、红利所得 | 10629 | 10475 | 1 | 153 |
| 31 | 其中:储蓄存款利息所得 | | | | |
| 32 | 8. 财产租赁所得 | 1079 | 1075 | 4 | |
| 33 | 9. 财产转让所得 | 7015 | 6887 | 118 | 10 |
| 34 | 其中:限售股转让所得 | 135 | 135 | | |
| 35 | 房屋转让所得 | 3973 | 3866 | 97 | 10 |
| 36 | 10. 偶然所得 | 1401 | 1386 | | 15 |
| 37 | 11. 其他所得 | 107 | 104 | 2 | 1 |
| 38 | 12. 税款滞纳金、罚款收入 | 124 | 117 | 7 | |

# 2016 年潮州市地方税务局个人所得税分项目统计年报表

编报机关:潮州市地方税务局　　单位:万元

| 序号 | 项　　目 | 合　计 | 大　陆 | 港澳台 | 外　国 |
|---|---|---|---|---|---|
| 1 | 合　　计 | 68649 | 67187 | 579 | 883 |
| 2 | 1. 工资、薪金所得 | 17485 | 16323 | 373 | 789 |
| 3 | 按 3% 税率征收 | 2481 | 2394 | 59 | 28 |
| 4 | 按 10% 税率征收 | 3691 | 3450 | 105 | 136 |
| 5 | 按 20% 税率征收 | 3524 | 3261 | 89 | 174 |
| 6 | 按 25% 税率征收 | 5690 | 5184 | 105 | 401 |
| 7 | 按 30% 税率征收 | 1132 | 1072 | 10 | 50 |
| 8 | 按 35% 税率征收 | 493 | 490 | 3 | |
| 9 | 按 45% 税率征收 | 474 | 472 | 2 | |
| 10 | 2. 个体工商户生产、经营所得 | 10926 | 10895 | 31 | |
| 11 | 按 5% 税率征收 | 1948 | 1917 | 31 | |
| 12 | 按 10% 税率征收 | | | | |
| 13 | 按 20% 税率征收 | 927 | 927 | | |
| 14 | 按 30% 税率征收 | 1175 | 1175 | | |
| 15 | 按 35% 税率征收 | 5869 | 5869 | | |
| 16 | 核定征收 | 1007 | 1007 | | |
| 17 | 3. 企事业单位承包、承租经营所得 | 3078 | 3078 | | |
| 18 | 按 5% 税率征收 | 3043 | 3043 | | |
| 19 | 按 10% 税率征收 | | | | |

续表

| 序号 | 项　目 | 合　计 | 大　陆 | 港澳台 | 外　国 |
|---|---|---|---|---|---|
| 20 | 按20%税率征收 | 2 | 2 | | |
| 21 | 按30%税率征收 | 4 | 4 | | |
| 22 | 按35%税率征收 | 27 | 27 | | |
| 23 | 核定征收 | 2 | 2 | | |
| 24 | 4. 劳务报酬所得 | 2659 | 2652 | | 7 |
| 25 | 按20%税率征收 | 2236 | 2229 | | 7 |
| 26 | 按30%税率征收 | 258 | 258 | | |
| 27 | 按40%税率征收 | 165 | 165 | | |
| 28 | 5. 稿酬所得 | | | | |
| 29 | 6. 特许权使用费所得 | | | | |
| 30 | 7. 利息、股息、红利所得 | 11903 | 11672 | 161 | 70 |
| 31 | 其中:储蓄存款利息所得 | | | | |
| 32 | 8. 财产租赁所得 | 893 | 889 | 2 | 2 |
| 33 | 9. 财产转让所得 | 20632 | 20613 | 7 | 12 |
| 34 | 其中:限售股转让所得 | 17699 | 17699 | | |
| 35 | 房屋转让所得 | 1494 | 1482 | 7 | 5 |
| 36 | 10. 偶然所得 | 768 | 766 | | 2 |
| 37 | 11. 其他所得 | 32 | 32 | | |
| 38 | 12. 税款滞纳金、罚款收入 | 273 | 267 | 5 | 1 |

# 2016 年揭阳市地方税务局个人所得税分项目统计年报表

编报机关:揭阳市地方税务局　　　　单位:万元

| 序号 | 项　　目 | 合　计 | 大　陆 | 港澳台 | 外　国 |
|---|---|---|---|---|---|
| 1 | 合　　计 | 74444 | 70582 | 2682 | 1180 |
| 2 | 1. 工资、薪金所得 | 40353 | 38791 | 608 | 954 |
| 3 | 按 3% 税率征收 | 8388 | 8259 | 66 | 63 |
| 4 | 按 10% 税率征收 | 8876 | 8477 | 188 | 211 |
| 5 | 按 20% 税率征收 | 8478 | 8108 | 147 | 223 |
| 6 | 按 25% 税率征收 | 11689 | 11181 | 151 | 357 |
| 7 | 按 30% 税率征收 | 1485 | 1409 | 17 | 59 |
| 8 | 按 35% 税率征收 | 614 | 556 | 33 | 25 |
| 9 | 按 45% 税率征收 | 823 | 801 | 6 | 16 |
| 10 | 2. 个体工商户生产、经营所得 | 5054 | 5053 | 1 | |
| 11 | 按 5% 税率征收 | 1461 | 1461 | | |
| 12 | 按 10% 税率征收 | | | | |
| 13 | 按 20% 税率征收 | 654 | 653 | 1 | |
| 14 | 按 30% 税率征收 | 545 | 545 | | |
| 15 | 按 35% 税率征收 | 2184 | 2184 | | |
| 16 | 核定征收 | 210 | 210 | | |
| 17 | 3. 企事业单位承包、承租经营所得 | 1212 | 1208 | 4 | |
| 18 | 按 5% 税率征收 | 1136 | 1132 | 4 | |
| 19 | 按 10% 税率征收 | | | | |

续表

| 序号 | 项　　目 | 合　计 | 大　陆 | 港澳台 | 外　国 |
|---|---|---|---|---|---|
| 20 | 按20%税率征收 | 1 | 1 | | |
| 21 | 按30%税率征收 | 3 | 3 | | |
| 22 | 按35%税率征收 | 72 | 72 | | |
| 23 | 核定征收 | | | | |
| 24 | 4. 劳务报酬所得 | 4569 | 4344 | 1 | 224 |
| 25 | 按20%税率征收 | 3739 | 3537 | | 202 |
| 26 | 按30%税率征收 | 558 | 539 | 1 | 18 |
| 27 | 按40%税率征收 | 272 | 268 | | 4 |
| 28 | 5. 稿酬所得 | 1 | 1 | | |
| 29 | 6. 特许权使用费所得 | | | | |
| 30 | 7. 利息、股息、红利所得 | 13216 | 12894 | 322 | |
| 31 | 其中:储蓄存款利息所得 | | | | |
| 32 | 8. 财产租赁所得 | 1690 | 1678 | 12 | |
| 33 | 9. 财产转让所得 | 7214 | 5481 | 1732 | 1 |
| 34 | 其中:限售股转让所得 | | | | |
| 35 | 房屋转让所得 | 4895 | 4862 | 33 | |
| 36 | 10. 偶然所得 | 845 | 844 | | 1 |
| 37 | 11. 其他所得 | 111 | 111 | | |
| 38 | 12. 税款滞纳金、罚款收入 | 179 | 177 | 2 | |

# 2016年云浮市地方税务局个人所得税分项目统计年报表

编报机关:云浮市地方税务局　　单位:万元

| 序号 | 项　　目 | 合　计 | 大　陆 | 港澳台 | 外　国 |
|---|---|---|---|---|---|
| 1 | 合　　计 | 117472 | 78440 | 2176 | 36856 |
| 2 | 1. 工资、薪金所得 | 35142 | 31935 | 1879 | 1328 |
| 3 | 按3%税率征收 | 8086 | 7816 | 178 | 92 |
| 4 | 按10%税率征收 | 7817 | 7201 | 429 | 187 |
| 5 | 按20%税率征收 | 6015 | 5365 | 452 | 198 |
| 6 | 按25%税率征收 | 10461 | 9563 | 542 | 356 |
| 7 | 按30%税率征收 | 1197 | 1012 | 98 | 87 |
| 8 | 按35%税率征收 | 852 | 617 | 76 | 159 |
| 9 | 按45%税率征收 | 714 | 361 | 104 | 249 |
| 10 | 2. 个体工商户生产、经营所得 | 4237 | 4232 | 4 | 1 |
| 11 | 按5%税率征收 | 1917 | 1913 | 4 | |
| 12 | 按10%税率征收 | | | | |
| 13 | 按20%税率征收 | 232 | 232 | | |
| 14 | 按30%税率征收 | 295 | 295 | | |
| 15 | 按35%税率征收 | 1499 | 1498 | | 1 |
| 16 | 核定征收 | 294 | 294 | | |
| 17 | 3. 企事业单位承包、承租经营所得 | 8 | 8 | | |
| 18 | 按5%税率征收 | 2 | 2 | | |
| 19 | 按10%税率征收 | | | | |

续表

| 序号 | 项　目 | 合　计 | 大　陆 | 港澳台 | 外　国 |
|---|---|---|---|---|---|
| 20 | 按20%税率征收 | 1 | 1 | | |
| 21 | 按30%税率征收 | | | | |
| 22 | 按35%税率征收 | 5 | 5 | | |
| 23 | 核定征收 | | | | |
| 24 | 4. 劳务报酬所得 | 2909 | 2891 | 5 | 13 |
| 25 | 按20%税率征收 | 2189 | 2176 | | 13 |
| 26 | 按30%税率征收 | 385 | 380 | 5 | |
| 27 | 按40%税率征收 | 335 | 335 | | |
| 28 | 5. 稿酬所得 | 1 | 1 | | |
| 29 | 6. 特许权使用费所得 | | | | |
| 30 | 7. 利息、股息、红利所得 | 30987 | 30987 | | |
| 31 | 其中:储蓄存款利息所得 | | | | |
| 32 | 8. 财产租赁所得 | 1768 | 1663 | 98 | 7 |
| 33 | 9. 财产转让所得 | 41757 | 6086 | 184 | 35487 |
| 34 | 其中:限售股转让所得 | 38252 | 2766 | | 35486 |
| 35 | 房屋转让所得 | 2241 | 2105 | 135 | 1 |
| 36 | 10. 偶然所得 | 512 | 510 | 2 | |
| 37 | 11. 其他所得 | 55 | 35 | | 20 |
| 38 | 12. 税款滞纳金、罚款收入 | 96 | 92 | 4 | |

# 2016 年横琴新区地方税务局个人所得税分项目统计年报表

编报机关:横琴新区地方税务局　　　　单位:万元

| 序号 | 项　　目 | 合　计 | 大　陆 | 港澳台 | 外　国 |
|---|---|---|---|---|---|
| 1 | 合　　计 | 183415 | 171034 | 5402 | 6979 |
| 2 | 1. 工资、薪金所得 | 159941 | 148100 | 4936 | 6905 |
| 3 | 按 3% 税率征收 | 982 | 965 | 8 | 9 |
| 4 | 按 10% 税率征收 | 2695 | 2601 | 53 | 41 |
| 5 | 按 20% 税率征收 | 5774 | 5526 | 159 | 89 |
| 6 | 按 25% 税率征收 | 26184 | 24359 | 1101 | 724 |
| 7 | 按 30% 税率征收 | 16237 | 15297 | 840 | 100 |
| 8 | 按 35% 税率征收 | 19059 | 17881 | 885 | 293 |
| 9 | 按 45% 税率征收 | 89010 | 81471 | 1890 | 5649 |
| 10 | 2. 个体工商户生产、经营所得 | 444 | 442 | 1 | 1 |
| 11 | 按 5% 税率征收 | 54 | 53 | 1 | |
| 12 | 按 10% 税率征收 | | | | |
| 13 | 按 20% 税率征收 | 14 | 13 | | 1 |
| 14 | 按 30% 税率征收 | 12 | 12 | | |
| 15 | 按 35% 税率征收 | 362 | 362 | | |
| 16 | 核定征收 | 2 | 2 | | |
| 17 | 3. 企事业单位承包、承租经营所得 | | | | |
| 18 | 按 5% 税率征收 | | | | |
| 19 | 按 10% 税率征收 | | | | |

续表

| 序号 | 项　目 | 合　计 | 大　陆 | 港澳台 | 外　国 |
|---|---|---|---|---|---|
| 20 | 按20%税率征收 | | | | |
| 21 | 按30%税率征收 | | | | |
| 22 | 按35%税率征收 | | | | |
| 23 | 核定征收 | | | | |
| 24 | 4. 劳务报酬所得 | 1050 | 941 | 37 | 72 |
| 25 | 按20%税率征收 | 468 | 391 | 15 | 62 |
| 26 | 按30%税率征收 | 168 | 139 | 21 | 8 |
| 27 | 按40%税率征收 | 414 | 411 | 1 | 2 |
| 28 | 5. 稿酬所得 | 3 | 3 | | |
| 29 | 6. 特许权使用费所得 | 205 | 205 | | |
| 30 | 7. 利息、股息、红利所得 | 10970 | 10970 | | |
| 31 | 其中:储蓄存款利息所得 | | | | |
| 32 | 8. 财产租赁所得 | 89 | 76 | 12 | 1 |
| 33 | 9. 财产转让所得 | 2029 | 1613 | 416 | |
| 34 | 其中:限售股转让所得 | | | | |
| 35 | 房屋转让所得 | 814 | 398 | 416 | |
| 36 | 10. 偶然所得 | 8638 | 8638 | | |
| 37 | 11. 其他所得 | 20 | 20 | | |
| 38 | 12. 税款滞纳金、罚款收入 | 26 | 26 | | |

# 2016年顺德区地方税务局个人所得税分项目统计年报表

编报机关:顺德区地方税务局　　　　单位:万元

| 序号 | 项　目 | 合　计 | 大　陆 | 港澳台 | 外　国 |
|---|---|---|---|---|---|
| 1 | 合　计 | 324161 | 253709 | 33658 | 36794 |
| 2 | 1. 工资、薪金所得 | 186522 | 118509 | 31643 | 36370 |
| 3 | 按3%税率征收 | 17611 | 14314 | 2189 | 1108 |
| 4 | 按10%税率征收 | 24524 | 15735 | 5369 | 3420 |
| 5 | 按20%税率征收 | 25510 | 15828 | 5450 | 4232 |
| 6 | 按25%税率征收 | 57647 | 37216 | 10219 | 10212 |
| 7 | 按30%税率征收 | 15687 | 10646 | 2386 | 2655 |
| 8 | 按35%税率征收 | 14760 | 9383 | 2166 | 3211 |
| 9 | 按45%税率征收 | 30783 | 15387 | 3864 | 11532 |
| 10 | 2. 个体工商户生产、经营所得 | 21376 | 21348 | 28 | |
| 11 | 按5%税率征收 | 3307 | 3304 | 3 | |
| 12 | 按10%税率征收 | | | | |
| 13 | 按20%税率征收 | 1370 | 1367 | 3 | |
| 14 | 按30%税率征收 | 2110 | 2104 | 6 | |
| 15 | 按35%税率征收 | 14211 | 14195 | 16 | |
| 16 | 核定征收 | 378 | 378 | | |
| 17 | 3. 企事业单位承包、承租经营所得 | | | | |
| 18 | 按5%税率征收 | | | | |
| 19 | 按10%税率征收 | | | | |

续表

| 序号 | 项　目 | 合　计 | 大　陆 | 港澳台 | 外　国 |
|---|---|---|---|---|---|
| 20 | 按20%税率征收 | | | | |
| 21 | 按30%税率征收 | | | | |
| 22 | 按35%税率征收 | | | | |
| 23 | 核定征收 | | | | |
| 24 | 4. 劳务报酬所得 | 7048 | 6630 | 72 | 346 |
| 25 | 按20%税率征收 | 5233 | 4892 | 54 | 287 |
| 26 | 按30%税率征收 | 906 | 852 | 12 | 42 |
| 27 | 按40%税率征收 | 909 | 886 | 6 | 17 |
| 28 | 5. 稿酬所得 | 6 | 5 | | 1 |
| 29 | 6. 特许权使用费所得 | 7 | 3 | | 4 |
| 30 | 7. 利息、股息、红利所得 | 70290 | 69432 | 855 | 3 |
| 31 | 其中:储蓄存款利息所得 | | | | |
| 32 | 8. 财产租赁所得 | 3415 | 3365 | 45 | 5 |
| 33 | 9. 财产转让所得 | 33165 | 32120 | 994 | 51 |
| 34 | 其中:限售股转让所得 | 1098 | 1098 | | |
| 35 | 房屋转让所得 | 20040 | 19239 | 750 | 51 |
| 36 | 10. 偶然所得 | 2086 | 2060 | 16 | 10 |
| 37 | 11. 其他所得 | 96 | 93 | 3 | |
| 38 | 12. 税款滞纳金、罚款收入 | 150 | 144 | 2 | 4 |

# 2016年广东省地方税务局涉外税收分行业分税种统计年报表

编报机关：广东省地方税务局　　　　单位：万元

| 序号 | 项　　目 | 合计 | 增值税 | 营业税 | 企业所得税 | 个人所得税 | 城市维护建设税 | 房产税 | 城镇土地使用税 | 车船税 | 其他各税 |
|---|---|---|---|---|---|---|---|---|---|---|---|
| 1 | 一、涉外税收收入 | 11647125 | 44936 | 1104351 | 3272373 | 3061279 | 1519427 | 621352 | 278900 | 18270 | 1726237 |
| 2 | （一）中外合资经营企业 | 3346569 | 6462 | 296618 | 848032 | 905129 | 518487 | 189793 | 85462 | 13415 | 483171 |
| 3 | 1. 采矿业 | 929 | 7 | 3 |  | 229 | 195 | 193 | 61 | 1 | 240 |
| 4 | 2. 制造业 | 1465296 | 2258 | 21703 | 321505 | 474902 | 408424 | 94461 | 43154 | 388 | 98501 |
| 5 | 3. 电力、热力、燃气及水的生产和供应业 | 160812 |  | 1242 | 92033 | 22564 | 24666 | 10681 | 6216 | 19 | 3391 |
| 6 | 4. 建筑业 | 31752 |  | 11747 | 7859 | 8183 | 2026 | 449 | 423 | 7 | 1058 |
| 7 | 5. 批发和零售业 | 226516 | 28 | 18823 | 109351 | 46795 | 25311 | 6328 | 2516 | 27 | 17337 |
| 8 | 6. 交通运输、仓储和邮政业 | 194798 | 3 | 18374 | 69588 | 71638 | 9462 | 9936 | 8859 | 118 | 6820 |
| 9 | 7. 住宿和餐饮业 | 41291 | 3133 | 17445 | 2811 | 4571 | 2320 | 3194 | 784 | 4 | 7029 |
| 10 | 8. 信息传输、软件和信息技术服务业 | 31766 | 118 | 3195 | 3195 | 21232 | 2794 | 2288 | 447 | 7 | －1510 |
| 11 | 9. 金融业 | 173972 |  | 15750 | 2575 | 134753 | 5379 | 95 | 100 | 12767 | 2553 |
| 12 | 10. 房地产业 | 690840 | 874 | 153563 | 148752 | 30542 | 21156 | 38834 | 11568 | 31 | 285520 |
| 13 | 11. 租赁和商务服务业 | 116373 | 35 | 10499 | 36644 | 35923 | 5207 | 14438 | 2884 | 34 | 10709 |
| 14 | 12. 科学研究和技术服务业 | 123884 | 6 | 12294 | 20363 | 34453 | 6472 | 2091 | 1108 | 6 | 47091 |
| 15 | 13. 文化、体育和娱乐业 | 24189 |  | 3542 | 9048 | 2876 | 718 | 1681 | 5929 | 4 | 391 |
| 16 | 14. 其他行业 | 64151 |  | 8438 | 24308 | 16468 | 4357 | 5124 | 1413 | 2 | 4041 |
| 17 | （二）中外合作经营企业 | 704189 | 601 | 118932 | 176899 | 45125 | 92425 | 33704 | 20786 | 72 | 215645 |
| 18 | 1. 采矿业 | 1143 |  |  |  | 219 | 194 | 157 | 50 |  | 523 |

续表

| 序号 | 项目 | 合计 | 增值税 | 营业税 | 企业所得税 | 个人所得税 | 城市维护建设税 | 房产税 | 城镇土地使用税 | 车船税 | 其他各税 |
|---|---|---|---|---|---|---|---|---|---|---|---|
| 19 | 2. 制造业 | 113539 | 26 | 1478 | 15657 | 11696 | 69920 | 5819 | 4399 | 17 | 4527 |
| 20 | 3. 电力、热力、燃气及水的生产和供应业 | 62842 | 69 | 44 | 52332 | 3123 | 4812 | 1252 | 601 | 1 | 608 |
| 21 | 4. 建筑业 | 4868 |  | 2347 | 798 | 517 | 328 | 167 | 183 |  | 528 |
| 22 | 5. 批发和零售业 | 7003 |  | 518 | 2524 | 1848 | 1143 | 545 | 158 | 1 | 266 |
| 23 | 6. 交通运输、仓储和邮政业 | 11492 |  | 6687 | 612 | 2130 | 1113 | 453 | 355 | 15 | 127 |
| 24 | 7. 住宿和餐饮业 | 10904 | 87 | 4146 | 1016 | 900 | 618 | 2884 | 688 | 3 | 562 |
| 25 | 8. 信息传输、软件和信息技术服务业 | 967 |  | 39 | 13 | 617 | 100 | 150 | 6 | 2 | 40 |
| 26 | 9. 金融业 | 333 |  | 265 |  | 32 | 16 | 4 |  |  | 16 |
| 27 | 10. 房地产业 | 390785 | 411 | 74152 | 66696 | 12143 | 9927 | 18262 | 4523 | 26 | 204645 |
| 28 | 11. 租赁和商务服务业 | 17733 |  | 4226 | 3734 | 5422 | 1240 | 1790 | 1032 | 1 | 288 |
| 29 | 12. 科学研究和技术服务业 | 476 |  | 4 |  | 337 | 112 |  |  |  | 23 |
| 30 | 13. 文化、体育和娱乐业 | 18042 | 8 | 3517 | 1047 | 781 | 324 | 770 | 8195 |  | 3400 |
| 31 | 14. 其他行业 | 64062 |  | 21509 | 32470 | 5360 | 2578 | 1451 | 596 | 6 | 92 |
| 32 | （三）外资企业 | 6290537 | 7981 | 632096 | 1361313 | 1961683 | 892360 | 367416 | 163466 | 4416 | 899806 |
| 33 | 1. 采矿业 | 3421 |  | 58 | 335 | 82 | 99 | 119 | 118 |  | 2610 |
| 34 | 2. 制造业 | 2681507 | 5229 | 29202 | 765914 | 754290 | 651068 | 196413 | 108166 | 658 | 170567 |
| 35 | 3. 电力、热力、燃气及水的生产和供应业 | 14823 |  | 1177 | 965 | 6012 | 3366 | 785 | 931 | 9 | 1578 |
| 36 | 4. 建筑业 | 43898 | 6 | 8463 | 21635 | 7882 | 1914 | 351 | 194 | 4 | 3449 |
| 37 | 5. 批发和零售业 | 457902 | 124 | 25815 | 40975 | 239655 | 96982 | 12940 | 4281 | 68 | 37062 |

续表

| 序号 | 项目 | 合计 | 增值税 | 营业税 | 企业所得税 | 个人所得税 | 城市维护建设税 | 房产税 | 城镇土地使用税 | 车船税 | 其他各税 |
|---|---|---|---|---|---|---|---|---|---|---|---|
| 38 | 6. 交通运输、仓储和邮政业 | 49007 | 7 | 1407 | 9370 | 23921 | 2329 | 6338 | 2867 | 73 | 2695 |
| 39 | 7. 住宿和餐饮业 | 99065 | 559 | 50703 | 17944 | 13859 | 5713 | 6909 | 1602 | 7 | 1769 |
| 40 | 8. 信息传输、软件和信息技术服务业 | 689635 |  | 2825 | 263687 | 367448 | 41555 | 7318 | 1176 | 10 | 5616 |
| 41 | 9. 金融业 | 134000 | 776 | 48945 | 4696 | 65284 | 6881 | 1181 | 54 | 3474 | 2709 |
| 42 | 10. 房地产业 | 1492876 | 619 | 403527 | 138798 | 123431 | 52719 | 106551 | 31193 | 50 | 635988 |
| 43 | 11. 租赁和商务服务业 | 363091 | 455 | 39821 | 67886 | 214007 | 12827 | 10980 | 2485 | 39 | 14591 |
| 44 | 12. 科学研究和技术服务业 | 120070 |  | 3665 | 5764 | 90055 | 10031 | 6007 | 1032 | 18 | 3498 |
| 45 | 13. 文化、体育和娱乐业 | 10041 |  | 1114 | 1760 | 575 | 366 | 603 | 5214 |  | 409 |
| 46 | 14. 其他行业 | 131201 | 206 | 15374 | 21584 | 55182 | 6510 | 10921 | 4153 | 6 | 17265 |
| 47 | （四）非居民企业 | 1022264 | 565 | 44026 | 886129 | 34397 | 13136 | 19164 | 4192 | 12 | 20643 |
| 48 | 1. 外国企业常驻代表机构 | 44297 | 19 | 13537 | 1024 | 26778 | 1845 | 710 | 112 | 7 | 265 |
| 49 | 2. 提供劳务、承包工程作业 | 4494 | 6 | 539 | 212 | 843 | 165 | 2588 | 32 |  | 109 |
| 50 | 3. 金融和保险 | 359 |  | 120 |  | 209 | 17 |  |  |  | 13 |
| 51 | 4. 国际运输收入 |  |  |  |  |  |  |  |  |  |  |
| 52 | 5. 支付单位扣缴 | 881258 | 8 | 17868 | 853792 | 29 | 8005 | 327 | 704 | 3 | 522 |
| 53 | 6. 其他 | 91856 | 532 | 11962 | 31101 | 6538 | 3104 | 15539 | 3344 | 2 | 19734 |
| 54 | （五）外籍个人 | 283566 | 29327 | 12679 |  | 114945 | 3019 | 11275 | 4994 | 355 | 106972 |
| 55 | （六）进口货物税收 |  |  |  |  |  |  |  |  |  |  |
| 56 | 二、出口货物退税 |  |  |  |  |  |  |  |  |  |  |

# 2016年广东省地方税务局资源税分税目分企业类型统计年报表

编报机关:广东省地方税务局　　　　单位:万元

| 序号 | 项目 | 合计 | 内资企业 | | | | | | | | 港澳台投资企业 | 外商投资企业 | 个体经营 |
|---|---|---|---|---|---|---|---|---|---|---|---|---|---|
| | | | 小计 | 国有企业 | 集体企业 | 股份合作企业 | 联营企业 | 股份公司 | 私营企业 | 其他企业 | | | |
| 1 | 合计 | 166975 | 136946 | 6474 | 9441 | 124 | 48 | 80662 | 32741 | 7456 | 18859 | 1937 | 9233 |
| 2 | 一、能源矿 | 2084 | 1994 | 1 | | | 2 | 1903 | 86 | 2 | 77 | 10 | 3 |
| 3 | 1. 煤炭 | 6 | 6 | | | | | 6 | | | | | |
| 4 | 2. 原油 | 177 | 177 | | | | | 172 | 5 | | | | |
| 5 | 3. 天然气 | 881 | 829 | | | | | 813 | 16 | | 50 | | 2 |
| 6 | 4. 煤层(成)气 | | | | | | | | | | | | |
| 7 | 5. 地热 | 1020 | 982 | 1 | | | 2 | 912 | 65 | 2 | 27 | 10 | 1 |
| 8 | 6. 其他能源矿 | | | | | | | | | | | | |
| 9 | 二、金属矿 | 19182 | 18714 | 238 | 4241 | | 1 | 12648 | 1527 | 59 | 41 | 367 | 60 |
| 10 | 1. 铁矿 | 8299 | 8257 | 14 | 4067 | | | 2989 | 1187 | | 40 | | 2 |
| 11 | 2. 金矿 | 216 | 216 | | | | | 216 | | | | | |
| 12 | 3. 铜矿 | 713 | 690 | 30 | 16 | | | 598 | 45 | 1 | 1 | 3 | 19 |
| 13 | 4. 铝土矿 | | | | | | | | | | | | |
| 14 | 5. 铅锌矿 | 3633 | 3274 | 111 | | | | 2961 | 202 | | | 359 | |
| 15 | 6. 镍矿 | | | | | | | | | | | | |
| 16 | 7. 锡矿 | 43 | 43 | | 28 | | | 15 | | | | | |
| 17 | 8. 中重稀土矿 | 4085 | 4085 | | | | | 4085 | | | | | |
| 18 | 9. 轻稀土矿 | | | | | | | | | | | | |
| 19 | 10. 钨矿 | 1005 | 1005 | | | | | 1005 | | | | | |
| 20 | 11. 钼矿 | 1010 | 971 | 78 | 129 | | 1 | 620 | 85 | 58 | | 5 | 34 |
| 21 | 12. 锰矿 | 2 | | | | | | | | | | | 2 |
| 22 | 13. 银矿 | 2 | 2 | 2 | | | | | | | | | |
| 23 | 14. 其他金属矿 | 174 | 171 | 3 | 1 | | | 159 | 8 | | | | 3 |
| 24 | 三、非金属矿 | 133917 | 106388 | 5609 | 4785 | 120 | 45 | 63371 | 25072 | 7386 | 18639 | 1539 | 7351 |

续表

| 序号 | 项　　目 | 合 计 | 内　资　企　业 | | | | | | | | 港澳台投资企业 | 外商投资企业 | 个体经营 |
|---|---|---|---|---|---|---|---|---|---|---|---|---|---|
| | | | 小 计 | 国有企业 | 集体企业 | 股份合作企业 | 联营企业 | 股份公司 | 私营企业 | 其他企业 | | | |
| 25 | 1. 石墨 | 57 | 56 | | | | | 55 | 1 | | | | 1 |
| 26 | 2. 硅藻土 | | | | | | | | | | | | |
| 27 | 3. 高岭土 | 34784 | 30541 | 1 | 31 | 40 | | 16795 | 7712 | 5962 | 2585 | 751 | 907 |
| 28 | 4. 萤石 | 154 | 154 | | | | | 93 | 61 | | | | |
| 29 | 5. 石灰石 | 52867 | 35509 | 3399 | 1826 | 40 | | 23243 | 6011 | 990 | 13867 | 612 | 2879 |
| 30 | 6. 硫铁矿 | 430 | 429 | | | | | 429 | | | | | 1 |
| 31 | 7. 磷矿 | | | | | | | | | | | | |
| 32 | 8. 氯化钾 | 4 | 1 | | | | | 1 | | | | | 3 |
| 33 | 9. 硫酸钾 | | | | | | | | | | | | |
| 34 | 10. 粘土 | 473 | 289 | 1 | 3 | | | 187 | 98 | | 45 | 7 | 132 |
| 35 | 11. 砂石 | 8780 | 8123 | 847 | 667 | | 1 | 5313 | 1016 | 279 | 114 | 43 | 500 |
| 36 | 12. 井矿盐 | 322 | 322 | | | | 25 | 297 | | | | | |
| 37 | 13. 湖盐 | | | | | | | | | | | | |
| 38 | 14. 海盐 | 41 | 41 | 31 | 2 | | | 1 | 7 | | | | |
| 39 | 15. 地下卤水晒制的盐 | | | | | | | | | | | | |
| 40 | 16. 矿泉水 | 252 | 149 | 3 | 3 | 3 | | 98 | 28 | 14 | 43 | 60 | |
| 41 | 17. 大理岩 | 253 | 238 | | | | | 98 | 140 | | 5 | | 10 |
| 42 | 18. 花岗岩 | 6426 | 5703 | 71 | 96 | | | 3497 | 2037 | 2 | 103 | 1 | 619 |
| 43 | 19. 耐火粘土 | 84 | 70 | 3 | 1 | 1 | | 46 | 19 | | 7 | | 7 |
| 44 | 20. 芒硝 | | | | | | | | | | | | |
| 45 | 21. 其他非金属矿 | 28990 | 24763 | 1253 | 2156 | 36 | 19 | 13218 | 7942 | 139 | 1870 | 65 | 2292 |
| 46 | 四、水资源 | | | | | | | | | | | | |
| 47 | 1. 地表水 | | | | | | | | | | | | |
| 48 | 2. 地下水 | | | | | | | | | | | | |
| 49 | 五、其他 | 1620 | 1479 | 38 | 58 | | | 1108 | 267 | 8 | 55 | 5 | 81 |
| 50 | 六、税款滞纳金、罚款收入 | 10172 | 8371 | 588 | 357 | 4 | | 1632 | 5789 | 1 | 47 | 16 | 1738 |

# 2016年广东省地方税务局应收、实收社会保险基金明细年报表

编报机关:广东省地方税务局　　　　单位:万元

| 序号 | 项目 | 本年基数征缴累计 | | | | 往年欠费追缴累计 | | | |
|---|---|---|---|---|---|---|---|---|---|
| | | 合计 | 省级 | 市级 | 县(区)级 | 合计 | 省级 | 市级 | 县(区)级 |
| 1 | 一、应收合计 | 28014861 | 2062490 | 17305100 | 8647271 | 609469 | 1137 | 369095 | 239237 |
| 2 | 1. 养老保险 | 18989990 | 2030778 | 10988212 | 5971000 | 401958 | 1129 | 206237 | 194592 |
| 3 | 单位 | 11695212 | 1283631 | 6799050 | 3612531 | 251378 | 732 | 126741 | 123905 |
| 4 | 其中:机关事业 | 159583 | 356 | 143503 | 15724 | 690 | | | 690 |
| 5 | 个人 | 7294778 | 747147 | 4189162 | 2358469 | 150580 | 397 | 79496 | 70687 |
| 6 | 其中:机关事业 | 91176 | 190 | 61578 | 29408 | 446 | | | 446 |
| 7 | 2. 医疗保险 | 7474206 | 13014 | 5192113 | 2269079 | 177306 | 7 | 146136 | 31163 |
| 8 | 单位 | 5779572 | 11260 | 3999258 | 1769054 | 155905 | 6 | 130553 | 25346 |
| 9 | 个人 | 1694634 | 1754 | 1192855 | 500025 | 21401 | 1 | 15583 | 5817 |
| 10 | 3. 失业保险 | 614078 | 601 | 455156 | 158321 | 16661 | 1 | 8686 | 7974 |
| 11 | 单位 | 455171 | 473 | 337059 | 117639 | 12296 | 1 | 6637 | 5658 |
| 12 | 个人 | 158907 | 128 | 118097 | 40682 | 4365 | | 2049 | 2316 |
| 13 | 4. 工伤保险 | 425956 | 17801 | 269750 | 138405 | 8801 | | 5467 | 3334 |
| 14 | 5. 生育保险 | 510631 | 296 | 399869 | 110466 | 4743 | | 2569 | 2174 |
| 15 | 二、入库合计 | 27765444 | 2300007 | 17049334 | 8416103 | 72923 | 986 | 40093 | 31844 |
| 16 | 1. 养老保险 | 18814312 | 2280780 | 10802304 | 5731228 | 52214 | 977 | 27651 | 23586 |
| 17 | 单位 | 11564250 | 1268857 | 6741436 | 3553957 | 31692 | 659 | 16665 | 14368 |
| 18 | 其中:机关事业 | 158631 | 356 | 143490 | 14785 | 128 | | | 128 |
| 19 | 个人 | 7210284 | 736666 | 4143828 | 2329790 | 20127 | 318 | 10611 | 9198 |
| 20 | 其中:机关事业 | 91928 | 190 | 61566 | 30172 | 82 | | | 82 |
| 21 | 滞纳金 | 34140 | 716 | 17894 | 15530 | 395 | | 375 | 20 |
| 22 | 其中:机关事业 | 102 | | | 102 | 32 | | | 32 |
| 23 | 利息 | 5638 | 24 | 836 | 4778 | | | | |

续表

| 序号 | 项目 | 本年基数征缴累计 | | | | 往年欠费追缴累计 | | | |
|---|---|---|---|---|---|---|---|---|---|
| | | 合计 | 省级 | 市级 | 县(区)级 | 合计 | 省级 | 市级 | 县(区)级 |
| 24 | 其中:机关事业 | 306 | | | 306 | | | | |
| 25 | 地市级上划调剂金 | | 101435 | -101435 | | | | | |
| 26 | 县级上划调剂金 | | 173082 | -255 | -172827 | | | | |
| 27 | 2. 医疗保险 | 7406330 | | 5128827 | 2277503 | 15998 | | 9515 | 6483 |
| 28 | 单位 | 5728066 | | 3952302 | 1775764 | 12505 | | 7620 | 4885 |
| 29 | 个人 | 1670176 | | 1169831 | 500345 | 3407 | | 1816 | 1591 |
| 30 | 滞纳金 | 7805 | | 6608 | 1197 | 86 | | 79 | 7 |
| 31 | 利息 | 283 | | 86 | 197 | | | | |
| 32 | 3. 失业保险 | 612099 | 1293 | 452462 | 158344 | 2324 | | 1390 | 934 |
| 33 | 单位 | 451132 | | 334035 | 117097 | 1647 | | 987 | 660 |
| 34 | 个人 | 158483 | | 117816 | 40667 | 655 | | 382 | 273 |
| 35 | 滞纳金 | 2364 | | 1889 | 475 | 22 | | 21 | 1 |
| 36 | 利息 | 120 | | 15 | 105 | | | | |
| 37 | 地市级上划调剂金 | | 1293 | -1293 | | | | | |
| 38 | 县级上划调剂金 | | | | | | | | |
| 39 | 4. 工伤保险 | 424313 | 17926 | 267743 | 138644 | 1374 | 9 | 927 | 438 |
| 40 | 单位 | 423701 | 17027 | 268230 | 138444 | 1358 | 9 | 911 | 438 |
| 41 | 滞纳金 | 558 | 7 | 394 | 157 | 16 | | 16 | |
| 42 | 利息 | 54 | | 11 | 43 | | | | |
| 43 | 地市级上划调剂金 | | 892 | -892 | | | | | |
| 44 | 县级上划调剂金 | | | | | | | | |
| 45 | 5. 生育保险 | 508390 | 8 | 397998 | 110384 | 1013 | | 610 | 403 |
| 46 | 单位 | 507574 | 5 | 397304 | 110265 | 1011 | | 608 | 403 |
| 47 | 滞纳金 | 794 | 3 | 689 | 102 | 2 | | 2 | |
| 48 | 利息 | 22 | | 5 | 17 | | | | |

# 2016年广州市地方税务局应收、实收社会保险基金明细年报表

编报机关:广州市地方税务局　　　　单位:万元

| 序号 | 项目 | 本年基数征缴累计 | | | | 往年欠费追缴累计 | | | |
|---|---|---|---|---|---|---|---|---|---|
| | | 合计 | 省级 | 市级 | 县(区)级 | 合计 | 省级 | 市级 | 县(区)级 |
| 1 | 一、应收合计 | 8557186 | 16 | 8557110 | 60 | 256171 | 8 | 255770 | 393 |
| 2 | 1. 养老保险 | 4630770 | 9 | 4630722 | 39 | 120134 | | 119874 | 260 |
| 3 | 单位 | 2845738 | 6 | 2845710 | 22 | 72050 | | 71901 | 149 |
| 4 | 其中:机关事业 | | | | | | | | |
| 5 | 个人 | 1785032 | 3 | 1785012 | 17 | 48084 | | 47973 | 111 |
| 6 | 其中:机关事业 | | | | | | | | |
| 7 | 2. 医疗保险 | 3374284 | 5 | 3374264 | 15 | 128411 | 7 | 128292 | 112 |
| 8 | 单位 | 2596267 | 4 | 2596251 | 12 | 117022 | 6 | 116916 | 100 |
| 9 | 个人 | 778017 | 1 | 778013 | 3 | 11389 | 1 | 11376 | 12 |
| 10 | 3. 失业保险 | 214770 | 1 | 214765 | 4 | 3743 | 1 | 3729 | 13 |
| 11 | 单位 | 155247 | 1 | 155243 | 3 | 2870 | 1 | 2858 | 11 |
| 12 | 个人 | 59523 | | 59522 | 1 | 873 | | 871 | 2 |
| 13 | 4. 工伤保险 | 89935 | 1 | 89933 | 1 | 2271 | | 2268 | 3 |
| 14 | 5. 生育保险 | 247427 | | 247426 | 1 | 1612 | | 1607 | 5 |
| 15 | 二、入库合计 | 8443411 | | 8443378 | 33 | 16244 | | 16220 | 24 |
| 16 | 1. 养老保险 | 4576349 | | 4576325 | 24 | 10036 | | 10019 | 17 |
| 17 | 单位 | 2812627 | | 2812615 | 12 | 5982 | | 5974 | 8 |
| 18 | 其中:机关事业 | | | | | | | | |
| 19 | 个人 | 1752884 | | 1752876 | 8 | 3997 | | 3989 | 8 |
| 20 | 其中:机关事业 | | | | | | | | |
| 21 | 滞纳金 | 10838 | | 10834 | 4 | 57 | | 56 | 1 |
| 22 | 其中:机关事业 | | | | | | | | |
| 23 | 利息 | | | | | | | | |

续表

| 序号 | 项　　目 | 本年基数征缴累计 | | | | 往年欠费追缴累计 | | | |
|---|---|---|---|---|---|---|---|---|---|
| | | 合计 | 省级 | 市级 | 县(区)级 | 合计 | 省级 | 市级 | 县(区)级 |
| 24 | 其中:机关事业 | | | | | | | | |
| 25 | 地市级上划调剂金 | | | | | | | | |
| 26 | 县级上划调剂金 | | | | | | | | |
| 27 | 2. 医疗保险 | 3317506 | | 3317501 | 5 | 5207 | | 5202 | 5 |
| 28 | 单位 | 2555336 | | 2555334 | 2 | 4237 | | 4233 | 4 |
| 29 | 个人 | 756435 | | 756434 | 1 | 940 | | 940 | |
| 30 | 滞纳金 | 5735 | | 5733 | 2 | 30 | | 29 | 1 |
| 31 | 利息 | | | | | | | | |
| 32 | 3. 失业保险 | 213952 | | 213949 | 3 | 462 | | 461 | 1 |
| 33 | 单位 | 153104 | | 153103 | 1 | 325 | | 324 | 1 |
| 34 | 个人 | 59298 | | 59297 | 1 | 132 | | 132 | |
| 35 | 滞纳金 | 1550 | | 1549 | 1 | 5 | | 5 | |
| 36 | 利息 | | | | | | | | |
| 37 | 地市级上划调剂金 | | | | | | | | |
| 38 | 县级上划调剂金 | | | | | | | | |
| 39 | 4. 工伤保险 | 89256 | | 89255 | 1 | 167 | | 167 | |
| 40 | 单位 | 89004 | | 89003 | 1 | 165 | | 165 | |
| 41 | 滞纳金 | 252 | | 252 | | 2 | | 2 | |
| 42 | 利息 | | | | | | | | |
| 43 | 地市级上划调剂金 | | | | | | | | |
| 44 | 县级上划调剂金 | | | | | | | | |
| 45 | 5. 生育保险 | 246348 | | 246348 | | 372 | | 371 | 1 |
| 46 | 单位 | 245774 | | 245774 | | 370 | | 369 | 1 |
| 47 | 滞纳金 | 574 | | 574 | | 2 | | 2 | |
| 48 | 利息 | | | | | | | | |

# 2016 年深圳市地方税务局应收、实收社会保险基金明细年报表

编报机关:深圳市地方税务局　　　　单位:万元

| 序号 | 项　目 | 本年基数征缴累计 | | | | 往年欠费追缴累计 | | | |
|---|---|---|---|---|---|---|---|---|---|
| | | 合计 | 省级 | 市级 | 县(区)级 | 合计 | 省级 | 市级 | 县(区)级 |
| 1 | 一、应收合计 | 100864 | 100864 | | | | | | |
| 2 | 1. 养老保险 | 100864 | 100864 | | | | | | |
| 3 | 单位 | 65781 | 65781 | | | | | | |
| 4 | 其中:机关事业 | | | | | | | | |
| 5 | 个人 | 35083 | 35083 | | | | | | |
| 6 | 其中:机关事业 | | | | | | | | |
| 7 | 2. 医疗保险 | | | | | | | | |
| 8 | 单位 | | | | | | | | |
| 9 | 个人 | | | | | | | | |
| 10 | 3. 失业保险 | | | | | | | | |
| 11 | 单位 | | | | | | | | |
| 12 | 个人 | | | | | | | | |
| 13 | 4. 工伤保险 | | | | | | | | |
| 14 | 5. 生育保险 | | | | | | | | |
| 15 | 二、入库合计 | 100863 | 100863 | | | | | | |
| 16 | 1. 养老保险 | 100863 | 100863 | | | | | | |
| 17 | 单位 | 65780 | 65780 | | | | | | |
| 18 | 其中:机关事业 | | | | | | | | |
| 19 | 个人 | 35083 | 35083 | | | | | | |
| 20 | 其中:机关事业 | | | | | | | | |
| 21 | 滞纳金 | | | | | | | | |
| 22 | 其中:机关事业 | | | | | | | | |
| 23 | 利息 | | | | | | | | |

续表

| 序号 | 项　　目 | 本年基数征缴累计 | | | | 往年欠费追缴累计 | | | |
|---|---|---|---|---|---|---|---|---|---|
| | | 合计 | 省级 | 市级 | 县(区)级 | 合计 | 省级 | 市级 | 县(区)级 |
| 24 | 其中:机关事业 | | | | | | | | |
| 25 | 地市级上划调剂金 | | | | | | | | |
| 26 | 县级上划调剂金 | | | | | | | | |
| 27 | 2. 医疗保险 | | | | | | | | |
| 28 | 单位 | | | | | | | | |
| 29 | 个人 | | | | | | | | |
| 30 | 滞纳金 | | | | | | | | |
| 31 | 利息 | | | | | | | | |
| 32 | 3. 失业保险 | | | | | | | | |
| 33 | 单位 | | | | | | | | |
| 34 | 个人 | | | | | | | | |
| 35 | 滞纳金 | | | | | | | | |
| 36 | 利息 | | | | | | | | |
| 37 | 地市级上划调剂金 | | | | | | | | |
| 38 | 县级上划调剂金 | | | | | | | | |
| 39 | 4. 工伤保险 | | | | | | | | |
| 40 | 单位 | | | | | | | | |
| 41 | 滞纳金 | | | | | | | | |
| 42 | 利息 | | | | | | | | |
| 43 | 地市级上划调剂金 | | | | | | | | |
| 44 | 县级上划调剂金 | | | | | | | | |
| 45 | 5. 生育保险 | | | | | | | | |
| 46 | 单位 | | | | | | | | |
| 47 | 滞纳金 | | | | | | | | |
| 48 | 利息 | | | | | | | | |

# 2016年珠海市地方税务局应收、实收社会保险基金明细年报表

编报机关:珠海市地方税务局　　　　单位:万元

| 序号 | 项目 | 本年基数征缴累计 | | | | 往年欠费追缴累计 | | | |
|---|---|---|---|---|---|---|---|---|---|
| | | 合计 | 省级 | 市级 | 县(区)级 | 合计 | 省级 | 市级 | 县(区)级 |
| 1 | 一、应收合计 | 1331934 | 22325 | 1309609 | | 26574 | | 26574 | |
| 2 | 1. 养老保险 | 937486 | 22325 | 915161 | | 18273 | | 18273 | |
| 3 | 单位 | 584510 | 14562 | 569948 | | 11676 | | 11676 | |
| 4 | 其中:机关事业 | | | | | | | | |
| 5 | 个人 | 352976 | 7763 | 345213 | | 6597 | | 6597 | |
| 6 | 其中:机关事业 | | | | | | | | |
| 7 | 2. 医疗保险 | 332179 | | 332179 | | 7125 | | 7125 | |
| 8 | 单位 | 257844 | | 257844 | | 4963 | | 4963 | |
| 9 | 个人 | 74335 | | 74335 | | 2162 | | 2162 | |
| 10 | 3. 失业保险 | 32722 | | 32722 | | 736 | | 736 | |
| 11 | 单位 | 26223 | | 26223 | | 662 | | 662 | |
| 12 | 个人 | 6499 | | 6499 | | 74 | | 74 | |
| 13 | 4. 工伤保险 | 11636 | | 11636 | | 248 | | 248 | |
| 14 | 5. 生育保险 | 17911 | | 17911 | | 192 | | 192 | |
| 15 | 二、入库合计 | 1322524 | 67141 | 1255383 | | 5116 | | 5116 | |
| 16 | 1. 养老保险 | 930879 | 64956 | 865923 | | 3504 | | 3504 | |
| 17 | 单位 | 578372 | 14562 | 563810 | | 2081 | | 2081 | |
| 18 | 其中:机关事业 | | | | | | | | |
| 19 | 个人 | 350488 | 7763 | 342725 | | 1392 | | 1392 | |
| 20 | 其中:机关事业 | | | | | | | | |
| 21 | 滞纳金 | 1975 | | 1975 | | 31 | | 31 | |
| 22 | 其中:机关事业 | | | | | | | | |
| 23 | 利息 | 44 | 1 | 43 | | | | | |

续表

| 序号 | 项目 | 本年基数征缴累计 | | | | 往年欠费追缴累计 | | | |
|---|---|---|---|---|---|---|---|---|---|
| | | 合计 | 省级 | 市级 | 县(区)级 | 合计 | 省级 | 市级 | 县(区)级 |
| 24 | 其中:机关事业 | | | | | | | | |
| 25 | 地市级上划调剂金 | | 42630 | -42630 | | | | | |
| 26 | 县级上划调剂金 | | | | | | | | |
| 27 | 2. 医疗保险 | 329664 | | 329664 | | 1441 | | 1441 | |
| 28 | 单位 | 255334 | | 255334 | | 1095 | | 1095 | |
| 29 | 个人 | 73745 | | 73745 | | 345 | | 345 | |
| 30 | 滞纳金 | 566 | | 566 | | 1 | | 1 | |
| 31 | 利息 | 19 | | 19 | | | | | |
| 32 | 3. 失业保险 | 32558 | 1293 | 31265 | | 91 | | 91 | |
| 33 | 单位 | 25944 | | 25944 | | 72 | | 72 | |
| 34 | 个人 | 6468 | | 6468 | | 19 | | 19 | |
| 35 | 滞纳金 | 145 | | 145 | | | | | |
| 36 | 利息 | 1 | | 1 | | | | | |
| 37 | 地市级上划调剂金 | | 1293 | -1293 | | | | | |
| 38 | 县级上划调剂金 | | | | | | | | |
| 39 | 4. 工伤保险 | 11591 | 892 | 10699 | | 35 | | 35 | |
| 40 | 单位 | 11542 | | 11542 | | 35 | | 35 | |
| 41 | 滞纳金 | 48 | | 48 | | | | | |
| 42 | 利息 | 1 | | 1 | | | | | |
| 43 | 地市级上划调剂金 | | 892 | -892 | | | | | |
| 44 | 县级上划调剂金 | | | | | | | | |
| 45 | 5. 生育保险 | 17832 | | 17832 | | 45 | | 45 | |
| 46 | 单位 | 17793 | | 17793 | | 45 | | 45 | |
| 47 | 滞纳金 | 38 | | 38 | | | | | |
| 48 | 利息 | 1 | | 1 | | | | | |

# 2016 年汕头市地方税务局应收、实收社会保险基金明细年报表

编报机关:汕头市地方税务局　　　　单位:万元

| 序号 | 项　目 | 本年基数征缴累计 | | | | 往年欠费追缴累计 | | | |
|---|---|---|---|---|---|---|---|---|---|
| | | 合计 | 省级 | 市级 | 县(区)级 | 合计 | 省级 | 市级 | 县(区)级 |
| 1 | 一、应收合计 | 612584 | 21272 | 478024 | 113288 | 19432 | | 13817 | 5615 |
| 2 | 1. 养老保险 | 442609 | 21272 | 337416 | 83921 | 16481 | | 11501 | 4980 |
| 3 | 单位 | 280001 | 13960 | 213509 | 52532 | 11603 | | 8032 | 3571 |
| 4 | 其中:机关事业 | | | | | | | | |
| 5 | 个人 | 162608 | 7312 | 123907 | 31389 | 4878 | | 3469 | 1409 |
| 6 | 其中:机关事业 | | | | | | | | |
| 7 | 2. 医疗保险 | 124238 | | 103872 | 20366 | 757 | | 749 | 8 |
| 8 | 单位 | 101530 | | 85150 | 16380 | 679 | | 672 | 7 |
| 9 | 个人 | 22708 | | 18722 | 3986 | 78 | | 77 | 1 |
| 10 | 3. 失业保险 | 20259 | | 16289 | 3970 | 1402 | | 1016 | 386 |
| 11 | 单位 | 15789 | | 12711 | 3078 | 936 | | 674 | 262 |
| 12 | 个人 | 4470 | | 3578 | 892 | 466 | | 342 | 124 |
| 13 | 4. 工伤保险 | 7603 | | 6206 | 1397 | 314 | | 224 | 90 |
| 14 | 5. 生育保险 | 17875 | | 14241 | 3634 | 478 | | 327 | 151 |
| 15 | 二、入库合计 | 607707 | 44549 | 456255 | 106903 | 952 | | 691 | 261 |
| 16 | 1. 养老保险 | 438424 | 44549 | 316186 | 77689 | 809 | | 583 | 226 |
| 17 | 单位 | 276415 | 13710 | 211776 | 50929 | 517 | | 375 | 142 |
| 18 | 其中:机关事业 | | | | | | | | |
| 19 | 个人 | 159946 | 7312 | 122172 | 30462 | 288 | | 204 | 84 |
| 20 | 其中:机关事业 | | | | | | | | |
| 21 | 滞纳金 | 1177 | | 1177 | | 4 | | 4 | |
| 22 | 其中:机关事业 | | | | | | | | |
| 23 | 利息 | 886 | | 39 | 847 | | | | |

续表

| 序号 | 项　　目 | 本年基数征缴累计 | | | | 往年欠费追缴累计 | | | |
|---|---|---|---|---|---|---|---|---|---|
| | | 合计 | 省级 | 市级 | 县(区)级 | 合计 | 省级 | 市级 | 县(区)级 |
| 24 | 其中:机关事业 | | | | | | | | |
| 25 | 地市级上划调剂金 | | 18728 | -18728 | | | | | |
| 26 | 县级上划调剂金 | | 4799 | -250 | -4549 | | | | |
| 27 | 2. 医疗保险 | 124069 | | 103726 | 20343 | 31 | | 30 | 1 |
| 28 | 单位 | 101377 | | 85015 | 16362 | 24 | | 23 | 1 |
| 29 | 个人 | 22687 | | 18706 | 3981 | 7 | | 7 | |
| 30 | 滞纳金 | 5 | | 5 | | | | | |
| 31 | 利息 | | | | | | | | |
| 32 | 3. 失业保险 | 20032 | | 16120 | 3912 | 64 | | 45 | 19 |
| 33 | 单位 | 15489 | | 12487 | 3002 | 47 | | 33 | 14 |
| 34 | 个人 | 4390 | | 3529 | 861 | 17 | | 12 | 5 |
| 35 | 滞纳金 | 100 | | 100 | | | | | |
| 36 | 利息 | 53 | | 4 | 49 | | | | |
| 37 | 地市级上划调剂金 | | | | | | | | |
| 38 | 县级上划调剂金 | | | | | | | | |
| 39 | 4. 工伤保险 | 7521 | | 6143 | 1378 | 16 | | 11 | 5 |
| 40 | 单位 | 7484 | | 6117 | 1367 | 16 | | 11 | 5 |
| 41 | 滞纳金 | 25 | | 25 | | | | | |
| 42 | 利息 | 12 | | 1 | 11 | | | | |
| 43 | 地市级上划调剂金 | | | | | | | | |
| 44 | 县级上划调剂金 | | | | | | | | |
| 45 | 5. 生育保险 | 17661 | | 14080 | 3581 | 32 | | 22 | 10 |
| 46 | 单位 | 17603 | | 14029 | 3574 | 32 | | 22 | 10 |
| 47 | 滞纳金 | 51 | | 51 | | | | | |
| 48 | 利息 | 7 | | | 7 | | | | |

# 2016 年佛山市地方税务局应收、实收社会保险基金明细年报表

编报机关:佛山市地方税务局　　　　单位:万元

| 序号 | 项目 | 本年基数征缴累计 | | | | 往年欠费追缴累计 | | | |
|---|---|---|---|---|---|---|---|---|---|
| | | 合计 | 省级 | 市级 | 县(区)级 | 合计 | 省级 | 市级 | 县(区)级 |
| 1 | 一、应收合计 | 2018544 | 43291 | | 1975253 | 20885 | | | 20885 |
| 2 | 1. 养老保险 | 1380286 | 43289 | | 1336997 | 13378 | | | 13378 |
| 3 | 单位 | 854615 | 28232 | | 826383 | 8098 | | | 8098 |
| 4 | 其中:机关事业 | | | | | | | | |
| 5 | 个人 | 525671 | 15057 | | 510614 | 5280 | | | 5280 |
| 6 | 其中:机关事业 | | | | | | | | |
| 7 | 2. 医疗保险 | 534162 | | | 534162 | 6158 | | | 6158 |
| 8 | 单位 | 391779 | | | 391779 | 4587 | | | 4587 |
| 9 | 个人 | 142383 | | | 142383 | 1571 | | | 1571 |
| 10 | 3. 失业保险 | 32312 | | | 32312 | 420 | | | 420 |
| 11 | 单位 | 21586 | | | 21586 | 236 | | | 236 |
| 12 | 个人 | 10726 | | | 10726 | 184 | | | 184 |
| 13 | 4. 工伤保险 | 37311 | 2 | | 37309 | 429 | | | 429 |
| 14 | 5. 生育保险 | 34473 | | | 34473 | 500 | | | 500 |
| 15 | 二、入库合计 | 1990784 | 43291 | | 1947493 | 4390 | | | 4390 |
| 16 | 1. 养老保险 | 1356534 | 43289 | | 1313245 | 2806 | | | 2806 |
| 17 | 单位 | 838973 | 28232 | | 810741 | 1705 | | | 1705 |
| 18 | 其中:机关事业 | | | | | | | | |
| 19 | 个人 | 516371 | 15057 | | 501314 | 1098 | | | 1098 |
| 20 | 其中:机关事业 | | | | | | | | |
| 21 | 滞纳金 | 1190 | | | 1190 | 3 | | | 3 |
| 22 | 其中:机关事业 | | | | | | | | |
| 23 | 利息 | | | | | | | | |

续表

| 序号 | 项目 | 本年基数征缴累计 | | | | 往年欠费追缴累计 | | | |
|---|---|---|---|---|---|---|---|---|---|
| | | 合计 | 省级 | 市级 | 县(区)级 | 合计 | 省级 | 市级 | 县(区)级 |
| 24 | 其中:机关事业 | | | | | | | | |
| 25 | 地市级上划调剂金 | | | | | | | | |
| 26 | 县级上划调剂金 | | | | | | | | |
| 27 | 2. 医疗保险 | 530714 | | | 530714 | 1308 | | | 1308 |
| 28 | 单位 | 388735 | | | 388735 | 947 | | | 947 |
| 29 | 个人 | 141485 | | | 141485 | 359 | | | 359 |
| 30 | 滞纳金 | 494 | | | 494 | 2 | | | 2 |
| 31 | 利息 | | | | | | | | |
| 32 | 3. 失业保险 | 32166 | | | 32166 | 78 | | | 78 |
| 33 | 单位 | 21392 | | | 21392 | 40 | | | 40 |
| 34 | 个人 | 10686 | | | 10686 | 38 | | | 38 |
| 35 | 滞纳金 | 88 | | | 88 | | | | |
| 36 | 利息 | | | | | | | | |
| 37 | 地市级上划调剂金 | | | | | | | | |
| 38 | 县级上划调剂金 | | | | | | | | |
| 39 | 4. 工伤保险 | 37069 | 2 | | 37067 | 78 | | | 78 |
| 40 | 单位 | 37028 | 2 | | 37026 | 78 | | | 78 |
| 41 | 滞纳金 | 41 | | | 41 | | | | |
| 42 | 利息 | | | | | | | | |
| 43 | 地市级上划调剂金 | | | | | | | | |
| 44 | 县级上划调剂金 | | | | | | | | |
| 45 | 5. 生育保险 | 34301 | | | 34301 | 120 | | | 120 |
| 46 | 单位 | 34257 | | | 34257 | 120 | | | 120 |
| 47 | 滞纳金 | 44 | | | 44 | | | | |
| 48 | 利息 | | | | | | | | |

# 2016年韶关市地方税务局应收、实收社会保险基金明细年报表

编报机关：韶关市地方税务局　　单位：万元

| 序号 | 项目 | 本年基数征缴累计 | | | | 往年欠费追缴累计 | | | |
|---|---|---|---|---|---|---|---|---|---|
| | | 合计 | 省级 | 市级 | 县(区)级 | 合计 | 省级 | 市级 | 县(区)级 |
| 1 | 一、应收合计 | 504860 | 62995 | 250630 | 191235 | 4506 | 253 | 199 | 4054 |
| 2 | 1. 养老保险 | 299514 | 48332 | 129035 | 122147 | 3813 | 253 | 14 | 3546 |
| 3 | 单位 | 187271 | 30882 | 80855 | 75534 | 2444 | 165 | 9 | 2270 |
| 4 | 其中:机关事业 | | | | | | | | |
| 5 | 个人 | 112243 | 17450 | 48180 | 46613 | 1369 | 88 | 5 | 1276 |
| 6 | 其中:机关事业 | 2408 | | | 2408 | | | | |
| 7 | 2. 医疗保险 | 180425 | 13009 | 106748 | 60668 | 636 | | 150 | 486 |
| 8 | 单位 | 156526 | 11256 | 93678 | 51592 | 609 | | 132 | 477 |
| 9 | 个人 | 23899 | 1753 | 13070 | 9076 | 27 | | 18 | 9 |
| 10 | 3. 失业保险 | 10202 | 600 | 6595 | 3007 | 27 | | 17 | 10 |
| 11 | 单位 | 8058 | 472 | 5216 | 2370 | 20 | | 13 | 7 |
| 12 | 个人 | 2144 | 128 | 1379 | 637 | 7 | | 4 | 3 |
| 13 | 4. 工伤保险 | 9783 | 766 | 5427 | 3590 | 23 | | 13 | 10 |
| 14 | 5. 生育保险 | 4936 | 288 | 2825 | 1823 | 7 | | 5 | 2 |
| 15 | 二、入库合计 | 502317 | 40353 | 241599 | 220365 | 844 | 253 | 306 | 285 |
| 16 | 1. 养老保险 | 298327 | 40344 | 120374 | 137609 | 588 | 253 | 91 | 244 |
| 17 | 单位 | 185522 | 16400 | 79344 | 89778 | 373 | 165 | 58 | 150 |
| 18 | 其中:机关事业 | | | | | | | | |
| 19 | 个人 | 112507 | 8723 | 48059 | 55725 | 215 | 88 | 33 | 94 |
| 20 | 其中:机关事业 | 5269 | | | 5269 | | | | |
| 21 | 滞纳金 | 253 | 14 | 103 | 136 | | | | |
| 22 | 其中:机关事业 | | | | | | | | |
| 23 | 利息 | 45 | 4 | 12 | 29 | | | | |

续表

| 序号 | 项　目 | 本年基数征缴累计 | | | | 往年欠费追缴累计 | | | |
|---|---|---|---|---|---|---|---|---|---|
| | | 合计 | 省级 | 市级 | 县(区)级 | 合计 | 省级 | 市级 | 县(区)级 |
| 24 | 其中:机关事业 | | | | | | | | |
| 25 | 地市级上划调剂金 | | 7144 | -7144 | | | | | |
| 26 | 县级上划调剂金 | | 8059 | | -8059 | | | | |
| 27 | 2. 医疗保险 | 179410 | | 106619 | 72791 | 205 | | 173 | 32 |
| 28 | 单位 | 155402 | | 93505 | 61897 | 177 | | 150 | 27 |
| 29 | 个人 | 23925 | | 13076 | 10849 | 28 | | 23 | 5 |
| 30 | 滞纳金 | 56 | | 27 | 29 | | | | |
| 31 | 利息 | 27 | | 11 | 16 | | | | |
| 32 | 3. 失业保险 | 10035 | | 6464 | 3571 | 25 | | 21 | 4 |
| 33 | 单位 | 7882 | | 5077 | 2805 | 19 | | 16 | 3 |
| 34 | 个人 | 2138 | | 1380 | 758 | 6 | | 5 | 1 |
| 35 | 滞纳金 | 15 | | 7 | 8 | | | | |
| 36 | 利息 | | | | | | | | |
| 37 | 地市级上划调剂金 | | | | | | | | |
| 38 | 县级上划调剂金 | | | | | | | | |
| 39 | 4. 工伤保险 | 9655 | 9 | 5350 | 4296 | 18 | | 15 | 3 |
| 40 | 单位 | 9647 | 9 | 5347 | 4291 | 18 | | 15 | 3 |
| 41 | 滞纳金 | 7 | | 3 | 4 | | | | |
| 42 | 利息 | 1 | | | 1 | | | | |
| 43 | 地市级上划调剂金 | | | | | | | | |
| 44 | 县级上划调剂金 | | | | | | | | |
| 45 | 5. 生育保险 | 4890 | | 2792 | 2098 | 8 | | 6 | 2 |
| 46 | 单位 | 4887 | | 2790 | 2097 | 8 | | 6 | 2 |
| 47 | 滞纳金 | 3 | | 2 | 1 | | | | |
| 48 | 利息 | | | | | | | | |

## 2016年河源市地方税务局应收、实收社会保险基金明细年报表

编报机关:河源市地方税务局　　　　单位:万元

| 序号 | 项　目 | 本年基数征缴累计 | | | | 往年欠费追缴累计 | | | |
|---|---|---|---|---|---|---|---|---|---|
| | | 合计 | 省级 | 市级 | 县(区)级 | 合计 | 省级 | 市级 | 县(区)级 |
| 1 | 一、应收合计 | 315868 | 7136 | 96274 | 212458 | | | | |
| 2 | 1. 养老保险 | 217770 | 7136 | 66503 | 144131 | | | | |
| 3 | 单位 | 121599 | 4654 | 40410 | 76535 | | | | |
| 4 | 其中:机关事业 | | | | | | | | |
| 5 | 个人 | 96171 | 2482 | 26093 | 67596 | | | | |
| 6 | 其中:机关事业 | | | | | | | | |
| 7 | 2. 医疗保险 | 83654 | | 23981 | 59673 | | | | |
| 8 | 单位 | 68028 | | 19201 | 48827 | | | | |
| 9 | 个人 | 15626 | | 4780 | 10846 | | | | |
| 10 | 3. 失业保险 | 6528 | | 2798 | 3730 | | | | |
| 11 | 单位 | 5111 | | 2188 | 2923 | | | | |
| 12 | 个人 | 1417 | | 610 | 807 | | | | |
| 13 | 4. 工伤保险 | 3260 | | 1461 | 1799 | | | | |
| 14 | 5. 生育保险 | 4656 | | 1531 | 3125 | | | | |
| 15 | 二、入库合计 | 305805 | 16904 | 91654 | 197247 | | | | |
| 16 | 1. 养老保险 | 207320 | 16904 | 61535 | 128881 | | | | |
| 17 | 单位 | 116055 | 6036 | 39873 | 70146 | | | | |
| 18 | 其中:机关事业 | | | | | | | | |
| 19 | 个人 | 89791 | 1047 | 25176 | 63568 | | | | |
| 20 | 其中:机关事业 | | | | | | | | |
| 21 | 滞纳金 | 127 | | 8 | 119 | | | | |
| 22 | 其中:机关事业 | | | | | | | | |
| 23 | 利息 | 1347 | 1 | 15 | 1331 | | | | |

续表

| 序号 | 项　　目 | 本年基数征缴累计 | | | | 往年欠费追缴累计 | | | |
|---|---|---|---|---|---|---|---|---|---|
| | | 合计 | 省级 | 市级 | 县(区)级 | 合计 | 省级 | 市级 | 县(区)级 |
| 24 | 其中:机关事业 | | | | | | | | |
| 25 | 地市级上划调剂金 | | 3537 | -3537 | | | | | |
| 26 | 县级上划调剂金 | | 6283 | | -6283 | | | | |
| 27 | 2. 医疗保险 | 83659 | | 24176 | 59483 | | | | |
| 28 | 单位 | 68067 | | 19385 | 48682 | | | | |
| 29 | 个人 | 15548 | | 4785 | 10763 | | | | |
| 30 | 滞纳金 | 27 | | 2 | 25 | | | | |
| 31 | 利息 | 17 | | 4 | 13 | | | | |
| 32 | 3. 失业保险 | 6879 | | 2932 | 3947 | | | | |
| 33 | 单位 | 5322 | | 2280 | 3042 | | | | |
| 34 | 个人 | 1525 | | 651 | 874 | | | | |
| 35 | 滞纳金 | 9 | | | 9 | | | | |
| 36 | 利息 | 23 | | 1 | 22 | | | | |
| 37 | 地市级上划调剂金 | | | | | | | | |
| 38 | 县级上划调剂金 | | | | | | | | |
| 39 | 4. 工伤保险 | 3268 | | 1479 | 1789 | | | | |
| 40 | 单位 | 3254 | | 1479 | 1775 | | | | |
| 41 | 滞纳金 | 5 | | | 5 | | | | |
| 42 | 利息 | 9 | | | 9 | | | | |
| 43 | 地市级上划调剂金 | | | | | | | | |
| 44 | 县级上划调剂金 | | | | | | | | |
| 45 | 5. 生育保险 | 4679 | | 1532 | 3147 | | | | |
| 46 | 单位 | 4673 | | 1531 | 3142 | | | | |
| 47 | 滞纳金 | 4 | | | 4 | | | | |
| 48 | 利息 | 2 | | 1 | 1 | | | | |

# 2016年梅州市地方税务局应收、实收社会保险基金明细年报表

编报机关:梅州市地方税务局　　　　单位:万元

| 序号 | 项　目 | 本年基数征缴累计 | | | | 往年欠费追缴累计 | | | |
|---|---|---|---|---|---|---|---|---|---|
| | | 合计 | 省级 | 市级 | 县(区)级 | 合计 | 省级 | 市级 | 县(区)级 |
| 1 | 一、应收合计 | 687396 | 11969 | 209953 | 465474 | 2851 | | | 2851 |
| 2 | 1. 养老保险 | 555796 | 11969 | 154655 | 389172 | 1903 | | | 1903 |
| 3 | 单位 | 332596 | 5459 | 95473 | 231664 | 905 | | | 905 |
| 4 | 其中:机关事业 | 4353 | | 43 | 4310 | | | | |
| 5 | 个人 | 223200 | 6510 | 59182 | 157508 | 998 | | | 998 |
| 6 | 其中:机关事业 | 6840 | | 1167 | 5673 | | | | |
| 7 | 2. 医疗保险 | 112602 | | 45923 | 66679 | 233 | | | 233 |
| 8 | 单位 | 88907 | | 36473 | 52434 | 201 | | | 201 |
| 9 | 个人 | 23695 | | 9450 | 14245 | 32 | | | 32 |
| 10 | 3. 失业保险 | 8021 | | 4072 | 3949 | 581 | | | 581 |
| 11 | 单位 | 6251 | | 3201 | 3050 | 281 | | | 281 |
| 12 | 个人 | 1770 | | 871 | 899 | 300 | | | 300 |
| 13 | 4. 工伤保险 | 5991 | | 3156 | 2835 | 134 | | | 134 |
| 14 | 5. 生育保险 | 4986 | | 2147 | 2839 | | | | |
| 15 | 二、入库合计 | 687395 | 11969 | 209953 | 465473 | | | | |
| 16 | 1. 养老保险 | 555796 | 11969 | 154655 | 389172 | | | | |
| 17 | 单位 | 332480 | 5459 | 95473 | 231548 | | | | |
| 18 | 其中:机关事业 | 4353 | | 43 | 4310 | | | | |
| 19 | 个人 | 223200 | 6510 | 59182 | 157508 | | | | |
| 20 | 其中:机关事业 | 6130 | | 1167 | 4963 | | | | |
| 21 | 滞纳金 | 91 | | | 91 | | | | |
| 22 | 其中:机关事业 | | | | | | | | |
| 23 | 利息 | 25 | | | 25 | | | | |

续表

| 序号 | 项　目 | 本年基数征缴累计 | | | | 往年欠费追缴累计 | | | |
|---|---|---|---|---|---|---|---|---|---|
| | | 合计 | 省级 | 市级 | 县(区)级 | 合计 | 省级 | 市级 | 县(区)级 |
| 24 | 其中:机关事业 | | | | | | | | |
| 25 | 地市级上划调剂金 | | | | | | | | |
| 26 | 县级上划调剂金 | | | | | | | | |
| 27 | 2. 医疗保险 | 112602 | | 45923 | 66679 | | | | |
| 28 | 单位 | 88901 | | 36473 | 52428 | | | | |
| 29 | 个人 | 23695 | | 9450 | 14245 | | | | |
| 30 | 滞纳金 | 6 | | | 6 | | | | |
| 31 | 利息 | | | | | | | | |
| 32 | 3. 失业保险 | 8021 | | 4072 | 3949 | | | | |
| 33 | 单位 | 6249 | | 3201 | 3048 | | | | |
| 34 | 个人 | 1770 | | 871 | 899 | | | | |
| 35 | 滞纳金 | 2 | | | 2 | | | | |
| 36 | 利息 | | | | | | | | |
| 37 | 地市级上划调剂金 | | | | | | | | |
| 38 | 县级上划调剂金 | | | | | | | | |
| 39 | 4. 工伤保险 | 5990 | | 3156 | 2834 | | | | |
| 40 | 单位 | 5989 | | 3156 | 2833 | | | | |
| 41 | 滞纳金 | 1 | | | 1 | | | | |
| 42 | 利息 | | | | | | | | |
| 43 | 地市级上划调剂金 | | | | | | | | |
| 44 | 县级上划调剂金 | | | | | | | | |
| 45 | 5. 生育保险 | 4986 | | 2147 | 2839 | | | | |
| 46 | 单位 | 4986 | | 2147 | 2839 | | | | |
| 47 | 滞纳金 | | | | | | | | |
| 48 | 利息 | | | | | | | | |

# 2016年惠州市地方税务局应收、实收社会保险基金明细年报表

编报机关:惠州市地方税务局　　　　单位:万元

| 序号 | 项目 | 本年基数征缴累计 | | | | 往年欠费追缴累计 | | | |
|---|---|---|---|---|---|---|---|---|---|
| | | 合计 | 省级 | 市级 | 县(区)级 | 合计 | 省级 | 市级 | 县(区)级 |
| 1 | 一、应收合计 | 1320301 | 19377 | 240421 | 1060503 | | | | |
| 2 | 1. 养老保险 | 908782 | 19377 | 149540 | 739865 | | | | |
| 3 | 单位 | 546966 | 12777 | 88927 | 445262 | | | | |
| 4 | 其中:机关事业 | 1760 | | | 1760 | | | | |
| 5 | 个人 | 361816 | 6600 | 60613 | 294603 | | | | |
| 6 | 其中:机关事业 | 4753 | | | 4753 | | | | |
| 7 | 2. 医疗保险 | 359409 | | 82584 | 276825 | | | | |
| 8 | 单位 | 296765 | | 67420 | 229345 | | | | |
| 9 | 个人 | 62644 | | 15164 | 47480 | | | | |
| 10 | 3. 失业保险 | 27976 | | 5846 | 22130 | | | | |
| 11 | 单位 | 21018 | | 4388 | 16630 | | | | |
| 12 | 个人 | 6958 | | 1458 | 5500 | | | | |
| 13 | 4. 工伤保险 | 24107 | | 2445 | 21662 | | | | |
| 14 | 5. 生育保险 | 27 | | 6 | 21 | | | | |
| 15 | 二、入库合计 | 1314813 | 66381 | 232611 | 1015821 | | | | |
| 16 | 1. 养老保险 | 905204 | 66381 | 141729 | 697094 | | | | |
| 17 | 单位 | 543516 | 12815 | 88443 | 442258 | | | | |
| 18 | 其中:机关事业 | 1463 | | | 1463 | | | | |
| 19 | 个人 | 359996 | 6554 | 60613 | 292829 | | | | |
| 20 | 其中:机关事业 | 3652 | | | 3652 | | | | |
| 21 | 滞纳金 | 5 | | | 5 | | | | |
| 22 | 其中:机关事业 | | | | | | | | |
| 23 | 利息 | 1687 | 8 | 484 | 1195 | | | | |

续表

| 序号 | 项　目 | 本年基数征缴累计 | | | | 往年欠费追缴累计 | | | |
|---|---|---|---|---|---|---|---|---|---|
| | | 合计 | 省级 | 市级 | 县(区)级 | 合计 | 省级 | 市级 | 县(区)级 |
| 24 | 其中:机关事业 | 43 | | | 43 | | | | |
| 25 | 地市级上划调剂金 | | 7811 | -7811 | | | | | |
| 26 | 县级上划调剂金 | | 39193 | | -39193 | | | | |
| 27 | 2. 医疗保险 | 357841 | | 82584 | 275257 | | | | |
| 28 | 单位 | 295349 | | 67380 | 227969 | | | | |
| 29 | 个人 | 62373 | | 15164 | 47209 | | | | |
| 30 | 滞纳金 | | | | | | | | |
| 31 | 利息 | 119 | | 40 | 79 | | | | |
| 32 | 3. 失业保险 | 27794 | | 5846 | 21948 | | | | |
| 33 | 单位 | 20853 | | 4383 | 16470 | | | | |
| 34 | 个人 | 6920 | | 1459 | 5461 | | | | |
| 35 | 滞纳金 | 1 | | | 1 | | | | |
| 36 | 利息 | 20 | | 4 | 16 | | | | |
| 37 | 地市级上划调剂金 | | | | | | | | |
| 38 | 县级上划调剂金 | | | | | | | | |
| 39 | 4. 工伤保险 | 23947 | | 2446 | 21501 | | | | |
| 40 | 单位 | 23937 | | 2444 | 21493 | | | | |
| 41 | 滞纳金 | | | | | | | | |
| 42 | 利息 | 10 | | 2 | 8 | | | | |
| 43 | 地市级上划调剂金 | | | | | | | | |
| 44 | 县级上划调剂金 | | | | | | | | |
| 45 | 5. 生育保险 | 27 | | 6 | 21 | | | | |
| 46 | 单位 | 27 | | 6 | 21 | | | | |
| 47 | 滞纳金 | | | | | | | | |
| 48 | 利息 | | | | | | | | |

# 2016 年汕尾市地方税务局应收、实收社会保险基金明细年报表

编报机关:汕尾市地方税务局　　　　单位:万元

| 序号 | 项目 | 本年基数征缴累计 | | | | 往年欠费追缴累计 | | | |
|---|---|---|---|---|---|---|---|---|---|
| | | 合计 | 省级 | 市级 | 县(区)级 | 合计 | 省级 | 市级 | 县(区)级 |
| 1 | 一、应收合计 | 152061 | 5082 | 52665 | 94314 | 43466 | | 12328 | 31138 |
| 2 | 1. 养老保险 | 114119 | 5082 | 36683 | 72354 | 36639 | | 9996 | 26643 |
| 3 | 单位 | 68889 | 3314 | 23017 | 42558 | 23485 | | 6567 | 16918 |
| 4 | 其中:机关事业 | | | | | | | | |
| 5 | 个人 | 45230 | 1768 | 13666 | 29796 | 13154 | | 3429 | 9725 |
| 6 | 其中:机关事业 | | | | | | | | |
| 7 | 2. 医疗保险 | 29052 | | 12252 | 16800 | 2796 | | 865 | 1931 |
| 8 | 单位 | 23849 | | 10303 | 13546 | 2334 | | 732 | 1602 |
| 9 | 个人 | 5203 | | 1949 | 3254 | 462 | | 133 | 329 |
| 10 | 3. 失业保险 | 3641 | | 1575 | 2066 | 2325 | | 773 | 1552 |
| 11 | 单位 | 2888 | | 1246 | 1642 | 1692 | | 567 | 1125 |
| 12 | 个人 | 753 | | 329 | 424 | 633 | | 206 | 427 |
| 13 | 4. 工伤保险 | 3200 | | 1228 | 1972 | 1136 | | 466 | 670 |
| 14 | 5. 生育保险 | 2049 | | 927 | 1122 | 570 | | 228 | 342 |
| 15 | 二、入库合计 | 171829 | 11151 | 46658 | 114020 | 2958 | | 1907 | 1051 |
| 16 | 1. 养老保险 | 122285 | 11151 | 31317 | 79817 | 2254 | | 1432 | 822 |
| 17 | 单位 | 71573 | 3314 | 20806 | 47453 | 1362 | | 922 | 440 |
| 18 | 其中:机关事业 | | | | | | | | |
| 19 | 个人 | 50540 | 1768 | 12419 | 36353 | 891 | | 510 | 381 |
| 20 | 其中:机关事业 | | | | | | | | |
| 21 | 滞纳金 | 124 | | 5 | 119 | 1 | | | 1 |
| 22 | 其中:机关事业 | | | | | | | | |
| 23 | 利息 | 48 | | 5 | 43 | | | | |

续表

| 序号 | 项　目 | 本年基数征缴累计 | | | | 往年欠费追缴累计 | | | |
|---|---|---|---|---|---|---|---|---|---|
| | | 合计 | 省级 | 市级 | 县(区)级 | 合计 | 省级 | 市级 | 县(区)级 |
| 24 | 其中:机关事业 | | | | | | | | |
| 25 | 地市级上划调剂金 | | 1918 | -1918 | | | | | |
| 26 | 县级上划调剂金 | | 4151 | | -4151 | | | | |
| 27 | 2. 医疗保险 | 39896 | | 11901 | 27995 | 525 | | 337 | 188 |
| 28 | 单位 | 32733 | | 9976 | 22757 | 467 | | 319 | 148 |
| 29 | 个人 | 7121 | | 1923 | 5198 | 58 | | 18 | 40 |
| 30 | 滞纳金 | 42 | | 2 | 40 | | | | |
| 31 | 利息 | | | | | | | | |
| 32 | 3. 失业保险 | 3763 | | 1462 | 2301 | 91 | | 74 | 17 |
| 33 | 单位 | 2988 | | 1152 | 1836 | 69 | | 56 | 13 |
| 34 | 个人 | 771 | | 309 | 462 | 22 | | 18 | 4 |
| 35 | 滞纳金 | 4 | | 1 | 3 | | | | |
| 36 | 利息 | | | | | | | | |
| 37 | 地市级上划调剂金 | | | | | | | | |
| 38 | 县级上划调剂金 | | | | | | | | |
| 39 | 4. 工伤保险 | 3588 | | 1123 | 2465 | 48 | | 33 | 15 |
| 40 | 单位 | 3586 | | 1123 | 2463 | 48 | | 33 | 15 |
| 41 | 滞纳金 | 2 | | | 2 | | | | |
| 42 | 利息 | | | | | | | | |
| 43 | 地市级上划调剂金 | | | | | | | | |
| 44 | 县级上划调剂金 | | | | | | | | |
| 45 | 5. 生育保险 | 2297 | | 855 | 1442 | 40 | | 31 | 9 |
| 46 | 单位 | 2295 | | 855 | 1440 | 40 | | 31 | 9 |
| 47 | 滞纳金 | 2 | | | 2 | | | | |
| 48 | 利息 | | | | | | | | |

# 2016 年东莞市地方税务局应收、实收社会保险基金明细年报表

编报机关:东莞市地方税务局　　单位:万元

| 序号 | 项　目 | 本年基数征缴累计 | | | | 往年欠费追缴累计 | | | |
|---|---|---|---|---|---|---|---|---|---|
| | | 合计 | 省级 | 市级 | 县(区)级 | 合计 | 省级 | 市级 | 县(区)级 |
| 1 | 一、应收合计 | 3906756 | 28951 | 3877805 | | 26696 | | 26696 | |
| 2 | 1. 养老保险 | 3007949 | 28898 | 2979051 | | 20321 | | 20321 | |
| 3 | 单位 | 1884185 | 18847 | 1865338 | | 12613 | | 12613 | |
| 4 | 其中:机关事业 | 143460 | | 143460 | | | | | |
| 5 | 个人 | 1123764 | 10051 | 1113713 | | 7708 | | 7708 | |
| 6 | 其中:机关事业 | 60411 | | 60411 | | | | | |
| 7 | 2. 医疗保险 | 621341 | | 621341 | | 3589 | | 3589 | |
| 8 | 单位 | 499327 | | 499327 | | 2814 | | 2814 | |
| 9 | 个人 | 122014 | | 122014 | | 775 | | 775 | |
| 10 | 3. 失业保险 | 109099 | | 109099 | | 1252 | | 1252 | |
| 11 | 单位 | 76406 | | 76406 | | 832 | | 832 | |
| 12 | 个人 | 32693 | | 32693 | | 420 | | 420 | |
| 13 | 4. 工伤保险 | 101615 | 53 | 101562 | | 1415 | | 1415 | |
| 14 | 5. 生育保险 | 66752 | | 66752 | | 119 | | 119 | |
| 15 | 二、入库合计 | 3904985 | 28955 | 3876030 | | 10513 | | 10513 | |
| 16 | 1. 养老保险 | 3006755 | 28902 | 2977853 | | 7969 | | 7969 | |
| 17 | 单位 | 1881738 | 18846 | 1862892 | | 4757 | | 4757 | |
| 18 | 其中:机关事业 | 143447 | | 143447 | | | | | |
| 19 | 个人 | 1122189 | 10052 | 1112137 | | 2931 | | 2931 | |
| 20 | 其中:机关事业 | 60399 | | 60399 | | | | | |
| 21 | 滞纳金 | 2824 | | 2824 | | 281 | | 281 | |
| 22 | 其中:机关事业 | | | | | | | | |
| 23 | 利息 | 4 | 4 | | | | | | |

续表

| 序号 | 项目 | 本年基数征缴累计 | | | | 往年欠费追缴累计 | | | |
|---|---|---|---|---|---|---|---|---|---|
| | | 合计 | 省级 | 市级 | 县(区)级 | 合计 | 省级 | 市级 | 县(区)级 |
| 24 | 其中:机关事业 | | | | | | | | |
| 25 | 地市级上划调剂金 | | | | | | | | |
| 26 | 县级上划调剂金 | | | | | | | | |
| 27 | 2. 医疗保险 | 620793 | | 620793 | | 1368 | | 1368 | |
| 28 | 单位 | 498781 | | 498781 | | 1034 | | 1034 | |
| 29 | 个人 | 121865 | | 121865 | | 285 | | 285 | |
| 30 | 滞纳金 | 147 | | 147 | | 49 | | 49 | |
| 31 | 利息 | | | | | | | | |
| 32 | 3. 失业保险 | 109244 | | 109244 | | 525 | | 525 | |
| 33 | 单位 | 76458 | | 76458 | | 339 | | 339 | |
| 34 | 个人 | 32747 | | 32747 | | 170 | | 170 | |
| 35 | 滞纳金 | 39 | | 39 | | 16 | | 16 | |
| 36 | 利息 | | | | | | | | |
| 37 | 地市级上划调剂金 | | | | | | | | |
| 38 | 县级上划调剂金 | | | | | | | | |
| 39 | 4. 工伤保险 | 101686 | 53 | 101633 | | 561 | | 561 | |
| 40 | 单位 | 101653 | 53 | 101600 | | 547 | | 547 | |
| 41 | 滞纳金 | 33 | | 33 | | 14 | | 14 | |
| 42 | 利息 | | | | | | | | |
| 43 | 地市级上划调剂金 | | | | | | | | |
| 44 | 县级上划调剂金 | | | | | | | | |
| 45 | 5. 生育保险 | 66507 | | 66507 | | 90 | | 90 | |
| 46 | 单位 | 66493 | | 66493 | | 90 | | 90 | |
| 47 | 滞纳金 | 14 | | 14 | | | | | |
| 48 | 利息 | | | | | | | | |

# 2016年中山市地方税务局应收、实收社会保险基金明细年报表

编报机关:中山市地方税务局　　　　单位:万元

| 序号 | 项目 | 本年基数征缴累计 | | | | 往年欠费追缴累计 | | | |
|---|---|---|---|---|---|---|---|---|---|
| | | 合计 | 省级 | 市级 | 县(区)级 | 合计 | 省级 | 市级 | 县(区)级 |
| 1 | 一、应收合计 | 1584236 | | 1584236 | | 18636 | | 18636 | |
| 2 | 1. 养老保险 | 1172915 | | 1172915 | | 14878 | | 14878 | |
| 3 | 单位 | 714499 | | 714499 | | 8607 | | 8607 | |
| 4 | 其中:机关事业 | | | | | | | | |
| 5 | 个人 | 458416 | | 458416 | | 6271 | | 6271 | |
| 6 | 其中:机关事业 | | | | | | | | |
| 7 | 2. 医疗保险 | 297564 | | 297564 | | 2392 | | 2392 | |
| 8 | 单位 | 183526 | | 183526 | | 1928 | | 1928 | |
| 9 | 个人 | 114038 | | 114038 | | 464 | | 464 | |
| 10 | 3. 失业保险 | 43232 | | 43232 | | 672 | | 672 | |
| 11 | 单位 | 35989 | | 35989 | | 672 | | 672 | |
| 12 | 个人 | 7243 | | 7243 | | | | | |
| 13 | 4. 工伤保险 | 34770 | | 34770 | | 659 | | 659 | |
| 14 | 5. 生育保险 | 35755 | | 35755 | | 35 | | 35 | |
| 15 | 二、入库合计 | 1575713 | | 1575713 | | 2908 | | 2908 | |
| 16 | 1. 养老保险 | 1165852 | | 1165852 | | 2387 | | 2387 | |
| 17 | 单位 | 709580 | | 709580 | | 1447 | | 1447 | |
| 18 | 其中:机关事业 | | | | | | | | |
| 19 | 个人 | 455726 | | 455726 | | 940 | | 940 | |
| 20 | 其中:机关事业 | | | | | | | | |
| 21 | 滞纳金 | 546 | | 546 | | | | | |
| 22 | 其中:机关事业 | | | | | | | | |
| 23 | 利息 | | | | | | | | |

续表

| 序号 | 项　　目 | 本年基数征缴累计 | | | | 往年欠费追缴累计 | | | |
|---|---|---|---|---|---|---|---|---|---|
| | | 合计 | 省级 | 市级 | 县(区)级 | 合计 | 省级 | 市级 | 县(区)级 |
| 24 | 其中:机关事业 | | | | | | | | |
| 25 | 地市级上划调剂金 | | | | | | | | |
| 26 | 县级上划调剂金 | | | | | | | | |
| 27 | 2. 医疗保险 | 296603 | | 296603 | | 333 | | 333 | |
| 28 | 单位 | 182709 | | 182709 | | 263 | | 263 | |
| 29 | 个人 | 113837 | | 113837 | | 70 | | 70 | |
| 30 | 滞纳金 | 57 | | 57 | | | | | |
| 31 | 利息 | | | | | | | | |
| 32 | 3. 失业保险 | 43031 | | 43031 | | 86 | | 86 | |
| 33 | 单位 | 35808 | | 35808 | | 86 | | 86 | |
| 34 | 个人 | 7207 | | 7207 | | | | | |
| 35 | 滞纳金 | 16 | | 16 | | | | | |
| 36 | 利息 | | | | | | | | |
| 37 | 地市级上划调剂金 | | | | | | | | |
| 38 | 县级上划调剂金 | | | | | | | | |
| 39 | 4. 工伤保险 | 34637 | | 34637 | | 78 | | 78 | |
| 40 | 单位 | 34623 | | 34623 | | 78 | | 78 | |
| 41 | 滞纳金 | 14 | | 14 | | | | | |
| 42 | 利息 | | | | | | | | |
| 43 | 地市级上划调剂金 | | | | | | | | |
| 44 | 县级上划调剂金 | | | | | | | | |
| 45 | 5. 生育保险 | 35590 | | 35590 | | 24 | | 24 | |
| 46 | 单位 | 35584 | | 35584 | | 24 | | 24 | |
| 47 | 滞纳金 | 6 | | 6 | | | | | |
| 48 | 利息 | | | | | | | | |

# 2016年江门市地方税务局应收、实收社会保险基金明细年报表

编报机关:江门市地方税务局　　　　单位:万元

| 序号 | 项目 | 本年基数征缴累计 | | | | 往年欠费追缴累计 | | | |
|---|---|---|---|---|---|---|---|---|---|
| | | 合计 | 省级 | 市级 | 县(区)级 | 合计 | 省级 | 市级 | 县(区)级 |
| 1 | 一、应收合计 | 1076885 | 19776 | | 1057109 | 34482 | | | 34482 |
| 2 | 1. 养老保险 | 707952 | 19776 | | 688176 | 25630 | | | 25630 |
| 3 | 单位 | 439322 | 12896 | | 426426 | 18014 | | | 18014 |
| 4 | 其中:机关事业 | | | | | | | | |
| 5 | 个人 | 268630 | 6880 | | 261750 | 7616 | | | 7616 |
| 6 | 其中:机关事业 | | | | | | | | |
| 7 | 2. 医疗保险 | 325680 | | | 325680 | 7621 | | | 7621 |
| 8 | 单位 | 264063 | | | 264063 | 6400 | | | 6400 |
| 9 | 个人 | 61617 | | | 61617 | 1221 | | | 1221 |
| 10 | 3. 失业保险 | 20272 | | | 20272 | 820 | | | 820 |
| 11 | 单位 | 15943 | | | 15943 | 706 | | | 706 |
| 12 | 个人 | 4329 | | | 4329 | 114 | | | 114 |
| 13 | 4. 工伤保险 | 12987 | | | 12987 | 279 | | | 279 |
| 14 | 5. 生育保险 | 9994 | | | 9994 | 132 | | | 132 |
| 15 | 二、入库合计 | 1069290 | 53464 | | 1015826 | 3904 | | | 3904 |
| 16 | 1. 养老保险 | 702537 | 53464 | | 649073 | 2674 | | | 2674 |
| 17 | 单位 | 435978 | 12891 | | 423087 | 1683 | | | 1683 |
| 18 | 其中:机关事业 | | | | | | | | |
| 19 | 个人 | 266165 | 6878 | | 259287 | 986 | | | 986 |
| 20 | 其中:机关事业 | | | | | | | | |
| 21 | 滞纳金 | 309 | | | 309 | 5 | | | 5 |
| 22 | 其中:机关事业 | | | | | | | | |
| 23 | 利息 | 85 | 2 | | 83 | | | | |

续表

| 序号 | 项　　目 | 本年基数征缴累计 | | | | 往年欠费追缴累计 | | | |
|---|---|---|---|---|---|---|---|---|---|
| | | 合计 | 省级 | 市级 | 县(区)级 | 合计 | 省级 | 市级 | 县(区)级 |
| 24 | 其中:机关事业 | | | | | | | | |
| 25 | 地市级上划调剂金 | | | | | | | | |
| 26 | 县级上划调剂金 | | 33693 | | -33693 | | | | |
| 27 | 2. 医疗保险 | 323680 | | | 323680 | 1070 | | | 1070 |
| 28 | 单位 | 262341 | | | 262341 | 831 | | | 831 |
| 29 | 个人 | 61195 | | | 61195 | 238 | | | 238 |
| 30 | 滞纳金 | 104 | | | 104 | 1 | | | 1 |
| 31 | 利息 | 40 | | | 40 | | | | |
| 32 | 3. 失业保险 | 20182 | | | 20182 | 97 | | | 97 |
| 33 | 单位 | 15848 | | | 15848 | 75 | | | 75 |
| 34 | 个人 | 4314 | | | 4314 | 22 | | | 22 |
| 35 | 滞纳金 | 18 | | | 18 | | | | |
| 36 | 利息 | 2 | | | 2 | | | | |
| 37 | 地市级上划调剂金 | | | | | | | | |
| 38 | 县级上划调剂金 | | | | | | | | |
| 39 | 4. 工伤保险 | 12937 | | | 12937 | 33 | | | 33 |
| 40 | 单位 | 12929 | | | 12929 | 33 | | | 33 |
| 41 | 滞纳金 | 6 | | | 6 | | | | |
| 42 | 利息 | 2 | | | 2 | | | | |
| 43 | 地市级上划调剂金 | | | | | | | | |
| 44 | 县级上划调剂金 | | | | | | | | |
| 45 | 5. 生育保险 | 9954 | | | 9954 | 30 | | | 30 |
| 46 | 单位 | 9948 | | | 9948 | 30 | | | 30 |
| 47 | 滞纳金 | 5 | | | 5 | | | | |
| 48 | 利息 | 1 | | | 1 | | | | |

# 2016 年阳江市地方税务局应收、实收社会保险基金明细年报表

编报机关:阳江市地方税务局　　　　单位:万元

| 序号 | 项　目 | 本年基数征缴累计 | | | | 往年欠费追缴累计 | | | |
|---|---|---|---|---|---|---|---|---|---|
| | | 合计 | 省级 | 市级 | 县(区)级 | 合计 | 省级 | 市级 | 县(区)级 |
| 1 | 一、应收合计 | 271460 | 7645 | 64788 | 199027 | 10512 | | 1456 | 9056 |
| 2 | 1. 养老保险 | 175811 | 7645 | 40173 | 127993 | 8919 | | 1074 | 7845 |
| 3 | 单位 | 103821 | 4986 | 24144 | 74691 | 4806 | | 664 | 4142 |
| 4 | 其中:机关事业 | 10010 | 356 | | 9654 | 690 | | | 690 |
| 5 | 个人 | 71990 | 2659 | 16029 | 53302 | 4113 | | 410 | 3703 |
| 6 | 其中:机关事业 | 8045 | 190 | | 7855 | 446 | | | 446 |
| 7 | 2. 医疗保险 | 81305 | | 20688 | 60617 | 1324 | | 321 | 1003 |
| 8 | 单位 | 67812 | | 17242 | 50570 | 1066 | | 259 | 807 |
| 9 | 个人 | 13493 | | 3446 | 10047 | 258 | | 62 | 196 |
| 10 | 3. 失业保险 | 3821 | | 1085 | 2736 | 132 | | 40 | 92 |
| 11 | 单位 | 2987 | | 847 | 2140 | 98 | | 28 | 70 |
| 12 | 个人 | 834 | | 238 | 596 | 34 | | 12 | 22 |
| 13 | 4. 工伤保险 | 3741 | | 939 | 2802 | 47 | | 10 | 37 |
| 14 | 5. 生育保险 | 6782 | | 1903 | 4879 | 90 | | 11 | 79 |
| 15 | 二、入库合计 | 265084 | 16044 | 61839 | 187201 | 2704 | | 650 | 2054 |
| 16 | 1. 养老保险 | 170597 | 16044 | 37425 | 117128 | 1968 | | 413 | 1555 |
| 17 | 单位 | 99916 | 4986 | 23707 | 71223 | 1218 | | 261 | 957 |
| 18 | 其中:机关事业 | 9364 | 356 | | 9008 | 128 | | | 128 |
| 19 | 个人 | 69808 | 2659 | 15777 | 51372 | 749 | | 152 | 597 |
| 20 | 其中:机关事业 | 7757 | 190 | | 7567 | 82 | | | 82 |
| 21 | 滞纳金 | 303 | | 26 | 277 | 1 | | | 1 |
| 22 | 其中:机关事业 | 102 | | | 102 | | | | |
| 23 | 利息 | 570 | | 67 | 503 | | | | |

续表

| 序号 | 项目 | 本年基数征缴累计 | | | | 往年欠费追缴累计 | | | |
|---|---|---|---|---|---|---|---|---|---|
| | | 合计 | 省级 | 市级 | 县(区)级 | 合计 | 省级 | 市级 | 县(区)级 |
| 24 | 其中:机关事业 | 263 | | | 263 | | | | |
| 25 | 地市级上划调剂金 | | 2152 | -2152 | | | | | |
| 26 | 县级上划调剂金 | | 6247 | | -6247 | | | | |
| 27 | 2. 医疗保险 | 80310 | | 20516 | 59794 | 594 | | 186 | 408 |
| 28 | 单位 | 66940 | | 17096 | 49844 | 485 | | 150 | 335 |
| 29 | 个人 | 13302 | | 3411 | 9891 | 109 | | 36 | 73 |
| 30 | 滞纳金 | 67 | | 8 | 59 | | | | |
| 31 | 利息 | 1 | | 1 | | | | | |
| 32 | 3. 失业保险 | 3761 | | 1075 | 2686 | 60 | | 34 | 26 |
| 33 | 单位 | 2917 | | 836 | 2081 | 43 | | 24 | 19 |
| 34 | 个人 | 819 | | 235 | 584 | 17 | | 10 | 7 |
| 35 | 滞纳金 | 15 | | 1 | 14 | | | | |
| 36 | 利息 | 10 | | 3 | 7 | | | | |
| 37 | 地市级上划调剂金 | | | | | | | | |
| 38 | 县级上划调剂金 | | | | | | | | |
| 39 | 4. 工伤保险 | 3704 | | 931 | 2773 | 20 | | 7 | 13 |
| 40 | 单位 | 3690 | | 929 | 2761 | 20 | | 7 | 13 |
| 41 | 滞纳金 | 5 | | 1 | 4 | | | | |
| 42 | 利息 | 9 | | 1 | 8 | | | | |
| 43 | 地市级上划调剂金 | | | | | | | | |
| 44 | 县级上划调剂金 | | | | | | | | |
| 45 | 5. 生育保险 | 6712 | | 1892 | 4820 | 62 | | 10 | 52 |
| 46 | 单位 | 6703 | | 1891 | 4812 | 62 | | 10 | 52 |
| 47 | 滞纳金 | 4 | | | 4 | | | | |
| 48 | 利息 | 5 | | 1 | 4 | | | | |

# 2016 年湛江市地方税务局应收、实收社会保险基金明细年报表

编报机关:湛江市地方税务局　　单位:万元

| 序号 | 项　目 | 本年基数征缴累计 | | | | 往年欠费追缴累计 | | | |
|---|---|---|---|---|---|---|---|---|---|
| | | 合计 | 省级 | 市级 | 县(区)级 | 合计 | 省级 | 市级 | 县(区)级 |
| 1 | 一、应收合计 | 663103 | 20329 | | 642774 | 28822 | | | 28822 |
| 2 | 1. 养老保险 | 445058 | 20329 | | 424729 | 24140 | | | 24140 |
| 3 | 单位 | 278367 | 13564 | | 264803 | 16154 | | | 16154 |
| 4 | 其中:机关事业 | | | | | | | | |
| 5 | 个人 | 166691 | 6765 | | 159926 | 7986 | | | 7986 |
| 6 | 其中:机关事业 | | | | | | | | |
| 7 | 2. 医疗保险 | 186627 | | | 186627 | 3080 | | | 3080 |
| 8 | 单位 | 148269 | | | 148269 | 2798 | | | 2798 |
| 9 | 个人 | 38358 | | | 38358 | 282 | | | 282 |
| 10 | 3. 失业保险 | 14451 | | | 14451 | 1014 | | | 1014 |
| 11 | 单位 | 11320 | | | 11320 | 743 | | | 743 |
| 12 | 个人 | 3131 | | | 3131 | 271 | | | 271 |
| 13 | 4. 工伤保险 | 6170 | | | 6170 | 277 | | | 277 |
| 14 | 5. 生育保险 | 10797 | | | 10797 | 311 | | | 311 |
| 15 | 二、入库合计 | 653092 | 42302 | | 610790 | 5151 | | | 5151 |
| 16 | 1. 养老保险 | 436896 | 42302 | | 394594 | 4339 | | | 4339 |
| 17 | 单位 | 272174 | 13559 | | 258615 | 2788 | | | 2788 |
| 18 | 其中:机关事业 | | | | | | | | |
| 19 | 个人 | 161304 | 6763 | | 154541 | 1551 | | | 1551 |
| 20 | 其中:机关事业 | | | | | | | | |
| 21 | 滞纳金 | 3360 | | | 3360 | | | | |
| 22 | 其中:机关事业 | | | | | | | | |
| 23 | 利息 | 58 | 1 | | 57 | | | | |

续表

| 序号 | 项目 | 本年基数征缴累计 | | | | 往年欠费追缴累计 | | | |
|---|---|---|---|---|---|---|---|---|---|
| | | 合计 | 省级 | 市级 | 县(区)级 | 合计 | 省级 | 市级 | 县(区)级 |
| 24 | 其中:机关事业 | | | | | | | | |
| 25 | 地市级上划调剂金 | | | | | | | | |
| 26 | 县级上划调剂金 | | 21979 | | -21979 | | | | |
| 27 | 2. 医疗保险 | 185120 | | | 185120 | 532 | | | 532 |
| 28 | 单位 | 146873 | | | 146873 | 419 | | | 419 |
| 29 | 个人 | 38124 | | | 38124 | 113 | | | 113 |
| 30 | 滞纳金 | 100 | | | 100 | | | | |
| 31 | 利息 | 23 | | | 23 | | | | |
| 32 | 3. 失业保险 | 14303 | | | 14303 | 195 | | | 195 |
| 33 | 单位 | 11140 | | | 11140 | 138 | | | 138 |
| 34 | 个人 | 3083 | | | 3083 | 56 | | | 56 |
| 35 | 滞纳金 | 79 | | | 79 | 1 | | | 1 |
| 36 | 利息 | 1 | | | 1 | | | | |
| 37 | 地市级上划调剂金 | | | | | | | | |
| 38 | 县级上划调剂金 | | | | | | | | |
| 39 | 4. 工伤保险 | 6099 | | | 6099 | 36 | | | 36 |
| 40 | 单位 | 6085 | | | 6085 | 36 | | | 36 |
| 41 | 滞纳金 | 13 | | | 13 | | | | |
| 42 | 利息 | 1 | | | 1 | | | | |
| 43 | 地市级上划调剂金 | | | | | | | | |
| 44 | 县级上划调剂金 | | | | | | | | |
| 45 | 5. 生育保险 | 10674 | | | 10674 | 49 | | | 49 |
| 46 | 单位 | 10663 | | | 10663 | 49 | | | 49 |
| 47 | 滞纳金 | 10 | | | 10 | | | | |
| 48 | 利息 | 1 | | | 1 | | | | |

# 2016年茂名市地方税务局应收、实收社会保险基金明细年报表

编报机关:茂名市地方税务局　　单位:万元

| 序号 | 项目 | 本年基数征缴累计 | | | | 往年欠费追缴累计 | | | |
|---|---|---|---|---|---|---|---|---|---|
| | | 合计 | 省级 | 市级 | 县(区)级 | 合计 | 省级 | 市级 | 县(区)级 |
| 1 | 一、应收合计 | 496366 | 13825 | 167370 | 315171 | 55603 | | 5365 | 50238 |
| 2 | 1. 养老保险 | 336702 | 13825 | 104732 | 218145 | 48452 | | 3912 | 44540 |
| 3 | 单位 | 190711 | 9669 | 63679 | 117363 | 31357 | | 2578 | 28779 |
| 4 | 其中:机关事业 | | | | | | | | |
| 5 | 个人 | 145991 | 4156 | 41053 | 100782 | 17095 | | 1334 | 15761 |
| 6 | 其中:机关事业 | | | | | | | | |
| 7 | 2. 医疗保险 | 133300 | | 52108 | 81192 | 4263 | | 1178 | 3085 |
| 8 | 单位 | 106967 | | 40972 | 65995 | 3706 | | 1016 | 2690 |
| 9 | 个人 | 26333 | | 11136 | 15197 | 557 | | 162 | 395 |
| 10 | 3. 失业保险 | 12156 | | 4999 | 7157 | 1965 | | 193 | 1772 |
| 11 | 单位 | 9610 | | 3934 | 5676 | 1407 | | 136 | 1271 |
| 12 | 个人 | 2546 | | 1065 | 1481 | 558 | | 57 | 501 |
| 13 | 4. 工伤保险 | 8039 | | 3085 | 4954 | 789 | | 70 | 719 |
| 14 | 5. 生育保险 | 6169 | | 2446 | 3723 | 134 | | 12 | 122 |
| 15 | 二、入库合计 | 484831 | 29470 | 159299 | 296062 | 8087 | | 1101 | 6986 |
| 16 | 1. 养老保险 | 327069 | 29470 | 97290 | 200309 | 5875 | | 771 | 5104 |
| 17 | 单位 | 184030 | 9669 | 62198 | 112163 | 3567 | | 492 | 3075 |
| 18 | 其中:机关事业 | | | | | | | | |
| 19 | 个人 | 141891 | 4156 | 40391 | 97344 | 2301 | | 276 | 2025 |
| 20 | 其中:机关事业 | | | | | | | | |
| 21 | 滞纳金 | 1068 | | 280 | 788 | 7 | | 3 | 4 |
| 22 | 其中:机关事业 | | | | | | | | |
| 23 | 利息 | 80 | 1 | 8 | 71 | | | | |

续表

| 序号 | 项目 | 本年基数征缴累计 | | | | 往年欠费追缴累计 | | | |
|---|---|---|---|---|---|---|---|---|---|
| | | 合计 | 省级 | 市级 | 县(区)级 | 合计 | 省级 | 市级 | 县(区)级 |
| 24 | 其中:机关事业 | | | | | | | | |
| 25 | 地市级上划调剂金 | | 5587 | -5587 | | | | | |
| 26 | 县级上划调剂金 | | 10057 | | -10057 | | | | |
| 27 | 2. 医疗保险 | 131607 | | 51547 | 80060 | 1763 | | 277 | 1486 |
| 28 | 单位 | 105547 | | 40495 | 65052 | 1315 | | 227 | 1088 |
| 29 | 个人 | 25983 | | 11024 | 14959 | 448 | | 50 | 398 |
| 30 | 滞纳金 | 68 | | 24 | 44 | | | | |
| 31 | 利息 | 9 | | 4 | 5 | | | | |
| 32 | 3. 失业保险 | 12114 | | 4962 | 7152 | 306 | | 34 | 272 |
| 33 | 单位 | 9384 | | 3878 | 5506 | 218 | | 24 | 194 |
| 34 | 个人 | 2550 | | 1060 | 1490 | 88 | | 10 | 78 |
| 35 | 滞纳金 | 180 | | 24 | 156 | | | | |
| 36 | 利息 | | | | | | | | |
| 37 | 地市级上划调剂金 | | | | | | | | |
| 38 | 县级上划调剂金 | | | | | | | | |
| 39 | 4. 工伤保险 | 7933 | | 3061 | 4872 | 129 | | 14 | 115 |
| 40 | 单位 | 7879 | | 3052 | 4827 | 129 | | 14 | 115 |
| 41 | 滞纳金 | 53 | | 9 | 44 | | | | |
| 42 | 利息 | 1 | | | 1 | | | | |
| 43 | 地市级上划调剂金 | | | | | | | | |
| 44 | 县级上划调剂金 | | | | | | | | |
| 45 | 5. 生育保险 | 6108 | | 2439 | 3669 | 14 | | 5 | 9 |
| 46 | 单位 | 6102 | | 2437 | 3665 | 14 | | 5 | 9 |
| 47 | 滞纳金 | 6 | | 2 | 4 | | | | |
| 48 | 利息 | | | | | | | | |

# 2016年肇庆市地方税务局应收、实收社会保险基金明细年报表

编报机关:肇庆市地方税务局　　　　单位:万元

| 序号 | 项目 | 本年基数征缴累计 | | | | 往年欠费追缴累计 | | | |
|---|---|---|---|---|---|---|---|---|---|
| | | 合计 | 省级 | 市级 | 县(区)级 | 合计 | 省级 | 市级 | 县(区)级 |
| 1 | 一、应收合计 | 503234 | 14298 | 137863 | 351073 | 9781 | | 3413 | 6368 |
| 2 | 1. 养老保险 | 343760 | 14298 | 91547 | 237915 | 6954 | | 2392 | 4562 |
| 3 | 单位 | 209788 | 9310 | 59977 | 140501 | 4397 | | 1461 | 2936 |
| 4 | 其中:机关事业 | | | | | | | | |
| 5 | 个人 | 133972 | 4988 | 31570 | 97414 | 2557 | | 931 | 1626 |
| 6 | 其中:机关事业 | 8719 | | | 8719 | | | | |
| 7 | 2. 医疗保险 | 134148 | | 39106 | 95042 | 2447 | | 961 | 1486 |
| 8 | 单位 | 103953 | | 30466 | 73487 | 1932 | | 732 | 1200 |
| 9 | 个人 | 30195 | | 8640 | 21555 | 515 | | 229 | 286 |
| 10 | 3. 失业保险 | 10826 | | 3645 | 7181 | 202 | | 34 | 168 |
| 11 | 单位 | 8506 | | 2865 | 5641 | 161 | | 26 | 135 |
| 12 | 个人 | 2320 | | 780 | 1540 | 41 | | 8 | 33 |
| 13 | 4. 工伤保险 | 8152 | | 1699 | 6453 | 105 | | 14 | 91 |
| 14 | 5. 生育保险 | 6348 | | 1866 | 4482 | 73 | | 12 | 61 |
| 15 | 二、入库合计 | 496072 | 30893 | 130950 | 334229 | 2038 | | 291 | 1747 |
| 16 | 1. 养老保险 | 338753 | 30893 | 85408 | 222452 | 1391 | | 199 | 1192 |
| 17 | 单位 | 206112 | 9311 | 58588 | 138213 | 823 | | 125 | 698 |
| 18 | 其中:机关事业 | | | | | | | | |
| 19 | 个人 | 131957 | 4987 | 30810 | 96160 | 568 | | 74 | 494 |
| 20 | 其中:机关事业 | 8719 | | | 8719 | | | | |
| 21 | 滞纳金 | 200 | 1 | 31 | 168 | | | | |
| 22 | 其中:机关事业 | | | | | | | | |
| 23 | 利息 | 484 | | 156 | 328 | | | | |

续表

| 序号 | 项　　目 | 本年基数征缴累计 | | | | 往年欠费追缴累计 | | | |
|---|---|---|---|---|---|---|---|---|---|
| | | 合计 | 省级 | 市级 | 县(区)级 | 合计 | 省级 | 市级 | 县(区)级 |
| 24 | 其中:机关事业 | | | | | | | | |
| 25 | 地市级上划调剂金 | | 4177 | -4177 | | | | | |
| 26 | 县级上划调剂金 | | 12417 | | -12417 | | | | |
| 27 | 2. 医疗保险 | 132210 | | 38364 | 93846 | 540 | | 78 | 462 |
| 28 | 单位 | 102431 | | 29887 | 72544 | 414 | | 59 | 355 |
| 29 | 个人 | 29696 | | 8462 | 21234 | 126 | | 19 | 107 |
| 30 | 滞纳金 | 70 | | 12 | 58 | | | | |
| 31 | 利息 | 13 | | 3 | 10 | | | | |
| 32 | 3. 失业保险 | 10754 | | 3632 | 7122 | 53 | | 7 | 46 |
| 33 | 单位 | 8432 | | 2851 | 5581 | 40 | | 5 | 35 |
| 34 | 个人 | 2304 | | 777 | 1527 | 13 | | 2 | 11 |
| 35 | 滞纳金 | 15 | | 2 | 13 | | | | |
| 36 | 利息 | 3 | | 2 | 1 | | | | |
| 37 | 地市级上划调剂金 | | | | | | | | |
| 38 | 县级上划调剂金 | | | | | | | | |
| 39 | 4. 工伤保险 | 8061 | | 1689 | 6372 | 34 | | 4 | 30 |
| 40 | 单位 | 8048 | | 1682 | 6366 | 34 | | 4 | 30 |
| 41 | 滞纳金 | 7 | | 1 | 6 | | | | |
| 42 | 利息 | 6 | | 6 | | | | | |
| 43 | 地市级上划调剂金 | | | | | | | | |
| 44 | 县级上划调剂金 | | | | | | | | |
| 45 | 5. 生育保险 | 6294 | | 1857 | 4437 | 20 | | 3 | 17 |
| 46 | 单位 | 6290 | | 1854 | 4436 | 20 | | 3 | 17 |
| 47 | 滞纳金 | 2 | | 1 | 1 | | | | |
| 48 | 利息 | 2 | | 2 | | | | | |

## 2016年清远市地方税务局应收、实收社会保险基金明细年报表

编报机关:清远市地方税务局　　　　单位:万元

| 序号 | 项目 | 本年基数征缴累计 | | | | 往年欠费追缴累计 | | | |
|---|---|---|---|---|---|---|---|---|---|
| | | 合计 | 省级 | 市级 | 县(区)级 | 合计 | 省级 | 市级 | 县(区)级 |
| 1 | 一、应收合计 | 499742 | 12208 | 109435 | 378099 | 9945 | 16 | 1062 | 8867 |
| 2 | 1. 养老保险 | 326517 | 12208 | 64719 | 249590 | 8073 | 16 | 774 | 7283 |
| 3 | 单位 | 200661 | 7963 | 39842 | 152856 | 4852 | 10 | 452 | 4390 |
| 4 | 其中:机关事业 | | | | | | | | |
| 5 | 个人 | 125856 | 4245 | 24877 | 96734 | 3221 | 6 | 322 | 2893 |
| 6 | 其中:机关事业 | | | | | | | | |
| 7 | 2. 医疗保险 | 147411 | | 37660 | 109751 | 1735 | | 271 | 1464 |
| 8 | 单位 | 110085 | | 28098 | 81987 | 1295 | | 200 | 1095 |
| 9 | 个人 | 37326 | | 9562 | 27764 | 440 | | 71 | 369 |
| 10 | 3. 失业保险 | 11872 | | 3207 | 8665 | 80 | | 9 | 71 |
| 11 | 单位 | 9150 | | 2470 | 6680 | 53 | | 7 | 46 |
| 12 | 个人 | 2722 | | 737 | 1985 | 27 | | 2 | 25 |
| 13 | 4. 工伤保险 | 8045 | | 2352 | 5693 | 28 | | 4 | 24 |
| 14 | 5. 生育保险 | 5897 | | 1497 | 4400 | 29 | | 4 | 25 |
| 15 | 二、入库合计 | 490373 | 29163 | 104281 | 356929 | 662 | | 176 | 486 |
| 16 | 1. 养老保险 | 318729 | 29163 | 60017 | 229549 | 511 | | 122 | 389 |
| 17 | 单位 | 195252 | 7955 | 39090 | 148207 | 311 | | 74 | 237 |
| 18 | 其中:机关事业 | 4 | | | 4 | | | | |
| 19 | 个人 | 123021 | 4241 | 24405 | 94375 | 200 | | 48 | 152 |
| 20 | 其中:机关事业 | 2 | | | 2 | | | | |
| 21 | 滞纳金 | 217 | | 36 | 181 | | | | |
| 22 | 其中:机关事业 | | | | | 32 | | | 32 |
| 23 | 利息 | 239 | | | 239 | | | | |

续表

| 序号 | 项　目 | 本年基数征缴累计 | | | | 往年欠费追缴累计 | | | |
|---|---|---|---|---|---|---|---|---|---|
| | | 合计 | 省级 | 市级 | 县(区)级 | 合计 | 省级 | 市级 | 县(区)级 |
| 24 | 其中:机关事业 | | | | | | | | |
| 25 | 地市级上划调剂金 | | 3514 | -3514 | | | | | |
| 26 | 县级上划调剂金 | | 13453 | | -13453 | | | | |
| 27 | 2. 医疗保险 | 145925 | | 37223 | 108702 | 138 | | 50 | 88 |
| 28 | 单位 | 108981 | | 27760 | 81221 | 102 | | 37 | 65 |
| 29 | 个人 | 36913 | | 9448 | 27465 | 36 | | 13 | 23 |
| 30 | 滞纳金 | 28 | | 15 | 13 | | | | |
| 31 | 利息 | 3 | | | 3 | | | | |
| 32 | 3. 失业保险 | 11828 | | 3199 | 8629 | 10 | | 3 | 7 |
| 33 | 单位 | 9108 | | 2462 | 6646 | 8 | | 2 | 6 |
| 34 | 个人 | 2710 | | 734 | 1976 | 2 | | 1 | 1 |
| 35 | 滞纳金 | 4 | | 3 | 1 | | | | |
| 36 | 利息 | 6 | | | 6 | | | | |
| 37 | 地市级上划调剂金 | | | | | | | | |
| 38 | 县级上划调剂金 | | | | | | | | |
| 39 | 4. 工伤保险 | 8015 | | 2347 | 5668 | 1 | | | 1 |
| 40 | 单位 | 8012 | | 2346 | 5666 | 1 | | | 1 |
| 41 | 滞纳金 | 1 | | 1 | | | | | |
| 42 | 利息 | 2 | | | 2 | | | | |
| 43 | 地市级上划调剂金 | | | | | | | | |
| 44 | 县级上划调剂金 | | | | | | | | |
| 45 | 5. 生育保险 | 5876 | | 1495 | 4381 | 2 | | 1 | 1 |
| 46 | 单位 | 5872 | | 1494 | 4378 | 2 | | 1 | 1 |
| 47 | 滞纳金 | 2 | | 1 | 1 | | | | |
| 48 | 利息 | 2 | | | 2 | | | | |

# 2016年潮州市地方税务局应收、实收社会保险基金明细年报表

编报机关:潮州市地方税务局　　　　单位:万元

| 序号 | 项　目 | 本年基数征缴累计 | | | | 往年欠费追缴累计 | | | |
|---|---|---|---|---|---|---|---|---|---|
| | | 合计 | 省级 | 市级 | 县(区)级 | 合计 | 省级 | 市级 | 县(区)级 |
| 1 | 一、应收合计 | 249109 | 6881 | 60743 | 181485 | 6726 | | 221 | 6505 |
| 2 | 1. 养老保险 | 185521 | 6881 | 39607 | 139033 | 5478 | | 147 | 5331 |
| 3 | 单位 | 120290 | 4457 | 26887 | 88946 | 3443 | | 93 | 3350 |
| 4 | 其中:机关事业 | | | | | | | | |
| 5 | 个人 | 65231 | 2424 | 12720 | 50087 | 2035 | | 54 | 1981 |
| 6 | 其中:机关事业 | | | | | | | | |
| 7 | 2. 医疗保险 | 53396 | | 18143 | 35253 | 427 | | 56 | 371 |
| 8 | 单位 | 44800 | | 15042 | 29758 | 366 | | 45 | 321 |
| 9 | 个人 | 8596 | | 3101 | 5495 | 61 | | 11 | 50 |
| 10 | 3. 失业保险 | 4751 | | 1516 | 3235 | 459 | | 11 | 448 |
| 11 | 单位 | 3740 | | 1193 | 2547 | 331 | | 7 | 324 |
| 12 | 个人 | 1011 | | 323 | 688 | 128 | | 4 | 124 |
| 13 | 4. 工伤保险 | 2881 | | 738 | 2143 | 206 | | 4 | 202 |
| 14 | 5. 生育保险 | 2560 | | 739 | 1821 | 156 | | 3 | 153 |
| 15 | 二、入库合计 | 246135 | 15871 | 58873 | 171391 | 1466 | | 14 | 1452 |
| 16 | 1. 养老保险 | 182914 | 15871 | 37766 | 129277 | 1242 | | 9 | 1233 |
| 17 | 单位 | 110698 | 4454 | 26772 | 79472 | 780 | | 6 | 774 |
| 18 | 其中:机关事业 | | | | | | | | |
| 19 | 个人 | 64271 | 2423 | 12672 | 49176 | 462 | | 3 | 459 |
| 20 | 其中:机关事业 | | | | | | | | |
| 21 | 滞纳金 | 7917 | 1 | 17 | 7899 | | | | |
| 22 | 其中:机关事业 | | | | | | | | |
| 23 | 利息 | 28 | 1 | 6 | 21 | | | | |

续表

| 序号 | 项　目 | 本年基数征缴累计 | | | | 往年欠费追缴累计 | | | |
|---|---|---|---|---|---|---|---|---|---|
| | | 合计 | 省级 | 市级 | 县(区)级 | 合计 | 省级 | 市级 | 县(区)级 |
| 24 | 其中:机关事业 | | | | | | | | |
| 25 | 地市级上划调剂金 | | 1696 | -1696 | | | | | |
| 26 | 县级上划调剂金 | | 7296 | -5 | -7291 | | | | |
| 27 | 2. 医疗保险 | 53206 | | 18124 | 35082 | 70 | | 4 | 66 |
| 28 | 单位 | 44610 | | 15022 | 29588 | 61 | | 3 | 58 |
| 29 | 个人 | 8571 | | 3097 | 5474 | 9 | | 1 | 8 |
| 30 | 滞纳金 | 16 | | 2 | 14 | | | | |
| 31 | 利息 | 9 | | 3 | 6 | | | | |
| 32 | 3. 失业保险 | 4666 | | 1512 | 3154 | 85 | | 1 | 84 |
| 33 | 单位 | 3637 | | 1189 | 2448 | 63 | | 1 | 62 |
| 34 | 个人 | 993 | | 322 | 671 | 22 | | | 22 |
| 35 | 滞纳金 | 35 | | 1 | 34 | | | | |
| 36 | 利息 | 1 | | | 1 | | | | |
| 37 | 地市级上划调剂金 | | | | | | | | |
| 38 | 县级上划调剂金 | | | | | | | | |
| 39 | 4. 工伤保险 | 2831 | | 735 | 2096 | 40 | | | 40 |
| 40 | 单位 | 2824 | | 735 | 2089 | 40 | | | 40 |
| 41 | 滞纳金 | 7 | | | 7 | | | | |
| 42 | 利息 | | | | | | | | |
| 43 | 地市级上划调剂金 | | | | | | | | |
| 44 | 县级上划调剂金 | | | | | | | | |
| 45 | 5. 生育保险 | 2518 | | 736 | 1782 | 29 | | | 29 |
| 46 | 单位 | 2512 | | 736 | 1776 | 29 | | | 29 |
| 47 | 滞纳金 | 5 | | | 5 | | | | |
| 48 | 利息 | 1 | | | 1 | | | | |

# 2016 年揭阳市地方税务局应收、实收社会保险基金明细年报表

编报机关:揭阳市地方税务局　　　　单位:万元

| 序号 | 项　目 | 本年基数征缴累计 | | | | 往年欠费追缴累计 | | | |
|---|---|---|---|---|---|---|---|---|---|
| | | 合计 | 省级 | 市级 | 县(区)级 | 合计 | 省级 | 市级 | 县(区)级 |
| 1 | 一、应收合计 | 230746 | 13549 | 28876 | 188321 | 17207 | 860 | 2329 | 14018 |
| 2 | 1. 养老保险 | 221275 | 13549 | 26565 | 181161 | 16347 | 860 | 2109 | 13378 |
| 3 | 单位 | 125892 | 8837 | 17225 | 99830 | 9441 | 557 | 1369 | 7515 |
| 4 | 其中:机关事业 | | | | | | | | |
| 5 | 个人 | 95383 | 4712 | 9340 | 81331 | 6906 | 303 | 740 | 5863 |
| 6 | 其中:机关事业 | | | | | | | | |
| 7 | 2. 医疗保险 | 2772 | | 322 | 2450 | 215 | | | 215 |
| 8 | 单位 | 2487 | | 248 | 2239 | 190 | | | 190 |
| 9 | 个人 | 285 | | 74 | 211 | 25 | | | 25 |
| 10 | 3. 失业保险 | 4791 | | 1429 | 3362 | 463 | | 160 | 303 |
| 11 | 单位 | 3768 | | 1128 | 2640 | 351 | | 120 | 231 |
| 12 | 个人 | 1023 | | 301 | 722 | 112 | | 40 | 72 |
| 13 | 4. 工伤保险 | 1890 | | 542 | 1348 | 182 | | 60 | 122 |
| 14 | 5. 生育保险 | 18 | | 18 | | | | | |
| 15 | 二、入库合计 | 228127 | 13573 | 28754 | 185800 | 662 | | 53 | 609 |
| 16 | 1. 养老保险 | 218753 | 13573 | 26449 | 178731 | 629 | | 49 | 580 |
| 17 | 单位 | 124101 | 8834 | 17138 | 98129 | 409 | | 31 | 378 |
| 18 | 其中:机关事业 | | | | | | | | |
| 19 | 个人 | 94454 | 4712 | 9302 | 80440 | 219 | | 18 | 201 |
| 20 | 其中:机关事业 | | | | | | | | |
| 21 | 滞纳金 | 198 | 27 | 9 | 162 | 1 | | | 1 |
| 22 | 其中:机关事业 | | | | | | | | |
| 23 | 利息 | | | | | | | | |

续表

| 序号 | 项　目 | 本年基数征缴累计 | | | | 往年欠费追缴累计 | | | |
|---|---|---|---|---|---|---|---|---|---|
| | | 合计 | 省级 | 市级 | 县(区)级 | 合计 | 省级 | 市级 | 县(区)级 |
| 24 | 其中:机关事业 | | | | | | | | |
| 25 | 地市级上划调剂金 | | | | | | | | |
| 26 | 县级上划调剂金 | | | | | | | | |
| 27 | 2. 医疗保险 | 2772 | | 322 | 2450 | | | | |
| 28 | 单位 | 2487 | | 248 | 2239 | | | | |
| 29 | 个人 | 285 | | 74 | 211 | | | | |
| 30 | 滞纳金 | | | | | | | | |
| 31 | 利息 | | | | | | | | |
| 32 | 3. 失业保险 | 4728 | | 1425 | 3303 | 21 | | 3 | 18 |
| 33 | 单位 | 3709 | | 1125 | 2584 | 16 | | 2 | 14 |
| 34 | 个人 | 1010 | | 300 | 710 | 5 | | 1 | 4 |
| 35 | 滞纳金 | 9 | | | 9 | | | | |
| 36 | 利息 | | | | | | | | |
| 37 | 地市级上划调剂金 | | | | | | | | |
| 38 | 县级上划调剂金 | | | | | | | | |
| 39 | 4. 工伤保险 | 1856 | | 540 | 1316 | 12 | | 1 | 11 |
| 40 | 单位 | 1851 | | 540 | 1311 | 12 | | 1 | 11 |
| 41 | 滞纳金 | 5 | | | 5 | | | | |
| 42 | 利息 | | | | | | | | |
| 43 | 地市级上划调剂金 | | | | | | | | |
| 44 | 县级上划调剂金 | | | | | | | | |
| 45 | 5. 生育保险 | 18 | | 18 | | | | | |
| 46 | 单位 | 18 | | 18 | | | | | |
| 47 | 滞纳金 | | | | | | | | |
| 48 | 利息 | | | | | | | | |

# 2016 年云浮市地方税务局应收、实收社会保险基金明细年报表

编报机关：云浮市地方税务局　　　　单位：万元

| 序号 | 项目 | 本年基数征缴累计 | | | | 往年欠费追缴累计 | | | |
|---|---|---|---|---|---|---|---|---|---|
| | | 合计 | 省级 | 市级 | 县(区)级 | 合计 | 省级 | 市级 | 县(区)级 |
| 1 | 一、应收合计 | 207267 | 8799 | 35524 | 162944 | 5034 | | 990 | 4044 |
| 2 | 1. 养老保险 | 137740 | 8799 | 20927 | 108014 | 4229 | | 815 | 3414 |
| 3 | 单位 | 78756 | 5739 | 12114 | 60903 | 2700 | | 623 | 2077 |
| 4 | 其中：机关事业 | | | | | | | | |
| 5 | 个人 | 58984 | 3060 | 8813 | 47111 | 1529 | | 192 | 1337 |
| 6 | 其中：机关事业 | | | | | | | | |
| 7 | 2. 医疗保险 | 55289 | | 11655 | 43634 | 560 | | 118 | 442 |
| 8 | 单位 | 43218 | | 9156 | 34062 | 432 | | 92 | 340 |
| 9 | 个人 | 12071 | | 2499 | 9572 | 128 | | 26 | 102 |
| 10 | 3. 失业保险 | 4144 | | 1109 | 3035 | 143 | | 37 | 106 |
| 11 | 单位 | 3257 | | 872 | 2385 | 119 | | 29 | 90 |
| 12 | 个人 | 887 | | 237 | 650 | 24 | | 8 | 16 |
| 13 | 4. 工伤保险 | 4123 | | 592 | 3531 | 56 | | 10 | 46 |
| 14 | 5. 生育保险 | 5971 | | 1241 | 4730 | 46 | | 10 | 36 |
| 15 | 二、入库合计 | 204208 | 15253 | 34262 | 154693 | 1279 | | 63 | 1216 |
| 16 | 1. 养老保险 | 135317 | 15253 | 19708 | 100356 | 1019 | | 49 | 970 |
| 17 | 单位 | 77422 | 5734 | 11997 | 59691 | 492 | | 29 | 463 |
| 18 | 其中：机关事业 | | | | | | | | |
| 19 | 个人 | 57703 | 3058 | 8709 | 45936 | 527 | | 20 | 507 |
| 20 | 其中：机关事业 | | | | | | | | |
| 21 | 滞纳金 | 184 | | 6 | 178 | | | | |
| 22 | 其中：机关事业 | | | | | | | | |
| 23 | 利息 | 8 | 1 | 1 | 6 | | | | |

续表

| 序号 | 项目 | 本年基数征缴累计 | | | | 往年欠费追缴累计 | | | |
|---|---|---|---|---|---|---|---|---|---|
| | | 合计 | 省级 | 市级 | 县(区)级 | 合计 | 省级 | 市级 | 县(区)级 |
| 24 | 其中:机关事业 | | | | | | | | |
| 25 | 地市级上划调剂金 | | 1005 | -1005 | | | | | |
| 26 | 县级上划调剂金 | | 5455 | | -5455 | | | | |
| 27 | 2. 医疗保险 | 54791 | | 11618 | 43173 | 190 | | 11 | 179 |
| 28 | 单位 | 42814 | | 9124 | 33690 | 144 | | 8 | 136 |
| 29 | 个人 | 11960 | | 2492 | 9468 | 46 | | 3 | 43 |
| 30 | 滞纳金 | 14 | | 1 | 13 | | | | |
| 31 | 利息 | 3 | | 1 | 2 | | | | |
| 32 | 3. 失业保险 | 4103 | | 1107 | 2996 | 34 | | 2 | 32 |
| 33 | 单位 | 3220 | | 870 | 2350 | 28 | | 1 | 27 |
| 34 | 个人 | 881 | | 237 | 644 | 6 | | 1 | 5 |
| 35 | 滞纳金 | 2 | | | 2 | | | | |
| 36 | 利息 | | | | | | | | |
| 37 | 地市级上划调剂金 | | | | | | | | |
| 38 | 县级上划调剂金 | | | | | | | | |
| 39 | 4. 工伤保险 | 4072 | | 591 | 3481 | 18 | | | 18 |
| 40 | 单位 | 4071 | | 591 | 3480 | 18 | | | 18 |
| 41 | 滞纳金 | 1 | | | 1 | | | | |
| 42 | 利息 | | | | | | | | |
| 43 | 地市级上划调剂金 | | | | | | | | |
| 44 | 县级上划调剂金 | | | | | | | | |
| 45 | 5. 生育保险 | 5925 | | 1238 | 4687 | 18 | | 1 | 17 |
| 46 | 单位 | 5922 | | 1238 | 4684 | 18 | | 1 | 17 |
| 47 | 滞纳金 | 3 | | | 3 | | | | |
| 48 | 利息 | | | | | | | | |

# 2016年横琴新区地方税务局应收、实收社会保险基金明细年报表

编报机关:横琴新区地方税务局　　　　单位:万元

| 序号 | 项目 | 本年基数征缴累计 | | | | 往年欠费追缴累计 | | | |
|---|---|---|---|---|---|---|---|---|---|
| | | 合计 | 省级 | 市级 | 县(区)级 | 合计 | 省级 | 市级 | 县(区)级 |
| 1 | 一、应收合计 | 43774 | | 43774 | | 238 | | 238 | |
| 2 | 1. 养老保险 | 28261 | | 28261 | | 156 | | 156 | |
| 3 | 单位 | 17496 | | 17496 | | 95 | | 95 | |
| 4 | 其中:机关事业 | | | | | | | | |
| 5 | 个人 | 10765 | | 10765 | | 61 | | 61 | |
| 6 | 其中:机关事业 | | | | | | | | |
| 7 | 2. 医疗保险 | 11723 | | 11723 | | 69 | | 69 | |
| 8 | 单位 | 8861 | | 8861 | | 52 | | 52 | |
| 9 | 个人 | 2862 | | 2862 | | 17 | | 17 | |
| 10 | 3. 失业保险 | 1173 | | 1173 | | 7 | | 7 | |
| 11 | 单位 | 939 | | 939 | | 6 | | 6 | |
| 12 | 个人 | 234 | | 234 | | 1 | | 1 | |
| 13 | 4. 工伤保险 | 1979 | | 1979 | | 2 | | 2 | |
| 14 | 5. 生育保险 | 638 | | 638 | | 4 | | 4 | |
| 15 | 二、入库合计 | 43378 | 1536 | 41842 | | 84 | | 84 | |
| 16 | 1. 养老保险 | 28028 | 1536 | 26492 | | 54 | | 54 | |
| 17 | 单位 | 17334 | | 17334 | | 33 | | 33 | |
| 18 | 其中:机关事业 | | | | | | | | |
| 19 | 个人 | 10677 | | 10677 | | 21 | | 21 | |
| 20 | 其中:机关事业 | | | | | | | | |
| 21 | 滞纳金 | 17 | | 17 | | | | | |
| 22 | 其中:机关事业 | | | | | | | | |
| 23 | 利息 | | | | | | | | |

续表

| 序号 | 项　　目 | 本年基数征缴累计 | | | | 往年欠费追缴累计 | | | |
|---|---|---|---|---|---|---|---|---|---|
| | | 合计 | 省级 | 市级 | 县(区)级 | 合计 | 省级 | 市级 | 县(区)级 |
| 24 | 其中:机关事业 | | | | | | | | |
| 25 | 地市级上划调剂金 | | 1536 | -1536 | | | | | |
| 26 | 县级上划调剂金 | | | | | | | | |
| 27 | 2. 医疗保险 | 11623 | | 11623 | | 25 | | 25 | |
| 28 | 单位 | 8778 | | 8778 | | 19 | | 19 | |
| 29 | 个人 | 2838 | | 2838 | | 6 | | 6 | |
| 30 | 滞纳金 | 7 | | 7 | | | | | |
| 31 | 利息 | | | | | | | | |
| 32 | 3. 失业保险 | 1165 | | 1165 | | 3 | | 3 | |
| 33 | 单位 | 931 | | 931 | | 2 | | 2 | |
| 34 | 个人 | 233 | | 233 | | 1 | | 1 | |
| 35 | 滞纳金 | 1 | | 1 | | | | | |
| 36 | 利息 | | | | | | | | |
| 37 | 地市级上划调剂金 | | | | | | | | |
| 38 | 县级上划调剂金 | | | | | | | | |
| 39 | 4. 工伤保险 | 1928 | | 1928 | | 1 | | 1 | |
| 40 | 单位 | 1921 | | 1921 | | 1 | | 1 | |
| 41 | 滞纳金 | 7 | | 7 | | | | | |
| 42 | 利息 | | | | | | | | |
| 43 | 地市级上划调剂金 | | | | | | | | |
| 44 | 县级上划调剂金 | | | | | | | | |
| 45 | 5. 生育保险 | 634 | | 634 | | 1 | | 1 | |
| 46 | 单位 | 634 | | 634 | | 1 | | 1 | |
| 47 | 滞纳金 | | | | | | | | |
| 48 | 利息 | | | | | | | | |

# 2016年顺德区地方税务局应收、实收社会保险基金明细年报表

编报机关:顺德区地方税务局　　　　单位:万元

| 序号 | 项目 | 本年基数征缴累计 | | | | 往年欠费追缴累计 | | | |
|---|---|---|---|---|---|---|---|---|---|
| | | 合计 | 省级 | 市级 | 县(区)级 | 合计 | 省级 | 市级 | 县(区)级 |
| 1 | 一、应收合计 | 1076783 | 18100 | | 1058683 | 11902 | | 1 | 11901 |
| 2 | 1. 养老保险 | 725718 | 18100 | | 707618 | 7760 | | 1 | 7759 |
| 3 | 单位 | 447526 | 11804 | | 435722 | 4638 | | 1 | 4637 |
| 4 | 其中:机关事业 | | | | | | | | |
| 5 | 个人 | 278192 | 6296 | | 271896 | 3122 | | | 3122 |
| 6 | 其中:机关事业 | | | | | | | | |
| 7 | 2. 医疗保险 | 293645 | | | 293645 | 3468 | | | 3468 |
| 8 | 单位 | 214709 | | | 214709 | 2531 | | | 2531 |
| 9 | 个人 | 78936 | | | 78936 | 937 | | | 937 |
| 10 | 3. 失业保险 | 17059 | | | 17059 | 218 | | | 218 |
| 11 | 单位 | 11385 | | | 11385 | 120 | | | 120 |
| 12 | 个人 | 5674 | | | 5674 | 98 | | | 98 |
| 13 | 4. 工伤保险 | 21759 | | | 21759 | 201 | | | 201 |
| 14 | 5. 生育保险 | 18602 | | | 18602 | 255 | | | 255 |
| 15 | 二、入库合计 | 1053928 | 18101 | | 1035827 | 2228 | | | 2228 |
| 16 | 1. 养老保险 | 704329 | 18101 | | 686228 | 1435 | | | 1435 |
| 17 | 单位 | 434097 | 11805 | | 422292 | 870 | | | 870 |
| 18 | 其中:机关事业 | | | | | | | | |
| 19 | 个人 | 269688 | 6296 | | 263392 | 561 | | | 561 |
| 20 | 其中:机关事业 | | | | | | | | |
| 21 | 滞纳金 | 544 | | | 544 | 4 | | | 4 |
| 22 | 其中:机关事业 | | | | | | | | |
| 23 | 利息 | | | | | | | | |

续表

| 序号 | 项　　目 | 本年基数征缴累计 | | | | 往年欠费追缴累计 | | | |
|---|---|---|---|---|---|---|---|---|---|
| | | 合计 | 省级 | 市级 | 县(区)级 | 合计 | 省级 | 市级 | 县(区)级 |
| 24 | 其中:机关事业 | | | | | | | | |
| 25 | 地市级上划调剂金 | | | | | | | | |
| 26 | 县级上划调剂金 | | | | | | | | |
| 27 | 2. 医疗保险 | 292329 | | | 292329 | 658 | | | 658 |
| 28 | 单位 | 213540 | | | 213540 | 471 | | | 471 |
| 29 | 个人 | 78593 | | | 78593 | 184 | | | 184 |
| 30 | 滞纳金 | 196 | | | 196 | 3 | | | 3 |
| 31 | 利息 | | | | | | | | |
| 32 | 3. 失业保险 | 17020 | | | 17020 | 38 | | | 38 |
| 33 | 单位 | 11317 | | | 11317 | 19 | | | 19 |
| 34 | 个人 | 5666 | | | 5666 | 19 | | | 19 |
| 35 | 滞纳金 | 37 | | | 37 | | | | |
| 36 | 利息 | | | | | | | | |
| 37 | 地市级上划调剂金 | | | | | | | | |
| 38 | 县级上划调剂金 | | | | | | | | |
| 39 | 4. 工伤保险 | 21699 | | | 21699 | 40 | | | 40 |
| 40 | 单位 | 21681 | | | 21681 | 40 | | | 40 |
| 41 | 滞纳金 | 18 | | | 18 | | | | |
| 42 | 利息 | | | | | | | | |
| 43 | 地市级上划调剂金 | | | | | | | | |
| 44 | 县级上划调剂金 | | | | | | | | |
| 45 | 5. 生育保险 | 18551 | | | 18551 | 57 | | | 57 |
| 46 | 单位 | 18533 | | | 18533 | 57 | | | 57 |
| 47 | 滞纳金 | 18 | | | 18 | | | | |
| 48 | 利息 | | | | | | | | |

## 2016年广东省地方税务局直属分局应收、实收社会保险基金明细年报表

编报机关:广东省地方税务局直属分局

单位:万元

| 序号 | 项目 | 本年基数征缴累计 | | | | 往年欠费追缴累计 | | | |
|---|---|---|---|---|---|---|---|---|---|
| | | 合计 | 省级 | 市级 | 县(区)级 | 合计 | 省级 | 市级 | 县(区)级 |
| 1 | 一、应收合计 | 1603802 | 1603802 | | | | | | |
| 2 | 1. 养老保险 | 1586815 | 1586815 | | | | | | |
| 3 | 单位 | 995932 | 995932 | | | | | | |
| 4 | 其中:机关事业 | | | | | | | | |
| 5 | 个人 | 590883 | 590883 | | | | | | |
| 6 | 其中:机关事业 | | | | | | | | |
| 7 | 2. 医疗保险 | | | | | | | | |
| 8 | 单位 | | | | | | | | |
| 9 | 个人 | | | | | | | | |
| 10 | 3. 失业保险 | | | | | | | | |
| 11 | 单位 | | | | | | | | |
| 12 | 个人 | | | | | | | | |
| 13 | 4. 工伤保险 | 16979 | 16979 | | | | | | |
| 14 | 5. 生育保险 | 8 | 8 | | | | | | |
| 15 | 二、入库合计 | 1602780 | 1602780 | | | 733 | 733 | | |
| 16 | 1. 养老保险 | 1585802 | 1585802 | | | 724 | 724 | | |
| 17 | 单位 | 994505 | 994505 | | | 494 | 494 | | |
| 18 | 其中:机关事业 | | | | | | | | |
| 19 | 个人 | 590624 | 590624 | | | 230 | 230 | | |
| 20 | 其中:机关事业 | | | | | | | | |
| 21 | 滞纳金 | 673 | 673 | | | | | | |
| 22 | 其中:机关事业 | | | | | | | | |
| 23 | 利息 | | | | | | | | |

续表

| 序号 | 项　目 | 本年基数征缴累计 | | | | 往年欠费追缴累计 | | | |
|---|---|---|---|---|---|---|---|---|---|
| | | 合计 | 省级 | 市级 | 县(区)级 | 合计 | 省级 | 市级 | 县(区)级 |
| 24 | 其中:机关事业 | | | | | | | | |
| 25 | 地市级上划调剂金 | | | | | | | | |
| 26 | 县级上划调剂金 | | | | | | | | |
| 27 | 2. 医疗保险 | | | | | | | | |
| 28 | 单位 | | | | | | | | |
| 29 | 个人 | | | | | | | | |
| 30 | 滞纳金 | | | | | | | | |
| 31 | 利息 | | | | | | | | |
| 32 | 3. 失业保险 | | | | | | | | |
| 33 | 单位 | | | | | | | | |
| 34 | 个人 | | | | | | | | |
| 35 | 滞纳金 | | | | | | | | |
| 36 | 利息 | | | | | | | | |
| 37 | 地市级上划调剂金 | | | | | | | | |
| 38 | 县级上划调剂金 | | | | | | | | |
| 39 | 4. 工伤保险 | 16970 | 16970 | | | 9 | 9 | | |
| 40 | 单位 | 16963 | 16963 | | | 9 | 9 | | |
| 41 | 滞纳金 | 7 | 7 | | | | | | |
| 42 | 利息 | | | | | | | | |
| 43 | 地市级上划调剂金 | | | | | | | | |
| 44 | 县级上划调剂金 | | | | | | | | |
| 45 | 5. 生育保险 | 8 | 8 | | | | | | |
| 46 | 单位 | 5 | 5 | | | | | | |
| 47 | 滞纳金 | 3 | 3 | | | | | | |
| 48 | 利息 | | | | | | | | |

# 2016年广东省地方税务局纳税登记户数分企业类型统计年报表

编报机关:广东省地方税务局　　　　　　　　　　单位:户

| 序号 | 项　目 | 合计 | 内资企业 | | | | | | | | | | 港澳台投资企业 | | 外商投资企业 | | 个体经营 | 附:总机构户数 | 分支机构户数 |
|---|---|---|---|---|---|---|---|---|---|---|---|---|---|---|---|---|---|---|---|
| | | | 小计 | 国有企业 | 集体企业 | 股份合作企业 | 联营企业 | 国有控股 | 股份公司 | 国有控股 | 私营企业 | 其他企业 | | 国有控股 | | 国有控股 | | | |
| 1 | 1. 增值税 | 6452 | 1409 | 87 | 36 | 14 | 2 | 2 | 622 | 49 | 306 | 342 | 115 | 4 | 40 | | 4888 | 36 | 30 |
| 2 | 一般纳税人 | 43 | 38 | 2 | | | | | 14 | 1 | 2 | 20 | 2 | | 1 | | 2 | | |
| 3 | 小规模纳税人 | 6409 | 1371 | 85 | 36 | 14 | 2 | 2 | 608 | 48 | 304 | 322 | 113 | 4 | 39 | | 4886 | 36 | 30 |
| 4 | 2. 消费税 | | | | | | | | | | | | | | | | | | |
| 5 | 3. 营业税 | 385165 | 241658 | 4831 | 6256 | 1780 | 313 | 50 | 110696 | 7555 | 109061 | 8721 | 11282 | 420 | 8742 | 352 | 123483 | 4315 | 28877 |
| 6 | 4. 企业所得税 | 235059 | 229081 | 3830 | 10329 | 3734 | 312 | 52 | 95859 | 4594 | 99614 | 15403 | 4195 | 104 | 1783 | 50 | | 3759 | 13052 |
| 7 | 5. 个人所得税 | 746855 | 487708 | 59397 | 5052 | 1557 | 195 | 56 | 144781 | 14470 | 271470 | 5256 | 23270 | 1344 | 13014 | 879 | 222863 | 7226 | 30354 |
| 8 | 6. 资源税 | 8971 | 6346 | 219 | 344 | 28 | 10 | 2 | 3633 | 98 | 2042 | 70 | 138 | 8 | 63 | 7 | 2424 | 31 | 158 |
| 9 | 7. 固定资产投资方向调节税 | | | | | | | | | | | | | | | | | | |
| 10 | 8. 城市维护建设税 | 1333874 | 987977 | 6913 | 10294 | 4556 | 629 | 93 | 418228 | 24242 | 535050 | 12307 | 35945 | 1218 | 18947 | 791 | 291005 | 8321 | 48631 |
| 11 | 9. 房产税 | 304120 | 138599 | 5211 | 7858 | 1423 | 373 | 56 | 70762 | 5097 | 49227 | 3745 | 11942 | 433 | 4677 | 264 | 148902 | 2871 | 6403 |
| 12 | 10. 印花税 | 1101264 | 877458 | 5549 | 7993 | 2964 | 441 | 76 | 339341 | 34907 | 515534 | 5636 | 32660 | 1421 | 16216 | 873 | 174930 | 6351 | 37281 |
| 13 | 11. 城镇土地使用税 | 299343 | 138781 | 4690 | 7575 | 1388 | 303 | 52 | 74228 | 5578 | 47013 | 3584 | 11936 | 419 | 4596 | 260 | 144030 | 2557 | 6413 |
| 14 | 12. 土地增值税 | 10862 | 9129 | 319 | 297 | 32 | 14 | 4 | 6471 | 407 | 1859 | 137 | 715 | 39 | 246 | 10 | 772 | 119 | 142 |
| 15 | 13. 车船税 | 56211 | 45807 | 1030 | 1047 | 333 | 29 | 9 | 19920 | 2034 | 22379 | 1069 | 3858 | 168 | 2237 | 109 | 4309 | 1155 | 2473 |
| 16 | 14. 车辆购置税 | | | | | | | | | | | | | | | | | | |
| 17 | 15. 烟叶税 | 11 | 11 | | | | | | 11 | 2 | | | | | | | | 1 | 9 |
| 18 | 16. 耕地占用税 | 1244 | 611 | 35 | 59 | 2 | 2 | | 312 | 36 | 50 | 151 | 47 | 1 | 2 | | 584 | 1 | 7 |
| 19 | 17. 契税 | 26335 | 6387 | 167 | 100 | 53 | 9 | 3 | 3880 | 606 | 2047 | 131 | 456 | 47 | 213 | 23 | 19279 | 143 | 155 |
| 20 | 18. 屠宰税 | | | | | | | | | | | | | | | | | | |
| 21 | 19. 其他税收 | 533740 | 409498 | 55531 | 1426 | 676 | 455 | 17 | 187912 | 1461 | 154641 | 8857 | 14552 | 77 | 7425 | 67 | 102265 | 4144 | 24012 |
| 22 | 附列资料:纳税户数 | 4926647 | 3236485 | 86545 | 37129 | 11582 | 7951 | 262 | 1224053 | 61011 | 1811767 | 57458 | 97087 | 3140 | 47861 | 2008 | 1545214 | 13482 | 154668 |
| 23 | 登记户数 | 4494608 | 2195305 | 30734 | 54435 | 14947 | 1907 | 355 | 783654 | 92084 | 1261262 | 48366 | 86824 | 5129 | 58970 | 3140 | 2153509 | 10698 | 141030 |

# 2016年广州市地方税务局纳税登记户数分企业类型统计年报表

编报机关:广州市地方税务局　　　　单位:户

| 序号 | 项目 | 合计 | 内资企业 | | | | | | | | | | 港澳台投资企业 | | 外商投资企业 | | 个体经营 | 附:总机构户数 | 分支机构户数 |
|---|---|---|---|---|---|---|---|---|---|---|---|---|---|---|---|---|---|---|---|
| | | | 小计 | 国有企业 | 集体企业 | 股份合作企业 | 联营企业 | 国有控股 | 股份公司 | 国有控股 | 私营企业 | 其他企业 | | 国有控股 | | 国有控股 | | | |
| 1 | 1. 增值税 | 394 | 252 | 22 | | | | | 12 | 2 | 39 | 179 | 3 | | 5 | | 134 | 1 | 3 |
| 2 | 一般纳税人 | | | | | | | | | | | | | | | | | | |
| 3 | 小规模纳税人 | 394 | 252 | 22 | | | | | 12 | 2 | 39 | 179 | 3 | | 5 | | 134 | 1 | 3 |
| 4 | 2. 消费税 | | | | | | | | | | | | | | | | | | |
| 5 | 3. 营业税 | 87176 | 60985 | 1308 | 1584 | 870 | 60 | 24 | 9745 | 2116 | 42400 | 5018 | 2854 | 157 | 2446 | 139 | 20891 | 757 | 5091 |
| 6 | 4. 企业所得税 | 68331 | 68224 | 729 | 2351 | 2465 | 60 | 22 | 7269 | 1042 | 44054 | 11296 | 59 | 5 | 48 | 7 | | 658 | 2282 |
| 7 | 5. 个人所得税 | 178284 | 113846 | 1407 | 1191 | 718 | 82 | 31 | 20554 | 5002 | 86863 | 3031 | 7050 | 571 | 5089 | 414 | 52299 | 1187 | 7979 |
| 8 | 6. 资源税 | 29 | 24 | 2 | | 1 | 1 | | 7 | 1 | 12 | 1 | 1 | | 3 | | 1 | | 2 |
| 9 | 7. 固定资产投资方向调节税 | | | | | | | | | | | | | | | | | | |
| 10 | 8. 城市维护建设税 | 278389 | 222445 | 1708 | 2335 | 2870 | 99 | 37 | 22019 | 4667 | 187569 | 5845 | 6208 | 410 | 4485 | 308 | 45251 | 1337 | 9651 |
| 11 | 9. 房产税 | 21158 | 15366 | 1155 | 1351 | 244 | 52 | 19 | 4674 | 1232 | 7306 | 584 | 1531 | 86 | 1078 | 83 | 3183 | 459 | 999 |
| 12 | 10. 印花税 | 258560 | 222063 | 1190 | 1968 | 1771 | 73 | 31 | 21891 | 4737 | 194588 | 582 | 5996 | 534 | 4197 | 352 | 26304 | 1118 | 9564 |
| 13 | 11. 城镇土地使用税 | 23205 | 16894 | 1079 | 1310 | 245 | 52 | 20 | 4749 | 1215 | 8988 | 471 | 1555 | 91 | 1064 | 84 | 3692 | 455 | 941 |
| 14 | 12. 土地增值税 | 1348 | 1091 | 50 | 26 | 4 | 3 | 1 | 610 | 119 | 356 | 42 | 171 | 14 | 73 | 5 | 13 | 21 | 18 |
| 15 | 13. 车船税 | 22665 | 19912 | 448 | 322 | 277 | 13 | 5 | 3904 | 887 | 14229 | 719 | 1101 | 63 | 859 | 56 | 793 | 454 | 941 |
| 16 | 14. 车辆购置税 | | | | | | | | | | | | | | | | | | |
| 17 | 15. 烟叶税 | | | | | | | | | | | | | | | | | | |
| 18 | 16. 耕地占用税 | 62 | 55 | 3 | 28 | | | | 22 | 11 | | 2 | 3 | | 1 | | 3 | | 1 |
| 19 | 17. 契税 | 1377 | 1201 | 39 | 19 | 4 | 2 | 1 | 478 | 151 | 616 | 43 | 111 | 20 | 51 | 15 | 14 | 28 | 39 |
| 20 | 18. 屠宰税 | | | | | | | | | | | | | | | | | | |
| 21 | 19. 其他税收 | | | | | | | | | | | | | | | | | | |
| 22 | 附列资料:纳税户数 | 699901 | 550151 | 5796 | 9607 | 7848 | 329 | 126 | 60979 | 13749 | 438066 | 27526 | 17747 | 1423 | 11889 | 998 | 120114 | 3425 | 29132 |
| 23 | 登记户数 | 1185722 | 762118 | 6892 | 12883 | 9994 | 503 | 181 | 76861 | 17241 | 626638 | 28347 | 22777 | 2163 | 16828 | 1680 | 383999 | 3784 | 50063 |

# 2016年深圳市地方税务局纳税登记户数分企业类型统计年报表

编报机关:深圳市地方税务局　　　　单位:户

| 序号 | 项　目 | 合计 | 内资企业 | | | | | | | | | | 港澳台投资企业 | 国有控股 | 外商投资企业 | 国有控股 | 个体经营 | 附:总机构户数 | 分支机构户数 |
|---|---|---|---|---|---|---|---|---|---|---|---|---|---|---|---|---|---|---|---|
| | | | 小计 | 国有企业 | 集体企业 | 股份合作企业 | 联营企业 | 国有控股 | 股份公司 | 国有控股 | 私营企业 | 其他企业 | | | | | | | |
| 1 | 1. 增值税 | 224 | 173 | 3 | 1 | 6 | | | 100 | | 36 | 27 | 30 | | 14 | | 7 | 10 | 5 |
| 2 | 一般纳税人 | | | | | | | | | | | | | | | | | | |
| 3 | 小规模纳税人 | 224 | 173 | 3 | 1 | 6 | | | 100 | | 36 | 27 | 30 | | 14 | | 7 | 10 | 5 |
| 4 | 2. 消费税 | | | | | | | | | | | | | | | | | | |
| 5 | 3. 营业税 | 98634 | 59887 | 338 | 276 | 551 | 153 | 6 | 36056 | 121 | 20300 | 2213 | 3295 | 16 | 2420 | 18 | 33032 | 1960 | 11175 |
| 6 | 4. 企业所得税 | 50854 | 48685 | 230 | 319 | 285 | 102 | 6 | 27683 | 69 | 17988 | 2078 | 1316 | 16 | 853 | 14 | | 1674 | 4007 |
| 7 | 5. 个人所得税 | 201278 | 140656 | 54571 | 368 | | | | | | 85717 | | | | | | 60622 | 3308 | 8357 |
| 8 | 6. 资源税 | 3 | 2 | | | | | | 2 | | | | 1 | | | | | | |
| 9 | 7. 固定资产投资方向调节税 | | | | | | | | | | | | | | | | | | |
| 10 | 8. 城市维护建设税 | 340257 | 277952 | 459 | 378 | 559 | 237 | 8 | 155254 | 158 | 117233 | 3832 | 11166 | 21 | 5759 | 24 | 45380 | 3495 | 16807 |
| 11 | 9. 房产税 | 16779 | 13445 | 172 | 219 | 463 | 50 | 3 | 7770 | 77 | 3426 | 1345 | 2305 | 8 | 669 | 11 | 360 | 926 | 871 |
| 12 | 10. 印花税 | 154415 | 138513 | 232 | 208 | 151 | 126 | 8 | 80545 | 113 | 54592 | 2659 | 8791 | 18 | 4205 | 18 | 2906 | 2487 | 6330 |
| 13 | 11. 城镇土地使用税 | 14096 | 11230 | 153 | 189 | 454 | 52 | 3 | 6814 | 73 | 2237 | 1331 | 2114 | 9 | 646 | 10 | 106 | 879 | 733 |
| 14 | 12. 土地增值税 | 1048 | 901 | 9 | 3 | 7 | 2 | 1 | 605 | 2 | 235 | 40 | 101 | 5 | 41 | | 5 | 45 | 16 |
| 15 | 13. 车船税 | 4699 | 4284 | 12 | 35 | 5 | 5 | | 2963 | 3 | 1181 | 83 | 194 | 1 | 102 | 2 | 119 | 154 | 140 |
| 16 | 14. 车辆购置税 | | | | | | | | | | | | | | | | | | |
| 17 | 15. 烟叶税 | | | | | | | | | | | | | | | | | | |
| 18 | 16. 耕地占用税 | | | | | | | | | | | | | | | | | | |
| 19 | 17. 契税 | 828 | 743 | 8 | | 4 | 1 | | 405 | 38 | 271 | 54 | 56 | | 27 | | 2 | 32 | 10 |
| 20 | 18. 屠宰税 | | | | | | | | | | | | | | | | | | |
| 21 | 19. 其他税收 | 476484 | 385622 | 54940 | 663 | 621 | 416 | 12 | 173417 | 217 | 150054 | 5511 | 14028 | 33 | 7245 | 30 | 69589 | 4066 | 21402 |
| 22 | 附列资料:纳税户数 | 2488786 | 1636961 | 65566 | 5874 | 1277 | 6773 | 25 | 654564 | 296 | 886314 | 16593 | 42424 | 85 | 19256 | 50 | 790145 | 5160 | 76442 |
| 23 | 登记户数 | | | | | | | | | | | | | | | | | | |

# 2016 年珠海市地方税务局纳税登记户数分企业类型统计年报表

编报机关:珠海市地方税务局　　　　单位:户

| 序号 | 项　目 | 合计 | 内资企业 | | | | | | | | | | 港澳台投资企业 | 国有控股 | 外商投资企业 | 国有控股 | 个体经营 | 附:总机构户数 | 分支机构户数 |
|---|---|---|---|---|---|---|---|---|---|---|---|---|---|---|---|---|---|---|---|
| | | | 小计 | 国有企业 | 集体企业 | 股份合作企业 | 联营企业 | 国有控股 | 股份公司 | 国有控股 | 私营企业 | 其他企业 | | | | | | | |
| 1 | 1. 增值税 | 139 | 118 | 4 | 3 | | | | 79 | 9 | 32 | | 11 | 2 | 4 | | 6 | 4 | 2 |
| 2 | 一般纳税人 | | | | | | | | | | | | | | | | | | |
| 3 | 小规模纳税人 | 139 | 118 | 4 | 3 | | | | 79 | 9 | 32 | | 11 | 2 | 4 | | 6 | 4 | 2 |
| 4 | 2. 消费税 | | | | | | | | | | | | | | | | | | |
| 5 | 3. 营业税 | 13685 | 8953 | 195 | 231 | 60 | 7 | 2 | 5527 | 348 | 2889 | 44 | 532 | 27 | 294 | 10 | 3906 | 190 | 852 |
| 6 | 4. 企业所得税 | 7207 | 6736 | 167 | 233 | 26 | 5 | | 4299 | 205 | 1983 | 23 | 312 | 14 | 159 | 5 | | 172 | 467 |
| 7 | 5. 个人所得税 | 15944 | 10960 | 226 | 170 | 37 | 4 | 1 | 7269 | 551 | 3193 | 61 | 1248 | 80 | 723 | 43 | 3013 | 255 | 851 |
| 8 | 6. 资源税 | 9 | 7 | | | 1 | | | 3 | | 3 | | 2 | | | | | | |
| 9 | 7. 固定资产投资方向调节税 | | | | | | | | | | | | | | | | | | |
| 10 | 8. 城市维护建设税 | 32682 | 23821 | 252 | 272 | 58 | 11 | 2 | 15019 | 903 | 8165 | 44 | 1364 | 77 | 735 | 45 | 6762 | 300 | 1268 |
| 11 | 9. 房产税 | 5288 | 3393 | 202 | 184 | 55 | 9 | 2 | 2045 | 173 | 887 | 11 | 565 | 28 | 240 | 15 | 1090 | 133 | 122 |
| 12 | 10. 印花税 | 10623 | 7857 | 132 | 110 | 15 | 2 | | 5243 | 388 | 2332 | 23 | 922 | 50 | 576 | 32 | 1268 | 170 | 617 |
| 13 | 11. 城镇土地使用税 | 3669 | 2825 | 157 | 128 | 38 | 7 | 1 | 1779 | 151 | 711 | 5 | 524 | 25 | 234 | 16 | 86 | 107 | 104 |
| 14 | 12. 土地增值税 | 460 | 398 | 11 | 18 | 3 | 1 | | 283 | 25 | 82 | | 45 | 4 | 17 | 1 | | 6 | 3 |
| 15 | 13. 车船税 | 617 | 519 | 9 | 1 | 2 | | | 358 | 23 | 148 | 1 | 49 | 4 | 32 | 2 | 17 | 24 | 25 |
| 16 | 14. 车辆购置税 | | | | | | | | | | | | | | | | | | |
| 17 | 15. 烟叶税 | | | | | | | | | | | | | | | | | | |
| 18 | 16. 耕地占用税 | 26 | 21 | | 4 | 1 | | | 8 | | 6 | 2 | | | | | 5 | | |
| 19 | 17. 契税 | 421 | 358 | 11 | 5 | 4 | 1 | | 216 | 23 | 120 | 1 | 40 | 6 | 19 | | 4 | 11 | 5 |
| 20 | 18. 屠宰税 | | | | | | | | | | | | | | | | | | |
| 21 | 19. 其他税收 | 11 | 2 | | | | | | | | | 2 | | | | | 9 | | 1 |
| 22 | 附列资料:纳税户数 | 81562 | 60119 | 1018 | 1241 | 90 | 40 | 4 | 36992 | 2682 | 20524 | 214 | 3644 | 272 | 1634 | 129 | 16165 | 437 | 3711 |
| 23 | 登记户数 | 125674 | 67670 | 1018 | 1285 | 105 | 58 | 10 | 39943 | 3303 | 24913 | 348 | 3644 | 366 | 1634 | 143 | 52726 | 437 | 4344 |

# 2016 年汕头市地方税务局纳税登记户数分企业类型统计年报表

编报机关:汕头市地方税务局　　　　单位:户

| 序号 | 项目 | 合计 | 内资企业 | | | | | | | | | | 港澳台投资企业 | 国有控股 | 外商投资企业 | 国有控股 | 个体经营 | 附:总机构户数 | 分支机构户数 |
|---|---|---|---|---|---|---|---|---|---|---|---|---|---|---|---|---|---|---|---|
| | | | 小计 | 国有企业 | 集体企业 | 股份合作企业 | 联营企业 | 国有控股 | 股份公司 | 国有控股 | 私营企业 | 其他企业 | | | | | | | |
| 1 | 1. 增值税 | 37 | 23 | 2 | | | | | 3 | 1 | | 18 | 1 | | | | 13 | | |
| 2 | 一般纳税人 | | | | | | | | | | | | | | | | | | |
| 3 | 小规模纳税人 | 37 | 23 | 2 | | | | | 3 | 1 | | 18 | 1 | | | | 13 | | |
| 4 | 2. 消费税 | | | | | | | | | | | | | | | | | | |
| 5 | 3. 营业税 | 6668 | 4327 | 353 | 284 | 57 | 7 | 3 | 2824 | 140 | 787 | 15 | 145 | 6 | 111 | 6 | 2085 | 64 | 249 |
| 6 | 4. 企业所得税 | 9133 | 9116 | 393 | 974 | 343 | 9 | 5 | 5512 | 146 | 1865 | 20 | 11 | | 6 | 1 | | 75 | 192 |
| 7 | 5. 个人所得税 | 30222 | 15011 | 275 | 257 | 349 | 10 | 8 | 10259 | 271 | 3843 | 18 | 364 | 21 | 195 | 17 | 14652 | 123 | 310 |
| 8 | 6. 资源税 | 292 | 271 | 28 | 42 | 2 | 3 | 1 | 159 | 9 | 37 | | 2 | 1 | 2 | 1 | 17 | 8 | 33 |
| 9 | 7. 固定资产投资方向调节税 | | | | | | | | | | | | | | | | | | |
| 10 | 8. 城市维护建设税 | 31607 | 17735 | 572 | 765 | 299 | 17 | 13 | 11170 | 414 | 4884 | 28 | 513 | 22 | 228 | 19 | 13131 | 157 | 469 |
| 11 | 9. 房产税 | 18381 | 9243 | 545 | 544 | 168 | 14 | 8 | 4370 | 176 | 3546 | 56 | 356 | 16 | 99 | 14 | 8683 | 86 | 175 |
| 12 | 10. 印花税 | 30238 | 19657 | 425 | 633 | 238 | 13 | 7 | 12731 | 460 | 5581 | 36 | 470 | 17 | 185 | 14 | 9926 | 149 | 374 |
| 13 | 11. 城镇土地使用税 | 19462 | 10054 | 517 | 551 | 179 | 14 | 8 | 5021 | 193 | 3717 | 55 | 391 | 16 | 102 | 14 | 8915 | 96 | 203 |
| 14 | 12. 土地增值税 | 242 | 217 | 19 | 17 | | | | 156 | 8 | 25 | | 21 | 2 | 2 | | 2 | 2 | 6 |
| 15 | 13. 车船税 | 974 | 850 | 62 | 20 | 7 | | | 623 | 36 | 137 | 1 | 66 | 5 | 24 | 2 | 34 | 26 | 36 |
| 16 | 14. 车辆购置税 | | | | | | | | | | | | | | | | | | |
| 17 | 15. 烟叶税 | | | | | | | | | | | | | | | | | | |
| 18 | 16. 耕地占用税 | 24 | 19 | | | | | | 3 | | 12 | 4 | | | | | 5 | | |
| 19 | 17. 契税 | 276 | 253 | 13 | | 2 | 2 | 1 | 108 | 10 | 127 | 1 | 3 | | 4 | | 16 | 3 | 6 |
| 20 | 18. 屠宰税 | | | | | | | | | | | | | | | | | | |
| 21 | 19. 其他税收 | | | | | | | | | | | | | | | | | | |
| 22 | 附列资料:纳税户数 | 69361 | 40510 | 1512 | 1772 | 565 | 45 | 31 | 26574 | 950 | 9900 | 142 | 1334 | 55 | 500 | 38 | 27017 | 220 | 792 |
| 23 | 登记户数 | 125222 | 61211 | 3547 | 8412 | 1067 | 133 | 34 | 34204 | 1637 | 13580 | 268 | 1732 | 86 | 673 | 50 | 61606 | 533 | 1821 |

# 2016年佛山市地方税务局纳税登记户数分企业类型统计年报表

编报机关:佛山市地方税务局　　　　单位:户

| 序号 | 项目 | 合计 | 内资企业 | | | | | | | | | | 港澳台投资企业 | | 外商投资企业 | | 个体经营 | 附:总机构户数 | 分支机构户数 |
|---|---|---|---|---|---|---|---|---|---|---|---|---|---|---|---|---|---|---|---|
| | | | 小计 | 国有企业 | 集体企业 | 股份合作企业 | 联营企业 | 国有控股 | 股份公司 | 国有控股 | 私营企业 | 其他企业 | | 国有控股 | | 国有控股 | | | |
| 1 | 1. 增值税 | 153 | 131 | 8 | 6 | 2 | 1 | 1 | 57 | 11 | 56 | 1 | 7 | 1 | 3 | | 12 | 5 | 3 |
| 2 | 一般纳税人 | | | | | | | | | | | | | | | | | | |
| 3 | 小规模纳税人 | 153 | 131 | 8 | 6 | 2 | 1 | 1 | 57 | 11 | 56 | 1 | 7 | 1 | 3 | | 12 | 5 | 3 |
| 4 | 2. 消费税 | | | | | | | | | | | | | | | | | | |
| 5 | 3. 营业税 | 20414 | 12697 | 190 | 336 | 81 | 14 | 4 | 4542 | 299 | 7493 | 41 | 501 | 17 | 381 | 20 | 6835 | 334 | 1771 |
| 6 | 4. 企业所得税 | 12500 | 12471 | 127 | 487 | 409 | 23 | 4 | 4590 | 143 | 6802 | 33 | 24 | | 5 | | | 269 | 907 |
| 7 | 5. 个人所得税 | 38865 | 26274 | 173 | 234 | 82 | 20 | 6 | 9723 | 430 | 16019 | 23 | 1153 | 42 | 717 | 24 | 10721 | 624 | 1940 |
| 8 | 6. 资源税 | 57 | 20 | | | | 1 | 1 | 7 | 1 | 12 | | | | | | 37 | 2 | 2 |
| 9 | 7. 固定资产投资方向调节税 | | | | | | | | | | | | | | | | | | |
| 10 | 8. 城市维护建设税 | 79416 | 59301 | 225 | 460 | 338 | 28 | 8 | 16208 | 509 | 41995 | 47 | 1422 | 52 | 817 | 33 | 17876 | 773 | 3405 |
| 11 | 9. 房产税 | 22843 | 11301 | 204 | 342 | 30 | 24 | 5 | 4776 | 367 | 5878 | 47 | 527 | 26 | 275 | 16 | 10740 | 274 | 557 |
| 12 | 10. 印花税 | 118936 | 89840 | 285 | 489 | 412 | 35 | 7 | 19866 | 566 | 68646 | 107 | 1560 | 56 | 870 | 29 | 26666 | 744 | 4942 |
| 13 | 11. 城镇土地使用税 | 12801 | 5602 | 129 | 239 | 21 | 15 | 3 | 2788 | 304 | 2369 | 41 | 369 | 19 | 220 | 10 | 6610 | 159 | 368 |
| 14 | 12. 土地增值税 | 661 | 591 | 16 | 19 | 2 | 2 | 1 | 433 | 37 | 119 | | 49 | 2 | 19 | 1 | 2 | 10 | 9 |
| 15 | 13. 车船税 | 5436 | 4645 | 50 | 51 | 11 | 6 | 2 | 2231 | 145 | 2284 | 12 | 308 | 15 | 179 | 7 | 304 | 196 | 263 |
| 16 | 14. 车辆购置税 | | | | | | | | | | | | | | | | | | |
| 17 | 15. 烟叶税 | | | | | | | | | | | | | | | | | | |
| 18 | 16. 耕地占用税 | 19 | 19 | | 1 | 1 | | | 17 | 1 | | | | | | | | | |
| 19 | 17. 契税 | 410 | 373 | 2 | 4 | 2 | 1 | | 186 | 30 | 178 | | 24 | 4 | 10 | 1 | 3 | 15 | 7 |
| 20 | 18. 屠宰税 | | | | | | | | | | | | | | | | | | |
| 21 | 19. 其他税收 | | | | | | | | | | | | | | | | | | 626 |
| 22 | 附列资料:纳税户数 | 162343 | 108776 | 544 | 908 | 513 | 58 | 14 | 27616 | 1048 | 78967 | 170 | 2225 | 76 | 1313 | 43 | 50029 | 900 | 6922 |
| 23 | 登记户数 | 367107 | 156624 | 1795 | 3854 | 1432 | 149 | 22 | 42391 | 2434 | 106202 | 801 | 3443 | 147 | 2038 | 114 | 205002 | 2052 | 14522 |

# 2016年韶关市地方税务局纳税登记户数分企业类型统计年报表

编报机关:韶关市地方税务局　　　　单位:户

| 序号 | 项目 | 合计 | 内资企业 | | | | | | | | | | 港澳台投资企业 | 国有控股 | 外商投资企业 | 国有控股 | 个体经营 | 附:总机构户数 | 分支机构户数 |
|---|---|---|---|---|---|---|---|---|---|---|---|---|---|---|---|---|---|---|---|
| | | | 小计 | 国有企业 | 集体企业 | 股份合作企业 | 联营企业 | 国有控股 | 股份公司 | 国有控股 | 私营企业 | 其他企业 | | | | | | | |
| 1 | 1. 增值税 | 73 | 25 | 3 | 1 | | | | 7 | | 4 | 10 | | | | | 48 | 3 | |
| 2 | 一般纳税人 | | | | | | | | | | | | | | | | | | |
| 3 | 小规模纳税人 | 73 | 25 | 3 | 1 | | | | 7 | | 4 | 10 | | | | | 48 | 3 | |
| 4 | 2. 消费税 | | | | | | | | | | | | | | | | | | |
| 5 | 3. 营业税 | 6088 | 4879 | 339 | 199 | 17 | 12 | | 2817 | 148 | 961 | 534 | 57 | 3 | 75 | 4 | 1077 | 31 | 340 |
| 6 | 4. 企业所得税 | 3721 | 3693 | 230 | 290 | 23 | 19 | | 1935 | 78 | 477 | 719 | 19 | | 9 | 1 | | 23 | 208 |
| 7 | 5. 个人所得税 | 12307 | 8924 | 539 | 282 | 23 | 15 | 1 | 5125 | 142 | 2042 | 898 | 153 | 5 | 103 | 4 | 3127 | 32 | 389 |
| 8 | 6. 资源税 | 1563 | 1313 | 131 | 94 | 2 | 3 | | 792 | 12 | 235 | 56 | 5 | | 4 | | 241 | 4 | 32 |
| 9 | 7. 固定资产投资方向调节税 | | | | | | | | | | | | | | | | | | |
| 10 | 8. 城市维护建设税 | 18692 | 14169 | 688 | 498 | 46 | 28 | 1 | 8365 | 268 | 3506 | 1038 | 213 | 8 | 134 | 5 | 4176 | 50 | 892 |
| 11 | 9. 房产税 | 7348 | 3118 | 228 | 265 | 21 | 12 | 1 | 1409 | 99 | 786 | 397 | 130 | 7 | 44 | 5 | 4056 | 20 | 204 |
| 12 | 10. 印花税 | 15298 | 12582 | 487 | 419 | 41 | 20 | 1 | 7413 | 266 | 3159 | 1043 | 254 | 5 | 77 | 6 | 2385 | 44 | 803 |
| 13 | 11. 城镇土地使用税 | 7449 | 3313 | 224 | 242 | 23 | 10 | 1 | 1625 | 122 | 853 | 336 | 148 | 5 | 36 | 2 | 3952 | 19 | 178 |
| 14 | 12. 土地增值税 | 392 | 371 | 22 | 15 | 1 | 1 | | 269 | 6 | 40 | 23 | 7 | | 5 | | 9 | 1 | 10 |
| 15 | 13. 车船税 | 551 | 495 | 31 | 11 | 4 | 1 | 1 | 210 | 38 | 69 | 169 | 12 | 1 | 9 | | 35 | 7 | 80 |
| 16 | 14. 车辆购置税 | | | | | | | | | | | | | | | | | | |
| 17 | 15. 烟叶税 | 4 | 4 | | | | | | 4 | | | | | | | | | 1 | 2 |
| 18 | 16. 耕地占用税 | 32 | 32 | 3 | | | | | 14 | 5 | | 15 | | | | | | 1 | |
| 19 | 17. 契税 | 230 | 214 | 9 | 4 | 4 | | | 153 | 17 | 23 | 21 | 5 | | 6 | | 5 | 3 | 5 |
| 20 | 18. 屠宰税 | | | | | | | | | | | | | | | | | | |
| 21 | 19. 其他税收 | 786 | 503 | 35 | 33 | 1 | 3 | | 355 | 74 | 71 | 5 | 32 | 1 | 8 | 1 | 243 | 3 | 44 |
| 22 | 附列资料:纳税户数 | 27010 | 18598 | 808 | 639 | 58 | 32 | 2 | 10783 | 750 | 4326 | 1952 | 354 | 16 | 155 | 14 | 7903 | 137 | 1342 |
| 23 | 登记户数 | 74907 | 35269 | 1630 | 1246 | 176 | 73 | 2 | 19641 | 946 | 7695 | 4808 | 734 | 21 | 337 | 18 | 38567 | 138 | 2238 |

# 2016年河源市地方税务局纳税登记户数分企业类型统计年报表

编报机关:河源市地方税务局　　　　单位:户

| 序号 | 项　目 | 合计 | 内资企业 | | | | | | | | | | 港澳台投资企业 | | 外商投资企业 | | 个体经营 | 附:总机构户数 | 分支机构户数 |
|---|---|---|---|---|---|---|---|---|---|---|---|---|---|---|---|---|---|---|---|
| | | | 小计 | 国有企业 | 集体企业 | 股份合作企业 | 联营企业 | 国有控股 | 股份公司 | 国有控股 | 私营企业 | 其他企业 | | 国有控股 | | 国有控股 | | | |
| 1 | 1. 增值税 | 43 | 26 | 3 | | 1 | | | 16 | 1 | 1 | 5 | 2 | | | | 15 | | |
| 2 | 一般纳税人 | 11 | 9 | 1 | | | | | 8 | | | | 1 | | | | 1 | | |
| 3 | 小规模纳税人 | 32 | 17 | 2 | | 1 | | | 8 | 1 | 1 | 5 | 1 | | | | 14 | | |
| 4 | 2. 消费税 | | | | | | | | | | | | | | | | | | |
| 5 | 3. 营业税 | 5047 | 2360 | 129 | 83 | 4 | 2 | | 1882 | 124 | 255 | 5 | 110 | 2 | 26 | 1 | 2551 | 3 | 190 |
| 6 | 4. 企业所得税 | 2011 | 1944 | 114 | 160 | | 2 | | 1590 | 56 | 74 | 4 | 67 | | | | | 5 | 140 |
| 7 | 5. 个人所得税 | 4102 | 2188 | 122 | 42 | 4 | | | 1655 | 156 | 357 | 8 | 213 | 7 | 42 | 1 | 1659 | 8 | 196 |
| 8 | 6. 资源税 | 415 | 304 | 7 | 23 | | | | 200 | 7 | 70 | 4 | 5 | | | | 106 | | 5 |
| 9 | 7. 固定资产投资方向调节税 | | | | | | | | | | | | | | | | | | |
| 10 | 8. 城市维护建设税 | 9699 | 6076 | 199 | 190 | 4 | 9 | | 4942 | 331 | 705 | 27 | 307 | 8 | 56 | | 3260 | 8 | 424 |
| 11 | 9. 房产税 | 5827 | 2281 | 186 | 204 | 15 | 8 | | 1405 | 90 | 417 | 46 | 222 | 8 | 30 | 2 | 3294 | 4 | 70 |
| 12 | 10. 印花税 | 5743 | 4789 | 123 | 147 | 7 | 4 | 1 | 4086 | 370 | 387 | 35 | 347 | 10 | 51 | 2 | 556 | 6 | 259 |
| 13 | 11. 城镇土地使用税 | 5868 | 2385 | 179 | 196 | 15 | 8 | | 1515 | 98 | 426 | 46 | 225 | 9 | 29 | 2 | 3229 | 3 | 60 |
| 14 | 12. 土地增值税 | 268 | 241 | 12 | 4 | 2 | | | 215 | 9 | 8 | | 12 | | | | 15 | | 4 |
| 15 | 13. 车船税 | 344 | 271 | 25 | 7 | 2 | 2 | | 219 | 30 | 15 | 1 | 21 | | 2 | | 50 | 1 | 36 |
| 16 | 14. 车辆购置税 | | | | | | | | | | | | | | | | | | |
| 17 | 15. 烟叶税 | | | | | | | | | | | | | | | | | | |
| 18 | 16. 耕地占用税 | 63 | 29 | 1 | | | | | 25 | 3 | 3 | | 32 | | | | 2 | | 1 |
| 19 | 17. 契税 | 222 | 199 | 2 | 1 | 5 | | | 183 | 23 | 8 | | 13 | 1 | 1 | | 9 | 1 | 4 |
| 20 | 18. 屠宰税 | | | | | | | | | | | | | | | | | | |
| 21 | 19. 其他税收 | | | | | | | | | | | | | | | | | | 31 |
| 22 | 附列资料:纳税户数 | 34791 | 20898 | 920 | 991 | 39 | 34 | 1 | 16472 | 1176 | 2320 | 122 | 1126 | 35 | 192 | 8 | 12575 | 29 | 1189 |
| 23 | 登记户数 | 39522 | 21825 | 938 | 1124 | 47 | 40 | 1 | 16989 | 1212 | 2531 | 156 | 1182 | 40 | 202 | 9 | 16313 | 30 | 1255 |

# 2016年梅州市地方税务局纳税登记户数分企业类型统计年报表

编报机关：梅州市地方税务局　　　　单位：户

| 序号 | 项目 | 合计 | 内资企业 | | | | | | | | | | 港澳台投资企业 | | 外商投资企业 | | 个体经营 | 附：总机构户数 | 分支机构户数 |
|---|---|---|---|---|---|---|---|---|---|---|---|---|---|---|---|---|---|---|---|
| | | | 小计 | 国有企业 | 集体企业 | 股份合作企业 | 联营企业 | 国有控股 | 股份公司 | 国有控股 | 私营企业 | 其他企业 | 港澳台投资企业 | 国有控股 | 外商投资企业 | 国有控股 | | | |
| 1 | 1. 增值税 | 578 | 16 | 2 | 2 | | | | 10 | 1 | 1 | 1 | 3 | | | | 559 | 1 | |
| 2 | 一般纳税人 | | | | | | | | | | | | | | | | | | |
| 3 | 小规模纳税人 | 578 | 16 | 2 | 2 | | | | 10 | 1 | 1 | 1 | 3 | | | | 559 | 1 | |
| 4 | 2. 消费税 | | | | | | | | | | | | | | | | | | |
| 5 | 3. 营业税 | 4604 | 2443 | 133 | 96 | 6 | 2 | | 1805 | 120 | 367 | 34 | 39 | | 37 | 3 | 2085 | 10 | 161 |
| 6 | 4. 企业所得税 | 3119 | 3110 | 108 | 159 | 4 | 4 | | 2458 | 81 | 343 | 34 | 5 | | 4 | | | 7 | 146 |
| 7 | 5. 个人所得税 | 4355 | 2645 | 122 | 62 | 9 | | | 1920 | 137 | 344 | 188 | 78 | | 44 | 3 | 1588 | 12 | 242 |
| 8 | 6. 资源税 | 1266 | 1057 | 15 | 52 | 1 | | | 849 | 12 | 137 | 3 | 6 | | 3 | | 200 | 3 | 24 |
| 9 | 7. 固定资产投资方向调节税 | | | | | | | | | | | | | | | | | | |
| 10 | 8. 城市维护建设税 | 14719 | 9077 | 190 | 189 | 13 | 1 | | 7051 | 273 | 1557 | 76 | 282 | 5 | 80 | 7 | 5280 | 22 | 436 |
| 11 | 9. 房产税 | 15306 | 6250 | 180 | 438 | 36 | 4 | | 4470 | 192 | 902 | 220 | 169 | 4 | 60 | 9 | 8827 | 17 | 190 |
| 12 | 10. 印花税 | 9431 | 8167 | 175 | 210 | 14 | 3 | | 5716 | 360 | 1725 | 324 | 306 | 12 | 70 | 6 | 888 | 17 | 507 |
| 13 | 11. 城镇土地使用税 | 19310 | 10320 | 177 | 474 | 42 | 4 | | 6991 | 411 | 2136 | 496 | 280 | 12 | 67 | 10 | 8643 | 19 | 413 |
| 14 | 12. 土地增值税 | 548 | 489 | 17 | 10 | 2 | | | 438 | 7 | 15 | 7 | 11 | | 4 | | 44 | 1 | 3 |
| 15 | 13. 车船税 | 785 | 707 | 72 | 21 | 4 | | | 509 | 77 | 59 | 42 | 17 | 1 | 8 | 2 | 53 | 6 | 65 |
| 16 | 14. 车辆购置税 | | | | | | | | | | | | | | | | | | |
| 17 | 15. 烟叶税 | 6 | 6 | | | | | | 6 | 2 | | | | | | | | | 6 |
| 18 | 16. 耕地占用税 | 150 | 137 | | | | | | 81 | 1 | | 56 | 1 | | | | 12 | | 1 |
| 19 | 17. 契税 | 228 | 209 | 9 | 5 | 3 | | | 162 | 19 | 28 | 2 | 7 | 1 | 4 | | 8 | 1 | 3 |
| 20 | 18. 屠宰税 | | | | | | | | | | | | | | | | | | |
| 21 | 19. 其他税收 | 4261 | 2450 | 52 | 43 | 24 | 2 | | 1673 | 213 | 538 | 118 | 95 | 5 | 24 | 2 | 1692 | 6 | 155 |
| 22 | 附列资料：纳税户数 | 62212 | 34418 | 987 | 1377 | 117 | 20 | | 24655 | 1583 | 5710 | 1552 | 1112 | 40 | 304 | 26 | 26378 | 46 | 2175 |
| 23 | 登记户数 | 96782 | 38398 | 1204 | 1669 | 193 | 32 | 1 | 27645 | 1673 | 5931 | 1724 | 1297 | 62 | 319 | 34 | 56768 | 47 | 2328 |

# 2016 年惠州市地方税务局纳税登记户数分企业类型统计年报表

编报机关:惠州市地方税务局　　　　单位:户

| 序号 | 项目 | 合计 | 内资企业 | | | | | | | | | | 港澳台投资企业 | 国有控股 | 外商投资企业 | 国有控股 | 个体经营 | 附:总机构户数 | 分支机构户数 |
|---|---|---|---|---|---|---|---|---|---|---|---|---|---|---|---|---|---|---|---|
| | | | 小计 | 国有企业 | 集体企业 | 股份合作企业 | 联营企业 | 国有控股 | 股份公司 | 国有控股 | 私营企业 | 其他企业 | | | | | | | |
| 1 | 1. 增值税 | 96 | 84 | 18 | | | | | 42 | 1 | 6 | 18 | 10 | | 2 | | | 1 | |
| 2 | 一般纳税人 | 14 | 13 | | | | | | | | | 13 | 1 | | | | | | |
| 3 | 小规模纳税人 | 82 | 71 | 18 | | | | | 42 | 1 | 6 | 5 | 9 | | 2 | | | 1 | |
| 4 | 2. 消费税 | | | | | | | | | | | | | | | | | | |
| 5 | 3. 营业税 | 15938 | 10126 | 314 | 228 | 4 | 17 | 3 | 5350 | 152 | 4203 | 10 | 454 | 13 | 299 | 8 | 5059 | 39 | 570 |
| 6 | 4. 企业所得税 | 4708 | 4686 | 193 | 297 | | 15 | 2 | 2415 | 50 | 1763 | 3 | 12 | | 10 | | | 24 | 352 |
| 7 | 5. 个人所得税 | 19109 | 12370 | 307 | 183 | 3 | 19 | 3 | 7189 | 231 | 4587 | 82 | 1628 | 32 | 685 | 12 | 4426 | 53 | 655 |
| 8 | 6. 资源税 | 225 | 158 | 2 | 5 | | 1 | | 76 | 6 | 74 | | 5 | | 1 | | 61 | 1 | 2 |
| 9 | 7. 固定资产投资方向调节税 | | | | | | | | | | | | | | | | | | |
| 10 | 8. 城市维护建设税 | 43780 | 30411 | 367 | 393 | 9 | 31 | 7 | 15444 | 458 | 14147 | 20 | 1901 | 35 | 756 | 14 | 10712 | 72 | 1108 |
| 11 | 9. 房产税 | 9129 | 4931 | 281 | 256 | 5 | 18 | 3 | 2734 | 111 | 1542 | 95 | 1003 | 18 | 320 | 9 | 2875 | 26 | 120 |
| 12 | 10. 印花税 | 30861 | 25114 | 312 | 324 | 11 | 22 | 5 | 13395 | 509 | 11009 | 41 | 1792 | 39 | 666 | 19 | 3289 | 59 | 689 |
| 13 | 11. 城镇土地使用税 | 9998 | 5684 | 207 | 221 | 5 | 16 | 2 | 3448 | 131 | 1776 | 11 | 1083 | 25 | 337 | 8 | 2894 | 21 | 88 |
| 14 | 12. 土地增值税 | 870 | 788 | 23 | 12 | | | | 537 | 6 | 216 | | 54 | 3 | 15 | 1 | 13 | 2 | 1 |
| 15 | 13. 车船税 | 916 | 681 | 22 | 21 | | | | 410 | 26 | 227 | 1 | 125 | 2 | 65 | 2 | 45 | 3 | 21 |
| 16 | 14. 车辆购置税 | | | | | | | | | | | | | | | | | | |
| 17 | 15. 烟叶税 | | | | | | | | | | | | | | | | | | |
| 18 | 16. 耕地占用税 | 51 | 48 | 4 | | | | | 36 | 4 | 7 | 1 | 2 | | | | 1 | | 1 |
| 19 | 17. 契税 | 528 | 463 | 5 | 2 | | | | 348 | 15 | 108 | | 38 | 1 | 16 | 3 | 11 | 4 | 3 |
| 20 | 18. 屠宰税 | | | | | | | | | | | | | | | | | | |
| 21 | 19. 其他税收 | | | | | | | | | | | | | | | | | | 205 |
| 22 | 附列资料:纳税户数 | 69982 | 47754 | 731 | 847 | 18 | 51 | 8 | 25373 | 863 | 20492 | 242 | 2773 | 60 | 1046 | 27 | 18409 | 84 | 1658 |
| 23 | 登记户数 | 238810 | 109863 | 1765 | 2576 | 88 | 111 | 20 | 57331 | 2070 | 47547 | 445 | 4443 | 113 | 1552 | 58 | 122952 | 108 | 4502 |

# 2016 年汕尾市地方税务局纳税登记户数分企业类型统计年报表

编报机关：汕尾市地方税务局　　　　单位：户

| 序号 | 项目 | 合计 | 内资企业 | | | | | | | | | | 港澳台投资企业 | | 外商投资企业 | | 个体经营 | 附：总机构户数 | 分支机构户数 |
|---|---|---|---|---|---|---|---|---|---|---|---|---|---|---|---|---|---|---|---|
| | | | 小计 | 国有企业 | 集体企业 | 股份合作企业 | 联营企业 | 国有控股 | 股份公司 | 国有控股 | 私营企业 | 其他企业 | | 国有控股 | | 国有控股 | | | |
| 1 | 1. 增值税 | 49 | | | | | | | | | | | | | | | 49 | | |
| 2 | 一般纳税人 | | | | | | | | | | | | | | | | | | |
| 3 | 小规模纳税人 | 49 | | | | | | | | | | | | | | | 49 | | |
| 4 | 2. 消费税 | | | | | | | | | | | | | | | | | | |
| 5 | 3. 营业税 | 1905 | 1063 | 71 | 54 | 5 | | | 565 | 69 | 363 | 5 | 41 | 4 | 24 | 4 | 777 | 10 | 91 |
| 6 | 4. 企业所得税 | 755 | 751 | 49 | 67 | 1 | | | 383 | 23 | 246 | 5 | 1 | | 3 | | | 12 | 51 |
| 7 | 5. 个人所得税 | 2430 | 910 | 46 | 41 | 5 | | | 552 | 83 | 262 | 4 | 78 | 6 | 21 | 1 | 1421 | 13 | 114 |
| 8 | 6. 资源税 | 45 | 35 | 1 | 8 | | 1 | | 12 | | 13 | | | | 2 | | 8 | 1 | |
| 9 | 7. 固定资产投资方向调节税 | | | | | | | | | | | | | | | | | | |
| 10 | 8. 城市维护建设税 | 5156 | 2612 | 129 | 129 | 7 | | | 1368 | 118 | 973 | 6 | 143 | 5 | 42 | 7 | 2359 | 30 | 257 |
| 11 | 9. 房产税 | 2020 | 863 | 95 | 62 | 5 | 1 | | 414 | 67 | 275 | 11 | 94 | 5 | 21 | 3 | 1042 | 14 | 61 |
| 12 | 10. 印花税 | 1631 | 1235 | 49 | 43 | 4 | | | 732 | 81 | 398 | 9 | 86 | 5 | 24 | 4 | 286 | 19 | 94 |
| 13 | 11. 城镇土地使用税 | 2247 | 984 | 87 | 55 | 6 | 1 | | 524 | 74 | 300 | 11 | 108 | 5 | 18 | 3 | 1137 | 13 | 56 |
| 14 | 12. 土地增值税 | 122 | 102 | 9 | 6 | | | | 66 | 3 | 21 | | 11 | | 1 | 1 | 8 | 1 | 1 |
| 15 | 13. 车船税 | 74 | 62 | 7 | 3 | 1 | | | 40 | 16 | 11 | | 7 | 1 | 1 | | 4 | 2 | 9 |
| 16 | 14. 车辆购置税 | | | | | | | | | | | | | | | | | | |
| 17 | 15. 烟叶税 | | | | | | | | | | | | | | | | | | |
| 18 | 16. 耕地占用税 | 4 | 2 | | | | | | 2 | | | | | | | | 2 | | |
| 19 | 17. 契税 | 102 | 79 | 3 | 1 | | | | 58 | 8 | 17 | | 8 | 2 | 5 | | 10 | 1 | 1 |
| 20 | 18. 屠宰税 | | | | | | | | | | | | | | | | | | |
| 21 | 19. 其他税收 | 1371 | 1371 | | | | | | | | | 1371 | | | | | | | |
| 22 | 附列资料：纳税户数 | 15299 | 8525 | 424 | 371 | 30 | 3 | | 4068 | 366 | 2221 | 1408 | 414 | 29 | 124 | 10 | 6236 | 34 | 494 |
| 23 | 登记户数 | 26439 | 10445 | 500 | 439 | 51 | 4 | | 4877 | 460 | 3062 | 1512 | 654 | 67 | 169 | 14 | 15171 | 51 | 798 |

# 2016年东莞市地方税务局纳税登记户数分企业类型统计年报表

编报机关:东莞市地方税务局　　　　单位:户

| 序号 | 项目 | 合计 | 内资企业 | | | | | | | | | | 港澳台投资企业 | 国有控股 | 外商投资企业 | 国有控股 | 个体经营 | 附:总机构户数 | 分支机构户数 |
|---|---|---|---|---|---|---|---|---|---|---|---|---|---|---|---|---|---|---|---|
| | | | 小计 | 国有企业 | 集体企业 | 股份合作企业 | 联营企业 | 国有控股 | 股份公司 | 国有控股 | 私营企业 | 其他企业 | | | | | | | |
| 1 | 1. 增值税 | | | | | | | | | | | | | | | | | | |
| 2 | 一般纳税人 | | | | | | | | | | | | | | | | | | |
| 3 | 小规模纳税人 | | | | | | | | | | | | | | | | | | |
| 4 | 2. 消费税 | | | | | | | | | | | | | | | | | | |
| 5 | 3. 营业税 | 41274 | 28438 | 50 | 1367 | 5 | 4 | 1 | 16310 | 1674 | 10632 | 70 | 1426 | 58 | 1239 | 49 | 10171 | 169 | 2719 |
| 6 | 4. 企业所得税 | 29368 | 26426 | 71 | 2133 | 4 | 5 | | 15847 | 1525 | 8262 | 104 | 2295 | 58 | 647 | 20 | | 164 | 1441 |
| 7 | 5. 个人所得税 | 83145 | 56058 | 106 | 990 | 6 | 6 | | 37160 | 4389 | 17739 | 51 | 6111 | 319 | 3226 | 236 | 17750 | 264 | 3191 |
| 8 | 6. 资源税 | 6 | 4 | 1 | | | | | 1 | 1 | 2 | | 1 | 1 | | | 1 | | |
| 9 | 7. 固定资产投资方向调节税 | | | | | | | | | | | | | | | | | | |
| 10 | 8. 城市维护建设税 | 185187 | 134199 | 102 | 1652 | 5 | 8 | 1 | 82513 | 11726 | 49877 | 42 | 6158 | 275 | 3223 | 178 | 41607 | 290 | 4247 |
| 11 | 9. 房产税 | 13214 | 7159 | 85 | 1325 | 5 | 2 | | 4048 | 228 | 1686 | 8 | 1671 | 46 | 663 | 14 | 3721 | 82 | 292 |
| 12 | 10. 印花税 | 226093 | 173862 | 85 | 1118 | 12 | 6 | 1 | 97946 | 22991 | 74654 | 41 | 6112 | 385 | 3086 | 268 | 43033 | 264 | 4944 |
| 13 | 11. 城镇土地使用税 | 12338 | 7240 | 84 | 1314 | 6 | 1 | | 4081 | 253 | 1747 | 7 | 1642 | 34 | 631 | 13 | 2825 | 80 | 260 |
| 14 | 12. 土地增值税 | 551 | 479 | | 19 | | | | 328 | 47 | 132 | | 46 | | 20 | | 6 | 3 | 5 |
| 15 | 13. 车船税 | 7712 | 5437 | 23 | 368 | 1 | | | 3714 | 235 | 1321 | 10 | 1043 | 30 | 534 | 17 | 698 | 73 | 216 |
| 16 | 14. 车辆购置税 | | | | | | | | | | | | | | | | | | |
| 17 | 15. 烟叶税 | | | | | | | | | | | | | | | | | | |
| 18 | 16. 耕地占用税 | 16 | 14 | | 11 | | | | 1 | | 2 | | 1 | | | | 1 | | |
| 19 | 17. 契税 | 445 | 383 | | 10 | 1 | | | 268 | 95 | 104 | | 37 | 6 | 22 | 1 | 3 | 9 | 4 |
| 20 | 18. 屠宰税 | | | | | | | | | | | | | | | | | | |
| 21 | 19. 其他税收 | | | | | | | | | | | | | | | | | | |
| 22 | 附列资料:纳税户数 | 304628 | 213983 | 199 | 2848 | 16 | 12 | 1 | 121728 | 25617 | 89003 | 177 | 7288 | 483 | 4042 | 358 | 79315 | 349 | 8561 |
| 23 | 登记户数 | 599349 | 279087 | 410 | 5780 | 50 | 26 | 4 | 156029 | 36869 | 116459 | 333 | 8599 | 692 | 4828 | 530 | 306835 | 350 | 15431 |

# 2016年中山市地方税务局纳税登记户数分企业类型统计年报表

编报机关：中山市地方税务局　　　　单位：户

| 序号 | 项目 | 合计 | 内资企业 | | | | | | | | | | 港澳台投资企业 | 国有控股 | 外商投资企业 | 国有控股 | 个体经营 | 附：总机构户数 | 分支机构户数 |
|---|---|---|---|---|---|---|---|---|---|---|---|---|---|---|---|---|---|---|---|
| | | | 小计 | 国有企业 | 集体企业 | 股份合作企业 | 联营企业 | 国有控股 | 股份公司 | 国有控股 | 私营企业 | 其他企业 | | | | | | | |
| 1 | 1. 增值税 | 125 | 98 | | 11 | | | | 67 | 11 | 20 | | 20 | 1 | 5 | | 2 | | 6 |
| 2 | 一般纳税人 | | | | | | | | | | | | | | | | | | |
| 3 | 小规模纳税人 | 125 | 98 | | 11 | | | | 67 | 11 | 20 | | 20 | 1 | 5 | | 2 | | 6 |
| 4 | 2. 消费税 | | | | | | | | | | | | | | | | | | |
| 5 | 3. 营业税 | 19609 | 11832 | 33 | 279 | 1 | 4 | | 4359 | 366 | 7125 | 31 | 463 | 31 | 306 | 11 | 7008 | 107 | 1539 |
| 6 | 4. 企业所得税 | 10734 | 10715 | 41 | 558 | 1 | 9 | 2 | 4552 | 214 | 5496 | 58 | 11 | 2 | 8 | 2 | | 84 | 1060 |
| 7 | 5. 个人所得税 | 58321 | 41641 | 42 | 298 | 1 | 6 | 1 | 11778 | 584 | 29457 | 59 | 1734 | 78 | 791 | 24 | 14155 | 264 | 1986 |
| 8 | 6. 资源税 | 17 | 12 | | | | | | 6 | | 6 | | 1 | | | | 4 | | |
| 9 | 7. 固定资产投资方向调节税 | | | | | | | | | | | | | | | | | | |
| 10 | 8. 城市维护建设税 | 86825 | 59113 | 44 | 432 | 2 | 13 | 2 | 16338 | 633 | 42246 | 38 | 1882 | 82 | 820 | 27 | 25010 | 288 | 2591 |
| 11 | 9. 房产税 | 19057 | 9132 | 51 | 477 | 1 | 8 | 2 | 3987 | 444 | 4563 | 45 | 767 | 43 | 329 | 12 | 8829 | 109 | 667 |
| 12 | 10. 印花税 | 75909 | 57642 | 35 | 300 | 1 | 9 | 2 | 13997 | 558 | 43253 | 47 | 1657 | 81 | 730 | 22 | 15880 | 244 | 2244 |
| 13 | 11. 城镇土地使用税 | 18594 | 8571 | 48 | 477 | 1 | 9 | 2 | 3950 | 448 | 4044 | 42 | 775 | 45 | 332 | 13 | 8916 | 103 | 594 |
| 14 | 12. 土地增值税 | 531 | 465 | | 20 | | 1 | | 335 | 32 | 109 | | 51 | 2 | 13 | | 2 | | 5 |
| 15 | 13. 车船税 | 2065 | 1684 | 3 | 51 | | 1 | | 978 | 96 | 645 | 6 | 226 | 18 | 105 | 2 | 50 | 45 | 100 |
| 16 | 14. 车辆购置税 | | | | | | | | | | | | | | | | | | |
| 17 | 15. 烟叶税 | | | | | | | | | | | | | | | | | | |
| 18 | 16. 耕地占用税 | 3 | 3 | | 3 | | | | | | | | | | | | | | |
| 19 | 17. 契税 | 212 | 192 | | 10 | | | | 115 | 17 | 67 | | 14 | | 4 | | 2 | | 8 |
| 20 | 18. 屠宰税 | | | | | | | | | | | | | | | | | | |
| 21 | 19. 其他税收 | | | | | | | | | | | | | | | | | | |
| 22 | 附列资料：纳税户数 | 291548 | 200646 | 118 | 2878 | 3 | 14 | 2 | 60462 | 1133 | 137031 | 140 | 7601 | 103 | 3443 | 35 | 79858 | 339 | 4706 |
| 23 | 登记户数 | 503603 | 235049 | 246 | 2879 | 12 | 26 | 5 | 94626 | 2440 | 137031 | 229 | 24942 | 164 | 25379 | 72 | 218233 | 403 | 10809 |

# 2016 年江门市地方税务局纳税登记户数分企业类型统计年报表

编报机关:江门市地方税务局　　　　单位:户

| 序号 | 项目 | 合计 | 内资企业 | | | | | | | | | | 港澳台投资企业 | | 外商投资企业 | | 个体经营 | 附:总机构户数 | 分支机构户数 |
|---|---|---|---|---|---|---|---|---|---|---|---|---|---|---|---|---|---|---|---|
| | | | 小计 | 国有企业 | 集体企业 | 股份合作企业 | 联营企业 | 国有控股 | 股份公司 | 国有控股 | 私营企业 | 其他企业 | | 国有控股 | | 国有控股 | | | |
| 1 | 1. 增值税 | 68 | 54 | 3 | 3 | | 1 | 1 | 36 | 4 | 11 | | 5 | | 2 | | 7 | 1 | 5 |
| 2 | 一般纳税人 | 1 | 1 | | | | | | | | 1 | | | | | | | | |
| 3 | 小规模纳税人 | 67 | 53 | 3 | 3 | | 1 | 1 | 36 | 4 | 10 | | 5 | | 2 | | 7 | 1 | 5 |
| 4 | 2. 消费税 | | | | | | | | | | | | | | | | | | |
| 5 | 3. 营业税 | 13924 | 5692 | 164 | 324 | 7 | 9 | 3 | 2636 | 223 | 2539 | 13 | 369 | 14 | 177 | 10 | 7686 | 60 | 803 |
| 6 | 4. 企业所得税 | 5728 | 5699 | 130 | 512 | 6 | 8 | 1 | 2778 | 138 | 2255 | 10 | 22 | 2 | 7 | | | 46 | 356 |
| 7 | 5. 个人所得税 | 20339 | 10073 | 106 | 200 | 8 | 9 | 2 | 4780 | 330 | 4952 | 18 | 1191 | 32 | 399 | 20 | 8676 | 95 | 831 |
| 8 | 6. 资源税 | 179 | 109 | | 2 | | | | 56 | 2 | 51 | | 5 | | 3 | | 62 | 2 | |
| 9 | 7. 固定资产投资方向调节税 | | | | | | | | | | | | | | | | | | |
| 10 | 8. 城市维护建设税 | 45882 | 24955 | 167 | 531 | 12 | 11 | 3 | 9331 | 468 | 14870 | 33 | 1575 | 42 | 506 | 24 | 18846 | 143 | 1419 |
| 11 | 9. 房产税 | 21216 | 6540 | 149 | 408 | 9 | 26 | 4 | 3369 | 223 | 2536 | 43 | 869 | 28 | 262 | 15 | 13545 | 72 | 371 |
| 12 | 10. 印花税 | 51992 | 32682 | 188 | 592 | 13 | 17 | 3 | 11458 | 565 | 20302 | 112 | 1723 | 51 | 506 | 20 | 17081 | 143 | 1644 |
| 13 | 11. 城镇土地使用税 | 22851 | 7568 | 144 | 424 | 9 | 25 | 3 | 4042 | 252 | 2879 | 45 | 923 | 27 | 269 | 16 | 14091 | 72 | 384 |
| 14 | 12. 土地增值税 | 616 | 561 | 18 | 61 | | 1 | 1 | 356 | 27 | 125 | | 42 | 1 | 11 | | 2 | 1 | 8 |
| 15 | 13. 车船税 | 3028 | 2302 | 49 | 75 | 2 | 1 | 1 | 1185 | 97 | 984 | 6 | 312 | 11 | 90 | 8 | 324 | 42 | 164 |
| 16 | 14. 车辆购置税 | | | | | | | | | | | | | | | | | | |
| 17 | 15. 烟叶税 | | | | | | | | | | | | | | | | | | |
| 18 | 16. 耕地占用税 | 29 | 29 | 4 | 2 | | | | 15 | 4 | 1 | 7 | | | | | | | |
| 19 | 17. 契税 | 376 | 329 | 9 | 22 | 4 | 1 | 1 | 206 | 25 | 87 | | 29 | 1 | 14 | 1 | 4 | 6 | 14 |
| 20 | 18. 屠宰税 | | | | | | | | | | | | | | | | | | |
| 21 | 19. 其他税收 | 2 | | | | | | | | | | | | | | | 2 | | |
| 22 | 附列资料:纳税户数 | 103018 | 44274 | 408 | 1338 | 26 | 75 | 7 | 18795 | 1334 | 23443 | 189 | 2634 | 93 | 889 | 58 | 55221 | 272 | 2774 |
| 23 | 登记户数 | 251902 | 68179 | 1163 | 2941 | 188 | 114 | 10 | 27448 | 2331 | 35793 | 532 | 4059 | 182 | 1212 | 86 | 178452 | 301 | 6722 |

# 2016年阳江市地方税务局纳税登记户数分企业类型统计年报表

编报机关：阳江市地方税务局　　　　单位：户

| 序号 | 项目 | 合计 | 内资企业 | | | | | | | | | | 港澳台投资企业 | | 外商投资企业 | | 个体经营 | 附：总机构户数 | 分支机构户数 |
|---|---|---|---|---|---|---|---|---|---|---|---|---|---|---|---|---|---|---|---|
| | | | 小计 | 国有企业 | 集体企业 | 股份合作企业 | 联营企业 | 国有控股 | 股份公司 | 国有控股 | 私营企业 | 其他企业 | | 国有控股 | | 国有控股 | | | |
| 1 | 1. 增值税 | 26 | 24 | 6 | 1 | 2 | | | 7 | | | 8 | | | 1 | | 1 | | 1 |
| 2 | 一般纳税人 | | | | | | | | | | | | | | | | | | |
| 3 | 小规模纳税人 | 26 | 24 | 6 | 1 | 2 | | | 7 | | | 8 | | | 1 | | 1 | | 1 |
| 4 | 2. 消费税 | | | | | | | | | | | | | | | | | | |
| 5 | 3. 营业税 | 3844 | 2193 | 84 | 66 | 3 | 1 | | 891 | 86 | 1145 | 3 | 41 | 3 | 29 | 2 | 1581 | 11 | 121 |
| 6 | 4. 企业所得税 | 2325 | 2321 | 89 | 190 | 4 | | | 814 | 54 | 1219 | 5 | 3 | | 1 | | | 13 | 82 |
| 7 | 5. 个人所得税 | 4119 | 2406 | 101 | 66 | 4 | 1 | | 1066 | 116 | 1164 | 4 | 92 | 4 | 41 | 4 | 1580 | 9 | 140 |
| 8 | 6. 资源税 | 255 | 179 | 5 | 17 | | | | 83 | 8 | 73 | 1 | 2 | 1 | | | 74 | 1 | 4 |
| 9 | 7. 固定资产投资方向调节税 | | | | | | | | | | | | | | | | | | |
| 10 | 8. 城市维护建设税 | 10479 | 7608 | 116 | 155 | 5 | 1 | | 2650 | 160 | 4667 | 14 | 143 | 7 | 63 | 5 | 2665 | 27 | 259 |
| 11 | 9. 房产税 | 8855 | 3740 | 121 | 151 | 6 | 3 | | 1252 | 106 | 2168 | 39 | 90 | 5 | 38 | 3 | 4987 | 12 | 79 |
| 12 | 10. 印花税 | 8225 | 7583 | 99 | 112 | 8 | 1 | | 2653 | 143 | 4678 | 32 | 151 | 6 | 57 | 6 | 434 | 16 | 185 |
| 13 | 11. 城镇土地使用税 | 9188 | 3992 | 121 | 152 | 6 | 3 | | 1507 | 114 | 2164 | 39 | 98 | 6 | 39 | 3 | 5059 | 13 | 85 |
| 14 | 12. 土地增值税 | 303 | 279 | 6 | 4 | | | | 182 | 7 | 85 | 2 | 7 | | 3 | | 14 | 1 | 4 |
| 15 | 13. 车船税 | 208 | 175 | 9 | 1 | | | | 119 | 23 | 44 | 2 | 2 | 1 | 4 | | 27 | 3 | 18 |
| 16 | 14. 车辆购置税 | | | | | | | | | | | | | | | | | | |
| 17 | 15. 烟叶税 | | | | | | | | | | | | | | | | | | |
| 18 | 16. 耕地占用税 | 26 | 25 | 2 | | | | | 5 | | 1 | 17 | | | 1 | | | | |
| 19 | 17. 契税 | 168 | 145 | 5 | 1 | | | | 87 | 9 | 51 | 1 | 4 | | 3 | 1 | 16 | | 3 |
| 20 | 18. 屠宰税 | | | | | | | | | | | | | | | | | | |
| 21 | 19. 其他税收 | 916 | 16 | | | 2 | | | 2 | 2 | 2 | 10 | | | | | 900 | | |
| 22 | 附列资料：纳税户数 | 39212 | 22649 | 559 | 683 | 32 | 9 | | 8390 | 496 | 12810 | 166 | 421 | 14 | 178 | 13 | 15964 | 38 | 692 |
| 23 | 登记户数 | 52160 | 23340 | 658 | 761 | 45 | 20 | 1 | 8691 | 600 | 12913 | 252 | 490 | 15 | 180 | 13 | 28150 | 38 | 850 |

# 2016 年湛江市地方税务局纳税登记户数分企业类型统计年报表

编报机关:湛江市地方税务局　　　　单位:户

| 序号 | 项目 | 合计 | 内资企业 | | | | | | | | | | 港澳台投资企业 | 国有控股 | 外商投资企业 | 国有控股 | 个体经营 | 附:总机构户数 | 分支机构户数 |
|---|---|---|---|---|---|---|---|---|---|---|---|---|---|---|---|---|---|---|---|
| | | | 小计 | 国有企业 | 集体企业 | 股份合作企业 | 联营企业 | 国有控股 | 股份公司 | 国有控股 | 私营企业 | 其他企业 | | | | | | | |
| 1 | 1. 增值税 | 3588 | 81 | 2 | | | | | 66 | 2 | 6 | 7 | | | | | 3507 | | |
| 2 | 一般纳税人 | 5 | 5 | 1 | | | | | 3 | 1 | 1 | | | | | | | | |
| 3 | 小规模纳税人 | 3583 | 76 | 1 | | | | | 63 | 1 | 5 | 7 | | | | | 3507 | | |
| 4 | 2. 消费税 | | | | | | | | | | | | | | | | | | |
| 5 | 3. 营业税 | 6444 | 3489 | 334 | 172 | 29 | 3 | 1 | 1612 | 216 | 1324 | 15 | 55 | 3 | 62 | 7 | 2838 | 34 | 349 |
| 6 | 4. 企业所得税 | 2614 | 2601 | 255 | 213 | 3 | 9 | 2 | 1091 | 75 | 1021 | 9 | 11 | 1 | 2 | | | 20 | 155 |
| 7 | 5. 个人所得税 | 7462 | 3774 | 379 | 97 | 21 | 3 | 1 | 1783 | 272 | 1485 | 6 | 120 | 4 | 87 | 5 | 3481 | 35 | 418 |
| 8 | 6. 资源税 | 200 | 139 | 7 | 9 | | | | 82 | 8 | 41 | | 1 | | | | 60 | | |
| 9 | 7. 固定资产投资方向调节税 | | | | | | | | | | | | | | | | | | |
| 10 | 8. 城市维护建设税 | 16981 | 10746 | 497 | 309 | 31 | 12 | 3 | 4663 | 409 | 5208 | 26 | 169 | 7 | 132 | 11 | 5934 | 58 | 867 |
| 11 | 9. 房产税 | 4785 | 2635 | 439 | 186 | 29 | 2 | 1 | 1219 | 170 | 745 | 15 | 70 | 5 | 51 | 6 | 2029 | 17 | 112 |
| 12 | 10. 印花税 | 10368 | 7677 | 850 | 180 | 32 | 6 | 1 | 3703 | 315 | 2871 | 35 | 130 | 5 | 86 | 3 | 2475 | 35 | 388 |
| 13 | 11. 城镇土地使用税 | 4262 | 2724 | 304 | 142 | 29 | 5 | 1 | 1396 | 161 | 830 | 18 | 72 | 5 | 51 | 4 | 1415 | 12 | 109 |
| 14 | 12. 土地增值税 | 494 | 407 | 60 | 7 | | 2 | | 266 | 14 | 69 | 3 | 5 | 1 | 1 | | 81 | | 4 |
| 15 | 13. 车船税 | 1616 | 619 | 72 | 6 | | | | 306 | 49 | 235 | | 122 | 1 | 96 | | 779 | 7 | 45 |
| 16 | 14. 车辆购置税 | | | | | | | | | | | | | | | | | | |
| 17 | 15. 烟叶税 | | | | | | | | | | | | | | | | | | |
| 18 | 16. 耕地占用税 | 39 | 35 | 4 | | | | | 24 | 1 | 4 | 3 | 1 | | | | 3 | | |
| 19 | 17. 契税 | 18852 | 192 | 9 | 3 | 2 | 1 | | 118 | 10 | 58 | 1 | 8 | | 3 | | 18649 | 3 | 5 |
| 20 | 18. 屠宰税 | | | | | | | | | | | | | | | | | | |
| 21 | 19. 其他税收 | 6061 | 2189 | 138 | 73 | 4 | 25 | 4 | 1546 | 145 | 382 | 21 | 27 | 4 | 21 | 2 | 3824 | 4 | 387 |
| 22 | 附列资料:纳税户数 | 75179 | 31614 | 3003 | 1340 | 156 | 68 | 14 | 14679 | 1430 | 12238 | 130 | 629 | 28 | 486 | 28 | 42450 | 183 | 2379 |
| 23 | 登记户数 | 95632 | 38766 | 3210 | 1540 | 196 | 73 | 16 | 17132 | 1600 | 16339 | 276 | 719 | 35 | 519 | 34 | 55628 | 188 | 2932 |

# 2016年茂名市地方税务局纳税登记户数分企业类型统计年报表

编报机关:茂名市地方税务局　　　　单位:户

| 序号 | 项目 | 合计 | 内资企业 | | | | | | | | | | 港澳台投资企业 | | 外商投资企业 | | 个体经营 | 附:总机构户数 | 分支机构户数 |
|---|---|---|---|---|---|---|---|---|---|---|---|---|---|---|---|---|---|---|---|
| | | | 小计 | 国有企业 | 集体企业 | 股份合作企业 | 联营企业 | 国有控股 | 股份公司 | 国有控股 | 私营企业 | 其他企业 | | 国有控股 | | 国有控股 | | | |
| 1 | 1. 增值税 | 39 | 27 | 5 | 6 | 2 | | | 13 | | 1 | | | | | | 12 | | 4 |
| 2 | 一般纳税人 | | | | | | | | | | | | | | | | | | |
| 3 | 小规模纳税人 | 39 | 27 | 5 | 6 | 2 | | | 13 | | 1 | | | | | | 12 | | 4 |
| 4 | 2. 消费税 | | | | | | | | | | | | | | | | | | |
| 5 | 3. 营业税 | 4775 | 2502 | 160 | 122 | 38 | 3 | | 1777 | 119 | 289 | 113 | 13 | 1 | 24 | 5 | 2236 | 39 | 212 |
| 6 | 4. 企业所得税 | 2589 | 2586 | 245 | 239 | 15 | 13 | | 1709 | 56 | 357 | 8 | 2 | 1 | 1 | | | 34 | 98 |
| 7 | 5. 个人所得税 | 5039 | 2735 | 267 | 116 | 111 | 2 | | 1858 | 145 | 310 | 71 | 50 | 2 | 24 | 4 | 2230 | 39 | 180 |
| 8 | 6. 资源税 | 347 | 250 | 5 | 15 | | | | 98 | 1 | 132 | | 2 | | | | 95 | | 2 |
| 9 | 7. 固定资产投资方向调节税 | | | | | | | | | | | | | | | | | | |
| 10 | 8. 城市维护建设税 | 13440 | 8022 | 245 | 384 | 113 | 84 | 1 | 5777 | 262 | 1244 | 175 | 85 | 7 | 47 | 7 | 5286 | 62 | 468 |
| 11 | 9. 房产税 | 20257 | 6229 | 265 | 253 | 148 | 100 | 1 | 4165 | 190 | 1041 | 257 | 73 | 7 | 17 | 3 | 13938 | 39 | 202 |
| 12 | 10. 印花税 | 4891 | 4495 | 164 | 121 | 34 | 62 | 1 | 3287 | 238 | 740 | 87 | 115 | 4 | 21 | 3 | 260 | 45 | 231 |
| 13 | 11. 城镇土地使用税 | 15465 | 4663 | 220 | 250 | 121 | 45 | 2 | 3152 | 165 | 844 | 31 | 75 | 4 | 17 | 3 | 10710 | 34 | 166 |
| 14 | 12. 土地增值税 | 781 | 275 | 20 | 18 | 4 | | | 231 | 4 | 2 | | 1 | | | | 505 | 2 | 6 |
| 15 | 13. 车船税 | 766 | 257 | 9 | 1 | | | | 232 | 30 | 15 | | 2 | | 1 | | 506 | 4 | 36 |
| 16 | 14. 车辆购置税 | | | | | | | | | | | | | | | | | | |
| 17 | 15. 烟叶税 | | | | | | | | | | | | | | | | | | |
| 18 | 16. 耕地占用税 | 594 | 42 | 5 | | | | | 30 | 1 | 7 | | 2 | | | | 550 | | 1 |
| 19 | 17. 契税 | 659 | 152 | 12 | 1 | 5 | | | 129 | 17 | 5 | | 3 | | 1 | | 503 | 2 | 3 |
| 20 | 18. 屠宰税 | | | | | | | | | | | | | | | | | | |
| 21 | 19. 其他税收 | | | | | | | | | | | | | | | | | | |
| 22 | 附列资料:纳税户数 | 50859 | 21717 | 837 | 817 | 435 | 275 | 3 | 15405 | 461 | 3263 | 685 | 277 | 14 | 54 | 8 | 28811 | 77 | 636 |
| 23 | 登记户数 | 105125 | 33952 | 1350 | 1435 | 510 | 350 | 3 | 24052 | 1110 | 5291 | 964 | 574 | 26 | 128 | 14 | 70471 | 127 | 1525 |

# 2016 年肇庆市地方税务局纳税登记户数分企业类型统计年报表

编报机关:肇庆市地方税务局　　　　单位:户

| 序号 | 项　目 | 合计 | 内资企业 | | | | | | | | | | 港澳台投资企业 | 国有控股 | 外商投资企业 | 国有控股 | 个体经营 | 附:总机构户数 | 分支机构户数 |
|---|---|---|---|---|---|---|---|---|---|---|---|---|---|---|---|---|---|---|---|
| | | | 小计 | 国有企业 | 集体企业 | 股份合作企业 | 联营企业 | 国有控股 | 股份公司 | 国有控股 | 私营企业 | 其他企业 | | | | | | | |
| 1 | 1. 增值税 | 621 | 117 | 5 | 1 | | | | 19 | | 70 | 22 | 4 | | 1 | | 499 | | |
| 2 | 一般纳税人 | 3 | 2 | | | | | | 2 | | | | | | 1 | | | | |
| 3 | 小规模纳税人 | 618 | 115 | 5 | 1 | | | | 17 | | 70 | 22 | 4 | | | | 499 | | |
| 4 | 2. 消费税 | | | | | | | | | | | | | | | | | | |
| 5 | 3. 营业税 | 8703 | 4130 | 199 | 142 | 8 | 5 | 1 | 2112 | 222 | 1151 | 513 | 119 | 3 | 89 | 6 | 4365 | 46 | 413 |
| 6 | 4. 企业所得税 | 3964 | 3956 | 140 | 278 | 1 | 7 | 2 | 1782 | 161 | 816 | 932 | 4 | 1 | 4 | | | 33 | 240 |
| 7 | 5. 个人所得税 | 9032 | 4934 | 201 | 93 | 8 | 4 | 1 | 2611 | 293 | 1441 | 576 | 317 | 12 | 182 | 18 | 3599 | 65 | 495 |
| 8 | 6. 资源税 | 285 | 184 | | 4 | | | | 92 | 8 | 88 | | 6 | 1 | 3 | 2 | 92 | 1 | 7 |
| 9 | 7. 固定资产投资方向调节税 | | | | | | | | | | | | | | | | | | |
| 10 | 8. 城市维护建设税 | 19305 | 11104 | 306 | 308 | 12 | 12 | 3 | 5679 | 390 | 4166 | 621 | 412 | 17 | 234 | 18 | 7555 | 84 | 794 |
| 11 | 9. 房产税 | 18646 | 4285 | 170 | 204 | 7 | 11 | 3 | 2556 | 176 | 1229 | 108 | 249 | 12 | 133 | 12 | 13979 | 48 | 165 |
| 12 | 10. 印花税 | 17611 | 12383 | 174 | 198 | 18 | 12 | 3 | 6369 | 443 | 5502 | 110 | 429 | 18 | 201 | 17 | 4598 | 79 | 849 |
| 13 | 11. 城镇土地使用税 | 20540 | 4349 | 169 | 212 | 7 | 9 | 2 | 2434 | 206 | 1365 | 153 | 281 | 9 | 138 | 12 | 15772 | 49 | 201 |
| 14 | 12. 土地增值税 | 433 | 404 | 13 | 10 | | 1 | | 280 | 24 | 86 | 14 | 19 | 3 | 9 | | 1 | 6 | 7 |
| 15 | 13. 车船税 | 1766 | 1201 | 77 | 32 | 5 | | | 710 | 106 | 367 | 10 | 109 | 4 | 64 | 2 | 392 | 25 | 109 |
| 16 | 14. 车辆购置税 | | | | | | | | | | | | | | | | | | |
| 17 | 15. 烟叶税 | | | | | | | | | | | | | | | | | | |
| 18 | 16. 耕地占用税 | 25 | 25 | 3 | 6 | | | | 7 | 3 | 6 | 3 | | | | | | | |
| 19 | 17. 契税 | 285 | 267 | 15 | 2 | 3 | | | 179 | 26 | 65 | 3 | 11 | 1 | 4 | | 3 | 6 | 6 |
| 20 | 18. 屠宰税 | | | | | | | | | | | | | | | | | | |
| 21 | 19. 其他税收 | 1448 | | | | | | | | | | | | | | | 1448 | | |
| 22 | 附列资料:纳税户数 | 71230 | 31659 | 904 | 844 | 38 | 23 | 4 | 14799 | 1279 | 12205 | 2846 | 999 | 50 | 545 | 35 | 38027 | 282 | 2071 |
| 23 | 登记户数 | 120746 | 38161 | 1168 | 1278 | 64 | 60 | 17 | 18020 | 1675 | 14490 | 3081 | 1427 | 82 | 626 | 47 | 80532 | 302 | 2808 |

# 2016年清远市地方税务局纳税登记户数分企业类型统计年报表

编报机关:清远市地方税务局　　　　单位:户

| 序号 | 项目 | 合计 | 内资企业 | | | | | | | | | | 港澳台投资企业 | | 外商投资企业 | | 个体经营 | 附:总机构户数 | 分支机构户数 |
|---|---|---|---|---|---|---|---|---|---|---|---|---|---|---|---|---|---|---|---|
| | | | 小计 | 国有企业 | 集体企业 | 股份合作企业 | 联营企业 | 国有控股 | 股份公司 | 国有控股 | 私营企业 | 其他企业 | | 国有控股 | | 国有控股 | | | |
| 1 | 1. 增值税 | 73 | 61 | 1 | 1 | 1 | | | 17 | | 1 | 40 | 5 | | | | 7 | | |
| 2 | 一般纳税人 | 2 | 1 | | | | | | | | | 1 | | | | | 1 | | |
| 3 | 小规模纳税人 | 71 | 60 | 1 | 1 | 1 | | | 17 | | 1 | 39 | 5 | | | | 6 | | |
| 4 | 2. 消费税 | | | | | | | | | | | | | | | | | | |
| 5 | 3. 营业税 | 5971 | 2848 | 100 | 77 | 6 | 4 | | 2378 | 145 | 280 | 3 | 81 | 6 | 66 | 8 | 2976 | 8 | 247 |
| 6 | 4. 企业所得税 | 1719 | 1710 | 83 | 200 | 1 | 14 | 3 | 1318 | 61 | 89 | 5 | 4 | | 5 | | | 9 | 124 |
| 7 | 5. 个人所得税 | 8114 | 4604 | 109 | 45 | 7 | 7 | 1 | 3866 | 285 | 554 | 16 | 279 | 15 | 107 | 9 | 3124 | 23 | 457 |
| 8 | 6. 资源税 | 426 | 287 | 3 | 6 | 1 | | | 182 | 4 | 93 | 2 | 7 | 2 | 1 | | 131 | 3 | 8 |
| 9 | 7. 固定资产投资方向调节税 | | | | | | | | | | | | | | | | | | |
| 10 | 8. 城市维护建设税 | 14485 | 9106 | 188 | 260 | 9 | 18 | 3 | 6927 | 425 | 1670 | 34 | 334 | 18 | 143 | 13 | 4902 | 27 | 775 |
| 11 | 9. 房产税 | 6417 | 2963 | 157 | 214 | 9 | 14 | 2 | 1829 | 144 | 695 | 45 | 220 | 12 | 75 | 8 | 3159 | 15 | 129 |
| 12 | 10. 印花税 | 12604 | 9545 | 153 | 221 | 11 | 18 | 3 | 7106 | 492 | 1910 | 126 | 330 | 15 | 118 | 7 | 2611 | 34 | 750 |
| 13 | 11. 城镇土地使用税 | 7461 | 3810 | 148 | 207 | 8 | 13 | 2 | 2606 | 201 | 776 | 52 | 241 | 12 | 78 | 7 | 3332 | 17 | 161 |
| 14 | 12. 土地增值税 | 453 | 430 | 2 | 7 | 2 | | | 398 | 8 | 20 | 1 | 16 | | 3 | | 4 | | 2 |
| 15 | 13. 车船税 | 396 | 341 | 15 | 2 | 1 | | | 288 | 28 | 31 | 4 | 28 | 5 | 12 | 2 | 15 | 1 | 45 |
| 16 | 14. 车辆购置税 | | | | | | | | | | | | | | | | | | |
| 17 | 15. 烟叶税 | 1 | 1 | | | | | | 1 | | | | | | | | | | 1 |
| 18 | 16. 耕地占用税 | 23 | 22 | 1 | | | | | 9 | | 1 | 11 | 1 | | | | | | 1 |
| 19 | 17. 契税 | 235 | 209 | 7 | 2 | 4 | | | 174 | 33 | 21 | 1 | 12 | | 11 | 1 | 3 | 4 | 10 |
| 20 | 18. 屠宰税 | | | | | | | | | | | | | | | | | | |
| 21 | 19. 其他税收 | 6537 | 1566 | 64 | 81 | 5 | 1 | | 1005 | 67 | 330 | 80 | 54 | 6 | 16 | 4 | 4901 | 6 | 116 |
| 22 | 附列资料:纳税户数 | 40719 | 22134 | 482 | 589 | 22 | 42 | 8 | 16795 | 1198 | 3859 | 345 | 1072 | 40 | 388 | 18 | 17125 | 46 | 1549 |
| 23 | 登记户数 | 78441 | 32098 | 661 | 823 | 55 | 68 | 15 | 24132 | 1844 | 5314 | 1045 | 1293 | 47 | 421 | 21 | 44629 | 55 | 2447 |

# 2016 年潮州市地方税务局纳税登记户数分企业类型统计年报表

编报机关:潮州市地方税务局　　　　单位:户

| 序号 | 项目 | 合计 | 内资企业 | | | | | | | | | | 港澳台投资企业 | 国有控股 | 外商投资企业 | 国有控股 | 个体经营 | 附:总机构户数 | 分支机构户数 |
|---|---|---|---|---|---|---|---|---|---|---|---|---|---|---|---|---|---|---|---|
| | | | 小计 | 国有企业 | 集体企业 | 股份合作企业 | 联营企业 | 国有控股 | 股份公司 | 国有控股 | 私营企业 | 其他企业 | | | | | | | |
| 1 | 1. 增值税 | | | | | | | | | | | | | | | | | | |
| 2 | 一般纳税人 | | | | | | | | | | | | | | | | | | |
| 3 | 小规模纳税人 | | | | | | | | | | | | | | | | | | |
| 4 | 2. 消费税 | | | | | | | | | | | | | | | | | | |
| 5 | 3. 营业税 | 1409 | 1037 | 66 | 68 | 12 | 1 | | 739 | 59 | 143 | 8 | 16 | 2 | 14 | | 342 | 5 | 75 |
| 6 | 4. 企业所得税 | 2214 | 2206 | 100 | 149 | 142 | 3 | | 1776 | 40 | 23 | 13 | 6 | | 2 | | | 6 | 70 |
| 7 | 5. 个人所得税 | 8767 | 5719 | 75 | 100 | 151 | 5 | | 3767 | 150 | 1610 | 11 | 180 | 6 | 68 | 2 | 2800 | 13 | 184 |
| 8 | 6. 资源税 | 2431 | 1518 | 2 | 24 | 20 | | | 646 | 5 | 824 | 2 | 79 | 2 | 37 | 1 | 797 | | 12 |
| 9 | 7. 固定资产投资方向调节税 | | | | | | | | | | | | | | | | | | |
| 10 | 8. 城市维护建设税 | 10541 | 6819 | 131 | 152 | 153 | 4 | | 3798 | 169 | 2568 | 13 | 200 | 7 | 82 | 2 | 3440 | 13 | 200 |
| 11 | 9. 房产税 | 16868 | 7560 | 149 | 159 | 144 | 3 | | 4266 | 160 | 2704 | 135 | 230 | 9 | 72 | 2 | 9006 | 14 | 196 |
| 12 | 10. 印花税 | 9821 | 7094 | 106 | 155 | 156 | 4 | | 4021 | 197 | 2577 | 75 | 237 | 8 | 74 | 2 | 2416 | 11 | 187 |
| 13 | 11. 城镇土地使用税 | 17022 | 7688 | 149 | 164 | 147 | 3 | | 4370 | 165 | 2719 | 136 | 232 | 9 | 73 | 2 | 9029 | 15 | 206 |
| 14 | 12. 土地增值税 | 111 | 65 | 4 | 5 | 2 | | | 48 | 1 | 5 | 1 | 1 | | 2 | | 43 | | 14 |
| 15 | 13. 车船税 | 85 | 78 | 7 | | 2 | | | 57 | 7 | 11 | 1 | | | | | 7 | | |
| 16 | 14. 车辆购置税 | | | | | | | | | | | | | | | | | | |
| 17 | 15. 烟叶税 | | | | | | | | | | | | | | | | | | |
| 18 | 16. 耕地占用税 | 23 | 23 | 1 | | | | | | | | 22 | | | | | | | |
| 19 | 17. 契税 | 35 | 29 | 1 | 1 | 1 | | | 23 | 1 | 1 | 2 | 2 | | 2 | | 2 | | 4 |
| 20 | 18. 屠宰税 | | | | | | | | | | | | | | | | | | |
| 21 | 19. 其他税收 | | | | | | | | | | | | | | | | | | |
| 22 | 附列资料:纳税户数 | 19282 | 9233 | 207 | 236 | 179 | 5 | | 5421 | 257 | 3004 | 181 | 282 | 9 | 98 | 2 | 9669 | 49 | 551 |
| 23 | 登记户数 | 44829 | 16889 | 685 | 995 | 375 | 10 | | 9377 | 622 | 5022 | 425 | 652 | 40 | 224 | 14 | 27064 | 82 | 1429 |

# 2016年揭阳市地方税务局纳税登记户数分企业类型统计年报表

编报机关:揭阳市地方税务局　　　　单位:户

| 序号 | 项　目 | 合计 | 内资企业 | | | | | | | | | | 港澳台投资企业 | | 外商投资企业 | | 个体经营 | 附:总机构户数 | 分支机构户数 |
|---|---|---|---|---|---|---|---|---|---|---|---|---|---|---|---|---|---|---|---|
| | | | 小计 | 国有企业 | 集体企业 | 股份合作企业 | 联营企业 | 国有控股 | 股份公司 | 国有控股 | 私营企业 | 其他企业 | | 国有控股 | | 国有控股 | | | |
| 1 | 1. 增值税 | | | | | | | | | | | | | | | | | | |
| 2 | 一般纳税人 | | | | | | | | | | | | | | | | | | |
| 3 | 小规模纳税人 | | | | | | | | | | | | | | | | | | |
| 4 | 2. 消费税 | | | | | | | | | | | | | | | | | | |
| 5 | 3. 营业税 | 2101 | 1404 | 84 | 115 | 4 | 1 | | 1002 | 93 | 195 | 3 | 20 | | 34 | 2 | 643 | 6 | 231 |
| 6 | 4. 企业所得税 | 2079 | 2076 | 140 | 281 | | 1 | | 1389 | 49 | 264 | 1 | | | 3 | | | 10 | 185 |
| 7 | 5. 个人所得税 | 8466 | 4035 | 85 | 111 | 3 | 1 | | 3192 | 184 | 640 | 3 | 142 | 4 | 58 | 5 | 4231 | 19 | 302 |
| 8 | 6. 资源税 | 492 | 316 | 8 | 39 | | | | 203 | 8 | 65 | 1 | 2 | | 2 | 1 | 172 | 1 | 20 |
| 9 | 7. 固定资产投资方向调节税 | | | | | | | | | | | | | | | | | | |
| 10 | 8. 城市维护建设税 | 15462 | 8038 | 155 | 268 | 4 | 2 | | 5808 | 419 | 1787 | 14 | 224 | 4 | 81 | 9 | 7119 | 25 | 543 |
| 11 | 9. 房产税 | 22379 | 8185 | 238 | 293 | 8 | 5 | | 5541 | 419 | 1966 | 134 | 172 | 5 | 47 | 5 | 13975 | 19 | 372 |
| 12 | 10. 印花税 | 9919 | 8507 | 139 | 205 | 6 | 2 | | 6353 | 495 | 1759 | 43 | 220 | 4 | 60 | 5 | 1132 | 27 | 431 |
| 13 | 11. 城镇土地使用税 | 28024 | 10396 | 254 | 318 | 13 | 6 | | 7339 | 575 | 2310 | 156 | 216 | 6 | 64 | 10 | 17348 | 22 | 640 |
| 14 | 12. 土地增值税 | 104 | 99 | 3 | 7 | | | | 79 | 3 | 10 | | 2 | | 1 | | 2 | | 2 |
| 15 | 13. 车船税 | 383 | 331 | 23 | 14 | 1 | | | 263 | 30 | 30 | | 18 | | 5 | 1 | 29 | 2 | 44 |
| 16 | 14. 车辆购置税 | | | | | | | | | | | | | | | | | | |
| 17 | 15. 烟叶税 | | | | | | | | | | | | | | | | | | |
| 18 | 16. 耕地占用税 | 14 | 11 | 2 | | | 2 | | 4 | 1 | | 3 | 3 | 1 | | | | | |
| 19 | 17. 契税 | 84 | 82 | | 1 | 1 | | | 68 | 11 | 12 | | 1 | | | | 1 | 2 | 2 |
| 20 | 18. 屠宰税 | | | | | | | | | | | | | | | | | | |
| 21 | 19. 其他税收 | 19383 | 8407 | 195 | 266 | 6 | 3 | | 6130 | 552 | 1671 | 136 | 186 | 6 | 63 | 8 | 10727 | 15 | 624 |
| 22 | 附列资料:纳税户数 | 76847 | 32847 | 831 | 1072 | 34 | 18 | | 25037 | 1668 | 5517 | 338 | 614 | 16 | 221 | 18 | 43165 | 74 | 2665 |
| 23 | 登记户数 | 99982 | 38726 | 1087 | 1445 | 185 | 27 | | 29475 | 1857 | 6117 | 390 | 766 | 18 | 247 | 18 | 60243 | 76 | 4032 |

# 2016 年云浮市地方税务局纳税登记户数分企业类型统计年报表

编报机关:云浮市地方税务局　　　　单位:户

| 序号 | 项目 | 合计 | 内资企业 | | | | | | | | | | 港澳台投资企业 | 国有控股 | 外商投资企业 | 国有控股 | 个体经营 | 附:总机构户数 | 分支机构户数 |
|---|---|---|---|---|---|---|---|---|---|---|---|---|---|---|---|---|---|---|---|
| | | | 小计 | 国有企业 | 集体企业 | 股份合作企业 | 联营企业 | 国有控股 | 股份公司 | 国有控股 | 私营企业 | 其他企业 | | | | | | | |
| 1 | 1. 增值税 | 24 | 17 | | | | | | 11 | | | 6 | | | | | 7 | | |
| 2 | 一般纳税人 | 7 | 7 | | | | | | 1 | | | 6 | | | | | | | |
| 3 | 小规模纳税人 | 17 | 10 | | | | | | 10 | | | | | | | | 7 | | |
| 4 | 2. 消费税 | | | | | | | | | | | | | | | | | | |
| 5 | 3. 营业税 | 3287 | 1596 | 100 | 89 | 7 | 1 | 1 | 1002 | 109 | 394 | 3 | 41 | 5 | 27 | 8 | 1623 | 18 | 194 |
| 6 | 4. 企业所得税 | 1074 | 1071 | 53 | 137 | 1 | | | 722 | 47 | 157 | 1 | 1 | | 2 | | | 23 | 116 |
| 7 | 5. 个人所得税 | 4439 | 2218 | 106 | 59 | 6 | | | 1461 | 132 | 479 | 107 | 124 | 14 | 42 | 11 | 2055 | 35 | 281 |
| 8 | 6. 资源税 | 317 | 149 | 2 | 3 | | | | 74 | 5 | 70 | | 5 | | 2 | 2 | 161 | 4 | 4 |
| 9 | 7. 固定资产投资方向调节税 | | | | | | | | | | | | | | | | | | |
| 10 | 8. 城市维护建设税 | 9121 | 5473 | 113 | 155 | 5 | 2 | 1 | 3297 | 202 | 1579 | 322 | 160 | 21 | 85 | 19 | 3403 | 56 | 377 |
| 11 | 9. 房产税 | 15712 | 3537 | 112 | 254 | 14 | 5 | 1 | 1773 | 139 | 1287 | 92 | 111 | 17 | 36 | 11 | 12028 | 43 | 192 |
| 12 | 10. 印花税 | 16449 | 7031 | 131 | 222 | 6 | 6 | 2 | 4500 | 255 | 2098 | 68 | 181 | 23 | 60 | 21 | 9177 | 55 | 551 |
| 13 | 11. 城镇土地使用税 | 15528 | 3695 | 105 | 249 | 13 | 4 | 1 | 1887 | 148 | 1345 | 92 | 111 | 13 | 38 | 11 | 11684 | 42 | 212 |
| 14 | 12. 土地增值税 | 217 | 210 | 5 | 4 | 3 | | | 158 | 3 | 36 | 4 | 6 | 1 | 1 | | | 3 | 2 |
| 15 | 13. 车船税 | 215 | 194 | 4 | 1 | 8 | | | 151 | 24 | 29 | 1 | 4 | 1 | 5 | 1 | 12 | 5 | 32 |
| 16 | 14. 车辆购置税 | | | | | | | | | | | | | | | | | | |
| 17 | 15. 烟叶税 | | | | | | | | | | | | | | | | | | |
| 18 | 16. 耕地占用税 | 16 | 15 | 2 | | | | | 9 | 1 | | 4 | 1 | | | | | | 1 |
| 19 | 17. 契税 | 159 | 149 | 8 | 5 | 4 | | | 110 | 11 | 21 | 1 | 7 | | 1 | | 2 | 6 | 8 |
| 20 | 18. 屠宰税 | | | | | | | | | | | | | | | | | | |
| 21 | 19. 其他税收 | 16480 | 7372 | 107 | 267 | 13 | 5 | 1 | 3784 | 191 | 1593 | 1603 | 130 | 22 | 48 | 20 | 8930 | 44 | 421 |
| 22 | 附列资料:纳税户数 | 63881 | 22782 | 428 | 690 | 79 | 17 | 7 | 13357 | 863 | 5945 | 2266 | 434 | 50 | 141 | 37 | 40524 | 77 | 1372 |
| 23 | 登记户数 | 69648 | 23011 | 444 | 713 | 84 | 17 | 7 | 13361 | 894 | 6125 | 2267 | 438 | 51 | 146 | 37 | 46053 | 80 | 1559 |

# 2016年横琴新区地方税务局纳税登记户数分企业类型统计年报表

编报机关:横琴新区地方税务局　　　　单位:户

| 序号 | 项目 | 合计 | 内资企业 | | | | | | | | | | 港澳台投资企业 | 国有控股 | 外商投资企业 | 国有控股 | 个体经营 | 附:总机构户数 | 分支机构户数 |
|---|---|---|---|---|---|---|---|---|---|---|---|---|---|---|---|---|---|---|---|
| | | | 小计 | 国有企业 | 集体企业 | 股份合作企业 | 联营企业 | 国有控股 | 股份公司 | 国有控股 | 私营企业 | 其他企业 | | | | | | | |
| 1 | 1. 增值税 | 3 | 3 | | | | | | 2 | | 1 | | | | | | | | |
| 2 | 一般纳税人 | | | | | | | | | | | | | | | | | | |
| 3 | 小规模纳税人 | 3 | 3 | | | | | | 2 | | 1 | | | | | | | | |
| 4 | 2. 消费税 | | | | | | | | | | | | | | | | | | |
| 5 | 3. 营业税 | 818 | 703 | 1 | 1 | 1 | | | 473 | 130 | 227 | | 26 | 8 | 7 | 2 | 82 | 27 | 35 |
| 6 | 4. 企业所得税 | 710 | 707 | 1 | | | | | 467 | 95 | 239 | | 2 | 1 | 1 | | | 19 | 13 |
| 7 | 5. 个人所得税 | 1926 | 1745 | 1 | | 1 | | | 1206 | 427 | 537 | | 109 | 42 | 43 | 10 | 29 | 46 | 67 |
| 8 | 6. 资源税 | | | | | | | | | | | | | | | | | | |
| 9 | 7. 固定资产投资方向调节税 | | | | | | | | | | | | | | | | | | |
| 10 | 8. 城市维护建设税 | 2876 | 2693 | 1 | | 1 | | | 1789 | 680 | 899 | 3 | 83 | 37 | 35 | 4 | 65 | 45 | 64 |
| 11 | 9. 房产税 | 97 | 93 | 2 | 1 | 1 | | | 70 | 10 | 19 | | 1 | | | | 3 | 7 | 7 |
| 12 | 10. 印花税 | 1450 | 1316 | 2 | | 1 | | | 677 | 251 | 636 | | 101 | 34 | 33 | 6 | | 31 | 37 |
| 13 | 11. 城镇土地使用税 | 97 | 80 | 1 | 1 | | | | 59 | 11 | 19 | | 11 | | 5 | | 1 | 3 | 3 |
| 14 | 12. 土地增值税 | 15 | 14 | | | | | | 8 | 1 | 6 | | 1 | | | | | | |
| 15 | 13. 车船税 | 39 | 34 | | | | | | 27 | 8 | 7 | | 2 | | 3 | 2 | | 1 | 4 |
| 16 | 14. 车辆购置税 | | | | | | | | | | | | | | | | | | |
| 17 | 15. 烟叶税 | | | | | | | | | | | | | | | | | | |
| 18 | 16. 耕地占用税 | 1 | 1 | | | | | | | | | 1 | | | | | | | |
| 19 | 17. 契税 | 49 | 38 | | | | | | 26 | 12 | 12 | | 10 | 4 | 1 | | | | 1 |
| 20 | 18. 屠宰税 | | | | | | | | | | | | | | | | | | |
| 21 | 19. 其他税收 | | | | | | | | | | | | | | | | | | |
| 22 | 附列资料:纳税户数 | 4790 | 4395 | 3 | 1 | 1 | | | 2742 | 1072 | 1645 | 3 | 197 | 81 | 63 | 16 | 135 | 60 | 97 |
| 23 | 登记户数 | 26039 | 24038 | 30 | 18 | 1 | 1 | | 14401 | 7839 | 9572 | 15 | 952 | 576 | 166 | 63 | 883 | 92 | 394 |

# 2016年顺德区地方税务局纳税登记户数分企业类型统计年报表

编报机关:顺德区地方税务局　　　　单位:户

| 序号 | 项目 | 合计 | 内资企业 | | | | | | | | | | 港澳台投资企业 | | 外商投资企业 | | 个体经营 | 附:总机构户数 | 分支机构户数 |
|---|---|---|---|---|---|---|---|---|---|---|---|---|---|---|---|---|---|---|---|
| | | | 小计 | 国有企业 | 集体企业 | 股份合作企业 | 联营企业 | 国有控股 | 股份公司 | 国有控股 | 私营企业 | 其他企业 | | 国有控股 | | 国有控股 | | | |
| 1 | 1. 增值税 | 99 | 79 | | | | | | 58 | 6 | 21 | | 14 | | 3 | | 3 | 10 | 1 |
| 2 | 一般纳税人 | | | | | | | | | | | | | | | | | | |
| 3 | 小规模纳税人 | 99 | 79 | | | | | | 58 | 6 | 21 | | 14 | | 3 | | 3 | 10 | 1 |
| 4 | 2. 消费税 | | | | | | | | | | | | | | | | | | |
| 5 | 3. 营业税 | 10755 | 6543 | 21 | 54 | | | | 3061 | 120 | 3381 | 26 | 382 | 28 | 196 | 4 | 3634 | 322 | 752 |
| 6 | 4. 企业所得税 | 7221 | 7214 | 19 | 99 | | 1 | | 3238 | 62 | 3815 | 42 | 4 | 1 | 3 | | | 320 | 340 |
| 7 | 5. 个人所得税 | 20790 | 13982 | 31 | 47 | | 1 | | 6007 | 160 | 7875 | 21 | 856 | 48 | 327 | 12 | 5625 | 704 | 789 |
| 8 | 6. 资源税 | 112 | 8 | | 1 | | | | 3 | | 4 | | | | | | 104 | | 1 |
| 9 | 7. 固定资产投资方向调节税 | | | | | | | | | | | | | | | | | | |
| 10 | 8. 城市维护建设税 | 48892 | 36501 | 58 | 79 | 1 | 1 | | 12818 | 200 | 23535 | 9 | 1001 | 51 | 404 | 12 | 10986 | 959 | 1310 |
| 11 | 9. 房产税 | 12538 | 6350 | 25 | 68 | | 2 | 1 | 2620 | 104 | 3623 | 12 | 517 | 38 | 118 | 6 | 5553 | 435 | 250 |
| 12 | 10. 印花税 | 20196 | 17824 | 13 | 18 | 2 | | | 5653 | 114 | 12137 | 1 | 750 | 41 | 263 | 11 | 1359 | 554 | 661 |
| 13 | 11. 城镇土地使用税 | 9868 | 4714 | 34 | 60 | | 1 | 1 | 2151 | 107 | 2458 | 10 | 462 | 33 | 108 | 7 | 4584 | 324 | 248 |
| 14 | 12. 土地增值税 | 294 | 252 | | 5 | | | | 190 | 14 | 57 | | 36 | 1 | 5 | 1 | 1 | 14 | 12 |
| 15 | 13. 车船税 | 871 | 728 | 1 | 4 | | | | 423 | 20 | 300 | | 90 | 4 | 37 | 1 | 16 | 74 | 44 |
| 16 | 14. 车辆购置税 | | | | | | | | | | | | | | | | | | |
| 17 | 15. 烟叶税 | | | | | | | | | | | | | | | | | | |
| 18 | 16. 耕地占用税 | 4 | 4 | | 4 | | | | | | | | | | | | | | |
| 19 | 17. 契税 | 154 | 128 | | 1 | | | | 80 | 5 | 47 | | 13 | | 4 | | 9 | 6 | 4 |
| 20 | 18. 屠宰税 | | | | | | | | | | | | | | | | | | |
| 21 | 19. 其他税收 | | | | | | | | | | | | | | | | | | |
| 22 | 附列资料:纳税户数 | 71779 | 49977 | 81 | 154 | 2 | 2 | 1 | 16928 | 276 | 32740 | 70 | 1282 | 55 | 541 | 14 | 19979 | 1049 | 2043 |
| 23 | 登记户数 | 164460 | 78716 | 154 | 327 | 25 | 6 | 2 | 25589 | 963 | 52473 | 142 | 1773 | 100 | 756 | 25 | 83215 | 1200 | 6561 |

# 2016年广东省地方税务局直属分局纳税登记户数分企业类型统计年报表

编报机关:广东省地方税务局直属分局　　　　单位:户

| 序号 | 项目 | 合计 | 内资企业 | | | | | | | | | | 港澳台投资企业 | 国有控股 | 外商投资企业 | 国有控股 | 个体经营 | 附:总机构户数 | 分支机构户数 |
|---|---|---|---|---|---|---|---|---|---|---|---|---|---|---|---|---|---|---|---|
| | | | 小计 | 国有企业 | 集体企业 | 股份合作企业 | 联营企业 | 国有控股 | 股份公司 | 国有控股 | 私营企业 | 其他企业 | | | | | | | |
| 1 | 1. 增值税 | | | | | | | | | | | | | | | | | | |
| 2 | 一般纳税人 | | | | | | | | | | | | | | | | | | |
| 3 | 小规模纳税人 | | | | | | | | | | | | | | | | | | |
| 4 | 2. 消费税 | | | | | | | | | | | | | | | | | | |
| 5 | 3. 营业税 | 2092 | 1531 | 65 | 9 | 4 | 3 | 1 | 1231 | 356 | 218 | 1 | 202 | 13 | 359 | 25 | | 65 | 697 |
| 6 | 4. 企业所得税 | 381 | 377 | 123 | 3 | | 3 | 3 | 242 | 124 | 6 | | 4 | 2 | | | | 59 | 20 |
| 7 | 5. 个人所得税 | | | | | | | | | | | | | | | | | | |
| 8 | 6. 资源税 | | | | | | | | | | | | | | | | | | |
| 9 | 7. 固定资产投资方向调节税 | | | | | | | | | | | | | | | | | | |
| 10 | 8. 城市维护建设税 | 1 | 1 | 1 | | | | | | | | | | | | | | | |
| 11 | 9. 房产税 | | | | | | | | | | | | | | | | | | |
| 12 | 10. 印花税 | | | | | | | | | | | | | | | | | | |
| 13 | 11. 城镇土地使用税 | | | | | | | | | | | | | | | | | | |
| 14 | 12. 土地增值税 | | | | | | | | | | | | | | | | | | |
| 15 | 13. 车船税 | | | | | | | | | | | | | | | | | | |
| 16 | 14. 车辆购置税 | | | | | | | | | | | | | | | | | | |
| 17 | 15. 烟叶税 | | | | | | | | | | | | | | | | | | |
| 18 | 16. 耕地占用税 | | | | | | | | | | | | | | | | | | |
| 19 | 17. 契税 | | | | | | | | | | | | | | | | | | |
| 20 | 18. 屠宰税 | | | | | | | | | | | | | | | | | | |
| 21 | 19. 其他税收 | | | | | | | | | | | | | | | | | | |
| 22 | 附列资料:纳税户数 | 2428 | 1865 | 179 | 12 | 4 | 6 | 4 | 1439 | 464 | 224 | 1 | 204 | 13 | 359 | 25 | | 115 | 715 |
| 23 | 登记户数 | 2507 | 1870 | 179 | 12 | 4 | 6 | 4 | 1439 | 464 | 224 | 6 | 234 | 36 | 386 | 46 | 17 | 224 | 1660 |

# 2016 年广东省地方税务局纳税登记户数分行业统计年报表(1)

编报机关:广东省地方税务局　　　　单位:户

| 序号 | 项目 | 国内增值税 | 营业税 | 企业所得税 | | 个人所得税 | 城市维护建设税 | 房产税 | 印花税 | 城镇土地使用税 |
|---|---|---|---|---|---|---|---|---|---|---|
| | | | | 内资企业 | 外资企业 | | | | | |
| 1 | 合　计 | 6452 | 385165 | 223458 | 3888 | 746855 | 1333874 | 304120 | 1101264 | 299343 |
| 2 | 一、第一产业 | 31 | 4703 | 779 | 15 | 8903 | 13026 | 7268 | 17387 | 8551 |
| 3 | 二、第二产业 | 449 | 55935 | 56985 | 2190 | 208260 | 411199 | 110767 | 413395 | 98916 |
| 4 | (一)采矿业 | 7 | 149 | 101 | 1 | 646 | 1436 | 922 | 1160 | 1138 |
| 5 | 1. 煤炭开采和洗选业 | | 4 | 4 | | 19 | 17 | 6 | 10 | 6 |
| 6 | 2. 石油和天然气开采业 | | 6 | 2 | | 21 | 26 | 22 | 19 | 17 |
| 7 | 3. 黑色金属矿采选业 | 5 | 4 | 3 | | 28 | 78 | 71 | 49 | 61 |
| 8 | 4. 有色金属矿采选业 | 1 | 13 | 6 | 1 | 55 | 60 | 50 | 65 | 58 |
| 9 | 5. 非金属矿采选业 | 1 | 33 | 61 | | 329 | 818 | 501 | 579 | 641 |
| 10 | 6. 其他采矿业 | | 89 | 25 | | 194 | 437 | 272 | 438 | 355 |
| 11 | (二)制造业 | 306 | 15129 | 20046 | 1984 | 171873 | 350735 | 95910 | 346690 | 84016 |
| 12 | 1. 农副食品加工业 | 4 | 496 | 624 | 96 | 1518 | 2351 | 2723 | 2860 | 2592 |
| 13 | 2. 食品制造业 | 7 | 328 | 533 | 19 | 1979 | 3668 | 2228 | 4730 | 2231 |
| 14 | 3. 酒、饮料和精制茶制造业 | 3 | 83 | 157 | 5 | 327 | 27944 | 12961 | 1367 | 602 |
| 15 | 4. 烟草制品业 | | 6 | 12 | 2 | 23 | 26 | 33 | 70 | 24 |
| 16 | 5. 纺织业 | 9 | 350 | 646 | 14 | 4430 | 7623 | 3564 | 9315 | 3205 |
| 17 | 6. 纺织服装、服饰业 | 14 | 814 | 1444 | 31 | 10670 | 17477 | 5335 | 25338 | 5807 |
| 18 | 7. 皮革、毛皮、羽毛及其制品和制鞋业 | 12 | 314 | 412 | 40 | 6649 | 12913 | 3193 | 16111 | 3288 |
| 19 | 8. 木材加工和木竹藤棕草制品业 | 3 | 127 | 134 | 5 | 1740 | 4136 | 2248 | 4515 | 2344 |

续表

| 序号 | 项　　目 | 国内增值税 | 营业税 | 企业所得税 | | 个人所得税 | 城市维护建设税 | 房产税 | 印花税 | 城镇土地使用税 |
|---|---|---|---|---|---|---|---|---|---|---|
| | | | | 内资企业 | 外资企业 | | | | | |
| 20 | 9. 家具制造业 | 17 | 403 | 510 | 17 | 4510 | 10632 | 3019 | 11186 | 2391 |
| 21 | 10. 造纸和纸制品业 | 2 | 292 | 685 | 19 | 4935 | 10977 | 2191 | 10547 | 2737 |
| 22 | 11. 印刷和记录媒介复制业 | 8 | 325 | 1465 | 20 | 10912 | 8866 | 2618 | 7573 | 2293 |
| 23 | 12. 文教、工美、体育和娱乐用品制造业 | 8 | 519 | 740 | 46 | 4730 | 7007 | 3233 | 8918 | 3417 |
| 24 | 13. 石油加工、炼焦和核燃料加工业 | | 37 | 35 | 2 | 108 | 196 | 102 | 197 | 99 |
| 25 | 14. 化学原料和化学制品制造业 | 7 | 884 | 1108 | 37 | 3843 | 6849 | 2580 | 12081 | 2819 |
| 26 | 15. 医药制造业 | 7 | 123 | 254 | 22 | 780 | 944 | 528 | 2039 | 672 |
| 27 | 16. 化学纤维制造业 | | 24 | 16 | 2 | 186 | 323 | 108 | 310 | 125 |
| 28 | 17. 橡胶和塑料制品业 | 7 | 1002 | 1892 | 100 | 15140 | 28059 | 8200 | 28204 | 8400 |
| 29 | 18. 非金属矿物制品业 | 6 | 422 | 794 | 22 | 5989 | 12043 | 8637 | 11905 | 7706 |
| 30 | 19. 黑色金属冶炼和压延加工业 | 1 | 73 | 85 | 2 | 732 | 1544 | 606 | 1395 | 566 |
| 31 | 20. 有色金属冶炼和压延加工业 | | 149 | 192 | 3 | 1162 | 2135 | 1048 | 2193 | 906 |
| 32 | 21. 金属制品业 | 15 | 1588 | 2127 | 90 | 21209 | 46424 | 14331 | 48140 | 13225 |
| 33 | 22. 通用设备制造业 | 9 | 803 | 910 | 37 | 6132 | 13403 | 2288 | 13708 | 1930 |
| 34 | 23. 专用设备制造业 | 10 | 666 | 676 | 50 | 7084 | 14260 | 1902 | 14594 | 2248 |
| 35 | 24. 汽车制造业 | 19 | 282 | 103 | 9 | 1217 | 1780 | 530 | 3044 | 656 |
| 36 | 25. 铁路、船舶、航空航天和其他运输设备制造业 | 2 | 130 | 120 | 14 | 722 | 1226 | 381 | 1366 | 470 |
| 37 | 26. 电气机械和器材制造业 | 16 | 1192 | 1251 | 121 | 8496 | 15710 | 3628 | 22520 | 4473 |
| 38 | 27. 计算机、通信和其他电子设备制造业 | 31 | 1925 | 1333 | 939 | 18654 | 33975 | 2850 | 30351 | 3501 |
| 39 | 28. 仪表仪器制造业 | 4 | 199 | 187 | 106 | 1573 | 2467 | 370 | 2722 | 416 |

续表

| 序号 | 项　　目 | 国内增值税 | 营业税 | 企业所得税 | | 个人所得税 | 城市维护建设税 | 房产税 | 印花税 | 城镇土地使用税 |
|---|---|---|---|---|---|---|---|---|---|---|
| | | | | 内资企业 | 外资企业 | | | | | |
| 40 | 29. 其他制造业 | 85 | 1573 | 1601 | 114 | 26423 | 55777 | 4475 | 49391 | 4873 |
| 41 | (三)电力、热力、燃气及水的生产和供应业 | 15 | 898 | 1599 | 18 | 3911 | 11631 | 7843 | 10052 | 7417 |
| 42 | 1. 电力、热力的生产和供应业 | 9 | 315 | 1131 | 8 | 2857 | 5958 | 5992 | 8005 | 6271 |
| 43 | 2. 燃气生产和供应业 | 1 | 140 | 158 | 5 | 379 | 568 | 335 | 466 | 415 |
| 44 | 3. 水的生产和供应业 | 5 | 443 | 310 | 5 | 675 | 5105 | 1516 | 1581 | 731 |
| 45 | (四)建筑业 | 121 | 39759 | 35239 | 187 | 31830 | 47397 | 6092 | 55493 | 6345 |
| 46 | 1. 房屋建筑业 | 23 | 3332 | 3809 | 29 | 3469 | 4125 | 980 | 5660 | 1104 |
| 47 | 2. 土木工程建筑业 | 4 | 2668 | 2565 | 4 | 2634 | 3790 | 610 | 4329 | 644 |
| 48 | 3. 建筑安装业 | 38 | 10114 | 9070 | 72 | 9124 | 14252 | 1702 | 14335 | 1761 |
| 49 | 4. 建筑装饰和其他建筑业 | 56 | 23645 | 19795 | 82 | 16603 | 25230 | 2800 | 31169 | 2836 |
| 50 | 三、第三产业 | 5972 | 324527 | 165694 | 1683 | 529692 | 909649 | 186085 | 670482 | 191876 |
| 51 | (一)批发和零售业 | 213 | 56241 | 26829 | 289 | 216015 | 472179 | 109543 | 363923 | 107565 |
| 52 | 1. 批发业 | 143 | 20226 | 15392 | 136 | 115949 | 277725 | 21002 | 202563 | 19842 |
| 53 | 2. 零售业 | 70 | 36015 | 11437 | 153 | 100066 | 194454 | 88541 | 161360 | 87723 |
| 54 | (二)交通运输、仓储和邮政业 | 22 | 4138 | 10286 | 68 | 18252 | 27953 | 4460 | 24306 | 4510 |
| 55 | 1. 交通运输业 | 16 | 3116 | 9025 | 56 | 16012 | 24434 | 3521 | 21599 | 3532 |
| 56 | 2. 仓储业 | 6 | 480 | 931 | 10 | 1732 | 2265 | 618 | 2016 | 617 |
| 57 | 3. 邮政业 | | 542 | 330 | 2 | 508 | 1254 | 321 | 691 | 361 |
| 58 | (三)住宿和餐饮业 | 25 | 86499 | 13134 | 74 | 40754 | 65547 | 15872 | 19042 | 14670 |
| 59 | 1. 住宿业 | 19 | 13029 | 2249 | 18 | 5863 | 11236 | 3796 | 2498 | 3694 |

续表

| 序号 | 项目 | 国内增值税 | 营业税 | 企业所得税 | | 个人所得税 | 城市维护建设税 | 房产税 | 印花税 | 城镇土地使用税 |
|---|---|---|---|---|---|---|---|---|---|---|
| | | | | 内资企业 | 外资企业 | | | | | |
| 60 | 2. 餐饮业 | 6 | 73470 | 10885 | 56 | 34891 | 54311 | 12076 | 16544 | 10976 |
| 61 | (四)信息传输、软件和信息技术服务业 | 33 | 7471 | 4780 | 69 | 23436 | 26445 | 2505 | 24268 | 2659 |
| 62 | 1. 电信、广播电视和卫星传输服务业 | 18 | 699 | 272 | 2 | 764 | 1122 | 778 | 1030 | 770 |
| 63 | 2. 互联网和相关服务 | 1 | 1931 | 610 | 4 | 1261 | 1637 | 372 | 2099 | 288 |
| 64 | 3. 软件和信息技术服务业 | 14 | 4841 | 3898 | 63 | 21411 | 23686 | 1355 | 21139 | 1601 |
| 65 | (五)金融业 | 71 | 8048 | 4179 | 37 | 10299 | 8974 | 2443 | 14986 | 3192 |
| 66 | 1. 货币金融服务 | 40 | 2949 | 2158 | 7 | 3438 | 3241 | 1449 | 7164 | 1889 |
| 67 | 2. 资本市场服务 | 6 | 1808 | 1253 | 8 | 3431 | 2502 | 322 | 3954 | 370 |
| 68 | 3. 保险业 | 3 | 2402 | 153 | 1 | 1799 | 2323 | 453 | 2804 | 433 |
| 69 | 4. 其他金融业 | 22 | 889 | 615 | 21 | 1631 | 908 | 219 | 1064 | 500 |
| 70 | (六)房地产业 | 1548 | 35138 | 23289 | 149 | 35869 | 42302 | 13490 | 36374 | 19457 |
| 71 | (七)租赁和商务服务业 | 154 | 42129 | 41701 | 548 | 101749 | 86579 | 11551 | 72940 | 14067 |
| 72 | 1. 租赁业 | 44 | 1174 | 1432 | 4 | 1958 | 4698 | 861 | 3875 | 676 |
| 73 | 2. 商务服务业 | 110 | 40955 | 40269 | 544 | 99791 | 81881 | 10690 | 69065 | 13391 |
| 74 | (八)科学研究和技术服务业 | 25 | 9212 | 18082 | 54 | 25118 | 42482 | 3199 | 40451 | 3315 |
| 75 | (九)居民服务、修理和其他服务业 | 216 | 43993 | 13174 | 224 | 31698 | 54875 | 15056 | 31085 | 15343 |
| 76 | (十)教育 | 10 | 3190 | 1662 | 10 | 2829 | 3449 | 1965 | 2190 | 449 |
| 77 | (十一)卫生和社会工作 | 7 | 2906 | 622 | 7 | 3045 | 2206 | 593 | 1091 | 526 |
| 78 | (十二)文化、体育和娱乐业 | 7 | 9025 | 3715 | 151 | 6106 | 58776 | 3755 | 8213 | 1129 |
| 79 | (十三)公共管理、社会保障和社会组织 | 3641 | 1130 | 1316 | 1 | 4427 | 4504 | 1325 | 3298 | 4879 |
| 80 | (十四)其他行业 | | 15407 | 2925 | 2 | 10095 | 13378 | 328 | 28315 | 115 |

# 2016 年广东省地方税务局纳税登记户数分行业统计年报表(2)

编报机关:广东省地方税务局

单位:户

| 序号 | 项目 | 土地增值税 | 车船税 | 耕地占用税 | 契税 | 其他各税 | 附列资料:纳税户数 | 登记户数 | 附:总机构户数 | 分支机构户数 |
|---|---|---|---|---|---|---|---|---|---|---|
| 1 | 合计 | 10862 | 56211 | 1244 | 26335 | 110827 | 2610088 | 6983394 | 28515 | 117951 |
| 2 | 一、第一产业 | 45 | 973 | 28 | 70 | 49 | 52020 | 214745 | 137 | 459 |
| 3 | 二、第二产业 | 1551 | 16660 | 227 | 1778 | 21804 | 701083 | 1562157 | 9944 | 17113 |
| 4 | (一)采矿业 | 47 | 35 | 33 | 20 | 1570 | 5149 | 7931 | 47 | 205 |
| 5 | 1. 煤炭开采和洗选业 | 6 | 1 | | | | 53 | 192 | | 2 |
| 6 | 2. 石油和天然气开采业 | 2 | 3 | | 2 | 1 | 88 | 118 | | 8 |
| 7 | 3. 黑色金属矿采选业 | 11 | 3 | 3 | 2 | 114 | 366 | 553 | | 15 |
| 8 | 4. 有色金属矿采选业 | 5 | 8 | 3 | 5 | 94 | 299 | 441 | 7 | 6 |
| 9 | 5. 非金属矿采选业 | 12 | 8 | 24 | 8 | 923 | 2513 | 3943 | 33 | 85 |
| 10 | 6. 其他采矿业 | 11 | 12 | 3 | 3 | 438 | 1830 | 2684 | 7 | 89 |
| 11 | (二)制造业 | 1037 | 14028 | 90 | 1368 | 10227 | 541669 | 1261514 | 7125 | 5938 |
| 12 | 1. 农副食品加工业 | 27 | 237 | 3 | 32 | 5 | 8256 | 14874 | 165 | 320 |
| 13 | 2. 食品制造业 | 42 | 267 | 1 | 42 | 20 | 8568 | 14888 | 230 | 227 |
| 14 | 3. 酒、饮料和精制茶制造业 | 13 | 76 | 1 | 13 | 1066 | 43495 | 45063 | 41 | 47 |
| 15 | 4. 烟草制品业 | 6 | 13 | 6 | 2 | | 163 | 205 | | 12 |
| 16 | 5. 纺织业 | 35 | 396 | 1 | 81 | 1 | 12368 | 31494 | 219 | 81 |
| 17 | 6. 纺织服装、服饰业 | 81 | 744 | 10 | 79 | 2 | 30724 | 98310 | 462 | 224 |
| 18 | 7. 皮革、毛皮、羽毛及其制品和制鞋业 | 31 | 533 | | 24 | 28 | 23232 | 46773 | 129 | 98 |
| 19 | 8. 木材加工和木竹藤棕草制品业 | 28 | 112 | 2 | 20 | 3 | 8864 | 17754 | 70 | 159 |

续表

| 序号 | 项目 | 土地增值税 | 车船税 | 耕地占用税 | 契税 | 其他各税 | 附列资料：纳税户数 | 登记户数 | 附：总机构户数 | 分支机构户数 |
|---|---|---|---|---|---|---|---|---|---|---|
| 20 | 9. 家具制造业 | 31 | 381 | 1 | 22 | 5 | 16167 | 43377 | 457 | 116 |
| 21 | 10. 造纸和纸制品业 | 19 | 548 | 1 | 27 | 45 | 14078 | 37213 | 131 | 73 |
| 22 | 11. 印刷和记录媒介复制业 | 24 | 470 |  | 14 |  | 19238 | 32999 | 154 | 72 |
| 23 | 12. 文教、工美、体育和娱乐用品制造业 | 38 | 381 | 1 | 33 | 17 | 12805 | 27692 | 131 | 121 |
| 24 | 13. 石油加工、炼焦和核燃料加工业 | 3 | 24 | 1 | 3 |  | 470 | 891 | 6 | 39 |
| 25 | 14. 化学原料和化学制品制造业 | 31 | 658 | 7 | 80 | 191 | 19031 | 33035 | 384 | 213 |
| 26 | 15. 医药制造业 | 20 | 131 | 2 | 34 | 1 | 3636 | 5567 | 90 | 96 |
| 27 | 16. 化学纤维制造业 | 3 | 21 |  | 2 |  | 590 | 1191 | 1 | 7 |
| 28 | 17. 橡胶和塑料制品业 | 70 | 1360 | 3 | 98 | 68 | 37224 | 105563 | 411 | 353 |
| 29 | 18. 非金属矿物制品业 | 44 | 653 | 18 | 75 | 7264 | 30988 | 45640 | 377 | 268 |
| 30 | 19. 黑色金属冶炼和压延加工业 | 8 | 73 |  | 9 | 2 | 2279 | 6714 | 77 | 4 |
| 31 | 20. 有色金属冶炼和压延加工业 | 11 | 180 | 2 | 17 | 7 | 4172 | 8118 | 142 | 69 |
| 32 | 21. 金属制品业 | 74 | 1763 | 5 | 109 | 279 | 65115 | 177229 | 653 | 735 |
| 33 | 22. 通用设备制造业 | 27 | 704 | 5 | 52 | 1 | 16395 | 40868 | 319 | 248 |
| 34 | 23. 专用设备制造业 | 42 | 641 | 3 | 53 | 85 | 18269 | 43554 | 348 | 185 |
| 35 | 24. 汽车制造业 | 15 | 281 | 1 | 24 | 20 | 4392 | 8133 | 115 | 159 |
| 36 | 25. 铁路、船舶、航空航天和其他运输设备制造业 | 10 | 137 |  | 11 | 1 | 2817 | 4683 | 44 | 87 |
| 37 | 26. 电气机械和器材制造业 | 100 | 1031 | 1 | 127 | 49 | 45506 | 91161 | 867 | 376 |
| 38 | 27. 计算机、通信和其他电子设备制造业 | 120 | 1028 | 7 | 111 | 204 | 39809 | 103438 | 612 | 520 |
| 39 | 28. 仪表仪器制造业 | 13 | 113 | 1 | 11 | 17 | 3854 | 9136 | 66 | 66 |

续表

| 序号 | 项目 | 土地增值税 | 车船税 | 耕地占用税 | 契税 | 其他各税 | 附列资料：纳税户数 | 登记户数 | 附：总机构户数 | 分支机构户数 |
|---|---|---|---|---|---|---|---|---|---|---|
| 40 | 29. 其他制造业 | 71 | 1072 | 7 | 163 | 846 | 58045 | 165951 | 424 | 963 |
| 41 | （三）电力、热力、燃气及水的生产和供应业 | 97 | 380 | 51 | 94 | 229 | 27806 | 38879 | 299 | 1287 |
| 42 | 1. 电力、热力的生产和供应业 | 53 | 211 | 23 | 60 | 111 | 17807 | 25254 | 85 | 690 |
| 43 | 2. 燃气生产和供应业 | 12 | 63 | 23 | 17 | 2 | 1495 | 3031 | 148 | 369 |
| 44 | 3. 水的生产和供应业 | 32 | 106 | 5 | 17 | 116 | 8504 | 10594 | 66 | 228 |
| 45 | （四）建筑业 | 370 | 2217 | 53 | 296 | 9778 | 126459 | 253833 | 2473 | 9683 |
| 46 | 1. 房屋建筑业 | 123 | 292 | 1 | 113 | 2231 | 14646 | 25977 | 706 | 1870 |
| 47 | 2. 土木工程建筑业 | 23 | 440 | 16 | 18 | 1401 | 10551 | 21186 | 278 | 941 |
| 48 | 3. 建筑安装业 | 88 | 889 | 17 | 67 | 1974 | 31439 | 67993 | 820 | 2945 |
| 49 | 4. 建筑装饰和其他建筑业 | 136 | 596 | 19 | 98 | 4172 | 69823 | 138677 | 669 | 3927 |
| 50 | 三、第三产业 | 9266 | 38578 | 989 | 24487 | 88974 | 1856985 | 5206492 | 18434 | 100379 |
| 51 | （一）批发和零售业 | 864 | 11464 | 551 | 1209 | 54688 | 820079 | 2786479 | 6675 | 36385 |
| 52 | 1. 批发业 | 600 | 5972 | 17 | 739 | 8572 | 419542 | 1307488 | 3984 | 10263 |
| 53 | 2. 零售业 | 264 | 5492 | 534 | 470 | 46116 | 400537 | 1478991 | 2691 | 26122 |
| 54 | （二）交通运输、仓储和邮政业 | 110 | 10213 | 21 | 165 | 892 | 63097 | 125099 | 1204 | 6573 |
| 55 | 1. 交通运输业 | 85 | 9278 | 19 | 90 | 883 | 55908 | 110767 | 1038 | 4943 |
| 56 | 2. 仓储业 | 16 | 814 | 1 | 68 | 9 | 4690 | 8557 | 107 | 342 |
| 57 | 3. 邮政业 | 9 | 121 | 1 | 7 |  | 2499 | 5775 | 59 | 1288 |
| 58 | （三）住宿和餐饮业 | 204 | 567 | 4 | 58 | 3316 | 144778 | 353830 | 758 | 9769 |
| 59 | 1. 住宿业 | 182 | 218 | 2 | 30 | 2667 | 27555 | 47047 | 159 | 1512 |

续表

| 序号 | 项　　目 | 土地增值税 | 车船税 | 耕地占用税 | 契税 | 其他各税 | 附列资料：纳税户数 | 登记户数 | 附：总机构户数 | 分支机构户数 |
|---|---|---|---|---|---|---|---|---|---|---|
| 60 | 2. 餐饮业 | 22 | 349 | 2 | 28 | 649 | 117223 | 306783 | 599 | 8257 |
| 61 | （四）信息传输、软件和信息技术服务业 | 79 | 1408 | 3 | 200 | 540 | 53050 | 174247 | 1072 | 3746 |
| 62 | 1. 电信、广播电视和卫星传输服务业 | 35 | 137 | 1 | 50 | 5 | 3582 | 8296 | 120 | 1475 |
| 63 | 2. 互联网和相关服务 | 8 | 35 |  | 16 | 501 | 4850 | 15118 | 42 | 588 |
| 64 | 3. 软件和信息技术服务业 | 36 | 1236 | 2 | 134 | 34 | 44618 | 150833 | 910 | 1683 |
| 65 | （五）金融业 | 184 | 1766 | 16 | 259 | 57 | 33766 | 93527 | 1330 | 10624 |
| 66 | 1. 货币金融服务 | 99 | 364 | 5 | 150 | 49 | 14702 | 39033 | 429 | 4501 |
| 67 | 2. 资本市场服务 | 35 | 86 | 1 | 54 | 5 | 8135 | 35771 | 91 | 1851 |
| 68 | 3. 保险业 | 15 | 1204 | 8 | 6 | 2 | 6934 | 11794 | 652 | 3836 |
| 69 | 4. 其他金融业 | 35 | 112 | 2 | 49 | 1 | 3995 | 6929 | 158 | 436 |
| 70 | （六）房地产业 | 6703 | 3492 | 62 | 2059 | 5599 | 129830 | 199235 | 1298 | 4185 |
| 71 | （七）租赁和商务服务业 | 454 | 3063 | 59 | 655 | 5855 | 208868 | 489178 | 2825 | 13083 |
| 72 | 1. 租赁业 | 20 | 691 | 1 | 18 | 37 | 9756 | 19249 | 84 | 706 |
| 73 | 2. 商务服务业 | 434 | 2372 | 58 | 637 | 5818 | 199112 | 469929 | 2741 | 12377 |
| 74 | （八）科学研究和技术服务业 | 69 | 1648 | 12 | 241 | 1030 | 88372 | 188412 | 1660 | 3667 |
| 75 | （九）居民服务、修理和其他服务业 | 126 | 1305 | 67 | 361 | 5068 | 119682 | 318052 | 1036 | 7565 |
| 76 | （十）教育 | 21 | 537 | 18 | 32 | 2 | 12398 | 28668 | 98 | 1127 |
| 77 | （十一）卫生和社会工作 | 21 | 278 | 6 | 37 | 26 | 6563 | 13953 | 31 | 206 |
| 78 | （十二）文化、体育和娱乐业 | 21 | 351 | 4 | 132 | 363 | 74969 | 106538 | 191 | 1474 |
| 79 | （十三）公共管理、社会保障和社会组织 | 409 | 2257 | 165 | 19075 | 11534 | 44000 | 63082 | 38 | 57 |
| 80 | （十四）其他行业 | 1 | 229 | 1 | 4 | 4 | 57533 | 266192 | 218 | 1918 |

# 第八篇

# 附　录

# 广东省地方税务系统获各荣誉奖项一览表(2016年)

| 荣誉称号 | | 授奖部门 | 获奖单位(个人) |
|---|---|---|---|
| 全国 | 2015—2016年度全国青年文明号 | 共青团中央 | 广州市越秀区地税局纳服分局<br>顺德区地税局北滘分局<br>汕头市地税局驻行政服务中心窗口 |
| | 全国百佳国税地税合作县级示范区 | 国家税务总局 | 广州市南沙开发区<br>佛山市南海区<br>东莞市长安镇<br>江门市蓬江区 |
| | 全国各省(区、市)税务局先进集体 | 国家税务总局 | 广州市南沙开发区地税局<br>汕头市地税局纳税服务科驻市行政服务中心窗口<br>佛山市禅城区地税局办税服务厅<br>湛江市赤坎区地税局<br>清远市清新区地税局 |
| | 全国各省(区、市)税务局先进工作者 | 国家税务总局 | 华　军(广东省地税局)<br>谢益畅(江门开平地税局)<br>谢江帆(女,河源市地税局)<br>刘继群(女,东莞市地税局松山湖税务分局)<br>唐基宇(云浮市地税局)<br>林瑜(揭阳市地税局) |
| | 金税三期工程建设第一阶段试点个人二等功 | 国家税务总局 | 黄世能(广东省地税局) |
| | 金税三期工程建设第一阶段试点个人三等功 | 国家税务总局 | 冯　浈(阳江市地税局)<br>方旭伟(汕尾陆丰市地税局)<br>冯　崴(佛山市地税局)<br>刘　恋(佛山市南海区地税局)<br>邝泽伟(佛山市地税局)<br>陈晓华(东莞市地税局) |
| | 金税三期工程建设第一阶段试点个人嘉奖 | 国家税务总局 | 戴宏辉(广东省地税局)<br>林川湘(广东省地税局)<br>陈　健(广州市地税局)<br>李玉珍(江门市地税局)<br>赵业和(中山市地税局)<br>唐基宇(云浮市地税局)<br>陈正芳(顺德区地税局容桂分局)<br>杨智勇(顺德区地税局) |
| | 首批全国税务领军人才培养对象第一次考核优秀学员 | 国家税务总局 | 梁若莲(广东省地税局)<br>顾　淳(深圳市地税局) |
| | 2016年"全国先进国际税收研究会" | 中国国际税收研究会 | 广州市国际税收研究会 |
| | 全国第七届冰心散文奖 | 中国散文学会 | 於中甫(广州市南沙区地税局) |

续表

| | 荣誉称号 | 授奖部门 | 获奖单位(个人) |
|---|---|---|---|
| 广东省 | 先进基层党组织 | 广东省委 | 云浮市地税局直属机关党委 |
| | 广东省文明单位 | 广东省精神文明建设指导委员会 | 广州市地税局 |
| | 2015—2016年度广东省五四红旗团支部 | 共青团广东省委员会 | 广州市地税局团委<br>德庆县地税局团支部<br>阳山县地税局团支部<br>茂名信宜市地税局团委<br>茂名化州市地税局团委 |
| | 2014—2016年度广东省直文明单位 | 广东省直机关工委 | 广东省地税局征科处 |
| | 2016年广东省五一劳动奖状 | 广东省总工会 | 广州天河区地税局 |
| | 2016年广东省五一劳动奖章 | 广东省总工会 | 谢森承(广东省地税局)<br>杨　娟(韶关市地税局) |
| | 2016年度广东省模范职工之家 | 广东省总工会 | 越秀区地税局工会委员会 |
| | 2016年广东省优秀职工之友 | 广东省总工会 | 廖胜亨(广州市地税局第一稽查局) |
| | 2013—2015年扶贫开发"双到"考核结果优秀帮扶单位 | 广东省扶贫开发领导小组 | 云浮市地税局 |
| | 广东省工人先锋队 | 广东省总工会 | 广东省地税局征管科技处 |
| | 广东省直单位第四届工作技能大赛"工作创新"类冠军 | 广东省直机关工委、省总工会、团省委和省妇联 | 广东省地税局("微信办税"项目) |
| | 广东省三八红旗集体 | 广东省妇联 | 茂名高州市地税局 |
| | 南粤女职工文明岗 | 广东省总工会 | 清远市清城区地税局<br>茂名信宜市地税局城区办税服务厅 |
| 广东省地税系统 | 参加广东省直第四届工作技能大赛"微信办税"项目获奖个人 | 广东省地方税务局 | 谢森承(广东省地税局征管科技处)<br>康洁刚(广东省地税局信息中心)<br>鲁　磊(广州市南沙开发区地方税务局)<br>肖　宁(珠海市地方税务局)<br>乐　青(汕头市潮阳区地方税务局) |
| | 参加广东省直第四届工作技能大赛"微信办税"项目有突出贡献单位 | 广东省地方税务局 | 广东省地税局征管科技处<br>广东省地税局基层工作处(机关党办)<br>广东省地税局办公室<br>广东省地税局信息中心<br>广州市地税局办公室<br>广州市地税局征管科技处<br>广州市地税局纳税评估局<br>广州市地税局稽查局 |

续表

<table>
<tr><th colspan="2">荣誉称号</th><th>授奖部门</th><th>获奖单位(个人)</th></tr>
<tr><td rowspan="4">广东省地税系统</td><td>参加广东省直第四届工作技能大赛“微信办税”项目有突出贡献单位</td><td>广东省地方税务局</td><td>广州市海珠区地税局<br>广州市越秀区地税局<br>广州市南沙开发区地税局<br>珠海市地税局<br>汕头市潮阳区地税局<br>韶关市地税局乳源瑶族自治县局<br>江门市地税局江海区局</td></tr>
<tr><td>参加广东省直第四届工作技能大赛“微信办税”项目有突出贡献个人</td><td>广东省地方税务局</td><td>夏迎春(广州市地税局稽查局)<br>伍施燕(广州市地税局纳税评估局)<br>邵　琪(广州市越秀区地税局)<br>段凤韬(广州市越秀区地税局)<br>黄章强(韶关市乳源瑶族自治县地税局)<br>肖文君(韶关市乳源瑶族自治县地税局)<br>魏　琛(江门市江海区地税局)</td></tr>
<tr><td>个人三等功</td><td>广东省地方税务局</td><td>广东省地税局:刘通天　杨　皓　张建生　黄泽恩<br>钟云姗　杨卫芳<br>广州市地税局:朱　毅(佛山)　练富强(河源)<br>曾　军(汕尾)　林兆华(肇庆)<br>赖竹华(潮州)　郑杰鹏(揭阳)</td></tr>
<tr><td>个人嘉奖</td><td>广东省地方税务局</td><td>广东省地税局:冯绍伍　宁　波　李殿相　陈　挺<br>陈小东　钟文锋　黄松宜　王力元<br>申　深　肖　戎　谢森承　温丽萍<br>华　关　李祖光　戴宏辉　黄世能<br>周忠清　张　敏　林炜霞　朱国强<br>王秀婷　王海仁　曹梅松　邓晓炜<br>彭　帆　周义莲　林克波　王海钰<br>吴凌云　胡东胜　欧阳芬芬　范欣<br>周秋波　林桂鹏　何　刚　倪文俊<br>吴仕稀　王　芳　陈曼君　周文萍<br>卓鹏程　孙　剑　康洁刚<br>广州市地税局:陆耀炳(广州)　李健强(广州)<br>严贵杨(珠海)　徐均红(珠海)<br>张振宇(汕头)　林少雄(佛山)<br>陈红光(韶关)　魏少波(梅州)<br>陈少龙(惠州)　莫灿洪(东莞)<br>罗镜文(中山)　刘　建(中山)<br>陈雁成(江门)　蒋安平(阳江)<br>李漫天(湛江)　吴锡昌(茂名)<br>邓长学(茂名)　徐　杰(清远)<br>李喜妍(横琴新区)　孙彦浩(深汕合作区)</td></tr>
</table>

# 广东省地方税务系统获省(部)级以上荣誉奖项(2016年)

## 获奖单位

### 全国先进国际税收研究会

2016年11月,广州市国际税收研究会被中国国际税收研究会评为“全国先进国际税收研究会”。广州市国际税收研究会成立于2006年8月,与广州市地方税收研究会(2001年5月成立)合署办公,两个牌子一套人员。近年来,广州市国际税收研究会在市地税局党组的正确领导下,在上级研究会和市社科联、社会组织管理局的指导下,坚持以党的十八大和十八届三中、四中、五中、六中全会精神为指导,组织广大会员围绕中心,贯彻“为税收实践服务,为税收改革服务,为领导决策服务”的工作指导思想,围绕税收中心工作,积极开展税收调研、学术理论研究、成果转换交流活动,各项工作不断取得新成绩。先后被市民间组织管理局评为3A等级社团组织,被市社科联评为优秀学会,被中国税官论税制改革发展编辑部评为“优秀组织奖”等,为广州市税收事业发挥了积极作用。(缪晓苏)

### 全国青年文明号

广州市越秀区地方税务局纳税服务分局于2016年首次获评“全国青年文明号”。纳税服务分局现有干部职工232人,其中青年干部职工156人,占比81%,平均年龄27岁。2016年接待纳税人、缴费人近43万人次。分局设有1个国地税联合办税服务厅、1个契税征收点。办税服务厅设有101个对外服务窗口,包含预受理、综合、票证、社保、批件5类窗口。契税征收点共设15个窗口,包含刷卡开票窗、征收税费窗、税费减免及退税窗。纳税服务分局青年在纳税服务工作中激扬青春、奋勇争先,努力打造国地税合作示范旗舰品牌。先后获得“纳税人满意的办税服务大厅”“广州市文明优质示范岗”“广州市巾帼文明岗”“广州市青年文明号”“广东省青年文明号”等荣誉称号。(缪晓苏)

# 2013—2015年扶贫开发“双到”考核结果优秀帮扶单位

2016年3月，云浮市地方税务局被广东省扶贫开发领导小组授予“2013—2015年扶贫开发‘双到’考核结果优秀帮扶单位”荣誉称号。新一轮扶贫开发“双到”工作开始以来，云浮市地税局认真贯彻落实省、市两级关于做好扶贫开发“规划到户、责任到人”工作的指示要求，扎实抓好对新兴县河头镇步郎村的扶贫开发工作，圆满完成了上级赋予的扶贫开发工作任务。一是领导垂范，群策群力。市局领导班子成员到村指导帮扶120余人次，帮扶责任人到户1300余人次，驻村干部到户2600余次，确保了各项工作的落实。二是措施有力，方法科学。先后摸索和开展了智力扶贫、产业扶贫、就业扶贫、项目扶贫、文化扶贫、生态扶贫、爱心扶贫等帮扶模式，通过帮助贫困户发展种植养殖业、资助贫困家庭子女就学、抓好危房改造、建设村集体经济项目、完善基础设施、支持抓好生态文明村建设等方法，逐步建立和完善了具有步郎特色的长效帮扶机制。三是效果显著，村民认可。3年来，协调筹措资金近600万元，全部用于步郎村帮扶。先后新建村集体经济项目5个，修缮村委办公楼1座，文化广场4个，全村道路实现了硬底化，修建农田水利设施2处，通电、通邮、通信、通广播电视难题得到彻底解决，改造贫困户危房32户，村容村貌极大改善，村集体年经济收入由帮持前的0.52万元增长到2016年的10.27万元，贫困户人均年经济收入由帮扶前的不到3000元增加到2016年的9700多元。四是着眼长远，巩固提高。为进一步增加村集体经济收入，确保长期稳定脱贫，云浮市地税局再投入帮扶资金88万元，用于光伏发电等村集体经济项目建设，扶贫村项目建成后，每年可为村集体增加经济收入4万元，为确保扶贫村长期稳定脱贫奠定了更加坚实的基础。（陈　虹）

# 先进基层党组织

2016年7月，中共云浮市地方税务局直属机关委员会被广东省委授予“先进基层党组织”荣誉称号。云浮市地税局机关党委成立于2005年，机关党委设委员9名，现下设党支部8个，有党员99人，其中局机关党支部在职党员79人，离退休党支部党员20人，大学以上学历党员55人。在省地税局党组和市委市政府的正确领导下，云浮市地税局机关党委认真开展扶贫帮扶工作，完成了多次扶贫帮扶工作任务。2013年5月，在出色完成第一轮扶贫开发“双到”帮扶工作并被省扶贫开发领导小组授予“扶贫开发双到工作优秀单位”荣誉称号后，云浮市地税局党组及机关党委在新一轮“双到”工作中帮扶革命老区新兴县河头镇步郎村。根据步郎村的实际和贫困户的发展愿望，云浮市地税局党组及机关党委注重该村全面协调可持续发展，逐步建立和完善了具有步郎特色、“输血”与“造血”的有机结合的长效帮扶机制。3年来，协调筹措资金近700万元，全部用于步郎村帮扶，使该村110户贫困户共497人全部实现稳定脱贫。（陈　虹）

# 获奖个人

## 各省(区、市)税务局先进工作者

2016 年 12 月,林瑜被国家税务总局评为“各省(区、市)税务局先进工作者”。

林瑜,1974 年 9 月出生,中共党员,汉族,广东揭西人,1995 年 8 月参加工作,先后任揭阳市地方税务局办公室科员,揭阳市地方税务局征收管理科科员、副科长,揭阳市地方税务局信息管理科科长,现任揭阳市地方税务局征收管理科科长。

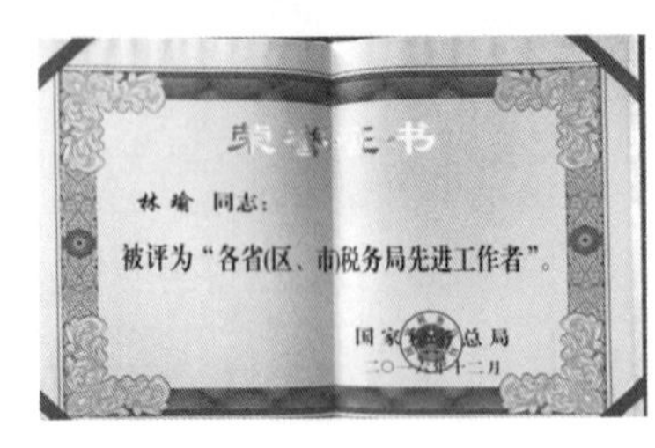


林瑜同志综合素质高,工作能力强,有较强的事业心和责任感,开拓创新意识好,尽心尽职开展工作,工作成效显著,为夯实揭阳市地税系统征管信息基础工作做出较大贡献,得到各级领导的充分肯定。先后被遴选为揭阳市优秀专家和拔尖人才、广东省地税系统高层次(征管)专业人才库、国家税务总局税收征管专业人才库;两次作为主要完成人获得揭阳市科技进步奖一等奖;获得揭阳市三八红旗手称号;多次被评为揭阳市地税系统先进工作者、优秀共产党员;多次受到广东省地税局、揭阳市地税局记三等功和嘉奖;从 2008 年至今连续 4 批入选广东省地税系统兼职师资库,授课已超过 220 个课时,被评为优秀兼职教师;撰写或执笔的论文获得国家级优秀科研成果奖 3 篇次、省级 2 篇次、市级 4 篇次,被揭阳市人大聘请为财经委咨询顾问。(杨晓岚)

## 各省(区、市)税务局先进工作者

2017 年 1 月,谢益畅被国家税务总局评为“各省(区、市)税务局先进工作者”。

谢益畅,1969 年 9 月出生,中共党员,中共广东省委党校经济管理专业,本科学历,注册税务师。现任开平市地方税务局城区税务分局副局长。1995 年 11 月从文化局转入开平市地税系统工作,先后任开平市地方税务局人事教育股科员、副股长,开平市地方税务局三埠税务分局二所副所长,开平市地方税务局稽查局稽查股副股长,开平市地方税务局稽查局副局长等职务。

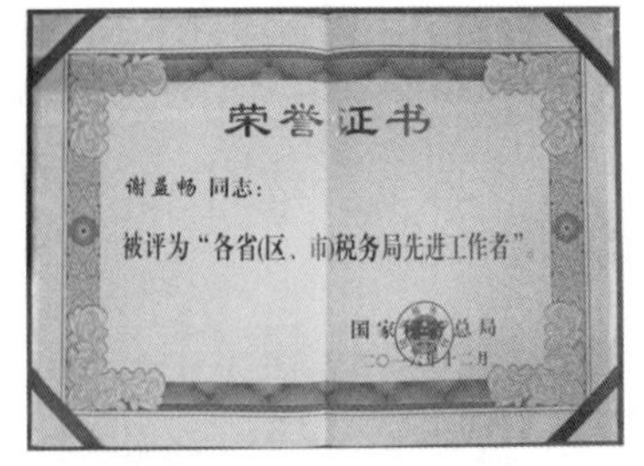


在税收稽查一线工作期间,谢益畅与稽查局团队多次研究出稽查新招,出色地完成各项任务。如破解计算机“电子资料”账外账、利用包装物破解企业账外账、查评结合土增税检查等。由于谢益畅自身的勤学、苦攻和对突破案件的敏锐性,使他当选全省稽查专业队 50 名专业成员之一,多次参与省局的专项执法检查、专项督查、专项审计等工作及全省大案要案的查处。谢益畅多年来一直担任广东省地税系统兼职教师,用专业化的授课水平、深入浅出的案例分析、妙语连珠的语言,对税收同行毫无保留地分享工作经验和心得。他制作的《会计制度与税法差异分析》《土地增值税清算审核专题》《财务报表分析》等优秀课件得到省局的肯定,在全省地税系统推广。作为土地增值税清算工作的专业人才,谢益畅多次被国家税务总局、省局邀请到杭州、无锡等地为税务人员作经验推广和交流。(梁健玲)

# 金税三期工程建设第一阶段试点工作成绩突出的公务员个人嘉奖

2016 年 6 月,戴宏辉被国家税务总局评为“金税三期工程建设第一阶段试点工作成绩突出的公务员个人嘉奖”。

戴宏辉,1973 年 3 月出生,中共党员,硕士学位。现任广东省地方税务局机关服务中心副主任。历任广东省地方税务局规费管理处主任科员、期间挂任湛江雷州市地方税务局局长、党组书记。

戴宏辉自 2012 年 12 月担任省地税局机关服务中心副主任以来,坚持以服务金税三期工程为核心,以保障为基础,以维护各项活动正常运转为目标,促进各项工作的高效有序运转,把后勤工作打造成鲜活生动的服务窗口,使后勤工作成为金税三期工程工作中的亮点之一。一方面加强饭堂管理,保证金税三期工程工作人员满意用餐。金税三期工程日常用餐人数在 200 人左右,高峰时达 300 人以上,戴宏辉始终把饭堂管理放在首要位置,严格规范食堂管理行为,要求不仅要有好的服务态度,还要以注重营养为出发点,创新菜色出品;同时改善厨房卫生条件,定期消毒,保证食品安全卫生。另一方面,加强通勤车管理,保障了金税三期工程工作人员的通行。此外,加强会务管理,从场地布置、设备设施保障等各个方面保证了为金税三期工程各项工作的服务切实到位。在后勤工作中,不论在会务接待服务,还是管理方面都得到金税三期工程工作人员和有关部门及领导的高度认可。(詹锦松)

# 金税三期工程建设第一阶段试点工作成绩突出的公务员个人嘉奖

2016 年 6 月,李玉珍获国家税务总局对金税三期工程建设第一阶段试点工作成绩突出的公务员个人嘉奖,9 月获广东省地方税务局全省地税系统金税三期工程上线专项工作贡献突出的个人三等功。

李玉珍,1974 年 12 月出生,1992 年 8 月参加工作,现任江门市地方税务局计财科副主任科员。1998 年 9 月—2000 年 8 月在江门市地方税务局征收分局工作,2005—2015 年多次被省地税局抽调参与各个征管系统的工程建设,以及到全省各地地税系统进行上线培训和现场支持。

2013—2015 年参加国家税务总局金税三期工程广东地税上线工作,担任广东省金税三期工程试点办公室收入规划核算组组长,负责收入规划核算方面的工作和培训、上线支持等业务,并参与国家税务总局金税三期工程业务组的相关业务测试、用例编写和评审,以及按照国家税务总局安排到青海省地税局进行金税三期工程上线支持工作。

(梁健玲)

# 金税三期工程建设第一阶段试点工作成绩突出公务员个人三等功

2016年6月,方旭伟被国家税务总局授予“金税三期工程建设第一阶段试点工作成绩突出公务员个人三等功”荣誉。

方旭伟,1973年9月出生,江西省崇义县人,本科学历,中级经济师,注册税务师,现任陆丰市地方税务局征管股副股长(正股级)。1998年参加税务工作以来,方旭伟先后在直属分局、信息股、征管股等单位任职,入职19年来,方旭伟不论在什么岗位,担任什么职位,始终爱岗敬业,勤恳踏实,克己奉公,以出色的工作成绩赢得了各级的好评。2012年4月—2015年3月,被广东省地税局抽调金税三期工程试点办公室,担任广东地税金税三期工程上线实施初始化组组长,期间参与编制金税三期工程广东地税试运行方案和上线方案;参加国家税务总局金税三期工程纳税服务项目详细设计评审会和联调测试工作,还负责全省上线初始化工作的统筹、实施,问题跟踪处理。曾多次获国家税务总局通报表彰。(叶生懂)

# 全国第七届冰心散文奖

2016年6月,於中甫的作品《税月如许》荣获中国散文学会第七届冰心散文奖(2014—2015年)。

於中甫,广东地税干部,70后,中国散文学会会员,广东省作家协会会员。获第七届冰心散文奖,2016年冰心儿童文学新作奖,番禺市文学奖,系列征文一等奖等。中国文联出版社出版个人散文集《税月如许》,中国戏剧出版社出版个人诗集《我的唐诗宋词》。团结出版社出版个人诗集《城里的布谷》。2016年个人作品入选中国税务出版社《税坛作家谱》一书。於中甫从事税收工作以来,不懈笔耕,立足税收,情系征纳,扎根基层,吸纳地气,积极转化税收工作生活的丰富素材,运用文学力量,讲述税收故事,丰实税收文化,弘扬正能量,为依法诚信纳税、提升税收遵从度鼓与呼。先后在《中国税务》《中国税务报》《广东地方税务》《羊城税萃》《红土税韵》等税务报刊以及其他媒体发表作品多篇。(缪晓苏)

荣誉证书

於中甫同志:

您的作品《税月如许》荣获中国散文学会第七届冰心散文奖(2014-2015),特颁此证。

中国散文学会
2016年6月

# 索 引

## 使用说明

1. 本索引采用内容分析索引法编制。除按“大事记”形式编排的内容外，年鉴中有实质检索意义的内容均予以标引，以供检索使用。

2. 本索引基本上按汉语拼音音序排列。具体排列规律如下：以数字开头的标目，排在前面；汉字标目按首字的音序、音调依次排列；首字相同时，则以第二个字排序，并依此类推。

3. 索引标目后的数字，表示检索内容所在的年鉴正文页码，数字后面的英文字母 a、b，表示正文中的栏别，合在一起即指该页码及左右两个版面区域。年鉴中以表格、图形形式反映的内容，则在索引标目后用括号注明（表）、（图）字，以区别于文字标目。

4. 为反映索引款目间的逻辑关系，对于二级标目，采取在一级标目下缩二格的形式编排，之下再按数字和字母顺序、汉语拼音音序音调排列。

### 0～9

## A



## B



## C

## D

## E



## F

## G

## H

## J

## K



## L



## M

## R



## S

## T



## W



## X



## Y

## Z

(王彦祥　毋　栋　编制)